NOMOSLEHRBUCH

Prof. Dr. Wilfried Erbguth, Universität Rostock
Prof. Dr. Sabine Schlacke,
Westfälische Wilhelms-Universität Münster

Umweltrecht

6. Auflage

Die Deutsche Nationalbibliothek verzeichnet diese Publikation in
der Deutschen Nationalbibliografie; detaillierte bibliografische
Daten sind im Internet über http://dnb.d-nb.de abrufbar.

ISBN 978-3-8487-2885-5 (Print)
ISBN 978-3-8452-7285-6 (ePDF)

6., überarbeitete und erweiterte Auflage 2016
© Nomos Verlagsgesellschaft, Baden-Baden 2016. Printed in Germany. Alle
Rechte, auch die des Nachdrucks von Auszügen, der fotomechanischen Wiedergabe und der Übersetzung, vorbehalten.

Vorwort

Erneute Entwicklungen im Umweltrecht und die weiterhin freundliche Aufnahme des Lehrbuchs in Ausbildung und Praxis haben seine 6. Neuauflage nach sich gezogen. Die Aktualisierung des Rechtsstoffes umfasst jüngste Gesetzgebungen wie das Erneuerbare-Energien-Gesetz 2014 in § 16 Klimaschutzrecht sowie neue Rechtsentwicklungen, insbesondere im Umweltrechtsschutz. Hinsichtlich des 2013 in Kraft getretenen Kreislaufwirtschaftsgesetzes und der Novellierung des Bundes-Immissionsschutzgesetzes galt es, jüngste Rechtsprechung und Literatur einzuarbeiten. Die Neuauflage fokussiert weiterhin auf Anschaulichkeit und Verständlichkeit durch Grafiken und Fallbeispiele, in der Sache auf die Berücksichtigung der voranschreitenden Europäisierung des Rechts, nicht zuletzt mit Blick auf den Rechtsschutz.

Den wissenschaftlichen Mitarbeiterinnen und Mitarbeitern des Instituts für Umwelt- und Planungsrecht an der Westfälischen Wilhelms-Universität Münster Marina Alt, Lisa Löffler, Miriam Köster, David Salm, Daniel Schnittker, Jonas Schüren und Jens Weuthen gebührt großer Dank für vielfältige Recherchen und Aktualisierungen. Ebenfalls ist den studentischen Hilfskräften Lennart Andersen, Jan Boertz, Till Niklas Droste, Julian Hinz, Anne Janssen, Saskia Militz, Dorothee Plagge, Alexandra Richter und Miriam Tormin für Korrekturarbeiten zu danken. Kritik und Anregungen sind jederzeit willkommen (erbguth@uni-rostock.de oder sabine.schlacke@uni-muenster.de).

Rostock/Münster im März 2016   Wilfried Erbguth/Sabine Schlacke

Vorwort zur 1. Auflage

Vor gut zwanzig Jahren erschienen die ersten systematischen Untersuchungen des Umweltrechts, ohne dass dessen Entwicklung und Bedeutung für Rechtswissenschaft und Rechtsprechung im Einzelnen voraussehbar waren. Mittlerweile ist das Umweltrecht fester Bestandteil des juristischen Studiums und findet sich in Ausbildungsordnungen als universitäre Schwerpunktprüfung im Rahmen des Ersten Juristischen Examens wieder. Daneben hat es auf andere Teile der juristischen Ausbildung wesentlichen Einfluss: Die Fortentwicklung des Allgemeinen und Besonderen Verwaltungsrechts wurde in den letzten zwei Jahrzehnten maßgeblich durch Anstöße aus dem Umweltrecht geprägt.

Das vorliegende Lehrbuch richtet sich an Studierende der Rechtswissenschaft; das didaktische Konzept ermöglicht aber auch Studenten, die Jura als Nebenfach belegen, in übersichtlicher und systematischer Form einen Einstieg in das Allgemeine Umweltrecht und ausgewählte Bereiche des Besonderen Umweltrechts. Es deckt das Basiswissen für die Vorlesung Umweltrecht und die Schwerpunktbereichsprüfung ab. Hinweise in den Fußnoten auf ausführlichere Darstellungen des Umweltrechts, einschlägige Rechtsprechung und Literatur sollen eine eigenständige und zugleich vertiefende Beschäftigung mit den jeweils angesprochenen Fragestellungen ermöglichen. Jeder Teil des Lehrbuchs enthält ein spezifisches Fallbeispiel mit Lösungsskizze, um das Verständnis für praktische Probleme und die Rechtsanwendung zu schärfen.

Hinsichtlich der Auswahl der Rechtsmaterien des Besonderen Umweltrechts kam es uns darauf an, die grundlegenden ausbildungsrelevanten Sachbereiche (Immissionsschutzrecht, Naturschutz- und Landschaftsschutzrecht, Gewässerschutzrecht, Kreislaufwirtschafts- und Abfallrecht, Bodenschutz- und Altlastenrecht) zu behandeln. Ferner wird das Gentechnikrecht als ein innovativer, durch aktuelle Entwicklungen gekennzeichneter Querschnittsbereich zwischen Anlagenzulassungs- und Produktrecht vorgestellt. Die neuesten gemeinschaftsrechtlichen und nationalen Rechtsänderungen, insbesondere die unmittelbar bevorstehende Novellierung des Gentechnikgesetzes, sind berücksichtigt. Um das Fortentwicklungspotenzial sowie die komplexen Regelungsmechanismen und -ebenen im Umweltrecht zu verdeutlichen, wird abschließend das Meeresumweltrecht der Nord- und Ostsee dargestellt. Die Ausführungen verweisen u.a. auf die entsprechenden Regelungen im (Sachverständigen-)Entwurf eines Umweltgesetzbuchs, mit dem ein einheitliches umweltrechtliches Regelwerk formuliert worden ist.

Herzlich zu danken ist Frau Maxi Keller (wissenschaftliche Mitarbeiterin am Ostseeinstitut für See- und Umweltrecht) für ihre grundlegende Bearbeitung des Abschnitts „Meeresumweltrecht zum Schutz von Nord- und Ostsee" und Frau Kathrin Podehl für die formale Gestaltung des Lehrbuchs.

Rostock im Juni 2004   Wilfried Erbguth/Sabine Schlacke

Inhalt

Vorwort   5

Vorwort zur 1. Auflage   6

Abkürzungsverzeichnis   19

A. Allgemeines Umweltrecht

§ 1 Grundbegriffe   33
- I. Umwelt   33
- II. Umweltschutz   34
  1. Begriff   34
  2. Schutzzweck   34
  3. Handlungsebenen   35
- Wiederholungs- und Verständnisfragen   36

§ 2 Umweltrecht   37
- I. Begriff   37
- II. Entstehung des Umweltrechts   38
- III. Entwurf und Scheitern eines Umweltgesetzbuchs   40
- IV. Bereiche des Umweltrechts   42
  1. Umweltstrafrecht   43
  2. Umweltprivatrecht   44
  3. Öffentliches Umweltrecht   46
- V. Schutzgegenstände   46
- Wiederholungs- und Verständnisfragen   48

§ 3 Grundprinzipien des Umweltrechts   49
- I. Überblick   49
- II. Vorsorgeprinzip   51
- III. Verursacherprinzip   53
- IV. Kooperationsprinzip   55
- Wiederholungs- und Verständnisfragen   57

§ 4 Umweltverfassungsrecht   58
- I. Die grundgesetzliche Staatszielbestimmung Umweltschutz (Art. 20a GG)   58
- II. Umweltgrundrecht?   60
- III. Grundrechtsschutz im Bereich des Umweltrechts   61
  1. Grundrechtsschutz vor Umweltschutzmaßnahmen des Staates   61
     - a) Grundrechtsschutz privater Umweltschützer   61
       - aa) Nichtgewerbliche Privatpersonen   62
       - bb) Gewerbliche Privatpersonen   62

		b) Grundrechtsschutz privater Umweltbelaster	63
		aa) Art. 14 GG	63
		bb) Art. 12 GG	64
	2.	Grundrechtsschutz vor Umweltbelastungen	64
		a) Grundrechte als Abwehrrechte	64
		aa) Art. 14 GG	65
		bb) Art. 2 Abs. 2 GG	65
		cc) Art. 2 Abs. 1 GG	66
		b) Grundrechte als staatliche Schutzpflichten	66
IV.	Bedeutung des Rechtsstaatsprinzips im Umweltrecht		70
	1.	Vorbehalt des Gesetzes	70
	2.	Bestimmtheitsgrundsatz	70
	3.	Verhältnismäßigkeitsgrundsatz	71
V.	Zuständigkeitsverteilung im Umweltschutz		72
	1.	Gesetzgebungskompetenzen im Umweltschutz	72
		a) Zuständigkeiten des Bundes	72
		aa) Ausschließliche Gesetzgebungskompetenz	73
		bb) Konkurrierende Gesetzgebungskompetenz	73
		cc) Abschaffung der Rahmengesetzgebungskompetenz	75
		b) Zuständigkeiten der Länder	76
		aa) Ausschließliche Gesetzgebungskompetenz	76
		bb) Konkurrierende Gesetzgebungskompetenz	76
		cc) Ausfüllende Gesetzgebungskompetenz	77
	2.	Verwaltungskompetenzen im Umweltschutz	77
		a) Länderverwaltung	77
		b) Bundesverwaltung	78
		c) Kommunalverwaltung	78
		d) Mehrebenenverwaltung	79
	Wiederholungs- und Verständnisfragen		79
§ 5	**Instrumente des Umweltrechts**		**80**
I.	Umweltplanung		80
	1.	Planungsbegriff	81
	2.	Grundlagen der Umweltplanung	82
	3.	Bedeutung der Umweltplanung	83
	4.	Formen der Umweltplanung	84
II.	Instrumente direkter Verhaltenssteuerung		86
	1.	Gesetzliche Gebote und Verbote	86
		a) Leistungspflichten	87
		b) Duldungspflichten	88
		c) Unterlassungspflichten	88
	2.	Kontrollinstrumente der Verwaltung	89
		a) Erlaubnisvorbehalte	89
		b) Entscheidungsverfahren	91
		aa) Einfaches Genehmigungsverfahren	91
		bb) Förmliches Genehmigungsverfahren	91
		cc) Planfeststellungsverfahren	92
		(1) Verfahrensablauf	93
		(2) Rechtswirkungen des Planfeststellungsbeschlusses	96

		dd) Verfahrensbeschleunigung		98
		ee) Umweltverträglichkeitsprüfung und Strategische Umweltprüfung		100
			(1) Umweltverträglichkeitsprüfung	101
			(a) Europarechtlicher Hintergrund	101
			(b) Ziel und Anwendungsbereich	102
			(c) Verfahren	104
			(d) Rechtsfragen	106
			(2) Strategische Umweltprüfung	109
		c) Auskunftspflichten		112
	3.	Repressive Instrumente der Verwaltung		112
III.	Instrumente indirekter Verhaltenssteuerung			113
	1.	Finanzielle Anreize		114
		a) Subventionen		114
		b) Abgaben		115
	2.	Anreize durch Gewährung von Benutzungsvorteilen		119
	3.	Umweltzertifikate und Kompensationsmodelle		119
		a) Umweltzertifikate		119
		b) Kompensationsmodelle		120
	4.	Behördliche Warnungen und Empfehlungen		120
	5.	Umweltabsprachen		121
	6.	Zielfestsetzungen		123
	7.	Fakultative Kontrollen: Umweltauditsystem		123
	8.	Informationspflichten nach dem Umweltinformationsgesetz		126
IV.	Staatliche Eigenvornahme			130
	Wiederholungs- und Verständnisfragen			130

§ 6 Rechtsschutz im Umweltrecht — 132

I.	Rechtsschutz im Verwaltungsverfahren		132
	1. Beteiligungsrechte		133
	2. Beteiligung von Vereinigungen		134
II.	Rechtsschutz durch die Verwaltungsgerichte		135
	1. Allgemeines		135
	2. Zulässigkeitsvoraussetzungen allgemein		136
	3. Besonderheiten des Rechtsschutzes im Umweltrecht		138
		a) Klagebefugnis im mehrpoligen Verwaltungsverhältnis	138
		b) Kontrolldichte im Umweltrecht	148
		c) Maßgeblicher Zeitpunkt für die Beurteilung	152
		d) Vorläufiger Rechtsschutz	152
		e) Massenverfahren	154
		f) Beschränkung der Rechtsschutzmöglichkeiten	154
	Wiederholungs- und Verständnisfragen		156

§ 7 Umwelteuroparecht — 157

I.	Umweltrelevante Normen des primären Unionsrechts	157
	1. Ziele und Grundsätze der Umweltpolitik der Europäischen Union	159
	2. Berücksichtigungsgebote	160
	3. Schutz- und Schutzverstärkerklauseln	161

4. Rechtsetzungskompetenzen und -handlungsformen		161
a) Kompetenzen zur Rechtsetzung		161
b) Formen und Wirkungsweise der Rechtsetzung		162
5. Auswärtige Kompetenzen		165
6. Finanzierung und Durchführung		165
7. Kollision zwischen nationalem Recht und Unionsrecht		166
II. Umweltrelevante Normen des sekundären Unionsrechts		166
1. Aktionsprogramme		166
2. Rechtsakte		167
3. Internationale Aktivitäten		170
Wiederholungs- und Verständnisfragen		171

§ 8 Umweltvölkerrecht — 172
- I. Problemlage — 172
- II. Rechtsquellen — 173
  1. Überblick — 173
  2. Völkerrechtliche Verträge — 174
  3. Völkergewohnheitsrecht — 177
     a) Materielle Normen — 178
        aa) Verbot erheblicher grenzüberschreitender Umweltbelastungen — 178
        bb) Gebot der fairen und gerechten Aufteilung gemeinsamer natürlicher Ressourcen — 180
     b) Verfahrenspflichten — 180
     c) Defizite — 181
- III. Internationale Organisationen — 181
- IV. UN-Umweltschutzkonferenzen — 182
- V. Entwicklung und Entwicklungspotenzial des Umweltvölkerrechts — 185

Wiederholungs- und Verständnisfragen — 187

B. BESONDERES UMWELTRECHT

§ 9 Immissionsschutzrecht — 188
- I. Rechtsgrundlagen — 189
  1. Internationales Recht — 189
  2. EU-Recht — 190
  3. Bundesrecht — 193
  4. Landesrecht — 195
  5. Weitere Rechtsgrundlagen — 195
- II. Das Bundes-Immissionsschutzgesetz im Überblick — 196
- III. Ziele — 197
- IV. Grundbegriffe und Geltungsbereich — 198
  1. Grundbegriffe — 198
     a) Immissionen — 198
     b) Emissionen — 200
     c) Schädliche Umwelteinwirkungen — 200
     d) Stand der Technik — 202
  2. Geltungsbereich — 203

	V.	Immissionsschutzrechtliches Instrumentarium	204
	1.	Planungsinstrumente	204
		a) Planungsgrundsatz	204
		b) Luftreinhalteplanung	205
		c) Lärmminderungsplanung	208
	2.	Instrumente direkter Verhaltenssteuerung	210
		a) Ge- und Verbote des verkehrsbezogenen Immissionsschutzes	211
		b) Ge- und Verbote des anlagenbezogenen Immissionsschutzes	213
		aa) Pflichten der Betreiber genehmigungsbedürftiger Anlagen	214
		(1) Pflichten gem. § 5 BImSchG	214
		(2) Konkretisierende Rechtsverordnungen gem. § 7 BImSchG	218
		bb) Pflichten der Betreiber nicht genehmigungsbedürftiger Anlagen	219
		cc) Bestellung eines Immissionsschutzbeauftragten	221
		dd) Bestellung eines Störfallbeauftragten	222
		c) Kontrollinstrumente	222
		aa) Genehmigungspflicht	222
		(1) Genehmigungsbedürftigkeit einer Anlage	223
		(2) Genehmigungsverfahren	224
		(a) Förmliches Genehmigungsverfahren	225
		(b) Vereinfachtes Genehmigungsverfahren	228
		(3) Materielle Genehmigungsvoraussetzungen	229
		(4) Genehmigungsformen	232
		(5) Rechtswirkungen	233
		bb) Überwachungsmaßnahmen	236
		d) Repressive Instrumente	237
		aa) Genehmigungsbedürftige Anlagen	237
		bb) Nicht genehmigungsbedürftige Anlagen	239
		Wiederholungs- und Verständnisfragen	242
§ 10	Naturschutz- und Landschaftspflegerecht		243
	I.	Rechtsgrundlagen	243
		1. Internationales Recht	243
		2. EU-Recht	244
		3. Bundesrecht	245
		4. Landesrecht	248
	II.	Grundbegriffe	250
		1. Natur und Landschaft	250
		2. Naturschutz und Landschaftspflege	250
	III.	Das Bundesnaturschutzgesetz im Überblick	250
	IV.	Ziele und Grundsätze des Naturschutz- und Landschaftspflegerechts	251
	V.	Naturschutzrechtliches Instrumentarium	255
		1. Landschaftsplanung	255
		a) Landschaftsprogramme	257
		b) Landschaftsrahmenpläne	258
		c) Landschaftspläne und Grünordnungspläne	258

Inhalt

		2.	Instrumente direkter Verhaltenssteuerung	259
			a) Leistungs- und Unterlassungspflichten, §§ 13 ff. BNatSchG	259
			aa) Voraussetzungen und Rechtsfolgen eines Eingriffs	260
			bb) Das Verbot vermeidbarer Beeinträchtigungen	261
			cc) Das Gebot zum Ausgleich oder Ersatz unvermeidbarer Beeinträchtigungen	262
			dd) Abwägung und Untersagung des Eingriffs	264
			ee) Ersatz unvermeidbarer, zulässiger Beeinträchtigungen	265
			b) Naturschutzrechtliche Eingriffsregelung und Bauleitplanung	267
			aa) Konzept der naturschutzrechtlichen Eingriffsregelung in der Bauleitplanung	267
			bb) Abwägungsgebot und naturschutzrechtliche Eingriffsregelung	268
			cc) Ausgleich von Eingriffen in Natur und Landschaft durch Bauleitplanung	269
			dd) Verursacherprinzip und Ausgleich durch die Gemeinde	270
			ee) Öko-Konto	270
			c) Schäden an bestimmten Arten und natürlichen Lebensräumen	271
			d) Duldungspflichten	271
			e) Bürger- und Behördenpflichten	272
		3.	Flächen- und Biotopschutz	272
			a) Flächenschutz	273
			b) Biotopschutz und Biotopverbund	275
			c) Europäisches Netz „Natura 2000"	276
			aa) Schutzgebietsausweisung	276
			bb) Verträglichkeitsprüfung	278
		4.	Meeresnaturschutz	282
		5.	Umweltabsprachen	283
		6.	Artenschutz	283
		7.	Verbandsmitwirkung und Verbandsklage	286
			a) Verbandsmitwirkung	286
			b) Verbandsklage	288
		Wiederholungs- und Verständnisfragen		290
§ 11	Gewässerschutzrecht			292
	I.	Rechtsgrundlagen		292
		1.	Internationales Recht	293
		2.	EU-Recht	293
		3.	Bundesrecht	297
		4.	Landesrecht	299
	II.	Das Wasserhaushaltsgesetz im Überblick		300
	III.	Ziele und Grundsätze der Gewässerbewirtschaftung		300
		1.	Behördliche Bewirtschaftungspflichten	302
		2.	Allgemeine Sorgfaltspflichten	302
		3.	Grundsatzbestimmung über das Verhältnis von Grundeigentum und Gewässerbenutzung	303
		4.	Grundsätze der öffentlichen Wasserversorgung	304
	IV.	Geltungsbereich und Begriffsbestimmungen		304

	V.	Wasserrechtliches Instrumentarium	305
		1. Wasserwirtschaftliche Planung	306
		a) Bewirtschaftungspläne	306
		b) Maßnahmen- und Überwachungsprogramme	307
		c) Risikomanagementpläne	309
		2. Instrumente direkter Verhaltenssteuerung	309
		a) Gewässerbenutzung	310
		aa) Benutzungstatbestände	310
		bb) Gestattungsfreie Benutzungen	310
		cc) Wasserrechtliche Genehmigungsarten	311
		dd) Materielle Genehmigungsvoraussetzungen	312
		ee) Inhalts- und Nebenbestimmungen	315
		ff) Nachträgliche Anordnungen und Widerruf	315
		b) Gewässerausbau	316
		c) Anlagenzulassung	316
		d) Wasserschutzgebiete	317
		3. Instrumente indirekter Verhaltenssteuerung – Abwasserabgabenrecht	318
		Wiederholungs- und Verständnisfragen	319
§ 12	**Kreislaufwirtschafts- und Abfallrecht**		**321**
	I.	Rechtsgrundlagen	321
		1. Internationales Recht	322
		2. EU-Recht	322
		3. Bundesrecht	323
		4. Landesrecht	326
	II.	Das Kreislaufwirtschaftsgesetz im Überblick	326
	III.	Geltungsbereich des Kreislaufwirtschaftsgesetzes	327
	IV.	Grundbegriffe	327
		1. Abfallbegriff	327
		2. Abfallerzeuger	330
		3. Abfallbesitzer	331
		4. Abfallentsorgung	331
		5. Gefährliche und nicht gefährliche Abfälle	332
		6. Recycling	332
		7. Nebenprodukte	332
		8. Ende der Abfalleigenschaft	332
	V.	Grundsätze und Grundpflichten	333
	VI.	Abfallrechtliches Instrumentarium	335
		1. Abfallwirtschaftsplanung	335
		a) Abfallwirtschaftsplan	336
		aa) Inhalt des Abfallwirtschaftsplans	336
		bb) Bedeutung des Abfallwirtschaftsplans	337
		cc) Verbindlichkeit von Abfallwirtschaftsplänen und Rechtsschutz	337
		dd) Verfahren	338
		b) Abfallwirtschaftskonzepte und Abfallbilanz	338

	2.	Instrumente direkter Verhaltenssteuerung	338
		a) Ge- und Verbote	338
		aa) Abfallvermeidung und Produktverantwortung	339
		(1) Produktverantwortung als Grundpflicht	339
		(2) Verbote, Beschränkungen und Kennzeichnungen	340
		(3) Rücknahme- und Rückgabepflichten	340
		bb) Abfallentsorgung	345
		(1) Abfallverwertung	345
		(2) Abfallbeseitigung	347
		cc) Altölentsorgung	356
		dd) Betriebsbeauftragter für Abfall	356
		b) Zulassung von Abfallentsorgungsanlagen	356
		aa) Planfeststellungsverfahren für Deponien	357
		bb) Materiellrechtliche Zulassungsvoraussetzungen für Deponien	358
		cc) Planerischer Gestaltungsspielraum	358
		dd) Nebenbestimmungen	359
		ee) Zulassung des vorzeitigen Beginns	359
		c) Anzeigepflicht und Erlaubnisvorbehalt	360
		d) Überwachung	361
	3.	Instrumente indirekter Verhaltenssteuerung	363
		a) Abfallabgaben	364
		b) Hausmüllgebühren	364
		c) Kommunale Verpackungsteuern	364
	Wiederholungs- und Verständnisfragen		364

§ 13 Bodenschutz- und Altlastenrecht 366

I.	Rechtsgrundlagen		367
	1. Internationale Vorschriften		367
	2. EU-Recht		368
	3. Bundesrecht		369
	4. Landesrecht		370
II.	Das Bundes-Bodenschutzgesetz im Überblick		371
III.	Ziele und Grundsätze		371
IV.	Geltungsbereich und Begriffe		372
	1. Bodenbegriff		373
	2. Geschützte Bodenfunktionen		374
	3. Schädliche Bodenveränderung		376
	4. Verdachtsflächen		376
	5. Altlasten		377
	6. Altlastverdächtige Fläche		378
	7. Sanierung		378
	8. Schutz- und Beschränkungsmaßnahmen		379
V.	Bodenschutzrechtliches Instrumentarium		379
	1. Bodenschutzplanung		380
	2. Instrumente direkter Verhaltenssteuerung		381
	a) Maßnahmen zur Ermittlung schädlicher Bodenveränderungen und Altlasten		381
	aa) Behördliche Eingriffsbefugnis		382

		bb)	Ermittlungspflicht der Behörden	382
		cc)	Überwachungsmaßnahmen bei Altlasten und altlastverdächtigen Flächen	383
	b)	Sanierungsanordnungen		384
		aa)	Sanierungsmittel	385
			(1) Dekontaminationsmaßnahmen	385
			(2) Sicherungsmaßnahmen	386
			(3) Beseitigungs- und Verminderungsmaßnahmen	386
			(4) Schutz- und Beschränkungsmaßnahmen	386
		bb)	Sanierungsverantwortliche	387
			(1) Verursacher	387
			(2) Gesamtrechtsnachfolger	387
			(3) Grundstückseigentümer	388
			(4) Inhaber der tatsächlichen Gewalt	389
			(5) Früherer Eigentümer	389
	c)	Anordnungsbefugnisse für komplexe Sanierungsfälle		390
	d)	Kosten, interner Ausgleichsanspruch und Verjährung		392
	e)	Vorsorgeanordnungen		393
	f)	Entsiegelungsanordnungen		394
3.	Instrumente indirekter Verhaltenssteuerung			396
	a)	Appellatorische Vermeidungs- und Abwehrpflicht		396
	b)	Landwirtschaftliche Bodennutzung		396
	c)	Ökonomische Anreize		397
	d)	Information und Kooperation		398
Wiederholungs- und Verständnisfragen				399

§ 14 Gentechnikrecht 400
I. Rechtsgrundlagen 401
1. Internationales Recht 401
2. EU-Recht 403
3. Bundesrecht 406

II. Das Gentechnikgesetz 410
1. Überblick 410
2. Geltungsbereich 410
3. Grundbegriffe 411
4. Ziele und Grundsätze des Gentechnikrechts 412
5. Gentechnikrechtliches Instrumentarium 413
   a) Präventive Kontrollinstrumente 414
      aa) Gentechnische Arbeiten in gentechnischen Anlagen 414
      bb) Freisetzung von genetisch veränderten Organismen 417
      cc) Inverkehrbringen von genetisch veränderten Organismen 418
      dd) Grundpflichten: Risikoprüfung und -bewertung 420
      ee) Mitteilungspflichten 420
      ff) Auskunfts- und Duldungspflichten 421
      gg) Nachmarktpflichten 421
   b) Repressive Kontrollinstrumente 422
   c) Zuständigkeiten 424
      aa) Bundesamt für Verbraucherschutz und Lebensmittelsicherheit 424

	bb) Zentrale Kommission für die Biologische Sicherheit	424
	6. Haftungsregime	425
	Wiederholungs- und Verständnisfragen	427
§ 15	**Meeresumweltrecht zum Schutz von Nord- und Ostsee**	**428**
	I. Problemstellung	428
	II. Rechtsregime des Meeresumweltschutzes	431
	1. SRÜ – „Die Verfassung der Meere"	432
	a) Zonierung der Meere nach dem SRÜ	433
	b) Meeresumweltrechtliche Vorgaben des SRÜ	435
	2. Bedeutende globale Übereinkommen zum Meeresumweltschutz	437
	a) Übereinkommen zum Schutz vor Verschmutzungsquellen	437
	b) Übereinkommen zum Arten- und Lebensraumschutz mit Meeresbezug	439
	3. Regionale Übereinkommen für den Bereich von Nord- und Ostsee	441
	a) Nordsee-relevante Übereinkommen	441
	b) Ostsee-relevante Übereinkommen	443
	c) Nord- und Ostsee-relevante Übereinkommen	443
	4. Regionale Zusammenarbeit auf der Ebene internationaler Organisationen und Konferenzen	444
	a) Organisationen und Konferenzen für den Bereich der Nordsee	444
	b) Organisationen und Konferenzen für den Bereich der Ostsee	446
	c) Gemeinsame Ministerkonferenz von OSPAR und HELCOM	447
	5. EU-Recht	447
	a) Anwendbarkeit von Unionsrecht innerhalb des Meeresraumes	447
	b) Meeresumweltschutzbezogenes Sekundärrecht	448
	6. Nationales Recht	452
	a) Anwendbarkeit von nationalem Recht innerhalb des Meeresraumes	453
	b) Meeresumweltschutzbezogenes nationales Recht	453
	Wiederholungs- und Verständnisfragen	457
§ 16	**Klimaschutzrecht**	**458**
	I. Problemstellung	458
	II. Begriffsklärung „Klimaschutzrecht"	458
	III. Das Rechtsregime des Klimaschutzes	459
	1. Internationales Recht	460
	a) Internationale Abkommen zur Bekämpfung des Ozonschichtabbaus	460
	b) Internationale Abkommen zur Bekämpfung des Klimawandels	460
	2. EU-Recht	463
	a) Rechtsakte zur Errichtung eines EU-Emissionshandelssystems	465
	b) Rechtsakte zur Förderung erneuerbarer Energien	467
	c) Rechtsakte zur Verbesserung der Energieeffizienz	469
	d) Sonstige klimaschützende Rechtsakte	471
	aa) EU-Luftreinhaltungsrecht	471
	bb) CO_2-Abscheidung und Speicherung	473
	3. Bundesrecht	474
	a) Recht des Emissionszertifikatehandels	475

		b)	Recht der Erneuerbaren Energien	479
			aa) Strombereich	480
			bb) Wärmebereich	482
			cc) Kraftstoffbereich	483
		c)	Recht der Energieeffizienz	484
		d)	Klimaschutzbezogene Regelungen des Umwelt- und Planungsrechts	488
	4.	Landesrecht		490
	Wiederholungs- und Verständnisfragen			494

Definitionen 495

Verzeichnis der abgekürzt zitierten Literatur 509

Stichwortverzeichnis 521

Abkürzungsverzeichnis

a.A.	andere Ansicht
a.a.O.	am angegebenen Ort
AbfAblV	Verordnung über die umweltverträgliche Ablagerung von Siedlungsabfällen
AbfallPrax	Abfallpraxis (Zeitschrift)
AbfallR	Abfallrecht (Zeitschrift)
AbfVerbrG	Abfallverbringungsgesetz
AbfBetrbV	Verordnung über Betriebsbeauftragte für Abfall
AbfG	Abfallbeseitigungsgesetz/Abfallgesetz
AbfKlärV	Klärschlamm-Verordnung
AbfVerbrBußV	Abfallverbringungsbußgeldverordnung
ABlEG	Amtsblatt der Europäischen Gemeinschaft
ABlEU	Amtsblatt der Europäischen Union
Abs.	Absatz
Abschn.	Abschnitt
AbwAG	Gesetz über Abgaben für das Einleiten von Abwasser in Gewässer (Abwasserabgabengesetz)
a.E.	am Ende
AEG	Allgemeines Eisenbahngesetz
AEUV	Vertrag über die Arbeitsweise der Europäischen Union
AEWA	Agreement on the Conservation of African-Eurasian Migratory Waterbirds (Abkommen zur Erhaltung der afrikanisch-eurasischen wandernden Wasservögel)
a.F.	alte Fassung
AFS-Übereinkommen	Internationales Übereinkommen über die Kontrolle von schädlichen Anti-Fouling Systemen bei Schiffen
AgrarR	Agrarrecht (Zeitschrift)
Alt.	Alternative
AltölV	Altölverordnung
AltfahrzeugV	Altfahrzeug-Verordnung
AltholzV	Altholz-Verordnung
ÄndG	Änderungsgesetz
ÄndVO	Änderungs-Verordnung
Anm.	Anmerkung
AO	Abgabenordnung
AöR	Archiv des öffentlichen Rechts (Zeitschrift)
ArchVR	Archiv des Völkerrechts (Zeitschrift)
Art.	Artikel
AS RP-SL	Amtliche Sammlung von Entscheidungen der Oberverwaltungsgerichte Rheinland-Pfalz und Saarland
ASCOBANS	Agreement on the Conservation of Small Cetaceans of the Baltic, the North-East Atlantic, Irish and North Seas (Abkommen zur Erhaltung der Kleinwale in der Nord- und Ostsee)
AT	Allgemeiner Teil
AtG	Atomgesetz
AtVfV	Atomrechtliche Verfahrensvordnung

Abkürzungsverzeichnis

AuR	Arbeit und Recht (Zeitschrift)
AVV	Abfallverzeichnisverordnung
AWZ	Ausschließliche Wirtschaftszone
Az.	Aktenzeichen
Bad.-Würt.	Baden-Württemberg, baden-württembergisch
BAnz.	Bundesanzeiger
BattV	Batterieverordnung
BattG	Batteriegesetz
BauGB	Baugesetzbuch
BauGBuaÄndG	Gesetz zur Förderung des Klimaschutzes bei der Entwicklung in den Städten und Gemeinden
BauNVO	Baunutzungsverordnung
BauR	Baurecht (Zeitschrift)
Bay	Bayern, bayerisch
BayVBl.	Bayerische Verwaltungsblätter (Zeitschrift)
BayVGH	Bayerischer Verwaltungsgerichtshof
BB	Der Betriebsberater (Zeitschrift)
Bbg	Brandenburg, brandenburgisch
BgbNatSchG	Brandenburgisches Naturschutzgesetz
BBergG	Bundesberggesetz
BBodSchG	Bundes-Bodenschutzgesetz
BBodSchV	Bundes-Bodenschutzverordnung
Bd.	Band/Bände
Berner-Übereinkommen	Übereinkommen über die Erhaltung der europäischen wildlebenden Pflanzen und Tiere und ihrer natürlichen Lebensräume
Bek.	Bekanntmachung
ber.	berichtigt
BerlStrG	Berliner Straßengesetz
Beschl.	Beschluss
BfN	Bundesamt für Naturschutz
BfR	Bundesinstitut für Risikobewertung
BGB	Bürgerliches Gesetzbuch
BGBl.	Bundesgesetzblatt
BGH	Bundesgerichtshof
BImSchG	Bundes-Immissionsschutzgesetz
BImSchV	Verordnung(en) zur Durchführung des Bundes-Immissionsschutzgesetzes
BioAbfV	Bioabfallverordnung
BiomasseV	Biomasseverordnung
BioSt-NachV	Verordnung über Anforderungen an eine nachhaltige Herstellung von flüssiger Biomasse zur Stromerzeugung
BLMP	Bund-Länder-Messprogramm Nord- und Ostsee
Bln	Berlin, berlinisch
BMEL	Bundesministerium für Ernährung und Landwirtschaft
BMLF	Bundesministerium für Landwirtschaft und Forstwirtschaft (ehem., nunmehr BMEL)

Abkürzungsverzeichnis

BMUB	Bundesministerium für Umwelt, Naturschutz, Bau und Reaktorsicherheit
BNatSchG	Bundesnaturschutzgesetz
BR-Drs.	Bundesratsdrucksache
Brem	Bremen, bremisch
BremNatSchG	Bremisches Naturschutzgesetz
BRRL	Bodenschutzrahmenrichtlinie
BSH	Bundesamt für Seeschifffahrt und Hydrographie
Bsp.	Beispiel/e
bspw.	beispielsweise
BT-Drs.	Bundestagsdrucksache
BVerfG	Bundesverfassungsgericht
BVerfGE	Amtliche Sammlung der Entscheidungen des Bundesverfassungsgerichts
BVerfGG	Bundesverfassungsgerichtsgesetz
BVerwG	Bundesverwaltungsgericht
BVerwGE	Amtliche Sammlung der Entscheidungen des Bundesverwaltungsgerichts
BVL	Bundesamt für Verbraucherschutz und Lebensmittelsicherheit
BVT	Beste verfügbare Technik
BWaldG	Gesetz zur Erhaltung des Waldes und zur Förderung der Forstwirtschaft (Bundeswaldgesetz)
BW	Baden-Württemberg, baden-württembergisch
BWVP	Baden-württembergische Verwaltungspraxis (Zeitschrift)
bzgl.	bezüglich
bzw.	beziehungsweise
CBD	Convention on Biological Diversity (Biodiversitätskonvention)
CCLR	Carbon and Climate Law Review (Zeitschrift)
CCS	Carbon Capture and Storage
CDM	Clean Development Mechanism
CER	Certified emission reduction units
ChemG	Gesetz zum Schutz vor gefährlichen Stoffen (Chemikaliengesetz)
CITES	Convention on International Trade in Endangered Spicies of Wild Fauna and Flora
CITL	Community Independent Transaction Log (europäisches Zentralregister)
CMS	Convention on the Conservation of Migratory Species of Wild Animals (Übereinkommen zur Erhaltung der wandernden wildlebenden Tierarten)
CO	Kohlenstoffmonoxid
CO_2	Kohlenstoffdioxid
COP	Conference of the Parties
CSD	Commission on Sustainable Development
dass.	dasselbe
DAU	Deutsche Akkreditierungs- und Zulassungsgesellschaft für Umweltgutachter
dB	Dezibel

Abkürzungsverzeichnis

DDR	Deutsche Demokratische Republik
DEHSt	Deutsche Emissionshandelsstelle
Dens.	denselben
DepV	Deponieverordnung
DepVerwV	Deponieverwertungsverordnung
Ders.	derselbe
DEV	Datenerhebungsverordnung
d.h.	das heißt
dies.	dieselbe
DÖV	Die Öffentliche Verwaltung (Zeitschrift)
DRL	Dienstleistungsrichtlinie 2006/123/EG v. 12.12.2006 uber Dienstleistungen im Binnenmarkt
DSD	Duales System Deutschland GmbH
DV	Die Verwaltung
DVBl.	Deutsches Verwaltungsblatt (Zeitschrift)
EAG	Europarechtsanpassungsgesetz
EAG EE	Europarechtsanpassungsgesetz Erneuerbare Energien
EBA	Eisenbahnbundesamt
EBPG	Energiebetriebene-Produkte-Gesetz
ECE	Economic Commission for Europe
EDL-G	Gesetz über Energiedienstleistungen und andere Enegieeffizienzmaßnahmen
EEA	Einheitliche Europäische Akte
EEG	Erneuerbare-Energien-Gesetz
EE-RL	Erneuerbare-Energien-Richtlinie
EEWärmeG	Erneuerbare-Energien-Wärmegesetz
EG	Europäische Gemeinschaft/Vertrag zur Gründung der Europäischen Gemeinschaft
EGGenTDurchfG	Gesetz zur Durchführung von Verordnungen der Europäischen Gemeinschaft auf dem Gebiet der Gentechnik
EGKS	Europäische Gemeinschaft für Kohle und Stahl
EGMR	Europäischer Gerichtshof für Menschenrechte
EHEC	Enterohämorrhagische Escherichia coli (Darmbakterium)
EHVV	Emissionshandels-Versteigerungsverordnung
Einf.	Einführung
Einl.	Einleitung
ElektroG	Elektro- und Elektronikgerätegesetz
ElektroGKostV	Elektro- und Elektronikgerätegesetz-Kostenverordnung
EMAS	Eco-Management and Ordit Scheme
EMASPrivilegV	EMAS-Privilegierungsverordnung
EMRK	Konvention zum Schutze der Menschenrechte und Grundfreiheiten (Europäische Menschenrechtskonvention)
endg.	endgültig
EnEG	Energieeinsparungsgesetz
EnEV	Energieeinsparverordnung
engl.	englisch
EnStatG	Energiestatistikgesetz
EnStG	Energiesteuergesetz

EnVHV	Energieverbrauchshöchstwerteverordnung
EnVKG	Energieverbrauchskennzeichnungsgesetz
EnVKV	Energieverbrauchskennzeichnungsverordnung
ENVTL.L.	Environmental Law (Lewis & Clark Law School)
EnWG	Energiewirtschaftsgesetz
Erl.	Erläuterung(en)
ERU	Emission Reduction Units (Emissionsreduktionseinheiten)
EStG	Einkommensteuergesetz
ET	Energiewirtschaftliche Tagesfragen (Zeitschrift)
etc.	et cetera
EU	Europäische Union/Vertrag über die Europäische Union (Fassung bis Ende 2009)
EuGH	Gerichtshof der Europäischen Gemeinschaft
EuGHE	Sammlung der Rechtsprechung des Gerichtshofs und des Gerichts Erster Instanz der Europäischen Gemeinschaft
EuGRZ	Europäische Grundrechte-Zeitschrift
EuR	Europarecht (Zeitschrift)
EurUP	Europäisches Umwelt- und Planungsrecht (Zeitschrift)
EUV	Vertrag über die Europäische Union
EuZW	Europäische Zeitschrift für Wirtschaftsrecht
e.V.	eingetragener Verein
EVPG	Energieverbrauchsrelevante-Produkte-Gesetz
Evtl.	eventuell
EWG	Europäische Wirtschaftsgemeinschaft
f., ff.	folgende(r/s), fortfolgende
FAO	Food and Agriculture Organization
FCKW	Fluorchlorkohlenwasserstoffe
FFH	Fauna-Flora-Habitat
FLI	Friedrich-Loeffler-Institut
FlsBergV	Festlandsockelbergverordnung
FlurbG	Flurbereinigungsgesetz
Fn.	Fußnote
FS	Festschrift
FStrG	Bundesfernstraßengesetz
g	Gramm
GATT	General Agreement on Tariffs and Trades
GATS	General Agreement on Trades in Services
GBl.	Gesetzblatt
gem.	gemäß
GenTG	Gentechnikgesetz
GenTPflEV	Verordnung über die gute fachliche Praxis bei der Erzeugung gentechnisch veränderter Pflanzen
GenTSV	Gentechniksicherheitsverordnung
GewAbfV	Gewerbeabfallverordnung
GewArch	Gewerbearchiv (Zeitschrift)
GewinnungsAbfV	Gewinnungsabfall-Verordnung
GfU	Gesellschaft für Umweltrecht
GG	Grundgesetz für die Bundesrepublik Deutschland

Abkürzungsverzeichnis

GGBefG	Gefahrgutbeförderungsgesetz
GGVSee	Gefahrgutverordnung See
ggf.	gegebenenfalls
GK	Gemeinschafts-Kommentar
GIRL	Geruchsimmissions-Richtlinie
GMBl.	Gemeinsames Ministerialblatt
GPSG	Gesetz über technische Arbeitsmittel und Verbraucherprodukte (Geräte- und Produktsicherheitsgesetz)
GRCh	Charta der Grundrechte der Europäischen Union
GVBl.	Gesetz- und Verordnungsblatt
GVO	gentechnisch veränderte/r Organismen/us
H	Hessen, hessisch
Hamb	Hamburg, hamburgisch
HambNatSchG	Hamburgisches Naturschutzgesetz
HELCOM	Helsinki-Kommission des Helsinki-Übereinkommens
Helsinki-Übereinkommen	Übereinkommen über den Schutz der Meeresumwelt des Ostseegebietes
HessKV	Hessischer Kirchenvertrag
HKWAbfV	Verordnung über die Entsorgung gebrauchter halogenierter Lösemittel
h.M.	herrschende(r) Meinung
HmbGVBl	Hamburgisches Gesetz- und Verordnungsblatt
HNS-Protokoll	Protocol on Preparedness, Response and Co-operation to pollution Incidents by Hazardous and Noxious Substances
Hrsg.	Herausgeber
Hs.	Halbsatz
HSEG	Hohe-See-Einbringungsgesetz
HSMPA	High Seas Marine Protected Areas
IAEA	International Atomic Energy Agency
IBSFC	International Baltic Sea Fishery Commission (Internationale Ostseefischereikommission)
ICCAT	Übereinkommen zur Erhaltung der Thunfischbestände im Atlantik
ICJ	International Court of Justice
i.d.F.	in der Fassung
i.d.S.	in diesem Sinne
IEKK	Integriertes Energie- und Klimaschutzkonzept
IEKP	Integriertes Energie- und Klimaprogramm
i. E.	im Ergebnis
I+E	Zeitschrift für Immissionsschutzrecht und Emissionshandel
IE	Industrieemissionen
IE-RL	Industrieemissionen-Richtlinie
IGH	Internationaler Gerichtshof
i.H.v.	in Höhe von
IKSE	Internationale Kommission zum Schutz der Elbe
IKSR	Internationale Kommission zum Schutz des Rheins
IKZM	Integriertes Küstenzonenmanagement
ILA	International Law Association

Abkürzungsverzeichnis

ILC	International Law Commission
ILO	International Labour Organization
ILM	International Legal Materials
IMO	International Maritime Organization (Internationale Seeschifffahrtsorganisation)
INK	Internationale Nordseekonferenz
insb.	insbesondere
IPBG	Gesetz zur Beschleunigung von Planungsverfahren für Infrastrukturvorhaben (Infrastruktur-Planungsbeschleunigungsgesetz)
IPCC	Intergovernmental Panel on Climate Change
IPPC	Integrated Pollution Prevention and Control
IR	InfrastrukturRecht (Zeitschrift)
i.S.d.	im Sinne der/s
i.S.e.	im Sinne einer/s
ISO	Internationale Organisation für Normung
i.S.v.	im Sinne von
ITL	International Transaction Log
ITLOS	International Tribunal for the Law of the Sea (Internationaler Seegerichtshof)
ITTA	International Tropical Timber Agreement
i.Ü.	im Übrigen
IUR	Informationsdienst Umweltrecht (Zeitschrift)
i.V.m.	in Verbindung mit
IVU	integrierte Vermeidung und Verminderung der Umweltverschmutzung
JA	Juristische Arbeitsblätter (Zeitschrift)
JEEPL	Journal for european environmental & planning law
JI	Joint Implementation
JMM	Joint Ministerial Meeting of the HELSINKI and OSPAR Commissions
JURA	Juristische Ausbildung (Zeitschrift)
JuS	Juristische Schulung (Zeitschrift)
JustG NRW	Justizgesetz Nordrhein-Westfalen
JZ	Juristenzeitung
Kap.	Kapitel
KfZ	Kraftfahrzeug
KJ	Kritische Justiz (Zeitschrift)
km	Kilometer
KOM	Kommission
KommJur	Kommunaljurist (Zeitschrift)
KraftStG	Kraftfahrzeugsteuergesetz
KrW-/AbfG	Kreislaufwirtschafts- und Abfallgesetz
KrWG	Gesetz zur Förderung der Kreislaufwirtschaft und Sicherung der umweltverträglichen Bewirtschaftung von Abfällen (Kreislaufwirtschaftsgesetz)
KSpG	Kohlendioxid-Speicherungsgesetz
KStZ	Kommunale Steuer-Zeitschrift

KWK	Kraft-Wärme-Kopplung
KWKG	Kraft-Wärme-Kopplungsgesetz
LAI	Länderausschuss für Immissionsschutz
LBauO	Landesbauordnung
LBodSchAG	Landes-Bodenschutz- und Altlastengesetz
LCKW	Leichtflüchtiger Chlor-Kohlenwasserstoff
LImSchG	Landes-Immissionsschutzgesetz
lit.	Buchstabe(n)
LKG	Landeskulturgesetz
LKV	Landes- und Kommunalverwaltung (Zeitschrift)
LKW	Lastkraftwagen
LNatG MV	Landesnaturschutzgesetz Mecklenburg-Vorpommern
LNatschG	Naturschutzgesetze der Länder
London-Protokoll	Protokoll zum Londoner-Übereinkommen
London-Übereinkommen	Übereinkommen über die Verhütung der Meeresverschmutzung durch das Einbringen von Abfällen und anderen Stoffen
LPflG RP	Landespflegegesetz Rheinland-Pfalz
LRE	Sammlung Lebensmittelrechtlicher Entscheidungen
LSA	Land Sachsen-Anhalt, sachsen-anhaltinisch
LuftVG	Luftverkehrsgesetz
LVerfG	Landesverfassungsgericht
LVwVfG	Landes-Verwaltungsverfahrensgesetz
LWaG/LWG	Landeswassergesetz/e
lx	Lux
m	Meter
m.	mit
MARPOL 73/78	Internationales Übereinkommen zur Verhütung der Meeresverschmutzung durch Schiffe
m.a.W.	mit anderen Worten
m. Anm. v	mit Anmerkung von
MDG	Millenium Development Goals
max.	Maximal (e/er/es)
MDR	Monatsschrift für Deutsches Recht
MEPC	Marine Environment Protection Committee
min.	Minuten
Mio.	Millionen
Mrd.	Milliarden
MSRL	Meeresstrategie-Rahmenrichtlinie
M-V	Mecklenburg-Vorpommern, mecklenburg-vorpommerisch
m.w.N.	mit weiteren Nachweisen
NABEG	Netzausbaubeschleunigungsgesetz Übertragungsnetz
NachwV	Verordnung über Verwertungs- und Beseitigungsnachweise
NAP	Nationaler Allokationsplan
NAPG	Gesetz über den Nationalen Allokationsplan
NASCO	Übereinkommen zur Lachserhaltung im Nordatlantik
NatSchG Bln	Naturschutzgesetz Berlin
NatSchG LSA	Naturschutzgesetz Sachsen-Anhalt

NatSchG SH	Naturschutzgesetz Schleswig-Holstein
NEEAP	Nationaler Energieeffizienz-Aktionsplan
Nds	Niedersachsen, niedersächsisch
Nds. NatSchG	Niedersächsisches Naturschutzgesetz
NEAFC	The North East Atlantic Fisheries Commission (Fischereikommission für den Nordost-Atlantik)
n.F.	neue Fassung
NGO	Non Governmental Organization/s
NiSG	Gesetz zum Schutz vor nichtionisierender Strahlung bei der Anwendung am Menschen
NJW	Neue Juristische Wochenschrift (Zeitschrift)
NJ	Neue Justiz (Zeitschrift)
NordÖR	Zeitschrift für Öffentliches Recht in Norddeutschland
NOx	Stickoxide
Nr.	Nummer/n
NSC	North Sea Conference
NuL	Natur und Landschaft (Zeitschrift)
NuR	Natur und Recht (Zeitschrift)
NVwZ	Neue Zeitschrift für Verwaltungsrecht
NW/NRW	Nordrhein-Westfalen, nordrhein-westfälisch
NWVBl.	Nordrhein-Westfälische Verwaltungsblätter (Zeitschrift)
NZBau	Neue Zeitschrift für Baurecht und Vergaberecht
NZM	Zeitschrift für Miet- und Wohnungsrecht
o.ä.	oder ähnlich(e/em/er/es)
OBG	Ordnungsbehördengesetz
ÖlSG	Ölschadensgesetz
OECD	Organisation für wirtschaftliche Zusammenarbeit und Entwicklung
OLG	Oberlandesgericht
OPRC	International Convention on Oil Pollution Preparedness, Response and Co-operation
OSPAR	Übereinkommen zum Schutz der Meeresumwelt des Nordostatlantiks
OVG	Oberverwaltungsgericht
OWiG	Gesetz über Ordnungswidrigkeiten
PBefG	Personenbeförderungsgesetz
PCA	Permanent Court of Arbitration
PCB	Polychlorierte Biphenyle
PCT	Polychlorierte Terphenyle
PEI	Paul-Ehrlich-Institut
PFB	Planfeststellungsbeschluss
PflSchG	Gesetz zum Schutz der Kulturpflanzen (Pflanzenschutzgesetz)
PHI	Produkt- und Umwelthaftpflicht international (Zeitschrift)
PHöchstMengV	Verordnung über Höchstmengen für Phosphate in Wasch- und Reinigungsmitteln (Phosphathöchstmengenverordnung)
PKW	Personenkraftwagen
PlVereinfG	Gesetz zur Vereinfachung von Planungsverfahren für Verkehrswege (Planungsvereinfachungsgesetz)

PM	Particulate Matter
PRTR	Pollutant Release and Transfer Register
PS	Pferdestärke
PSSA	Particularly Sensitive Sea Areas
RabelsZ	Rabels Zeitschrift für ausländisches und internationales Privatrecht
Ramsar-Übereinkommen	Übereinkommen über Feuchtgebiete, insbesondere als Lebensraum für Wasser- und Wattvögel, von internationaler Bedeutung
RdE	Recht der Energiewirtschaft (Zeitschrift)
RdL	Recht der Landwirtschaft (Zeitschrift)
REACH	Registration, Evaluation, Authorization and Restriction of Chemicals
RELP	Renewable Energy Law and Policy (Zeitschrift)
resp.	respektive
RIAA	Reports of International Arbitral Awards
RIW	Recht der internationalen Wirtschaft (Zeitschrift)
RKI	Robert-Koch-Institut
RL	Richtlinie/n
RMBeschrG	Gesetz zur Beschränkung von Rechtsmitteln in der Verwaltungsgerichtsbarkeit (Rechtsmittelbeschränkungsgesetz)
Rn.	Randnummer
RNotZ	Rheinische Notar-Zeitschrift
ROG	Raumordnungsgesetz (des Bundes)
RP	Rheinland-Pfalz, rheinland-pfälzisch
RR	Rechtsprechungs-Report (Zeitschrift)
Rs.	Rechtssache
Rz.	Randziffer
S.	Seite(n)/Satz (Sätze)
s.	siehe
Saarl	Saarland, saarländisch
SaarlNatSchG	Saarländisches Naturschutzgesetz
Sachs/sächs	Sachsen/sächsisch
SächsVBl.	Sächsische Verwaltungsblätter (Zeitschrift)
SächsABG	Sächsisches Abfallwirtschafts- und Bodenschutzgesetz
SchSG	Schiffssicherheitsgesetz
SDG	Sustainable Development Goal(s)
SEA-Protocol	Protocol on Strategic Environmental Assessment
SECA	Schwefel-Emissions-Überwachungsgebiete nach Anlage VI des MARPOL-Übereinkommens
SeeAnlV	Verordnung über Anlagen seewärts der Begrenzung des deutschen Küstenmeeres – Seeanlagenverordnung
SeefiG	Seefischereigesetz
SeefiV	Seefischereiverordnung
SH	Schleswig-Holstein, schleswig-holsteinisch
sm	Seemeile/n
s.o.	siehe oben
SOG	Sicherheits- und Ordnungsgesetz

Abkürzungsverzeichnis

sog.	so genannte(r/s)
Sp.	Spalte
SPS-Übereinkommen	Agreement on the Application of Sanitary and Phytosanitary Measures
SRU	Rat von Sachverständigen für Umweltfragen
SRÜ	UN-Seerechtsübereinkommen
SSA	Straddling Stocks Agreement
StGB	Strafgesetzbuch
StoffR	Zeitschrift für Stoffrecht
StörfallVO	Störfall-Verordnung
str.	streitig/strittig
StrSchV	Verordnung über den Schutz vor Schäden durch ionisierende Strahlen (Strahlenschutzverordnung)
StVO	Straßenverkehrsordnung
StVZO	Straßenverkehrszulassungsverordnung
s.u.	siehe unten
SUP	Strategische Umweltprüfung
SUPG	Gesetz zur Einführung einer Strategischen Umweltprüfung und zur Umsetzung der Richtlinie 2001/42/EG
t	Tonne(n)
TA	Technische Anleitung
TBT	Tributylzinn
TEHG	Gesetz über den Handel mit Berechtigungen zur Emission von Treibhausgasen (Treibhausgas-Emissionshandelsgesetz)
TensV	Verordnung über die Abbaubarkeit anionischer und nicht ionischer grenzflächenaktiver Stoffe in Wasch- und Reinigungsmitteln (Tensidverordnung)
TGC	Trilateral Governmental Conference
Thür	Thüringen, thüringisch
ThürNatG	Thüringer Naturschutzgesetz
TierSchG	Tierschutzgesetz
TKG	Telekommunikationsgesetz
TRIPS	Agreement on Trade-Related Aspects of Intelectual Property rights
Tz.	Teilzahl/Teilziffer
u.a.	unter anderem/und andere(r/s)
u.ä.	und ähnlich(e/em/er/es)
UAG	Gesetz zur Ausführung der Verordnung (EG) Nr. 761/2001 des Europäischen Parlaments und des Rates vom 19. März 2001 über die freiwillige Beteiligung von Organisationen an einem Gemeinschaftssystem für das Umweltmanagement und die Umweltbetriebsprüfung (EMAS) (Umweltauditgesetz)
UAbs.	Unterabsatz
UAGBV	UAG-Beleihungsverordnung
u.a.m.	und andere/s mehr
UBA	Umweltbundesamt
UBAG	Gesetz über die Errichtung eines Umweltbundesamtes
UCLA	University of California, Los Angeles

UGBE I	Umweltgesetzbuch (UGB) Erstes Buch (I) – Allgemeine Vorschriften und vorhabenbezogenes Umweltrecht – (Entwurf v. 19.11.2007)
UGBE II	Umweltgesetzbuch (UGB) Zweites Buch (II) – Wasserwirtschaft – (Entwurf v. 19.11.2007)
UGBE III	Umweltgesetzbuch (UGB) Drittes Buch (III) – Naturschutz und Landschaftspflege – (Entwurf v. 19.11.2007)
UGBE IV	Umweltgesetzbuch (UGB) Viertes Buch (IV) – Nichtionisierernde Strahlung – (Entwurf v. 19.11.2007)
UGBE V	Umweltgesetzbuch (UGB) Fünftes Buch (V) – Handel mit Berechtigungen zur Emission von Treibhausgasen – Emissionshandel (Entwurf vom 19.11.2007)
UGB	Umweltgesetzbuch
UGB-KomE	Entwurf der Unabhängigen Sachverständigenkommission zum Umweltgesetzbuch
UIG	Umweltinformationsgesetz
UMPLIS	Informations- und Dokumentationssystem zur Umweltplanung
UmweltHG	Umwelthaftungsgesetz
UmwRG	Gesetz über ergänzende Vorschriften zu Rechtsbehelfen in Umweltangelegenheiten nach der EG-Richtlinie 2003/35/EG – Umwelt-Rechtsbehelfsgesetz
UN	United Nations
UNCCD	United Nations Convention to Combat Desertification
UNCED	United Nations Conference on Environment and Development (Konferenz der Vereinten Nationen über Umwelt und Entwicklung)
UNCLOS	United Nations Convention on the Law of the Sea
UNECE	United Nations Economic Commission for Europe
UNEP	United Nations Environment Programme
UNESCO	United Nations Scientific, Educational and Cultural Organization
UNFCCC	United Nations Framework Convention on Climate Change (Klimarahmenkonvention)
UNTS	United Nations Treaty Series
UPR	Umwelt- und Planungsrecht (Zeitschrift)
URG	Umweltrahmengesetz
Urt.	Urteil
US	United States (Vereinigte Staaten)
USA	United States of America (Vereinigte Staaten von Amerika)
USchadG	Umweltschadensgesetz
UStaG	Gesetz über Umweltstatistiken
UTR	Umwelt- und Technikrecht (jährliche Sammelbände) des Instituts für Umwelt- und Technikrecht der Universität Trier
u.U.	unter Umständen
UVP	Umweltverträglichkeitsprüfung
UVPG	Gesetz über die Umweltverträglichkeitsprüfung
v.	von/m

v.a.	vor allem
V/VO	Verordnung
VBlBW	Verwaltungsblätter Baden-Württemberg (Zeitschrift)
VDI	Verein Deutscher Ingenieure
VerfGH	Verfassungsgerichtshof
VerpackV	Verpackungsverordnung
VerwArch	Verwaltungsarchiv (Zeitschrift)
VersV	Versatzverordnung
VG	Verwaltungsgericht
VGH	Verwaltungsgerichtshof
vgl.	vergleiche
vol.	Volume
Vorb.	Vorbemerkung/en
VPlBeschlG	Verkehrsplanungsbeschleunigungsgesetz
VR	Verwaltungsrundschau (Zeitschrift)
VvB	Verfassung von Berlin
VVDStRL	Veröffentlichungen der Vereinigung der Deutschen Staatsrechtslehrer
VwGO	Verwaltungsgerichtsordnung
VwVfG	Verwaltungsverfahrensgesetz
WA	Washingtoner Artenschutzabkommen
WaStrG	Bundeswasserstraßengesetz
W+B	Wasser und Boden (Zeitschrift)
WBGU	Wissenschaftlicher Beirat der Bundesregierung Globale Umweltveränderungen
WHG	Wasserhaushaltsgesetz
WHO	World Health Organization
WiVerw	Wirtschaft und Verwaltung (Zeitschrift)
WRMG	Wasch- und Reinigungsmittelgesetz
WRRL	Wasserrahmenrichtlinie (EG)
WTO	World Trade Organisation (Welthandelsorganisation)
WuM	Wohnungswirtschaft und Mietrecht (Zeitschrift)
WVB	Wasserverbandsgesetz
WWF	Worldwide Fund for Nature
ZaöRV	Zeitschrift für ausländisches öffentliches Recht und Völkerrecht
ZAU	Zeitschrift für angewandte Umweltforschung
z.B.	zum Beispiel
ZEV	Zeitschrift für Erbrecht und Vermögensnachfolge
ZfBR	Zeitschrift für deutsches und internationales Bau- und Vergaberecht
ZfIR	Zeitschrift für Immobilienrecht
ZfS	Zeitschrift für das juristische Studium
ZfU	Zeitschrift für Umweltpolitik & Umweltrecht
ZfW	Zeitschrift für Wasserrecht
Ziff.	Ziffer
zit.	zitiert
ZKBS	Zentrale Kommission für die Biologische Sicherheit

Abkürzungsverzeichnis

ZNER	Zeitschrift für Neues Energierecht
ZöR	Zeitschrift für öffentliches Recht
ZRP	Zeitschrift für Rechtspolitik
z.T.	zum Teil
ZuG	Zuteilungsgesetz
ZUR	Zeitschrift für Umweltrecht
ZuV	Zuteilungsverordnung

A. Allgemeines Umweltrecht

§ 1 Grundbegriffe

I. Umwelt

Umwelt im weiteren Sinne ist die Gesamtheit der äußeren Lebensbedingungen, die auf eine bestimmte Lebenseinheit (bspw. einen Menschen, ein Tier, eine Pflanze) einwirken. Danach gehört zur Umwelt unsere **gesamte** belebte und unbelebte **Umgebung** einschließlich der sozialen Umwelt, d.h. der zwischenmenschlichen Beziehungen, der gesellschaftlichen, kulturellen und wirtschaftlichen Einrichtungen und der staatlichen Institutionen.[1]

Für das Umweltrecht ist ein derart umfassender Umweltbegriff aufgrund seiner Uferlosigkeit **unpraktikabel**.[2] Da er alle äußeren Lebensbedingungen erfasst, wäre Umweltrecht gleichzusetzen mit der gesamten Rechtsordnung. Die spezifisch ökologische Ausrichtung als Recht der Umwelt ginge verloren. Daher wird im juristischen Sprachgebrauch ganz überwiegend ein restriktiver Umweltbegriff verwendet.[3]

Hierzu zählen als **natürliche Umwelt** nur die elementaren Lebensgrundlagen des Menschen, namentlich die Umweltmedien Boden, Luft, Wasser, zudem Pflanzen, Tiere und Mikroorganismen in ihren Lebensräumen, insbesondere alle natürlichen Lebensmittel, ferner Bodenschätze, klimatische Bedingungen oder die Ozonschicht und ihre Beziehungen untereinander sowie zum Menschen.[4]

Da eine vom Menschen gänzlich unberührte Natur kaum noch anzutreffen ist, versteht man unter natürlicher Umwelt nicht nur die urwüchsige, sondern auch die vom Menschen gestaltete und bebaute Umwelt (sog. modifizierter restriktiver Umweltbegriff), wie sie in Deutschland als über Jahrtausende gewachsene **Kulturlandschaft** vorfindlich ist.[5]

Der Begriff Umwelt wird in den umweltrechtlichen Fachgesetzen allerdings mit unterschiedlichen Inhalten verbunden, so dass eine rechtlich verbindliche Definition immer nur für das jeweilige Gesetz bestimmend ist.[6] Ein breit ansetzendes Verständnis verfolgt etwa im Anschluss an das Europarecht die Definition in § 2 Abs. 1 S. 2 UVPG, die nicht nur ökologisch medienübergreifend ansetzt, sondern auch Kulturgüter und sonstige Sachgüter mit erfasst.[7]

---

1 *Hoppe/Beckmann/Kauch*, § 1 Rn. 2; dazu und zum Nachfolgenden auch *Eifert* in: Schoch, Besonderes Verwaltungsrecht, 5. Kap. Rn. 7 ff.
2 Auch *Kluth* in: *ders./Smeddinck*, Umweltrecht, § 1 Rn. 2.
3 *Kloepfer* in: Achterberg/Püttner/Würtenberger, § 6 Rn. 14; zum Rechtsbegriff Umwelt auch *Hoffmann*, NuR 2011, 389.
4 Wie vor, § 1 Rn. 16.
5 *Hoppe/Beckmann/Kauch*, § 1 Rn. 3; das lässt sich vielfach auch den umweltrechtlichen Vorschriften selbst entnehmen, vgl. etwa § 1 S. 1 BNatSchG, § 1 BWaldG, §§ 1, 2 BBodSchG; *Ramsauer* in: Koch (Hrsg.), Umweltrecht, § 3 Rn. 1b.
6 *Hoppe/Beckmann/Kauch*, § 1 Rn. 6.
7 Vgl. auch § 2 Abs. 3 UIG; *Ramsauer* in: Koch (Hrsg.), Umweltrecht, § 3 Rn. 1a; zur UVP/SUP näher § 5 Rn. 61 ff.

II. Umweltschutz

1. Begriff

6 Umweltschutz umfasst alle Maßnahmen, die dazu dienen,
- bereits eingetretene Umweltschäden zu beseitigen (**reparativ-wiederherstellende Funktion**),
- gegenwärtige Umweltbelastungen zu begrenzen und zu vermindern (**repressiv-zurückdrängende Funktion**) und
- künftigen Umweltbelastungen vorzubeugen (**präventiv-vorsorgende Funktion**).

7 Umweltschutz stellt sich dergestalt als eine **problemorientierte Querschnittsaufgabe** dar, die nicht auf bestimmte Aufgaben- resp. Lebensbereiche beschränkt werden kann.[8]

2. Schutzzweck

8 Obgleich als dringende Aufgabe allgemein anerkannt, ist umstritten, welche ethischen Wertvorstellungen dem Umweltschutz zugrunde liegen – und damit, welchen Schutzzweck er verfolgt.[9]

9 Nach der Vorstellung vom **anthropozentrischen Umweltschutz** entspringt die Pflicht zur Erhaltung der natürlichen Lebensgrundlagen aus der Verantwortung für das Wohl der lebenden und zukünftigen Menschen.[10]

10 Verfechter des **ökozentrischen**[11] Umweltschutzes verstehen hingegen die Umwelt als einen Wert an sich, der um seiner selbst willen zu schützen ist.[12] Begründet findet sich dies mit der ethisch-sittlichen Verantwortung des Menschen gegenüber seiner Umwelt. Allerdings erweist sich das ökozentrische Verständnis als rechtlich problematisch, wenn daraus (Eigen-)Rechte der Natur (z.B. ein Klagerecht der Robben gegen die Genehmigung der Verklappung von Dünnsäure in der Nordsee) abgeleitet werden,[13] die ohnehin im (gerichtlichen) Prozess nur treuhänderisch durch natürliche oder juristische Personen wahrgenommen werden könnten. Ferner ist die Sicht nur schwer mit der am Menschen ausgerichteten Konzeption der Verfassung (Art. 1 Abs. 1 S. 1 GG) in Einklang zu bringen; das steht zugleich einfach-gesetzlichen Ansätzen dieser Art[14] entgegen.

11 Zu unterschiedlichen Ergebnissen kommen die Auffassungen lediglich dann, wenn eine Maßnahme allein der Umwelt, nicht aber (auch) dem Menschen nützt. Hier besteht eine ethische Pflicht zu einem solchen Handeln nur nach der ökozentrischen, nicht aber nach der anthropozentrischen Sichtweise. Ohnehin verringert sich aufgrund wachsender Erkenntnis von den Wirkungszusammenhängen des ökologischen Systems und der Bedeutung einer Wahrung des ökologischen Gleichgewichts für den Menschen selbst diese geringe praktische Relevanz des theoretischen Gegensatzes. Bei einer weit gefassten anthropozentrischen Sicht sind kaum Maßnahmen denkbar, die tatsächlich

---

8 *Eifert* in: Schoch, Besonderes Verwaltungsrecht, 5. Kap. Rn. 7; *Hoppe/Beckmann/Kauch*, § 1 Rn. 58.
9 Dazu auch *Schmidt/Kahl/Gärditz*, § 4 Rn. 17 ff.
10 *Kimminich*, BayVBl. 1979, 523, 526 f.; *Storm*, Umweltrecht, Rn. 13 ff.
11 Bzw. physiozentrischen, vgl. näher *Ramsauer* in: Koch (Hrsg.), Umweltrecht, § 3 Rn. 2.
12 Nachweise bei *Kloepfer*, Umweltrecht, § 1 Rn. 19.
13 *Bosselmann*, KJ 1986, 1 ff.; ablehnend VG Hamburg, NVwZ 1988, 1058.
14 Etwa § 1 BNatSchG, § 1 TierSchG; *Ramsauer* in: Koch (Hrsg.), Umweltrecht, § 3 Rn. 2.

§ 1 Grundbegriffe

allein der Umwelt und nicht auch – wenigstens mittel- und langfristig – dem Menschen dienen (bspw. Artenvielfalt als Genreserve/Erlebnis der unberührten Natur als menschliches Grundbedürfnis).[15] Entsprechendes wird aus dem Prinzip der nachhaltigen Entwicklung abgeleitet.[16]

Vergleichbares gilt mit Blick auf den teilweise **ressourcen-ökonomisch** verstandenen **Umweltschutz**.[17] Die Schonung der natürlichen, gerade der nicht erneuerbaren Rohstoffvorkommen ist ein (lebens)wichtiges Bedürfnis der heutigen und zukünftigen Menschengenerationen und damit zugleich ein Anliegen des anthropozentrisch orientierten Umweltschutzes.

Die Beantwortung der Frage nach dem jeweils relevanten Schutzzweck[18] wird dadurch erleichtert, dass in den Umweltgesetzen überwiegend der konkrete Gesetzeszweck ausdrücklich benannt ist, und zwar in den gesetzlichen Ziel- und Zweckbestimmungen, die den Einzelregelungen vorangestellt sind (vgl. § 1 BImSchG, § 1 AtG, § 1 BNatSchG, § 1 KrWG[19], § 1 ChemG, § 1 BBodSchG).

3. Handlungsebenen

Handlungsebenen des Umweltschutzes sind primär die Umweltpolitik, die Umweltökonomie und das Umweltrecht.

Umweltpolitik[20] wird im Umweltprogramm der Bundesregierung aus dem Jahre 1971[21] als die Gesamtheit aller Maßnahmen beschrieben, die notwendig sind,

- um dem Menschen eine Umwelt zu sichern, wie er sie für seine Gesundheit und für ein menschenwürdiges Dasein braucht,
- um Boden, Luft und Wasser, Pflanzen- und Tierwelt vor nachteiligen Wirkungen menschlicher Eingriffe zu schützen und
- um Schäden oder Nachteile aus menschlichen Eingriffen zu beseitigen.

Zu den **Instrumenten** der Umweltpolitik gehören regulative Instrumente (ordnungsrechtliche Gebote und Verbote), Planungsinstrumente, ökonomische bzw. wirtschaftslenkende Maßnahmen (etwa über den „Steuerhebel"), Beratung und Information, Umwelterziehung, Anreize der öffentlichen Hand und freiwillige Vereinbarungen.

Umweltökonomie[22] definiert das Umweltprogramm der Bundesregierung als „Wirtschaftswissenschaft, die in ihre Theorien, Analysen und Kostenrechnungen ökologische Parameter mit einbezieht".[23] Bspw. werden die Kosten der Umweltschäden in der Bundesrepublik auf etwa 100 Mrd. EUR pro Jahr geschätzt.[24]

---

15 Auch *Kloepfer*, Umweltschutzrecht, § 1 Rn. 30.
16 *Sparwasser/Engel/Vosskuhle*, § 2 Rn. 23; *Murswiek*, NVwZ 1996, 224; *Ramsauer* in: Koch (Hrsg.), Umweltrecht, § 3 Rn. 3; zum Nachhaltigkeitsprinzip § 3 Rn. 2, § 8 Rn. 20; eingehend *Beaucamp*, Konzept der zukunftsfähigen Entwicklung.
17 *Rehbinder*, RabelsZ 1976, 363, 365 ff.
18 Weiter führend *Summerer* in: Kimminich/v. Lersner/Storm, Bd. 2, Sp. 2143 ff.
19 Zur Rechtsentwicklung im Abfallrecht § 12 Rn. 7.
20 Näher *Hoppe/Beckmann/Kauch*, § 1 Rn. 59 ff.
21 BT-Drs. 6/2710, S. 6.
22 Vertiefend *Wicke* in: Kimminich/v. Lersner/Storm, Bd. 2, Sp. 2206 ff.
23 BT-Drs. 6/2710, S. 63.
24 *Wicke*, Umweltökonomie, S. 112 f.

Aus Sicht der Umweltökonomie stellen sich die gegenwärtigen Umweltprobleme als ein Knappheitsproblem dar, als eine Überbeanspruchung von Ressourcen.[25] Hiernach versagen die Marktmechanismen im Bereich der natürlichen Ressourcen weitgehend, weil sie seit jeher meist kostenlos in Anspruch genommen werden. Das galt bislang insbesondere für das Umweltmedium Luft; inzwischen bahnt sich hier eine Kehrtwende an (Stichwort: Emissionshandel)[26].

18 **Betriebswirtschaftliche** Umweltökonomie betrifft die Beziehungen zwischen Betrieb und Umwelt, deren wirtschaftlichen Folgewirkungen und die Auswirkungen der staatlichen Umweltpolitik auf den Betrieb. Die **volkswirtschaftliche** Umweltökonomie entwickelt Maßnahmen zur Optimierung des gesellschaftlichen Gutes „Umweltqualität".

19 Die dritte Handlungsebene des Umweltschutzes bildet das **Umweltrecht**. Es ist gleichzeitig eines der wichtigsten Instrumente zur Durchsetzung der Umweltpolitik. Hierauf richtet sich die folgende Darstellung.

WIEDERHOLUNGS- UND VERSTÄNDNISFRAGEN

> Was versteht man unter Umwelt und Umweltschutz? (Rn. 1 ff.; Rn. 6 ff.)
> Worauf richtet sich der Zweck des Umweltschutzes? (Rn. 8 ff.)
> Was versteht man unter Handlungsebenen des Umweltschutzes? (Rn. 14 ff.)

---

25 *Kloepfer*, Umweltrecht, § 5 Rn. 225; *Hoppe/Beckmann/Kauch*, § 1 Rn. 97.
26 Dazu § 9 Rn. 12; näher § 16 Rn. 12 ff., 33 ff.

§ 2 Umweltrecht

I. Begriff

Zum Umweltrecht gehören sämtliche staatliche Normen, die dem Schutz der Umwelt dienen.[1] In erster Linie handelt es sich um Gesetze, die ausdrücklich auf eine spezifisch umweltschützende Aufgabe zugeschnitten sind. Sie bilden gleichsam den **Kernbereich** des Umweltrechts. Hierzu gehören insbesondere das Recht der staatlichen Umweltschutzaktivitäten, wie das Naturschutz- und Landschaftspflegerecht sowie das Bodenschutzrecht, ferner das Gewässerschutzrecht, das Immissionsschutz- und Strahlenschutzrecht.[2]

Umweltrecht findet sich aber auch in zahlreichen nicht umwelt(schutz)spezifischen Gesetzen, sei es in ganzen Abschnitten (so im 29. Abschnitt StGB – Straftaten gegen die Umwelt) oder in Einzelnormen (etwa in § 906 BGB – Zuführung unwägbarer Stoffe).

Andere Normwerke verfolgen den Umweltschutz nur als eines von mehreren Zielen. Dazu gehören das Baugesetzbuch (vgl. insbesondere § 1 Abs. 5 S. 2 BauGB zur Funktion der Bauleitpläne: „Sie sollen dazu beitragen, eine menschenwürdige Umwelt zu sichern und die natürlichen Lebensgrundlagen zu schützen und zu entwickeln, ..."), das Raumordnungsgesetz (§ 1 Abs. 1, 2, § 2 Abs. 2 Nr. 6 ROG[3]), die Landesplanungsgesetze und, wenn auch eingeschränkt, bestimmte Fachplanungsgesetze (etwa Telekommunikationsgesetz, vgl. § 73 TKG, Teile des Energierechts). Wenngleich diese Gesetze nicht in ihrer Gesamtheit dem Umweltrecht zuzuordnen sind, gehören doch ihre umweltschutzorientierten Regelungen dem Umweltrecht an.

Umstritten ist, ob auch solche Normen zum Umweltrecht zählen, die zwar für den Umweltschutz von erheblicher Relevanz sind, aber nur beiläufig umweltschützenden Charakter haben, die also keine umweltschützende Zielsetzung mitverfolgen. Gemeint sind u.a. die Grundrechte (Art. 2 ff. GG), das Sozialstaatsprinzip (Art. 20 Abs. 1, 28 Abs. 1 S. 1 GG), die polizeiliche Generalklausel (etwa in Nordrhein-Westfalen § 14 OBG, in Mecklenburg-Vorpommern § 13 SOG), §§ 823, 1004 BGB,[4] aber auch das technische Arbeitsschutz-, Gesundheits- und Lebensmittelrecht[5].

Teilweise wird nur dem umweltspezifischen Recht, dem Sonderrecht des Umweltschutzes, Rechtsgebietscharakter zuerkannt (sog. **Umweltrecht im engeren Sinne**).[6] Nicht zum Rechtsgebiet „Umweltrecht" gehören nach dieser Ansicht alle übrigen Normen mit Relevanz für den Umweltschutz (sog. **Umweltrecht im weiteren Sinne**).

Da die vorgenannten Vorschriften jedoch große Bedeutung für den Umweltschutz besitzen und sich aufgrund ihrer Existenz eine parallele Normierung in spezifisch umweltschützenden Kodifikationen erübrigt, werden sie nach verbreiteter Ansicht ebenfalls dem Umweltrecht zugerechnet.[7] Letztlich ist der Streit eher **akademischer Natur**, weil besagte Relevanz allgemein anerkannt ist – unabhängig davon, ob die Bestimmungen dem Rechtsgebiet „Umweltrecht" zugehören oder ob sie als „Umweltrecht im weiteren Sinne" zu bezeichnen sind und keinen solchen Rechtsgebietscharakter aufweisen.

---

1 *Sanden*, § 1 Rn. 2.
2 Fallbezogen i.S.d. Examensvorbereitung zum Umweltrecht *Glaser/Klement*, Umweltrecht mit Planungsrecht.
3 V. 22.12.2008, BGBl. I, S. 2986; zuletzt geändert durch Gesetz v. 31.7.2009, BGBl. I, S. 2585.
4 Auch *Sendler*, JuS 1983, 255, 255.
5 *Ramsauer* in: Koch (Hrsg.), Umweltrecht, § 3 Rn. 6: Querschnittsfunktion des Umweltrechts.
6 Vgl. *Kloepfer*, Umweltrecht, § 1 Rn. 61.
7 *Kloepfer*, Umweltrecht, § 1 Rn. 69 ff.

Im Rahmen der weiteren Behandlung des **allgemeinen Umweltrechts**, bei dem es um Regelungs- und sonstige Grundstrukturen geht, die sich wegen ihrer durchgängigen oder doch weitreichenden Geltung für die speziell normierten Bereiche des Umweltrechts „vor die Klammer" ziehen lassen[8], findet das Umweltrecht „im weiteren Sinne" (Mit-)Berücksichtigung. Im Teil „**Besonderes Umweltrecht**" beschränkt sich die Darstellung aus Gründen der Übersichtlichkeit vornehmlich auf zentrale Materien des eigentlichen Umweltschutzrechts, also des Umweltrechts im engeren Sinne.

II. Entstehung des Umweltrechts

5   Schon im 19. Jahrhundert (vereinzelt auch vorher) gab es **punktuelle Regelungen** des Umweltschutzes, dies vor allem im Bereich des Naturschutzes sowie der Gewässer- und Luftreinhaltung – wenn auch noch nicht als „Umweltrecht".[9] Bspw. enthielt die Preußische Gewerbeordnung von 1845 eine frühe Immissionsschutzregelung; in England wurde 1847 ein Gesetz zur Bekämpfung der Rauchverschmutzung erlassen – und erste Unterschutzstellungen von Naturdenkmälern erfolgten bereits vor 1840.

6   Für die Zeit **nach 1945** sind in der Bundesrepublik Deutschland vor allem der Erlass des Gesetzes zur Ordnung des Wasserhaushalts – Wasserhaushaltsgesetz (WHG)[10] – (1957) und des Gesetzes über die friedliche Verwendung der Kernenergie und den Schutz gegen ihre Gefahren – Atomgesetz (AtG)[11] – aus dem Jahr 1959 sowie der Versuch einer Luftverbesserung durch großräumige Verteilung von Luftbelastungen zu erwähnen. Diese Maßnahmen bildeten zwar zunächst nur partielle Reaktionen auf sich ausbreitende Umweltgefahren; sie ließen gleichwohl allmählich ein Klima entstehen, in dem sich die allgemeine Einsicht in ökologische Probleme entfalten konnte. Dergestalt kann im Umweltbewusstsein der entscheidende Motor für das Entstehen von Umweltrecht gesehen werden.[12] Mit der weitgehenden Befriedigung materieller Ansprüche und einem wachsenden Bedürfnis nach „neuen" Werten waren nach 1969/1970 dann endgültig wichtige Voraussetzungen für die Entwicklung des Umweltrechts erfüllt.

7   Die geradezu rasante Entwicklung des Umweltrechts in den **siebziger Jahren** wird – zu Recht – ganz überwiegend auf das von der sozial-liberalen Koalition ausgearbeitete Sofortprogramm der Bundesregierung vom 25.9.1970 und vor allem auf das schon erwähnte Umweltprogramm der Bundesregierung vom 21.9.1971 zurückgeführt.[13] Entsprechend den politischen Vorgaben des Umweltprogramms erfolgten einerseits umfassende Neuregelungen durch das Abfallgesetz (AbfG)[14] aus dem Jahr 1972, das Bundes-Immissionsschutzgesetz (BImSchG, 1974),[15] das Bundeswaldgesetz (BWaldG, 1975)[16] und das Bundesnaturschutzgesetz (BNatSchG, 1976);[17] andererseits wurden 1976 das

---

8   *Ramsauer* in: Koch (Hrsg.), Umweltrecht, § 3 Rn. 13.
9   Zum Umweltrecht in der vorindustriellen Periode sowie innerhalb der Industrialisierung *Kloepfer*, Umweltrecht, § 2 Rn. 7 ff.; vertiefend *ders.*, Zur Geschichte des deutschen Umweltrechts; auch *Storm*, Umweltrecht, Rn. 66 ff.
10 Zur ursprünglichen Fassung siehe: BGBl. I, 1957, S. 1110, zur aktuellen Fassung § 2 Rn. 24.
11 BGBl. I, S. 814.
12 Zur Entwicklung des Umweltrechts auch *Kluth* in: ders./Smeddinck, Umweltrecht, § 1 Rn. 21. ff.
13 *Kloepfer/Franzius*, UTR 1994, S. 179, 183: „wahrer legislativer Schub"; dazu und zum Nachfolgenden auch *Kloepfer*, Umweltschutzrecht, § 1 Rn. 5 ff.
14 BGBl. I, S. 873.
15 BGBl. I, S. 721.
16 BGBl. I, S. 1037.
17 BGBl. I, S. 3574.

WHG, ergänzt um das Abwasserabgabengesetz (AbwAG),[18] und das AtG neu gefasst. Abgeschlossen war der normative „Rohbau" des modernen, flächendeckenden Umweltrechts im Wesentlichen mit dem Erlass des Chemikaliengesetzes (ChemG)[19] im Jahre 1980, das sich von dem die Aufbauphase charakterisierenden medienbezogenen Ansatz löste und erstmals stoffbezogen einen „medienübergreifenden" Umweltschutz zu ermöglichen versuchte.

War der gesetzliche Nachholbedarf gegen Ende der siebziger Jahre des 19. Jahrhunderts auch befriedigt und ein im internationalen Vergleich beachtliches umweltrechtliches Normenwerk geschaffen, konnte dennoch von einer Entschärfung der Umweltkrise nicht die Rede sein. Die in den letzten Jahren der sozial-liberalen Koalition nachlassenden legislativen Aktivitäten im Umweltbereich beruhten zudem darauf, dass sich die Exekutive nunmehr der konkretisierenden Ausfüllung der gesetzlichen Vorgaben zuwendete. Augenfällig wurde diese Feinabstimmung legislativer Grobziele etwa in der Novellierung der Großfeuerungsanlagen-Verordnung[20] und der Technischen Anleitung (TA) Luft[21] (beides 1983).

Obwohl in den **achtziger Jahren** des vergangenen Jahrhunderts die Grenzen einer Bewältigung umweltspezifischer Problemlagen durch detaillierte Normierung erkannt wurden, und sich die umweltpolitische Diskussion stärker der Bedeutung von gesetzlich nur in Form unbestimmter Rechtsbegriffe beschriebenen Umweltstandards widmete (Stichwort: Grenzwertdiskussion), konnte der Gesetzgeber im Umweltrecht nicht auf eine partielle Nachbesserung und Modernisierung einzelner Normwerke verzichten. So wurden 1986 das BImSchG, das AbfG, das AbwAG, das BNatSchG, das Pflanzenschutzgesetz (PflSchG)[22] und das WHG novelliert. Auch das sich beständig ausweitende Umweltrecht der EG zog zunehmend Anpassungen der bundesdeutschen Gesetzeslage nach sich, etwa im Wege des Gesetzes über die Umweltverträglichkeitsprüfung (UVPG)[23] von 1990 zur Umsetzung der UVP-Richtlinie[24] aus dem Jahre 1985.

In der früheren **DDR** stellte der Erlass des Gesetzes über die planmäßige Gestaltung der sozialistischen Landeskultur in der Deutschen Demokratischen Republik – Landeskulturgesetz (LKG) – (1970)[25] eine Zäsur in der umweltpolitischen und umweltrechtlichen Entwicklung dar.[26] Das LKG fasste bis dahin in verschiedenen Gesetzen geregelte Materien zusammen und entwickelte sie weiter. Erstmals umfassender geregelt wurden insoweit der Immissionsschutz (Reinhaltung der Luft und Lärmschutz), die Abfallwirtschaft (Nutzbarmachung und schadlose Beseitigung der Abfallprodukte) sowie die Erschließung, Pflege und Entwicklung der Landschaft für die Erholung.

Aufgrund ihrer rechtlichen Ausgestaltung als Beitrittsfall (für die DDR) hat die deutsche Einheit das Umweltrecht der Bundesrepublik Deutschland nur geringfügig verändert. Im Wesentlichen ging es darum, das bestehende Umweltrecht der Bundesrepublik

---

18 BGBl. I, S. 2721.
19 BGBl. I, S. 1718.
20 13 BImSchV, Art. 2 der Verordnung v. 2.5.2013, BGBl. I, S. 1021, 1023, 3754; zuletzt geändert durch Art. 80 der Verordnung v. 31.8.2015 BGBl. I, S. 1474.
21 TA Luft v. 23.2.1983, GMBl. S. 94, neu bekannt gemacht am 24.7.2002, GMBl. S. 511.
22 BGBl. I, S. 1505.
23 BGBl. I, S. 205.
24 ABlEG L 175/40 v. 5.7.1985; näher § 5 Rn. 63 m. Fn. 140.
25 Gesetz über die planmäßige Gestaltung der sozialistischen Landeskultur in der Deutschen Demokratischen Republik – Landeskulturgesetz – v. 14.5.1970, GBl. DDR I, S. 67.
26 *Kloepfer*, Umweltrecht, § 2 Rn. 100.

mit möglichst wenigen Modifikationen und kurzen Anpassungsfristen auf die neuen Länder zu übertragen.

10 Die Entwicklung des Umweltrechts **seit Anfang der neunziger Jahre** des 20. Jahrhunderts ist geprägt durch

- **Deregulierung** materieller Standards und Verschlankung des Verfahrensrechts,[27]
- einen Zuwachs neuartiger, insbesondere ökonomischer Instrumente (Ökosteuern,[28] Emissionshandel[29]),
- eine Verstärkung des integrativen Umweltschutzes (IVU-Richtlinie[30], Artikelgesetz[31]),
- eine stärkere Betonung der nachhaltigen Entwicklung,
- einen zunehmenden Einfluss gemeinschaftsrechtlicher und internationaler Vorgaben[32] sowie
- Bemühungen zur verstärkten Harmonisierung, Vereinheitlichung und Standardisierung.[33]

Der Erfolg von Umweltrecht lässt sich freilich nicht allein und schon gar nicht vorrangig an der Anzahl umweltschützender Normen messen. Entscheidend sind vielmehr die Inhalte und hier vor allem der schwierige Ausgleich zwischen Stabilität und Flexibilität, damit einerseits gesetzliche Umweltschutzmaßnahmen hinreichend langfristig und verlässlich wirken, andererseits aber auch neue ökologische Erkenntnisse und technische Möglichkeiten berücksichtigt werden können.[34] Ein erfolgreiches Umweltrecht ist zudem abhängig vom politischen und ökonomischen Umfeld; ohne dessen Berücksichtigung sind Entwicklungsschübe des (Umwelt-)Rechts, aber auch widerläufige Entwicklungen nicht erklärbar.[35]

III. Entwurf und Scheitern eines Umweltgesetzbuchs

11 Im Gefolge der Zersplitterung des Umweltrechts war seit längerem der Ruf nach Vereinheitlichung und Harmonisierung laut geworden. Insoweit hatte es zunächst wissenschaftliche Vorarbeiten zu der Frage gegeben, ob dem Umweltrecht Kodifikationsreife attestiert werden konnte.[36] Dabei ist „Kodifikation" als zusammenfassend-systematische Erfassung eines Normenbestandes i.S.e. abgrenzbaren Regelungsbereichs zu verstehen.[37]

12 Dergestalt hatte bereits der Professorenentwurf eines **Umweltgesetzbuch**s – Allgemeiner Teil (**UGB-AT**) aus dem Jahr 1990 Ziele, Prinzipien und Instrumente des Umweltschutzes, Umweltrechte und Umweltpflichten, ein Modell der Umweltleitplanung, Um-

---

27 Vertiefend *Erbguth*, Zur Vereinbarkeit der jüngeren Deregulierungsgesetzgebung.
28 Vgl. *Jansen*, ZUR 2003, 257.
29 Vgl. § 9 Rn. 12; näher § 16 Rn. 33 ff.
30 RL 96/61/EG v. 24.9.1996 über die integrierte Vermeidung und Verminderung der Umweltverschmutzung, ABIEG L 257/26, ersetzt durch RL 2010/75/EU v. 24.11.2010, ABlEU L 334/17; § 9 Rn. 7 f.
31 Gesetz zur Umsetzung der UVP-Änderungsrichtlinie, der IVU-Richtlinie und weiterer EG-Richtlinien zum Umweltschutz v. 27.7.2001, BGBl. I, S. 1950; vgl. § 9 Rn. 8.
32 Vgl. die Beiträge in: *Erbguth*, Europäisierung des nationalen Umweltrechts.
33 *Kloepfer*, Umweltrecht, § 1 Rn. 40 ff.
34 Eingehend dazu aus der Perspektive von Zeitproblemen des Umweltrechts *Gärditz*, EurUP 2013, 2.
35 Weiterführend zur Umweltrechtsgeschichte *Ebel* in: Kimminich/v. Lersner/Storm, Bd. 2, Sp. 2364 ff.
36 Vertiefend *Kloepfer*, Systematisierung des Umweltrechts; *Kloepfer/Meßerschmidt*, Innere Harmonisierung des Umweltrechts.
37 Dazu und zum Nachfolgenden auch *Schmidt/Kahl/Gärditz*, § 4 Rn. 4 ff.

weltfolgenprüfung und Umwelthaftung sowie die Verbandsbeteiligung, die Öffentlichkeit von Verfahren und Regelsetzungen zum Inhalt. Der Professorenentwurf eines Umweltgesetzbuchs – Besonderer Teil (**UGB-BT**) von 1994 nahm sich der Sachbereiche Naturschutz und Landschaftspflege, Gewässerschutz und Wasserwirtschaft, Bodenschutz, Immissionsschutz, Kernenergie und Strahlenschutz, gefährliche Stoffe sowie Abfallwirtschaft und -entsorgung an, nicht hingegen des bedeutsamen Gentechnikrechts, eines übergreifenden Stoffrechts oder eines einheitlichen Rechts für alle Verkehrsanlagen. Vor diesem Hintergrund wurde im Juli 1997 der Entwurf einer Unabhängigen Sachverständigenkommission zum Umweltgesetzbuch unter dem Vorsitz des ehemaligen Präsidenten des Bundesverwaltungsgerichts *Sendler* vorgelegt: **UGB-KomE**.[38]

Die Professorenentwürfe und der Vorschlag der Sachverständigenkommission bilden die beiden ersten Etappen auf dem Weg zum Umweltgesetzbuch. Zu einer dritten, ministeriellen Phase, in welcher auf der Grundlage des Vorschlags der Sachverständigenkommission ein Entwurf der Bundesregierung erarbeitet werden sollte, kam es zunächst nicht; die Gründe lagen im politischen Bereich, waren aber auch solche kompetenzrechtlicher Art, die vornehmlich das Wasserrecht und die insoweit bis Mitte 2006 begrenzte bloße Rahmenkompetenz des Bundes betrafen.[39]

13

Die Zusammenführung der Umweltgesetze in einem Umweltgesetzbuch war allerdings in der Koalitionsvereinbarung für die 15. Legislaturperiode als Projekt genannt[40] und war es gleichermaßen in derjenigen der 16. Legislaturperiode, so dass das UGB keineswegs als endgültig gescheitert angesehen werden konnte. Vielmehr hatte gerade die Föderalismusreform des Jahres 2006[41] den Arbeiten an und zu einem **UGB** wieder Auftrieb gegeben und diese deutlich vorangebracht.[42] Denn im Wege jener Reform ist die auf Rahmensetzung beschränkte (Gesetzgebungs-)Kompetenz des bisherigen Art. 75 GG aufgehoben und dem Bund auf den Gebieten des Wasserrechts und des Naturschutzrechts nunmehr eine Vollkompetenz, nämlich eine **konkurrierende Gesetzgebungszuständigkeit** zugewiesen worden, die überdies Freistellung vom bundesweiten Regelungserfordernis des Art. 72 Abs. 2 GG erfahren hat.[43] Dabei stand das Vorhaben des Bundes freilich unter Zeitdruck, weil das den Ländern auf den fraglichen Gebieten durch Art. 72 Abs. 3 S. 1 Nr. 2, 5 GG eröffnete **Abweichungsrecht** nach Art. 125b Abs. 1 S. 3 GG nur bis Ende des Jahres 2009 zeitlich gehemmt war.[44]

14

Inhaltlich sollte das UGB Folgendes erfassen: In einem Allgemeinen Teil, der zugleich das vorhabenbezogene Umweltrecht regelte (UGBE I),[45] ging es im 1. Kap. neben Zweck-, Grundsatz- und Begriffsbestimmungen (Abschn. 1) um die SUP[46] (Abschn. 2), den betrieblichen Umweltschutz (unter Einschluss von Regelungen über Erleichterun-

---

38 *Bundesministerium für Umwelt, Naturschutz und Reaktorsicherheit* (Hrsg.), Umweltgesetzbuch (UGB-KomE).
39 Zur Kompetenzverteilung im Umweltrecht näher § 4 Rn. 43 ff.
40 *Kohls/Reese/Schütte*, ZUR 2003, 55.
41 Zum Umweltbereich (und zur Raumordnung) insoweit kritisch *Erbguth* in: Ipsen/Stüer, FS Rengeling, S. 35, 42 ff.
42 Vgl. dazu *Umweltbundesamt*, Umweltgesetzbuch; (rechts)grundsätzlich *Smeddinck*, EurUP 2007, 202; zu den damit zusammenhängenden Fragen die Beiträge in: *Kloepfer*, Das kommende Umweltgesetzbuch.
43 Zu den Kompetenzfragen im Umweltrecht näher § 4 Rn. 42 ff.
44 Zur vorstehend skizzierten Kompetenzlage näher etwa *Oeter* in: Starck, Föderalismusreform, Rn. 45 ff.; *Kyrill-Schwarz* in: Starck, Föderalismusreform, Rn. 131.
45 „Fachübergreifende Umweltmaterien", vgl. hierzu und zum Nachfolgenden http://www.umweltbundesamt.de/sites/default/files/medien/1/dokumente/ugb1_allgem_vorschriften.pdf (Stand: 15.01.2016).
46 Näher § 5 Rn. 73 ff.

gen für auditierte Unternehmensstandorte,[47] Abschn. 3), die Vermeidung und Sanierung von Umweltschäden (Abschn. 4), um Rechtsbehelfe in Umweltangelegenheiten (Abschn. 5) und die Recht- und Regelsetzung im Umweltbereich (Anhörung beteiligter Kreise, Verwaltungsvorschriften, Abschn. 6). Im Zentrum des UGBE I stand das vorhabenbezogene Umweltrecht in Fokussierung auf die **integrierte Vorhabengenehmigung** (Kap. 2), welche die bisherigen Einzelgenehmigungen bei umweltrelevanten Vorhaben bündeln sollte.[48] Unterschieden wurden insoweit das Instrument der Genehmigung als prinzipiell gebundene Entscheidung[49] (Abschn. 2) und die planerische Genehmigung mit Abwägungsspielräumen der Verwaltung[50] (Abschn. 3). In diesem Zusammenhang fand sich zugleich die insoweit als unselbständiger Verfahrensbestandteil durchzuführende UVP[51] normiert (Abschn. 4, auch Abschn. 5). Flankierende, nämlich eingreifende Maßnahmen und solche der Überwachung waren Gegenstand von Abschn. 6 und 8; das Rechtsregime für bestehende Anlagen hielt Abschn. 8 vor.[52] UGBE II traf Sonderregelungen für die Wasserwirtschaft, UGBE III Entsprechendes für Naturschutz und Landschaftspflege; Gegenstand des UGBE IV waren spezielle Vorschriften mit Blick auf „nichtionisierende Strahlung" (etwa im Zusammenhang mit Funkanlagen, Freileitungen, Erdkabeln, Umspannanlagen u.Ä.) und UGBE V erfasste den Emissionshandel bezogen auf Treibhausgase.

Trotz erheblicher Zugeständnisse des federführenden Bundesumweltministeriums an die Ressorts und die Bundesländer im weiteren Verlauf der Gesetzgebung ist das Vorhaben eines UGB Anfang des Jahres 2009 erneut **gescheitert**, und zwar im Wesentlichen am Widerstand des Landes Bayern. Angesichts des zeitlichen Drucks infolge Art. 125b Abs. 1 S. 3 GG[53] sind immerhin das BNatSchG und das WHG novelliert worden.[54]

IV. Bereiche des Umweltrechts

15 Entsprechend den drei herkömmlichen Rechtsdisziplinen lässt sich das Umweltrecht unterteilen in

- Umweltstrafrecht,[55]
- Umweltprivatrecht und
- öffentliches Umweltrecht.

---

47 Zum Umwelt-Audit näher § 5 Rn. 120 ff.
48 Zu dieser Rechtsfigur eingehend *Welke*, Die integrierte Vorhabengenehmigung; anhand der Gesetzgebung *Sangenstedt*, ZUR 2007, 505; zur „integrierten Umweltbehörde" *Wirtz*, Industrieanlagen im Umweltgesetzbuch.
49 Zur gebundenen Entscheidung im Umweltrecht vgl. § 5 Rn. 32.
50 Zu Ausnahmebewilligungen insoweit § 5 Rn. 33; zur Abwägung in der Planfeststellung § 5 Rn. 45 f.
51 Zur UVP § 5 Rn. 62 ff.
52 Kap. 3 enthält die Schlussvorschriften des UGBE I.
53 Dazu vorstehend im Text.
54 Gesetz zur Neuregelung des Rechts des Naturschutzes und der Landschaftspflege v. 29.7.2009, BGBl. I, S. 2542; dazu *Gassner/Heugel*, Das neue Naturschutzrecht. Gesetz zur Neuregelung des Wasserrechts v. 31.7.2009, BGBl. I, S. 2585; dazu *Knopp*, Das neue Wasserhaushaltsrecht; *Caßor-Pfeiffer*, ZfW 2010, 1; *Fassbender*, ZUR 2010, 181. Näher zum Scheitern des UGB *Erbguth/Schubert*, UTR 2010, S. 7.
55 Vgl. *Pfohl*, NuR 2012, 307.

1. Umweltstrafrecht[56]

Der 29. Abschn. im StGB betrifft Straftaten gegen die Umwelt: § 324 StGB, Gewässerverunreinigung; § 324a StGB, Bodenverunreinigung; § 325 StGB, Luftverunreinigung; § 325a StGB, Verursachen von Lärm, Erschütterungen und nichtionisierenden Strahlen; § 326 StGB, Unerlaubter Umgang mit Abfällen; § 327 StGB, Unerlaubtes Betreiben von Anlagen; § 328 StGB, Unerlaubter Umgang mit radioaktiven Stoffen und anderen gefährlichen Stoffen und Gütern; § 329 StGB, Gefährdung schutzbedürftiger Gebiete; § 330 StGB, Besonders schwerer Fall einer Umweltstraftat; § 330a StGB, Schwere Gefährdung durch Freisetzen von Giften.

16

Die Vorschriften der §§ 329-330 StGB haben durch das 45. Strafrechtsänderungsgesetz[57] in Umsetzung der EU-Richtlinie Umweltstrafrecht v. 6.12.2008[58] Verschärfungen bzw. straferweiternde Ergänzungen erfahren.[59]

Außerhalb des 29. Abschn. gibt es folgende Vorschriften: § 309 StGB, Missbrauch ionisierender Strahlen; § 310 StGB, Vorbereitung eines Explosions- oder Strahlungsverbrechens; § 311 StGB, Freisetzen ionisierender Strahlen; § 312 StGB, Fehlerhafte Herstellung einer kerntechnischen Anlage. Umweltstrafrecht findet sich aber auch im eigentlichen Umwelt(verwaltungs)recht[60], etwa in §§ 71, 71a BNatSchG.[61]

Ordnungswidrigkeitstatbestände, welche diese Regelungen für Taten minderer Bedeutung ergänzen, sind am Ende vieler Umweltschutzgesetze geregelt, vgl. § 62 BImSchG, § 69 BNatSchG, § 103 WHG, § 26 BBodSchG.

Charakteristisch für jene Sanktionsnormen ist ihre Abhängigkeit von der Missachtung verwaltungsrechtlicher Normen des Umweltrechts, sog. **Verwaltungsakzessorietät des Umweltstrafrechts**.[62] Die Vorschriften verlangen regelmäßig, dass der Täter „unter Verletzung verwaltungsrechtlicher Pflichten", „ohne die erforderliche Genehmigung oder entgegen einer vollziehbaren Anordnung" oder schlicht „unbefugt" gehandelt haben muss.[63]

Die verwaltungsrechtliche Anknüpfung erfasst im Gefolge des mit dem 45. Strafrechtsänderungsgesetz aufgenommenen § 330d Abs. 2 StGB auch Verstöße gegen das Umweltrecht anderer Mitgliedstaaten, sofern es auf einer Umsetzung europarechtlicher Vorgaben beruht[64] (Auslandsakzessorietät des deutschen Umweltstrafrechts)[65].[66] Bei § 330d Abs. 2 StGB handelt es sich um eine gesetzliche Klarstellung der zwischenzeitlichen Entwicklung zu einer Unionsrechtsakzessorietät des deutschen Umweltstrafrechts; ohnehin dürfte die im Gesetzgebungsverfahren insoweit geäußerte Kritik nicht tragfähig sein.[67]

---

56 Näher *Tünnesen-Harmes* in: Himmelmann/Tünnesen-Harmes, Umweltrecht, § 6.
57 45. Strafrechtsänderungsgesetz zur Umsetzung der Richtlinie des Europäischen Parlaments und des Rates über den strafrechtlichen Schutz der Umwelt v. 6.12.2011, BGBl. I, S. 2557.
58 ABlEU L 328/28.
59 Dazu eingehend *Kloepfer*, Das Umweltstrafrecht nach dem 45. Strafrechtsänderungsgesetz; *Weber* in: Heger/Kelker/Schramm, FS Kühl, S. 747; *Szesny/Görtz*, ZUR 2012, 405.
60 Dazu nachfolgend § 10 Rn. 84 ff.
61 Letztere Vorschrift eingeführt durch das 45. Strafrechtsänderungsgesetz, zuletzt geändert durch Art. 7 des Gesetzes v. 21.1.2013, BGBl. I, S. 95; insgesamt dazu *Szesny/Görtz*, ZUR 2012, 405, 409 ff.
62 *Breuer*, DÖV 1987, 169, 179; *Kloepfer*, Umweltrecht, § 7 Rn. 12; *Mackenthum/Jaeschke*, ZUR 2003, 408.
63 Zum Umweltstrafrecht *Kloepfer*, Umweltrecht, § 7.
64 Zum Umwelteuroparecht vgl. § 7.
65 Dazu etwa *Hecker* in: Ruffert, FS Schröder, 2012, S. 531.
66 Etwa bei der Produktion deutscher Unternehmen in Mitgliedstaaten der EU.
67 Näher *Hecker* in: Ruffert, FS Schröder, 2012, S. 531, 542 ff.

Schattenseite dieser Abhängigkeit ist, dass sich gleichermaßen Defizite des Umweltverwaltungsrechts und seines Vollzugs, etwa Unklarheiten bei der Auslegung von Grenzwertbestimmungen, unklare und unbestimmte Bescheide, Duldungen rechtswidriger Zustände oder rechtswidrige Genehmigungen, dem Umweltstrafrecht mitteilen.

2. Umweltprivatrecht

17 Umweltprivatrecht ist die Summe aller privatrechtlichen Normen, denen in ihrer Ausrichtung auf die Gestaltung der Rechtsbeziehungen zwischen den Bürgern die Funktion zukommt, „zugleich" Auswirkungen auf die Umwelt zu erfassen.[68]
Hierzu zählen insbesondere das **nachbarbezogene Sachenrecht** (§§ 903 ff. BGB) und der durch § 1004 BGB in Form von Beseitigungs- und Unterlassungsansprüchen vermittelte Störerschutz. Dem Einzelnen eröffnet sich so die Möglichkeit, Rechtsfolgen an die Beeinträchtigung einer ihm bevorrechtigt zugewiesenen Umweltsphäre zu knüpfen. Hinzu tritt das für diese Aufgabe allerdings nur schlecht gerüstete allgemeine **Deliktsrecht** (§§ 823 ff. BGB). Dergestalt treten Möglichkeiten zivilrechtlicher Art neben diejenigen des öffentlichen Rechts; gerade im kleinräumigen Nachbarschaftsverhältnis eröffnet sich so effektiver und rascher Rechtsschutz. Allerdings greift das Privatrecht erst bei tatsächlichen Beeinträchtigungen, während öffentlich-rechtlich auch präventives Einschreiten, insbesondere zur Gefahrenabwehr, möglich ist. Zudem leidet das zivilrechtliche Vorgehen unter Einengungen durch öffentlich-rechtliche Überformungen, dies im Interesse von Vorhabenträgern bzw. Genehmigungsinhabern (etwa § 14 BImSchG, § 7 Abs. 6 AtG).[69]

18 Am 1.1.1991 ist das **Gesetz über die Umwelthaftung** (UmweltHG)[70] in Kraft getreten.[71] Das Gesetz führt eine verschuldensunabhängige Gefährdungshaftung und eine Haftung für den Normalbetrieb von Anlagen ein. Es sieht zudem Beweiserleichterungen durch Ursachenvermutungen und Auskunftsansprüche sowie bei bestimmten Anlagentypen eine Deckungsvorsorge vor. Das UmweltHG soll einerseits einen Beitrag zur Umweltvorsorge leisten und andererseits die Rechtsstellung der Geschädigten verbessern; insoweit wurde das zuvor geltende Recht als unzureichend empfunden. Das UmweltHG löst die bisherigen Anspruchsgrundlagen (z.B. § 89 WHG, §§ 906 Abs. 2 S. 2, 823 ff. BGB,[72] aus allgemeiner Gefährdungshaftung nach dem Produkthaftungsgesetz,[73] dem Haftpflichtgesetz,[74] §§ 7 ff. StVG, §§ 33 LuftVG) nicht ab, sondern steht den Geschädigten zusätzlich zur Verfügung. Kommt es durch Umwelteinwirkungen aus einer bestimmten Anlage (insbesondere der Wärmegewinnung, Abfallbeseitigung, Stahlerzeugung oder der chemischen Industrie) zu Körper- oder Sachschäden, ist der Inhaber der Anlage prinzipiell, d.h. i.S.e. (widerleglichen) Ursachenvermutung,[75] zum Schadensersatz verpflichtet (§ 1 UmweltHG); der Geschädigte muss lediglich darlegen können, dass die Anlage zur Verursachung des fraglichen Schadens geeignet war (§ 6

---

68 *Horn*, JZ 1994, 1097; *Otto*, JURA 1995, 134; *Hohloch* in: Kimminich/v. Lersner/Storm, Bd.2, Sp. 2270 ff.
69 Zum Vorstehenden *Schmidt/Kahl/Gärditz*, § 4 Rn. 99–100 m.w.N.
70 V. 10.12.1990, BGBl. I, S. 2634, geändert durch Gesetz v. 23.11.2007, BGBl. I, S. 2631; dazu kritisch anhand der Deckungsvorsorgeregelungen *J. Peter*, LKV 2007, 493.
71 Zur Umwelthaftung näher *Peters/Hesselbarth/Peters*, Umweltrecht, Rn. 265 ff.
72 Letztere sind wichtig für Schmerzensgeldansprüche (§ 253 Abs. 2 BGB), die über das UmweltHG nicht eröffnet sind, *Kloepfer*, Umweltschutzrecht, § 4 Rn. 131.
73 V. 15.12.1989, BGBl. I, S. 2198, zuletzt geändert durch Art. 180 der Verordnung v. 31.8.2015, BGBl. I, S. 1474.
74 I.d.F. der Bek. v. 4.1.1978, BGBl. I, S. 145, zuletzt geändert durch Art. 5 des Gesetzes v. 19.7.2002, BGBl. I, S. 2674.
75 Beweiserleichterungen gibt es freilich auch bei §§ 823 ff. BGB, vgl. BGHZ 92, 143, 147.

Abs. 1 UmweltHG). Die Beweisregel wird freilich entwertet, zum einen dadurch, dass eine derartige Eignung beim bestimmungsgemäßen Betrieb ausscheidet, zum anderen dann, wenn auch ein „anderer Umstand" als die Anlage verursachungsgeeignet war (§ 7 UmweltHG).[76] Nicht nur deshalb stellt das UmweltHG im Ergebnis allenfalls einen Grundstein für ein (noch zu schaffendes) modernes Umwelthaftungsrecht dar: Es gleicht allein solche Schäden aus, die einem bestimmten Schädiger zugerechnet werden können;[77] nicht erfasst werden Summations- und Distanzschäden.[78] Außerdem wurde für sog. ökologische Schäden, also Beeinträchtigungen von Natur oder Landschaft, die nicht zugleich eine Beeinträchtigung individueller Rechte darstellen, mit § 16 UmweltHG eine recht unvollkommene Regelung getroffen.[79] Schließlich kann dem Anspruch Mitverschulden entgegen gehalten werden (§ 11 UmweltHG) und es gelten Haftungshöchstgrenzen (§ 15 UmweltHG).

Weitergehendes hat das Unionsrecht nach sich gezogen: Die (EG-)**Umwelthaftungsrichtlinie**[80] aus 2004 bedingte maßgebliche Änderungen des nationalen Umwelthaftungsrechts.[81] Das zur Umsetzung erlassene **Umweltschadensgesetz** (USchadG, mit zugehörigem Artikelgesetz)[82] führt im Gefolge des Unionsrechts eine allerdings **öffentlich-rechtliche Verantwortlichkeit** des (beruflich handelnden) Verursachers gegenüber den Behörden ein, und zwar für die Vermeidung und Sanierung von Schäden an Naturgütern.[83] Bestehende Zulassungen (Erlaubnisse, Genehmigungen usw.) sind nicht betroffen.[84] Auch werden Ansprüche Dritter nicht begründet, obwohl die Umwelthaftungsrichtlinie dies ermöglicht.[85] Das USchadG verfolgt selbst keinen umfassenden ökologischen Ansatz, sondern ist auf die Schutzgüter bestimmter Umweltgesetze[86] gerichtet. So liegt nach § 2 USchadG ein Umweltschaden vor, wenn eine Schädigung von Arten und natürlichen Lebensräumen nach Maßgabe des § 19 BNatSchG, eine Schädigung von Gewässern i.S.d. § 90 WHG oder eine Schädigung des Bodens durch Beeinträchtigung seiner (Boden-)Funktionen nach § 2 Abs. 2 BBodSchG gegeben ist.[87]

Daneben finden sich in öffentlich-rechtlichen Rechtsmaterien Normen, die eine privatrechtliche Haftung beinhalten. Das gilt bspw. für die Ausgleichspflicht nach § 14 S. 2

19

---

76 Was der Anlagenbetreiber darzulegen und zu beweisen hat, dazu *Kloepfer*, Umweltschutzrecht, § 4 Rn. 134.
77 *Michalski*, JURA 1995, 617.
78 Zum Begriff *Kloepfer*, Umweltrecht, § 6 Rn. 81.
79 Nur, wenn die Sachbeschädigung zugleich eine solche von Natur und Landschaft darstellt, *Kloepfer*, Umweltrecht, § 6 Rn. 118; *Rehbinder* in: Hansmann/Sellner, Grundzüge, I. 3. Rn. 324 ff.
80 RL 2004/35/EG v. 21.4.2004 über Umwelthaftung zur Vermeidung und Sanierung von Umweltschäden, ABlEG L 143/56 (zuletzt geändert durch RL 2013/30/EU v. 12.6.2013, ABlEU L 178/66); *Ludwig*, NuR 2007, 474; *Schmidt/Kahl/Gärditz*, § 4 Rn. 105.
81 *Falke*, ZUR 2004, 244; bereits zu den Vorschlägen *Leifer*, NuR 2003, 598; *Godt*, ZUR 2001, 188; näher *Hager*, NuR 2003, 581; zu den Erfahrungen mit der Umwelthaftungsrichtlinie in der mitgliedschaftlichen Praxis *Knopp/Piroch*, NuR 2013, 25.
82 Dazu *Becker*, NVwZ 2007, 1105; eingehend *ders.*, Umweltschadensgesetz; nach vier Jahren Erfahrung mit dem Gesetz *Brinktrine*, EurUP 2012, 2; ferner *Knopp*, UPR 2007, 414 ff.; auch *Ruffert*, NVwZ 2010, 1177: keine verfassungsrechtlich problematische Rechtsunsicherheit oder unüberschaubare Kostenrisiken, lediglich Feinabstimmung bei Einzelfragen klärungsbedürftig; zum Bodenschutz im Umweltschadensgesetz *Brinktrine*, ZUR 2007, 337; vgl. auch § 13 Rn. 4.
83 Vgl. § 2 USchadG; strukturell mit §§ 4, 11–16 BBodSchG vergleichbar; näher zu alldem *Rehbinder* in: Hansmann/Sellner, Grundzüge, I. 3. Rn. 328 m.w.N.
84 Legalisierende Wirkung behördlicher Zulassungen, vgl. *Kloepfer*, Umweltschutzrecht, § 4 Rn. 146.
85 Vgl. Art. 12 Abs. 1 RL 2004/35/EG (Aufforderung zu behördlichem Einschreiten); ferner – prozessual – Art. 13 RL 2004/35/EG; zu Letzterem im Zusammenhang mit den Rechtsschutzfragen vgl. § 6 Rn. 15.
86 Im engeren Sinne, vgl. Rn. 4.
87 Näher insoweit zum Anwendungsbereich, Instrumentarium und zu Verfahren wie Rechtsschutz *Kloepfer*, Umweltschutzrecht, § 4 Rn. 148 ff.

BImSchG, die Gefährdungshaftung nach § 89 WHG (s.o.) und die Haftungsvorschriften der §§ 25 ff. AtG bzw. der §§ 32 ff. GenTG.[88]

3. Öffentliches Umweltrecht

20 Das öffentliche Umweltrecht als Summe aller öffentlich-rechtlichen Normen, die dem Umweltschutz dienen, lässt sich wie folgt unterteilen: Umweltvölkerrecht,[89] Umwelteuroparecht,[90] Umweltverfassungsrecht[91] und Umweltverwaltungsrecht.[92]

21 Das kodifizierte Umweltverwaltungsrecht bildet ein Teilgebiet des besonderen Verwaltungsrechts[93]; es findet sich in einer nur noch schwer überschaubaren Vielzahl von Gesetzen, etwa Abfallverbringungsgesetz, Abwasserabgabengesetz, Arzneimittelgesetz, Atomgesetz, Benzinbleigesetz, Biozidgesetz,[94] Bundes-Immissionsschutzgesetz, Bundesnaturschutzgesetz, Bundeswaldgesetz, Chemikaliengesetz, Bundes-Bodenschutzgesetz, Erneuerbare-Energien-Gesetz, Fluglärmgesetz, Gentechnikgesetz, Infektionsschutzgesetz, Abfallrecht[95], Pflanzenschutzgesetz, Umweltinformationsgesetz, Gesetz über die Umweltverträglichkeitsprüfung, Wasch- und Reinigungsmittelgesetz, Wasserhaushaltsgesetz.[96]

Einer wirksameren gesetzlichen Erfassung bedarf weiterhin der Klimaschutz.[97] Ferner müssen die (bestehenden) Umweltgesetze im Gefolge des technischen Fortschritts regelmäßig nachgebessert und modernisiert werden. Vonnöten ist überdies eine stärkere Abstimmung der einzelnen Regelungsbereiche aufeinander.[98] Das betrifft vor allem die allgemeinen Normen der jeweiligen Umweltgesetze, die weitgehend parallel strukturiert sind. Durch Ausgliederung dieser (generellen) Vorschriften und Schaffung eines einheitlichen allgemeinen Teils des Umweltrechts wäre ein Großteil an Harmonisierung und Vereinfachung zu erreichen.[99] Hierauf richteten sich die (erfolglosen) Arbeiten an einem **UGB I**.[100] Auch die zunehmende Bedeutung des Rechts der **EU** zieht den Zwang zu einer diesbezüglichen Vereinheitlichung nach sich.

V. Schutzgegenstände

22 Das Umweltverwaltungsrecht lässt sich strukturieren und einteilen in

- allgemeine Vorschriften (z.B. Zuständigkeits- und Verfahrensregelungen)[101] und

---

88 Weiterführend *Hohloch* in: Kimminich/v. Lersner/Storm, Bd. 2, Sp. 2270 ff.; *Medicus*, NuR 1990, 145.
89 Vgl. näher § 8.
90 Vgl. näher § 7.
91 Vgl. näher § 4.
92 Vgl. *Ramsauer* in: Koch (Hrsg.), Umweltrecht, § 3 Rn. 7 ff.; insoweit zur neueren höchstrichterlichen Rechtsprechung *Kahl*, JZ 2008, 74 f.; *ders.*, JZ 2008, 120 ff.
93 Zu Verständnis und Einordnung des allgemeinen Umweltrechts vgl. Rn. 4.
94 Hierzu *Kohls/Reese/Schütte*, ZUR 2002, 431, 432 f.
95 Zur Rechtsentwicklung im Abfallrecht, KrW-/AbfG – KrWG, vgl. § 12 Rn. 7 ff., 12.
96 Nachfolgend werden überwiegend Kürzel zur Bezeichnung der Gesetze verwandt, vgl. zu diesen das Abkürzungsverzeichnis.
97 Vgl. § 16 sowie *Koch*, NVwZ 2011, 641.
98 Vgl. hierzu *Schweikl*, BB 1997, 2123; schon *Kloepfer*, Systematisierung des Umweltrechts, S. 70 ff.
99 Zur Kodifikation des Umweltrechts vgl. *Kloepfer*, Umweltrecht, § 1 Rn. 40 ff.
100 Dazu Rn. 14; *Bundesministerium für Umwelt, Naturschutz und Reaktorsicherheit*, Umweltgesetzbuch (UGB-KomE); vgl. auch *Heuser*, NuR 2008, 99 (Bericht).
101 Vgl. etwa das Umweltverwaltungsgesetz (UVwG) BW v. 25.11.2014, GBl. 2014, 592, zuletzt geändert durch Art. 2 der Verordnung v. 13.8.2015, GBl. S. 785, 793, das Regelungen zur Umweltverträglichkeitsprüfung, zur Strategischen Umweltprüfung, zum Umweltinformationsanspruch, zum Umweltschadensrecht und zur Anerkennung von Umweltvereinigungen bündelt.

§ 2 Umweltrecht

- besondere Regelungen zum Zwecke des medialen, kausalen, vitalen und integrierten Umweltschutzes.[102]

Allgemeine Regelungen betreffen administrative Grundregelungen und -strukturen[103], bspw. die Organisation sowie die Statistik im Umweltbereich.[104] Zu Ersterem zählen die Gesetze zur Errichtung eines Umweltbundesamtes, eines Bundesamtes für Strahlenschutz, eines Bundesamtes für Naturschutz und einer Stiftung „Deutsche Bundesstiftung Umwelt" bzw. der Erlass über die Einrichtung eines Rates von Sachverständigen für Umweltfragen – und zu Letzterem das Umweltstatistikgesetz.

Medialer Umweltschutz dient dem Schutz der (Umwelt-)Medien Boden, Wasser und Luft. Die wesentlichen Bestimmungen zum Schutz des Bodens finden sich in dem – als Leitgesetz ausgestalteten – BBodSchG.[105] Dem Gewässerschutz dienen vor allem das WHG (des Bundes),[106] die Landeswassergesetze sowie das Waschmittel- und Reinigungsmittelgesetz.[107] Der Schutz der Luft erfolgt primär durch das BImSchG; für ergänzendes Immissionsschutzrecht der Länder bleibt nur wenig Raum.[108] Spezialgesetze des Bundes sind insoweit das Fluglärmgesetz und das Benzinbleigesetz.

Kausaler Umweltschutz will eine effektive Minderung der Umweltgefährdung erreichen, indem er bei der Emission gefährlicher Stoffe – gleichsam „an der Quelle" – ansetzt und den Umgang mit ihnen reglementiert. Gesetze des kausalen Umweltschutzes sind insbesondere das AbwAG, Arzneimittelgesetz, AtG, ChemG, Düngemittelgesetz, Lebensmittel-, Bedarfsgegenstände- und Futtermittelgesetzbuch, PflSchG, Wasch- und Reinigungsmittelgesetz und die Normierung des Abfallrechts.[109]

Das Verhältnis von Regelungen des medialen zu solchen des kausalen Umweltschutzes ist nicht frei von Überschneidungen. Gleichwohl bleibt es beim unterschiedlichen Ansatz: Derjenige medialer Art schützt bestimmte Umweltgüter vor (nahezu) allen Gefahrenquellen (z.B. BImSchG, WHG), während der kausale Ansatz alle Umweltgüter gegenüber bestimmten Gefahrenquellen (etwa ChemG, AtG) bewahren will.[110]

Vitaler Umweltschutz dient dem unmittelbaren Schutz von Tieren und Pflanzen.[111] Es geht also in erster Linie um „nichtmenschliches" Leben. An Gesetzen richten sich hierauf das BNatSchG und die Landesnaturschutzgesetze, die Fischereigesetze der Länder, das Bundesjagdgesetz, das PflSchG und das Tierschutzgesetz.

---

102 Vgl. *Schmidt/Kahl/Gärditz*, Umweltrecht, § 4 Rn. 3.
103 Zu Gegenstand und Funktion des "allgemeinen Umweltrechts" vgl. § 2 Rn. 4.
104 Weiteres Verständnis wohl bei *Ramsauer* in: Koch (Hrsg.), Umweltrecht, § 3 Rn. 13.
105 BGBl. I 1998, S. 502, zuletzt geändert durch Art. 101 der Verordnung v. 31.8.2015, BGBl. I, S. 1474; § 13 Rn. 6 ff.
106 Ursprünglich erlassen aufgrund der früheren Rahmenkompetenz des Bundes zur Gesetzgebung auf dem Gebiet des Wasserhaushalts nach Art. 75 Abs. 1 Nr. 4 GG a.F., nunmehr (seit 2006) konkurrierende Gesetzgebungszuständigkeit des Bundes nach Art. 74 Abs. 1 Nr. 32 GG unter Abweichungsvorbehalt zugunsten der Länder gem. Art. 72 Abs. 3 S. 1 Nr. 5 GG (bei Wahrung eines abweichungsfesten Kerns: „stoff- oder anlagenbezogene Regelungen"); auf dieser Grundlage Neuregelung durch Gesetz v. 31.7.2009, BGBl. I, S. 2585, zuletzt geändert durch Art. 320 der Verordnung v. 31.8.2015, BGBl. I, S. 1474; bereits vorstehend Rn. 14; näher zur kompetenziellen Lage § 4 Rn. 41 ff.; vgl. ferner § 11 Rn. 11.
107 BGBl. I 2007, S. 600.
108 Näher § 9 Rn. 16.
109 Zur diesbezüglichen Rechtsentwicklung § 12 Rn. 7 ff., 12.
110 Wie vor.
111 *Kloepfer*, Umweltrecht, § 1 Rn. 66.

Auf der Schnittstelle zwischen kausalem und vitalem Umweltschutz bewegt sich das Gentechnikrecht.[112]

28 **Integrierter Umweltschutz**[113] findet sich dort, wo entweder der Umweltschutz mit anderen (gegenläufigen) Aufgabenstellungen und Zielen konkurriert (etwa Raumordnungsrecht, Recht der Bauleitplanung: Umweltschutz als ein Planungsziel oder abwägungserheblicher Belang neben anderen Aufgaben) oder aber mit weiteren (gleichgerichteten) Zielen konvergiert (bspw. Recht der technischen Sicherheit, insbesondere IVU-Richtlinie,[114] Arbeitsschutzrecht,[115] Gesundheitsrecht)[116] – hier ergänzen Umweltschutzaspekte die anderen Schutzziele Gesundheit, Arbeitssicherheit usw., sie konkurrieren nicht mit ihnen. Ein Beispiel für den integrativen Ansatz im Europäischen Umweltrecht bildet die Querschnittsklausel des Art. 11 AEUV;[117] hiernach müssen die Erfordernisse des Umweltschutzes bei den Unionspolitiken und -maßnahmen einbezogen werden (konkurrierend integrierter Umweltschutz).

WIEDERHOLUNGS- UND VERSTÄNDNISFRAGEN

> Wie steht es um die Inhalte und die Entwicklung eines Umweltgesetzbuchs? (Rn. 14)
> Welche Teildisziplinen des Umweltrechts gibt es und welche Bedeutung haben sie? (Rn. 15 ff.)
> Wonach kann man das Umweltverwaltungsrecht intern gliedern? (Rn. 22 ff.)

---

112 Dazu § 14.
113 Vgl. *Schmidt/Kahl/Gärditz*, Umweltrecht, § 4 Rn. 31 ff.
114 Dazu und zum gerade nicht integrativen, sondern medienbezogenen (Umsetzungs-)Ansatz des nationalen Gesetzgebers *Kloepfer*, Umweltschutzrecht, § 1 Rn. 39; zur Ablösung der IVU-RL durch die IE-RL vgl. § 9 Rn. 8.
115 Z.B. Gerätesicherheitsgesetz.
116 Etwa Bundesseuchengesetz.
117 Vgl. § 7 Rn. 9.

§ 3 Grundprinzipien des Umweltrechts

I. Überblick

Das Umweltrecht ist nach herkömmlicher Ansicht von drei Grundprinzipien geprägt: dem **Vorsorgeprinzip**, dem **Verursacherprinzip** und dem **Kooperationsprinzip**.[1] Als programmatische Leitsätze der Umweltpolitik finden sie sich z.T. bereits im Umweltprogramm der Bundesregierung aus dem Jahr 1971 und vor allem im Umweltbericht von 1976. Ihre besondere Rolle wurde überdies im Zusammenhang mit der Einheit Deutschlands verdeutlicht, nämlich durch Erwähnung in Art. 34 Abs. 1 Einigungsvertrag.

An zusätzlichen Prinzipien finden sich im Schrifttum:[2]

- **Verschlechterungsverbot** bzw. **Bestandsschutzprinzip**: etwa §§ 13 ff., 20 f. BNatSchG, §§ 6, 27 WHG (es soll eine weitere Zunahme der Umweltbelastungen verhindert und wenigstens das gegenwärtige Maß an Umweltqualität erhalten werden),
- **Vorsichtsprinzip**: eine potenziell umweltbelastende Maßnahme – z.B. eine Emission – muss schon dann untersagt werden, wenn es lediglich möglich erscheint, dass sie die Umwelt schädigt,
- **Gefahrenabwehr-** bzw. **Schutzprinzip**: Umweltgefahren müssen abgewehrt werden[3],
- **Grundsatz der Nachhaltigkeit**[4]:
  - eindimensional (ökologisch) als Ressourcen- und Zukunftsvorsorge, konkretisiert durch Bindung der Inanspruchnahme nachwachsender Umweltgüter (wie Pflanzen) an deren Regenerationsfähigkeit, bei nicht erneuerbaren Gütern (Bodenschätze) durch Kompensationspflichten;[5] die allgemeine Grundlage bildet Art. 20a GG[6].
  - mehrdimensional durch gleichzeitige und -gleichberechtigte (Mit-)Berücksichtigung ökologischer, ökonomischer und sozialer Belange bei staatlichen und gesellschaftlichen Entscheidungen (integrativer Ansatz), dies in Wahrung der Interessen künftiger Generationen – generationenübergreifender Ansatz (vgl. in räumlicher Hinsicht § 1 Abs. 2 ROG:[7] Die sozialen und wirtschaftlichen Ansprüche an den Raum sind mit seinen ökologischen Funktionen in Einklang zu bringen und zu einer dauerhaften, großräumig ausgewogenen Ordnung zu führen; ähnlich § 1 Abs. 5 S. 1 BauGB).[8]

---

1 *Kloepfer*, Umweltrecht, § 4 Rn. 1 ff.; *Ramsauer* in: Koch (Hrsg.), Umweltrecht, § 3 Rn. 24; *Storm*, Umweltrecht, Rn. 30 f.; eingehend auch *Rehbinder* in: Hansmann/Sellner, Grundzüge, I. 3. Rn. 19 ff., 140 ff., 173 ff.; *Peters/Hesselbarth/Peters*, Umweltrecht, Rn. 14 ff.
2 Vgl. *Kloepfer/Meßerschmidt*, Innere Harmonisierung des Umweltrechts, S. 67; auch *Eifert* in: Schoch, Besonderes Verwaltungsrecht, 5. Kap. Rn. 36 ff.
3 Dazu allgemein *Ramsauer* in: Koch (Hrsg.), Umweltrecht, § 3 Rn. 29-30; hierauf wird näher im Zusammenhang mit dem Immissionsschutzrecht eingegangen, vgl. § 9 Rn. 47.
4 Eingehend dazu *Calliess* in: Ruffert, FS Schröder, 2012, S. 517; auch *Kluth* in: ders./Smeddinck, Umweltrecht, § 1 Rn. 12; *Eifert* in: Schoch, Besonderes Verwaltungsrecht, 5. Kap. Rn. 62 f.
5 Den Hintergrund bildet das Forstrecht, vgl. § 1 Nr. 1 BWaldG; zum ökologischen Bereich § 1 S. 1 BBodSchG, § 1 BNatSchG.
6 *Ramsauer* in: Koch (Hrsg.), Umweltrecht, § 3 Rn. 44; dazu § 4 Rn. 4 ff.
7 Zum neu gefassten ROG bereits § 2 Rn. 3.
8 Eingehend *Beaucamp*, Konzept der zukunftsfähigen Entwicklung, S. 15 ff.; *Ekardt*, Theorie der Nachhaltigkeit; andersartige Wertung bei *Schmidt/Kahl/Gärditz*, § 4 Rn. 29.

– Im politisch-internationalen Raum findet sich die mehrdimensionale Verantwortung(swahrnehmung) im Zeichen der Nachhaltigkeit vornehmlich auf das Verhältnis zwischen Industrie- und Entwicklungsländern ausgerichtet; dergestalt soll der Ressourcenverbrauch der Industrieländer gesenkt und den Entwicklungsländern eine umweltschonende Wohlstandsentwicklung ermöglicht werden.[9]

- **Prinzip der Produktverantwortung:** Aus dem Abfallrecht entwickelt und eng mit dem Nachhaltigkeitsprinzip verbunden, geht es um eine aus der Produktion von Gütern rührende ökologische Verantwortung während deren gesamter Lebenszeit.[10]
- **Cradle-to-grave-Prinzip:** Kontrolle bestimmter Problemstoffe von ihrer Produktion bis zu ihrer Beseitigung („von der Wiege bis zur Bahre").
- **Integrationsprinzip:**[11] bspw. § 2 Abs. 1 S. 2 Nr. 4 UVPG,[12] IE-Richtlinie[13]; Abkehr vom sektoralen zum gesamtheitlichen, insbesondere die Wechselwirkungen zwischen den Umweltmedien erfassenden (Umwelt-)Schutz.[14]

Die so aufgefächerten Begrifflichkeiten werden allerdings keineswegs durchgängig verwendet; sachlich überschneiden sie sich vielfach, sind z.T. von den eingangs genannten fundamentalen Grundsätzen umfasst oder stellen Nachbarprinzipien,[15] Ausnahmen, aber auch Konkretisierungen zu diesen dar.[16] Da jene **drei Prinzipien** eindeutig im Vordergrund von Umweltpolitik und rechtswissenschaftlicher Diskussion stehen, sollen nur sie im Folgenden behandelt werden.

Bei dem nicht weniger bedeutsamen Nachhaltigkeitsprinzip (s.o.) geht es in seiner ökologischen Ausrichtung um eine konkretisierende Fortentwicklung des Vorsorgeprinzips[17]. In seiner mehrdimensionalen Variante handelt es sich bei der Nachhaltigkeit um einen sachgerechten Problemlö-

---

9 Dazu näher anhand des Klimaschutzes und unter Hinweis auf allgemein gefasste diesbezügliche Managementregeln, die immerhin verdeutlichen, dass Umweltschutzinteressen nur im Kontext mit wirtschaftlichen und sozialen Belangen gesehen werden können, *Ramsauer* in: Koch (Hrsg.), Umweltrecht, § 3 Rn. 48; im Zusammenhang mit dem (Umwelt-)Völkerrecht vgl. näher § 8 Rn. 20.
10 Eingehend *Smeddinck*, NuR 2009, 304, unter besonderer Betonung von Governance-Implikationen und Schnittstellen zum Privatrecht, a.a.O., 309ff. m.w.N.
11 Im Verhältnis zum „Prinzip medialer Spezialregelung" als Ausdruck medialen Umweltschutzes zur besseren Durchsetzung des Schutzprinzips, so *Ramsauer* in: Koch (Hrsg.), Umweltrecht, § 3 Rn. 51; zur Schutzpflicht im Immissionsschutz vgl. § 9 Rn. 47.
12 Vgl. § 5 Rn. 62, 70f.
13 § 9 Rn. 8.
14 Über das Verhältnis der Umweltmedien zueinander (interne Integration) hinaus auch im Verhältnis zu nichtökologischen, insbesondere wirtschaftlichen Belangen (externe Integration), dabei vornehmlich materiell-rechtlich durch weit gefasste Abwägungen resp. Querschnittsklauseln (vgl. Art. 11 AEUV; dazu § 7 Rn. 9), *Ramsauer* in: Koch (Hrsg.), Umweltrecht, § 3 Rn. 52f.; wenn ferner eine externe Integration durch Verfahrensrecht betont und auf die UVP hingewiesen wird (*Ramsauer* in: Koch (Hrsg.), Umweltrecht, § 3 Rn. 53), so betrifft dies die verfahrensrechtliche Seite der UVP, weil im Verfahrensrecht den durchweg nicht integrativen fachlichen Verfahren „aufgesattelt" ist (vgl. § 5 Rn. 62, 66; § 2 Abs. 1 S. 1 UVPG); aber auch die (ökologieintern) integrative Bewertung wird durch die Bindung an die fachgesetzlichen Maßgaben in § 12 UVPG wieder relativiert, vgl. § 5 Rn. 66, 70 f.; zum Integrationsprinzip auch *Schmidt/Kahl/Gärditz*, § 4 Rn. 31ff.; *Rehbinder* in: Hansmann/Sellner, Grundzüge, I. 3. Rn. 116ff.; *Kloepfer*, Umweltschutzrecht, § 3 Rn. 34ff.; es handelt sich indes – wie bei der Nachhaltigkeit – um eine Problemlösungsstrategie und weniger um ein Umweltprinzip (vgl. nachfolgend im Text); in der Sache sind allerdings die Anwürfe gegen den integrativen Ansatz (dazu *Schmidt/Kahl/Gärditz*, § 4 Rn. 35 m.w.N.) naturwissenschaftlich überholt und (europa)rechtlich nicht haltbar, vgl. etwa *Erbguth* in: Ipsen/Stüer, FS Rengeling, 2008, S. 35, 43.
15 Vgl. etwa *Kloepfer*, Umweltschutzrecht, § 3 Rn. 15 f.: Nachhaltigkeitsprinzip, Schutzprinzip, Cradle-to-Grave-Prinzip, Bestandsschutzprinzip als Nebenprinzipien zum Vorsorgeprinzip; zurückhaltender *Ramsauer* in: Koch (Hrsg.), Umweltrecht, § 3 Rn. 24.
16 *Kloepfer*, Umweltschutzrecht, § 3 Rn. 1; ähnlich *Kluth* in: ders./Smeddinck, Umweltrecht, § 1 Rn. 125.
17 Vgl. § 3 Rn. 4, 6 f.

sungsmodus, der weit über das Umwelt- und Planungsrecht hinaus i.S.e. allgemeinen gesamthaften Abwägungsstrategie wirkt; um ein spezifisches Prinzip des Umweltrechts, und sei es auch in dessen weitem Verständnis[18], handelt es sich daher nicht.[19]

Auch stellen das Vorsorge-, Verursacher- und Kooperationsprinzip nach zunehmend vertretener Auffassung mehr als bloße rechtspolitische Handlungsmaximen dar, haben sich vielmehr stärker als die übrigen Prinzipien zu Rechtsprinzipien fortentwickelt.[20] Rechtsverbindlichkeit kommt ihnen bei entsprechender gesetzlicher Fixierung zu (etwa § 5 Abs. 1 Nr. 2 BImSchG: Vorsorge).[21] Verbindliche Vorgaben ergeben sich ferner aus dem Europarecht, vgl. Art. 191 Abs. 2 AEUV; sie binden das nationale Recht vornehmlich über Richtlinien aufgrund der hiermit einhergehenden Umsetzungspflicht der Mitgliedstaaten.[22]

Systematisieren lassen sich die Hauptprinzipien danach, dass das Vorsorgeprinzip inhaltlichen Charakter trägt, während das Verursacherprinzip instrumentell ausgerichtet ist und das Kooperationsprinzip organisatorisch wirkt;[23] das gilt freilich nur dem Grundsätzlichen nach.[24]

II. Vorsorgeprinzip

Das Vorsorgeprinzip besagt, dass bereits die Entstehung von Umweltgefahren und Umweltschäden so weit wie möglich vermieden werden muss:[25] planender, präventiver Umweltschutz.[26] Einfachgesetzlich verankert ist es bspw. in §§ 1, 5 Abs. 1 Nr. 2 (s.o.), 50 BImSchG, §§ 6, 12 WHG, § 7 Abs. 2 Nr. 3 AtG, § 1 S. 1 BBodSchG. Die Auslegung, wie weit das Vorsorgeprinzip im Einzelfall reicht, hängt vom Schutzzweck des jeweiligen Gesetzes ab.

3

Zur theoretischen Begründung des Vorsorgeprinzips lassen sich zwei unterschiedliche Ansätze heranziehen. Die „**Freiraumthese**"[27] will die Belastbarkeit der Natur nicht völlig ausschöpfen, um ein weiteres Wachstum der menschlichen Gesellschaft und Wirtschaft zu ermöglichen und um wenig belastete Freiräume zur Regeneration des Umweltsystems zu erhalten. Die sog. **Ignoranztheorie** geht demgegenüber davon aus, dass die langfristige Wirkung von umweltrelevanten Maßnahmen nie genau vorhergesagt werden kann, Umweltbeeinträchtigungen vielmehr in einem gewissen Maße immer auftreten. Angesichts dessen sei es sinnvoll und notwendig, Eingriffe in die Umwelt durchweg auf das technisch mögliche und zumutbare Maß zu reduzieren.[28]

4

---

18 Dazu § 2 Rn. 4.
19 Vgl. bereits Vorauflage, § 3 Rn. 2 mit Fn. 4, auch Fn. 6; anders *Schmidt/Kahl/Gärditz*, § 4 Rn. 20; *Ramsauer* in: Koch (Hrsg.), Umweltrecht, § 3 Rn. 49.
20 Vgl. aber (etwa) zur Nachhaltigkeit vorstehend im Text. *Kloepfer*, Umweltrecht, § 4 Rn. 3 f.; auch BVerfG, NJW 1998, 2341.
21 Auch *Ramsauer* in: Koch (Hrsg.), Umweltrecht, § 3 Rn. 26. Grundlegend zur Funktion normierter Prinzipien im Umweltrecht *Smeddinck*, NuR 2009, 304, anhand der Produktverantwortung nach dem UGBE 2007/2008.
22 Vgl. *Ramsauer* in: Koch (Hrsg.), Umweltrecht, § 3 Rn. 26; zu Art. 191 AEUV vgl. § 7 Rn. 7 ff.; zur Umsetzung von Richtlinien vgl. § 7 Rn. 15.
23 Teilweise abweichend *Kloepfer*, Umweltschutzrecht, § 3 Rn. 3.
24 Zu den näheren Auffächerungen nachfolgend.
25 *Sanden*, § 4 Rn. 18.
26 Auch *Kluth* in: ders./Smeddinck, Umweltrecht, § 1 Rn. 131.
27 Hierzu *Feldhaus*, DVBl. 1980, 133, 135; *Sellner*, NJW 1980, 1255, 1257.
28 „Sicherheitszone", *Schmidt/Kahl/Gärditz*, § 4 Rn. 20; bereits *Schmidt/Müller*, JuS 1985, 694, 696; OVG Lüneburg, GewArch 1980, 203, 204; OVG Berlin, DVBl. 1979, 159, 159.

5 Im Ziel, auch potenziellen Umweltbelastungen vorzubeugen, lag lange Zeit der wesentliche Unterschied des Umweltrechts zum allgemeinen Recht der Gefahrenabwehr.[29] In letzterem Rahmen war herkömmlicherweise eben nur Gefahrenabwehr möglich. Eine Gefahr im polizeirechtlichen Sinne liegt vor, wenn die erkennbare, objektive, nicht entfernte Möglichkeit des Eintritts eines Schadens, d.h. einer Rechtsverletzung bzw. einer Schädigung von Rechtsgütern, besteht (= Gefahrenschwelle).[30] Inzwischen greift freilich auch im Gefahrenabwehrrecht der Vorsorgegedanke Platz, dies nicht zuletzt im Zusammenhang mit der Terrorismusabwehr.[31]

Über eine solche Prägung verfügt das moderne Umweltrecht aufgrund des Vorsorgeprinzips hingegen seit Längerem.[32] Dabei ist die Risikovorsorge von der Ressourcenvorsorge abzugrenzen.[33]

6 Die **Risikovorsorge** betrifft bloße Schadensmöglichkeiten. Der Begriff des Risikos unterscheidet sich von dem der Gefahr dadurch, dass ein Risiko nicht erst bei hinreichender Wahrscheinlichkeit eines Schadenseintritts vorliegt, sondern schon bei ungewissen, noch nicht hinreichend erforschten Kausalzusammenhängen zwischen anthropogenem Verhalten und Schaden sowie bei dem Zusammenwirken von für sich allein unbedenklicher Umweltbeeinträchtigungen. Ein Risiko besteht nicht erst bei Überschreiten der Gefahrenschwelle[34], sondern bereits dann, wenn ein Schadenseintritt jedenfalls möglich erscheint, d.h. wenn er nicht praktisch ausgeschlossen ist.[35]

7 Im Gegensatz zur Gefahrenabwehr kann bei der Risikovorsorge nicht auf technischwissenschaftlich gesichertes Wissen zurückgegriffen werden; sie soll vielmehr eine Sicherheitsreserve zum Schutz der natürlichen Lebensgrundlagen eröffnen. Damit geht einher:

- das Gebot der Ausschöpfung aller zugänglichen Erkenntnisquellen,
- die Pflicht zum Risikovergleich,
- das Gebot der Begründung von Risikoentscheidungen.

8 Die **Ressourcenvorsorge**[36] geht über den Bereich der Risikovorsorge hinaus und richtet sich auf ein Konzept für umweltverträgliches Wirtschaftswachstum. Sie ist Ausdruck des Leitbildes einer dauerhaft umweltgerechten Entwicklung für kommende Generationen, das auch in Art. 20a GG seinen Niederschlag gefunden hat. Dem wird künftig wachsende Bedeutung zukommen.

9 Primäres Ziel des Vorsorgeprinzips ist die Emissionsvermeidung. Erst dann folgt die Emissionsminderung an der Quelle. Lediglich letzte Mittel bilden Maßnahmen des passiven Umweltschutzes, die bereits entstandene Umweltbeeinträchtigungen mindern (etwa Einbau von Lärmschutzfenstern).

---

29 *Kloepfer*, Umweltrecht, § 4 Rn. 16 ff.
30 *Knemeyer*, § 10 Rn. 87 ff.
31 Sog. Vorfeldmaßnahmen; dazu *Kral*, Die polizeilichen Vorfeldbefugnisse als Herausforderung für Dogmatik und Gesetzgebung des Polizeirechts. Begriff, Tatbestandsmerkmale, Rechtsfolgen; hierzu am Beispiel aktueller Entwicklungen im Recht der Hafensicherheit *Erbguth*, DVBl. 2007, 1202 m.w.N.
32 Vgl. *Breuer*, DVBl. 1978, 829, 836.
33 Zum Nachfolgenden näher *Kloepfer*, Umweltschutzrecht, § 3 Rn. 8 ff.
34 Vgl. soeben Rn. 5.
35 *Schmidt/Kahl/Gärditz*, § 3 Rn. 22, für Genpflanzen; vgl. *Kloepfer*, Umweltrecht, § 4 Rn. 21.
36 Zur Ressourcenvorsorge insoweit *Kloepfer*, Umweltrecht, § 4 Rn. 29 ff.

Typische Instrumente der Umweltvorsorge bilden Planungsmaßnahmen und beim produktbezogenen Umweltschutz dessen Vorverlagerung in die Konstruktionsphase (z.B. §§ 32–35 BImSchG).[37]

III. Verursacherprinzip

Das **Verursacherprinzip** besagt, dass derjenige, dem Umweltbeeinträchtigungen zuzurechnen sind, für ihre Beseitigung, Verminderung oder ihren Ausgleich herangezogen werden soll.[38] Dem liegt der Gedanke zu Grunde, dass die Umwelt nicht länger als frei verfügbares Gut behandelt[39] und sanktionslos geschädigt werden darf. Das Verursacherprinzip ist bspw. Tragender Grund der naturschutzrechtlichen Eingriffsregelung nach §§ 13, 14 ff. BnatSchG.

Gerade Letztere[40] zeigt exemplarisch, dass es hierbei nicht allein um die Frage der **Kostenzurechnung** für Vermeidung, Beseitigung und Ausgleich von Umweltbelastungen geht. Dies ist lediglich beim hiermit verwandten Gruppenlastprinzip[41] der Fall, das bei der Verantwortung bestimmter Schädigergruppen ansetzt und sie mit Sonderabgaben[42] als indirekte (finanzielle) Form der Verhaltenssteuerung belegt. Das Verursacherprinzip hingegen erfasst als ordnungsrechtliches Prinzip nach weitgehend anerkannter Ansicht[43] auch die **materielle Verantwortlichkeit** für jene Vermeidung, Verminderung und Beseitigung.[44] Das beruht auf Gründen der Effektivität, weil der Verursacher zugleich der zur Verhinderung oder Beseitigung Nächste ist, und ist originärer als bei der Kostenzurechnung Ausdruck der rechtsstaatlichen Verteilungsgerechtigkeit.[45] In Anbetracht dessen können neben nachträglichen Kostenerstattungspflichten und Abgaben auch andere, insbesondere präventiv wirkende Mittel eingesetzt werden, wie Verbote, Auflagen, zivilrechtliche Unterlassungs- und Haftungsansprüche.[46]

Vor diesem Hintergrund lassen sich verschiedene **Varianten** des Verursacherprinzips unterscheiden. Die erste besagt, dass Umweltbelastungen primär vermieden oder vermindert, zumindest aber vom Verursacher beseitigt werden sollen. Wird das unterlassen, hat der Verursacher die von ihm dadurch ersparten Aufwendungen zu tragen. Einer anderen Ausprägung zufolge soll der Verursacher auch die verbleibenden, von der Rechtsordnung hingenommenen Umweltbelastungen finanziell ausgleichen. Letztlich gilt es – so die dritte Ausprägung –, statt anhand ersparter Kosten oder entstandenen Schadens die Kostenbelastung nach einem politisch bestimmten Knappheitspreis für Umweltnutzungen festzusetzen. Welcher dieser Varianten der Gesetzgeber im Einzelnen folgt, liegt in seinem Ermessen und ist nach Umweltbereich und konkretem Fall unterschiedlich ausgefallen.

---

37 Weiterführend *Di Fabio*, JuS 1996, 566.
38 Hierzu auch *Sanden*, § 4 Rn. 12.
39 Dazu *Schmidt/Kahl/Gärditz*, § 4 Rn. 24.
40 Näher zur naturschutzrechtlichen Eingriffsregelung § 10 Rn. 31 ff.; eingehend *Berchter*, Die Eingriffsregelung.
41 Dazu *Kluth* in: ders./Smeddinck, Umweltrecht, § 1 Rn. 136; *Ramsauer* in: Koch (Hrsg.), Umweltrecht, § 3 Rn. 34: kollektives Verursacherprinzip.
42 Dazu § 5 Rn. 92.
43 Vgl. *Kloepfer*, Umweltrecht, § 4 Rn. 41.
44 Auch *Kloepfer*, Umweltschutzrecht, § 3 Rn. 19.
45 *Ramsauer* in: Koch (Hrsg.), Umweltrecht, § 3 Rn. 35; der Effektivitätsgedanke trägt freilich nicht durchweg, bspw. nicht in (häufigen) Konstellationen der Multikausalität u.ä., wie vor, Rn. 24.
46 I.d.S. auch *Schmidt/Kahl/Gärditz*, § 4 Rn. 23.

12 Das Verursacherprinzip erschöpft sich nach dem Vorstehenden nicht darin, einen Ausgleich für erlittene Umweltschäden zu statuieren. Vielmehr bedingt es inzwischen einen **Vorrang der Vermeidung von Umweltbelastungen**.[47] Das Verursacherprinzip regelt dabei nur, wen die Vermeidungs- bzw. die subsidiäre Beseitigungslast in tatsächlicher und/oder finanzieller Hinsicht trifft. Insoweit fallen Verursachereigenschaft und Vermeidungslast zusammen, während der Verursacher nicht zwingend auch der Beseitigungspflichtige sein muss.[48] Dies legt das Verursacherprinzip zwar nahe; aus Effektivitätsgründen wird hiervon aber in der Gesetzgebungspraxis gelegentlich abgewichen.

13 Auch der **Begriff des Verursachers** ist im Umweltrecht kein einheitlicher. In einem engen Sinne ist Verursacher nur der, in dessen Einflussbereich die Umweltbelastung auftritt.[49] Nach einem weiteren Verursacherbegriff können hingegen statt des unmittelbar kausalen Verwenders (Konsumenten) bereits der Hersteller und/oder alle ausführend Beteiligten als Verursacher angesehen werden. Ferner lässt sich als Verursacher derjenige begreifen, der die Umweltbelastung mit verursacht hat und wirtschaftlich und technisch am besten in der Lage ist, die Beeinträchtigung abzustellen.[50] Schließlich wird vornehmlich im Zusammenhang mit der Haftung für Altlasten auf den Inhaber der (Immobiliar-)Sache abgestellt („Inhaberprinzip").[51] Welcher Verursacherbegriff in welcher Materie des Umweltrechts der angemessene ist, entscheidet – wiederum – der Gesetzgeber nach seinem Ermessen.

14 Die Anwendung des Verursacherprinzips setzt mithin eine nähere gesetzgeberische Konkretisierung voraus. Deshalb hat sich ein sog. **instrumentalistisches Verständnis**[52] des Verursacherprinzips durchgesetzt: Die Zurechnung von Umweltbelastungen erfolgt (lediglich) in dem Umfang, in dem sie – als umweltpolitisch geboten – Festlegung durch den Gesetzgeber gefunden hat. So ist für eine Abwassereinleitung, die zu einer Gewässerverunreinigung führt, eine Abgabe nach dem Abwasserabgabengesetz zu zahlen, während der Verursacher von Luftbelastungen (bislang) keine derartige Abgabe leisten muss.[53]

15 Eine Begrenzung des Verursachergedankens stellt das **Gemeinlastprinzip** dar, wonach die Kosten zur Bereinigung oder Verminderung von Umweltschäden der Allgemeinheit, also dem Steuerzahler, auferlegt werden.[54] Seine Anwendung soll auf Ausnahmefälle beschränkt bleiben und setzt das Vorliegen von sachgerechten Gründen voraus. Dies können einerseits tatsächliche Gründe sein (etwa wenn der Verursacher nicht feststellbar ist oder ein akuter Notstand anders nicht beseitigt werden kann); andererseits zählen hierzu auch sozial- und wirtschaftspolitische Belange (z.B. Sicherung von Arbeitsplätzen, Erhalt der Wettbewerbsfähigkeit eines Unternehmens).[55] Eigenständige Bedeutung kommt dem Gemeinlastprinzip dort zu, wo es um die Finanzierung von Gemein-

---

47 Symptomatisch insoweit die naturschutzrechtliche Eingriffsregelung, §§ 13 ff. BNatSchG; dazu § 10 Rn. 3 ff.; zu praxisbezogenen Fragen insoweit *Koch* in: Kerkmann, Naturschutzrecht, § 4.
48 *Sanden*, § 4 Rn. 14.
49 *Kloepfer*, Umweltrecht, § 4 Rn. 49.
50 *Rehbinder*, Politische und rechtliche Probleme des Verursacherprinzips, S. 30 f.
51 Vgl. *Ramsauer* in: Koch (Hrsg.), Umweltrecht, § 3 Rn. 34.
52 *Schmidt/Kahl/Gärditz*, § 4 Rn. 24.
53 Insoweit gibt es inzwischen andere Instrumente, vgl. dazu § 9 Rn. 12, § 16 Rn. 32 ff., 11 ff.
54 *Kloepfer*, Umweltrecht, § 4 Rn. 52 f.; *Schmidt/Kahl/Gärditz*, § 4 Rn. 25.
55 *Ramsauer* in: Koch (Hrsg.), Umweltrecht, § 3 Rn. 34; weiterführend *Ewringmann* in: Kimminich/v. Lersner/Storm, Bd. 1, Sp. 843 ff.

schaftsanforderungen an die Umwelt geht[56] (etwa Erhöhung des Salzwassergehalts der Ostsee durch Verbreiterung/Vertiefung der Wasserzufuhr aus der Nordsee).[57]

Fallen das Verursacher-, aber auch das Gemeinlast- und das Gruppenlastprinzip aus, trägt der zufällig Geschädigte die Kosten und Folgen von Umweltbelastungen – was umweltpolitisch wenig erfreulich ist, aber für unvermeidbar gehalten wird (etwa Schäden an Hausfassade oder Autolack aufgrund von Luftverunreinigungen): **Geschädigtenprinzip**.[58]

IV. Kooperationsprinzip

Dem Kooperationsprinzip[59] zufolge bildet Umweltschutz die Aufgabe aller gesellschaftlichen Kräfte, nicht allein diejenige des Staates.[60] Damit steht das Prinzip latent in einem Spannungsverhältnis zum Direktionsprinzip, dessen Ausdruck staatlich-hoheitliche Maßnahmen zum Zweck des Umweltschutzes sind und das seinen verfassungsrechtlichen Hintergrund in Art. 20a GG findet. Es ist Sache des Staates, zwischen hoheitlichen und kooperativen Handlungsformen in Abwägung der jeweiligen Vor- und Nachteile zu entscheiden; Maßnahmen in Ausübung des Direktionsprinzips sind also gegenüber dem Kooperationsprinzip nicht subsidiär.[61]

Dem Kooperationsprinzip zufolge ist eine **Zusammenarbeit** der staatlichen und gesellschaftlichen Kräfte in umweltrelevanten Willensbildungs- und Entscheidungsprozessen vonnöten, wobei dem Staat wegen seiner Verpflichtung auf das Gemeinwohlinteresse und seiner Durchsetzungsinstrumente eine leitende, zumindest aber federführende Funktion zukommt. Durch eine solche „Ko-Operation" kann sich der Staat Sachverstand aus dem gesellschaftlich-privaten Bereich sichern und überdies durch beständige Information der Beteiligten die Akzeptanz und damit die Wirksamkeit umweltpolitischer Entscheidungen verbessern.[62]

Das BVerfG hat in zwei abgabenrechtlichen Entscheidungen[63] das Kooperationsprinzip als im Immissionsschutzrecht und im Abfallrecht normiert und damit als Rechtsprinzip angesehen. Das ist freilich nicht ohne Kritik geblieben.[64]

Weitere Einsatzbereiche des Kooperationsprinzips sind das gemeinsame Wirken des Staates mit Umweltorganisationen, Industrie, Handel, Landwirtschaft und Gewerbe, die Förderung von Wissenschaft und Technik in Sachen des Umweltschutzes und For-

---

56 *Kloepfer*, Umweltschutzrecht, § 3 Rn. 22.
57 Näher zum Vorstehenden *Ramsauer* in: Koch (Hrsg.), Umweltrecht, § 3 Rn. 24 f.; dort auch, Rn. 38, zu neueren Sichtweisen der Umweltökonomie, die angesichts fehlender Marktfähigkeit von Umweltgütern u.a.m. allerdings nur bedingt tragfähig sind.
58 *Kloepfer*, Umweltschutzrecht, § 3 Rn. 25: ansonsten hohe (Transaktions-)Kosten, von denen zwar die Banken, kaum aber die Umwelt profitierte(n); ähnlich *Ramsauer* in: Koch, Umweltrecht, § 3 Rn. 34, der diese Konstellation als Unterfall des „Inhaberprinzips" begreift; zu Letzterem vorstehend Rn. 13.
59 Näher *Gusy*, ZUR 2001, 1; *Murswiek*, ZUR 2001, 7; *Reese*, ZUR 2001, 14; *Wieland*, ZUR 2001, 20; *Voßkuhle*, ZUR 2001, 23; *Koch*, NuR 2001, 541; *Rengeling*, Das Kooperationsprinzip im Umweltrecht.
60 *Eifert* in: Schoch, Besonderes Verwaltungsrecht, 5. Kap. Rn. 68-69; Kooperationsprinzip als zwar nicht umweltschutzspezifische, aber umweltschutztypische Erscheinung, *Kloepfer*, Umweltschutzrecht, § 3 Rn. 27 m.w.N.
61 Zum Vorstehenden näher *Ramsauer* in: Koch (Hrsg.), Umweltrecht, § 3 Rn. 40 f.
62 Vertiefend und allgemein zur Einbeziehung Privater in die öffentliche Aufgabenerledigung *Lämmerzahl*, Die Beteiligung Privater.
63 BVerfGE 98, 83; 98, 106.
64 *Koch*, NuR 2001, 541, 545; auch § 5 Rn. 92 m.w.N.

men der Zusammenarbeit zwischen Bund und Ländern, aber auch mit anderen Staaten.

18 **Konkretisierungen** des Kooperationsprinzips finden sich in den Umweltgesetzen an verschiedener Stelle; hierzu zählt die Einrichtung betrieblicher **Umweltschutzbeauftragter:**

- Gewässerschutzbeauftragter (§§ 64 ff. WHG),
- Immissionsschutzbeauftragter (§§ 53–58 BImSchG, 5. BImSchV),
- Störfallbeauftragter (§§ 58a–d BImSchG, 5. BImSchV),
- Betriebsbeauftragter für Abfall (§§ 59–60 KrWG[65]),
- Strahlenschutzbeauftragter (§§ 31–33 StrlSchV),
- Gefahrgutbeauftragter (§§ 3–9 GbV),
- Beauftragter für biologische Sicherheit (§§ 16–19 GenTSV).

Solchen vom jeweiligen Unternehmen bestellten Umweltschutzbeauftragten obliegt die betriebsinterne Selbstüberwachung.[66]

19 Weiter manifestiert sich das Kooperationsprinzip in den **Beteiligungsvorschriften** der Umweltverwaltungsverfahren (vgl. z.B. § 10 Abs. 3–9 BImSchG, § 18 GenTG, allgemein § 73 VwVfG), beim Abschluss öffentlich-rechtlicher Verträge, bei den – teilweise informellen – Umweltschutzabsprachen (z.B. Produktionsbeschränkungen für FCKW-haltige Spraydosen), ferner durch Anhörungsverfahren im Rahmen der untergesetzlichen Normsetzung (z.B. § 51 BImSchG, § 17 ChemG, § 20 BBodSchG). Zusammenarbeit findet schließlich bei der Tätigkeit von Normgebungsausschüssen und Beratungsgremien statt (Deutsches Institut für Normung e.V. [DIN], Verein Deutscher Ingenieure e.V. [VDI], Verband Deutscher Elektrotechniker e.V. [VDE], Abwassertechnische Vereinigung [ATV]).

20 Von besonderer Bedeutung ist die Einbringung des Sachverstands von Verbänden im Umweltbereich. Das Bundesnaturschutzgesetz regelt ausdrücklich die staatliche Anerkennung von **Naturschutzvereinigungen** als Grundlage eines solchen Zusammenwirkens (§ 63 BNatSchG i.V.m. § 3 UmwRG). Ferner sind Beratungsgremien, wie die Reaktor-Sicherheitskommission[67] und die Strahlenschutzkommission[68], die gem. § 3 Abs. 1 StandAG[69] gebildete „Kommission Lagerung hoch radioaktiver Abfallstoffe", sowie interdisziplinär zusammengesetzte Beiräte zur Beratung der Bundesregierung[70] zu nennen.[71]

21 Angesichts des Vorstehenden folgt das Kooperationsprinzip angelsächsischen Traditionen, die auf Überzeugungskraft und ausgeprägte Beteiligungspositionen im Verfahren setzen, während das nationale Verwaltungsrecht und -handeln herkömmlich die einseitige staatliche Durchsetzung materieller Umweltvorgaben, wie immissionsschutzrecht-

---

65 Zur Rechtsentwicklung im Abfallrecht vgl. § 12 Rn. 7.
66 Näher § 5 Rn. 26.
67 Vgl. http://www.rskonline.de (Stand: 15.01.2015).
68 Vgl. http://www.ssk.de/DE/Home/home_node.html (Stand: 15.01.2015).
69 Standortauswahlgesetz v. 23.7.2013, BGBl. I, S. 2553, zuletzt geändert durch Art. 309 der Verordnung v. 31.8.2015, BGBl. I, S. 1474.
70 Z.B. Rat von Sachverständigen für Umweltfragen (SRU), nähere Informationen abrufbar unter: http://www.umweltrat.de/DE/DerSachverstaendigenratFuerUmweltfragen/DerSRU/auftrag_node.html (Stand: 15.01.2015); Wissenschaftlicher Beirat der Bundesregierung Globale Umweltveränderungen (WBGU), nähere Informationen abrufbar unter: http://www.wbgu.de/ueber-uns/auftrag/ (Stand: 15.01.2015).
71 *Schmidt/Kahl/Gärditz*, § 4 Rn. 27.

§ 3 Grundprinzipien des Umweltrechts

licher Grenzwerte, bevorzugte; Vollzugdefizite, finanzielle Engpässe, ferner die höhere Flexibilität kooperativen Handelns haben aber hierzulande zu einem Umdenken geführt.[72]

Gleichwohl dürfen bei allen Vorzügen des Kooperationsprinzips (Einbeziehung privaten Sachverstands, Erhöhung der Akzeptanz, Entlastung des Staates) die damit einhergehenden **Gefahren** nicht übersehen werden. Hierzu zählt neben einer potenziellen Marginalisierung des Umweltschutzes als „Verhandlungsmasse" bzw. durch (Minimal-)Kompromisse auf Kosten der Allgemeinheit,[73] dass in der Praxis die Kooperation nicht selten von Verhandlungspartnern aus wirtschaftlichen Gründen zur Verhinderung des Vollzugs genutzt wird.[74]

WIEDERHOLUNGS- UND VERSTÄNDNISFRAGEN

> Worauf richtet sich das Vorsorgeprinzip und welches sind seine Ansätze? (Rn. 3 ff.)
> Handelt es sich beim Verursacherprinzip um ein Kostenzurechnungsprinzip oder auch um ein solches der Verhaltensverantwortlichkeit? (Rn. 11)
> Welche Gefahren birgt das Kooperationsprinzip? (Rn. 21)

---

72 Zum Vorstehenden *Ramsauer* in: Koch (Hrsg.), Umweltrecht, § 3 Rn. 42.
73 Etwa *Bohne*, Der informale Rechtsstaat, S. 49 ff.
74 *Lübbe-Wolff*, NuR 1989, 295; näher *Kloepfer*, Umweltschutzrecht, § 3 Rn. 29 f.

§ 4 Umweltverfassungsrecht

1 Hierzu gehören alle Bestimmungen der Verfassung, die dem Umweltschutz dienen.[1] Dabei ist es gleichgültig, ob die Normen ausdrücklich bzw. allein auf Umweltschutz ausgerichtet sind oder ob sie nur unter anderem umweltschützenden Charakter aufweisen.[2]

2 Als das Grundgesetz 1949 entstand, war Umweltschutz als eigenständiges Politikfeld unbekannt. Daher überrascht es nicht, dass sich keine unmittelbare Verpflichtung des Staates zum Umweltschutz im (damaligen) Verfassungstext fand. Erst relativ spät, nämlich mit der durch das Gesetz zur Änderung des Grundgesetzes vom 27.10.1994[3] eingefügten Staatszielbestimmung Umweltschutz (Art. 20a GG), ist erstmals eine ausdrückliche Verpflichtung des Staates zum Schutz der Umwelt normiert worden. Im Wege des 50. Änderungsgesetzes vom 26.7.2002[4] wurde zwischenzeitlich auch der Tierschutz in Art. 20a GG aufgenommen.[5]

In den **Verfassungen der Bundesländer** ist mittlerweile ebenfalls der Umweltschutz als Verfassungsziel – wenn auch mit unterschiedlichen Formulierungen – verankert: Baden-Württemberg (Art. 3a), Bayern (Art. 141), Berlin (Art. 31), Brandenburg (Art. 39 Abs. 1), Bremen (Art. 11a), Hamburg (Präambel), Hessen (Art. 26a), Mecklenburg-Vorpommern (Art. 12), Niedersachsen (Art. 1 Abs. 2), Nordrhein-Westfalen (Art. 29a), Rheinland-Pfalz (Art. 69), Saarland (Art. 59a), Sachsen (Art. 10), Sachsen-Anhalt (Art. 35), Schleswig-Holstein (Art. 7), Thüringen (Art. 31).[6]

3 Jenseits dieser ausdrücklichen (Staatsziel-)Bestimmungen waren und sind natürlich bestimmte Grundrechte, das Rechtsstaatsprinzip und das Sozialstaatsprinzip von Bedeutung für den Umweltschutz. Relevant ist des Weiteren die diesbezügliche Verteilung der Gesetzgebungs- und Verwaltungskompetenzen zwischen Bund und Ländern.

I. Die grundgesetzliche Staatszielbestimmung Umweltschutz (Art. 20a GG)

4 Gem. Art. 20a GG[7] schützt der Staat „auch in Verantwortung für die zukünftigen Generationen die natürlichen Lebensgrundlagen und die Tiere im Rahmen der verfassungsmäßigen Ordnung durch die Gesetzgebung und nach Maßgabe von Gesetz und Recht durch die vollziehende Gewalt und die Rechtsprechung".

5 **Staatszielbestimmungen** sind Verfassungsnormen, die den drei staatlichen Gewalten (Legislative [gesetzgebende Gewalt], Exekutive [ausführende Gewalt] und Judikative [rechtsprechende Gewalt]) die Erfüllung oder Beachtung bestimmter Aufgaben vorschreiben.[8] Sie stellen gleichsam ein verpflichtendes Programm staatlichen Handelns dar. Diese Bindungswirkung gilt freilich in aller Regel nur für die Zielvorgabe, nicht

---

1 Eingehend zum Nachfolgenden *Heselhaus* in: Hansmann/Sellner, Grundzüge, I. 1.; *Storm*, Umweltrecht, Rn. 161 ff.
2 Zur dahinter stehenden allgemeinen Frage § 2 Rn. 2 f.; zum Nachfolgenden auch *Peters/Hesselbarth/Peters*, Umweltrecht, Rn. 76 ff.
3 BGBl. I, S. 3146.
4 BGBl. I, S. 2862.
5 *Caspar/Geissen*, NVwZ 2002, 913; *Faber*, UPR 2002, 278; *Rossi*, JA 2004, 500, 500.
6 Zur Entwicklung *Brönneke*, S. 37 ff.
7 Ausführliche Darstellungen bei *Bernsdorff*, NuR 1997, 328; *Henneke*, NuR 1995, 325; *Murswiek*, NVwZ 1996, 222; *Westphal*, JuS 2000, 339.
8 *Peters*, NVwZ 1995, 555, 556; *Murswiek*, NVwZ 1996, 222, 223.

aber für die Mittel und Wege zur Erreichung des Zieles und auch nicht für dessen Konkretisierung.[9]

Art. 20a GG ist i.d.S. an die staatliche Gewalt adressiert.[10] Zudem handelt es sich um mehr als einen bloßen Programmsatz. Es wird nicht nur eine unverbindliche Gestaltungsmöglichkeit resp. Zielperspektive eröffnet, sondern gegenüber der staatlichen Gewalt auf höchster nationaler (Regelungs-)Ebene die Verpflichtung ausgesprochen, das Handeln an besagten Vorgaben auszurichten. Art. 20a GG stellt dergestalt als Staatszielbestimmung keine grundrechtliche Verbürgung dar. Die Vorschrift eröffnet folglich keine Rechtsschutzmöglichkeit, gegenüber dem Staat konkrete Umweltschutzentscheidungen einzuklagen, Umweltbelastungen abzuwehren oder gar bestimmte ökologische Leistungsansprüche gerichtlich durchzusetzen.[11]

Primärer Adressat des Art. 20a GG ist der **Gesetzgeber**. Ihn trifft die Pflicht, dem verfassungsrechtlichen Auftrag durch Schaffung und Verbesserung des umweltschützenden Normengefüges zu entsprechen.[12] Insoweit bildet die Staatszielbestimmung eine normative Richtlinie, wie dieser Auftrag auszuführen ist, ohne freilich konkrete Mittel bzw. Inhalte vorzugeben.[13] Schon deshalb kann ihr nicht ohne Weiteres ein „Verschlechterungsverbot" gegenüber der vorgefundenen Umweltsituation entnommen werden.[14] Überdies hat sich der Gesetzgeber nach dem Wortlaut des Art. 20a GG „im Rahmen der verfassungsmäßigen Ordnung" zu bewegen. Die Formulierung soll(te) einer Dominanz des Umweltschutzes gegenüber anderen Verfassungsgütern entgegenwirken. Da Art. 20 Abs. 3 GG aber ohnehin alle staatliche Gewalt an die verfassungsmäßige Ordnung bindet, war die Aufnahme dieser sog. Angstklausel überflüssig.

Die **vollziehende Gewalt** wird ausdrücklich angehalten, den Primat des Gesetzgebers zu respektieren. Sie hat das Umweltschutzgebot bei der Auslegung von Gesetzen, insbesondere von unbestimmten Rechtsbegriffen und bei Ermessens- wie Planungsentscheidungen zu berücksichtigen.[15] Der in der Maßgabe-Formel („nach Maßgabe von Gesetz und Recht") zum Ausdruck kommende grundgesetzliche Gesetzesvorrang stellt wiederum wegen Art. 20 Abs. 3 GG eine unnötige Verfassungsredundanz dar.

Der **Rechtsprechung** dient die Staatszielbestimmung als normative Vorgabe, als Richtschnur für die Norminterpretation und -konkretisierung. Ferner eröffnet sich bei der Ausfüllung von Gesetzeslücken ein unmittelbarer judikativer Rückgriff auf Art. 20a GG.[16]

Die Vorschrift nimmt den Staat in die Pflicht, nicht aber verpflichtet (oder befugt) sie Dritte. Umweltschutz durch bzw. für Private wird allenfalls vermittelt: Der durch Art. 20a GG in erster Linie angesprochene Gesetzgeber kann bei der Ausgestaltung der rechtlichen Ordnung, gerade derjenigen des Umweltrechts, umweltschutzbezogene

---

9 *Maurer*, Staatsrecht I, § 6 Rn. 12.
10 Dazu und zum Nachfolgenden *Kotulla*, Umweltrecht, 1. Teil Rn. 47 f.
11 Vgl. hierzu *Sanden*, § 2 Rn. 3.
12 *Kloepfer*, UPR 2012, 41; *Stein/Frank*, S. 178; zunehmend treten allerdings nicht unbedenkliche Formen „paktierter Gesetzgebung", also Vereinbarungen zwischen Exekutive und Privaten, hinzu – mit unklarer Rolle der Legislative, vgl. *Kloepfer*, ZG 2010, 346, anhand des Atomrechts.
13 Dazu BVerwG, NJW 2000, 1129; BVerwG, NVwZ 1998, 953; BVerwG, DVBl. 1995, 1008; bereits Rn. 5.
14 So aber *Murswiek* in: Sachs, GG, Art. 20a Rn. 44. Zum diesbezüglichen Streit etwa *Kluth* in: ders./Smeddinck, Umweltrecht, § 1 Rn. 65.
15 *Kloepfer*, Umweltrecht, § 3 Rn. 27.
16 BVerwG, NVwZ 1999, 953.

Rechte und – in der Praxis von größerer Bedeutung – (entsprechende) Pflichten von Privaten begründen.

8 Bei alldem bleibt beachtlich, dass die Verfassung keine einseitige Inpflichtnahme des Staates zugunsten des Umweltschutzes nach sich zieht. Art. 20a GG fügt sich ein in den grundgesetzlichen Kanon von Staatszielbestimmungen, wie diejenige der Rechtsstaatlichkeit und jene der Sozialstaatlichkeit, die andere, gerade auch abweichende oder gegenläufige Interessen schützen.

Damit steht die Annahme einer relativen Priorität des Umweltschutzes i.S.e. Optimierungsgebotes, das eine „möglichste" Verwirklichung ökologischer Belange im Verhältnis zu gegenläufigen Interessen nach sich zieht, nicht in Einklang; ohnehin dürfte die richterlich geformte Rechtsfigur des Optimierungsgebots kaum noch praktische Relevanz entfalten.[17]

Angesichts dessen bedingt staatliches Handeln im Konflikt der Staatszielbestimmungen eine Abwägung zwischen ihnen, die gerecht sein muss – aber zu partiellem, ggf. auch gänzlichem Zurückstellen bestimmter Belange, auch des Umweltschutzes, legitimiert, sofern dies durch einen Vergleich der Betroffenheit in concreto gerechtfertigt werden kann.[18]

II. Umweltgrundrecht?

9 Ein spezielles **Umweltgrundrecht** enthält das Grundgesetz nicht.[19] **Grundrechte** sind ganz überwiegend Freiheitsrechte und stellen damit verfassungsrechtlich garantierte (Abwehr-)Rechte dar, eben subjektiv-öffentliche Rechte des Einzelnen, die er auch gerichtlich gegenüber dem Staat durchsetzen kann (vgl. Art. 1 Abs. 3, 19 Abs. 4, 93 Abs. 1 Nr. 4a GG).[20] Sie bedeuten damit mehr als bloße Programmsätze, die unverbindlich sind und nur unerzwingbare Zielsetzungen für den Gesetzgeber beschreiben; Grundrechte gehen in ihrer Durchsetzbarkeit zugleich über Staatszielbestimmungen hinaus, die zwar in dem beschriebenen Umfang Verbindliches vorgeben, das aber subjektiv/individuell weder verfolgbar noch einklagbar ist.

Die Aufnahme eines derartigen Rechts zugunsten der Umwelt in das Grundgesetz ist zwar diskutiert, im Ergebnis indes abgelehnt worden. Fragwürdig erschien vor allem sein **praktischer** und damit auch individueller **Nutzen**.[21] Die anzustrebende Umweltqualität ist auf der Abstraktionshöhe des Verfassungsrechts nicht bestimmbar. Wie rein muss Luft sein bzw. wie sauber Wasser, damit das Umweltgrundrecht des Bürgers nicht verletzt ist? Welche Lärmbelastungen hat ein Bürger hinzunehmen, ab welcher Grenze ist sein Grundrecht auf Umweltschutz tangiert? Dies bedarf der Entscheidung auf einfachgesetzlicher Ebene, so dass trotz verfassungsrechtlicher Verankerung die entscheidende Konkretisierung nicht hier, sondern außerhalb, genauer: unterhalb des Grundgesetzes erfolgen muss.

Überdies würde ein solches Umweltgrundrecht infolge wachsenden Umweltbewusstseins größere Hoffnungen und Erwartungen hinsichtlich seines Schutzumfangs wecken, als ihm in der Realität (gerade wegen der regelmäßigen Kollision mit anderen

---

17 Dazu anhand der bauleitplanerischen Abwägung *Erbguth/Schubert*, Öffentliches Baurecht, § 5 Rn. 118.
18 Vgl. nur *Schmidt/Kahl/Gärditz*, § 3 Rn. 5; allgemein *Maurer*, Staatsrecht I, § 6 Rn. 12.
19 Ein solches Recht folgt nicht aus der EMRK, vgl. EGMR, NVwZ 2011, 93; JuS 2011, 767 (*Murswiek*).
20 Dazu *Jarass* in: Jarass/Pieroth, GG, Vor. Art. 1 Rn. 5.
21 BVerfGE 54, 211, 219; *Soell*, NuR 1985, 205; *Murswiek*, ZRP 1988, 14.

Grundrechten und Verfassungsgütern)[22] zukommen könnte; Enttäuschungen wären vorprogrammiert.

Letztlich lässt sich gegen ein Umweltgrundrecht anführen, dass sich Umweltschutz primär auf die Sorgewahrung gemeinschaftlicher Güter richtet; zumindest tritt die individuelle Freiheitssicherung nicht so deutlich hervor wie bei den herkömmlichen Abwehrrechten (etwa Leben und körperliche Unversehrtheit, Art. 2 Abs. 2 GG; Eigentum, Art. 14 Abs. 1 GG; Meinungsfreiheit, Art. 5 Abs. 1 S. 1 GG).

Das BVerwG hat i.Ü. einfallsreichen (rechtswissenschaftlichen) Bemühungen, aus dem Grundgesetz – ungeachtet seines diesbezüglichen Schweigens – im Wege einer Gesamtschau ein Grundrecht auf Umweltschutz abzuleiten, bereits im Jahre 1977 eine Absage erteilt.[23]

III. Grundrechtsschutz im Bereich des Umweltrechts

Damit kommt es freilich nicht zu einem gänzlichen Grundrechtsausfall im Umweltrecht; vielmehr spielen im Grundrechtskatalog der Verfassung niedergelegte Rechtspositionen eine wichtige Rolle für den staatlichen Umweltschutz.[24] Zwei Fragenkreise sind zu unterscheiden:

- Welche verfassungsrechtlichen Grenzen ziehen die Grundrechte staatlichen Maßnahmen, die auf Umweltschutz ausgerichtet sind (Schutz des Bürgers **vor** Umweltschutzmaßnahmen des Staates)?[25]
- Welche Schutz- und Abwehransprüche ergeben sich für den Bürger gegen Umweltbelastungen (Schutz des Bürgers **durch** Umweltschutzmaßnahmen des Staates)?

1. Grundrechtsschutz vor Umweltschutzmaßnahmen des Staates

Bei der Frage, inwieweit die Grundrechte staatlichen Umweltschutzaktivitäten Grenzen ziehen, müssen wiederum private Umweltschützer und private Umweltbelaster getrennt betrachtet werden.

a) Grundrechtsschutz privater Umweltschützer

Es handelt sich insoweit um die (eher seltene) Konstellation, dass der Staat einer Privatperson eine bestimmte Umweltschutzaktivität verbieten will, um diese in Zukunft selbst durchzuführen: **staatlicher statt privater Umweltschutz.**[26] Motiv ist die Sicherung einer ordnungsgemäßen Durchführung ökologisch besonders wichtiger Aufgaben (Beispiel: Übernahme der bisher von Privaten durchgeführten Abfallentsorgung durch den Staat, um Missstände zu verhindern bzw. zu bereinigen). Für den Grundrechtsschutz ist dann (erneut) zu unterscheiden:

---

22 § 4 Rn. 8.
23 BVerwGE 54, 211.
24 Auch *Kluth* in: ders./Smeddinck, Umweltrecht, § 1 Rn. 76 ff.
25 Grundrechtsverpflichtet i.S.e. Grundrechtsbindung sind insoweit auch gemischtwirtschaftliche Unternehmen, also solche mit privaten und öffentlichen Anteileignern, sofern sie von der öffentlichen Hand beherrscht werden, BVerfG, NJW 2011, 1201 – Fraport; auch JuS 2011, 557 (*Muckel*).
26 *Kloepfer*, Umweltrecht, § 3 Rn. 51.

aa) Nichtgewerbliche Privatpersonen

13 Als verletztes Grundrecht kommt für **nichtgewerbliche Umweltschützer** nur Art. 2 Abs. 1 GG (allgemeine Handlungsfreiheit) und für **Umweltschutzvereinigungen** Art. 9 Abs. 1 GG (Vereinigungsfreiheit) in Betracht. Art. 2 Abs. 1 GG enthält jedoch einen sehr weiten Gesetzesvorbehalt und die Vereinigungsfreiheit schließt keine (über die üblichen Grundrechte hinausgehende) Betätigungsgarantie ein. Deshalb werden jene Grundrechte einer (gesetzlichen) Übernahme von Umweltaufgaben nur bei Verletzung des Übermaßverbotes entgegenstehen, insbesondere wenn der Staat Umweltschutzmaßnahmen Privater unterbindet und in Eigenregie übernimmt, ohne dass dies erforderlich oder verhältnismäßig im engeren Sinn ist.[27]

bb) Gewerbliche Privatpersonen

14 Handelt es sich um gewerbliche Umweltschützer, kann solchen Maßnahmen des Staates die **Berufsfreiheit** gem. Art. 12 GG entgegenstehen. Bei vielen umweltbezogenen Tätigkeiten wird es sich um bloße **Berufsausübungsregelungen** handeln, die sich nach der Rechtsprechung des BVerfG durch jede vernünftige Erwägung des Gemeinwohls (bei Verhältnismäßigkeit) legitimieren finden.[28] Werden weitergehende **subjektive Zulassungsregelungen** getroffen, sind diese nur zum Schutz wichtiger Gemeinschaftsgüter und unter Wahrung der Verhältnismäßigkeit zulässig.[29] Handelt es sich hingegen um **objektive Berufswahlregelungen**, wie im Falle umfassender oder teilweiser Monopolisierung, etwa im Wege eines Transfers der bislang privat bedienten Abfallentsorgung in staatliche Hand,[30] sind solche nur statthaft, sofern sie zum Schutz besonders wichtiger Gemeinschaftsgüter und unter strikter Beachtung des Grundsatzes der Verhältnismäßigkeit getroffen wurden.[31] Dabei ist auf den Einzelfall abzustellen; nicht jeder Umweltbelang stellt zwangsläufig ein derart hervorgehoben wichtiges Gemeinschaftsgut dar.

15 Der gewerbliche Umweltschützer kann in Fällen der Übernahme seiner Tätigkeit in den staatlichen Bereich zudem in der **Eigentumsgarantie** des Art. 14 GG verletzt sein.[32] Exemplarisch lässt sich insoweit ebenfalls an die staatliche Monopolisierung der Abfallbeseitigung unter Verdrängung bisheriger privater Abfallentsorgungsunternehmen denken. Ist dergestalt der Bestand des Unternehmens ganz oder teilweise betroffen, kann zugunsten des Betriebs/Betreibers ein Entschädigungsanspruch wegen Enteignung nach Art. 14 Abs. 3 S. 2 GG erwachsen. Das scheitert zwar nicht an der neueren Rechtsprechung des BVerfG, derzufolge die Enteignung einen Güterbeschaffungsvorgang zwecks Erledigung öffentlicher Aufgaben voraussetzt;[33] denn so liegen die Dinge jedenfalls in dem angesprochenen Beispiel. Der Hoheitsakt hat aber nach Art. 14 Abs. 3 S. 1 GG dem Allgemeinwohl zu dienen und verhältnismäßig zu sein, damit die Bestandsgarantie des Eigentums in die (enteignungsspezifische) Wertgarantie umschlägt.

---

27 Zum Grundsatz der Verhältnismäßigkeit § 4 Rn. 40.
28 BVerfGE 7, 377, 405 f.; 47, 109, 116; 65, 116, 125; 70, 1, 28.
29 BVerfGE 13, 97, 107; 69, 209, 218.
30 Vorstehend § 4 Rn. 12.
31 BVerfGE 63, 266, 286.
32 Eingehend zu Art. 14 GG im Umweltrecht *Lege*, UTR 2005, S. 7.
33 BVerfGE 100, 226, 240; auch 104, 1, 9 f.; dazu etwa *Erbguth/Schubert* in: Erbguth/Mann/Schubert, Rn. 824 m.w.N.

Ansonsten muss der private gewerbliche Umweltschützer die staatliche Maßnahme vor dem Verwaltungsgericht angreifen.[34]

b) Grundrechtsschutz privater Umweltbelaster

Schreitet der Staat gegen private **Umweltbelaster** ein, sei es durch Maßnahmen der Gesetzgebung oder der Verwaltung (untersagender Verwaltungsakt, Auflagen usw.), kommen als tangierte Grundrechte der Adressaten vornehmlich Art. 14 Abs. 1 GG und Art. 12 Abs. 1 GG in Betracht.

aa) Art. 14 GG

In seiner Nassauskiesungsentscheidung hat das **BVerfG**[35] dargelegt, zum Schutz von Umweltgütern (hier des Wassers) könnten bestimmte Nutzungen des Schutzobjekts von vornherein aus dem Eigentumsbegriff fallen und damit nicht dem Grundrechtsschutz des Art. 14 GG zugänglich sein. Bei der Prüfung einer Verletzung des Art. 14 GG muss daher zunächst untersucht werden, ob die belastende Maßnahme überhaupt den Grundrechtstatbestand des Art. 14 Abs. 1 GG, also seinen (Schutz-)Normbereich, erfasst. Das ist a priori nicht der Fall, wenn es um kein **institutionell** geschütztes Eigentum i.S.d. Art. 14 Abs. 1 S. 1 GG, also nicht um die Privatnützigkeit oder Verfügungsfähigkeit an Vermögensgegenständen, geht. **Individuellen** Schutz genießt ferner nur bestandsgeschütztes Eigentum. Bestandsschutz i.d.S. setzt wiederum eine entsprechende Ausformung durch den Gesetzgeber nach Art. 14 Abs. 1 S. 2 GG voraus („Inhalt" des Eigentums). Hieran, d.h. am Vorliegen bestandsgeschützten Eigentums, entscheidet sich dann, ob die staatliche Maßnahme als Enteignung mit den Rechtsfolgen des Art. 14 Abs. 3 S. 2, 3 GG oder als bloße Inhalts- und Schrankenbestimmung gem. Art. 14 Abs. 1 S. 2 GG einzuordnen ist.[36] Eine **Enteignung** liegt nur bei finalem, also zielgerichtetem (staatlichem) Zugriff auf konkrete, eben bestandsgeschützte, d.h. nach Art. 14 Abs. 1 S. 2 GG zu Eigentum ausgeformte Rechtspositionen vor; es muss zudem ein Güterbeschaffungsvorgang zu öffentlichen Zwecken vorliegen.[37] Ansonsten handelt es sich um Inhalts- und Schrankenbestimmungen nach Art. 14 Abs. 1 S. 2 GG, nämlich abstrakt-generelle Regelungen, die bestandsgeschütztes Eigentum erst hervorbringen (können).[38] Sie sind damit der Enteignungsebene zugleich vorgelagert.

Regelmäßig stellen sich gesetzgeberische (Umweltschutz-)Maßnahmen gegen Umweltbelaster als derartige **Inhalts- und Schrankenbestimmungen** dar. Insofern wird auch von der Umweltpflichtigkeit des Eigentums gesprochen.[39] Solche Maßnahmen müssen freilich rechtmäßig sein. Zu jenen Anforderungen[40] zählen neben der Pflicht, einen ordnungsgemäßen Ausgleich zwischen der Institutsgarantie des Eigentums (Art. 14 Abs. 1 S. 1 GG) und seiner Sozialpflichtigkeit (Art. 14 Abs. 2 GG) herzustellen, die Bin-

---

34 Vgl. bspw. *Erbguth*, Allgemeines Verwaltungsrecht, § 39 Rn. 15.
35 BVerfGE 58, 300, 338 ff.
36 Zur Abgrenzung zwischen Inhaltsbestimmung und Enteignung *Jarass*, NJW 2000, 2841; *Bryde* in: v. Münch/Kunig, GG, Art. 14 Rn. 49 ff.; auch *Erbguth/Schubert* in: Erbguth/Mann/Schubert, Rn. 821 ff., ferner *Erbguth*, Allgemeines Verwaltungsrecht, § 39 Rn. 6 f.
37 Vgl. § 4 Rn. 15.
38 BVerfGE 58, 300, 330 f.; 100, 226, 239 f.; *Erbguth/Schubert* in: Erbguth/Mann/Schubert, Rn. 821 ff.
39 *Hoppe/Beckmann/Kauch*, § 4 Rn. 56 ff.; allgemein und grundsätzlich *Bruch*, Umweltpflichtigkeit der grundrechtlichen Schutzbereiche.
40 In formeller Hinsicht reicht untergesetzliches gesetzgeberisches Handeln (Satzung, Rechtsverordnung), vgl. nur *Erbguth/Schubert*, Öffentliches Baurecht, § 2 Rn. 51.

dung an das Gleichheitsgrundrecht (Art. 3 Abs. 1 GG) und (vor allem) der Verhältnismäßigkeitsgrundsatz. Belastet eine typisierende Inhaltsbestimmung i.s.d. Art. 14 Abs. 1 S. 2 GG bestimmte Eigentümer unzumutbar, führt dieser Verstoß gegen das Verhältnismäßigkeitsprinzip, ggf. auch gegen den Gleichheitssatz, zu ihrer Rechts- und zugleich Verfassungswidrigkeit. Dem kann lediglich kompensatorisch entgangen werden, nämlich dadurch, dass im jeweiligen Gesetz Ausnahmetatbestände (sog. „Härteklauseln") vorgesehen werden oder, dies freilich als Ultima Ratio, ein finanzieller Ausgleich gewährt wird („ausgleichspflichtige Inhalts- und Schrankenbestimmung").[41]

bb) Art. 12 GG

18 Ein im Zusammenhang mit staatlichem Einschreiten gegen private Umweltbelastungen häufig tangiertes Grundrecht stellt neben Art. 2 Abs. 1 GG (und ggf. Art. 9 Abs. 1 GG)[42] ferner die Berufsfreiheit, Art. 12 GG, dar. An verfassungsrechtlichen Maßgaben gilt das zum Schutz privater Umweltschützer Dargestellte[43] entsprechend.

2. Grundrechtsschutz vor Umweltbelastungen

19 ▶ **FALL 1:** A wohnt in einer bundesdeutschen Großstadt und leidet unter Allergien sowie Asthma. Wenn im Sommer erhöhte Ozonwerte auftreten, die hauptsächlich vom Straßenverkehr hervorgerufen werden, muss A mit häufigeren asthmatischen Anfällen rechnen. Sein Gesundheitszustand verschlechtert sich bereits bei Ozonkonzentrationen, die weit unter den Grenzwerten liegen, die Fahrverbote nach dem bisherigen Immissionsschutzrecht auslösen. A möchte wissen, ob er mit einer Verfassungsbeschwerde erreichen kann, dass sein Grundrecht auf Gesundheit besser geschützt wird. ◀

a) Grundrechte als Abwehrrechte

20 Grundrechte schützen den Bürger vor hoheitlichen **Eingriffen des Staates**.[44] Grundrechtliche Abwehransprüche richten sich demzufolge primär gegen die Umwelt belastende Aktivitäten, die der Staat selbst entfaltet. Dies können z.B. Maßnahmen der öffentlich-rechtlichen Verkehrsplanung sein (im Bereich von Straßenbauvorhaben usw.) oder Emissionen öffentlicher Einrichtungen, welche die Umwelt belasten (z.B. bei städtischen Müllverbrennungsanlagen, Kläranlagen, Truppenübungsplätzen oder Militärflugplätzen).[45]

21 Soweit Umweltbelastungen **durch Private** erfolgen, wirft die Herleitung von Grundrechtsschutz Probleme auf. Denn der Belastete kann sich gegenüber Privaten nicht auf seine Grundrechte berufen, weil Letzteren nach ganz überwiegender Auffassung eine direkte Wirkung im Privatrechtsverkehr fehlt (keine unmittelbare „Drittwirkung").[46] Allerdings bedürfen private Aktivitäten mit negativen Umwelteinwirkungen in aller Regel einer hoheitlichen Zulassung (Genehmigung, Erlaubnis oder Bewilligung, Planfeststellung); in einer solchen hoheitlichen Zulassung kann ein staatlicher Eingriff in

---

41 Vgl. dazu auch BVerfGE 58, 137, 145 ff.; *Schmidt/Kahl/Gärditz*, § 3 Rn. 51; *Erbguth*, Allgemeines Verwaltungsrecht, § 39 Rn. 26-27 m.w.N.
42 Dazu § 4 Rn. 13.
43 Vgl. § 4 Rn. 14.
44 Allgemein zu den Funktionen der Grundrechte *Michael/Morlok*, Grundrechte, § 3.
45 *Schmidt/Kahl/Gärditz*, § 3 Rn. 16 ff.
46 Vgl. nur *Jarass* in: Jarass/Pieroth, GG, Art. 1 Rn. 50; eingehend hierzu *v. Münch/Kunig* in: v. Münch/Kunig, GG, Vorb. Art. 1–19 Rn. 16 ff.

Grundrechte gesehen werden, so dass sich deren unmittelbare Abwehrfunktion gegen den Staat eröffnet.[47] Das betrifft vornehmlich Art. 14, Art. 2 Abs. 2 und Art. 2 Abs. 1 GG.[48]

aa) Art. 14 GG

Einwirkungen auf das Eigentum i.S.d. Art. 14 GG können vor allem durch Lärm, Abgase, Gerüche, ebenso durch den Entzug von Sonne, Licht und Ausblick erfolgen. Ob bzw. unter welchen Voraussetzungen derartige Eingriffe auf das Eigentum hingenommen, abgewehrt oder entschädigt werden müssen, bestimmt sich nach der allgemeinen Verfasstheit des Grundrechts.[49]

Grundrechtsberechtigt können auch **Umweltschutzverbände** sein, freilich nicht schon aufgrund dieser Funktion, sondern wenn sie Grund und Boden zu Eigentum erworben haben. Das darf allerdings nicht allein zu dem Zweck erfolgt sein, gegen die staatlich zugelassene Anlage vorgehen zu können (sog. Sperrgrundstück); dann stellt sich die Berufung auf die Eigentümerstellung als **rechtsmissbräuchlich** dar.[50]

bb) Art. 2 Abs. 2 GG

Art. 2 Abs. 2 GG gewährt dem Bürger ein subjektiv-öffentliches Recht auf Abwehr von Beeinträchtigungen seines Lebens und seiner körperlichen Unversehrtheit. Der Begriff des **Lebens** i.S.d. Art. 2 Abs. 2 S. 1 GG wird nach h.M. naturwissenschaftlich-biologisch verstanden.[51] Geschützt ist also nur ein absolutes Mindestmaß an Lebensbedingungen materieller Art. Ein Anspruch auf eine bestimmte Lebensqualität ergibt sich aus dem Grundgesetz nicht. In Anbetracht dessen lässt sich eine Umweltbelastung nur dann über Art. 2 Abs. 2 S. 1 GG abwehren, wenn sie existenzielle Auswirkungen hat.

Körperliche Unversehrtheit gem. Art. 2 Abs. 2 S. 1 GG meint primär das **physische** Fehlen pathologischer Zustände: körperliche Unversehrtheit als Gesundheit im biologisch-physiologischen Sinne, als Freiheit von Schmerz und Gebrechen.[52] Das bleibt hinter dem Gesundheitsbegriff der Weltgesundheitsorganisation (WHO) zurück; dieser erfasst nicht nur körperliches, sondern auch vollständiges geistiges und soziales Wohlbefinden. Immerhin fallen nach Ansicht des BVerfG auch **psychische** Belastungen, die körperlichen Eingriffen gleichkommen, in den Schutzbereich des Art. 2 Abs. 2 S. 1 GG.

---

47 Anders sieht es aus, wenn privates Handeln zulassungsfrei gestellt ist, wie dies zunehmend im Wege bau(ordnungs)rechtlicher Genehmigungsfreistellung erfolgt. Der damit zusammenhängende Ausfall an Grundrechtsschutz erscheint nur dann hinnehmbar, wenn lediglich kleinere Bauvorhaben im Geltungsbereich eines Bebauungsplans freigestellt sind. Denn von solchen Gebäuden werden kaum weitreichende Umweltbelastungen ausgehen; zudem waren ökologische Belange Gegenstand der bauleitplanerischen Abwägung (§ 1 Abs. 6, 7 BauGB). Eine Verweisung auf die Möglichkeiten nachträglichen Einschreitens und diesbezüglicher Anspruchspositionen des Einzelnen reicht demgegenüber allein nicht aus, schon deshalb nicht, weil jedenfalls die Rechtsprechung insoweit immer noch von einem bloßen Anspruch auf ermessensfehlerfreie Entscheidung über das Einschreiten ausgeht; vgl. zu alldem *Erbguth/Schubert* in: Erbguth/Mann/Schubert, Rn. 804, 1256 ff., 1312 m.w.N.
48 Die Menschenwürde, Art. 1 Abs. 1 GG, dürfte von vornherein ausscheiden, weil sie sich als verfassungsrechtliche Fundamentalnorm einer Lösung von Zielkonflikten entzieht, *Schmidt/Kahl/Gärditz*, § 3 Rn. 14 m.w.N.
49 Vgl. § 4 Rn. 17.
50 BVerwGE 112, 135, 137; BVerwG, BayVBl. 2013, 56. Früher war das Gericht großzügiger, vgl. BVerwGE 72, 15, 16; BVerwG, DVBl. 1987, 1278; BVerwG, NVwZ 2001, 427; zu alldem *Masing*, NVwZ 2002, 810; ferner § 10 Rn. 62 ff.
51 BVerfGE 56, 54, 73 f.
52 *Murswiek* in: Sachs (Hrsg.), GG, Art. 2 Rn. 148 f.; vgl. auch *Jarass* in: Jarass/Pieroth, GG, Art. 2 Rn. 83.

Dabei handelt es sich um Einwirkungen, die das Befinden einer Person in einer Weise verändern, die der Zufügung von Schmerzen entspricht.[53] Das ist etwa der Fall bei Lärmeinwirkungen, die Gesundheitsschäden wie Schlafstörungen, Herzbeschwerden oder Erschöpfungszustände nach sich ziehen.

cc) Art. 2 Abs. 1 GG

26 Ein auf Art. 2 Abs. 1 GG gestütztes umfassendes Recht auf Freiheit von rechtswidrigen Nachteilen gibt es nach überwiegender Auffassung nicht.[54] Deshalb lässt sich hieraus kein Abwehrrecht gegen jedwede Umweltbelastung und ebenso wenig die Gewährleistung eines „ökologischen Existenzminimums"[55] herleiten.

b) Grundrechte als staatliche Schutzpflichten

27 Aus (bundes)verfassungsgerichtlicher Sicht stellen die Grundrechte nicht allein subjektive Abwehrrechte des Einzelnen gegen den Staat dar; es handelt sich zugleich um **objektiv-rechtliche Wertentscheidungen** auf Verfassungsebene;[56] hieraus erwächst staatlichen Organen die Pflicht, sich schützend und fördernd vor die benannten Rechtsgüter zu stellen, sie insbesondere vor rechtswidrigen Eingriffen durch Dritte zu bewahren.[57]

Solche grundrechtlichen **Schutzpflichten** sind vom BVerfG auch zum Schutz vor Umweltbeeinträchtigungen angenommen worden; sie zwingen in erster Linie den **Gesetzgeber** zum Erlass neuer (Schutz-)Gesetze bzw. zur Ergänzung bestehender Normen.[58]

Die Verpflichtung der **Verwaltung** zu Umweltschutz und Wahrung der grundrechtlichen Schutzgüter folgt schon aus den unterverfassungsrechtlichen Umweltschutzgesetzen (Gesetzesbindung der Verwaltung, Art. 20 Abs. 3 GG). Unmittelbare administrative Bedeutung haben grundrechtliche Schutzpflichten lediglich bei der Auslegung dieser Gesetze, im Rahmen der Ermessensausübung und bei der planerischen Abwägung.

28 Schutzpflichten, die sich zugunsten der Bürger aus den Wertentscheidungen der Grundrechte ergeben, haben zunächst nur den Charakter von **objektiv-rechtlichen Verpflichtungen** des Staates.[59] Unter zusätzlichen Voraussetzungen kann sich darüber hinaus ein einklagbares **subjektives Recht** des Bürgers auf Schutz gegenüber dem Staat, also ein entsprechender Anspruch ergeben.[60] Zwar treffen staatliche Organe die Entscheidung darüber, wie sie ihren (objektiven) Schutzpflichten nachkommen, in eigener Verantwortung. Indes reduziert sich ihr Entscheidungsspielraum nach gerichtlicher Sicht bei evidenter Verletzung der in den Grundrechten verkörperten Grundentschei-

---

53 BVerfGE 56, 54, 75.
54 Entweder auf Grund weit zu verstehender Grundrechtsschranken, wenn man mit der herrschenden Auffassung den Schutzbereich i.S.e. umfassenden Handlungsfreiheit versteht, oder im Gefolge einer entsprechenden Einengung des Schutzbereichs, um einer „Banalisierung" des Grundrechts zu entgehen; vgl. dazu *Murswiek* in: Sachs (Hrsg.), GG, Art. 2 Rn. 43, 50 ff.
55 Auch nicht i.V.m. Art. 1 Abs. 1 GG, *Schmidt/Kahl/Gärditz*, § 3 Rn. 14.
56 Damit wird freilich die vom Grundgesetz verfolgte Unterscheidung zwischen subjektiven Positionen (Grundrechte) und objektiven Gehalten der Verfassung (insbesondere Art. 20 GG mit Konkretisierungen) vermischt, was schon rechtssystematisch nicht unbedenklich ist; insgesamt zur Kritik an derartigen Vorstellungen *Cremer*, Freiheitsgrundrechte, S. 180 ff.
57 BVerfGE 39, 1, 42; 46, 160, 164 f.; 49, 89, 140 ff.; 53, 30, 57 ff.; 56, 54, 73 ff.; BVerfG, NVwZ 2010, 1038; BVerwG, DVBl. 2010, 1300; auch § 4 Rn. 21.
58 Näher *Schmidt/Kahl/Gärditz*, § 3 Rn. 18 ff.; zur Fortführung dieser Rechtsprechung durch BVerfG, NVwZ 1010, 702 vgl. *Murswiek*, JuS 2010, 1038.
59 Weiterführend zu grundrechtlichen Schutzpflichten *Erichsen*, Jura 1997, 85; *Kloepfer*, DVBl. 1988, 305.
60 Vgl. ausführlich *Szczekalla*, 2002.

dungen (**Untermaßverbot**).⁶¹ Eine solche evidente Außerachtlassung staatlicher (Umwelt-)Schutzpflichten ist freilich bislang vor Gericht in keinem Fall festgestellt worden.⁶² Das BVerfG hat im Ergebnis Ansprüche auf Tätigwerden des Gesetzgebers zum Schutz vor gesundheitsgefährdenden und eigentumsbeeinträchtigenden Luftverschmutzungen ebenso abgelehnt wie Ansprüche auf den Erlass von Gesetzen zur Bekämpfung des Fluglärms bzw. des Straßenverkehrslärms.⁶³ Gleiches gilt für Gesundheitsgefahren durch erhöhte Ozonkonzentrationen.⁶⁴ Schließlich hat der Verordnungsgeber seine aus Art. 2 Abs. 2 S. 1 GG resultierende Schutzpflicht, Gesundheitsgefahren elektromagnetischer Felder abzuwehren, durch den Erlass der 26. BImSchV nicht verletzt.⁶⁵

In ihrem objektiven Gehalt können Schutzpflichten auf die Abwehr von Beeinträchtigungen der Grundrechte durch **Dritte** gerichtet sein, ferner auf Maßnahmen **vorsorgender** und planender Gestaltung, auf die Bereitstellung von **Finanzmitteln** sowie auf die Ermöglichung der **Teilhabe** an staatlichen Einrichtungen und Entscheidungsprozessen. Ihrem Gegenstand nach darf aber die(se) Objektivierung nicht über die subjektive Abwehrfunktion der Grundrechte als Freiheitsrechte hinausgehen.

29

Die staatliche Schutzpflicht hat zunächst zur Folge, dass der Staat strenge materiellrechtliche **Zulassungsvoraussetzungen** für umweltbelastende Vorhaben normieren muss. Er hat freilich auch die notwendigen **verfahrensrechtlichen Sicherungen** zu schaffen:⁶⁶ Nach dem BVerfG gilt, „dass Grundrechtsschutz weitgehend auch durch die Gestaltung von Verfahren zu bewirken ist und dass die Grundrechte demgemäß nicht nur das gesamte materielle, sondern auch das Verfahrensrecht beeinflussen, soweit dieses für einen effektiven Grundrechtsgebrauch von Bedeutung ist"⁶⁷. Das richtet sich neben der auch durch Verfahren zu gewährleistenden Prüfung der Genehmigungsvoraussetzungen auf eine frühzeitige und entscheidungsrelevante Beteiligung der im Auswirkungsbereich des Vorhabens ansässigen Bürger.⁶⁸ Allerdings bedeutet dies nach nationalem Rechtsverständnis nicht, dass sich der Einzelne vor Gericht allein auf einen solchen Verfahrensverstoß zu berufen braucht; vielmehr ist eine gleichzeitige Verletzung von materiellen Rechtspositionen erforderlich.⁶⁹ Ferner gilt die allgemeine Sanktionsfreistellung des § 46 VwVfG.

30

---

61 BVerfGE 88, 203, 354 f. – Schwangerschaftsabbruch.
62 Zur jüngsten Rechtsprechung staatlicher Schutzpflichten mit Umweltbezug vgl. *Kahl*, JZ 2014, 722 ff.
63 BVerfG, NJW 1983, 2931; BVerfGE 56, 54, 73; vgl. ferner BVerfG, UPR 2000, 111; BVerfG, NJW 1998, 3264; BVerwG, NVwZ 1999, 1234.
64 BVerfG, NJW 1996, 651; anders der EuGH auf der Ebene untergesetzlichen Normerlasses (Aufstellung eines Aktionsplans) EuGH, BayVBl. 2008, 411, 751; auch (Kurzwiedergabe) JuS 2009, 198; zum subjektiv-öffentlichen Recht auf ordnungsgemäße Luftreinhalteplanung *Fonk*, NVwZ 2009, 69; § 6 Rn. 13.
65 BVerfG, JZ 1997, 897 m. Anm. *Kremser*; vgl. auch BVerfG, ZUR 2002, 347 m. Anm. *Köck*; bei Summationsschäden (etwa Waldsterben) fällt nach der Rechtsprechung auch der Sekundärrechtsschutz aus, also eine Haftung des Staates: § 14 S. 2 BImSchG bildet keine Grundlage für eine allgemeine staatliche Garantiehaftung; für Amtspflichtverletzung(en) nach § 839 BGB, Art. 34 GG fehlt es an der in Fällen staatlichen Unterlassens erforderlichen evidenten Verletzung einer Schutzpflicht. Ansprüche aus Aufopferungsgesichtspunkten scheitern am fehlenden unmittelbaren Eingriff, insbesondere soll der enteignende Eingriff nur einen Anspruch für besondere Ausnahmefälle hergeben, nicht aber für Massenphänomene (wie das Waldsterben), vgl. BGHZ 102, 350, 353, 364 f., 357; Summationsschäden erfasst auch das UmweltHG nicht, vgl. § 2 Rn. 18.
66 BVerfGE 53, 30, 65 f.; 49, 220, 225; 51, 324, 346 ff.; 52, 214, 219.
67 BVerfGE 53, 30, 65.
68 BVerwGE 53, 30, 59.
69 Dazu m.w.N. *Erbguth*, Allgemeines Verwaltungsrecht, § 20 Rn. 34, anhand der Anfechtungsklage; bei europa(rechts)bedingten Beteiligungsregelungen sieht das anders aus, vgl. *Erbguth*, VVDStRL 61 (2002), S. 221, 248 ff.; konkreter insoweit noch § 6 Rn. 13 (anhand der UVP) und Rn. 15 (anhand des UmwRG).

31 Der **Umfang** der jeweiligen Schutzpflichten bestimmt sich anhand von Intensität und Wahrscheinlichkeit der drohenden Grundrechtsbeeinträchtigung. Hinsichtlich der **Intensität** ist zu unterscheiden zwischen Schäden und bloßen Belästigungen. **Schäden** stellen nicht unerhebliche Beeinträchtigungen von Grundrechten dar. Solche Schäden müssen infolge der grundrechtlichen Schutzpflicht vermieden werden. **Belästigungen**[70] sind demgegenüber unerhebliche Beeinträchtigungen rechtlich geschützter Güter, hier der Grundrechte. Sie dürfen dem Einzelnen zugemutet werden, soweit sie sozial adäquat sind.[71]

Die **Abgrenzung** zwischen Schaden und Belästigung bereitet Schwierigkeiten. Dies liegt zunächst daran, dass die naturwissenschaftliche Beurteilung, ob eine Beeinträchtigung von Erheblichkeit ist, sich schon aufgrund der häufig ungeklärten Wirkungszusammenhänge als problematisch erweist. Solches gilt vor allem für den Bereich der Gesundheitsgefährdungen durch Umweltbelastungen. Zudem enthält die Entscheidung darüber, was dem Bürger zumutbar ist und daher eine unerhebliche Beeinträchtigung darstellt, zumindest auch politisch-volitive Elemente, die grenzziehend für die rechtliche Beurteilung wirken. Soweit (Umwelt-)Gesetze bereits vor erheblichen **Nachteilen** und **Belästigungen**, also nicht nur vor Schäden, schützen (z.B. § 5 Abs. 1 Nr. 1 BImSchG), erübrigt sich zwar besagte Abgrenzung; dafür muss nun zwischen erheblichen Nachteilen und erheblichen Belästigungen auf der einen Seite und unerheblichen, also zumutbaren Nachteilen und Belästigungen auf der anderen Seite entschieden werden.[72]

32 Zweiter Maßstab für den Umfang der Schutzpflicht ist die **Wahrscheinlichkeit der drohenden Beeinträchtigung**. Dazu hat das BVerfG betont, dass sich grundrechtliche Schutzpflichten nicht nur auf Grundrechtsverletzungen richten; vielmehr verpflichten sie den Gesetzgeber, durch seine Normgebung auch (und bereits) die bloße **Gefahr** bzw. das Risiko einer solchen Verletzung zu vermindern.[73]

33 Wie erwähnt[74], entspricht der Gefahrenbegriff des Umweltrechts prinzipiell demjenigen des allgemeinen Polizei- und Ordnungsrechts. Danach besteht eine **Gefahr**, wenn ein Zustand oder ein Verhalten bei ungehindertem Geschehensablauf mit hinreichender Wahrscheinlichkeit in absehbarer Zeit zu einem Schaden an dem jeweiligen Rechtsgut führen würde.[75]

Wann dergestalt eine **hinreichende Wahrscheinlichkeit** besteht, beurteilt sich in Abhängigkeit von der Bedeutung des bedrohten Rechtsguts sowie der Nähe und dem Umfang des erwarteten Schadens: Je höherwertig das Rechtsgut ist und je größer der befürchtete Schaden, desto geringere Anforderungen sind an die Wahrscheinlichkeit des Schadenseintritts zu stellen („je-desto"-Formel).

Dies führt im Bereich des Umweltrechts dazu, dass infolge des teilweise erheblichen Schädigungspotentials (Beispiele: Unfall in einem Kernkraftwerk, Störfall in einer chemischen Fabrik) schon eine geringe Wahrscheinlichkeit ausreichen kann, um einen Gefahrentatbestand zu bejahen. So besteht aus höchstrichterlicher Sicht im **Atomrecht**

---

70 *Kloepfer*, Umweltrecht, § 14 Rn. 65; *Eifert* in: Schoch, Besonderes Verwaltungsrecht, 5. Kap. Rn. 256.
71 BVerwGE 54, 211, 223.
72 So schon die Gesetzesbegründung zum BImSchG, vgl. BT-Drs. 7/1513, S. 2; dazu § 9 Rn. 28 ff.
73 BVerfGE 49, 89, 142.
74 Vgl. § 3 Rn. 5.
75 Vgl. nur anhand des einschlägigen Sicherheits- und Ordnungsrechts *Mann* in: Erbguth/Mann/Schubert, Rn. 463; bereits § 3 Rn. 5.

eine Gefahr erst dann nicht mehr, wenn es nach dem Stand von Wissenschaft und Technik praktisch ausgeschlossen erscheint, dass Schadensereignisse eintreten werden;[76] das nähert sich dem Begriff des Risikos stark an. Gleichwohl werden die Anforderungen nicht überspannt. Es reicht nämlich eine Gefahrenvorsorge aus, die sicherstellt, dass der Eintritt eines Schadensereignisses aufgrund der getroffenen Vorsorgemaßnahmen und des Erkenntnisstandes der führenden Naturwissenschaftler und Techniker praktisch nicht vorstellbar ist.

In Fällen hochkomplexer Technik, wie sie die Nutzung der Kernenergie erfordert, können bei allem technischen Sachverstand gleichwohl nicht erkennbare Risiken verbleiben. Ein Ausschluss dieses **Restrisikos**, etwa durch Errichtungs- bzw. Betriebsverbote für Kernkraftwerke, ist verfassungsrechtlich indes nicht gefordert. Der Staat muss angesichts der Grenzen menschlichen Erkenntnisvermögens und des sich ständig überholenden augenblicklichen Erfahrungswissens keine Maßnahmen ergreifen, die mit absoluter Sicherheit letzte Risiken für Grundrechte als Folge der Zulassung technischer Anlagen und ihres Betriebs ausschließen. Ansonsten würde jede staatliche Zulassung der Nutzung neuer Techniken unmöglich werden. Die Ungewissheit jenseits der Schwelle praktischer Vernunft muss deshalb von den Bürgern als sozial adäquat getragen werden.[77]

▶ Zu Fall 1: Der Erfolg einer Verfassungsbeschwerde setzt neben speziellen Erfordernissen (Art. 93 Abs. 1 Nr. 4a GG i.V.m. §§ 90 ff. BVerfGG) voraus, dass der Beschwerdeführer sich auf eine Verletzung eigener Grundrechte, und zwar durch Maßnahmen des Staates, berufen kann. Das Grundrecht des A auf körperliche Unversehrtheit (Art. 2 Abs. 2 S. 1 GG) wird in der hier interessierenden Konstellation nicht durch staatliches Handeln betroffen, weil die gesundheitsbeeinträchtigende Ozonbildung in der Massierung privater Autofahrten mit entsprechenden Emissionen begründet liegt. Der Staat könnte aber gegen seine Pflicht verstoßen haben, Grundrechte des Einzelnen vor Eingriffen Dritter zu bewahren (staatliche Schutzpflicht). Die Gesundheitsbeeinträchtigungen des A sind jedenfalls nicht derart unbedeutend, dass sie als allgemeines Lebensrisiko hinzunehmen wären. Ist damit eine objektive Schutzpflicht des Staates zu bejahen, kann man von einem hierauf gerichteten (grundrechtlichen) Anspruch, also einer subjektivierten Schutzpflicht, nach der verfassungsgerichtlichen Rechtsprechung nur sprechen, wenn die staatlichen Organe in Kenntnis der Gefahr gänzlich untätig geblieben oder die ergriffenen Maßnahmen evident unzureichend sind. Vorliegend hat der Staat bereits Maßnahmen bei erhöhten Ozonkonzentrationen vorgesehen, die nach dem BVerfG bislang ausreichend waren.[78] Ob diese Sicht allerdings im Kontext jüngerer Erkenntnisse, wie sie in gemeinschaftsrechtlichen Vorgaben für den mitgliedstaatlichen Immissionsschutz (Stichwort: Feinstaubproblematik)[79] Ausdruck gefunden haben, aufrechterhalten werden kann bzw. wird, erscheint fraglich. Im Weiteren darf zwar nicht übersehen bleiben, dass ein Fahrverbot bei niedrigeren Ozonwerten viele Autofahrer in ihrem Grundrecht auf freie Entfaltung der Persönlichkeit (Art. 2 Abs. 1 GG) treffen würde. Demgegenüber werden sich indes jedenfalls mehr als marginale Gesundheitsgefahren in der insoweit gebotenen Abwägung als eindeutig höherrangig durchsetzen. Insgesamt dürfte eine Verfassungsbeschwerde des A dem Grunde nach erheblich mehr Erfolgschancen haben, als dies früher der Fall war. ◀

---

76 BVerfGE 49, 89, 143, auch zum Nachfolgenden.
77 BVerfGE 49, 89, 142 f.
78 BVerfG, NJW 1996, 651.
79 Vgl. vorstehend § 4 Rn. 28 m.w.N. sowie (näher) § 9 Rn. 5, 35.

IV. Bedeutung des Rechtsstaatsprinzips im Umweltrecht

1. Vorbehalt des Gesetzes

36 Der Vorbehalt des Gesetzes ist Ausdruck der Gesetzmäßigkeit des Verwaltungshandelns (Art. 20 Abs. 3 GG) und wird im Näheren aus dem Rechtsstaats- und dem Demokratieprinzip hergeleitet.[80] Er verlangt, dass Handlungen der Exekutive, die seinem Geltungsanspruch unterfallen, auf einer Ermächtigungsgrundlage in Form einer Rechtsnorm (formelles Gesetz, ggf. Verordnung, Satzung usw.) beruhen müssen.[81] Fehlt es daran, ist das Handeln der Verwaltung rechts- und zugleich verfassungswidrig.

37 Dem Gesetzesvorbehalt unterfällt nach ganz überwiegender Auffassung nicht jegliches Verwaltungshandeln. Er gilt als historisch begründet bei klassischen **Eingriffen** in Freiheit und Eigentum der Bürger, aber auch – nach der **Wesentlichkeitstheorie**[82] – bei allen (staatlichen) Maßnahmen, die für das Staatsganze, insbesondere für das Zusammenleben im Staat, von wesentlicher Bedeutung sind. Dazu gehören vor allem Entscheidungen der Verwaltung, die in Grundrechte zwar nicht eingreifen, diese aber (wesentlich) betreffen (grundrechtsrelevante Maßnahmen, etwa im Rahmen der Gentechnik oder des Klimaschutzes).[83] Des Weiteren kann sich die Wesentlichkeit aus Besonderheiten des jeweils betroffenen Sachgebiets ergeben.

Unterfällt eine Maßnahme dem Gesetzesvorbehalt, ist zu differenzieren: Handelt es sich um eine Entscheidung von gesteigert grundlegender Bedeutung, etwa im Fall weitreichender Grundrechtsrelevanz, muss sie der Gesetzgeber in vollem Umfang durch (formelles) Gesetz selbst treffen: **Parlamentsvorbehalt**.[84] In anderen Fällen der Wesentlichkeit reicht es, wenn der Gesetzgeber eine verfassungsgemäße Grundlage schafft (vgl. etwa Art. 80 GG) und die näheren Regelungen durch die Exekutive im Wege der Rechtsverordnung oder Satzung erfolgen.[85]

Für das **Atomrecht** hat das BVerfG in Anbetracht dessen entschieden, dass die „normative Grundentscheidung für oder gegen die rechtliche Zulässigkeit der friedlichen Nutzung der Kernenergie (…) wegen ihrer weitreichenden Auswirkungen auf die Bürger, insbesondere auf ihren Freiheits- und Gleichheitsbereich, auf die allgemeinen Lebensverhältnisse und wegen der notwendigerweise damit verbundenen Art und Intensität der Regelung eine grundlegende und wesentliche Entscheidung im Sinne des Vorbehaltes des Gesetzes" ist. Und: „Sie zu treffen ist allein der ‚parlamentarische' Gesetzgeber berufen."[86] Dies ist mit dem Atomgesetz geschehen.

2. Bestimmtheitsgrundsatz

38 Nach dem rechtsstaatlichen Bestimmtheitsgrundsatz müssen Normen so gefasst sein, dass ihr Regelungsgehalt klar erkennbar wird.[87] Die Anforderung darf allerdings nicht

---

80 BVerfGE 33, 125; 34, 304; 40, 237, 248 ff.; 41, 251, 259 f.; 45, 400, 417 f.; 47, 46, 78 f.; 49, 89, 128 ff.; *Jarass* in: Jarass/Pieroth, GG, Art. 20 Rn. 44 ff.
81 Näher etwa *Erbguth*, Allgemeines Verwaltungsrecht, § 8 Rn. 3 ff. m.w.N.
82 Des BVerfG, vgl. BVerfGE 33, 1; 58, 257, 278; 84, 212, 226 f.
83 BVerfGE 47, 46, 79; 57, 257, 268; BVerwGE 57, 130; bei grundrechtseingreifenden Maßnahmen gilt der Gesetzesvorbehalt ohnehin, vgl. vorstehend im Text.
84 BVerfGE 58, 257, 274 f. m.w.N.
85 BVerfGE 58, 257, 274 ff.; BVerwG, DÖV 1981, 679; auch *Erbguth*, Allgemeines Verwaltungsrecht, § 8 Rn. 6.
86 BVerfGE 49, 89, 124 ff.; 53, 30, 56.
87 BVerfGE 8, 274, 311; 20, 257; 28, 66; 33, 358; 34, 52; 42, 191; 58, 283.

zu stringent und vor allem nicht schematisch verstanden werden.[88] Die Unterschiedlichkeit der Regelungsmaterien, die Vielgestaltigkeit der Lebenswirklichkeit und sich wandelnde Verhältnisse schließen es aus, von Gesetzes wegen durchgängig jeden denkbaren Einzelfall gleichsam kasuistisch zu erfassen. Daher versagt das Bestimmtheitsgebot nicht die Verwendung von Generalklauseln, unbestimmten Rechtsbegriffen und Ermessensvorschriften, solange sich Inhalt und Anwendungsbereich der Norm mithilfe juristischer Interpretation oder aufgrund gefestigter Rechtsprechung bestimmen lassen.[89] Die klassischen juristischen Auslegungsmethoden[90] richten sich bekanntlich auf

- die Ermittlung des Wortsinns einer Regelung (grammatikalische Auslegung),
- die Stellung der Regelung im Normengefüge (systematische Auslegung),
- Sinn und Zweck einer Regelung (teleologische Auslegung – wichtigste Interpretationsmethode),
- die Entstehung einer Rechtsnorm und ihre geschichtliche Entwicklung (historisch-genetische Auslegung).

Als hinreichend bestimmbar erweisen sich vor diesem Hintergrund bspw. Rechtsbegriffe wie

- „nicht nur geringfügig", § 6 Abs. 1 S. 1 Nr. 2 WHG,
- „erheblich", § 3 Abs. 1 BImSchG,
- „dem Stand der Technik entsprechende Maßnahmen", § 5 Abs. 1 Nr. 2 BImSchG,[91]
- „die nach dem Stand von Wissenschaft und Technik erforderliche Vorsorge", § 7 Abs. 2 Nr. 3 AtG.

Insbesondere die Verwendung der letztgenannten **Technikklauseln** wird vom BVerfG aus den dargelegten praktischen Erwägungen, aber gerade auch zum Schutz des Einzelnen als unvermeidbar angesehen: „Eine gewisse Rechtsunsicherheit, die sich durch Rechtsverordnungen der Exekutive, durch die Verwaltungspraxis sowie durch die Rechtsprechung im Laufe der Zeit noch in bestimmtem Umfang verringert, muss jedenfalls dort in Kauf genommen werden, wo der Gesetzgeber ansonsten gezwungen wäre, entweder unpraktikable Regelungen zu treffen oder von einer Regelung gänzlich Abstand zu nehmen, was letztlich beides zulasten des Grundrechtsschutzes ginge."[92]

3. Verhältnismäßigkeitsgrundsatz[93]

Der sich aus dem Rechtsstaatsprinzip allgemein ergebende Grundsatz der Verhältnismäßigkeit[94] gilt für die gesamte Ordnung des öffentlichen Rechts und somit für die hier behandelten Zusammenhänge des Umweltrechts. Staatliche Maßnahmen müssen danach als Mittel zur Erreichung eines zulässigen Zweckes geeignet, erforderlich und angemessen sein:

---

88 Allgemein dazu und zum Nachfolgenden *Erbguth*, Allgemeines Verwaltungsrecht, § 14 Rn. 26 ff.
89 *Jarass* in: Jarass/Pieroth, GG, Art. 20 Rn. 58; BVerfGE 87, 234, 263 f.; 51, 1, 12; 21, 73, 78 ff.
90 Vgl. hierzu umfassend *Stein/Frank*, S. 35 ff.
91 Allgemein zur diesbezüglichen verfassungsrechtlichen Zulässigkeit *Seibel*, BauR 2004, 1718.
92 BVerfGE 49, 89, 137; zur Verbindlichkeit von Umweltstandards näher *Himmelmann* in: Himmelmann/Tünnesen-Harmes *Kraft*, Umweltrecht, § 4.
93 Dazu eingehend *Kraft*, BayVBl. 2007, 577.
94 *Jarass* in: Jarass/Pieroth, GG, Art. 20 Rn. 80 ff.; *Ossenbühl*, JURA 1997, 617.

- Die Maßnahme ist geeignet, wenn sie den erstrebten Erfolg überhaupt zu erreichen vermag; ein Beitrag zur Zielerreichung genügt (**Geeignetheit**).
- Eine geeignete Maßnahme ist erforderlich, wenn nicht andere (gleich) geeignete Mittel zur Verfügung stehen, die den bzw. die Betroffenen weniger beeinträchtigen (**Erforderlichkeit** bzw. Interventionsminimum).
- Eine erforderliche Maßnahme ist angemessen, wenn sie nicht außer Verhältnis zum erstrebten Erfolg steht (**Angemessenheit** bzw. Verhältnismäßigkeit im engeren Sinne).

Der Grundsatz der Verhältnismäßigkeit, und hier vornehmlich die Angemessenheit staatlichen Handelns, verlangt ferner, dass prinzipiell bei allen staatlichen Planungsmaßnahmen die Belange des Umweltschutzes zu berücksichtigen und mit gegenläufigen Interessen gerecht abzuwägen sind (planerisches **Abwägungsgebot**).[95]

V. Zuständigkeitsverteilung im Umweltschutz

41 Die Zuständigkeit für Maßnahmen der Gesetzgebung und Verwaltung steht nach der Kompetenzverteilung des Grundgesetzes teils dem Bund, teils den Ländern zu. Für die **Gesetzgebung** sind gem. Art. 70 Abs. 1 GG grundsätzlich die Länder zuständig, soweit nicht das Grundgesetz dem Bund ausdrücklich Gesetzgebungskompetenzen verleiht. Infolge zahlreicher derartiger Zuweisungen liegt (auch) im Bereich des Umweltschutzes das Schwergewicht der Gesetzgebung dann doch beim Bund.[96] Die **Verwaltungskompetenz**, also insbesondere die Befugnis zum Vollzug der Gesetze, steht dagegen nach der Grundregel des Art. 83 GG vorwiegend den Ländern zu.[97]

1. Gesetzgebungskompetenzen im Umweltschutz

42 ▶ **FALL 2:** Die Bundesregierung legt einen Gesetzentwurf zur Reform des Naturschutzrechts vor, der u.a. die folgende Bestimmung über flächenhafte Naturschutzziele enthält: „Die Länder sollen mindestens 10 % der Landesfläche zur Schaffung, Erhaltung und Entwicklung von Biotopverbundsystemen als Vorrangflächen für den Naturschutz ausweisen. Ein Flächenausgleich, insbesondere der Länder Berlin, Bremen und Hamburg, mit angrenzenden Bundesländern ist zulässig." Die Bundesländer fühlen sich durch die vorgeschlagene Regelung stark in ihren Zuständigkeiten eingeschränkt. Der sächsische Ministerpräsident ist der Ansicht, dass der Erlass einer derartigen Vorschrift durch den Bund nicht kompetenzgerecht wäre. ◀

a) Zuständigkeiten des Bundes

43 Das Grundgesetz sieht vor, dass der Bund **ausschließlich** (selten) oder **konkurrierend** für den Erlass von Umweltgesetzen zuständig ist. Darüber hinaus konnte er bis Mitte 2006 in bestimmten Bereichen **Rahmenregelungen** treffen (Art. 75 Abs. 1 GG a.F.).[98]

---

[95] BVerwGE 64, 270, 272 f.; BVerwG, JZ 2007, 939 m. Anm. *Peine/Starke*; umfassend zum Abwägungsgebot *Hofmann*, Abwägung im Recht; zum Abwägungsgebot anhand des Städtebaurechts eingehend *Bönker* in: Hoppe/Bönker/Grotefels, Öffentliches Baurecht, § 5; *Erbguth/Schubert*, Öffentliches Baurecht, § 5 Rn. 114 ff. m.w.N.; anhand neuerer Entwicklungen *ders.*, JZ 2006, 484; *ders.*, UPR 2010, 281.
[96] Zum Bereich Naturschutz und Landschaftspflege vor der Föderalismusreform 2006 *Koch/Mechel*, NuR 2004, 277.
[97] Eingehend zum Nachfolgenden vor dem Hintergrund der Föderalismusreform des Jahres 2006 *Gerstenberg*, Zu den Gesetzgebungs- und Verwaltungskompetenzen nach der Föderalismusreform.
[98] *Kloepfer*, Umweltrecht, § 3 Rn. 89 ff.; *Kunig*, JURA 1996, 254.

Die Befugnis kann sich **ausdrücklich** oder als **Annex** bzw. kraft **Sachzusammenhangs**[99] zur Regelung bestimmter Sachbereiche ergeben. So folgt aus der Gesetzgebungskompetenz für den Straßenverkehr (Art. 74 Abs. 1 Nr. 22 GG) oder den Bergbau (Art. 74 Abs. 1 Nr. 11 GG) auch die Zuständigkeit für Regelungen zum Schutz der Umwelt vor Beeinträchtigungen durch Straßenbau bzw. Bergbau.[100] Überdies kann sich aus dem Gesamtsinn der verfassungsrechtlichen Kompetenzordnung eine Zuständigkeit des Bundes „**kraft Natur der Sache**" ableiten.[101]

44

aa) Ausschließliche Gesetzgebungskompetenz

Ausdrückliche (Gesetzgebungs-)**Zuständigkeiten** (Art. 71, 73 GG) finden sich für den Bund im Bereich des Umweltschutzes mit Ausnahme des Atomrechts (Art. 73 Abs. 1 Nr. 14 GG) nicht. Bedeutsame **Annexkompetenzen** ergeben sich aber aus:

45

- Art. 73 Abs. 1 Nr. 5 GG, Handelsverträge und Warenverkehr mit dem Ausland (z.B. Verbote zur Einfuhr von lebenden Tieren, Tierleichen, Tierteilen usw. im Rahmen internationaler Artenschutzabkommen),
- Art. 73 Abs. 1 Nr. 6 GG, Luftverkehr, Nr. 6a, Bundeseisenbahnen (Regelungen zur Vermeidung der negativen Auswirkungen der Verkehrsanlagen auf die Umwelt),
- Art. 73 Abs. 1 Nr. 11 GG, Statistik für Bundeszwecke (z.B. UStaG).

bb) Konkurrierende Gesetzgebungskompetenz

Auf Umweltschutz richten sich vor allem die nachfolgenden Sachmaterien der konkurrierenden Gesetzgebungszuständigkeit in Art. 74 Abs. 1 GG:

46

- Nr. 1: insbesondere zivilrechtliches Nachbarrecht und Umweltstrafrecht,
- Nr. 11: Wirtschaftskontrolle einschließlich des Energierechts,
- Nr. 12: Arbeitsschutz,
- Nr. 17: Ernährungssicherung, Hochsee- und Küstenfischerei, Küstenschutz,
- Nr. 18: Bodenrecht, vor allem das Städtebaurecht,
- Nr. 19: Gesundheitsrecht, Verkehr mit besonders gefährlichen Stoffen,
- Nr. 20: Lebensmittelrecht, Futtermittelrecht und Tierschutz,
- Nr. 21–23: Schiffs-, Straßen- und Schienenverkehr,
- Nr. 24: Abfallbeseitigung, Luftreinhaltung und Lärmbekämpfung (ohne Schutz vor verhaltensbezogenem Lärm),
- Nr. 26: Gentechnik

sowie seit der **Föderalismusreform 2006**

- Nr. 28: Jagdrecht,
- Nr. 29: Naturschutz und Landschaftspflege,
- Nr. 30: Bodenverteilung,

---

99 Allgemein dazu und zu den (allerdings etwas gekünstelten) Unterschieden zwischen Annexkompetenz und Zuständigkeit kraft Sachzusammenhangs *Degenhart* in: Sachs (Hrsg.), GG, Art. 70 Rn. 37 ff.
100 *Hoppe/Beckmann/Kauch*, § 4 Rn. 101 ff.
101 Näher *Degenhart* in: Sachs (Hrsg.), GG, Art. 70 Rn. 31 ff.; vertieft zur Gesetzgebungskonkurrenz im Verhältnis Bund – Länder *Wagner*, Die Konkurrenzen der Gesetzgebungskompetenzen von Bund und Ländern; anhand der Lärmbekämpfung insoweit *Kiefer*, DÖV 2011, 515.

- Nr. 31: Raumordnung,
- Nr. 32: Wasserhaushalt.

Die Neufassung des **Art. 72 Abs. 2 GG** im Wege besagter Föderalismusreform unterwirft nur noch die dort enumerativ aufgezählten Gesetzgebungsmaterien des Art. 74 Abs. 1 GG einem zusätzlichen **bundeseinheitlichen Regelungserfordernis**. Von den vorstehenden umweltrelevanten Kompetenzgegenständen werden hiervon nicht die Kernbereiche des Umweltrechts (Umweltschutzrecht),[102] sondern nur einige, wenn auch praktisch wichtige Legislativfelder des umweltrelevanten Rechts[103] erfasst (Nr. 11, 22, 26).[104] Nach Art. 72 Abs. 2 GG muss die Herstellung gleichwertiger Lebensverhältnisse im Bundesgebiet oder die Wahrung der Rechts- und Wirtschaftseinheit im gesamtstaatlichen Interesse eine bundesgesetzliche Regelung erforderlich machen. Das BVerfG legt insoweit stringente Maßstäbe an, weil die Verfassungsreform aus dem Jahr 1994 die frühere Bedürfnisklausel der Vorschrift zu einem Erforderlichkeitsgebot verschärft hat.[105] Hiernach müssen die Divergenzen unterschiedlichen Landesrechts in den genannten Bereichen erheblich bzw. unzumutbar sein, um die Erforderlichkeit begründen zu können.[106] Insoweit steht dem Bund kein Ermessens- oder Beurteilungsspielraum (mehr)[107] zu, vielmehr wird die Einhaltung jener Maßgaben vom BVerfG vollinhaltlich nachgeprüft.[108] Angesichts der notwendigerweise zukunftsgerichteten Einschätzung anhand der Maßstäbe des Art. 72 Abs. 2 GG wird immerhin von einem Prognosespielraum des (Bundes-)Gesetzgebers auszugehen sein, der freilich dahin gehend kontrollierbar bleibt, ob sorgfältig ermittelte Sachverhaltsangaben zu Grunde gelegt worden sind, die Prognosemethode angemessen war sowie konsequent verfolgt worden ist und bei alldem keine sachfremden Erwägungen eingeflossen sind.[109]

Erleichtert auch die (weitgehende) Freistellung umweltrechtlicher Regelungskompetenzen von dem bundeseinheitlichen[110] Regelungserfordernis des Art. 72 Abs. 2 GG die Bundesgesetzgebung (bis hin zu einem UGB)[111], kann es doch zu Durchbrechungen jener Bundeseinheitlichkeit im Gefolge der den Ländern nach **Art. 72 Abs. 3 GG** eröffneten **Abweichungskompetenz**[112] kommen. Das betrifft im umweltrelevanten Bereich das Jagdwesen (Art. 72 Abs. 3 S. 1 Nr. 1 GG) und die Raumordnung (Nr. 4 der Vorschrift), im Kernbereich des Umweltrechts das Recht des Naturschutzes und der Landschaftspflege (Art. 72 Abs. 3 S. 1 Nr. 2 GG)[113] und das Wasserrecht (Nr. 5 der Bestimmung). Diese Abweichungen sind dem Wortlaut der Vorschrift nach teils unbegrenzt eröffnet

---

102 Vgl. § 2 Rn. 1.
103 Dazu § 2 Rn. 2 ff.
104 Vgl. auch § 2 Rn. 14.
105 Dazu *Pieroth* in: Jarass/Pieroth, GG, Art. 72 Rn. 17, 20 ff.
106 BVerfGE 106, 62, 135 f., 142.
107 Zur früheren Rechtslage insoweit *Degenhart* in: Sachs (Hrsg.), GG, Art. 72 Rn. 2.
108 BVerfGE 106, 62, 135 ff., 148; 110, 141, 175.
109 BVerfGE 106, 62, 152 f.
110 Demgegenüber für bundes„gesetzlich" *Pieroth* in: Jarass/Pieroth, GG, Art. 72 Rn. 19.
111 Dazu bereits § 2 Rn. 14; skeptisch zur kompetenziellen Grundlage für ein „wirkliches" UGB *Erbguth* in: Ipsen/Stüer, FS Rengeling, S. 35, 42 ff.
112 Dazu auch *Kluth* in: ders./Smeddinck, Umweltrecht, § 1 Rn. 88 ff. Insoweit zu verfassungsrechtlichen Grenzen gegenüber gleichheitsgefährdenden Abweichungsgesetzen aufgrund des Leitbilds der gleichwertigen Lebensverhältnisse und der Gewährspflicht des Bundes nach Art. 28 Abs. 3 GG *Selmer*, ZG 2009, 33.
113 Zur Kompetenzlage im Naturschutz nach der Föderalismusreform *Hendrischke*, NuR 2007, 454; *Werner*, NuR 2007, 459.

(wie bei der Raumordnung nach Art. 72 Abs. 3 S. 1 Nr. 4 GG),[114] überwiegend wird aber ein Grundbestand an Bundesrecht auf den fraglichen Gebieten durch sog. **abweichungsfeste Kerne** geschützt. Derartige Kerne bilden im Bereich Naturschutz und Landschaftspflege „die allgemeinen Grundsätze des Naturschutzes, das Recht des Artenschutzes oder des Meeresnaturschutzes" (Art. 72 Abs. 3 S. 1 Nr. 2 GG) und im Wasserhaushalt „stoff- oder anlagebezogene Regelungen" (Art. 72 Abs. 3 S. 1 Nr. 5 GG). Die begriffliche Konturenunschärfe jener Reservate des Bundesrechts zieht Rechtsunsicherheit nach sich, zu deren Bereinigung es bundesverfassungsgerichtlicher Klarstellung bedürfen wird.

Hinzu kommt in zeitlicher Hinsicht, dass Bundesgesetze auf den genannten Gebieten – vorbehaltlich abweichender Regelungen unter Zustimmung des Bundesrates – frühestens sechs Monate nach ihrer Verkündung in Kraft treten, Art. 72 Abs. 3 S. 2 GG; damit soll den Ländern ein Zeitfenster für die Entscheidung über Abweichungen eröffnet werden.[115] Art. 72 Abs. 3 S. 3 GG schließlich enthält eine „lex posterior-Regel". Hiernach bleibt es im zeitlichen Nacheinander von Bundes- und Landesrecht auf den Gebieten nach S. 1 der Vorschrift nicht bei der allgemeinen Kollisionsbestimmung zugunsten Bundesrechts gem. Art. 31 GG. Vielmehr wird ein Anwendungsvorrang des jeweils späteren Bundes- oder Landesrechts postuliert. Ob sich hieraus ein rechtsstaatlich nicht unbedenkliches, weil prinzipiell unlimitiertes Ping-Pong-Spiel abwechselnder Bundes- und Landesgesetzgebung ergeben wird, findet unterschiedliche Beurteilung.[116] Europarechtliche Vorgaben können jedenfalls nur im Rahmen ihrer Reichweite grenzziehend, d.h. vereinheitlichend bzw. disziplinierend, wirken; damit ist selbst das stark europäisierte Umweltrecht keineswegs gänzlich vor besagtem Hin und Her geschützt.[117]

cc) Abschaffung der Rahmengesetzgebungskompetenz

Die fünf in der vorstehenden Aufzählung zuletzt genannten Materien unterfielen früher der sog. Rahmenzuständigkeit des Bundes nach Art. 75 GG a.F., die als Kompetenzart durch besagte Föderalismusreform ersatzlose Aufhebung erfahren hat; die fraglichen Gesetzgebungsaufgaben sind, wie dargestellt, der konkurrierenden Gesetzgebungszuständigkeit des Bundes zugewiesen worden. Aufgrund der **Rahmengesetzgebungskompetenz** erlassene Gesetze galten freilich zunächst fort und damit auch in der für jene Kompetenzart typischen Ergänzung rahmensetzenden Bundesrechts durch ausfüllendes Landesrecht,[118] vgl. Art. 125b Abs. 1 S. 1, 2 GG. Abweichendes Landesrecht war grundsätzlich eröffnet, freilich hinsichtlich der Materien des Naturschutzes und der Landschaftspflege (Art. 72 Abs. 3 S. 1 Nr. 2 GG) und des Wasserhaushalts (Art. 72 Abs. 3 S. 1 Nr. 5 GG) erst dann, wenn der Bundesgesetzgeber von seinen insoweit neuen (konkurrierenden) Gesetzgebungsbefugnissen[119] Gebrauch gemacht hatte, dies spä-

47

---

114 Gleichwohl herrscht Streit, ob sich nicht aus allgemeinen verfassungsrechtlichen, insbesondere kompetenzrechtlichen Gesichtspunkten, etwa aus der unter früherer Rechtslage vom BVerfG anerkannten Gesetzgebungsbefugnis des Bundes kraft Natur der Sache zur Regelung der Raumordnung im Gesamtstaat (BVerfGE 3, 407, 427 f.), gleichsam ein unbenannter abweichungsfester Kern auch hier konstruieren lässt, dazu näher (kritisch) *Erbguth* in: Ipsen/Stüer, FS Rengeling, S. 35, 46 ff. m.w.N.; eingehend auch *Runkel* in: Bielenberg/Runkel/Spannowsky, L vor §§ 1-29, Rn. 40 ff. (2015).
115 Abweichung auch schon vor Inkrafttreten der Bundesregelung, Begründung BT-Drs. 16/813, S. 11; *Ipsen*, NJW 2006, 2801, 2804; *Häde*, JZ 2006, 930, 932.
116 Für diese Gefahr etwa *Hoppe*, DVBl. 2007, 144, 149 ff.; anders *Oeter* in: Starck, Föderalismusreform, S. 18 f.; dazu auch *Erbguth* in: Ipsen/Stüer, FS Rengeling, S. 35, 53.
117 Vgl. *Erbguth* in: Ipsen/Stüer, FS Rengeling, S. 35, 45.
118 Dazu *Rozek* in: v. Mangoldt/Klein/Starck, GG, Erl. zu Art. 75 GG Rn. 4.
119 Zur „kleinen" Novelle des BNatSchG aus gemeinschaftsrechtlichen Gründen des Artenschutzes vgl. im Zusammenhang mit der Behandlung des Naturschutzrechts § 10 Rn. 5, 57.

testens ab dem 1.1.2010 (Art. 125b Abs. 1 S. 3 GG); damit sollte dem Bund nicht nur die Möglichkeit, sondern auch eine gewisse (Vorbereitungs-)Zeit für den Erlass eines Umweltgesetzbuchs eingeräumt werden.[120]

48 ▶ Zu Fall 2: Das Grundgesetz hält dem Bund keine umfassende Gesetzgebungskompetenz auf dem Gebiet des Umwelt(schutz)rechts vor. Deshalb müssen die Einzelermächtigungen der Art. 73 f. GG auf einen Kompetenztitel für die geplante Vorschrift durchgemustert werden. Einschlägig ist hier Art. 74 Abs. 1 Nr. 29 GG (Naturschutz und Landschaftspflege). Flächenhafte Naturschutzziele fallen grundsätzlich unter diese Regelungsmaterie. Da es sich nunmehr, d.h. nach der Föderalismusreform 2006, um eine konkurrierende Gesetzgebungskompetenz handelt, kann der Bund in das Einzelne gehende Regelungen treffen. Überdies betrifft der neu gefasste Art. 72 Abs. 2 GG nur noch die dort aufgeführten Kompetenztitel – zu denen jener des Art. 74 Abs. 1 Nr. 29 GG nicht zählt; deshalb kann das Gesetzesvorhaben auch nicht von vornherein am bundeseinheitlichen Regelungserfordernis i.S.d. Vorschrift scheitern. Der sächsische Ministerpräsident hat folglich Unrecht.[121] ◀

b) Zuständigkeiten der Länder

aa) Ausschließliche Gesetzgebungskompetenz

49 Bedeutsam für die Belange des Umweltschutzes ist die Zuständigkeit der Länder für die Regelung ihrer Verwaltungsorganisation und für das Polizei- und Ordnungsrecht, das subsidiär anzuwenden ist, wenn spezielle umweltrechtliche Regelungen fehlen. Dies war z.B. bei den sog. Altlasten der Fall, die aktuelle Gefahren insbesondere für die Gewässer- und Bodenqualität bewirkten und zu einer Zeit begründet wurden, als die einschlägigen Fachgesetze noch nicht vorhanden waren. Mittlerweile haben viele Bundesländer Altlastenregelungen in ihre Abfall- oder Bodenschutzgesetze aufgenommen; das bereits erwähnte BBodSchG[122] hat insoweit ebenfalls eine „Hochzonung" zur Folge.[123]

bb) Konkurrierende Gesetzgebungskompetenz

50 Im Bereich der konkurrierenden Gesetzgebung sind die Länder immer dann regelungsbefugt, solange und soweit der Bund keine oder **keine abschließende Regelung** getroffen hat, Art. 72 Abs. 1 GG. Allgemein ist anerkannt, dass nicht nur eine inhaltliche Vollregelung der Gesetzesmaterie oder von (den strittigen) Teilen derselben die Länder legislatorisch ausschließt,[124] sondern Entsprechendes auch dann gilt, wenn einer lediglich partiellen Bundesregelung entnommen werden kann, dass es damit sein Bewenden

---

120 *Kyrill-Schwarz* in: Starck, Föderalismusreform, S. 64 m.w.N.; zur Entwicklung und zum Scheitern des Umweltgesetzbuchs vgl. § 2 Rn. 12 ff. Zur Novellierung von BNatSchG und WHG in diesem Zusammenhang § 2 Rn. 14 a. E.
121 Die Sicht des Ministerpräsidenten ist offensichtlich noch der früheren Einordnung des Naturschutzes und der Landschaftspflege als Materie der Rahmenkompetenz nach Art. 75 GG a.F. verhaftet. Die geplante Vorschrift beinhaltet eine detaillierte, zahlenmäßig festgelegte Anweisung und geht damit über eine bloße Rahmenregelung hinaus. Dann blieb nach alter Kompetenzlage überprüfungsbedürftig, ob sie als Ausnahme gem. Art. 75 Abs. 2 GG a.F. verfassungsgemäß sein kann. Die sich dabei stellenden, nicht einfach zu beantwortenden Fragen (sehr stringent insoweit BVerfGE 111, 226) bedürfen angesichts der ersatzlosen Beseitigung der Rahmenkompetenz als Art der Gesetzgebungsbefugnis im Wege der Föderalismusreform 2006 (vorstehend Rn. 47) keiner weiteren Befassung.
122 Vgl. § 2 Rn. 24.
123 Zu den Regelungen des BBodSchG vgl. näher § 13 Rn. 6 ff.
124 Vgl. nur *Degenhart* in: Sachs (Hrsg.), GG, Art. 72 Rn. 27 m.w.N.

haben soll.[125] Anzulegende Maßstäbe bilden bei fehlender gesetzlicher Klarstellung prinzipiell der Wortlaut, die systematische Stellung, die Entstehungsgeschichte und, wie bei jeglicher Auslegung, vornehmlich Sinn und Zweck der fraglichen Bundesvorschriften, also deren Regelungskonzeption[126] – natürlich vorbehaltlich konkreter Aussagekraft. Überdies stehen die(se) Interpretationskriterien nicht unverbunden nebeneinander; vielmehr sind sie in ihrer inhaltlichen Verflochtenheit heranzuziehen.

Die Konsequenz nicht abschließenden Gehalts von Bundesrecht stellen etwa die Landesabfallgesetze, die Landesimmissionsschutzgesetze und die Landesbodenschutzgesetze dar.

cc) Ausfüllende Gesetzgebungskompetenz

Im Bereich der (früheren) Rahmengesetzgebung waren die Länder zu eigenen ausfüllenden Regelungen berechtigt und verpflichtet (Art. 75 Abs. 3 GG a.F.). Von Bedeutung für den Umweltschutz erwiesen sich insbesondere die Landesnaturschutzgesetze, die Landesplanungsgesetze und die Landeswassergesetze. Inzwischen gibt es neues Bundesrecht auf den fraglichen Gebieten, das den Ländern lediglich lückenfüllende Rechtsetzungsmöglichkeiten belässt.[127]

2. Verwaltungskompetenzen im Umweltschutz

a) Länderverwaltung

Neben den Landesumweltgesetzen führen die Länder aufgrund von Art. 83 GG auch das Bundesumweltrecht als **eigene Angelegenheit** aus, d.h. sie bestimmen die Organisation („Errichtung von Behörden") sowie das Verwaltungsverfahren. Sofern Bundesgesetze hinsichtlich Letzterem etwas anderes bestimmen, erwächst den Ländern ein (legislatives) **Abweichungsrecht**, Art. 84 Abs. 1 S. 2 GG.[128] Von besonderer Bedeutung für die gesetzliche Weiterentwicklung gerade im Umweltrecht ist Art. 84 Abs. 1 S. 5 GG. Danach kann der Bund das Verwaltungsverfahren ohne Abweichungsmöglichkeit für die Länder regeln, allerdings allein in Ausnahmefällen und nur wegen eines besonderen Bedürfnisses nach bundeseinheitlicher Regelung; hierauf soll(te) sich kompetenzrechtlich die **integrierte Vorhabengenehmigung** als Kernbestand eines Umweltgesetzbuchs gründen.[129] Beachtlich bleibt, dass derartige gesetzliche Regelungen der Zustimmung des Bundesrats bedürfen.

Beim Vollzug von Bundesgesetzen als eigene Angelegenheit unterliegen die Länder gem. Art. 84 Abs. 3 S. 1 GG nur der **Rechtsaufsicht** des Bundes, die sich auf die Gesetzmäßigkeit des Vollzugs beschränkt.

Bundesauftragsverwaltung durch die Länder – als Ausnahme von der Ausführung der Bundesgesetze im vorstehenden Sinne – ist im Grundgesetz bspw. eröffnet für den Bereich der Kernenergie (Art. 87c GG; umgesetzt durch § 24 AtG).

---

125 Vgl. nur BVerfGE 2, 232, 236; 83, 363, 379; ferner 85, 226, 234.
126 Vgl. BVerfGE 109, 190, 230; allgemein zur Auslegungsmethodik § 4 Rn. 38.
127 Vgl. § 2 Rn. 14 a. E., vorstehend § 4 Rn. 50.
128 Vgl. ferner die dilatorische Entsprechung des Art. 84 Abs. 1 S. 3 zu Art. 72 Abs. 3 S. 2 GG; zu Letzterem § 4 Rn. 46; auch Art. 72 Abs. 3 S. 3 GG gilt entsprechend, Art. 84 Abs. 1 S. 4 GG.
129 Dazu § 2 Rn. 14 und – kritisch – *Erbguth* in: Ipsen/Stüer, FS Rengeling, S. 35, 44; zum UGBE I insoweit *Heuser*, NuR 2008, 99; näher § 5 Rn. 71.

Bei der Bundesauftragsverwaltung unterfällt der Aufsicht des Bundes nach Art. 85 Abs. 4 S. 1 GG neben der Gesetzmäßigkeit die Zweckmäßigkeit der Gesetzesausführung durch die Länder (**Fachaufsicht**). Ferner bestehen insoweit umfassende Weisungsbefugnisse der obersten Bundesbehörden (näher Art. 85 Abs. 3 GG). Im Bereich des Atomrechts haben derartige Einzelweisungen zunehmende Bedeutung erlangt.[130]

54 Landesgesetze werden von den Ländern ohne Bundesaufsicht in **Eigenverwaltung** ausgeführt.

55 Gem. Art. 104a Abs. 1 GG tragen Bund und Länder jeweils die **Kosten**, die sich aus der Wahrnehmung ihrer Aufgaben ergeben. Im Vollzug eigener Umweltgesetze oder von solchen des Bundes nach Art. 83, 84 GG trifft daher die Länder die Finanzierungslast. Im Rahmen der Bundesauftragsverwaltung trägt der Bund die Ausgaben, Art. 104a Abs. 2 GG.

b) Bundesverwaltung

56 Dem Bund stehen allgemein nur wenige bundeseigene Durchführungszuständigkeiten i.S.d. Art. 86 ff. GG zu; das gilt gleichermaßen für die Umweltverwaltung (z.B. Verwaltung der Bundeswasserstraßen, Art. 87 Abs. 1, 89 Abs. 2 S. 1 GG). Nach Art. 87 Abs. 3 S. 1 GG kann der Bund aber im Bereich seiner Gesetzgebungszuständigkeiten (u.a.) selbstständige **Bundesoberbehörden** (ohne eigenen Verwaltungsunterbau) und neue bundesunmittelbare Körperschaften des öffentlichen Rechts – durch Gesetz – errichten. Für den Umweltschutz hat er hiervon durch Schaffung der Bundesoberbehörden

- Umweltbundesamt,
- Bundesamt für Strahlenschutz,
- Bundesamt für Naturschutz,
- Bundesinstitut für Infektionskrankheiten und nicht übertragbare Krankheiten („Robert-Koch-Institut")
- und Bundesamt für Verbraucherschutz und Lebensmittelsicherheit

Gebrauch gemacht.

c) Kommunalverwaltung

57 Im Rahmen ihrer kommunalen Selbstverwaltung (Art. 28 Abs. 2 GG) nehmen die Gemeinden (S. 1) und Kreise (S. 2) zahlreiche Aufgaben des Umweltschutzes wahr.[131]

Zu erwähnen ist die Berücksichtigung von Umweltschutzaspekten in Wahrnehmung der kommunalen Planungshoheit (Bauleitplanung, vgl. § 1 Abs. 6 Nr. 7, § 1a BauGB; ggf. Landschaftsplanung, Stadtentwicklungsplanung), bei kommunalen bzw. kreislichen Einrichtungen (Wasserversorgung, Abfallbeseitigung, Abwasserentsorgung) und im Zusammenhang mit gemeindlichen Dienstleistungen (umweltfreundlicher Winterdienst, Umweltberatung).

Darüber hinaus haben Kreise und kreisfreie Städte Aufgaben im Bereich der Bauaufsicht, der wasserbehördlichen sowie straßenbehördlichen Aufsicht und der Lebensmit-

---

130 Zu den Anforderungen im Einzelnen vgl. BVerfGE 81, 310, 334; 84, 25, 31; vgl. auch BVerfG, ZUR 2002, 280; *Hentschel/Hebeler*, ZUR 2003, 16.
131 Zur Abstufung des Selbstverwaltungsrechts im Verhältnis Gemeinden – Kreise *Erbguth*, LKV 2004, 1, 2; anders LVerfG M-V, DVBl. 2007, 1102, 1104.

telaufsicht. Ferner ist den Städten und Gemeinden die Abwehr von Umweltgefahren innerhalb ihrer allgemeinen Zuständigkeit als örtliche Ordnungsbehörden zugewiesen (vgl. bspw. §§ 3, 5 SOG M-V).

d) Mehrebenenverwaltung

Die vorstehende Mehrebigkeit des Verwaltungsvollzugs (nicht nur) im Umweltbereich wird ergänzt durch die Umweltverwaltung auf europäischer Ebene, so dass die hieraus folgenden Koordinierungsprobleme durch variantenreiche Kooperationsformen bewältigt werden müssen: Mehrebenenverwaltung oder **Verwaltungsverbund**. Grundlegende Regelung findet dies meist im sekundären Unionsrecht und ausführenden nationalen Recht. Verwiesen sei insoweit auf das europäische Netz „Natura 2000"[132], die Bewirtschaftung der Flüsse nach der Wasserrahmenrichtlinie[133] und die Umsetzung der Emissionshandelsrichtlinie[134].[135] Um ein weiter gehendes, (verwaltungs)vereinfachendes und zugleich harmonisierendes Instrument im Mehrebenensystem handelt es sich, wenn Zulassungen u.ä. in einem Mitgliedstaat zugleich in den übrigen Mitgliedstaaten gelten bzw. zu beachten sind. Das ist etwa bei dem In-Verkehr-Bringen gentechnisch veränderter Produkte in Umsetzung der Freisetzungsrichtlinie[136] oder bei der Anmeldung neuer Stoffe im Chemikalienrecht[137] der Fall.[138]

58

WIEDERHOLUNGS- UND VERSTÄNDNISFRAGEN

> Wie verhalten sich Staatszielbestimmungen und Grundrechte allgemein und im Umweltrecht zueinander? (Rn. 5 ff.)
> Welche Gründe sprechen gegen die Einführung eines Umweltgrundrechts? (Rn. 9)
> In welchen Fällen artikuliert sich Grundrechtsschutz im Umweltrecht? (Rn. 10; 11 ff.; 19 ff.)
> Welche Konsequenzen hat die Föderalismusreform des Jahres 2006 für die Zuständigkeitsverteilung zwischen Bund und Ländern im Umweltrecht gehabt? (Rn. 46 f.)
> Was versteht man unter Mehrebenenverwaltung bzw. Verwaltungsverbund? (Rn. 58)

---

132 Vgl. § 10 Rn. 4, 50 ff.
133 Dazu § 11 Rn. 7 ff.
134 Vgl. § 9 Rn. 12, § 16 Rn. 12 ff.
135 Dazu auch *Ramsauer* in: Koch (Hrsg.), Umweltrecht, § 3 Rn. 166 ff.
136 Vgl. § 14 Rn. 12; § 14 GenTG, dazu § 14 Rn. 41 ff.
137 Vgl. §§ 4 ff., 12 ChemG; *Ramsauer* in: Koch (Hrsg.), Umweltrecht, § 3 Rn. 169.
138 Allgemein *Erbguth*, Allgemeines Verwaltungsrecht, § 12 Rn. 54 f., anhand des transnationalen Verwaltungsakts.

§ 5 Instrumente des Umweltrechts

1 Umweltrechtliche Instrumente entsprechen ihrer Art nach überwiegend den herkömmlich im Verwaltungsrecht vorzufindenden Handlungsformen.[1] Dies rührt aus der Genese des Umweltrechts, das sich primär aus dem Polizei- und Ordnungsrecht sowie dem Gewerberecht entwickelt und demzufolge dessen Instrumente übernommen hat.[2] Ferner hat das Umweltrecht aufgrund seines übergreifenden Charakters teilweise Regelungsgegenstände anderer verwaltungsrechtlicher Bereiche eingebunden und damit auch die dort vorhandenen Handlungsmittel integriert.[3]

Gleichwohl ist nicht zu verkennen, dass bestimmten Instrumenten im Umweltrecht ein anderes Gewicht als im übrigen Verwaltungsrecht zukommt. So finden verstärkt Mittel Einsatz, die vorrangig den Prinzipien des Umweltrechts[4] Rechnung tragen. Das bewirkt eine zunehmende Verlagerung von den auf **Gefahrenabwehr** gerichteten und nur punktuell wirkenden Instrumenten auf solche, die der **Planung**,[5] Kooperation und Verteilung dienen. Zudem ist wie im übrigen öffentlichen, insbesondere Wirtschaftsrecht eine instrumentelle Ausrichtung auf **influenzierende** Mittel, vornehmlich solche des Anreizes,[6] in Abkehr vom herkömmlichen Ordnungsrecht[7] zu konstatieren; sie sollen die Kosten der Vermeidung von Gefahren und Schäden für die Umwelt (Vermeidungskosten) gering halten, indem potenzielle Umweltschädiger veranlasst werden, solche Handlungen von sich aus zu unterlassen oder zu minimieren.

2 Die Instrumente des Umweltrechts unterscheiden sich in ihrer **Wirkungsweise gegenüber den Adressaten**. Hieraus lässt sich folgende Einteilung ableiten:

- Planungsinstrumente,
- Instrumente direkter Verhaltenssteuerung,
- Instrumente indirekter Verhaltenssteuerung,
- staatliche Eigenvornahme.

Daneben gibt es andere Ansätze zur Systematisierung umweltrechtlicher Handlungsformen.[8]

I. Umweltplanung

3 **Umweltplanung** meint die Bewältigung räumlicher Umweltprobleme mit den Mitteln planerischen Handelns.[9]

---

1 Eingehend zum (allgemeinen) Umweltverwaltungsrecht *Ramsauer* in: Koch (Hrsg.), Umweltrecht, § 3; zu den Instrumenten des Umweltrechts näher *Rehbinder* in: Hansmann/Sellner, Grundzüge, I. 3. Rn. 248 ff.
2 Vgl. etwa *Schmidt/Kahl/Gärditz*, § 4 Rn. 52.
3 Etwa im Wege der Ökologisierung des Städtebaurechts das dort dominierende Instrument des Bebauungsplans, vgl. bspw. *Erbguth/Schubert*, Öffentliches Baurecht, § 3 Rn. 16 ff.
4 Dazu § 3.
5 Vgl. Rn. 3 ff.
6 Vgl. Rn. 81 ff.
7 Zur hiermit einhergehenden unzulänglichen Vollzugseignung jener Handlungsformen *Ramsauer* in: Koch (Hrsg.), Umweltrecht, § 3 Rn. 56, unter zusätzlichem Hinweis auf Vollzugsdefizite infolge der aus politischen Gründen kompromisshaft und kompliziert abgefassten Rechtsgrundlagen des ordnungsrechtlichen Instrumentariums.
8 Auf die hier nur hingewiesen werden kann, vgl. *Hoppe/Beckmann/Kauch*, § 6 Rn. 3 ff.
9 Wie vor, § 7 Rn. 3 ff.

1. Planungsbegriff

Allgemein stellt Planung einen Modus der Aufgabenerledigung[10] dar, und zwar im Sinne vorausschauenden Setzens von Zielen und gedanklicher Vorwegnahme der zu ihrer Verwirklichung erforderlichen Verhaltensweisen.[11] **Hoheitliche** Planung, um die es nachfolgend vornehmlich geht, bedeutet die vom Einzelfall unabhängige, zukunftsgerichtet gestaltende Steuerung staatlicher Aufgabenbereiche.[12] Gegenüber dem allgemeinen Planungsbegriff gewinnt sie im Umweltrecht an Konturenschärfe[13] als wesentlicher instrumenteller Ausdruck des Vorsorgeprinzips, aufgrund dessen vorbeugendes Handeln den Eintritt von Schäden oder Gefährdungssituationen a priori verhindern soll.[14]

Prägendes Element jeder Planung ist der dem Planenden zur Verfügung stehende **planerische Gestaltungsspielraum**.[15] Dieser ist zwar gesetzlich nicht immer ausdrücklich geregelt. Er ergibt sich nach der Rechtsprechung jedoch unabhängig davon aus der Übertragung der Planungsaufgabe auf die Behörde; hiernach muss die Befugnis zur Planung einen Gestaltungsspielraum einschließen, weil Planung ohne Planungsfreiheit ein Widerspruch in sich wäre.[16] Es gelten die im Zusammenhang mit der Planfeststellung dargestellten Grundsätze.[17]

Ergebnis der Planung ist der **Plan**. Er beschreibt den gegenwärtigen (Ist-Zustand) sowie den angestrebten Zustand (Soll-Zustand) und legt die erforderlichen Maßnahmen zur Erreichung des Soll-Zustandes fest.[18] Der Plan stellt keine eigene rechtliche Handlungsform dar; er kann daher grundsätzlich in sämtlichen Rechtsformen des Verwaltungsrechts erlassen werden. So ergehen Pläne als

- (formelles) Gesetz,
- Rechtsverordnung,
- Satzung,
- Verwaltungsvorschrift oder
- Verwaltungsakt.

Die rechtliche Einordnung des Plans kann durch den Gesetzgeber erfolgen. Das geschieht zuweilen unter formellen Aspekten; bspw. werden Bebauungspläne „als" Satzung erlassen (§ 10 Abs. 1 BauGB). Fehlt eine gesetzliche Bestimmung der Rechtsnatur[19] und kommt es auch nicht zu einer Aufstellung im parlamentarischen Verfahren als (formelles) Gesetz, wird prüfungsrelevant, unter welche Handlungsform des Verwaltungsrechts der Plan subsumiert werden kann. Das beurteilt sich anhand der begrifflichen Vorgaben für den Verwaltungsakt nach § 35 VwVfG, weil sich hieraus zugleich die Abgrenzung resp. die Zuordnung zu den übrigen verwaltungsrechtlichen In-

---

[10] Vgl. nur *Ehlers* in: Erichsen/Ehlers (Hrsg.), Allgemeines Verwaltungsrecht, § 1 Rn. 43.
[11] *Wolff/Bachof/Stober/Kluth*, § 56 Rn. 11.
[12] Vgl. nur Hoppe/Beckmann/Kauch, § 6 Rn. 9, § 7 Rn. 3; *Erbguth*, Die Abfallwirtschaftsplanung, S. 15.
[13] Dazu und zu Konkretisierungsversuchen *Erbguth*, Die Abfallwirtschaftsplanung, S. 16 ff. m.w.N.
[14] Vgl. § 3 Rn. 3.
[15] Vgl. BVerwGE 34, 301, 304; (nicht nur) zur Begrifflichkeit *Erbguth/Schubert*, Öffentliches Baurecht, § 5 Rn. 129.
[16] BVerwGE 34, 301, 304, 307; eingehend zu alldem *Erbguth*, JZ 2006, 484; zur planerischen Abwägung als Ausdruck des Rechtsstaatsprinzips *ders.*, UPR 2010, 281.
[17] Vgl. § 5 Rn 42 ff.
[18] *Kloepfer*, Umweltrecht, § 5 Rn. 13.
[19] Das ist nicht der Fall, wenn die diesbezüglichen Regelungen vom Bundesrecht der Ländergesetzgebung vorbehalten werden, vgl. etwa nach früherem Recht § 29 Abs. 9 KrW-/AbfG.

strumenten (Realakt, Verwaltungsvorschrift, Satzung/Rechtsverordnung) ableitet.[20] Anhaltspunkte bilden neben dem Plangeber insbesondere die Adressaten, ferner Inhalt sowie Sinn und Zweck des Planes. Bei schwierigen Zuordnungen kann die Eröffnung prozessualer Angreifbarkeit praktisch bedeutsam sein.[21]

Wie zuvor angeklungen, zieht die Rechtsnatur des Planes Auswirkungen auf Rechtsschutzmöglichkeiten des Einzelnen nach sich. Ferner ergibt sich aus der Rechtsform, für wen und in welchem Umfang der Plan verbindlich ist.

2. Grundlagen der Umweltplanung

7 Ausgangspunkt jeglicher Planung ist die bestehende Lage (Ist-Zustand). Eine Analyse der Situation und die darauf basierende **Prognose** der künftigen Entwicklung können nur einigermaßen gesichert erfolgen, wenn umweltrelevantes Datenmaterial in ausreichendem Umfang für den Abwägungs- und Entscheidungsprozess vorhanden ist. Voraussetzung effektiver und sinnvoller Umweltplanung ist daher, dass Informationen aus den insoweit aussagekräftigen Bereichen, insbesondere den Natur- und Sozialwissenschaften, zur Verfügung stehen.

8 Zu diesen Zwecken wurde 1971 der **Rat von Sachverständigen für Umweltfragen** (SRU) gegründet.[22] Neben ständiger wissenschaftlicher Beratung der Bundesregierung in Umweltfragen erstellt er in regelmäßigen Abständen Gutachten über die Umweltsituation in der Bundesrepublik. Außer allgemeinen Umweltgutachten (2012,[23] 2008,[24] 2004,[25] davor 2002)[26] fertigt der Rat auch Sondergutachten an, die sich mit speziellen Problemen des Umweltschutzes befassen, etwa: „Auto und Umwelt", 1973, „Allgemeine ökologische Umweltbeobachtung", 1990,[27] „Klimaschutz durch Biomasse, 2007,[28]" „Wege zur 100 % erneuerbaren Stromversorgung", 2011,[29] „Vorsorgestrategien für Nanomaterialien", 2011, „Den Strommarkt der Zukunft gestalten", 2013, „Fluglärm reduzieren: Reformbedarf bei der Planung von Flughäfen und Flugrouten", 2014, „Stickstoff: Lösungsstrategien für ein drängendes Umweltproblem", 2015.[30] Er gibt überdies Stellungnahmen und Kommentare zu Einzelfragen, wichtigen Gesetzes- und Verordnungsentwürfen oder zu umweltpolitischen Projekten ab.[31]

---

20 Dazu nur *Erbguth*, Allgemeines Verwaltungsrecht, § 12 Rn. 3 ff.
21 Etwa des Normenkontrollverfahrens nach § 47 Abs. 1 Nr. 2 VwGO gegen Raumordnungsziele in Regionalplänen, auch wenn Letztere nicht förmlich als Rechtsverordnungen erlassen werden, BVerwGE 119, 217.
22 Erlass über die Errichtung eines Rates von Sachverständigen für Umweltfragen bei dem Bundesminister des Innern v. 28.12.1971, GMBl. 1972, Nr. 3, S. 27.
23 *SRU*, Umweltgutachten 2012: Verantwortung in einer begrenzten Welt.
24 *SRU*, Umweltgutachten 2008 – Umweltschutz im Zeichen des Klimawandels.
25 *SRU*, Umweltgutachten 2004.
26 *SRU*, Umweltgutachten 2002.
27 *SRU*, Sondergutachten: Auto und Umwelt, 1973, *SRU*, Sondergutachten: Allgemeine ökologische Umweltbeobachtung, 1990.
28 *SRU*, Sondergutachten: Klimaschutz durch Biomasse, 2007, abrufbar unter: http://www.umweltrat.de/SharedDocs/Downloads/DE/02_Sondergutachten/2007_SG_Biomasse_Buch.pdf?__blob=publicationFile (Stand: 15.1.2015).
29 *SRU*, Sondergutachten: Wege zur 100% erneuerbaren Stromerzeugung, abrufbar unter: http://www.umweltrat.de/SharedDocs/Downloads/DE/02_Sondergutachten/2011_07_SG_Wege_zur_100_Prozent_erneuerbaren_Stromversorgung.pdf?__blob=publicationFile, (Stand: 15.1.2015).
30 Eine Übersicht aller Sondergutachten mit Angabe ihrer jeweiligen Fundorte ist abrufbar unter: http://www.umweltrat.de/DE/Publikationen/Sondergutachten/sondergutachten_node.html (Stand: 15.1.2015).
31 Etwa: Windenergienutzung auf See, April 2003; Kontinuität in der Klimapolitik – Kyoto-Protokoll als Chance, September 2005; Registrierung von Chemikalien unter dem REACH-Regime, Oktober 2005; Die nationale Umsetzung des europäischen Emissionshandels, April 2006; Arzneimittel in der Umwelt, April 2007.

Eine wichtige beratende Funktion erfüllt auch der Wissenschaftliche Beirat der Bundesregierung Globale Umweltveränderungen (**WBGU**). Seine Hauptaufgabe ist die Erstellung von Gutachten zu globalen Umwelt- und Entwicklungsproblemen. Er wurde 1992 von der Bundesregierung als unabhängiges wissenschaftliches Beratergremium eingerichtet. Neben der Erstellung von Gutachten soll er auf neue Problemfelder hinweisen, nationale und internationale Politiken zur Umsetzung einer nachhaltigen Entwicklung beobachten und bewerten und durch Öffentlichkeitsarbeit das Bewusstsein für globale Umweltveränderungen schärfen.[32]

Des Weiteren hat der Bund durch das Gesetz über Umweltstatistiken (UStatG)[33] die Erstellung von **Umweltstatistiken** zur Sammlung umwelterheblicher Informationen eingeführt. Zwecks umfassender Ermittlung der Daten sind die mit dem entsprechenden Sachbereich befassten Dienststellen der öffentlichen Verwaltung, teilweise auch Inhaber und Leiter von Unternehmen bzw. deren Betreiber, einer Auskunftspflicht unterworfen. Die Statistiken werden je nach Sachgebiet im ein- bis vierjährigen Turnus erhoben.

Schließlich wird beim Umweltbundesamt[34] ein Informations- und Dokumentationssystem (**UMPLIS**) unterhalten, welches die Übersichtlichkeit der Datenflut und den schnellen Zugriff auf die benötigten Informationen gewährleisten soll.

3. Bedeutung der Umweltplanung

Das Instrument der Umweltplanung trägt in besonderem Maße dem **Vorsorgeprinzip** Rechnung.[35] Als mehrdimensionales Handlungsinstrument ermöglicht es die (Umwelt-)Planung, komplexe Ursachen- und Problemzusammenhänge vorausschauend zu erfassen und dergestalt Gefahren für die Umwelt frühzeitig zu erkennen. Hierauf gerichtete planerische Maßnahmen können dem Eintritt von Umweltbeeinträchtigungen vorbeugen, zumindest aber das Ausmaß von Umweltbelastungen eingrenzen.

Darüber hinaus trägt die Umweltplanung zur erhöhten **Effektivität** umweltschützenden Handelns bei, indem sie ein Instrument der Koordination bereitstellt. Ansonsten beziehungslos nebeneinander stehende Maßnahmen oder Projekte können in ein Gesamtkonzept eingebettet und abgestimmt gesteuert werden. Umso mehr verhindert planerische Koordination einen möglicherweise gegenläufigen Einsatz einzelner umweltrechtlicher Instrumente. Schließlich ermöglicht die frühzeitige Abstimmung im Rahmen der Planung eine Koordinierung über den ökologischen Bereich hinaus, also im Verhältnis von umweltschützenden Belangen und kollidierenden, etwa wirtschaftlichen Interessen.

Restriktionen ergeben sich für die Umweltplanung daraus, dass im Bereich des Umweltschutzes künftige Entwicklungen äußerst schwer vorauszusagen sind. Insbesondere bei Langzeitplanungen leiten sich hieraus Unsicherheiten und damit Schwierigkeiten bei der Formulierung eindeutiger Planaussagen ab. Überdies wird dem Belang Umweltschutz im planerischen Ausgleich mit gegenläufigen Interessen, gerade im Bereich nicht umweltspezifischer Fachplanungen, nicht immer die ihm zukommende Bedeutung bei-

---

32 Der WBGU veröffentlicht Hauptgutachten, Sondergutachten und Politikpapiere unter http://www.wbgu.de/home/ (Stand: 15.1.2015).
33 BGBl. I 1980, S. 2530, zuletzt geändert durch Art. 5 Abs. 1 des Gesetzes v. 20.10.2015, BGBl. I, 1739.
34 Vgl. § 4 Rn. 56.
35 Vgl. vorstehend Rn. 4, § 3 Rn. 3.

gemessen.³⁶ Das Unionsrecht versucht, dem zunehmend (u.a.) durch integrative (Umweltschutz-)Prüfverfahren entgegen zu wirken (insbesondere UVP, SUP)³⁷.³⁸ Die Schwerfälligkeit von Planungsprozessen, die weniger auf dem einzuhaltenden Verfahrensrecht und eher auf den vorstehend skizzierten planungsbedingten Unsicherheiten beruht, erschwert eine schnelle Reaktion auf neu einsetzende Entwicklungen, etwa bislang nicht bekannte Umweltbelastungen. Neben einer vielfach mangelnden Operationalisierbarkeit der Planung ist schließlich die Gefahr nicht von der Hand zu weisen, dass der planende Staat (auch) im Umweltbereich private Initiative einengt bzw. lähmt.

4. Formen der Umweltplanung

14 Umweltplanung erfolgt vornehmlich in Form von

- Umweltprogrammen,
- umweltspezifischen Fachplanungen,
- umweltrelevanten Fachplanungen und
- raumbezogenen Gesamtplanungen.

15 **Umweltprogramme**³⁹ der Bundesregierung und einzelner Landesregierungen stellen die allgemeinste Form der Umweltplanung dar. Regelmäßig dienen sie dazu, die künftige Umweltpolitik der jeweiligen Regierung medienübergreifend darzustellen. Ferner werden in Fachprogrammen Strategien für einen verbesserten Schutz bestimmter Umweltmedien oder Konzepte für die Vermeidung und Verminderung spezieller Umweltbelastungen entworfen. Darüber hinaus finden sich Umweltprogramme als Diskussionsgrundlage bei der Vorbereitung von Gesetzen.⁴⁰

Rechtliche Verbindlichkeit besitzen sie nur für die das jeweilige Programm beschließenden Organe selbst. Als Prioritätensetzungen der Regierungsarbeit und aufgrund ihrer hohen Informationsdichte üben Umweltprogramme freilich nicht zu unterschätzenden faktischen Einfluss auf das Verhalten nachgeordneter Behörden und von Einzelpersonen aus; sie können so zu vermehrter Akzeptanz und damit zu erhöhter Durchsetzbarkeit von umweltschützenden Vorstellungen und Maßnahmen beitragen.

16 Den eigentlichen Kernbereich der Umweltplanung bilden die **umweltspezifischen Fachplanungen**.⁴¹ Kennzeichnend für die Fachplanung ist, dass sie der Verwirklichung eines bestimmten (sektoralen) Ziels dient.⁴² Umweltspezifische Fachplanung liegt dann vor, wenn der Umweltschutz vorrangiges Planungsziel ist. Andere Belange, etwa wirtschaftlicher Art, finden lediglich im Rahmen des planerischen Abwägungsprozesses Berücksichtigung.⁴³ Als umweltspezifisch einzustufen sind etwa:

---

36 Vgl. auch *Schmidt/Kahl/Gärditz*, § 4 Rn. 39.
37 Dazu § 5 Rn. 62 ff.
38 Anhand des Gesamtplanungsrechts (Bauleitplanung, Raumordnung) insgesamt näher *Erbguth*, NVwZ 2007, 985.
39 Z.B. auf Bundesebene: Aktionsprogramm „Rettet den Wald" 1983, fortgeschrieben 1984 und 1985, und das Bodenschutzprogramm, BT-Drs. 10/2977.
40 Etwa das Bodenschutzprogramm (s. Fn. 39 als Grundlage für die Entwicklung des BBodSchG; vgl. § 13 Rn. 6 ff.
41 Vgl. *Schmidt/Kahl/Gärditz*, § 4 Rn. 38; *Erbguth/Schubert* in: Erbguth/Mann/Schubert, Rn. 837, 851 ff.; *Ramsauer* in: Koch (Hrsg.), Umweltrecht, § 3 Rn. 73 ff.; anders zu Letzterem BVerwG, NVwZ 1988, 1020; anhand der SUP auch *Erbguth* in: Umweltbundesamt (Hrsg.), S. 57.
42 *Erbguth/Schubert*, in: Erbguth/Mann/Schubert, Rn. 837.
43 *Kloepfer*, Umweltrecht, § 5 Rn. 21.

- die Landschaftsplanung, §§ 8 ff. BNatSchG,[44]
- die wasserwirtschaftliche Planung, §§ 82 ff. WHG,[45]
- die Luftreinhalte- und Aktionsplanung, § 47 BImSchG,[46]
- die Lärmminderungsplanung, §§ 47a ff. BImSchG,[47]
- die Abfallwirtschaftsplanung, § 30 KrWG.[48]

Wegen ihrer Umweltrelevanz sind zur Umweltplanung im weiteren Sinne[49] auch solche Fachplanungen zu zählen, die zwar eher umweltbeeinträchtigende Ziele verfolgen, Belange des Umweltschutzes aber bei der Abwägung einzubeziehen haben (**umweltrelevante Fachplanungen**).[50] Zu nennen sind vor allem:

- die Straßenplanung, §§ 16 ff. FStrG,
- die Planung von Flughäfen, §§ 8 ff. LuftVG,
- die Wasserwegeplanung, §§ 13 f. WaStrG,
- die Eisenbahnplanung, § 18 AEG,
- die Flurbereinigungsplanung, § 41 FlurbG.

Aufgrund der Raumbezogenheit vieler Umweltprobleme liegt ein nicht zu unterschätzender Schwerpunkt der Umweltplanung in der **räumlichen Gesamtplanung**. Als Querschnittsaufgabe ohne sektorale Ausrichtung wie die Fachplanungen obliegt es ihr, raumbedeutsame Belange und Raumnutzungsansprüche leitbildgerecht zu koordinieren und zum Ausgleich zu bringen;[51] dazu zählen auch räumliche Umweltschutzinteressen.[52] Auf überörtlicher Ebene geschieht dies durch die Raumordnung, auf örtlicher durch die Bauleitplanung;[53] deren Leitbild richtet sich auf Nachhaltigkeit in räumlicher Hinsicht:[54] nachhaltige Raumentwicklung[55] und nachhaltige städtebauliche Entwicklung.[56]

Von Bedeutung ist die Raumordnung auch für die umweltspezifischen Fachplanungen. Im Wege der **Integration** ihrer raumbezogenen Aussagen in die Pläne der Raumordnung (§ 8 Abs. 6 ROG) können Darstellungen in Umweltschutzplänen, denen – wie regelmäßig – aus sich heraus keine außengerichtete Rechtsverbindlichkeit zukommt,[57] zu Zielen der Raumordnung[58] erstarken, die von anderen Behörden, auch in bestimmten Zulassungsverfahren für private Vorhaben,[59] strikt zu beachten sind.[60] Das alles setzt

---

44 Hierzu näher § 10 Rn. 23 ff.
45 Hierzu näher § 11 Rn. 28 ff.
46 Hierzu näher § 9 Rn. 35 f.
47 Hierzu näher § 9 Rn. 37; im Immissionsschutzrecht treten aufgrund der Industrieemissionen-Richtlinie (vgl. § 9 Rn. 8) Umweltinspektionspläne zum Zwecke allgemeiner Überwachung hinzu, *Traulsen*, DÖV 2011, 769, 771.
48 Hierzu und zur Rechtsentwicklung im Abfallrecht näher § 12 Rn. 42 ff.
49 *Erbguth* in: Kimminich/v. Lersner/Storm, Bd. 2, Sp. 2221 ff.
50 Etwa *Schmidt/Kahl/Gärditz*, § 4 Rn. 38; *Ramsauer* in: Koch (Hrsg.), Umweltrecht, § 3 Rn. 73 f.
51 Vgl. etwa § 1 Abs. 1 ROG.
52 Vgl. etwa § 2 Abs. 2 Nr. 6 ROG; §§ 1 Abs. 6 Nr. 7, 1a BauGB.
53 Allgemein *Erbguth/Schubert*, Öffentliches Baurecht, § 3 Rn. 2 ff.; *Ramsauer* in: Koch (Hrsg.), Umweltrecht, § 3 Rn. 67 ff.
54 Dazu etwa *Erbguth/Schubert* in: Erbguth/Mann/Schubert, Rn. 835, 989, anhand der Bauleitplanung.
55 Definition in § 1 Abs. 2 ROG.
56 Definition in § 1 Abs. 5 S. 1 BauGB.
57 Vgl. dazu anhand von § 1 Abs. 6 Nr. 7 lit. g) BauGB *Erbguth/Schubert*, Öffentliches Baurecht, § 3 Rn. 45 ff.
58 Definition in § 3 Abs. 1 Nr. 2 ROG.
59 Vgl. § 4 Abs. 1 Nr. 3 ROG.
60 Vgl. § 4 Abs. 1, 2 ROG.

natürlich voraus, dass die umwelt(schutz)planerischen Ausweisungen den (ordnungsgemäßen) raumordnerischen Abwägungsprozess „überstanden" haben, also nicht gegenüber gewichtigeren konfligierenden Belangen zurückgestellt worden sind.[61]

II. Instrumente direkter Verhaltenssteuerung

20 Direkte Verhaltenssteuerung liegt vor, wenn eine Rechtsnorm oder eine administrative Maßnahme einzelnen Personen **zwingend** ein bestimmtes Handeln (oder Unterlassen) abverlangt.[62] Verhält sich der Adressat nicht in der geforderten Weise, handelt er rechtswidrig. Das von ihm geforderte Verhalten kann dann zwangsweise durchgesetzt werden. Darüber hinaus sind für den Fall der Nichtbefolgung ggf. Sanktionen vorgesehen. Zu den Mitteln direkter Verhaltenssteuerung zählen

- gesetzliche Gebote und Verbote,
- kontrollierende Instrumente der Verwaltung und
- repressive Instrumente der Verwaltung.

21 ▶ **FALL 3:** M hatte vor geraumer Zeit südlich der Stadt R mit erheblichem finanziellen Aufwand ein Grundstück erworben, um dort ein großflächiges Einzelhandelszentrum zu errichten. Das bislang unbebaute Grundstück hat sich zwischenzeitlich im Verbund mit umliegenden Flächen zu einem ökologisch hochwertigen Refugium von Tier- und Pflanzenarten entwickelt. Überdies befindet sich auf dem Grundstück das einzige Vorkommen seltener, landschaftstypischer Orchideenarten in der Region. Aus diesem Grunde erließ der zuständige Landrat nach einem ordnungsgemäß durchgeführten Verfahren eine auch das Grundstück des M erfassende Landschaftsschutzgebietsverordnung „Moorwiesen", die der Erhaltung der Leistungsfähigkeit des Naturhaushaltes, insbesondere der Erhaltung der für norddeutsche Niedermoore typischen Tier- und Pflanzengesellschaften dient (§ 3 Verordnung) und gem. § 4 Verordnung die Errichtung baulicher Anlagen grundsätzlich untersagt. Nach § 5 Abs. 1 Verordnung bedürfen die unter § 4 Verordnung genannten Handlungen der schriftlichen Erlaubnis durch die untere Naturschutzbehörde. Die Erlaubnis ist zu erteilen, wenn die Handlungen im Einzelfall den Charakter des Gebietes nicht verändern und dem besonderen Schutzzweck nicht zuwiderlaufen (§ 5 Abs. 2 Verordnung). Darüber hinaus kann nach § 6 Verordnung von den Verboten der Verordnung eine Befreiung erteilt werden, sofern die Durchführung der Vorschriften im Einzelfall zu einer nicht beabsichtigten Härte führen würde und die Abweichung mit den Belangen des Naturschutzes und der Landschaftspflege vereinbar ist. Lässt sich das Vorhaben des M trotz der Schutzgebietsverordnung noch realisieren? ◀

1. Gesetzliche Gebote und Verbote

22 Eine Vielzahl umweltrechtlicher Regelungen enthält Gebote und Verbote, aus denen sich die Pflicht zu einem bestimmten Tun, Dulden oder Unterlassen ergibt. Dementsprechend kann unterschieden werden zwischen

- Leistungspflichten,
- Duldungspflichten und
- Unterlassungspflichten.

---

61 Dazu etwa *Erbguth/Schubert*, Öffentliches Baurecht, § 5 Rn. 88.
62 *Kloepfer*, Umweltrecht, § 5 Rn. 36.

a) Leistungspflichten

Neben **Grundpflichten**, d.h. generellen Verpflichtungen zu umweltfreundlichem Verhalten, die typischerweise recht allgemein formuliert sind (z.B. § 5 WHG), enthalten die Umweltgesetze vielfach spezifische Leistungspflichten.[63] Hierzu gehören solche zur **Pflege, Erhaltung** und **Bewirtschaftung,** die sich aus Eigentum oder Besitz an Gewässern und Grundstücken ergeben (vgl. §§ 4, 6 WHG).[64]

Gefährliche Umweltnutzungen sind mit Pflichten zur **Vorsorge, Überwachung** und **Sicherung** verbunden, etwa gerichtet auf Kennzeichnung und Verpackung (§§ 13 ff. ChemG bzw. § 20 PflSchG), Störfallvorsorge (§§ 3 ff. der 12. BImSchV) sowie auf finanzielle „Vorsorge" für den Schadensfall (z.B. §§ 13 ff. AtG).

Verursachern von Umweltbelastungen bzw. Nutzern bestimmter Umweltgüter können **Ausgleichspflichten** in Gestalt von Natural- oder Geldleistungspflichten auferlegt werden. **Naturalleistungspflichten** richten sich durchweg auf Wiederherstellung (etwa § 15 Abs. 2 S. 2 BNatSchG) oder Rekultivierung (bspw. § 11 Abs. 1 S. 2 BWaldG). **Geldleistungen** sind in der Regel zu erbringen, wenn der Verursacher auf Haftung in Anspruch genommen wird (§§ 25 ff. AtG).

Hervorzuheben ist ferner die gerade im Gewässerschutzrecht (§§ 64 ff. WHG), Immissionsschutzrecht (§§ 53 ff. BImSchG, 5. BImSchV), Abfallrecht (§ 59 KrWG), Strahlenschutzrecht (§§ 31 ff. StrlSchV) und Gentechnikrecht (§ 6 Abs. 4 GenTG) umweltbelastende Betriebe treffende Pflicht zur **Bestellung eines Betriebsbeauftragten** für den Umweltschutz. Die Institution des Umweltschutzbeauftragten ist sowohl Ausdruck des Vorsorge- als auch des Kooperationsprinzips.[65] Die gesetzliche Verpflichtung unterscheidet ihn vom fakultativen Umweltaudit; Letzteres richtet sich auf ein umfassendes Umweltmanagementsystem.[66]

Der **Leistungscharakter** dieser dem Betriebsinhaber obliegenden Pflicht ergibt sich zum einen aus der finanziellen Belastung, die mit der Anstellung eines Betriebsbeauftragten verbunden ist (**Finanzierungspflicht**). Zum anderen hat der Inhaber dem Beauftragten die zur Erfüllung seiner gesetzlich festgelegten Aufgaben notwendigen sachlichen und persönlichen Mittel zur Verfügung zu stellen (**Unterstützungspflicht**). Ferner muss er ihn an umweltrelevanten Entscheidungen beteiligen (**Beteiligungspflicht**) und mit umweltrelevanten Vorschlägen und Bedenken anhören (**Anhörungspflicht**). Schließlich darf der Umweltschutzbeauftragte aufgrund seiner Funktion nicht als Betriebsmitglied benachteiligt werden (**Benachteiligungsverbot**).

Aufgabe des Beauftragten ist es, die Einhaltung umweltrechtlicher Vorschriften im Betrieb zu überwachen (**Kontrollfunktion**). Des Weiteren sind die Betriebsangehörigen über Umweltbelastungen und die Möglichkeiten ihrer Vermeidung aufzuklären (**Aufklärungsfunktion**). Darüber hinaus soll der Umweltschutzbeauftragte die Belange des Umweltschutzes bei unternehmerischen Entscheidungen einbringen und auf die Einführung umweltfreundlicher Verfahren und Produkte hinwirken (**Initiativfunktion**). Über seine Tätigkeit hat er dem Betriebsinhaber jährlich Bericht zu erstatten (**Berichtsfunktion**).

---

[63] Zu Systematisierungsversuchen *Kloepfer,* Umweltrecht, § 5 Rn. 141 ff.; ebenso *Hoppe/Beckmann/Kauch,* § 8 Rn. 11 ff.
[64] Vgl. näher § 11 Rn. 19 ff.
[65] Allgemein dazu § 3 Rn. 3 ff., 17 ff.
[66] Dazu Rn. 120 ff.

27 Der Betriebsbeauftragte ist kein Teil der staatlichen Verwaltung (kein „verlängerter Arm"), sondern ausschließlich Beauftragter des Betriebs. Ihm kommen somit **keine öffentlich-rechtlichen Befugnisse**[67] zu. Auch obliegen ihm grundsätzlich keine Auskunfts- und Berichtspflichten gegenüber der Behörde.

b) Duldungspflichten

28 Duldungspflichten sind Ausdruck der Notwendigkeit **staatlicher Überwachung** aus Gründen des Umweltschutzes.[68] Bspw. muss der Anlagenbetreiber das Betreten des Betriebsgrundstückes zur behördlichen Durchführung von entsprechenden Maßnahmen dulden (§ 19 Abs. 2 AtG, § 101 Abs. 1 S. 1 Nr. 4, 5 WHG). Des Weiteren können einzelne Personen zur Duldung eines umweltpflegerischen **Tuns durch andere** verpflichtet sein (z.B. § 65 Abs. 1 BNatSchG).

29 Außerdem bestehen **umweltbelastende Duldungspflichten**. So sind die sich aus einem Hoheitsakt ergebenden Umweltbelastungen hinzunehmen, wenn die Einlegung des gebotenen Rechtsbehelfs versäumt worden und der Hoheitsakt damit bestandskräftig geworden ist; Entsprechendes kann sich in Fällen der Präklusion ergeben,[69] vgl. § 10 Abs. 3 S. 5 BImSchG.[70]

c) Unterlassungspflichten

30 Unterlassungspflichten verbieten oder beschränken ein bestimmtes umweltgefährdendes Handeln.[71] **Verbote** gelten zumeist nicht ausnahmslos; nach gesetzlicher Maßgabe können hiervon Ausnahmen und Befreiungen erteilt werden.[72] **Beschränkungen** umweltgefährdender Tätigkeiten folgen insbesondere aus Umweltstandards, wie sie in Bauart-, Betriebs-, Immissions-, Emissions- und Produktnormen enthalten sind.

Derartige Umweltstandards[73] setzen die unbestimmten Rechtsbegriffe des Umweltrechts in konkret definierte Größen um und beschreiben so detailliert die technischen Anforderungen an umweltrelevante Vorhaben. Ihnen kommt ein Doppelcharakter zu, weil sie neben sachverständigen Aussagen politische Wertungen enthalten.

Bauart- und Betriebsnormen stellen Anforderungen an die Errichtung, die Beschaffenheit und den Betrieb von Anlagen. **Immissionsnormen** bestimmen die Belastungswerte, welche in einem Umweltbereich nicht überschritten werden dürfen. **Emissionsnormen** legen Grenzwerte für die von einer Anlage ausgehenden Belastungen der Umwelt fest. **Produktnormen** beziehen sich auf bestimmte Stoffe oder Erzeugnisse. Sie bestimmen z.B. die Art und Weise der Verwendung, die Eigenschaften oder die inhaltliche Zusammensetzung eines Stoffes.

---

67 Er ist kein Beliehener; dazu allgemein etwa *Erbguth*, Allgemeines Verwaltungsrecht, § 6 Rn. 22 ff.
68 Zur Unterteilung in privat- und öffentlich-rechtliche Duldungspflichten *Hoppe/Beckmann/Kauch*, § 8 Rn. 15 ff.
69 Vgl. § 6 Rn. 5, 17.
70 Näher § 9 Rn. 67.
71 *Hoppe/Beckmann/Kauch*, § 8 Rn. 19 ff.
72 Rn. 32 ff.
73 *Steinberg*, DVBl. 1990, 1369; *Salzwedel*, NVwZ 1987, 276; *Roßnagel*, UPR 1986, 46; ebenso die Darstellung bei *Hoppe/Beckmann/Kauch*, § 5 Rn. 5 ff.

2. Kontrollinstrumente der Verwaltung

Um die Befolgung der umweltschützenden Ge- und Verbote zu gewährleisten, stehen der Verwaltung Kontrollmittel zur Verfügung; mit ihrer Hilfe wird die Vereinbarkeit umweltbelastender Tätigkeiten mit den gesetzlichen Vorgaben überwacht. Insoweit kann zwischen Instrumenten, die eine Eröffnungskontrolle, und solchen, die eine Befolgungskontrolle bewirken, unterschieden werden. Die **Eröffnungskontrollen** dienen der Überprüfung von Vorhaben auf etwaige Umweltbeeinträchtigungen, bevor es hierzu kommt.[74] Mittel der **Befolgungskontrolle** werden hingegen fortlaufend und das umweltbelastende Verhalten begleitend eingesetzt.[75]

a) Erlaubnisvorbehalte

Instrumente der Eröffnungskontrolle stellen gesetzliche Verbote dar, die unter einem Vorbehalt stehen. Zu unterscheiden ist zwischen präventiven Verboten mit Erlaubnisvorbehalt (**Kontrollerlaubnis**) und repressiven Verboten mit Befreiungsvorbehalt (**Ausnahmebewilligung**).[76]

Das **präventive Verbot** ermöglicht vor Aufnahme einer bestimmten, grundrechtlich geschützten Tätigkeit eine behördliche Überprüfung dahin gehend, ob das Vorhaben im Einzelfall Rechtsgüter beeinträchtigt. Da die Kontrollerlaubnis nicht den Rechtskreis des Bürgers erweitert, sondern lediglich seine Rechte aus Art. 12 Abs. 1 und Art. 14 Abs. 1 GG (u.a.) konkretisiert, handelt es sich aus verfassungsrechtlichen Gründen grundsätzlich um eine **gebundene Entscheidung**.[77] Liegen die gesetzlichen Voraussetzungen für die Ausführung vor, besteht folglich ein Anspruch auf Erteilung der Erlaubnis. Bildhaft lässt sich eine Schranke vorstellen, die geöffnet wird, wenn die Kontrolle „vor der Schranke" zu keiner Beanstandung im obigen Sinne geführt hat. Umgekehrt muss die Zulassung verweigert werden.

Um Kontrollerlaubnisse dieser Art handelt es sich bei

- der immissionsschutzrechtlichen Genehmigung (§§ 4, 6 BImSchG),
- der Baugenehmigung, etwa nach § 72 Abs. 1 LBauO MV, § 75 Abs. 1 BauO NRW,
- der gentechnischen Genehmigung für eine Freisetzung (§§ 14 Abs. 1 S. 1 Nr. 1, 16 Abs. 1 GenTG) oder ein Inverkehrbringen (§§ 14 Abs. 1 S. 1 Nr. 2-4, 16 Abs. 2 GenTG).

Demgegenüber bezieht sich das **repressive Verbot** auf potenziell umweltschädliche bzw. sozial unerwünschte Verhaltensweisen. Um besonders gelagerten Fällen Rechnung tragen zu können oder nicht intendierte Härten zu vermeiden, ist jedoch die Erteilung einer Ausnahmebewilligung eröffnet. Eine solche Bewilligung erweitert den Rechtskreis des Bürgers, weil sie eine Betätigung, die an sich gesetzlich verwehrt ist, unter besonderen Voraussetzungen (doch) zulässig macht.[78] Ihre Erteilung liegt daher durchweg im pflichtgemäßen **Ermessen** der Behörde. Veranschaulichen lässt sich dies mit dem Bild der Mauer, die nur ausnahmsweise überwunden werden darf.

---

[74] *Eifert* in: Schoch, Besonderes Verwaltungsrecht, 5. Kap. Rn. 79.
[75] *Kloepfer*, Umweltrecht, § 5 Rn. 45.
[76] *Maurer*, Allgemeines Verwaltungsrecht, § 9 Rn. 51 ff.; *Ramsauer* in: Koch, Umweltrecht, § 3 Rn. 87.
[77] *Maurer*, Allgemeines Verwaltungsrecht, § 9 Rn. 52; BVerfGE 49, 89, 144 ff.
[78] *Hoppe/Beckmann/Kauch*, § 8 Rn. 41.

Beispiele bilden

- die wasserrechtliche Erlaubnis und Bewilligung (§§ 8 ff., 12 WHG),
- die Rodungs- und Umwandlungsgenehmigung (§ 9 BWaldG),
- die naturschutzrechtliche Befreiung (§ 67 BNatSchG).

34 Die der Einordnung als Kontrollerlaubnis einerseits und Ausnahmebewilligung andererseits zugrunde liegende Unterscheidung zwischen sozial erwünschten und sozial schädlichen Verhaltensweisen ist in ihrer Handhabung **nicht** durchweg **bedenkenfrei**. So bleibt unerfindlich, warum die Luftverschmutzung durch Industrieanlagen (BImSchG, s.o.) sozial erwünschter sein soll als die Belastung von Gewässern (WHG, s.o.). Die Differenzierung ist daher jedenfalls in ihrer auch gesetzgeberischen Handhabung hinterfragbar – selbst bei Berücksichtigung dessen, dass historische Gründe eine Rolle gespielt haben: Entwicklung aus dem Gewerberecht (Kontrollerlaubnis) einerseits – Entwicklung aus dem Recht der Gefahrenabwehr (Ausnahmebewilligung) andererseits.

35 ▶ **Zu Fall 3:** Für das von M geplante Vorhaben besteht nach § 5 Abs. 1 i.V.m. § 4 Verordnung ein präventives Verbot mit Erlaubnisvorbehalt für die Errichtung solcher baulichen Anlagen, die im Einzelfall den Charakter des Gebietes nicht verändern und dem besonderen Schutzzweck nicht zuwiderlaufen. Möglich wäre eine Realisierung des Vorhabens danach, wenn die Voraussetzungen für eine Erlaubniserteilung gem. § 5 Abs. 2 Verordnung vorliegen. Da die Überbauung des Grundstücks zwangsläufig zu einer Zerstörung der dort vorhandenen Tier- und Pflanzengesellschaften führen würde, mithin dem besonderen Schutzzweck der Verordnung (vgl. § 3 Verordnung) zuwiderliefe, liegt der Tatbestand des § 5 Abs. 2 Verordnung nicht vor, so dass eine Erlaubniserteilung ausscheidet. Für die Errichtung baulicher Anlagen, die im Einzelfall zu einer Veränderung des Gebietscharakters führt oder dem besonderen Schutzzweck zuwiderläuft, besteht nach § 6 i.V.m. § 4 Verordnung ein repressives Verbot mit Befreiungsvorbehalt. Die Verwirklichung des von M geplanten Vorhabens ist demnach allenfalls im Wege einer Befreiung nach § 6 Verordnung möglich, was voraussetzt, dass die Einhaltung der Verordnung im Einzelfall zu einer nicht beabsichtigten Härte führen würde und die Abweichung mit den Belangen des Naturschutzes und der Landschaftspflege vereinbar ist. Eine nicht beabsichtigte Härte liegt vor, wenn der Normgeber den in Frage stehenden Sachverhalt in seinen Konsequenzen für den Betroffenen nicht erkannt hat oder nicht erkennen konnte und der Betroffene durch das den Sachverhalt betreffende naturschutzrechtliche Verbot unzumutbar benachteiligt würde. Es liegt nahe, dass die Behörde bei Erlass der Verordnung mit dem Bauverbot in § 4 Verordnung insbesondere umfangreichere Vorhaben verhindert wissen wollte. Damit schiede eine nicht beabsichtigte Härte aus, so dass eine Befreiung nach § 6 Verordnung schon an den Voraussetzungen der Vorschrift scheitert(e). Selbst wenn man angesichts der nunmehr nutzlos gewordenen Investitionen des M zu einem gegenteiligen Ergebnis gelangte, müsste eine Befreiung überdies mit den Belangen von Naturschutz und Landschaftspflege vereinbar sein. Bei der Beurteilung dieser Frage kommt es auf die Auswirkungen der Abweichung von dem fraglichen Verbot auf das Schutzobjekt, den Umfang des Schutzes und dessen Bedeutung für die Verwirklichung der Ziele des Naturschutzes und der Landschaftspflege an. Die(se) notwendig wertende Entscheidung muss angesichts der mit dem Vorhaben verbundenen Zerstörung des einzigartigen Orchideenvorkommens zugunsten des Naturschutzes ausfallen. Da schon die Voraussetzungen für die Erteilung einer Befreiung nicht vorliegen, bedarf es keines Eingehens mehr auf die Rechtsfolgenseite des § 6 Verordnung, nämlich die diesbezügliche Ermessenszuweisung. Eine Realisierung des Einzelhandelszentrums auf dem Grundstück des M ist rechtlich ausgeschlossen. ◀

b) Entscheidungsverfahren

Zulassungsentscheidungen jeglicher Art, mithin auch diejenigen umweltrechtlicher Eröffnungskontrollen, richten sich auf eine materielle Überprüfung. Diese bedingt indes schon aus Gründen hinreichender Information und damit möglichst vollständiger Entscheidungsunterlagen ein vorhergehendes Verwaltungsverfahren, und zwar im Wege des Durchlaufens von Verfahrensschritten, die gesetzlich unterschiedlich ausgeprägt sind.

▶ **FALL 4:** Das zuständige Eisenbahnbundesamt (EBA) hat die Planung für ein Teilstück der Eisenbahnneubaustrecke X durch Planfeststellungsbeschluss abgeschlossen. A, über dessen Grundstück die Trasse verläuft, erhebt Klage gegen den Planfeststellungsbeschluss. Zur Begründung trägt er vor: Zum einen bestünden seiner Meinung nach gewisse Zweifel am Bedarf für die geplante Bahnstrecke; jedenfalls habe das EBA diesen nicht eigenständig geprüft. Zum anderen erfordere der geplante Streckenverlauf das Fällen zahlreicher Bäume auf seinem Grundstück, so dass aus Naturschutzgründen eine südlichere, im Planfeststellungsverfahren ebenfalls in Erwägung gezogene Trassenalternative hätte gewählt werden müssen. Das EBA hält dem entgegen, dass die Bedarfsprüfung für die Eisenbahnstrecke bereits durch den Bundestag erfolgt sei, der jene unter Nr. 12 als vordringlich in den Bedarfsplan aufgenommen habe. Daher dürfe diese Frage im Planfeststellungsverfahren nicht erneut aufgeworfen werden. Was die Trassenwahl anbelangt, habe das EBA der nördlichen Variante – trotz der Notwendigkeit von Rodungen – den Vorzug gegeben, weil die südliche Streckenführung etwa 9 km länger geworden wäre und damit einen höheren Landschaftsverbrauch zur Folge gehabt hätte. Ist die Klage des A begründet? ◀

aa) Einfaches Genehmigungsverfahren

Im Umweltrecht findet das einfache, nicht förmliche Verwaltungsverfahren (allgemein: § 10 S. 1 VwVfG) nur selten Anwendung.[79]

bb) Förmliches Genehmigungsverfahren

Meist regeln die Umweltgesetze ein **förmliches Genehmigungsverfahren** zur Entscheidungsfindung (vgl. § 10 BImSchG i.V.m. der 9. BImSchV). Hervorgehobenes Verfahrenselement stellt dabei die förmliche Beteiligung Dritter dar (etwa § 10 Abs. 3, 4, 6 BImSchG, insbesondere: Erörterungstermin). Je größer die Verfahrensförmlichkeit, desto gewichtiger sind regelmäßig das zu beurteilende Vorhaben und seine Auswirkungen auf die Umwelt.

Die im förmlichen Genehmigungsverfahren einzuhaltenden Verfahrensschritte richten sich in den meisten Fällen nach den Vorgaben der entsprechenden Fachgesetze. Die allgemeinen Bestimmungen der §§ 63 ff. VwVfG („Förmliches Verwaltungsverfahren") kommen nur zur Anwendung, soweit eine Rechtsvorschrift dies ausdrücklich vorsieht (§ 63 Abs. 1 VwVfG).[80]

---

[79] Vgl. § 19 BImSchG: vereinfachtes Verfahren; hierzu § 9 Rn. 67 f. sowie *Sanden*, § 8 Rn. 50; allgemein etwa *Erbguth*, Allgemeines Verwaltungsrecht, § 14 Rn. 17 ff.
[80] Vgl. § 10 BImSchG i.V.m. 9. BImSchV; dazu § 9 Rn. 67 f.

Da die förmlichen Genehmigungsverfahren im Umweltrecht dem Verfahrensgang nach dem **Planfeststellungsverfahren** weitgehend gleichen, beschränkt sich die nachfolgende Darstellung auf das zuletzt genannte Verfahren. Im Unterschied zu den Genehmigungsverfahren geht es im Fall der Planfeststellung zwar traditionsgemäß[81] nicht um die Verwirklichung möglicherweise grundrechtlich geschützter Freiheiten, sondern durchweg um Realisierung öffentlicher Vorhaben durch einen Verwaltungsträger; die(se) Unterscheidung – privat/öffentlich verantwortetes Vorhaben – wird indes schon von Gesetzes wegen nicht mehr strikt durchgehalten, vgl. § 35 KrWG.[82]

cc) Planfeststellungsverfahren

40   Beim Planfeststellungsverfahren[83] handelt es sich um ein besonderes Verwaltungsverfahren, durch das die Zulässigkeit eines konkreten Vorhabens festgestellt wird und sämtliche öffentlich-rechtlichen Beziehungen zwischen dem Träger des Vorhabens und den durch den Plan Betroffenen rechtsgestaltend geregelt sowie die ansonsten erforderlichen behördlichen Entscheidungen ersetzt werden.[84] Den Abschluss des Verfahrens bildet der **Planfeststellungsbeschluss**.

Planfeststellungsbedürftige Vorhaben sind bspw.:

- die Zulassung von Abfalldeponien, § 35 KrWG[85],
- die Errichtung und der Betrieb von Zwischenlagern radioaktiver Abfälle, §§ 9b, 9a Abs. 3 AtG,
- die Errichtung oder Änderung eines Flughafens oder eines Landeplatzes mit beschränktem Bauschutzbereich, § 8 LuftVG,
- der Bau oder die Änderung einer Bundesfernstraße (Bundesautobahn, Bundesstraße), § 17 FStrG,
- der Bau oder die Änderung einer Straßenbahn, auch einer U-Bahn, §§ 4 Abs. 2, 28 PBefG,
- der Gewässerausbau, § 68 Abs. 1 WHG,
- gemeinschaftliche und öffentliche Anlagen im Flurbereinigungsgebiet nebst den dazugehörenden landschaftspflegerischen Maßnahmen, § 41 FlurbG.

Die für das Planfeststellungsverfahren einschlägigen allgemeinen Vorschriften finden sich in §§ 72–78 VwVfG. Diese gelten anders als §§ 63 ff. VwVfG nicht erst bei spezialgesetzlicher Anordnung, sondern immer dann, wenn ein Planfeststellungsverfahren durch Rechtsvorschrift vorgesehen ist (§ 72 Abs. 1 VwVfG). Allerdings können die jeweiligen Fach(planungs)gesetze besondere Bestimmungen enthalten, die dann Vorrang haben.

---

81 Beispielgebend war die straßenrechtliche Planfeststellung, vgl. nur *Hoppe/Schlarmann/Buchner/Deutsch*, Rn. 15.
82 Allgemein zum Verhältnis der gemeinnützigen zur privatnützigen Planfeststellung *Hoppe/Schlarmann/Buchner/Deutsch*, Rn. 10 f.
83 Weiterführend *Jarass*, DVBl. 1997, 795; *Vallendar*, UPR 1996, 121.
84 Einführend zum Rechtsinstitut der Planfeststellung *Leist/Tams*, JuS 2007, 1093.
85 Zur Rechtsentwicklung im Abfallrecht vgl. § 12 Rn. 7.

(1) Verfahrensablauf[86]

- Das Planfeststellungsverfahren wird durch den öffentlichen, ggf. auch privaten Träger des Vorhabens eingeleitet, der den von ihm erstellten **Plan** einreicht, und zwar bei der Anhörungsbehörde (§ 73 Abs. 1 S. 1 VwVfG). Diese wird durch Gesetz oder Rechtsverordnung bestimmt und ist in der Regel der Planfeststellungsbehörde nachgeordnet.

  Das „Gesetz zur Verbesserung der Öffentlichkeitsbeteiligung und Vereinheitlichung von Planfeststellungsverfahren (PlVereinhG)"[87] sieht zusätzlich vor, die betroffene Öffentlichkeit[88] bei „Vorhaben, die nicht nur unwesentliche Auswirkungen auf die Belange einer größeren Zahl von Dritten haben können", also gerade solchen, die der Planfeststellung[89] unterfallen, („möglichst") bereits vor d(ies)em Eintritt in das Verfahren zu beteiligen, allerdings nicht zwingend: Nach § 25 Abs. 3 S. 1 VwVfG wird die zuständige Behörde vielmehr lediglich verpflichtet, bei dem Vorhabenträger auf eine frühe Öffentlichkeitsbeteiligung hinzuwirken. Der Vorhabenträger muss dem also nicht folgen.[90] Mit Letzterem wird schon die Einheitlichkeit einer solchen vorgezogenen Einbeziehung der Bürger infrage gestellt. Angesichts der auch vor Verfahrenseintritt regelmäßig bereits verfestigten Entscheidungsbildung auf Behördenseite dürfte hiermit ohnehin die verfolgte Akzeptanzverbesserung nicht zu erreichen sein.[91]

- Die **Anhörungsbehörde** muss innerhalb eines Monats die von dem Plan in ihrem Zuständigkeitsbereich berührten **Behörden** zur **Stellungnahme** auffordern, § 73 Abs. 2 Hs. 1 VwVfG. Die Behörden haben ihre Stellungnahmen gem. § 73 Abs. 3a S. 1 VwVfG innerhalb von maximal drei Monaten abzugeben. Danach eingehende Stellungnahmen werden grundsätzlich nicht mehr berücksichtigt, § 73 Abs. 3a S. 2 VwVfG.

- Außerdem veranlasst die Anhörungsbehörde ebenfalls innerhalb eines Monats die **öffentliche Auslegung** des Plans in den Gemeinden, in denen sich das Vorhaben voraussichtlich auswirken wird (§ 73 Abs. 2 Hs. 2 VwVfG). Die Gemeinden müssen den Plan innerhalb von drei Wochen nach Zugang für die Dauer eines Monats zur Einsicht auslegen, vgl. § 73 Abs. 3 S. 1 VwVfG. Die Auslegung ist vorher ortsüblich bekanntzumachen (§ 73 Abs. 5 VwVfG).

- Innerhalb der Einwendungsfrist nach § 73 Abs. 4 VwVfG (zwei Wochen nach Ablauf der Auslegungsfrist) kann derjenige, dessen Belange durch das Vorhaben berührt werden, **Einwendungen** gegen das Projekt erheben. Es ist also keine Rechtsbetroffenheit gefordert; vielmehr handelt es sich um eine Interessentenbeteiligung: Einwände können neben rechtlichen auch wirtschaftliche, soziale oder ideelle Belange zum Gegenstand haben. Allerdings müssen sie sachlich auf die Verhinderung

---

[86] Am Beispiel der straßenrechtlichen Planfeststellung bei *v. Danwitz* in: Schoch, Besonderes Verwaltungsrecht, 7. Kap. Rn. 27 ff.
[87] V. 31.5. 2013, BGBl. I, S. 1388; dazu *Stüer*, DVBl. 2013, 700; *Schmitz/Prell*, NVwZ 2013, 745; näher und positiv zur „frühen Öffentlichkeitsbeteiligung" *Ziekow*, NVwZ 2013, 754. Zum Gesetzentwurf *Krappel/v. Süßkind-Schwendi*, UPR 2012, 255; allg. zu neuen Formen der Bürgerbeteiligung *Dolde*, NVwZ 2013, 769.
[88] Gemeint ist: Berührtsein in eigenen Belangen. Diese sind wie auch die Auswirkungen des Vorhabens weit zu verstehen, *Ziekow*, NVwZ 2013, 754, 755, 757. Zu beteiligen sind auch Vereinigungen, die durch das Verfahren in ihren satzungsmäßigen Aufgaben berührt werden, *Stüer*, DVBl. 2013, 700, 702 m.w.N.
[89] Aber etwa auch förmliche Verfahren nach §§ 63 ff. VwVfG, dazu allg. vorstehend im Text; ferner *Stüer*, DVBl. 2013, 700, 702: Baugenehmigungsverfahren, immissionsschutzrechtliches Genehmigungsverfahren.
[90] Vgl. nur *Schönenbroicher*, VBlBW 2012, 445, 447.
[91] *Erbguth*, DÖV 2012, 821, 824 mit Fn. 27; krit. auch *Schönenbroicher*, VBlBW 2012, 445, 447 ff.; positiver *Winter*, ZUR 2012, 329. Überdies dürfte die Praxistauglichkeit der Vorschrift unter der Verwendung äußerst unbestimmter Rechtsbegriffe, wie sie vorstehend hervorgehoben worden sind, leiden.

oder Modifizierung des Vorhabens abzielen. Erhebt ein Betroffener seine Einwendungen nicht innerhalb der Frist, ist er gem. § 73 Abs. 4 S. 3 VwVfG mit seinen Einwendungen ausgeschlossen, sofern sie nicht auf besonderen privatrechtlichen Titeln (z.B. Verträgen, Dienstbarkeiten) beruhen. Dieser Ausschluss erfasst nicht nur das (weitere) Verwaltungsverfahren, sondern auch ein etwaiges verwaltungsgerichtliches Verfahren; es handelt sich um eine **materielle Präklusion**.[92] In Bezug auf unionsrechtlich bedingte Umweltverfahren (UVP- und IE-Anlagen) hat der EuGH diese Präklusionsvorschrift nunmehr für unionsrechtswidrig erklärt, da kein weiter Zugang der Öffentlichkeit zu gerichtlichen Überprüfungsverfahren eröffnet und keine verfahrens- und materiellrechtliche Kontrolle gewährt wird. Folglich kann das Unionsrecht nicht effektiv zur Wirksamkeit gebracht werden.[93] Insofern besteht ein Anwendungsverbot für Präklusionsvorschriften für auf der Grundlage von UVP- oder IE-Richtlinie erlassenen Vorhabenzulassungen. Es bedarf einer gesetzlichen Anpassung. Anerkannte Vereinigungen können nach vorstehenden Maßgaben Stellungnahmen zum Plan abgeben, § 73 Abs. 4 S. 5, 6 VwVfG.[94]

- Nach Ablauf der Einwendungsfristen wird in einem **Erörterungstermin** das Vorhaben mit dem Projektträger, den beteiligten Behörden und den Personen, die Einwendungen erhoben haben, behandelt (§ 73 Abs. 6 S. 1 VwVfG).[95] Die Erörterung soll innerhalb von drei Monaten nach jenem Fristende abgeschlossen sein (§ 73 Abs. 6 S. 7 VwVfG). Ihr Ziel ist neben der Abklärung der entscheidungserheblichen Tatsachen die Herbeiführung eines Ausgleichs zwischen den unterschiedlichen Interessen.[96] Anhand der im Anhörungsverfahren gewonnenen Ergebnisse fertigt die Anhörungsbehörde eine Stellungnahme an und leitet diese einschließlich des Plans und der nicht erledigten Einwendungen an die **Planfeststellungsbehörde** weiter (§ 73 Abs. 9 VwVfG).

42 Die Planfeststellungsbehörde entscheidet über den Erlass des **Planfeststellungsbeschlusses**. Dabei ist der Behörde nach h.M. **planerischer Gestaltungsspielraum** eingeräumt.[97] Seine rechtlichen Grenzen findet er neben der Beachtung behördeninterner Bindungen in der Planrechtfertigung, der strikten Beachtung von Planungsleitsätzen und der Abwägungsfehlerlehre:[98]

43 - Aufgrund ihrer weitreichenden Rechtswirkungen bedarf die Planfeststellung im Außenverhältnis zunächst der **Planrechtfertigung**.[99] Danach hat die Planfeststellung eine Verwirklichung der sich aus dem jeweiligen Fachgesetz ergebenden Ziele anzustreben; daran gemessen muss die Durchführung des konkreten Planungsvorhabens

---

92 Eine materielle Präklusion zielt darauf ab, Einwendungen in gegenwärtigen und zukünftigen Verfahren, somit auch dem Klageverfahren auszuschließen. Vgl. § 6 Rn. 5.
93 EuGH, Rs. C-137/14, ZUR 2016, 34, 40 f. Rn. 75 ff. m. Anm. *Klinger*, ZUR 2016, 42 ff.; bereits zuvor *Schlacke*, ZUR 2013, 195, 202; ferner § 6 Rn. 5.
94 Gleichstellung der anerkannten Vereinigungen (Umweltschutzvereinigungen) mit Betroffenen, *Stüer*, DVBl. 2013, 700, 704 m.w.N.
95 Vgl. *Erbguth*, Allgemeines Verwaltungsrecht, § 14 Rn. 16 nach Fn. 102.
96 *Allesch/Häußler* in: Obermayer, VwVfG, § 73 Rn. 119.
97 BVerwGE 48, 56, 59; 52, 237, 244; 55, 220, 225 ff.; 56, 110, 116; 59, 253, 256; kritisch dazu *Ule/Laubinger*; Verwaltungsverfahrensrecht, § 41 Rn. 11; *Erbguth*, DVBl. 1992, 398, 403.
98 Zur Rechtsnatur der Planfeststellungsentscheidung *v. Danwitz* in: Schoch, Besonderes Verwaltungsrecht, 7. Kap. Rn. 29; auch Bindung an behördenintern wirkende vorbereitende Planungsentscheidungen anderer Behörden, bspw. Linienbestimmung durch den Bundesminister für Verkehr nach § 16 Abs. 1 FStrG; dazu OVG Koblenz, NuR 1995, 413, 414; VGH Mannheim, VBlBW 1989, 61, 62 f. m. Anm. *Kuchler*; sogleich Rn. 47; eingehend *Wahl*, NVwZ 1990, 426, 435.
99 BVerwGE 55, 220, 227.

vernünftigerweise geboten sein.[100] „Unausweichlichkeit" des Vorhabens wird nicht verlangt.[101]

- Weiterhin sind die gesetzlichen **Planungsleitsätze** von der Behörde einzuhalten. Darunter versteht das BVerwG diejenigen Vorschriften, die bei der öffentlichen Planung strikte Beachtung verlangen und deswegen nicht durch planerische Abwägung überwunden werden können.[102] Hierbei lässt sich zwischen Vorgaben aus dem jeweiligen Fachgesetz selbst (sog. interne Planungsleitsätze, z.B. § 1 Abs. 3 S. 1 FStrG) und solchen aus anderen Gesetzen (sog. externe Planungsleitsätze, etwa entgegenstehende Schutzgebietsausweisungen) unterscheiden. Abzugrenzen sind die Planungsleitsätze von gesetzgeberischen Vorgaben, wie bspw. § 50 S. 1 BImSchG oder §§ 1, 2 BNatSchG, die als sog. **Optimierungsgebote** bestimmten öffentlichen Belangen ein besonderes Gewicht („soweit wie möglich …", § 50 S. 1 BImSchG/„nicht mehr als…unvermeidbar…", § 2 Abs. 1 BNatSchG) verleihen, dem bei der Abwägung Rechnung zu tragen ist, die aber im Konfliktfall durchaus hinter anderen Belangen zurücktreten können.[103]

- Schließlich sind die privaten und öffentlichen Belange gegeneinander und untereinander gerecht abzuwägen.[104] Das **Abwägungsgebot** und spiegelbildlich **die Abwägungsfehlerlehre**[105] fordern zunächst, dass eine Abwägung überhaupt stattfindet (ansonsten: **Abwägungsausfall**). Weiterhin müssen alle abwägungserheblichen Belange Berücksichtigung finden (anderenfalls: **Abwägungsdefizit**). Schließlich darf weder die Bedeutung der betroffenen Belange verkannt werden (sonst: **Abwägungsfehleinschätzung bzw. -gewichtung**), noch darf der vorgenommene Ausgleich zwischen ihnen zu ihrer objektiven Gewichtigkeit außer Verhältnis stehen (anderenfalls: **Abwägungsdisproportionalität**).[106] Diese Anforderungen sollen grundsätzlich sowohl für den Abwägungsvorgang als auch für das Abwägungsergebnis gelten.[107]

Gegenstand des Abwägungsvorgangs muss eine Einbeziehung etwaiger **Planungsalternativen** (z.B. Standortalternativen) sein, wenn sie sich nach Lage der Dinge anbieten oder aufdrängen.[108] Ansonsten kommt es zu einem Abwägungsdefizit.

Die rechtlichen **Folgen** von **Abwägungsmängeln** werden weitgehend in Anlehnung oder durch Verweisung auf die allgemeine Regelung in § 75 Abs. 1a VwVfG eingeschränkt. Sie sind nach Satz 1 der Vorschrift nur erheblich, wenn sie offensichtlich und auf das Abwägungsergebnis von Einfluss gewesen sind. Zudem führen nach Satz 2 der Bestimmung erhebliche Abwägungsmängel nur dann zur Aufhebung des Planfeststellungsbeschlusses, wenn sie nicht nachträglich durch Planergänzung oder ein ergänzendes Verfahren behoben werden können. Es gilt insoweit der Grundsatz: Nachbesserung vor Aufhebung. Als Planergänzung kommt vor allem die Erteilung von Schutzauflagen in Betracht (dazu sogleich). Das ergänzende Verfahren betrifft Verfahrens-

---

100 BVerwGE 71, 166, 168 f.; 72, 282, 284 ff.
101 BVerwGE 56, 110, 119.
102 BVerwGE 71, 163, 165.
103 BVerwGE 71, 163, 165; dazu *Hoppe*, DVBl. 1992, 853; kritisch *Bartlsperger*, DVBl 1996, 1; *Erbguth/Schubert*, Öffentliches Baurecht, § 5 Rn. 118, anhand des Städtebaurechts.
104 Abweichendes soll für die bergrechtliche Planfeststellung gelten, vgl. BVerwG, DÖV 2007, 938, anhand der diesbezüglichen UVP.
105 Dazu BVerwG, JZ 2007, 939 m. Anm. *Peine/Starke*; *Erbguth*, JZ 2006, 484.
106 Zu der hiermit zusammenhängenden Frage der Phasen im Rahmen der Abwägung *Erbguth*, JZ 2006, 484, 488 f.
107 Näher (und kritisch) *Erbguth/Schubert*, Öffentliches Baurecht, § 5 Rn. 138 ff., anhand des Städtebaurechts.
108 BVerwGE 71, 166, 171 f.; vertiefend *Schlarmann*, Die Alternativenprüfung im Planungsrecht.

oder Inhaltsmängel, die durch Nachbesserung des Verfahrens oder durch nachholende Abwägung geheilt werden können.[109] Damit werden auch die Einholung zusätzlicher Gutachten, weitere Ermittlungen des Sachverhalts und Bewertungen von Belangen ermöglicht.

47 Seiner Rechtsnatur nach stellt der Planfeststellungsbeschluss einen **Verwaltungsakt** i.S.v. § 35 VwVfG dar. Er kann mit Nebenbestimmungen nach § 36 VwVfG versehen werden. Gem. § 74 Abs. 2 S. 2 VwVfG sind dem Vorhabenträger Vorkehrungen oder die Errichtung und Unterhaltung von Anlagen aufzugeben, die zum Wohl der Allgemeinheit und zur Vermeidung nachteiliger Wirkungen auf Rechte anderer erforderlich sind. Durch solche **Schutzauflagen**[110] (etwa Lärmschutzwälle) kann einerseits den Interessen der Betroffenen Rechnung getragen werden; andererseits ermöglichen sie dem Projektträger die Durchführung des Vorhabens.

48 Der Planfeststellungsbeschluss kann mit der **Anfechtungsklage** (§ 42 Abs. 1 Alt. 1 VwGO) angegriffen werden. Eines vorgeschalteten Widerspruchsverfahrens bedarf es nicht (§ 68 Abs. 1 S. 2 Alt. 1 VwGO i.V.m. §§ 74 Abs. 1 S. 2, 70 VwVfG). Werden Schutzauflagen verlangt, ist die **Verpflichtungsklage** (§ 42 Abs. 1 Alt. 2 VwGO) die richtige Klageart.[111]

(2) Rechtswirkungen des Planfeststellungsbeschlusses

49 Der Planfeststellungsbeschluss zeichnet sich durch besondere **Rechtswirkungen** aus (§ 75 VwVfG):
- Gestattungswirkung,
- Konzentrationswirkung,
- Gestaltungswirkung,
- Ausschlusswirkung,
- Enteignungsvorwirkung.

50 **Gestattungswirkung**[112] bedeutet, dass durch den Planfeststellungsbeschluss die Zulässigkeit des Vorhabens einschließlich der notwendigen Folgemaßnahmen an anderen Anlagen festgestellt wird, und zwar im Hinblick auf alle von ihm berührten öffentlichen Belange (§ 75 Abs. 1 S. 1 Hs. 1 VwVfG).

51 Neben dem Planfeststellungsbeschluss sind für das Vorhaben gem. § 75 Abs. 1 S. 1 Hs. 2 VwVfG andere behördliche Entscheidungen, insbesondere Genehmigungen, nicht mehr erforderlich (**Konzentrationswirkung**).[113] Die Verfahren werden durch die Planfeststellung verdrängt. Das Konzentrationsprinzip entbindet jedoch die Planfeststellungsbehörde nicht von den materiellrechtlichen Vorschriften der Fachgesetze (z.B. des Baurechts), die von denjenigen Behörden anzuwenden wären, deren Entscheidungen der Planfeststellungsbeschluss ersetzt (lediglich **formelle** Konzentrationswir-

---

109 Hierzu *Kopp/Ramsauer*, VwVfG, § 75 Rn. 34 ff.
110 Dazu *v. Danwitz* in: Schoch, Besonderes Verwaltungsrecht, 7. Kap. Rn. 32.
111 Vgl. insoweit auch § 6 Rn. 9.
112 Auch als Zulassungs- oder Genehmigungswirkung bezeichnet; vgl. BVerwGE 58, 281, 284.
113 *V. Danwitz* in: Schoch, Besonderes Verwaltungsrecht, 7. Kap. Rn. 31; zum Problem der Kollision von Konzentrationsvorschriften *Wittreck*, VerwArch 100 (2009), 71; dazu und zu weiteren Fragen im Planfeststellungsrecht anhand der Erweiterung von Häfen *Erbguth/Schubert*, VerwArch 101 (2010), 437; *dies.*, DVBl. 2010, 1521.

kung).¹¹⁴ Die Normen sind je nach Geltungsanspruch verbindlich, also außerhalb der Abwägung zu beachten, oder lediglich zu berücksichtigen, mithin abwägungsrelevant (s.o.). Soweit jene Vorschriften eine Ausnahme, Befreiung oder Abweichung ermöglichen, kann die Planfeststellungsbehörde eine entsprechende Entscheidung treffen.¹¹⁵

Des Weiteren werden nach § 75 Abs. 1 S. 2 VwVfG alle öffentlich-rechtlichen Beziehungen zwischen dem Träger des Vorhabens und den Planbetroffenen rechtsgestaltend geregelt (**Gestaltungswirkung**).¹¹⁶ Wird bspw. dem Vorhabenträger im Planfeststellungsbeschluss die Errichtung eines Lärmschutzwalls zugunsten des Nachbarn aufgegeben, so erhält dieser gegenüber dem Vorhabenträger einen entsprechenden öffentlich-rechtlichen Anspruch.

Überdies sind aufgrund von § 75 Abs. 2 S. 1 VwVfG mit Unanfechtbarkeit des Planfeststellungsbeschlusses alle privatrechtlichen oder öffentlich-rechtlichen Ansprüche auf Unterlassung, Beseitigung oder Änderung des Vorhabens ausgeschlossen (**Ausschlusswirkung**).¹¹⁷ Die privatrechtsgestaltende Wirkung bezieht sich insbesondere auf die deliktischen und allgemeinen nachbarrechtlichen Ansprüche (vgl. §§ 823, 1004 BGB).

Unbeschadet der Ausschlusswirkung sind oftmals fremde Rechte, vornehmlich von Grundstückseigentümern, durch die Realisierung des Vorhabens betroffen. Die entsprechenden Festsetzungen im Planfeststellungsbeschluss berechtigen dann zur Enteignung nach Maßgabe der jeweils einschlägigen landesrechtlichen Enteignungsgesetze (**Enteignungsvorwirkung**).

▶ **ZU FALL 4:** Nach § 113 Abs. 1 S. 1 VwGO ist die (Anfechtungs-)Klage begründet, soweit der Verwaltungsakt rechtswidrig und der Kläger in seinen Rechten verletzt ist. A ist als Enteignungs(vor)betroffener in seinem Grundrecht aus Art. 14 Abs. 1 GG verletzt, wenn der auf § 18 Abs. 1 AEG beruhende Planfeststellungsbeschluss mit dem Recht nicht in Einklang steht. Da an der formellen Rechtmäßigkeit keine Bedenken bestehen, richtet sich die Überprüfung des Planfeststellungsbeschlusses materiellrechtlich auf die Planrechtfertigung und die Rechtmäßigkeit der Abwägung.

Die Anforderung der Planrechtfertigung verlangt, dass die Durchführung des konkreten Planvorhabens gemessen an den jeweiligen fachgesetzlichen Zielen vernünftigerweise geboten erscheint. Das ergibt sich hier aus der Aufnahme in den Bedarfsplan. Eine solche gesetzgeberische Planrechtfertigung wird überwiegend für rechtmäßig erachtet. Da nach der Rechtsprechung sogar die Übertragung von Planungsakten als solche von der Verwaltung auf den Gesetzgeber grundsätzlich zulässig ist,¹¹⁸ soll erst recht die Möglichkeit bestehen, nur die Planrechtfertigung auf die Legislative zu verlagern. Hierin wird kein Verstoß gegen die Gewaltenteilung (Art. 20 Abs. 2 S. 2 GG) gesehen – und auch keine unzumutbare Erschwerung des Rechtsschutzes. Das EBA brauchte folglich den Bedarf nicht erneut zu prüfen.¹¹⁹ Die gerichtliche Kontrolle richtet sich daher auf die legislative (Bedarfs-)Entscheidung und folgt denselben Maßstäben wie die Überprüfung entsprechender administrativer

---

114 Anhand der luftverkehrsrechtlichen Planfeststellung BVerwG, BauR 2007, 682, 683; allgemein zur Konzentrationswirkung im Umweltrecht *Ramsauer* in: Koch (Hrsg.), Umweltrecht, § 3 Rn. 91 ff.
115 BVerwGE 70, 242, 244; 71, 163, 164; OVG Münster, NWVBl. 2010, 282, 283; a.A. *Gaentzsch*, NJW 1986, 2787.
116 So *Dürr* in: Kodal, Kap. 36 Rn. 20.
117 Auch als Präklusionswirkung bezeichnet, vgl. *v. Danwitz*, UPR 1996, 323, 324 f. m.w.N.
118 BVerfGE 95, 1; vgl. noch Rn. 60.
119 Dazu und zum Vorstehenden *v. Danwitz* in: Schoch, Besonderes Verwaltungsrecht, 7. Kap. Rn. 29.

Festlegungen. Bei der vorliegenden Planrechtfertigung handelt es sich um eine verkehrspolitische Leitentscheidung auf einer das gesamte Schienennetz betreffenden Ebene; in Anbetracht dessen kann der Bedarfsfestlegung nach dem Sachverhalt verkehrstechnische Sinnhaftigkeit nicht abgesprochen werden.

Zu prüfen bleibt, ob die vom EBA gewählte Streckenführung mit den Grundsätzen einer ordnungsgemäßen Abwägung vereinbar ist. Da mehrere sich anbietende Trassenalternativen im Planfeststellungsverfahren untersucht wurden, besteht zumindest kein Abwägungsdefizit. In der Zurückstellung des Interesses an der Erhaltung des Baumbestandes auf dem Grundstück des A ist überdies keine objektive Fehlgewichtung der berührten Belange zu sehen, weil die Vermeidung der vermehrten Freiflächeninanspruchnahme durch die Südvariante nicht ersichtlich mindergewichtig ist. Daher bestehen auch hinsichtlich des Ausgleichs der konfligierenden Belange keine Bedenken.

Da Rechtsmängel des Planfeststellungsbeschlusses nicht erkennbar sind, ist die Klage des A unbegründet. ◄

dd) Verfahrensbeschleunigung

56 Zur „Verschlankung" der Genehmigungsverfahren, insbesondere in zeitlicher Hinsicht, hatte der Bundesgesetzgeber bereits durch das **Genehmigungsverfahrensbeschleunigungsgesetz** vom 12.9.1996[120] die §§ 71a ff. in sein VwVfG aufgenommen. Die Vorschriften kamen zur Anwendung bei Verfahren, die der Genehmigung von Vorhaben im Rahmen einer wirtschaftlichen Unternehmung des Antragstellers dienen.[121] Inzwischen sind an deren Stelle in Umsetzung der sog. **Dienstleistungsrichtlinie**[122] Bestimmungen zum „Verfahren über eine einheitliche Stelle" getreten; jener Stelle kommen hiernach verfahrensleitende und -beschleunigende Aufgaben zu (vgl. insbesondere § 71b VwVfG), ohne dass dadurch die (behördliche) Zuständigkeitsordnung geändert oder ein neuer Verfahrenstyp eingeführt worden wäre.[123] Ferner ist (nunmehr) durch § 42a VwVfG der Eintritt einer Genehmigungsfiktion nach (regelmäßig dreimonatigem) Fristablauf normiert.[124] Die Geltung beiderlei Vorschriften ist allerdings von einer sondergesetzlichen Anordnung abhängig, vgl. §§ 42a Abs. 1 S. 1, 71a Abs. 1 VwVfG. Die Bestimmungen gelten überdies nur, wenn das VwVfG des Bundes anzuwenden ist. Bei Verwaltungsverfahren, die nach dem jeweiligen LVwVfG durchgeführt werden, gilt Entsprechendes erst dann, wenn die Bundesländer diese Neuregelungen in ihre Gesetze übernommen haben.[125]

---

120 BGBl. I, S. 1353; dazu und zur diesbezüglichen Entwicklung insgesamt *Erbguth*, DÖV 2009, 921.
121 § 71a VwVfG a.f.; für Verfahren, die lediglich die private Lebensführung betreffen, sollten indes nach wie vor die allgemeinen Regelungen des VwVfG ausreichend sein, so jedenfalls BT-Drs. 13/3995, S. 8; vgl. auch nachfolgend im Text.
122 RL 2006/123/EG v. 12.12.2006 über Dienstleistungen im Binnenmarkt, ABlEG L 376/36 (DRL); zu den allgemeinen verfahrensbezogenen Vorgaben: Informations- und Unterstützungsansprüche, einheitliche Ansprechpartner, fristgebundene Entscheidungen mit Genehmigungsfiktion, elektronischer Verfahrensablauf, grenzüberschreitende Amtshilfe (Art. 7, 6, 13 Abs. 3, 4, Art. 8, 28 ff. DRL), *Ziekow*, GewArch 2007, 179, 217; auch *Ramsauer*, NordÖR 2008, 417.
123 Die Umsetzung der DRL erforderte auch zahlreiche Änderungen umweltrechtlicher Gesetze, vgl. Gesetz zur Umsetzung der Dienstleistungsrichtlinie auf dem Gebiet des Umweltrechts sowie zur Änderung umweltrechtlicher Vorschriften v. 11.8.2010, BGBl. I S. 1163.
124 Vgl. Art. 1 Nr. 5 Viertes Gesetz zur Änderung verwaltungsverfahrensrechtlicher Vorschriften v. 11.12.2008, BGBl. I, S. 2418; dazu *Jäde*, UPR 2009, 169; *Schmitz/Prell*, NVwZ 2009, 1.
125 Vgl. in NRW: Art. 1 des DienstleistungsRL-Umsetzungsgesetzes v. 12.5.2009, GVBl., S. 296.

§ 5 Instrumente des Umweltrechts § 5

Bereits vor der nachfolgend umrissenen Beschleunigungsgesetzgebung bestand nach einigen Fachgesetzen die Möglichkeit, für weniger bedeutsame Infrastrukturmaßnahmen statt eines Planfeststellungsverfahrens ein **Plangenehmigungsverfahren**[126] durchzuführen (etwa § 41 Abs. 4 S. 1 FlurbG). Dann kann auf eine Beteiligung der Öffentlichkeit und eine formalisierte UVP verzichtet werden. Voraussetzung für die Zulässigkeit eines Plangenehmigungsverfahrens sind Änderungen oder Erweiterungen von unwesentlicher Bedeutung, die keine Rechtsbeeinträchtigung Dritter bzw. keine erheblichen Auswirkungen auf die Umwelt mit sich bringen. Der Plangenehmigung kommt hiernach keine Konzentrationswirkung zu.

57

Für die Planung von Verkehrswegen ist im Wege des Verkehrswegeplanungsbeschleunigungsgesetzes (VPlBeschlG) v. 16.12.1991[127] (für die neuen Bundesländer) und des Planungsvereinfachungsgesetzes (PlVereinfG) v. 17.12.1993[128] (bundesweit) sodann die Möglichkeit der Ersetzung des Planfeststellungsverfahrens durch ein sog. **förmliches Plangenehmigungsverfahren** geschaffen worden.[129] Voraussetzungen sind regelmäßig, dass Rechte anderer nicht oder nicht wesentlich beeinträchtigt werden oder die Drittbetroffenen sich mit der Inanspruchnahme ihres Eigentums einverstanden erklären bzw. auf ihre privaten Rechte verzichten und mit den Trägern öffentlicher Belange das Benehmen hergestellt wurde.[130] Da in diesen Fällen die Vorschriften über das Planfeststellungsverfahren keine Anwendung finden, entfallen die Öffentlichkeitsbeteiligung und die Beteiligung der anerkannten Naturschutzvereinigungen. Gegenüber der bisherigen Plangenehmigung kommen denjenigen förmlicher Art Konzentrations- und auch Präklusionswirkung zu. Es finden sich aber Unterschiede im Vergleich der Bestimmungen. Anschließend hat der Bundesgesetzgeber die (ersatzweise) Plangenehmigung in das VwVfG (§ 74 Abs. 6) übernommen.

Eine vollständige Deregulierung durch **Verzicht** auf ein Planfeststellungs- oder Plangenehmigungsverfahren sieht das Fachplanungsrecht für Vorhaben von unwesentlicher Bedeutung vor, und zwar regelmäßig unter Verweis auf das Verwaltungsverfahrensgesetz (z.B. § 17 FStrG, § 14 Abs. 1 WaStrG, jeweils i.V.m. § 74 Abs. 7 S. 1 VwVfG; näher § 74 Abs. 7 S. 2 VwVfG).

58

Die behandelten Beschleunigungsgesetze sind durch einheitliches Bundesrecht, nämlich durch das **Infrastruktur-Planungsbeschleunigungsgesetz** (IPBG) vom 9.12.2006,[131] abgelöst worden. Trotz seiner „völligen Unübersichtlichkeit"[132] lassen sich ihm doch für das Umweltrecht nicht unwesentliche Neuregelungen entnehmen. So wird das Planfeststellungsverfahren für **Wasserstraßen** mit denjenigen für Fernstraßen, Eisenbahnen, Magnetbahnen und (in gewissem Sinne) für Energieanlagen harmonisiert[133] (§ 14a WaStrG), dies zum Zwecke der Verfahrensbeschleunigung durchweg abweichend vom allgemeinen Recht der §§ 72 ff. VwVfG.[134] Die neuen Bestimmungen richten sich vornehmlich auf

59

---

126 Vgl. hierzu auch *v. Danwitz* in: Schoch, Besonderes Verwaltungsrecht, 7. Kap. Rn. 34 ff.
127 BGBl. I, S. 2174, geändert durch Gesetz v. 9.12.2006, BGBl. I, S. 2833.
128 BGBl. I, S. 2123.
129 Vertiefend *Bonk*, NVwZ 1997, 320; *Jäde*, UPR 1996, 361.
130 *V. Danwitz* in: Schoch, Besonderes Verwaltungsrecht, 7. Kap. Rn. 33.
131 Gesetz zur Beschleunigung von Planungsverfahren für Infrastrukturvorhaben, BGBl. I, S. 2833, ber. durch Gesetz v. 9.5.2007, BGBl. I, S. 691.
132 *Schröder*, NuR 2007, 380, 380.
133 Zu den Sonderregelungen betreffend das LuftVG vgl. *Schröder*, NuR 2007, 380, 382.
134 Eine Angleichung des allgemeinen Verfahrensrechts uneingeschränkt favorisierend *Stüer*, DVBl. 2009, 1145 (insbesondere 1149); vorstehend Rn. 41.

- die **frühzeitige** Einforderung der Stellungnahmen von (anerkannten) **Naturschutzvereinigungen** und sonstigen Vereinigungen (gemeinsam mit denjenigen der Träger öffentlicher Belange), § 14a Nr. 2 WaStrG,[135]
- die rechtliche Gleichstellung des Vorbringens von Naturschutzvereinigungen mit Einwendungen Privater, also auch mit Blick auf den Eintritt materieller **Präklusion**,[136] § 14a Nr. 7 WaStrG,
- **Fristen** für das Erörterungsverfahren (Abschluss innerhalb von drei Monaten nach Ende des Anhörungsverfahrens, § 14a Nr. 5 WaStrG) und die Weiterleitung der Unterlagen an die Planfeststellungsbehörde (vier bzw. sechs Wochen nach Durchführung der Erörterung), aber auch Möglichkeiten des Verzichts auf die Erörterung, insbesondere bei Planänderungen, § 14a Nr. 6 WaStrG,
- die Erweiterung der **Geltungsdauer** der Planfeststellung auf zehn Jahre mit weiterer Verlängerungsmöglichkeit um fünf Jahre, § 14c WaStrG,
- die ersatzweise Durchführung einer **Plangenehmigung** bereits bei nur unwesentlicher Beeinträchtigung von Rechten Dritter (anders § 74 Abs. 6 S. 1 Nr. 1 VwVfG: nur bei fehlender Beeinträchtigung) und die enteignungsrechtliche Vorwirkung der Plangenehmigung (anders § 74 Abs. 6 S. 2 VwVfG), § 14b Nr. 2, 3 WaStrG.

Ferner wird die **erstinstanzliche Zuständigkeit** des **BVerwG** für besonders gewichtige, im Anhang der Fachgesetze aufgeführte Vorhaben angeordnet, § 50 Abs. 1 Nr. 6 VwGO,[137] und in „spezialgesetzlicher Vereinheitlichung" die aufschiebende Wirkung von Anfechtungsklagen (vgl. § 80 Abs. 1 VwGO)[138] insoweit **ausgeschlossen**[139] sowie eine § 75 Abs. 1a VwVfG[140] weitgehend entsprechende **Unbeachtlichkeitsregelung** bei bestimmten Abwägungsfehlern eingeführt.[141]

60 Zur Beschleunigung bestimmter überregionaler Verkehrsprojekte im Gefolge der deutschen Einheit war schließlich bereits zuvor die Planfeststellung konkreter Vorhaben durch formelles Gesetz vorgesehen worden (sog. **Investitionsmaßnahmegesetze**).[142] Den dagegen erhobenen verfassungsrechtlichen Einwänden[143] ist das BVerfG in seinem Beschluss vom 17.7.1996[144] bzgl. des Gesetzes über den Bau der Südumfahrung Stendal nicht gefolgt.

ee) Umweltverträglichkeitsprüfung und Strategische Umweltprüfung

61 ▶ **FALL 5:** Unternehmer U plant, eine Anlage zur Herstellung von Zementklinkern mit einer Leistung von etwa 1200 Tonnen pro Tag zu errichten. Er geht davon aus, dass für das Vorhaben eine Genehmigung nach dem BImSchG benötigt wird. Unklar ist ihm jedoch, ob zudem

---

135 Beteiligungsrecht der Vereinigungen auch bei Planänderungen, vgl. § 14a Nr. 6 WaStrG.
136 Vgl. zur Präklusion Rn. 41; sogar noch weiter, weil die Einschränkung „besonderer privatrechtlicher Titel" nicht gilt, vgl. dazu *M. Schröder*, NuR 2007, 380, 381; Bedenken gegenüber der Präklusion von Rügebefugnissen der Umweltverbände bei *Schlacke*, NuR 2007, 8, 14 f., anhand des UmwRG; zu Letzterem im Zusammenhang mit § 6 Rn. 5 und 7.
137 § 14e Abs. 1 WaStrG.
138 Zum diesbezüglichen einstweiligen Rechtsschutz etwa *Erbguth*, Allgemeines Verwaltungsrecht, § 21.
139 § 14e Abs. 25 WaStrG.
140 Vgl. Rn. 46.
141 § 14c WaStrG.
142 Vgl. Gesetz über den Bau des Abschnitts Wismar West–Wismar Ost der Bundesautobahn A 20 Lübeck–Bundesgrenze [A 11] v. 2.3.1994, BGBl. I, S. 734, sowie Gesetz über den Bau der Südumfahrung Stendal der Eisenbahnstrecke Berlin-Oebisfelde v. 29.10.1993, BGBl. I, S. 1906.
143 Vgl. dazu *Blümel*, DVBl. 1997, 205.
144 BVerfGE 95, 1.

eine UVP erforderlich ist. U fragt weiter, wie im Fall einer UVP-Pflicht für die geplante Anlage das Verfahren ablaufen und was er ggf. dazu beitragen müsste. ◂

(1) Umweltverträglichkeitsprüfung

Bei der Umweltverträglichkeitsprüfung (UVP) handelt es sich um ein rechtlich geordnetes, mehrphasiges Verfahren zur frühzeitigen Ermittlung, Beschreibung und Bewertung aller unmittelbaren und mittelbaren Auswirkungen eines Projekts auf bestimmte Umweltfaktoren, und zwar einschließlich der ökologischen Wechselwirkungen.[145] In dieser Abkehr vom ein-medialen bzw. additiv-medialen Umweltschutz und der Hinwendung zum übermedialen – oder besser: **integrativen** – Schutz der Umweltfaktoren liegt der neuartige Ansatz der UVP. Solcherart dient die UVP der **Entscheidungsvorbereitung** unter Umweltgesichtspunkten.[146] Sie ist primär als Verfahren konzipiert, freilich **nicht** als **eigenständiges**. Vielmehr wird die UVP den für die Zulassung von Projekten vorgesehenen Entscheidungsverfahren „draufgesattelt"; ihren Anforderungen ist demzufolge im Ablauf jener Planfeststellungen, Genehmigungs- und Bewilligungsverfahren (mit) Rechnung zu tragen.[147]

62

(a) Europarechtlicher Hintergrund

Die dem zugrunde liegende **EG-Richtlinie** 85/337/EWG vom 27.6.1985[148] bezweckte den Ausbau präventiven Umweltschutzes durch Einführung einer Prüfung der Umweltauswirkungen von **öffentlichen und privaten Vorhaben** vor deren Zulassung; dabei konnte sie an das amerikanische Vorbild des National Environmental Policy Act (NEPA) aus dem Jahre 1969 anknüpfen.[149] Das Gemeinschaftsrecht folgt einem Listenprinzip zur Bestimmung der UVP-Pflichtigkeit: Die im Anhang I der Richtlinie aufgeführten Vorhaben sind immer einer UVP (**obligatorische UVP**) zu unterziehen, die in Anhang II genannten nur nach einer Vorprüfung durch die Mitgliedstaaten (fakultative UVP). Die Richtlinie sollte zum 2.7.1988 in nationales Recht umgesetzt sein. Deutlich verspätet ist dies in der Bundesrepublik Deutschland mit dem **Gesetz über die Umweltverträglichkeitsprüfung** bei bestimmten öffentlichen und privaten Projekten vom 12.2.1990[150] geschehen. Entsprechendes gilt für die Umsetzung der **UVP-Änderungsrichtlinie 97/11/EG**,[151] die eine erhebliche Ausweitung der UVP-pflichtigen Vorhaben vorsieht und bestimmte Modelle für die genannte Vorprüfung festlegt (Einzelfallprüfung/Schwellenwerte resp. Kriterien/Kombination beider Möglichkeiten).[152] Die zweite Änderung der UVP-Richtlinie durch die **Richtlinie 2003/35/EG** vom 26.5.2003 über die Beteiligung der Öffentlichkeit bei der Ausarbeitung bestimmter umweltbezoger

63

---

145 Näher *Kment* in: Hoppe/Beckmann, UVPG, Einleitung Rn. 5; *Becker*, NVwZ 1997, 1167; *Erbguth*, NuR 1997, 261; *Hien*, NVwZ 1997, 422; zum Nachfolgenden auch *Schmidt/Kahl/Gärditz*, § 4 Rn. 60 ff. ff.; *Kluth* in: ders./Smeddinck, Umweltrecht, § 1 Rn. 155 f. Aus anwaltlicher Sicht eingehend *Himmelmann* in: ders./Tünnesen-Harmes, Umweltrecht, § 2.
146 Allerdings auch „Kulturgüter und sonstige Sachgüter", § 2 Abs. 1 S. 2 Nr. 3 UVPG; insoweit zum Denkmalschutz und zum kulturellen Erbe in der UVP *Hönes*, BayVBl. 2009, 741.
147 Dazu noch nachfolgend.
148 ABlEG L 175/40, geändert durch RL 97/11/EG v. 3.3.1997, ABlEG L 73/5; RL 2003/35/EG v. 26.5.2003, ABlEG L 156/17, aufgehoben und ersetzt durch RL 2011/92/EU v. 13.12.2011, ABlEU L 26/1, zuletzt geändert durch RL 2014/52/EU v. 16.4.2014, ABlEU L 124/1.
149 Dazu *Erbguth/Schink*, UVPG, Einl. Rn. 25 ff.
150 BGBl. I, S. 205, geändert durch Gesetz v. 24.2.2010, BGBl. I, S. 94.
151 V. 3.3.1997, ABlEG L 73/5.
152 Umgesetzt durch Art. 1 Gesetz v. 27.7.2001, BGBl. I, S. 1950 (sog. Artikelgesetz); eingehend und nicht unkritisch gegenüber der zunehmend eingesetzten Rechtsfigur des Artikelgesetzes *Lachner*, Artikelgesetz.

Pläne und Programme und zur Änderung der IVU- und UVP-Richtlinien[153] war bis zum 25.6.2005 in nationales Recht umzusetzen. Veranlasst durch die sog. Aarhus-Konvention[154] enthält sie Fortschreibungen zur Öffentlichkeitsbeteiligung und Klageregelungen, welche die Mitgliedstaaten u.a. zur Einführung von Verbandsklagerechten gegen der UVP-Richtlinie unterfallende Industrieanlagen und Infrastrukturprojekte verpflichtet.[155] Was besagte Beteiligungsvorgaben anbelangt, so ist durch das **Öffentlichkeitsbeteiligungsgesetz** vom 9.12.2006,[156] das diese Maßgaben der Richtlinie umsetzt, vor allem die Verfahrensvorschrift des § 9 UVPG erheblich modifiziert und präzisiert worden.[157] Die Umsetzung der prozessualen Vorgaben durch das **Umwelt-Rechtsbehelfsgesetz** v. 7.12.2006[158] ist wegen der Rückbindung des Verbandsklagerechts an subjektive Individual(rechts)positionen nicht richtlinienkonform erfolgt.[159] Die letzte Änderung der ursprünglichen UVP-Richtlinie aus dem Jahr 2009[160] betraf ihre Anhänge I und II. Schließlich ist sie im Wege der Kodifikation durch die „neue" UVP-Richtlinie 2011/92/EU vom 13.12.2011 (kodifizierte Fassung)[161] abgelöst worden.[162] Eine maßgebliche Änderung erfuhr die Richtlinie erneut 2014:[163] Sie betrifft Inhalt und Reichweite der UVP, eine Effektivierung des Screening-Verfahrens, eine Erhöhung der qualitativen und Transparenzanforderungen an den UVP-Bericht, Transparenzanforderungen an die Begründung für die Zulassungsentscheidung und beinhaltet neue Vorgaben für die Projektträger zur Vermeidung, Vorbeugung und Verringerung von Umweltauswirkungen sowie diesbezügliche Monitoringpflichten.[164] Die Änderungs-Richtlinie 2014 ist bis Mai 2017 durch die Mitgliedstaaten umzusetzen.

(b) Ziel und Anwendungsbereich

64 Das UVPG zielt im Gefolge des dahinter stehenden Unionsrechts auf die Verwirklichung **vorsorgenden Umweltschutzes**.[165] Mithilfe der UVP sollen die Umweltauswirkungen bestimmter Vorhaben **frühzeitig** und **umfassend** ermittelt, beschrieben und bewertet werden.[166] Die gewonnenen Ergebnisse gilt es (ebenfalls) so früh wie möglich bei allen behördlichen Entscheidungen über die Zulässigkeit des jeweiligen Vorhabens zu berücksichtigen.

65 Der **Anwendungsbereich** des UVPG betraf ursprünglich die Zulassungsebene, nicht aber, jedenfalls nicht direkt, die im vertikalen Entscheidungsablauf vorangehende Stufe

---

153 V. 26.5.2003, ABlEG L 156/17.
154 Vgl. näher § 8 Rn. 21.
155 Zu weitreichenden Konsequenzen für das deutsche Prozessrecht *Bunge*, ZUR 2004, 141; *Schink*, EurUP 2003, 27, 31; zurückhaltender v. *Danwitz*, NVwZ 2004, 27; vgl. noch § 6 Rn. 15.
156 Gesetz über die Öffentlichkeitsbeteiligung in Umweltangelegenheiten nach der EG-Richtlinie 2003/35/EG, BGBl. I 2006, S. 2819, ber. BGBl. I 2007, S. 195.
157 Dazu *Wagner* in: Hoppe/Beckmann, UVPG, § 9 Rn. 11 ff.
158 Gesetz über ergänzende Vorschriften zu Rechtsbehelfen in Umweltangelegenheiten nach der EG-Richtlinie 2003/35/EG, BGBl. I 2006, S. 2816, zuletzt geändert durch Gesetz v. 8.4.2013, BGBl. I, S. 753.
159 Dazu im Zusammenhang mit den Rechtsschutzfragen § 6 Rn 15; instruktiv *Dippel/Niggemeyer*, EurUP 2009, 199.
160 RL 2009/31/EG v. 23.4.2009, ABlEG L 140/114.
161 ABlEU L 26/1.
162 Zur Straffung der Vorschriften vgl. *EU-Kommission*, Pressemitteilung, EuZW 2012, 886; BR-Drs. 655/12.
163 Durch RL 2014/52/EU v. 16.4.2014, L 124/1.
164 Vgl. *EU-Kommission*, Pressemitteilung v. 15.5.2014, EuZW 2014, 444. Grundsätzlich vgl. *Erbguth*, ZUR 2014, 515 ff.; ausführlich zur Änderungs-RL 2014/52/EU vgl. *Sangenstedt*, ZUR 2014, 526 ff.; *Bunge*, NVwZ 2014, 1257 ff; *Wagner*, EurUP 2014, 122 ff.
165 *Kment* in: Hoppe/Beckmann, UVPG, Einleitung Rn. 2 m.w.N.
166 Zum umweltpolitischen Stellenwert der UVP vgl. *SRU*, Umweltgutachten 1987, BT-Drs. 11/1568, Tz. 121 ff.

der Planung. Die Prüfung richtet sich insoweit grundsätzlich nur auf Vorhaben, deren Zulassung durch eine Genehmigung (u.ä.) oder Planfeststellung erfolgt (sog. **vorhabenbezogene Umweltverträglichkeitsprüfung**).[167] Welche Vorhaben dem im Einzelnen zuzuführen sind, ergibt sich aus §§ 2 Abs. 2, 3 Abs. 1 S. 1, 3b-3f UVPG i.V.m. dem enumerativen Katalog in Anlage 1 des UVPG, der durch Rechtsverordnung der Bundesregierung nach § 3 Abs. 1 UVPG erweitert, aber auch eingeengt werden kann. Hiernach existieren vier Kategorien UVP-pflichtiger Vorhabentypen:

- Vorhaben, bei denen **obligatorisch** eine UVP durchzuführen ist,[168]
- Vorhaben, für die eine **allgemeine Vorprüfung** durchzuführen ist, weil sie in einem mittleren Größen- oder Leistungsbereich anzusiedeln sind,[169]
- Vorhaben, die einer **standortbezogenen Vorprüfung** bedürfen, weil sie nicht den Umfang von Vorhaben der Kategorie 2 haben, bei denen aber der Standort von besonderer ökologischer Sensibilität ist,[170] und
- nach **Landesrecht** UVP-pflichtige Vorhaben.[171]
- Nach der zutreffenden Rechtsprechung des BVerwG sind auch Vorhaben, die für sich allein nicht UVP-pflichtig oder vorprüfungspflichtig sind, zusammen aber die maßgeblichen Größen- oder Leistungswerte überschreiten, UVP-pflichtig gem. § 3b Abs. 2, 3 UVPG analog i.V.m. § 3c S. 5 UVPG (sog. **nachträgliche Kumulation**).[172]

Pläne bzw. Programme unterfallen jedenfalls nach Erlass und Umsetzung der Richtlinie 2001/42/EG über die Prüfung der Umweltauswirkungen bestimmter Pläne und Programme[173] nicht mehr der UVP, sondern nach näherer Maßgabe von §§ 2 Abs. 5, 14a ff. UVPG der SUP.[174] Auch soweit Bebauungspläne für UVP-pflichtig erklärt werden, wenn und weil durch sie die Zulässigkeit von bestimmten Vorhaben nach Anlage 1 zum UVPG[175] begründet werden soll (§ 2 Abs. 3 Nr. 3 UVPG), wird die vordem erforderliche UVP in eine SUP überführt (vgl. § 17 Abs. 1 S. 1 UVPG;[176] das gilt auch für vorhabenbezogene Bebauungspläne (§ 12 BauGB) und für solche mit planfeststellungsersetzender Wirkung (§ 2 Abs. 3 Nr. 3 letzter Hs. UVPG, z.B. § 17b Abs. 2 S. 1 FStrG).[177]

Der UVP unterliegen hingegen bestimmte, der Zulassung unmittelbar **vorgelagerte Entscheidungen** (Linienbestimmungsverfahren nach [Bundes-]Straßenrecht, § 16 Abs. 1 FStrG, § 13 Abs. 1 WaStrG, Genehmigungen von Flugplätzen, § 6 Abs. 1 LuftVG, vgl. § 15 UVPG) sowie Formen **vertikaler Entscheidungsfindung** (Vorbescheide, Teilgenehmigungen, § 13 UVPG, etwa §§ 8, 9 BImSchG). Nach nationalem Recht unterliegen Flugrouten indes nicht der UVP-Pflicht, was dem Unionsrecht widersprechen dürfte.[178]

---

167 Womit die UVP zu spät kommt, *Appold* in: Hoppe/Beckmann, UVPG, § 1 Rn. 17.
168 In der Anlage 1 mit einem X gekennzeichnet.
169 In der Anlage 1 mit einem A gekennzeichnet.
170 In der Anlage 1 mit einem S gekennzeichnet.
171 In der Anlage 1 mit einem L gekennzeichnet.
172 BVerwG, NVwZ 2015, 1458 ff. m. Anm. *Schlacke*, NVwZ 2015, 1461 ff.
173 V. 27.6.2001, ABlEG L 197/30; zur Entstehungsgeschichte und ihren Inhalten ausführlich *Näckel*, Umweltprüfung für Pläne und Programme; zum Begriff der Pläne und Programme und zum Geltungsbereich der Richtlinie 2001/42/EG vgl. *Hendler*, DVBl. 2001, 227; *ders.*, NuR 2003, 2.
174 S. Rn. 73 ff.
175 Vgl. Rn. 63, eingangs.
176 *Wagner/Paßlick* in: Hoppe/Beckmann, UVPG, § 17 Rn. 5 f.
177 *Wagner/Paßlick* in: Hoppe/Beckmann, UVPG, § 17 Rn. 28 ff.
178 Ablehnend BVerwG, NVwZ 2015, 596; a.A. *Schlacke*, NVwZ 2015, 563 ff.

Nach § 4 S. 2 UVPG bleiben Rechtsvorschriften mit weiter gehenden Anforderungen unberührt, gehen also dem UVPG vor.

(c) Verfahren

66 Die UVP bildet, wie Art. 2 Abs. 1 UVP-Richtlinie dies eröffnet, einen **unselbstständigen Bestandteil** der verwaltungsbehördlichen Zulassungsverfahren.[179] Als Verfahrenselement ist sie ihrerseits in spezifische Verfahrensschritte untergliedert:

- Handelt es sich um ein Vorhaben, dessen UVP-Pflichtigkeit erst nach einer allgemeinen oder standortbezogenen Einzelfallprüfung[180] festgestellt wird (§ 3c UVPG), so ist ein sog. **Screening** durchzuführen[181].[182]
- Sofern der Träger des Vorhabens die zuständige Behörde **vor** Beginn des (förmlichen) Zulassungsverfahrens darum ersucht oder die Behörde es **nach** Verfahrensbeginn für erforderlich hält, unterrichtet sie den Träger über die voraussichtlich beizubringenden Unterlagen betreffend die Umweltauswirkungen des Vorhabens, also über den **Untersuchungsrahmen** der UVP (§ 5 UVPG, sog. **Scoping**).[183] Insoweit soll die Behörde mit dem Projektträger Gegenstand, Umfang und Methoden der UVP erörtern, ferner ihn über Art und Umfang der wahrscheinlich im weiteren Verfahren beizubringenden Unterlagen in Kenntnis setzen (§ 5 S. 1, 3 UVPG).
- Der Projektträger hat die **entscheidungserheblichen Unterlagen** vorzulegen (§ 6 Abs. 1 S. 1 UVPG). Welche Mindestangaben darunter fallen, ergibt sich aus § 6 Abs. 3 UVPG; nach der besonderen Art des Vorhabens können zusätzliche Unterlagen beizubringen sein, § 6 Abs. 4 UVPG.
- Die vom Vorhaben in ihrem Aufgabenbereich berührten nationalen **Behörden** – und bei erheblichen grenzüberschreitenden Auswirkungen des Vorhabens oder im Falle eines entsprechenden staatlichen Ersuchens auch die Behörden des betroffenen (Nachbar-)Staates – sind am Verfahren zu beteiligen (§§ 7, 8 UVPG).
- Die **Öffentlichkeit** ist mit Blick auf die Umweltauswirkungen des Vorhabens zu beteiligen, § 9 Abs. 1 S. 1 UVPG; als Öffentlichkeit definiert § 2 Abs. 6 S. 1 UVPG „einzelne oder mehrere natürliche oder juristische Personen sowie deren Vereinigungen". Gelegenheit zur Äußerung wird im Beteiligungsverfahren nur der „**betroffenen Öffentlichkeit**" gewährt, § 9 Abs. 1 S. 2 UVPG; erfasst ist damit jede Person, die sich in ihren Belangen durch die UVP-pflichtige Entscheidung berührt findet;[184] hierzu gehören auch Vereinigungen, deren satzungsmäßiger Aufgabenbereich durch eine solche Entscheidung „berührt wird, darunter auch Vereinigungen zur Förderung des Umweltschutzes", § 2 Abs. 6 S. 2 UVPG. **Umweltverbände** (u.a.) werden beteiligungsrechtlich folglich wie Private behandelt; an die Stelle des Berührtseins in eigenen Belangen tritt (naturgemäß) dasjenige im „satzungsmäßigen Aufgabenbereich". I.Ü. muss das Beteiligungsverfahren den Vorschriften des § 73 Abs. 3 S. 1

---

179 Vgl. Rn. 62.
180 Vgl. Rn. 65.
181 Vgl. etwa *Dienes* in: Hoppe/Beckmann, UVPG, § 3c Rn. 1.
182 Vgl. zum rechtlichen Maßstab für die Beurteilung, ob Vorhaben oder Änderungen erhebliche nachteilige Umweltauswirkungen auslösen, die eine Vorprüfung gem. § 3c UVPG bedingen, vgl. BVerwG, NVwZ 2015, 85, 87 Rn. 21 ff.
183 Zum Scoping-Verfahren *Nisipeanu*, NVwZ 1993, 319.
184 Zur (gerade noch) Gemeinschaftsrechtskonformität *Erbguth/Schubert*, ZUR 2005, 524, 529, anhand § 6 Abs. 4 SUP-RL.

Abs. 4–7 VwVfG[185] entsprechen. Für die Öffentlichkeitsbeteiligung im vorgelagerten Verfahren sieht § 9 Abs. 3 UVPG erleichterte Anforderungen vor. Im Fall erheblicher Umweltauswirkungen eines Vorhabens in einem anderen Staat bedarf es einer Beteiligung der dortigen Öffentlichkeit, § 9a UVPG.[186]

- Anhand der Unterlagen des Projektträgers, der behördlichen Stellungnahmen, der Äußerungen der betroffenen Öffentlichkeit sowie eigener Ermittlungen erarbeitet die zuständige Behörde sodann eine **zusammenfassende Darstellung** der Umweltwirkungen des Vorhabens sowie der Vermeidungs-, Verminderungs- oder Ausgleichsmaßnahmen – bis hin zu Ersatzmaßnahmen bei nicht ausgleichbaren, aber vorrangigen Eingriffen in Natur und Landschaft (§ 11 S. 1, 2 UVPG).
- Anschließend hat sie die Umweltauswirkungen des Vorhabens zu **bewerten**, und zwar auf der Grundlage der zusammenfassenden Darstellung, § 12 Hs. 1 UVPG.[187] Dieser Bezugsrahmen zeigt, dass die Bewertung **rein ökologisch** ausgerichtet ist. Eine Abwägung mit umweltschutzfremden Belangen erfolgt (erst) im Rahmen der sich anschließenden Berücksichtigung i.S.v. Hs. 2 des § 12 UVPG (vgl. sogleich).[188]
- Die Bewertung ist alsdann von der Behörde bei der Entscheidung über die Zulässigkeit des Vorhabens zu **berücksichtigen** (§ 12 Hs. 2 UVPG). Damit tritt das Ergebnis der UVP, die Bewertung, in den „normalen" Entscheidungsvorgang des Trägerverfahrens ein. Maßstäblich hat die Berücksichtigung „im Hinblick auf eine wirksame Umweltvorsorge im Sinne der §§ 1, 2 Abs. 1 S. 2 und 4 UVPG nach Maßgabe der geltenden Gesetze" zu erfolgen. Das zieht rechtliche Unsicherheiten nach sich, weil hiermit der integrative Ansatz des § 2 Abs. 1 S. 2 UVPG[189] dem Nadelöhr der nicht zwingend integrativ ausgerichteten Fachgesetze ausgeliefert wird.[190] Immerhin zeigt sich darin, dass die UVP nicht als reines Verfahrensinstrument begriffen werden kann, sondern auch materiellen Gehalt hat.[191] In diese Richtung weisen auch der Wortlaut des 2014 ergänzten Art. 8 („gebührend zu berücksichtigen") und der neu eingefügte Art. 8a.[192]
- Im Fall der positiven wie der negativen Entscheidung über das Vorhaben ist diese entsprechend § 74 Abs. 5 S. 2 VwVfG **öffentlich bekannt** zu machen und der Bescheid samt Begründung und Rechtsbehelfsbelehrung analog § 74 Abs. 4 S. 2 VwVfG zur Einsicht auszulegen, § 9 Abs. 2 UVPG. In **vorgelagerten Verfahren** sind die Beteiligungsmodi reduziert. Insbesondere reicht eine Unterrichtung der Öffentlichkeit, wenn der Inhalt der Entscheidung usw. zugänglich gemacht wird (§ 9 Abs. 3 Nr. 4 UVPG); der betroffenen Öffentlichkeit muss freilich Gelegenheit zur Äußerung gegeben werden (§ 9 Abs. 3 Nr. 3 UVPG).

---

185 Vgl. Rn. 41.
186 Zur Öffentlichkeitsbeteiligung (und derjenigen von Behörden) im umgekehrten Fall (grenzüberschreitende innerstaatliche Umweltauswirkungen von in einem anderen Staat geplanten Vorhaben) vgl. § 9b UVPG; dazu *Kment*, NuR 2012, 321.
187 Zu einzelnen Bewertungsmaßstäben *Beckmann*, DVBl. 1993, 1335; *Erbguth/Schink*, § 12 UVPG Rn. 2.
188 Vgl. aber noch Rn. 70.
189 Vgl. Rn. 62.
190 Dazu anhand der Bewertung Rn. 70.
191 Anders noch BVerwGE 100, 238; 100, 370; kritisch demgegenüber *Erbguth*, ZUR 2014, 515, 518 ff.; *ders.*, NuR 1997, 261; die Kehrtwende dürfte aber eingeleitet sein, vgl. § 6 Rn. 13, 15, 17 m. w. N.; EuGH, Rs. C-115/09, 2011 I-3673 – Trianel; EuGH, Rs. C-72/12, ZUR 2014, 36 ff. – Altrip; EuGH, Rs. C-137/14, ZUR 2016, 34 ff. – Kommission/Deutschland. Ferner nunmehr deutlich in dem hier vertretenen Sinn EuGH, NVwZ 2011, 929 m. Anm. *Erbguth*, NVwZ 2011, 935; *Kahl*, JZ 2012, 667, 671; vgl. auch § 9 Rn. 68.
192 Kritisch dazu *Kenyeressy*, UPR 2013, 139, 143 f.: materielle Neuausrichtung der UVP/schwierige Abgrenzungsfragen im Verhältnis zum Fachrecht.

67 ■ Darüber hinaus gelten bei bestimmten Verfahren **Sonderregelungen** für die Durchführung der UVP. Hierzu gehören gestufte Zulassungsverfahren (Vorbescheid und Teilgenehmigung), § 13 Abs. 1 S. 3 UVPG, die vorgelagerten Verfahren (§ 15 Abs. 2, 3 UVPG) und das Raumordnungsverfahren (§ 16 Abs. 1 S. 1 UVPG: abhängig vom Recht der Länder).

(d) Rechtsfragen

68 Mit Blick auf das UVPG und das dahinter stehende Unionsrecht ergeben sich neben dem bereits angesprochenen rein verfahrensrechtlichen oder auch materiellrechtlichen Gehalt der UVP[193] u.a. folgende Rechtsfragen:

■ Auch nach der Neufassung des § 9 UVPG durch das Öffentlichkeitsbeteiligungsgesetz[194] verweist die Vorschrift für das Beteiligungsverfahren auf eine entsprechende Geltung wesentlicher Vorschriften des (allgemeinen) Planfeststellungsverfahrens, nämlich § 73 Abs. 3 S. 1, Abs. 4-7 VwVfG, vgl. § 9 Abs. 1 S. 2 UVPG. Es erscheint nicht unzweifelhaft, ob diese Heranziehung der Funktion des Konsultationsverfahrens nach der UVP-Richtlinie entspricht.[195] Dem **Konsultationsverfahren** liegt ein trichterförmiges Modell der Information und nachfolgenden Konsultation zugrunde; es richtet sich auf eine verbesserte Informationslage der entscheidenden Stellen, auf größere Transparenz des Entscheidungsverfahrens und auf eine Erhöhung der Akzeptanz behördlicher Entscheidungen. Demgegenüber tritt das Anliegen eines in das Verwaltungsverfahren vorverlagerten Rechtsschutzes deutlich zurück. § 73 VwVfG ist hingegen nach vorherrschender Auffassung funktional weitgehend rechtsschützend und kaum mehr informationsbezogen ausgerichtet.[196]

69 ■ Für die in § 11 UVPG festgeschriebene zusammenfassende Darstellung der Auswirkungen des Projekts auf die Umweltgüter einschließlich der Wechselwirkungen ist kein eigenständiges UVP-Dokument vorgesehen. Sie kann in die **Begründung** der Zulassungsentscheidung einfließen (§ 11 S. 4 UVPG), was die Transparenz der UVP in ihrer entscheidenden Phase deutlich schmälert.[197]

70 ■ Die nach § 12 Hs. 1 UVPG verlangte **Bewertung** dient der Entscheidungsvorbereitung und bildet zugleich den Abschluss der rein ökologisch ausgerichteten UVP.[198] Indem der nicht eindeutige Wortlaut des § 12 UVPG so verstanden werden kann, dass Kriterien der Bewertung u.a. die jeweils einschlägigen gesetzlichen und untergesetzlichen Zulässigkeitsvoraussetzungen sind („nach Maßgabe der geltenden Gesetze"[199]),[200] findet sich der – maßgebliche – umweltinterne Bereich verlassen, weil Generalklauseln der hier fraglichen Art Umweltbelange teilweise nur miterfassen (etwa im Rahmen der Entscheidung über die Bauerlaubnis) und insbesondere Ermessensbetätigungen grundsätzlich eine Berücksichtigung außer-umweltrechtlicher Gesichtspunkte immanent ist. Das entspricht nicht den Vorgaben der UVP-Richtlinie, weil diese keine (materiellen) Vorschriften über eine Abwägung von Umwelt-

---

193 Vgl. Rn. 66.
194 Vgl. Rn. 63.
195 Hierzu *Erbguth/Schink*, § 9 UVPG Rn. 3 f.
196 Vgl. etwa BVerwGE 75, 226; *Kopp/Ramsauer*, VwVfG, § 73 Rn 6.
197 Weniger kritisch *Beckmann* in: Hoppe/Beckmann, UVPG, § 11 Rn. 29 f.
198 Vgl. Rn. 62, 64.
199 Die Klausel beschränkt sich nicht zwingend auf die ebenfalls in § 12 UVPG geregelte Berücksichtigung des UVP-Ergebnisses.
200 Vgl. zum Streit nur *Beckmann* in: Hoppe/Beckmann, UVPG, § 12 Rn. 21 ff. m.w.N.

auswirkungen mit anderen Belangen enthält.[201] Überdies erscheint mehr als fraglich, ob die fachgesetzlichen Vorgaben als Bewertungskriterien geeignet sind, die gebotene (ökologisch-)integrative Bewertung[202] sicherzustellen.[203]

■ Während das Planfeststellungsverfahren für das **Berücksichtigungsgebot** nach § 12 Hs. 2 UVPG wegen des planerischen Gestaltungsspielraums im Rahmen der Abwägung[204] eine besondere Eignung aufweist, bereiten gebunde Kontrollerlaubnisse rechtsdogmatisch insoweit Schwierigkeiten, nämlich wegen ihrer Entscheidungsbindung (enumerative Voraussetzungen/Genehmigungsanspruch)[205].[206] In diesen Fällen ist eine Berücksichtigung allenfalls erreichbar, wenn der jeweilige Zulassungstatbestand unbestimmte Rechtsbegriffe aufweist (z.B. öffentliche Belange, Wohl der Allgemeinheit), so dass sich darüber eine Berücksichtigung der Bewertung eröffnet.[207]

71

■ *Im UGBE I*[208] *führt(e) Kap. 2 (§§ 47 ff.) die* **integrierte Vorhabengenehmigung**[209] *ein. Diese dient ausweislich der Zweckbestimmung in § 47 UGBE I der einheitlichen und umfassenden Entscheidung über die Zulassung eines Vorhabens.*[210] *Grundpflichten der genehmigungsbedürftigen Vorhaben richten sich zwecks Gewährleistung eines hohen Schutzniveaus für Mensch und die Umwelt insgesamt u.a. auf die Vermeidung schädlicher Umweltveränderungen und sonstiger Gefahren, erheblicher Nachteile und erheblicher Beeinträchtigungen für die Allgemeinheit wie für die Nachbarschaft, auf Vorsorge gegen jene Belastungen, auf die Vermeidung, (wenn unzulässig, technisch nicht möglich oder nicht zumutbar:) Verwertung und (wenn nicht möglich:) Beseitigung von Abfällen, auf eine sparsame Verwendung von Wasser sowie eine entsprechende und zugleich effiziente Verwendung von Energie, insbesondere durch Abwärmenutzung, § 52 Abs. 1 Nr. 15 UGBE I.*[211] *Die integrierte Vorhabengenehmigung wird entweder als Genehmigung oder als planerische Genehmigung erteilt, § 50 Abs. 1 UGBE I. Einer „bloßen" Genehmigung unterfallen die Errichtung und der Betrieb von Anlagen (Betriebsstätten und sonstige ortsfeste Einrichtungen,*[212] *Maschinen, Geräte und sonstige ortsveränderliche technische Einrichtungen sowie Fahrzeuge*[213] *und Grundstücke, auf denen Stoffe gelagert oder abgelagert oder Arbeiten durchgeführt werden, die Freisetzungen verursachen*

---

201 EuGH, NVwZ 2013, 565, 567, Rn. 46.
202 Vgl. Rn. 62.
203 Dazu *Beckmann*, DVBl. 1993, 1335; *Erbguth/Schink*, § 12 UVPG Rn. 6 ff.; soweit darauf verwiesen wird, die Fachgesetze des Umweltrechts seien ihrerseits integrativ erweitert worden (etwa der immissionsschutzrechtliche Genehmigungstatbestand, *Kloepfer*, Umweltschutzrecht, § 4 Rn. 32), bleibt an Fragen, ob dies dem Anforderungsprofil des UVPG insoweit genügt (zur sog. Integrationsklausel im Immissionsschutzrecht § 9 Rn. 46) und, ob jene Erweiterung auf eine hinlängliche Kompetenzgrundlage verweisen kann; näher zu Letzterem im Zusammenhang mit der Föderalismusreform 2006 *Erbguth* in: Ipsen/Stüer, FS Rengeling, 2008, S. 35, 42 ff.
204 Dazu Rn. 45.
205 Dazu Rn. 32.
206 Auch *Schmidt/Kahl/Gärditz*, § 4 Rn. 76.
207 So etwa *Sparwasser/Engel/Voßkuhle*, § 4 Rn. 29.
208 Zum gescheiterten Vorhaben eines UGB vgl. § 2 Rn. 12 ff.
209 Dazu aus der Perspektive integrierten Umweltschutzes *Martini*, VerwArch 100 (2009), 40.
210 Zum Vorhabenbegriff i.S.d. Kap. 2 und zu demjenigen der Anlage vgl. § 48 UGBE I; zum diesbezüglichen Anwendungsbereich § 49 UGBE I; (Tagungs-)Bericht zur integrierten Vorhabengenehmigung im UGBE I bei *Heuser*, NuR 2008, 99.
211 Zu Pflichten mit Blick auf Betriebsstilllegungen vgl. § 52 Abs. 2 UGBE I; zur abschließenden und damit verdrängenden Regelung der Pflicht zur Vorsorge (§ 52 Abs. 1 Nr. 2 UGBE I, s.o.) und zur effektiven Verwendung von Energie (§ 52 Abs. 1 Nr. 4 UGBE I, s.o.) durch das TEHG vgl. § 52 Abs. 3 UGBE I.
212 § 48 Nr. 2a UGBE I.
213 Soweit sie nicht § 38 BImSchG unterliegen, § 48 Nr. 2 lit. b) UGBE I.

können)²¹⁴ sowie hiervon nicht erfasste Gewässerbenutzungen, § 50 Abs. 2 Nr. 1, 2 UGBE I. Vorhaben, die nach weiterer Maßgabe des § 49 UGBE I und ergänzender Rechtsverordnung des Bundes einer planerischen Genehmigung bedürfen, sind die Errichtung und der Betrieb von Deponien, von Rohrleitungsanlagen und künstlichen Wasserspeichern, ferner Gewässerausbauten sowie Deich- und Dammbauten, § 50 Abs. 3 Nr. 1–3 UGBE I. Die näheren Bestimmungen zur „einfachen" **Genehmigung** (§§ 54 ff. UGBE I) folgen weitgehend dem Regelungsmodell der §§ 4 ff. BImSchG.²¹⁵ Es handelt sich (mit Ausnahme von Gewässernutzungen u.ä.)²¹⁶ dann auch um eine gebundene Entscheidung, in allgemeinen rechtlichen Kategorien also um eine Kontrollerlaubnis.²¹⁷ Sie muss erteilt werden, wenn die Grundpflichten (s.o. mit ergänzendem Verordnungserlass)²¹⁸ erfüllt werden und die Anforderungen des UGBE I, sonstiger umweltrechtlicher²¹⁹ und anderer öffentlich-rechtlicher Vorschriften sowie Belange des Arbeitsschutzes nicht entgegenstehen, § 54 Abs. 1 Nr. 1–3 UGBE I. Es finden sich flankierende Vorschriften über den Erlass von Vorbescheiden und Teilgenehmigungen (§ 55 UGBE I), den vorzeitigen Beginn (§ 56 UGBE I) und über Nebenbestimmungen zur Genehmigung (§ 57 UGBE I), ferner solche zum Erlöschen der Genehmigung (§ 59 UGBE I) und zur Änderung von Vorhaben, §§ 60 f. UGBE I. Der Entscheidung kommt Konzentrationswirkung²²⁰ zu; hiervon ausgenommen sind freilich Planfeststellungen, planerische Genehmigungen, Zulassungen bergrechtlicher Betriebspläne und behördliche Entscheidungen aufgrund atomrechtlicher Vorschriften, § 58 Abs. 1 UGBE I.²²¹ Hinsichtlich privatrechtlicher Ansprüche regelt § 58 Abs. 3 UGBE I weitgehend Vergleichbares wie § 14 BImSchG.²²² Für planerische Genehmigungen, die eines Verfahrens unter Beteiligung der Öffentlichkeit bedürfen,²²³ gelten die vorstehend umrissenen Vorschriften zur Genehmigung vorbehaltlich der Sonderregelungen in §§ 63 ff., 62 UGBE I. Dies zieht u.a. nach sich, dass über die Zulassungsvoraussetzungen des § 54 UGBE I hinaus eine Abwägung privater und öffentlicher Belange stattzufinden hat, wobei die Ergebnisse einer durchgeführten UVP „im Hinblick auf eine wirksame Umweltvorsorge"²²⁴ zu berücksichtigen sind, § 63 UGBE I. Die Konzentrationswirkung der planerischen Genehmigung ist umfassend, § 66 Abs. 2 UGBE I; Entsprechendes gilt mit Blick auf ihre privatrechtsgestaltende Wirkung, § 66 Abs. 3 UGBE I. Die Entscheidung hat enteignungsrechtliche Vorwirkung,²²⁵ § 66 Abs. 4 UGBE I. Schließlich finden sich Sondervorschriften für die planerische Genehmigung bei Deponien, §§ 71 ff. UGBE I, Gewässerausbauten, Deich- und Dammbauten, § 75 UGBE I, und Rohrleitungsanlagen, §§ 76 f. UGBE I. Die nach §§ 78 ff.

---

214 Mit Ausnahme öffentlicher Verkehrswege, § 48 Nr. 2 lit. c) UGBE I.
215 Vgl. § 9 Rn. 44 ff.
216 Bewirtschaftungsermessen, vgl. § 54 Abs. 2 UGBE I; insofern also keine Änderung, vgl. § 11 Rn. 44.
217 Vgl. § 5 Rn. 32.
218 Vgl. § 53 UGBE I.
219 Insbesondere der naturschutzrechtlichen Eingriffsregelung nach Maßgabe des UGBE III, § 54 Abs. 1 Nr. 2 UGBE I.
220 Dazu anhand des Planfeststellungsrechts Rn. 51.
221 Also nicht: wasserrechtliche Erlaubnisse und Bewilligungen, wie nach § 13 BImSchG; vgl. § 9 Rn. 77.
222 Vgl. § 9 Rn. 78.
223 Vgl. § 49 Abs. 2 UGBE I.
224 Zur Anforderung an die Berücksichtigung der UVP nach dem UVPG vgl. Rn. 71.
225 Dazu anhand des Planfeststellungsrechts Rn. 54.

UGBE I als unselbstständiger Bestandteil integrierter Vorhabengenehmigungen ggf. durchzuführende UVP ist in ähnlicher Weise wie nach dem UVPG verfasst.[226]

▶ **Zu Fall 5:** Gem. § 3 Abs. 1 UVPG ist eine UVP für solche Vorhaben erforderlich, die in Anlage 1 des Gesetzes aufgeführt sind. Nach Nr. 2.2.1, Sp. 1 der Anlage sind die Einrichtung und der Betrieb einer Anlage zur Herstellung von Zementklinkern mit einer Produktionskapazität von 1000 Tonnen oder mehr pro Tag obligatorisch einer UVP zu unterziehen. Aufgrund § 2 Abs. 1 S. 1 UVPG wird die UVP nicht in einem eigenständigen Verfahren durchgeführt; vielmehr ist sie unselbstständiger Teil des verwaltungsbehördlichen Verfahrens, in dem über die Zulässigkeit des fraglichen Vorhabens entschieden wird. In Anbetracht dessen erfolgt im vorliegenden Fall die UVP des von U verfolgten Vorhabens im immissionsschutzrechtlichen Genehmigungsverfahren (vgl. § 1 Abs. 2 S. 1 der 9. BImSchV). Ferner ist § 4 UVPG zu entnehmen, dass jenes Gesetz keine Anwendung findet, soweit Rechtsvorschriften des Bundes oder der Länder die Prüfung der Umweltverträglichkeit näher und in einer den Anforderungen des UVPG entsprechenden Weise bestimmen. Mit Blick auf das immissionsschutzrechtliche Genehmigungsverfahren enthält die 9. BImSchV i.d.S. die maßgeblichen Vorgaben für die UVP, vgl. § 1 Abs. 2 S. 2 der 9. BImSchV. Für das Vorhaben des U muss demnach ein Genehmigungsverfahren nach dem Bundes-Immissionsschutzgesetz durchgeführt werden, in welchem nach Maßgabe der Sondervorschriften (etwa §§ 2a, 4e, 11a, 20 Abs. 3, 22 Abs. 3 der 9. BImSchV) zugleich die UVP durchlaufen wird. Welchen Beitrag U im Rahmen der Umweltverträglichkeitsprüfung zu leisten hat, beurteilt sich anhand §§ 4e und 2a der 9. BImSchV. Das Genehmigungsverfahren wird hiernach durch einen schriftlichen Antrag des U eingeleitet, dem die prüfungsfähigen Antragsunterlagen beizufügen sind, vgl. § 10 Abs. 1 BImSchG. Neben den nach §§ 4–4d der 9. BImSchV erforderlichen Angaben sind bei UVP-pflichtigen Anlagen darüber hinaus zusätzliche Unterlagen einzureichen, insbesondere eine Beschreibung der Umwelt und ihrer Bestandteile sowie der zu erwartenden Auswirkungen auf die in § 1a der 9. BImSchV genannten Schutzgüter, § 4e Abs. 1 der 9. BImSchV. Die Angaben müssen ferner eine Übersicht über die wichtigsten vom Vorhabenträger geprüften Alternativen zum Schutz vor schädlichen Umwelteinwirkungen und zur Vorsorge gegen schädliche Umwelteinwirkungen sowie zum Schutz der Allgemeinheit und der Nachbarschaft vor sonstigen Gefahren, erheblichen Nachteilen und erheblichen Belästigungen enthalten, § 4e Abs. 3 S. 1 der 9. BImSchV. Dem förmlichen Genehmigungsverfahren soll zudem gem. § 2 Abs. 2 der 9. BImSchV eine Antragsberatung vorangehen; diese ist nach § 2a der 9. BImSchV bei UVP-pflichtigen Vorhaben (wie hier) zu einem Scoping erweitert, das auf Ersuchen des Vorhabenträgers vor Beginn des Genehmigungsverfahrens oder dann durchzuführen ist, wenn die (Genehmigungs-)Behörde es nach Verfahrensbeginn für erforderlich hält. Im Scoping erörtert die Behörde mit dem Träger des Vorhabens Gegenstand, Umfang und Methoden der UVP und unterrichtet ihn über den voraussichtlichen Untersuchungsrahmen sowie über Art und Umfang der nach §§ 3–4e der 9. BImSchV voraussichtlich beizubringenden Unterlagen. ◀

(2) Strategische Umweltprüfung[227]

Die bei Erlass der UVP-Richtlinie noch aus Gründen politischer Durchsetzbarkeit zurückgestellte Umweltprüfung für Programme und Pläne ist zwischenzeitlich als europa-

---

[226] Vgl. Begründung zum Referentenentwurf eines UGBE I v. 19.11.2007, maschinenschriftlich, S. 137.
[227] Eingehend dazu die Beiträge in: *Erbguth*, Strategische Umweltprüfung; Überblick bei *Kluth* in: ders./Smeddinck, Umweltrecht, § 1 Rn. 157 ff.

rechtliche Vorgabe erlassen und in der Bundesrepublik Deutschland auch umgesetzt worden. Nach der sog. SUP-Richtlinie[228] sind zur Sicherung eines hohen Umweltschutzniveaus bestimmte **Programme** und **Pläne**, bei denen von erheblichen Umweltauswirkungen auszugehen ist, einer Umweltprüfung (SUP)[229] zu unterziehen. Dabei gilt es, die voraussichtlichen erheblichen Umweltauswirkungen[230] sowie vernünftige Alternativen zu ermitteln und in einem Umweltbericht zu beschreiben, zu bewerten und zu dokumentieren. Dieser ist Gegenstand einer weitreichenden Öffentlichkeits- und Behördenbeteiligung. Umweltbericht und Konsultationen führen zu einer zusammenfassenden Bewertung, die in die Entscheidung über die Annahme oder Ablehnung des Plans bzw. Programms einfließen soll. Zudem ist eine Überwachung (Monitoring) vorgesehen.

Die SUP-Richtlinie war bis zum 21.7.2004 umzusetzen. Deutschland ist dieser Verpflichtung fristgerecht nur zum Teil nachgekommen, nämlich durch Einführung der SUP in die Bauleit- und die Raumordnungsplanung durch Änderung von BauGB und ROG[231] im Wege des EAG Bau 2004[232].[233] Aufgrund dessen findet (etwa) für Bauleitpläne, welche die Zulässigkeit von Vorhaben nach Anlage 1 zum UVPG begründen sollen, anstelle einer UVP eine SUP nach den Vorschriften des BauGB statt (§§ 2 Abs. 4, 2a Nr. 2 BauGB, Anhang BauGB, § 17 Abs. 1 S. 1 UVPG).[234] Eine allgemeine, das übrige Planungsrecht erfassende Umsetzung ist erst zum 29.6.2005 mit dem „Gesetz zur Einführung einer Strategischen Umweltprüfung und zur Umsetzung der Richtlinie 2001/42/EG (SUPG)"[235] erfolgt, und zwar durch Aufnahme von Teil 3 („Strategische Umweltprüfung (SUP)") und weiterer Vorschriften in das UVPG.[236]

Nach § 2 Abs. 4 S. 1 UVPG stellt die SUP in Anlehnung an die Richtlinie einen **unselbstständigen Teil** behördlicher Verfahren zur Aufstellung oder Änderung von Plänen und Programmen dar, die von einer Behörde, einer Regierung oder im Wege eines Gesetzgebungsverfahrens angenommen werden; ergänzend gilt aufgrund der Verweisung in S. 2 der Vorschrift die Definition der UVP in § 2 Abs. 1 S. 2, 3 UVPG, also auch deren **integrativer Ansatz**. Vorausgesetzt ist bei alldem grundsätzlich eine rechtsnormative, also durch Rechts- oder Verwaltungsvorschriften vorgesehene (behördliche) **Pflicht** zur Plan- bzw. Programmaufstellung, § 2 Abs. 5 S. 1 UVPG.[237] I.Ü. wird zwischen einer **obligatorisch** durchzuführenden SUP (§§ 14b Abs. 1, 14c UVPG) und einer solchen unterschieden, deren Durchführung von einer Vorprüfung des Einzelfalls abhängt (§§ 14b Abs. 2, 14d Abs. 1 UVPG: **konditionale SUP**).

74 Der **obligatorischen** SUP unterfallen die in Anlage 3 Nr. 1 zum UVPG aufgeführten Pläne und Programme; es handelt sich u.a. um Verkehrswegeplanungen des Bundes,

---

228 RL 2001/42/EG über die Prüfung der Umweltauswirkungen bestimmter Pläne und Programme, ABIEG L 197/30; zu ihrer mühevollen Genese *Kment* in: Hoppe/Beckmann, UVPG, Einleitung Rn. 18; zum Nachfolgenden *Erbguth/Schubert*, ZUR 2005, 524.
229 Zur ursprünglichen begrifflichen Kontroverse *Kment*, in: Hoppe/Beckmann, UVPG, Einleitung Rn. 19.
230 Zum Artenschutz in der Umweltprüfung *Sobotta*, NuR 2013, 229.
231 Vgl. § 7 Abs. 5–10 ROG 2004.
232 Gesetz zur Anpassung des Baugesetzbuchs an EU-Richtlinien v. 24.6.2004 (Europarechtsanpassungsgesetz Bau – EAG Bau), BGBl. I, S. 1359.
233 Hierzu ausführlich *Schubert*, Harmonisierung umweltrechtlicher Instrumente in der Bauleitplanung.
234 Vgl. Rn. 65.
235 BGBl. I, S. 1746; dazu *Sangenstedt* in: Erbguth, Strategische Umweltprüfung, S. 77.
236 Weitere Neuregelungen beruhen u.a. auf der RL 2003/42/EG; dazu vorstehend; näher *Kment* in: Hoppe/Beckmann, UVPG, Einleitung Rn. 36.
237 Dazu und zur zurückhaltenderen Interpretation des zugrunde liegenden Art. 2 lit. a) Spiegelstrich 2 SUP-RL *Erbguth/Schubert*, ZUR 2005, 524, 526.

einschließlich Bedarfspläne, Risikomanagementpläne nach § 75 WHG, Raumordnungspläne und Bauleitpläne. Weiter sind solche Pläne und Programme zwingend einer SUP zu unterziehen, die in Anlage 3 Nr. 2 zum UVPG aufgeführt sind (etwa: Lärmaktionspläne gem. § 47d BImSchG, Luftreinhaltepläne nach § 47 Abs. 1 BImSchG) und die für Entscheidungen über die Zulässigkeit von UVP- oder vorprüfungspflichtigen[238] Vorhaben einen Rahmen setzen. Die Definition der **Rahmensetzung** in § 14b Abs. 3 UVPG, demzufolge Festlegungen der Programme/Pläne von „Bedeutung" für besagte Zulassungsentscheidungen sein müssen, ist gemeinschaftsrechtskonform dahin zu verstehen, dass insoweit keine strikte rechtliche Verbindlichkeit erforderlich ist, sondern eine Berücksichtigungspflicht ausreicht.[239]

Die **konditionale**, also von einer Vorprüfung im Einzelfall (Screening) abhängige SUP erfasst alle nicht in Anlage 3 zum UVPG aufgeführten Pläne und Programme, die gleichwohl besagte rahmensetzende Wirkung haben, und zwar wiederum auf UVP- oder vorprüfungspflichtige Vorhaben. Führt die überschlägige Prüfung zum Ergebnis, dass der Plan bzw. das Programm voraussichtlich erhebliche Umweltauswirkungen hat, die im weiteren Aufstellungsverfahren nach § 14k Abs. 2 UVPG zu berücksichtigen wären, ist er bzw. es einer SUP zu unterziehen (dazu § 14b Abs. 4 UVPG). Bei nur **geringfügigen** Änderungen obligatorisch SUP-pflichtiger Pläne resp. Programme oder wenn diese lediglich die Nutzung kleiner Gebiete auf lokaler Ebene festlegen, kommt es ebenfalls zu einer SUP-Pflicht vorbehaltlich einer Einzelfallprüfung, § 14d S. 1 UVPG; für die nach der zweiten Variante in Betracht zu ziehenden Bauleitpläne gelten allerdings die spezielleren bereichsspezifischen Ausnahmen, vgl. § 14d S. 2 UVPG i.V.m. §§ 13, 13a BauGB.[240]

Das Verfahren der SUP gliedert sich in folgende Schritte:

- Festlegung des **Untersuchungsrahmens**, § 14f UVPG,
- Erstellung des **Umweltberichts** (auch mit Blick auf Alternativenprüfung), § 14g UVPG,
- Beteiligung anderer **Behörden**, § 14h UVPG,[241]
- Beteiligung der **Öffentlichkeit**, § 14i UVPG,[242]
- **grenzüberschreitende** Behörden- und Öffentlichkeitsbeteiligung,[243] § 14j UVPG

sowie

nach der (materiellen) Bewertung und Berücksichtigung[244] des Umweltberichts und der sonst gewonnenen Daten, § 14k UVPG:

---

238 Die Rahmensetzung führt daher unmittelbar zur SUP-Pflicht, unabhängig davon, ob die Vorprüfung eine UVP-Pflicht nach sich zieht, vgl. *Schink*, NVwZ 2005, 615, 618 f.
239 *Erbguth/Schubert*, ZUR 2005, 524, 526.
240 Insoweit dürfte allerdings die Unbeachtlichkeitsvorschrift des § 214 Abs. 2a Nr. 1 a.F. BauGB die Nichteinhaltung der Maßgaben des § 13a Abs. 1 S. 1 BauGB nicht für die Wirksamkeit des Plans als unbeachtlich erklären, weil damit ein SUP-pflichtiger Bebauungsplan jener Prüfung entzogen wird (Effektivitätsprinzip, vgl. § 7 Rn. 22), EuGH, NVwZ-RR 2013, 503, 504 f.
241 Schon die Möglichkeit des Berührtseins der Behörde in ihrem umweltbezogenen Aufgabenbereich reicht wegen der SUP-RL aus; auch bedurfte es nicht der gesonderten Hervorhebung des gesundheitsbezogenen Aufgabenbereichs; zu alledem *Erbguth/Schubert*, ZUR 2005, 524, 528.
242 Erfasst wird die Verbandsbeteiligung wie bei der UVP, vgl. § 14i Abs. 1 i.V.m. §§ 9 Abs. 1, 2 Abs. 6 S. 1 UVPG; Rn. 66.
243 Definition der Öffentlichkeit in § 2 Abs. 6 UVPG, vgl. Rn. 66.
244 Es gilt Entsprechendes wie bei der UVP, Rn. 66, 70 f.; zur teilweise missglückten Formulierung der Vorschrift *Erbguth/Schubert*, ZUR 2005, 524, 529.

- **Bekanntgabe** der Entscheidung über die Annahme des Plans oder Programms, § 14l UVPG,[245]
- nachträgliche **Überwachung** (Monitoring), § 14m UVPG.[246]

Die Abschichtungsregelung in § 14f Abs. 3 UVPG dient der Vermeidung von Doppelprüfungen,[247] diejenige des § 14n UVPG der Zusammenführung von SUP und anderen umweltbezogenen Prüfverfahren.

c) Auskunftspflichten

75 Auskunftspflichten stellen das mildeste Mittel bei der Überwachung umweltrelevanter Tätigkeiten dar.[248] Im Umweltrecht dienen sie der Eröffnungs- wie auch der Befolgungskontrolle.

Als Instrument der **Eröffnungskontrolle** richten sich Anzeige- bzw. Anmeldepflichten (z.B. die Anzeigepflicht nach § 17 Abs. 1 Nr. 2a ChemG bzw. die Anmeldepflichten nach §§ 4 ff. ChemG, § 12 GenTG) auf die Funktion von Genehmigungsverfahren. Durch die Anzeige erhält die Verwaltung umweltrelevante Informationen über das Vorhaben und kann überprüfen, ob ein Einschreiten erforderlich ist. Die von jener Pflicht erfassten Angaben und Unterlagen sind in den Gesetzen des besonderen Umweltrechts unterschiedlich geregelt.[249]

76 Die zwecks **Befolgungskontrolle** eingesetzten Auskunftspflichten haben variantenreiche Ausgestaltung erfahren. Dem Verpflichteten werden teilweise die Dokumentation bestimmter Vorgänge (so das Aufbewahren von Messaufzeichnungen nach § 31 BImSchG[250]) und später deren Vorlage bei der Behörde auferlegt. Vorgesehen ist ferner eine in regelmäßigen Zeitabständen erfolgende Berichterstattung (bspw. jährliche Emissionserklärung nach § 27 BImSchG). Weiterhin kann der Eintritt eines Ereignisses, z.B. eines Unfalls, oder das Abweichen vom Inhalt der Genehmigung eine sofortige Mitteilungspflicht auslösen (vgl. auch § 13 der 12. BImSchV).

Eine Verletzung derartiger Auskunftspflichten wird überwiegend als **Ordnungswidrigkeit** geahndet.

3. Repressive Instrumente der Verwaltung

77 Repressive Instrumente der Verwaltung sind Maßnahmen, mittels derer ein umweltrelevantes Verhalten oder Vorhaben nachträglich ganz oder teilweise unterbunden wird.[251] Je nach Inhalt werden sie als Untersagungs-, Stilllegungs- und Beseitigungsverfügungen bezeichnet. Zu unterscheiden ist zwischen der Untersagung erlaubnisfreier und erlaubnispflichtiger Tätigkeiten bzw. Vorhaben.

---

245 Zum Vorstehenden *Erbguth/Schubert*, ZUR 2005, 524, 527 ff.
246 Regelmäßig durch die für die SUP zuständige Behörde, § 14m Abs. 2 UVPG; mit Bekanntmachungspflicht hinsichtlich der Überwachungsergebnisse gegenüber der Öffentlichkeit nach Maßgabe der Bundes- oder Ländervorschriften über den Zugang zu Umweltinformationen, § 14m Abs. 4 UVPG; zum Umweltinformationsanspruch Rn. 128 ff.
247 Zum verbleibenden Umsetzungsbedarf im Recht der Länder *Erbguth/Schubert*, ZUR 2005, 524, 530.
248 Derartige Pflichten werden auch als Offenbarungs-, Mitteilungs-, Melde-, Kennzeichnungs-, Informations-, Anzeige- oder Nachweispflichten bezeichnet; hiermit ist jedoch kein materiell unterschiedlicher Regelungsinhalt verbunden.
249 Dazu etwa §§ 15, 27 BImSchG.
250 Zu den diesbezüglichen Auskunftspflichten von Anlagenbetreibern *Scheidler*, NuR 2013, 242.
251 *Hoppe/Beckmann/Kauch*, § 8 Rn. 116.

Die Voraussetzungen für die Untersagung einer **erlaubnispflichtigen Betätigung** richten sich danach, ob die jeweilige Erlaubnis erteilt worden ist oder nicht. Liegt **keine Erlaubnis** vor, ist umstritten, ob eine Untersagung der Tätigkeit ausschließlich auf die(se) formelle Illegalität gestützt werden kann. Anders als im Baurecht, wo eine Beseitigungsverfügung nicht allein aufgrund formeller Unzulässigkeit der baulichen Anlage erlassen werden kann,[252] geht die h.M. im Umweltrecht von einer Untersagungsmöglichkeit aus,[253] und zwar wegen der Gefahr irreversibler Umweltschäden und zur Wahrung des Instrumentariums der Eröffnungskontrolle. Der Erlass einer Untersagungsverfügung steht jedoch im Ermessen der Behörde und muss sich am Verhältnismäßigkeitsgrundsatz messen lassen; so stellt sich eine Untersagungsverfügung als unangemessen dar, wenn die Erteilung der Genehmigung unmittelbar bevorsteht.

78

Wurde eine **Erlaubnis** erteilt, muss die daraus folgende Berechtigung zunächst durch Rücknahme oder Widerruf beseitigt werden. Im Fall der Rücknahme, also bei nachträglicher Aufhebung einer rechtswidrigen Erlaubnis, ist mangels spezieller umweltrechtlicher Bestimmungen durchweg auf die allgemeine Regelung des § 48 VwVfG[254] zurückzugreifen, während sich für den Widerruf, gerichtet auf die Beseitigung einer rechtmäßigen Zulassung,[255] regelmäßig besondere Vorschriften im Umweltrecht finden (z.B. § 21 BImSchG). Sodann kann – auf eine entsprechende umweltgesetzliche Ermächtigung gestützt (etwa § 20 Abs. 2 BImSchG) – eine repressive Verfügung der Verwaltung ergehen. Anderenfalls, d.h. in Ermangelung einer solchen speziellen Rechtsgrundlage, kommt als Ermächtigung die allgemeine ordnungsrechtliche Generalklausel[256] in Betracht.[257]

79

Für **erlaubnisfreie Betätigungen** bestehen sondergesetzliche Untersagungsermächtigungen nur selten (bspw. § 25 BImSchG). Deshalb ist für repressives Einschreiten gegen erlaubnisfreie Tätigkeiten meist der Rückgriff auf das (allgemeine) Polizei- und Ordnungsrecht[258] eröffnet.

80

III. Instrumente indirekter Verhaltenssteuerung

Die direkt wirkenden Umweltschutzinstrumente werden durch Mittel der indirekten Verhaltenssteuerung ergänzt. Anders als die Ge- und Verbote der direkten Verhaltenssteuerung belassen indirekte Steuerungsmittel dem Betroffenen die **Freiheit**, sich zwischen verschiedenen, mehr oder weniger die Umwelt beeinträchtigenden Verhaltensweisen zu entscheiden.[259] Im Wege ökonomischer Anreize oder durch Informationen wird versucht, auf die Motivation der Akteure dergestalt Einfluss zu nehmen, dass sie umweltschonenderen Varianten ihres Handelns den Vorzug geben. Gelingt dies nicht, kann das erwünschte umweltfreundliche(re) Verhalten allerdings nicht mit Mitteln des Verwaltungszwangs[260] durchgesetzt werden.

81

Allgemein zielt indirekte Verhaltenssteuerung mithin darauf, dass die Normadressaten umweltpolitisch erwünschtes Verhalten als **Eigeninteresse** erfahren. Dies stärkt ihre Be-

82

---

252 Vgl. nur *Erbguth/Schubert*, Öffentliches Baurecht, § 13 Rn. 52 ff.
253 BVerwGE 84, 220, 233; *Hoppe/Beckmann/Kauch*, § 8 Rn. 29 ff.
254 Dazu etwa *Erbguth*, Allgemeines Verwaltungsrecht, § 16 Rn. 9 ff.
255 Allgemein *Erbguth*, Allgemeines Verwaltungsrecht, § 16 Rn. 24 ff.
256 Z.B. § 13 SOG MV, § 14 OBG NRW.
257 Vgl. aber auch BVerwGE 55, 118, 121.
258 Vgl. BVerwGE 55, 118, 121.
259 *Kloepfer*, Umweltrecht, § 5 Rn. 166; *Hoppe/Beckmann/Kauch*, § 9 Rn. 3; *Storm*, Umweltrecht, Rn. 324 ff.
260 Zur Verwaltungsvollstreckung etwa *Erbguth*, Allgemeines Verwaltungsrecht, § 19.

reitschaft zur Befolgung der Norm. Zugleich lässt sich ein darüber hinausgehendes, generelles Umweltbewusstsein fördern.[261]

Zu den Mitteln indirekter Verhaltenssteuerung gehören vor allem

- finanzielle Anreize,
- Gewährung von Benutzungsvorteilen,
- Umweltzertifikate und Kompensationsmodelle,
- behördliche Warnungen und Empfehlungen,
- Umweltabsprachen,[262]
- Zielvereinbarungen,
- fakultative Kontrollen: Umweltauditsystem und
- (in einem vermittelten Sinn:) Informationspflichten nach dem Umweltinformationsgesetz.

83 ▶ **Fall 6:** Im Bundesland B wird wie in den meisten Ländern neben dem Zutagefördern und Ableiten das Entnehmen von Grundwasser, sofern es genehmigungspflichtig ist und eine Genehmigung vorliegt, nach Maßgabe des Landeswassergesetzes mit einer Abgabe belastet. Die Höhe des Entgelts richtet sich nach Menge und Verwendungszweck; sie soll auf einen „sparsamen und rationellen" Umgang mit Wasser hinwirken. Das Gesetz weist näher definierte Befreiungstatbestände auf. Um welchen Abgabentyp handelt es sich?[263] ◀

1. Finanzielle Anreize

84 Im Zusammenhang mit finanziellen Anreizen sind Subventionen für umweltfreundliches Verhalten einerseits und Abgaben für Umweltbeeinträchtigungen andererseits zu unterscheiden.

a) Subventionen

85 Subventionen stellen vermögenswerte Leistungen des Staates an Private dar, die zum Erreichen eines bestimmten öffentlichen Zwecks (hier: Umweltschutz) gewährt werden.[264] Sie gehören zu den vom **Gemeinlastprinzip**[265] geprägten Instrumenten des Umweltrechts. Mit Subventionen lässt sich sowohl der Verzicht auf Umweltbeeinträchtigungen belohnen als auch die Vornahme umweltpolitisch erwünschter Maßnahmen, etwa die Investition in umweltfreundliche Technologien, fördern.

86 Die Förderung kann in direkter oder indirekter Form erfolgen. **Indirekte Subventionen** liegen vor, wenn der Staat durch Gewährung steuerlicher Vergünstigungen auf öffentlich-rechtliche Geldforderungen verzichtet. Wohl bekanntestes Beispiel ist insoweit die Steuerbefreiung für besonders schadstoffreduzierte Personenkraftwagen und Elektrofahrzeuge (§§ 3b und 3d KraftStG) bzw. die Steuerstaffelung je nach Schadstoffausstoß (§ 9 Abs. 1 Nr. 2 KraftStG). Darüber hinaus ist § 7d EStG von Bedeutung, der eine erhöhte steuerliche Absetzbarkeit mit Blick auf dem Umweltschutz dienende Wirtschafts-

---

[261] Weiterführend *Kloepfer*, ZAU 1996, 56, 200.
[262] Hierzu *Falke*, ZUR 2002, 429.
[263] Nach BVerfGE 93, 319.
[264] Zum Streit um allgemeine Rechtmäßigkeitsanforderungen bei Subventionen etwa *Erbguth*, Allgemeines Verwaltungsrecht, § 8 Rn. 9 f. Zu aktuellen Rechtsfragen des Subventionsrechts *Ehlers*, DVBl. 2014, 1.
[265] Vgl. § 3 Rn. 15.

güter vorsieht. Um **direkte Subventionen** handelt es sich hingegen, wenn der Staat – hauptsächlich im Wege von Zuschüssen, Zuwendungen und zinsgünstigen Darlehen – finanzielle Leistungen an Private erbringt.[266] Da die Gewährung direkter Finanzhilfe mit einzelfallbezogenen Auflagen[267] verknüpft werden kann (z.B. Anpassung von Altanlagen), erzielt sie gegenüber der indirekten Subvention eine erhöhte Lenkungsintensität.

Der **Nachteil** von Finanzierungshilfen liegt darin, dass der Subventionsempfänger kein über die Erfüllung des Subventionstatbestandes hinausgehendes Interesse an umweltschützenden Maßnahmen hat.[268] Hinzu kommt die hohe finanzielle Belastung des Staates im Gefolge der Subventionierung bestimmter Maßnahmen. Darüber hinaus besteht die Gefahr von Wettbewerbsverzerrungen. Deshalb ist die Gewährung von Subventionen aus europarechtlicher Sicht, insbesondere mit Blick auf das Beihilferecht der Art. 107 f. AEUV[269] nicht unproblematisch;[270] das gilt auch gegenüber dem Verzicht auf deren Rückforderung wegen Vertrauensschutzes nach nationalem Recht (§ 48 Abs. 2 VwVfG).[271]

b) Abgaben

Umweltabgaben dienen umweltspezifischen Zwecken[272] und sind überwiegend Ausdruck des Verursacherprinzips.[273] Indem sie sich an Umweltbeeinträchtigungen orientieren, teilt sich ihnen die Problematik der Quantifizierbarkeit von Umweltschäden und multikausaler Umweltbelastungen mit.[274]

Abgabeformen dieser Art sind

- Steuern,
- Gebühren,
- Beiträge,
- Sonderabgaben.[275]

Bei **Steuern** handelt es sich um hoheitlich auferlegte Geldleistungen, die keine Gegenleistung für eine konkrete Leistung der Verwaltung darstellen, sondern der allgemeinen Finanzierung des Bedarfs von Verwaltungsträgern dienen (§ 3 Abs. 1 AO).[276] Daneben

---

266 *Kloepfer*, Umweltrecht, § 5 Rn. 204.
267 Zu Auflagen allgemein etwa *Erbguth*, Allgemeines Verwaltungsrecht, § 18 Rn. 6, 9 ff.
268 So etwa *Kloepfer*, Umweltrecht, § 5 Rn. 200; aber auch *Hoppe/Beckmann/Kauch*, § 9 Rn. 7.
269 Dazu (kurz gefasst) anhand der Rücknahme *Erbguth*, Allgemeines Verwaltungsrecht, § 16 Rn. 34 f.
270 Hierzu *Seidel*, NVwZ 1993, 105, 110 ff.
271 Vgl. *Maurer*, Allgemeines Verwaltungsrecht, § 11 Rn. 38b; *Erbguth*, Allgemeines Verwaltungsrecht, § 16 Rn. 35.
272 Vgl. *Sparwasser/Engel/Voßkuhle*, § 2 Rn. 134 ff.; eingehend zu Umweltabgaben *S. Janssen*, Die Regelungen der Umweltabgaben; zur Umweltrelevanz des allgemeinen Steuer- und Abgabenrechts *Kloepfer*, Umweltschutzrecht, § 4 Rn. 86.
273 Vgl. *Kloepfer*, Umweltschutzrecht, § 4 Rn. 84, auch zum Nachfolgenden; allgemein zum Verursacherprinzip § 3 Rn. 11 ff.
274 Ferner, weil daneben ordnungsrechtliche Instrumente unentbehrlich bleiben, auch die Gefahr einer kumulativen (staatlichen) Inanspruchnahme des Bürgers, *Kloepfer*, Umweltschutzrecht, § 4 Rn. 85.
275 Zu alledem *Schmidt/Kahl/Gärditz*, § 4 Rn. 88 ff., weitere Differenzierung: Lenkungssonderabgaben/Finanzierungs- und sonstige Sonderabgaben; *Ramsauer* in: Koch (Hrsg.), Umweltrecht, § 3 Rn. 122 ff.; ferner ausführlich zur Typologie und Legitimation nichtsteuerlicher Abgaben *Droege*, DV 96 (2013), 313 ff.
276 *Jobs*, DÖV 1998, 1039.

können auch andere Zwecke verfolgt werden, etwa Vermeidungseffekte (Tabaksteuer).[277]

BEISPIELE: Kfz-Steuer, sog. Ökosteuer auf Mineralöl.[278]

Steuern sind Gegenstand der Finanzverfassung in Art. 104a ff. GG; hiermit geht eine Begrenzungs- und Schutzfunktion zugunsten der Steuerzahler einher. Deshalb bedürfen die nachfolgend behandelten nicht-steuerlichen Abgaben einer besonderen sachlichen Rechtfertigung und müssen sich ihrer Art nach deutlich von Steuern unterscheiden; auch sind die Belastungsgleichheit der Abgabenpflichtigen und der Grundsatz der Vollständigkeit des Haushalts zu wahren.[279]

90 **Gebühren** stellen hoheitlich auferlegte Geldleistungen für Verwaltungsleistung(en) dar, die der Schuldner tatsächlich in Anspruch genommen hat.[280] Sie haben sowohl dem Kostendeckungs- als auch dem Äquivalenzprinzip zu entsprechen, d.h. sie müssen in Höhe des gesamten Gebührenaufkommens wie bei der Berechnung im Einzelfall die Relation zum Verwaltungsaufwand wahren.

BEISPIELE: Gebühren für die Müllabfuhr, Gebühren für die Abwasserbeseitigung.

91 **Beiträge** sind hoheitlich auferlegte Geldleistungen zur Deckung von Verwaltungskosten (insbesondere Investitionen, etwa für Erschließungsmaßnahmen in Baugebieten), die dem Einzelnen wirtschaftliche Vorteile gewähren. Sie werden ohne Rücksicht darauf erhoben, ob der Pflichtige den gewährten Vorteil tatsächlich in Anspruch nimmt;[281] ein „potenzieller" Vorteil reicht also aus. Beiträgen kommt im Umweltrecht nur geringe Bedeutung zu.

BEISPIELE: Beiträge für gemeindliche Kläranlagen, Erschließungsbeiträge.

92 **Sonderabgaben** sind finanzverfassungsrechtlich[282] besonders problematisch.[283] Ihre Zulässigkeit wird gleichwohl vom BVerfG anerkannt,[284] freilich unter folgenden – kumulativen – Voraussetzungen:[285]

- Es darf nur eine gesellschaftliche Gruppe belastet werden, die im Gefolge einer verbindend vorgegebenen Interessenlage oder aufgrund besonderer gemeinsamer Gegebenheiten abgrenzbar ist (**Gruppenhomogenität**).
- Die belastete Gruppe steht dem mit der Abgabenerhebung verfolgten Zweck evident näher als jede andere Gruppe oder die Gesamtheit der Steuerzahler (**Sachnähe**).
- Die zu finanzierende Aufgabe muss wegen dieser Sachnähe ganz überwiegend in die Sachverantwortung der belasteten Gruppe fallen (**Gruppenverantwortung**).

---

277 Oder Ausgleichseffekte, vgl. *Ramsauer* in: Koch (Hrsg.), Umweltrecht, § 3 Rn. 125 m.w.N.
278 Das BVerfG (E 110, 274) hat die sog. Ökosteuer (Strom- und Mineralölsteuer) als Verbrauchsteuer nach Art. 106 Abs. 1 Nr. 2 GG eingeordnet und ihre verfassungsrechtliche Vereinbarkeit, insbesondere mit Art. 3 Abs. 1 GG, bejaht; näher *Drozda/Storm*, NJW 1999, 1333.
279 Etwa BVerfGE 113, 128.
280 Zu Umweltgebühren *SRU*, Umweltgutachten 1994, Tz. 806 ff.; zur Möglichkeit der Erhöhung des Anteils der Gebühren an der Staatsfinanzierung *Hendler*, DÖV 1999, 749.
281 *Hoppe/Beckmann/Kauch*, § 9 Rn. 24.
282 Vgl. Rn. 89.
283 Vgl. *Schoch*, Jura 2010, 197; *Kloepfer*, Umweltschutzrecht, § 4 Rn. 89; zu Entwicklungen in der Rechtsprechung des BVerfG *Germelmann*, GewArch 2009, 476.
284 BVerfGE 55, 274; 57, 139; 67, 256.
285 Etwa BVerfGE 108, 186, 217 f.

§ 5 Instrumente des Umweltrechts § 5

- Das Abgabeaufkommen findet im Interesse der Gruppe der Abgabepflichtigen Verwendung (**Gruppennützigkeit**); der Gruppenverantwortung und der Sachnähe kommt dafür Indizwirkung zu.[286]

  Inzwischen lässt es das BVerfG genügen, dass die Gruppe der Abgabpflichtigen von einer bestehenden Finanzierungsverantwortung entlastet wird.[287]

- Die(se) Erhebungsgründe bestehen fort (**periodische Legitimation** der Abgabenerhebung).

  BEISPIELE: Abwasserabgabe nach dem AbwAG 2005;[288] „Entschädigungsfonds Klärschlamm";[289] unzulässig als Sonderabgabe indes die Einrichtung eines „Entschädigungsfonds Abfallrückführung", und zwar wegen fehlender Finanzierungsverantwortung der herangezogenen Gruppe.[290] Eindeutig im Widerspruch zu den Zulässigkeitsanforderungen von Sonderabgaben stand nach dem BVerfG auch die Erhebung des „Kohlepfennigs".[291] Dieser stellte eine Ausgleichsabgabe zur Stützung des deutschen Steinkohlebergbaus dar, die von Elektrizitätsversorgungsunternehmen gezahlt werden sollte; dabei war die Weiterleitung der Abgabenbelastung eine rechtlich vorbereitete und vorgesehene Regelfolge des Gesetzes, aus der sich materiell ein Preisaufschlag auf die Strompreise ergab, den die Stromverbraucher zu entrichten hatten. Bereits das Merkmal der Gruppenhomogenität fand sich durch das BVerfG verneint. Belastet wurde keine abgrenzbare Gruppe, sondern die Allgemeinheit der Stromverbraucher. Eine besondere Finanzierungsverantwortlichkeit für Steinkohlebergbau konnte nicht festgestellt werden. Der Stromverbrauch als begrenzendes Merkmal wurde als zu konturenlos erachtet. Damit lagen auch die weiteren Merkmale der Sonderabgabe nicht vor, weil sie eine homogene Gruppe voraussetzen. Auf Länderebene wurden Abgabeformen der Naturschutzausgleichsabgaben, der Walderhaltungsabgaben und des sog. Wasserpfennigs u.ä.[292] nicht als Sonderabgaben, sondern als Art Ressourcennutzungsgebühren resp. Verleihungsabgaben eingeordnet und für verfassungsgemäß erklärt.[293] Abfallabgaben der Länder (auf bestimmte Sonderabfälle) und der Kommunen (Verpackungssteuern auf Einwegverpackungen) sind vor Gericht bereits an einer fehlenden Gesetzgebungskompetenz der Länder (im KrWG/BImSchG zum Ausdruck kommendes Kooperationsprinzip von Staat und Wirtschaft) und am Rechtsstaatsprinzip („Widerspruchsfreiheit der Rechtsordnung") gescheitert.[294]

Anknüpfungspunkt für die Erhebung einer Umweltabgabe ist in der Regel eine **Umweltnutzung bzw. Umweltbelastung**. Anhand des Ausmaßes der Umweltbeeinträchtigung ist die Abgabenhöhe gestaffelt. Der Betroffene kann daher eine Verringerung seiner finanziellen Belastung bewirken, indem er die von ihm ausgehende Inanspruchnahme der Umweltgüter reduziert.

93

---

286 *Kloepfer*, ZUR 2005, 479, 481; nach der jüngeren Rechtsprechung des BVerfG ergibt sich weiter gehend die Gruppennützigkeit bereits aus der zwecksentsprechenden Verwendung des Abgabenaufkommens, vgl. BVerfGE 113, 128, 151; bei Sonderabgaben mit Finanzierungszweck (etwa Wirtschaftsförderung) muss der Gruppennutzen allerdings evident sein, BVerfG, JZ 2009, 685: erhöhte Anforderungen; mit (positiver) Anm. von *Rodi*, JZ 2009, 689.
287 Etwa BVerfGE 113, 128, 150 f.; 123, 132, 142 ff., wodurch das Gruppennützigkeitserfordernis als selbstständige Maßgabe entfallen sein soll; dazu und zum diesbezüglichen Meinungsstand *Thiemann*, AöR 138 (2013), 60, 63 ff.
288 *Kloepfer*, Umweltrecht, § 13 Rn. 235 ff.
289 BVerfGE 110, 370; zweifelnd insoweit an der Finanzierungsverantwortlichkeit *Kloepfer*, Umweltschutzrecht, § 4 Rn. 91.
290 BVerfGE 113, 128, 150 ff.
291 BVerfGE 91, 186.
292 Der Wasserpfennig oder ähnliche Wassernutzungsentgelte werden in einigen Bundesländern für die erlaubnispflichtige Entnahme von Grundwasser und z.T. Oberflächenwasser durch gewerblich-industrielle Eigenförderer erhoben; dazu Rn. 96 und Fall 6.
293 Vgl. BVerfGE 93, 319; Einzelheiten bei *Kloepfer*, Umweltrecht, § 5 Rn. 266, § 13 Rn. 182 ff.
294 BVerfGE 98, 83; 98, 106; zu Recht kritisch *Sendler*, NJW 1998, 2875; *Kloepfer*, Umweltrecht, § 5 Rn. 267.

94 Als problematisch kann sich die (nähere) Bestimmung der **Höhe** von Umweltabgaben erweisen. Wird sie zu niedrig festgesetzt, verfehlt sie ihre Wirkung, weil die Vermeidung der Umweltbelastung für den Betroffenen kostenaufwändiger ist als die Zahlung der Umweltabgabe. Zu hohe Abgaben hingegen können die Wettbewerbsfähigkeit pflichtiger Unternehmen beeinträchtigen.

95 Es lassen sich bei Umweltabgaben vier **Zweckrichtungen** unterscheiden, wenn auch Einzelheiten umstritten sind:

- Umweltfinanzierungsabgaben,
- Umweltnutzungs- und Entsorgungsabgaben,
- Umweltlenkungsabgaben,
- Umweltausgleichsabgaben.

96 **Erstere** dienen vorrangig der Finanzierung von Umweltaufgaben.[295] Das erzielte Abgabenaufkommen wird zweckgebunden für umweltspezifische Maßnahmen verwendet. Beispiel hierfür ist der baden-württembergische Wasserpfennig, der für die Benutzung von Gewässern erhoben und wiederum für deren Schutz eingesetzt wird.[296]

97 **Umweltnutzungs- und Entsorgungsabgaben** werden in Form von Gebühren für eine bestimmte umweltrelevante Leistung der Verwaltung erhoben. Hierzu zählen bspw. Abfall- und Entwässerungsgebühren.

98 Daneben besteht die Möglichkeit, mittels einer **Umweltlenkungsabgabe** primär auf die Verminderung von Umweltbelastungen und die Entwicklung umweltverträglicher Verhaltensformen hinzuwirken. Hierbei steht die Lenkungsfunktion im Vordergrund. Die Erzielung eines Abgabeaufkommens wird nicht angestrebt, sondern stellt lediglich eine hingenommene Nebenfolge dar. Beispiele bilden die durch das AbwAG eingeführte Abwasserabgabe und Wasserentnahmeentgelte nach Landesrecht[297].[298]

99 **Umweltausgleichsabgaben** sollen Umweltbeeinträchtigungen kompensieren, die dadurch entstehen, dass Nutzer Umweltgüter zur eigenen Zweckverfolgung in Anspruch nehmen. Das ist etwa bei den durch § 19 Abs. 4 BNatSchG eröffneten naturschutzrechtlichen Ersatzzahlungen der Fall.[299]

100 Nicht unbedenkliche Folgen kann die durch (Sonder-)Abgaben erschwerte Entsorgung von solchen Abfallstoffen nach sich ziehen, die nur bedingt vermeidbar sind (Altöl, Autowracks). Hier besteht die Gefahr von „wilden" Müllablagerungen als Ausweichverhalten.

101 ▶ **ZU FALL 6:** Es könnte sich entweder um eine Gebühr oder um eine Steuer handeln. Da für den Steuerbegriff die fehlende Abhängigkeit von einer öffentlichen Gegenleistung konstitutiv ist, gilt es zu klären, ob der Abgabe eine solche (Gegen-)Leistung immanent ist. Knappe natürliche Ressourcen, wie das Wasser, bilden Güter der Allgemeinheit. Ist Einzelnen die Nutzung einer dergestalt der öffentlichen Bewirtschaftung unterliegenden Ressource eröffnet, bedeutet das einen (Sonder-)Vorteil gegenüber all denjenigen, die das betref-

---

295 Zur Zulässigkeit derartiger Abgaben *Weyreuther*, UPR 1988, 161, 167 ff.
296 Dazu BVerfGE 93, 319: zulässige Ressourcennutzungsgebühr; auch *Schmidt/Kahl/Gärditz*, § 4 Rn. 82; vgl. Fall 6, Rn. 83, 101.
297 Dazu anhand des Wasserentnahmeentgeltgesetzes NRW rechtsgrundsätzlich *Gawel*, NWVBl. 2012, 90.
298 Auch *Schmidt/Kahl/Gärditz*, § 4 Rn. 88; § 5 Rn. 92: keine rein ökonomische Lösung, weil der Verschmutzer über eine Einleitungserlaubnis verfügen muss.
299 Dazu BVerwGE 74, 308; 81, 220.

fende Gut nicht oder nicht in gleichem Umfang nutzen dürfen. Dann ist es sachlich gerechtfertigt, jenen Vorteil ganz oder teilweise abzuschöpfen. Dieser Ausgleichsgedanke liegt auch den Wasserentnahmeentgelten zugrunde; sie werden für eine individuell zurechenbare öffentliche Leistung, die Eröffnung der Möglichkeit zur Wasserentnahme, erhoben. Abgeschöpft wird der in der Nutzungsmöglichkeit liegende Vorteil nicht seinem rechtlichen, sondern seinem tatsächlichen Umfang nach. Dieser Gegenleistungsbezug der Wasserentnahmeentgelte ergibt sich eindeutig aus dem Abgabetatbestand. Die Abgaben auf die Entnahme von Wasser sind demnach gegenleistungsabhängig und stellen somit keine Steuern dar.

Die in Abgrenzung zur Steuer und für eine Einordnung als Gebühr unerlässliche Abhängigkeit der Wasserentnahmeentgelte von einer Gegenleistung bleibt allerdings nur erhalten, wenn deren Höhe den Wert der öffentlichen Leistung nicht übersteigt. Andernfalls würde die Abgabe nicht nur zur Abschöpfung eines dem Abgabeschuldner zugewandten Vorteils erhoben, sondern griffe zugleich auf seine allgemeine Leistungsfähigkeit zwecks Finanzierung von Gemeinlasten zu. Ein solches Heranziehen des Einzelnen ist allein im Wege der Steuererhebung eröffnet.

Die Höhe des Wasserentnahmeentgelts richtet sich hier nach Verbrauch und Verwendungszweck; der Wert der öffentlichen Leistung wird also nicht überschritten. Mithin handelt es sich beim Wasserentnahmeentgelt um eine Gebühr und nicht um eine Steuer.[300] ◄

2. Anreize durch Gewährung von Benutzungsvorteilen

Ferner können Anreize zu umweltfreundlichem Verhalten durch Einräumung besonderer Nutzungsrechte gegeben werden. Ein Beispiel bilden luftverkehrsrechtliche Bestimmungen zur erleichterten Erteilung von Landerechten für lärmarme Flugzeuge.

3. Umweltzertifikate und Kompensationsmodelle

a) Umweltzertifikate

Das in den USA entwickelte **Zertifikatsmodell** will die marktwirtschaftlichen Regelungsmechanismen für den Umweltschutz nutzbar machen.[301] Danach werden für einen bestimmten Raum Höchstgrenzen der Gesamtemissionen eines Stoffes oder mehrerer Stoffe festgelegt. Es werden sodann Emissionsanteile gebildet, die in Zertifikaten verbürgt und an emittierende Betriebe vergeben werden. Anders als Genehmigungen sind die Zertifikate übertragbar. Sie sollen an einer Börse frei gehandelt werden, so dass sich ihr Preis aus Angebot und Nachfrage ergibt. Will ein Anlagenbetreiber seine Emissionen erhöhen, muss er ein entsprechendes Zertifikat erwerben. Dabei wird er zwischen den Kosten für den Erwerb und den Kosten für die Emissionsvermeidung abwägen und ggf. die Emission unterlassen. Besitzer von Zertifikaten dürften ihre Emissionen senken, wenn der bei einem Verkauf des Zertifikats zu erzielende Preis höher ist als die Emissionsvermeidungskosten.[302]

Von einem solchen Modell können ökologische Risiken ausgehen. So bereitet die Festsetzung einer Gesamtemission für einen Raum angesichts gebietsüberschreitender Umweltbelastungen Schwierigkeiten. Ggf. werden zu viele oder zu niedrigpreisige Zertifi-

---

300 Zur Frage der Sonderabgabe Rn. 92.
301 Vgl. dazu *SRU*, Umweltgutachten 1987, Tz. 161; zu bereits eingeführten Umweltzertifikaten in der Schweiz und den USA *Staehelin-Witt/Spillmann*, ZfU 1994, 204; *Hansjürgens/Fromm*, ZfU 1994, 473.
302 In den USA wurden durch den Clean Air Act von 1991 die Voraussetzungen für ein CO_2-bezogenes Umweltzertifikatssystem geschaffen.

kate ausgegeben; dann funktioniert das Modell nicht, weil sich Emissionseinsparungen wirtschaftlich nicht rechnen. Weiterhin kann der Handel mit Zertifikaten zu einer Konzentration stark emittierender Betriebe in einem bestimmten Teilgebiet führen, was eine erhebliche Überbelastung der betreffenden Region nach sich zieht (sog. hot spots).[303] Trotz dieser Bedenken hat die EG und mit ihr die Bundesrepublik Deutschland ein gemeinschaftsweites System für einen Emissionshandel errichtet, um Treibhausgasemissionen dort zu vermindern, wo dies am kostengünstigsten ist[304] – was inzwischen im Immissionsschutzrecht Umsetzung gefunden hat.[305]

b) Kompensationsmodelle

106 Eine Abwandlung des Zertifikatsmodells stellt die **Kompensationslösung** dar.[306] Dabei handelt es sich um die Zuweisung von austauschbaren Emissionskontingenten.

Hiernach können mehrere Unternehmen in einem begrenzten Gebiet zu einem Betriebsverbund zusammengefasst werden. Innerhalb des Verbundes dürfen einzelne Betriebe über ihre Befugnis hinausgehend emittieren, wenn dafür andere Unternehmen ihre in der Wirkung gleichen Schadstoffemissionen entsprechend einschränken und so die erhöhte Emission kompensieren. Eine Neuansiedlung emittierender Anlagen ist in diesem System ebenfalls nur unter Rückführung der von bestehenden Einrichtungen ausgehenden Emissionen möglich.

107 Einfachgesetzliche Anhaltspunkte für Kompensationslösungen finden sich in §§ 7 Abs. 3, 17 Abs. 3a, 48 Abs. 1 Nr. 4, 67a Abs. 2 BImSchG.

4. Behördliche Warnungen und Empfehlungen

108 Formen der behördlichen Steuerung im Umweltbereich durch Einsatz von **Informationen** sind vielfältig und von zunehmender Bedeutung.[307] Sie stellen regelmäßig schlicht-hoheitliches Handeln, also Realakte, dar.[308] Von besonderer Bedeutung sind:

Behördliche Warnungen[309] – bspw. vor dem Verzehr bestimmter Lebensmittel – gab es im Zusammenhang mit dem Reaktor-Unfall von Tschernobyl, dem sog. Flüssigei-Skandal,[310] ferner im Zusammenhang mit dem EHEC-Erreger. Abratende Hinweise veröffentlichte das (damalige) Bundesgesundheitsamt bzw. das Umweltbundesamt hinsichtlich der Verwendung von gewässerbelastenden Toilettensteinen, Waschverstärkertüchern und WC-Reinigern.

109 Deutlicher als bei behördlichen Warnungen tritt die stimulierende Anreizwirkung staatlicher Informationstätigkeit bei behördlichen **Empfehlungen** zu Tage. So wird unter Mitwirkung des Umweltbundesamtes ein Umweltzeichen, der sog. „Blaue Umwelt-

---

303 Zur Kritik insgesamt *SRU*, Umweltgutachten 1987, Tz. 161 ff; *Kloepfer*, Umweltrecht, § 5 Rn. 288 m.w.N.
304 Vgl. etwa *Weidemann*, DVBl. 2004, 727; *Kobes*, NVwZ 2004, 513, 514 ff.
305 Dazu ansatzweise § 9 Rn. 12, näher § 16 Rn. 33 ff.; eingehend *Rehbinder* in: Hansmann/Sellner (Hrsg.), Grundzüge, I. 3. Rn. 297 ff.; dazu aus verfassungsrechtlicher Sicht anhand von Entscheidungen des BVerfG *Frenz*, UPR 2008, 8.
306 *Gawel/van Mark*, ZAU 1991, 52; *Rehbinder* in: Hansmann/Sellner, Grundzüge, I. 3. Rn. 313 ff.
307 Dazu näher *Martini/Kühl*, JA 2014, 1221 ff.; *Ramsauer* in: Koch (Hrsg.), Umweltrecht, § 3 Rn. 102 ff.
308 *Ramsauer* in: Koch (Hrsg.), Umweltrecht, § 3 Rn. 102; allgemein zu Realakten *Erbguth*, Allgemeines Verwaltungsrecht, § 23.
309 Differenzierende Darstellung bei *Kloepfer*, Umweltrecht, § 5 Rn. 382 ff.
310 Vgl. BVerwGE 72, 348; OLG Stuttgart, NJW 1990, 2690.

engel", für Produkte vergeben, um sie als umweltfreundlich zu kennzeichnen und auf diese Weise die Kaufentscheidung der Konsumenten zu beeinflussen.

Bei den an den Konsumenten gerichteten Warnungen und Empfehlungen stellt sich die Frage nach der Erforderlichkeit einer **gesetzlichen Grundlage** (Vorbehalt des Gesetzes); denn die Empfehlung (insbesondere: Warnung) kann sich in ihrer faktisch-intendierten Wirkung als Eingriff in Grundrechte von Produzenten darstellen. Nach der Rechtsprechung des BVerfG, das damit der Linie des BVerwG[311] folgt, sind solche Maßnahmen durch den staatsleitenden Auftrag der Regierung (Art. 65 GG) gerechtfertigt und bedürfen grundsätzlich keiner rechtsförmlichen Grundlage.[312]

Rechtsgrundlagen sind für aufklärende Maßnahmen im Umweltrecht vielfach vorhanden[313]; ob sie allerdings auch Warnungen der vorstehenden Art rechtfertigen, erscheint nicht unzweifelhaft. Das wird eher aus Ermächtigungen zur Gefahrenabwehr ableitbar sein.[314]

Jenseits dessen muss jegliche Informationstätigkeit dem Aufgabebereich der Behörde unterfallen, sachlich zutreffend und zurückhaltend formuliert sein sowie den Anforderungen der Verhältnismäßigkeit genügen.[315]

5. Umweltabsprachen

Als Umweltabsprachen werden dem Umweltschutz dienliche Vereinbarungen zwischen Staat und Privaten bezeichnet, die auf einem in Verhandlungen gewonnenen Konsens der Beteiligten beruhen.[316] Kennzeichnend ist dabei der Verzicht des Staates auf die Anwendung einseitigen Zwangs. Die Umweltabsprache ist Ausdruck einer weitestgehenden Verwirklichung des Kooperationsprinzips.[317]

110

Eine gesetzliche Regelung für das Instrument der Umweltabsprache besteht bislang nicht. Es kann sich daher um rechtsgeschäftliche oder informelle Absprachen handeln. Erstere setzen einen Rechtsbindungswillen voraus.[318]

111

Rechtsgeschäftliche Absprachen können in Form eines öffentlich-rechtlichen, genauer: Verwaltungsvertrags,[319] oder eines privatrechtlichen Vertrags erfolgen. Insoweit gelangen die für die jeweilige Vertragsart geltenden Rechtsnormen zur Anwendung. Für Verwaltungsverträge gelten §§ 54 ff. VwVfG,[320] soweit sie nicht durch spezielle Bestimmungen verdrängt werden (vgl. etwa §§ 11, 146 Abs. 3 BauGB).[321]

112

---

311 BVerwGE 50, 282, 287; 71, 183; 82, 76; 87, 37; BVerwG, NJW 1985, 1481; BVerwG, NJW 1987, 2885.
312 BVerfG, NJW 2002, 2621 (Glykol); BVerfG, NJW 2002, 2626 (Osho); positiv dazu *Ramsauer* in: Koch (Hrsg.), Umweltrecht, § 3 Rn. 104; fallbezogen *Erbguth*, Allgemeines Verwaltungsrecht, § 23 nach Rn. 17.
313 Etwa § 10 UIG, § 10 GPSG, § 2 Abs. 1 S. 2 UABG; vgl. *Ramsauer* in: Koch (Hrsg.), Umweltrecht, § 3 Rn. 103.
314 *Ramsauer*, wie vor, unter weiterem Hinweis auf EGMR, NVwZ 1999, 57: behördliche Informationspflicht bei Unfällen in einer chemischen Fabrik aufgrund von § 8 EMRK.
315 Vgl. *Ramsauer* in: Koch (Hrsg.), Umweltrecht, § 3 Rn. 104 m.w.N.
316 Auch *Grewlich*, DÖV 1998, 54.
317 So z.B. *Kloepfer*, Umweltrecht, § 5 Rn. 480; hierzu näher § 3 Rn. 17 ff.
318 Vgl. allgemein *Erbguth*, Allgemeines Verwaltungsrecht, § 24 Rn. 4, § 23 Rn. 7.
319 Zur Abgrenzung *Erbguth*, Allgemeines Verwaltungsrecht, § 21 Rn. 2.
320 Dazu *Erbguth*, Allgemeines Verwaltungsrecht, § 24.
321 Primär anhand § 11 BauGB *Erbguth/Schubert* in: Erbguth/Mann/Schubert, Rn. 1032 ff.

113 Von besonderer Bedeutung sind **informelle Absprachen**,³²² die vorrangig zwischen der öffentlichen Verwaltung und Wirtschaftsunternehmen getroffen werden. Ihr Zustandekommen ist weder an bestimmte rechtliche Voraussetzungen gebunden, noch gehen von ihnen unmittelbare Rechtswirkungen aus. Die Beteiligten trifft lediglich eine moralische oder politische Verpflichtung. Die auf Freiwilligkeit beruhende Einhaltung der Absprachen kann nicht mit staatlichen Mitteln durchgesetzt werden.

114 Häufiger Gegenstand informeller Absprachen sind Selbstbeschränkungen der Wirtschaftsunternehmen oder -verbände, durch die der Erlass von Gesetzen oder Rechtsverordnungen schärferen Inhalts abgewendet werden soll, sog. **normersetzende Absprachen**.³²³ Vorteil dieser Absprachen ist die sofortige Wirksamkeit der umweltschützenden Inhalte, die nicht erst ein oft langwieriges Gesetzgebungsverfahren durchlaufen müssen. Selbstverpflichtungsabkommen bzw. -zusagen bestehen bspw. für die Verringerung des Einsatzes von

- Asbest im Hochbau,
- PCB (Polychlorierte Biphenyle),
- bestimmten Waschmittelinhaltsstoffen,
- Lösungsmitteln in Lacken,
- FCKW,
- quecksilberhaltigen Batterien

sowie in jüngerer Zeit

- zur Kennzeichnung von Waschmitteln,
- zum Gewässerschutz (Fotobranche bzw. Textilindustrie),
- zur umweltgerechten Verwertung von Bauabfällen,
- zur Altautoentsorgung,
- zur Verbesserung des Innenraumschutzes und zum verantwortungsvollen Umgang mit Holzschutzmitteln.³²⁴

115 Fehlschläge waren bei Absprachen mit der Verpackungs- und Getränkeindustrie sowie dem Getränkehandel zu verzeichnen, deren hauptsächliche Zielsetzung – die Stabilisierung des Marktanteils von Mehrwegverpackungen – nicht erreicht werden konnte.

116 Unter verfassungsrechtlichen Gesichtspunkten können mit Selbstbeschränkungsabkommen **Grundrechtseingriffe** verbunden sein, zumal hinter der „freiwilligen" Selbstverpflichtung nicht selten eine massive staatliche Regelungsandrohung steht.³²⁵ Ferner ist die Dokumentation der getroffenen Absprachen im Kontext des „Informalen" nicht immer ausreichend – was wiederum eine eingeschränkte Überprüfbarkeit für betroffene Dritte und fehlende Transparenz für die interessierte Öffentlichkeit zur Folge haben kann.

---

322 Zur rechtlichen Stellung und Funktion *Kloepfer*, Umweltrecht, § 5 Rn. 483 ff.; allgemeine Einordnung bei *Erbguth*, Allgemeines Verwaltungsrecht, § 23 Rn. 7; zum Nachfolgenden auch *Schmidt/Kahl/Gärditz*, § 4 Rn. 93 ff.; *Ramsauer* in: Koch (Hrsg.), Umweltrecht, § 3 Rn. 135 ff.; *Kluth* in: ders./Smeddinck, Umweltrecht, § 1 Rn. 178 ff.
323 *Rengeling*, Das Kooperationsprinzip im Umweltrecht, S. 58 ff.; *Helberg*, Normabwendende Selbstverpflichtungen als Instrumente des Umweltrechts.
324 Vgl. zum Vorstehenden insgesamt *Rehbinder* in: Hansmann/Sellner (Hrsg.), Grundzüge, I. 3. Rn. 339 ff.
325 Zu den Nachteilen derartiger Selbstverpflichtungen *Kloepfer*, Umweltrecht, § 5 Rn. 481 ff.

Daneben werden informelle Absprachen bei der **Genehmigung von Einzelvorhaben** eingesetzt.[326] Sie sind in der Regel dem eigentlichen Genehmigungsverfahren vorgelagert. Solche mit dem betreffenden Wirtschaftsunternehmen resp. „Investor" geführten Vorverhandlungen können zu sachgerechten Ergebnissen beitragen. Sie bewirken einen verbesserten Informationsfluss und verschaffen der Behörde ansonsten nicht zugängliche Einblicke in die inneren Zusammenhänge des Unternehmens. Bei komplizierten Sachverhalten kommt der Behörde außerdem die durchweg größere Sachkompetenz des Unternehmens zugute. Indem einvernehmliche Lösungen erarbeitet werden, können zudem spätere Rechtsstreitigkeiten vermieden werden.

117

Allerdings ziehen vorherige Absprachen die Gefahr nach sich, dass dem späteren Genehmigungsverfahren nur noch der Charakter einer Formalie zukommt bzw. dass gesetzliche Vorgaben unterlaufen werden. So wird die Öffentlichkeitsbeteiligung ihrem Sinn nach in Frage gestellt, wenn die Behörde die Interessen Dritter nicht mehr hinreichend in ihre Überlegungen einbezieht, weil sie sich an die Vorverhandlungen faktisch gebunden sieht.[327] Auch insoweit wird daher die Frage nach der verfassungsrechtlichen Zulässigkeit solchen informalen Handelns bzw. dahin gestellt, ob und inwieweit derartigen Verfahren ein gesetzlicher Rahmen gegeben werden kann, der Transparenz und Egalität wahrt.[328]

118

6. Zielfestsetzungen

Die Möglichkeiten von Zielfestsetzungen hat der Gesetzgeber in § 25 Abs. 1 KrWG vorgesehen. Demzufolge legt die Bundesregierung nach Anhörung der beteiligten Kreise Maßgaben für die Rücknahme von Abfällen und die Einrichtung von Rücknahmesystemen fest. Hierin kann ein Einstieg in einen transparent(er)en Umgang mit Selbstverpflichtungen der Wirtschaft gesehen werden.

119

7. Fakultative Kontrollen: Umweltauditsystem

Beim Umweltauditsystem handelt es sich um ein freiwilliges, öffentlich kontrolliertes System zur kontinuierlichen Verbesserung des betrieblichen Umweltschutzes.[329] Es geht zurück auf die EG-Verordnung Nr. 1836/93 über ein Umweltmanagement- und Betriebsprüfungssystem für Industriebetriebe (**EG-UA-Verordnung**)[330] vom 29.6.1993. Die EG-UA-Verordnung ist durch die **EMAS-Verordnung (EMAS-II)**[331] 2001 und diese wiederum durch die Verordnung (EG) Nr. 1221/2009 (EMAS-III)[332] abgelöst worden.[333] Letztere ergänzt national insbesondere § 52a BImSchG (Betreiberpflichten bei Kapital- und Personengesellschaften) und richtet sich auf eine Erweiterung der sich an EMAS beteiligenden Organisationen.[334] Wie die Vorgängerregelungen verfährt EMAS

120

---

326 Vgl. etwa *Schmidt/Kahl/Gärditz*, § 4 Rn. 94.
327 Näher *Schmidt/Kahl/Gärditz*, § 4 Rn. 93.
328 Allgemein dazu *Erbguth*, Allgemeines Verwaltungsrecht, § 23 Rn. 7, a.E.
329 Näher zum Nachfolgenden *Schmidt/Kahl/Gärditz*, § 4 Rn. 139 ff.; auch *Kluth* in: ders./Smeddinck, Umweltrecht, § 1 Rn. 182 ff.
330 VO (EWG) Nr. 1836/93 v. 29.6.1993, ABlEG L 168/1, ber. ABlEG L 203/17.
331 VO (EG) Nr. 761/2001 v. 19.3.2001 über die freiwillige Beteiligung von Organisationen an einem Gemeinschaftssystem für das Umweltmanagement und die Umweltbetriebsprüfung (EMAS), ABlEG L 114/1.
332 VO (EG) Nr. 1221/2009 v. 25.11.2009, ABlEG L 342/1, zuletzt geändert durch VO (EU) Nr. 517/2013 v. 13.5.2013, ABlEU L 158/1; zur Änderung 2009 vgl. *Schmidt-Räntsch*, EurUP 2010, 123 ff.
333 Zu den Änderungen *Schmidt-Räntsch*, NuR 2002, 197.
334 *Schmidt/Kahl/Gärditz*, § 4 Rn. 140 ff.

III zum Zweck des Umweltaudits nicht materiellrechtlich, etwa durch Vorgabe von Grenzwerten oder Standards, sondern prozedural.[335]
Durch EMAS werden die einzelstaatlichen Zulassungssysteme und Zuständigkeiten nicht berührt. Inhaltliche Änderungen richteten sich aber darauf, dass

- sich nicht nur Unternehmen, sondern auch Organisationen beteiligen können,
- die Einhaltung der EMAS-Anforderungen vermutet wird, wenn ein Standort nach einem anerkannten europäischen oder internationalen Umweltmanagementsystem (ISO 14000 ff.) zertifiziert ist,[336]
- klargestellt ist, in welchem Umfang die Einhaltung der maßgeblichen Umweltvorschriften zu überprüfen ist und inwieweit Umweltmanagementsysteme zu Privilegierungen der Unternehmen im Rahmen der Überwachung führen können.[337]

Die Verordnung (EG) 1221/2009 wird durch das deutsche **UAG**[338] und die Verordnung über immissionsschutz- und abfallrechtliche Überwachungserleichterungen für nach der Verordnung (EG) Nr. 761/2001 registrierte Standorte und Organisationen (EMAS-Privilegierungsverordnung – **EMASPrivilegV**)[339] flankiert. Letztere soll eine Teilnahme von Organisationen an EMAS fördern sowie Doppelaufwand bei der Prüfung der EMAS-Voraussetzungen und nationaler umweltrechtlicher Standards vermeiden helfen.

121 Dergestalt ist das Umweltauditsystem[340] wie folgt aufgebaut:

- Zunächst muss das Unternehmen seine **Umweltpolitik** festlegen. Sie besteht aus einer Selbstverpflichtung, alle einschlägigen Rechtsvorschriften einzuhalten (compliance) und darüber hinaus kontinuierlich Verbesserungen des betrieblichen Umweltschutzes vorzunehmen, soweit sich diese mit einer wirtschaftlich vertretbaren Anwendung der besten verfügbaren Technik erreichen lassen.[341] Die Umweltpolitik ist organisationsbezogen und unabhängig von einem bestimmten Standort.
- Daraufhin wird eine betriebliche **Umweltprüfung**[342] (Ist-Zustand) mit Blick auf den Umweltstatus (bspw. hinsichtlich des Energieeinsatzes, des Rohstoffverbrauchs, des Abfallaufkommens, der Lärmemissionen) und den Umweltrechtsstatus (Zusammenstellung der für den jeweiligen Standort maßgebenden Rechts- und Verwaltungsvorschriften) vorgenommen.
- In einem **Umweltprogramm** muss der Betrieb auf der Grundlage der beiden vorangegangenen Schritte konkrete Ziele und Tätigkeiten zur Verbesserung der betrieblichen Umweltsituation aufstellen.[343] Das Umweltprogramm betrifft im Unterschied zur Umweltpolitik immer nur einen bestimmten Standort.
- Ferner ist ein **Umweltmanagementsystem** für alle Tätigkeiten am Standort aufzubauen. Dazu gehören Organisationsstruktur, Zuständigkeiten, Verfahren, Abläufe

---

335 *Schmidt/Kahl/Gärditz*, § 4 Rn. 141.
336 ISO 14001 ist durch Änderung von EMAS II (v. 4.2.2006, ABlEG L 32/4) integriert worden (als Anhang I-A EMAS II), zuletzt geändert durch VO (EU) Nr. 517/2013 v. 13.5.2013.
337 Beispielhaft sei § 58e BImSchG genannt; vgl. ferner *Falke*, ZUR 2001, 256, 257; *Knopp*, NVwZ 2001, 1098, 1100.
338 BGBl. I 1995, S. 1591, zuletzt geändert durch Gesetz v. 25.11.2015, BGBl. I, S. 2092.
339 V. 24.6.2002, BGBl. I, S. 2247, zuletzt geändert durch Art. 10 der VO v. 28.4.2015, BGBl. I, S. 670.
340 Überblick über das Verfahren bei *Kloepfer*, Umweltrecht, § 5 Rn. 454; *Schmidt/Kahl/Gärditz*, § 4 Rn. 142 ff.
341 Vgl. Art. 2 Nr. 1 EMAS-III VO.
342 Vgl. Art. 2 Nr. 9 EMAS-III VO; *Kloepfer*, Umweltrecht, § 5 Rn. 456.
343 Vgl. Art. 2 Nr. 10 EMAS-III VO.

§ 5 Instrumente des Umweltrechts

und Mittel zur Umsetzung der betrieblichen Umweltpolitik und des Umweltprogramms.[344]

- Kernstück des Umweltauditsystems ist die – in der Regel spätestens alle drei Jahre[345] zu wiederholende – **Umweltbetriebsprüfung** durch interne Betriebsprüfer oder externe Personen bzw. Organisationen. Diese hat eine systematische, objektive und dokumentierte Analyse dahin gehend zu enthalten, ob Organisation, Management und Betriebsabläufe mit der Umweltpolitik und dem Umweltprogramm übereinstimmen.[346]

- Des Weiteren müssen für jeden Standort **periodische Umwelterklärungen** an die Öffentlichkeit herausgegeben werden, welche die Erfüllung der Teilnahmevoraussetzungen belegen.[347]

- Wenn all das vom Unternehmen geleistet und von einem zugelassenen **unabhängigen Umweltgutachter**[348] bestätigt worden ist,[349] kommt es schließlich zur **Standortregistrierung** aufgrund der für gültig erklärten Umwelterklärung; das Unternehmen ist berechtigt, ein EMAS-Zeichen (Logo) zu verwenden.[350] Dieses darf nur beschränkt in der Produktwerbung eingesetzt, auf keinen Fall aber auf den Erzeugnissen selbst oder auf ihrer Verpackung angegeben werden; denn die Umweltprüfung bezieht sich auf Produktionsweise und -standort.

Der Bürger hat gegenüber dem Unternehmen einen Anspruch auf Zusendung der Umwelterklärung; insoweit wird sein Informationsanspruch gegenüber Behörden aus der (EG-)Umweltinformations-Richtlinie bzw. dem Umweltinformationsgesetz ergänzt.[351]

Die gemeinschafts- wie unionsrechtlich nicht normierte Zulassung der unabhängigen Umweltgutachter und die Aufsicht über ihre Tätigkeit ist in § 28 UAG geregelt. Mit der Aufgabe der (hoheitlichen) Zulassung von Umweltgutachtern wurde die Deutsche Akkreditierungs- und Zulassungsgesellschaft für Umweltgutachter mit beschränkter Haftung (DAU) als Beliehene[352] betraut (§ 1 UAG-Beleihungsverordnung – UAGBV).[353] Das Standortregister wird bei den Industrie- und Handelskammern sowie den Handwerkskammern geführt (§ 32 UAG).

Anfang 2016 waren in Deutschland etwa 1.200 Unternehmen registriert,[354] im Vergleich zum Jahr 2000 (2544 Unternehmen)[355] eine deutlich rückläufige Tendenz. Es bleibt abzuwarten, wie sich die Änderungen bei EMAS, insbesondere ihr erweiterter Anwendungsbereich, und die Erleichterungen für auditierte Betriebe in bestimmten Be-

---

344 Vgl. Art. 2 Nr. 13 EMAS-III VO.
345 Bei kleinen und mittleren Unternehmen: alle vier Jahre.
346 Vgl. Art. 2 Nr. 16 EMAS-III VO.
347 Vgl. Art. 2 Nr. 18 EMAS-III VO; *Langerfeldt*, UPR 2001, 426, 427 ff.
348 Zur Tätigkeit des Umweltgutachters *Sellner/Schnutenhaus*, NVwZ 1993, 928, 930.
349 Vgl. Art. 2 Nr. 20 EMAS-III VO; dieser übt keine hoheitlichen Tätigkeiten aus, auch nicht als Beliehener, sondern wird auf Grund eines zivilrechtlichen Vertrags mit dem Unternehmen tätig, *Schmidt/Kahl/Gärditz*, § 4 Rn. 142.
350 Vgl. dazu und zum Nachfolgenden *Schmidt/Kahl/Gärditz*, § 4 Rn. 144.
351 Siehe Rn. 128 ff.; zur Folgephase, in der es im Dreijahres- oder Jahresrhythmus um die Erhaltung bzw. Bestätigung der Registrierung geht, *Schmidt/Kahl/Gärditz*, § 4 Rn. 145.
352 Allgemein zum Status des Beliehenen *Erbguth*, Allgemeines Verwaltungsrecht, § 6 Rn. 22 f.
353 Sie untersteht der Rechtsaufsicht des BMUB, *Schmidt/Kahl/Gärditz*, § 4 Rn. 143.
354 Vgl. http://www.emas.de/teilnahme/wer-hat-schon-emas/ (Stand: 15.1.2015).
355 *Bundesministerium für Umwelt, Naturschutz und Reaktorsicherheit*, Förderung von Umweltmanagementsystemen in Deutschland, S. 5.

reichen (§ 58e BImSchG)[356] auf die Zertifizierungsfreudigkeit der Unternehmen und Organisationen auswirken werden.

8. Informationspflichten nach dem Umweltinformationsgesetz

128 Das auf die Richtlinie 90/313/EWG (Umweltinformationsrichtlinie)[357] zurückgehende (Bundes-)**UIG** vom 8.7.1994[358] richtet(e) sich auf eine neuartige Transparenz der öffentlichen Verwaltung,[359] brach es doch im Umweltbereich mit der deutschen Tradition des Amtsgeheimnisses.[360] Die **EG-Richtlinie 2003/4/EG** vom 28.1.2003[361] novellierte sodann jenes Gemeinschaftsrecht umfassend. Der Anlass war völkerrechtlicher Art, nämlich die Verpflichtung der EG als Unterzeichnerin der sog. Aarhus-Konvention[362] zu deren Ratifizierung. Die Richtlinie 2003/4/EG erweitert das Recht auf Zugang zu behördlichen Umweltinformationen und verpflichtet die Behörden zu aktiver Informationsverbreitung insbesondere mittels Internet.[363] Der Bund ist seiner Umsetzungsverpflichtung[364] durch Novellierung des **UIG** nachgekommen (in Kraft seit dem 14.2.2005).[365] Da zu jenem Zeitpunkt die Verschärfung der Voraussetzungen für die konkurrierende (und die Rahmengesetzgebungskompetenz) aufgrund der Verfassungsreform des Jahres 1994 galt,[366] hielt sich der Bund nur noch für Regelungen betreffend Informationsansprüche gegenüber Bundesbehörden für zuständig.[367] Der Anwendungsbereich des neuen UIG beschränkt sich demzufolge auf solche Ansprüche gegenüber Stellen des Bundes und bundesunmittelbaren juristischen Personen des öffentlichen Rechts (§ 1 Abs. 2 UIG). Die Bundesländer sind ihrer die Landesumweltbehörden betreffenden Verpflichtung zum Erlass eigener Umweltinformationsgesetze nicht fristgerecht nachgekommen. Die in einzelnen Ländern vorfindlichen **Informationsfreiheitsgesetze**[368] decken den vorhandenen Umsetzungsbedarf nicht hinreichend ab.[369] In An-

---

356 § 51 Abs. 2 KrWG.
357 RL 90/313/EWG v. 7.6.1990, ABlEG L 158/56.
358 Neugefasst durch Bek. v. 27.10.2014, BGBl. I, S. 1643.
359 An allgemeiner Rechtsposition gibt es lediglich § 29 VwVfG, wonach der Anspruch auf Akteneinsicht verfahrensabhängig ist und ein berechtigtes Interesse voraussetzt, vgl. etwa *Ramsauer* in: Koch (Hrsg.), Umweltrecht, § 3 Rn. 106; spezielle Regelungen finden sich außerhalb des UIG etwa in § 88 WHG sowie im Atom(verfahrens)recht, näher *Kluth* in: ders./Smeddinck, Umweltrecht, § 1 Rn. 172. Zum Nachfolgenden auch *Peters/Hesselbarth/Peters*, Umweltrecht, Rn. 91 ff.; allgemein zum Informationsrecht im grenzüberschreitenden und europäischen Kontext *Schoch*, EuZW 2011, 388.
360 *Schrader*, ZUR 2004, 130; näher zum Nachfolgenden aus anwaltlicher Sicht *Tünnesen-Harmes* in: Himmelmann/Tünnesen-Harmes, Umweltrecht, § 3.
361 ABlEG L 41/26.
362 Convention on Access to Information, Public Participation in Decision-Making and Access to Justice in Environmental Matters v. 26.6.1998, ILM 38 (1999), 517; dazu *Schmidt/Kahl/Gärditz*, § 4 Rn. 127, § 9 Rn. 13.
363 Ausführlich zu den Anforderungen der RL 2003/4/EG an die nationale Umsetzung *Schrader*, ZUR 2004, 130.
364 Art. 10 RL 2003/4/EG.
365 Art. 1 Gesetz zur Neugestaltung des Umweltinformationsgesetzes und zur Änderung der Rechtsgrundlagen zum Emissionshandel v. 22.12.2004, BGBl. I, S. 3704; Kommentierung jener Neufassung von *Reidt/Schiller*, Umweltinformationsgesetz, in: Landmann/Rohmer III.
366 Dazu aus Sicht der Föderalismusreform 2006 *Erbguth* in: Ipsen/Stüer, FS Rengeling, S. 35, 36, 37 ff.
367 Vgl. BVerfG, NJW 2003, 41 ff.; dazu *Calliess*, EuGRZ 2003, 181.
368 Zu den Informationsfreiheitsgesetzen in Berlin, Brandenburg, Sachsen, Sachsen-Anhalt und Thüringen vgl. *Husein*, LKV 2010, 337; zur Entwicklung vor dem Hintergrund des Informationsfreiheitsgesetzes des Bundes *Schoch*, NVwZ 2013, 1033. Allgemein für ein Umdenken des Staates hinsichtlich der Zugänglichkeit von Informationen *Rossi*, NVwZ 2013, 1263. Zur behördlichen Verbraucherinformation aus europäischem Blickwinkel *Gurlit*, NVwZ 2013, 1267.
369 Zum Informationsfreiheitsgesetz des Bundes, das aber kein spezifisches Instrument des Umweltschutzes darstellt, *Schmidt/Kahl/Gärditz*, § 4 Rn. 126.; dieses erfasst auch die Regierungstätigkeit, BVerwG, DVBl.

betracht dessen wird der Richtlinie 2003/4/EG wegen ihres bestimmten und unbedingten Gehalts zumindest lückenfüllend eine unmittelbare Wirkung[370] zukommen (etwa bei Informationsansprüchen gegenüber Privaten, wenn sie öffentliche Aufgaben wahrnehmen – wie privatisierte Unternehmen in öffentlicher Hand, die Aufgaben der Daseinsvorsorge erledigen).[371]

Das Gesetz gewährt nach näherer Maßgabe von §§ 3 ff. UIG jeder Person einen Anspruch auf **freien Zugang** zu **Informationen über die Umwelt**, die bei Stellen öffentlicher Verwaltung vorhanden sind, ohne ein rechtliches Interesse darlegen zu müssen (sog. **Jedermannrecht der Öffentlichkeit**)[372].[373]

129

- **Antragsteller** und damit **anspruchsberechtigt** ist jede Person, d.h. jede natürliche und juristische Person, unabhängig vom Wohnort und der Staatsangehörigkeit. Dazu zählen in weiter Auslegung neben rein gewerblich orientierten Unternehmen („Konkurrenzunternehmen") auch nichtrechtsfähige Personenvereinigungen, sofern sie organisatorisch hinreichend verfestigt sind,[374] wie Ortsverbände von politischen Parteien[375] oder Bürgerinitiativen – ferner juristische Personen des öffentlichen Rechts, wenn sie ein dem Gesetzeszweck entsprechendes Interesse, nämlich die Verbesserung der Transparenz des Verwaltungsverfahrens, und andere Interessen als die informationspflichtige Stelle verfolgen.[376]

- Gegenstand und Reichweite des Anspruchs bestimmt der Begriff der **Umweltinformationen** (§ 2 Abs. 3 UIG): Er ist weit zu verstehen. Ausreichend ist ein gewisser Umweltbezug der Angaben;[377] damit werden neben unmittelbaren auch mittelbare Auswirkungen einer Maßnahme erfasst.[378] So unterfallen dem Anspruch Informationen über umweltbezogene Subventionen,[379] Informationen zu Schadstoffrückständen im Verfahren über die Zulassung von Pflanzenschutzmitteln,[380] Angaben über die wirtschaftliche Realisierbarkeit einer umweltrelevanten Maßnahme,[381] Dateien in einer Artenschutzdatenbank für Farn- und Blütenpflanzen[382] oder Bescheide über die Zuteilung von Emissionsberechtigungen nach dem Treibhausgas-Emissionshandelsgesetz[383].[384]

2012, 176; dazu *Roth*, DÖV 2012, 717. Zu den Umweltinformationsgesetzen der Länder im Vergleich *Schomerus/Tolkmitt*, NVwZ 2007, 1119; vgl. auch *dies.*, DÖV 2007, 985, zur Zugangsvielfalt; zu den Informationsfreiheitsgesetzen des Bundes und der Länder auch *Ramsauer* in: Koch (Hrsg.), Umweltrecht, § 3 Rn. 108, dort, Rn. 109, zum Verbraucherinformationsgesetz, das ebenfalls nicht dem Umweltrecht zugehört.

370 Zur unmittelbaren Wirkung von Richtlinien vgl. § 7 Rn. 15.
371 So auch *Schrader*, ZUR 2004, 130, 135; *Durner*, ZUR 2005, 285, 285. Insgesamt zu den deutschen Umweltinformationsgesetzen *Louis*, NuR 2013, 77.
372 *Guckelberger*, VerwArch 2014, 411, 423; § 2 Abs. 1 Nr. 1 UIG.
373 Näher zu den Zentralbegriffen des Umweltinformationsrechts anhand der Rechtsprechung und damit zum Nachfolgenden *Rudisile*, VBlBW 2013, 46; anschaulich insoweit auch *Götze*, LKV 2013, 241.
374 BVerwGE 130, 223.
375 BVerwGE 130, 223, 233 ff.
376 *Guckelberger*, VerwArch 2014, 411, 424.
377 EuGH, EuZW 2011, 146.
378 Näher *Murswiek/Ketterer/Sauer/Wöckel*, DV 44 (2011), 235, 262.
379 BVerwGE 108, 369.
380 EuGH, NVwZ 2011, 156.
381 BVerwGE 130, 223: mittelbarer Umweltbezug reicht aus.
382 VGH Mannheim, NuR 2008, 650.
383 BVerwGE 135, 34, 39 f.
384 Ferner EuGH, EuZW 2011, 146; BVerwGE 130, 223: auch vorbereitende wirtschaftliche Analysen und Angaben zur Finanzkraft des Vorhabenträgers; dazu *Kahl*, JZ 2010, 668, 671 f.; ferner: Daten über Vorgänge im Zusammenhang mit einer umweltrelevanten Maßnahme, auch vor dem hierauf gerichteten Planfest-

- Der Anspruch wird gem. § 4 Abs. 1 UIG durch **Antrag** geltend gemacht. Dieser muss nach § 4 Abs. 2 UIG inhaltlich hinreichend bestimmt sein und insbesondere erkennen lassen, auf welche Umweltinformationen er gerichtet ist. Ein besonderes Interesse setzt der Anspruch nicht voraus.
- „**Informationspflichtige Stellen**"[385] als Adressaten des Anspruchs sind nicht nur hoheitlich, sondern auch fiskalisch oder (verwaltungs)privatrechtlich handelnde Einrichtungen des Staates.[386] Sie müssen zudem keine spezifischen Umweltzuständigkeiten wahrnehmen; ausreichend ist, dass sie über Umweltinformationen verfügen.[387]

  Ausgeschlossen ist der Anspruch allerdings bei gesetzgeberischer Tätigkeit (§ 2 Abs. 1 Nr. 1a) UIG),[388] wobei inzwischen durch den EuGH geklärt ist, dass hiermit nicht nur die Gesetzgebung durch die eigentlichen Gesetzgebungsorgane (Bundestag, Bundesrat) gemeint ist, sondern auch die gesetzesvorbereitende Regierungstätigkeit (Ministerien)[389].[390] Das gilt freilich nur für (parlamentarische) Gesetzgebungsverfahren im engeren Sinn, nicht für die Ausarbeitung untergesetzlicher Regelwerke durch Ministerien.[391] Auch Gerichte des Bundes sind, wenn sie Rechtsprechungsaufgaben wahrnehmen, nicht informationspflichtig.[392]
- Die informationspflichtige Stelle muss bei Bestehen des Anspruchs grundsätzlich innerhalb von **einem Monat**, bei umfangreichen und komplexen Anspruchsbegehren mit Ablauf von zwei Monaten ab Eingang des Antrags die Information bereitstellen (§ 3 Abs. 3 UIG), ansonsten innerhalb dieser Fristen einen Ablehnungsbescheid erteilen (§ 5 Abs. 1 UIG). Sie kann Akteneinsicht geben, Auskünfte erteilen oder sonstige Informationsträger zur Verfügung stellen (§ 3 Abs. 2 S. 1 UIG). Die Art des Informationszugangs vermag in erster Linie der Antragsteller zu bestimmen (§ 3 Abs. 2 S. 2 UIG).

130 **Beschränkungen** zum Schutz öffentlicher Belange enthält § 8 UIG, während § 9 UIG den Schutz sonstiger Belange, auch personenbezogener Daten gewährleistet.[393] Es handelt sich um Tatbestandsvoraussetzungen der Entscheidung über den (Informations-)Antrag; bei Vorliegen eines Ausnahmegrundes muss das Begehren mithin abgelehnt werden.[394] Die Ablehnungsgründe sind eng auszulegen.[395]

Ein Zugangsanspruch besteht gem. § 8 Abs. 1 S. 1 Nr. 1 UIG nicht, wenn die Bekanntgabe nachteilige Auswirkungen auf die internationalen Beziehungen der Bundesrepublik Deutschland hat. So kann unter Berufung auf diesen Ausschlussgrund die Heraus-

---

stellungsverfahren und ohne Eingang in den Planfeststellungsbeschluss, OVG Berlin-Brandenburg, NVwZ 2012, 80.

385 Legaldefiniert in § 2 Abs. 1 UIG.
386 Vgl. § 2 Abs. 1 UIG.
387 Dazu *Guckelberger*, VerwArch 2014, 411, 427 f.
388 Etwa gesetzesvorbereitende Tätigkeit eines Bundesministeriums, BVerwG, ZUR 2012, 675 ff.
389 Solange das betreffende Gesetzgebungsverfahren noch nicht abgeschlossen ist, EuGH, NVwZ 2012, 491 (auf Vorlagebeschluss BVerwG, NuR 2009, 481); BVerwG, NuR 2012, 849; *Hellriegel*, EuZW 2012, 456.
390 Zur Frage, inwieweit parlamentarische Untersuchungsausschüsse informationspflichtige Stellen sind, vgl. ausführlich *Gärditz*, NVwZ 2015, 1161 ff.
391 EuGH, NVwZ 2013, 1069, 1070: Weil bei untergesetzlichen Normierungen keine Information der Öffentlichkeit wie im „eigentlichen" Gesetzgebungsverfahren stattfindet; vgl. dazu *Guckelberger*, VerwArch 2014, 411, 431; mit rechtsdogmatischer Kritik *Ekardt*, NVwZ 2013, 1591, 1592 f.
392 § 2 Abs. 1 Nr. 1b UIG.
393 Dazu näher *Rudisile*, VBlBW 2013, 46, 48 ff.; zur staatshaftungsrechtlichen Seite insoweit *Kümper*, ZUR 2012, 395.
394 Vgl. nur *Schmidt/Kahl/Gärditz*, § 4 Rn. 134.
395 OVG Schleswig, NVwZ 1999, 670; OVG Münster, NVwZ 2011, 375; *Guckelberger*, VerwArch 2014, 411, 434 ff.

gabe von Mahnschreiben der Kommission gegenüber Deutschland in einem Vertragsverletzungsverfahren verweigert werden.[396] Gem. § 8 Abs. 1 S. 1 Nr. 2 UIG besteht ferner aus Ausschlussgrund, wenn der Schutz der Vertraulichkeit der behördlichen Beratungen gefährdet ist, also ernsthafte, konkrete Gefährdungen der geschützten Belange drohen. Das ist regelmäßig nicht der Fall, wenn ein Verwaltungsverfahren abgeschlossen ist. So konnte sich das Bundeskanzleramt auf diesen Ausschlussgrund nicht gegenüber einem Kernkraftwerksbetreiber berufen, dessen Zugangsanspruch darauf gerichtet war, haftungsrechtlich relevante Informationen über den Ausstieg aus der Atomenergie zu erhalten.[397] Nach § 8 Abs. 1 S. 1 Nr. 3 UIG besteht der Anspruch ferner nicht, wenn die Preisgabe der Informationen nachteilige Auswirkungen auf die Durchführung eines laufenden Gerichtsverfahrens, den Anspruch einer Person auf ein faires Verfahren oder die Durchführung strafrechtlicher, ordnungswidrigkeitsrechtlicher oder disziplinarrechtlicher Ermittlungen hätte, soweit das öffentliche Interesse an der Bekanntgabe nicht überwiegt (§ 8 Abs. 1 S. 1 UIG).[398] Wird durch das Bekanntwerden der Informationen möglicherweise der Prozesserfolg eines gerichtlichen oder außergerichtlichen (Schieds-)Verfahrens gefährdet, so greift der Ausschlussgrund nicht.[399]

Grundrechtlich geschützte Interessen der durch das Informationszugangsrecht betroffenen Dritten, etwa von Unternehmen, berücksichtigt § 9 Abs. 1 S. 1 Nr. 1-3 UIG: Werden durch das Bekanntgeben der Informationen personenbezogene Daten offenbart und wird dadurch das Interesse der Betroffenen erheblich beeinträchtigt, ist der Informationsanspruch ausgeschlossen. Dasselbe gilt, wenn der Schutz des geistigen Eigentums und hier insbesondere Urheberrechte entgegenstehen. Ebenso wenig dürfen Betriebsgeheimnisse[400] und Geschäftsgeheimnisse[401] oder Informationen, die dem Steuergeheimnis oder dem Statistikgeheimnis unterliegen, zugänglich gemacht werden. Etwas anderes gilt nur, wenn die Betroffenen einer Bekanntgabe zugestimmt haben oder das öffentliche Interesse an der Bekanntgabe überwiegt. Ein Zugangsbegehren gerichtet auf Informationen über Emissionen kann nicht aus Gründen des § 9 Abs. 1 S. 1 Nr. 1–3 UIG abgelehnt werden (§ 9 Abs. 1 S. 2 UIG).[402]

Für die tatsächliche Übermittlung von Informationen erwächst grundsätzlich eine Kostenpflichtigkeit (§ 12 Abs. 1 S. 1 UIG). Auf Gebühren und Auslagen ist aber zu verzichten, wenn es sich u.a. um die Erteilung mündlicher und einfacher schriftlicher Auskünfte handelt oder um die Einsichtnahme in Umweltinformationen vor Ort (§ 12 Abs. 1 S. 2 UIG).

---

396 OVG Berlin-Brandenburg, ZUR 2016, 173 ff., zu recht ablehnend *Wegener*, ZUR 2016, 153, 155 f.
397 Es handelte sich hierbei auch nicht um eine offensichtlich missbräuchliche Antragstellung i.S.v. § 8 Abs. 2 Nr. 1 UIG, nur weil der Antragsteller die Informationen für spätere Gerichtsverfahren zu nutzen beabsichtigte, vgl. OVG Berlin-Brandenburg, ZUR 2016, 170 ff., vgl. dazu *Wegener*, ZUR 2016, 153 ff.
398 Zur insoweit den Informationsanspruch tendenziell weiter einengenden Rechtsprechung *Schmidt/Wörn*, NuR 2008, 770.
399 OVG Berlin-Brandenburg, ZUR 2016, 170, 171 f.
400 Technisches Wissen, OVG Koblenz, ZUR 2013, 104, 105.
401 Kaufmännisches Wissen, OVG Koblenz, wie vor; bereits dann, wenn die Information Rückschlüsse auf Geschäftsgeheimnisse zulässt (gilt entsprechend bei Betriebsgeheimnissen), BVerwGE 135, 34.
402 Zum Nebeneinander von Umweltinformationsanspruch und allgemeinem Akteneinsichtsrecht (§ 29 VwVfG) und Beteiligungsrechten im Planfeststellungsverfahren *Murswiek/Ketterer/Sauer/Wöckel*, DV 44 (2011), 235, 268 ff.

IV. Staatliche Eigenvornahme

131 Die Steuerung des Handelns Privater reicht in bestimmten Bereichen allein nicht aus, um den Belangen des Umweltschutzes ausreichend Rechnung zu tragen. Hinzutreten müssen staatliche Aktivitäten. Dazu gehört, dass bei **Gefahr im Verzug** durch staatliche Eigenvornahme der Eintritt erheblicher Umweltschäden abgewendet wird.[403]

- Einen Kernbereich staatlicher Eigenvornahme bildete lange Zeit die Sicherung der **Entsorgung**. Zwischenzeitlich ist der Staat hier jedoch auf dem Rückzug, weil sich gezeigt hat, dass die Eigenvornahme durch die öffentliche Hand nicht notwendig die umweltverträglichste und kostengünstigste Lösung darstellt. Die Verwertung und (ggf.) Beseitigung von Abfällen ist nach dem Abfallrecht den Erzeugern und Besitzern von Abfällen überantwortet. Überdies sind weitgehende Möglichkeiten der Beauftragung von Privaten, Verbänden und öffentlich-rechtlichen Kammern sowie zur Übertragung der Entsorgung auf diese geschaffen worden. Die Entsorgungsverantwortung für Haushaltsabfälle obliegt freilich den Trägern der öffentlichen Abfallentsorgung, weil diesen die Abfälle grundsätzlich überlassen werden müssen.[404] Die nukleare Entsorgung stellt ebenfalls eine Aufgabe der öffentlichen Verwaltung dar (§ 9a Abs. 3 S. 1 AtG). Nicht ausgeschlossen ist allerdings, dass sich die verantwortlichen Körperschaften zur Erfüllung dieser Pflichten Dritter bedienen. Ihre Verantwortlichkeit bleibt dabei in Form von Aufsichtspflichten bestehen. Auch die Abwasserbeseitigungspflicht liegt gem. § 56 WHG nur im Grundsatz bei den öffentlich-rechtlichen Stellen;[405] die meisten Landeswassergesetze ermöglichen es den Gemeinden, gefährliches gewerbliches Abwasser von der Beseitigungspflicht auszuschließen. Ohnehin können sich die zur Abwasserbeseitigung Verpflichteten schon nach Bundesrecht zur Erfüllung ihrer Pflichten Dritter bedienen, § 56 S. 3 WHG.
- Des Weiteren erbringt die Verwaltung eine Vielzahl an **Dienstleistungen**, wie etwa das Aufstellen öffentlicher Abfallbehälter.
- Letztendlich fördert der Staat variantenreich die **Weiterentwicklung** des Umweltschutzes. Öffentliche Einrichtungen führen Forschungsprojekte durch, sammeln umwelterhebliche Daten und werten diese aus. Behörden informieren die Öffentlichkeit über die Entstehung, Vermeidung oder Beseitigung von Umweltbelastungen.

Wiederholungs- und Verständnisfragen

> Worin unterscheiden sich planerische Instrumente von solchen der direkten und indirekten Verhaltenssteuerung? (Rn. 2; 3 ff.; 20; 81)
> Worin liegt die Bedeutung der Umweltplanung? (Rn. 11 ff.)
> Warum und in welcher Hinsicht sind präventive und repressive Verbote zu unterscheiden? (Rn. 32 ff.)
> Welche Arten von Zulassungsverfahren gibt es und worin liegen ihre Unterschiede? (Rn. 36 ff.)
> Welche besonderen Rechtswirkungen kommen dem Planfeststellungsverfahren zu? (Rn. 49 ff.)

---

403 Hierzu *Kloepfer*, Umweltrecht, § 5 Rn. 530.
404 Näher zu alledem § 12 Rn. 75 ff.
405 Zur Abwasserbeseitigung in privater Hand *Nickel/Kopf*, ZUR 2003, 401.

§ 5 Instrumente des Umweltrechts

> Was sind die Besonderheiten von UVP und SUP? (Rn. 62 ff.; 73 ff.)
> Welches sind die Instrumente indirekter Verhaltenssteuerung und worin liegen ihre Vor- und Nachteile? (Rn. 81 ff.)

§ 6 Rechtsschutz im Umweltrecht

1   Das Umweltrecht ist ersichtlich durch **Interessengegensätze** geprägt. Ob der Kreis eine neue Deponie errichtet oder ein Privater eine Autolackiererei eröffnet: In beiden Fällen werden andere – die Nachbarn – hierdurch betroffen, freilich qualitativ und quantitativ sehr unterschiedlich. Betroffen ist auch derjenige, dem die Verwirklichung eines umweltrelevanten Vorhabens durch die Verwaltung versagt wird. Das erhellt die Bedeutung des **Rechtsschutzes im Umweltbereich**.[1]

Es wäre zu kurz gegriffen, den Begriff des Rechtsschutzes nur auf den gerichtlichen Bereich zu beziehen. Gerade im Umweltrecht findet Rechtsschutz im weiteren Sinne vielmehr schon im Zuge des **Verwaltungsverfahrens** statt (sog. vorverlagerter Rechtsschutz; besser: Rechtswahrung[2]).[3] Bereits hier hat der Bürger im Rahmen seiner **Mitwirkungsrechte** die Möglichkeit, Einwendungen vorzubringen. Versäumt er dies, kann er damit präkludiert sein.[4]

I. Rechtsschutz im Verwaltungsverfahren

2   Zahlreiche Umweltgesetze sehen eine Beteiligung Dritter im Rahmen des Verwaltungsverfahrens vor. Natürlich soll die Anhörung Drittbetroffener der Behörde (auch) Informationen vermitteln, die zu einer umfassenden Ermittlung der meist komplexen Sachverhalte beitragen. Vor allem aber ist es **Sinn** der Mitwirkung, eine frühzeitige und angemessene Berücksichtigung von Rechtspositionen und Interessen Dritter bei der Entscheidungsfindung zu ermöglichen.[5]

3   ▶ **FALL 7:** Die anerkannte Naturschutzvereinigung N ist in einem 2010 durchgeführten Planfeststellungsverfahren für ein Autobahnteilstück ordnungsgemäß beteiligt worden. Nach Erlass des Planfeststellungsbeschlusses (PFB) kommen der Planfeststellungsbehörde Zweifel, ob die vorangegangenen Untersuchungen die Abwägungsentscheidung zugunsten der gewählten Trassenvariante tragen. Aus diesem Grund führt die Behörde ein weiteres Planfeststellungsverfahren für das betreffende Autobahnteilstück zu dem Zweck durch, etwaige Abwägungsfehler des PFB von 1995 zu beheben. Im neuen Planfeststellungsverfahren werden u.a. umfangreiche, auch Naturschutzfragen betreffende Untersuchungen zu einer bisher nicht einbezogenen Streckenvariante vorgenommen. Im Ergebnis finden sich die letztgenannte wie die bereits im früheren Verfahren untersuchten Alternativen verworfen und es wird an der Trasse des PFB von 1995 festgehalten. Die Planfeststellungsbehörde ist der Ansicht, dass beide Verfahren eine Einheit bilden. Letztlich knüpfe das neue Planfeststellungsverfahren an das alte an, und zwar in einem Stadium, das bereits nach der förmlichen Beteiligung liege. Daher sei N nicht erneut beteiligt worden. Ist die Rechtsauffassung der Planfeststellungsbehörde zutreffend?[6] ◀

---

1   Dazu *Eifert* in: Schoch, Besonderes Verwaltungsrecht, 5. Kap., Rn. 171 ff. Zu aktuellen Entwicklungen *Gärditz*, EurUP 2015, 196 ff.; *ders.*, NVwZ 2014, 1 ff.; *Schlacke*, DVBl. 2015, 929 ff.; *Bruckert*, NuR 2015, 541 ff.
2   Dazu *Erbguth*, VVDStRL 61 (2002), S. 221, 246, 251; eine kompensatorische Funktion für das Gerichtsverfahren lässt sich dann daraus nicht ableiten, anders BVerwG, NVwZ 2012, 176, 177: Einwendungsbefugnis kommt vorgezogenem Rechtsschutz gleich, der den gerichtlichen Rechtsschutz ergänzt.
3   Auch BVerfG, NVwZ 1988, 427, 428.
4   Vgl. Rn. 5, insbesondere zu der jüngst erfolgten unionsrechtlichen Überformung der Präklusionsvorschriften.
5   Vgl. *Seibert-Fohr*, VerwArch 2013, 311 ff.; *Böhm*, NuR 2011, 614 ff.; für einen eigenständigen demokratischen Gehalt in Planfeststellungsverfahren plädiert *Groß*, DÖV 2011, 510, 511; zur partizipatorischen Seite der Bürgerbeteiligung mit Vorschlägen zu deren Ausgestaltung vgl. *Wulfhorst*, DÖV 2011, 581, 586 ff.
6   Nach BVerwG, DVBl. 1997, 714.

1. Beteiligungsrechte

Beteiligungsrechte haben in den Umweltgesetzen unterschiedliche Ausgestaltung gefunden. Die fachgesetzlich vorgesehene Beteiligung kann auf Betroffene beschränkt sein, aber auch jedermann zu Einwendungen berechtigen. Letzteres gilt etwa bei der Genehmigung von Großanlagen. So setzt § 10 Abs. 3 S. 4 BImSchG keine (potenzielle) Betroffenheit voraus; „die Öffentlichkeit", also jedermann, kann Einwendungen erheben. Eröffnet ist damit eine Popularbeteiligung.[7]

Einwendungen sind Ausschlussfristen unterworfen. Dieser Ausschluss (**Präklusion**) kann sich als formelle Präklusion auf das Genehmigungsverfahren beschränken oder als solche materieller Art zusätzlich den Verwaltungsprozess erfassen. **Formelle** (verfahrensrechtliche) **Präklusion** liegt im Zweifel vor, wenn die gesetzliche Regelung nur eine Einwendungsfrist festsetzt. Ihre Versäumung führt zum Ausschluss des Anspruchs auf Erörterung der Einwendungen im Rahmen des Verwaltungsverfahrens.[8] Die Behörde ist jedoch rechtlich nicht gehindert, auch die verspätet erhobenen Einwendungen im Erörterungstermin zu behandeln.[9] Verspätet oder gar nicht erhobene Einwendungen können jedenfalls im Widerspruchsverfahren und im Verwaltungsprozess noch geltend gemacht werden, sofern die sonstigen Voraussetzungen (etwa die Klagebefugnis, § 42 Abs. 2 VwGO) gegeben sind. Da der Zugang zu den Gerichten in vollem Umfang erhalten bleibt, scheidet ein Verstoß gegen die grundgesetzliche Rechtsschutzgarantie (Art. 19 Abs. 4 GG) aus.

Demgegenüber tritt **materielle Präklusion** oder Verwirkungspräklusion ein, wenn das Gesetz zusätzlich die Rechtsfolge der Fristversäumnis – Einwendungsausschluss – normiert (vgl. § 10 Abs. 3 S. 5 BImSchG, § 73 Abs. 4 S. 3 VwVfG).[10] Da der Bürger in diesen Fällen daran gehindert wird, im Klageverfahren Einwendungen zu erheben, deren Geltendmachung er im Verwaltungsverfahren versäumt hat, stößt die materielle Präklusion unter dem Gesichtspunkt der Rechtsschutzgarantie des Art. 19 Abs. 4 GG auf Bedenken.[11] Das gilt umso mehr, wenn strenge Anforderungen an die Dezidiertheit der Einwendungen (Substantiierungspflicht) bei gleichzeitig knapp bemessenen Auslegungs- und Einwendungsfristen[12] gestellt werden.[13] Die herrschende Meinung hält sie gleichwohl für verfassungsgemäß.[14]

Jedenfalls soweit es um die gerichtliche Durchsetzung europäischen Umweltrechts geht, hat der EuGH jüngst die Präklusionsregelungen in § 73 Abs. 4 S. 3 VwVfG und § 2 Abs. 3 UmwRG für unionsrechtswidrig erklärt.[15] Nach Auffassung des Gerichtshofs rechtfertigen weder der Grundsatz der Rechtssicherheit noch die Effizienz des

---

7 Vgl. nur *Jarass*, BImSchG, § 10 Rn. 71 m.w.N.; zum Planfeststellungsverfahren § 5 Rn. 41; zu den Besonderheiten der Öffentlichkeitsbeteiligung in der Raumordnung *Schlacke*, NWVBl. 2007, 420 ff.
8 *Hoppe/Beckmann/Kauch*, § 11 Rn. 19.
9 BVerwGE 26, 302, 303.
10 Vgl. zur Unterscheidung zwischen formeller und materieller Präklusion etwa *Jarass*, BImSchG, § 10 Rn. 90 f.; *Papier*, NJW 1980, 313; *Ronellenfitsch*, VerwArch 74 (1983), 369; vgl. ferner § 9 Rn. 67.
11 Etwa *Solveen*, DVBl. 1997, 803 ff.
12 Vgl. § 10 Abs. 3 BImSchG: ein Monat Auslegungs-, zwei Wochen Einwendungsfrist.
13 So BVerwG, NVwZ 2012, 176, 178, zulasten von Umweltverbänden; kritisch *Seibert*, DVBl. 2013, 605, 606.
14 BVerfGE 61, 82, 91; anhand § 2 Abs. 3 UmwRG, § 10 Abs. 3 BImSchG: BVerwG, NVwZ 2012, 176, 178; vgl. § 9 Rn. 67; *Jarass*, BImSchG, § 10 Rn. 92. Für die wasserrechtliche Planfeststellung VGH München, BayVBl. 2012, 569.
15 EuGH, Rs. C-137/14, ZUR 2016, 34, 40 f. Rn. 75 ff. m. Anm. *Klinger*, ZUR 2016, 42 ff.; *Bunge*, NuR 2016, 11 ff.; *Berkemann*, DVBl. 2016, 205; *Zeissler/Schmidt*, UPR 2016, 1 ff.; *Fellenberg*, NVwZ 2015, 1721 ff.; *Henning*, I+E 2015, 172 ff.; *Ludwigs*, NJW 2015, 3484 ff.

Verwaltungsverfahrens derartige Präklusionsvorschriften.[16] Denn das Ziel der UVP- und IE-Richtlinien, rechtssuchenden Bürgern einen möglichst weiten Zugang zu gerichtlicher Überprüfung zu geben und eine umfassende materiell- und verfahrensrechtliche Kontrolle der Rechtmäßigkeit der angefochtenen Entscheidung zu ermöglichen, ist mit Vorschriften, die eine Verwirkung von Verfahrensrechten vorsehen (= Präklusion), nicht erreichbar.

Weiteren Diskussionsbedarf wird freilich die Einschränkung auslösen, dass der nationale Gesetzgeber Verfahrensvorschriften vorsehen darf, nach denen z.b. ein missbräuchliches oder unredliches Vorbringen unzulässig ist.[17] Rechtsmissbräuchliches Verhalten dürfte bei arglistigem Verschweigen von Einwendungen im Verwaltungsverfahren zu bejahen sein, wenn der Kläger sich Vorteile im Klageverfahren zu verschaffen sucht. Allein der Umstand, dass ein späterer Kläger Einwendungen zunächst nicht erhebt, aber im Laufe des Verwaltungsverfahrens erfahrener wird, gewissermaßen also „dazulernt", und sein Verhalten hieran anpasst, reicht für die Begründung eines Rechtsmissbrauchs nicht aus.[18] Diese Eröffnung einer Beschränkung des nationalen Gerichtszugangs dürfte somit auf krasse Ausnahmefälle begrenzt sein.[19]

Diese Rechtsprechung wird auf die Präklusionsvorschrift des § 10 Abs. 3 S. 5 BImSchG jedenfalls für diejenigen immissionsschutzrechtlichen Vorhaben übertragbar sein, die in den Anwendungsbereich der IE-Richtlinie fallen.[20] Ob auch weitere Präklusionsvorschriften wie § 4a Abs. 6 BauGB und § 47 Abs. 2a VwGO erfasst sind, hängt davon ab, ob unionsrechtlich überformte Zulassungs- oder Planungsverfahren gerichtlich kontrolliert werden. Das dürfte in Bezug auf Bebauungspläne jedenfalls dann zu bejahen sein, wenn von ihnen UVP-pflichtige Vorhaben erfasst werden.[21]

2. Beteiligung von Vereinigungen

6 Die nach den Vorgaben des § 3 UmwRG durch den Bund oder ein Bundesland anerkannten **Umweltschutzvereinigungen** verfügen über Beteiligungsrechte im Verwaltungsverfahren, soweit dies gesetzlich zugelassen ist. Eine derartige Verbandsbeteiligung sieht § 63 BNatSchG vor.[22] Die dort vorgesehene Mitwirkung von Naturschutzvereinigungen bezieht sich u.a. auf die Vorbereitung untergesetzlicher naturschutzrechtlicher Vorschriften, auf naturschutzrechtliche Planungen und Einzelakte sowie auf Planfeststellungsverfahren für Vorhaben, die mit Eingriffen in Natur und Landschaft verbunden sind. Die **Mitwirkungsposition** der Vereinigungen richtet sich auf ein Recht zur **Stellungnahme** und ein Recht auf **Einsicht** in die einschlägigen Sachverständigengutachten.

Inzwischen hat das Europarecht eine Verbandsbeteiligung auch bei **UVP-** und **SUP-pflichtigen** Vorhaben nach sich gezogen (§§ 2 Abs. 6 S. 1, 9 Abs. 1, 14i Abs. 1 UVPG).[23]

---

16 EuGH, Rs. C-137/14, ZUR 2016, 34, 40 f. Rn. 79 f.
17 EuGH, Rs. C-137/14, ZUR 2016, 41 Rn. 81.
18 So VG Osnabrück, ZUR 2016, S. 238 f. In diese Richtung tendiert auch *Wendt*, jurisPR-UmwR 11/2015, Anm. 2, der darüber hinaus anregt, eine harte Präklusionsvorschrift für Gerichtsverfahren einzuführen.
19 So *Klinger*, ZUR 2016, 42, 43.
20 Vgl. bereits BVerwG, Beschl. v. 5.1.2015 – 7 B 4/14, juris.
21 A.A. *Weise/Hänsel*, NJW-Spezial 2015, 748 f.
22 Vgl. § 10 Rn. 63 f.
23 Dazu bereits § 5 Rn. 66, 73.

Überdies gehen die Umweltverbände in der Praxis häufig dazu über, einwendungsbefugte Personen inhaltlich und finanziell zu unterstützen.[24] Ein weiteres Mittel der Einflussnahme ist der Erwerb eines Grundstücks in der Nähe einer zu genehmigenden Großanlage mit der Folge, dass der Verband dann als Eigentümer der Liegenschaft einwendungs- und ggf. auch klage- bzw. antragsbefugt (§ 47 VwGO) ist; Letzteres scheidet nach der Rechtsprechung des BVerwG aus, wenn der Eigentumserwerb erkennbar allein dem Führen des Rechtsstreits diente, also das Eigentum nur zum Schein übertragen wurde (sog. Sperrgrundstücksklagen).[25] In seiner „Garzweiler II"-Entscheidung verdeutlicht das BVerfG indes zu Recht, dass es unerheblich ist, aus welchen Gründen ein Grundstück erworben wird. Allein im Ausnahmefall des Art. 18 GG kann der Grundstückseigentümer sein Eigentumsrecht verwirken.[26]

Darüber hinaus steht den Verbänden immer dann ein Recht auf Beteiligung zu, wenn die Umweltgesetze eine Öffentlichkeitsbeteiligung eröffnen.[27]

▶ ZU FALL 7: Zutreffend ist die Auffassung der Planfeststellungsbehörde, dass es sich bei dem zweiten, der Änderung dienenden Verfahren um einen unselbstständigen Abschnitt des einheitlichen Gesamtverfahrens handelt. Allerdings erscheint die Sichtweise, allein aus dem Umstand, dass N bereits in einem früheren Verfahrensstadium beteiligt worden ist, folge die Entbehrlichkeit einer erneuten Einbeziehung, zu formal. Anerkannte Naturschutzvereinigungen[28] sollen mit ihrem Sachverstand flankierend zu den Naturschutzbehörden die Belange des Naturschutzes und der Landschaftspflege in das Verfahren einbringen.[29] Dies setzt voraus, dass ihnen auf der Grundlage sämtlicher für die naturschutzrechtliche Beurteilung wesentlichen Unterlagen Gelegenheit zur Äußerung gegeben wird. Das Erfordernis einer erneuten Beteiligung von Naturschutzvereinigungen in einem weiteren Verfahrensabschnitt hängt daher davon ab, ob sich hier zusätzliche naturschutzrechtliche Fragen stellen, zu deren Behandlung sachverständige Stellungnahmen der Naturschutzverbände geboten erscheinen. Das ist gerade der Fall, wenn die Planfeststellungsbehörde es für notwendig erachtet, neue, den Naturschutz betreffende Untersuchungen anzustellen, deren Ergebnisse in das Verfahren einzuführen und die Planungsentscheidung darauf zu stützen. Infolgedessen war N erneut zu beteiligen. ◀

II. Rechtsschutz durch die Verwaltungsgerichte

1. Allgemeines

Nachfolgend geht es um den verwaltungsgerichtlichen Rechtsschutz im nationalen Recht[30];[31] zivilrechtliche und -gerichtliche Aspekte bleiben außer Betracht, weil das öffentliche Recht meist unmittelbaren Einfluss auf die privatrechtlichen Rechtsbeziehungen hat. So schließt eine unanfechtbar gewordene immissionsschutzrechtliche Geneh-

---

24 Hierzu § 4 Rn. 23.
25 BVerwG, NVwZ 2012, 567, 568; BVerwGE 112, 135; vgl. auch *Erbguth/Schubert*, Öffentliches Baurecht, § 15 Rn. 24, 62, oben § 4 Rn. 23.
26 BVerfG, NVwZ 2014, 211 mit einer Anm. von *Kment*, NVwZ 2014, 1566 f., der eine Rechtsprechungsänderung des BVerwG fordert.
27 Vgl. § 6 Rn. 4.
28 Zu den Voraussetzungen für eine Verbandsanerkennung s. § 3 UmwRG, auf den § 63 Abs. 1 BNatSchG verweist.
29 Vgl. zur Funktion der Naturschutzverbände als Anwälte der Natur BVerwGE 87, 62 ff.
30 Zum Rechtsschutz in der EU, insb. durch den EuGH vgl. *Streinz*, Europarecht, § 8 Rn. 494.
31 Zum Nachfolgenden eingehend *Nolte* in: Kluth/Smeddinck, Umweltrecht, § 7 Rn. 4 ff; auch *Kloepfer*, Umweltschutzrecht, § 5 Rn. 8 ff.; *Maske*, NWVBl. 2013, 232 ff.

migung gem. § 14 BImSchG privatrechtliche Ansprüche grundsätzlich aus (**privatrechtliche Präklusion**), soweit diese nicht auf besonderen Titeln beruhen (z.b. Grunddienstbarkeiten, §§ 1018 ff. BGB). Die Genehmigung hat damit privatrechtsgestaltende Wirkung. Ähnliche Regelungen enthalten § 7 Abs. 6 AtG i.V.m. § 14 BImSchG, § 16 WHG. Fehlt eine solche Normierung, findet bei Planfeststellungen § 75 Abs. 2 S. 1 VwVfG Anwendung.

Verbleibende zivilrechtliche Ansprüche werden insofern vom öffentlichen Recht beeinflusst, als es die Interpretation privatrechtlicher Begriffe bestimmt. Ob etwa eine Immission ortsüblich i.S.v. § 906 BGB ist, beurteilt sich regelmäßig nach öffentlich-rechtlichen Normen.[32] Immerhin bleibt dem Zivilgericht die Möglichkeit, den besonderen Umständen des Einzelfalls Rechnung zu tragen (sog. Regelfallharmonisierung öffentlich- und privatrechtlichen Immissionsschutzes).[33]

2. Zulässigkeitsvoraussetzungen allgemein

8 ▪ Nach der Generalklausel des § 40 Abs. 1 S. 1 VwGO ist der **Rechtsweg zu den Verwaltungsgerichten** in allen öffentlich-rechtlichen Streitigkeiten nichtverfassungsrechtlicher Art eröffnet, soweit die Streitigkeiten nicht durch Bundesgesetz einem anderen Gericht ausdrücklich zugewiesen sind[34].[35] Als einfachgesetzliche Ausformung des Art. 19 Abs. 4 S. 1 GG richtet sich die Vorschrift einerseits darauf, den Zugang zu einem staatlichen Gericht zu eröffnen; zum anderen wird eine Zuweisung der Streitigkeit an eine Fachgerichtsbarkeit (Verwaltungsgerichte) vorgenommen. **Öffentlich-rechtlich** ist eine Streitigkeit, wenn sie sich anhand öffentlich-rechtlicher Normen entscheidet.[36] Einer Norm kommt wiederum öffentlich-rechtlicher Charakter zu, wenn sie allein den Staat oder einen sonstigen Träger hoheitlicher Gewalt in seiner Eigenschaft als Hoheitsträger berechtigt oder verpflichtet (sog. modifizierte Subjektstheorie).[37] Die Mehrzahl der umweltbezogenen Normen sind i.d.S. öffentlich-rechtlicher Natur, so dass der Verwaltungsrechtsweg bei umweltrelevanten Streitigkeiten regelmäßig gegeben ist.

9 ▪ Zwar ist die Eröffnung des Rechtswegs zu den Verwaltungsgerichten nicht vom Rechtscharakter des hoheitlichen Handelns abhängig. Wohl aber richtet sich hiernach die **statthafte Rechtsschutzform**, also die Bestimmung der „richtigen" Klageart, und zwar anhand des (wohl verstandenen) Begehrens des Klägers (§ 88 VwGO). Wendet er sich mit seiner Klage gegen einen Verwaltungsakt (bspw. Betriebsuntersagung nach § 20 Abs. 1 BImSchG) oder auf Erlass eines solchen (etwa Erteilung einer wasserrechtlichen Erlaubnis), ist **Anfechtungsklage** oder **Verpflichtungsklage** (§ 42 Abs. 1 VwGO)[38] zu erheben; letztere Klage ist auch statthaft, wenn es um die Herausgabe von Informationen nach dem Umweltinformationsge-

---

32 Vgl. auch § 2 Rn. 17.
33 Vgl. hierzu *Viehweg/Röthel*, DVBl. 1996, 1177.
34 Einige Umweltgesetze enthalten aufdrängende Sonderzuweisungen zur Verwaltungsgerichtsbarkeit, so § 6 Abs. 1 UIG.
35 Öffentlich-rechtliche Streitigkeiten auf dem Gebiet des Landesrechts können einem anderen Gericht auch durch Landesgesetz zugewiesen werden, § 40 Abs. 1 S. 2 VwGO.
36 *Kopp/Schenke*, VwGO, § 40 Rn. 6 ff.
37 Dazu und zu weiteren Theorien *Maurer*, Allgemeines Verwaltungsrecht, § 3 Rn. 10 ff.; *Peine*, Allgemeines Verwaltungsrecht, Rn. 118 ff.; *Erbguth*, Allgemeines Verwaltungsrecht, § 5 Rn. 8 ff.
38 Dazu *Erbguth*, Allgemeines Verwaltungsrecht, § 20.

setz geht³⁹. Das bei beiden Klagearten insoweit vorausgesetzte Vorliegen eines **Verwaltungsakts** beurteilt sich anhand § 35 VwVfG. Danach muss es sich um eine hoheitliche Maßnahme einer Behörde auf dem Gebiet des öffentlichen Rechts zur Regelung eines Einzelfalls mit Außenwirkung handeln, § 35 S. 1 VwVfG; Allgemeinverfügungen, bei denen der Einzelfallbezug gelockert ist, stellen ebenfalls Verwaltungsakte dar, § 35 S. 2 VwVfG.[40] Daneben kennt die VwGO die **Feststellungsklage** (auf Bestehen/Nichtbestehen eines Rechtsverhältnisses oder Nichtigkeit eines Verwaltungsakts, § 43 VwGO),[41] die **allgemeine Leistungsklage** (nicht ausdrücklich geregelt, aber vorausgesetzt, vgl. §§ 43 Abs. 2, 111 VwGO),[42] die **Fortsetzungsfeststellungsklage** (im Falle der Erledigung von Verwaltungsakten, § 113 Abs. 1 S. 4 VwGO)[43] und das **Normenkontrollverfahren** (gegen Satzungen nach dem BauGB und, bei landesgesetzlicher Zulassung, gegen andere untergesetzliche Normen des Landesrechts, § 47 Abs. 1 VwGO[44]).[45]

■ Eine weitere wichtige Zulässigkeitsvoraussetzung enthält § 68 VwGO. Danach ist vor Erhebung der Anfechtungsklage (Abs. 1) und der Verpflichtungsklage (Abs. 2) grundsätzlich ein behördliches **Vorverfahren** (Widerspruchsverfahren) durchzuführen. Es dient der Selbstkontrolle der Verwaltung einerseits und der Entlastung der Gerichte andererseits.[46] Zweck- und Rechtmäßigkeit des Verwaltungsakts sollen von der Exekutive selbst noch einmal überprüft werden, § 68 Abs. 1 S. 1 VwGO.[47] Eines Vorverfahrens bedarf es u.a. gem. § 68 Abs. 1 S. 2 Hs. 1 VwGO nicht, wenn ein Entfallen gesetzlich angeordnet ist. Das ist durch § 74 Abs. 1 S. 2 i.V.m. § 70 VwVfG für den Planfeststellungsbeschluss und durch § 74 Abs. 6 S. 3 VwVfG für die Plangenehmigung geschehen. Ferner machen die Länder zunehmend von der Möglichkeit des § 68 Abs. 1 S. 2 Hs. 1 VwGO zu Zwecken der Verfahrensbeschleunigung Gebrauch.[48]

10

■ Nach § 42 Abs. 2 Hs. 2 VwGO ist bei Anfechtungs- und Verpflichtungsklage das Vorliegen der **Klagebefugnis** Voraussetzung für die Zulässigkeit der Klage; die Vorschrift wird entsprechend auf die allgemeine Leistungsklage und nach überwiegender Auffassung auch auf die Feststellungsklage angewandt.[49] Das Erfordernis will Popularklagen ohne individuelle (Rechts-)Betroffenheit ausschließen und verlangt, dass der Kläger geltend machen kann, in seinen Rechten verletzt zu sein.[50] Nach seinem Vortrag muss es **möglich** erscheinen, dass er in einem subjektiven Recht verletzt ist. Das kann ohne Weiteres bejaht werden, wenn die klagende Partei eine an sie adressierte, belastende Maßnahme der Verwaltung angreift; dann kommt jeden-

11

---

39 Vgl. § 6 Abs. 2 UIG. Bei nicht auf das UIG gestützten Informationsansprüchen (z.B. gem. Informationsfreiheitsgesetze) wird teilweise die (allgemeine) Leistungsklage als statthafte Klageart angesehen, dazu *Ramsauer* in: Koch (Hrsg.), Umweltrecht, § 3 Rn. 154.
40 Näher zum Vorstehenden etwa *Erbguth*, Allgemeines Verwaltungsrecht, § 12 Rn. 3 ff.
41 Ebenda, § 10 Rn. 9 ff.
42 Hierzu *Erbguth*, Allgemeines Verwaltungsrecht, § 23 Rn. 8 ff.
43 Ebenda, § 20 Rn. 39 ff.
44 Dazu etwa *Ramsauer* in: Koch (Hrsg.), Umweltrecht, § 3 Rn. 178 ff.
45 Näher *Erbguth*, Allgemeines Verwaltungsrecht, § 28.
46 BVerwGE 26, 161, 166; 40, 25, 28; 51, 310, 314.
47 Näher *Erbguth*, Allgemeines Verwaltungsrecht, § 20 Rn. 2 ff.
48 Vgl. z.B. § 110 JustG NRW, dazu *Erbguth*, Allgemeines Verwaltungsrecht, § 20 Rn. 7.
49 Dazu *Erbguth*, Allgemeines Verwaltungsrecht, § 9 Rn. 9, § 10 Rn. 14.
50 Bei (vertikal) gestufter Entscheidungsfindung (etwa in der Planung von Verkehrswegen: Bedarfsplanung – Linienbestimmung – Planfeststellung) soll dies erst gegen die letzte Entscheidung möglich sein: „konzentrierter Rechtsschutz"; dazu kritisch und für phasenspezifischen Rechtsschutz *Erbguth*, NVwZ 2005, 241 ff.; *Ramsauer* in: Koch (Hrsg.), Umweltrecht, § 3 Rn. 182.

falls eine Verletzung des Art. 2 Abs. 1 GG in Betracht (sog. Adressatentheorie).[51] Entsprechendes gilt in der Verpflichtungssituation, wenn der Kläger gegenüber der Verwaltung einen nicht von vornherein aus der Luft gegriffenen Anspruch auf Erlass eines (begünstigenden, aber abgelehnten) Verwaltungsakts geltend macht.[52] Schwieriger wird es, wenn der Kläger gegen Auswirkungen eines auf dem Nachbargrundstück bzw. in der Nachbarschaft genehmigten Betriebs vorgeht (sog. Nachbarklage; dazu sogleich).[53]

3. Besonderheiten des Rechtsschutzes im Umweltrecht

a) Klagebefugnis im mehrpoligen Verwaltungsverhältnis

12 Die Suche nach subjektiv-öffentlichen Rechten wird vielfach durch die das Umweltrecht prägenden **mehrpoligen Rechtsverhältnisse** bestimmt – und erschwert.[54] Dergestalt besteht ein Dreiecksverhältnis zwischen dem Investor, der kontrollierenden Verwaltung und dem oder den Nachbarn. Der gegen die Verwaltung angestrengte Prozess des Nachbarn zielt (vorrangig) auf das kollidierende Privatinteresse des Investors an der den Nachbarn belastenden umweltrelevanten Maßnahme. Der Verwaltung fällt die Beklagtenrolle zu, weil sie aufgrund normativer Vorgaben gehandelt hat (bspw. Erteilung einer Genehmigung) oder ggf. hätte handeln müssen (etwa Betriebsuntersagung).[55] Das Rechtsschutzbegehren des Nachbarn ist nach § 42 Abs. 2 Hs. 2 VwGO nur zulässig, wenn die Verwaltung bei ihrer Entscheidung subjektiv-öffentliche Rechte des Nachbarn (**dritt- bzw. nachbarschützende Normen**) hätte einbeziehen müssen und ein Verstoß gegen diese **möglich** erscheint. Zur Klärung der Frage ist zunächst die nach dem Klagevorbringen als verletzt gerügte Norm zu bestimmen. Diese hat, wie jegliche Vorschrift des öffentlichen Rechts, erst einmal objektiv-rechtlichen Charakter. Für die Annahme der Klagebefugnis reicht es aber aus, wenn die Vorschrift – zumindest auch – individuelle Interessen des Klägers schützen will.[56] Das beurteilt sich nach der ganz überwiegend vertretenen **Schutznormtheorie**[57] anhand einer Auslegung[58] der Bestimmung:

13 ■ Hinweise auf den drittschützenden Charakter einer Norm können sich bereits aus deren **Wortlaut** ergeben, vgl. etwa § 5 Abs. 1 Nr. 1 BImSchG. Ansonsten ist die etwaige subjektiv-öffentliche Ausrichtung im Wege der **systematischen, historischen** und vornehmlich der an **Sinn und Zweck** der Norm orientierten Interpretation zu ermitteln und nach h.M. zu bejahen, wenn das geschützte Privatinteresse, die Art der Verletzung und der geschützte Personenkreis ausreichend deutlich werden (qualifiziertes Betroffensein).[59] Der Kläger muss (natürlich) zu dem solcherart geschützten Personenkreis zählen.[60]

---

51 Etwa *Erbguth*, Allgemeines Verwaltungsrecht, § 9 Rn. 10.
52 *Hufen*, § 15 Rn. 16 ff.
53 Näher auch *Erbguth*, Allgemeines Verwaltungsrecht, § 3 Rn. 9 ff.
54 Ausführlich *Kloepfer*, Umweltrecht, § 8 Rn. 19 ff.
55 Zur verfassungsrechtlichen Seite § 4 Rn. 21.
56 Zur Subjektivierung von Rechtsvorschriften *Schenke*, Verwaltungsprozessrecht, Rn. 498 ff.
57 Dazu etwa *Nolte* in: Kluth/Smeddinck, Umweltrecht, § 7 Rn. 20.
58 Vgl. bereits § 4 Rn. 38.
59 Vgl. etwa *Nolte* in: Kluth/Smeddinck, Umweltrecht, § 7 Rn. 20, 34.
60 Zum Vorstehenden anhand des Städtebaurechts *Erbguth/Schubert*, Öffentliches Baurecht, § 15 Rn. 37, 41.

- Im Umweltrecht ist zunächst anerkannt, dass es bei Abwägungsvorgängen, wie sie dem planerischen Instrumentarium und der Planfeststellung eigen sind[61], ein subjektiv-öffentliches Recht auf gerechte **Abwägung der eigenen Belange** mit anderen, insb. gegenläufigen Interessen gibt. Besagte Individualbelange müssen also selbst nicht die Qualität einer solchen Rechtsposition aufweisen; das Gebot ordnungsgemäßer Abwägung[62] „erhöht" sie gleichsam zu einem subjektiv-öffentlichen Recht. Eine darüber hinausgehende subjektive Position verleiht das „subjektive Abwägungsgebot" allerdings nicht. Es besteht also kein Recht auf ordnungsgemäße Abwägung von anderen privaten und öffentlichen Belangen.[63]
- I.Ü. wird grundsätzlich zwischen Drittschutz vermittelnden **Normen der Gefahrenabwehr** und nicht drittschützenden, ausschließlich im Interesse des Gemeinwohls geschaffenen **Vorsorgenormen** (z.B. § 5 Abs. 1 Nr. 2 BImSchG) unterschieden.[64] Angesichts dessen weist die (nationale) Rechtsprechung Drittklagen, mit denen gerügt wird, dass immissionsschutzrechtlich genehmigungsbedürftige Anlagen Vorsorgegrenzwerte überschreiten, als unzulässig ab. Diese Unterscheidung zwischen Drittschutz im Bereich der Gefahrenabwehr und Ausschluss desselben in demjenigen der Vorsorge kennt das Unionsrecht nicht; deshalb muss die mitgliedstaatliche Umsetzung von Richtlinien der Union gewährleisten, dass dem Einzelnen ein gerichtlich durchsetzbarer Anspruch auf Einhaltung von in Richtlinien festgeschriebenen Grenzwerten zukommt,[65] auch wenn deren Schutzzweck bspw. nur die Volksgesundheit ist.[66]

Immerhin hat das BVerwG den Feinstaubgrenzwerten der 22. BImSchV (jetzt 39. BImSchV) eine Schutzwirkung zugunsten aller Personen zuerkannt, die sich über einen längeren Zeitraum in dem betroffenen Raum aufhalten.[67] Auch ansonsten finden sich Durchbrechungen in der Rechtsprechung.[68]

Dergestalt zeigt sich exemplarisch, dass die Anforderungen der Klagebefugnis in Fällen **unionsrechtlicher Normen** bzw. solcher des hierauf gerichteten nationalen Umsetzungsrechts **weniger stringent** sind, als es bei (rein) nationalen Vorschriften der Fall ist.[69] Als Kriterien dienen insoweit das Schutzziel der Norm, die Berührung wirtschaft-

---

61 Vgl. § 5 Rn. 4 ff., 40 ff.
62 Dazu näher *Erbguth*, UPR 2010, 281 ff.
63 BVerwG, NuR 2013, 653 – Leitsatz 1. Zum Vorstehenden *Nolte* in: Kluth/Smeddinck, Umweltrecht, § 7 Rn. 30.
64 *Erbguth*, Allgemeines Verwaltungsrecht, § 9 Rn. 3 ff.
65 Zum Einfluss des europäischen Rechts auf die Schutznormlehre *Schoch*, NVwZ 1999, 457 ff.; auch *Winter*, NVwZ 1999, 467 ff.
66 EuGH, NVwZ 1991, 866; eingehend zu alldem *Nettesheim*, AöR 132 (2007), 333 ff.; zum vergleichbaren Problem der Verfahrensvorschriften als subjektive Rechte *Appel/Singer*, JuS 2007, 913 ff.; zur Kritik auch § 9 Rn. 49; allgemein *Erbguth*, Allgemeines Verwaltungsrecht, § 9 Rn. 7, 12, § 20 Rn. 34.
67 Die Luftqualitätswerte sind zudem grundstücksbezogen einzuhalten, nicht nur durchschnittlich im Gesamtraum, BVerwG, NVwZ 2004, 1237. Allerdings hat das Gericht die Rechtsschutzfunktion wieder dadurch entwertet, dass den Immissionsgrenzwerten keine unmittelbare Bedeutung für die Planfeststellung, etwa einer Fernstraße, beigemessen wird, wegen verbleibender Feinsteuerungsmöglichkeiten durch Luftreinhalteplanung. Zu ähnlichen Entwicklungen bei der immissionsschutzrechtlichen Genehmigung durch Einführung der Verbesserungsgenehmigung nach § 6 Abs. 3 BImSchG *Köck/Lehmann*, ZUR 2013, 67, 68; zur Verbesserungsgenehmigung *Schink*, NuR 2011, 250 ff.
68 Etwa im Atomrecht: Gebot der Gefahrenvorsorge (§ 4 Abs. 2 Nr. 3 und § 7 Abs. 2 Nr. 3 AtG, vgl. BVerwG, ZUR 2013, 610 ff. m. Anm. *Schlacke*, ZUR 2013, 614) und Strahlenminimierungsgebot (§ 6 StrSchV) drittschützend, dazu m.w.N. *Nolte* in: Kluth/Smeddinck, Umweltrecht, § 7 Rn. 22.
69 Zu alldem weiterführend und vertiefend *Schwerdtfeger*, Der deutsche Verwaltungsrechtsschutz unter dem Einfluss der Aarhus-Konvention, 2010, S. 111 ff.; bereits *Reiling*, Zu individuellen Rechten im deutschen und im Gemeinschaftsrecht, 2004; zum Nachfolgenden näher *Schlacke*, NVwZ 2014, 11 ff.

licher Interessenssphären und die Betroffenheit des Bürgers.[70] Eine Individualberechtigung ergibt sich, wenn die unionsrechtliche Norm wenigstens auch Interessen Einzelner dienen soll.[71] Unproblematisch erweist sich dies für die EU-Grundfreiheiten (Art. 34 ff., 45 ff., 49 ff., 63 ff. AEUV) sowie für die zu ihrer Durchführung ergangenen Sekundärrechtsnormen.[72]

Letzteres gilt auch für die Grundrechte der Grundrechte-Charta, soweit von nationaler Seite EU-Recht durchgeführt wird, Art. 51 Abs. 1 GRC[73]. Dabei meint „Durchführung" sowohl gesetzgeberisches Handeln (etwa bei der Umsetzung von Richtlinien) als auch administrativen Vollzug (bspw. nach Art. 291 Abs. 1 AEUV[74]).[75] Nach umstrittener, aus Gründen der Verantwortungsteilung zwischen EU und Mitgliedstaaten aber überzeugender Auffassung endet die Bindung an die EU-Grundrechte freilich dort, wo die Mitgliedstaaten über Spielräume gegenüber den europarechtlichen Vorgaben verfügen; dann gelten die nationalen Grundrechte.[76]

Hinsichtlich sonstiger sekundärer Rechte aus EU-Verordnungen oder Richtlinien bejaht der EuGH (i.S.d. Effektivitätsgebots[77]) eine derartige Subjektivität dann, wie vorstehend angeklungen, wenn die betreffende Regelung auf personenbezogene Rechtsgüter Bezug nimmt und der Einzelne diesbezüglich betroffen ist.[78] So war umstritten, ob aus dem Gemeinschaftsrecht ein Anspruch einzelner Bürger auf Aufstellung eines Aktionsplans zur Reduzierung von Schadstoffemissionen in Städten (Stichwort: Feinstaub) abgeleitet werden kann.[79] Nachdem das BVerwG die Frage in Auslegung der deutschen Vorschrift (§ 47 Abs. 2 S. 1 BImSchG) zunächst verneint hatte,[80] ist unmittelbar Betroffenen vom EuGH ein Anspruch auf Erstellung eines Aktionsplans gegenüber den zuständigen nationalen Behörden zuerkannt worden, wenn die Gefahr einer Überschreitung der Grenzwerte oder Alarmschwellen besteht.[81] Diesen gemeinschafts- bzw.

---

70 EuGHE 1991, 2567 Rn. 16; 1991, 4983 Rn. 14; 1991, 825 Rn. 6 f.; 1991, 3757 Rn. 22 f.; 1995, I-2302; *Siegel*, DÖV 2012, 709 f., 716: unionsrechtliche Aufladung der Schutznormlehre, die vom EuGH (NVwZ 2011, 673) weiter vorangetrieben wird, a.a.O., 716; *Berkemann*, DVBl. 2011, 1253, 1257 f.; allgemein dazu *Erbguth*, Allgemeines Verwaltungsrecht, § 9 Rn. 7, 12.
71 Ein sich von der Allgemeinheit unterscheidender Personenkreis als Gegenstand der individuellen Schutzrichtung wird, anders als nach überwiegendem innerstaatlichem Verständnis (vgl. eingangs dieser Rn.), nicht gefordert, *Nolte* in: Kluth/Smeddinck, Umweltrecht, § 7 Rn 36.
72 *Huber*, BayVBl. 2001, 577 ff.
73 Vgl. § 7 Rn. 5.
74 Dazu § 7 Rn. 16, a.E.
75 *Kingreen* in: Calliess/Ruffert, EUV/AEUV, Art. 51 GRCh Rn. 8.
76 *Kingreen* in: Calliess/Ruffert, EUV/AEUV, Art. 51 GRCh Rn. 11 f.; anders etwa *Ehlers* in: ders., Europäische Grundrechte und Grundfreiheiten, § 14 Rn. 50, 74.
77 Es besagt, dass nationale Verfahrensbestimmungen die gerichtliche Verfolgung gemeinschaftsrechtlicher Vorgaben nicht übermäßig erschweren oder praktisch unmöglich machen dürfen, vgl. § 7 Rn. 22.
78 EuGHE 1996, I-4845 Rn. 43; exemplarisch auch Art. 12 Abs. 1, 13 Umwelthaftungsrichtlinie; allgemein dazu § 2 Rn. 18.
79 Vgl. *Winkler*, ZUR 2007, 364 ff. m.w.N.; zum Streitstand *Schlacke*, JA 2007, 362 ff.
80 BVerwGE 128, 278, 281.
81 EuGH, BayVBl. 2008, 751; dazu Besprechung von Murswiek, JuS 2009, 74 ff; noch § 9 Rn. 36; zur entsprechenden nationalen Rechtsprechung *Seibert*, DVBl. 2013, 605, 612, unter Hinweis auf OVG Münster, UPR 2013, 349; fallbezogen *Schlacke*, JA 2007, 362 ff.; zum subjektiv-öffentlichen Recht auf ordnungsgemäße Luftreinhalteplanung *Fonk*, NVwZ 2009, 69; *Kahl*, JZ 2010, 718, 718 f.; *Koch/Braun*, NVwZ 2010, 1199, 1204 f.; ferner *G. Kirchhof*, AöR 135 (2010), 29, 74 f.: Paradigmenwechsel im Umweltrecht aufgrund von Klagen Einzelner aus der (planerischen) Gesamtperspektive. Ein Anspruch auf behördliches Einschreiten besteht auch planunabhängig, wenn die Immissionsgrenzwerte für Feinstaub in der Wohnung des Betroffenen überschritten werden; die Maßnahmen dürfen allerdings nicht an anderer Stelle zur Überschreitung der Grenzwerte führen – was im Einzelfall jegliche verkehrsbeschränkenden Maßnahmen ausschließen kann, OVG Münster, UPR 2013, 349; dazu *Seibert*, DVBl. 2013, 605, 612.

unionsrechtlich bedingten Weiterungen der Klagebefugnis ist durch unionsrechtskonforme Auslegung[82] des § 42 Abs. 2 Hs. 2 VwGO Rechnung zu tragen.[83]

- Ob **Verfahrensvorschriften** eine drittschützende Wirkung zukommt, ist nicht abschließend geklärt. Einigkeit besteht nur insofern, als dies bei sog. **absoluten** Verfahrenspositionen zu bejahen ist; dann muss den Bestimmungen zu entnehmen sein, dass schon der Verfahrensverstoß die Aufhebung der Entscheidung nach sich ziehen soll. Anerkannt ist dies mit Blick auf die in § 36 BauGB vorgeschriebene qualifizierte Mitwirkung der Gemeinde bei (Bau-)Genehmigungen (kommunale Planungshoheit!) und für das Mitwirkungsrecht von anerkannten Naturschutzverbänden,[84] strittig hingegen bei § 4 Abs. 1, 3 UmwRG[85]. Ansonsten – und das sind die meisten Fälle – wird insoweit aus nationaler Sicht von nur **relativen** Verfahrensrechten ausgegangen: Verfahrensfehler ziehen lediglich dann die Klagebefugnis nach sich, wenn es deswegen zugleich zu einem Verstoß gegen eine materiellrechtliche Position gekommen sein kann. Das beruht auf der überkommenen Sicht von einer allein „dienenden" Funktion des Verfahrens.[86]

Vor diesem Hintergrund lehnen Teile der Rechtsprechung eine drittschützende Wirkung von Verstößen gegen die **Umweltverträglichkeitsprüfung**[87] ab, nämlich unter Hinweis auf deren bloßen und zudem unselbstständigen[88] Verfahrenscharakter.[89] Die Sicht ist jedenfalls vor dem Europarecht (hier: UVP-Richtlinie[90]) nicht mehr haltbar[91].[92] Nachdem der EuGH in der sog. Wells-Entscheidung[93] einen Anspruch auf Durchführung einer Umweltverträglichkeitsprüfung bejaht hat, gehen deutsche Instanzgerichte zu Recht von einem drittschützenden Charakter der UVP-Verfahrensvorschriften – allerdings nur in Zusammenhang mit der Verletzung einer sonstigen (regelmäßig materiell) drittschützenden Vorschrift – aus.[94] Letztere Einschränkung widerstreitet dem aus Art. 4 Abs. 3 EUV folgenden effet utile[95], demzufolge

---

82 Dazu am Bsp. der richtlinienkonformen Auslegung § 7 Rn. 15.
83 Näher *Berkemann*, DVBl. 2013, 1137, 1147 f., anhand EuGH, ZUR 2011, 317; allgemein *Erbguth*, Allgemeines Verwaltungsrecht, § 9 Rn. 12.
84 Vgl. BVerwGE 87, 62, 68 f.
85 Und zwar schon hinsichtlich dessen rechtssystematischen Einordnung: Zulässigkeit oder Begründetheit der Klage; dazu auch *Eifert* in: Schoch, Besonderes Verwaltungsrecht, 5. Kap., Rn. 188; vgl. nachfolgend im Text.
86 Zusammenfassend etwa *Nolte* in: Kluth/Smeddinck, Umweltrecht, § 7 Rn. 26; kritisch *Erbguth*, Allgemeines Verwaltungsrecht, § 9 Rn. 5. Zum Vorstehenden allgemein *Greim*, Rechtsschutz bei Verfahrensfehlern im Umweltrecht, S. 33 ff.
87 Vgl. § 5 Rn. 62 ff.; es handelt sich entgegen der bislang überwiegend vertretenen Auffassung nicht nur um Verfahrensvorschriften, vgl. § 5 Rn. 68.
88 Dazu § 5 Rn. 66.
89 OVG Koblenz, NuR 2004, 817; OVG Lüneburg, NuR 2004, 403; was so aber nicht zutrifft, vgl. EuGH, NVwZ 2011, 919 Rn. 40, 41; dazu § 5 Rn. 66 m.w.N. Zur rechtsnormativen Verstärkung der Öffentlichkeitsbeteiligung *Schink*, DVBl. 2013, 1347 ff.
90 Vgl. § 5 Rn. 63.
91 Vgl. vorstehend im Text und *Erbguth*, Allgemeines Verwaltungsrecht, § 9 Rn. 5.
92 Vgl. *Kahl*, JZ 2012, 729, 731, gegen OVG Lüneburg, DVBl. 2010, 1039, und m.w.N. Grundlegend zum Eigenwert des Verfahrens im Verwaltungsrecht die Berichte von *Gurlit* und *Fehling*, VVDStRL 70 (2011), S. 227 f.; eingehend *Murswiek/Ketterer/Sauer/Wöckel*, DV 44 (2011), 235, 250 ff. Zugleich zur Modernisierung des VwVfG vgl. *Burgi*, DVBl. 2011, 1317 ff.; *Burgi/Durner*, Modernisierung des Verwaltungsverfahrensrechts durch Reform des Verwaltungsverfahrensgesetzes, 2011. Zur vermittelnden Kategorie der Verfahrensrechte mit „limitierter Akzessorietät", also einer Bindung an das materielle Recht, nicht aber an subjektive Rechtspositionen, *Siegel*, DÖV 2012, 709, 711 f.
93 EuGH, NuR 2004, 517.
94 OVG Magdeburg, ZUR 2009, 36; OVG Koblenz, NuR 2005, 474; offen gelassen durch BVerwG, ZUR 2009, 32; a.A. bereits *Schlacke* in: Gärditz, VwGO, § 4 UmwRG Rn. 42.
95 Vgl. § 7 Rn. 15, 22.

den Anforderungen der UVP zu bestmöglicher Wirkung zu verhelfen ist.[96] Sie ist ferner mit § 4 Abs. 3 i.V.m. Abs. 1 UmwRG nicht zu vereinbaren, der (zugleich) dem Einzelnen die Aufhebung der Entscheidung über ein Vorhaben eröffnet, wenn eine erforderliche UVP (oder Vorprüfung des Einzelfalls nach § 3c UVPG) unterblieben ist.[97] Diese Auffassung wird nunmehr auch von Teilen der Rechtsprechung bestätigt[98].[99] Die kontrovers diskutierte Frage, ob auch die Missachtung einzelner Verfahrensbestimmungen der UVP bzw. der diesbezüglichen Vorprüfung die Klagebefugnis eröffnet,[100] ist mithin aus europarechtlichen Gründen zu bejahen.[101] Dass dies für Verstöße gegen **wesentliches** Verfahrensrecht anzunehmen ist, und die alte Fassung des § 4 Abs. 1 UmwRG[102] insoweit unionsrechtswidrig war, hat der EuGH in seiner Altrip-Entscheidung klargestellt.[103]

Was „wesentliche" Verfahrensvorschriften sind, hat der Gesetzgeber mit der erneuten Änderung des UmwRG Ende 2015 – unionsrechtskonform – festgelegt.[104] Das „Gesetz zur Änderung des Umwelt-Rechtsbehelfsgesetzes zur Umsetzung des Urteils des Europäischen Gerichtshofs vom 7. November 2013 in der Rechtssache C-71/12" vom 20. November 2015[105] enthält im Kern eine Novelle des § 4 UmwRG.[106] Diese Vorschrift beinhaltet ein der Altrip-Entscheidung[107] geschuldetes neues Verfahrensfehlerfolgenregime für Zulassungsentscheidungen nach § 1 Abs. 1 S. 1 Nr. 1 und Nr. 2 UmwRG. Im Unterschied zur bisherigen Regelung finden § 4 Abs. 1 und 1a UmwRG n.F. nicht nur auf UVP-pflichtige Anlagen, sondern auch auf Rechtsbehelfe gegen Entscheidungen über die Zulassung von Industrieanlagen nach der IE-RL, nachträgliche Änderungen nach § 17 BImSchG und Planfeststellungsbeschlüsse für Deponien (KrWG) Anwendung. § 4 UmwRG n.F. unterscheidet in den Abs. 1 und 1a zwischen schweren und weniger schweren Verfahrensfehlern.

Folgen schwerer Verfahrensfehler regelt § 4 Abs. 1 UmwRG. Danach zählen zu schweren UVP-Mängeln das Unterlassen einer erforderlichen UVP oder UVP-Vorprüfung (Nr. 1) i.S.d. bisherigen Rechtslage. Ferner ist auch das Unterlassen und die Nichtnachholung einer Öffentlichkeitsbeteiligung, die nach dem UVPG oder dem BImSchG vorgeschrieben war, ein schwerer Verfahrensfehler (Nr. 2). § 4 Abs. 1 Nr. 3 UmwRG kommt eine Auffangfunktion zu: Nach Art und Schwere mit den

---

96 Auch *Schmidt/Kahl/Gärditz*, § 4 Rn. 75; eingehend zum Problemkreis *Kleesiek*, Zur Problematik der unterlassenen Umweltverträglichkeitsprüfung – Zugleich eine Untersuchung der Vereinbarkeit des § 46 VwVfG mit dem europäischen Gemeinschaftsrecht, 2010.
97 Zum Meinungsstand *Appel*, NVwZ 2010, 477. Eingehend insoweit zu Verfahrensfehlern anhand des UmwRG vor dem Hintergrund der Trianel-Entscheidung des EuGH (Rn. 15) *Greim*, Rechtsschutz bei Verfahrensfehlern im Umweltrecht.
98 Vgl. OVG NRW, ZUR 2015, 492 ff.; OVG NRW, I+E 2015, 134 f. (Leitsätze), Rn. 4 f., juris.
99 Zur damit verbundenen Einfügung des § 4 Abs. 1 S. 2 UmwRG betreffend eine nicht dem Maßstab des § 3a S. 4 UVPG entsprechenden (UVP-)Vorprüfung nachfolgend bei Rn. 17.
100 Dazu und zum hierauf bezogenen Streit *Wienhues*, NordÖR 2013, 185, 109 m. w. N. auf den Meinungsstand in Fn. 54.
101 EuGH, Rs. C-137/14, ZUR 2016, 34 ff. Rn. 55.
102 Gesetz zur Änderung des Umwelt-Rechtsbehelfsgesetzes und anderer umweltrechtlicher Vorschriften v. 21.1.2013, BGBl. I, S. 95; Änderung durch Gesetz v. 8.4.2013, BGBl. I, S. 734, im Zuge der Umsetzung der IE-RL (vgl. § 9 Rn. 8); Bek. der Neufassung: BGBl. I, S. 753.
103 EuGH, Rs. C-72/12, ZUR 2014, 36, 38 ff. m. Anm. *Meitz*, ZUR 2014, 40 ff.; *Schlacke*, NVwZ 2014, 11, 14 ff.; bestätigt durch EuGH, Rs. C-137/14, ZUR 2016, 34 ff. Rn. 55: „....grundsätzlich jeden Verfahrensfehler geltend machen."
104 Änderung durch Artikel 1 des Gesetzes v. 20.11.2015, BGBl. I, S. 2069.
105 BGBl. I, S. 2069.
106 Daneben betraf die Änderung der Überleitungsvorschrift gem. § 5 Abs. 1 UmwRG.
107 EuGH, Rs. C-72/12, ZUR 2014, 36 ff.

Nrn. 1 und 2 vergleichbare Verfahrensfehler führen, soweit keine Heilung eingetreten ist und die Öffentlichkeit nicht beteiligt wurde, zur Aufhebbarkeit einer Zulassungsentscheidung. Nach der Gesetzesbegründung fallen hierunter Fehler, die „der betroffenen Öffentlichkeit eine der Garantien genommen [...] [haben], die ihr im Einklang mit den Zielen der UVP-Richtlinie Zugang zu Informationen und die Beteiligung am Entscheidungsprozess ermöglichen sollen."[108] U.a. ist der Fall erfasst, dass „in einem Zulassungsverfahren für ein UVP-pflichtiges Vorhaben keine Unterlagen nach § 9 Abs. 1b Satz 1 des Gesetzes über die Umweltverträglichkeitsprüfung ausgelegt worden sind, so dass es der Öffentlichkeit unmöglich ist, sich gemäß den gesetzlichen Gewährleistungen über die Umweltauswirkungen des Vorhabens zu informieren"[109]. Kein schwerer Verfahrensfehler liegt vor, wenn lediglich einzelne Unterlagen oder Angaben fehlen oder inhaltlich fehlerhaft sind, weil dann nicht die erforderliche Schwere vorliegt.[110] Diese leichteren Fehler können gleichwohl nach den Maßgaben des § 4 Abs. 1a UmwRG gerügt werden. Damit trägt der deutsche Gesetzgeber der EuGH-Rechtsprechung Rechnung, nach der die Geltendmachung aller verfahrensrechtlichen Mängel im Gerichtsverfahren möglich sein muss.[111]

Die Differenzierung zwischen schweren und weniger schweren Verfahrensfehlern hat Konsequenzen für deren Beachtlichkeit: Handelt es sich um einen Verfahrensfehler nach § 4 Abs. 1 – also um einen schweren Verfahrensfehler –, so ist er stets beachtlich und begründet einen absoluten Aufhebungsanspruch. Liegt folglich ein schwerer Fehler vor, der nicht geheilt werden konnte,[112] so ist die Zulassungs- bzw. Vorhabenentscheidung aufzuheben. § 46 VwVfG und die hierzu ergangene Kausalitätsrechtsprechung des BVerwG finden keine Anwendung.

Bei **leichteren Verfahrensfehlern** i.S.v. § 4 Abs. 1a S. 1 UmwRG ist § 46 VwVfG anwendbar. Die Aufhebung eines Verwaltungsakts kann demzufolge nicht beansprucht werden, wenn offensichtlich ist, dass die Verletzung der Verfahrensvorschrift die Entscheidung in der Sache nicht beeinflusst hat. Gelingt dem Gericht eine Aufklärung nicht, so wird gem. § 4 Abs. 1a S. 2 UmwRG die Kausalität des Verfahrensfehlers für die Sachentscheidung vermutet. Dem Gesetz ist eindeutig zu entnehmen, dass selbst bei leichteren Verfahrensmängeln nicht dem Kläger die Substantiierungs- bzw. Beweislast für die Kausalität der Auswirkungen des Verfahrensfehlers auf die Sachentscheidung obliegt. Stattdessen hat das Gericht kraft Amtsermittlungsgrundsatzes den Einfluss des Fehlers auf die Sachentscheidung aufzuklären.[113] Mit dieser klaren Beweislastverteilung und Vermutungsregelung zugunsten des Klägers reagiert der Gesetzgeber ebenfalls auf die EuGH-Entscheidungen.[114]

Mit der Novelle des § 4 UmwRG 2015 ist die umstrittene Frage, ob Verfahrensfehler in Bezug auf die UVP nur dann einen Aufhebungsanspruch für Einzelkläger begründen, wenn auch die Verletzung drittschützender Rechte gerügt werden,[115] be-

---

108 BR-Drs. 361/15, S. 7.
109 Ebenda.
110 Ebenda. So bereits VGH Kassel, Urt. v. 24.9.2008 – 6 C 1600/07.T, Rn. 56, juris.
111 EuGH (Fn. 103).
112 Vgl. § 4 Abs. 1b UmwRG.
113 Vgl. auch BR-Drs. 361/15, S. 8.
114 EuGH, Rs. C-72/12, ZUR 2014, 36 ff. Rn. 47 – Altrip; EuGH, Rs. C-137/14, ZUR 2016, 34 ff. Rn. 55 ff. – Kommission/Deutschland; dazu vgl. *Ruffert*, JuS 2015, 1138 ff.
115 Zum Streitstand vgl. *Bunge*, ZUR 2015, 531, 536; *Schlacke*, in: Gärditz, § 4 UmwRG Rn. 42 ff. Auch das BVerwG geht davon aus, dass klagebefugt nur derjenige gem. § 4 Abs. 3 UmwRG ist, der zumindest möglicherweise in einem subjektiven Recht verletzt ist. Die Klage ist indes begründet, wenn der Verfahrensfehler i.S.v. § 4 Abs. 1 UmwRG besteht. § 113 Abs. 1 VwGO findet insoweit keine Anwendung. Vgl. BVerwGE

antwortet: Der Gesetzesbegründung ist zu entnehmen, dass § 4 Abs. 1 UmwRG den Fall des absoluten Verfahrensfehlers erfasst, während § 4 Abs. 1a UmwRG relative Verfahrensfehler adressiert.[116] Nach der oben dargelegten Rechtsprechung begründen absolute Verfahrensfehler einen unmittelbaren Aufhebungsanspruch, d.h. eine – weitere – Verletzung in drittschützenden Rechten ist nicht erforderlich. Absolute Verfahrensrechte setzen mithin den Rechtswidrigkeitszusammenhang i.S.v. § 113 Abs. 1 S. 1 VwGO außer Kraft. Relative, nicht geheilte Verfahrensfehler führen zwar zur formellen Rechtswidrigkeit der Sachentscheidung, indes nur dann zu ihrer Aufhebung, wenn der Kläger dadurch auch in eigenen Rechten verletzt ist.

Die Differenzierung von absoluten und relativen Verfahrensfehlern findet allerdings nur auf Klagen Einzelner, nicht jedoch auf Verbandsklagen Anwendung, die ohnehin nicht dem von § 113 Abs. 1 S. 1 VwGO geforderten Rechtswidrigkeitszusammenhang unterliegen, da sie auch keine Geltendmachung der Verletzung eigener Rechte erfordern.

- Bei **materiellrechtlich** wirkenden Vorschriften handelt es sich regelmäßig um Verbürgungen des einfachen (Umwelt-)Rechts. Grundrechtspositionen treten hinter diese zurück, sofern sie durch die einfachrechtliche Regelung ausgestaltet werden.[117] Unter dem Aspekt der Klagebefugnis muss der Kläger dann zum Kreis der durch die Norm begünstigten Personen gehören (s.o.), also **Nachbar** sein. Das beschränkt den Drittschutz freilich wegen der vielfach weiträumigen Emissionen umweltbelastender Anlagen nicht auf die unmittelbare Grenznachbarschaft. Vielmehr bestimmt sich der Kreis klagebefugter Nachbarn anhand der jeweiligen Intensität und Reichweite der Auswirkungen.[118] Das BVerwG spricht insoweit von einer engen räumlichen und zeitlichen Beziehung zum Genehmigungstatbestand.[119] Eine solche **räumliche Beziehung** liegt innerhalb des Einwirkungsbereichs der jeweilgen Anlage vor. Zum Einwirkungsbereich gehört das Gebiet, in das von der Anlage emittierte Stoffe in einer Menge und Konzentration gelangen, die schädliche Wirkungen erzeugen.[120] Dies kann gerade bei Luftverunreinigungen zu einem weit gefassten Nachbarbegriff führen. Das Merkmal der engen **zeitlichen Beziehung** ist erfüllt, wenn der Kläger den Auswirkungen der Anlage für eine gewisse Dauer ausgesetzt ist, er also ein über das allgemeine Lebensrisiko hinausgehendes Opfer zu erbringen hat. Das gilt für Grundstückseigentümer, Mieter, Pächter, Arbeitnehmer und alle Personen, die sich ständig oder doch längerfristig im Einwirkungsbereich der Anlage aufhalten und sich deshalb deren Auswirkungen nicht ohne Weiteres entziehen können.[121]

- Die Klagebefugnis von benachbarten **Gemeinden** ist auf die Geltendmachung von Selbstverwaltungsrechten (Art. 28 Abs. 2 S. 1 GG) begrenzt.[122] Demzufolge können etwa Verletzungen der Planungshoheit, sofern diese bereits durch Einleitung des Planaufstellungsverfahrens (§§ 2 ff. BauGB) oder gar durch dessen Abschluss konkretisiert und verfestigt worden ist, geltend gemacht werden. Entsprechendes wird

---

148, 535 Rn. 41; E 151, 138 Rn. 34; BVerwG, ZUR 2016, S. 33 Rn. 22 f. Dazu auch *Seibert*, NVwZ 2013, 1040, 1045.
116 BR-Drs. 361/15, S. 7.
117 Anwendungsvorrang, vgl. etwa *Erbguth*, Allgemeines Verwaltungsrecht, § 7 Rn. 17, § 9 Rn. 6.
118 Vgl. BVerwG, NJW 1981, 1973, zum Baunachbarrecht.
119 BVerwG, UPR 1983, 69, 70, für das Immissionsschutzrecht.
120 OVG Lüneburg, GewArch 1980, 203.
121 BVerwG, NJW 1983, 1507, 1508; auch *Nolte* in: Kluth/Smeddinck, Umweltrecht, § 7 Rn. 34.
122 BVerfGE 61, 82, 103 – Sasbach; vgl. aber § 2 Abs. 2 S. 2 BauGB; dazu *Erbguth/Schubert* in: Erbguth/Mann/Schubert, Rn. 34 ff.

angenommen, wenn das angegriffene Vorhaben infolge seines großräumigen Zuschnitts wesentliche Teile des Gemeindegebiets einer kommunalen Beplanung entzieht oder wenn hierdurch gemeindliche Einrichtungen erheblich beeinträchtigt werden.[123] Die Beeinträchtigung von Aufgaben zur Wahrnehmung als Pflichtaufgaben[124] begründet die Klagebefugnis hingegen nicht, weil es sich um von Art. 28 Abs. 2 GG nicht erfasste staatliche Aufträge handelt. Ebenso wenig kann die Gemeinde als (öffentliche!) Sachwalterin die Beeinträchtigung von Gesundheit und Eigentum ihrer Bürger rügen. Ob sich eine Klagebefugnis der Gemeinde aus einer möglichen Beeinträchtigung gemeindlichen Eigentums ergibt, ist umstritten.[125] Nach der Rechtsprechung des BVerfG scheidet eine Berufung der Gemeinde auf Art. 14 GG aus, weil sie als Hoheitsträger nicht grundrechtsberechtigt ist.[126] Allerdings kann das Eigentum unterhalb der Verfassungsebene, also in **einfachgesetzlichen** Zusammenhängen, rechtlichen Schutz genießen. Ferner vermag sich die Gemeinde auf das „subjektive Abwägungsgebot"[127] zu berufen; dem kommt vornehmlich dann Bedeutung zu, wenn ihre eigene Planung zwar schon konkretisiert, aber noch nicht verfestigt ist.[128] Durch das UmwRG erhalten Gemeinden – neben Verbänden und natürlichen Personen – gem. § 4 Abs. 3 S. 1 UmwRG die Möglichkeit, Verletzungen von UVP-Recht i.S.v. § 4 Abs. 1 UmwRG gerichtlich geltend zu machen. Nach der Entscheidung des EuGH in der Rs. Altrip[129] ist der Katalog der Verfahrensfehler in § 4 Abs. 1 UmwRG a.F. unter Berücksichtigung des Unionsrechts zu eng und Ende 2015 neu gefasst worden[130].[131]

- **Klagemöglichkeiten von Vereinigungen** (bzw. Verbänden) kommt im Umweltrecht deshalb besondere Bedeutung zu, weil nach dem Vorstehenden der Drittschutz in der Rechtsprechung immer noch restriktiv behandelt wird[132], naturschutzrechtlichen Vorschriften (jedenfalls des nationalen Rechts) kein subjektiv-öffentlicher (Schutz-)Charakter zuerkannt wird und bei Anfechtungs- und Verpflichtungsklagen, aber auch bei (planerischen) Abwägungsentscheidungen (etwa Planfeststellungsbeschlüsse) die Rechtswidrigkeit der Maßnahme nur mit Blick auf das subjektive Recht des Klägers gerichtlicherseits geprüft wird[133].[134]

---

123 Vgl. *Nolte* in: Kluth/Smeddinck, Umweltrecht, § 7 Rn. 32, unter Hinweis auf BVerwGE 81, 95, 106; 90, 96, 100.
124 Vgl. etwa *Erbguth*, Allgemeines Verwaltungsrecht, § 6 Rn. 18.
125 Dafür *Kloepfer*, Umweltrecht, § 8 Rn. 32; a.A. *Jarass*, NJW 1983, 2844, 2849.
126 BVerfGE 61, 88, 104 f.
127 Vgl. Rn. 13.
128 *Nolte* in: Kluth/Smeddinck, Umweltrecht, § 7 Rn. 32; zur Verfestigung vorstehend im Text.
129 EuGH, Rs. C-72/12, ZUR 2014, 36, 38 ff. vgl. dazu *Schlacke*, NVwZ 2014, 11, 14 ff.
130 S. Fn. 102.
131 Ausführlich zum Drittschutz von Kommunen in Umweltangelegenheiten vgl. *Dietz/Meyer*, AöR 2015, 198 ff.
132 Eine behutsame Ausweitung des Rechtsschutzes sieht *Ramsauer* in: Koch (Hrsg.), Umweltrecht, § 3 Rn. 184.
133 Anders nur in Fällen der enteignungsrechtlichen Vorwirkung, also wenn das „Ob" der Enteignung aufgrund des Planfeststellungsbeschlusses nicht mehr in Frage steht, und bei der Überprüfung von Plänen im Normenkontrollverfahren; zu Ersterem *Ramsauer* in: Koch (Hrsg.), Umweltrecht, § 3 Rn. 185, zu Letzterem *Erbguth*, Allgemeines Verwaltungsrecht, § 28 Rn. 16, dort allerdings auch zur Besonderheit nach § 2 Abs. 5 bzw. 1 UmwRG; dazu noch nachfolgend im Text.
134 Näher zur Klagebefugnis der Verbände *Bunge*, ZUR 2014, 3. Insgesamt zur „Krankengeschichte" der nationalen Umweltverbandsklage und sachgerechten Integration der europäischen Vorgaben in das deutsche Recht *Kment*, UPR 2013, 41. Eingehend zum Nachfolgenden *Nolte* in: Kluth/Smeddinck, Umweltrecht, § 7 Rn. 93 ff. Zu aktuellen Entwicklungen *Gellermann*, DVBl. 2013, 1341.

Immerhin ist die viel diskutierte (altruistische) Verbandsklage nach einigem Hin und Her inzwischen im Naturschutzrecht – auf Bundes-[135] und Landesebene[136] – verankert worden.[137] Hiernach können (anerkannte) Naturschutzvereinigungen in gesetzlich näher festgelegten Fällen (gegen Befreiungen in Naturschutzgebieten u.ä.; Planfeststellungsbeschlüsse mit naturschutzbezogener Eingriffswirkung, diese ersetzende Plangenehmigungen mit Öffentlichkeitsbeteiligung) unabhängig von der Verletzung eigener Rechte gegen Beeinträchtigungen von Natur und Landschaft gerichtlich vorgehen.[138]

Veranlasst durch die Aarhus-Konvention[139] und in Umsetzung der Öffentlichkeitsbeteiligungsrichtlinie 2003/35/EG[140] sieht das **Umwelt-Rechtsbehelfsgesetz** (UmwRG)[141] seit 2006 eine weitere Umweltverbandsklage (§ 2 Abs. 1 UmwRG) vor.[142] Als Folge von Verurteilungen Deutschlands durch den EuGH[143] wegen unzureichender Umsetzung sekundärrechtlicher Vorgaben wurde das UmwRG im Jahr 2013[144] und 2015[145] weitreichend novelliert. Es eröffnet den nach § 3 UmwRG anerkannten Vereinigungen – neben § 64 Abs. 1 BNatSchG[146] und z.T. ausschließlich[147] – den Zugang zu den Verwaltungsgerichten, um die in § 1 Abs. 1 S. 1 UmwRG normierten Entscheidungen – insbesondere UVP-pflichtige Vorhabenzulassungen und immissionsschutzrechtliche Genehmigungen sowie UVP-pflichtige Bebauungspläne – überprüfen zu lassen. Im Unterschied zu § 64 BNatSchG wird damit anerkannten Verbänden eine Klagebefugnis auch gegenüber Genehmigungen für Industrieanlagen gewährt. Der EuGH hat geklärt, dass die ursprüngliche Beschränkung der Rügebefugnis in § 2 Abs. 1 Nr. 1 UmwRG a.F. auf Verletzungen von drittschützenden Umweltvorschriften, also eine schutznormakzessorische Verbandsklage, unionsrechtswidrig ist.[148] Begründet findet sich dies zum einen

---

135 Vgl. § 64 BNatSchG; dazu § 10 Rn. 66 ff.
136 § 39b NatSchG Bln; § 65 BbgNatSchG; § 44 BremNatSchG; § 41 HambNatSchG; § 65a LNatG M-V; § 60c NdsNatSchG; § 37b LPflG RP; § 33 SaarlNatSchG; § 52 NatSchG LSA; § 58 SächsNatSchG; § 51c NatSchG SH; § 46 ThürNatG; die landesgesetzlichen Verfahren erweitern die bundesgesetzlichen Klagemöglichkeiten der Naturschutzvereinigungen, *Ramsauer* in: Koch (Hrsg.), Umweltrecht, § 3 Rn. 198.
137 Hierzu eingehend *Schlacke*, Überindividueller Rechtsschutz, S. 161 ff.; aus der Sicht des europäischen Naturschutzrechts insoweit *Vallendar*, UPR 2008, 1 ff.; zur aktuellen Entwicklung der Verbandsklagen im Umweltrecht *Seibert*, NVwZ 2013, 1040; auch *Porsch*, NVwZ 2013, 1062; zu neueren Entwicklungen zugunsten kollektiven Rechtsschutzes auf EU-Ebene *Seitz*, EuZW 2013, 561 f. (Editorial).
138 Vgl. § 10 Rn. 65 ff.
139 Siehe bereits § 5 Rn. 128, § 8 Rn. 21; siehe ferner *Schlacke*, NuR 2004, 629 ff.; *dies.*, NuR 2007, 8 ff.; *Vallendar*, UPR 2008, 1 ff.
140 Vgl. § 5 Rn. 63.
141 Gesetz über ergänzende Vorschriften zu Rechtsbehelfen in Umweltangelegenheiten v. 7.12.2006, BGBl. I, S. 2816, zuletzt geändert durch Art. 1 des Gesetzes v. 20.11.2015, BGBl. I, S. 2069; vgl. oben § 6 Rn. 13, 15 ausführlich hierzu *Schlacke*, NuR 2007, 8.
142 Einen umfassenden Überblick zur diesbezüglichen Rechtsentwicklung gibt *Bunge*, ZuR 2015, 531 ff.
143 EuGH, Rs. C-115/09, 2011 I-3673 – Trianel; EuGH, Rs. C-72/12, ZUR 2014, 36 ff. – Altrip; EuGH, EuGH, Rs. C-137/14, ZUR 2016, 34 ff. – Kommission/Deutschland.
144 S. Fn. 103; vgl. hierzu ausführlich *Schlacke*, ZUR 2013, 195.
145 S. Fn. 105.
146 Gem. der neuen Kollisionsregel in § 1 Abs. 3 UmwRG findet der naturschutzrechtliche Rechtsbehelf nach § 64 Abs. 1 BNatSchG keine Anwendung, wenn es sich um eine UVP-pflichtige Planfeststellung handelt, vgl. hierzu *Schlacke*, ZUR 2013, 195, 197.
147 Vgl. § 1 Abs. 3 UmwRG sowie § 10 Rn. 69.
148 EuGH, Rs. C-115/09, 2011 I-3673 – Trianel m. Anm. *Schlacke*, NVwZ 2011, 804; *Appel*, NuR 2011, 414; *Wegener*, ZUR 2011, 363; *Fellenberg/Schiller*, UPR 2011, 321; *Schwerdtfeger*, EuR 2012, 80; vgl. auch *Schlacke* in: Schlacke (Hrsg.), GK-BNatSchG, § 64 Rn. 20; *Kment*, UPR 2013, 41, 43 ff.; Vorlagebeschluss OVG Münster, ZUR 2009, 380; hierzu bereits *Schlacke*, NuR 2007, 8, 14; *Gassner*, NuR 2007, 143, 147; vgl. in Bezug auf die Umsetzung von Art. 9 Abs. 3 der Aarhus-Konvention EuGH, ZUR 2011, 317 mit Anm. *Schlacke*, DVBl. 2015, 929 ff.; *dies.*, ZUR 2011, 312 sowie *Rehbinder*, EurUP 2012, 23; vgl. ferner OVG Münster, ZUR 2012, 678.

§ 6 Rechtsschutz im Umweltrecht

mit dem in Art. 10a Abs. 3 S. 2, 3 der UVP-Richtlinie 85/337/EWG (jetzt: 11 Abs. 3 Richtlinie 2011/92/EU) betonten Ziel, der Öffentlichkeit „einen weiten Zugang zu den Gerichten" zu gewähren[149] und im Näheren mit einem Verstoß gegen den europarechtlichen Effektivitätsgrundsatz[150]; denn infolge der deutschen Regelung wäre es den Umweltverbänden weitgehend verwehrt, aus dem Unionsrecht hervorgegangene nationale (Umwelt-)Rechtsvorschriften auf ihre Einhaltung gerichtlich überprüfen zu lassen, weil sie meist auf das Allgemeininteresse und nicht auf den Schutz Einzelner gerichtet sind.[151] In Umsetzung des EuGH-Urteils (Trianel) wurde das UmwRG 2013[152] dahingehend novelliert, dass gem. § 2 Abs. 1 Nr. 1 nunmehr sämtliche umweltbezogene Vorschriften rüge- und kontrollfähig sind.[153] Bis zu einer ordnungsgemäßen Umsetzung entfalteten die entsprechenden Bestimmungen der besagten Richtlinie unmittelbare Wirkung[154], und zwar rückwirkend seit Ablauf der Umsetzungsfrist der Öffentlichkeitsbeteiligungsrichtlinie[155].[156] Wie erwähnt, ist das Umwelt-Rechtsbehelfsgesetz zwischenzeitlich novelliert und die Beschränkung der Klagebefugnis auf drittschützende Normen beseitigt worden, dies i.S.e. „großen" Lösung: Nicht nur Verstöße gegen unionsrechtliche oder hierauf gerichtete nationale Umsetzungsvorschriften gerügt werden, sondern auch solche gegen Vorschriften rein nationaler Art[157]; gleichzeitig wurde die Neufassung des Gesetzes aber dafür genutzt, andere Einschränkungen des Rechtsschutzes einzuführen, die auch den Individualrechtsschutz betreffen[158]. Ebenfalls gestützt auf den unionsrechtlichen Effektivitätsgrundsatz zeichnet sich ferner eine europagerichtliche Ausweitung der Umwelt-Rechtsbehelfsbefugnis über die in § 1 UmwRG aufgelisteten Entscheidungen und Vorhaben hinaus ab.[159] So hat nunmehr auch das Bundesverwaltungsgericht aus diesem Grund und zugleich vor dem Hintergrund der Aarhus-Konvention[160] die Klage von Umweltvereinigungen gegen Luftreinhalteplä-

---

149 Für Umweltverbände hebt Art. 10a Abs. 3 S. 2, 3 der RL 85/337/EWG zudem hervor, dass für Rechtsbehelfe von Umweltverbänden davon auszugehen ist, dass die Verbände über ein ausreichendes Interesse verfügen oder Rechte haben, die verletzt sein können; zu letzteren Begriffen (Interesse/Recht) vgl. § 10a Abs. 1 RL 85/337/EWG; dazu auch EuGH, Urt. v. 12.5.2011 – C-115/09, Rn. 40, 38, juris.
150 Dazu § 6 Rn. 13, § 7 Rn. 22.
151 EuGH, Rs. C-115/09, 2011 I-3673, Rn. 38, 40, 46 – Trianel (zur entsprechenden richtlinienkonformen Auslegung des deutschen Rechts, a.a.O., Rn. 51 ff., 59) = NVwZ 2011, 801, m. zustimmender Anm. *Schlacke*, NVwZ 2011, 804 m.w.N.; zur Entscheidung und ihren Konsequenzen *Berkemann*, DVBl. 2011, 1253 ff.; *Wegener*, ZUR 2011, 363 ff.; eingehend und befürwortend *ders.* in: Ziekow (Hrsg.), Aktuelle Probleme des Luftverkehrs-, Planfeststellungs- und Umweltrechts, 2011, S. 191 ff.; *Fellenberg/Schiller*, UPR 2001, 321 ff.; *Müller*, EurUP 2011, 166 ff.; *Epiney*, EurUP 2012,88, 90 ff.
152 S. Fn. 146.
153 Zum aktuellen Stand des Rechtsschutzes in Umweltangelegenheiten *Bunge*, ZUR 2015, 531 ff., und § 6 Rn. 15.
154 BVerwG, NVwZ 2012, 176, 177; *A. Schwerdtfeger*, EuR 2012, 80, 88.
155 *Berkemann*, NuR 2011, 780, 781 ff.
156 Zum Vorstehenden auch *Kahl*, JZ 2012, 667, 671 f.
157 Vgl. bei Rn. 13; auch mit Blick auf die Begründetheit der Klage(n), näher *Schlacke*, ZUR 2013, 195, 198; ferner *Seibert*, DVBl. 2013, 605, 605 f., unter Hinweis auf OVG Münster, ZUR 2012, 678 ff.: galt schon vorher wegen unmittelbarer Anwendbarkeit des Art. 9 Abs. 2 Aarhus-Konvention bzw. des Vorrangs des nationalen Zustimmungsgesetzes (als gegenüber dem Umwelt-Rechtsbehelfsgesetz späteres Recht); gegenteilig zur diesbezüglichen unmittelbaren Wirkung im innerstaatlichen Recht OVG Koblenz, NuR 2013, 282. Zur Neufassung des Umwelt-Rechtsbehelfsgesetzes insoweit auch *Wienhues*, NordÖR 2013, 185.
158 Dazu noch Rn. 29, a.E.; näher *Schlacke*, ZUR 2013, 195, 199 ff.; *Wienhues*, NordÖR 2013, 185, 187 ff.
159 Unter Bezug auf Art. 9 Abs. 3 Aarhus-Konvention und EuGH, ZUR 2011, 317: aus Gründen des unionalen Effektivitätsprinzips (vgl. § 7 Rn. 22), wenn der geltend gemachte Rechtsverstoß gegen innerstaatliches Umweltrecht zugleich den Regelungskreis des unionsrechtlichen Umweltrechts betrifft; dazu *Schlacke*, DVBl. 2015, 929 ff.; *Guckelberger*, JA 2014, 647, 652 f.; befürwortend unter Bezugnahme auf die insoweit divergierende Rechtsprechung des OVG Koblenz *Klinger*, NVwZ 2013, 850; ebenfalls zustimmend mit eingehender Diskussion des EuGH, wie vor, und der hierauf gerichteten Rechtsprechung der Verwaltungsgerichte erster und zweiter Instanz sowie des Schrifttums *Berkemann*, DVBl. 2013, 1137, insb. 1142 ff.; auch *Künzler*, SächsVBl. 2013, 233.
160 Vgl. § 8 Rn. 6.

ne nach § 47 BImSchG[161] auf der Grundlage von § 42 Abs. 2 Hs. 2 VwGO i.V.m. § 3 UmwRG zugelassen und damit das deutsche Verwaltungsrechtsschutzsystem in Richtung einer Interessentenklage erweitert.[162]

16 Davon zu unterscheiden ist die früher in der Rechtsprechung anerkannte Klagebefugnis von Naturschutzverbänden wegen Verstoßes gegen ihr Beteiligungsrecht (sog. **verfahrensrechtliche Verbandsklage**).[163] Rechtsfolge einer unterlassenen oder mangelhaften Verbandsmitwirkung war die Aufhebung der formell rechtswidrigen Sachentscheidung – selbst bei deren materieller Rechtmäßigkeit.[164] Nach Einführung der Verbandsklage dürfte hierfür grundsätzlich kein Raum mehr sein.[165] Gegenteiliges wird man unter Geltung des Umwelt-Rechtsbehelfsgesetzes aus Rechtsschutzgesichtspunkten allenfalls im Fall einer Umgehung der Beteiligung, nämlich bei fälschlicher Durchführung eines Verwaltungsverfahrens ohne Öffentlichkeitsbeteiligung annehmen müssen.[166] Entsprechendes gilt für Rechtsbehelfe von Naturschutzvereinigungen nach § 64 Abs. 1 Nr. 3 BNatSchG.

b) Kontrolldichte im Umweltrecht

17 Die Beschränkung Drittbetroffener auf die Geltendmachung der Verletzung **drittschützender Normen** bezieht sich nicht nur auf die Zulässigkeit der Klage. Sie ist auch im Rahmen der Begründetheit zu beachten. Eine mit Blick auf bestimmte Normen zulässige Drittklage führt also nicht zu einer umfassenden Prüfung der Rechtmäßigkeit.[167] Prüfungsmaßstab sind die drittschützenden Normen. Anderes gilt nur, wenn Art. 14 GG betroffen ist[168], oder im Rahmen des Normenkontrollverfahrens nach § 47 VwGO[169].

Sind Einwendungen präkludiert, weil sie nicht oder nicht fristgerecht im Beteiligungsverfahren vorgebracht worden sind, können hieraus allerdings keine Rechte als Gegenstand der gerichtlichen Überprüfung abgeleitet werden, wenn eine **materielle Präklusion** vorliegt. Das ist der Fall, wenn nach der fraglichen Regelung der Einwendungsausschluss nicht nur das weitere Verwaltungsverfahren (dann „nur" „formelle" Präklusion), sondern auch das gerichtliche Verfahren er-

---

161 Dazu § 9 Rn. 36.
162 BVerwGE 147, 312 ff.; dazu *Bunge*, ZUR 2015, 531 ff.; *Schlacke*, DVBl. 2015, 929 ff., *dies.*, NVwZ 2014, 11 ff.; *Guckelberger*, JA 2014, 647, 652 ff.; auf drittschützende Rechte einschränkend BVerwG, NVwZ 2015, 596 – Flugrouten m. Anm. *Schlacke*, NVwZ 2015, 563 ff. Weitgehend bestätigt durch BVerwG, NVwZ 2015, 596; dazu *Schlacke*, NVwZ 2015, 563 ff.; und BVerwGE 149, 31 Rn. 11.
163 Auch Partizipationserzwingungsklage genannt, dazu BVerwGE 87, 62, 68 ff.
164 Absolutes Verfahrensrecht, BVerwGE 87, 62, 70; *Siegel*, DÖV 2012, 709, 711; kritisch *Dolde*, NVwZ 1991, 960. Ableitung eines absoluten Verfahrensrechts aus der Öffentlichkeitsbeteiligung im Rahmen der Lärmminderungsplanung, § 47d Abs. 3 BImSchG bei *Cancik*, WiVerw 2012, 210, 212 f.
165 BVerwG, NVwZ 2002, 1103, 1105; *Siegel*, DÖV 2012, 709, 711; zurückhaltender *Wysk* in: ders., VwGO, § 42 Rn. 185.
166 *Siegel*, DÖV 2012, 709, 711 m.w.N.; anders OVG Lüneburg, ZUR 2013, 683, 686 f.: § 42 Abs. 1 Hs. 1 VwGO i.V.m. § 2 Abs. 1 UmwRG.
167 Allgemein liegt dies in der Rückbezüglichkeit auf die subjektive Rechtsverletzung in § 113 Abs. 1 S. 1 VwGO begründet (Rechtswidrigkeitszusammenhang); vgl. *Schmidt-Aßmann*, Ordnungsidee, 4. Kap., Rn. 60; bereits Rn. 13.
168 Aus Gründen der „enteignungsrechtlichen" Vorwirkung des Planfeststellungsbeschlusses, vgl. etwa *Hoppe/Schlarmann/Buchner/Deutsch*, Rechtsschutz bei der Planung von Verkehrsanlagen und anderen Infrastrukturvorhaben, Rn. 27; bereits Rn. 15 m.w.N. Allerdings sind solche Rechtsverstöße nicht Gegenstand der Überprüfung, die sich auf die Eigentumsbetroffenheit nicht ausgewirkt haben, insb. nicht kausal waren, vgl. dazu *Nolte* in: Kluth/Smeddinck, Umweltrecht, § 7 Rn. 46 f.
169 Vgl. etwa *Erbguth*, Allgemeines Verwaltungsrecht, § 28 Rn. 2, 16.

fasst. Das gilt bspw. für § 10 Abs. 3 S. 5 BImSchG.[170] Allgemeine Grundlage ist der Verwirkungsgedanke[171]; deshalb tritt die Präklusion nur ein, wenn dem Betroffenen besagtes Vorbringen möglich war, er insb. auf die Fristeinhaltung und auf den ansonsten drohenden Einwendungsausschluss hingewiesen worden war.[172] Präklusionsvorschriften, die die Verwirkung von Klagerechten in Umweltangelegenheiten betreffen, die aufgrund unionsrechtlicher Vorgaben bestehen, dürften indes nach jüngster Rechtsprechung des EuGH grundsätzlich unionsrechtswidrig sein.[173]

Das Gericht ist gegenüber dem Verwaltungshandeln auf eine Rechtmäßigkeitskontrolle beschränkt (etwa § 113 Abs. 1 S. 1 VwGO). Zweckmäßigkeitsgesichtspunkte bleiben mangels rechtlicher Kontrollmaßstäbe außer Betracht. Zu unterscheiden als Gegenstand der gerichtlichen Überprüfung sind auch hier[174] Verfahrensvorschriften einerseits und materiellrechtliche Regelungen andererseits.

- Bei einem Verstoß gegen **verfahrensrechtliche** Bestimmungen und solche der Form kann neben einer Heilung nach § 45 VwVfG, die den Fehler ex tunc behebt[175], § 46 VwVfG den Aufhebungsanspruch ausschließen, sofern er nicht durch spezielles Recht verdrängt wird. Allerdings spricht viel für eine den Anwendungsbereich der Norm einengende Interpretation. Danach liegt eine offensichtliche Nicht-Kausalität des Verfahrensfehlers für die Entscheidung und damit dessen Unbeachtlichkeit nur vor, wenn die fehlende Beeinflussung des Entscheidungsgehalts unschwer und unzweifelhaft feststellbar ist.[176] Ausgeschlossen wird eine Geltung von § 46 VwVfG bei Verstößen gegen UVP-(Verfahrens-)Vorschriften. In der Literatur findet sich dies teilweise auf Art. 4 Abs. 3 EUV (Effektivitätsgrundsatz) gestützt.[177] Das BVerwG sieht in § 4 Abs. 1 S. 1 UmwRG eine Sonderregelung gegenüber § 46 VwVfG, die eine Ausnahme vom Kausalitätserfordernis bei nicht durchgeführter UVP festschreibt.[178] Bestätigt wird dies nunmehr durch § 4 Abs. 1a S. 1 UmwRG 2015, der die Nichtanwendung von § 46 VwVfG auf Fälle des Abs. 1 anordnet. Auch eine Geltung des § 45 VwVfG, also die Eröffnung von Heilungsmöglichkeiten hinsichtlich des UVP-Verfahrens, dürfte mit dem effet utile aus Art. 4 Abs. 3 EUV[179], genauer dem europarechtlichen Effektivitätsprinzip[180], nicht ohne Weiteres in Einklang zu bringen sein.[181] Das gilt zugleich gegenüber § 4 Abs. 1b S. 1 UmwRG, der es bei dem zulässigen Zeitraum der Heilung nach § 45 Abs. 2 VwVfG (bis zum Abschluss

---

170 Vgl. nur *Koch* in: ders. (Hrsg.), Umweltrecht, § 4 Rn. 169; bereits Rn. 5.
171 Dazu anhand des öffentlichen Baurechts *Erbguth/Schubert*, Öffentliches Baurecht, § 15 Rn. 62.
172 Zum Vorstehenden *Nolte* in: Kluth/Smeddinck, Umweltrecht, § 7 Rn. 49 f., 52, zu Bedenken an der europarechtlichen Vereinbarkeit derartiger Präklusionsvorschriften, die vom BVerwG bislang nicht geteilt wurden (BVerwG, NVwZ 2012, 180).
173 EuGH, Rs. C-137/14, ZUR 2016, 34, 40 f. Rn. 75 ff. m. Anm. *Klinger*, ZUR 2016, 42 ff. und oben § 6 Rn. 5.
174 Vgl. bereits im Rahmen der Zulässigkeit von Klagen/Klagebefugnis vorstehend Rn. 13 ff.
175 Allgemein dazu *Erbguth*, Allgemeines Verwaltungsrecht, § 15 Rn. 15.
176 *Kahl*, VerwArch 95 (2004), 1, 24.
177 *Schmidt/Kahl/Gärditz*, § 4 Rn. 75; *Schlacke* in: Gärditz, VwGO, § 4 UmwRG Rn. 46.
178 BVerwG, DVBl. 2012, 501; bereits bei Rn. 13.
179 Auch § 7 Rn. 15.
180 Vgl. § 6 Rn. 13, 15, § 7 Rn. 22.
181 Anders und angesichts des europarechtlichen Effektivitätsgrundsatzes wenig überzeugend die Rechtsprechung, BVerwG, ZUR 2012, 303, 307 f., anhand der sondergesetzlichen Fehlerfolgenregelung des § 17e Abs. 6 S. 2 FStrG für straßenrechtliche Planfeststellungsbeschlüsse: geht allgemeiner Regelung in § 113 Abs. 1 S. 1 VwGO i.V.m. § 4 Abs. 1 S. 1 UmwRG (Aufhebung der Entscheidung) vor, was den einengenden Maßgaben des EuGH (etwa EuGH, Slg. 2008, I-4911, Rn. 49, NuR 2012, 42, Rn. 83, 93: Heilung darf Unionsrecht nicht umgehen oder unangewendet lassen/Legalisierung muss Ausnahme bleiben) genügen soll, weil gerichtlicherseits in der Entscheidung zwar nicht die Aufhebung, wohl aber die Rechtswidrigkeit und Nichtvollziehbarkeit des Planfeststellungsbeschlusses festgestellt und die nachgeholte UVP im Rahmen

der letzten gerichtlichen Tatsacheninstanz) sowie der Planergänzung und -erhaltung gem. § 75 Abs. 1a VwVfG belässt, wenn ein Verfahrensfehler i.S.v. § 4 Abs. 1 UmwRG vorliegt.[182]

Das dürfte allerdings nicht S. 2 des § 4 Abs. 1 UmwRG erfassen, wonach im Fall der Vorprüfung auch ein Verstoß gegen § 3a S. 4 UVPG gerügt werden kann. Denn bei der damit in Bezug genommenen Verkennung erheblicher Umweltauswirkungen des Vorhabens und fehlenden Nachvollziehbarkeit des Prüfungsergebnisses handelt es sich um materielle, nicht aber formelle Fehler, auf die § 45 VwVfG allein anwendbar ist[183].

- Die kontrovers diskutierte Frage, ob § 4 Abs. 1 S. 1 UmwRG nur eine gänzlich unterlassene UVP bzw. Vorprüfung die Entscheidung rechtswidrig macht oder ob dies auch der Fall ist, wenn lediglich gegen Einzelanforderungen des (UVP-)Verfahrens verstoßen worden ist,[184] ist durch das Urteil des **EuGH** in der Rechtssache **Altrip** geklärt, der auch Fehler einer durchgeführten Umweltverträglichkeitsprüfung als rügefähig ansieht und dem nationalen Recht aus Kausalitätsgründen hiervon nur dann Ausnahmen gestattet, sofern im Wege gerichtlicher Aufklärung eine fehlende Auswirkung des Verfahrensfehlers auf die Entscheidung belegt werden kann.[185] Der deutsche Gesetzgeber hat diese erneute Unionsrechtswidrigkeit durch Änderung des UmwRG Ende 2015[186] beseitigt. Neben der Rüge einer rechtswidrig unterlassenen UVP oder UVP-Vorprüfung des Einzelfalls zur Feststellung der UVP-Pflichtigkeit kann auch das Fehlen einer erforderlichen Öffentlichkeitsbeteiligung oder ein anderer Verfahrensfehler, der nicht geheilt worden ist, nach seiner Art und Schwere mit soeben genannten Fällen vergleichbar ist und der betroffenen Öffentlichkeit die Möglichkeit der gesetzlich vorgesehenen Beteiligung am Entscheidungsprozess genommen hat, geltend gemacht werden und zur Aufhebung der Entscheidung führen (§ 4 Abs. 1 S. 1 UmwRG).[187] Mit Blick auf **materielles** Recht findet eine deckungsgleiche, nachvollziehende Kontrolle der Verwaltungsentscheidung durch das Verwaltungsgericht statt, soweit die jeweilige Vorschrift eine **vollständige** (strikte) **Bindung** der Verwaltung ausspricht. Eröffnet das Gesetz der Verwaltung einen **Ermessens-** oder **Abwägungsspielraum**, reduziert sich die Kontrolle auf Ermessens- bzw.

---

einer erneuten „ergebnisoffenen" Zulassungsentscheidung „gewürdigt" werde; auch OVG Münster, DVBl. 2010, 719.

182 Zur diesbezüglichen Rüge bereits Rn. 15; insgesamt für über § 4 UmwRG hinausgehende Folgewirkungen der Aarhus-Konvention und des Unionsrechts *Schlecht*, Die Unbeachtlichkeit von Verfahrensfehlern im deutschen Umweltrecht, 2010; zu alledem auch *Schlacke/Schrader/Bunge*, Aarhus-Handbuch.

183 Vgl. nur *Erbguth*, Allgemeines Verwaltungsrecht, § 15 Rn. 15 f.

184 Bereits bei Rn. 13. Eine rigide Haltung (nur „Ob") favorisierend *Spieth/Appel*, NuR 2009, 312, 316 f.; *Kahl*, JZ 2010, 668, 674; anders mit guten Gründen *Kment*, NVwZ 2007, 274, 277 f.; auch *Schlacke*, NuR 2007, 8, 15; *Schlacke*, ZUR 2009, 80, 81 f.; *Siegel*, DÖV 2012, 709, 714 f., unter Hinweis auf das europarechtliche Effektivitätsprinzip und den Eigenwert des Verfahrens, weshalb zugleich ein § 46 VwVfG entlehntes Kausalitätserfordernis (Auswirkung auf den Inhalt der Entscheidung) abgelehnt, aber eine Beschränkung auf wesentliche Verfahrensfehler abgeleitet wird; *Ziekow*, NVwZ 2007, 259, 264; zur Entwicklung *Köck*, ZUR 2013, 449, 449 f.; *Wienhues*, NordÖR 2013, 185, 190; auch *Kment*, NVwZ 2012, 481, m. Kritik an der gerichtlich verfolgten Beibehaltung seiner Kausalitätsrechtsprechung, a.a.O., 482 f. Zur Einleitung eines (u.a.) hierauf gerichteten Vertragsverletzungsverfahrens der EU-Kommission *Schlacke*, ZUR 2013, 195, 202 m. Fn. 80; vgl. sogleich im Text. Allgemein *Kleesiek*, Zur Problematik der unterlassenen Umweltverträglichkeitsprüfung – Zugleich eine Untersuchung der Vereinbarkeit des § 46 VwVfG mit dem europäischen Gemeinschaftsrecht.

185 Nunmehr erneut bestätigt durch EuGH, Rs. C-137/14, ZUR 2016, 34 ff. Rn. 60 ff. – Kommission/Deutschland.

186 Durch Artikel 1 des Gesetzes v. 20.11.2015, BGBl. I, S. 2069.

187 Vgl. ausführlich oben § 6 Rn. 13.

Abwägungsfehler;[188] die legislative Zuweisung impliziert einen der gerichtlichen Überprüfung nicht zugänglichen Entscheidungsfreiraum der Verwaltung.

- Eine weitere Relativierung der verwaltungsgerichtlichen Kontrolldichte lässt sich für den Bereich **unbestimmter Rechtsbegriffe** konstatieren. Hierauf bezogen findet zwar grundsätzlich eine vollständige Überprüfung statt.[189] Anders sieht es etwa bei den im Umweltrecht häufig anzutreffenden (planerisch-)prognostischen Entscheidungen aus.[190] Diese können gerichtlich nur dahin gehend überprüft werden, ob

  – ihnen ein zutreffender Sachverhalt zugrunde gelegt worden ist,
  – allgemeine Verfahrensregeln und Bewertungsgrundsätze eingehalten worden sind,
  – die einschlägigen Vorschriften beachtet worden sind und
  – willkürfrei gehandelt worden ist.

  § 4a Abs. 2 UmwRG schreibt diese richterrechtlich entwickelten Maßgaben nunmehr für seinen Anwendungsbereich explizit fest.[191]

18

Entsprechendes gilt im Ausgangspunkt, wenn die Exekutive sich zur Ausfüllung unbestimmter Rechtsbegriffe des Instruments der **Verwaltungsvorschrift**[192] bedient (Standardisierung). Mit ihrer Hilfe werden für den verwaltungsinternen Bereich Umweltstandards festgelegt (z.B. TA Luft, TA Lärm).[193] Als nur an die Verwaltung gerichtetes (Innen-)Recht entfalten sie nach allgemeinen Grundsätzen keine (Rechts-)Wirkungen für die gerichtliche Kontrolle. Dies erscheint jedenfalls dann unbefriedigend, wenn die Verwaltungsvorschrift (wie die genannten) in einem aufwändigen Verfahren unter Beteiligung von Sachverständigen und Betroffenen erstellt worden ist.[194] Insbesondere kann der Verwaltung ein eigenständiger Standardisierungsauftrag vom Gesetzgeber zugestanden sein, um das Gesetz hinsichtlich der technischen Spezifika gleichsam „zu Ende zu schreiben", weil sie hierfür besser (als die Legislative) ausgestattet und damit geeigneter ist;[195] dass entspricht dem neueren Verständnis von einer funktionalen Gewaltenteilung, demzufolge es bei der Wahrnehmung staatlicher Aufgaben zumindest in Grenzbereichen auf die Befähigung der jeweiligen Institution ankommt.[196] Vor diesem Hintergrund hat sich die vom BVerwG in seiner Wyhl-Entscheidung[197] entwickelte Unterscheidung zwischen normkonkretisierenden und **norminterpretierenden** Umweltstandards durchgesetzt: **Normkonkretisierende** Verwaltungsvorschriften[198] sind dadurch gekennzeichnet, dass sie unmittelbar vollziehbar sind und keiner weiteren Auslegung bedürfen. Sie binden die Gerichte, sofern sie ordnungsgemäß zustande gekommen, aktuell und hinreichend bekannt gegeben worden sind.[199] Dagegen geben norminterpretierende Verwaltungsvorschriften nur Auslegungshilfen für gesetzliche Tatbe-

---

188 BVerwGE 11, 95, 97; 19, 149, 153; zur Abwägungsfehlerlehre *Erbguth*, JZ 2006, 484; § 5 Rn. 45 ff.
189 Vgl. nur *Erbguth*, Allgemeines Verwaltungsrecht, § 14 Rn. 27.
190 *Nolte* in: Kluth/Smeddinck, Umweltrecht, § 7 Rn. 57.
191 Dazu noch nachfolgend Rn. 29; skeptisch gegenüber der ausdrücklichen Regelung *Wienhues*, NordÖR 2013, 185, 188.
192 Vgl. auch *Kloepfer/Rehbinder/Schmidt-Aßmann*, Umweltgesetzbuch AT, S. 98, 478 ff.
193 *Breuer*, NVwZ 1988, 104; *SRU*, Umweltgutachten 1987, Tz. 91 ff.
194 Etwa §§ 48, 51 BImSchG.
195 Normative Ermächtigungslehre, *Nolte* in: Kluth/Smeddinck, § 7 Rn. 55 m.w.N.
196 Vgl. dazu *Jarass*, JuS 1999, 105, 107; auch *Hoppe/Beckmann/Kauch*, § 5 Rn. 18 ff.; *Erbguth*, DVBl. 1989, 473 ff.; zu alldem *Nolte* in: Kluth/Smeddinck, Umweltrecht, § 7 Rn. 55 ff.
197 BVerwGE 72, 300.
198 Dazu auch *Eifert* in: Schoch, Besonderes Verwaltungsrecht, 5. Kap., Rn. 191.
199 Etwa *Erbguth*, Allgemeines Verwaltungsrecht, § 27 Rn. 8.

standsmerkmale, sind im Einzelfall aber ihrerseits weiter interpretationsbedürftig.[200] Sie haben für die gerichtliche Kontrolle allenfalls indizielle Bedeutung, hingegen keine Bindungswirkung. Beispiele für normkonkretisierende Verwaltungsvorschriften sind die vorgenannten TA Luft und TA Lärm auf der Grundlage des § 48 BImSchG und die „Allgemeine Berechnungsgrundlage für Strahlenexposition bei radioaktiven Ableitungen mit der Abluft oder im Oberflächengewässer", welche die Voraussetzungen des § 7 Abs. 2 Nr. 3 AtG präzisiert. Als Umsetzungsinstrument für EU-Richtlinien taugen Verwaltungsvorschriften indes nicht, auch nicht in ihrer normkonkretisierenden Erscheinungsform.[201]

c) Maßgeblicher Zeitpunkt für die Beurteilung

19 Gerade im Umweltrecht treffen lange Verfahrensdauer und ständige Veränderungen der Rechtslage und des Standes der Wissenschaft zusammen. Das zieht die Frage nach sich, ob der gerichtlichen Entscheidung die Sach- und Rechtslage zum Zeitpunkt der **letzten Verwaltungsentscheidung** oder der **letzten mündlichen Verhandlung** zugrunde zu legen ist.[202] Insoweit gilt es, nach den Gegebenheiten der jeweiligen (Rechts-)Änderungen zu differenzieren:

Unproblematisch sind Rechtsänderungen, die ausdrücklich mit Rückwirkung versehen sind, wie nach § 67 Abs. 5 BImSchG. Auch neue Erkenntnisse über die Schädlichkeit von Immissionen sind zu berücksichtigen. Ansonsten ist bei der Anfechtungsklage prinzipiell auf den Zeitpunkt der **letzten behördlichen Entscheidung**, d.h. auf den Zeitpunkt des Widerspruchsbescheides abzustellen. Etwas anderes ergibt sich aus Gründen der Prozessökonomie bei Verbesserungen der Sach- und Rechtslage **zugunsten des Antragstellers**. So wäre die Aufhebung einer Genehmigung, die aufgrund der aktuellen Lage rechtmäßig geworden ist, nicht sinnvoll, weil sie sofort wieder erteilt werden müsste. Relevanter Zeitpunkt ist insoweit die letzte mündliche Verhandlung. Entsprechendes gilt bei einer Änderung **zulasten des Antragstellers/Genehmigungsinhabers**: Soweit ein Anspruch Dritter auf Aufhebung der Genehmigung besteht, ist ebenfalls auf die letzte mündliche Verhandlung abzustellen.[203] Eine Verweisung des Dritten auf eine Verpflichtungsklage wäre hier unzumutbar.[204]

d) Vorläufiger Rechtsschutz

20 Der vorläufige Rechtsschutz spielt wegen der Verfahrensdauer im Umweltrecht eine besondere Rolle. Kaum ein Hauptsacheverfahren wird ohne ein vorgeschaltetes bzw. parallel betriebenes Eilverfahren durchgeführt. Verfahren dieser Art sind die einstweilige Anordnung nach § 123 VwGO und die Anordnung oder Wiederherstellung der aufschiebenden Wirkung gem. § 80 Abs. 5 VwGO.[205]

---

200 BVerwGE 72, 300, 320.
201 EuGH, Slg. 1991, I-2567; auch § 7 Rn. 15.
202 So insbesondere *Kleinlein*, VerwArch 81 (1990), 149.
203 A. A. VGH Mannheim, NVwZ-RR 2015, 18, 19, der für immissionsschutzrechtliche Drittanfechtungsklagen auf die letzte Verwaltungsentscheidung abstellt.
204 Zum Vorstehenden differenzierend und zur im Ansatz gegenteiligen Auffassung, die auf den Zeitpunkt der letzten mündlichen Verhandlung abstellt, dies aber unter den Vorbehalt des materiellen Rechts stellt, *Erbguth/Schubert* in: Erbguth/Mann/Schubert, Rn. 1297, anhand des öffentlichen Baurechts.
205 Zum Nachfolgenden auch *Nolte* in: Kluth/Smeddinck, Umweltrecht, § 7 Rn. 149 ff. Zum insoweit weniger relevanten Verfahren nach § 47 Abs. 6 VwGO *Erbguth*, Allgemeines Verwaltungsrecht, § 28 Rn. 20 ff.

- Die **einstweilige Anordnung** kommt bspw. bei Nichterteilung einer Genehmigung oder eines Planfeststellungsbeschlusses in Betracht, ferner im Falle des Nichteingreifens der Verwaltung auf Antrag des Nachbarn – also insbesondere dann, wenn im Hauptsacheverfahren eine Verpflichtungsklage zu erheben ist.[206] Sie zielt auf eine vorläufige (eben: einstweilige) Regelung durch das Gericht, mit der ein endgültiger Rechtsverlust unterbunden werden soll.[207]
- Die Einlegung eines Rechtsmittels (Widerspruch/Anfechtungsklage) gegen eine Genehmigung, einen Planfeststellungsbeschluss oder ein Verbot führt gem. § 80 Abs. 1 VwGO zwar grundsätzlich zur **aufschiebenden Wirkung** der Maßnahme (sog. Suspensiveffekt). Der Verwaltungsakt darf in diesem Falle erst dann vollzogen werden, wenn die Klagefrist abgelaufen oder eine endgültige gerichtliche Entscheidung ergangen ist. Zahlreiche Ausnahmen vom Suspensiveffekt ergeben sich aber spezialgesetzlich oder aus § 80 Abs. 2 VwGO; insbesondere kann die Behörde die sofortige Vollziehung anordnen, wenn die Voraussetzungen des § 80 Abs. 2 S. 1 Nr. 4 VwGO vorliegen.[208] Möglichkeiten des Vorgehens gegen den Entfall der aufschiebenden Wirkung sind in § 80 Abs. 5 VwGO normiert.[209]

Nach § 80 Abs. 1 S. 2 VwGO tritt der Suspensiveffekt auch bei **Maßnahmen mit Doppelwirkung** ein. Hat der Dritte einen (zulässigen) Rechtsbehelf erhoben, darf der Adressat von dem ihn begünstigenden Verwaltungsakt zunächst keinen Gebrauch machen. Für das Umweltrecht relevant ist indes § 80 Abs. 2 S. 1 Nr. 3 VwGO: Danach entfällt die aufschiebende Wirkung in anderen durch Bundesgesetz oder für Landesrecht durch Landesgesetz vorgeschriebenen Fällen, insbesondere für Widersprüche und Klagen Dritter gegen Verwaltungsakte, die Investitionen oder die Schaffung von Arbeitsplätzen betreffen (z.B. bei Baugenehmigungen, § 212a BauGB). Der (weitere) Interessenausgleich zwischen den Beteiligten erfolgt über das Verfahren nach § 80a VwGO.[210]

21

Bei der Entscheidung über die Anordnung oder Wiederherstellung der aufschiebenden Wirkung (§ 80 Abs. 5 VwGO) kommt der Abwägung zwischen dem **Vollzugsinteresse** auf Seiten der Behörde resp. des Genehmigungsinhabers einerseits und dem **Suspensivinteresse** des Antragstellers bzw. Drittbetroffenen andererseits besondere Bedeutung zu. Das Problem der Irreversibilität kann insoweit gerade in Fällen, in denen Großprojekte im Streit stehen, leicht zu einer Pattsituation der konfligierenden Interessen führen: Irreversibilität „vollzogener" Genehmigungen contra irreversible Investitionen in das Vorhaben. Angesichts dieser Schwierigkeit greift die Rechtsprechung primär auf den Maßstab der (voraussichtlichen) Erfolgsaussichten im Hauptsacheverfahren zurück.[211] Der Weg verführt freilich zu einer weitgehend vollständigen Rechtskontrolle bereits im Rahmen des vorläufigen Rechtsschutzes, was mit dessen eigentlicher Funktion als Eilverfahren kaum in Einklang steht.

22

---

206 *Hoppe/Beckmann/Kauch*, § 11 Rn. 172.
207 Näher etwa *Erbguth*, Allgemeines Verwaltungsrecht, § 21 Rn. 30 f., § 23 Rn. 25 ff.
208 Zur Erschwerung einstweiligen Rechtsschutzes (auch) für Individualkläger im Anwendungsbereich des Umwelt-Rechtsbehelfsgesetzes nachfolgend Rn. 29.
209 Näher zu alldem *Erbguth*, Allgemeines Verwaltungsrecht, § 21 Rn. 2 ff; zum einstweiligen Rechtsschutz eines Naturschutzverbandes vgl. OVG Lüneburg, NuR 2011, 431; allgemein auch *Huba*, JuS 1990, 382, 385; vgl. zum diesbezüglichen behördlichen Vorgehen § 80 Abs. 4 VwGO.
210 Einzelheiten bei *Erbguth*, Allgemeines Verwaltungsrecht, § 21 Rn. 8 ff., 18 ff.
211 Dazu *Erbguth*, Allgemeines Verwaltungsrecht § 21 Rn. 14; *Nolte* in: Kluth/Smeddinck, Umweltrecht, § 7 Rn. 160.

In § 4 Abs. 3 UmwRG findet sich für Umwelt-Rechtsbehelfe eine Sonderregelung zu § 80 Abs. 5 S. 1 VwGO: Danach kann das Gericht der Hauptsache die aufschiebende Wirkung ganz oder teilweise anordnen oder wiederherstellen, wenn im Rahmen einer Gesamtabwägung ernstliche Zweifel an der Rechtmäßigkeit des Verwaltungsakts bestehen.[212]

e) Massenverfahren

23 Kennzeichnend für (verwaltungs)prozessuale Auseinandersetzungen – gerade – im Bereich umweltrelevanter Großvorhaben sind sog. **Massenverfahren**,[213] d.h. Verfahren, an denen mehr als (zwanzig bzw.) fünfzig Personen beteiligt sind: Sie werden durchweg über mehrere Instanzen geführt; an ihnen ist nicht selten eine Vielzahl von Klägern und Sachverständigen beteiligt. Inhaltlich geht es in der Regel um komplexe technisch-naturwissenschaftliche Sachverhalte, was erheblichen Verfahrensaufwand nach sich zieht. Die Verwaltungsgerichtsordnung erleichtert die **Abwicklung** solcher Massenverfahren. Das gilt für Regelungen über die öffentliche Bekanntgabe gerichtlicher Anordnungen und Entscheidungen (§ 56a VwGO), die Vereinfachung der notwendigen Beiladung (§ 65 Abs. 3 VwGO), die Bestellung eines gemeinsamen Vertreters (§ 67a VwGO) und die Durchführung von Musterverfahren (§ 93a VwGO).

f) Beschränkung der Rechtsschutzmöglichkeiten

24 Der starken Inanspruchnahme vorhandener Rechtsschutzmöglichkeiten steht die Forderung aus Kreisen der Politik wie Wirtschaft nach deren Beschränkung gegenüber, und zwar vornehmlich zu Zwecken der **beschleunigten Realisierung** von (Vorhaben-)Genehmigungen. Dem hat der Gesetzgeber zunächst im besonderen Umweltrecht, insbesondere im Planfeststellungsrecht Rechnung getragen.[214] Die Entwicklung erfasste dann aber auch das allgemeine Verwaltungsrecht und das Verwaltungsprozessrecht. Exemplarisch sei auf das Nachfolgende hingewiesen.[215]

In den neuen Bundesländern zählte hierzu das Gesetz zur Beschränkung von Rechtsmitteln in der Verwaltungsgerichtsbarkeit (RMBeschrG) vom 22.4.1993.[216] Danach kam es u.a. zu einem Wegfall der aufschiebenden Wirkung von Widerspruch und Anfechtungsklage eines Dritten gegen Zulassungen für zahlreiche (auch) umweltrelevante Vorhaben. Die im Wege dieses Gesetzes des Weiteren eingeführten Restriktionen für Rechtsmittel gegen Urteile der Verwaltungsgerichte sind durch das 6. VwGO-Änderungsgesetz vom 1.11.1996[217] auch auf die alten Bundesländer ausgedehnt worden, so dass auf die diesbezügliche Sonderregelung für die neuen Länder verzichtet werden konnte.[218]

---

212 S. auch unten Rn. 29. Zur zweifelhaften Wirkung dieser prozessualen Sonderregelung vgl. *Schlacke*, ZUR 2013, 195, 200 f.
213 Vgl. zu Massenverfahren *Maurer*, Allgemeines Verwaltungsrecht, § 19 Rn. 7; *Stelkens*, NVwZ 1991, 209, 213.
214 Dazu m.w.N. etwa *Erbguth*, Zur Vereinbarkeit der jüngeren Deregulierungsgesetzgebung.
215 Auch *Kloepfer*, Umweltschutzrecht, § 5 Rn. 3 ff.; näher *Erbguth*, DÖV 2009, 921; zur diesbezüglichen Europarechtswidrigkeit eingehend *Ekardt*, EurUP 2012, 64, 128.
216 BGBl. I, S. 466; zuletzt geändert durch Gesetz v. 20.12.2001, BGBl. I, S. 3987.
217 BGBl. I, S. 1626.
218 Es wurde zum 1.1.2002 aufgehoben, vgl. Art. 3 Gesetz zur Bereinigung des Rechtsmittelrechts im Verwaltungsprozess v. 20.12.2001, BGBl. I, S. 3987.

Ein weiteres Beschleunigungspotenzial wird vor allem in der Möglichkeit der **Heilung von Verfahrensfehlern** (noch) bis zum Abschluss des verwaltungsgerichtlichen Verfahrens gesehen (§ 45 Abs. 2 VwVfG); vor der 6. Novelle der Verwaltungsgerichtsordnung war eine solche heilende Wirkung nur bis zum Abschluss des Widerspruchsverfahrens zulässig (§ 45 Abs. 2 VwVfG a. F.). Die Kritik, die gegenüber diesem „Legalisierungsauftrag" der Verwaltungsgerichtsbarkeit geäußert wird,[219] verweist auf den Distanzverlust zwischen Gericht und Verwaltung, weil sich dem Rechtsschutzsuchenden der Eindruck aufdrängen muss, das Gericht unterstütze einseitig die Behörde und den durch ihr Handeln Begünstigten.

25

Ferner ist die Möglichkeit des **Nachschiebens von Gründen** im Verwaltungsprozess ausgedehnt worden. Gem. § 114 S. 2 VwGO kann die Verwaltungsbehörde ihre Ermessenserwägungen zum Verwaltungsakt noch im verwaltungsgerichtlichen Verfahren ergänzen.

26

Ein weiterer Beschleunigungseffekt soll davon ausgehen, dass die **Erheblichkeit von Verfahrensfehlern** verringert wird. Jenseits der Möglichkeit einer Heilung von Verfahrens- und Formfehlern nach § 45 VwVfG sieht § 46 VwVfG vor, dass ein Anspruch auf Aufhebung der Entscheidung dann nicht begründet ist, wenn offensichtlich ist, dass die Verletzung die Entscheidung in der Sache nicht beeinflusst hat. § 46 VwVfG soll auf rechtlich gebundene Verwaltungsakte ebenso Anwendung finden wie auf solche, bei denen der Verwaltung ein Ermessens- oder Beurteilungsspielraum eingeräumt ist.[220] Gleichwohl werden davon Entscheidungen, hinsichtlich derer zwar keine Ermessensreduzierung auf Null vorliegt, bei denen die Behörde aber unter Vermeidung des Verfahrens- bzw. Formfehlers dieselbe materiellrechtliche Entscheidung getroffen hätte, nur in seltenen Fällen erfasst sein.[221] In Umweltangelegenheiten (UVP- und IE-Richtlinie) hat der EuGH unmissverständlich klargestellt, dass der im Rahmen von § 46 VwVfG vom BVerwG geforderte Nachweis der Kausalität zwischen Verfahrensfehler und dem Ergebnis der Verwaltungsentscheidung nicht dem Rechtsbehelfsführer (z.B. einem anerkannten Umweltverband) in Form einer Beweislast aufgebürdet werden darf.[222] Zwar ist damit eine Aufhebung von § 46 VwVfG für unionsrechtlich bedingte Umweltverfahren nicht erforderlich.[223] Der deutsche Gesetzgeber hat hieraus gleichwohl die Konsequenz gezogen, dass § 46 VwVfG auf Fälle des § 4 Abs. 1 UmwRG keine Anwendung findet (vgl. § 4 Abs. 1a S. 1 UmwRG).[224]

27

Weitere Gesetzesnovellierungen zur Vereinfachung des verwaltungsgerichtlichen Verfahrens richteten sich auf:

28

- die zeitliche Befristung der aufschiebenden Wirkung, § 80b VwGO,
- die Einschränkung des Vorverfahrens, § 68 Abs. 1 S. 2 Hs. 1, Abs. 1 S. 2 Nr. 2 VwGO,[225]
- die Anpassung der Antragsbefugnis im Normenkontrollverfahren (§ 47 Abs. 2 S. 1 Hs. 1 VwGO) an die Klagebefugnis (§ 42 Abs. 2 VwGO) – was indes jedenfalls bei

---

219 Dazu *Kopp/Ramsauer*, VwVfG, § 45 Rn. 5.
220 Ebenda, § 46 Rn. 2 f.
221 Regelmäßig nur bei tatsächlicher Einflusslosigkeit, dazu *Erbguth*, Allgemeines Verwaltungsrecht, § 15 Rn. 20; auch Rn. 17; zur Regelung ferner *Schäfer* in: Obermayer/Funke-Kaiser, VwVfG, § 46 Rn. 28 ff.
222 EuGH, Rs. C-72/12, ZUR 2014, 36 ff. Rn. 53 – Altrip; hierzu auch *Ziekow*, NuR 2014, 229, 231 f.; ferner EuGH, Rs. C-137/14, ZUR 2016, 34 ff. Rn. 60 ff. – Kommission/Deutschland.
223 Vgl. *Ziekow*, NuR 2014, 229, 231 f.
224 Vgl. oben Rn. 17.
225 *Erbguth*, Allgemeines Verwaltungsrecht, § 20 Rn. 7.

(Bebauungs-)Plänen wegen eines Anspruchs auf ordnungsgemäße Abwägung der Belange des Antragstellers nicht gelungen ist,[226]
- die Erweiterung der Zuständigkeit des Oberverwaltungsgerichts, § 48 VwGO,
- Massenverfahren (§ 67a VwGO), und Musterverfahren (§ 93a VwGO).[227]

29 Auf Entwicklungen im Zusammenhang mit dem **Infrastruktur-Planungsbeschleunigungsgesetz** ist bereits eingegangen worden.[228] Ansatzweise gilt das auch hinsichtlich des **Umwelt-Rechtsbehelfsgesetzes**,[229] die Neufassung des Gesetzes hat überdies eine Begründungsfrist von sechs Wochen und gerichtliche Zurückweisungsmöglichkeiten (§ 4a Abs. 1 UmwRG), eine (allerdings eher deklaratorische[230]) Begrenzung der Überprüfung von Beurteilungs"ermächtigungen"[231] (§ 4a Abs. 2 UmwRG) und eine Beschränkung einstweiligen Rechtsschutzes nach § 80 Abs. 5 VwGO auf Fälle ernsthaften Zweifels an der Rechtmäßigkeit des Verwaltungsakts (§ 4a Abs. 3 UmwRG) mit sich gebracht, die auch gegenüber Individualklägern gilt (§ 4a Abs. 4 UmwRG)[232]. All das steht in Widerspruch zu der europarechtlich verfolgten weiten Eröffnung des Rechtsschutzes[233] und wird den EuGH vermutlich erneut[234] auf den Plan rufen.[235]

WIEDERHOLUNGS- UND VERSTÄNDNISFRAGEN

> Gibt es Rechtsschutz im Verwaltungsverfahren? (Rn. 2 ff.)
> Worin liegen die Besonderheiten und die spezifischen Probleme des gerichtlichen Rechtsschutzes im Umweltrecht? (Rn. 12 ff.)
> Wodurch ist es im Wesentlichen zu Einschränkungen des Rechtsschutzes im Umweltrecht gekommen? (Rn. 24 ff.)

---

226 Vgl. BVerwG, DVBl. 1999, 101.
227 Bereits § 6 Rn. 23.
228 Vgl. § 5 Rn. 59; zu alldem näher und zusammenfassend *Erbguth*, DÖV 2009, 921.
229 Vgl. Rn. 13, 15.
230 Anders mit Blick auf künftige Entwicklungen des diesbezüglichen (bisherigen) Richterrechts *Wienhues*, NordÖR 2013, 185, 188.
231 Gemeint sind in der Diktion des allgemeinen Verwaltungsrechts „Beurteilungsspielräume", BT-Drs. 469/12, S. 41; allgemein *Erbguth*, Allgemeines Verwaltungsrecht, § 14 Rn. 27 ff.
232 *Wienhues*, NordÖR 2013, 185, 187.
233 Vgl. Rn. 15.
234 Zur Trianel-Entscheidung des EuGH vgl. Rn. 15.
235 Näher *Schlacke*, ZUR 2013, 195, 201 f.; auch *Wienhues*, NordÖR 2013, 185, 187 ff.

§ 7 Umwelteuroparecht

▶ **FALL 8:** Bundesland B erlässt aufgrund einschlägiger gesetzlicher Ermächtigung eine Sonderabfallverordnung für gefährliche Abfälle. Diese bestimmt die zentralen Einrichtungen, denen der Besitzer die Abfälle anzudienen hat, sowie ihre Rechtsstellung. Für Abfälle, die einer besonderen chemischen, biologischen oder physikalischen Vorbehandlung bedürfen, unterhält das Land keine eigene Anlage. Sie werden entsprechend einer länderübergreifenden Absprache zur Entsorgung und Verbrennung durch die Verordnung einer Einrichtung in Hamburg zugewiesen. K betreibt umfangreiche Industrieanlagen im Land B. Durch die Verbringung von Sonderabfällen nach Hamburg entstehen jährliche Mehraufwendungen i.H.v. 1,1 Mio. Euro im Vergleich zu einer Entsorgung im benachbarten Frankreich. K sieht in der durch die Verordnung begründeten Verpflichtung, die Anlage in Hamburg in Anspruch zu nehmen, einen unzulässigen Eingriff in die Grundfreiheit des Art. 35 AEUV. Ist die Auffassung zutreffend? ◀

Bei Abschluss der zur Entstehung der Europäischen Gemeinschaft führenden Verträge (Vertrag über die Gründung der **Europäischen Gemeinschaft für Kohle und Stahl** vom 18.4.1952 [EGKS],[1] Vertrag über die Gründung der **Europäischen Atomgemeinschaft** vom 25.3.1957 [EAG][2] und Vertrag über die Gründung der **Europäischen Wirtschaftsgemeinschaft** vom 25.3.1957 [EWG])[3] kam dem Umweltschutz kaum politische Bedeutung zu. Dementsprechend wurde zum damaligen Zeitpunkt eine gemeinsame Umweltpolitik nicht ausdrücklich in den Gründungsverträgen als ein von den Gemeinschaften anzustrebendes Ziel verankert. Angesichts dessen wirkten sich die Aktivitäten der EG zunächst allenfalls reflexhaft zugunsten des Umweltschutzes aus. Erst im Anschluss an die Stockholmer UN-Umweltschutzkonferenz fand im Oktober 1972 in Paris ein Gipfeltreffen der Staats- und Regierungschefs der Europäischen Gemeinschaften statt, auf dem der Umweltschutz als Ziel deklariert und die Ausarbeitung eines umweltpolitischen Aktionsprogramms beschlossen wurde. Damit konnte sich auf europäischer Ebene ein Umweltrecht entwickeln, inzwischen in beträchtlichem Umfang.[4]

Zu unterscheiden sind umweltrelevante Normen des primären und des sekundären Unionsrechts. Unter **primärem Unionsrecht** sind die von den Mitgliedstaaten in den Gründungsverträgen und ihren Änderungen niedergelegten Rechtsnormen zu verstehen. Als **sekundäres Unionsrecht** wird das von den Organen der Union kraft ihrer in den Verträgen zugewiesenen Kompetenz gesetzte Recht (Richtlinien, Verordnungen u.a.m.) bezeichnet.[5]

I. Umweltrelevante Normen des primären Unionsrechts

Allein dem Umweltschutz dienende Regelungen des primären Unionsrechts wurden erst durch die am 1.7.1987 in Kraft getretene **Einheitliche Europäische Akte** (EEA)[6] in den EWG-Vertrag eingefügt. Daneben sind im Bereich des Umweltschutzes – ebenso

---

1 BGBl. II, S. 445; der Vertrag ist am 23.7.2002 ausgelaufen; zum Nachfolgenden auch *Kluth* in: ders./Smeddinck, Umweltrecht, § 1 Rn. 100 f.
2 BGBl. II, S. 753.
3 BGBl. II, S. 766.
4 Weiterführend zum Nachfolgenden *Calliess* in: Hansmann/Sellner, Grundzüge, Kap. 2; *Appel* in: Koch (Hrsg.), Umweltrecht, § 2 Rn. 1 ff.; zur jüngeren europäischen Umweltrechtsprechung insoweit *Epiney*, EurUP 2014, 53 ff., *dies.*, EurUP 2015, 47 ff.
5 Näher nachfolgend Rn. 13 ff.; etwa *Erbguth*, Allgemeines Verwaltungsrecht, § 3 Rn. 1.
6 BGBl. II 1986, S. 1102.

wie in allen anderen der Union zugewiesenen Regelungsbereichen – diejenigen Normen des Unionsrechts bedeutsam, die den institutionellen Aufbau der Union (z.B. die Rechtsetzung oder die Rechtsprechung) regeln. Diese Vorschriften wurden durch den **Vertrag über die Europäische Union** (EU),[7] der am 1.1.1993 in Kraft getreten ist (der EWG-Vertrag [EWGV] hieß ab dann EG-Vertrag [EG]), in Richtung einer europäischen Umweltunion aufgewertet. Umweltpolitik war seitdem ausdrücklich als Aufgabe (ex-Art. 3 Abs. 1 EG), ein hohes Maß an Umweltschutz und Verbesserung der Umweltqualität als Ziel der Union (ex-Art. 2 EG) anerkannt. Mit dem **Vertrag von Amsterdam** vom 2.10.1997,[8] in Kraft getreten am 1.5.1999, wurde zudem der Grundsatz der nachhaltigen Entwicklung mangels Umweltschutzspezifik zwar nicht in ex-Art. 174 EG (Art. 191 AEUV), wohl aber (wegen seiner Umweltrelevanz) in ex-Art. 2 und ex-Art. 6 EG (Art. 11 AEUV: Integrationsprinzip) ausdrücklich aufgenommen.

5 Weiterhin fand der Umweltschutz als Gestaltungsauftrag der Union Eingang in die anlässlich des EU-Gipfels von Nizza im Dezember 2000 durch die Staats- und Regierungschefs der Mitgliedstaaten proklamierte **EU-Charta der Grundrechte**.[9] Wortgleich wurde dies in den Entwurf für einen „**Vertrag** über eine **Verfassung** für Europa" aufgenommen; über den Vertrag beschloss der Europäische Konvent am 13.6. und 10.7.2003 im Konsensverfahren. Der Verfassungsvertrag konnte allerdings mangels Annahme in einigen Mitgliedstaaten nicht wirksam werden. An seine Stelle trat der am 13.12.2007 unterzeichnete Vertrag von **Lissabon** (sog. Reformvertrag), der in einer Volksabstimmung von der irischen Bevölkerung am 12.6.2008 zwar ebenfalls abgelehnt wurde, nach einigen Modifizierungen am 2.10.2009 indes mehrheitlich angenommen worden ist.

Mit der Realisierung dieses „Vertrags über die Europäische Union" (**EUV**)[10] hat auch die bislang unverbindliche **Grundrechte-Charta**, die Ende 2007 in der an die reformierten Verträge angepassten Fassung von Kommission, Rat und EU-Parlament proklamiert worden war, aufgrund Verweises in Art. 6 I EUV Rechtsqualität erlangt;[11] unter dem Titel IV „Solidarität" findet sich in **Art. 37 GRC** (Umweltschutz): „Ein hohes Umweltschutzniveau und die Verbesserung der Umweltqualität müssen in die Politik der Union einbezogen und nach dem Grundsatz der nachhaltigen Entwicklung sichergestellt werden." Wie die übrigen Grundrechte (und Grundsätze)[12] der Grundrechte-Charta auch, bindet Art. 37 GRC neben den Organen der EU die Mitgliedstaaten bei der Durchführung von EU-Recht, Art. 51 Abs. 1 GRC.[13]

Darunter fallen nicht nur Rechtsakte zur Umsetzung von EU-Recht oder deren Anwendung. Vielmehr gehört hierzu auch der Einsatz rein nationaler Vorschriften, mit dem der Mitgliedstaat ihm europarechtlich aufgegebenen Verpflichtungen zum Schutz oder Gewährleistung von Unionsrecht nachkommt.[14]

---

7 BGBl. II 1992, S. 1251.
8 BGBl. II 1998, S. 386.
9 Dazu näher *Kingreen* in: Calliess/Ruffert, EUV/AEUV, Art. 6 EUV Rn. 8 ff.
10 Näher *Geiger* in: ders./Khan/Kotzur, EUV/AEUV, Präambel EUV Rn. 17.
11 *Geiger* in: ders./Khan/Kotzur, EUV/AEUV, Art. 6 EUV Rn. 6; *Kloepfer*, Umweltschutzrecht, § 7 Rn. 13.
12 Vgl. Art. 6 Abs. 1 EUV.
13 *Jarass*, ZUR 2011, 563; zum Begriff der Durchführung vgl. § 6 Rn. 13.
14 EuGH, NVwZ 2013, 561, 562, Rn. 28 (Ahndung von Verstößen gegen EU-Richtlinien) mit Anm. *Gooren*, NVwZ 2013, 564; näher § 6 Rn. 13.

§ 7 Umwelteuroparecht

Der EG-Vertrag[15] wurde mit Änderungen und Ergänzungen in „Vertrag über die Arbeitsweise der Europäischen Union" (**AEUV**) umbenannt; dort haben Vorschriften zum Umweltschutz in Titel XX „Umwelt" Aufnahme gefunden.[16]

1. Ziele und Grundsätze der Umweltpolitik der Europäischen Union[17]

Art. 191 Abs. 1 AEUV nennt vier **umweltpolitische Ziele** der Union:

- Erhaltung und Schutz der Umwelt sowie Verbesserung ihrer Qualität,
- Schutz der menschlichen Gesundheit,
- umsichtige und rationale Verwendung der natürlichen Ressourcen,
- Förderung von Maßnahmen auf internationaler Ebene zur Bewältigung regionaler oder globaler Umweltprobleme und insbesondere zur Bekämpfung des Klimawandels.

Diese nicht sehr bestimmten, rechtlich jedoch verbindlichen Ziele sind im Einzelfall durch Auslegung zu konkretisieren.

Rechtlich binden auch die **Grundsätze** für die Gestaltung der Umweltpolitik der Union:[18]

- Schutzniveauklausel,
- Prinzip der regionalen Differenzierung,
- Vorsorge- und Vorbeugeprinzip,
- Ursprungsprinzip,
- Verursacherprinzip,
- Querschnittsklausel,
- Subsidiaritätsklausel.[19]

Nach der **Schutzniveauklausel** (Art. 191 Abs. 2 S. 1 AEUV) zielt die Umweltpolitik der Union auf ein hohes Schutzniveau ab, dies unter Berücksichtigung der unterschiedlichen Gegebenheiten in ihren einzelnen Regionen (vgl. auch Art. 114 Abs. 3 S. 1 AEUV). Daneben wird ein **regional differenziertes Schutzniveau** eingefordert.[20] Überwiegend wird der Klausel eine Qualität als (echtes) Rechtsprinzip beigemessen;[21] jedoch fehlt der Klausel ohne sekundärrechtliche Konkretisierung die Operationalität.[22]

Das **Vorbeugeprinzip** (Art. 191 Abs. 2 S. 2 Alt. 2 AEUV) ist darauf gerichtet, dem Entstehen von Umweltbeeinträchtigungen entgegenzuwirken, um nicht nachträglich deren Auswirkungen bekämpfen zu müssen. Während beim Vorbeugeprinzip stets eine gewisse Wahrscheinlichkeit für die umweltschädigende Wirkung eines Verhaltens nach-

---

15 Vgl. § 7 Rn. 4.
16 Zu Art. 192 AEUV, der unter Verfahrensaspekten die Umweltschutzkompetenz der EU bestimmt, *Eifert* in: Schoch, Besonderes Verwaltungsrecht, 5. Kap. Rn. 27.
17 Grundlegend *Meßerschmidt*, Europäisches Umweltrecht, § 3; *Jans/v. d. Heide*, Europäisches Umweltrecht, S. 3 ff.
18 Auch *Kluth* in: ders./Smeddinck, Umweltrecht, § 1 Rn. 107 ff.
19 Zu den umweltrechtlichen Prinzipien des Gemeinschaftsrechts *Winter*, ZUR 2003, 137.
20 Näher *Calliess* in: ders./Ruffert, EUV/AEUV, Art. 191 AEUV Rn. 26 ff., 29.
21 Dafür *Schmidt/Kahl/Gärditz*, § 2 Rn. 11, die eine „Rechtspflicht" bejahen; dagegen *Caspar* in: Koch (Hrsg.), Umweltrecht, 3. Aufl., 2010, § 2 Rn. 39 f.; dafür nunmehr *Appel* in: Koch (Hrsg.), Umweltrecht, § 2 Rn. 27 f.
22 *Kloepfer*, Umweltschutzrecht, § 7 Rn. 15.

gewiesen werden muss, genügen nach dem **Vorsorgeprinzip** bereits Vermutungen für die Kausalität (Art. 191 Abs. 2 S. 2 Alt. 1 AEUV).[23]

Das **Ursprungsprinzip** legt fest, dass Umweltbeeinträchtigungen so früh wie möglich, also dort bekämpft werden sollen, wo sie entstehen (Art. 191 Abs. 2 S. 2 Alt. 3 AEUV).

Das **Verursacherprinzip** schreibt vor, dass die für die Umweltverschmutzung verantwortlichen natürlichen oder juristischen Personen die Kosten der Maßnahmen zu tragen haben, die notwendig sind, um die Umweltbelastung zu vermeiden oder zu verringern (Art. 191 Abs. 2 S. 2 Alt. 4 AEUV). Im Unterschied zum deutschen Recht[24] wird eine über die Kostentragung hinausgehende sachliche Verantwortung nicht begründet.[25]

Die **Querschnittsklausel** (Art. 11 AEUV) bestimmt, dass die Erfordernisse des Umweltschutzes bei der Festlegung und Durchführung der im AEUV genannten Unionspolitiken und -maßnahmen mit zu bedenken sind. Diese Einbeziehung soll insbesondere der Förderung einer nachhaltigen Entwicklung dienen.[26]

Nach dem in Art. 5 EUV enthaltenen allgemeinen **Subsidiaritätsprinzip** wird die Union in Bereichen, die nicht ihrer ausschließlichen Zuständigkeit unterliegen (z.B. Handelspolitik, Fischereipolitik), nur tätig, „sofern und soweit die Ziele der in Betracht gezogenen Maßnahmen von den Mitgliedstaaten weder auf zentraler noch auf regionaler oder lokaler Ebene ausreichend verwirklicht werden können, sondern vielmehr wegen ihres Umfangs oder ihrer Wirkungen auf Unionsebene besser zu verwirklichen sind". Die allgemeine Subsidiaritätsregel dürfte im Bereich Umweltpolitik als Restriktion für ein Tätigwerden der Union auch nach ihrer Neufassung nur wenig bewirken. Es fehlt an näheren Kriterien, die den weiten Beurteilungsspielraum des Rates insoweit und damit auch im Bereich der umweltbezogenen Rechtsetzung strukturieren oder gar einengen könnten.[27]

2. Berücksichtigungsgebote

10 Art. 191 Abs. 3 AEUV führt rechtlich verbindliche Vorgaben auf, welche die Union bei ihrer Umweltpolitik zu berücksichtigen hat (**Abwägungsgebot**). Die Vorschrift enthält Leitlinien, wie Konflikte zwischen der Zielsetzung Umweltschutz und den Anforderungen anderer Politikbereiche zu lösen sind. Berücksichtigt werden müssen:

- die verfügbaren wissenschaftlichen und technischen Daten,
- die Umweltbedingungen in den einzelnen Regionen der Union,
- die Vorteile und die Belastungen aufgrund des Tätigwerdens bzw. eines Nichttätigwerdens,
- die wirtschaftliche und soziale Entwicklung der Union insgesamt sowie die ausgewogene Entwicklung ihrer Regionen.

---

23 Ohne weitgehende Differenzierung zwischen Vorbeuge- und Vorsorgeprinzip *Epiney*, Umweltrecht der Europäischen Union, S. 145 f.; wie hier *Caspar* in: Koch (Hrsg.), Umweltrecht, 3. Aufl., 2010, § 2 Rn. 42. Der EuGH prüft das Vorsorgeprinzip rechtssystematisch als Teil des Verhältnismäßigkeitsgrundsatzes, insbesondere der Angemessenheit, vgl. *Kahl*, JZ 2012, 667, 668 m.w.N.
24 Vgl. § 3 Rn. 11.
25 Auch *Kloepfer*, Umweltschutzrecht, § 7 Rn. 15.
26 *Calliess* in: ders./Ruffert, EUV/AEUV, Art. 11 AEUV Rn. 12.
27 Positiver *Kloepfer*, Umweltschutzrecht, § 7 Rn. 17: inhaltlich stärker konturiert.

3. Schutz- und Schutzverstärkerklauseln

Art. 191 Abs. 2 S. 3 AEUV sieht für die betroffenen Politikbereiche die Möglichkeit der sekundärrechtlichen Schaffung von Schutzklauseln vor, und zwar für vorläufig abweichende Maßnahmen der Mitgliedstaaten unter Kontrolle der Union.

11

Art. 193 AEUV gestattet den Mitgliedstaaten, bei auf Art. 192 AEUV gestützten Rechtsakten „verstärkte Schutzmaßnahmen beizubehalten oder zu ergreifen" (sog. **nationale Alleingänge**). Die Maßnahmen müssen ein höheres Schutzniveau anstreben und können auch neu erlassen werden. Sie dürfen nur dem Umweltschutz dienen und weder unverhältnismäßig noch diskriminierend sein; auch müssen sie der Kommission gegenüber notifiziert werden. Diese Schutzverstärkerklauseln unterscheiden sich von den Schutzklauseln zum einen durch den Standort (hier primäres, dort sekundäres Unionsrecht) und zum anderen aufgrund ihrer Dauer (hier unbefristet, dort nur vorläufig).[28]

4. Rechtsetzungskompetenzen und -handlungsformen

a) Kompetenzen zur Rechtsetzung

Kompetenzgrundlage für Unionsmaßnahmen im Umweltbereich ohne hauptsächlichen Bezug zum Binnenmarkt ist **Art. 192 AEUV**, nicht Art. 191 AEUV.[29] Stützt die Union eine Maßnahme auf Art. 192 AEUV, so ist nach der Amsterdamer Vertragsänderung[30] das Europäische Parlament im Verfahren der Mitentscheidung nach Art. 294 AEUV zu beteiligen.

12

Ebenfalls im Verfahren des Art. 294 AEUV sind nach **Art. 114 AEUV** Harmonisierungsmaßnahmen zu erlassen, welche das Errichten und Funktionieren des Binnenmarktes zum Gegenstand haben. Für den Umweltbereich richtet sich dies vornehmlich auf die Angleichung produktbezogener Umweltvorschriften[31] (sog. unselbstständige Umweltpolitik). Bei der Abgrenzung gegenüber Art. 191 ff. AEUV ist auf den Hauptzweck der Maßnahme abzustellen.[32]

Zusätzliche Abgrenzungsprobleme ergeben sich mit Blick auf den in Art. 194 AEUV verankerten Kompetenztitel der „Energiepolitik".[33] Art. 194 AEUV wurde durch den Vertrag von Lissabon eingefügt und ergänzt die primärrechtlichen Grundlagen der Europäischen Union um eine spezifisch energiepolitische Gesetzgebungsbefugnis. Konkret wirft Art. 194 AEUV die Frage auf, ob energiebezogene Umwelt- und Klimaschutzmaßnahmen, die bislang auf die Umweltkompetenz aus Art. 191, 192 AEUV gestützt wurden, künftig ausschließlich oder vorwiegend der energiepolitischen Rechtsetzungsbefugnis unterfallen. Diese Abgrenzungsproblematik resultiert aus erheblichen Zielüberschneidungen von Art. 191 Abs. 1 AEUV und Art. 194 Abs. 1 AEUV: Umwelt-, Klima- und Ressourcenschutz korrespondieren mit Zielen der Energieeffizienz,

---

28 Ferner unterliegen Schutzverstärkerklauseln auf der Grundlage des Art. 114 Abs. 5 AEUV deutlich schärferen (europa)rechtlichen Anforderungen als solche nach Art. 193 AEUV, dazu *Kloepfer*, Umweltschutzrecht, § 7 Rn. 20.
29 *Breier* in: Lenz/Borchardt, Art. 192 AEUV Rn. 1.
30 Vgl. § 7 Rn. 4.
31 *Kloepfer*, Umweltschutzrecht, § 7 Rn. 19; EuGHE 1991, I-2867.
32 EuGH, EuZW 1993, 290, 292; differenzierend *Caspar* in: Koch (Hrsg.), Umweltrecht, 3. Aufl., 2010, § 2 Rn. 35; zu den Unterschieden der Entscheidungsverfahren *Kloepfer*, Umweltschutzrecht, § 7 Rn. 19.
33 Grundlegend zur Abgrenzungsproblematik der Umweltkompetenzen zu Art. 194 AEUV vgl. *Schlacke*, EU-Umweltpolitik nach Lissabon: Grundlagen, Abgrenzungsfragen und Entwicklungsperspektiven in: Müller / Kahl (Hrsg.), Energiewende und Föderalismus, S. 99 ff.

der Energieeinsparungen und der Förderung erneuerbarer Energien. Zugleich weisen die Leitprinzipien Überschneidungsbereiche auf: Auch die Energiepolitik ist dem Umwelt- und Klimaschutz verpflichtet, nicht zuletzt aufgrund der Querschnittsklausel des Art. 11 AEUV. Besonders deutlich zeigen sich die Zielüberschneidungen am Beispiel des Art. 194 Abs. 1 lit. c AEUV, der auf die Förderung der Energieeffizienz und Energieeinsparungen sowie die Entwicklung neuer und erneuerbarer Energiequellen gerichtet ist.

Wie auch bei der Abgrenzung der Art. 191 ff. AEUV zu Art. 114 AEUV ist bei der Abgrenzung zu Art. 194 AEUV nach der regelmäßigen Rechtsprechung des EuGH auf Sinn und Gegenstand der Maßnahme abzustellen (gemischt subjektiv-objektive Methode)[34]. Liegen diese im Schwerpunkt auf der Bekämpfung des Klimawandels, so kommt die Umweltkompetenz in Betracht, ist der Schwerpunkt im Bereich der Energieversorgungssicherheit und der Gewährleistung des Energiebinnenmarktes zu sehen, ließe sich Art. 194 Abs. 1 AEUV anführen. Sollte ein Schwerpunkt nicht erkennbar sein, ist eine Doppelabstützung naheliegend. Für eine solche lassen sich die Argumente der Rechtssicherheit und des *effet utile* ins Feld führen, da auf diese Weise auch die Prinzipien des Art. 191 AEUV und die Schutzverstärkung des Art. 193 AEUV für den gesamten Rechtsakt Berücksichtigung fänden. Letztlich sorgt Art. 194 AEUV daher für rein energiepolitische Maßnahmen für Rechtsklarheit und -sicherheit, eröffnet aber Abgrenzungsprobleme für umweltenergierechtliche Maßnahmen. Hier wird es Aufgabe des EuGH sein, das Verhältnis der Kompetenztitel im Rahmen einer einzelfallbezogenen Untersuchung zu konturieren.

b) Formen und Wirkungsweise der Rechtsetzung

13 Die zulässigen Handlungsformen,[35] die der Union zur Wahrnehmung ihrer Kompetenzen zur Verfügung stehen, sind in Art. 288 AEUV geregelt. Es handelt sich um:

- Verordnungen (Abs. 2),
- Richtlinien (Abs. 3),
- Beschlüsse (Abs. 4),
- Empfehlungen und Stellungnahmen (Abs. 5).

14 **Verordnungen** enthalten abstrakte und generelle Regelungen. Sie sind in allen ihren Teilen verbindlich. Dergestalt verpflichten und berechtigen sie nicht nur die Mitgliedstaaten, sondern jeden einzelnen (Unions-)Bürger unmittelbar.

Im innerstaatlichen Recht nehmen die Verordnungen zumindest den Rang eines Gesetzes ein.

15 **Richtlinien** gelten grundsätzlich nur gegenüber den Mitgliedstaaten unmittelbar. Für den Einzelnen erlangen sie regelmäßig erst dann Rechtsverbindlichkeit, wenn sie in innerstaatliches Recht umgesetzt sind.[36] Hierzu sind die Mitgliedstaaten innerhalb einer in der Richtlinie vorgesehenen Frist verpflichtet. Anders als Verordnungen binden Richtlinien die Mitgliedstaaten nicht in allen ihren Teilen, sondern nur hinsichtlich der in ihnen enthaltenen Ziele; die Wahl der Form und der Mittel zu deren Erreichen bleibt den Mitgliedstaaten überlassen, Art. 288 Abs. 3 AEUV. Die Mitgliedstaaten können al-

---

34 *Kahl*, NVwZ 2009, 265, 266.
35 Überblick bei *Streinz*, Europarecht, Rn. 463 ff.
36 So auch *Streinz*, Europarecht, Rn. 486.

so bestimmen, auf welchem Weg, mit welchen Rechtsakten und Rechtstechniken sie den Richtlinieninhalt umsetzen. Nicht ausreichend für eine ordnungsgemäße Umsetzung ist es aber, wenn der Mitgliedstaat nur auf eine bestehende Verwaltungspraxis verweist oder lediglich ein Rundschreiben erlässt.[37] Ebenso wenig hat dem EuGH eine Verwaltungsvorschrift – in Gestalt etwa der TA Luft – genügt, weil ihr zwingender Charakter nicht in der Weise anerkannt sei, dass der Einzelne Gewissheit über den Umfang seiner Rechte haben könne.[38]

Wenn ein Mitgliedstaat der Verpflichtung zur ordnungsgemäßen Umsetzung in nationales Recht nicht fristgerecht oder unzureichend nachkommt, kann sich nach ständiger Rechtsprechung des EuGH[39] der **Einzelne** dann, wenn die Richtlinie ihn betrifft, sie ferner inhaltlich unbedingt und hinreichend bestimmt formuliert ist, hierauf **berufen**. Das dient der praktischen Wirksamkeit (dem „effet utile", vgl. Art. 4 Abs. 3 EUV[40]) von Richtlinien. Denn anderenfalls hätte es jeder Mitgliedstaat in der Hand, den Eintritt der mit einer Richtlinie verfolgten Rechtswirkungen hinauszuzögern oder gar zu vereiteln, indem er mit der Umsetzung der Richtlinie in nationales Recht wartet bzw. das Unionsrecht gar nicht oder fehlerhaft in nationales Recht transferiert. Es soll also verhindert werden, dass ein Staat aus der Nichtbeachtung von Unionsrecht Nutzen ziehen kann.[41]

Daneben hat der EuGH klargestellt, dass – unabhängig von einer individuell begünstigenden Wirkung – Richtlinien unmittelbar gelten können, die (nationale) Verwaltung mithin daran gebunden ist (**unmittelbare Wirkung**). Voraussetzung für eine dergestalt unmittelbare Verpflichtung der Behörden ist, dass der Gehalt der Richtlinie hinreichend klar und bestimmt ist, sich also aus ihr unmissverständlich konkrete Pflichten ableiten lassen.[42] Zu bedenken bleibt, dass Richtlinien gem. Art. 288 Abs. 3 AEUV staatsgerichtet sind; das steht einer Indiepflichtnahme von Bürgern aufgrund der unmittelbaren Wirkung nicht (hinreichend) umgesetzter Richtlinien entgegen. Bejaht man eine unmittelbare Wirkung gegenüber der Behörde unabhängig von einer individualbegünstigenden Wirkung der Richtlinie(n), können sich aus der Behördentätigkeit dann allerdings doch Pflichten für den Bürger ergeben; diese sind aber, weil durch das Handeln von Behörden bedingt, staatsvermittelt. Im Ergebnis hat somit bei Umsetzungsdefiziten nur eine unmittelbar belastende Wirkung der Richtlinien im Verhältnis der Bürger untereinander und damit ohne Vermittlung staatlicher Stellen auszuscheiden.[43]

Schließlich ist vom EuGH jenseits von Möglichkeiten der **richtlinienkonformen Auslegung** des nationalen Rechts[44] ein Instrument entwickelt worden, das zum einen den Richtlinien und damit dem Unionsrecht Wirkung verleiht, zum anderen den durch die Richtlinien begünstigten Bürgern zu ihrem Recht verhilft: die **Haftung der Mitgliedstaaten** bei nicht fristgerechter oder unzureichender Umsetzung von Richtlinien.[45] Dieser Staatshaftungsanspruch setzt einerseits voraus, dass die unionsrechtliche Vorschrift,

---

37 EuGHE 1986, 2945.
38 EuGHE 1991, I-2567, 2607 – Schwefeldioxid und Schwefelstaub; bereits § 6 Rn. 18, vgl. auch § 9 Rn. 9.
39 EuGHE 1974, 1337, 1348 f.
40 Unter prozessualen Gesichtspunkten bereits § 6 Rn. 13.
41 Vgl. *Winter*, ZUR 2002, 313.
42 EuGHE 1995, I-2189, 2224 – Großkrotzenburg.
43 Eingehend zur Rechtsprechung des EuGH betreffend die unmittelbare Anwendung von Richtlinien zwischen Privaten *Mörsdorf*, EuR 2009, 219 m.w.N.
44 Dazu und zu den Grenzen der „richtlinienkonformen Rechtsfortbildung" *Michael/Payandeh*, NJW 2015, 2392; *Tonikidis*, JA 2013, 598; auch *Pötters/Christensen*, JZ 2011, 387.
45 Dazu EuGHE 1991, I-5357 – Francovich; EuGH, EuZW 1996, 144 – Brasserie du Pêcheur und Factortame.

gegen die verstoßen wurde, die Verleihung von Rechten an den Geschädigten bezweckt. Zum anderen muss der Verstoß hinreichend qualifiziert („offenkundig") sein und ein unmittelbarer Kausalzusammenhang zwischen dem Verstoß gegen die dem Staat auferlegte Verpflichtung und dem entstandenen Schaden bestehen.[46]

16 Mit **Beschlüssen**[47] werden konkrete und individuelle Regelungen für den Einzelfall getroffen. Sie sind in allen ihren Teilen für den jeweiligen Adressaten verbindlich. Dies können sowohl bestimmte Bürger als auch Mitgliedstaaten sein.

Beispiel: Die Liste der Gebiete von gemeinschaftlicher Bedeutung (FFH-Schutzgebiete) erlässt die Kommission in Form eines Beschlusses i.S.v. Art. 288 Abs. 4 AEUV.[48]

Darüber hinaus gilt für alle (verbindlichen) Rechtsakte der Union die Pflicht der Mitgliedstaaten nach Art. 291 Abs. 1 AEUV, die zu deren „Durchführung" erforderlichen Maßnahmen nach innerstaatlichem Recht zu treffen.[49] Nur im Falle insoweit notwendig einheitlicher Bedingungen verlagert sich dies nach näherer Maßgabe des Art. 291 Abs. 2, 3 AEUV auf Organe der EU. Durchführungsakte können legislativer wie administrativer Art sein. Sie kommen etwa für organisatorische Vorkehrungen in Betracht, ohne die Verordnungen nicht angewandt werden könnten. Bei Richtlinien ist Art. 288 Abs. 3 AEUV vorrangig;[50] Art. 291 AEUV dürfte daher lediglich die Grundlage für die eigentliche Umsetzung ergänzende (etwa verwaltungsbezogene) Maßnahmen sein.[51]

17 Bei **Empfehlungen** und **Stellungnahmen,** die sich an Mitgliedstaaten oder Bürger wenden können, handelt es sich nicht um verbindliche Regelungen, vgl. Art. 288 Abs. 5 AEUV.[52] Als Ausdruck des politischen Willens kommt ihnen jedoch – nicht zuletzt im Gefolge der allgemeinen mitgliedstaatlichen Pflicht zur Vertragserfüllung – bona fide eine vermittelt rechtliche Wirkung zu.

18 ▶ **Zu Fall 8:** Die Anwendbarkeit des Art. 35 AEUV scheitert nicht daran, dass es vorliegend um Abfälle zur Beseitigung geht. Denn auch diese fallen unter den Begriff der Ware, der den Anwendungsbereich der Art. 34 ff. AEUV eröffnet. Damit enthält die Sonderabfallverordnung mit ihrem indirekten Ausfuhrverbot einen tatbestandlichen Eingriff i.S.v. Art. 35 AEUV. Eine ausnahmsweise Zulässigkeit dieses Eingriffs lässt sich zwar aus Art. 36 AEUV nicht ableiten; sie ergibt sich aber aus zwingenden Erfordernissen des Umweltschutzes als ungeschriebenem Rechtfertigungsgrund. Europarechtlicher Anknüpfungspunkt ist hierfür Art. 191 Abs. 2 S. 2 AEUV, wonach die Umweltpolitik der Union auch auf dem Grundsatz beruht, dass Umweltbeeinträchtigungen mit Vorrang an ihrem Ursprung zu bekämpfen sind. Dies bedeutet, dass es Aufgabe jeder Region, Gemeinde oder Gebietskörperschaft ist, geeignete Maßnahmen zu treffen, um die Aufnahme, Behandlung und Beseitigung ihrer eigenen

---

46 EuGH, NJW 1996, 3141, 3142 – MP-Travel; zu alldem *Erbguth*, Allgemeines Verwaltungsrecht, § 38 Rn. 13 ff.; dort auch zur mitgliedstaatlichen Haftung für judikatives Unrecht, wie vor, § 38 Rn. 16.
47 *Oppermann/Classen/Nettesheim*, § 9 Rn. 113 ff.
48 Vgl. hierzu § 10 Rn. 51.
49 Die Vorschrift ist Ausdruck des Subsidiaritätsprinzips und zugleich Spezialvorschrift zu Art. 4 Abs. 3 EUV, *Ruffert* in: Calliess/Ruffert, EUV/AEUV, Art. 291 AEUV Rn. 2 f. Zur delegierten Rechtssetzung nach Art. 290, 291 AEUV als „Rechtsakte mit Verordnungscharakter" i.S.d. der Nichtigkeitsklage von Privatpersonen nach Art. 263 Abs. 4 AEUV; *Pötters/Werkmeister/Traut*, EuR 2012, 546; zur Nichtigkeitsklage insoweit *Erbguth*, Allgemeines Verwaltungsrecht, § 38 Rn. 10 m. Fn. 38.
50 *Ruffert* in: Calliess/Ruffert, EUV/AEUV, Art. 291 AEUV Rn. 3.
51 So sollen die durch die Industrieemissions-Richtlinie (vgl. § 9 Rn. 8) eingeführten BVT („beste verfügbare Technik")-Schlussfolgerungen Durchführungsbeschlüsse nach Art. 291 AEUV sein, *Diehl*, ZUR 2011, 59, 60 f.; auch § 9 Rn. 31; *Schlacke* in: Häberle (Hrsg.), Jahrbuch des Öffentlichen Rechts der Gegenwart, S. 293.
52 Weiterführend *Streinz*, Europarecht, Rn. 517 f.

Abfälle sicherzustellen. Abfälle gilt es daher möglichst nahe am Ort ihrer Erzeugung zu beseitigen; zugleich ist ihre Verbringung soweit wie möglich einzuschränken. Die Sonderabfallverordnung bezweckt die Beseitigung von Abfällen an ihrem Ursprungsort und wahrt die Prinzipien der Entsorgungsautarkie und der Entsorgungsnähe. Dies gilt ungeachtet der Entfernung zwischen dem Ort des Anfalls der Abfälle und der Anlage in Hamburg, weil in B eine solche Anlage nicht existiert. Damit begrenzen zwingende Gründe des Umweltschutzes als ungeschriebene Rechtfertigung die Grundfreiheit des Art. 35 AEUV. ◀

5. Auswärtige Kompetenzen

Der Union steht nach Art. 3 Abs. 2 AEUV im Rahmen ihrer Zuständigkeiten zum Umweltschutz (Art. 191 ff. AEUV), ferner bei legislativer europarechtlicher Zuweisung, aber auch schon dann die ausschließliche Zuständigkeit zum Abschluss internationaler Übereinkünfte zu „soweit er gemeinsame Regeln beeinträchtigen oder deren Tragweite verändern könnte".[53] Da letztere Wirkungen infolge der Ausdifferenzierung des europäischen Umweltrechts bei internationalen umweltschutzbezogenen Abkommen regelmäßig nicht auszuschließen sind, wird hieraus zu Recht eine dominierende **Außenvertretungskompetenz** der Union[54] und damit ein Rückgang sog. gemischter Übereinkünfte[55] in der internationalen Umweltpolitik abgeleitet.[56] Dergestalt reduzieren sich die eigenen Verhandlungs- und Abschlusszuständigkeiten der Mitgliedstaaten nach Art. 191 Abs. 4 UAbs. 2 AEUV.

6. Finanzierung und Durchführung

Finanzierung und Durchführung von der Union beschlossener umweltschützender Maßnahmen obliegen gem. Art. 192 Abs. 4 AEUV den Mitgliedstaaten. Damit werden sie indirekt auf die Ziele und Grundsätze des Art. 191 Abs. 1 und 2 AEUV verpflichtet, indem sie eine aktive Umweltpolitik betreiben müssen.

Eine abweichende Zusatzregelung ist in Art. 192 Abs. 5 AEUV aufgenommen worden. Hiernach besteht die Möglichkeit von Ausnahmeregelungen und/oder Unterstützungszahlungen, wenn eine Maßnahme nach Abs. 1 mit unverhältnismäßig hohen Kosten verbunden ist. Außerdem kann eine finanzielle Unterstützung durch den aufgrund Art. 177 Abs. 2 AEUV errichteten Kohäsionsfonds geleistet werden.

Die mitgliedstaatliche Durchführung entspricht dem Regelfall der Vollziehung von Unionsrecht (mittelbarer oder indirekter Vollzug).[57] Verwaltungsverfahren und Verwaltungshandeln richten sich dann nach nationalem Recht.

---

53 Vgl. auch Art. 216 ff. AEUV.
54 Auch i.S.e. Sperrwirkung gegenüber der Wahrnehmung unionsrechtlicher Belange durch Ratspräsidentschaft und Mitgliedstaaten, sofern sich der Rat gegen ein Einbringen der Union in einen internationalen Verhandlungsprozess entschieden hat, *Buck/Verheyen* in: Koch (Hrsg.), Umweltrecht, § 1 Rn. 18: Bruch mit der bisherigen Praxis unter dem Vertrag von Nizza.
55 Dazu *Steyrer*, ZUR 2005, 343.
56 *Buck/Verheyen* in: Koch (Hrsg.), Umweltrecht, § 1 Rn. 17.
57 Zur zunehmenden Bedeutung des kooperativen Vollzugs durch mitgliedstaatliche und gemeinschaftseigene Einrichtungen *Erbguth*, Allgemeines Verwaltungsrecht, § 3 Rn. 9.

7. Kollision zwischen nationalem Recht und Unionsrecht

22 Grundsätzlich besteht bei einer Kollision zwischen nationalem Recht und Unionsrecht ein Vorrang des europäischen Rechts.[58] Vorrang bedeutet nicht, dass dem Unionsrecht zuwiderlaufendes nationales Recht nichtig ist. Der EuGH geht vielmehr von einem **Anwendungsvorrang** des Europarechts vor nationalem Recht (einschließlich des Verfassungsrechts) aus. Mitgliedstaaten dürfen daher Normen des innerstaatlichen Rechts nicht (mehr) anwenden, wenn sie einen mit Unionsrecht nicht zu vereinbarenden Regelungsgehalt aufweisen. Aufgrund des „effet utile"[59] tritt dies auch gegenüber solchen Normen des nationalen Rechts ein, welche die Verwirklichung des Unionsrechts unmöglich machen bzw. wesentlich erschweren (**Effektivitätsprinzip** resp. -gebot) oder es in seiner Anwendung gegenüber innerstaatlichem Recht schlechter stellen (**Diskriminierungsverbot**, auch **Äquivalenzgebot** genannt).[60] In derartigen Konstellationen gilt allein das europäische Recht; der Vorrang soll seine einheitliche und gleichmäßige Geltung in sämtlichen Mitgliedstaaten sicherstellen.

Nach anfänglichen Zweifeln ist das BVerfG dem gefolgt; es geht freilich von einer Ausnahme für den Wesenskern bzw. die prägenden Strukturmerkmale des Grundgesetzes aus, wie es Art. 23 Abs. 1 und Art. 79 Abs. 3 GG festlegen.[61]

II. Umweltrelevante Normen des sekundären Unionsrechts

23 Die Organe der Union haben aufgrund ihrer sich aus dem primären Europarecht ergebenden Kompetenzen allgemeine **Grundsätze und Leitlinien** des Umweltrechts festgelegt[62], aber auch durch Erlass von Richtlinien und Verordnungen **verbindliches Umweltrecht** in großem Umfang geschaffen.[63] Darüber hinaus ist die Union an zahlreichen **Aktivitäten auf internationaler Ebene** beteiligt.

1. Aktionsprogramme

24 Die von Parlament und Rat beschlossenen Aktionsprogramme zum Umweltschutz sind Teil des sekundären Unionsrechts. Nach Art. 192 Abs. 3 AEUV ergehen sie als förmliche Rechtsakte und entfalten insoweit Rechtswirkung. Da sie aber lediglich die großen Linien, die Konzeption und Prioritäten der europarechtlichen Umweltpolitik festschreiben, ist ihre Bedeutung auf eine verbindliche Wegweisung und Rahmensetzung für spätere Rechtsakte beschränkt.[64] Sie bilden mithin Maßstäbe, an denen sich die Umweltpolitik der Union und ihrer Mitgliedstaaten in der Öffentlichkeit messen lassen muss, und erzeugen von daher einen nicht unerheblichen politischen Druck.

---

58 Ständige Rechtsprechung des EuGH; grundlegend EuGHE 1964, 1251, 1269 – Costa.
59 Vorstehend Rn. 15.
60 Ständige Rechtsprechung, vgl. EuGHE 2000, I-3201 Rn. 31; 2001, I-1727 Rn. 85; *Ehlers*, Die Verwaltung 37 (2004), 255, 258; auch *Erbguth*, Allgemeines Verwaltungsrecht, § 3 Rn. 2.
61 BVerfGE 89, 155; zur Gültigkeit dieser Aussage auch nach Verabschiedung des Vertrages von Lissabon vgl. BVerfGE 123, 267, 400.
62 Zum „Soft Law" im Recht der EU vgl. *Schwarze*, EuR 2011, 3.
63 Dazu auch *Kotulla*, Umweltrecht, 2. Teil Rn. 32 ff.
64 *Calliess* in: ders./Ruffert, EUV/AEUV, Art. 192 AEUV Rn. 34.

Nach dem Ersten Aktionsprogramm vom 22.11.1973[65] gilt mittlerweile das Siebte Aktionsprogramm vom 20.11.2013[66] (Geltungsdauer bis 2020)[67].[68] Es trägt den Titel „Gut leben innerhalb der Belastbarkeitsgrenzen unseres Planeten" und formuliert damit bereits den programmatischen Anspruch: Das legitime Streben nach gesellschaftlichem Wohlstand muss sich in den planetarischen Grenzen des Erdsystems[69] bewegen. Zu diesem Zweck enthält das Programm als thematische Prioritäten u.a. den Schutz, die Erhaltung und Verbesserung des Naturkapitals der Union, den Übergang zu einer ressourceneffizienten, umweltschonenden und wettbewerbsfähigen CO_2-armen Wirtschaftsweise sowie den Schutz der Unionsbürger vor umweltbedingten Belastungen, Gesundheitsrisiken und Risiken für die Lebensqualität.[70]

2. Rechtsakte[71]

An jüngeren umweltrechtlichen **Verordnungen** der Union seien genannt:

25

- Verordnung (EG) Nr. 258/97 v. 27.1.1997 über neuartige Lebensmittel und neuartige Lebensmittelzutaten,[72]
- Verordnung (EG) Nr. 338/97 v. 9.12.1996 über den Schutz von Exemplaren wildlebender Tier- und Pflanzenarten durch Überwachung des Handels (sog. Artenschutzverordnung),[73]
- Verordnung (EG) Nr. 1005/2009 v. 16.9.2009 über Stoffe, die zum Abbau der Ozonschicht führen,[74]
- Verordnung (EG) Nr. 1221/2009 v. 25.11.2009 über die freiwillige Teilnahme von Organisationen an einem Gemeinschaftssystem für Umweltmanagement und Umweltbetriebsprüfung (EG-Umweltauditverordnung, „**EMAS-III**"),[75]
- Verordnung (EG) Nr. 1013/2006 v. 14.6.2006 über die Verbringung von Abfällen,[76]
- Verordnung (EG) Nr. 1367/2006 v. 6.9.2006 über die Anwendung der Bestimmungen des Übereinkommens von Aarhus über den Zugang zu Informationen, die Öffentlichkeitsbeteiligung an Entscheidungsverfahren und den Zugang zu Gerichten in Umweltangelegenheiten auf Organe und Einrichtungen der Gemeinschaft,[77]
- Verordnung (EG) Nr. 1907/2006 v. 18.12.2006 zur Registrierung, Bewertung, Zulassung und Beschränkung chemischer Stoffe (**REACH**), zur Schaffung einer Europäischen Agentur für chemische Stoffe, zur Änderung der Richtlinie

---

65 ABlEG C 112/1.
66 Beschluss Nr. 1386/2013/EU v. 11.12.2013 über ein allgemeines Umweltaktionsprogramm der Union für die Zeit bis 2020 „Gut leben innerhalb der Belastbarkeitsgrenzen unseres Planeten", ABlEU L 354/171.
67 *Hoffmann*, NVwZ 2013, 534.
68 Dazu *Wimmers*, UPR 2013, 286.
69 Zu Handlungsempfehlungen für eine Transformation zu einer klimaverträglichen Gesellschaft vgl. WBGU, Gesellschaftsvertrag für eine Große Transformation.
70 Art. 2 Abs. 1 Beschluss Nr. 1386/2013/EU, vgl. vorstehend in Fn. 65.
71 Ausführlich zu den durch Sekundärrecht geregelten Umweltbereichen *Dietrich/Au/Dreher*, Umweltrecht der Europäischen Gemeinschaften, S. 75 ff.; *Jahns/v.d. Heide*, Europäisches Umweltrecht, S. 367 ff.
72 ABlEG L 43/1; zuletzt geändert durch VO (EG) Nr. 596/2009 ABlEG L 188/14; zur Freisetzungs-RL und Novel Food-VO *Rehbinder*, ZUR 1999, 6; ferner § 14 Rn. 5 ff.
73 ABlEG L 61/1, zuletzt geändert durch VO (EU) Nr. 1320/2014 v. 1.12.2014, ABlEU L 361/1.
74 Und damit Aufhebung von VO (EG) Nr. 2037/2009, ABlEG L 286/1.
75 VO (EG) Nr. 1221/2009 v. 25.11.2009, ABlEG L 342/1, zuletzt geändert durch VO (EU) Nr. 517/2013 v. 13.5.2013, ABlEU L 158/1; bereits § 5 Rn. 120 ff.
76 ABlEG L 190/1, zuletzt geändert durch VO (EU) Nr. 1234/2014 v. 18.11.2014, ABlEU L 322/15.
77 ABlEG L 264/13; zur Umsetzung der Aarhus-Konvention auf Gemeinschaftsebene *Guckelberger*, NuR 2008, 78.

1999/45/EG und zur Aufhebung der Verordnung (EWG) Nr. 793/93, der Verordnung (EG) Nr. 1488/94, der Richtlinie 75/769/EWG sowie der Richtlinien 91/155/EWG, 93/105/EG und 2000/21/EG[78],
- Verordnung (EU) Nr. 1143/2014 v. 22.10.2014 über die Prävention und das Management der Einbringung und Ausbreitung invasiver gebietsfremder Arten[79].

26 Besonders bedeutsame **Richtlinien** für den hier fraglichen Bereich sind:
- Richtlinie 2009/147/EG v. 30.11.2009 (sog. Vogelschutzrichtlinie), [80]
- Richtlinie 2011/92/EU v. 13.12.2011 über die Umweltverträglichkeitsprüfung bei bestimmten öffentlichen und privaten Projekten (sog. UVP-RL),[81]
- Richtlinie 91/271/EWG v. 21.5.1991 zur Behandlung von kommunalem Abwasser,[82]
- Richtlinie 2008/98/EG v. 19.11.2008 über Abfälle und zur Aufhebung bestimmter Richtlinien,[83]
- Richtlinie 92/43/EWG v. 21.5.1992 über den Schutz der natürlichen und naturnahen Lebensräume sowie der wildlebenden Tier- und Pflanzenarten, sog. Fauna-Flora-Habitat-Richtlinie (**FFH-RL**),[84]
- Richtlinie 2010/75/EU des Europäischen Parlaments und des Rates vom 24. November 2010 über Industrieemissionen (integrierte Vermeidung und Verminderung der Umweltverschmutzung) (sog. Industrieemissions- (IE)-RL),[85]
- Richtlinie 1999/31/EG v. 26.4.1999 über Abfalldeponien,[86]
- Richtlinie 2000/14/EG v. 8.5.2000 zur Angleichung der Rechtsvorschriften der Mitgliedstaaten über umweltbelastende Geräuschemissionen von zur Verwendung im Freien vorgesehenen Geräten und Maschinen,[87]
- Richtlinie 2000/53/EG v. 18.9.2000 über Altfahrzeuge,[88]

---

78 ABlEG L 396/1, zuletzt geändert durch VO (EU) Nr. 2015/1494 v. 4.9.2015, ABlEU L 233/2; *Au/Rühl*, REACH-Verordnung, S. 31 ff.
79 ABlEU L 317/35; grundlegend dazu *Köck*, NuR 2015, 73 ff.
80 Und damit Aufhebung von RL 79/409/EWG v. 2.4.1979, ABlEG L 20/7; zuletzt geändert durch RL 2013/17/EU v. 13.5.2013, ABlEU L 158/193. Zu Auslegung und Rechtsprechung dieser RL vgl. *Möckel*, NuR 2014, 381.
81 Und damit Aufhebung von RL 85/337/EWG, ABlEG L 26/1; zuletzt geändert durch RL 2014/52/EU v. 16.4.2014, ABlEU L 124/1; grundlegend zu Ziel, Konzeption und Entwicklungslinien der RL *Erbguth*, ZUR 2014, 515; zur Umsetzung der novellierten UVP-RL vgl. *Balla/Peters*, NuR 2015, 297 m.w.N.; zur Geltendmachung von Mängeln bei der UVP vgl. EuGH, ZuR 2014, 36 m. Anm. *Meitz*- Altrip; näher § 5 Rn. 63.
82 ABlEG L 135/40; zuletzt geändert durch RL 2013/64/EU v. 17.12.2013, ABlEU L 353/8; *Schulte*, EG-Richtlinie Kommunales Abwasser.
83 ABlEG L 312/3; zuletzt geändert durch RL (EU) 2015/1127 v. 10.7.2015, ABlEU L 184/13.
84 ABlEG L 206/7, zuletzt geändert durch RL 2013/17/EU v. 13.5.2013, ABlEU L 158/193;; *Erbguth*, DVBl. 1999, 588; *Gellermann*, ZUR 2005, 581; *Thum/Engelmann*, UPR 2015, 170; zur Neufestlegung des Status eines Schutzgebietes bei Umweltverschmutzungen vgl. EuGH, ZUR 2014, 414 – Cascina Tre Pini; ferner § 10 Rn. 4 ff.
85 ABlEU L 334/17; § 9 Rn. 8.
86 ABlEG L 182/1, zuletzt geändert durch RL 2011/97/EU v. 5.12.2011, ABlEU L 328/49.
87 ABlEG L 162/1, ber. ABlEG L 311/50, zuletzt geändert durch VO (EG) Nr. 219/2009 v. 11.3.2009, ABlEG L 87/109.
88 ABlEG 269/34, zuletzt geändert durch RL 2013/28/EU v. 17.5.2013, ABlEU L 135/14.

§ 7 Umwelteuroparecht   § 7

- Richtlinie 2000/60/EG v. 23.10.2000 zur Schaffung eines Ordnungsrahmens für Maßnahmen der Gemeinschaft im Bereich der Wasserpolitik (sog. **Wasserrahmenrichtlinie**),[89]
- Richtlinie 2001/18/EG v. 12.3.2001 über die absichtliche Freisetzung genetisch veränderter Organismen in die Umwelt und zur Aufhebung der Richtlinie 90/220/EWG,[90]
- Richtlinie 2001/42/EG v. 27.6.2001 über die Prüfung der Umweltauswirkungen bestimmter Pläne und Programme (sog. **SUP-RL**),[91]
- Richtlinie 2001/80/EG v. 23.10.2001 zur Begrenzung von Schadstoffemissionen von Großfeuerungsanlagen in die Luft,[92]
- Richtlinie 2008/50/EG v. 21.5.2008 über Luftqualität und saubere Luft für Europa,[93]
- Richtlinie 2002/49/EG v. 25.6.2002 über die Bewertung und Bekämpfung von Umgebungslärm,[94]
- Richtlinie 2003/4/EG v. 28.1.2003 über den Zugang der Öffentlichkeit zu **Umweltinformationen**,[95]
- Richtlinie 2003/35/EG v. 26.5.2003 über die **Öffentlichkeitsbeteiligung** bei der Ausarbeitung bestimmter umweltbezogener Pläne und Programme des Europäischen Parlaments und des Rates,[96]
- Richtlinie 2003/87/EG v. 13.10.2003 über ein System für den Handel mit Treibhausgasemissionszertifikaten in der Gemeinschaft,[97]
- Richtlinie 2004/35/EG v. 21.4.2004 über Umwelthaftung zur Vermeidung und Sanierung von Umweltschäden (sog. **Umwelthaftungsrichtlinie**),[98]

---

89 ABlEG L 327/1, zuletzt geändert durch RL 2014/101/EU v. 30.10.2014, ABlEU L 311/32; näher zur RL *Köck*, ZUR 2009, 227; zur Auslegung des Begriffs „Wasserdienstleistungen" i.S.d. RL vgl. EuGH, ZUR 2014, 608; zum Verschlechterungsverbot nach dem EuGH-Urteil vom 1.7.2015 vgl. *Laskowski*, ZUR 2015, 545 – Weservertiefung; ferner § 11 Rn. 8.
90 ABlEG L 106/1, zuletzt geändert durch RL (EU) 2015/412 v. 11.3.2015, ABlEU L 68/1.
91 ABlEG L 197/30; zur Richtlinie und deren Umsetzung *Erbguth/Schubert*, ZUR 2005, 524; zum Anwendungsbereich der SUP *Kümper*, ZUR 2014, 74; bereits § 5 Rn. 73 ff.
92 ABlEG L 309/1, zuletzt geändert durch RL 2010/75/EU v. 24.11.2010, ABlEU L 334/17.
93 ABlEG L 152/1; zuletzt geändert durch RL (EU) 2015/1480 v. 28.8.2015, ABlEU L 226/4; zur Einhaltung der Luftgrenzwerte EuGH, ZUR 2015, 33 m. Anm. *Klinger* – ClientEarth.
94 ABlEG L 189/12, zuletzt geändert durch RL (EU) 2015/996 v. 19.5.2015, ABlEU L 168/1; näher *Schneider*, UPR 2005, 247; *Feldmann*, ZUR 2005, 352.
95 ABlEG L 41/26; hierdurch wurde die RL 90/313/EWG über den freien Zugang zu Informationen über die Umwelt v. 7.6.1990 aufgehoben; bereits § 5 Rn. 128 ff.
96 Und zur Änderung der RL 85/337/EWG (ABlEG L 175/40) und 96/91/EG (ABlEG L 257/26) in Bezug auf die Öffentlichkeitsbeteiligung und den Zugang zu Gerichten, ABlEG L 156/17; zuletzt geändert durch RL 2011/92/EU v. 13.12.2011, ABlEU L 26/1; zur Auslegung des Begriffs der Umweltinformation über Emissionen vgl. EuG, ZUR 2014, 45; bereits § 5 Rn. 63.
97 Und zur Änderung der IVU-RL, ABlEG L 275/32, zuletzt geändert durch Beschluss (EU) 2015/1814 v. 6.10.2015, ABlEU L 264/1; zur RL und ihrer Umsetzung *Becker*, EuR 2004, 857; zur Entwicklung des Emissionshandels in der EU *Epiney*, ZUR 2010, 236; zum Emissionshandel in Deutschland *Marr*, EuR 2004, 10.
98 ABlEG L 143/56; zuletzt geändert durch RL 2013/30/EU v. 12.6.2013, ABlEU L 178/66; dazu *Becker*, NVwZ 2005, 371; zu den Auswirkungen auf das deutsche Umweltrecht *Schink*, EurUP 2005, 67; zur Umsetzung in den Mitgliedstaaten *Knopp/Pieroch*, NuR 2013, 25; bereits § 2 Rn. 18.

- Richtlinie 2008/56/EG v. 17.6.2008 zur Schaffung eines Ordnungsrahmens für Maßnahmen der Gemeinschaft im Bereich der Meeresumwelt (**Meeresstrategie-Rahmenrichtlinie**),[99]
- Richtlinie 2008/98/EG v. 19.11.2008 über Abfälle und zur Aufhebung bestimmter Richtlinien (**Abfallrahmenrichtlinie**),[100]
- Richtlinie 2013/51/Euratom v. 22.10.2013 zur Festlegung von Anforderungen an den Schutz der Gesundheit der Bevölkerung hinsichtlich **radioaktiver Stoffe in Wasser** für den menschlichen Gebrauch,[101]
- Richtlinie 2013/59/Euratom v. 5.12.2013 zur Festlegung grundlegender Sicherheitsnormen für den Schutz vor den Gefahren einer Exposition gegenüber **ionisierender Strahlung**,[102]
- Richtlinie 2014/89/EU v. 23.7.2014 zur Schaffung eines Rahmens für die **maritime Raumplanung**,[103]
- Richtlinie 2014/94/EU v. 22.10.2014 über den Aufbau der **Infrastruktur für alternative Kraftstoffe**,[104]
- Richtlinie (EU) 2015/720 v. 29.4.2015 zur Änderung der Richtlinie 94/62/EG betreffend die Verringerung des Verbrauchs von leichten **Kunststofftragetaschen**[105].

3. Internationale Aktivitäten

27   Die Union ist zudem Vertragsstaat bei einer Vielzahl **völkerrechtlicher Vereinbarungen**, deren Inhalte (Umwelt-)Bezug zum europäischen Raum aufweisen. Beispielhaft erwähnt sei die Helsinki-Konvention zum Schutz der Ostsee aus dem Jahre 1992.[106] Soweit die EU bei internationalen Verträgen für die Mitgliedstaaten auftritt[107], erreicht die Mitgliedstaaten das völkerrechtlich Vereinbarte vielfach über Richtlinien[108]; Beispiele bilden die Aarhus-Konvention[109] und das Kyoto-Protokoll[110].[111] Daneben arbeitet die Union mit für den Umweltschutz bedeutenden **internationalen Organisationen** zusammen. Sie unterhält bspw. ständige Beziehungen zum Umweltprogramm der Vereinten Nationen (UNEP)[112].

---

99   ABlEG L 164/19; dazu anhand der maritimen Raumordnung *Erbguth*, DÖV 2011, 373, 376; zur Richtlinie als Anpassungsstrategie an den Klimawandel *Kment*, JZ 2010, 62, 67; ferner § 11 Rn. 8.
100 ABlEG L 312/3; zuletzt geändert durch RL (EU) 2015/1127 v. 10.7.2015, ABlEU L 184/13.
101 ABlEU L 296/12.
102 Und zur Aufhebung der Richtlinien 89/618/Euratom, 90/641/Euratom, 96/29/Euratom, 97/43/Euratom und 2003/122/Euratom, ABlEU L 13/1.
103 ABlEU L 257/135; grundlegend zum Inhalt der Richtlinie *Falke*, ZUR 2014, 635, 638 f.
104 ABlEU L 307/1.
105 ABlEU L 115/11.
106 Vgl. nachfolgend § 8 Rn. 7 unter Gewässerschutz sowie § 15 Rn. 44.
107 Vgl. vorstehend Rn. 19.
108 Zu den (EU-)RL vorstehend Rn. 15.
109 Dazu § 8 Rn. 7.
110 Dazu § 8 Rn. 20.
111 Vgl. *Kluth* in: ders./Smeddinck, Umweltrecht, § 1 Rn. 42.
112 Zum UNEP vgl. § 8 Rn. 18.

§ 7 Umwelteuroparecht

Wiederholungs- und Verständnisfragen

Am Beispiel des Umweltrechts:

> Wie unterscheiden sich primäres und sekundäres Europarecht? Welche Erscheinungsformen des sekundären Europarechts gibt es? (Rn. 3, 13 ff.)
> Wie ist es um das rechtliche Verhältnis von Europarecht zum nationalen Recht bestellt? (Rn. 22)
> Wann gelten Richtlinien der Europäischen Union unmittelbar? (Rn. 15)

§ 8 Umweltvölkerrecht

1 ▶ **FALL 9:** Die staatlichen Elektrizitätswerke der Republik A betreiben in Grenznähe zu Staat B ein leistungsstarkes, aber technisch veraltetes Heizkraftwerk, welches vorwiegend mit einheimischer, stark schwefelhaltiger Braunkohle befeuert wird. Auf der anderen Seite der Grenze unterhält B ausgedehnte Staatsforste, die auch zur Holzgewinnung genutzt werden. Alarmiert durch ständig zunehmende Waldschäden im Staatsforst, lässt B wissenschaftliche Untersuchungen durchführen, die Folgendes ergeben: Die vorherrschende Windrichtung treibt die Abgase des Heizkraftwerks über die Staatsforste von B. Die Versauerung der dortigen Waldböden ist zur Hälfte auf Emissionen aus der Republik A zurückzuführen, was den Holzertrag der betroffenen Staatswälder um 20 % sinken lässt. Staat B, der keine vertraglichen Beziehungen zur Republik A unterhält, möchte erreichen, dass das Heizkraftwerk stillgelegt wird. Hat das Anliegen Aussicht auf Erfolg? ◀

2 Das Umweltvölkerrecht[1] bildet einen Teilbereich des besonderen Völkerrechts. Es umfasst alle völkerrechtlichen Regelungen, die unmittelbar oder mittelbar[2] dem Schutz der Umwelt gewidmet sind.[3] Das Völkerrecht regelt die Beziehungen der Staaten untereinander, zu den internationalen Organisationen sowie zwischen diesen. Partiell werden auch Einzelpersonen, Nichtregierungsorganisationen und international tätige Unternehmen bei der Entwicklung internationalen Umweltrechts einbezogen.[4]

I. Problemlage

3 Zu den großen globalen Umweltschutzherausforderungen des 21. Jahrhunderts zählen u.a. der Klimawandel, das Artensterben sowie der Verlust von Biodiversität.[5] Eine nicht zu unterschätzende, hiermit verknüpfte Herausforderung ist zudem eine nachhaltige Bodennutzung.[6] Völkerrechtliche Regelungen im Bereich des Umweltschutzes sind notwendig zur

- Erhaltung einer funktionsfähigen Umwelt als Lebensgrundlage der Menschen,
- Abwehr grenzüberschreitender Umweltbeeinträchtigungen, insbesondere mit Blick auf die Umweltmedien Luft und Wasser,[7] und
- Verhinderung von Wettbewerbsverzerrungen im internationalen Handel.

Eine Vielzahl von Verhaltensweisen hat umweltbelastende Folgen, die sich nicht auf das Gebiet des Verursacherstaates beschränken lassen. So bewirkt der Betrieb schadstoffemittierender Anlagen oder die Einleitung von Abwasser in grenzüberschreitende Flüsse, dass über die Umweltmedien Luft und Wasser Schadstoffe auf fremdes Staats-

---

1 Näher *Beyerlin/Marauhn*, International Environmental Law; *Buck/Verheyen* in: Koch (Hrsg.), Umweltrecht, § 1; *Burhenne/Sand* in: Hansmann/Sellner, Grundzüge, IV. 15.; ferner *Epiney*, JuS 2003, 1066; grundlegend *Birnie/Boyle/Redgwell*, International Law and the Environment; *Epiney/Scheyli*, Strukturprinzipien des Umweltvölkerrechts.
2 Im Schnittfeld etwa zum internationalen Wirtschaftsrecht oder zu den Menschenrechten, vgl. *Buck/Verheyen* in: Koch (Hrsg.), Umweltrecht, § 1 Rn. 1.
3 Zum Nachfolgenden kurz gefasst *Eifert* in: Schoch, Besonderes Verwaltungsrecht, 5. Kap. Rn. 13 ff.
4 *Kluth* in: ders./Smeddinck, Umweltrecht, § 1 Rn. 36 m.w.N. Zur Rechtsstellung des Einzelnen bei grenzüberschreitenden Umweltbelastungen *Kloepfer*, Umweltrecht, § 6 Rn. 141 ff.
5 *Hunter/Salzmann/Zaelke*, International Environmental Law and Policy, S. 1; WBGU, Zivilisatorischer Fortschritt innerhalb planetarischer Leitplanken, S. 10 f.
6 *Linz/Alva*, ZUR 2015, 195 ff. sowie *Dooley/Roberts/Wunder*, ZUR 2015, 209 ff.
7 *Kloepfer*, Umweltschutzrecht, § 6 Rn. 1.

§ 8 Umweltvölkerrecht

gebiet gelangen.[8] Die Abwehr solcher **grenzüberschreitenden Umweltbelastungen** ist für den beeinträchtigten Staat wegen seiner auf das Staatsgebiet beschränkten Hoheitsgewalt mit den Mitteln des innerstaatlichen Rechts nicht möglich.

Umweltbelastende Aktivitäten führen jedoch nicht nur zu Konflikten zwischen Staaten, sondern bedrohen darüber hinaus weltweit die **Umwelt als Lebensgrundlage des Menschen**.[9] Daher besteht ein internationaler Regelungsbedarf auch bei Maßnahmen, die sich zwar nicht unmittelbar auf das Hoheitsgebiet eines anderen Staates auswirken, deren Folgewirkungen aber mittelbar die Umwelt insgesamt zerstören können.[10] Beispiele bilden der Zugriff auf global bedeutsame Umweltgüter, wie das zu weltweiten Klimaveränderungen führende Abholzen der tropischen Regenwälder,[11] und die Verschmutzung hoheitsfreier Räume (z.B. durch Tankerunfälle oder Verklappung von Abfällen auf Hoher See).[12]

Schließlich führen die **Kosten des Umweltschutzes** dazu, dass isolierte Umweltschutzmaßnahmen durch nationales Recht wirtschaftliche Benachteiligungen im internationalen Handel nach sich ziehen würden.[13] Zur Verminderung solcher **Wettbewerbsverzerrungen** ist deshalb eine Harmonisierung der national unterschiedlichen Umweltschutzstandards durch staatenübergreifende Kooperation erforderlich – aber auch die stärkere Integration von Umweltschutzbelangen in die internationale Wirtschafts- und Finanzordnung[14].[15] Das ist etwa mit Blick auf das Allgemeine Zoll- und Handelsabkommen (GATT[16]) vorangeschritten, indem etwa Umweltbelange Einfuhrbeschränkungen rechtfertigen können.[17]

II. Rechtsquellen

1. Überblick

Die Quellen des Völkerrechts werden in Art. 38 Abs. 1 lit. a)-c) Statut des Internationalen Gerichtshofs (IGH-Statut)[18] abschließend aufgeführt. Völkerrechtsquellen sind danach:[19]

- völkerrechtliche Verträge,
- Völkergewohnheitsrecht und
- anerkannte allgemeine Rechtsgrundsätze.

---

8 Zur Sandoz-Katastrophe insoweit *Durner*, UTR 2007, S. 7; vgl. auch *Koch/Mielke*, ZUR 2009, 403.
9 *WBGU*, Zivilisatorischer Fortschritt innerhalb planetarischer Leitplanken, S. 11; am Bsp. der CO_2-Emissionen des Schiffsverkehrs *König/Morgenstern*, NordÖR 2009, 181.
10 Zum Umweltschutz durch internationale Organisationen *Kloepfer*, Umweltrecht, § 9 Rn. 15 ff.; *Feist*, JuS 1997, 490.
11 *Buck/Verheyen* in: Koch (Hrsg.), Umweltrecht, § 1 Rn. 3.
12 Dergestalt für eine Ausweitung der Globalisierung des Umweltrechts *Koch/Mielke*, ZUR 2009, 403.
13 Eindrücklich anhand der wirtschaftlichen Globalisierung *Buck/Verheyen* in: Koch, Umweltrecht, § 1 Rn. 2: nationale Umweltschutzregelungen als „grüne Handelsbarrieren" des internationalen Wettbewerbs, auch zur Internationalisierung des Umweltschutzes infolge des Einflusses internationaler Finanzinstitutionen, wie Weltbank und Internationaler Währungsfonds.
14 *Buck/Verheyen* in: Koch, Umweltrecht, § 1 Rn. 3.
15 Insgesamt zu den mit Vorstehendem zusammenhängenden (grundsätzlichen) Fragen *Czarnecki*, Verteilungsgerechtigkeit im Umweltvölkerrecht.
16 Handlungsbereich der Welthandelsorganisation (WTO).
17 Vgl. Art. XX GATT 1994 und nachfolgend Rn. 7, a.E. *Kluth* in: ders./Smeddinck, Umweltrecht, § 1 Rn. 39.
18 BGBl. II 1973, S. 505, in Kraft getreten am 24.10.1945. Der IGH hat seinen Sitz in Den Haag.
19 Auch *Kloepfer*, Umweltschutzrecht, § 6 Rn. 4 (im Überblick), 6 ff. (im Näheren).

Völkerrechtliche Verträge[20] stellen Vereinbarungen dar, die zwischen Staaten oder sonstigen Völkerrechtssubjekten getroffen werden und dem Völkerrecht unterliegen. Völkergewohnheitsrecht[21] entsteht durch allgemeine Übung (Staatenpraxis: consuetudo), getragen von der Überzeugung, dass es sich bei der Übung um eine Rechtspflicht handelt (opinio iuris).

Unter anerkannten **allgemeinen Rechtsgrundsätzen** werden solche Grundsätze verstanden, die in den innerstaatlichen Rechtsordnungen fast aller Nationen verankert, mithin universell gelten, aber ausnahmefähig sind. Hiervon lassen sich völkerrechtliche Prinzipien, etwa dasjenige der nachhaltigen Entwicklung,[22] durch ihre Abwägungsoffenheit allenfalls rechtsdogmatisch, kaum aber in der Rechtswirklichkeit unterscheiden.[23] Deshalb und weil die (weiteren)[24] völkerrechtlichen Prinzipien nicht nur umstritten, sondern auch vielfach als dem Völkergewohnheitsrecht zugehörig angesehen werden,[25] sollen sie und die allgemeinen Rechtsgrundsätze hier nicht weiter verfolgt werden.

Zur Feststellung und Konkretisierung völkerrechtlicher Normen dienen **richterliche Entscheidungen** und die **Lehrmeinung der fähigsten Völkerrechtler** aus den verschiedenen Nationen als Hilfsmittel (Art. 38 Abs. 1 lit. d) IGH-Statut).

5   Die **innerstaatliche Geltung** des Völkerrechts richtet sich nach Art. 25 und 59 Abs. 2 GG.[26]

6   Keine Rechtsquelle des Völkerrechts stellt das sog. „**soft law**" dar.[27] Darunter fallen vor allem Empfehlungen, Beschlüsse, Resolutionen und Deklarationen von internationalen Organisationen. Ihnen kommt lediglich eine politisch-moralische und damit faktische Bindungswirkung zu. Indem es sich gerade nicht um Rechtsnormen handelt, ist der Begriff „soft law" zumindest missverständlich; er hat sich jedoch eingebürgert. In vielen Fällen bildet „soft law" freilich die Vorhut für künftiges „hard law"[28] oder spielt eine wichtige Rolle bei der Ergänzung desselben[29].

2. Völkerrechtliche Verträge

7   Bedeutsamste Rechtsquelle des Umweltvölkerrechts sind völkerrechtliche Verträge.[30] Bereits um 1900 war der Schutz der Umwelt Gegenstand internationaler Übereinkünfte. So entstanden Abkommen über den Artenschutz sowie den Schutz der Binnenge-

---

20   Z.B. Washingtoner Artenschutzübereinkommen v. 3.3.1973 (BGBl. II 1975, S. 773), in Kraft getreten am 1.7.1975, oder das Montrealer Protokoll v. 16.9.1987 über Stoffe, die zu einem Abbau der Ozonschicht führen (BGBl. II 1988, S. 1014), in Kraft getreten am 1.1.1989; vgl. ferner § 10 Rn. 3.
21   Hierzu *Beyerlin/Marauhn*, International Environmental Law, S. 281 ff.: ein Beispiel für Umweltvölkergewohnheitsrecht ist die Verpflichtung zur Vermeidung grenzüberschreitender Umweltschäden, s. hierzu auch nachfolgend Rn. 10 ff.
22   Näher nachfolgend Rn. 20 und oben § 2 Rn. 10.
23   Vgl. *Kloepfer*, Umweltschutzrecht, § 6 Rn. 15.
24   Vorsorge-, Verursacherprinzip, Konzept des Gemeinsamen Erbes der Menschheit, Verbot erheblicher grenzüberschreitender Schädigung, angemessene Nutzung von Ressourcen, *Kloepfer*, Umweltschutzrecht, § 6 Rn. 18 ff.
25   Etwa das Nachhaltigkeitsprinzip von *Epiney*, JuS 2003, 1066, 1067.
26   Vgl. nachfolgend Rn. 8, 9; die Geltung gegenüber der EU folgt jedenfalls partiell aus Art. 216 AEUV, vgl. *Buck/Verheyen* in: Koch, Umweltrecht, § 1 Rn. 11.
27   *Verdross/Simma*, §§ 654 ff. m.w.N.; zu vergleichbaren Fragen im Recht der EU vgl. *Schwarze*, EuR 2011, 3.
28   So z.B. die vorerst rein politischen Verpflichtungen der Erklärungen von Rio 1992; dazu nachfolgend Rn. 20.
29   *French/Rajamani*, Journal of Environmental Law 2013, 437, 443 ff.
30   *Beyerlin/Marauhn*, International Environmental Law, S. 265; *Buck/Verheyen* in: Koch, Umweltrecht, § 1 Rn. 20 ff.; eine detaillierte Übersicht zu den wichtigsten umweltvölkerrechtlichen Verträgen findet sich bei *Dupuy/Viñuales*, International Environmental Law, S. 91 ff.

§ 8 Umweltvölkerrecht

wässer. Zumeist stellte der Umweltschutz in der völkervertraglichen Praxis allerdings einen untergeordneten Nebenaspekt dar, der lediglich als Annex mitgeregelt wurde. Erst die 1972 von den Vereinten Nationen einberufene **Stockholmer Konferenz über die Umwelt des Menschen** bewirkte, dass sich Umweltschutz als eigenständiger Regelungsgegenstand des Völkerrechts eingestuft fand. Die Konferenz war impulsgebend für das Entstehen eines umfangreichen Völkervertragsrechts zum Umweltschutz.

Wichtige bilaterale (zweiseitige) bzw. multilaterale (mehrseitige) Verträge sind:[31]

- Übereinkommen über die Umweltverträglichkeitsprüfung im grenzüberschreitenden Rahmen v. 25.2.1991 (sog. **Espoo-Konvention**)[32] mit dem Protokoll v. 21.5.2003 über die strategische Umweltprüfung (sog. SEA-Protokoll),[33]
- Übereinkommen über den Zugang zu Informationen, die Öffentlichkeitsbeteiligung an Entscheidungsverfahren und den Zugang zu Gerichten in Umweltangelegenheiten v. 25.6.1998 (sog. **Aarhus-Konvention**)[34] mit dem Protokoll über Schadstofffreisetzungs- und -verbringungsregister v. 21.5.2003,[35]

für den Bereich **Naturschutz**:[36]

- Übereinkommen über Feuchtgebiete, insbesondere als Lebensraum für Wasser- und Watvögel von internationaler Bedeutung v. 2.2.1971 („Ramsar-Konvention"),[37]
- Übereinkommen über den internationalen Handel mit gefährdeten Arten freilebender Tiere und Pflanzen v. 3.3.1973 („Washingtoner Artenschutzübereinkommen" – WA, engl. Abk.: CITES),[38]
- Übereinkommen zur Erhaltung der wandernden wildlebenden Tierarten v. 23.6.1979 („Bonner Konvention"),[39]
- Übereinkommen über die Erhaltung der europäischen wildlebenden Pflanzen und Tiere und ihrer natürlichen Lebensräume v. 19.9.1979 („Berner Konvention"),[40]
- Übereinkommen über die biologische Vielfalt v. 5.6.1992 („Biodiversitäts-Konvention", engl. Abk.: CBD),[41]
- Internationales Tropenholz-Übereinkommen v. 27.1.2006 (engl. Abk.: ITTA),[42]

für den Bereich **Gewässerschutz**:[43]

- **Seerechtsübereinkommen** der Vereinten Nationen v. 10.12.1982 (SRÜ, engl. Abk.: UNCLOS),[44]

---

31 Weitere Hinweise bei *Kloepfer*, Umweltschutzrecht, § 6 Rn. 29 ff.
32 BGBl. II 2002, S. 1407, in Kraft getreten am 10.9.1997; s. hierzu ausführlich *Rietzler*, NVwZ 2015, 483 ff.
33 BGBl. II 2006, S. 498, in Kraft getreten am 11.7.2010.
34 BGBl. II 2006, S. 1252, in Kraft getreten am 30.10.2001; näher nachfolgend Rn. 21; vgl. bereits § 5 Rn. 128.
35 BGBl. II 2007, S. 547, in Kraft getreten am 8.10.2009.
36 Überblick der wichtigsten Abkommen für den Schutz der natürlichen Lebenswelt bei *Stoll/Schillhorn*, NuR 1998, 625; *Burhenne/Sand* in: Hansmann/Sellner, Grundzüge, Kap. 15. Rn. 91 ff., s. insbesondere § 10.
37 BGBl. II 1976, S. 1266, in Kraft getreten am 21.10.1975.
38 S. bereits oben Fn. 20.
39 BGBl. II 1984, S. 571, in Kraft getreten am 1.11.1983.
40 BGBl. II 1984, S. 620, in Kraft getreten am 1.6.1982.
41 BGBl. II 1993, S. 1742, in Kraft getreten am 29.12.1993; vgl. *FIELD*, Handbook on the Convention on Biological Diversity; vgl. *Friedland/Prall*, ZUR 2004, 193; *Godt*, ZUR 2004, 202.
42 BGBl. II 2009, S. 232, in Kraft getreten am 12.12.2011.
43 S. auch §§ 11, 15.
44 BGBl. II 1994, S. 1798; in Kraft getreten am 16.11.1994; dazu näher § 15 Rn. 12 ff.

- Übereinkommen zum Schutz der Meeresumwelt des Ostseegebietes v. 9.4.1992 („Helsinki-Konvention"),[45]
- Übereinkommen zum Schutz der Meeresumwelt des Nordostatlantiks v. 22.9.1992 („OSPAR-Übereinkommen"),[46]
- Übereinkommen über das Recht der nichtschifffahrtlichen Nutzung internationaler Wasserläufe v. 21.5.1997 („UN-Gewässer-Konvention"),[47]

für den Bereich **Immissionsschutz**:[48]

- Übereinkommen über weiträumige grenzüberschreitende Luftverunreinigungen v. 13.11.1979,[49]
- Wiener Übereinkommen zum Schutz der Ozonschicht v. 22.3.1985[50] sowie das dazugehörige Montreal-Protokoll v. 16.9.1987[51]
- Rahmenvereinbarung der Vereinten Nationen über Klimaänderungen v. 9.5.1992 („Klimarahmenkonvention" – KRK, engl. Abk.: UNFCCC),[52]

für die Bereiche **Abfallbeseitigung** und **Bodenschutz**:[53]

- Basler Übereinkommen über die Kontrolle der grenzüberschreitenden Verbringung gefährlicher Abfälle und ihrer Entsorgung v. 22.3.1989,[54]
- Übereinkommen über das Verbot der Einfuhr gefährlicher Abfälle nach Afrika und über die Kontrolle der grenzüberschreitenden Verbringung innerhalb Afrikas v. 30.1.1991 („Bamako-Konvention"),[55]
- Übereinkommen der Vereinten Nationen zur Bekämpfung der Wüstenbildung in den von Dürre und/oder Wüstenbildung schwer betroffenen Ländern, insbesondere Afrika, v. 14.10.1994 (engl. Abk.: UNCCD),[56]
- Quecksilber-Übereinkommen der Vereinten Nationen v. 10.10 2013 („Minamata-Konvention").[57]

für den Bereich **Welthandel**:

- Allgemeines Zoll- und Handelsabkommen (engl. Abk.: GATT)[58] als eine der drei Säulen der WTO:[59] Nach Maßgabe von Art. XX GATT 1994 können mengenmäßigen Einfuhrbeschränkungen bei Gütern und Maßnahmen gleicher Wirkung aus Gründen des Umweltschutzes nach nationalem Recht gerechtfertigt sein. Derartige

---

45 BGBl. II 1994, S. 1397, in Kraft getreten am 17.1.2000; vgl. § 15 Rn. 47.
46 BGBl. II 1994, S. 1355, in Kraft getreten am 25.3.1998; vgl. § 15 Rn. 42.
47 BGBl. II 2006, S. 743, in Kraft getreten am 17.8.2014.
48 S. auch § 9.
49 BGBl. II 1982, S. 374, in Kraft getreten am 16.3.1983.
50 BGBl. II 1988, S. 902, in Kraft getreten am 22.9.1988.
51 S. oben Fn. 20.
52 BGBl. II 1993, S. 1784, in Kraft getreten am 21.3.1994.
53 S. auch §§ 12, 13.
54 BGBl. II 1994, S. 2704, in Kraft getreten am 5.5. 1992; geändert durch VO v. 28.5.2005, BGBl. II 2005, S. 1122.
55 2101 UNTS, S. 177, in Kraft getreten am 22.4.1998.
56 BGBl. II 1997, S. 1471, in Kraft getreten am 26.12.1996.
57 Mit 20 Ratifikationen ist dieses Übereinkommen noch nicht in Kraft getreten, Status abrufbar unter: https://treaties.un.org/Pages/ViewDetails.aspx?src=TREATY&mtdsg_no=XXVII-17&chapter=27&lang=en (Stand: 15.1.2016).
58 General Agreement on Tariffs and Trade; weitere materiell-rechtliche Säulen der WTO: General Agreement on Trade in Services (GATS) und Agreement on Trade-Related Aspects of Intellectual Property Rights (TRIPS)
59 Vgl. *Kloepfer*, Umweltschutzrecht, § 6 Rn. 40.

Beschränkungen müssen freilich stets erforderlich sein und zugleich auf den inländischen Markt wirken.[60]

Der Umfang des Völkervertragsrechts im Bereich des Umweltschutzes ist zwar bestechend, die **Effektivität** dieser Regelungen jedoch vergleichsweise gering. Das hat mehrere Ursachen. Aufgrund wirtschaftlicher Überlegungen und des Festhaltens am Souveränitätsprinzip konnte häufig kein Konsens der Staaten für eine Vereinbarung der nach wissenschaftlichen Erkenntnissen notwendigen Maßnahmen zur Erhaltung der Umwelt erzielt werden. Mangels Festlegung eindeutiger Pflichten haben deshalb viele Verträge lediglich den Charakter politischer Absichtserklärungen. Soweit Verpflichtungen bestehen, sind diese regelmäßig nicht weitreichend genug.[61]

Da völkerrechtliche Vereinbarungen nur für diejenigen Staaten rechtliche Verbindlichkeit entfalten, die auch Vertragsparteien sind, beschränkt sich zudem der Geltungsbereich zahlreicher Abkommen auf bestimmte Regionen.

Ferner hängt die Wirkung internationaler Vereinbarungen von der jeweiligen Umsetzung in innerstaatliches Recht ab. Zwar sind die Staaten zur Herstellung eines national völkerrechtsgemäßen Zustandes verpflichtet.[62] Die Art und Weise bleibt ihnen jedoch überlassen. Die Wirksamkeit der Völkerrechtsverträge ist daher weitgehend von der Anpassung des umweltrechtlichen Instrumentariums im jeweiligen Vertragsstaat abhängig.[63] In der Bundesrepublik bedarf Völkervertragsrecht der **Umsetzung durch nationale Gesetze**, vgl. **Art. 59 Abs. 2 GG**. Es hat dann den Rang eines innerstaatlichen (einfachen) Gesetzes.[64]

Zudem beruht die Befolgung der völkerrechtlichen Verpflichtungen letztendlich auf der Erwartung von Gegenseitigkeit. Sie basiert auf dem langfristigen Interesse der Staaten an internationaler Kooperation, die auf die wechselseitige Einhaltung völkerrechtlicher Verträge und Verhaltensregeln angewiesen ist. Agiert ein Staat jedoch nicht völkerrechtskonform, besteht kein Instrument zur zwangsweisen Durchsetzung der verletzten völkerrechtlichen Norm.[65]

3. Völkergewohnheitsrecht

Neben den völkerrechtlichen Verträgen bildet das Völkergewohnheitsrecht eine wesentliche Rechtsquelle des internationalen Umweltschutzes.[66] Es gehört zu den „**allgemeinen Regeln des Völkerrechts**" i.S.d. **Art. 25 GG** und hat damit Vorrang gegenüber dem innerstaatlichen Recht mit Ausnahme des Verfassungsrechts[67], ohne dass es – anders als das Völkervertragsrecht[68] – einer Umsetzung bedarf.

---

60 Vgl. *Schmidt/Kahl/Gärditz*, § 1 Rn. 54 ff.; Einzelheiten zum Verhältnis Umweltschutz und Welthandel bei *Kloepfer*, Umweltrecht, § 9 Rn. 56 ff.
61 Vgl. zur Frage, welche Leitplanken zum Schutz von Mensch und Umwelt einzuhalten wären und deren lediglich partielle Umsetzung in völkerrechtliche Verpflichtungen *WBGU*, Zivilisatorischer Fortschritt innerhalb planetarischer Leitplanken, 21 ff.
62 *Herdegen*, Völkerrecht, § 15 Rn. 16.
63 Zur neueren Entwicklung der Staatenverantwortlichkeit *Kloepfer*, Umweltrecht, § 9 Rn. 44 ff.
64 Vgl. nur *Buck/Verheyen* in: Koch, Umweltrecht, § 1 Rn. 13; allgemein vgl. oben § 8 Rn. 5.
65 *Kloepfer*, Umweltrecht, § 9 Rn. 50 ff.
66 Auf Grund der Entwicklung des Völkervertragsrechts hat das umweltschutzrelevante Völkergewohnheitsrecht an Bedeutung verloren, *Buck/Verheyen* in: Koch, Umweltrecht, § 1 Rn. 26.
67 BVerfGE 6, 309, 363.
68 Vgl. bereits zuvor Rn. 8.

Innerhalb des Völkergewohnheitsrechts sind materielle Normen von Verfahrenspflichten zu unterscheiden.

a) Materielle Normen

Dem (materiellen) Völkergewohnheitsrecht gehören insbesondere folgende Grundsätze an:
- Verbot erheblicher grenzüberschreitender Umweltbelastungen,
- Gebot der fairen und gerechten Aufteilung gemeinsamer natürlicher Ressourcen.

aa) Verbot erheblicher grenzüberschreitender Umweltbelastungen

10   Das Verbot erheblicher grenzüberschreitender Umweltbelastungen[69] bildete sich schon in der Anfangsphase des Umweltvölkerrechts heraus. Denn die aus grenzüberschreitenden Umweltbelastungen erwachsenden zwischenstaatlichen Probleme waren mit dem bislang die staatlichen Beziehungen beherrschenden Grundsatz der absoluten Souveränität nicht zu lösen.

11   Nach dem **Grundsatz der absoluten Souveränität** kann jeder Staat einerseits sein Territorium beliebig ohne Rücksicht auf eine mögliche Schädigung anderer Staatsgebiete nutzen (= absolute territoriale Souveränität nach der Harmon-Doktrin der USA aus dem Jahre 1885). Andererseits folgt aus dem Grundsatz absoluter Souveränität das **Prinzip der absoluten territorialen Integrität**. Danach kann jeder Staat alle Einwirkungen auf sein Territorium durch andere Staaten als unzulässig abwehren.[70]

Die wirtschaftliche Nutzung eines Gebietes führt jedoch meist zu Emissionen schädlicher Stoffe in Luft und Wasser. Grenzüberschreitende Beeinträchtigungen lassen sich dabei in der Regel nicht unterbinden. Allerdings ist es unmöglich, alle Nutzungen mit Auswirkungen auf fremdes Staatsgebiet zu untersagen. Zur Lösung dieses Konflikts werden deshalb **wechselseitige Beschränkungen** sowohl der territorialen Souveränität als auch der territorialen Integrität in der Staatengemeinschaft anerkannt. Beeinträchtigungen, die einen gewissen Rahmen nicht übersteigen, sind nach dem Prinzip der beschränkten territorialen Integrität hinzunehmen – während das Prinzip der beschränkten territorialen Souveränität dazu führt, dass bestimmte Nutzungen unzulässig sind.

12   Der insoweit grundlegende **Trail-Smelter-Schiedsspruch** von 1941[71] beruht auf der Anwendung des sich aus diesen Prinzipien ableitenden **Verbots erheblicher grenzüberschreitender Schädigung**. In dem von einem kanadisch-amerikanischen Schiedsgericht entschiedenen Fall schädigten die Abgase einer im kanadischen Ort Trail betriebenen Zink- und Bleischmelze die Land- und Forstwirtschaft im US-Staat Washington erheblich. Kanada wurde durch den Schiedsspruch zur Einstellung der schädigenden Emissionen und zum Ersatz des entstandenen Schadens verurteilt, weil nach Ansicht des Gerichts die Voraussetzung einer „erheblichen Schädigung klar und eindeutig nachgewiesen" worden war. Weitere Gerichtsentscheidungen (z.B. Lac Lanoux-Schiedsspruch vom 16.11.1957)[72] bestätigten die völkergewohnheitsrechtliche Geltung des Verbots. Es entspricht i.Ü. Grundsatz 21 der Stockholmer Deklaration sowie dem sog. Rio-

---

69 *Gründling*, UPR 1985, 403, 404; *Kimminich* in: ders./v. Lersner/Storm, Bd. 2, Sp. 2510, 2515 f.; engl.: „no-harm-rule".
70 Vgl. zum Ganzen *Oppermann* in: Kimminich/v. Lersner/Storm, Bd. 1, Sp. 683 ff.
71 Abgedruckt in: RIAA, vol. III, 1905 ff.
72 RIAA, vol. XII, 281 ff.

Prinzip.[73] Im Hinblick auf den Umgang mit Auswirkungen des Klimawandels auf die Umwelt erlebt das Verbot erheblicher grenzüberschreitender Schädigung eine Renaissance und ist Gegenstand rechtswissenschaftlicher Diskussion.[74]

Der völkergewohnheitsrechtliche Grundsatz verbietet es, das eigene Hoheitsgebiet derart zu nutzen oder nutzen zu lassen, dass der Umwelt anderer Staaten erhebliche Schäden zugefügt werden. Ein Staat muss also die schädigende Nutzung einstellen sowie Schadenersatz zahlen, wenn folgende Voraussetzungen vorliegen:[75]

- grenzüberschreitender Schadenseintritt durch menschliche Handlung,
- Erheblichkeit des Schadens und
- Kausalität der vorsätzlichen Handlung oder Sorgfaltspflichtverletzung für den Schaden sowie Zurechenbarkeit.

Lehnt man das Erfordernis der Erheblichkeit nicht gänzlich ab[76], so verursacht angesichts der Palette möglicher Bewertungskriterien und einer fehlenden allgemeinverbindlichen Konkretisierung die Bestimmung der **Erheblichkeit des Schadens**[77] Probleme. Diesbezügliche Maßstäbe können sich insbesondere durch fortschreitende wissenschaftliche Erkenntnisse schnell verändern. Letztendlich muss die Entscheidung über die Erheblichkeit daher immer einzelfallorientiert ausfallen. Hierbei sind unter anderem Kriterien wie zeitliche Dauer und räumlicher Umfang des Schadens, Art der Schädigung, Höhe der Beseitigungskosten zu berücksichtigen.

Ungewissheiten wirft ferner die Feststellung von Kausalität und Zurechenbarkeit auf.[78] Teilweise fehlt es an hinreichend gesicherten naturwissenschaftlichen Erkenntnissen, um einen Kausalzusammenhang zuverlässig nachweisen zu können. Vielfach bewirkt zudem erst die Summierung unterschiedlicher Belastungen die Schädigung der Umwelt. In diesen Fällen ist es beispielsweise schwierig, die Schädigung einem einzelnen Staat zuzurechnen.[79]

Es handelt sich nach h.M. bei der Haftung für grenzüberschreitende Umweltbeeinträchtigungen um eine Verschuldenshaftung und nicht um eine verschuldensunabhängige Erfolgshaftung.[80] Knüpfte man lediglich an die dem Schaden vorausgegangene Handlung an, so entstünde gar eine Gefährdungshaftung.[81] Eine solche wird allerdings abgelehnt.[82] Eine Erfolgs- oder Gefährdungshaftung wird hingegen zum Teil bei solchen Aktivitäten, welche die (konkrete) Gefahr schwerwiegender Umweltbeeinträchti-

---

73 Auch *Kloepfer*, Umweltschutzrecht, § 6 Rn. 12; zur Rio-Deklaration § 8 Rn. 20.
74 Vgl. beispielsweise *Frank/Schwarte*, ZUR 2014, 643 zu den ILA (International Law Association) Legal Principles Relating to Climate Change; *Frank*, NVwZ-Extra 2014, 1; *WBGU*, Klimaschutz als Weltbürgerbewegung, 56 f.; sowie Vorbereitungen einer Anfrage des Inselstaats Palau zu einer Advisory Opinion des IGH über die völkerrechtlichen Verpflichtungen bezüglich des Klimawandels: *Beck/Burleson*, Transnational Environmental Law 2014, 17 und laufende Arbeiten der ILC (International Law Commission) zum Schutz der Atmosphäre unter http://legal.un.org/ilc/guide/8_8.shtml (Stand: 15.1.2016).
75 Str., vgl. *Buck/Verheyen* in: Koch, Umweltrecht, § 1 Rn. 31 m.w.N.
76 *Buck/Verheyen* in: Koch, Umweltrecht, § 1 Rn. 31 m.w.N.
77 *Erichsen*, Der ökologische Schaden im internationalen Umwelthaftungsrecht; s. auch ILC, Transboundary Harm, Commentary Art. 2, § 4: „‚significant' is something more than ‚detectable' but need not be at the level of ‚serious' or ‚substantial'".
78 Vgl. zu den Konkretisierungsproblemen auch *Kloepfer*, Umweltrecht, § 9 Rn. 29.
79 A.A. in Bezug auf Entschädigungsansprüche im Falle von Klimawandelfolgen: *Frank*, NVwZ 2014, 695 und *Frank*, NVwZ-Extra 2014, 1 ff.
80 *Schmidt/Kahl/Gärditz*, § 1 Rn. 21 m.w.N.
81 *Buck/Verheyen*, in Koch, Umweltrecht, § 1 Rn. 31.
82 *Schmidt/Kahl/Gärditz*, § 1 Rn. 21.

gungen im Nachbarstaat begründen, sog. **ultra-hazardous activities**,[83] angenommen.[84] Welcher der beiden Maßstäbe für diese besonders gefährlichen Aktivitäten gelten soll, ist aber ebenso umstritten wie die Frage, ob es sich hierbei um Völkergewohnheitsrecht oder einen allgemeinen Rechtsgrundsatz handelt.[85]

Mittlerweile wird als Teil des Verbots grenzüberschreitender Umweltbeeinträchtigungen zudem eine völkergewohnheitsrechtliche Verpflichtung der Staaten abgeleitet, präventiv einem Schadenseintritt entgegenzuwirken.[86]

Rechtsfolgen eines Verstoßes gegen das Verbot erheblicher grenzüberschreitender Umweltbeeinträchtigungen sind:

- Einstellung der schädigenden Nutzung und
- Schadensersatzpflicht nach den Grundsätzen der völkerrechtlichen Verantwortlichkeit.

bb) Gebot der fairen und gerechten Aufteilung gemeinsamer natürlicher Ressourcen

13   Das Gebot der fairen und gerechten Aufteilung gemeinsamer natürlicher Ressourcen („**equitable-utilization-principle**") hat sich im Rahmen der Nutzung internationaler Binnengewässer entwickelt. Danach obliegt den Anliegern eines solchen Gewässers die Pflicht zur vernünftigen und gleichen Teilung der Wassernutzung, die keinen Anliegerstaat unangemessen benachteiligt. Bspw. darf ein Anliegerstaat nur so viel Schadstoffe in ein Gewässer einleiten, dass die anderen (staatlichen) Anlieger das Gewässer auch weiterhin unbeeinträchtigt zur Fischerei nutzen können. In jüngerer Zeit besteht die Tendenz, diesen Grundsatz als „Prinzip der optimalen, nachhaltigen Nutzung" zu formulieren. Insoweit wird das Optimum nicht nur nach ökonomischen, sondern auch nach umweltschützenden (und sozialen) Maßstäben bestimmt.[87]

b) Verfahrenspflichten

14   Daneben bestehen gewohnheitsrechtlich gesicherte Verfahrenspflichten im Umweltvölkerrecht. So ist ein potenziell betroffener Nachbarstaat über umweltgefährdende oder umweltbelastende Vorhaben zu **informieren** und in Notstandsfällen auch zu **warnen**.[88] Dies entspricht dem Rio-Prinzip 18.[89] Gleichsam werden völkergewohnheitsrechtliche **Konsultationspflichten** – überwiegend seit der UN-Umweltschutzkonferenz von Rio de

---

83 *Jenks*, Liability for Ultra-Hazardous Activities in International Law, Recueil des Cours de l'Académie Internationale de la Haye 1966 I, 99 ff.; *ILC*, Transboundary Harm, Commentary Art. 1: 'An ultrahazardous activity is perceived to be an activity with a danger that is rarely expected to materialize but might assume, on that rare occasion, grave (more than significant, serious or substantial) proportions.'.
84 So nimmt beispielsweise *Hummer*, ZöR 2008, 501, 509, eine Erfolgshaftung an; hierzu sowie zur Bewertung von Atomkraftwerken aus umweltvölkerrechtlicher Sicht s. auch *Faßbender*, ZUR 2012, 267 ff.
85 Zu den Ansichten: *Barboza*, The Environment, Risk and Liability in International Law, S. 65 ff.
86 Wohl h. M. nach *Schmidt/Kahl/Gärditz*, § 1 Rn. 27, unter Berufung auf die Rechtsprechung des Internationalen Gerichtshofs (IGH), Urt. v. 20.4.2010, Pulp Mills on the River Uruguay, ICJ Reports 2010, 1, § 101, sowie den Schiedsspruch des Permanent Court of Arbitration (PCA), Entsch. v. 24.5.2005, Award in the Arbitration regarding Iron Rhine ("Ijzeren Rijn") Railway, Reports of International Arbitral Awards, Vol. XXVII, 35, 59, s. auch *v. Arnauld*, Völkerrecht, S. 368; *Faßbender*, ZUR 2012, 267, 272; *Winter*, ZUR 2011, 458, 463.
87 *Epiney*, JuS 2003, 1066, 1069 f.; danach zählen ferner das Prinzip der nachhaltigen Entwicklung, das Vorsorgeprinzip, der Grundsatz der gemeinsamen, aber unterschiedlichen Verantwortung und das Konzept des Gemeinsamen Erbes der Menschheit zum umweltbezogenen Völkergewohnheitsrecht.
88 S. hierzu *Beyerlin/Marauhn*, International Environmental Law, S. 44 f.
89 Näher *Hobe*, JA 1997, 160, 164; zur Rio-Deklaration nachfolgend Rn. 20.

Janeiro – angenommen (vgl. Rio-Prinzip 19)⁹⁰, künftig möglicherweise bis hin zu Pflichten wechselseitiger Hilfeleistung.⁹¹ Nicht anerkannt ist dagegen ein **Vetorecht** oder gar ein Recht zur **ökologischen Intervention**.

Bei Projekten, die grenzüberschreitende Umweltauswirkungen erwarten lassen, wird ferner eine gewohnheitsrechtliche Pflicht zur Durchführung einer **UVP** bejaht.⁹²

c) Defizite

Gewohnheitsrecht als Rechtsquelle des Umweltvölkerrechts weist Defizite auf. Zwar haben die Grundsätze des Völkergewohnheitsrechts gegenüber völkerrechtlichen Verträgen den Vorzug universeller Geltung und der Verbindlichkeit für die gesamte Staatengemeinschaft. Jedoch werden die sehr allgemeinen Regeln der erheblichen **Komplexität** der betroffenen Sachverhalte oft nicht gerecht. Des Weiteren entsteht Gewohnheitsrecht nur dort, wo **konkrete Staateninteressen** berührt werden. Es ist somit nicht geeignet, Regelungen bereitzustellen, die allgemein den Schutz der Umwelt als Lebensgrundlage des Menschen zum Ziel haben, wie etwa die Erhaltung der Ozonschicht. Außerdem bedarf es zur Entstehung völkergewohnheitsrechtlicher Normen aufgrund der vorausgesetzten Staatenpraxis regelmäßig einer längeren Zeitspanne – was der Bewältigung drängender Umweltprobleme zuwiderläuft.

15

▶ **ZU FALL 9:** Da zwischen beiden Ländern keine völkervertragsrechtlichen Beziehungen bestehen, kommt nur Völkergewohnheitsrecht als Anspruchsgrundlage für die Forderung von B in Betracht. Einschlägig könnte hier das völkergewohnheitsrechtliche Verbot erheblicher grenzüberschreitender Umweltschädigung sein. Es besagt, dass kein Staat auf seinem Gebiet Aktivitäten vornehmen, dulden oder fördern darf, die auf dem Gebiet eines Nachbarstaates derartige Schäden verursachen. Der erforderliche Schaden ist in der Bodenversauerung im Staat B und den daraus resultierenden Verlusten beim Holzertrag der Staatsforste zu sehen. Der Schaden müsste auch erheblich sein. Das Erfordernis der Erheblichkeit impliziert, dass ein gewisses Maß an grenzüberschreitender Umweltbeeinträchtigung hinzunehmen ist. Da das Heizkraftwerk groß ist und der Wind seine Emissionen weiter über die Staatsforste von B treiben wird, muss von einer dauerhaften Schädigung seiner Wälder ausgegangen werden. Das zu tolerierende Maß an Umweltbeeinträchtigung ist folglich überschritten. Die wissenschaftlichen Erhebungen haben zudem keinen Zweifel an der Kausalität des Schadens gelassen, so dass der Anspruch von B dem Grund nach besteht. Eine Stilllegung des Heizkraftwerks wird der Staat B dennoch nur dann erreichen können, wenn mildere Mittel, wie eine Rauchgasentschwefelung, künftige Schäden nicht abzuwenden vermögen. ◀

16

III. Internationale Organisationen

Internationale Organisationen haben auf bedeutende Weise zum gegenwärtigen Stand des Umweltvölkerrechts beigetragen und sind auch in Zukunft für seine Weiterentwicklung unverzichtbar. Sie stellen ein Forum zur Verfügung, das die – zunächst unverbindliche – internationale **Diskussion** von Umweltproblemen ermöglicht, und schaffen

17

---

90 Dazu *Hobe*, JA 1997, 160, 164; vgl. zur Rio-Deklaration Rn. 20.
91 *Beyerlin/Marauhn*, International Environmental Law, 44 f.; *Kloepfer*, Umweltschutzrecht, § 6 Rn. 23.
92 Obiter dictum des IGH, Urt. v. 20.4.2010, Pulp Mills on the River Uruguay, ICJ Reports 2010, 1, § 204; so schon bereits *Epiney*, JuS 2003, 1066, 1070; andere Auslegung des obiter dictums in Richtung eines allgemeinen Rechtsgrundsatzes durch *Schmidt/Kahl/Gärditz*, § 1 Rn. 33; kritische Auseinandersetzung mit den internationalen Anforderungen an die UVP bei *Langshaw*, Nordic Journal of International Law 2012, 21.

so eine breite Öffentlichkeit.[93] Nicht zu unterschätzen ist daneben die Bereitstellung von Arbeitsgrundlagen in Form von Daten, der ständige Austausch von Informationen sowie die Initiierung themenbezogener Kooperation der Staaten in Form von Konferenzen.

18 Von besonderer Bedeutung ist insoweit das nicht mit Völkerrechtssubjektivität ausgestattete United Nations Environmental Programme (**UNEP**) mit Sitz in Nairobi.[94] In einem weiteren Sinn zählen hierzu die International Law Commission (ILC), die Economic Commission for Europe (ECE), die Internationale Arbeitsorganisation (ILO), die Food and Agriculture Organization (FAO), die Weltgesundheitsorganisation (WHO) und die Internationale Atomenergie-Agentur (IAEA). Außerhalb der UNO nehmen andere Organisationsformen nicht unerheblichen Einfluss auf den Umweltschutz.[95] Im gesellschaftlichen Zusammenhang, d.h. bei den NGO,[96] ist Letzteres durchweg alleiniges Ziel.

19 Nicht zu unterschätzende Anstoßfunktionen kommen Entschließungen, Deklarationen, Empfehlungen bzw. Beschlüssen der internationalen Organisationen aus dem staatlichen Bereich zu („**soft law**").[97] Indem sie das Entstehen eines entsprechenden Rechtsbewusstseins fördern, können sie den Abschluss völkerrechtlicher Verträge vorbereiten und forcieren. Bei Hinzutreten von Staatenpraxis ist darüber hinaus eine völkergewohnheitsrechtliche Verfestigung möglich. Zudem werden Entschließungen oft schon im Vorfeld der Rechtsverbindlichkeit als Maßstab für das Verhalten der Staaten herangezogen.

Zu nennen sind in diesem Zusammenhang:

- die Abschlussdeklaration der 1. Stockholmer UN-Umweltschutzkonferenz von 1972 mit 26 Prinzipien zum völkerrechtlichen Umweltschutz,
- die Empfehlung des OECD-Rates vom 14.11.1974 über Grundsätze für die grenzüberschreitende Umweltbelastung,
- die „guidelines" des UNEP, vor allem die Erklärung zu „Shared Ressources" (1978), das Umweltrechtsprogramm von Montevideo (1982) und die Weltcharta für die Natur (1982),
- die Deklaration der UN-Umweltschutzkonferenz von Rio (1992) mit 27 Prinzipien, die Agenda 21 als umweltpolitisches Aktionsprogramm zur Umsetzung der Rio-Deklaration sowie die Erklärung über Waldgrundsätze.[98]

IV. UN-Umweltschutzkonferenzen

20 An der „United Nations Conference on Environment and Development" (UNCED), die Anfang Juni 1992 in **Rio de Janeiro** (Brasilien)[99] stattfand, nahmen hochrangige Regierungsdelegationen aus 178 Staaten sowie Umweltverbände und in der Entwicklungspolitik tätige Verbände (NGO) teil. Ausgangspunkt war der Bericht der sog.

---

93 Zum Umweltschutz durch internationale Organisationen *Kloepfer*, Umweltrecht, § 9 Rn. 15.
94 Unterorganisation der Vereinten Nationen mit Sitz in Nairobi (Kenia). Der Anstoß zu ihrer Errichtung kam von der Stockholmer Konferenz 1972 (dazu Rn. 19), *Buck/Verheyen* in: Koch (Hrsg.), Umweltrecht, § 1 Rn. 5.
95 WTO, OECD, Europarat, *Kloepfer*, Umweltschutzrecht, § 6 Rn. 48.
96 Etwa: Greenpeace, Worldwide Fund for Nature (WWF).
97 Dazu § 8 Rn. 6.
98 Nachfolgend § 8 Rn. 20.
99 Zur Konferenz von Rio vgl. BT-Drs. 12/3380; *Hohmann*, NVwZ 1993, 311; *Ruffert*, ZUR 1993, 208; ferner *SRU*, Umweltgutachten 1998, BT-Drs. 13/10195, Tz. 63.

Brundlandt-Kommission aus dem Jahr 1987, der das Leitbild der „nachhaltigen Entwicklung" erstmalig geprägt hat.[100]

Auf der Konferenz wurden mit der **Klimarahmenkonvention** und der **Biodiversitätskonvention**[101] u.a. zwei wichtige völkerrechtliche Konventionen gezeichnet.[102]

Daneben wurden mit der Erklärung von Rio zu Umwelt und Entwicklung (**Rio-Deklaration**), der **Agenda 21** („Handlungsanleitungen für das 21. Jahrhundert") und Grundsatzerklärung zur Bewirtschaftung, Erhaltung und bestandsfähigen Entwicklung aller Arten von Wäldern (**Wald-Deklaration**) drei Erklärungen verabschiedet, die die Regierungen zu politischem Handeln verpflichten, aber völkerrechtlich nicht verbindlich sind.

Schlüsselbegriff sowohl der Rio-Deklaration als auch der Agenda 21 ist der Begriff des „**sustainable development**" („nachhaltige Entwicklung"). Völkerrechtlich besteht weitgehend Konsens darüber, dass der Zweck nachhaltiger Entwicklung darin besteht, zu einem angemessenen Ausgleich der divergierenden Zielsetzungen wirtschaftlicher Entwicklung, sozialer Entwicklung und Umweltschutz zu gelangen (sog. „Drei-Säulen-Modell").[103] Im Rahmen der Bemühungen um eine (juristische) Konkretisierung dieses Begriffes haben sich zwei wesentliche Aspekte in den Vordergrund geschoben:

- Umwelt- und Entwicklungspolitik müssen stärker miteinander in Einklang gebracht werden,
- die Verantwortung gegenüber den Ansprüchen künftiger Generationen auf Befriedigung ihrer sozialen, ökonomischen, ökologischen, kulturellen und geistigen Bedürfnisse.[104]

Die weitere internationale Verfolgung von Themenbereichen der Rio-Konferenz soll durch die Commission on Sustainable Development (CSD) überwacht werden. Diese tagt mindestens einmal pro Jahr und berichtet der UN-Vollversammlung.

Der Weltgipfel für nachhaltige Entwicklung von **Johannesburg** (2002) sollte zehn Jahre nach der Rio-Konferenz dem Nachhaltigkeitsgedanken neue Impulse geben. Geplant war, das lediglich als Handlungsempfehlung in Rio verabschiedete politische Programm der Agenda 21 in konkrete Maßnahmen mit Ziel- und Fristvorgaben umzusetzen.[105] Im Ergebnis wurden auf dem Johannesburger Gipfel zwei offizielle, allerdings nur politisch verbindliche Dokumente verabschiedet: eine Erklärung über nachhaltige Entwicklung und ein Durchführungsplan, der die Verhandlungsergeb-

---

100 *World Commission on Environment and Development*, Our Common Future.
101 Die Biodiversitätskonvention verlangt u.a. eine ausgewogene und gerechte Teilung der Vorteile aus der kommerziellen und sonstigen Nutzung genetischer Ressourcen mit der Partei, die diese Ressourcen zur Verfügung gestellt hat. Durch die auf der sechsten Vertragsstaatenkonferenz im April 2002 in Bonn verabschiedeten „Bonn-Richtlinien" wurden inhaltliche Vorgaben für – lediglich – nationale Regelungen über den Zugang zu genetischen Ressourcen und den gerechten Vorteilsausgleich geschaffen; *Friedland/Prall*, ZUR 2004, 193; *Godt*, ZUR 2004, 202.
102 Zur UNFCCC und CBD s. bereits oben Rn. 7. Als weitere Vereinbarungen sind die UNCCD (s. Rn. 7) sowie das Übereinkommen über die Erhaltung und Bewirtschaftung von gebietsübergreifenden Fischbeständen und weit wandernden Fischbeständen (1995), abgedruckt in: ABlEG L 189/17 v. 3.7.1998, zu nennen.
103 *Schröder*, VerwArch 87 (1996), 251, 257 f.; *Bückmann/Lee/Simonis*, UPR 2002, 168 ff.; *Ketteler*, NuR 2002, 513 ff.; *Rehbinder*, NVwZ 2002, 657 ff.; *Schlacke*, ZUR 2002, 377 ff.; *SRU*, Umweltgutachten 2002, BT-Drs. 14/8792, S. 67 f.; eingehend zu alldem *Beaucamp*, Konzept der zukunftsfähigen Entwicklung; *Ekardt*, Theorie der Nachhaltigkeit, 2011.
104 Auch *Buck/Verheyen* in: Koch, Umweltrecht, § 1 Rn. 6, 8.
105 *Wolf*, NuR 2003, 137; zu den (Hinter-)Gründen, die auch auf teilweise schlechter Regierungsführung und der die Entwicklungsländer tendenziell benachteiligenden fortschreitenden Globalisierung beruhen, näher *Buck/Verheyen* in: Koch (Hrsg.), Umweltrecht, § 1 Rn. 10.

nisse hinsichtlich einzelner Politikfelder festhält und insoweit den künftigen Handlungsrahmen für die Umsetzung konkreter Schritte i.S.d. nachhaltigen Entwicklung bildet.[106] Die Erklärungen bleiben in ihrer Bedeutung weit hinter denjenigen der Rio-Konferenz zurück; sie erreichen nicht die normative Bedeutung, die bspw. dem Leitbild der Nachhaltigkeit in der Rio-Deklaration beigemessen wird.[107] Im Abschlussdokument des Erdgipfels **2012** (Rio+20) in **Rio de Janeiro** wurde im Abschlussdokument das Ziel der „Green Economy" anerkannt, die darauf gerichtet ist, Wirtschaftswachstum und Produktion von einer zunehmenden Inanspruchnahme der natürlichen Ressourcen abzukoppeln.[108] Zudem wurde der Beschluss gefasst, „Sustainable Development Goals" (SDGs, Ziele nachhaltiger Entwicklung) bis zum Jahr 2015 zu entwickeln, die die im Jahr 2000 verabschiedeten „Millenium Development Goals" (MDGs) ablösen und um die umfassende Nachhaltigkeitsperspektive erweitern sollten.[109] Die Generalversammlung der UNO verabschiedete am 25.9.2015[110] 17 SDGs, die mittels 169 Unterzielen („targets") konkretisiert werden, und damit die globale, nachhaltige Entwicklungsagenda bis zum Jahr 2030 bestimmen sollen.

Eines der wesentlichen Ergebnisse der Rio-Konferenz war die Unterzeichnung der schon zuvor von der UN-Generalversammlung beschlossenen Klimarahmenkonvention 1993[111] durch damals bereits 154 Staaten.

Konkrete Verpflichtungen der Vertragsstaaten zur Reduzierung der Emissionen von Treibhausgasen enthält das **Protokoll von Kyoto**[112] vom 11.12.1997.[113] Die nähere Ausgestaltung des hierdurch ebenfalls ermöglichten Handels mit Emissionszertifikaten[114] (zur Erreichung der Reduktionsziele) gelang 2001 auf den Vertragsstaatenkonferenzen (Conference of the Parties, COP) in Bonn und Marrakesch.[115]

Im Jahr nach Inkrafttreten des Kyoto-Protokolls aufgrund der Ratifizierung durch Russland[116] wurde 2005 in Montreal entsprechend dem Protokoll mit den Verhandlungen für eine auf den ersten Reduktionszeitraum folgende zweite Verpflichtungsperiode begonnen.[117] Anlässlich der im Jahr 2007 auf **Bali** durchgeführten COP konnte das Verhandlungsmandat für ein neues globales Klimaabkommen vereinbart werden. Das Abkommen sollte dann das Kyoto-Protokoll nach dessen Auslaufen im Jahr 2012 ablösen und auf der Klimakonferenz in **Kopenhagen** im Jahr 2009 abgeschlossen werden. Dem Klimagipfel in Kopenhagen gingen große Hoffnungen voraus, denn die USA, Japan und Russland wollten sich – anders als beim Kyoto-Protokoll – beteiligen. Zustande kam lediglich ein Minimalkonsens in Form des „Copenhagen Accord". Dieser ist völkerrechtlich nicht bindend und wurde von den Vertragsstaaten lediglich „zur Kenntnis" genommen, nicht aber formell angenommen. Dort wird das Ziel erwähnt, die Erderwärmung auf weniger als

---

106 Vgl. *Proelß* in: Graf Vitzthum/Proelß, 5. Abschn. Rn. 103.
107 Ausführlich *Wolf*, NuR 2003, 137, 138; *Epiney*, JuS 2003, 1066, 1067 f.
108 Dazu etwa *Lima*, EurUP 2012, 187.
109 S. hierzu ausführlich *WBGU*, Zivilisatorischer Fortschritt innerhalb planetarischer Leitplanken.
110 „Transforming our world: the 2030 Agenda for Sustainable Development", GA/A/RES/70/1; s. hierzu auch: https://sustainabledevelopment.un.org/post2015/transformingourworld (Stand: 15.1.2015).
111 Dazu *Kment*, JZ 2010, 62, 64; bereits Rn. 7; die EG hat das Klimaprotokoll am 31.5.2002 ratifiziert; mittlerweile hat die UNFCCC 196 Vertragsparteien (Stand: 15.1.2016).
112 BGBl. II 2002, S. 967, in Kraft getreten am 16.2.2005.
113 *Kment*, JZ 2010, 62, 64 f.; *Sach/Reese*, ZUR 2002, 65; *Marr/Oberthür*, NuR 2002, 573; *Verheyen*, NuR 2002, 445; auch § 9 Rn. 4. Die EG hat das Kyoto-Protokoll mit der Entscheidung 2002/358/EG v. 25.4.2002 (ABlEG L 130/1) anerkannt.
114 Dazu § 16 Rn. 7.
115 *Kloepfer*, Umweltrecht, § 17 Rn. 73; zum ernüchternden Bericht der UN-Sondergeneralversammlung über den Zustand der Umwelt vom selben Jahr *Kloepfer*, Umweltschutzrecht, § 6 Rn. 43; zu den klimaschutzbezogenen Inhalten dieser und der nachfolgenden Verhandlungen näher § 16 Rn. 7 f.
116 Bei Ausscheiden der USA aus dem Ratifizierungsprozess, *Kloepfer*, Umweltschutzrecht, § 6 Rn. 44.
117 *Kloepfer*, Umweltschutzrecht, § 6 Rn. 44, § 10 Rn. 17.

2 °C im Vergleich zum vorindustriellen Niveau zu begrenzen.[118] Erst nach den Konferenzen im mexikanischen **Cancún** (2010) und im südafrikanischen **Durban** (2010), wurde 2012 in **Doha** (Katar) das Kyoto-Protokoll mit einer zweiten Verpflichtungsperiode bis 2020 verlängert[119] und ein Fahrplan für ein international verbindliches Klimaschutzabkommen ab 2020 verabschiedet, welches bis 2015 ausgehandelt werden soll.[120] Auch in Anbetracht dessen stellten die COPs in **Warschau** (2013) und **Lima** (2014) Zwischenstationen dar.

Am 12. Dezember 2015 haben sich in Paris bei der 21. Weltklimakonferenz 195 Staaten und die Europäische Union auf ein 29 Artikel umfassendes Klimaabkommen[121] geeinigt.[122] In diesem verpflichten sie sich, den Anstieg der globalen Mitteltemperatur „well below", also deutlich unter 2º Celsius im Vergleich zum vorindustriellen Niveau, zu halten und Anstrengungen zu verfolgen, den Temperaturanstieg sogar unterhalb von 1,5º Celsius zu stabilisieren. Die Ausgestaltung des Abkommens als völkerrechtlicher Vertrag ist für sich genommen als Erfolg zu werten und übertrifft viele im Vorfeld geäußerten Vermutungen, dass lediglich eine soft-law Vereinbarung getroffen wird, die keine Vertragspartei bindet.[123] Dem Mandat der Vertragsstaatenkonferenz in Durban 2011, ein rechtsverbindliches Instrument („…protocol, another legal instrument or an agreed outcome with legal force under the Convention applicable to all Parties"), nach Auslaufen des Kyoto-Protokolls zu verabschieden, wird insoweit Rechnung getragen. Wieviel rechtliche Wirkung und Pflicht das Pariser Abkommen erzeugt und enthält, ist freilich von dem weiteren Ratifikationsprozess abhängig. Das Pariser Abkommen tritt in Kraft, wenn 55 Mitglieder der Klimarahmenkonvention, die für 55 % der gesamten globalen Treibhausgasemissionen verantwortlich sind, es akzeptiert haben. Geltung würde das Pariser Abkommen allerdings erst ab 2020 entfalten.

V. Entwicklung und Entwicklungspotenzial des Umweltvölkerrechts

Das Umweltvölkerrecht ist ein sich stetig an neue Umstände anpassendes und damit in der Entwicklung befindliches Rechtsgebiet.[124] Die letzten Jahrzehnte brachten eine Vielzahl neuer Konventionen ebenso wie einen Anstieg der Fälle mit Umweltbezug, die vor internationalen Gerichten verhandelt wurden.[125] Gewisse Umweltkonventionen, wie beispielsweise die Aarhus-Konvention, können als innovativ, andere, wie beispiels-

21

---

118 S. hierzu UNFCCC, Report of the Conference of the Parties on its fifteenth session, held in Copenhagen from 7 to 19 December 2009, Addendum, Decision 2/CP.15, FCCC/CP/2009/11/Add.1, 4 ff.; alle Dokumente zur UNFCCC sind abrufbar unter http://unfccc.int (Stand: 15.1.2016).
119 Dieser im „Doha Amendment" enthaltenen Verlängerung stimmten allerdings nur wenige Vertragsparteien zu, u.a. die EU. Einige der großen Emittenten wie Russland, Kanada, Japan und Neuseeland sind an der zweiten Verpflichtungsperiode nicht mehr beteiligt; einsehbar unter: http://unfccc.int/kyoto_protocol/doha_amendment/items/7362.php (Stand: 15.1.2016).
120 Vgl. auch *Schlacke*, ZUR 2012, 69.
121 Abrufbar unter: https://unfccc.int/resource/docs/2015/cop21/eng/l09r01.pdf (Stand: 15.1.2016).
122 *Schlacke*, ZUR 2016, 65 f.; *Morgenstern/Dehnen*, ZUR 2016, 131 ff.
123 Zum Prozess und den Vorschlägen vgl. *WBGU*, Klimaschutz als Weltbürgerbewegung; *Morgenstern/Dehnen*, ZUR 2016, 131 ff.
124 Zur wachsenden Regelungsdichte im Umweltvölkerrecht: *Buck/Verheyen*, in: Koch (Hrsg.), Umweltrecht, § 1 Rn. 93.
125 Zur Vielzahl der Regelungen und Überlegungen zur Verzahnung bestimmter Konventionen: *Velázquez Gomar*, International Environmental Agreements 2014; zur Rechtsprechung internationaler Gerichte in Umweltfragen: *Harrison*, Journal of Environmental Law 2013, 501 ff.

weise das Montreal-Protokoll, gar als erfolgreich bezeichnet werden.[126] Dennoch wird vielfach eine **Fragmentierung** des Umweltvölkerrechts befürchtet.[127]

Die Einbeziehung der Zivilgesellschaft in Umweltangelegenheiten und die Stärkung ihrer Verantwortung für den Umweltschutz ist das Ziel des am 25.6.1998 in Aarhus (Dänemark) verabschiedeten Übereinkommens über den Zugang zu Informationen, die Öffentlichkeitsbeteiligung an Entscheidungsverfahren und den Zugang zu Gerichten in Umweltangelegenheiten (sog. **Aarhus-Konvention**).[128] Die Konvention stellt eine neue Etappe in der Entwicklung des Umweltvölkerrechts dar. Die sich hieraus ergebenden Anforderungen können in drei Säulen unterteilt werden: den Zugang zu Umweltinformationen für Jedermann, die Beteiligung der Öffentlichkeit und den Zugang zu Gerichten oder sonstiger Überprüfung in Umweltangelegenheiten.[129] Mit dem Inkrafttreten der Konvention im Oktober 2001 wurde sie für die unterzeichnenden Parteien, zu denen die Bundesrepublik Deutschland und die EG zählen, verbindlich. Die notwendige Umsetzung in nationales Recht bewirkt nicht nur in den Ratifikationsstaaten Mittel- und Osteuropas einen grundlegenden Entwicklungsschub für das Umweltrecht, sondern veranlasst auch die EG (ebenso wie die EU als Rechtsnachfolgerin) und die Bundesrepublik zu über das Umweltrecht hinauswirkenden Rechtsetzungsaktivitäten.[130] Mit dem Ziel, den Zugang zu Umweltinformationen darüber hinaus zu verbessern, wurde zudem das Protokoll zur Aarhus-Konvention über Schadstofffreisetzungs- und -verbringungsregister (Protocol on Pollutant Release and Transfer Registers, PRTR) vom 21.5.2003 geschaffen.[131]

Zudem besteht eine durch Wechselwirkungen geprägte Beziehung zum allgemeinen Völkerrecht. Naturgemäß tauchen Fragen, die sich im allgemeinen Völkerrecht stellen, auch im Umweltvölkerrecht auf und umgekehrt, z.B. die Frage, ob nicht auch andere Akteure als Staaten völkerrechtlichen Verpflichtungen unterliegen sollten. Andersherum sieht sich das Umweltvölkerrecht mit ähnlichen Restriktionen und Problemen wie das allgemeine Völkerrecht konfrontiert.

So zeigt beispielsweise der Umgang mit Klimawandel(-folgen), dass sich zwar Verpflichtungen der Staaten zur Reduktion von Treibhausgasemissionen aus der UNFCCC oder dem Völkergewohnheitsrecht möglicherweise jetzt schon begründen lassen[132], eine **Durchsetzung** dieser Verpflichtungen lässt jedoch nach wie vor auf sich warten.

(Fort-)Entwicklungsnotwendigkeiten in Bezug auf das Umweltvölkerrecht beruhen in einem sehr grundsätzlichen Sinn auf den ökonomisch, ökologisch, aber auch sozial divergierenden Ausgangspositionen von Industriestaaten einerseits und Entwicklungslän-

---

126 *DeSombre*, UCLA Journal of Environmental Law 2000–2001, 49; *Green*, Journal of Environmental Law 2009, 253.
127 So z.B. *Kim/Bosselmann*, Transnational Environmental Law 2013, 285 (286).
128 Vgl. bereits Rn. 7; zur Aarhus-Konvention *Falke* in: ders./Schlacke, S. 99; *Epiney/Scheyli*, Die Aarhus-Konvention; Schlacke/Schrader/Bunge, Informationsrechte, Öffentlichkeitsbeteiligung und Rechtsschutz im Umweltrecht – Aarhus-Handbuch; Gesetz zum Aarhus-Änderungs-Übereinkommen v. 17.7.2009, BGBl. II, S. 794.
129 *Epiney* in: Falke/Schlacke, S. 99; *Schlacke*, ZUR 2003, 176 ff.
130 Überblick bei *Falke* in: ders./Schlacke, S. 99, 101; Buck/Verheyen in: Koch (Hrsg.), Umweltrecht, § 1 Rn. 69 unter Verweis auf die Richtlinie 2011/92/EU v. 13.12.2011 über die Umweltverträglichkeitsprüfung bei bestimmten öffentlichen und privaten Projekten, ABlEU 2012 L 26, 1; zur europarechtlichen Umsetzung s. § 7 Rn. 26; § 9 Rn. 7 und zur nationalen Umsetzung s. § 9 Rn. 7.
131 S. hierzu bereits oben Rn. 7 sowie *Röckinghausen*, ZUR 2009, 19 ff.
132 S. z.B. *Frank*, NVwZ-Extra 2014, 1; etwas weniger zuversichtlich allerdings *Voigt*, Nordic Journal of International Law 2008, 1, 20.

dern andererseits.¹³³ So müsste in diesem Zusammenhang über Angleichungsmaßnahmen nachgedacht werden, wie beispielsweise einem unter ökonomischen Aspekten sinnvollen Schuldenerlass zugunsten wirtschaftlich schwächerer Staaten – freilich kompensiert durch von den begünstigten Ländern zu ergreifenden Umweltschutzmaßnahmen.¹³⁴ Zur Sicherstellung der **Umsetzung** des Umweltvölkerrechts bieten sich insoweit weniger konfrontative Erfüllungsvorgaben an, sondern solche der kooperativen Erfüllungsunterstützung bei unbeabsichtigter Schlecht- oder Nichterfüllung durch in diesem Bereich weniger leistungsfähige Staaten.¹³⁵ Zu Letzteren zählen Formen der Erfüllungskontrolle und der Erfüllungshilfe. Bei der Erfüllungskontrolle können für den Fall der Feststellung bzw. Evaluierung einer Vertragsverfehlung (regelmäßig durch ein kollektives Vertragsorgan) Hilfsmaßnahmen beschlossen werden.¹³⁶ Die Erfüllungshilfe setzt nicht erst bei einer (festgestellten) Nichteinhaltung von vertraglichen Vorgaben ein, sondern präventiv; sie richtet sich dergestalt auf einvernehmlichen Transfer von Technologie- und Finanzleistungen.¹³⁷

Scheitern die Bemühungen um den gemeinschaftlichen Umgang mit globalen Umweltproblemen, wie beispielsweise dem Klimawandel, so wird sich die internationale Gemeinschaft mit **Folgeproblemen** konfrontiert sehen, denn Schätzungen zufolge werden beispielsweise bis zum Jahr 2050 bis zu 250 Millionen Menschen durch umweltbedingte Ursachen ihre Heimat verlieren.¹³⁸ Auch in diesem Bereich wird die Möglichkeit einer Regelung mittels eines völkerrechtlichen Vertrages diskutiert.¹³⁹

Das Umweltvölkerrecht bedarf, wie das Völkerrecht allgemein, der inneren Harmonisierung, primär gerichtet auf seine Institute, Institutionen und sonstigen Regelungsmechanismen, aber auch der Angleichung und Abstimmung nach außen, also mit anderen völkerrechtlichen Rechtskreisen.¹⁴⁰

WIEDERHOLUNGS- UND VERSTÄNDNISFRAGEN

> Worin liegt die Aufgabe des internationalen Umwelt(schutz)rechts? (Rn. 3)
> Was versteht man unter völkerrechtlichen Verträgen und welche Vor- und Nachteile weisen sie unter Umweltschutzgesichtspunkten auf? (Rn. 4, 7 f.)
> Was versteht man unter Völkergewohnheitsrecht und welche Vor- und Nachteile weist es unter Umweltschutzgesichtspunkten auf? (Rn. 4, 9 ff.)
> Welches sind die anerkannten materiellen und verfahrensbezogenen Pflichten des Völkergewohnheitsrechts im Umweltschutzbereich? (Rn. 10 ff., 13, 14)
> Welche Ergebnisse haben internationale Umweltschutzkonferenzen bislang erbracht? (Rn. 20 f.)

---

133 *Kloepfer*, Umweltschutzrecht, § 6 Rn. 51, auch zum Nachfolgenden.
134 „Dept for natural swaps", etwa *Ebenroth/Bühler*, NuR 1990, 260.
135 Eingehend zu alldem *Kreuter-Kirchhof*, Neue Kooperationsformen; international-prozessuale Forderung bei *Albus*, Zur Notwendigkeit eines internationalen Umweltgerichtshofes.
136 Vgl. *Kloepfer*, Umweltrecht, § 9 Rn. 48, am Bsp. des Montrealer Protokolls zum Wiener Ozonschutzabkommen.
137 Dazu etwa *Buck/Verheyen* in: Koch (Hrsg.), Umweltrecht, § 1 Rn. 74 ff.
138 *Subpramanian/Urpelainen*, International Environmental Agreements 2014, S. 25, 26.
139 *Subpramanian/Urpelainen*, International Environmental Agreements 2014, S. 25, 27 ff.
140 *Kloepfer*, Umweltrecht, § 9 Rn. 67 f.; vgl. die Überlegungen zu planetaren Leitplanken als einer „Grundnorm" zur Harmonisierung des Umweltvölkerrechts bei *Kim/Bosselmann*, Transnational Environmental Law 2013, 285 ff.

B. Besonderes Umweltrecht

§ 9 Immissionsschutzrecht

1 Primäre Aufgaben des Immissionsschutzrechts sind die Luftreinhaltung und der Lärmschutz.[1]

Die **Luftreinhaltung** ist angesichts vielfältiger Belastungswege und der kaum überschaubaren Menge an schädlichen Stoffen eine der zentralen Herausforderungen des Umweltschutzes. Zu den bekannten Schadstoffen gehören Stickstoffoxide, Kohlenmonoxid, Schwefeldioxid, Fluorchlorkohlenwasserstoffe (FCKW) und Schwermetalle. Des Weiteren existiert eine große Anzahl potenziell gefährlicher Stoffe, deren Auswirkungen auf Mensch und Umwelt noch nicht erforscht sind.[2] Wiewohl bei den klassischen Luftschadstoffen und auch bei den Feinstäuben deutliche Rückgänge an Emissionen aus den Quellen Kraftwerke, Industrien und Hausbrand zu verzeichnen sind, gilt dies nicht für die Partikelkonzentration im Straßenverkehr.[3]

Luftverschmutzung führt nicht nur zu „dicker Luft", sondern hat zugleich **medienübergreifende Auswirkungen**: Die zunächst in der Luft befindlichen Schadstoffe lagern sich auf Boden, Pflanzen und Gebäuden ab und gelangen mit dem Niederschlag in die Gewässer. Die sich hieraus ergebenden Folgen der Luftverunreinigung[4] für Mensch und Umwelt sind leicht vorstellbar.

Die Verschmutzung der Luft beeinflusst in zunehmendem Maße auch das **globale Klima**. So verhindert die wachsende Konzentration des Kohlendioxids eine ausreichende Wärmeabstrahlung der Erde mit der wahrscheinlichen Folge einer Erhöhung der mittleren Temperatur der Erdoberfläche (Treibhauseffekt). Die dadurch bedingten nachteiligen Klimaveränderungen ziehen u.a. eine weltweite Zunahme der Trockengebiete, eine Verringerung der Niederschläge, Artenveränderungen und eine Verschlechterung der Ernährungssituation nach sich.[5] Der Klimaschutz hat sich mittlerweile zu einem bedeutenden Teil der Luftreinhaltungspolitik entwickelt.[6]

2 Der **Lärmschutz** ist der zweite wesentliche Bereich des Immissionsschutzrechts. Unter Lärm sind die vom Menschen aufgrund ihrer Dauer, Intensität usw. als störend empfundenen Geräusche zu verstehen.[7] Lärmquellen sind z.B. der Straßen-,[8] Schienen-[9] und Luftverkehr,[10] Baustellen[11] sowie Sport- und Spielplätze.[12] Trotz erheblicher Fortschritte vor allem beim verkehrsbezogenen Lärmschutz hat die weitere Steigerung des

---

1 Auch *Beaucamp* in: Kluth/Smeddinck, Umweltrecht, § 2 Rn. 14.
2 Zur Belastungssituation in Deutschland *SRU*, Umweltgutachten 2008, Rn. 242 ff.
3 Dazu mit Zahlenangaben *Schmidt/Kahl/Gärditz*, § 7 Rn. 1 f.; auch *Beaucamp* in: Kluth/Smeddinck, Umweltrecht, § 2 Rn. 2.
4 Näher dazu *SRU*, Umweltgutachten 2008, Rn. 249 ff.
5 *Sparwasser/Engel/Voßkuhle*, § 10 Rn. 17 ff.
6 Vgl. näher § 16.
7 Zur Erfassung und Bewertung von Lärm vgl. *Ortscheid/Wende*, ZUR 2002, 185.
8 BVerwG, ZUR 2007, 205.
9 VGH München, ZUR 2007, 540.
10 Vgl. BVerwG, NVwZ 2009, 109.
11 *Dietrich*, NVwZ 2009, 144.
12 Dazu BVerwG, ZUR 2003, 367; *Ketteler*, DVBl. 2008, 220. In Reaktion auf die Rechtsprechung des BVerwG ist derartiger Lärm, soweit er von Kindern ausgeht, 2011 durch § 22 Abs. 1a BImSchG privilegiert worden.

Verkehrsaufkommens die Lärmbelastung eher noch zunehmen lassen. Auch wächst die Einsicht in die Notwendigkeit, die Lärmquellen nicht isoliert, sondern kumulativ zu betrachten, um den wirklichen Stressgehalt der Emission erfassen zu können.[13]

Die **gesundheitlichen Folgen** treten beim Lärm besonders zu Tage. Dieser kann beim Betroffenen psychische und physische Reaktionen (z.B. Gereiztheit, Herzklopfen) auslösen, die sich zu Krankheiten wie etwa Schwerhörigkeit ausbilden können.[14] Allgemein wird eine Erhöhung des Herzinfarktrisikos und eine Minderung der Lebenserwartung konstatiert.[15] Einwirkungen auf die Luftqualität führen etwa bei Feinstäuben zu Atemwegs- und Herzkreislauferkrankungen.[16]

I. Rechtsgrundlagen

Die wichtigsten Rechtsgrundlagen finden sich im **Bundesrecht** und im **sekundären Recht der Europäischen Union**. Aufgrund des grenzüberschreitenden Charakters von Luftverunreinigungen sind diese darüber hinaus in zunehmendem Maße Gegenstand **internationaler Vereinbarungen** geworden.

1. Internationales Recht

Anders als der Schutz des Umweltmediums Wasser ist die Reinhaltung der Luft von der Staatengemeinschaft vergleichsweise spät als international regelungsbedürftig erkannt worden. Zuvor beriefen sich die Staaten bei weiträumigen grenzüberschreitenden Luftverunreinigungen (insbesondere „saurem Regen" und Kernwaffenversuchen in der Atmosphäre) auf Völkergewohnheitsrecht, nämlich das Verbot der erheblichen Schädigung des Nachbarstaates und die Pflicht zur Information und Konsultation.[17]

Erst am 13.11.1979 wurde mit dem **Genfer (UNECE-)Übereinkommen über weiträumige grenzüberschreitende Luftverunreinigung**[18] ein erster völkerrechtlicher Vertrag über die Luftreinhaltung geschlossen. Die sich aus der Konvention ergebenden Pflichten der Vertragsstaaten beschränken sich allerdings auf den Informationsaustausch, gegenseitige Konsultationen und die Zusammenarbeit in der Forschung. Zudem wurde ein Exekutivorgan zur Weiterentwicklung der Konvention errichtet, das einmal jährlich tagt. Dieses Exekutivorgan nahm am 8.7.1985 das **Helsinki-Zusatzprotokoll**[19] zur Reduzierung der Schwefelemissionen oder ihrer grenzüberschreitenden Ströme an. Danach waren die Vertragsstaaten verpflichtet, bis 1993 ihre Schwefelemissionen um 30 % gegenüber dem Niveau von 1980 zu vermindern. Eine vergleichbare Vereinbarung sieht das **Sofia-Protokoll**[20] aus dem Jahre 1988 für die Begrenzung von Stickstoffoxidemissionen vor. In ihm verpflichten sich 25 Mitgliedstaaten des Genfer Übereinkommens, ihren Stickstoffoxid-Ausstoß auf dem Stand von 1987 einzufrieren. Die Bundesrepublik Deutschland und elf weitere Staaten erklärten sich ferner bereit, ihre jährlichen nationalen Stickstoffoxidemissionen bis spätestens 1998 um 30 % zu reduzieren.

---

13 *Schmidt/Kahl/Gärditz*, § 7 Rn. 4.
14 Vgl. dazu *SRU*, Umweltgutachten 2008, S. 389 ff.; *Sparwasser/Engel/Voßkuhle*, § 10 Rn. 32 ff.
15 *SRU*, Umweltgutachten 2008, Tz. 806.
16 Dazu m.w.N. *Schmidt/Kahl/Gärditz*, § 7 Rn. 4.
17 Vgl. § 8 Rn. 10 ff., 14.
18 BGBl. II 1982, S. 373; dazu *Beyerlin/Marauhn*, International Environmental Law, S. 145 f.
19 BGBl. II 1985, S. 1117.
20 BGBl. II 1990, S. 1279.

Weiterhin zu erwähnen sind das am 11.11.1985 entstandene **Wiener Übereinkommen zum Schutz der Ozonschicht**,[21] das der Verhinderung des Abbaus der stratosphärischen Ozonschicht durch schädliche anthropogene Gase dient, und dessen Konkretisierung durch das **Montrealer Protokoll**[22] aus dem Jahr 1987.[23]

Um dem drohenden Treibhauseffekt entgegenzuwirken, wurde 1992 auf der UN-Umweltkonferenz in Rio de Janeiro der Versuch unternommen, eine weltweite Klima-Konvention zur Begrenzung der Kohlendioxidemissionen zu vereinbaren.[24] Die zahlreichen Unterzeichner der sog. **Klimarahmenkonvention** – u.a. die Bundesrepublik Deutschland – konnten sich jedoch nicht auf konkrete Zielsetzungen und Zeiträume einigen, innerhalb derer die Beschlüsse umzusetzen sind. Erst auf der Dritten Klimaschutzkonferenz konnten im **Kyoto-Protokoll**[25] konkrete Verpflichtungen der Vertragsstaaten, die festgelegten sechs Treibhausgase[26] im Zeitraum 2008–2012 um mindestens 5 % unter das Niveau von 1990 zu reduzieren, und flexible Mechanismen, durch welche die Vertragsstaaten ihre Emissionsreduzierung z. T. auch im Ausland erbringen können, verankert werden. Im Dezember 2015 fand die **UN-Klimakonferenz in Paris** (COP 21) statt, bei der weitere Maßnahmen beschlossen wurden.[27]

2. EU-Recht

5   Systematisch lassen sich im unionsrechtlichen Luftreinhaltungsrecht **quellenbezogene** Regelungen für Kraftfahrzeuge und Industrieanlagen von **quellenunabhängigen** Regelungen unterscheiden:[28]

Die **Luftqualitätsrahmenrichtlinie** 2008/50/EG v. 21.5.2008 über die Luftqualität und saubere Luft für Europa[29] richtet sich auf die Luftqualität durch Festlegung von Grenz- und Leitwerten und die zu ergreifenden Maßnahmen. Sie ist demnach **quellenunabhängig**. Die Richtlinie fasst die bisherige Luftqualitätsrahmenrichtlinie und die hierzu erlassenen Tochterrichtlinien zusammen.[30] Sie enthält erstmalig Obergrenzen für die Konzentration der gefährlichen Feinstaubpartikel $PM_{2,5}$[31] und eröffnet den Mitgliedstaaten die Möglichkeit, eine Fristverlängerung hinsichtlich der Einhaltung des Grenzwertes für Feinstaub der Kategorie PM_{10}[32] in Gebieten mit besonders schwierigen Bedingungen zu beantragen. Voraussetzung für die Fristverlängerung ist der Nachweis darüber, dass alle geeigneten Maßnahmen getroffen wurden, um die Fristen einzuhalten.[33]

---

21 BGBl. II 1988, S. 901.
22 BGBl. II 1988, S. 1014.
23 Dazu § 16 Rn. 5.
24 Zur Bedeutsamkeit eines global koordinierten Systems *Pierce*, ENVTL.L. 2007, 595; vgl. § 16 Rn. 6 ff.
25 BGBl. II 1998, S. 130; dazu *Müller-Kraenner*, ZUR 1998, 113; vgl. § 8 Rn. 20.
26 Kohlendioxid, Methan, Distickstoffoxid, Schwefelhexaflourid, perflourierte Kohlenwasserstoffe und teilhalogenierte Fluorkohlenwasserstoffe.
27 Vgl. ausführlich oben § 8 Rn. 20.
28 Im Überblick bereits § 7 Rn. 25 f.; ausführlich zur Systematisierung des EG-Luftreinhaltungsrechts *Mayer*, EurUP 2008, 227, 231; zum europäischen Recht insoweit auch *Peters/Hesselbarth/Peters*, Umweltrecht, Rn. 668.
29 ABlEG L 152/1, zuletzt geändert durch RL (EU) 2015/1480 v. 28.8.2015, ABlEU L 226/4 v. 29.8.2015.
30 Vgl. Art. 31 RL 2008/50/EG.
31 Also Staubpartikel, die im Median eine Größe von lediglich 2,5 Mikrometern und weniger aufweisen.
32 Staubpartikel, die im Median eine Größe von lediglich 10 Mikrometern und weniger aufweisen.
33 EuGH, ZUR 2015, 33.

§ 9 Immissionsschutzrecht § 9

Als quellenunabhängiges Regelwerk ist ferner zu nennen:
- die Verordnung (EG) Nr. 1005/2009 über Stoffe, die zum Abbau der Ozonschicht führen, v. 16.9.2009.[34]

Die weitaus überwiegende Zahl von immissionsschutzrelevanten Regelungen zur Vermeidung und Verminderung von Luftverschmutzung und Lärm ist **quellenabhängig**:

6

- Regelungen für ortsfeste Anlagen, etwa:
- Richtlinie 2010/75/EU über Industrieemissionen (integrierte Vermeidung und Verminderung der Umweltverschmutzung) v. 24.11.2010,[35]
- Regelungen für bewegliche Anlagen, z.B.:
  – Richtlinie 2000/14/EG über umweltbelastende Geräuschemissionen von zur Verwendung im Freien vorgesehenen Geräten und Maschinen v. 8.5.2000,[36]
- stoffbezogene Regelungen, bspw.:
  – Verordnung 1907/2006/EG zur Registrierung, Bewertung, Zulassung und Beschränkung chemischer Stoffe (REACH) v. 18.12.2006,[37]
- Verminderung von Schadstoff- und Lärmemissionen durch Fahrzeuge, z.B.:
  – Richtlinie 98/70/EG über die Qualität von Otto- und Dieselkraftstoffen v. 13.10.1998,[38]
  – Verordnung (EU) Nr. 540/2014 über den Geräuschpegel von Kraftfahrzeugen und von Austauschschalldämpferanlagen v. 16.4.2014,[39]
  – Richtlinie 2002/49/EG über die Bewertung und Bekämpfung von Umgebungslärm v. 25.6.2002,[40]
  – Verordnung (EG) Nr. 715/2007 über die Typgenehmigung von Kraftfahrzeugen hinsichtlich der Emissionen von leichten Personenkraftwagen und Nutzfahrzeugen (Euro 5 und Euro 6) und über den Zugang zu Reparatur- und Wartungsinformationen für Fahrzeuge v. 20.6.2007,[41]
  – Verordnung (EG) Nr. 443/2009 zur Festsetzung von Emissionsnormen für neue Personenkraftwagen im Rahmen des Gesamtkonzepts der Gemeinschaft zur Verringerung der CO_2-Emissionen von Personenkraftwagen und leichten Nutzfahrzeugen v. 23.4.2009,[42]
  – Verordnung (EG) Nr. 595/2009 über die Typgenehmigung von Kraftfahrzeugen und Motoren hinsichtlich der Emissionen von schweren Nutzfahrzeugen (Euro VI) und über den Zugang zu Fahrzeugreparatur- und -wartungsinformationen v. 18.6.2009.[43]

---

34 ABlEG L 286/1, zuletzt geändert durch VO (EU) Nr. 1088/2013 v. 4.11.2013, ABlEU L 293/29.
35 ABlEU L 334/17 v. 17.12.2010.
36 ABlEG L 162/1, zuletzt geändert durch VO (EG) Nr. 219/2009 v. 11.3.2009, ABlEG L 87/109.
37 ABlEG L 396/1 v. 30.12.2006, zuletzt geändert durch VO (EU) Nr. 2016/26 v. 13.1.2016, ABlEU L 9/1.
38 ABlEG L 350/58 v. 28.12.1998, zuletzt geändert durch RL (EU) Nr. 2015/1513 v. 9.9.2015, ABlEU L 239/1.
39 ABlEU L 158/131 v. 27.5.2014.
40 ABlEG L 189/12, zuletzt geändert durch RL (EU) Nr. 2015/996 v. 19.5.2015, ABlEU L 168/1.
41 ABlEG L 171/1 v. 18.7.2002, zuletzt geändert durch VO (EU) Nr. 459/2012 v. 29.5.2012, ABlEU L 142/16. Insgesamt zur bislang unbefriedigenden Rechtsetzung der EU im Bereich der Verkehrsemissionen *Köck/Lehmann*, ZUR 2013, 67, 72 f.
42 ABlEU L 140/1 v. 5.6.2009, zuletzt geändert durch VO (EU) Nr. 2015/6 der Kommission v. 31.10.2014, ABlEU L 3/1 v. 7.1.2015.
43 ABlEU L 188/1 v. 18.7.2009, zuletzt geändert durch VO (EU) Nr. 133/2014 v. 31.1.2014, ABlEU L 47/1.

7 Zu den quellenbezogenen Regelungen zählte gleichermaßen die im Oktober 1996 in Kraft gesetzte Richtlinie 96/61/EG[44] – zwischenzeitlich in der Fassung der Richtlinie 2008/1/EG v. 15.1.2008[45] – über die integrierte Vermeidung und Verminderung der Umweltverschmutzung (**IVU-RL** – oder nach der englischen Fassung: IPPC-Richtlinie [Integrated Pollution Prevention and Control]), die im Wege des Artikelgesetzes vom 27.7.2001[46], vornehmlich durch Änderung des Bundes-Immissionsschutzgesetzes und der 4. BImSchV in das deutsche Recht umgesetzt wurde.

8 Die IVU-Richtlinie ist zwischenzeitlich im Wege der Richtlinie über Industrieemissionen vom 24.11.2010 neu gefasst worden.[47] Die **IE-RL** stellt das zentrale europäische Regelwerk für die Zulassung von Industrieanlagen dar und war innerhalb von zwei Jahren in nationales Recht umzusetzen.[48] Änderungen für das Immissionsschutzrecht ergeben sich im Wesentlichen mit Blick auf die „beste verfügbare Technik" als Maßstab für Betreiberpflichten und hinsichtlich Überwachungsmaßnahmen; beides ist instrumentell und in den Rechtswirkungen verstärkt worden.[49] Ansonsten gelten die Grundprinzipien der IVU-Richtlinie, die in Kap. I und II der IE-RL übernommen worden sind, der Sache nach fort:[50]

- Vorgegeben werden **materielle Grundpflichten** für den Betrieb (nicht für die Errichtung) bestehender und neuer Industrieanlagen, die in Anhang I abschließend aufgeführt sind.[51] Anknüpfungspunkt ist somit die Industrieanlage als Verschmutzungsquelle. Die materiellen Grundpflichten richten sich u.a. auf Vorsorgemaßnahmen, die Anwendung der besten verfügbaren Technik und auf die Verhinderung erheblicher Umweltverschmutzungen.[52] Allgemeiner Hintergrund ist die Ausrichtung der Richtlinie auf die integrierte Vermeidung und Verminderung der Umweltverschmutzung infolge industrieller Tätigkeit.[53]

- Darüber hinaus gelten **verfahrensrechtliche Anforderungen**: Neuanlagen bedürfen einer Genehmigung[54] in einem Verfahren mit Öffentlichkeitsbeteiligung[55]. Die Richtlinie enthält Bestimmungen über den Inhalt der Antragsunterlagen und den Inhalt der Genehmigung. Änderungen des Betriebs müssen angezeigt werden; (auch) bei wesentlichen Änderungen der Genehmigung bedarf es einer Öffentlichkeitsbeteiligung[56].

---

44 ABlEG L 257/26 v. 10.10.1996.
45 ABlEG L 24/8 v. 29.1.2008.
46 BGBl. I, S. 1950.
47 RL 2010/75/EU des Europäischen Parlaments und des Rates über Industrieemissionen (integrierte Vermeidung und Verminderung der Umweltverschmutzung), ABlEU L 334/17; dazu vgl. *Braunewell*, UPR 2011, 250; *Traulsen*, DÖV 2011, 769; *Ziehm* in: Faßbender/Köck (Hrsg.), Aktuelle Entwicklungen im Immissionsschutzrecht, 2013, S. 115; zu Vollzugsproblemen *Smeddinck* in: Faßbender/Köck, ebenda, S. 99; *Halmschlag*, I+E 2014, 48; hinsichtlich des (Landes-)Vollzugs auch *Wasielewski*, UPR 2012, 424; eingehend *Pfaff/Knopp/Peine*, Revision des Immissionsschutzrechts durch die Industrieemissionsrichtlinie; zur Rückwirkung auf die immissionsschutzrechtliche Genehmigung *Peine*, UPR 2012, 8.
48 *Koch* in: ders. (Hrsg.), Umweltrecht, § 4 Rn. 26a.
49 Hierzu *Kment*, VerwArch 2014, 262, 263 ff.
50 Vgl. *Traulsen*, DÖV 2011, 769, 770 f.
51 Art. 11 IE-RL: „Allgemeine Prinzipien der Grundpflichten der Betreiber".
52 Art. 11 lit. a), b), c) IE-RL.
53 Art. 1 S. 1 IE-RL; ihr geht es ferner um die Vermeidung und ggf. Verminderung „von Emissionen in Luft, Wasser und Boden und zur Abfallbeseitigung, um ein hohes Schutzniveau für die Umwelt insgesamt zu erreichen", Art. 1 S. 2 IE-RL.
54 Art. 4 ff. IE-RL.
55 Art. 24 Abs. 1 S. 1 lit. a), S. 2 i.V.m. Anhang IV IE-RL.
56 Art. 24 Abs. 1 S. 1 lit. b), S. 2 i.V.m. Anhang IV IE-RL.

- Ferner findet sich neben Bestimmungen über den Informationsaustausch zur Erstellung, Überprüfung und Aktualisierung der Merkblätter über die „beste verfügbare Technik" (BVT)[57] die **Überwachung** von Anlagen geregelt.[58] Danach haben die Mitgliedstaaten ein System von Umweltinspektionen zu etablieren und Umweltinspektionspläne aufzustellen, um Anlagen und deren Auswirkungen auf die Umwelt insgesamt zu erfassen. Die Pläne wiederum bilden die Grundlage für behördliche Programme über routinemäßige Umweltinspektionen.[59]

Zur nationalen **Umsetzung** von Richtlinien ist bereits darauf hingewiesen worden, dass eine bloße richtlinienkonforme Verwaltungspraxis mittels **Verwaltungsvorschriften** nicht ausreicht.[60] So hat der EuGH die Umsetzung der Schwefeldioxidrichtlinie und der Bleirichtlinie im Wege der TA Luft als mit Europarecht nicht vereinbar erklärt, weil die Außenwirkung und die Einklagbarkeit solcher Verwaltungsvorschriften nicht hinreichend gesichert seien.[61] In Konsequenz dieser Rechtsprechung wurde die Verordnung über Immissionswerte für Schadstoffe in der Luft (22. BImSchV)[62] als Teilnovellierung der TA Luft im Rang einer Rechtsverordnung erlassen (vgl. § 48a BImSchG).[63] Mit Blick auf eine Verbesserung der Luftqualität im urbanen Raum plant das BMUB zudem derzeit eine Anpassung der TA Luft.[64]

3. Bundesrecht

Die bedeutendste Rechtsgrundlage stellt das **Bundes-Immissionsschutzgesetz** (Gesetz zum Schutz vor schädlichen Umwelteinwirkungen durch Luftverunreinigungen, Geräusche, Erschütterungen und ähnliche Vorgänge)[65] dar. Es wird ergänzt durch Rechtsverordnungen und Verwaltungsvorschriften.

Die **Rechtsverordnungen**[66] (BImSchV) beruhen auf den im Bundes-Immissionsschutzgesetz enthaltenen Ermächtigungsgrundlagen. Auf dieser Grundlage hat der Bund eine Vielzahl von Verordnungen erlassen, zuletzt die Bekanntgabeverordnung (41. BImSchV)[67].

Nach der klassischen Rechtsquellenlehre haben **Verwaltungsvorschriften** zwar nicht die Qualität von (Außen-)Rechtsnormen, es handelt sich also nicht um Rechtsgrundlagen im eigentlichen Sinne.[68] Bei der Anwendung des Bundes-Immissionsschutzgesetzes kommt ihnen jedoch wegen ihrer normausfüllenden Funktion herausragende Bedeutung zu.

---

57 Art. 13 IE-RL; dazu *Schulte*, I+E 2014, 105.
58 Art. 23 IE-RL; zum Informationsaustausch zwischen den Mitgliedstaaten nach bisherigem Recht näher *Kloepfer*, Umweltrecht, § 14 Rn. 22.
59 Näher Art. 23 Abs. 4 IE-RL; nicht routinemäßige Inspektionen sind in außergewöhnlichen Konstellationen vorgeschrieben, Art. 23 Abs. 5 IE-RL.
60 Vgl. § 7 Rn. 15; auch *Sparwasser/Engel/Voßkuhle*, § 1 Fn. 219, § 10 Rn. 203.
61 EuGHE 1991, I-2567, 2607 ff.; auch § 6 Rn. 18; § 7 Rn. 15.
62 V. 11.9.2002, BGBl. I, S. 3626, aufgehoben durch Art. 2 Satz 2 VO v. 2.8.2010 (BGBl. I, S. 1065); nunmehr 39. BImSchV, Rn. 10.
63 Zu Recht kritisch gegenüber der Verschränkung des Erlasses von Rechtsverordnungen und Verwaltungsvorschriften *Traulsen*, DÖV 2011, 769, 772.
64 Vgl *Theuer/Kenyeressy*, I+E 2015, 100.
65 Fassung v. 17.5.2013 (BGBl. I S. 1274), zuletzt geändert durch VO v. 31.8.2015 (BGBl. I, S. 1474).
66 *Hansmann* in: ders./Sellner, Grundzüge, Kap. 6, S. 465 ff.
67 Bekanntgabeverordnung v. 2. 5.2013 (BGBl. I, S. 973, 1001, 3756, zuletzt geändert durch VO v. 31.8.2015 (BGBl. I, S. 1474).
68 Vgl. zum Geltungsanspruch und der damit zusammenhängenden Rechtsschutzproblematik *Koch/Hofmann* in: Führ (Hrsg.), GK-BImSchG, § 48 Rn. 67 ff.; allgemein § 6 Rn. 18.

11 Das Bundes-Immissionsschutzgesetz normiert in § 48 ausdrückliche **Ermächtigungen zum Erlass von Verwaltungsvorschriften**. Zu nennen sind insbesondere die auf der Grundlage des § 48 BImSchG erlassene 1. Allgemeine Verwaltungsvorschrift zum BImSchG vom 24.7.2002 (TA Luft)[69] und die Technische Anleitung zum Schutz gegen Lärm (TA Lärm).[70]

12 Neben dem Bundes-Immissionsschutzgesetz stellt das **Treibhausgas-Emissionshandelsgesetz** einen wesentlichen Bestandteil des Immissionsschutzrechts dar.[71] Veranlasst durch die Emissionshandelsrichtlinie 2003/87/EG[72] bildet das Treibhausgas-Emissionshandelsgesetz den rechtlichen Rahmen des Emissionszertifikatehandels. Die Zuteilung von Emissionszertifikaten erfolgt seit 2013 (dritte Handelsperiode) durch Beschluss der Europäischen Kommission,[73] der durch die **Zuteilungsverordnung 2020**[74] umgesetzt wird. Die zuvor erforderlichen nationalen **Zuteilungsgesetze** werden nicht mehr fortgeführt.

13 Weitere unmittelbar dem Immissionsschutz dienende Gesetze sind das **Fluglärmschutzgesetz** vom 30.3.1971[75] und das **Benzin-Blei-Gesetz** vom 5.8.1971,[76] die jeweils durch mehrere Rechtsverordnungen ergänzt werden.[77]

14 Im Gebiet der neuen Bundesländer sowie im Gebiet von Berlin (Ost) galten die Regelungen des Bundes-Immissionsschutzgesetzes aufgrund des Umweltrahmengesetzes der früheren DDR vom 29.6.1990,[78] das am 1.7.1990 in Kraft trat. Seit dem 3.10.1990 gilt das Bundes-Immissionsschutzgesetz gem. Art. 8 des Einigungsvertrages in den neuen Bundesländern und in Berlin (Ost) unmittelbar. Die wenigen Abweichungen sind bis 1996 mit Ausnahme von § 67a BImSchG aufgehoben worden.

15 Das Bundes-Immissionsschutzgesetz hat seit seinem Erlass zahlreiche Novellierungen erfahren:

- Änderung durch Art. 2 des **Gesetzes zur Umsetzung der UVP-Änderungsrichtlinie, der IVU-RL und weiterer EG-Richtlinien zum Umweltschutz** vom 27.7.2001.[79] Hierdurch hat der Gesetzgeber u.a. die IVU-RL[80] in nationales Recht transformiert. Ihr **integrativer Ansatz** findet sich etwa in der Zweckbestimmung (§ 1 Abs. 2 BImSchG), den Grundpflichten (§ 5 BImSchG) und dem Begriff des Standes der Technik (§ 3 Abs. 6 BImSchG) wieder;
- Konkretisierung der Vorsorgepflicht gem. § 5 Abs. 1 Nr. 2 BImSchG durch § 2 des Treibhausgas-Emissionshandelsgesetzes;

---

69 Technische Anleitung zur Reinhaltung der Luft – TA Luft v. 24.7.2002, GMBl. S. 511.
70 Technische Anleitung zum Schutz gegen Lärm – TA Lärm v. 26.8.1998, GMBl. S. 503.
71 Dazu näher § 16 Rn. 33 ff.; *Eifert* in: Schoch, Besonderes Verwaltungsrecht, 5. Kap. Rn. 298 ff.; *Enders*, LKV 2007, 193; BVerwG, ZUR 2014, 424.
72 Vgl. bereits Rn. 8.
73 Beschl. 2011/278/EU v. 27.4.2011, ABlEU L 130/1 v. 17.5.2011, zuletzt geändert durch Beschl. 2014/9/EU v. 18.12.2013, ABlEU L 9/9 v. 14.1.2014.
74 V. 26.11.2011, BGBl. I, S. 1921.
75 BGBl. I, S. 282, neugefasst durch Bek. v. 31.10.2007, BGBl. I, S. 2550; hierzu *Ekardt/Schmidtke*, DÖV 2009, 187; *Mechel*, ZUR 2007, 561.
76 BGBl. I, S. 1234, zuletzt geändert VO v. 31.8.2015 (BGBl. I, S. 1474).
77 *Hansmann* in: ders./Sellner, Grundzüge, Kap. 6, S. 482.
78 GBl. DDR 1990 I, S. 649, geändert durch Art. 12 des Gesetzes v. 22.3.1991, BGBl. I, S. 766, 1928.
79 BGBl. I, S. 1950.
80 Zur Nachfolgeregelung vgl. § 9 Rn. 8.

- zur Umsetzung der bereits angesprochenen IE-Richtlinie[81]: „Gesetz zur Umsetzung der Richtlinie über Industrieemissionen"[82].[83]

4. Landesrecht

Mit Erlass des Bundes-Immissionsschutzgesetzes hat der Bund von seiner Gesetzgebungskompetenz nach Art. 74 Abs. 1 Nr. 11, 21–24 GG in weitem Umfang Gebrauch gemacht. Eine Rechtsetzungsbefugnis der Länder besteht nur insoweit, als der Bundesgesetzgeber **Ermächtigungen** zum Erlass bzw. **Vorbehalte** zugunsten landesrechtlicher Vorschriften vorgesehen hat oder selbst erkennbar keine abschließende bzw. gar **keine Regelung** treffen wollte (Art. 72 Abs. 1 GG).[84] Durch das Inkrafttreten der Föderalismusreform I (2006) sind die Gesetzgebungskompetenzen von Bund und Ländern teilweise neu verteilt worden. Für das Immissionsschutzrecht ergibt sich eine Änderung lediglich insoweit, als die konkurrierende Kompetenz für Luftreinhaltung und Lärmbekämpfung (ohne Schutz vor verhaltensbezogenem Lärm) von der Erforderlichkeitsklausel (Art. 72 Abs. 2 GG) freigestellt worden ist.

Als **Regelungsbereich** ist den Bundesländern insbesondere der Schutz vor solchen Immissionen verblieben, die unmittelbar von Menschen, Tieren oder Pflanzen ausgehen und in keinem inneren Zusammenhang mit dem Betrieb von Anlagen, Fahrzeugen und Verkehrswegen stehen (verhaltensbezogener Immissionsschutz, vgl. Art. 74 Abs. 1 Nr. 24 GG).[85] Hierzu gehören etwa die Benutzung von Musikinstrumenten, das Bellen von Hunden oder das Verbrennen von Gartenabfällen.[86] Zudem können die Länder aufgrund ausdrücklichen Vorbehalts im Bundes-Immissionsschutzgesetz Bestimmungen über den **Entschädigungspflichtigen** bei Widerruf einer Genehmigung treffen (§ 21 Abs. 5 BImSchG) sowie Gemeinden und Gemeindeverbände zum Erlass **ortsrechtlicher Vorschriften** zum Schutz vor Luftverunreinigungen und Geräuschen ermächtigen (§ 49 Abs. 3 BImSchG).

Zu beachten sind des Weiteren die im Bundes-Immissionsschutzgesetz enthaltenen **Ermächtigungen** an die Länder zum Erlass von Rechtsverordnungen (z.B. § 23 Abs. 2 BImSchG).[87]

Die Bundesländer haben von den soeben skizzierten Gestaltungsspielräumen Gebrauch gemacht: So haben etwa Bayern, Brandenburg, Bremen, Nordrhein-Westfalen, Rheinland-Pfalz und Sachsen **Landes-Immissionsschutzgesetze** (LImSchG) erlassen, die durch Rechtsverordnungen ergänzt werden.

5. Weitere Rechtsgrundlagen

Immissionsschutzrelevante Vorschriften finden sich ferner in zahlreichen nicht unmittelbar dem Immissionsschutz dienenden Gesetzen.

---

81 Vgl. vorstehend § 9 Rn. 8.
82 V. 8.4.2013, BGBl. I, S. 734; dazu *Jarass*, NVwZ 2013, 169; *Scheidler*, UPR 2013, 121; *ders.*, VR 2013, 253; *Betensted/Grandjot/Waskow*, ZUR 2013, 395; diesbezüglich zu Vollzug und Überwachung *Friedrich*, UPR 2013, 161. Zur Umsetzung im Wasserrecht *Hofmann*, ZfW 2013, 57.
83 Zu Defiziten *Keller*, UPR 2013, 128; zum Ausgangszustandsbericht und zur Rückführungspflicht näher *Welke*, DVBl. 2013, 1362.
84 Allgemein dazu § 4 Rn. 50.
85 *Hansmann*, NVwZ 2007, 17, 19 f.
86 *Sparwasser/Engel/Voßkuhle*, § 10 Rn. 84 f.; *Schmidt/Kahl/Gärditz*, § 7 Rn. 15.
87 Vgl. *Kloepfer*, Umweltrecht, § 14 Rn. 47.

So enthalten das Straßenverkehrsgesetz, die Straßenverkehrs-Ordnung und die Straßenverkehrszulassungs-Ordnung Regelungen zum Schutz gegen den von Kraftfahrzeugen ausgehenden Verkehrslärm (vgl. z.b. § 30 Abs. 1 S. 1 StVO). Die Arbeitsstättenverordnung schützt vor Immissionen am Arbeitsplatz. Aus dem Gaststättengesetz ergeben sich Anforderungen zur Vermeidung von Gaststättenlärm.

Das Baugesetzbuch, die Baunutzungsverordnung und die Landesbauordnungen dienen neben anderen Belangen auch denen des (städtebaulichen) Immissionsschutzes (etwa § 9 Abs. 1 Nr. 23, 24 BauGB).

II. Das Bundes-Immissionsschutzgesetz im Überblick

18 Das Bundes-Immissionsschutzgesetz gliedert sich in acht Teile. Vorangestellt sind die allgemeinen Vorschriften über den Zweck des Gesetzes, den Geltungsbereich und die Begriffsbestimmungen. Abschließend enthält der 7. Teil sog. gemeinsame Vorschriften und der 8. Teil gängige Schlussvorschriften (v.a. intertemporales Kollisionsrecht).

Der materielle Regelungsbereich des Bundes-Immissionsschutzgesetzes erstreckt sich auf die Teile 2–6.[88]

19 ■ Der als Kontrolle über die Errichtung und den Betrieb von Anlagen ausgestaltete **anlagenbezogene Immissionsschutz** (Teil 2 des BImSchG, §§ 4–31) stellt den wichtigsten Bereich des Immissionsschutzrechts dar. Zugleich handelt es sich um die älteste Form des Immissionsschutzes. Bereits nach §§ 26 ff. der Preußischen Allgemeinen Gewerbeordnung von 1845, deren Regelungen durch die im Wesentlichen bis zum Erlass des Bundes-Immissionsschutzgesetzes fortgeltende Gewerbeordnung von 1869 übernommen wurden, waren bestimmte Anlagen der Genehmigungspflicht unterworfen.[89]

20 ■ Der **produktbezogene Immissionsschutz** (Teil 3 des BImSchG, §§ 32–37d)[90] trägt in besonderem Maße dem Vorsorgeprinzip Rechnung. Über den anlagenbezogenen Immissionsschutz hinausgehend werden nicht erst an die Errichtung und den Betrieb einer Anlage, sondern bereits an das Herstellen, die Beschaffenheit, das Inverkehrbringen und Einführen von Anlagen, Brenn-, Treib- und Schmierstoffen[91] sowie solchen Stoffen und Erzeugnissen, deren Verwendung oder Verbrennung zu schädlichen Umwelteinflüssen führen kann, Anforderungen gestellt.

21 §§ 32–37 BImSchG enthalten keine materiellrechtlichen Regelungen, sondern lediglich Ermächtigungen zum Erlass von Rechtsverordnungen.[92] Unmittelbare produktbezogene Pflichten für den Einzelnen entstehen daher erst, wenn sie in entsprechenden Verordnungen normiert werden.

Etwas anderes gilt für **Biokraftstoffe** (§§ 37a–37f BImSchG). Mit dem Biokraftstoffquotengesetz vom 18.12.2006[93] wurde ab dem 1.1.2007 eingeschränkt in §§ 37a ff. BImSchG eine Biokraftstoffzwangsquote eingeführt. Hiernach ist die Mineralölwirtschaft gehalten, einen Mindestanteil von Biokraftstoffen (§ 37a Abs. 3 BImSchG) in

---

88 Auch *Eifert* in: Schoch, Besonderes Verwaltungsrecht, 5. Kap. Rn. 249.
89 Dazu *Ochtendung*, ZUR 2004, 184; *Kloepfer*, Umweltrecht, § 14 Rn. 6.
90 Dazu auch *Eifert* in: Schoch, Besonderes Verwaltungsrecht, 5. Kap. Rn. 289; *Beaucamp* in: Kluth/Smeddinck, Umweltrecht, § 2 Rn. 107 ff.
91 Insoweit zu den Anforderungen an die Beschaffenheit der Stoffe anhand § 34 BImSchG *Scheidler*, WiVerw 2012, 227.
92 Bereits Rn. 10.
93 BGBl. I, S. 3180, vgl. Gesetz zur Änderung der Förderung von Biokraftstoffen v. 15.7.2009, BGBl. I, S. 1804, 3108.

den Verkehr zu bringen. Den verpflichteten Mineralölunternehmen steht es freilich offen, die Pflicht zur Quotenerfüllung an Dritte abzutreten (§ 37a Abs. 4 S. 2 BImSchG). Die Beimischungsquote wird dabei seit 2015 anhand einer „Treibhausgasquote"[94] berechnet.

Zur Durchsetzung dieser **Quotenregelungen** sieht das Gesetz zahlreiche Mitteilungspflichten vor (§ 37c Abs. 1 BImSchG). Insbesondere haben die Verpflichteten nach § 37c Abs. 1 S. 1, 2 BImSchG der zuständigen Stelle jeweils bis zum 15.4. eines Jahres die im vorangegangenen Kalenderjahr in Verkehr gebrachte Menge Otto- und Dieselkraftstoffs sowie die in Verkehr gebrachte Menge von Biokraftstoffen mitzuteilen. Für den Fall des Unterschreitens der Quote sind als Sanktionsmittel Abgaben vorgesehen (§ 37c Abs. 2 BImSchG).[95]

- Ziel des **verkehrsbezogenen Immissionsschutzes** ist die Bekämpfung des Verkehrslärms und der Luftverschmutzung durch Abgase.[96] Neben den in Teil 4 BImSchG enthaltenen Vorschriften (§§ 38 ff.) über Anforderungen an die Beschaffenheit und den Betrieb von Fahrzeugen sowie den Bau und die Änderung von Straßen- und Schienenwegen ist insbesondere die am 21.6.1990 in Kraft getretene Verkehrslärmschutz-Verordnung (16. BImSchV)[97] hervorzuheben. Der verkehrsbezogene Immissionsschutz ist im Bundes-Immissionsschutzgesetz freilich lediglich bruchstückhaft geregelt; er ergänzt die in fachspezifischen Verkehrsgesetzen vorgehaltenen Normen (z.B. §§ 47, 48, 49 StVZO, Bundesfernstraßengesetz, Allgemeines Eisenbahngesetz, Fluglärmgesetz). Besondere Bedeutung erlangen insoweit §§ 47, 49 StVZO, die u.a. auf der Grundlage der sog. Euro-Normen[98] die zulässigen Lärmimmissionen und Luftverunreinigungen – verursacht durch Kraftfahrzeuge – statuieren, so dass die in §§ 38 ff. BImSchG zur Emissionsreduktion vorgesehenen Regelungen weitgehend leerlaufen.[99] Verkehrsbeschränkungen nach § 40 BImSchG, wie LKW-Zufahrtsverbote oder „Umweltzonen" in Städten, bedürfen der Einbindung in Planungsinstrumente des gebietsbezogenen Immissionsschutzes (dazu nachfolgend); Entsprechendes gilt für Maßnahmen nach § 40 Abs. 2 BImSchG.[100]

22

- Der **gebietsbezogene Immissionsschutz** (Teile 5 und 6 des BImSchG, §§ 44–47f) dient der Luftreinhaltung[101] und der Lärmminderung (§§ 47a–47f BImSchG)[102] durch eine flächenbezogene Kontrolle und Planung.[103]

23

III. Ziele

Die in § 1 BImSchG festgelegten Einzelzwecke lassen sich zu dem immanenten **Hauptziel** des Immissionsschutzrechts zusammenfassen: Schutz vor Luftverunreinigungen und Lärm. Daneben schützt das BImSchG durch die Vorgaben zum Anlagenrecht vor schweren Unfällen oder Störfällen und sonstigen Gefahren, die nicht durch Immissio-

24

---

94 *Schütte/Winkler*, ZUR 2014, 571, 572.
95 Ausführlich insoweit *Jarass*, ZUR 2007, 518, 523.
96 Dazu auch *Eifert* in: Schoch, Besonderes Verwaltungsrecht, 5. Kap. Rn. 290 ff.; näher *Beaucamp* in: Kluth/Smeddinck, Umweltrecht, § 2 Rn. 99 ff.
97 BGBl. I, S. 1036, zuletzt geändert durch VO v. 18.12.2014 (BGBl. I S. 2269).
98 Vgl. § 16 Rn. 28.
99 Vgl. *Koch* in: ders. (Hrsg.), Umweltrecht, § 4 Rn. 46 m.w.N.
100 Näher dazu und zur Lärmminderungspflicht bei Straßen- und Schienenbaumaßnahmen *Beaucamp* in: Kluth/Smeddinck, Umweltrecht, § 2 Rn. 102 ff.
101 Vgl. § 9 Rn. 35 f.
102 Vgl. § 9 Rn. 37.
103 Vgl. BVerwG, ZUR 2002, 356, sowie *Stüer*, DVBl. 2014, 908, zur Immissionsvorsorge durch Bauleitplanung.

nen bedingt sind. Insoweit bildet das Bundes-Immissionsschutzgesetz einen Teil des (technischen) Sicherheitsrechts. Überdies zielt es gerade im Bereich der genehmigungsbedürftigen Anlagen auf Energieeinsparung, Abfallverwertung und Abfallvermeidung.[104] Durch die **Integrationsklausel** (§ 5 Abs. 1 BImSchG), die ein hohes Schutzniveau für die Umwelt insgesamt erstrebt, wird darüber hinaus eine medienübergreifende Abwägung, die einen intermedialen Nutzenvergleich zum Inhalt hat, angestrebt.[105]

In der Zweckbestimmung des § 1 BImSchG werden neben Menschen als Schutzgüter Tiere und Pflanzen, der Boden, das Wasser, die Atmosphäre sowie Kultur- und sonstige Sachgüter erfasst. Über die Gefahrenabwehr hinaus gehört nach § 1 Abs. 1 BImSchG die Vorsorge zum Gesetzeszweck. Letztlich sind sämtliche Schutzgüter und Zielsetzungen des Gesetzes auf den Menschen bezogen. Dem BImSchG liegt somit ein **anthropozentrisches Umweltschutzkonzept** zugrunde.[106]

Rechtspflichten lassen sich der Zweckbestimmung des § 1 BImSchG direkt nicht entnehmen. Sie dient vor allem der Auslegung der nachfolgenden Gesetzesbestimmungen und ist bei Vollzug und Kontrolle des Gesetzes, insbesondere im Rahmen von Ermessensentscheidungen zu beachten.[107]

IV. Grundbegriffe und Geltungsbereich

1. Grundbegriffe

25 § 3 BImSchG enthält Legaldefinitionen der Grundbegriffe des Bundes-Immissionsschutzgesetzes. Von Bedeutung für den anlagenbezogenen Immissionsschutz sind insbesondere:

- Immissionen,
- Emissionen,
- schädliche Umwelteinwirkungen und
- Stand der Technik.[108]

Des Weiteren wird im Zuge der Umsetzung der IE-Richtlinie u.a. in § 3 BImSchG definiert, was unter den europäischen Dokumenten der **BVT**(= beste verfügbare Technik)-**Merkblätter** (Abs. 6a) und der **BVT-Schlussfolgerungen** (Abs. 6b) zu verstehen ist[109] – und welche Bedeutung Emissionsbandbreiten (Abs. 6c) zukommt.[110]

a) Immissionen

26 Immissionen sind gem. § 3 Abs. 2 BImSchG auf Menschen, Tiere, Pflanzen, den Boden, das Wasser, die Atmosphäre sowie Kultur- und Sachgüter einwirkende

- Luftverunreinigungen,
- Geräusche,
- Erschütterungen,

---

104 Vgl. *Jarass*, BImSchG, Einl. Rn. 8.
105 Vgl. unten § 9 Rn. 46; zur Kritik § 5 Rn. 70.
106 Dazu § 1 Rn. 9.
107 *Jarass*, BImSchG, § 1 Rn. 1.
108 Zum Nachfolgenden auch *Beaucamp* in: Kluth/Smeddinck, Umweltrecht, § 2 Rn. 21 ff.
109 Vgl. hierzu ausführlich *Kment*, VerwArch 2014, 262, 268 ff.
110 Dazu noch Rn. 31 a.E.

- Licht,
- Wärme,
- Strahlen und
- ähnliche Umwelteinwirkungen.[111]

Was unter **Luftverunreinigungen** zu verstehen ist, bestimmt § 3 Abs. 4 BImSchG.[112]

Geräusche stellen hörbare Einwirkungen dar, die durch Schallwellen verbreitet werden. Einschränkend lässt sich aus dem Kontext des § 3 BImSchG entnehmen, dass nicht jegliche Geräusche, sondern letztlich nur für den Menschen lästige Geräusche, sog. Lärm, erfasst werden sollen.[113]

Als **Erschütterungen** werden niederfrequente, mechanische Schwingungen fester Körper bezeichnet, wie sie etwa beim Einsatz schwerer Baumaschinen entstehen können.

Licht geht beispielsweise von Himmelbestrahlungsanlagen[114] und als Reflexion von Windenergieanlagenflügeln alter Bauart ohne Spezialackierung aus („Disco-Effekt")[115].

Wärme hat als Immission bisher keine nennenswerte Bedeutung erlangt.

Strahlen fallen nur dann unter den Immissionsbegriff, wenn es sich nicht um ionisierende Strahlen handelt. Sie weisen im Gegensatz zu Letzteren nicht genügend Energie auf, um Atome und Moleküle elektrisch aufzuladen, d. h. zu ionisieren. Dazu zählen elektrische, magnetische und elektromagnetische Felder sowie der Ultraschall.[116] Ionisierende Strahlen sind gem. § 2 Abs. 2 BImSchG vom Geltungsbereich des Gesetzes ausgenommen und unterliegen den spezialgesetzlichen Regelungen des Atomgesetzes und der Strahlenschutzverordnung. Die Strahlungsformen Licht und Wärme sind explizit erwähnt und fallen daher ebenfalls nicht unter den Begriff der (sonstigen) Strahlen.

Ähnliche Umwelteinwirkungen sind solche, die den vorgenannten Immissionen vergleichbar sind. Unstreitig werden von dem Begriff ausschließlich physikalische Vorgänge erfasst, also nicht immaterielle Einwirkungen, wie z.B. ein unansehnlicher Schrottplatz.[117] Des Weiteren kommen nur solche Einwirkungen in Betracht, die von unwägbaren Stoffen[118] ausgehen. Keine Immission ist demzufolge ein Steinwurf oder eine Insektenplage.[119]

---

111 Zum Begriffsverständnis im Einzelnen *Kloepfer*, Umweltrecht, § 14 Rn. 54 ff.; *Sparwasser/Engel/Voßkuhle*, § 10 Rn. 100 ff.
112 Vgl. dazu jüngst BVerwG, ZUR 2015, 288.
113 *Kloepfer*, Umweltrecht, § 14 Rn. 58; *Hoppe/Beckmann/Kauch*, § 21 Rn. 17.
114 Vgl. bspw. VG Neustadt a.d. Weinstraße, NJOZ 2006, 824. Derartige Anlagen sind jedoch in der Regel nicht gemäß § 4 Abs. 1 BImSchG genehmigungspflichtig.
115 Vgl. Ziff. 5.6.1.2. VwVWErlBW (dort jedoch als „ähnliche Einwirkung" eingestuft).
116 Vgl. § 1 Abs. 2 Gesetz zum Schutz vor nichtionisierender Strahlung bei der Anwendung am Menschen (NiSG) v. 29.7.2009, BGBl. I, S. 2433, zuletzt geändert durch Gesetz v. 8.4.2013, BGBl. I, 734.
117 *Koch/Hofmann* in: Führ (Hrsg.), GK-BImSchG, § 3 Rn. 16.
118 Vgl. § 906 Abs. 1 BGB.
119 *Jarass*, DVBl. 1983, 726, 727.

b) Emissionen

27 Unter Emissionen sind die von einer Anlage ausgehenden, soeben dargestellten Belastungen zu verstehen (§ 3 Abs. 3 BImSchG). Der Begriff der ähnlichen Erscheinungen entspricht dem Begriff der ähnlichen Umwelteinwirkungen.[120]

Der **Unterschied** zwischen Immissionen und Emissionen liegt darin, dass Emissionen von einem bestimmten Verursacher (einer Anlage) ausgehen, während der Begriff der Immissionen die Einwirkung von Umwelteinflüssen auf bestimmte Rechtsgüter (z.B. Pflanzen) erfasst.[121]

c) Schädliche Umwelteinwirkungen

28 Schädliche Umwelteinwirkungen sind solche Immissionen, die nach Art, Ausmaß oder Dauer geeignet sind, für die Allgemeinheit oder die Nachbarschaft

- Gefahren,
- erhebliche Nachteile oder
- erhebliche Belästigungen

herbeizuführen, § 3 Abs. 1 BImSchG.[122]

Der Begriff der **Gefahr**[123] entspricht grundsätzlich dem des Polizei- und Ordnungsrechts. Danach liegt eine Gefahr vor, wenn die erkennbare, objektive, nicht entfernte Möglichkeit des Eintritts eines Schadens, d.h. einer Rechtsverletzung bzw. einer Schädigung von Rechtsgütern, besteht.

Ein **Nachteil** liegt vor, wenn Interessen beeinträchtigt werden, die ansonsten keinem rechtlichen Schutz unterliegen, z.B. die Wertminderung eines Grundstücks durch erhöhte Lärmimmissionen.[124]

Belästigungen sind Einwirkungen auf das körperliche und seelische Wohlbefinden des Menschen, die keine Gefahr für die Gesundheit darstellen.[125]

Nachteile und Belästigungen sind immissionsschutzrechtlich nur beachtlich, wenn sie **erheblich**[126] sind.

Für Kinderlärm, der von Kitas oder Kinderspielplätzen ausgeht, ist dies inzwischen ausdrücklich in § 22 Abs. 1a BImSchG ausgeschlossen worden,[127] allerdings nur, soweit der Benutzerkreis einer Anlage tatsächlich auf Kinder beschränkt ist.[128]

Beeinträchtigungen werden als erheblich eingestuft, wenn eine umfassende Güterabwägung ergibt, dass sie der Allgemeinheit oder den Nachbarn nicht zugemutet werden können. Konkretere Maßstäbe können sich aus Grenzwerten ableiten, sofern solche vorhanden sind (bspw. für Lärm oder Luftverunreinigungen); sind sie dauerhaft über-

---

120 Vgl. Rn. 26.
121 *Kloepfer*, Umweltrecht, § 14 Rn. 55.
122 Dazu *Jarass*, DVBl. 1983, 725, 725 f.; *Kutscheidt* in: Czajka (Hrsg.), FS Feldhaus, S. 1 ff.
123 *Hoppe/Beckmann/Kauch*, § 21 Rn. 23; s. bereits § 3 Rn. 5 und § 4 Rn. 33.
124 Weitere Bsp. bei *Jarass*, BImSchG, § 3 Rn. 28 f.; vgl. § 4 Rn. 31.
125 Vgl. die amtliche Begründung zu § 3 BImSchG, BT-Drs. 7/1513, S. 2; dazu auch BVerwG, DVBl. 1987, 907, 908; § 4 Rn. 31.
126 Vgl. *Sparwasser/Engel/Voßkuhle*, § 10 Rn. 116 ff.
127 Vgl. Gesetz zur Privilegierung des von Kindertageseinrichtungen und Kinderspielplätzen ausgehenden Kinderlärms v. 20.7.2011, BGBl. I, S. 1474; dazu *Schmidt/Kahl/Gärditz*, § 7 Rn. 143 ff.
128 VGH Mannheim, NVwZ-RR 2014, 724.

schritten, kann regelmäßig von einer erheblichen Beeinträchtigung ausgegangen werden.[129] Ansonsten ist – ausgehend von Stärke, Intensität und Dauer der Beeinträchtigungen – auf das Empfinden eines normalen Durchschnittsmenschen in vergleichbarer Lage abzustellen.[130] Die Erheblichkeitsschwelle hängt überdies von der Ortsüblichkeit der Beeinträchtigung ab (z.B. Wohnhaus in der Nähe der Autobahn). Ohnehin sind etwaige Vorbelastungen einzubeziehen[131] und ist bei jeder Grundstücksnutzung das Gebot gegenseitiger Rücksichtnahme zu beachten.[132] Dies gilt nicht nur für den Emittenten, sondern auch für denjenigen, dessen Grundstück in der Nähe einer Emissionsquelle liegt. Aus dem Gebietscharakter kann sich daher eine verminderte Schutzwürdigkeit und Schutzbedürftigkeit des von Immissionen Betroffenen ergeben (z.B. Lärmeinwirkungen auf ein zu Wohnzwecken genutztes Grundstück in einem Gewerbegebiet). Zur Allgemeinheit zählen über die Nachbarschaft hinaus in räumlicher Hinsicht alle sich im Einwirkungsbereich der Schadstoffe Befindenden.[133] In persönlicher Hinsicht werden über den baurechtlichen **Nachbarbegriff**[134] hinaus nicht nur Eigentümer, sondern auch Mieter bzw. Pächter und im Einwirkungsbereich Beschäftigte erfasst, nicht hingegen Spaziergänger und Besucher.[135]

Für **Luftverunreinigungen** legt die **TA Luft**[136] Immissionswerte fest, bei deren Überschreiten[137] ein Nachteil oder eine Belästigung als erheblich anzusehen ist, ohne dass eine Güterabwägung vorzunehmen ist. Unmittelbare Geltung hat die TA Luft nur für Immissionen genehmigungsbedürftiger Anlagen[138] – wobei diese Außenverbindlichkeit der Immissionsgrenzwerte der TA Luft als normkonkretisierende Verwaltungsvorschrift[139] nicht gänzlich unumstritten ist.[140] Hinsichtlich anderer Immissionen wird ihr eine weitgehende Indizwirkung beigemessen.[141] Anhaltspunkte für die rechtliche Beurteilung von Gerüchen ergeben sich daneben aus verschiedenen, unverbindlichen VDI-Richtlinien[142] und der vom Länderausschuss für Immissionsschutz (LAI) erarbeiteten Geruchsimmissions-Richtlinie (GIRL 2004). Auch Letzterer fehlt als bloße Empfehlung die Verbindlichkeit einer normkonkretisierenden Verwaltungsvorschrift.[143] Ohnehin lässt sich infolge der subjektiven (Sinnes-)Wahrnehmung von Gerüchen die Frage, wann Gerüche aus rechtlicher Sicht eine erhebliche Belästigung darstellen, kaum gene-

29

---

129 Näher *Beaucamp* in: Kluth/Smeddinck, Umweltrecht, § 2 Rn 29.
130 *Jarass*, BImSchG, § 3 Rn. 53 f.
131 Etwa *Füßer/Kreuter*, NVwZ 2013, 1241, 1241; dort auch, a.a.O., 1242 ff., zu sog. Irrelevanzschwellen, bei denen u.a. auf die Ermittlung von Vorbelastungen verzichtet werden kann (etwa nach der TA Lärm).
132 Dazu jüngst VGH München, NuR 2015, 330.
133 Nahbereich, *Schmidt/Kahl/Gärditz*, § 7 Rn. 60.
134 Dazu etwa *Erbguth/Schubert*, Öffentliches Baurecht, § 15 Rn. 32 ff.
135 „Qualifiziertes Betroffensein", *Beaucamp* in: Kluth/Smeddinck, Umweltrecht, § 2 Rn. 30; unter prozessualen Gesichtspunkten § 6 Rn. 13, a.E.
136 Vgl. Rn. 9.
137 Zur Europarechtskonformität der in der TA Luft vorgenommenen Irrelevanzregelungen BVerwG, NuR 2014, 199.
138 Zu den Voraussetzungen eines Abweichens von Regelungen der TA Luft vgl. BVerwG, ZUR 2002, 109.
139 *Eifert* in: Schoch, Besonderes Verwaltungsrecht, 5. Kap. Rn. 257; dazu § 6 Rn. 18. Allgemein *Erbguth*, Allgemeines Verwaltungsrecht, § 27 Rn. 2, 8.
140 *Koch* in: ders. (Hrsg.), Umweltrecht, § 4 Rn. 98; dazu und allgemein zur überholten Vorstellung von einem „antizipierten Sachverständigengutachten" *Schmidt/Kahl/Gärditz*, § 5 Rn. 38.
141 *Kloepfer*, Umweltrecht, § 14 Rn. 70.
142 Z.B. VDI-RL 3471: Emissionsminderungsrichtlinie Tierhaltung Schweine; vgl. § 3 Rn. 19.
143 OVG Münster, ZUR 2014, 493; ausführlich zu Rechtsnatur und Bindungswirkung der GIRL 2004 *Mirjam Lang*, S. 66 ff.

rell beantworten;[144] es bedarf also der Bewertung im Einzelfall anhand der zuvor umrissenen Kriterien.

30 Bei **Lärmimmissionen**, verursacht durch genehmigungsbedürftige Anlagen, ergibt sich die Erheblichkeit aus den in der **TA Lärm** festgesetzten Grenzwerten;[145] wie der TA Luft kommt ihr nach h.M. insoweit Verbindlichkeit als normkonkretisierende Verwaltungsvorschrift zu.[146] In begrenztem Umfang kann die TA Lärm auch bei anderen Anlagen angewendet werden. Anhaltspunkte ergeben sich weiterhin aus der zunächst nur für die „Beurteilung von Arbeitslärm in der Nachbarschaft" gedachten **VDI-Richtlinie 2058**. Als Regelwerk einer privaten Institution (Verein Deutscher Ingenieure, VDI)[147] sind die in der Richtlinie festgelegten Werte zwar weder für die Verwaltungsbehörden noch für die Gerichte verbindlich;[148] sie können aber als Entscheidungshilfe dienen, wobei ihre Bedeutung insbesondere in der gerichtlichen Beurteilung nicht über die eines Indizes hinausgeht.[149]

d) Stand der Technik

31 Der in § 3 Abs. 6 S. 1 BImSchG legal definierte Begriff „Stand der Technik" meint „den Entwicklungsstand fortschrittlicher Verfahren, Einrichtungen oder Betriebsweisen, der die praktische Eignung einer Maßnahme

- zur Begrenzung von Emissionen in Luft, Wasser und Boden,
- zur Gewährleistung der Anlagensicherheit,
- zur Gewährleistung einer umweltverträglichen Abfallentsorgung oder
- sonst zur Vermeidung oder Verminderung von Auswirkungen auf die Umwelt zur Erreichung eines allgemein hohen Schutzniveaus für die Umwelt insgesamt
- als gesichert erscheinen lässt".

Bei der Bestimmung des Standes der Technik sind vornehmlich die in der Anlage zum BImSchG aufgeführten Kriterien – wie etwa der Einsatz abfallarmer Technologien oder weniger gefährlicher Stoffe – zu berücksichtigen (§ 3 Abs. 6 S. 2 BImSchG). Die Berücksichtigungspflicht orientiert sich am Verhältnismäßigkeitsgrundsatz; insbesondere sind Aufwand und Nutzen möglicher Maßnahmen sowie der Vorsorge- und der Vorbeugegrundsatz[150] hinsichtlich der fraglichen Anlage in Rechnung zu stellen. Der Stand der Technik soll – in Verbindung mit integrativen Weiterungen im BImSchG[151] – auch den Begriff der „besten verfügbaren Technik" (BVT), wie ihn die IE-Richtlinie[152] verfolgt, umfassen.[153]

Für Industrieemissions-Anlagen (§ 3 Abs. 8 BImSchG i.V.m. § 4 Abs. 1 S. 4 der 4. BImSchV) erfolgt aufgrund von Art. 3, 13 der zuletzt genannten Richtlinie eine Konkretisierung durch „BVT-Merkblätter" und die Zusammenfassung ihrer wesentlichen Ergebnisse im Wege von „BVT-Schlussfolgerungen", zu deren zentralen Inhalten wiederum die „mit der besten verfügbaren

---

144 Ausführlich dazu *Mirjam Lang*, S. 133; *Riemer*, S. 13 ff.
145 Vgl. § 9 Rn. 11; zu Anwendungsproblemen der TA Lärm *Hansmann*, ZUR 2002, 207.
146 Vgl. nur *Erbguth*, Allgemeines Verwaltungsrecht, § 27 Rn. 8 m.w.N.
147 Bereits § 3 Rn. 19.
148 Allgemein vorstehend Rn. 29.
149 Dazu BVerwG, DVBl. 1988, 967, 970.
150 Vgl. § 7 Rn. 7 ff.
151 Vgl. etwa §§ 1, 7 Abs. 1 S. 2, 48 Abs. 1 S. 2 BImSchG.
152 Vgl. Rn. 8.
153 Dazu *Traulsen*, DÖV 2011, 769, 771 f.

Techniken assoziierten Emissionswerte"[154] zählen.[155] Die Merkblätter werden von der EU-Kommission, den Mitgliedstaaten, den betroffenen Industriezweigen und von Umweltorganisationen gemeinsam erarbeitet.[156] Sie finden sich im nationalen Recht in der Begriffsbestimmung des § 3 Abs. 6a BImSchG verankert. Die Schlussfolgerungen[157] (§ 3 Abs. 6b BImSchG) erhalten demgegenüber den Rang von Durchführungsakten nach Art. 291 AEUV.[158] Sie sind als Vorgabe einer präzisierten Bandbreite von Emissionswerten für die immissionsschutzrechtliche Genehmigung beachtlich, nicht aber strikt verbindlich.[159] Das bildet den Hintergrund dafür, dass die „assoziierten Emissionswerte" (§ 3 Abs. 6d BImSchG) keine Aufnahme in die Betreiberpflichten des § 5 BImSchG[160] gefunden haben, sondern als „Emissionsbandbreiten" (§ 3 Abs. 6c BImSchG) im Verordnungswege bzw. durch Erlass von Verwaltungsvorschriften festgelegt werden sollen.[161]

2. Geltungsbereich

Der **sachliche Geltungsbereich** des Gesetzes erstreckt sich gem. § 2 Abs. 1 BImSchG auf 32
- die Errichtung und den Betrieb von Anlagen,
- das Herstellen, Inverkehrbringen und Einführen von Anlagen, Brennstoffen und Treibstoffen, Stoffen und Erzeugnissen aus Stoffen nach Maßgabe der §§ 32–37 BImSchG,
- die Beschaffenheit, die Ausrüstung, den Betrieb und die Prüfung von Kraftfahrzeugen und ihren Anhängern und von Schienen-, Luft- und Wasserfahrzeugen sowie von Schwimmkörpern und schwimmenden Anlagen nach Maßgabe der §§ 38–40 BImSchG und
- den Bau öffentlicher Straßen sowie von Eisenbahnen, Magnetschwebebahnen und Straßenbahnen nach Maßgabe der §§ 41–43 BImSchG.

Das Bundes-Immissionsschutzgesetz setzt somit bei bestimmten Quellen mit den darauf bezogenen Handlungen an.

Um offene Normenkonkurrenzen mit bestehenden Regelungen zu vermeiden, sind gem. § 2 Abs. 2 BImSchG vom Anwendungsbereich ausgenommen
- Flugplätze, soweit nicht der 6. Teil des Gesetzes betroffen ist, sowie
- Anlagen, Geräte, Vorrichtungen, Kernbrennstoffe und sonstige radioaktive Stoffe, die den Vorschriften des Atomgesetzes oder einer hiernach erlassenen Rechtsverordnung unterliegen, soweit es sich um den Schutz vor den Gefahren der Kernenergie und der schädlichen Wirkung ionisierender Strahlen handelt.

Ferner gilt das Bundes-Immissionsschutzgesetz nicht, soweit sich aus wasserrechtlichen Vorschriften des Bundes und der Länder zum Schutz der Gewässer oder aus Vorschriften des Düngemittel- und Pflanzenschutzrechts etwas anderes ergibt.

---

154 Wiedergabe in § 3 Abs. 6b Nr. 2 BImSchG; definiert in § 3 Abs. 6d BImSchG.
155 Zu Vergangenheit und Zukunft von BVT-Merkblättern *Schieß* in: Faßbender/Köck (Hrsg.), Aktuelle Entwicklungen im Immissionsschutzrecht, 2013, S. 41; auch *Betensted/Grandjot/Waskow*, ZUR 2013, 395, 398; *Kment*, VerwArch 2014, 262, 263 ff.
156 Vgl näher § 3 Abs. 6a BImSchG.
157 Vgl. auch § 3 Abs. 6b BImSchG.
158 Näher *Jarass*, NVwZ 2013, 169, 171; zu EU-Durchführungsakten bereits § 7 Rn. 16.
159 Vgl. auch § 3 Abs. 6d BImSchG: „Mittelwert für einen vorgegebenen Zeitraum unter spezifischen Referenzbedingungen"; für strikte Verbindlichkeit *Kment*, VerwArch 2014, 262, 266.
160 Dazu Rn. 45 ff.
161 Dazu *Jarass*, NVwZ 2013, 169, 171 f.; vgl. ferner Nr. 13 des Anhangs zum BImSchG, der auch für andere als Industrieemissions-Anlagen gilt, wie vor, 172; vgl. ferner *Kment*, VerwArch 2014, 262, 267.

Regelungen hinsichtlich des **zeitlichen und räumlichen Geltungsbereichs** treffen §§ 66 ff. BImSchG.

V. Immissionsschutzrechtliches Instrumentarium

Neben ordnungsrechtlichen Instrumenten in Form von Ge- und Verboten, insbesondere in den Bereichen des anlagen- und verkehrsbezogenen Immissionsschutzes, bedient sich das Bundes-Immissionsschutzgesetz weiterer Mittel direkter Verhaltenssteuerung durch präventive und repressive Kontrollmaßnahmen, aber auch planerischer Instrumente.

1. Planungsinstrumente

33 Planungsrechtliche Instrumente erfahren durch das Gemeinschaftsrecht eine zunehmende Bedeutung für das Immissionsschutzrecht, weil die neue Luftqualitätsrichtlinie[162] wie ihre Vorgängerinnen auf koordiniertes Vorgehen gegen Luftverunreinigungen setzt, was vorrangig durch Planung zu bewältigen ist.[163] Zu nennen sind insoweit

- materiell: die allgemeine Planungsdirektive des § 50 BImSchG;
- instrumentell:
    - die Luftreinhalteplanung und
    - die Lärmminderungsplanung.[164]

a) Planungsgrundsatz

34 Nach der in § 50 S. 1 BImSchG allgemein normierten **Planungsdirektive** (bzw. Planungsgrundsatz) sind bei raumbedeutsamen Maßnahmen und Planungen die für eine bestimmte Nutzung vorgesehenen Flächen einander so zuzuordnen, dass schädliche Umwelteinwirkungen und Auswirkungen schwerer Unfälle i.S.d. Seveso-III-Richtlinie (2012/18/EU)[165] auf die ausschließlich oder überwiegend dem Wohnen dienenden Gebiete sowie auf sonstige schutzbedürftige Gebiete usw. soweit wie möglich vermieden werden. Als Ausprägung des **Vorsorgegrundsatzes**[166] ergänzt § 50 BImSchG die in anderen Gesetzen enthaltenen Regelungen über raumbedeutsame Planungen und Maßnahmen um die Verpflichtung, bereits im Planungsstadium auch den Belangen des Immissionsschutzes Rechnung zu tragen.[167] Wegen der Klausel „soweit wie möglich" kann nicht von einem verbindlichen „Planungsleitsatz"[168], sondern allenfalls von einem **Optimierungsgebot** gesprochen werden, dessen Zurücksetzen gegenüber konfligierenden Belangen einen erhöhten Begründungsaufwand verlangt.[169]

---

162 Vgl. Rn. 5.
163 Vgl. auch *Schmidt/Kahl/Gärditz*, § 7 Rn. 164.
164 Umzusetzen sein wird ferner die Umweltinspektionsplanung als Überwachungs- und damit vorrangig Gefahrenabwehrplanung im Gefolge der IE-RL, vgl. § 9 Rn. 8. Zum Nachfolgenden auch *Peters/Hesselbarth/Peters*, Umweltrecht, Rn. 677 ff.
165 V. 4.7.2012, ABlEU L 197/1.
166 BayVGH, BauR 1981, 172, 173; *Schulze-Fielitz* in: Führ (Hrsg.), GK-BImSchG, § 50 Rn. 1; vgl. § 3 Rn. 3 ff.
167 Zum immissionsschutzplanungsrechtlichen Trennungsgebot OVG Lüneburg, BauR 2015, 1300.
168 Zu dieser Rechtsfigur anhand des Städtebaurechts *Erbguth/Schubert*, in: Erbguth/Mann/Schubert, Besonderes Verwaltungsrecht, Rn. 983 ff.
169 Vgl. *Beaucamp* in: Kluth/Smeddinck, Umweltrecht, § 2 Rn. 113; anhand des Bauplanungsrechts und unter Hinweis auf die rückläufige Bedeutung des Topos *Erbguth/Schubert*, in: Erbguth/Mann/Schubert, Besonderes Verwaltungsrecht, Rn. 986. A.A. BVerwGE 71, 163, 165.

Das gilt auch für § 50 S. 2 BImSchG, welcher Gebiete mit guter Luftqualität vor Verschlechterung schützen will und dergestalt ebenfalls Ausdruck des Vorsorgeprinzips ist. Die Bestimmung betrifft raumbedeutsame Planungen und Maßnahmen in Gebieten, in denen durch Rechtsverordnungen nach § 48a Abs. 1 BImSchG[170] festgelegte Immissionsgrenzwerte und Zielwerte nicht überschritten werden: Dort ist zwar von einer Abwägung der Belange die Rede, aber zugleich mit Blick auf die Berücksichtigung der „bestmöglichen" Luftqualität. Eine noch weiter gehende Wirkung kommt § 41 BImSchG (schädliche Umwelteinwirkungen durch Verkehrsgeräusche) für die Verkehrsplanung zu: Derartige Beeinträchtigungen sind, sofern vermeidbar und nicht unverhältnismäßig i.S.v. Abs. 2 der Vorschrift, auszuschließen.

Ob dem Regelungsgehalt des § 50 BImSchG **drittschützende Wirkung** zukommt, wird nicht einheitlich beurteilt.[171]

b) Luftreinhalteplanung

Voraussetzung für die Verbesserung der Luftqualität ist die Ermittlung und Auswertung von Daten über die in einem bestimmten Gebiet vorhandenen Luftverunreinigungen. Dies erfolgt gem. §§ 44 und 46 BImSchG durch die Ausweisung von Untersuchungsgebieten, § 44 Abs. 2 BImSchG, und die Erstellung von Emissionskatastern, § 46 BImSchG.

35

Die Öffentlichkeit ist nach § 46a BImSchG über die Luftqualität zu informieren. Werden konkrete, in Rechtsverordnungen als Immissionswerte festgelegte Alarmschwellen überschritten, ist das der Öffentlichkeit von der zuständigen Behörde unverzüglich durch Rundfunk, Fernsehen, Presse oder auf andere Weise bekannt zu geben (§ 46a S. 2 BImSchG).

§ 44 Abs. 2 BImSchG ermächtigt die Landesregierungen, sog. **Untersuchungsgebiete** festzusetzen. Dabei handelt es sich um solche Gebiete, in denen Luftverunreinigungen auftreten bzw. zu erwarten sind, die wegen der Häufigkeit und Dauer ihres Auftretens, ihrer hohen Konzentration oder der Gefahr ihres Zusammenwirkens mit anderen Luftverunreinigungen schädliche Umwelteinwirkungen hervorrufen können.

Die nach Landesrecht zuständigen Behörden stellen in den Untersuchungsgebieten sowie in Gebieten, in denen eine Überschreitung von Immissionswerten oder -leitwerten zu erwarten ist bzw. vorliegt, Art und Umfang bestimmter Luftverunreinigungen fest und untersuchen die Umstände ihrer Entstehung und Ausbreitung. Des Weiteren fertigen sie für die Gebiete **Emissionskataster** (§ 46 BImSchG) an, soweit es zur Erfüllung von bindenden Beschlüssen der Europäischen Union erforderlich ist.

Diese Maßnahmen bereiten die **Aufstellung von Plänen** gem. § 47 BImSchG vor. Hierbei ist zu unterscheiden zwischen

36

- Luftreinhalteplänen und
- Plänen für kurzfristig zu ergreifende Maßnahmen.[172]

---

170 39. BImSchV.
171 Bejahend: *Kühling/Herrmann*, Rn. 434 f.; offengelassen: BVerwG, NVwZ 1989, 151, 152; verneinend: *Kloepfer*, Umweltrecht, § 14 Rn. 289; BVerwG, NJW 1982, 348; VGH Kassel, NVwZ 1991, 88, 90; auch Rn. 36, 49, jeweils a.E.; differenzierend *Jarass*, BImSchG, § 50 Rn. 42.
172 Dazu auch *Eifert* in: Schoch, Besonderes Verwaltungsrecht, 5. Kap. Rn. 295 ff.; *Beaucamp* in: Kluth/Smeddinck, Umweltrecht, § 2 Rn. 117.

Der **Luftreinhalteplan** (§ 47 Abs. 1 BImSchG) beinhaltet die erforderlichen Maßnahmen zur dauerhaften Verminderung von Luftverunreinigungen.[173] Dazu kann auch die Einrichtung von Umweltzonen mit (partiellen) Fahrverboten für Kraftfahrzeuge gehören.[174] Insgesamt muss es sich entgegen der h.M. um planerische Festlegungen und Maßgaben handeln; dem Planungsauftrag sind keine Anordnungen und Maßnahmen des Einzelfalls zugänglich, insbesondere nicht solche zur Durch- bzw. Umsetzung derartiger Pläne, vgl. § 47 Abs. 6 BImSchG.[175] Die Festlegung des Plangebiets hat sich in ordnungsgemäßer planerischer Abwägung[176] an den lokalen Quellen und dem städtebaulich-urbanen Hintergrund der Luftverunreinigungen zu orientieren,[177] weit entfernte Schadstofftransporte müssen als nicht steuerbare Belastungsgrößen unberücksichtigt bleiben[178].

Ein Luftreinhalteplan ist aufzustellen, wenn die Immissionsgrenzwerte, einschließlich festgelegter Toleranzmargen des EU-Luftqualitätsrechts[179] – umgesetzt auf Grundlage von § 48a Abs. 1 BImSchG durch die nunmehr: 39. BImSchV – überschritten werden. Inhaltlich steht den zuständigen Behörden ein planerischer Gestaltungsspielraum[180] zu, und zwar sowohl hinsichtlich der Eignung der Maßnahmen als auch bezüglich der (Maßnahmen-)Festlegung zur Verminderung der Schadstoffkonzentration[181].[182] Dabei reicht es nach der Rechtsprechung hinsichtlich der Eignung(sprognose) aus, dass die Unterschreitung der Grenzwerte im Wege der Maßnahme(n) erst nach einer gewissen Zeit erreicht wird,[183] allerdings muss dieser Zeitraum so kurz wie möglich gehalten werden.[184] Daher kann sich bei der Festlegung von Maßnahmen der Auswahlspielraum auf eine bestimmte Maßnahme reduzieren, wenn diese alternativlos ist.[185] I.Ü. müssen die Maßnahmen am Verursacherprinzip und damit am Verursacheranteil orientiert sein, wobei sich dies aus Gründen der Verhältnismäßigkeit relativieren kann.[186] Schließlich ist unter Aspekten der Erforderlichkeit auch das europäische Primärrecht, etwa die Warenverkehrsfreiheit, gebührend zu berücksichtigen.[187]

---

173 Vgl. *Köck/Lehmann*, ZUR 2013, 67, 68.
174 OVG Münster, ZUR 2011, 199; BVerwG, ZUR 2012, 552; näher zu alldem, insbesondere zur Geeignetheit und Erforderlichkeit derartiger Ausweisungen *Köck/Lehmann*, ZUR 2013, 67, 74 f.; jüngst auch BMUB, Neues Zusammenleben in der Stadtvgl. http://www.bmub.bund.de/fileadmin/Daten_BMU/Download_PDF/Nationale_Stadtentwicklung/zusammenleben_staedte_bf.pdf (Stand: 15.1.2016), S. 9.
175 Dazu *Scheidler*, GewArch 2009, 281, 285.
176 Teilweise wird von behördlichem „Beurteilungsspielraum" gesprochen, so *Jarass*, BImSchG, § 47 Rn. 12.
177 *Köck/Lehmann*, ZUR 2013, 67, 69.
178 Nicht zuletzt wegen dieser „großräumigen Hintergrundbelastungen" bedarf es aber der zumindest politischen Einflussnahme zugunsten verbesserter Luftqualität auf landes-, staats- und europaweiter Ebene, näher *Köck/Lehmann*, ZUR 2013, 67, 69, 72 f., 75.
179 Bereits Rn. 5.
180 Vgl. vorstehend und § 6 Rn. 17.
181 Dazu näher *Köck/Lehmann*, ZUR 2013, 67, 70 f.
182 Zur hierin eingeschlossenen Prognose und zu dem damit einhergehenden Prognosespielraum OVG Münster, ZUR 2011, 199.
183 EuGH, NVwZ 2008, 984, 985 Rn. 44.
184 EuGH, ZUR 2015, 33.
185 *Köck/Lehmann*, ZUR 2013, 67, 71, unter Hinweis auf VG Wiesbaden, ZUR 2011, 113, 116 f.
186 OVG Münster, ZUR 2011, 199, 200 f. Zur (Inzident-)Überprüfung des Luftreinhalteplans im Rahmen von Klagen gegen Verkehrsbeschränkungen und -verbote, die seitens der Straßenverkehrsbehörde in Umsetzung des Plans festgesetzt worden sind, BVerwG, BayVBl. 2013, 377; noch nachfolgend im Text. Maßgeblicher Zeitpunkt für die Rechtmäßigkeit des Plans ist die Beschlussfassung über den Plan, BVerwG, wie vor, 378.
187 *Köck/Lehmann*, ZUR 2013, 67, 72, unter Hinweis auf EuGH, ZUR 2006, 139, 141; EuGH, ZUR 2012, 291, 297.

Besteht die Gefahr, dass die im Wege der 39. BImSchV festgelegten Alarmschwellen[188] überschritten werden, hat die zuständige Behörde einen **Plan für kurzfristig zu ergreifende Maßnahmen** aufzustellen (§ 47 Abs. 2 S. 1 BImSchG).[189] Richtet sich die Gefahr auf eine Überschreitung der dort bestimmten Immissionsgrenzwerte oder Zielwerte, steht die Aufstellung eines solchen Plans im behördlichen Ermessen, § 47 Abs. 2 S. 2 BImSchG. Die im Plan festgelegten Maßnahmen müssen geeignet sein, die Gefahr der Überschreitung der Werte zu verringern oder den Zeitraum, während dessen die Werte überschritten werden, zu verkürzen, § 47 Abs. 2 S. 3 BImSchG (etwa durch befristete Verkehrsbeschränkungen, Betriebsbeschränkungen bei gewerblichen Anlagen)[190]. Die Pläne können gemäß § 47 Abs. 2 S. 4 BImSchG Teil des Luftreinhalteplans gem. § 47 Abs. 1 BImSchG sein.

Im **Verfahren** zur Aufstellung dieser Pläne ist die Öffentlichkeit zu beteiligen, § 47 Abs. 5 S. 2 BImSchG; auch müssen die Pläne der Öffentlichkeit zugänglich sein, § 47 Abs. 5 S. 3 BImSchG. Für Luftreinhaltepläne nach § 47 Abs. 1 BImSchG finden sich insoweit nähere und weitere (Verfahrens-)Regelungen in § 47 Abs. 5a BImSchG. Eine Beteiligung in ihrem Aufgabenbereich betroffener Behörden ist nicht explizit geregelt, ergibt sich aber aus allgemeinen verwaltungsorganisatorischen Grundsätzen und für Stellen der kommunalen Selbstverwaltung aus Art. 28 Abs. 2 S. 1 GG.[191]

Welche Rechtsnatur diesen Plänen zukommt, ist umstritten.[192] Aufgrund ihres abstrakt-generellen Charakters sind sie als Normen einzustufen. Fraglich ist aber, ob ihnen **Außenwirkung** zukommt oder ob sie als reines Innenrecht einzuordnen sind. Rechtsprechung und Teile der Literatur gehen von einer (Innen-)Rechtsqualität wie diejenige von Verwaltungsvorschriften aus[193], andere ordnen Luftreinhaltepläne als „Rechtsakt eigener Art" ein[194]; im Schrifttum wird allerdings zunehmend eine den Außenrechtsnormen ähnliche Wirkung angenommen.[195] Dass Luftreinhaltepläne gem. § 47 Abs. 6 BImSchG mit dem Eingriffsinstrumentarium des BImSchG gegenüber dem Bürger durchgesetzt werden können,[196] spricht nicht eindeutig für ihre Außenwirkung, weil hierdurch nur die Wirkung der Vollzugsmaßnahmen angesprochen wird, nicht aber diejenige der vorgelagerten Planung. Überzeugend erscheint hingegen der Hinweis auf die in ihrem Selbstverwaltungsrecht gebundenen Gemeinden.[197]

Soweit demgegenüber von einer bloßen Innenwirkung ausgegangen wird, können die Pläne im Wege der Inzidentkontrolle bei einer gerichtlichen Überprüfung von Verkehrsbeschränkungen

---

188 Alarmschwellen sind im Gefolge der Luftqualitätsrahmenrichtlinie (dazu vorstehend Rn. 5) bislang nur für Schwefeldioxid, Stickstoffdioxid und Ozon festgelegt worden, vgl. § 28 Abs. 1 S. 1 i.V.m. §§ 2 Abs. 3, 3 Abs. 3, 9 Abs. 6 der 39. BImSchV; *Köck/Lehmann*, ZUR 2013, 67, 70.
189 Zu den früheren Aktionsplänen vgl. *Schmidt/Kahl/Gärditz*, § 4 Rn. 154.
190 Näher *Jarass*, BImSchG, § 47 Rn. 14.
191 *Schmidt/Kahl/Gärditz*, § 7 Rn. 173.
192 Dazu *Jarass*, BImSchG, § 47 Rn. 58.
193 BVerwGE 128, 278, 288; BVerwG, NVwZ 2012, 1175; BVerwG, BayVBl. 2013, 377, 378, dort auch zur Inzidentkontrolle des Plans, vgl. in Fn. 222 und nachfolgend im Text; OVG Lüneburg, DVBl. 2011, 1184; OVG Münster, ZUR 2011, 199; *Eifert* in: Schoch, Besonderes Verwaltungsrecht, 5. Kap. Rn. 297; *Beaucamp* in: Kluth/Smeddinck, Umweltrecht, § 2 Rn. 118.
194 *Ekardt/Beckmann*, UPR 2008, 241, 243; auch *Jarass*, BImSchG, § 47 Rn. 58: qualifizierte, mit Außenwirkung verbundene Verwaltungsvorschrift.
195 *Cancik*, ZUR 2011, 283, 287; *Sparwasser/Engel*, NVwZ 2010, 1513, 1514; zu alldem *Köck/Lehmann*, ZUR 2013, 67, 69 f.
196 Zu weiteren Umsetzungsinstrumenten *Beaucamp* in: Kluth/Smeddinck, Umweltrecht, § 2 Rn. 117.
197 *Köck/Lehmann*, ZUR 2013, 67, 70, unter zusätzlichem Hinweis auch auf bürgergerichtete (Anspruchs-)Wirkungen (Gesundheitsschutz).

und -verboten überprüft, aber nicht direkt im Normenkontrollverfahren nach § 47 VwGO angegriffen werden.[198] Von der Rechtsprechung wird ferner die allgemeine Leistungsklage für den Anspruch auf Erlass eines Luftreinhalteplans als eröffnet angesehen.[199] Hinsichtlich der Kontrolldichte, also in materieller Hinsicht, heben die Gerichte z.T. auf die Maßstäbe der Überprüfung von Prognosen ab.[200] Da es sich um Planung handelt, dürften indes die Anforderungen der Abwägungsfehlerlehre[201] heranzuziehen sein.[202]

Nach der Luftqualitätsrichtlinie 2008/50/EG[203], die im Interesse des Schutzes der öffentlichen Gesundheit eine Reduzierung der Luftverschmutzung bezweckt,[204] i.V.m. Art. 288 Abs. 3 AEUV steht einem von PM_{10}-Feinstäuben betroffenen Bürger ein subjektiv-öffentliches, auf dem Verwaltungsrechtswege durchsetzbares Recht zu, dass Aktionspläne bzw. (nunmehr) Pläne für kurzfristig zu ergreifende Maßnahmen im Fall der Gefahr einer Überschreitung der Alarmschwellen aufgestellt werden.[205] Entsprechendes gilt nach dem BVerwG mit Blick auf § 47 Abs. 1 BImSchG, also für Luftreinhaltepläne,[206] und zwar in europarechtskonformer Auslegung des § 42 Abs. 2 Hs. 2 VwGO nicht nur für natürliche Personen, sondern auch für Umweltverbände bzw. -vereinigungen, sofern sie nach § 3 UmwRG anerkannt sind.[207] Insgesamt wird damit der Forderung nach einer dem EU-Recht Rechnung tragenden erweiternden Interpretation des § 42 Abs. 2 VwGO entsprochen.[208]

c) Lärmminderungsplanung

37 Die in §§ 47a–47f normierte **Lärmminderungsplanung** regelt die Erstellung von Lärmkarten zur Darstellung der Lärmsituation (§ 47c BImSchG)[209] sowie von **Lärmaktionsplänen**[210] (§ 47d BImSchG). Der Anwendungsbereich der Lärmminderungsplanung be-

---

198 BVerwG, BayVBl. 2013, 377; OVG Lüneburg, DVBl. 2011, 1184; dazu auch *Köck/Lehmann*, ZUR 2013, 67, 69 f.
199 Vgl. BVerwG, ZUR 2014, 52, 53.
200 OVG Münster, ZUR 2011, 199; zur Prognosekontrolle *Hoppe* in: Hoppe/Bönker/Grotefels, Öffentliches Baurecht, § 7 Rn. 50 ff., 101 ff.
201 Dazu *Erbguth/Schubert* in: Erbguth/Mann/Schubert, Besonderes Verwaltungsrecht, Rn. 1001 ff.
202 Vgl. bereits vorstehend.
203 Zwischenzeitlich wurde diese Richtlinie durch RL 2008/50/EG (ABlEG L 152/1) ersetzt (vgl. vorstehend Rn. 5); entsprechende Vorschriften (Art. 23, 24) finden sich auch in der neuen Luftqualitätsrichtlinie; *Köck/Lehmann*, ZUR 2013, 67, 68. 72.
204 Entsprechendes gilt mit Blick auf die der Umsetzung jener Richtlinie dienenden 39. BImSchV (vorstehend Rn. 10).
205 EuGH, ZUR 2008, 419; BVerwG, ZUR 2014, 52; auch *Beaucamp* in: Kluth/Smeddinck, § 2 Rn. 118. Bei bloßen Grenzwertüberschreitungen ist die Aufstellung von Plänen für kurzfristige Maßnahmen in das Ermessen der Behörde gestellt, so dass bei Klagen Drittbetroffener künftig zusätzlich zu fragen ist, ob eine Ermessensreduzierung auf Null vorliegt; vgl. *Scheidler*, NVwZ 2008, 1083, 1084 f.; *Ekardt/Beckmann*, UPR 2008, 241, 246; Rn. 36.
206 BVerwG, ZUR 2014, 52, 56; *Köck/Lehmann*, ZUR 2013, 67, 72.
207 BVerwG, ZUR 2014, 52, 56 anhand Art. 4 Abs. 3 AEUV (Effektivitätsgebot), der Luftqualitätsrichtlinie (vorstehend Rn. 5) i.V.m. Art. 9 Abs. 3 Aarhus-Konvention; dazu auch *Schlacke*, DVBl. 2015, 929, 930 ff.; *dies.* in: Ziekow, Aktuelle Probleme des Luftverkehrs-, Planfeststellungs- und Umweltrechts 2014, S. 129, 133 ff.; vgl. bereits § 6 Rn. 15 a.E. Die Erweiterung auf Umweltverbände gilt dann auch für die vorher im Text angesprochenen Pläne für kurzfristig zu ergreifende Maßnahmen.
208 Dazu *Porsch*, NVwZ 2013, 1393, 1395 f.; *Schlacke*, ZUR 2013, 666, 674 m.w.N.; allgemein etwa *Erbguth*, Allgemeines Verwaltungsrecht, § 9 Rn. 12.
209 Zuletzt konkretisiert durch VO über die Lärmkartierung (34. BImSchV) v. 6.3.2006, BGBl. I, S. 516.
210 Kritisch hierzu *Cancik*, ZUR 2007, 169.

zieht sich auf Lärm, dem Menschen in den in § 47a S. 1 BImSchG nicht abschließend aufgeführten schutzwürdigen Gebieten ausgesetzt sind.[211]

Relevante Begriffsbestimmungen finden sich in § 47b BImSchG. Zu beachten ist, dass der in Nr. 1 definierte „Umgebungslärm" auch lediglich „belästigende" Geräusche umfasst und insoweit wesentlich weiter zu verstehen ist als der Begriff der schädlichen Umwelteinwirkungen gem. § 3 Abs. 1 BImSchG.[212]

Grundlage der Lärmaktionspläne, die nach Maßgabe des § 47d Abs. 1 BImSchG aufzustellen sind, bilden lärmbezogene Daten. Die Gemeinden, die nach Landesrecht zuständigen Behörden (§ 47e Abs. 1 BImSchG) und in Bezug auf Haupteisenbahnstrecken des Bundes das Eisenbahnbundesamt (§ 47e Abs. 3, 4 BImSchG) haben daher gem. § 47c BImSchG in besagten Gebieten den Lärm in sog. Lärmkarten zu erfassen.[213]

Für näher beschriebene Orte in der Nähe von hochfrequentierten Verkehrsadern und für größere Ballungsräume waren bis zum 18.7.2013 Lärmaktionspläne zu erstellen, die danach alle fünf Jahre zu überprüfen sind.[214] Ihre Rechtswirkungen entsprechen denen der Luftreinhaltepläne.[215] Auch werden wie bei Letzteren die in den Lärmaktionsplänen vorgesehenen Maßnahmen (wie verkehrsberuhigte Zonen, Parkraumbewirtschaftung, Geschwindigkeitsbegrenzungen[216]) von den zuständigen Behörden oder den Planungsträgern durchgesetzt (§ 47d Abs. 6 i.V.m. § 47 Abs. 6 BImSchG).

Im Zusammenhang mit der Lärmaktionsplanung sind vielerlei **Rechtsfragen** trotz Erlass der 34. BImSchV auf Grundlage von § 47f BImSchG nicht abschließend geklärt:[217]

- So ist die regelhafte Zuständigkeit der Gemeinden für die(se) Planung verfassungs- wie europarechtlich ebenso zweifelhaft[218] wie die Annahme, dass es sich dabei um eine kommunale Selbstverwaltungsangelegenheit handelt[219].
- Ferner wird problematisiert, ob Fachbehörden (etwa Straßenverkehrsbehörden) in den Lärmaktionsplänen zwingend vorgegebene Maßnahmen (bspw. zur Verkehrsberuhigung) generell umsetzen müssen oder nur dann, wenn sie vorher (ggf. qualifiziert: Veto-Position) in die Planung einbezogen worden sind – oder ob ihnen insoweit das fachgesetzlich eröffnete Ermessen verbleibt (vgl. § 45 StVO);[220] der Wortlaut des § 47 Abs. 6 BImSchG, auf den § 47d Abs. 6 BImSchG verweist, ist insoweit eindeutig: Maßnahmen „sind…durchzusetzen" (S. 1), planungsrechtliche Festlegungen sind (von Planungsträgern) „zu berücksichtigen" (S. 2).

---

211 Signifikante Aufenthaltsdauer im Bereich der Lärmemission, näher anhand Anlage 3 der 39. BImSchV BVerwG, NuR 2013, 642.
212 Vgl. Rn. 28.
213 Vgl. auch *Scheidler*, DVBl. 2005, 1344, 1345; *Feldmann*, ZUR 2005, 352.
214 § 47d Abs. 1 S. 1, 2, Abs. 5 BImSchG; näher *Cancik*, WiVerw 2012, 210, 210 f.
215 Vgl. Rn. 36.
216 Näher *Schmidt/Kahl/Gärditz*, § 7 Rn. 181 f.
217 *Cancik*, WiVerw 2012, 210, 222; *Beaucamp* in: Kluth/Smeddinck, Umweltrecht, § 2 Rn. 120, dort auch, a.a.O., zur Kritik am unverhältnismäßigen Erhebungsaufwand.
218 *Engel* in: Gesellschaft für Umweltrecht, Dokumentation zur 33. wissenschaftlichen Fachtagung der GfU e.V. Berlin 2009, 2010, S. 96, 101 f.; *Cancik*, WiVerw 2012, 210, 212.
219 Dazu *Cancik*, wie vor, 212, 222.
220 *Cancik*, wie vor, 213 f., 216 m.w.N.; dazu umfassend auch *Röckinghausen*, I+E 2014, 230.

- Die aus nationaler Sicht ungewöhnliche Einbeziehung besagter (Einzel-)Maßnahmen in die Planung beruht auf entsprechenden Vorgaben des Europarechts und hat teilweise zur Annahme eines Instruments „sui generis" geführt.[221]
- Anders als bei den Luftreinhalteplänen[222] kann wegen bislang fehlender (europäischer) Grenzwertfestsetzungen aus deren Überschreitung kein Anspruch auf Erstellung eines Lärmaktionsplans abgeleitet werden; ggf. lässt sich solches in dringenden Fällen des Gesundheitsschutzes begründen[223].
- Ansprüche auf Aufnahme konkreter Maßnahmen in den Plan und auf Planvollzug werden regelmäßig mangels subjektiv-öffentlichen Rechts[224] scheitern; für Verkehrsbeschränkungen ließe sich allenfalls unter Hinweis auf § 40 Abs. 1 BImSchG abhelfen[225]. Jedenfalls kann sich aus § 47 Abs. 6 BImSchG mangels subjektiver Qualität kein Vollzugsanspruch ergeben.[226]
- Die Auffassungen zur **Rechtsnatur** und damit zur (direkten) gerichtlichen Angreifbarkeit differieren in vergleichbarer Weise wie zu den Luftreinhalteplänen.[227] Allein unter Hinweis auf den fachbehördlichen Vollzug der Pläne dürfte ihre Außenwirkung nicht zu begründen sein; allenfalls ließe sich das Argument gemeindlicher Betroffenheit, wie es bei den Luftreinhalteplänen herangezogen worden ist, gleichsam seitenverkehrt bemühen: Indem die Bindungswirkung der Lärmaktionspläne in selbstverwaltungsrechtlich-kommunaler Trägerschaft gegenüber staatlichen Behörden hergestellt wird, artikulieren sie sich dadurch (schon) im Außenverhältnis.[228]

2. Instrumente direkter Verhaltenssteuerung

▶ **FALL 10:** A ist Eigentümer eines im für Windenergieanlagen ausgewiesenen Außenbereich der Stadt R liegenden Grundstücks. Im Dezember 2015 beantragte er eine Genehmigung für 20 dem neuesten Stand der Technik entsprechende Windenergieanlagen. Ein für die beantragten Anlagentypen vom Antragsteller in Auftrag gegebenes Sachverständigengutachten kommt zu dem Ergebnis, dass bei üblichen Windgeschwindigkeiten die Immissionswerte bei den nächstgelegenen Wohngebäuden tags bei 55,5 dB(A) und nachts bei 45 dB(A) liegen. Der zu erwartende Schattenwurf der Anlagen wird für die davon betroffenen bebauten Grundstücke 30 min pro Tag und 30 Stunden pro Jahr nicht überschreiten.

Die zuständige Behörde erteilte unter Einhaltung der Verfahrens- und Formvorschriften die immissionsschutzrechtliche Genehmigung für die Errichtung und den Betrieb von 20 Windenergieanlagen des Typs Südwind mit 85 m Nabenhöhe, einer Gesamthöhe von 100 m und 77 m Rotordurchmesser unter Auflagen. In Nr. 5 der Auflagen heißt es: „Die Tages- und Nachtkennzeichnung ist entsprechend den Richtlinien für die Kennzeichnung von Luftfahrthindernissen des Bundesministeriums für Verkehr, Bau- und Wohnungswesen vom 2.9.2004 an allen Windkraftanlagen auszuführen." Besagte Richtlinien sehen vor, dass die

---

221 So etwa *Sparwasser*, NVwZ 2006, 369, 375 f.; vgl. auch Rn. 36, eingangs, allgemein zum Immissionsschutz zwischen Planungs- und Fachrecht *Hendler*, NuR 2012, 531.
222 Vorstehend Rn. 36.
223 *Cancik*, ZUR 2007, 169, 161 ff.
224 Dazu § 6 Rn. 12 ff.
225 *Cancik*, WiVerw 2012, 210, 223, zu § 45 Abs. 1 S. 2 Nr. 3, Abs. 9 StVO im Zusammenhang mit einem Lärmaktionsplan *Berkemann*, NuR 2012, 517.
226 Anders *Engel* in: Gesellschaft für Umweltrecht, Dokumentation zur 33. wissenschaftlichen Fachtagung der GfU e.V. Berlin 2009, 2010, S. 95, 142.
227 Vgl. § 9 Rn. 36.
228 *Cancik*, WiVerw 2012, 210, 222.

Gefahrenfeuer sich erst unter einem Helligkeitswert von 50 lx einschalten und ihre Leuchtmittelleistung 250 Watt beträgt. Sie erhellen und verdunkeln sich im 3-Sekunden-Takt und sind in einer Höhe von 85 m zu installieren. In der Auflage Nr. 8 wird Bezug genommen auf eine Stellungnahme des Umweltamtes, in der für die nächstgelegenen Wohngebäude Immissionswerte von bis zu 45 dB(A) nach der TA Lärm für Dorfgebiete festgelegt wurden. Weiterhin heißt es: „Werden aufgrund der Windverhältnisse die Immissionswerte überschritten, so sind die Anlagen abzuschalten." Ferner ist vorgeschrieben, dass Lichtreflexe, Schattenbildungen und Spiegelungen, die zu Beeinträchtigungen führen können, auszuschließen bzw. hiergegen vorsorgende Maßnahmen, z.B. in Form einer Abschaltautomatik, zu treffen sind.

Nachbar N befürchtet nun, durch den Lärm, den Schattenwurf und die an den Anlagen zu installierende Warnbeleuchtung insbesondere zur Nachtzeit belästigt zu werden. Das Wohnhaus des N liegt an der Grenze des Außenbereichs der Stadt R im Ortsteil D, 500 m von den geplanten Anlagen entfernt. In der näheren Umgebung ist verbreitet Tierhaltung (Pferde, Gänse, Hühner) anzutreffen; zwischen der überwiegenden Wohnbebauung finden sich Ackerflächen, welche aus der Ortslage heraus bewirtschaftet werden. N trägt vor, dass sein Wohnhaus in einem allgemeinen Wohngebiet liege. Die zu erwartenden Lärmimmissionen der Anlagen würden die hierfür bestehenden Grenzwerte erheblich überschreiten, ihn in seiner Nachtruhe stören und seine Gesundheit beeinträchtigen. Die Nutzung seines Hauses zu Wohnzwecken sei aufgrund des Schattenwurfs und der Gefahrenfeuer unzumutbar.

Er bittet um Überprüfung, ob die Erteilung der immissionsschutzrechtlichen Genehmigung dem materiellen Recht entspricht (von einer Prüfung der Einhaltung der Abstandsflächen nach der Landesbauordnung ist abzusehen).

Auszug aus der TA Lärm

6. Immissionsrichtwerte

    6.1. Immissionsrichtwerte für Immissionsorte außerhalb von Gebäuden
    Die Immissionsrichtwerte für den Beurteilungspegel betragen für Immissionsorte außerhalb von Gebäuden (...)

        c) in Kerngebieten, Dorfgebieten und Mischgebieten
           tags 60 dB(A)
           nachts 45 dB(A)

        d) in allgemeinen Wohngebieten und Kleinsiedlungsgebieten
           tags 55 dB(A)
           nachts 40 dB(A)

(...) ◄

a) Ge- und Verbote des verkehrsbezogenen Immissionsschutzes

Die Ge- und Verbote des verkehrsbezogenen Immissionsschutzes regeln

- die Anforderungen an die Beschaffenheit und den Betrieb von Fahrzeugen,
- Verkehrsbeschränkungen und
- den Schutz vor Verkehrslärm.

Nach § 38 Abs. 1 S. 1 BImSchG muss die **Beschaffenheit** von Fahrzeugen so sein, dass bei ihrem bestimmungsgemäßen Betrieb die zum Schutz vor schädlichen Umwelteinn wirkungen einzuhaltenden Grenzwerte nicht überschritten werden. Zweck dieser Regelung ist nur die Verringerung der spezifischen, durch die Nutzung des Fahrzeugs als Fortbewegungsmittel entstehenden Immissionen. Erfasst wird nicht etwa der von einer im Kraftfahrzeug installierten Musikanlage ausgehende Lärm. Adressaten dieser Verpflichtung sind Hersteller, Importeure und Fahrzeughalter, nicht aber der Fahrzeugführer.[229]

Der **Betrieb** von Fahrzeugen hat gem. § 38 Abs. 1 S. 2 BImSchG dergestalt zu erfolgen, dass vermeidbare Emissionen verhindert und unvermeidbare auf ein Mindestmaß reduziert werden. Hierzu ist jeder, der das Fahrzeug in Betrieb nimmt, verpflichtet, also gerade auch der Fahrzeugführer.[230] Eine Inbetriebnahme des Fahrzeugs liegt bereits bei vorbereitenden Tätigkeiten wie Einsteigen (Türenzuschlagen) und Beladen eines Fahrzeugs vor.

§ 38 BImSchG ist **nicht anwendbar** auf solche Fahrzeuge, die in unmittelbarem Zusammenhang mit einer Anlage und nicht im öffentlichen Verkehr genutzt werden. Insoweit greifen die Vorschriften des anlagenbezogenen Immissionsschutzes ein.[231]

Nach § 40 Abs. 1 BImSchG legt die zuständige Straßenverkehrsbehörde Beschränkungen und Verbote des Straßenverkehrs fest, soweit ein Luftreinhalteplan bzw. ein Plan für kurzfristig zu ergreifende Maßnahmen gem. § 47 Abs. 1 oder 2 BImSchG[232] dieses vorsieht. Ausnahmen hiervon können nach den Maßgaben des Abs. 1 S. 2 oder Abs. 3 getroffen werden.

§ 40 Abs. 2 BImSchG zufolge können nach straßenverkehrsrechtlichen Vorschriften **Verkehrsbeschränkungen oder -verbote** zulässig sein, wenn der Kraftfahrzeugverkehr zur Überschreitung von Immissionswerten, die in Rechtsverordnungen nach § 48a Abs. 1 BImSchG verankert sind[233], beiträgt. Solche Maßnahmen stehen im Unterschied zu § 40 Abs. 1 BImSchG im Ermessen der zuständigen Straßenverkehrsbehörde.[234] Grundsätzlich sind derartige Verkehrsregulierungen vorzunehmen, wenn ein Luftreinhalteplan oder Aktionsplan/Plan für kurzfristig zu ergreifende Maßnahmen dies vorsieht.

Das Bundesverwaltungsgericht bejaht freilich einen Anspruch des Betroffenen auf Einschreiten der Behörde bei gesundheitsgefährdenden Grenzwertüberschreitungen auch ohne Plan für kurzfristig zu ergreifende Maßnahmen.[235]

40 Der **Schutz vor Verkehrslärm** erfolgt in zwei Stufen:
- aktiver Lärmschutz und
- passiver Lärmschutz.

Lassen sich schädliche Umwelteinwirkungen durch Verkehrsgeräusche beim Bau oder bei wesentlicher Änderung einer Trasse selbst durch entsprechende Planung (vgl. § 50 BImSchG) nicht vermeiden, so sind die Geräusche gem. § 41 Abs. 1 BImSchG durch Lärmschutzmaßnahmen auf das nach dem Stand der Technik nicht vermeidbare Aus-

---

229 *Knauff* in Führ (Hrsg.), GK-BImSchG, § 38 Rn. 32.
230 *Jarass*, BImSchG, § 38 Rn. 16.
231 Vgl. *Hoppe/Beckmann/Kauch*, § 21 Rn. 237, für Werksbahnen, Anschlussbahnen und spezielle, nur auf dem Werksgelände eingesetzte Lastkraftwagen.
232 Vgl. Rn. 36.
233 39. BImSchV.
234 *Rehbinder*, ZUR 1994, 101, 101 f.
235 BVerwG, UPR 2008, 36; vgl. Rn. 36.

maß zu reduzieren (**aktiver Lärmschutz**).[236] Die Änderung einer Straße ist als wesentlich einzustufen, wenn sie um mindestens einen durchgehenden Fahrstreifen erweitert wird (§ 1 Abs. 2 VerkehrslärmSchV [16. BImSchV]). Aktive Lärmschutzmaßnahmen können etwa in der Errichtung von Schallschutzwänden, Bepflanzungen, Tunnelungen oder in der Verwendung offenporigen Asphalts bestehen.[237]

Momentan wird dabei durch Straßenbahnverkehr verursachter Lärm noch durch den sogenannten „Schienenbonus" privilegiert und darf die Grenzwerte um 5 dB(A) überschreiten. Diese Regelung ist für den übrigen Bahnverkehr zum Jahre 2015 entfallen und läuft auch für Straßenbahnen zum Jahr 2019 aus.[238]

Ist die Ergreifung aktiver Lärmschutzmaßnahmen aus tatsächlichen Gründen nicht möglich oder stehen ihre Kosten außer Verhältnis zu dem angestrebten Zweck,[239] so verbleibt es bei Maßnahmen des **passiven Lärmschutzes**. Das ist etwa der Einbau von Schallschutzfenstern oder die Anbringung von Rollläden.[240] Aktiver Lärmschutz verhindert Emissionen, passiver Lärmschutz wehrt Immissionen ab.

Nach § 42 Abs. 1 BImSchG kann der Eigentümer bei Überschreitung festgesetzter Immissionsgrenzwerte eine Entschädigung für die an seinen baulichen Anlagen vorzunehmenden Schallschutzmaßnahmen beanspruchen. Die Ausgleichspflicht besteht jedoch nicht, wenn die Beeinträchtigung im Einzelfall zumutbar ist oder sich aus der Situationsgebundenheit des Gebiets eine verminderte Schutzwürdigkeit der baulichen Anlage ergibt (§ 42 Abs. 1 S. 1 und 2 BImSchG).[241]

b) Ge- und Verbote des anlagenbezogenen Immissionsschutzes

Als grundsätzlich für alle Anlagenbetreiber geltende Leistungspflichten sind die Bestellung des Betriebsbeauftragten für Immissionsschutz und des Störfallbeauftragten zu nennen. Im Übrigen unterscheiden sich die **Leistungs- und Unterlassungspflichten** des Betreibers danach, ob er eine genehmigungsbedürftige oder eine nicht genehmigungsbedürftige Anlage betreibt. Dies beruht darauf, dass das Betreiben der als genehmigungsfrei eingestuften Anlagen typischerweise mit geringeren Umweltgefährdungen verbunden ist.[242]

41

Daneben enthalten die Regelungen des anlagenbezogenen Immissionsschutzes **Duldungspflichten**, die sich aber auf die üblicherweise bei Überwachungsmaßnahmen auftretenden Pflichten beschränken und deshalb im Zusammenhang mit den Kontrollinstrumenten dargestellt werden.

42

Die Pflichten bestehen nur für Betreiber von Anlagen, die dem **Anwendungsbereich** des Bundes-Immissionsschutzgesetzes unterfallen. Grundsätzlich von der Anwendung des Bundes-Immissionsschutzgesetzes ausgeschlossen sind Flugplätze und Anlagen, die den atomrechtlichen Vorschriften unterliegen (§ 2 Abs. 2 BImSchG).[243]

43

---

236 BVerwG, UPR 2009, 154.
237 OVG Lüneburg, ZUR 2009, 329.
238 Ziff. 2.2.18 der Anlage 2 zur 16. BImSchV.
239 Zum Verhältnis von aktivem und passivem Lärmschutz BVerwG, DÖV 1996, 998.
240 *Sparwasser/Engel/Voßkuhle*, § 10 Rn. 289 ff., 387 ff.
241 Weiterführend *Hoppe/Beckmann/Kauch*, § 21 Rn. 269.
242 *Hoppe/Beckmann/Kauch*, § 21 Rn. 166.
243 Bereits Rn. 32.

Welche Anlagen erfasst werden, ergibt sich aus § 3 Abs. 5 BImSchG:

- Betriebsstätten und sonstige ortsfeste Einrichtungen (wie Fabriken, Handwerksbetriebe, Steinbrüche, Straßenleuchten, Mobilfunkstationen),
- Maschinen, Geräte und sonstige ortsveränderliche (nicht standortgebundene) technische Einrichtungen (etwa Kräne, Bohrmaschinen, Rasenmäher) sowie Fahrzeuge, soweit sie nicht der Vorschrift des § 38 BImSchG unterliegen (z.B. Wohnwagen), und
- Grundstücke, auf[244] denen (zweckbestimmt[245]) Stoffe gelagert oder abgelagert oder Arbeiten durchgeführt werden, die Emissionen verursachen können, mit Ausnahme öffentlicher Verkehrswege (bspw. Mülldeponien, Kohlenhalden).

Emissionsquellen müssen daher einen entsprechenden **Anlagenbezug** aufweisen. Rein verhaltensbedingte Immissionen, also solche, die (auch) nicht auf der bestimmungsgemäßen Nutzung oder Verwendung der Anlage (Lärm von Fußballstadien) beruhen, fallen aus dem Anlagenbegriff heraus.[246]

Gemeinsam ist den drei Anlagengruppen darüber hinaus das ungeschriebene Begriffsmerkmal des **Betreibens**:[247] Mit einer gewissen Organisation und unter Einsatz bestimmter, regelmäßig technischer Arbeitsmittel muss ein spezieller Zweck fortgesetzt verfolgt werden.[248] Angesichts dessen gehören zu den ortsveränderlichen technischen Einrichtungen nur solche, die nachhaltig und bestimmungsgemäß betrieben werden können. Dies ist nicht der Fall, wenn es sich lediglich um mit der Hand zu bedienende Geräte handelt, wie Musikinstrumente (z.B. Trompete) oder Spiel- und Sportgeräte (z.B. Tennisschläger).

aa) Pflichten der Betreiber genehmigungsbedürftiger Anlagen

44 Soll eine nach § 4 BImSchG genehmigungsbedürftige Anlage errichtet und betrieben werden, treffen den Betreiber die in § 5 Abs. 1 BImSchG niedergelegten Pflichten.[249] Diese werden durch von der Bundesregierung nach § 7 Abs. 1 BImSchG erlassene Rechtsverordnungen[250] konkretisiert.

(1) Pflichten gem. § 5 BImSchG

45 Dem Betreiber einer genehmigungsbedürftigen Anlage obliegen nach § 5 Abs. 1 Nr. 1–4, Abs. 3 und 4 BImSchG folgende Pflichten:[251]

- Schutzpflicht,
- Vorsorgepflicht,
- Abfallvermeidungs-, Abfallverwertungs- und Abfallentsorgungspflicht,

---

244 Nicht untertägig, vgl. *Jarass*, BImSchG, § 3 Rn. 76.
245 *Jarass*, BImSchG, § 3 Rn. 74.
246 Kompetenz der Bundesländer, vgl. bereits die Kompetenzgrundlage des Art. 74 Abs. 1 Nr. 24 GG und Rn. 16; *Schmidt/Kahl/Gärditz*, § 7 Rn. 135.
247 OVG Münster, ZUR 2009, 268.
248 Vgl. etwa *Schmidt/Kahl/Gärditz*, § 7 Rn. 136; auch Kirchglockengeläut, *Schmidt/Kahl/Gärditz*, § 7 Rn. 138.
249 Zum Recht der Errichtung und des Betriebs von Anlagen im Immissionsschutzrecht *Peters/Hesselbarth/Peters*, Umweltrecht, Rn. 682 ff.
250 Dies sind insb. die 12., 13., 17. und die 30. BImSchV, vgl. *Jarass*, BImSchG, § 7 Rn. 38 ff.
251 Etwa *Eifert* in: Schoch, Besonderes Verwaltungsrecht, 5. Kap. Rn. 253 ff.; *Beaucamp* in: Kluth/Smeddinck, Umweltrecht, § 2 Rn. 45 ff.

- Energieeffizienzpflicht und
- Nachsorgepflicht.

Ergänzend ist nach näherer Maßgabe des § 7 Abs. 1a BImSchG mit der Veröffentlichung von „BVT-Schlussfolgerungen"[252] bei Industrieemissions-Anlagen zu „gewährleisten", dass die dort bestimmten Emissionsbandbreiten im Normalbetrieb nicht überschritten werden. Eine Betreiberpflicht im vorstehenden Sinne liegt hierin indes nicht.[253]

Allen Grundpflichten vorangestellt ist die sog. **Integrationsklausel**, die besagt, dass genehmigungsbedürftige Anlagen so zu errichten und zu betreiben sind, dass **ein hohes Schutzniveau für die Umwelt insgesamt** gewährleistet wird (§ 5 Abs. 1 BImSchG).[254] Dieser integrative Ansatz bezweckt eine umfassende Betrachtung der Umweltauswirkungen einer Anlage: „Es soll vermieden werden, dass durch medial bezogene Schutzmaßnahmen beispielsweise zur Luftreinhaltung andere Umweltbelastungen, etwa große Mengen von Abfällen, mit der Folge auftreten, dass die Gesamtbilanz der Umweltbelastungen negativer ausfällt, als wenn die zur Belastungsverlagerung führende Maßnahme unterblieben wäre."[255] Angestrebt ist somit eine **medienübergreifende Abwägung**, die einen intermedialen Nutzenvergleich zum Inhalt hat.[256]

46

- Nach der in § 5 Abs. 1 Nr. 1 BImSchG normierten **Schutzpflicht** dürfen die Errichtung und der Betrieb von Anlagen keine schädlichen Umwelteinwirkungen[257], sonstigen Gefahren, erheblichen Nachteile und erheblichen Belästigungen[258] für die Allgemeinheit und die Nachbarschaft hervorrufen. Durch Einbeziehung „sonstiger" Gefahren erstreckt sich der Anwendungsbereich des Schutzgrundsatzes auch auf Einwirkungen physischer Art, die keine Immissionen[259] darstellen, wie z.B. der durch Explosion erfolgende Auswurf wägbarer Stoffe.[260]

47

Die zu treffenden Schutzvorkehrungen müssen sich sowohl auf den Normalbetrieb als auch auf den Störfall erstrecken.[261] Durch welche Maßnahmen der Betreiber seiner Schutzpflicht nachkommt, bleibt weitestgehend ihm überlassen.[262] Besondere Pflichten werden den Betreibern insoweit aber durch die Störfallverordnung (12. BImSchV)[263] auferlegt.

Anders als bei der Vorsorgepflicht stehen die im Rahmen der Schutzpflicht zu treffenden Maßnahmen nicht unter dem Vorbehalt ihrer technischen Realisierbarkeit; auch wenn die von einer Anlage ausgehenden schädlichen Umwelteinwirkungen

---

252 Vgl. bei Rn. 25 und 31, jeweils a.E.
253 Vgl. bereits Rn. 31.
254 Vgl. Rn. 24.
255 *Koch* in: ders. (Hrsg.), Umweltrecht, § 4 Rn. 70 ff.; allgemein zu den integrativen Elementen des Immissionsschutzrechts *Scheidler*, NuR 2008, 764 ff.
256 Kritisch in Bezug auf die hierfür entscheidenden Maßstäbe *Koch* in: ders. (Hrsg.), Umweltrecht, § 4 Rn. 73; § 5 Rn. 70.
257 Dazu § 3 Abs. 1 BImSchG, vgl. Rn. 28.
258 Zu den Begriffen Nachteile und Belästigungen (§ 3 Abs. 1 BImSchG) vgl. Rn. 28.
259 Dazu § 3 Abs. 2 BImSchG, vgl. Rn. 26; in Abgrenzung zum Begriff der Emissionen, § 3 Abs. 3 BImSchG, vgl. Rn. 27.
260 *Schmidt/Kahl/Gärditz*, § 7 Rn. 57.
261 *Sparwasser/Engel/Voßkuhle*, § 10 Rn. 180 ff.
262 Vgl. *Hoppe/Beckmann/Kauch*, § 21 Rn. 54.
263 Nachfolgend Rn. 53 f.

nach dem Stand der Technik[264] unvermeidbar sind, scheidet daher eine Genehmigungserteilung aus.[265]

Die Vorschrift des § 5 Abs. 1 Nr. 1 BImSchG ist **drittschützend**, zumal sie ausdrücklich Bezug auf die „Nachbarschaft" nimmt.[266]

48 ▪ Der Betreiber hat nach § 5 Abs. 1 Nr. 2 BImSchG Vorsorge gegen schädliche Umwelteinwirkungen zu treffen, insbesondere durch dem Stand der Technik entsprechende Maßnahmen (**Vorsorgepflicht**). Im Vorfeld der Schutzpflicht[267] soll damit bereits dem Entstehen von derartigen Immissionen vorgebeugt werden: Schaffung einer Sicherheitszone unterhalb der Gefahrenschwelle und Erhaltung von Freiräumen als (Belastungs-)Reserven[268]. Einzelheiten sind nicht nur allgemein,[269] sondern auch immissionsschutzrechtlich strittig[270]. Jedenfalls bleibt es dabei, dass Vorsorgemaßnahmen bereits dann rechtlich eröffnet sind, wenn Immissionen noch keine schädlichen Umwelteinwirkungen darstellen.[271]

Abweichendes gilt für Anlagen, die dem Anwendungsbereich des Treibhausgas-Emissionshandelsgesetzes (**TEHG**)[272] unterliegen.[273] Anforderungen zur Reduzierung der Treibhausgasemissionen sind nur zulässig, um das Entstehen schädlicher Umwelteinwirkungen nach § 5 Abs. 1 Nr. 1 BImSchG im Einwirkungsbereich der Anlage zu verhindern (§ 5 Abs. 2 S. 1 BImSchG). Darüber hinaus dürfen bei diesen Anlagen zur Erfüllung der Pflicht zur effizienten Verwendung von Energie bzgl. CO_2 keine Anforderungen gestellt werden, die über die im Treibhausgas-Emissionshandelsgesetz normierten Pflichten hinausgehen (§ 5 Abs. 2 S. 2 BImSchG). Insofern wird bereits die Teilnahme am Emissionshandel durch die Gesamtheit der Anlagen als ausreichende Vorsorge gewertet. Diese Einschränkung des Vorsorgegebotes ist zu Recht umstritten.[274]

49 Was unter dem **Stand der Technik**[275] zu verstehen ist, definiert § 3 Abs. 6 BImSchG.[276] Vor diesem Hintergrund beurteilt sich die erforderliche Vorsorge anders als bei § 5 Abs. 1 Nr. 1 BImSchG anhand der vorhandenen technischen Möglichkeiten. Auch können nur solche Maßnahmen verlangt werden, die nicht außer **Verhältnis** zum angestrebten Zweck der Emissionsminderung stehen.[277]

---

264 Vgl. Rn. 31.
265 *Ipsen*, AöR 1982, 259, 263; *Kloepfer*, Umweltrecht, § 14 Rn. 103.
266 BVerwG, NJW 1984, 2174, 2175; OVG Saarlouis, ZUR 1994, 258, 259 f.; *Jarass*, BImSchG, § 5 Rn. 133.
267 Dazu vorstehend Rn. 47.
268 BVerwGE 65, 313, 320 f.; *Schmidt/Kahl/Gärditz*, § 7 Rn 66, m.w.N.; bereits § 3 Rn. 3 ff.
269 Bereits § 3 Rn. 3 ff.
270 Etwa *Dietlein* in: Landmann/Rohmer, Bd. 3, § 5 BImSchG Rn. 134 f.
271 Dergestalt dient das Vorsorgeprinzip der Verbesserung der allgemeinen Umweltsituation, auch hinsichtlich des Ferntransports von Luftschadstoffen, *Schmidt/Kahl/Gärditz*, § 7 Rn. 66, unter Hinweis auf BVerwGE 69, 37, 42 ff.
272 Vgl. § 16 Rn. 33 ff.
273 In diesen Zusammenhang gehört auch die verfolgte gesetzliche Einführung der CCS-Technik, um CO_2 dauerhaft in unterirdischen geologischen Formationen (ab)zulagern; vgl. § 16 Rn. 29; näher *Stevens*, UPR 2007, 281; *Wickel*, ZUR 2011, 115, 116 f.; *Erbguth*, ZUR 2011, 121.
274 Kritisch hierzu *Koch/Kahle*, NVwZ 2006, 1126; *Mager*, DÖV 2004, 561, 565.
275 Grundlegend *Marburger*, S. 158 ff.; *Breuer* in: Kimminich/v. Lersner/Storm, Bd. 2, Sp. 1869 ff.; *Feldhaus*, DVBl. 1981, 165.
276 Vgl. § 9 Rn. 31.
277 *Kloepfer*, Umweltrecht, § 14 Rn. 110 ff.

§ 9 Immissionsschutzrecht

Nach bislang überwiegender Auffassung im nationalen Bereich lässt sich dem Vorsorgegebot **keine drittschützende Wirkung** entnehmen;[278] europarechtlich bzw. -gerichtlich stellen sich die Dinge anders dar[279].

- § 5 Abs. 1 Nr. 3 BImSchG regelt die in einem Stufenverhältnis zueinander stehenden Pflichten zur **Abfallvermeidung, Abfallverwertung und Abfallentsorgung**. Priorität hat die Vermeidung von Abfällen. Soweit dies nicht möglich ist, trifft den Anlagenbetreiber die Pflicht zur ordnungsgemäßen und schadlosen Verwertung der angefallenen Abfälle. Ist eine Vermeidung oder Verwertung technisch nicht möglich oder unzumutbar, sind Abfälle zu beseitigen.[280]
Der Abfallbegriff des § 5 Abs. 1 Nr. 3 BImSchG ist mit dem des Kreislaufwirtschaftsrechts[281] identisch, allerdings ohne die dort vorgehaltenen Ausnahmen. Er umfasst daher neben beweglichen Sachen, die bei der Energieumwandlung, Herstellung, Behandlung oder Nutzung von Stoffen oder Erzeugnissen oder bei Dienstleistungen anfallen, ohne dass der Zweck der jeweiligen Handlung darauf gerichtet ist, auch sonstige unerwünschte Nebenprodukte, wie solche tierischer Art und Abwässer.[282]
Die sich aus § 5 Abs. 1 Nr. 3 BImSchG ergebende Vermeidungspflicht hat als Ausdruck des Vorsorgeprinzips **keine drittschützende Wirkung**.[283] Soweit es um die Art und Weise der Abfallverwertung oder -beseitigung geht, beurteilt sich die Frage des Drittschutzes anhand der dafür einschlägigen (Spezial-)Vorschriften, insbesondere des Kreislaufwirtschafts- und des Abwasserrechts.[284]

50

- Es besteht ferner die Grundpflicht, die eingesetzte und die beim Betrieb anfallende **Energie sparsam** und **effizient** zu verwenden (§ 5 Abs. 1 Nr. 4 BImSchG).[285] Dies richtet sich auf eine Vermeidung von Energieverlusten, eine Reduktion der eingesetzten Energie und die Erreichung hoher energetischer Wirkungs- und Nutzungsgrade.[286] Die Pflicht zum sparsamen und effizienten Energieeinsatz ergibt sich teilweise bereits aus dem einzuhaltenden Stand der Technik (§ 3 Abs. 6 BImSchG). Nähere Vorgaben zur Wärmenutzung enthält § 13 der 17. BImSchV. Die Vorschrift verlangt in bestimmten Fällen, die Wärme zur Stromerzeugung zu nutzen.[287] Eine der Regelung im Zusammenhang mit dem Vorsorgegrundsatz entsprechende Sonderbehandlung[288] erfahren dem TEHG unterfallende Anlagen, soweit es um die

51

---

278 BVerwGE 65, 313, 320; *Ronellenfitsch/Wolf*, NJW 1986, 1955, 1959; differenzierend *Sparwasser/Engel/Voßkuhle*, § 10 Rn. 159; inzwischen aber BVerwG, JuS 2004, 1026: Drittschutz zu bejahen bei typischerweise der Vorsorge dienenden Emissionswerten, sofern keine Immissionswerte bestehen; auch *Eifert* in: Schoch, Besonderes Verwaltungsrecht, 5. Kap. Rn. 262; gegenteilig vor dem Hintergrund der Entwicklung der Rechtsprechung zum Atomrecht *Murswiek/Ketterer/Sauer/Wöckel*, Die Verwaltung 44 (2011), 235, 244.
279 Bereits Rn. 36 a.E; auch Rn. 34 a.E.
280 OVG Lüneburg, NJW 1998, 398; der Vorrang der Verwertung kann auch dann entfallen, wenn die Beseitigung umweltverträglicher ist, vgl. *Schmidt/Kahl/Gärditz*, § 7 Rn. 69, unter Hinweis auf das Kreislaufwirtschaftsrecht.
281 Vgl. § 12 Rn. 7, 16 ff.
282 Dazu § 12 Rn. 18 ff., 23; *Kaster*, NuR 1996, 109; *Sparwasser/Engel/Voßkuhle*, § 10 Rn. 112, 162; *Roßnagel/Hentschel* in: Führ (Hrsg.), GK-BImSchG, § 5 Rn. 641 ff.
283 OVG Münster, NuR 1990, 330; *Heitsch*, JA 2001, 258.
284 *Jarass*, BImSchG, § 5 Rn. 138; differenzierend *Roßnagel/Hentschel* in: Führ (Hrsg.), GK-BImSchG, § 5 Rn. 682 ff.
285 Auch *Eifert* in: Schoch, Besonderes Verwaltungsrecht, 5. Kap. Rn. 265.
286 *Jarass*, BImSchG, § 5 Rn. 99 f.
287 Zu Anlagen, die dem TEHG unterfallen, vgl. sogleich.
288 Vgl. Rn. 48.

Pflicht zur effizienten (also nicht: sparsamen) Verwendung von Energie geht, § 5 Abs. 2 S. 2 BImSchG.[289]
Als Ausdruck des Vorsorgeprinzips wird § 5 Abs. 1 Nr. 4 BImSchG eine **drittschützende** Wirkung abgesprochen.[290]

52 ■ Um der Entstehung sog. Altlasten vorzubeugen, besteht die Schutz- und Entsorgungspflicht auch nach einer Betriebseinstellung (§ 5 Abs. 3, 4 BImSchG: **Nachsorgepflicht,** insbes. Wiederherstellung eines ordnungsgemäßen Zustands des Betriebsgeländes, Nr. 3 der Vorschrift);[291] im Grunde handelt es sich daher nicht um eine zusätzliche Betreiberpflicht, sondern um eine zeitliche Ausdehnung der genannten Pflichten.[292]

Für **Industrieemissions-Anlagen** besteht nach endgültiger Einstellung des Betriebs eine neben der Wiederherstellungspflicht des § 5 Abs. 3 Nr. 3 BImSchG stehende Rückführungspflicht[293] bei Boden- und Grundwasserverschmutzungen auf den Ausgangszustand (§ 5 Abs. 4 BImSchG).[294]

Die Maßgaben der Nr. 1–3 des § 5 Abs. 3 BImSchG stehen in keinem Rangverhältnis, also nebeneinander.[295] Insoweit können bereits bei der Anlagengenehmigung Vorkehrungen getroffen werden, etwa im Wege von Auflagen.[296] Ansonsten bleibt es bei der Möglichkeit, nachträgliche Anordnungen nach § 17 BImSchG zu erlassen. Adressat der Nachsorgepflichten ist der (jeweils letzte) Anlagenbetreiber.[297]

Um bereits frühzeitig die Erfüllbarkeit der Nachsorgepflicht zu gewährleisten und um Beweisschwierigkeiten hinsichtlich des Ausmaßes verursachter Verschmutzungen auszuräumen, sieht § 10 Abs. 1a BImSchG in Umsetzung der IE-RL vor, dass bei Genehmigung der Bodenzustand in einem Ausgangsbericht zu dokumentieren ist.[298] Teil der Nachsorgepflicht aus § 5 Abs. 3 ist es dann, diesen Ausgangszustand wiederherzustellen.[299]

Drittschutz beurteilt sich anhand der „weitergeleiteten" Schutz- und Entsorgungspflichten.[300]

(2) Konkretisierende Rechtsverordnungen gem. § 7 BImSchG

53 Pflichten ergeben sich ferner aus den aufgrund § 7 Abs. 1 BImSchG erlassenen (bislang vier) Rechtsverordnungen. Es handelt sich um die

- Störfallverordnung (12. BImSchV),
- Großfeuerungs-, Gasturbinen- und Verbrennungsmotorenanlagenverordnung (13. BImSchV),
- Abfallverbrennungs- und -mitverbrennungsverordnung (17. BImSchV) und
- Verordnung über biologische Abfallbehandlungsanlagen (30. BImSchV).

---

289 Zur geringen Bedeutung der Freizeichnung, weil das TEHG energiebezogene Pflichtenstellung bislang nicht vorhält, *Schmidt/Kahl/Gärditz*, § 7 Rn. 70.
290 *Dietlein* in: Landmann/Rohmer, Bd. 3, § 5 BImSchG Rn. 205; *Jarass*, BImSchG, § 5 Rn. 138.
291 Dazu *Peters*, NVwZ 1994, 879; *Köster*, ZUR 1995, 298; *Vallendar*, UPR 1991, 91; für Betreiber von Anlagen nach der IE-RL gelten insoweit besondere Nachsorgepflichten, vgl. *Scheidler*, ZUR 2013, 264.
292 *Schmidt/Kahl/Gärditz*, § 7 Rn. 71 m.w.N. in Fn. 198.
293 Zum Verhältnis beider Pflichtenstellungen *Jarass*, NVwZ 2013, 169, 175: herkömmliche Pflicht strenger, wenn Grundstück bei Anlagenerrichtung bereits erheblich vorbelastet war.
294 Näher *Betensted/Grandjot/Waskow*, ZUR 2013, 395, 398.
295 *Sparwasser/Engel/Voßkuhle*, § 10 Rn. 168.
296 Allgemein zu Nebenbestimmungen *Erbguth*, Allgemeines Verwaltungsrecht, § 18.
297 Zum Vorstehenden *Schmidt/Kahl/Gärditz*, § 7 Rn. 71.
298 Vgl. Rn. 67.
299 Dazu ausführlich *Müggenborg*, NVwZ 2014, 326.
300 Vorsorgepflichten werden nicht erfasst vgl. *Jarass*, BImSchG, § 5 Rn. 139.

§ 9 Immissionsschutzrecht

Die **Störfallverordnung**[301] erfasst Betriebsbereiche i.S.d. § 3 Abs. 5a BImSchG, in denen Stoffe oder Stoffgruppen nach Anhang I der Verordnung im bestimmungsgemäßen Betrieb vorhanden sind (§ 1 Abs. 1 StörfallVO). Des Weiteren werden auch nach § 4 BImSchG genehmigungsbedürftige Anlagen, die ein hohes Gefährdungspotential aufweisen, einbezogen, selbst wenn sie nicht zu einem Betriebsbereich gehören, etwa Flüssiggas- oder Ammoniakkälteanlagen. Die Verordnung legt den Betreibern der Betriebsbereiche und Anlagen nach dem jeweiligen Gefährdungspotential abgestufte materielle und formelle Pflichten auf.[302] Insgesamt richtet sich die Richtlinie darauf, die Auswirkungen von Störfällen zu begrenzen.[303]

54

Die **Großfeuerungs-, Gasturbinen- und Verbrennungsmotorenanlagenverordnung**[304] verpflichtet die Betreiber von Anlagen zur Verfeuerung fester, flüssiger und gasförmiger Brennstoffe u.a. mit einer Feuerwärmeleistung von 50 Megawatt und mehr zur Einhaltung von Emissionsgrenzwerten – und konkretisiert damit das Vorsorgegebot, § 5 Abs. 1 Nr. 2 BImSchG.[305] Die Festlegung der Emissionsgrenzwerte richtet sich nach einzelnen Emissionsstoffen sowie nach der Anlagengröße (§§ 4 ff. der 13. BImSchV). Die Einhaltung der Grenzwerte wird durch detaillierte Überwachungs- und Messregelungen gewährleistet (§§ 18 ff. der 13. BImSchV).

55

Die **Abfallverbrennungs- und -mitverbrennungsverordnung**[306] gilt für nach § 4 BImSchG genehmigungsbedürftige Verbrennungs- oder Mitverbrennungsanlagen, in denen feste, flüssige und gasförmige Stoffe (§ 1 Abs. 1 Nr. 1 der 17. BImSchV) oder ähnliche feste bzw. flüssige brennbare Stoffe nach näherer Maßgabe der Nr. 2 jener Vorschrift verbrannt werden, auch wenn dies nur einen Nebenzweck der Anlage darstellt. Regelungszweck der Abfallverbrennungsanlagenverordnung ist die Verschärfung der emissionsbegrenzenden Anforderungen für Abfall- und Abfallmitverbrennungsanlagen gegenüber der TA Luft.[307]

56

Die **Verordnung zur biologischen Behandlung von Abfällen**[308] regelt Anforderungen an Abfallbehandlungsanlagen, um eine umweltverträgliche biologische Behandlung von Siedlungsabfällen u.Ä. sicherzustellen.[309] Insbesondere geht es um Schutz und Vorsorge gegen Abgase derartiger Anlagen.[310]

57

bb) Pflichten der Betreiber nicht genehmigungsbedürftiger Anlagen

Handelt es sich bei Anlagen i.S.d. § 3 Abs. 5 BImSchG[311] um nicht nach § 4 BImSchG genehmigungsbedürftige Anlagen, unterfallen sie den **Betreiberpflichten** aus § 22 BImSchG sowie den Anforderungen, die sich aus einer nach § 23 BImSchG erlassenen

58

---

301 12. BImSchV i.d.F. der Bek. v. 8.6.2005, BGBl. I, S. 1598, zuletzt geändert durch VO v. 31.8.2015, BGBl. I, S. 1474.
302 Vgl. *Sparwasser/Engel/Voßkuhle*, § 10 Rn. 183.
303 *Schmidt/Kahl/Gärditz*, § 7 Rn. 74.
304 13. BImSchV v. 2.5.2013, BGBl. I, S. 1021, 1023, zuletzt geändert durch VO v. 31.8.2015, BGBl. I, S. 1474.
305 *Schmidt/Kahl/Gärditz*, § 7 Rn. 75; zum Vorsorgegebot vgl. Rn. 48 f.; allgemein § 3 Rn. 3 ff.
306 17. BImSchV v. 2.5.2013, BGBl. I, S. 1021, 1044.
307 *Sparwasser/Engel/Voßkuhle*, § 11 Rn. 335.
308 30. BImSchV v. 20.2.2001, BGBl. I, S. 317, zuletzt geändert durch VO v. 27.4.2009, BGBl. I, S. 900.
309 *Schmidt/Kahl/Gärditz*, § 7 Rn. 77.
310 Zu übergreifenden sowie sekundär auf § 7 BImSchG gestützten Rechtsverordnungen *Jarass*, BImSchG, § 7 Rn. 38.
311 Dazu Rn. 43.

Rechtsverordnung[312] ergeben.[313] Neben denjenigen Anlagen, welche die Schwellenwerte der 4. BImSchV für die Genehmigungsbedürftigkeit nicht überschreiten, werden hiervon u.a. Mobilfunkanlagen, Tankstellen, Biergärten, Kirchturmglocken und Sportplätze erfasst.[314]

Der Betreiber einer nicht genehmigungsbedürftigen Anlage hat gem. § 22 Abs. 1 BImSchG folgende Pflichten zu erfüllen:

- Verhinderungspflicht,
- Minimierungspflicht und
- Abfallbeseitigungspflicht.

59 Soweit nach dem Stand der Technik schädliche Umwelteinwirkungen vermeidbar sind, sind sie zu verhindern (**Verhinderungspflicht**). Die unvermeidbaren schädlichen Umwelteinwirkungen sind nach dem Stand der Technik auf ein Mindestmaß zu beschränken (**Minimierungspflicht**).[315] Beide Betreiberpflichten sind drittschützend.[316] Anders als bei genehmigungspflichtigen Anlagen ist die Vermeidung der von einer genehmigungsfreien Anlage ausgehenden sonstigen Gefahren, erheblichen Nachteilen oder erheblichen Belästigungen nicht Gegenstand der Betreiberpflichten. Nach dem Wortlaut ebenfalls hinzunehmen sind die auf ein Mindestmaß reduzierten schädlichen Umwelteinwirkungen. Aus Sinn und Zweck sowie der systematischen Stellung der Vorschrift (§ 25 Abs. 2 BImSchG) ergibt sich jedoch, dass dies nur gilt, solange keine Gefahren für Leben, Gesundheit oder bedeutende Sachwerte bestehen.[317]

- Eine Vorsorgepflicht des Betreibers wie bei genehmigungspflichtigen Anlagen (§ 5 Abs. 1 Nr. 2 BImSchG) lässt sich aus der Vorschrift nicht ableiten.[318]
- Des Weiteren hat der Betreiber die beim Betrieb der Anlage anfallenden Abfälle ordnungsgemäß zu beseitigen (**Abfallbeseitigungspflicht**).
- Für nicht zu gewerblichen Zwecken betriebene und nicht in wirtschaftlichen Unternehmen Verwendung findende Anlagen beschränken sich die in § 22 Abs. 1 S. 3 BImSchG genannten Betreiberpflichten auf Luftverunreinigungen, Geräusche[319] und auf die von Funkanlagen ausgehenden nichtionisierenden Strahlen. Der Vorschrift kommt **nachbarschützende Wirkung** zu.[320]

60 Weiter gehende Pflichten können den Anlagenbetreibern durch Rechtsverordnungen nach § 23 Abs. 1 BImSchG[321] auferlegt werden. In ihnen kann die Bundesregierung bestimmte Anforderungen zum **Schutz** der Allgemeinheit und der Nachbarschaft sowie zur **Vorsorge** an **nicht genehmigungsbedürftige** Anlagen stellen; dabei darf das Schutz-

---

312 Dazu sogleich Rn. 60.
313 Allgemein *Pütz/Buchholz*, Immissionsschutz bei nicht genehmigungsbedürftigen Anlagen.
314 Ausführlich hierzu *Jarass*, BImSchG, § 22 Rn. 9 f.
315 Dazu BVerwGE 81, 197, 200.
316 Wegen des Bezugs zu § 3 Abs. 1 BImSchG, vgl. *Heitsch*, JA 2001, 258, 259.
317 *Kloepfer*, Umweltrecht, § 14 Rn. 207.
318 VGH München, UPR 1987, 317; OVG Lüneburg, NVwZ 1985, 357 ff.; *Jarass*, BImSchG, § 22 Rn. 22; a.A. wohl *Kloepfer*, Umweltrecht, § 14 Rn. 206; *Couzinet*, NuR 2007, 722.
319 *Jarass*, BImSchG, § 22 Rn. 24.
320 BVerwGE 74, 315, 327; 79, 254, 257; 101, 157, 164.
321 Zum Streit, ob die Vorschrift als Ermächtigungsgrundlage ausreicht: dafür BVerfG, GewArch 1997, 235; a.A. VG Gelsenkirchen, ZUR 1993, 119, aufgehoben durch OVG Münster, DÖV 1993, 966. Ersatzweise sind die Länder zum Verordnungserlass ermächtigt, § 23 Abs. 2 BImSchG.

§ 9 Immissionsschutzrecht §9

niveau des § 22 BImSchG nicht unterschritten werden³²². Auf dieser Grundlage sind bisher ergangen:

- Verordnung über kleine und mittlere Feuerungsanlagen v. 26.1.2010 (1. BImSchV),³²³
- Verordnung zur Emissionsbegrenzung von leichtflüchtigen halogenierten organischen Verbindungen v. 10.12.1990 (2. BImSchV),³²⁴
- Verordnung zur Auswurfbegrenzung von Holzstaub v. 18.12.1975 (7. BImSchV),³²⁵
- Verordnung über die Beschaffenheiten und die Auszeichnung der Qualitäten von Kraft- und Brennstoffen v. 8.12.2010 (10. BImSchV),³²⁶
- Störfall-Verordnung v. 8.6.2005 (12. BImSchV),³²⁷
- Sportanlagenlärmschutzverordnung v. 18.7.1991 (18. BImSchV),³²⁸
- Verordnung zur Begrenzung der Emissionen flüchtiger organischer Verbindungen beim Umfüllen und Lagern von Otto-Kraftstoffen, Kraftstoffgemischen und Rohbenzin v. 27.5.1998 (20. BImSchV),³²⁹
- Verordnung zur Begrenzung der Kohlenwasserstoffemissionen bei der Betankung von Kraftfahrzeugen v. 7.10.1992 (21. BImSchV),³³⁰
- Verordnung über elektromagnetische Felder v. 16.12.1996 (26. BImSchV),³³¹
- Verordnung über Anlagen zur Feuerbestattung v. 19.3.1997 (27. BImSchV),³³²
- Verordnung zur Begrenzung der Emissionen flüchtiger organischer Verbindungen bei der Verwendung organischer Lösemittel in bestimmten Anlagen v. 21.8.2001 (31. BImSchV)³³³ und
- Geräte- und Maschinenlärmschutzverordnung v. 29.8.2002 (32. BImSchV).³³⁴

cc) Bestellung eines Immissionsschutzbeauftragten

Eine Leistungspflicht des Betreibers liegt in der von ihm gem. §§ 53 ff. BImSchG geforderten Bestellung eines Betriebsbeauftragten für Immissionsschutz.³³⁵ 61

Sie dient der immissionsschutzrechtlichen Überwachung von Anlagen. Der Immissionsschutzbeauftragte ist jedoch kein Hilfsorgan der Behörde; seine Tätigkeit ist vielmehr als eigenverantwortliche und betriebsinterne Überwachung durch den Betreiber ausgestaltet.³³⁶

---

322 Vgl. BVerwGE 108, 260, 264 ff., zur früheren Biergarten-Nutzungszeiten-Verordnung Bayerns.
323 BGBl. I, S. 38, zuletzt geändert durch VO v. 31.8.2015, BGBl. I, S. 1474.
324 BGBl. I, S. 2694, zuletzt geändert durch VO v. 31.8.2015, BGBl. I, S. 1474.
325 BGBl. I, S. 3133, geändert durch Gesetz v. 25.9.1990, BGBl. I, S. 2106.
326 BGBl. I, S. 1849, geändert durch VO v. 1.12.2014, BGBl. I, S. 1890.
327 BGBl. I, S. 1598, zuletzt geändert durch VO v. 1.12.2014, BGBl. I, S. 1890.
328 BGBl. I, S. 1588, ber. S. 1790, geändert durch VO v. 9.2.2006, BGBl. I, S. 324.
329 BGBl. I, S. 1174, Neubek. v. 18.8.2014, BGBl. I, S. 1447.
330 BGBl. I, S. 1730, Neubek. v. 18.8.2014, BGBl. I, S. 1453, zuletzt geändert durch VO v. 28.4.2015, BGBl. I, S. 670.
331 BGBl. I, S. 1966; neu gefasst durch VO v. 14.8.2013, BGBl. I, S. 3266; mit guten Gründen kritisch gegenüber der Neufassung *Budzinski*, NVwZ 2013, 613, 621 f.
332 BGBl. I, S. 545, zuletzt geändert durch VO v. 2.5.2013, BGBl. I, S. 973.
333 BGBl. I, S. 2180, ber. am 23.6.2004, BGBl. I, S. 3758; zuletzt geändert durch VO v. 31.8.2015, BGBl. I, S. 1474.
334 BGBl. I, S. 3478, zuletzt geändert durch VO v. 31.8.2015, BGBl. I, S. 1474.
335 Zum Nachfolgenden etwa *Beaucamp* in: Kluth/Smeddinck, Umweltrecht, § 2 Rn. 127 ff. Allgemein § 5 Rn. 26 f.
336 *Hoppe/Beckmann/Kauch*, § 21 Rn. 215; *Kaster*, GewArch 1998, 129; bereits § 5 Rn. 27.

Die **Pflicht zur Bestellung** eines oder mehrerer Betriebsbeauftragten trifft nur diejenigen Betreiber genehmigungsbedürftiger Anlagen, bei denen nach § 53 Abs. 1 BImSchG ein entsprechendes Erfordernis besteht. Die entsprechenden Anlagen sind durch die Verordnung über Immissionsschutz- und Störfallbeauftragte vom 30.7.1993 (5. BImSchV)[337] bestimmt worden. Darüber hinaus kann die Behörde nach § 53 Abs. 2 BImSchG auch für nicht genehmigungsbedürftige Anlagen die Bestellung eines Immissionsschutzbeauftragten vorschreiben.

Die **Aufgabe** des Immissionsschutzbeauftragten liegt darin, auf Entwicklung und Einführung umweltfreundlicher Verfahren und Erzeugnisse hinzuwirken. Er überwacht die Einhaltung des Immissionsschutzrechts und klärt die Betriebsangehörigen über verursachte Umweltbeeinträchtigungen und die Möglichkeit ihrer Verhinderung auf (§ 54 BImSchG).

Vor immissionsschutzrelevanten Entscheidungen muss der Betreiber die Stellungnahme des Betriebsbeauftragten einholen. Er hat dem Immissionsschutzbeauftragten außerdem zu ermöglichen, seine Vorschläge und Bedenken ggf. unmittelbar der Geschäftsleitung vorzutragen (§ 57 BImSchG).

dd) Bestellung eines Störfallbeauftragten

62 Die Vorschriften über die Bestellung eines Störfallbeauftragten (§§ 58a ff. BImSchG) wurden durch das 3. Änderungsgesetz zum Bundes-Immissionsschutzgesetz eingeführt und entsprechen weitestgehend den Regelungen der §§ 53 ff. BImSchG.

Die **Pflicht zur Bestellung** eines Störfallbeauftragten betrifft die Betreiber solcher Anlagen, in denen im Hinblick auf ihre Art und Größe eine Störung Gefahren für die Allgemeinheit und die Nachbarschaft auslösen kann.

Seine **Aufgaben** erstrecken sich darauf, dem Betreiber Störungen sowie Mängel zu melden, auf die Verbesserung der Sicherheit der Anlage hinzuwirken und die Einhaltung des Bundes-Immissionsschutzgesetzes sowie erteilter Auflagen und Bedingungen zu überwachen.[338]

c) Kontrollinstrumente

63 Die Kontrollinstrumente des Immissionsschutzes lassen sich in die der Eröffnungskontrolle dienende **Genehmigungspflicht** für bestimmte Anlagen und die zur Befolgungskontrolle eingesetzten **Überwachungsmaßnahmen** unterteilen.

aa) Genehmigungspflicht

64 Die Genehmigungspflicht als präventive Kontrolle (präventives Verbot mit Erlaubnisvorbehalt[339]) erfasst nur die Errichtung bzw. Änderung bestimmter Anlagen. Es ist deshalb zunächst festzustellen, ob es sich um eine **genehmigungsbedürftige Anlage** i.S.d. Bundes-Immissionsschutzgesetzes handelt. Sodann ist zu überprüfen, ob ein ordnungsgemäßes **Genehmigungsverfahren** durchgeführt wurde. Schließlich müssen die **materiellen Voraussetzungen** für eine Genehmigungserteilung vorliegen.[340]

---

337 BGBl. I, S. 1433, zuletzt geändert durch VO v. 28.4.2015, BGBl. I, S. 670.
338 Vgl. *Steinberg*, NVwZ 1995, 209.
339 Vgl. § 5 Rn. 32.
340 Fallbezogen näher *Kment/Braun*, JURA 2011, 414.

Die Genehmigung kann in verschiedenen **Formen** erteilt werden und entfaltet unterschiedliche **Rechtswirkungen**.

(1) Genehmigungsbedürftigkeit einer Anlage

Der Genehmigungspflicht unterliegen nach § 4 Abs. 1 S. 1 BImSchG die Errichtung und der Betrieb von **Anlagen**, die aufgrund ihrer Beschaffenheit oder ihres Betriebs besonders geeignet sind, schädliche Umwelteinwirkungen hervorzurufen oder in anderer Weise geeignet sind, die Allgemeinheit oder die Nachbarschaft zu gefährden, erheblich zu benachteiligen bzw. erheblich zu belästigen, sowie von ortsfesten Abfallentsorgungsanlagen zur Lagerung oder Behandlung von Abfällen. Eingeschränkt ist die Genehmigungspflicht bei Anlagen, die nicht gewerblichen Zwecken dienen und auch nicht im Rahmen wirtschaftlicher Unternehmen Anwendung finden (§ 4 Abs. 1 S. 2 BImSchG).[341] Der Kreis der danach genehmigungspflichtigen Anlagen wird durch die auf der Rechtsgrundlage des § 4 Abs. 1 S. 3 BImSchG erlassene Verordnung über genehmigungsbedürftige Anlagen v. 2.5.2013 (4. BImSchV) **konstitutiv** und abschließend[342] festgelegt.[343] Entsprechendes gilt für die dort mitgeregelten anlagenspezifischen Fragen,[344] wie die zu erwartende Mindestbetriebsdauer[345], den Maßstab für die Bemessung von Leistungsgrenzen und Anlagengrößen[346] und deren Zusammenrechnung bei Anlagenmehrheiten[347].[348]

65

Anlagen des Bergwesens bedürfen der Genehmigung nur, soweit sie im Tagebau betrieben werden (§ 4 Abs. 2 BImSchG).

Nach § 16 BImSchG besteht auch bei der **wesentlichen Änderung** einer Anlage ein Genehmigungserfordernis. Wesentlich ist eine Änderung, wenn durch sie nachteilige Wirkungen hervorgerufen werden können und diese Wirkungen für die Prüfung der Betreiberpflichten nach § 5 BImSchG oder der Pflichten aus Rechtsverordnungen nach § 7 BImSchG erheblich sein können.[349] Damit werden verbessernde und immissionsschutzrechtlich neutrale Änderungen vom Genehmigungserfordernis nach dem Bundes-Immissionsschutzgesetz ausgenommen. Darüber hinaus bestimmt § 16 Abs. 1 S. 2 BImSchG, dass eine Genehmigung auch dann nicht erforderlich ist, wenn durch die Änderung hervorgerufene nachteilige Auswirkungen offensichtlich gering sind und die Erfüllung der sich aus § 6 Abs. 1 Nr. 1 BImSchG ergebenden Betreiberpflichten sicher-

66

---

341 Nur genehmigungspflichtig, wenn schädliche Umwelteinwirkungen durch Luftverunreinigungen und Geräusche drohen. Die Beschränkung beruht darauf, dass Kompetenzgrundlage insoweit nur Art. 74 Abs. 1 Nr. 24 GG sein kann; Art. 74 Abs. 1 Nr. 11 GG (Wirtschaft) scheidet definitionsgemäß aus. Vgl. *Schmidt/Kahl/Gärditz*, § 7 Rn. 18; zur Abgrenzung *Kloepfer*, Umweltrecht, § 14 Rn. 90.
342 Allein aus § 4 BImSchG lässt sich daher keine genehmigungsbedürftige Anlage ableiten, *Jarass*, UPR 2011, 201.
343 BGBl. I, S. 973, zuletzt geändert durch VO v. 28.4.2015, BGBl. I, S. 670; etwa Windkraftanlagen mit einer Gesamthöhe von mehr als 50 Metern, Nr. 1.6 Anhang 4. BImSchV; vgl. auch Fall 10 mit Lösung.
344 Vgl. *Schmidt/Kahl/Gärditz*, § 7 Rn. 20.
345 Mehr als zwölf Monate, § 1 Abs. 1 S. 1 der 4. BImSchV.
346 Rechtlich und tatsächlich möglicher Betriebsumfang, § 1 Abs. 1 S. 4 der 4. BImSchV.
347 Bei engem räumlichem und betrieblichem Zusammenhang, § 1 Abs. 3 S. 1 der 4. BImSchV; näher S. 2 der Vorschrift; vgl. auch § 1 Abs. 1 S. 4 der 4. BImSchV: nur bei Anlagen desselben Betreibers; zum Begriff des Betreibers OVG Münster, NVwZ-RR 2009, 462; zu alldem *Schmidt/Kahl/Gärditz*, § 7 Rn. 24.
348 Zum Vorstehenden näher *Jarass*, UPR 2011, 201.
349 Vgl. BVerwG, GewArch 1977, 168 f.; BVerwG, UPR 1985, 23; ferner *Jarass*, UPR 2006, 45; umfassend *Martens*, Die wesentliche Änderung im Sinne des § 15 BImSchG, S. 179 ff.

gestellt ist. Wird eine Anlage vollständig durch eine andere ersetzt, handelt es sich nicht um eine Änderung, sondern um eine Neuerrichtung.[350]

Eine Änderungsgenehmigung ist ebenso wie die Genehmigung zur Errichtung oder zum Betrieb einer Anlage bei Vorliegen der Genehmigungsvoraussetzungen zu erteilen; es gilt also § 6 BImSchG[351]. Allerdings sollen bestimmte Verfahrensanforderungen – wie die öffentliche Bekanntmachung – entfallen, wenn sich aus der Änderung keine nachteiligen Auswirkungen auf die in § 1 BImSchG genannten Schutzgüter ergeben (§ 16 Abs. 2 BImSchG).[352] Auch darf nach näherer Maßgabe des § 6 Abs. 3 BImSchG die (Änderungs-)Genehmigung nicht versagt werden; die Vorschrift will Betrieben in Belastungsgebieten Entwicklungsmöglichkeiten offen halten.[353]

Wird eine Änderungsgenehmigung nicht beantragt, ist das Vorhaben, wenn es sich auf die Schutzgüter des § 1 BImSchG auswirken kann, nach § 15 Abs. 1 BImSchG anzeigebedürftig. Die Behörde erhält dadurch Gelegenheit zur Überprüfung, ob die Voraussetzungen des § 16 BImSchG vorliegen, vgl. § 15 Abs. 2 S. 1 BImSchG.

Die Freistellungserklärung der Behörde nach § 15 Abs. 2 S. 2 BImSchG, dass die Änderung keiner Genehmigung bedarf, betrifft lediglich diese Frage in formeller Hinsicht, also die formelle Legalität.[354] Nur insoweit ist der Antragsteller vor einem behördlichen Einschreiten nach § 20 Abs. 2 BImSchG geschützt, nicht aber mit Blick darauf, dass von der Anlagenänderung keine nachteiligen Auswirkungen auf die Schutzgüter des § 1 BImSchG ausgehen. Eine diesbezügliche Absicherung lässt sich nur nach § 16 Abs. 4 BImSchG erreichen, nämlich im Wege des dort optional vorgehaltenen Antrags auf Durchführung eines (vereinfachten) Genehmigungsverfahrens.[355]

(2) Genehmigungsverfahren

67 Nach §§ 4 ff., 7 BImSchG i.V.m. § 2 der 4. BImSchV sind zwei **Genehmigungsverfahren** vorgesehen, deren näherer Verfahrensgang in der Verordnung über die Grundsätze des Genehmigungsverfahrens (9. BImSchV)[356] geregelt ist.[357] Es handelt sich um

- das **förmliche** Genehmigungsverfahren und
- das **vereinfachte** Genehmigungsverfahren.
- Durch die Umsetzung der Richtlinie über Industrieemissionen wurde das Zulassungsregime weiter verschärft, was sich etwa in der Bindung an BVT-Schlussfolgerungen[358], aber auch in erhöhten Informationspflichten des Vorhabenträgers (§ 10 Abs. 1a BImSchG)[359] niederschlägt. Die erfassten Anlagen sind im Anhang zur 4. BImSchV mit einem „E" gekennzeichnet; es handelt sich um große und gefährliche

---

350 *Jarass*, BImSchG, § 16 Rn. 6a.
351 Auch *Schmidt/Kahl/Gärditz*, § 7 Rn. 122. Entsprechendes gilt bei Anlagen, die der IE-RL unterfallen; dazu anhand des Ausgangszustandsberichts und der BVT-Schlussfolgerungen *Zimmermann*, I+E 2012, 110, 113 ff.
352 Näher *Schink*, NuR 2011, 250; *Jarass*, BImSchG, § 16 Rn. 52 f.
353 *Schmidt/Kahl/Gärditz*, § 7 Rn. 123, unter Hinweis auf BR-Drs. 281/09, S. 19 f.; dazu kritisch *Koch/Braun*, NVwZ 2010, 1199, 1271 ff.
354 Nicht aber wird verbindlich festgestellt, dass die (noch) nicht geänderte Anlage formell rechtmäßig ist, OVG Magdeburg, NVwZ-RR 2012, 640.
355 BVerwG, NVwZ 2011, 120; näher dazu *Seibert*, DVBl. 2013, 605, 611.
356 Bek. v. 29.5.1992, BGBl. I, S. 1001, zuletzt geändert durch VO v. 28.4.2015, BGBl. I, S. 670.
357 Auch *Eifert* in: Schoch, Besonderes Verwaltungsrecht, 5. Kap. Rn. 269 ff.; *Beaucamp* in: Kluth/Smeddinck, Umweltrecht, § 2 Rn. 59 ff. Zu Beschleunigungsvorschlägen für das immissionsschutzrechtliche Genehmigungsverfahren *Bräker*, I+E 2014, 154.
358 Vgl. Rn. 25, 31, jeweils a.E.
359 Dazu ausführlich *Müggenborg*, NVwZ 2014, 326.

(Industrie-)Anlagen; für einen Großteil von ihnen war bislang das förmliche Genehmigungsverfahren zu durchlaufen. Hierzu zählen ferner Abwasserbeseitigungsanlagen und Deponien größerer Dimension. Diese Regelungen gelten seit Juli 2015 auch für Bestandsanlagen (§ 67 Abs. 5 BImSchG).

(a) Förmliches Genehmigungsverfahren

Der Gang des förmlichen Verfahrens richtet sich nach § 10 BImSchG i.V.m. der 9. BImSchV;[360] es ist durch Formstrenge, Publizität und weitreichende Beteiligungspflichten geprägt.[361] Ein solches Verfahren ist für alle in Anhang 1 zur 4. BImSchV mit „G" gekennzeichneten Anlagen erforderlich (§ 2 Abs. 1 S. 1 Nr. 1 lit. (a) der 4. BImSchV).[362]

- Im **Vorfeld** des eigentlichen Verfahrens, sobald der Träger des Vorhabens die Genehmigungsbehörde (informell) über das geplante Vorhaben unterrichtet, soll diese ihn im Hinblick auf die Antragstellung **beraten**, um einen möglichst zügigen Verlauf des Genehmigungsverfahrens zu erreichen (§ 2 Abs. 2 der 9. BImSchV).[363]
- Zur eigentlichen Verfahrenseinleitung ist sodann ein **Antrag** des Vorhabenträgers erforderlich. Dieser ist schriftlich zu stellen (§ 10 Abs. 1 S. 1 BImSchG). Ihm sind die zur Prüfung der materiellen Genehmigungsvoraussetzungen erforderlichen Unterlagen (z.B. Zeichnungen, Erläuterungen der Umweltauswirkungen, Sicherheitsanalysen) beizufügen. Geschäfts- und Betriebsgeheimnisse sind vom Antragsteller zu kennzeichnen;[364] zu den Einzelheiten vgl. §§ 3 bis 7 der 9. BImSchV.
- Liegen die Unterlagen vollständig vor, erfolgt die öffentliche **Bekanntmachung** des Vorhabens. Der Inhalt der Bekanntmachung wird durch § 10 Abs. 4 BImSchG i.V.m. § 9 der 9. BImSchV vorgeschrieben. Handelt es sich um ein Verfahren zur Erteilung einer Änderungsgenehmigung, kann die Bekanntmachung bei Vorliegen der Voraussetzungen des § 16 Abs. 2 BImSchG unterbleiben.[365]
- Spätestens mit der öffentlichen Bekanntmachung des Vorhabens sind alle Behörden, deren Aufgabenbereich durch das Vorhaben betroffen wird, zur Abgabe von **Stellungnahmen** binnen eines Monats aufzufordern (§ 10 Abs. 5 BImSchG, § 11 der 9. BImSchV; auch grenzüberschreitend, § 11a der 9. BImSchV). Hat eine Behörde bis zum Ablauf der Frist keine Stellungnahme abgegeben, so ist davon auszugehen, dass sie sich nicht äußern will (§ 11 S. 3 der 9. BImSchV).
Gegebenenfalls können auch **Sachverständigengutachten** angefordert werden.
Weiter gehende Vorschläge richten sich – de lege ferenda – auf ein „Sachverständigenmodell" i.S.e. staatlich-privaten Verantwortungsteilung im immissionsschutzrechtlichen Genehmigungsrecht. Dem steht indes die Unteilbarkeit der hoheitlichen Verantwortung jedenfalls im Bereich der Gefahrenabwehr entgegen. Die vor diesem Hintergrund dann auch geforderte ad-

---

360 Kein „förmliches Verwaltungsverfahren" gem. § 63 ff. VwVfG, dazu bereits § 5 Rn. 39. Subsidiär gelten aber allgemeine Regelungen des Verwaltungsverfahrensrechts (der Länder): §§ 3–24, 31–35 VwVfG, *Schmidt/Kahl/Gärditz*, § 7 Rn. 33.
361 *Schmidt/Kahl/Gärditz*, § 7 Rn. 29.
362 Ferner bei Anlagen, die sich aus förmlich und vereinfacht genehmigungsbedürftigen Anlagen zusammensetzen, § 2 Abs. 1 S. 1 Nr. 1b) der 4. BImSchV; auch Schema nach Rn. 70. Zu entsprechenden Konsequenzen bei UVP-pflichtigen Anlagen vgl. § 2 Abs. 1 S. 1 Nr 1c) der 4. BImSchV und bei Rn. 68.
363 Der Umfang der Beratung wird durch das Gebot fairer Verfahrensführung konkretisiert, vgl. BVerwGE 75, 214, 230 ff.
364 *Jarass*, BImSchG, § 10 Rn. 37.
365 Vgl. ferner § 8 Abs. 2 der 9. BImSchV.

ministrative Qualitätskontrolle kann insoweit weder rechtlich noch faktisch kompensativ wirken.[366]

- Im Anschluss an die Bekanntmachung werden Antrag und Unterlagen einen Monat zu jedermanns Einsicht ausgelegt (§ 10 Abs. 3 S. 2 BImSchG, § 10 Abs. 1 S. 1 der 9. BImSchV). Von der **Auslegung** ausgenommen sind die von der Behörde als Geschäfts- und Betriebsgeheimnisse eingestuften Unterlagen; an ihrer Stelle ist eine Inhaltsdarstellung auszulegen, § 10 Abs. 3 S. 1 der 9. BImSchV, § 10 Abs. 2 S. 2 BImSchG.

Fehlen Bekanntmachung oder Auslegung, so führt dies zur **Nichtigkeit** der Genehmigungsentscheidung.

- Bis zwei Wochen nach Ablauf der Auslegungsfrist können **Einwendungen** gegen das Vorhaben erhoben werden (§ 10 Abs. 3 S. 4, Abs. 4 Nr. 2 BImSchG, § 12 der 9. BImSchV). Einwendungsberechtigt ist jedermann. Einwendungen werden als sachliches Gegenvorbringen verstanden, das auf Verhinderung oder Modifizierung des Vorhabens gerichtet ist; konkret gefährdete Rechtsgüter und befürchtete Beeinträchtigungen müssen dargelegt werden.[367] Bloß allgemeine oder politische Einwände, die sich etwa gegen die Vorhabenform richten, sind dementsprechend unzulässig. Damit geht die Öffentlichkeitsbeteiligung regelmäßig an den Erwartungen vieler Einwendungsführer vorbei. Dies ist jedoch letztlich Ausfluss des output-orientierten Ansatzes des deutschen Verwaltungsrechts.[368]

- Mit Ablauf der Einwendungsfrist werden gem. § 10 Abs. 3 S. 5 BImSchG alle nachfolgenden Einwendungen ausgeschlossen (präkludiert), die nicht auf besonderen privatrechtlichen Titeln (z.B. Vertrag, Grunddienstbarkeit) beruhen. Diese **Verwirkungspräklusion**[369] hat nicht nur formelle Wirkung mit der Folge, dass der Einwender nach § 14 der 9. BImSchV nicht mehr zum Erörterungstermin zugelassen werden muss, sondern nach ganz herrschender Ansicht auch **materielle** Wirkung[370]: Derjenige, der die rechtzeitige Erhebung von Einwendungen versäumt hat, kann ein etwaiges späteres Rechtsbehelfsverfahren (Widerspruch und Klage) nicht mehr auf Umstände stützen, die bereits im Wege der Einwendungen hätten geltend gemacht werden können.[371]

Das kann letztlich aus EU-rechtlichen Gründen nicht bei im Verfahren nachgereichten Unterlagen gelten, die entscheidungserheblich sind: An der fehlenden Beteiligung scheitert der Präklusionseintritt. Dem steht § 8 Abs. 2 der 9. BImSchV nicht entgegen, der eine erneute Auslegung von Unterlagen nur bei Änderungen des Vorhabens vorschreibt; europarechtlich geht es nicht um die(se) Beteiligung der allgemeinen Öffentlichkeit, sondern um das Recht zur Stellungnahme der betroffenen Öffentlichkeit.[372] Der Europäische Gerichtshof hat zudem die

---

366 Eingehend und positiv zur vorstehenden Reformdiskussion *Häfner*, Verantwortungsteilung im Genehmigungsrecht.
367 *Sellner/Reidt/Ohms*, 2. Teil Rn. 89; *Schmidt/Kahl/Gärditz*, § 7 Rn. 41; zu Praxisfragen der Öffentlichkeitsbeteiligung im immissionsschutzrechtlichen Genehmigungsverfahren instruktiv *Dippel*, NVwZ 2010, 145.
368 Bereits § 6 Rn. 2.
369 Bereits § 6 Rn. 5.
370 Allgemein bereits § 5 Rn. 41.
371 Europarechtskonform, BVerwG, NVwZ 2012, 176; vgl. aber § 6 Rn. 5. Zu § 3 Abs. 1 AtVfV BVerfGE 61, 82, 109; zu § 10 Abs. 2 GewO BVerwG, DVBl. 1973, 645; *Sparwasser/Engel/Voßkuhle*, § 4 Rn. 116 f., § 10 Rn. 224; *Schmidt/Kahl/Gärditz*, § 7 Rn. 43; allgemein zur Kritik vgl. § 6 Rn. 5 m.w.N.; positiv i.S.d. überwiegenden Auffassung gegenüber § 10 Abs. 3 S. 5 BImSchG *Schmidt/Kahl/Gärditz*, § 7 Rn. 44: ausgewogene Ausbalancierung der gegenläufigen Rechtspositionen in komplexen Verfahren.
372 *Kremer*, ZUR 2013, 89, 90 f., gegen VG Halle, ZUR 2013, 109.

Rechtmäßigkeit von Präklusionsvorschriften auch für den Anwendungsbereich der IE-Richtlinie für nicht mit dem Effektivitätsgebot vereinbar erklärt.[373] Die Folgen dieser Entscheidung für das deutsche Immissionsschutzrecht sind noch nicht absehbar.[374]

Allgemein gilt, dass die Präklusionswirkung nicht eintritt, wenn Bekanntmachung bzw. Auslegung Fehler enthielten, die den Einwender an der Geltendmachung seiner Rechte gehindert haben. Auch muss die Entscheidung, wie zuvor angesprochen, auf den (Verfahrens-)Unterlagen beruhen, beides also kongruent sein.[375] Bei schuldloser Fristversäumnis kann Wiedereinsetzung nach § 32 VwVfG gewährt werden.

- Danach **kann** ein **Erörterungstermin** folgen. Ein solcher findet nicht statt, wenn nach näherer Maßgabe des § 16 der 9. BImSchV kein Erörterungsbedarf besteht. Das gilt (dann) auch bei UVP-pflichtigen Vorhaben, weil die Einbeziehung der Öffentlichkeit weder nach dem UVPG[376] noch nach der UVP-Richtlinie einen Erörterungstermin verlangt.[377] Der Erörterungstermin dient zum einen der Unterrichtung der Behörde. Zum anderen sollen die Rechte der Betroffenen gewahrt werden, indem deren Bedenken bereits vor Genehmigungserteilung Berücksichtigung finden.[378] In dem Erörterungstermin soll die Behörde die innerhalb der Einwendungsfrist erhobenen Einwendungen mit dem Antragsteller und den Einwendern erörtern (§ 10 Abs. 6 BImSchG; auch §§ 14–19 der 9. BImSchV). Gem. § 10 Abs. 3 S. 6 BImSchG sind Einwendungen, die auf besonderen privatrechtlichen Titeln beruhen, auf den Zivilrechtsweg zu verweisen.

- Nach § 10 Abs. 5 S. 2 BImSchG hat die zuständige Genehmigungsbehörde eine vollständige Koordination des Zulassungsverfahrens sowie der Inhalts- und Nebenbestimmungen zu gewährleisten, sofern für das Vorhaben weitere Zulassungen vorgeschrieben sind.[379]

- Aufgrund von § 3 UVPG ist nach näherer Maßgabe der Anlage 1 zum UVPG bei den dort aufgeführten Vorhaben eine **UVP** durchzuführen.[380] Die entsprechenden Anforderungen an das Genehmigungsverfahren für solche Anlagen, die immissionsschutzrechtlich genehmigungsbedürftig sind, werden in §§ 1 Abs. 2, 1a, 2a, 4e, 20 Abs. 1a, 1b, 3 S. 2 der 9. BImSchV näher bestimmt; sie gehen über diejenigen des „normalen" immissionsschutzrechtlichen Verfahrens hinaus[381] und infolge § 4 UVPG denen des UVPG vor.[382]
Insoweit ist u.a. (möglichst) innerhalb eines Monats nach Ablauf der Einwendungsfrist resp. der Durchführung eines Erörterungstermins eine zusammenfassende Darstellung zu erarbeiten, § 20 Abs. 1a S. 1, 2 der 9. BImSchV[383]. Auf deren Grundlage sind die Umweltauswirkungen

---

373 EuGH, Rs. C-137/14, ZUR 2016, 34 ff. m. Anm. *Klinger*, ZUR 2016, 42.
374 Vgl. dazu bereits § 6 Rn. 5, 17
375 *Schmidt/Kahl/Gärditz*, § 7 Rn. 43.
376 Dazu näher § 5 Rn. 61 ff.
377 Vgl. nur *Sellner/Reidt/Ohms*, 2. Teil Rn. 128; *Dippel*, NVwZ 2010, 145, 151, 153 f., auch zum Rechtsschutz.
378 Rechtliches Gehör, etwa *Schmidt/Kahl/Gärditz*, § 7 Rn. 42.
379 Ausführlich zum Koordinierungsgebot *Jarass*, NVwZ 2009, 65.
380 Zum Rechtsschutz insoweit § 6 Rn. 13, 17.
381 Etwa Anspruch des Vorhabenträgers auf Unterrichtung, über voraussichtlich beizubringende Unterlagen, § 2a der 9. BImSchV.
382 Auch *Schmidt/Kahl/Gärditz*, § 7 Rn. 34.
383 Zur federführenden Stelle im Fall der Zulassung(snotwendigkeit) durch mehrere Behörden vgl. § 20 Abs. 1a S. 3 der 9. BImSchV; allgemeine Regelung in §§ 11, 14 Abs. 1 UVPG.

durch die Genehmigungsbehörde anhand der immissionsschutzrechtlichen Vorschriften, also nach Maßgabe des Fachrechts, zu bewerten[384], § 20 Abs. 1b S. 1 der 9. BImSchV[385].[386]

- Die Behörde hat spätestens[387] sieben Monate (im vereinfachten Verfahren: drei Monate), nachdem vollständige Antragsunterlagen vorliegen, über den Genehmigungsantrag zu **entscheiden** (§ 10 Abs. 6a S. 1 BImSchG). Eine Fristverlängerung ist gem. § 10 Abs. 6a S. 3 BImSchG zu begründen.[388]
Bei Fristüberschreitung tritt Rechtswidrigkeit der Genehmigung ein, nicht aber wird – mangels Anordnung i.S.d. § 42a Abs. 1 S. 1 VwVfG – die Erteilung der Genehmigung fingiert. Es ist also Rechtsschutz im Wege der Verpflichtungsklage nach §§ 42 Abs. 1 Alt. 2, 75 VwGO[389] zu suchen; Schadensersatz kann auf Sekundärrechtsebene[390] ggf. im Wege der Amtshaftung nach § 839 BGB, Art. 34 GG verfolgt werden[391].

- Die Entscheidung über den Genehmigungsantrag ist sowohl dem Antragsteller als auch in der Regel allen Einwendern **zuzustellen** (§ 10 Abs. 7 BImSchG). Die Zustellung an die Einwender kann unter den Voraussetzungen des § 10 Abs. 8 BImSchG durch öffentliche Bekanntmachung ersetzt werden. Nach Maßgabe des § 21a der 9. BImSchV (Verfahren mit Öffentlichkeitsbeteiligung oder entsprechender Antrag des Vorhabenträgers) ist die Entscheidung stets öffentlich bekannt zu machen.

(b) Vereinfachtes Genehmigungsverfahren

68 Wegen geringer Umweltrelevanz ist bei bestimmten Anlagen nur die Durchführung eines vereinfachten Genehmigungsverfahrens vorgeschrieben.[392] Nach § 19 Abs. 2 BImSchG ist dann u.a. eine Verfahrensbeteiligung der Öffentlichkeit nicht erforderlich.[393] Für welche Vorhaben dieses Verfahren Anwendung findet, ergibt sich aus Anhang 1 zur 4. BImSchV: Es handelt sich um die mit einem „V" versehenen Anlagen. Abweichendes gilt dann, wenn eine Anlage nach jener Spalte zugleich UVP-pflichtig ist (vgl. §§ 3b bis 3f UVPG); dann ist ein förmliches Genehmigungsverfahren[394] zu durchlaufen, § 2 Abs. 1 S. 1 Nr. 1 lit. (c) der 4. BImSchV. Letzteres muss auch auf entsprechenden Antrag des Vorhabenträgers stattfinden (§ 19 Abs. 3 BImSchG). Dies ist für den Vorhabenträger zwar aufwändiger, kann sich aber dennoch lohnen, da damit auch eine stärkere Rechtsposition erlangt wird.[395]

---

384 Zur Kritik anhand § 12 UVPG vgl. § 5 Rn. 70.
385 Allgemeine Regelung in § 12 UVPG; zur Gesamtbewertung bei Zulassung des Vorhabens durch mehrere Behörden vgl. § 20 Abs. 1b S. 2 der 9. BImSchV; allgemeine Regelung in § 14 Abs. 2 UVPG.
386 Bei genauerer Betrachtung handelt es sich indes entgegen der bisherigen h.M. jedenfalls bei der Bewertung um keinen Verfahrensschritt, sondern um eine materielle Anforderung der UVP, vgl. EuGH, NVwZ 2011, 929 m. Anm. *Erbguth*, NVwZ 2011, 935.
387 Vgl. § 20 Abs. 1 S. 1 der 9. BImSchV: unverzüglich.
388 Zu Problemen um die Entscheidungsfrist *Jarass*, DVBl. 2009, 205.
389 Die Frist i.S.d. § 75 VwVfG ist diejenige des § 10 Abs. 6a S. 1 BImSchG für das vereinfachte Verfahren, *Schmidt/Kahl/Gärditz*, § 7 Rn. 46.
390 Dazu etwa *Erbguth*, Allgemeines Verwaltungsrecht, § 36 Rn. 1 m.w.N.
391 Die Fristbestimmung soll drittschützende Wirkung haben, *Jarass*, DVBl. 2009, 205, 206, was aber fraglich ist, weil das (berechtigte) Interesse an einer zügigen Entscheidung nicht zwingend zugleich ein subjektiv-öffentliches Recht abgibt.
392 *Kloepfer*, Umweltrecht, § 14 Rn. 153.
393 Keine Auslegung, keine mündliche Erörterung; keine generelle Pflicht zur öffentlichen Bekanntmachung; vgl. näher *Jarass*, BImSchG, § 10 Rn. 121a.
394 Vgl. Rn. 67.
395 *Schmidt/Kahl/Gärditz*, § 7 Rn. 53.

§ 9 Immissionsschutzrecht

Aus demselben Grund können auch Betreiber einer **nicht genehmigungsbedürftigen** Anlage gem. § 23 Abs. 1a BImSchG eine immissionsschutzrechtliche (förmliche) Genehmigung beantragen. Dies gilt jedoch nur hinsichtlich solcher Anlagen, die der Verordnungsgeber in einer Rechtsverordnung nach § 23 Abs. 1 BImSchG ausdrücklich bezeichnet hat. Die entsprechende Option, allerdings nur auf ein vereinfachtes Genehmigungsverfahren, steht gem. § 16 Abs. 4 BImSchG auch demjenigen Anlagenbetreiber zu, der lediglich **anzeigebedürftige** Änderungen an seiner Anlage vornehmen will.

(3) Materielle Genehmigungsvoraussetzungen

Rechtsgrundlage für die Erteilung der Genehmigung ist § 6 BImSchG. Liegen die Voraussetzungen vor, ist die Genehmigung zu erteilen. Der Behörde steht dabei kein Ermessen zu. Es handelt sich um einen sog. **gebundenen Verwaltungsakt: präventives Verbot mit Erlaubnisvorbehalt**[396].

69

Die Genehmigungserteilung setzt zunächst voraus, dass die Erfüllung der sich aus § 5 BImSchG und aus den nach § 7 BImSchG erlassenen Rechtsverordnungen ergebenden **Betreiberpflichten**[397] sichergestellt ist (§ 6 Abs. 1 Nr. 1 BImSchG).

70

Dabei reicht eine Festlegung von Immissionsrichtwerten (etwa nach der TA Luft) nur aus, wenn die beim Anlagenbetrieb entstehenden Immissionen eindeutig die Zumutbarkeitsgrenze für die Nachbarschaft nicht überschreiten; ansonsten bedarf es konkreter Betriebsregelungen (Tätigkeiten, Nutzungen, ggf. technische Vorkehrungen).[398]

Im Falle **UVP**-pflichtiger Vorhaben hat die Behörde ferner die Bewertung der Umweltauswirkungen[399] bei der Entscheidung zu berücksichtigen[400], § 20 Abs. 1b S. 3 der 9. BImSchV, und zwar nach Maßgabe der „hierfür geltenden", also immissionsschutzrechtlichen (Fach-)Vorschriften.[401]

Des Weiteren dürfen keine anderen **öffentlich-rechtlichen Vorschriften**[402] entgegenstehen (§ 6 Abs. 1 Nr. 2 Alt. 1 BImSchG). Die Behörde hat aufgrund der **Konzentrationswirkung**[403] der Genehmigung alle anlagenbezogenen Normen[404] des öffentlichen Rechts zu prüfen. Insbesondere sind die Vorschriften des Bauplanungs-[405] und Bauordnungsrechts, des Straßen-, Wasser-, Abfall- und Naturschutzrechts[406] zu beachten.[407]

---

396 § 9 Rn. 64, dazu bereits allgemein § 5 Rn. 32.
397 Dazu näher Rn. 44 ff.; *Eifert* in: Schoch, Besonderes Verwaltungsrecht, 5. Kap. Rn. 253 ff.
398 Weil nur das von den Nachbarn nachprüfbar ist, nicht aber die Einhaltung von Immissionswerten, OVG Münster, UPR 2012, 446; dazu *Seibert*, DVBl. 2013, 605, 606 f.
399 Oder deren Gesamtbewertung nach § 20 Abs. 1a S. 1, 3 der 9. BImSchV, vgl. bereits Rn. 68 m.w.N.
400 Zur rechtssystematischen Unvereinbarkeit eines Berücksichtigungsgebots bei gebundenen Entscheidungen anhand der UVP vgl. § 5 Rn. 371.
401 Zur Kritik einer fachgesetzlichen Einengung des integrativen Auftrags der UVP in der Entscheidungsfindung vgl. § 5 Rn. 70.
402 Ausführlich *Wasilewski* in: Führ (Hrsg.), GK-BImSchG, § 6 Rn. 20 ff.
403 § 13 BImSchG, vgl. Rn. 77.
404 Nicht hingegen auf die Person(en) der Betreiberseite bezogene Vorschriften, *Kloepfer*, Umweltrecht, § 14 Rn. 137.
405 Etwa auch das diesbezügliche Rücksichtnahmegebot, dazu etwa *Erbguth/Schubert*, Öffentliches Baurecht, § 15 Rn. 40, 46, 51, unter Rechtsschutzgesichtspunkten; vgl. des Weiteren *Hilbert*, JuS 2014, 983.
406 Etwa entgegenstehende artenschutzrechtliche Verbote nach § 44 BNatSchG, BVerwG, NVwZ 2013, 1411, 1411; VGH Kassel, ZUR 2014, 366. Zu sog. Critical Loads (naturwissenschaftlich begründete Belastungsgrenzen für Vegetationstypen oder andere Schutzgüter), Bagatellgrenzen, zur Summationsbetrachtung (Genehmigungsrelevanz auch der Auswirkungen paralleler Projekte) und zum Prioritätsprinzip (Vorrang des jeweils prüffähigen Antrags) näher *Seibert*, DVBl. 2013, 604, 607 ff; *Füßer*, UPR 2014, 121.
407 Vgl. *Sparwasser/Engel/Voßkuhle*, § 10 Rn. 234 ff.

Schließlich darf die Genehmigung nur erteilt werden, wenn auch den **Belangen des Arbeitsschutzes** Rechnung getragen wird (§ 6 Abs. 1 Nr. 2 Alt. 2 BImSchG). Zu prüfen sind vornehmlich Vorschriften der Arbeitsstätten-Verordnung und das Jugendarbeitsschutz-Gesetz.[408]

Die von § 6 Abs. 1 Nr. 2 BImSchG erfassten Bestimmungen bilden zwar zu prüfende Voraussetzungen der immissionsschutzrechtlichen Genehmigung, nehmen als fachfremde Belange indes nicht an ihrer Regelungswirkung teil, unabhängig davon, ob es insoweit noch einer fachlichen Zulassung o.ä. bedarf.[409]

---

[408] *Kloepfer*, Umweltrecht, § 14 Rn. 138.
[409] BVerfG, NVwZ 2010, 771; *Kahl*, JZ 2012, 729, 730 f.

Schema zur Prüfung der Rechtmäßigkeit einer immissionsschutzrechtlichen Genehmigung gem. §§ 4, 6 BImSchG:

I. **Genehmigungsbedürftigkeit** einer Anlage gem.
§ 4 Abs. 1 S. 1 BImSchG i.V.m. 4. BImSchV
⇒ genehmigungsbedürftig sind Anlagen nach Maßgabe von Anhang 1 der 4. BImSchV.

II. **Genehmigungsfähigkeit** einer Anlage gem. § 6 BImSchG

1. Formelle Rechtmäßigkeit
   a) Zuständigkeit
   b) Verfahren
      – bei Anlagen der Spalte c des Anhangs 1 der 4. BImSchV, die mit dem Buchstaben „G" gekennzeichnet sind, oder Anlagen, die sich dort aus mit dem Buchstaben „G" und mit dem Buchstaben „V" gekennzeichneten Anlagen zusammensetzen, § 2 Abs. 1 S. 1 Nr. 1 a), b) der 4. BImSchV, oder mit „V" gekennzeichnete UVP-pflichtige Anlagen, dort c),
      ⇒ Verfahren nach § 10 BImSchG i.V.m. der 9. BImSchV, UVPG
      – bei (sonstigen) Anlagen, die in Spalte c des Anhangs 1 der 4. BImSchV mit „V" gekennzeichnet sind
      ⇒ vereinfachtes Verfahren nach § 19 BImSchG (ohne Öffentlichkeitsbeteiligung)
   c) Form
      – bei Genehmigungsverfahren nach § 10 BImSchG
      ⇒ Form gem. § 10 Abs. 7 BImSchG i.V.m. 9. BImSchV
      – bei Genehmigungsverfahren nach § 19 BImSchG
      ⇒ Form gem. § 19 Abs. 2 i.V.m. § 10 Abs. 7 BImSchG i.V.m. 9. BImSchV
2. Materielle Rechtmäßigkeit
   a) Rechtsgrundlage: § 6 BImSchG
   b) Voraussetzungen der Rechtsgrundlage
      aa) Immissionsschutzrechtliche Anforderungen
         – Grundpflichten gem. § 5 BImSchG
            – Schutzgrundsatz, § 5 Abs. 1 Nr. 1 BImSchG,
            – Vorsorgegrundsatz, § 5 Abs. 1 Nr. 2 BImSchG,
            – abfallrechtliche Pflichten, § 5 Abs. 1 Nr. 3 BImSchG,
            – Energieeffizienz, § 5 Abs. 1 Nr. 4 BImSchG,
            – Nachsorgepflicht, § 5 Abs. 3, 4 BImSchG.
         – Verordnungen gem. § 7 BImSchG; z.B. 12., 13., 17., 30. BImSchV
      bb) Einhaltung sonstiger öffentlich-rechtlicher Vorschriften; z.B.
         – BauGB, LBauO, KrWG, BBodSchG, BNatSchG, WHG,
         – Straßen- und Wegerecht, Landesumweltgesetze.
      cc) Einhaltung arbeitsrechtlicher Vorschriften, z.B.
         – Gefahrstoffrecht, Arbeitsschutzrecht,
         – Unfallverhütungsvorschriften.

(4) Genehmigungsformen

71 Neben der Vollgenehmigung (§ 6 BImSchG) gibt es folgende Entscheidungsformen:
- Teilgenehmigung,
- Vorbescheid und
- Zulassung vorzeitigen Beginns.

Durch die Genehmigungsformen des Vorbescheids (§ 9 BImSchG) und der Teilgenehmigung (§ 8 BImSchG) können Vorhaben größeren Umfangs sukzessive geplant und errichtet werden. Ihre Erteilung liegt anders als die Vollgenehmigung im Ermessen der Behörde.[410] Der Vorhabenträger muss die Entscheidung beantragen und ein berechtigtes Interesse nachweisen. Ein solches Interesse kann sich aus wirtschaftlichen Gesichtspunkten oder Gründen der Verfahrensbeschleunigung ergeben.

72 Die **Teilgenehmigung** nach § 8 BImSchG gestattet die Errichtung einer Anlage oder die Errichtung und Inbetriebnahme eines Anlagenteils (etwa eines Kühlturms). Voraussetzung für die Erteilung ist ein sog. vorläufiges positives Gesamturteil.[411] Die Prüfung der vorgelegten Unterlagen muss ergeben, dass die **Gesamtanlage** mit hoher Wahrscheinlichkeit zu genehmigen ist. Vorläufig ist das Gesamturteil deshalb, weil die Genehmigungsvoraussetzungen des § 6 BImSchG nur anhand vorläufiger, im Hinblick auf die Gesamtkonzeption der Anlage jedoch hinreichend aussagekräftiger Unterlagen geprüft werden müssen. Im Unterschied zum Vorbescheid nach § 9 BImSchG handelt es sich bei der Teilgenehmigung um eine echte Genehmigung gem. § 4 BImSchG.[412]

In ihrem (Teil-)Regelungsgehalt kann – und muss – sie durch hiervon Drittbetroffene gesondert gerichtlich angegriffen werden.[413]

73 Mit dem **Vorbescheid** nach § 9 BImSchG wird über das Vorliegen einzelner Genehmigungsvoraussetzungen oder den Standort der Anlage – feststellend[414] – befunden.[415] Er dient der verbindlichen Entscheidung über wichtige Vorfragen, die Bestandteil der späteren Vollgenehmigung sind. Errichtung oder Betrieb der Anlage ist dem Antragsteller aufgrund des Vorbescheides nicht gestattet. Seine Erteilung ist ebenfalls von einem sog. vorläufigen positiven Gesamturteil abhängig. Der immissionsschutzrechtliche Vorbescheid gleicht damit in Voraussetzungen und Rechtsfolge dem landesrechtlich geregelten Bauvorbescheid (bspw. § 71 BauO NRW).

Von Dritten muss der spezifische Regelungsgehalt des Vorbescheids (Vorfragen) mit einer Klage gegen diesen und darf nicht erst gegen den endgültigen (Genehmigungs-)Bescheid angegriffen werden; es gilt also Entsprechendes wie bei der Teilgenehmigung.[416]

---

410 *Jarass*, BImSchG, § 8 Rn. 13; *Kloepfer*, Umweltrecht, § 14 Rn. 168 ff.
411 BVerwG, DVBl. 1986, 190, 192 f.; *Beaucamp* in: Kluth/Smeddinck, Umweltrecht, § 2 Rn. 70 f.
412 *Kloepfer*, Umweltrecht, § 14 Rn. 168.
413 *Jarass*, BImSchG, § 8 Rn. 35; Rn. 80.
414 Bei der Genehmigung wird die feststellende Wirkung dann um die Gestattungswirkung ergänzt, ähnlich *Schmidt/Kahl/Gärditz*, § 7 Rn. 94: Umsetzung. Allgemein etwa *Erbguth*, Öffentliches Baurecht, § 13 Rn. 32.
415 Allgemein BVerwG, DVBl. 1990, 57, 58; OVG Münster, NuR 1990, 328.
416 Vgl. Rn. 72, 80; es sei denn, die Genehmigung ändert den Vorbescheid ab o.ä., *Schmidt/Kahl/Gärditz*, § 7 Rn. 103.

Nach § 8a Abs. 1 BImSchG kann der Beginn der Errichtung genehmigungsbedürftiger Anlagen (nicht der Betrieb[417]) **vorzeitig zugelassen** werden.[418] Voraussetzungen sind auch hier, dass mit einer Entscheidung zugunsten des Antragstellers gerechnet werden kann (§ 8a Abs. 1 Nr. 1 BImSchG), dass ein öffentliches Interesse oder ein berechtigtes Interesse des Antragstellers besteht (Nr. 2 der Vorschrift) und ferner, dass der Träger des Vorhabens sich verpflichtet, alle bis zur (Genehmigungs-)Entscheidung durch die Errichtung der Anlage verursachten Schäden zu ersetzen und bei Ablehnung der Genehmigung den früheren Zustand wiederherzustellen (§ 8a Abs. 1 Nr. 3 BImSchG).[419] Die Zulassung kann jederzeit widerrufen werden, § 8a Abs. 2 S. 1 BImSchG; sie entfaltet keinerlei Bindungswirkung für die Genehmigungsentscheidung.[420] Der Vollzug erfolgt auf das alleinige Risiko des Antragstellers, was mitunter zur Gefahr großer Verluste führen kann. So wurde das Kohlekraftwerk Lünen mit einem Investitionsvolumen von 1,4 Milliarden Euro beispielsweise 2013 zunächst nur aufgrund der vorzeitigen Zulassung in Betrieb genommen.[421] Die nachträgliche Vollgenehmigung aus Dezember 2013 ist indes nach wie vor nicht rechtskräftig.

74

Im Rahmen der Änderungsgenehmigung nach § 16 BImSchG kann nach § 8a Abs. 3 BImSchG sogar der Betrieb einer Anlage vorläufig zugelassen werden.

Weiterhin können die Voll- sowie die Teilgenehmigung und die Zulassung des vorzeitigen Beginns mit **Nebenbestimmungen** versehen werden. § 12 BImSchG regelt abschließend, welche Nebenbestimmungen bei Erteilung einer immissionsschutzrechtlichen Genehmigung zulässig sind.[422] **Bedingungen** und **Auflagen**[423] können der Genehmigung zur Sicherstellung der Genehmigungsvoraussetzungen beigefügt werden.[424] Sie sind der Genehmigungsversagung aus Gründen rechtsstaatlicher Verhältnismäßigkeit als milderes Mittel vorzuziehen. Dient die Anlage lediglich Erprobungszwecken, ist ein **Widerrufsvorbehalt** möglich (§ 12 Abs. 2 S. 2 BImSchG). Auf Antrag kann die Genehmigung **befristet** werden. Eine spezielle Regelung für die **Teilgenehmigung** ist in § 12 Abs. 3 BImSchG enthalten.[425]

75

(5) Rechtswirkungen

Der Vollgenehmigung kommt

76

- Konzentrationswirkung und
- privatrechtsgestaltende Wirkung

zu.

---

417 Allenfalls Probebetrieb, *Schmidt/Kahl/Gärditz*, § 7 Rn. 103.
418 Vgl. *Ochtendung*, Die Zulassung des vorzeitigen Beginns.
419 *Kloepfer*, Umweltrecht, § 14 Rn. 181.
420 *Beaucamp* in: Kluth/Smeddinck, Umweltrecht, § 2 Rn. 73.
421 Zum Vorbescheid OVG Münster, ZUR 2012, 372.
422 Von § 36 VwVfG können nur die Begriffsbestimmungen herangezogen werden, *Jarass*, BImSchG, § 12 Rn. 4.
423 Zur Abgrenzung zwischen Genehmigungsinhalt und Auflage vgl. BVerwGE 69, 37, 39; *Kunert*, UPR 1991, 249, 251.
424 Zur Rückbindung bei Anlagen nach der IE-RL an BTV-Schlussfolgerungen vgl. § 12 Abs. 1a, 1b BImSchG und näher *Scheidler*, VR 2013, 253, 256.
425 Dazu *Sparwasser/Engel/Voßkuhle*, § 10 Rn. 246.

77 Gem. § 13 BImSchG schließt die Genehmigung andere die Anlage betreffende behördliche Entscheidungen ein (**Konzentrationswirkung**).[426]

Das gilt gleichermaßen für Teilgenehmigungen (§ 8 BImSchG), Änderungsgenehmigungen (§ 16 BImSchG), für Genehmigungen im vereinfachten Verfahren, für die Zulassung vorzeitigen Beginns (§ 8a BImSchG) und in analoger Anwendung für den Vorbescheid (§ 9 BImSchG).[427]

Wegen der Komplexität immissionsschutzrechtlich genehmigungsbedürftiger Anlagen entscheidet die Behörde zugleich mit über die zur Errichtung einer Anlage notwendigen Baugenehmigungen, über baurechtliche Ausnahmen und Befreiungen, aber bspw. auch über Genehmigungen nach dem Treibhausgas-Emissionshandelsgesetz sowie über Erlaubnisse nach dem Natur- und Denkmalschutzrecht.[428] An die diesbezüglichen materiellen Vorgaben der anderen Rechtsbereiche ist die immissionsschutzrechtliche Entscheidung nach Maßgabe deren (fach)gesetzlicher Geltungsanordnung gebunden; das Verfahrensrecht der ersetzten Zulassungen entfällt hingegen zugunsten des immissionsschutzrechtlich zu durchlaufenden Verfahrens – auch dann, wenn Ersteres funktional andersartige Maßgaben vorhält[429] (bloße **formelle** oder **Verfahrenskonzentration**[430]).

Sonderfälle: Die Mitwirkungsrechte von anerkannten Naturschutzvereinigungen aufgrund § 63 Abs. 2 Nr. 5 BNatSchG bleiben auch bei Ersetzung der naturschutzrechtlichen Befreiung durch die immissionsschutzrechtliche Genehmigung erhalten. Entsprechendes gilt für das baurechtliche Einvernehmen der Gemeinde, § 36 Abs. 1 S. 2 BauGB.[431]

Planfeststellungen, Zulassungen bergrechtlicher Betriebspläne, behördliche Entscheidungen aufgrund atomrechtlicher Vorschriften sowie wasserrechtliche Erlaubnisse und Bewilligungen sind nach § 13 BImSchG jedoch von der Konzentrationswirkung **ausgeschlossen**.

In der Rechtsprechung wird z.T. eine Koordinierung zwischen jenen und dem immissionsschutzrechtlichen Verfahren verlangt, etwa wenn von der Anlage dieselben Schadstoffe sowohl über den Wasserpfad (wasserrechtliche Zulassung) als auch über den Luftpfad (immissionsschutzrechtliche Genehmigung) abgegeben werden.[432]

78 Die unanfechtbar gewordene Genehmigung schließt nach § 14 BImSchG nicht auf besonderen Titeln beruhende privatrechtliche Abwehransprüche des Grundstücksnachbarn aus (**privatrechtsgestaltende Wirkung**).[433] Danach können lediglich vertragliche oder dingliche Ansprüche an dem Betriebsgrundstück geltend gemacht werden. Zum Ausgleich für den Verlust der Abwehrmöglichkeiten bestehen aber Ansprüche auf Schutzvorkehrungen gegen benachteiligende Wirkungen und, falls diese nach dem

---

426 Allgemein bereits § 5 Rn. 51; zur Berücksichtigung von Vorhaben Dritter im Anlagenzulassungsrecht sowie im konzentrierten Zulassungsverfahren *Schütte*, NuR 2008, 142, 143.
427 *Schmidt/Kahl/Gärditz*, § 7 Rn. 86; nicht aber für nachträgliche Anordnungen, die nach § 17 Abs. 4 BImSchG eine Änderungsgenehmigung ersetzen, *Schmidt/Kahl/Gärditz*, wie vor.
428 Vgl. *Jarass*, BImSchG, § 13 Rn. 4 ff., m. Bsp.
429 BVerwG, NVwZ 2003, 750.
430 *Sparwasser/Engel/Voßkuhle*, § 10 Rn. 234; anhand des Planfeststellungsrechts bereits § 5 Rn. 51.
431 Dazu VGH Kassel, DÖV 2014, 849.
432 Dem soll bei der immissionsschutzrechtlichen Entscheidung bspw. durch den Vorbehalt nachträglicher Neben- oder Inhaltsbestimmungen aufgrund von Erkenntnissen im wasserrechtlichen Erlaubnisverfahren Rechnung zu tragen sein, OVG Münster, ZUR 2012, 372; näher *Seibert*, DVBl. 2012, 605, 609 f.
433 Zum Ausschluss privatrechtlicher Abwehransprüche nach § 14 BImSchG bei erloschener Genehmigung vgl. BVerwG, ZUR 2003, 238; allgemein zum Ausschluss privatrechtlicher Abwehransprüche im Immissionsschutz- und Atomrecht *Kment*, UTR 2011, S. 93.

Stand der Technik (vgl. § 3 Abs. 6 BImSchG) nicht durchführbar[434] oder wirtschaftlich nicht vertretbar[435] sind, auf Schadensersatz.[436]

Abwehransprüche privatrechtlicher Art können allerdings geltend gemacht werden, wenn die Anlage nicht in Einklang mit der Genehmigung betrieben wird. Das ist auch dann der Fall, wenn der Betrieb gegen eine modifizierende Auflage verstößt, weil es sich hierbei der Sache nach um eine Inhaltsbestimmung handelt.[437]

Gegen die Genehmigung steht in eigenen Rechten betroffenen Dritten die **Anfechtungsklage** offen, soweit die entsprechenden Sachentscheidungsvoraussetzungen gegeben sind.[438] Dabei ist nur die Verletzung solcher Vorschriften rügefähig, die dem Schutz des Klägers zu dienen bestimmt sind. Beispielsweise kann der betroffene Nachbar[439] geltend machen, dass das Vorhaben gegen § 5 Abs. 1 Nr. 1 BImSchG verstößt. Parallel zur Anfechtung von Baugenehmigungen ist bei Anfechtungsklagen gegen Genehmigungen nach § 6 Abs. 1 BImSchG maßgeblicher Zeitpunkt zur Beurteilung der Sach- und Rechtslage der Zeitpunkt der letzten behördlichen Entscheidung.[440]

Bei **Vorbescheid** und **Teilgenehmigung** sind vor allem hervorzuheben die

- Bindungswirkung und
- Bestandskraft- oder Bestandsschutzpräklusion.

Von besonderer Bedeutung ist die durch die vorläufige Beurteilung des Gesamtvorhabens bei Vorbescheid oder Teilgenehmigung erzielte **Selbstbindung** der Behörde gegenüber dem Antragsteller.[441] Solange keine besonderen Umstände hinzutreten, darf die Anlage als solche im nachfolgenden Genehmigungsverfahren nicht mehr in Frage gestellt werden.[442] Für die Teilgenehmigung kann dies aus dem Wortlaut des § 8 S. 2 BImSchG rückgefolgert werden; hiernach entfällt die Bindungswirkung der vorläufigen Gesamtbeurteilung (u.a.) bei einer diesbezüglich nachträglichen Änderung der Sach- und Rechtslage. Für den Vorbescheid kann Entsprechendes der Bezugnahme in § 9 Abs. 1 BImSchG auf „die Auswirkungen der geplanten Anlage" und dem mit dem Vorbescheid verfolgten Zweck entnommen werden.[443]

Nach Eintritt der Unanfechtbarkeit von Teilgenehmigung und Vorbescheid ist im späteren Verfahren gem. § 11 BImSchG die Geltendmachung solcher Einwendungen ausgeschlossen, die bereits im Verfahren zur Erteilung der Teilentscheidungen vorgebracht worden sind oder hätten vorgebracht werden können (**Bestandskraft-** oder **Bestands-**

---

434   Nicht schon, wenn für die Vorkehrung noch eine Änderungsgenehmigung erforderlich ist, *Rehbinder* in: Landmann/Rohmer Bd. 3, § 14 BImSchG Rn. 26.
435   Maßstab ist der Durchschnittsbetrieb; die Regelung erscheint freilich redundant, da die wirtschaftliche Vertretbarkeit über den Verhältnismäßigkeitsgrundsatz bereits zum Regelungsgegenstand des Standes der Technik, § 3 Abs. 6 S. 1 BImSchG (dazu Rn. 31), gehört, vgl. zum Vorstehenden *Schmidt/Kahl/Gärditz*, § 7 Rn. 130.
436   Vgl. dazu OVG Münster, NVwZ-RR 1998, 23; Durchsetzbarkeit des Schadensersatzanspruchs vor den Zivilgerichten: *Schmidt/Kahl/Gärditz*, § 7 Rn. 130.
437   Vgl. *Schmidt/Kahl/Gärditz*, § 7 Rn. 129; allgemein zur Rechtsfigur der modifizierenden Auflage etwa *Erbguth*, Allgemeines Verwaltungsrecht, § 18 Rn. 12.
438   Dazu ausführlich § 6 Rn. 12 ff.
439   Vgl. Rn. 28.
440   VGH Mannheim, NVwZ-RR 2015, 18.
441   VGH Mannheim, NVwZ-RR 2015, 96; vgl. auch *Hoppe/Beckmann/Kauch*, § 21 Rn. 123.
442   *Sparwasser/Engel/Voßkuhle*, § 10 Rn. 246.
443   *Schmidt/Kahl/Gärditz*, § 7 Rn. 96, 100.

schutzpräklusion).[444] Unanfechtbar ist die Genehmigung bzw. der Vorbescheid nur, wenn dem jeweilgen Einwender kein Rechtsmittel mehr zur Verfügung steht. Diese Voraussetzung ist daher für jeden Betroffenen gesondert zu überprüfen.

Die Präklusionswirkung beschränkt sich auf Einwendungen, die in Zusammenhang mit dem Gegenstand des damaligen Verfahrens stehen. Ist über diesen nur zum Teil entschieden worden, besteht für solche Einwendungen kein Ausschluss, die sich nicht auf den mit der Teilgenehmigung oder dem Vorbescheid beschiedenen Gegenstand beziehen.[445]

Jene Wirkung nach § 11 BImSchG darf nicht mit der zuvor behandelten Präklusion nach § 10 Abs. 3 S. 5 BImSchG verwechselt werden, die sich allgemein auf den Einwendungsausschluss innerhalb eines einzelnen, noch nicht abgeschlossenen Genehmigungsverfahrens bezieht, während die Präklusion nach § 11 BImSchG ein Spezifikum mehrstufiger Verwaltungsverfahren ist und einen Zwischenabschluss durch Teilgenehmigung oder Vorbescheid voraussetzt.[446]

§ 18 BImSchG regelt Konstellationen, in denen die Genehmigung **erlischt**. Von praktischer Bedeutung ist § 18 Abs. 1 Nr. 2 BImSchG, wonach diese Rechtsfolge eintritt, wenn eine Anlage länger als drei Jahre (ununterbrochen) nicht betrieben wird. Maßgeblich ist die tatsächliche Betriebseinstellung, die Absichtserklärung einer Betriebsfortführung genügt nicht, um die Frist zu unterbrechen.[447]

bb) Überwachungsmaßnahmen

81 Die Überwachung der immissionsschutzrechtlichen Pflichten erfolgt
- über Mitteilungspflichten der Betreiber und
- durch Anordnungsbefugnisse der Behörde.

82 Die **Mitteilungspflichten** des Anlagenbetreibers ergeben sich aus §§ 15 Abs. 1, 52 Abs. 2, 52a und 27 Abs. 1 BImSchG. Sie sollen der Behörde die notwendigen Informationen verschaffen, auf deren Grundlage sie ggf. Anordnungen zur Sicherstellung des ordnungsgemäßen Betriebs treffen kann.

83 Die **Anordnungsbefugnisse** der Behörde richten sich nach §§ 26 ff. BImSchG und § 52 BImSchG.

Für Industrieemissions-Anlagen ist nach § 52 Abs. 1 S. 5 bis 8 BImSchG u.a. zusätzlich eine besonders rechtzeitige Überprüfung und Aktualisierung der Genehmigung vorzunehmen. §§ 52, 52a BImSchG statuieren neben einer jährlichen Prüfpflicht der Behörde bei Festlegung bestimmter Emissionsgrenzwerte (§ 52 Abs. 1a BImSchG) in §§ 52 Abs. 1b, 52a BImSchG ein neues Überwachungsinstrumentarium[448].

---

444 *Kloepfer*, Umweltrecht, § 14 Rn. 179; *Jarass*, BImSchG, § 11 Rn. 7; auch Rn. 72 f.; beachte jedoch die europarechtlichen Ausführungen oben Rn. 67.
445 Vgl. *Jarass*, BImSchG, § 11 Rn. 7.
446 *Kloepfer*, Umweltrecht, § 14 Rn. 180.
447 BVerwGE 124, 156, 160 f.; verhindert werden sollen Betriebsfortführungen trotz zwischenzeitlicher (während der Betriebseinstellung) Änderung der tatsächlichen Verhältnisse, die der Genehmigung zugrunde lagen, *Schmidt-Kahl/Gärditz*, § 7 Rn. 90. Das Erlöschen der Betriebsgenehmigung kann grundsätzlich auch nicht durch energiewirtschaftsrechtliche Regelungen zum Weiterbetrieb (§§ 13, 13a EnWG) durchbrochen werden, vgl. *Wahlhäuser*, UPR 2014, 44.
448 „Überwachungspläne" und „Überwachungsprogramme", nach dem Wording des zugrundliegenden Art. 23 IE-RL: „Umweltinspektionen", dazu *Scheidler*, VR 2013, 253, 258; *Betensted/Grandjot/Waskow*, ZUR 2013, 395, 401.

Die nach §§ 26 ff. BImSchG[449] möglichen Überwachungsmaßnahmen der Behörde gelten für genehmigungsbedürftige, teilweise auch für nicht genehmigungsbedürftige Anlagen. Die Anordnungen stehen im Ermessen der Behörde. Bei ihren Entscheidungen hat die Behörde insbesondere dem Verhältnismäßigkeitsgrundsatz Rechnung zu tragen. Die Vorschriften sind mit Ausnahme des § 30 BImSchG drittschützend.

Bei Industrieemissions-Anlagen sieht § 31 BImSchG in Abs. 1–4 gesteigerte Betreiberpflichten vor: Unterrichtungspflicht betreffend Ereignisse mit erheblichen Umweltauswirkungen (Abs. 4)[450], (ggf.) Übermittlung von Daten mit Blick auf einen Durchführungsrechtsakt nach Art. 72 Abs. 2 der IE-RL[451] (Abs. 2), Informationspflichten bei Nichteinhaltung der Anforderungen des § 6 Abs. 1 BImSchG (Abs. 3), jährliche Überwachungsberichte (Abs. 1).

d) Repressive Instrumente

Auch bei den repressiven Instrumenten ist zwischen genehmigungsbedürftigen und genehmigungsfreien Anlagen zu unterscheiden.

84

aa) Genehmigungsbedürftige Anlagen

Gegenüber genehmigungsbedürftigen Anlagen können seitens der Behörde die folgenden – den Bestandsschutz des Betreibers erheblich einschränkenden – repressiven Maßnahmen getroffen werden:

85

- nachträgliche Anordnungen,
- Untersagung,
- Stilllegung und Beseitigung sowie
- Widerruf der Genehmigung.

Nach § 17 Abs. 1 BImSchG können **nachträgliche Anordnungen** ergehen, um die Erfüllung der sich aus dem Bundes-Immissionsschutzgesetz und den Rechtsverordnungen ergebenden Pflichten zu gewährleisten, § 17 Abs. 1 S. 2 BImSchG (Ermessen).[452] Zeigt sich nach Genehmigungserteilung, dass die dem Betreiber auferlegten Pflichten zum Schutz der Allgemeinheit und der Nachbarschaft nicht ausreichen, sollen nachträgliche Anordnungen getroffen werden, § 17 Abs. 1 S. 2 BImSchG (gebundenes Ermessen).[453]

86

Als Folge der dynamischen Betreiberpflichten (§ 5 Abs. 1 BImSchG) und nachträglicher Zugriffsmöglichkeiten auf die Genehmigung (§§ 20, 21 BImSchG) zeitigt diese nämlich keinen Bestandsschutz, auch nicht aus grundrechtlicher Sicht.[454] Jegliche nachträgliche Anordnung steht aber unter dem Vorbehalt der Verhältnismäßigkeit. In Ausprägung

---

449 Zu Modifizierungen im Zuge der Umsetzung der IE-RL *Scheidler*, VR 2013, 253, 256 f.
450 Alle Störungen des bestimmungsgemäßen Betriebs, *Jarass*, NVwZ 2013 169, 172, unter Hinweis auf BT-Drs. 17/10486, S. 107.
451 Dazu Rn. 8.
452 Vgl. OVG Lüneburg, ZUR 2014, 296.
453 Regelmäßige Pflicht zum Erlass der Anordnung bei Absehensmöglichkeit in atypischen Fallkonstellationen, BVerwGE 84, 220, 223; deshalb auch bei „normaler" Konstellation Drittschutz, gerichtet auf Ergreifung einer geeigneten Maßnahme, *Jarass*, BImSchG, § 17 Rn. 83. Nach den Grundsätzen der reformatio in peius beurteilt sich hingegen die Verschärfung einer Auflage, wenn der Anlagenbetreiber gegen die Auflage einen Rechtsbehelf eingelegt hat, OVG NRW, NuR 2012, 870; dazu *Seibert*, DVBl. 2013, 605, 612; allgemein zur reformatio in peius *Erbguth*, Allgemeines Verwaltungsrecht, § 20 Rn. 13 ff.
454 BVerfG, NVwZ 2010, 771; *Eifert* in: Schoch, Besonderes Verwaltungsrecht, 5. Kap. Rn 276; *Kahl*, JZ 2012, 729, 730.; zur Unterscheidung zwischen aktivem und passivem Bestandsschutz etwa *Kluth* in: ders./Smeddinck, Umweltrecht, § 1 Rn. 81.

dieses Gebots nennt § 17 Abs. 2 S. 1 BImSchG (immissionsschutz)relevante Abwägungsgesichtspunkte.[455] Einzubeziehendes Kriterium ist zudem die wirtschaftliche Vertretbarkeit für den Vorhabenbetreiber;[456] konkreten Gesundheitsbeeinträchtigungen durch Emissionen der Anlage kann diese allerdings nicht entgegengehalten werden[457].

Sonderregelungen zum Verfahren gelten gem. § 17 Abs. 1a BImSchG bei Vorhaben nach der IE-RL, wenn durch Anordnungen nach § 17 Abs. 1 S. 2 BImSchG Grenzwerte für Emissionen neu festgelegt werden sollen.

Eine Kompensationsregelung enthält § 17 Abs. 3a BImSchG. Danach soll die Behörde von einer nachträglichen Anordnung absehen, wenn ein **Kompensationsplan** vorgelegt wird, der eine höhere Minderung der Emissionen erzielt, als durch die nachträgliche Anordnung bewirkt werden könnte, § 17 Abs. 3a S. 1 BImSchG; die Regelung gilt daher nur im Vorsorgebereich.[458] Legt der Betreiber den Kompensationsplan erst vor, nachdem die Behörde bereits nachträgliche Anordnungen getroffen hat, ist die Anwendung der Kompensationsregelung ausgeschlossen.[459]

Nach Betriebseinstellung können nachträgliche Anordnungen zur Erfüllung der nach § 5 Abs. 3 BImSchG bestehenden Pflichten nur noch für einen Zeitraum von einem Jahr getroffen werden.[460] Eine gesetzliche Regelung bezüglich des Anordnungsadressaten fehlt. Vorrangig wird die Behörde den ehemaligen Betreiber als Verhaltensstörer in Anspruch zu nehmen haben.[461] Zu beachten ist schließlich der drittschützende Charakter der Sollvorschrift des § 17 Abs. 1 S. 2 BImSchG.[462]

87   Eine **Untersagung** des Anlagenbetriebs kann gem. § 20 Abs. 1 BImSchG zur Durchsetzung vollziehbarer nachträglicher Anordnungen und der Erfüllung von Auflagen oder konkreten Pflichten aus Rechtsverordnungen nach § 7 BImSchG erfolgen, sofern jene Anforderungen die Beschaffenheit oder den Betrieb der Anlage betreffen. Dabei handelt es sich regelmäßig um eine vorübergehende Maßnahme; die Genehmigung wird dadurch nicht berührt.[463]

Der Behörde wird mit der Untersagung ein zusätzliches Vollstreckungsinstrument neben den üblichen Maßnahmen nach den Landes-Verwaltungsvollstreckungsgesetzen an die Hand gegeben. Die Entscheidung, ob und wie die Behörde einschreitet, steht in ihrem Ermessen.[464] Eine Pflicht zur Untersagung besteht allerdings bei unmittelbaren Gefährdungen der menschlichen Gesundheit oder der Umwelt, § 20 Abs. 1 S. 2 BImSchG, und im Fall unzureichender Maßnahmen des Betreibers zur Verhütung

---

455 Näher dazu *Eifert* in: Schoch, Besonderes Verwaltungsrecht, 5. Kap. Rn. 281; *Kloepfer*, Umweltrecht, § 14 Rn. 189 ff.
456 *Schmidt/Kahl/Gärditz*, § 7 Rn. 112: jedenfalls ausgeschlossen, wenn aufgrund der Maßnahme an eine Stilllegung zu denken ist.
457 *Beaucamp* in: Kluth/Smeddinck, Umweltrecht, § 2 Rn. 79 m.w.N.
458 Vgl. *Eifert* in: Schoch, Besonderes Verwaltungsrecht, 5. Kap. Rn. 282: Schadstoffkompensation im Vorsorgebereich; *Jarass*, BImSchG, § 17 Rn. 96.
459 Vgl. näher § 17 Abs. 3a S. 2 BImSchG.
460 § 17 Abs. 4a S. 2 BImSchG.
461 *Sparwasser/Engel/Voßkuhle*, § 10 Rn. 165 f.
462 *Jarass*, BImSchG, § 17 Rn. 83 ff.
463 *Beaucamp* in: Kluth/Smeddinck, Umweltrecht, § 2 Rn. 85 m.w.N.
464 Zu unzureichenden Maßnahmen des Betreibers zur Verhütung schwerer Unfälle bzw. von Störfällen *Jarass*, BImSchG, § 20 Rn. 21 ff.

schwerer Unfälle i.S.d. Seveso-III-Richtlinie (2012/18/EU),[465] § 20 Abs. 1a BImSchG.[466]

Nach § 20 Abs. 3 BImSchG kann im Fall der Unzuverlässigkeit des Betreibers oder eines mit der Leitung des Betriebs Beauftragten hinsichtlich der Einhaltung von Umweltschutzvorschriften der Betrieb einer Anlage untersagt werden, wenn dies zum Wohl der Allgemeinheit geboten ist.

§ 20 BImSchG vermittelt Nachbarn Drittschutz in Form eines Anspruchs auf ermessensfehlerfreie Entscheidung der Behörde über ein Eingreifen (Untersagung, § 20 Abs. 1a BImSchG), soweit es um die Abwehr von Eingriffen in Schutznormen, insbesondere § 5 Abs. 1 Nr. 1 BImSchG geht.[467]

Die **Stilllegung** oder **Beseitigung** einer Anlage soll erfolgen, wenn sie ohne Genehmigung errichtet, betrieben oder wesentlich geändert wird (§ 20 Abs. 2 S. 1 BImSchG). Hiervon kann nur in atypischen Fällen[468] bis zum Abschluss des erforderlichen Genehmigungsverfahrens abgesehen werden. Eine Stilllegungs- und Beseitigungspflicht der Behörde besteht, wenn die Allgemeinheit oder die Nachbarschaft auf andere Weise nicht ausreichend geschützt werden kann.[469]

88

Nach § 21 BImSchG ist unter bestimmten Voraussetzungen der **Widerruf** der Genehmigung möglich. Es handelt sich um eine abschließende Spezialregelung zu § 49 VwVfG,[470] dem sie sachlich freilich weitgehend entspricht. Bei Unverhältnismäßigkeit einer nachträglichen Anordnung soll die Genehmigung ganz oder teilweise widerrufen werden (§ 17 Abs. 2 S. 2 BImSchG).

89

bb) Nicht genehmigungsbedürftige Anlagen

Als Maßnahmen gegenüber dem Betreiber nicht genehmigungsbedürftiger Anlagen (Grillplätze, Sportplätze, Baumaschinen, Elektrogeräte, Tankstellen, Recycling-Anlagen)[471] kommen in Betracht:

- Anordnung und
- Untersagung.[472]

Gem. § 24 BImSchG kann die Behörde im Einzelfall **Anordnungen** treffen, um die Einhaltung der Betreiberpflichten nach § 22 BImSchG sowie der sich aus einer Rechtsverordnung ergebenden Pflichten durchzusetzen.[473] Der Inhalt der Anordnungen muss anlagenbezogen sein. Die Entscheidung steht im Ermessen der Behörde. Gehen von der Anlage mit Gesundheitsgefahren verbundene schädliche Umwelteinwirkungen aus, kann sich das Ermessen auf eine Pflicht zum Einschreiten reduzieren.[474]

90

---

465 V. 4.7.2012, ABlEU L 197/1.
466 Der veraltete Verweis des Gesetzes auf die mittlerweile aufgehobene Vorgängerrichtlinie ist als Verweis auf die Richtlinie 2012/18/EU zu verstehen, vgl. *Jarass*, BImSchG, § 20 Rn. 21a.
467 *Jarass*, BImSchG, § 20 Rn. 20 m.w.N.
468 BVerwGE 84, 220, 233; VGH Kassel, NVwZ 1998, 1315.
469 § 20 Abs. 2 S. 2 BImSchG; OVG Berlin, UPR 1985, 35.
470 Etwa *Eifert* in: Schoch, Besonderes Verwaltungsrecht, 5. Kap. Rn. 284.
471 Vgl. *Beaucamp* in: Kluth/Smeddinck, Umweltrecht, § 2 Rn. 90; dazu fallbezogen *Kment/Braun*, JURA 2011, 490.
472 Zum Nachfolgenden auch *Eifert* in: Schoch, Besonderes Verwaltungsrecht, Rn. 286 ff.
473 Bereits Rn. 58 ff.
474 VGH Kassel, NVwZ 1986, 666.

91 Eine **Untersagung** des Betriebs der Anlage kann zur Durchsetzung einer vollziehbaren Anordnung nach § 24 BImSchG erfolgen (§ 25 Abs. 1 BImSchG), bis die Anordnung erfüllt ist; es handelt sich um eine Ermessensentscheidung.[475] Außerdem soll die Behörde die Errichtung oder den Betrieb einer Anlage untersagen, wenn dadurch eine erhöhte Gefahrenlage abgewendet wird (§ 25 Abs. 2 BImSchG). Da es sich um eine Soll-Entscheidung handelt, ist bei Vorliegen der in § 25 Abs. 2 BImSchG normierten Voraussetzungen regelmäßig eine Untersagung auszusprechen. Im Falle unzureichender Maßnahmen des Betreibers zur Verhinderung schwerer Unfälle i.S.d. Seveso-III-Richtlinie (2012/18/EU) hat die Untersagung zu erfolgen, § 25 Abs. 1a S. 1 BImSchG (gebundene Entscheidung)[476]. Die Wirkung der beiden zuletzt genannten Untersagungen ist auf Dauer angelegt und kann erst bei einer Änderung der Sach- oder Rechtslage entfallen.

Weiter gehende öffentlich-rechtliche Vorschriften bleiben unberührt, § 22 Abs. 2 BImSchG; zusätzliche Anforderungen dieser Art an Errichtung und Betrieb ergeben sich etwa aus dem Gaststättenrecht, dem Gewerberecht, aus den Landesbauordnungen, aber auch aus dem Landesimmissionsschutzrecht. Weder werden die in jenen Gesetzen geregelten Eingriffsbefugnisse von §§ 24 f. BImSchG verdrängt, noch gilt dies umgekehrt.[477] Eine solche Parallelität wird überwiegend auch im Verhältnis zur ordnungsbehördlichen Generalklausel angenommen.[478]

92 ▶ **LÖSUNG FALL 10:** Die Errichtung und der Betrieb der Windenergieanlagen durch A müssten eine immissionsschutzrechtliche Genehmigung erfordern.

Gem. §§ 4, 6 BImSchG i.V.m. §§ 1 Abs. 1 S. 1, 2 Abs. 1 S. 1 Nr. 1 lit. (a) der 4. BImSchV sowie Nr. 1.6.1 des Anhangs 1 zur 4. BImSchV bedürfen Windkraftanlagen mit jeweils einer Gesamthöhe von mehr als 50 m, wenn es sich um 20 Anlagen (wie hier) oder mehr handelt („G"), einer förmlichen Genehmigung nach § 10 BImSchG. Die Anlagen sind daher (förmlich) genehmigungsbedürftig.

Hinsichtlich ihrer Genehmigungsfähigkeit muss nach § 6 Abs. 1 Nr. 1 BImSchG materiell-rechtlich die Einhaltung der in § 5 BImSchG niedergelegten Grundpflichten und der einschlägigen Rechtsverordnungen nach § 7 BImSchG gesichert sein.[479]

Gem. § 5 Abs. 1 Nr. 1 BImSchG sind genehmigungsbedürftige Anlagen so zu errichten und zu betreiben, dass schädliche Umwelteinwirkungen und sonstige Gefahren, erhebliche Nachteile und erhebliche Belästigungen für die Allgemeinheit und die Nachbarschaft nicht hervorgerufen werden. Schädliche Umwelteinwirkungen sind gemäß § 3 Abs. 1 BImSchG Immissionen, die nach Art, Ausmaß und Dauer geeignet sind, Gefahren, erhebliche Nachteile oder erhebliche Belästigungen für die Allgemeinheit oder die Nachbarschaft herbeizuführen. Zu solchen schädlichen Umwelteinwirkungen können insbesondere Lärm- und Lichtimmissionen gehören, die von einer Windenergieanlage auf benachbarte Wohnhäuser einwirken. Der Begriff der schädlichen Umwelteinwirkung gem. § 3 Abs. 1 BImSchG wird u.a. durch die TA Lärm konkretisiert. Eine schädliche Umwelteinwirkung i.S.v. § 3 Abs. 1 BImSchG liegt somit vor, wenn die Geräuschimmissionen die in der TA Lärm festgelegten Grenzwerte übersteigen.

---

[475] Ferner kann eine Betriebsuntersagung erfolgen, sofern die vom Betreiber getroffenen Maßnahmen zur Verhütung schwerer Unfälle unzureichend sind (§ 25 Abs. 1a BImSchG).
[476] Vgl. aber auch § 25 Abs. 1a S. 2 BImSchG.
[477] Zum Vorstehenden näher *Schmidt/Kahl/Gärditz*, § 7 Rn. 157 ff.
[478] BVerwGE 55, 118, 122; differenzierend *Schmidt/Kahl/Gärditz*, § 7 Rn. 160 f.
[479] Näher zu den nachfolgend angesprochenen Fragen *Schink*, I+E 2012, 194.

Die 20 Windkraftanlagen sollen laut immissionsschutzrechtlicher Genehmigung die Richtwerte, welche in der TA Lärm für Dorf- und Mischgebiete festgelegt sind, einhalten. N behauptet, in einem allgemeinen Wohngebiet zu wohnen, für das strengere Lärmschutzwerte gelten. In der näheren Umgebung des Grundstücks des N ist verbreitet Tierhaltung (Pferde, Gänse, Hühner) anzutreffen, zwischen den Gebäuden liegen Ackerflächen, die aus der Ortslage heraus bewirtschaftet werden. Die Umgebung entspricht also einem Dorfgebiet, somit gelten die Grenzwerte für Misch- bzw. Dorfgebiete i.S.d. §§ 5, 6 BauNVO. Diese Grenzwerte (60 dB(A) tags, 45 dB(A) nachts) werden eingehalten.

Falls ausnahmsweise aufgrund erhöhter Windgeschwindigkeit hiervon abweichende Lärmimmissionen erzeugt werden, gewährleistet Auflage 8 der Genehmigung, dass die Anlagen abgeschaltet werden. Insofern ist nicht von einer unzumutbaren Lärmbelästigung auszugehen.

Die Pflicht zur Vermeidung schädlicher Umwelteinwirkungen könnte ferner durch den Schattenwurf verletzt sein, welchen die Windkraftanlagen immer dann verursachen, wenn die Sonne hinter der Anlage steht. Das Sachverständigengutachten hat ergeben, dass der maximal prognostizierte Schattenwurf der Anlagen das Grundstück des N nicht mehr als 30 Minuten pro Tag und 30 Stunden pro Jahr beeinträchtigen wird. Die Grenze der Schädlichkeit wird von der Rechtsprechung in Anlehnung an als generalisierte Sachverständigengutachten angesehene Verwaltungsvorschriften dort gezogen, wo ein Benutzer von Wohn- oder Büroräumen nicht länger als 30 min pro Tag und max. 30 Stunden im Jahr belastet wird. Zudem wird durch Auflage 8 darüber hinausgehenden Beeinträchtigungen durch Schattenwurf Einhalt geboten. Zwar findet sich das dafür einzusetzende Mittel (Abschaltautomatik) nicht zwingend vorgeschrieben, sondern nur beispielhaft genannt; insgesamt erscheint diese Vorkehrung aber als hinreichend geeignet und bestimmt, um N vor unzumutbarem Schattenwurf zu schützen.

Es könnte ferner ein Verstoß gegen § 5 Abs. 1 Nr. 1 BImSchG vorliegen, wenn die Lichtimmissionen der Warnbeleuchtung eine schädliche Umwelteinwirkung darstellen. Wann Lichtimmissionen zu erheblichen Belästigungen führen können, richtet sich insbesondere nach der Gebietsart und der durch die tatsächlichen Verhältnisse bestimmten Schutzwürdigkeit und Schutzbedürftigkeit der betroffenen Nachbarn, wobei wertende Elemente wie Herkömmlichkeit, soziale Adäquanz und allgemeine Akzeptanz einzubeziehen sind. Diese Faktoren sind neben Art, Stärke und Dauer der Lichteinwirkung in eine wertende Gesamtbeurteilung im Sinne einer Güterabwägung einzustellen, wobei es für die Frage der Zumutbarkeit oder Unzumutbarkeit von Lichteinwirkungen nicht nur auf die Lichtstärke, sondern entscheidend auf die durch den Lichtschein hervorgerufene Blendwirkung ankommt. Die Gefahrenfeuer sind in einer Höhe von 85 m installiert und strahlen bestimmungsgemäß nicht nach unten ab. Im Rahmen der sozialen Adäquanz ist zu berücksichtigen, dass die Gefahrenfeuer in erster Linie der Verkehrssicherheit der Luftfahrt dienen. Sofern sie die Wohn- und Schlafräume des N nachts erhellen, kann dies ohne größeren Aufwand z.B. durch Vorhänge vermindert bzw. ausgeschlossen werden. Die Gefahrenleuchten blitzen auch nicht auf, so dass es zu keinem sog. Disco-Effekt kommen kann. Ein Verstoß gegen § 5 Abs. 1 Nr. 1 BImSchG ist somit nicht gegeben. Auch der Vorsorgepflicht nach § 5 Abs. 1 Nr. 2 BImSchG wurde hier genügt, da die Windkraftanlagen laut Sachverhalt dem neuesten Stand der Technik entsprechen.

Gem. § 6 Abs. 1 Nr. 2 BImSchG ist darüber hinaus eine immissionsschutzrechtliche Genehmigung nur zu erteilen, wenn andere öffentlich-rechtliche Vorschriften und Belange nicht entgegenstehen. Als sonstige zu berücksichtigende öffentlich-rechtliche Vorschriften kommen hier die Vorgaben des Baugesetzbuchs in Betracht. Zu beachten ist diesbezüglich auch die Konzentrationswirkung der immissionsschutzrechtlichen Genehmigung, die andere die Anlage betreffende behördliche Entscheidungen, z.B. eine Baugenehmigung nach dem BauGB, einschließt. Die Windkraftanlage müsste somit auch nach den Vorschriften des BauGB genehmigungsfähig sein. Das Vorhaben des A befindet sich im Außenbereich. Vorhaben im Außenbereich sind gem. § 35 Abs. 1 BauGB zulässig, wenn sie zu den „privilegierten" Vorhaben zählen, ihnen öffentliche Belange nicht entgegenstehen und eine ausreichende Erschließung gesichert ist. Sonstige Projekte können gem. Abs. 2 im Einzelfall zugelassen werden, wenn ihre Ausführung und Benutzung (vor allem) die in Abs. 3 aufgeführten öffentlichen Belange nicht beeinträchtigen und ihre Erschließung gesichert ist. Windenergieanlagen sind privilegierte Außenbereichsvorhaben gem. § 35 Abs. 1 Nr. 5 BauGB. Einem privilegierten Vorhaben dürfen öffentliche Belange nicht entgegenstehen. Der Begriff der öffentlichen Belange ist in Abs. 3 der Vorschrift nicht definiert, vielmehr wird er durch einen nicht abschließenden Katalog wichtiger öffentlicher Belange erläutert. Betroffene öffentliche Belange könnten vorliegend schädliche Umwelteinwirkungen gem. § 35 Abs. 3 S. 1 Nr. 3 BauGB sein. Diesbezüglich gelten die gleichen Grundsätze wie im Bundes-Immissionsschutzgesetz, so dass sich keine Abweichungen zur vorangegangenen Prüfung ergeben. Insgesamt wird die Schutzwürdigkeit des Grundstücks des N im Rahmen des Bauplanungsrechts auch dadurch beeinflusst, dass es an der Grenze zum Außenbereich liegt. Wie sich aus § 35 Abs. 1 BauGB ergibt, müssen Eigentümer von Grundstücken in Randlage mit Veränderungen der Umgebung durch Anlagen nach § 35 Abs. 1 Nr. 5 BauGB von vornherein rechnen. Dem Vorhaben des A stehen folglich keine öffentlichen Belange gem. § 35 Abs. 3 BauGB entgegen.

Im Ergebnis ist festzustellen, dass die immissionsschutzrechtliche Genehmigung der 20 Windenergieanlagen dem materiellen Recht entspricht. ◄

Wiederholungs- und Verständnisfragen

> - Welche Zielsetzungen verfolgt das Bundes-Immissionsschutzgesetz? (Rn. 24)
> - Welcher Regelungsbereich des Immissionsschutzrechts verbleibt nach der Föderalismusreform den Bundesländern? (Rn. 16)
> - Welche Planungsinstrumente enthält das Bundes-Immissionsschutzgesetz? (Rn. 33 ff.)
> - Besteht ein individueller Anspruch auf Aufstellung von Plänen i.S.v. § 47 Abs. 2 BImSchG? (Rn. 36)
> - Welchen Pflichten unterliegen Betreiber genehmigungsbedürftiger Anlagen? (Rn. 44 ff.)
> - Was bedeutet die Konzentrationswirkung der immissionsschutzrechtlichen Genehmigung? (Rn. 70, 77)
> - Welche Pflichten treffen Betreiber nicht genehmigungsbedürftiger Anlagen? (Rn. 58 ff.)

§ 10 Naturschutz- und Landschaftspflegerecht

Als eine der zentralen Materien des Umweltrechts hat das Rechtsgebiet des **Naturschutzes und der Landschaftspflege** kontinuierlich an Bedeutung gewonnen. Sowohl der weltweit zu beklagende Artenrückgang[1] und der Verlust an Biodiversität als auch die durch Nutzungsansprüche der modernen Industriegesellschaft bedingten Beeinträchtigungen und Zerstörungen von Natur und Landschaft[2] haben diesem Bedeutungsgewinn Vorschub geleistet.[3] Nachdem das Bild lange Zeit durch einen räumlich und sachlich begrenzten Ansatz bestimmt worden ist, begnügt sich das moderne Naturschutzrecht nicht mehr damit, einige besonders wertvolle Biotope und seltene Arten zu schützen.[4] Die für diesen Bereich des Umweltrechts maßgeblichen Rechtsgrundlagen dokumentieren vielmehr eine **umfassende und gestalterische Aufgabenstellung** dahin gehend, Fehlentwicklungen flächendeckend zurückzudrängen und weitere Eingriffe in Natur und Landschaft möglichst zu vermeiden sowie die Biodiversität zu schützen.[5] Neue Herausforderungen werden durch den Klimawandel und Veränderungen in der Agrarpolitik begründet.[6]

I. Rechtsgrundlagen

Das Naturschutz- und Landschaftspflegerecht ist die Gesamtheit derjenigen Rechtsvorschriften, die dem Naturschutz und der Landschaftspflege dienen.

1. Internationales Recht

Auf dem Gebiet des Naturschutzes sind eine Reihe von internationalen Übereinkommen zu nennen:

- Übereinkommen über Feuchtgebiete, insbesondere als Lebensraum für Watt- und Wasservögel von internationaler Bedeutung vom 2.2.1971, sog. **Ramsar-Konvention**.[7] Mithilfe der Konvention soll erreicht werden, dass möglichst viele Staaten ökologisch wichtige Feuchtgebiete von internationaler Bedeutung unter besonderen Schutz stellen.
- Übereinkommen über den internationalen Handel mit gefährdeten Arten freilebender Tiere und Pflanzen vom 3.3.1973, sog. **Washingtoner Artenschutzübereinkommen**.[8] Das 1975 völkerrechtlich in Kraft getretene Übereinkommen will den internationalen Handel als eine der Hauptursachen für die Gefährdung bestimmter Tier- und Pflanzenarten einschränken. Inzwischen ist die Konvention durch die EU-Artenschutz-Verordnung[9] als unmittelbar geltendes Recht in das Unionsrecht inkorpo-

---

1 Ausführlich *Maaß/Schütte* in: Koch, Umweltrecht, § 7 Rn. 1 ff., *A. Schumacher/J. Schumacher* in: J. Schumacher/Fischer-Hüftle, BNatSchG, § 1 Rn. 30 ff.
2 Zum Verlust an Lebensraumtypen und Arten in der EU vgl. den Bericht der EU-Kommission, Der Zustand der Natur in der Europäischen Union, KOM (2015) 219 endg.
3 Zur Situation in Deutschland vgl. *SRU*, Umweltgutachten 2008, Tz. 331 ff.
4 Zur Entwicklung des Naturschutzrechts *Kloepfer*, Zur Geschichte des deutschen Umweltrechts, S. 70 ff., 87 ff., 211 ff.
5 *SRU*, Umweltgutachten 2008, Tz. 333.
6 *SRU*, Umweltgutachten 2008, Tz. 354 ff.
7 BGBl. II 1976, S. 1266.
8 BGBl. II 1975, S. 773.
9 VO (EG) Nr. 338/97, ABlEG L 1997 61/1, zuletzt geändert durch VO (EU) Nr. 750/2013, ABlEU L 212/1.

riert worden, wobei teilweise noch Verschärfungen vorgenommen worden sind. Nationale Umsetzungsregelungen sind damit gegenstandslos geworden.
- Übereinkommen zur Erhaltung der wandernden wild lebenden Tierarten vom 23.6.1979, sog. **Bonner Konvention**.[10] Das Übereinkommen schafft eine umfassende Regelung zur Erhaltung, Hege und Nutzung grundsätzlich aller wandernden Arten.
- Übereinkommen über die Erhaltung der europäischen wild lebenden Pflanzen und Tiere und ihrer natürlichen Lebensräume vom 19.9.1979, sog. **Berner Konvention**.[11] Das Übereinkommen soll insbesondere die zwischenstaatliche Zusammenarbeit zum Schutz der wildlebenden Fauna und Flora fördern.
- Übereinkommen zum Schutz der Alpen vom 7.11.1991. Die sog. **Alpenkonvention** soll die Alpen für ihre Bewohner als stabilen Lebensraum sichern und als einzigartige, vielfältige Naturlandschaft erhalten.[12] Hierzu dienen acht weitere am 21.8.2002 in Kraft getretene Durchführungsprotokolle zur Alpenkonvention über Raumplanung und nachhaltige Entwicklung, Naturschutz und Landschaftspflege, Berglandwirtschaft, Bergwald, Tourismus, Energie, Bodenschutz und Verkehr sowie das Streitbeilegungsverfahren.[13]
- Übereinkommen über die biologische Vielfalt vom 5.6.1992, sog. **Biodiversitätskonvention**,[14] die u.a. mit dem Konzept des „sustainable development" den Schutz der biologischen Vielfalt in ihren natürlichen Lebensräumen weltweit sicherstellen will.[15]
- Übereinkommen über den Schutz der Meeresumwelt des Nordostatlantiks vom 22.9.1992 (Oslo-Paris- oder kurz **OSPAR-Übereinkommen**), das als Grundlage die generelle Verpflichtung der Vertragsparteien zur Verhütung und Beseitigung der Meeresverschmutzung, zum Schutz gegen nachteilige Auswirkungen menschlichen Handelns und zur Wiederherstellung nachteilig beeinflusster Meeresgebiete vorsieht.[16]
- Übereinkommen zum Schutz der Meeresumwelt des Ostseegebietes, sog. **Helsinki-Übereinkommen**, das 1992 grundlegend überarbeitet und 2000 in Kraft getreten ist.[17] Sie bezweckt den Schutz der natürlichen Lebensräume, Naturprozesse und biologischen Vielfalt des Ökosystems Ostsee und seiner Küstenzonen, der durch Erhaltungs-, Pflege- und Entwicklungsmaßnahmen der Anrainerstaaten und der EU gewährleistet werden soll.[18]

2. EU-Recht

4   Der Rat und die Kommission der EU haben für den Bereich des Naturschutzes folgende **Verordnungen** (Art. 288 Abs. 2 AEUV) erlassen:

---

10 BGBl. II 1984, S. 569.
11 BGBl. II 1984, S. 618.
12 BGBl. II 1994, S. 2538.
13 BGBl. II 2002, S. 1785.
14 BGBl. II 1993, S. 1741.
15 Vgl. oben § 8 Rn. 7, 20 sowie unten § 15 Rn. 35, vgl. dazu auch *Winter*, ZUR 2011, 57; *Kotzur*, ZUR 2008, 225.
16 BGBl. II 1994, S. 1355, 1360, zuletzt geändert vgl. BGBl. II, S. 2010, 1006; siehe unten § 15 Rn. 42.
17 BGBl. II 1994, S. 1355, 1397; vgl. näher § 15 Rn. 47 f.
18 Zu weiteren die Meeresumwelt schützenden Übereinkommen vgl. § 15 Rn. 12, 25 ff.

- Verordnung 348/81/EWG über eine gemeinsame Regelung für die Einfuhr von Walerzeugnissen vom 20.1.1981,[19]
- Verordnung 2092/91/EWG über den ökologischen Landbau und die entsprechende Kennzeichnung der landwirtschaftlichen Erzeugnisse und Lebensmittel vom 24.6.1991[20] und
- Verordnung (EG) Nr. 338/97 über den Schutz von Exemplaren wildlebender Tier- und Pflanzenarten durch Überwachung des Handels vom 9.12.1996.[21]

In der Rechtsform der **Richtlinie** (Art. 288 Abs. 3 AEUV) ergingen folgende Regelungen:[22]

- Richtlinie 79/409/EWG über die Erhaltung der wildlebenden Vogelarten vom 2.4.1979, Richtlinie 2009/147/EG über die Erhaltung der wildlebenden Vogelarten vom 30.11.2009,[23] die die Richtlinie 79/409/EWG aufhob und neu kodifizierte, sog. **Vogelschutzrichtlinie**[24]
- Richtlinie 86/278/EWG über den Schutz der Umwelt und insbesondere der Böden bei der Verwendung von Klärschlamm in der Landwirtschaft vom 12.6.1986,[25]
- Richtlinie 92/43/EWG zur Erhaltung der natürlichen Lebensräume sowie der wildlebenden Tiere und Pflanzen vom 21.5.1992, sog. **Fauna-Flora-Habitat-Richtlinie (FFH-Richtlinie)**,[26]
- Richtlinie 99/22/EG über die Haltung von Wildtieren in Zoos vom 29.3.1999, sog. **Zoorichtlinie**,[27] und
- Richtlinie 2004/35/EG über Umwelthaftung zur Vermeidung und Sanierung von Umweltschäden vom 21.4.2004, sog. **Umwelthaftungsrichtlinie**[28].

3. Bundesrecht

Hauptbestandteile dieses Rechtskreises sind das 2009 novellierte **Bundesnaturschutzgesetz** (BNatSchG),[29] das das rahmenrechtliche BNatSchG 2002[30] zum 1.3.2010 abgelöst hat, und die Naturschutz- und Landschaftspflegegesetze der Länder.[31]

5

---

19 ABlEG L 39/1, zuletzt geändert durch Beschl. v.Nr. 95/1 v. 1.1.1995, ABlEG L 1995 1/1.
20 ABlEG L 198/1, zuletzt geändert durch VO (EG) Nr. 404/2008 v. 6.5.2008, ABlEG L 120/8.
21 ABlEG L 61/1, zuletzt geändert durch Art. 1 ÄndVO (EU) 1320/2014 v. 17.12.2014, ABlEU L 361/1; beachte zudem die Durchführungsverordnung (EU) Nr. 792/2012 v. 23.8.2012, ABlEU L 242/13.
22 Zur Dogmatik der Direktwirkung von EG-Richtlinien und ihrer Bedeutung für das EU-Naturschutzrecht vgl. *Winter*, ZUR 2002, 313; ferner § 7 Rn. 15.
23 ABlEG L 20 v. 26.1.2010, 7, zuletzt geändert durch RL 2013/17/EU v. 13.5.2013, ABlEU L 158/193.
24 ABlEG L 103/1, zuletzt geändert durch RL 2008/102/EG v. 19.11.2008, ABlEG L 323/31; *Künkele*, NuR 1988, 334; zur verspäteten Umsetzung EuGH, NuR 1993, 505; dazu *Schmidt*, JZ 1993, 1086, 1087.
25 ABlEG L 181/6, zuletzt geändert durch VO (EG) Nr. 219/2009 v. 11.3.2009, ABlEG L 87/109.
26 ABlEG L 206/7, zuletzt geändert durch RL 2013/17/EU v. 13.5.2013, ABlEU L 158/193; hierzu *Erbguth/Stollmann*, DVBl. 1997, 453; *Fisahn/Cremer*, NuR 1997, 268; *Erbguth*, DVBl. 1999, 588; *Gellermann*, NdsVBl. 2000, 157; zur verspäteten Umsetzung EuGH, NVwZ 2006, 319; EuGH, NuR 1998, 194; zur unmittelbaren Geltung der FFH-RL vgl. BVerwG, ZUR 1998, 28 ff. m. Anm. *Fisahn*; EuGH, NVwZ 2001, 549 – Basses Corbière.
27 ABlEG L 94/24.
28 ABlEG L 143/56, zuletzt geändert durch RL 2013/30/EU v. 28.6.2013, ABlEU L 178/66.
29 Gesetz über Naturschutz und Landschaftspflege (Bundesnaturschutzgesetz – BNatSchG) v. 29.7.2009, BGBl. I, S. 2542, zuletzt geändert durch Art. 421 der Verordnung v. 31.8.2015, BGBl. I, S. 1474, 1536; vgl. die Überblicksaufsätze von *Louis*, NuR 2010, 77; *Gellermann*, NVwZ 2010, 73.
30 BNatSchG – Gesetz über Naturschutz und Landschaftspflege i.d.F. der Bekanntmachung v. 25.3.2002, BGBl. I, S. 1193.
31 Vgl. unten § 10 Rn. 11.

Im Jahre 2002 hatte der Gesetzgeber das 1976[32] erstmals erlassene und 1987 sowie 1998 geänderte[33] Bundesnaturschutzgesetz zum dritten Mal (umfassend) novelliert.[34] Nachdem der EuGH am 10.1.2006[35] urteilte, dass die Bundesrepublik Deutschland die FFH-Richtlinie der Europäischen Gemeinschaft[36] nicht in allen Punkten hinreichend in nationales Recht umgesetzt hatte, wurde das Habitat- und Artenschutzrecht im Bundesnaturschutzgesetz entsprechend geändert (5. sog. „kleine" BNatSchG-Novelle (2007)).[37]

Veranlasst durch die zum 1.9.2006 in Kraft getretene Föderalismusreform ist die Rahmengesetzgebungskompetenz (Art. 75 GG a.F.) gänzlich entfallen.[38] Der Bund verfügt fortan im Bereich Naturschutz und Landschaftspflege über eine konkurrierende Gesetzgebungskompetenz (vgl. Art. 74 Abs. 1 Nr. 29 GG), kann mithin eine Vollregelung treffen und ist von der eng anzuwendenden Erforderlichkeitsklausel befreit (vgl. Art. 72 Abs. 2 GG).[39] Im Gegenzug wurde den Ländern die Möglichkeit eingeräumt, vom Bundesnaturschutzrecht **abweichende Regelungen** zu treffen, soweit nicht allgemeine Grundsätze des Naturschutzes, das Recht des Artenschutzes oder des Meeresnaturschutzes betroffen sind (Art. 72 Abs. 3 S. 1 Nr. 2 GG).[40]

Dieses **Abweichungsrecht** der Länder war in der rechtspolitischen Auseinandersetzung um die Föderalismusreform höchst umstritten.[41] U.a. wurde die Befürchtung geäußert, dass mit Blick auf den Standortwettbewerb der Länder ein Abbau der Naturschutzstandards zu erwarten sei.[42] Gegen den Eintritt eines solchen (Wettlauf-)Szenarios spricht freilich, dass sich die kleineren Länder angesichts ihrer beschränkten Kapazitäten hieran kaum beteiligen werden. Zudem bieten Abstimmungsprozesse zwischen Bund und Ländern vor Verabschiedung einer Bundesregelung ausreichende Möglichkeiten, um den Interessen der Länder Rechnung zu tragen. Ferner bestehen für einige Bereiche gemeinschaftsrechtliche Vorgaben, denen auch die Länder unterliegen. Als schwerwiegender erweist sich letztlich die nur unzureichende, Interpretationsspielräume eröffnende Umschreibung der abweichungsfesten Kompetenzbereiche, insbesondere die des Artenschutzrechts in Art. 72 Abs. 3 S. 1 Nr. 2 GG.[43]

---

32 BGBl. I 1976, S. 3574.
33 1. Änderungsgesetz v. 12.3.1987 (BGBl. I, S. 889). Mit dem 2. Änderungsgesetz v. 30.4.1998 (BGBl. I, S. 823) wurde die FFH-RL nach vierjähriger Verspätung in nationales Recht umgesetzt. Das 3. Änderungsgesetz v. 21.9.1998 (BGBl. I, S. 2994) fügte u.a. Regelungen zum Vertragsnaturschutz sowie zu Ausgleichszahlungen für landwirtschaftliche Nutzungsbeschränkungen in das Bundesnaturschutzgesetz ein; zur rechtshistorischen Entwicklung des Naturschutzrechts vgl. *Wolf*, NuR 2013, 1.
34 BNatSchGNeuregG v. 25.3.2002 (BGBl. I, S. 1193); vgl. hierzu die Überblicksaufsätze von *Erbguth/Stollmann*, NJ 2002, 519 ff.; *Gellermann*, NVwZ 2002, 1025; *Louis*, NuR 2002, 385; *Stich*, UPR 2002, 161; *Schink*, Eildienst Landkreistag NRW 2002, 188; zu den Vorentwürfen *Meßerschmidt*, ZUR 2001, 241; *Ekardt*, ZUR 2001, 249; *Weihrich*, ZUR 2001, 387.
35 EuGH, ZUR 2006, 134.
36 Vgl. oben § 10 Rn. 4.
37 V. 12.12.2007, BGBl. I, S. 2873, ber. durch BGBl. I 2008, S. 47.
38 Siehe zur Gesetzgebungskompetenz § 4 Rn. 43 ff.; vgl. zu den Folgen der Föderalismusreform für das Naturschutzrecht auch *Schlacke/Krohn* in: Schlacke (Hrsg.), GK-BNatSchG, Einführung Rn. 40 ff.
39 Vgl. nur *Kloepfer*, NuR 2006, 1; *Frenz*, NVwZ 2006, 742; *Degenhart*, NVwZ 2006, 1209; *Rengeling*, DVBl. 2006, 1537; *Fischer-Hüftle*, NuR 2007, 78; unter Berücksichtigung der Herausforderungen durch das europäische Gemeinschaftsrecht ferner *Epiney*, NuR 2006, 403.
40 Zur Abweichungsgesetzgebung und ihren Grenzen im Naturschutz *Franzius*, NVwZ 2008, 492; *Köck/Wolf*, NVwZ 2008, 353; *Meßerschmidt*, UPR 2008, 361; *Petschulat*, NuR 2015, 386.
41 *Degenhart*, NVwZ 2006, 1209, 1212 f.; *Ipsen*, NJW 2006, 2801, 2803 f.; *Koch/Krohn*, NuR 2006, 673, 679.
42 *Koch/Krohn*, NuR 2006, 673, 679.
43 Eingehend hierzu *Koch/Krohn*, NuR 2006, 673, 677.

Schließlich wurden die Regelungskompetenzen auf dem Gebiet des Verwaltungsverfahrens neu geregelt. Gem. Art. 83 GG führen die Länder bundesrechtliche Regelungen des Naturschutzrechts als eigene Angelegenheit aus. Überdies obliegt ihnen nach Art. 84 Abs. 1 S. 1 GG die Einrichtung von Behörden und die Regelung des Verwaltungsverfahrens. Sofern der Bund anderes bestimmt, können die Länder nach Art. 84 Abs. 1 S. 2 GG grundsätzlich abweichende Regelungen treffen. Eine Ausnahme besteht nach Art. 84 Abs. 1 S. 5 GG für den Fall, dass aufgrund eines besonderen Bedürfnisses eine abweichungsfeste Regelung des Bundes zum Verwaltungsverfahren vorliegt.

Zwar scheiterte im Februar 2009 das Bestreben des Bundes, von der im Zuge der **Föderalismusreform** eingeführten Möglichkeit Gebrauch zu machen, ein Umweltgesetzbuch zu schaffen.[44] Das Naturschutzrecht wurde jedoch neben anderen umweltrechtlichen Teilgebieten von der Schaffung eines einheitlichen Umweltgesetzbuches abgekoppelt und im Juli 2009 als Gesetz zur Neuregelung des Rechts des Naturschutzes und der Landschaftspflege verabschiedet.[45] Das Gesetz über Naturschutz und Landschaftspflege (Art. 1) löste am 1.3.2010 das rahmenrechtliche BNatSchG ab.[46] Gleiches gilt für die sich hieraus ergebenden Pflichten und Befugnisse der Länder (vgl. Art. 125b Abs. 1 S. 1 und 2 GG). Die Länder dürfen seit dem Inkrafttreten des neuen BNatSchG 2010 von ihrer Abweichungsbefugnis Gebrauch machen (vgl. Art. 125b Abs. 1 S. 3 GG).[47]

Grundlage für den **Vollzug des Naturschutzrechts** ist regelmäßig das BNatSchG und das jeweilige Landesgesetz.[48]

Die Rechtslage in den neuen Bundesländern wurde zunächst durch das **Umweltrahmengesetz** (URG) vom 29.6.1990[49] geprägt. Dieses diente unter anderem dazu, die Umweltunion mit der Bundesrepublik Deutschland zu verwirklichen. Art. 6 URG regelte die Materie „Naturschutz- und Landschaftspflege". Nach dieser Vorschrift galten die Instrumente des BNatSchG unmittelbar. Mit Art. 8 des Einigungsvertrags vom 31.8.1990[50] ist das BNatSchG vollständig auf das Gebiet der ehemaligen DDR übergeleitet worden. Bis zum Inkrafttreten der Landesnaturschutzgesetze galten gem. § 3 Abs. 1 des Art. 6 URG die umsetzungsbedürftigen, d.h. bundesrechtlich nicht unmittelbar anzuwendenden Bestimmungen des BNatSchG als Landesrecht.[51]

Die Regelungen des Bundesnaturschutzgesetzes werden ergänzt durch die **Bundesartenschutzverordnung** vom 16.2.2005.[52]

Zum Naturschutzrecht im weiteren Sinne zählen das

- Forstrecht,
- Tierschutzrecht,
- Pflanzenschutzrecht,

---

44 Siehe bereits § 2 Rn. 14.
45 V. 29.7.2009, BGBl. I, S. 2542.
46 Vgl. Art. 27 des Gesetzes zur Neuregelung des Rechts des Naturschutzes und der Landschaftspflege v. 29.7.2009, BGBl. I, S. 2542.
47 *Berghoff/Steg*, NuR 2010, 17, 18; *Degenhart*, NVwZ 2006, 1209, 1212 f.
48 Vgl. unten § 10 Rn. 11.
49 DDR-GBl., S. 649.
50 BGBl. II, S. 889.
51 Weiterführend zum Naturschutzrecht der DDR und in den neuen Bundesländern vgl. *v. Mutius*, NuR 1990, 241; *Vierhaus*, NVwZ 1991, 341.
52 BArtSchV – Verordnung zum Schutz wildlebender Tier- und Pflanzenarten, BGBl. I, S. 258, 896, zuletzt geändert durch Art. 10 Gesetz v. 21.1.2013, BGBl. I, S. 95; siehe *Adams*, NuR 2005, 299.

- Jagdrecht und das
- Agrarrecht.

Insoweit sind als – allerdings nicht dem Naturschutz ausschließlich gewidmete, also nicht naturschutzspezifische – Rechtsgrundlagen zu nennen:

- **Bundeswaldgesetz** vom 2.5.1975.[53] Es umfasst rahmenrechtliche[54] Vorschriften über die forstliche Rahmenplanung, die Rodungsgenehmigung, Walderhaltung und Waldbewirtschaftung sowie Normen über forstwirtschaftliche Zusammenschlüsse und die Förderung der Forstwirtschaft.
- **Bundesjagdgesetz** i.d.F. vom 29.9.1976.[55] Es regelt das Jagdrecht und die Beteiligung Dritter an der Ausübung des Jagdrechts, enthält Vorschriften zu den Jagdbezirken, über den Jagdschein, Jagdbeschränkungen sowie zu Wild- und Jagdschäden.
- **Flurbereinigungsgesetz** i.d.F. vom 16.3.1976.[56] Es umfasst insbesondere Grundlagenvorschriften der Flurbereinigung, eine Auflistung der an der Flurbereinigung Beteiligten und ihrer Rechte, Normen betreffend die Neugestaltung des Flurbereinigungsgebiets, Regelungen für ein beschleunigtes Zusammenlegungsverfahren, den freiwilligen Landtausch, die entstehenden Kosten, das Rechtsbehelfsverfahren, den Abschluss des Flurbereinigungsverfahrens und die Teilnehmergemeinschaft nach der Beendigung des Flurbereinigungsverfahrens.
- **Tierschutzgesetz** i.d.F. vom 18.5.2006.[57] Es enthält Normen zur Tierhaltung, Tötung von Tieren, zu Eingriffen an Tieren, Tierversuchen, Tierzucht und zum Tierhandel.
- **Pflanzenschutzgesetz** i.d.F. vom 14.5.1998.[58] Es umfasst Normen zum Schutz der Kulturpflanzen und Pflanzenerzeugnisse vor Schadorganismen sowie Normen zur Beschränkung der Anwendung von Pflanzenschutzmitteln.

4. Landesrecht

11 Vor Inkrafttreten des BNatSchG als Vollregelung 2010 im Gefolge der Föderalismusreform[59] hatten die Länder aufgrund der Umsetzungspflicht gem. § 71 BNatSchG a.F. ihre Landesnaturschutzgesetze und einschlägigen Rechtsverordnungen anhand des den Rahmen bildenden Bundesnaturschutzgesetzes[60] immer wieder zu novellieren. Dieser **bundesrechtliche Rahmen**[61] ließ den Ländern einen nicht unerheblichen Ausgestaltungsspielraum; dies galt insbesondere für die Regelung der Landschaftsplanung, der Eingriffe in Natur und Landschaft und der Erholung, aber auch für rechtspolitisch umstrittene Fragen wie die Einführung von Ausgleichsabgaben oder der Verbandsklage.[62]

---

53 BGBl. I, S. 1037, zuletzt geändert durch Art. 413 der Verordnung v. 31.8.2015 BGBl. I, S. 1474, 1535; vgl. auch *Thomas*, NuR 2013, 559.
54 Vgl. bereits § 4 Rn. 47.
55 BGBl. I, S. 2849, zuletzt geändert durch Art. 422 der Verordnung v. 31.8.2015, BGBl. I, S. 1474, 1536.
56 BGBl. I, S. 546, zuletzt geändert durch Art. 17 des Gesetzes v. 19.12.2008, BGBl. I, S. 2794.
57 BGBl. I, S. 1206, 1313, zuletzt geändert durch Art. 3 des Gesetzes v. 28.7.2014, BGBl. I, S. 1308, 1309.
58 BGBl. I, S. 971, 1527, 3512, zuletzt geändert durch Art. 375 der Verordnung v. 31.8.2015, BGBl. I, S. 1474, 1529.
59 Vgl. bereits oben § 4 Rn. 46 f.
60 Vgl. oben § 10 Rn. 5.
61 Vgl. bereits § 10 Rn. 5, § 4 Rn. 47.
62 *Sparwasser/Engel/Voßkuhle*, § 6 Rn. 57.

Aufgrund von Art. 72 Abs. 3 S. 2 GG (2006) trat das BNatSchG sechs Monate nach seiner Verkündung am 1.3.2010 in Kraft. Auf diese Weise sollte den Ländern ein Zeitrahmen für die Entscheidung über Abweichungen eröffnet werden.[63] Trotz der nunmehr erfolgten Vollregelung und der Festlegung abweichungsfester Kerne (allgemeine Grundsätze des Naturschutzes, das Recht des Artenschutzes und Meeresnaturschutz) werden die Länder ausdrücklich zur Schaffung von Landesnaturschutzrecht ermächtigt, insbesondere in den Bereichen der Landschaftsplanung (vgl. § 10 Abs. 4 BNatSchG und § 11 Abs. 5 BNatSchG), der Eingriffsregelung (vgl. § 15 Abs. 7 S. 2 BNatSchG, § 16 Abs. 2 BNatSchG) und der Unterschutzstellung von Natur und Landschaft (vgl. § 22 Abs. 2 BNatSchG) sowie des Aufbaus und Schutzes des Netzes „Natura 2000" (vgl. § 32 Abs. 1 und 4 BNatSchG). Diese bundesrechtlichen Länderermächtigungen sorgen dafür, dass die Ländernaturschutzgesetzgebung weiterhin erforderlich ist. Art. 72 Abs. 3 S. 3 GG stellt klar, dass – soweit Bund und Länder von ihren jeweiligen Gesetzgebungszuständigkeiten Gebrauch gemacht haben – im Verhältnis von Bundes- und Landesrecht das jeweils später gesetzte Recht vorgeht (sog. lex-posterior-Regel). Die allgemeine Kollisionsregelung zugunsten des Bundesrechts (Art. 31 GG) wird also für diese Fälle außer Kraft gesetzt.[64]

Mittlerweile haben die Bundesländer ihre Naturschutzgesetze an das BNatSchG 2010 angepasst.[65] Dabei liegen die Schwerpunkte der das BNatSchG ausführenden Landesnaturschutzgesetze in folgenden Bereichen:

- Behördenzuständigkeiten und Verfahren,
- Landschaftsplanung,
- Flächenschutz,
- Eingriffsregelung,
- konkrete Nutzungskollisionen (z.B. allgemeines Betretungsrecht),[66]
- Eigentumsbindung,
- weitere Formen der Beteiligung im Naturschutz (z.B. Naturschutzvereinigungen, Naturschutzbeiräte, ehrenamtlicher Naturschutzdienst),
- Ordnungswidrigkeiten.

---

63 Vgl. BT-Drs. 16/813, S. 11; dazu *Ipsen*, NJW 2006, 2801, 2804; *Häde*, JZ 2006, 930, 932; *Kotulla*, NVwZ 2007, 489, 491.
64 Vgl. hierzu *Schlacke/Krohn* in: Schlacke (Hrsg.), GK-BNatSchG, Einf. Rn. 40 ff.
65 Überblick über die Landesnaturschutzgesetze: NatSchG BW v. 13.12.2005, GBl. 2005, S. 745, zuletzt geändert durch Gesetz v. 23.6.2015, GBl. 2015, S. 585; BayNatSchG v. 23.2.2011, GVBl. 2011, S. 82, zuletzt geändert durch Gesetz v. 24.4.2015, GVBl. 2015, S. 73; NatSchG Bln v. 29.5.2013, GVBl. S. 140; BbgNatSchAG v. 21.1.2013, GVBl. I/2013, Nr. 3; BremNatG v. 27.4.2010, Brem.GBl. 2010, S. 315, zuletzt geändert durch Gesetz v. 19.12.2014, Brem.GBl. 2014, S. 780; HmbBNatSchAG v. 11.5.2010, HmbGVBl. 2010, S. 350, zuletzt geändert durch 2. Änderungsgesetz v. 13.5.2014, HmbGVBl. 2014, S. 167; HAGBNatSchG v. 20.12.2010, GVBl. I 2010, S. 629, zuletzt geändert durch Art. 2 des Gesetzes zur Neuregelung des Rechts des Waldes und zur Änd. anderer Vorschriften vom 27.6.2013, HmbGVBl. 2013, S. 458; NatSchAG M-V v. 23.2.2010, GVOBl. M-V 2010, S. 66, zuletzt geändert durch Gesetz vom 15.1.2015, GVOBl. M-V 2015, S. 30; NAGBNatSchG v. 19.2.2010, Nds. GVBl. S. 104; LG NRW v. 21.7.2000, GV. NRW. 2000, S. 568, zuletzt geändert durch Gesetz v. 16.3.2010, GV. NRW. 2010, S. 185; LNatSchG RP v. 28.9.2005, GVBl. 2005, S. 387; SNG v. 5.4.2006, Amtsbl. 2006, S. 726, zuletzt geändert durch Gesetz v. 22.6.2010, GVBl. 2010, S. 106; SächsNatSchG v. 6.6.2013, SächsGVBl. 2013, S. 451, zuletzt geändert durch Gesetz v. 29.4. 2015, SächsGVBl. 2015, S. 349; NatSchG LSA v. 10.12.2010, GVBl. LSA 2010, S. 569, zuletzt geändert durch Gesetz v. 15.1.2015, GVBl. LSA 2015, S. 21; LNatSchG SH v. 24.2.2010, GVOBl. 2010, S. 301, zuletzt geändert durch Gesetz v. 13.7.2011, GVOBl. 2011, S. 225; ThürNatG v. 30.8.2006, GVBl. 2006, S. 421, zuletzt geändert durch Gesetz v. 15.7.2015, GVOBl. 2015, S. 113; zum BbgNatSchAG vgl. *Koch*, LKV 2013, 207.
66 Vgl. zur Unzulässigkeit der Sperrung von Skipisten BayVGH, BayVBl. 2014, 304 ff.

II. Grundbegriffe

1. Natur und Landschaft

12 **Natur**[67] und **Landschaft**[68] im weiten Sinne sind der Inbegriff der Formen, Stoffe und Kräfte der materiellen Wirklichkeit – unabhängig davon, ob belebt oder unbelebt –, soweit sie wesensmäßig ohne menschliches Zutun entstanden sind. Natur offenbart sich in der Landschaft als ein Ausschnitt der Erdoberfläche.[69]

13 Das **Naturschutzrecht** versteht unter Natur und Landschaft die Erdoberfläche einschließlich der Wasser- und Eisflächen mit ihren Pflanzen und Tieren sowie den darunterliegenden Erdschichten und dem unmittelbar darüberliegenden Luftraum.[70] Weder die tiefergelegenen Gesteinsschichten und Bodenschätze noch der das Wetter und Klima nicht beeinflussende Teil der Atmosphäre werden davon erfasst.[71]

2. Naturschutz und Landschaftspflege

14 **Naturschutz** ist die Gesamtheit der Maßnahmen zur Erhaltung und Förderung von Pflanzen und Tieren wildlebender Arten, ihrer Lebensgemeinschaften und natürlichen Lebensgrundlagen sowie zur Sicherung von Landschaften und Landschaftsteilen unter natürlichen Bedingungen.[72]

15 **Landschaftspflege** ist die Gesamtheit der Maßnahmen zur Sicherung und Förderung der nachhaltigen Nutzungsfähigkeit der Naturgüter sowie der Vielfalt, Eigenart und Schönheit von Natur und Landschaft.[73] Während die Begriffe Naturschutz und Landschaftspflege ursprünglich nebeneinander verwendet wurden, der erstere als Arten- und Gebietsschutz und der letztere als Landschaftsgestaltung, kommt es heute auf diese Differenzierungen im Einzelnen nicht mehr an. Naturschutz und Landschaftspflege bilden vielmehr ein einheitliches Begriffspaar, das auf einen umfassenden Schutz des Naturhaushaltes als Gesamtheit der jeweils räumlich fassbaren und ein ganzheitliches Wirkungsgefüge darstellenden Ökosysteme gerichtet ist.[74]

III. Das Bundesnaturschutzgesetz im Überblick

16 Das **Bundesnaturschutzgesetz** gliedert sich in elf Kapitel.

Das **1. Kapitel** (§§ 1–7 BNatSchG) enthält allgemeine Vorschriften über die Ziele des Naturschutzes und der Landschaftspflege, die Verwirklichung der Ziele, die Zuständigkeiten, Aufgaben und Befugnisse, vertragliche Vereinbarungen und die Zusammenarbeit der Behörden, die Funktionssicherung bei Flächen für öffentliche Zwecke, die Land-, Forst- und Fischereiwirtschaft, die Beobachtung von Natur und Landschaft sowie Begriffsbestimmungen. Im **2. Kapitel** (§§ 8–12 BNatSchG) finden sich Vorschriften

---

67 Zum Begriff *Lersner*, NuR 1999, 61; *Hager*, JZ 1998, 223.
68 Zum juristischen Landschaftsbegriff *Fischer-Hüftle*, NuL 1997, 239.
69 *Müller-Walter* in: Lorz/Konrad/Mühlbauer/Müller-Walter/Stöckel, BNatSchG, § 1 Rn. 2.
70 *Louis*, BNatSchG, § 1 Rn. 4; vgl. zum Begriffspaar „Natur und Landschaft" auch *Wolf* in: Schlacke (Hrsg.), GK-BNatSchG, § 1 Rn. 5 ff.
71 *A. Schumacher/J. Schumacher* in: J. Schumacher/Fischer-Hüftle, BNatSchG, § 1 Rn. 11.
72 *Müller-Walter* in: Lorz/Konrad/Mühlbauer/Müller-Walter/Stöckel, BNatSchG, § 1 Rn. 3; vgl. auch *Sparwasser/Engel/Voßkuhle*, § 6 Rn. 1 ff.
73 *Müller-Walter* in: Lorz/Konrad/Mühlbauer/Müller-Walter/Stöckel, BNatSchG, § 1 Rn. 3; *Louis*, BNatSchG, § 1 Rn. 3.
74 *Gassner* in: Gassner/Bendomir-Kahlo/Schmidt-Räntsch, BNatSchG, § 1 Rn. 2a; dazu auch *Niederstadt*, Ökosystemschutz durch Regelungen des öffentlichen Umweltrechts.

über die Landschaftsplanung, insbesondere zu Aufgaben und Inhalten der Landschaftsplanung, zu Landschaftsprogrammen und Landschaftsrahmenplänen sowie Landschafts- und Grünordnungsplänen. Das **3. Kapitel** (§§ 13–19 BNatSchG) trifft Regelungen bei Eingriffen in Natur und Landschaft, normiert das Verhältnis zum Baurecht sowie Konsequenzen bei Schäden an bestimmten Arten und natürlichen Lebensräumen. Das **4. Kapitel** (§§ 20–36 BNatSchG) befasst sich mit dem Schutz bestimmter Teile von Natur und Landschaft, insbesondere mit der Festsetzung besonderer Schutzgebiete und -objekte sowie mit dem Aufbau und Schutz des europäischen Netzes Natura 2000. Das **5. Kapitel** (§§ 37–55 BNatSchG) enthält Vorschriften zum Schutz wildlebender Tier- und Pflanzenarten, ihrer Lebensstätten und Biotope. Das **6. Kapitel** (§§ 56–58 BNatSchG) widmet sich dem Meeresnaturschutz. Das **7. Kapitel** (§§ 59–62 BNatSchG) regelt die Erholung in Natur und Landschaft. Im **8. Kapitel** (§§ 63 f. BNatSchG) finden sich Vorschriften zu Mitwirkungsrechten und Rechtsbehelfen anerkannter Naturschutzvereinigungen. Das **9. Kapitel** (§§ 65–68 BNatSchG) enthält Vorschriften zur Eigentumsbindung und zu Befreiungen. Das **10. Kapitel** (§§ 69–73 BNatSchG) betrifft Bußgeld- und Strafvorschriften. Das **11. Kapitel** (§ 74 BNatSchG) beinhaltet die Übergangs- und Überleitungsvorschrift.

IV. Ziele und Grundsätze des Naturschutz- und Landschaftspflegerechts

Die in § 1 Abs. 1 BNatSchG festgelegten **Einzelziele** spiegeln die drei grundlegenden Zieldimensionen des Naturschutzes und der Landschaftspflege wider: Die Sicherung der biologischen Diversität,[75] die Sicherung der materiell-physischen Funktionen und die Sicherung der immateriellen Funktionen im Zusammenhang mit dem Wahrnehmen und Erleben von Natur und Landschaft.[76] Sie lassen sich zu einem einzigen, dem Naturschutzrecht immanenten Handlungsziel zusammenfassen: Erstrebt wird, Natur und Landschaft aufgrund ihres eigenen Wertes und als Lebensgrundlage des Menschen – auch in Verantwortung für die künftigen Generationen – durch dem Nachhaltigkeitsgebot[77] entsprechende Schutz-, Pflege-, Entwicklungs- und Wiederherstellungsmaßnahmen zu schützen und auf Dauer zu sichern.[78]

17

Eine Aufschlüsselung dieses Handlungsbündels ergibt folgende Grundaussagen:

Erstens: Zunächst verdeutlicht diese Zielsetzung die **anthropozentrische** – also dem Menschen zu dienen bestimmte – Ausrichtung des Naturschutzrechts.[79] So ist die Nutzungsfähigkeit der Naturgüter (§ 1 Abs. 1 Nr. 2 BNatSchG) primär wohl nicht mit dem Naturschutz verknüpft, genauso wenig wie die Erholung des Menschen in Natur und Landschaft und auch nur bedingt die ästhetischen Belange, die in § 1 Abs. 1 Nr. 3 BNatSchG anklingen.[80]

Daneben tritt eine in Übereinstimmung mit Art. 20a GG zum Ausdruck kommende **ökozentrische** Ausrichtung,[81] nämlich Natur und Landschaft „an sich" für schützenswert zu erklären. Damit verhindert der Gesetzgeber, den Schutzauftrag des Gesetzes durch eine ausschließliche Ausrichtung an menschlichen Interessen einschränkend aus-

---

75 Durch das BNatSchG 2010 wird erstmalig die Sicherung der biologischen Vielfalt ausdrücklich als Zielbestimmung normiert.
76 Vgl. BR-Drs. 278/09, S. 158 f.
77 Vgl. bereits § 3 Rn. 2.
78 Vgl. *Wolf* in: Schlacke (Hrsg.), GK-BNatSchG, § 1 Rn. 5 ff.
79 Hierzu bereits § 1 Rn. 9; vgl. auch *Kloepfer*, Umweltrecht, § 11 Rn. 33.
80 *Lütkes* in: Lütkes/Ewer, BNatSchG, § 1 Rn. 32, 34.
81 Vgl. § 1 Rn. 10.

zulegen. Der Verweis auf die Verantwortung für die künftigen Generationen rückt die dauerhafte, nachhaltige Nutzungsfähigkeit in den Vordergrund der Zielsetzung.[82] Allerdings genießen dadurch **Naturschutzbelange keinen absoluten Vorrang** gegenüber anderen öffentlichen Belangen. Dies kommt auch in § 2 Abs. 3 BNatSchG zum Ausdruck, wonach Naturschutz und Landschaftspflege – was bei Zielkollisionen relevant wird – gegenüber gesetzesinternen, insbesondere aber aufgabenexternen öffentlichen Belangen unter Abwägungsvorbehalt stehen.[83]

18 Ein in der Praxis schon seit Langem zu beobachtender **Zielkonflikt** besteht zwischen Naturschutz und Landschaftspflege einerseits sowie land- und forstwirtschaftlicher Bodennutzung andererseits, insbesondere im Fall der oftmals vorzufindenden Intensivlandwirtschaft mit umweltschädigender Überdüngung und der Verwendung chemischer Mittel.[84] Im Gegensatz dazu fingierte das Naturschutzrecht vor der dritten Änderung des Bundesnaturschutzgesetzes[85] für den Regelfall eine **Zielkonformität** zwischen diesen beiden Bereichen (vgl. z.B. §§ 8 Abs. 7, 15 Abs. 2, 20f Abs. 3 BNatSchG a.F.). Vor allem kam dies in § 1 Abs. 3 BNatSchG a.F. zum Ausdruck, der eine auch als **Agrarprivileg** bezeichnete gesetzliche Vermutung enthielt, derzufolge die ordnungsgemäße Land- und Forstwirtschaft in der Regel den Zielen des Naturschutzes und der Landschaftspflege diente.[86] Damit also die Abwägung nach § 1 Abs. 2 BNatSchG a.F. nicht zugunsten der Land- und Forstwirtschaft ausging, musste die Naturschutzbehörde im konkreten Einzelfall nachweisen, warum die ordnungsgemäße land- und forstwirtschaftliche Bodennutzung die Ziele des § 1 Abs. 1 BNatSchG a.F. beeinträchtigte. Dieses Agrarprivileg war rechtspolitisch stark umstritten.[87] Trotz Bemühungen der Rechtsprechung um eine naturschutzkonforme Auslegung der Vorschrift, etwa bei Nutzungsänderungen,[88] hat sich die Regelung insgesamt als naturschutzabträglich erwiesen.[89]

Durch das Dritte Gesetz zur Änderung des Naturschutzrechts wurde das Verhältnis von Land-, Forst- und Fischereiwirtschaft sowie Naturschutz und Landschaftspflege neu bestimmt.[90] In § 5 Abs. 1 BNatSchG (2002) hieß es, dass bei Maßnahmen des Naturschutzes und der Landschaftspflege die besondere Bedeutung der Land-, Forst- und Fischereiwirtschaft für die Erhaltung der Kultur- und Erholungslandschaft zu berücksichtigen sei. Die Vorschrift wollte ebenso wie ihre Vorgängerregelung in § 1 Abs. 3 BNatSchG (1998) darauf hinweisen, dass Land- und Forstwirtschaft das Erscheinungsbild unserer Landschaft und den vorhandenen Bestand an Tier- und Pflanzenarten maßgeblich geprägt haben, wenn auch nicht zu übersehen ist, dass insbesondere die Intensivlandwirtschaft der heutigen Zeit keineswegs stets und überall mit den Zielen und

---

82 *Wolf* in: Kluth/Smeddinck, Umweltrecht, § 4 Rn. 21; *Mengel* in: Frenz/Müggenborg, BNatSchG, § 1 Rn. 27; *Lütkes* in: Lütkes/Ewer, BNatSchG, § 1 Rn. 32.
83 *Maaß/Schütte* in: Koch, Umweltrecht, § 7 Rn. 37; *Lütkes* in: Lütkes/Ewer, BNatSchG, § 2 Rn. 11; *Kloepfer*, Umweltrecht, § 11 Rn. 39; a.A. *Gassner* in: Gassner/Bendomir-Kahlo/Schmidt-Räntsch, BNatSchG, § 2 Rn. 21ff., 37 (Optimierungsgebot).
84 So bereits SRU, Sondergutachten „Umweltprobleme der Landwirtschaft", Tz. 1360.
85 Vgl. § 10 Rn. 5.
86 Vgl. *Krohn*, in: Schlacke (Hrsg.), GK-BNatSchG, § 5 Rn. 2.
87 *Fischer-Hüftle*, NuR 1981, 21; vgl. dazu *Kloepfer*, Umweltrecht, § 11 Rn. 48.
88 BVerwG, NuR 1992, 328; OVG Münster, Beschl. v. 10.2.1998 – 10 B 2439/97; VGH München, NuR 1989, 182, 183; vgl. auch *Stollmann*, DVBl. 1993, 643, 645.
89 *Schink*, UPR 1999, 8, 16.
90 Vgl. BT-Drs. 13/10186, S. 1.

Grundsätzen des Naturschutzes konform geht.[91] § 5 Abs. 1 BNatSchG hat in seiner aktuellen Fassung nicht mehr die Funktion, einen Vorrang der Landwirtschaft zu begründen, sondern ist lediglich als eine Aufforderung an die Naturschutzbehörden zu verstehen, beim Vollzug des Gesetzes die Interessen der Land-, Forst- und Fischereiwirtschaft mit zu berücksichtigen.[92] Das bedeutet, dass der Landwirtschaft keine generelle Vorzugsbehandlung mehr zuteil wird; vielmehr müssen sich ihre Belange nunmehr neben anderen gleichwertigen naturschützerischen Interessen behaupten.[93]

Darüber hinaus werden aus naturschutzfachlicher Sicht **Grundsätze der guten fachlichen Praxis** formuliert,[94] die bei der landwirtschaftlichen Nutzung zu beachten sind (§ 5 Abs. 2 BNatSchG):

- Die Bewirtschaftung muss standortangepasst erfolgen und die nachhaltige Bodenfruchtbarkeit und langfristige Nutzbarkeit der Flächen muss gewährleistet werden.
- Die natürliche Ausstattung der Nutzfläche (Boden, Wasser, Flora, Fauna) darf nicht über das zur Erzielung eines nachhaltigen Ertrags erforderliche Maß hinaus beeinträchtigt werden.
- Die zur Vernetzung von Biotopen erforderlichen Landschaftselemente sind zu erhalten und nach Möglichkeit zu vermehren.
- Die Tierhaltung hat in einem ausgewogenen Verhältnis zum Pflanzenanbau zu stehen; schädliche Umweltauswirkungen sind zu vermeiden.
- Auf erosionsgefährdeten Hängen, in Überschwemmungsgebieten, auf Standorten mit hohem Grundwasserstand sowie auf Moorstandorten ist ein Grünlandumbruch zu unterlassen.
- Die Anwendung von Dünge- und Pflanzenschutzmitteln ebenso wie die Erstellung einer schlagspezifischen Dokumentation über den Einsatz von Dünge- und Pflanzenschutzmitteln hat nach Maßgabe des landwirtschaftlichen Fachrechts zu erfolgen.

§ 5 Abs. 3 und 4 BNatSchG enthalten weitere natur- und landschaftsverträgliche Anforderungen für die Forst- und Fischereiwirtschaft.[95]

Die zweite Grundaussage, die § 1 BNatSchG zu entnehmen ist, stellt hingegen eine Ausweitung des Naturschutzes dar. Naturschutz gilt **umfassend**, und zwar zum einen *räumlich*, weil er nicht auf einzelne, besonders schutzwürdige Gebiete beschränkt ist, sondern Regelungen im Außenbereich wie auch in Siedlungsgebieten trifft (§ 1 Abs. 5 und 6 BNatSchG).[96] Zum anderen umfasst er *sachlich* nicht lediglich bestimmte Naturgüter wie Boden, Wasser, Klima, Flora und Fauna, sondern Natur und Landschaft als „Naturhaushalt", also im Sinne eines komplexen Wirkungsgefüges (Querschnittsmaterie).[97] Der **funktionelle** Naturschutz zielt auf die Erhaltung der Leistungs- und Funktionsfähigkeit des Naturhaushalts sowie der Regenerations- und Nutzungsfähigkeit der Naturgüter (§ 1 Abs. 1 Nr. 2 BNatSchG), während der **optisch-ästhetische**

19

---

91 *Müller-Walter* in: Lorz/Konrad/Mühlbauer/Müller-Walter/Stöckel, BNatSchG, § 5 Rn. 1.
92 Vgl. zur Privilegierung der Landwirtschaft auch *Ekardt/Heym/Seidel*, ZUR 2008, 169.
93 *Krohn* in: Schlacke (Hrsg.), GK-BNatSchG, § 5 Rn. 16; *Endres* in: Frenz/Müggenborg, BNatSchG, § 5 Rn. 3, 7.
94 Hierzu *Möckel*, ZUR 2014, 14.
95 Vgl. *Krohn* in: Schlacke (Hrsg.), GK-BNatSchG, § 5 Rn. 29 ff.
96 *Kloepfer*, Umweltrecht, § 11 Rn. 33; *Wolf* in: Kluth/Smeddinck, Umweltrecht, § 4 Rn. 18 f.
97 Zum Wirkungsgefüge Naturhaushalt vgl. auch *Wolf* in: Schlacke (Hrsg.), GK-BNatSchG, § 1 Rn. 13 ff.

Schutz der Natur die Vielfalt, Eigenart und Schönheit der Landschaft bewahren will (§ 1 Abs. 1 Nr. 3 BNatSchG).[98]

20 Drittens: Diese räumlich umfassende Natur und Landschaft sind nicht nur zu **schützen** und zu **pflegen**. Gleichrangig neben diesen Handlungsformen steht der Auftrag, Natur und Landschaft zu **entwickeln** und, soweit erforderlich, **wiederherzustellen**. Ersteres zielt auf eine Verbesserung der ökologischen Situation in geschwächten Naturräumen. Die Wiederherstellung knüpft an einen früheren, aufgrund eingetretener Veränderungen nicht mehr existenten Zustand an. Damit hat sich ein Wandel vom **konservierenden** zum **regenerierenden** und **kreativen** Naturschutz vollzogen,[99] der dem in § 1 Abs. 1 (explizit in Nr. 2) BNatSchG enthaltenen Nachhaltigkeitsgebot entspricht.[100]

21 Die in § 1 Abs. 1 Nr. 1 bis 3 BNatSchG genannten Ziele werden durch die Abs. 2–4 derselben Vorschrift konkretisiert.[101] Hervorzuheben sind insbesondere folgende Präzisierungen:

- § 1 Abs. 2 Nr. 1 BNatSchG: die Erhaltung lebensfähiger Populationen wild lebender Tiere und Pflanzen einschließlich ihrer Lebensstätten und die Ermöglichung des Austauschs zwischen den Populationen sowie von Wanderungen und Wiederbesiedlungen,
- § 1 Abs. 3 Nr. 3 BNatSchG: Bewahrung der Meeres- und Binnengewässer vor Beeinträchtigungen und Erhaltung ihrer natürlichen Selbstreinigungsfähigkeit,
- § 1 Abs. 3 Nr. 4 BNatSchG: Schutz von Luft und Klima auch durch Maßnahmen des Naturschutzes und der Landschaftspflege sowie den Aufbau einer nachhaltigen Energieversorgung, insbesondere durch zunehmende Nutzung erneuerbarer Energien und
- § 1 Abs. 4 Nr. 1 BNatSchG: Bewahrung der Naturlandschaften und historisch gewachsenen Kulturlandschaften, auch mit ihren Kultur-, Bau- und Bodendenkmälern, vor Verunstaltung, Zersiedelung und sonstigen Beeinträchtigungen.[102]

Die Zielsetzungen gem. § 1 BNatSchG bilden **keine unmittelbaren Rechtsgrundlagen für Einzelakte**,[103] etwa als Versagungsgründe für eine beantragte Genehmigung. Ihnen kommt vielmehr gem. § 2 Abs. 3 BNatSchG im Bereich der direkten Verhaltenssteuerung[104] bei *Ermessensentscheidungen* und der *Auslegung von Tatbestandsmerkmalen* eine **Unterstützungsfunktion** zu. Darüber hinaus sind Ziele des Naturschutzes wie der Landschaftspflege als *abwägungsrelevante Belange* in die Gesamt-, Landschafts- und Fachplanung einzustellen.[105]

Die in § 1 Abs. 1 BNatSchG genannten Ziele sollen, soweit dies im Einzelfall dem Verhältnismäßigkeitsgrundsatz nach geeignet, erforderlich und angemessen ist, nach Maßgabe von § 2 Abs. 1, 2, 4 und 6 BNatSchG **verwirklicht** werden.

§ 2 Abs. 5 BNatSchG verpflichtet Bund und Länder auf die Ziele internationalen und europäischen Rechts und zur gegenseitigen Unterstützung. Dabei finden die mit der Er-

---

98 *A. Schumacher/J. Schumacher* in: J. Schumacher/Fischer-Hüftle, BNatSchG, § 1 Rn. 44 ff., 53.
99 BT-Drs. 7/886, S. 25.
100 Vgl. bereits § 3 Rn. 2.
101 *Lütkes* in: Lütkes/Ewer, BNatSchG, § 1 Rn. 26; *Mengel* in: Frenz/Müggenborg, BNatSchG, § 1 Rn. 4 ff.; umfassend dazu auch *Schmidt-Aßmann*, NuR 1979, 1.
102 Hierzu ausführlich *Kemper*, NuR 2011, 340.
103 *Kloepfer*, Umweltrecht, § 11 Rn. 35.
104 Vgl. hierzu bereits § 5 Rn. 20 ff.
105 Vgl. *Sparwasser/Engel/Voßkuhle*, § 6 Rn. 64.

richtung des ökologischen Netzes „Natura 2000" verbundenen Aspekte der Schutzgebietsausweisung besondere Berücksichtigung.[106]

Die **Grundsätze** konkretisieren und ergänzen die in § 1 Abs. 1 Nr. 1 bis 3 BNatSchG genannten Ziele. Sie gehören im Sinne des Art. 72 Abs. 3 S. 1 Nr. 2 GG zu den abweichungsfesten Bereichen.[107] Vom Bundesgesetzgeber wurden folgende Regelungen als „allgemeine Grundsätze des Naturschutzes" eingeordnet:

- die Ziele des Naturschutzes und der Landschaftspflege (§ 1 Abs. 1 BNatSchG),
- die Beobachtung von Natur und Landschaft (§ 6 Abs. 1 BNatSchG),
- die Landschaftsplanung (§ 8 BNatSchG),
- der naturschutzrechtliche Eingriffstatbestand (§ 13 BNatSchG),
- der Biotopverbund (§ 20 Abs. 1 BNatSchG) und die Unterschutzstellung von Natur und Landschaft (§ 20 Abs. 2 BNatSchG),
- die gesetzlich geschützten Biotope (§ 30 Abs. 1 BNatSchG) und
- das Betreten der freien Landschaft (§ 59 Abs. 1 BNatSchG).[108]

V. Naturschutzrechtliches Instrumentarium

Das Instrumentarium des Bundesnaturschutzgesetzes umfasst

- Planungsinstrumente,
- Instrumente direkter Verhaltenssteuerung und
- Instrumente indirekter Verhaltenssteuerung.

1. Landschaftsplanung

Die **Landschaftsplanung** findet ihre Regelung mit den §§ 8–12 im zweiten Kapitel des BNatSchG.[109] Sie ist sektorale und querschnittsorientierte Fachplanung für den Bereich des Naturschutzes, der Landschaftspflege und der Erholungsvorsorge.[110] Sie trägt als ein ökologisch orientiertes räumliches Nutzungskonzept dem **Vorsorgeprinzip**[111] Rechnung.[112]

Sektoral dient sie einerseits dem Schutz der biologischen Vielfalt sowie der Sicherung und Entwicklung eines funktionsfähigen Naturhaushalts und dem Bodenschutz.[113] Andererseits bezweckt die Landschaftsplanung als sektorale Fachplanung die Erhaltung und Entwicklung der Landschaft als Erlebnis- und Erholungsraum (sog. **Fachplanung des Naturschutzes,** § 9 Abs. 1 BNatSchG).[114]

---

106 Dazu § 10 Rn. 50 ff.
107 Vgl. BT-Drs. 16/12274, S. 39 sowie oben § 10 Rn. 5 f., 11.
108 Ausführlich zum Betreten der freien Landschaft *Agena/Louis*, NuR 2015, 10.
109 Zur historischen Entwicklung der Landschaftsplanung ausführlich *Heugel* in: Schlacke (Hrsg.), GK-BNatSchG, Vorb. §§ 8–12 Rn. 1 ff.
110 Vgl. *Heugel* in: Schlacke (Hrsg.), GK-BNatSchG, Vor §§ 8–12 Rn. 19 ff.; zur Fortentwicklung der Landschaftsplanung zu einer Umweltleitplanung *Kloepfer/Rehbinder/Schmidt-Aßmann*, UGB-AT, S. 185 ff.; *Erbguth*, DVBl. 1992, 1122.
111 Vgl. hierzu § 3 Rn. 3 ff.
112 *Schmidt/Kahl/Gärditz*, § 10 Rn. 14.
113 Weiterführend zur Landschaftsplanung allgemein vgl. *Blume*, NuR 1989, 332; *Carlsen*, NuR 1985, 226; *Gassner*, UPR 1988, 321.
114 *Heugel* in: Schlacke (Hrsg.), GK-BNatSchG, Vor §§ 8–12 Rn. 20 f.; vgl. auch *Erbguth*, UPR 1987, 409, 410.

Landschaftsplanung ist des Weiteren als **querschnittsorientiert** zu bezeichnen, weil sie den ökologischen Beitrag für das Planungssystem der Landes-, Regional- und Bauleitplanung liefert – verfahrensrechtlich abgesichert durch die Beteiligung von Naturschutzbehörden an den genannten Planungsverfahren aufgrund § 3 Abs. 5 BNatSchG i.V.m. § 9 Abs. 1, 5 S. 1 BNatSchG.[115]

Sie erfolgt auf überörtlicher Ebene durch Landschaftsprogramme *oder* für Teile des Landes durch Landschaftsrahmenpläne (§ 10 Abs. 1 S. 1 BNatSchG); auf örtlicher Ebene für die Gebiete der Gemeinden durch Landschaftspläne und für Teile eines Gemeindegebiets durch Grünordnungspläne (§ 11 Abs. 1 S. 1 BNatSchG).[116] Grundsätzlich zeichnet sich die Landschaftsplanung durch ihre rechtliche Unverbindlichkeit gegenüber Dritten aus.[117] Insofern ist sie ein vorbereitender, informierender Planungsakt, adressiert an die jeweiligen zuständigen öffentlichen Stellen.

25 **Mindestinhalte** für alle Stufen der Landschaftsplanung legt der Katalog in § 9 Abs. 3 BNatSchG fest. Danach sollen die Pläne folgende Angaben enthalten:

- den Ist- und Sollzustand von Natur und Landschaft,
- die konkretisierten Ziele und Grundsätze des Naturschutzes und der Landschaftspflege,
- die Beurteilung des vorhandenen und zu erwartenden Zustands von Natur und Landschaft nach Maßgabe dieser Ziele und Grundsätze, einschließlich der sich daraus ergebenden Konflikte,
- Erfordernisse und Maßnahmen zur Umsetzung der konkretisierten Ziele des Naturschutzes und der Landschaftspflege, insbesondere
  - zur Vermeidung, Minderung oder Beseitigung von Beeinträchtigungen von Natur und Landschaft,
  - zum Schutz bestimmter Teile von Natur und Landschaft i.S.d. Kapitels 4 sowie der Biotope, Lebensgemeinschaften und Lebensstätten der Tiere und Pflanzen wild lebender Arten,
  - auf Flächen, die wegen ihres Zustands, ihrer Lage oder ihrer natürlichen Entwicklungsmöglichkeit für künftige Maßnahmen des Naturschutzes und der Landschaftspflege, insbesondere zur Kompensation von Eingriffen in Natur und Landschaft sowie zum Einsatz natur- und landschaftsbezogener Fördermittel besonders geeignet sind,
  - zum Aufbau und Schutz eines Biotopverbundes, der Biotopvernetzung und des Netzes „Natura 2000",
  - zum Schutz, zur Verbesserung der Qualität und zur Regeneration von Böden, Gewässern, Luft und Klima,
  - zur Erhaltung und Entwicklung von Vielfalt, Eigenart und Schönheit von Natur und Landschaft sowie des Erholungswertes von Natur und Landschaft,
  - zur Erhaltung und Entwicklung von Freiräumen im besiedelten und unbesiedelten Bereich.

Die **Stadtstaaten** können – aufgrund ihrer besonderen räumlichen Verhältnisse – auf die Erstellung von Landschaftsplänen verzichten (§ 11 Abs. 4 BNatSchG). Allerdings

---

115 Zur neueren Entwicklung im Verhältnis von Landschaftsplanung und Raumplanung *Groß*, NuR 1998, 123.
116 *A. Schumacher/J. Schumacher* in: J. Schumacher/Fischer-Hüftle, BNatSchG, § 9 Rn. 11.
117 *Maaß/Schütte* in: Koch, Umweltrecht, § 7 Rn. 61.

setzt dies voraus, dass die örtlichen Erfordernisse und Maßnahmen des Naturschutzes und der Landschaftspflege bereits im Rahmen der überörtlichen Planung (Landschaftsprogramme oder Landschaftsrahmenplan) berücksichtigt worden sind.[118]

a) Landschaftsprogramme

Im **Landschaftsprogramm** werden nach § 10 Abs. 1 S. 1 Hs. 1 BNatSchG für den Bereich eines Bundeslandes die überörtlichen, konkretisierten Ziele, Erfordernisse und Maßnahmen des Naturschutzes und der Landschaftspflege flächendeckend dargestellt. Es dient als konzeptionelle Grundlage für die Erarbeitung von Landschaftsplänen und ist im Gegensatz zu diesen nur fakultativ aufzustellen. Die darzustellenden Inhalte ergeben sich aus § 9 Abs. 3 BNatSchG.[119]

26

Gem. § 10 Abs. 3 BNatSchG werden die konkretisierten Ziele, Erfordernisse und Maßnahmen der Landschaftsprogramme, soweit sie raumbedeutsam sind, mit den übrigen raumbedeutsamen Planungen und Maßnahmen abgewogen und nach Maßgabe der landesplanungsrechtlichen Vorschriften der Länder in die Raumordnungspläne integriert. Die Integration vollzieht sich in den einzelnen Bundesländern unterschiedlich:[120] Zum einen kann die Übernahme der Landschaftsrahmenplanung von vornherein einen integralen Bestandteil der Raumordnung bilden (Primärintegration), zum anderen erfolgt die Transformation nachträglich, d.h. nach Aufstellung einer zunächst eigenständigen fachlichen Landschaftsplanung (Sekundärintegration).

Die **Primärintegration** ermöglicht eine direkte Integration landschaftsplanerischer Inhalte in die Gesamtplanung und führt eine enge Verknüpfung der Landschaftsplanung mit der Gesamtplanung herbei. Auf diese Weise wird eine frühzeitige Abstimmung der Belange des Naturschutzes mit den sonstigen an die Bodennutzung gerichteten Ansprüchen ermöglicht. Diejenigen landschaftspflegerischen Inhalte, die der Abwägung mit anderen Belangen standhalten, werden unmittelbar mit dem Erlass des Plans wirksam und haben an dessen jeweiliger rechtlicher Verbindlichkeit unmittelbar Anteil. Nachteilig ist demgegenüber, dass sich mangels eines eigenständigen Landschaftsplandokuments für Außenstehende kaum beurteilen lässt, ob die Belange des Naturschutzes und der Landschaftspflege in ordnungsgemäßer Form in die Entscheidungsgrundlagen aufgenommen und richtig bewertet wurden. Es besteht insoweit die Gefahr, dass die ökologischen Belange im Planungsverfahren von vornherein nur insoweit artikuliert werden, als sie entgegenstehende Ansprüche an eine Bodennutzung nicht berühren und im Gesamtplan voraussichtlich durchsetzbar sind.

Die **Sekundärintegration** zeichnet sich demgegenüber durch die förmliche Aufstellung eines selbstständigen Landschaftsplans aus, dessen Integration in die Gesamtplanung nachträglich durch einen besonderen Transformationsakt vollzogen wird. Es erfolgt in der ersten Phase die Aufstellung beziehungsweise Erarbeitung des Landschaftsplans als Fachplan, in der zweiten Phase werden sodann die Inhalte des Landschaftsplans – unter allseitiger Abwägung aller Raumansprüche – in die Gesamtplanung übertragen, bevor sie die rechtliche Verbindlichkeit des jeweiligen Gesamtplans erlangen. Ein wesentlicher Vorteil der Sekundärintegration besteht darin, dass die erste Phase ihren Abschluss in einer eigenständigen Planungsdokumentation findet. Auf diese Weise wird

---

118 Näher dazu *A. Schumacher/J. Schumacher* in: J. Schumacher/Fischer-Hüftle, BNatSchG, § 11 Rn. 22.
119 Vgl. *Appel* in: Frenz/Müggenborg, BNatSchG, § 9 Rn. 18 ff.
120 Vgl. *Heugel* in: Schlacke (Hrsg.), GK-BNatSchG, Vor §§ 8–12 Rn. 25 ff.; *Schmidt/Kahl/Gärditz*, § 10 Rn. 16.

eine größere Verfahrenstransparenz erzeugt, weil Bestandsaufnahme und Zielkonzeption transparenter und damit besser überprüfbar und nachvollziehbar sind.[121]

b) Landschaftsrahmenpläne

27 Landschaftsrahmenpläne sind – im Unterschied zum Landschaftsprogramm – für Teile eines Landes zu erstellen (§ 10 Abs. 2 BNatSchG); dies hat allerdings flächendeckend zu erfolgen.[122] Inhaltlich stellen sie gem. § 10 Abs. 1 S. 1 Hs. 2 BNatSchG die überörtlichen (regionalen) Erfordernisse und Maßnahmen zur Verwirklichung der Ziele des Naturschutzes und der Landschaftspflege dar und bestimmen und steuern dadurch die örtliche Planung.[123]

Landschaftsrahmenpläne sind grundsätzlich nur für die Naturschutzbehörden selbst verbindlich. Durch Berücksichtigung in der Regionalplanung, die sich gem. § 10 Abs. 3 BNatSchG entsprechend derjenigen der Landschaftsprogramme vollzieht, erlangen Festsetzungen in Landschaftsrahmenplänen – wie i.Ü. auch in Landschaftsprogrammen[124] – jedoch wesentlich gesteigerte Verbindlichkeit. Sofern sie aufgrund landesplanerischer Abwägung als Ziele der Raumordnung und Landesplanung in die Regionalpläne Eingang gefunden haben, nehmen sie an der Zielbeachtlichkeit teil, die nach § 4 Abs. 1, 3 bis 5 ROG nicht nur behördenübergreifend wirkt, sondern auch z.T. Private erfasst.[125] Insofern können u.U. naturschutzrechtliche Ziele der Landschaftsplanung anderweitige Fachplanungen überwinden. Subjektive Rechte lassen sich indes aus der überörtlichen Landschaftsplanung (bislang) nicht herleiten.[126]

Eng mit der Frage der Verbindlichkeit der überörtlichen Landschaftsplanung verknüpft ist jene nach dem Rechtsschutz. Sofern das Landschaftsprogramm oder der Landschaftsrahmenplan als Rechtsverordnung ergeht, kann ein durch die landesplanerischen Festsetzungen in seinen Rechten verletzter Planungsträger im Wege eines prinzipalen Normenkontrollverfahrens nach Maßgabe des jeweiligen Landesrechts gem. § 47 Abs. 1 Nr. 2 VwGO gegen die Rechtsverordnung vorgehen.[127] Fehlt es hingegen an einer Normierung dieser Pläne als Rechtsverordnung, so ist ihre Rechtsnatur im Einzelnen umstritten. Der überörtliche Planungsakt könnte als Rechtsverordnung im materiellen Sinne, als Verwaltungsakt gegenüber anpassungspflichtigen Planungsträgern, als Verwaltungsinternum oder als hoheitliche Willensbekundung sui generis angesehen werden.[128] Letzteres ist zumindest bei Plänen, denen eine verbindliche Wirkung zukommt, abzulehnen mit der Folge, dass sie mittels einer Normenkontrolle überprüfbar sind.[129]

c) Landschaftspläne und Grünordnungspläne

28 Auf unterer Stufe (kommunale Ebene) legen die unter bestimmten Voraussetzungen obligatorisch aufzustellenden **Landschaftspläne** nach Maßgabe des § 11 BNatSchG die

---

121 *Heugel* in: Schlacke (Hrsg.), GK-BNatSchG, Vor zu §§ 8–12 Rn. 27; vgl. auch *Erbguth/Stollmann* in: Riedel/Lange, Landschaftsplanung, S. 40 ff., 45 m.w.N.
122 BR-Drs. 278/09, S. 175.
123 Dazu sogleich § 10 Rn. 28.
124 Siehe bereits § 10 Rn. 25 f.
125 Vgl. zur Landschaftsplanung *Erbguth/Schubert*, Öffentliches Baurecht, § 3 Rn. 46 ff.
126 Vgl. *Kment*, NVwZ 2004, 155; *Schmidt/Kahl/Gärditz*, § 10 Rn. 18.
127 Vgl. *Erbguth/Schubert*, Öffentliches Baurecht, § 15 Rn. 14 ff.
128 Ausführlich hierzu *Sparwasser/Engel/Voßkuhle*, § 5 Rn. 73.
129 BayVGH, NVwZ-RR 1991, 332; *Kment*, NVwZ 2003, 1047, 1048; *Schmidt/Kahl/Gärditz*, § 10 Rn. 23.

örtlichen Erfordernisse und Maßnahmen des Naturschutzes und der Landschaftspflege für die Gebiete der Gemeinden fest. Eine flächendeckende Darstellung soll – anders als in § 16 BNatSchG geregelt – lediglich erfolgen, soweit diese erforderlich ist.[130] § 11 Abs. 3 BNatSchG normiert das Zusammenspiel der örtlichen Landschaftsplanung mit der örtlichen Bauleitplanung.[131]

Hinsichtlich der Bindungswirkung der örtlichen Landschaftsplanung ist zu differenzieren: Während Landschaftspläne, die infolge der selbstständigen Parallelplanung als Rechtsverordnungen oder als Satzungen ergangen sind, bereits unmittelbar außenverbindlich sind,[132] kommt integrierten Landschaftsplänen erst über das jeweilige Planungsinstrument (Bauleitplan) eine Bindungswirkung zu.[133]

Zusätzlich eröffnet § 11 Abs. 1 S. 1 BNatSchG die Möglichkeit, für Teile eines Gemeindegebietes auf fakultativer Basis (§ 11 Abs. 2 S. 2 BNatSchG) **Grünordnungspläne** aufzustellen.

29

2. Instrumente direkter Verhaltenssteuerung

Direkte Verhaltenssteuerung erfolgt im Naturschutz- und Landschaftspflegerecht in erster Linie durch gesetzliche Ge- und Verbote bzw. die darin auferlegten

30

- Leistungspflichten,
- Unterlassungspflichten,
- Duldungspflichten und
- Bürgerpflichten.

a) Leistungs- und Unterlassungspflichten, §§ 13 ff. BNatSchG

Das Zusammenspiel von Leistungs- und Unterlassungspflichten kommt insbesondere in der **Eingriffsregelung** (§§ 13 ff. BNatSchG) zum Ausdruck.[134] Sie verpflichtet den Verursacher von erheblichen Beeinträchtigungen von Natur und Landschaft, diese vorrangig zu vermeiden. In manchen Fällen erschwert sie diese auch nur, wobei dann Ausgleichs- oder Ersatzmaßnahmen durchgeführt werden müssen oder soweit das nicht möglich ist, der Verursacher Ersatz in Geld zu leisten hat. Dieser Geldbetrag wird für Maßnahmen des Naturschutzes und der Landschaftspflege verwendet.[135]

31

---

130 Nach der Gesetzesbegründung (BR-Drs. 278/09, S. 177) ist eine flächendeckende Darstellung erforderlich, wenn „das Bedürfnis besteht, die Ziele von Naturschutz und Landschaftspflege örtlich zu konkretisieren und Erfordernisse und Maßnahmen im Sinne von § 9 Absatz 3 Satz 1 Nummer 4 zu planen. Ein solches Bedürfnis besteht insbesondere, wenn wesentliche Veränderungen im Planungsraum eingetreten, vorgesehen oder zu erwarten sind, etwa wegen der Aufstellung, Änderung oder Ergänzung eines Bauleitplans, die zu erheblichen Konsequenzen im Hinblick auf die Umsetzung der für den Planungsraum zu verfolgenden Ziele von Naturschutz und Landschaftspflege führt".
131 Näher BR-Drs. 278/09, S. 177 f.; ferner ausführlich *Heugel* in: Schlacke (Hrsg.), GK-BNatSchG, § 11 Rn. 13 ff.; *Erbguth/Schubert*, Öffentliches Baurecht, § 3 Rn. 47 f.
132 *Sparwasser/Engel/Voßkuhle*, § 6 Rn. 120 ff.
133 Vgl. ausführlich zum Rechtsschutz *Erbguth/Schubert*, Öffentliches Baurecht, § 15 Rn. 14 ff.
134 Ausführlich zu den Änderungen der Eingriffsregelung durch das BNatSchG 2010 *Michler/Möller*, NuR 2011, 81; vgl. auch allgemein *Lau*, NuR 2011, 762; *Louis*, NuR 2007, 94; *Koch* in: Kerkmann, Naturschutzrecht in der Praxis, S. 119 ff.
135 Ausführlicher zur Ausgleichsabgabe *Kloepfer*, Umweltrecht, § 11 Rn. 103 ff.

Zu den einzelnen Prüfungsschritten:

aa) Voraussetzungen und Rechtsfolgen eines Eingriffs

32 Ein **Eingriff** i.S.d. § 14 Abs. 1 BNatSchG ist nicht jede Beeinträchtigung von Natur und Landschaft, sondern liegt lediglich vor bei Veränderungen der Gestalt (beispielsweise durch Abgrabungen, Aufschüttungen, Beseitigung von Hecken) oder der Nutzung von Grundflächen (z.B. die Überführung von Brachland in eine landwirtschaftliche Nutzung) oder Veränderungen des mit der belebten Bodenschicht in Verbindung stehenden Grundwasserspiegels, die die Leistungs- oder Funktionsfähigkeit des Naturhaushalts oder das Landschaftsbild erheblich beeinträchtigen können.[136]

Nicht als Eingriff ist gem. § 14 Abs. 2 BNatSchG die land-, forst- und fischereiwirtschaftliche Bodennutzung[137] anzusehen, soweit dabei die Ziele und Grundsätze des Naturschutzes und der Landschaftspflege berücksichtigt werden. Präzisiert wird diese Regelung durch den als widerlegliche Vermutung ausgestalteten § 14 Abs. 2 S. 2 BNatSchG: Danach widerspricht die den in § 5 Abs. 2 bis 4 BNatSchG genannten Anforderungen sowie den **Regeln der guten fachlichen Praxis**, die sich aus dem Recht der Land-, Forst- und Fischereiwirtschaft und § 17 Abs. 2 BBodSchG ergeben,[138] entsprechende land-, forst- und fischereiwirtschaftliche Bodennutzung in der Regel nicht den Zielen des Naturschutzes und der Landschaftspflege.[139] Land- und forstwirtschaftliche Umnutzungen werden von der Rechtsprechung hingegen als Eingriff eingestuft. Hierbei handelt es sich beispielsweise um Aufforstungen, Auffüllungen in einem Feuchtgebiet, den Bau einer Stromfreileitung, die Anpflanzung von Raps- und Erdbeerkulturen auf einer bislang extensiv genutzten Feuchtfläche oder die Anlage von Tiergehegen oder eines Fischteichs.[140]

Nach § 14 Abs. 3 BNatSchG gilt auch die Wiederaufnahme einer Bodennutzung der genannten Art nicht als Eingriff, wenn sie aufgrund vertraglicher Vereinbarungen oder aufgrund der Teilnahme an öffentlichen Programmen zur Bewirtschaftungsbeschränkung zeitweise eingeschränkt oder unterbrochen war und die Wiederaufnahme innerhalb von zehn Jahren nach Auslaufen der Einschränkung oder Unterbrechung erfolgt.[141] Ferner gilt die Wiederaufnahme einer land-, forst- und fischereiwirtschaftlichen Bodennutzung nicht als Eingriff, wenn sie aufgrund der Durchführung von vorgezogenen Kompensationsmaßnahmen, die selbst nicht zur Kompensation dienten, zeitweise eingeschränkt oder unterbrochen war.[142]

Über die Zulassung von Eingriffen in Natur und Landschaft (§ 17 Abs. 1 und 2 BNatSchG) wird nicht in einem eigenen naturschutzrechtlichen Verfahren, sondern **zugleich** mit der jeweils beantragten Bewilligung, Erlaubnis, Genehmigung oder einem

---

136 Zur Erheblichkeit der Beeinträchtigung vgl. *Meßerschmidt*, NuR 2013, 168, 170 ff.; *Wemdzio*, NuR 2012, 459; *Vallendar*, EurUP 2011, 14; *Thyssen*, NuR 2010, 9; weitere Beispiele finden sich bei *Maaß/Schütte* in: Koch, Umweltrecht, § 7 Rn. 39 ff.; ausführlich zu Flutungen von Rückhalteräumen zum Hochwasserschutz als Eingriff vgl. *Sparwasser/Wöckel*, NVwZ 2007, 764.
137 Vgl. oben § 10 Rn. 18.
138 Vgl. auch § 10 Rn. 18, § 13 Rn. 61 und § 14 Rn. 57.
139 Vgl. hierzu *Möckel*, NuR 2012, 225.
140 Vgl. *Kloepfer*, Umweltrecht, § 11 Rn. 86 m.w.N. in Fn. 282.
141 *Prall/Koch* in: Schlacke (Hrsg.), GK-BNatSchG, § 14 Rn. 59 ff.
142 *Fischer-Hüftle/Czybulka* in: J. Schumacher/Fischer-Hüftle, BNatSchG, § 14 Rn. 68 f.

Planfeststellungsbeschluss usw. entschieden (sog. **Huckepackverfahren**).[143] Unterliegt ein Eingriff nach sonstigem Fachrecht keinem gesondertem Zulassungs- oder Anzeigeverfahren, kommt gemäß § 17 Abs. 3 BNatSchG ein subsidiäres Genehmigungsverfahren zur Anwendung, im Rahmen dessen die Naturschutzbehörde das Vorhaben am Maßstab der Voraussetzungen des § 15 BNatSchG prüft.[144]

Als **Rechtsfolgen** eines tatbestandlichen Eingriffs ergeben sich in einem Stufenverhältnis Unterlassungs-, Ausgleichs-, Ersatz- und Zahlungspflichten. Hierfür enthält § 15 BNatSchG eine systematische **Prüfreihenfolge**:

- Verursacher von Eingriffen sind zunächst verpflichtet, vermeidbare Beeinträchtigungen zu unterlassen (1. Stufe).
- Sind die Beeinträchtigungen unvermeidbar, haben ihre Verursacher sie durch Maßnahmen des Naturschutzes und der Landschaftspflege auszugleichen oder zu ersetzen (2. Stufe).
- Unvermeidbare und nicht in angemessener Frist ausgleichbare oder ersetzbare Beeinträchtigungen sind zu untersagen, wenn die Belange des Naturschutzes und der Landschaftspflege anderen Belangen bei der gebotenen Abwägung im Range vorgehen (3. Stufe).
- Wird ein Eingriff zugelassen oder durchgeführt, obwohl die Beeinträchtigungen nicht zu vermeiden oder nicht in angemessener Frist auszugleichen oder zu ersetzen sind, ist vom Verursacher Ersatz in Geld zu leisten (4. Stufe).

Im Unterschied zu § 19 Abs. 2 S. 1 BNatSchG a. F. ist zu beachten, dass Ausgleichs- und Ersatzmaßnahmen nunmehr **gleichrangig** zur Wahl stehen.[145] Der Verursacher eines Eingriffs hat sich aufgrund der Streichung des Wortes „vorrangig" in § 15 Abs. 2 S. 1 BNatSchG 2010 nicht zunächst um eine Ausgleichsmöglichkeit zu bemühen, bevor eine Ersatzmaßnahme in Betracht gezogen werden kann.[146]

Für die Festlegung von Art und Umfang der Kompensationsmaßnahmen sind die Programme und Pläne gem. §§ 10 und 11 BNatSchG[147] zu berücksichtigen (§ 15 Abs. 2 S. 5 BNatSchG). Grundsätzlich dürfen Kompensationsmaßnahmen den genannten Plänen nicht entgegenstehen.[148]

bb) Das Verbot vermeidbarer Beeinträchtigungen

Nach § 15 Abs. 1 BNatSchG ist der Verursacher eines Eingriffs zu verpflichten, **vermeidbare Beeinträchtigungen zu unterlassen**. Das BNatSchG 2010 enthält nunmehr eine Legaldefinition für vermeidbare Beeinträchtigungen (§ 15 Abs. 1 S. 2 BNatSchG): Sie liegen vor, wenn zumutbare Alternativen gegeben sind, den mit dem Eingriff verfolgten Zweck am gleichen Ort ohne oder mit geringeren Beeinträchtigungen von Natur und Landschaft zu erreichen. § 15 Abs. 1 S. 3 BNatSchG normiert darüber hinaus eine Begründungspflicht für nicht vermeidbare Eingriffe. Die Vermeidbarkeit beein-

33

---

143 *Prall/Koch* in: Schlacke (Hrsg.), GK-BNatSchG, § 17 Rn. 4 ff.; *Sparwasser/Engel/Voßkuhle*, § 6 Rn. 135; zur Berücksichtigung der Eingriffsregelung sowie anderer naturschutzrechtlicher Voraussetzungen im immissionsschutzrechtlichen Genehmigungsverfahren vgl. *Scheidler*, NuR 2009, 232.
144 *Lütkes* in: Lütkes/Ewer, § 17 Rn. 20 ff.
145 Zu der Möglichkeit, dass auch Ausgleichs- und Ersatzmaßnahmen selbst Eingriffe in Natur und Landschaft sein können vgl. BVerwG, ZUR 2009, 324.
146 Zum Rangverhältnis gem. § 19 Abs. 2 S. 1 BNatSchG a.F. vgl. OVG Münster, ZUR 2008, 95.
147 Vgl. bereits § 10 Rn. 23 ff.
148 *Mühlbauer* in: Lorz/Konrad/Mühlbauer/Müller-Walter/Stöckel, BNatSchG, § 15 Rn. 26.

trächtigender Vorhaben beurteilt sich mithin nach der Frage, ob und welche umweltschonenderen – also mit geringeren Nachteilen für Natur und Landschaft verbundenen – Alternativen für die Verwirklichung des Vorhabens am gleichen Ort bestehen.[149] Eine Beeinträchtigung ist daher nur dann vermeidbar, wenn sie unterlassen werden könnte, ohne das mit dem jeweiligen Vorhaben verfolgte Ziel in Frage zu stellen.[150] Darüber hinaus ist zu beachten, dass der Aufwand für die angeordneten Vermeidungsmaßnahmen nicht über das objektiv Erforderliche hinausgehen und nicht außer Verhältnis zu einem hiermit erreichbaren geringfügigen Vorteil für den Naturschutz oder die Landschaftspflege stehen darf.[151] Das BVerwG geht insoweit von einer – gerichtlich nur beschränkt überprüfbaren – naturschutzfachlichen Einschätzungsprärogative der zuständigen Behörde aus.[152]

cc) Das Gebot zum Ausgleich oder Ersatz unvermeidbarer Beeinträchtigungen

34 Soweit die Beeinträchtigungen nicht zu vermeiden sind, hat der Verursacher Eingriffe durch Maßnahmen des Naturschutzes und der Landschaftspflege auszugleichen (**Ausgleichsmaßnahmen**) oder zu ersetzen (**Ersatzmaßnahme**), § 15 Abs. 2 S. 1 BNatSchG.[153] Der bisher bestehende Vorrang des Ausgleichs – und damit einer Kompensation am Ort – vor einer Ersatzmaßnahme – und damit einer Kompensation an anderer Stelle[154] – ist gem. § 15 Abs. 2 S. 1 BNatSchG 2010 vom Gesetzgeber aufgegeben worden.

Ein Eingriff ist gem. § 15 Abs. 2 S. 2 BNatSchG **ausgeglichen**, wenn und sobald die beeinträchtigten Funktionen des Naturhaushalts in gleichartiger Weise wiederhergestellt sind und das Landschaftsbild landschaftsgerecht wiederhergestellt oder neu gestaltet ist.erforderlich ist mithin, dass die Funktionen des Naturhaushalts und des Landschaftsbildes **gleichartig** – m.a.W. so, wie sie waren – wiederhergestellt werden.[155]

Intention des Gesetzes ist es, dass sich der Ausgleich von Eingriffen in Natur und Landschaft, den Naturhaushalt oder in die Pflanzen- und Tierwelt in dem geschädigten Gebiet selbst (positiv) auswirkt. Insofern soll eine Ausgleichsmaßnahme grundsätzlich in einem engen räumlichen Zusammenhang zum Eingriff vorgenommen werden.[156] Unter dem „betroffenen Raum" ist dabei das Umfeld des Eingriffs zu verstehen, das meist durch gleichartige ökologische Funktionen und Verhältnisse gekennzeichnet ist, aber nicht notwendig der unmittelbare Ort des Eingriffs selbst (**räumlicher Zusammenhang**).[157]

Beispiel: Ein Feuchtgebiet wird durch eine Straße zerschnitten; als Ausgleichsmaßnahme soll ein Biotop angelegt werden. Da es weder an der alten Stelle noch in unmittelbarer Um-

---

149 Vgl. *Koch* in: Schlacke (Hrsg.), GK-BNatSchG, § 15 Rn. 5 ff.; *Lütkes* in: Lütkes/Ewer, BNatSchG, § 15 Rn. 5 ff.
150 Vgl. etwa BVerwG, NVwZ 2010, 573; VGH Mannheim, DVBl. 1986, 364, 367; auch *Kuchler*, NuR 1991, 465, 466 f.
151 Vgl. *Fischer-Hüftle/A. Schumacher* in: J. Schumacher/Fischer-Hüftle, BNatSchG, § 15 Rn. 22 ff.
152 Vgl. in ständiger Rechtsprechung BVerwG ZUR 2007, 319; kritisch hierzu *Gassner*, NuR 2013, 324, 325.
153 Ausführlich hierzu *Koch* in: Schlacke (Hrsg.), GK-BNatSchG, § 15 Rn. 8 ff.; vgl. auch zum Entwurf der Bundeskompensationsverordnung *Schütte/Wittrock*, ZUR 2013, 259.
154 Vgl. § 19 Abs. 2 S. 1 BNatSchG a.F.
155 *Kloepfer*, Umweltrecht, § 11 Rn. 93; *Mühlbauer* in: Lorz/Konrad/Mühlbauer/Müller-Walter/Stöckel, BNatSchG, § 15 Rn. 12.
156 Dies ist bundesrechtlich nicht ausdrücklich gefordert, sondern dem Landesgesetzgeber zur Ausgestaltung übertragen; vgl. *Kloepfer*, Umweltrecht, § 11 Rn. 94.
157 *Lütkes* in: Lütkes/Ewer, BNatSchG, § 15 Rn. 25.

gebung hergestellt werden kann, wird ein anderer Ort des Gemeindegebiets hierfür ausgewählt.[158]

Eine Ausgleichsmaßnahme dürfte auch dann „gleichartig" sein, wenn lediglich ein **funktionaler Zusammenhang** zum beeinträchtigten Naturraum besteht – vorausgesetzt sie erfolgt in demselben Landschaftsraum wie der Eingriff.[159]

Beispiel: Eine beseitigte, die Landschaft prägende Baumreihe wird neu gepflanzt.[160]

Ferner muss der Ausgleich innerhalb einer angemessenen Frist erreicht sein (**zeitlicher Zusammenhang**).[161] Ist die zeitliche Lücke zwischen der Beeinträchtigung des Naturhaushalts und der Wirksamkeit der Ausgleichsmaßnahme zu groß, vereitelt dies den Ausgleichszweck. Als angemessener zeitlicher Rahmen wird in der Praxis ein Zeitraum von maximal 25 Jahren angesehen.[162]

Ein **Ausgleich des Landschaftsbildes** kann durch landschaftsgerechte Wiederherstellung oder Neugestaltung erfolgen. Die zweite Alternative verdeutlicht, dass ein Ausgleich von Beeinträchtigungen des Landschaftsbildes in der Regel nicht möglich ist, weil die Landschaft eingriffsbedingt anders aussieht.[163] Für eine landschaftsgerechte Neugestaltung genügt es, wenn die Ausgleichsfläche an die übrige Landschaft angepasst wird, ohne dass sie von einem durchschnittlichen Betrachter als Fremdkörper empfunden wird.[164]

Hinzuweisen ist in diesem Zusammenhang auf die nach § 17 Abs. 4 S. 3 BNatSchG dem Planungsträger obliegende Pflicht, bei einem **nach öffentlichem Recht vorgesehenen Fachplan** die entsprechenden Ausgleichsmaßnahmen bereits in diesem Fachplan oder in einem zusätzlichen landespflegerischen Begleitplan festzulegen.[165]

Neben einer Ausgleichsmaßnahme kann eine unvermeidbare Beeinträchtigung auch **ersetzt** werden (sog. **Ersatzmaßnahme**, § 15 Abs. 2 S. 1 BNatSchG). Ersetzt ist eine Beeinträchtigung, wenn und sobald die beeinträchtigten Funktionen des Naturhaushalts in dem betroffenen Naturraum[166] in gleichwertiger Weise hergestellt sind und das Landschaftsbild landschaftsgerecht neu gestaltet ist (§ 15 Abs. 2 S. 3 BNatSchG).[167]

35

Wenngleich sich die Abgrenzung zwischen Ersatz- und Ausgleichsmaßnahme im Einzelfall als schwierig erweist, bleibt festzuhalten, dass Ersatzmaßnahmen aufgrund ihres Kompensationscharakters keinen gleich*artigen*, sondern nur einen gleich**wertigen** Zustand schaffen sollen.[168] Insoweit sind die Anforderungen an Ersatzmaßnahmen, insbesondere im räumlich-funktionalen Bereich, unter gleichzeitiger Beachtung des Verhältnismäßigkeitsprinzips gelockert.[169]

---

158 Vgl. *Fickert*, BayVBl. 1978, 681, 690.
159 *Fischer-Hüftle/A. Schumacher* in: J. Schumacher/Fischer-Hüftle, BNatSchG, § 15 Rn. 36 ff.
160 Im Hinblick auf eine Ausgleichsmaßnahme für das Landschaftsbild vgl. BVerwG, NuR 1991, 124.
161 Vgl. § 15 Abs. 2 S. 2, Abs. 5 BNatSchG.
162 *Fischer-Hüftle/A. Schumacher* in: J. Schumacher/Fischer-Hüftle, BNatSchG, § 15 Rn. 81.
163 *Mühlbauer* in: Lorz/Konrad/Mühlbauer/Müller-Walter/Stöckel, BNatSchG, § 15 Rn. 15.
164 Zu Ausgleichsmaßnahmen und Ersatzzahlungen bei Beeinträchtigung des Landschaftsbildes durch Windkraftanlagen vgl. OVG Lüneburg, ZUR 2010, 262.
165 Dazu *Kuschnerus*, DVBl. 1986, 75.
166 Eine Ersatzmaßnahme zur Deckung eines vorhabenfremden Kompensationsbedarfs ist daher nicht möglich, BVerwG, ZUR 2009, 264.
167 Zum Eingriff in naturschutzrechtliche Kompensationsflächen durch nachfolgende Vorhaben vgl. *Roder*, NuR 2007, 387.
168 *Koch* in: Schlacke (Hrsg.), GK-BNatSchG, § 15 Rn. 8 ff.; *Sparwasser/Engel/Voßkuhle*, § 6 Rn. 144; *Schink*, DVBl. 1992, 1390, 1401.
169 BVerwG, NuR 2005, 177; *Durner*, NuR 2001, 601, 603 f.

Beispiel: Die künstliche Schaffung eines nur vergleichbaren Ökosystems in der weiteren Umgebung anstelle eines vormals aus gleichartigen, nicht wieder herstellbaren Pflanzenformationen bestehenden Ökosystems.

Für die Festlegung von Art und Umfang der Ausgleichs- und Ersatzmaßnahmen sind die Programme und Pläne gem. §§ 10 und 11 BNatSchG sowie der Verhältnismäßigkeitsgrundsatz[170] zu berücksichtigen (§ 15 Abs. 2 S. 5 BNatSchG). § 15 Abs. 7 S. 1 BNatSchG ermächtigt das Bundesumweltministerium zum Erlass einer Rechtsverordnung, welche Näheres zur Kompensation von Eingriffen regelt.[171] Solange von der Ermächtigung kein Gebrauch gemacht wird, dürfen die Länder entsprechende Regelungen erlassen, vgl. § 15 Abs. 7 S. 2 BNatSchG.[172]

dd) Abwägung und Untersagung des Eingriffs

36 Sind Beeinträchtigungen nicht zu vermeiden sowie nicht im erforderlichen Maße in angemessener Frist ausgleichbar oder zu ersetzen und sind die Belange des Naturschutzes im Rahmen einer eigenständigen Abwägung als vorrangig zu werten, dann hat eine **Untersagung** des Eingriffs gem. § 15 Abs. 5 S. 1 BNatSchG zu erfolgen. Eine Sonderregelung besteht für Eingriffe, bei denen nach der FFH-Richtlinie geschützte Arten betroffen sind (§ 44 Abs. 4 S. 2–4 BNatSchG).

§ 15 Abs. 5 BNatSchG stellt klar, dass eine Abwägung nicht zulässig ist, wenn ein Eingriff durch Ausgleichs- oder Ersatzmaßnahmen kompensiert wird.[173] Die Abwägung setzt insoweit voraus, dass zumindest ein Rest nicht kompensierbarer Beeinträchtigungen verbleibt.[174] Ein Eingriff ist unzulässig, wenn die Belange des Naturschutzes gegenüber den Vorteilen der Vorhabenverwirklichung überwiegen.[175] Hierbei kommt es u.a. auf die Nutzungsansprüche des Verursachers des Eingriffs sowie die Schwere und Erheblichkeit der Beeinträchtigungen von Natur und Landschaft an. Beispielsweise können Freizeit- und Hobbynutzungen gegenüber einer – hierfür erforderlichen – nachhaltigen Flächenversiegelung nicht gerechtfertigt werden.[176] Inwieweit in der Abwägung private Interessen und Belange, insbesondere die der gewerblichen Wirtschaft sowie Eigentümerinteressen, zu beachten sind, ist umstritten.[177] So wird u.a. vertreten, lediglich öffentliche Interessen in die Abwägung einzubeziehen, um einer Entwertung der naturschutzrechtlichen Eingriffsregelung durch Berücksichtigung privater Belange entgegenzutreten.[178] Letztlich dürfte darauf abzustellen sein, wie die Schwere der Eingriffe in Natur- und Landschaft zu beurteilen ist. Das **Abwägungsergebnis** der Behörde wird gerichtlich freilich lediglich hinsichtlich des Vorliegens von Abwägungsfehlern überprüft.[179]

---

170 Vgl. BVerwG, ZUR 2009, 264.
171 Zum Entwurf einer Bundeskompensationsverordnung vgl. *Schütte/Wittrock*, ZUR 2013, 259.
172 Vgl. die HessKV v. 1.9.2005, GVBl. I S. 264, zuletzt geändert durch Art. 4 VO v. 22.9.2015, GVBl. S. 339 sowie BayKompV v. 7.8.2013, GVBl. 2013, S. 517.
173 Vgl. *Guckelberger* in: Frenz/Müggenborg, § 15 Rn. 84 ff.
174 BVerwG, NVwZ 2001, 673; vgl. auch *Wolf* in: Kluth/Smeddinck, Umweltrecht, § 4 Rn. 58.
175 Ausführlich zur Abwägungsentscheidung vgl. *Koch* in: Schlacke (Hrsg.), GK-BNatSchG, § 15 Rn. 30 ff.; *Lütkes* in: Lütkes/Ewer, BNatSchG, § 15 Rn. 64 ff.
176 *Fischer-Hüftle/A. Schumacher* in: J. Schumacher/Fischer-Hüftle, BNatSchG, § 15 Rn. 133.
177 Ausführlich hierzu *Sparwasser/Engel/Voßkuhle*, § 6 Rn. 150 m.w.N.
178 VGH München, NuR 1991, 339.
179 Vgl. oben § 5 Rn. 45.

ee) Ersatz unvermeidbarer, zulässiger Beeinträchtigungen

Kann der Verursacher aus rechtlichen oder tatsächlichen Gründen Ausgleichs- und Ersatzmaßnahmen nicht vornehmen und wird der Eingriff nach § 15 Abs. 5 BNatSchG zugelassen oder durchgeführt, hat er stattdessen den Geldbetrag, der für die Ausgleichs- oder Ersatzmaßnahme erforderlich gewesen wäre, zu zahlen (sog. **Ersatzzahlung**, § 15 Abs. 6 BNatSchG).[180] Nach Auffassung des BVerwG handelt es sich insoweit um eine verfassungsrechtlich (Art. 104a ff. GG) zulässige Sonderabgabe.[181] Grundsätzlich besteht die Funktion der finanziellen Ausgleichspflicht darin, dort, wo naturale Ausgleichsmaßnahmen vom Verursacher selbst nicht durchgeführt werden können, eine dem Verursacherprinzip entsprechende Kostenbelastung zu ermöglichen.[182] Das ist nicht ganz unproblematisch, weil die ersatzweise Abgabe zur bloßen Ablasszahlung verkümmern kann.[183] Die Höhe der Abgabe bemisst sich gem. § 15 Abs. 6 S. 2 BNatSchG nach den durchschnittlichen Kosten für die Planung, Unterhaltung und Flächenbereitstellung unter Einbeziehung der Personal- und sonstigen Verwaltungskosten. Sind diese nicht feststellbar, so bemisst sich die Ersatzzahlung nach Dauer und Schwere des Eingriffs unter Berücksichtigung der dem Verursacher daraus erwachsenden Vorteile.[184]

37

---

180 Näher dazu *Fischer-Hüftle/A. Schumacher* in: J. Schumacher/Fischer-Hüftle, BNatSchG, § 15 Rn. 136 ff.; *Gassner*, NuR 1985, 180; *Breuer*, NuR 1980, 89, 96 f.
181 BVerwGE 74, 308; 81, 220; *Meßerschmidt*, DVBl. 1987, 925; kritisch dazu *Kloepfer*, Umweltrecht, § 11 Rn. 107.
182 *Breuer*, NuR 1980, 89, 98; *Kloepfer*, Umweltrecht, § 11 Rn. 104.
183 *Kloepfer*, Umweltrecht, § 11 Rn. 104; zu einer möglichen Zweckbindung der Ersatzzahlung vgl. *Fischer-Hüftle*, NuR 2011, 461.
184 Zu weiteren Verfahrensanforderungen vgl. § 15 Abs. 6 S. 4–7 BNatSchG.

§ 10 B. BESONDERES UMWELTRECHT

<u>Eingriffsregelung, §§ 13 ff. BNatSchG</u>

Eingriff (§ 14 Abs. 1 BNatSchG)

- Veränderungen der Gestalt oder Nutzung von Grundflächen oder
- Veränderungen des mit der belebten Bodenschicht in Verbindung stehenden Grundwasserspiegels,
  - die die Leistungs- und Funktionsfähigkeit des Naturhaushalts oder
  - das Landschaftsbild erheblich beeinträchtigen können.

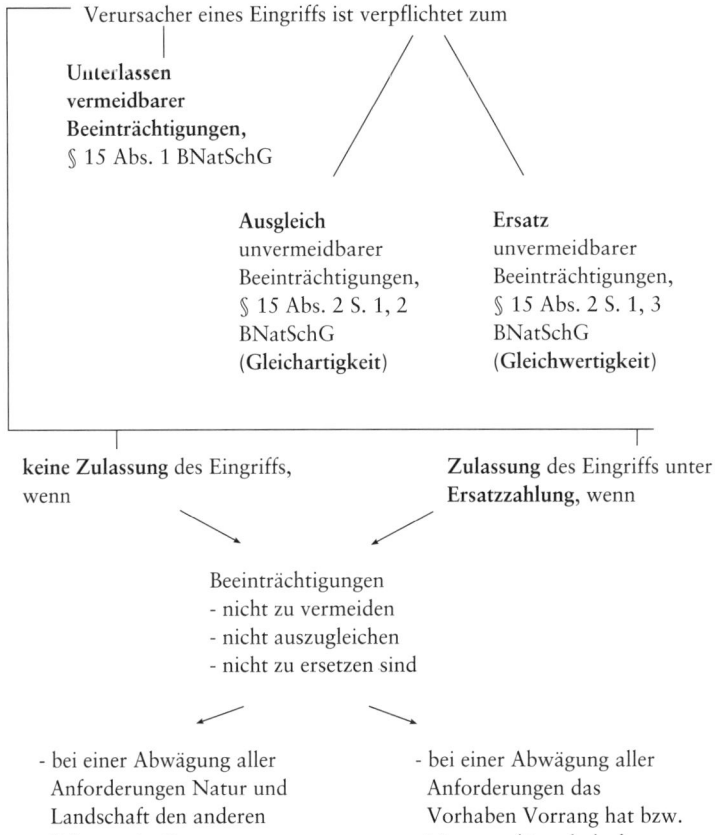

Verursacher eines Eingriffs ist verpflichtet zum

Unterlassen vermeidbarer Beeinträchtigungen, § 15 Abs. 1 BNatSchG

Ausgleich unvermeidbarer Beeinträchtigungen, § 15 Abs. 2 S. 1, 2 BNatSchG (Gleichartigkeit)

Ersatz unvermeidbarer Beeinträchtigungen, § 15 Abs. 2 S. 1, 3 BNatSchG (Gleichwertigkeit)

keine Zulassung des Eingriffs, wenn

Zulassung des Eingriffs unter **Ersatzzahlung**, wenn

Beeinträchtigungen
- nicht zu vermeiden
- nicht auszugleichen
- nicht zu ersetzen sind

- bei einer Abwägung aller Anforderungen Natur und Landschaft den anderen Belangen im Range vorgehen, § 15 Abs. 5 BNatSchG

- bei einer Abwägung aller Anforderungen das Vorhaben Vorrang hat bzw. Natur und Landschaft keinen Vorrang vor den anderen Belangen haben, § 15 Abs. 6 BNatSchG

b) Naturschutzrechtliche Eingriffsregelung und Bauleitplanung

Das Verhältnis zwischen naturschutzrechtlicher Eingriffsregelung und Bauleitplanung hat über längere Zeit für heftige Kontroversen gesorgt.[185] Seit 1998 ist die Eingriffsregelung in die Bauleitplanung integriert. Sie gewährleistet, dass die das Verursacherprinzip kennzeichnenden Elemente „Vermeidung" und „Ausgleich" in der gesetzlich festgelegten Stufenfolge auf der Ebene der Bauleitplanung im Rahmen der Abwägung nach § 1 Abs. 7 BauGB berücksichtigt werden (vgl. § 1a Abs. 3 BauGB). Die Unterscheidung zwischen Ausgleich und Ersatz wird in § 1a Abs. 3 BauGB nicht übernommen; die Festsetzungen in der Bauleitplanung richten sich insoweit ausschließlich auf Ausgleichsmaßnahmen im Sinne des modifizierten Ausgleichsbegriffs nach § 200a BauGB.[186]

aa) Konzept der naturschutzrechtlichen Eingriffsregelung in der Bauleitplanung

§ 18 Abs. 1 BNatSchG verteilt die **Aufgaben** zwischen BauGB und BNatSchG wie folgt:[187] Sind aufgrund der Aufstellung, Änderung, Ergänzung oder Aufhebung von Bauleitplänen Eingriffe in Natur und Landschaft zu erwarten, ist über die Vermeidung, den Ausgleich und den Ersatz nach den Vorschriften des Baugesetzbuchs zu entscheiden. Ob Flächennutzungspläne oder Bebauungspläne einen derartigen Eingriff nach sich ziehen, beurteilt sich mithin nach § 14 Abs. 1 BNatSchG, die weitere Entscheidung (das „Wie") hingegen nach den einschlägigen Vorschriften des Baugesetzbuchs (vornehmlich über die Abwägung; dazu sogleich). Im (nachfolgenden) Baugenehmigungsverfahren findet die Eingriffsregelung dann keine Anwendung. Letzteres gilt gem. § 18 Abs. 2 S. 1 BNatSchG auch bei bereits aufgestellten Bebauungsplänen (§ 30 BauGB), bei sog. Planreife (§ 33 BauGB) und bei Vorhaben im nicht beplanten Innenbereich (§ 34 BauGB).[188] Der im Wege der BauGB-Novelle 2007[189] neu eingeführte § 13a Abs. 2 Nr. 4 BauGB sieht die Einführung des beschleunigten Verfahrens für Bebauungspläne der Innenentwicklung als Erweiterung des vereinfachten Verfahrens nach § 13 BauGB vor.[190] Jene **Bebauungspläne der Innenentwicklung** unterliegen weder einer förmlichen Umweltprüfung[191] noch der Eingriffsregelung, soweit als zulässige Grundfläche eine Größe von insgesamt weniger als 20.000 m² festgesetzt wird (§ 13a Abs. 1 S. 2 Nr. 1 BauGB).[192]

§§ 14–17 BNatSchG gelten hingegen bei Außenbereichsvorhaben (§ 35 BauGB)[193] und für planfeststellungsersetzende Bebauungspläne (vgl. § 17 Abs. 1 FStrG, § 28 Abs. 3 PBefG), § 18 Abs. 2 S. 2 BNatSchG.

---

185 Vgl. etwa *Ramsauer*, Die naturschutzrechtliche Eingriffsregelung; *Blume*, NVwZ 1993, 941; *Felder*, NuR 1994, 53; *Louis*, ZUR 1993, 146; *Runkel*, UPR 1993, 203; *Schink*, NuR 1993, 365; ausführlich *Fischer-Hüftle* in: J. Schumacher/Fischer-Hüftle, BNatSchG, § 18 Rn. 1.
186 *Müller/Mahlburg*, UPR 1999, 259.
187 Ausführlich zur Eingriffsregelung in der Bauleitplanung *Koch* in: Schlacke (Hrsg.), GK-BNatSchG, § 18 Rn. 1 ff.
188 Vgl. hierzu *Rieger*, UPR 2012, 1, 2 f.; *Scheidler*, ZfBR 2011, 228.
189 BGBl. I 2006, S. 3316.
190 Vgl. hierzu *Krautzberger/Stüer*, DVBl. 2007, 160; *Battis/Krautzberger/Löhr*, NVwZ 2007, 121.
191 Vgl. oben § 5 Rn. 73 f.
192 Eingehend ferner *Tomerius*, ZUR 2008, 1; *Götze/Müller*, ZUR 2008, 8.
193 Vgl. BVerwG, NuR 2002, 360.

bb) Abwägungsgebot und naturschutzrechtliche Eingriffsregelung

40 Infolge der Integration in die dem Genehmigungsverfahren vorgelagerte Planungsphase, in der Eingriffe in Natur und Landschaft erst vorbereitet und bauplanungsrechtlich zugelassen, aber eben noch nicht endgültig genehmigt werden, hat die Anwendung der vormals ausschließlich projektbezogenen Eingriffsregelung eine bedeutsame Erweiterung erfahren. Wie alle anderen im Bauleitplanverfahren zu prüfenden Belange unterliegt auch der Belang „Schutz von Natur und Landschaft" der **Abwägung nach § 1 Abs. 7 BauGB**, was durch § 1a Abs. 3 S. 1 BauGB ausdrücklich angeordnet wird. Dergestalt findet sich vor allem das der naturschutzrechtlichen Eingriffsregelung bislang immanente Gebot einer vollständigen Kompensation des Eingriffs durch die bauleitplanerische Abwägung relativiert. Das BVerwG[194] hatte bereits hinsichtlich § 8a Abs. 1 S. 1 BNatSchG (1993) zum Abwägungsgebot für die naturschutzrechtliche Eingriffsregelung in der Bauleitplanung klargestellt, dass „die Belange des Naturschutzes und der Landschaftspflege keinen abstrakten Vorrang vor den in der Bauleitplanung zu berücksichtigenden anderen Belangen haben. Das gilt sowohl für die Vermeidung von Beeinträchtigungen als auch für den Ausgleich unvermeidbarer Beeinträchtigungen oder den Ersatz für nicht ausgleichbare Beeinträchtigungen." Auch wird die Annahme eines Optimierungsgebots[195] vom Gericht abgelehnt. Nach Auffassung des BVerwG muss dies jedoch nicht zur Schwächung der Belange von Naturschutz und Landschaftspflege führen: „Gegenüber anderen öffentlichen, beispielhaft in § 1 Abs. 5 S. 2 BauGB (Anm.: jetzt § 1 Abs. 6 BauGB) genannten Belangen haben die Belange des Naturschutzes und der Landschaftspflege allerdings eine herausgehobene Bedeutung. [...] Das Besondere des § 8a Abs. 1 S. 1 BNatSchG (Anm.: jetzt § 1a Abs. 3 BauGB) besteht darin, dass die in der Abwägung zu berücksichtigenden Naturschutzbelange über das Integritätsinteresse hinaus, falls dieses nicht gewahrt werden kann, auf das Kompensationsinteresse erweitert werden."[196] Dem vom BVerwG so bezeichneten Kompensationsinteresse ist aufgrund der in § 1a Abs. 3 S. 2 bis 5 BauGB vorgesehenen Möglichkeiten zur Umsetzung der Eingriffsregelung im Bauleitplanverfahren in geeigneter Weise Rechnung zu tragen.

Um zu einer im vorgenannten Sinne gerechten Abwägung der Belange des Naturschutzes und der Landschaftspflege zu gelangen, bedarf es zunächst einer **Bestandsaufnahme** von Natur und Landschaft; dies freilich nur i.S.e. sachgerechten Planungsentscheidung: Eine vollständige Erfassung der betroffenen Tier- und Pflanzenarten ist regelmäßig nicht erforderlich. Es kann vielmehr ausreichen, „..., wenn für die Bewertung des Eingriffs auf bestimmte Indikationsgruppen abgestellt wird".[197] Zur Verwendung von Bewertungsverfahren führt das BVerwG aus, dass es schon aus dem Fehlen eines gesetzlich vorgeschriebenen Bewertungsverfahrens für die Entscheidung nach § 8a BNatSchG (a.F., jetzt § 1a Abs. 3 S. 1 BauGB) folge, dass eine Bindung an die Ergebnisse eines (fehlerfrei durchgeführten) standardisierten Verfahrens zur Eingriffsbewertung nicht bestehe.[198] Das Gewicht und die spezifische Bedeutung der Eingriffsregelung im Abwägungsprozess der Bauleitplanung haben somit infolge der Klarstellungen durch das BVerwG feste Konturen erhalten, die mittels der ausdrücklichen normativen Ein-

---

194 BVerwGE 104, 68, 72.
195 Vgl. bereits § 5 Rn. 44.
196 BVerwGE 104, 68, 72.
197 BVerwG, BauR 1997, 459.
198 BVerwG, UPR 1997, 409.

bindung der Vermeidung und des Ausgleichs in die Abwägung gem. § 1 Abs. 7 BauGB durch den Gesetzgeber bestätigt worden sind.

cc) Ausgleich von Eingriffen in Natur und Landschaft durch Bauleitplanung

Zentrale Norm für die Integration der Eingriffsregelung in das BauGB ist § 1a Abs. 3 S. 2 bis 5: Er eröffnet verschiedene Möglichkeiten, den Ausgleich der zu erwartenden Eingriffe in Natur und Landschaft zu verwirklichen. Darüber hinaus enthält er eine Klarstellung für jene Fälle, in denen ein Ausgleich nicht erforderlich ist.[199]

41

§ 1a Abs. 3 S. 2 bis 4 BauGB eröffnet folgende **Varianten eines Ausgleichs** für aus Bauleitplänen folgende Eingriffe in Natur und Landschaft:[200]

(1) Ausgleich durch geeignete Darstellungen und Festsetzungen nach den §§ 5 und 9 BauGB als Flächen oder Maßnahmen zum Ausgleich (S. 2); dabei wird unterstellt, dass der Ausgleich entsprechend der ursprünglichen Konzeption der naturschutzrechtlichen Eingriffsregelung am Ort des Eingriffs erfolgt;

(2) Darstellungen und Festsetzungen nach S. 2 auch an anderer Stelle als am Ort des Eingriffs, soweit dies mit einer geordneten städtebaulichen Entwicklung und den Zielen der Raumordnung sowie des Naturschutzes und der Landschaftspflege vereinbar ist (S. 3); damit wird die bisherige Konzeption der naturschutzrechtlichen Eingriffsregelung zugunsten eines weiträumigeren Ausgleichs verlassen;

(3) **vertragliche** Vereinbarungen gem. § 11 BauGB (S. 4, erster Fall) als Alternative zu Darstellungen und Festsetzungen;[201]

(4) sonstige geeignete Maßnahmen zum Ausgleich auf von der Gemeinde bereitgestellten Flächen (S. 4, zweiter Fall).

In Klärung einer auf der Grundlage des früheren Rechts umstrittenen Frage legt § 1a Abs. 3 S. 5 BauGB schließlich fest, dass ein Ausgleich nicht erforderlich ist, soweit die Eingriffe bereits vor der planerischen Entscheidung erfolgt sind oder zulässig waren. Bedeutung hat diese Verdeutlichung beispielsweise für nicht mehr genutzte Industriebrachen und Konversionsstandorte, weil ein Ausgleich dann nicht erforderlich wird, wenn anstelle der alten, nicht mehr genutzten Bebauung eine neue Bebauung ohne zusätzliche Beeinträchtigung von Natur und Landschaft treten soll.

§ 200a BauGB ergänzt die Vorschrift des § 1a Abs. 3 S. 3 BauGB, indem er einen eigenständigen **städtebaulichen Ausgleichsbegriff** einführt: Nach S. 1 werden die nach § 15 Abs. 2 S. 1 BNatSchG in einem Gleichrangigkeitsverhältnis zueinander stehenden Begriffe des Ausgleichs und des Ersatzes unter dem Oberbegriff des städtebaulichen Ausgleichs i.S.d. § 1a Abs. 3 BauGB zusammengefasst. § 200a S. 2 BauGB hebt zudem das Gebot eines teilweise nach Landesnaturschutzrecht auch für den Ersatz geregelten räumlichen Zusammenhangs mit dem Eingriff auf, wenn den Voraussetzungen des § 1a Abs. 3 S. 3 BauGB entsprochen ist. Durch die beschriebenen Erweiterungen soll der Ausgleich für die aufgrund der Bauleitplanung zu erwartenden Eingriffe in räumlicher Hinsicht flexibel gehandhabt, insbesondere der notwendige räumliche Anwen-

---

199 Zur uneingeschränkten gerichtlichen Kontrolle des Vorliegens der Voraussetzungen des § 1a Abs. 3 S. 5 Bau-GB vgl. BVerwG, ZUR 2007, 37.
200 Zur Hinnahme eines Ausgleichsdefizits wegen der Unzulänglichkeit rechnerischer Verfahren zur Bewertung von Beeinträchtigungen von Natur und Landschaft vgl. BVerwG, NuR 2008, 42.
201 BVerwG, DVBl. 1997, 1121, sieht im städtebaulichen Vertrag ein zulässiges Mittel, den Ausgleich auch außerhalb des Gebiets eines Bebauungsplans zu realisieren.

dungsbereich für einen eigenständigen Ausgleichsbebauungsplan (dazu sogleich) geschaffen werden.[202]

dd) Verursacherprinzip und Ausgleich durch die Gemeinde

42 Das **Verursacherprinzip** als grundlegendes Element der naturschutzrechtlichen Eingriffsregelung nach §§ 14 ff. BNatSchG wirkt auch im Bauleitplanverfahren fort. Nach § 135a Abs. 1 BauGB sind festgesetzte Maßnahmen zum Ausgleich i.S.d. § 1a Abs. 3 BauGB vom Vorhabenträger durchzuführen. Dies kann er allerdings in der Regel nur, wenn die Gemeinde im Bebauungsplan die Maßnahmen zum Ausgleich am Ort des Eingriffs unmittelbar auf dem begünstigten Baugrundstück festgesetzt hat, etwa wenn von ihm im Garten bestimmte Bäume anzupflanzen sind. Ansonsten kann die Durchführung durch den Vorhabenträger an anderer Stelle als am Ort des Eingriffs vertraglich vereinbart werden,[203] beispielsweise wenn der Investor anderenorts im Gemeindegebiet über Flächen verfügt, die er ökologisch aufwerten kann. Stehen dem Vorhabenträger hingegen keine Flächen zur Verfügung und sieht die Gemeinde im Interesse der Verwirklichung eines anderen planerischen Konzepts den Ausgleich an anderer Stelle vor, soll nach § 135a Abs. 2 S. 1 BauGB die Gemeinde diesen anstelle und auf Kosten der Vorhabenträger oder der Eigentümer durch die Bauleitplanung begünstigter Grundstücke durchführen und auch die insoweit erforderlichen Flächen bereitstellen.[204]

Für die Durchführung des Ausgleichs durch die Gemeinde im Wege jener „Ersatzvornahme" anstelle des Vorhabenträgers sind die besonderen **Zuordnungsdarstellungen** des § 5 Abs. 2a BauGB und insbesondere -festsetzungen des § 9 Abs. 1a BauGB von Bedeutung, weil nur sie, sofern keine vertragliche Absprache besteht, eine „Refinanzierung" der Gemeinde ermöglichen. Entscheidend sind dabei Festsetzungen im Bebauungsplan nach § 9 Abs. 1a S. 2 Hs. 1 BauGB, die den Eingriffsflächen die gebotenen Ausgleichsflächen zuordnen. Aufgrund jener Zuordnung ist die Gemeinde berechtigt, sich die Kosten für den Ausgleich vom Vorhabenträger erstatten zu lassen (§ 135a Abs. 2 S. 1 BauGB). Ebenso kann gem. § 9 Abs. 1a S. 2 Hs. 2 BauGB eine Zuordnung vom Bebauungsplan zu gemeindeeigenen, nicht weiter planerisch gesicherten Flächen erfolgen, wenn auf diesen der Ausgleich erfolgen soll. Darüber hinaus und vorrangig ist eine Zuordnung eines Eingriffsbebauungsplans zu einem (zweiten) Ausgleichsbebauungsplan eröffnet (§ 9 Abs. 1a S. 2 BauGB),[205] auf dessen Grundlage die Kompensation realisiert werden soll.

ee) Öko-Konto

43 Beim Öko-Konto findet sich der Vollzug von Eingriff und Ausgleich nicht nur räumlich, sondern auch zeitlich entkoppelt. Im Vorfeld der Durchführung von Bau- oder sonstigen Maßnahmen werden in zusammenhängender Form an anderer Stelle im Gemeindegebiet Maßnahmen für den Naturschutz realisiert.[206] Sie haben Ausgleichsfunktion, werden aber zeitlich vor dem Eingriff durchgeführt. Diese nach § 16 BNatSchG, insbesondere Abs. 2, und § 135a Abs. 2 S. 2 BauGB ausdrücklich zugelassene Variante

---

202 VGH Kassel, NuR 2005, 41, 44; *Battis/Krautzberger/Löhr*, NVwZ 1997, 1145, 1146.
203 Zur vertraglichen Pflicht zum Ausgleich BVerwG, DVBl. 1997, 1121, 1123.
204 Zur Flächenbeschaffung *Müller/Mahlburg*, DVBl. 1998, 1110, 1113 ff.
205 Dazu kritisch *Louis*, NuR 1998, 113.
206 Vgl. ausführlich *Louis*, NuR 2004, 714; *Stich*, UPR 2000, 321, 322; *Thum*, UPR 2006, 289.

kann entweder auf der Grundlage von Darstellungen zum Ausgleich im Flächennutzungsplan, aufgrund eines eigenen Ausgleichsbebauungsplans oder auf von der Gemeinde hierzu bereitgestellten Flächen vorgenommen werden. Mit der späteren Realisierung lassen sich dann jene Maßnahmen als für den Eingriff zu leistenden Ausgleich „abbuchen". Insoweit muss freilich bei der Durchführung von Maßnahmen für den Naturschutz bereits eindeutig erkennbar sein, dass diese die Funktion eines künftigen Ausgleichs haben. Eine bloße „Umwidmung" schon früher einmal aufgewerteter Flächen scheidet aus.

c) Schäden an bestimmten Arten und natürlichen Lebensräumen

Veranlasst durch die Umwelthaftungsrichtlinie[207] wurde in Anlehnung an § 2 Nr. 1a USchadG[208] durch § 19 BNatSchG der Begriff von Schäden an bestimmten Arten und natürlichen Lebensräumen näher bestimmt. Ein **Schaden** liegt demnach insbesondere bei erheblichen nachteiligen Auswirkungen in Bezug auf den günstigen Erhaltungszustand bestimmter durch die Vogelschutz- und FFH-Richtlinie geschützter Arten und Lebensräume vor (§ 19 Abs. 1 S. 1, Abs. 2 und 3 BNatSchG).[209] Ausgangspunkt für die Ermittlung der Erheblichkeit ist der Ausgangszustand unter Berücksichtigung der Kriterien des Anhangs I der Umwelthaftungsrichtlinie (§ 19 Abs. 5 S. 1 BNatSchG).[210] Darüber hinaus benennt § 19 Abs. 5 S. 2 BNatSchG Regelbeispiele, bei denen eine erhebliche Schädigung grundsätzlich zu verneinen ist. Eine Schädigung wird – trotz nachteiliger Beeinflussung von Natur- und Landschaft – definitorisch bereits ausgeschlossen, wenn die beeinträchtigende Tätigkeit bzw. das Vorhaben nach den in § 19 Abs. 1 S. 2 BNatSchG genannten bundes- oder landesrechtlichen Vorschriften genehmigt wurde (z.B. nach §§ 34, 35, 45 Abs. 7 BNatSchG oder durch Befreiung gem. § 67 Abs. 2 BNatSchG) oder zulässig ist. Die Sanierungsverpflichtung der Verantwortlichen richtet sich nach dem Umweltschadensgesetz, wobei die Sanierungsmaßnahmen nach Anhang II Nr. 1 der Umwelthaftungsrichtlinie zu treffen sind (§ 19 Abs. 4 BNatSchG).

44

d) Duldungspflichten

In § 65 BNatSchG werden Eigentümern und Nutzungsberechtigten von Grundstücken **Duldungspflichten** auferlegt. Gegenstand der Duldungspflichten können sein: Unterhaltungs-, Aufräum-, Säuberungsarbeiten und Anpflanzungen auf Grundstücken sowie das Anbringen von Hinweiszeichen. Während § 65 Abs. 1 S. 1 BNatSchG nur Maßnahmen im Rahmen des Zumutbaren erfasst, können die Länder nach § 65 Abs. 1 S. 2 BnatSchG weitergehende Vorschriften erlassen, also Duldungspflichten auch bei an sich unzumutbaren Nutzungseinschränkungen vorsehen, so dass auch eine Entschädigungsregel getroffen werden muss (vgl. § 68 BnatSchG). Aufgrund dieser Vorschriften kann der Grundstückseigentümer jedoch nicht zu einem aktiven Handeln (z.B. Anpflanzung von Bäumen) verpflichtet werden.[211]

45

---

207 Siehe bereits § 2 Rn. 18; vgl. ferner zur Umsetzung der Umwelthaftungsrichtlinie *Becker*, NVwZ 2007, 1105.
208 Änderung durch Gesetz v. 10.5.2007, BGBl. I, S. 666.
209 Ausführlich zum Schadensbegriff *Diederichsen*, NJW 2007, 3377; *Gassner*, UPR 2007, 292.
210 Vgl. hierzu *John* in: Schlacke (Hrsg.), GK-BNatSchG, § 19 Rn. 19 ff.
211 *Hoppe/Beckmann/Kauch*, § 15 Rn. 101.

e) Bürger- und Behördenpflichten

46 § 2 Abs. 1 BnatSchG postuliert eine allgemeine **Bürgerpflicht zum Schutz von Natur und Landschaft,** indem jeder verpflichtet wird, im Rahmen seiner Möglichkeiten zur Verwirklichung der Ziele und Grundsätze des Naturschutzes und der Landschaftspflege beizutragen und auf die in § 1 BnatSchG genannten Schutzgüter Rücksicht zu nehmen. Der Vorschrift kommt lediglich Appellcharakter zu; ihr kann also keine Rechtspflicht im strengen Sinne entnommen werden. Ihre Beachtung kann von den Behörden weder erzwungen noch ordnungsrechtlich sanktioniert werden.[212]

47 Ebenfalls schwer durchsetzbar ist die **Pflicht zur Umweltbeobachtung** (§ 6 BnatSchG), die an den Bund und die Länder gerichtet ist. Zweck der Umweltbeobachtung ist es, gem. § 6 Abs. 2 BnatSchG den Zustand der Natur und Landschaft und ihrer Veränderungen einschließlich der Ursachen und Folgen dieser Veränderungen gezielt und fortlaufend zu ermitteln, zu beschreiben und zu bewerten.[213] Mit dieser Pflicht sollen ökologisch ungünstige Entwicklungen rechtzeitig erkannt werden, um daraus Prioritäten für praktisches Handeln aufzuzeigen sowie Gefahren für Mensch und Umwelt wirkungsvoll zu begegnen.[214]

3. Flächen- und Biotopschutz

48 Die dargestellten allgemeinen Schutz-, Pflege- und Entwicklungsmaßnahmen werden durch Maßnahmen des **Biotop- und Flächenschutzes** ergänzt, die nicht etwa ein planungsrechtliches Instrument darstellen, sondern auf eine direkte Verhaltenssteuerung durch Ge- und Verbote zielen.

49 ▶ **FALL 11:** Landwirt S möchte auf einem seiner Felder zwei Windkraftanlagen errichten. Diese sollen jeweils eine Leistung von 1500 kW sowie eine Nabenhöhe von 100 m und einen Rotordurchmesser von 60 m haben. Das Gebiet, in dem die Windkraftanlagen errichtet werden sollen, liegt an der Weser innerhalb der durch einen Flächennutzungsplan der Stadt V dargestellten Konzentrationszone für Windenergienutzung. Östlich und nördlich dieser Konzentrationszone liegt das europäische Vogelschutzgebiet „Oberes Flussland", welches im Jahr 2005 an die Europäische Kommission gemeldet und durch Bekanntmachung im Amtsblatt des Bundeslandes N unter Schutz gestellt wurde. Die Reichweite der Unterschutzstellung wurde von verschiedenen Naturschutzverbänden kritisiert, da nicht alle, sondern nur die für die Nahrungssuche der geschützten Vögel geeignetsten Flächen unter Schutz gestellt worden sind. Der Schutzzweck wurde dabei wie folgt definiert: „Erhaltung und Entwicklung der grünlandgeprägten Weseraue sowie der angrenzenden Niederungsflächen mit ihren naturnahen Gewässern als Durchzugs-, Rast- und Überwinterungsgebiet für Bläss-, Saat- und Nonnengans." Die zwei Windkraftanlagen des S würden jeweils etwa 300 m vom Rand des europäischen Vogelschutzgebiets „Oberes Flussland" entfernt errichtet werden.

Die Windkraftanlagen sind genehmigungspflichtige Anlagen gem. § 4 BImSchG i.V.m. Nr. 1.6.2 des Anhangs 1 zur 4. BImSchV. Der Antrag auf Erteilung der immissionsschutzrechtlichen Genehmigung wurde von der zuständigen Behörde mit Verweis auf zwei Fachgutachten zur FFH-Verträglichkeit des Vorhabens abgelehnt. Diese beschreiben die Mög-

---

212 *Wolf* in: Schlacke (Hrsg.), GK-BNatSchG, § 2 Rn. 2 ff.; *Hendrischke* in: Frenz/Müggenborg, BNatSchG, § 2 Rn. 9.
213 Vgl. hierzu auch BR-Drs. 278/09, S. 166.
214 *Erbguth/Stollmann,* NJ 2002, 519, 521.

lichkeit, dass insbesondere die geschützten Gänsearten ein Meideverhalten aufweisen könnten und die Windkraftanlagen umfliegen würden, was zu einer Verriegelung des Schutzgebiets und einer Verlängerung der Flugstrecken zwischen Schlaf- und Nahrungsplätzen der Gänse führen würde. Im schlimmsten Fall würden die Gänse einen Umkreis von 400 m meiden, womit ein indirekter Verlust der Nahrungsflächen einhergehe.

Landwirt S hält einen möglichen Verlust an Nahrungsflächen jedenfalls für nicht erheblich; eine Verriegelung des Vogelschutzgebiets und der Nahrungsgebiete sei durch die Gutachten nicht eindeutig nachgewiesen. Zudem hält er Kompensationsmaßnahmen für möglich. Schließlich weist S darauf hin, dass er seine Windkraftanlagen in einer von der Stadt V ausgewiesenen Konzentrations- und Vorrangzone für die Windenergienutzung errichten möchte.

Er klagt nunmehr auf Erteilung der immissionsschutzrechtlichen Genehmigung. Mit Erfolg? ◂

a) Flächenschutz

§§ 20 ff. BNatSchG betreffen die **Unterschutzstellung** von Teilen von Natur und Landschaft[215] durch Ausweisung als

- Naturschutzgebiet (§ 23 BNatSchG),
- Nationalpark, nationale Naturmonumente (§ 24 BNatSchG),
- Biosphärenreservat (§ 25 BNatSchG),
- Landschaftsschutzgebiet (§ 26 BNatSchG),
- Naturpark (§ 27 BNatSchG),
- Naturdenkmal (§ 28 BNatSchG),
- geschützter Landschaftsbestandteil (§ 29 BNatSchG)[216] und
- gesetzlich geschütztes Biotop (§ 30 BNatSchG).

50

Die Erklärung der Unterschutzstellung, sog. **Schutzerklärung** (§ 22 Abs. 1 BNatSchG), erfolgt – auf der Grundlage von Landesrecht[217] – regelmäßig in der Form der **Rechtsverordnung**, also als materielles Gesetz und nicht im Wege eines Einzelaktes (z.B. eines Verwaltungsaktes, § 35 VwVfG).[218] Eine Ausnahme bildet z.B. die Erklärung zum Nationalpark, die in vielen Bundesländern (bislang) nur aufgrund eines formellen Gesetzes möglich ist. Die Ausgestaltung von Form und Verfahren der Unterschutzstellung bleibt gem. § 22 Abs. 2 BNatSchG dem Landesgesetzgeber vorbehalten. Entsprechende – unter Maßgabe des BNatSchG a.F. erlassene – landesrechtliche Vorschriften eröffnen regelmäßig eine Gelegenheit zur Stellungnahme für Gemeinden, Behörden, öffentliche Planungsträger sowie nach § 63 Abs. 1 Nr. 1, Abs. 2 Nr. 1 BNatSchG anerkannte Umweltverbände.[219] Die nach Bekanntmachung des Verordnungsentwurfs vorgebrachten Bedenken und Anregungen sind bei der Entscheidungsfindung zu berücksichtigen.[220]

---

215 Zur Beachtlichkeit von Handlungen außerhalb von Naturschutzgebieten, die in dieses einwirken vgl. VG Leipzig, ZUR 2008, 28; OVG Bautzen, ZUR 2008, 29 m. Anm. *Günther*, ZUR 2008, 29.
216 Näher dazu *Kloepfer*, Umweltrecht, § 11 Rn. 147 ff.
217 Vgl. § 22 Abs. 2 S. 1 BNatSchG.
218 Vgl. BVerwG, NuR 2007, 268; BVerwG, NVwZ-RR 1997, 608; OVG Schleswig, BauR 1994, 359; zur Gesamt- oder Teilnichtigkeit einer solchen Verordnung vgl. BVerwG, NVwZ 2009, 719. Umfassend zum Instrument *Agena/Louis*, NuR 2014, 313.
219 Vgl. unten § 10 Rn. 63 f.
220 Vgl. *Heugel* in: Lütkes/Ewer, BNatSchG, § 22 Rn. 24 ff.

§ 22 Abs. 1 S. 2 BNatSchG gibt gleichwohl einen **Mindestinhalt der jeweiligen Schutzerklärungen** vor; in diesen sind Schutzgegenstand[221] und Schutzzweck,[222] ferner die zur Erreichung des Schutzzwecks notwendigen Ge- und Verbote sowie erforderlichenfalls auch Pflege-, Entwicklungs- und Wiederherstellungsmaßnahmen oder entsprechende Ermächtigungen zu bestimmen. Die genaueren Inhalte der Schutzerklärungen ergeben sich nach Maßgabe der jeweiligen Schutzkategorien gem. §§ 23 ff. BNatSchG.[223]

Nach § 22 Abs. 1 S. 3 BNatSchG können Schutzgebiete in Zonen mit abgestuftem Schutz gegliedert werden; hierbei kann auch die für den Schutz notwendige Umgebung einbezogen werden. Die im ersten Halbsatz normierte Zonierung von flächenhaften Schutzgebieten wurde zum Teil bereits in einigen Bundesländern praktiziert und von der Rechtsprechung anerkannt.[224] Durch den zweiten Halbsatz ist es möglich, die Umgebung der zu schützenden Teile von Natur und Landschaft in die Schutzerklärung einzubeziehen und auf diese Weise **Pufferzonen** zu schaffen, durch die nachteilige und den besonderen Charakter des Schutzgebiets entwertende Einwirkungen, z.B. Emissionen oder die Veränderung der Wasserverhältnisse in einem Feuchtgebiet, im erforderlichen Rahmen ferngehalten werden können. Damit wird es der Praxis ermöglicht, alle durch die Ausweisung entstehenden Konflikte – auch in den Randbereichen – in das Verfahren zu integrieren und einer einheitlichen Lösung zuzuführen.[225]

Mit der Unterschutzstellung sind zwei Problemkreise verbunden. Zum einen kann die Ausweisung eines Schutzgebiets möglicherweise kommunalen Interessen zuwiderlaufen; auf die **Planungshoheit der Kommune** nach Art. 28 Abs. 2 S. 1 GG ist daher bei der Festsetzung besonders Rücksicht zu nehmen. Dies schließt nicht aus, dass auch solche Flächen unter Schutz gestellt werden, die eine Gemeinde zuvor als Baugebiet ausgewiesen hat. Die Unterschutzstellung darf aber nicht zur Folge haben, dass praktisch keine Möglichkeit gemeindlicher Bauleitplanung mehr besteht.[226] Zum anderen sind mit der Unterschutzstellung und den sich dadurch ergebenden Ge- und Verboten **Beschränkungen der Eigentumsnutzung** verbunden. Das Eigentum wird im Grundgesetz jedoch nicht schrankenlos gewährleistet. Vielmehr werden Inhalt und Schranken des Eigentums gem. Art. 14 Abs. 1 S. 2 GG durch die Gesetze bestimmt. Nach der Rechtsprechung und der überwiegenden Auffassung im Schrifttum handelt es sich bei Maßnahmen des Natur- und Landschaftsschutzes einschließlich der Unterschutzstellung – da sie Konkretisierungen der Sozialbindung des Eigentums i.S.d. Art. 14 Abs. 2 S. 1 GG darstellen – regelmäßig um entschädigungslos hinzunehmende Inhalts- und Schrankenbestimmungen.[227] Insofern sind es Naturschutzinteressen, die den Schutzumfang des Grundeigentums gem. Art. 14 Abs. 1 GG von Beginn an einschränken.[228]

---

221 Zum Inhalt der Schutzerklärung vgl. *Hendrischke* in: Schlacke (Hrsg.), GK-BNatSchG, § 22 Rn. 8 ff.
222 Zur Bestimmtheit der Schutzzwecke BVerwG v. 14.9.1998 – 6 BN 4.98, juris; VGH Mannheim, VBlBW 1993, 139; BVerwG, NVwZ 2007, 589.
223 Im Einzelnen *Sparwasser/Engel/Voßkuhle*, § 6 Rn. 181 ff.
224 Vgl. *Hendrischke* in: Schlacke (Hrsg.), GK-BNatSchG, § 22 Rn. 27.
225 Vgl. *Hendrischke* in: Schlacke (Hrsg.), GK-BNatSchG, § 22 Rn. 28.
226 Vgl. *Soell*, NuR 1993, 301, 306.
227 BVerwGE 3, 335; BVerwGE 49, 365, 368; BVerwGE 94, 1, 5; BVerfG, NJW 1998, 367 ff.; *Maaß/Schütte* in: Koch, Umweltrecht, § 7 Rn. 32; *Schmidt/Kahl/Gärditz*, § 10 Rn. 73; *Kahl/Gärditz*, ZUR 2006, 1, 7 f.; vgl. zu Naturschutz und Eigentumsfreiheit ausführlich *Jeromin*, NuR 2010, 89.
228 *Hendler/Duikers*, JURA 2005, 409, 411; zum Rechtsschutz am Beispiel der FFH-Gebietsfestsetzungen *Kahl/Gärditz*, NuR 2005, 555; ebenso *Spreen*, UPR 2005, 8; zur Kompensation durch Entschädigungsregelungen siehe bereits § 4 Rn. 17.

Eine Grenze ist freilich dort zu ziehen, wo ein privatnütziger Gebrauch oder eine ausgeübte Nutzung generell versagt wird.[229]

b) Biotopschutz und Biotopverbund

Der Flächenschutz der §§ 20 ff. BNatSchG[230] wird durch den Biotopschutz nach § 30 BNatSchG ergänzt.[231] Nach § 30 Abs. 2 BNatSchG werden besonders selten gewordene Biotope (z.B. Moore, Dünen, alpine Flächen, vgl. die Legaldefinition in § 7 Abs. 2 Nr. 4 BNatSchG) einem generellen **Flächenveränderungsverbot** unterworfen.[232] Abs. 3 der Vorschrift ermächtigt allerdings zu Ausnahmen von dem allgemeinen Veränderungsverbot, wenn die Beeinträchtigungen ausgeglichen werden können.[233]

51

Nach § 20 Abs. 1 und § 21 Abs. 2 BNatSchG soll darüber hinaus ein länderübergreifendes Netz verbundener Biotope (Biotopverbund) geschaffen werden, das mindestens zehn Prozent der Fläche eines jeden Landes umfassen soll. Der **Biotopverbund**[234] dient im Gegensatz zu „Natura 2000" nicht nur dem Schutz bestimmter als besonders schutzwürdig eingestufter Lebensräume und Arten, sondern richtet sich auf die Erhaltung aller wild lebenden Tiere und Pflanzen einschließlich ihrer Lebensstätten, Biotope und Lebensgemeinschaften sowie auf die Bewahrung, Wiederherstellung und Entwicklung funktionsfähiger ökologischer Wechselbeziehungen (§ 21 Abs. 1 S. 1 BNatSchG). Freilich soll er auch zur Verbesserung des Zusammenhangs des Netzes „Natura 2000" beitragen (§ 21 Abs. 1 S. 2 BNatSchG). Ein Biotopverbund besteht aus verschiedenen Bestandteilen: Kernflächen, Verbindungsflächen und Verbindungselementen (§ 21 Abs. 3 S. 1 BNatSchG). **Kernflächen** sind solche Bereiche, die durch ihre Ausgestaltung mit belebten und unbelebten Elementen qualitativ und quantitativ geeignet sind, die nachhaltige Sicherung der standorttypischen Arten und Lebensräume sowie der Lebensgemeinschaften zu gewährleisten. **Verbindungsflächen** sind Bereiche, die vornehmlich natürlichen Wechselwirkungen zwischen verschiedenen Populationen von Tier- oder Pflanzenarten, deren Ausbreitung nach ihren artspezifischen Bedürfnissen, dem genetischen Austausch zwischen den Populationen oder Wiederbesiedlungs- und Wanderungsprozessen dienen. **Verbindungselemente** bestehen aus flächenhaften, punkt- oder linienförmig in der Landschaft verteilten Elementen, wie Gehölzen, Feldrainen, Tümpeln, einzelnen Gebäuden, Bäumen, Wasserläufen oder dergleichen, die von bestimmten Arten für ihre Ausbreitung, Wanderung usw. benutzt werden und die mit dieser Eigenschaft den funktionalen Charakter des Biotopverbunds verdeutlichen.[235] Letztere sollen ohne Unterbrechung in die Verbindungs- und Kernflächen übergehen, so dass ein weiträumiges Netz entsteht. In § 21 Abs. 6 BNatSchG ist die Verpflichtung verankert, eine regionale Mindestdichte von zur Biotopvernetzung notwendigen Saum- und Trittstrukturen festzulegen.[236] Bestandteile des Biotopverbundes sind grundsätz-

---

229 Vgl. *Kahl/Gärditz*, ZUR 2006, 1, 8.
230 Vgl. bereits § 10 Rn. 48.
231 Hierzu *Hendrischke/Kieß* in: Schlacke (Hrsg.), GK-BNatSchG, § 30 Rn. 7 ff.; *Heugel* in: Lütkes/Ewer, BNatSchG, § 30 Rn. 1 f.; *J. Schumacher/A. Schumacher* in: J. Schumacher/Fischer-Hüftle, BNatSchG, § 30 Rn. 2 ff.
232 Weiterführend *Sparwasser/Engel/Voßkuhle*, § 6 Rn. 212; *Louis*, NuR 1992, 24; vgl. auch HessVGH, NVwZ-RR 1993, 348; zur Verfassungsmäßigkeit der Vorschrift hinsichtlich Art. 14 Abs. 1 GG vgl. BVerfG, NuR 1999, 99.
233 Dazu *Hendrischke/Kieß* in: Schlacke (Hrsg.), GK-BNatSchG, § 30 Rn. 19 f.
234 Vgl. dazu *Albrecht/Leibenath*, ZUR 2008, 518.
235 BT-Drs. 14/6378, S. 38.
236 *Erbguth/Stollmann*, NJ 2002, 519, 520.

lich alle Schutzgebiete und -objekte gem. §§ 23 ff. BNatSchG sowie die gesetzlich geschützten Biotope nach § 30 BNatSchG und weitere Flächen und Elemente, einschließlich solcher des nationalen Naturerbes, des Grünen Bandes sowie Teile von Landschaftsschutzgebieten und Naturparken. Nach § 21 Abs. 4 BNatSchG ist der Biotopverbund dauerhaft zu gewährleisten. Mögliche Sicherungsinstrumente sind z.b. Schutzgebietsausweisungen, planungsrechtliche Festlegungen, Vertragsnaturschutz sowie andere geeignete Maßnahmen. Die Länder sind in der Wahl der Sicherungsmittel frei.

c) Europäisches Netz „Natura 2000"

52 Rechtspflichten zur Ausweisung von Schutzgebieten können sich auch aus dem Unionsrecht, namentlich der **Vogelschutzrichtlinie**[237] und der **FFH-Richtlinie**[238], ergeben.[239] Nach Art. 4 Abs. 1 der Vogelschutzrichtlinie müssen die Mitgliedstaaten die für die Erhaltung der 181 im Anhang I aufgeführten Vogelarten zahlen- und flächenmäßig geeignetsten Gebiete unter Schutz stellen. Die Gebiete sind umfassend gegen Verschmutzung und Beeinträchtigung zu schützen.[240] Die Intention der Vogelschutzrichtlinie wird durch die 1992 verabschiedete FFH-Richtlinie aufgegriffen und umfassend ausgeweitet, indem zur Wiederherstellung oder Bewahrung eines günstigen Erhaltungszustandes natürlicher Lebensräume (nach Anhang I) und Arten (nach Anhang II) die Ausweisung besonderer Schutzgebiete verlangt wird. Ziel ist es, ein zusammenhängendes ökologisches Netz zu schaffen (sog. Netz „Natura 2000"), das nach einem vorgeschriebenen Zeitplan aufgebaut werden soll.[241] Besonders schutzwürdige (prioritäre) Lebensraumtypen und Arten genießen dabei einen höheren Schutzstatus.[242]

aa) Schutzgebietsausweisung

53 Das in § 32 BNatSchG geregelte **dreistufige Verfahren** zur **Unterschutzstellung**[243] erfordert zunächst eine Auswahl der Gebiete durch die Bundesländer im Benehmen mit dem Bundesumweltministerium (BMU) sowie unter Anhörung der fachlich betroffenen Bundesministerien[244] und der Gemeinden,[245] die sich ausschließlich an den naturschutzfachlichen Kriterien der FFH-Richtlinie zu orientieren hat.[246] Die Mitgliedstaaten der EU dürfen ihr Einvernehmen zur Aufnahme eines Gebiets in die sog. Gemeinschaftsliste insbesondere nicht aus wirtschaftlichen, gesellschaftlichen oder kulturellen

---

237 Vgl. § 10 Rn. 4.
238 Vgl. § 10 Rn. 4.
239 Vgl. *Louis*, NuR 2012, 385; *Gellermann*, NVwZ 2001, 500; vgl. auch die Rechtsprechungsübersichten zum europäischen Naturschutzrecht von *Lau*, NVwZ 2011 und *Steeck/Lau*, NVwZ 2009, 616.
240 EuGH, ZUR 2003, 102; EuGHE 1999, I-1719; *Gellermann*, S. 20; zur zögerlichen Umsetzung in das deutsche Recht EuGH, NuR 1993, 505 ff.; dazu *Schmidt*, JZ 1993, 1086, 1087.
241 *Iven*, NuR 1996, 373; *Gellermann*, NuR 1996, 548; *Freiburg*, Die Erhaltung der biologischen Vielfalt in Deutschland auf der Basis europarechtlicher Vorgaben; *Rödiger-Vorwerk*, Die FFH-Richtlinie der EU und ihre Umsetzung in nationales Recht; *Freytag/Iven*, NuR 1995, 109; zur zögerlichen Umsetzung in nationales Recht EuGH, NuR 1998, 194; zur Flexibilisierung des Natura-2000-Schutzgebietsnetzes vor dem Hintergrund des Klimawandels vgl. *Hendler/Rödder/Veith*, NuR 2010, 685.
242 Vgl. *Kohls*, NuR 2011, 161; *Sparwasser/Engel/Voßkuhle*, § 6 Rn. 221.
243 Ausführlich zur Ausweisung *Möckel* in: Schlacke (Hrsg.), GK-BNatSchG, § 32 Rn. 57 ff.; *Niederstadt*, NVwZ 2008, 126; *Czybulka*, EurUP 2008, 181.
244 *Freiburg*, S. 91 f.; *Sparwasser/Engel/Voßkuhle*, § 6 Rn. 227.
245 *Spannowsky*, UPR 2000, 41, 50.
246 BVerwGE 107, 1; vgl. auch EuGHE 1991, I-883 ff.; EuGHE 1993, I-4221 ff.

Gründen oder aufgrund regionaler Besonderheiten verweigern.[247] Das zuständige Bundesministerium (BMUB) meldet der Kommission anschließend die betroffenen Gebiete. In einem zweiten Schritt wählt die Europäische Kommission aus den von den Mitgliedstaaten gemeldeten Gebieten jene von gemeinschaftlicher Bedeutung aus und adressiert sie durch Beschluss (vormals Entscheidung) i.S.v. Art. 288 Abs. 3 S. 2 AEUV[248] an die Mitgliedstaaten.[249]

Die Länder erklären schließlich diese Gebiete entsprechend der jeweiligen Erhaltungsziele zu geschützten Teilen von Natur und Landschaft i.S.d. § 20 Abs. 2 BNatSchG und bestimmen dabei die geeigneten Ge- und Verbote sowie Pflege- und Entwicklungsmaßnahmen (§ 22 Abs. 2 BNatSchG).[250] Damit kommen zwar grundsätzlich alle in §§ 23 ff. BNatSchG aufgeführten Schutzgebietskategorien in Betracht; jedoch erfordert das Verschlechterungsverbot des Art. 6 Abs. 2 FFH-Richtlinie die Ausweisung eines Naturschutzgebiets durch Rechtsverordnung.[251] Eine Unterschutzstellung gem. § 32 Abs. 2 und 3 BNatSchG kann unterbleiben, soweit nach anderen Rechtsvorschriften einschließlich des BNatSchG selbst und gebietsbezogener Bestimmungen des Landesrechts, nach Verwaltungsvorschriften, durch die Verfügungsbefugnis eines öffentlichen oder gemeinnützigen Trägers oder durch vertragliche Vereinbarungen[252] ein **gleichwertiger Schutz** gewährleistet ist (§ 32 Abs. 4 BNatSchG). Entsprechend der Neuregelung des Vertragsnaturschutzes in § 3 Abs. 3 BNatSchG sind vertragliche Schutzmodelle vorrangig zu prüfen.[253]

Die Kommission hat – überwiegend – die Listen der Gebiete von gemeinschaftlicher Bedeutung als Entscheidung (heute: Beschluss)[254] erlassen, sodass den Mitgliedstaaten die Aufgabe ihrer Unterschutzstellung zukommt.[255] Die Schutzgebietsausweisung findet in Deutschland seit über einem Jahrzehnt statt und ist noch nicht abgeschlossen.[256]

Teilweise wurde – vor allem von potenziell betroffenen Grundstückseigentümern oder Gemeinden – versucht, **Rechtsschutz** gegenüber der nationalen Meldung von FFH- und Vogelschutzgebieten vor deutschen Verwaltungsgerichten zu erlangen.[257] Dieser wurde ihnen – überwiegend mit Hinweis auf eine mangelnde Klagebefugnis oder ein fehlendes Rechtsschutzbedürfnis – versagt, da die Meldung als lediglich vorbereitender ver-

---

247 EuGH, C-226/08 – Stadt Papenburg, ZUR 2010, 137; vgl. Anm. *Würtenberger*, NuR 2010, 316.
248 Vgl. oben § 7 Rn. 16.
249 Vgl. *Schlacke*, ZUR 2005, 592 m.w.N. in Fn. 3.
250 Vgl. zu den an die Ausweisung gestellten Anforderungen EuGHE 2003, I-2089, Rn. 26; BVerwG, NuR 2004, 524; BVerwG, NVwZ 2006, 822, 823.
251 Vgl. *Kahl/Gärditz*, NuR 2005, 555; *Apfelbacher/Adenauer/Iven*, NuR 1999, 63, 64 ff.; *Fischer-Hüftle*, ZUR 1999, 66, 67; *Niederstadt*, NuR 1998, 515, 518; zu den Anforderungen an den rechtlichen Schutzstatus von europäischen Vogelschutzgebieten vgl. EuGH, ZUR 2011, 26.
252 Vgl. zu vertraglichen Schutzmodellen *Rehbinder*, ZUR 2008, 178.
253 Vgl. zur Neuregelung des Vertragsnaturschutzes *Frenz*, NuR 2011, 257.
254 Vgl. zuletzt Durchführungsbeschluss 2015/72/EU v. 3.12.2014 zur Annahme einer achten aktualisierten Liste von Gebieten von gemeinschaftlicher Bedeutung in der atlantischen biogeografischen Region, ABlEU L 18/385.
255 Vgl. fehlerhafte Ausweisung eines europäischen Vogelschutzgebiets in Österreich EuGH, NuR 2010, 791.
256 Derzeit sind 4600 FFH Gebiete gemeldet, die 9,3 % der Landesfläche ausmachen. Der europaweite Meldestand ist abrufbar unter http://www.bmub.bund.de/themen/natur-arten-tourismussport/naturschutz-biologische-vielfalt/natura-2000/ffh-richtlinie/ (Stand: 15.1.2016); zur Möglichkeit einer Deklassifizierung von Natura 2000-Gebieten vgl. jüngst *Meßerschmidt*, NuR 2015, 2.
257 Ausführlich zu Rechtsschutz im Zusammenhang mit Natura 2000 *Möckel* in: Schlacke (Hrsg.), GK-BNatSchG, § 32 Rn. 102 ff.; zum mangelnden Beteiligungsrecht kommunaler Gebietskörperschaften bei der Erstellung der Kommissionslisten vgl. OVG Lüneburg, NuR 2013, 429.

waltungsinterner Akt eingeordnet wird.[258] Auch die Kommissionsliste kann durch Einzelne nicht vor der europäischen Gerichtsbarkeit angegriffen werden, weil ein Unionsbürger nicht Adressat der Kommissionslisten und mithin nicht klagebefugt gem. Art. 263 Abs. 4 AEUV ist.[259] Letztlich wird ein Grundeigentümer, dessen Grundstück in einem FFH- oder Vogelschutzgebiet liegt und dem nach der Rechtsprechung der europäischen Gerichtsbarkeit[260] und nach der deutschen Verwaltungsgerichtsbarkeit[261] bereits gegenwärtig – wenn die Gebiete bestimmte Eigenschaften erfüllen – Nutzungen untersagt sind, Rechtsschutz vor den Verwaltungsgerichten suchen.[262]

bb) Verträglichkeitsprüfung

54 Die in Art. 6 Abs. 2–4 FFH-Richtlinie normierten Schutzpflichten werden durch §§ 33 ff. BNatSchG sowie die jeweiligen Landesvorschriften[263] umgesetzt. Durch das für diese Gebiete geltende allgemeine **Verschlechterungs- und Störungsverbot** (§ 33 Abs. 1 S. 1 BNatSchG) werden alle Veränderungen und Störungen untersagt, die zu erheblichen Beeinträchtigungen des Gebietes in seinen für die Erhaltungsziele oder den Schutzzweck maßgeblichen Bestandteilen führen können.[264] Folgerichtig kann das Verschlechterungsverbot u.a. ein Unterlassen bestimmter Tätigkeiten, aber auch die Durchführung lenkender Maßnahmen gebieten. Die Beseitigung vorhandener baulicher Anlagen vermag das Verschlechterungsverbot gleichwohl nicht zu bewirken.[265]

In § 34 BNatSchG ist schließlich die von Art. 6 Abs. 3 FFH-Richtlinie geforderte Prüfung von Projekten und Plänen auf ihre Verträglichkeit (**FFH-Verträglichkeitsprüfung**)[266] mit den festgelegten Erhaltungszielen[267] eines Gebiets von gemeinschaftlicher Bedeutung oder eines europäischen Vogelschutzgebiets, auch unter Berücksichtigung des Zusammenwirkens mit anderen Plänen oder Projekten,[268] geregelt.[269] Die Prüfung ist nicht nur erforderlich, wenn ein Vorhaben in einem Schutzgebiet realisiert werden

---

258 Bis auf die Entscheidung des VG Bremen, NuR 2003, 132, 133 ff., das es als nicht zumutbar ansah, einen Kläger auf nachträglichen Rechtsschutz zu verweisen, waren sämtliche Rechtsschutzbegehren gegen die Meldung und Auswahl der schützenswerten Gebiete durch deutsche Behörden mangels Klagebefugnis oder Rechtsschutzinteresses oder aufgrund des Fehlens eines feststellungsfähigen Rechtsverhältnisses erfolglos, vgl. OVG Münster, NuR 2003, 706; OVG Lüneburg, NuR 2000, 711; VG Gießen, NuR 2000, 712; VG Oldenburg, NuR 2000, 713; VG Schleswig, NVwZ 2001, 348; VG Lüneburg, NuR 2000, 396; VG Düsseldorf, NVwZ 2001, 591; BVerwG, ZUR 2008, 549; OVG Münster, NuR 2008, 272.
259 Ständige Rechtsprechung, vgl. EuGH, ZUR 2005, 589, m. Anm. *Schlacke*, ZUR 2005, 592.
260 EuGH, NVwZ 2007, 61 sowie die Besprechung dieser Entscheidung von *Kautz*, NVwZ 2007, 666.
261 BVerwG, NVwZ 2006, 823; BVerwG, ZUR 2007, 307, 309 ff. – Westumfahrung Halle sowie die Besprechungen dieser Entscheidung von *Steeck/Lau*, NVwZ 2008, 854; *Stüer*, NVwZ 2007, 1147; *Vallendar*, EurUP 2007, 275; *Stüer*, DVBl. 2009, 1; BVerwG, ZUR 2009, 141 – Bad Oeynhausen sowie die Besprechungen von *Louis*, NuR 2009, 91; *Gellermann*, NuR 2009, 85; *Gellermann*, DVBl. 2008, 283; OVG Koblenz, NuR 2008, 181 – Hochmoselüberquerung; BVerwG, NuR 2008, 502 – Jagdbergtunnel; Rechtsprechungsübersicht zu diesen Entscheidungen bei *Steeck/Lau*, NVwZ 2009, 616; OVG Bautzen, ZUR 2008, 45.
262 Ausführlich zu Rechtsbehelfen gegen FFH-Gebietsfestsetzungen vgl. *Kahl/Gärditz*, NuR 2005, 555.
263 Vgl. *Wolf* in: Schlacke (Hrsg.), GK-BNatSchG, § 34 Rn. 22.
264 Entsprechend sind auch Nahrungshabitate außerhalb der Gebietsabgrenzung als durch die Erhaltungsziele mitumfasst zu behandeln und als Teil des Schutzgebiets anzusehen vgl. BVerwG, ZUR 2010, 479 – A 44 Kassel-Herleshausen m. Anm. *Frenz*, NuR 2011, 405.
265 *Erbguth/Schubert*, DVBl. 2006, 591, 596.
266 Vgl. zu den Anforderungen BVerwG, ZUR 2007, 307; NuR 2015, 401. Hierzu auch *Kremer*, ZUR 2007, 299; ferner *Jarass*, NuR 2007, 371.
267 Vgl. dazu auch VGH Kassel, ZUR 2009, 215; OVG Koblenz, NuR 2008, 181, mit weiteren Anforderungen an eine FFH-Verträglichkeitsprüfung.
268 Vgl. OVG Saarlouis, NVwZ-RR 2007, 24.
269 Ausführlich zu Infrastrukturvorhaben und dem Natura 2000-Recht *Weidemann/Krappel*, EurUP 2011, 61, 106; vgl. auch zur Verträglichkeitsprüfung *Fischer-Hüftle*, NuR 2010, 34;.

soll, sondern immer dann, wenn erhebliche Beeinträchtigungen auf das Gebiet (von innerhalb oder außerhalb) möglich sind.[270] **Projekte** i.S.d. § 34 Abs. 1 BNatSchG sind demzufolge sämtliche Maßnahmen und sonstige Vorhaben – mit Ausnahme von Plänen –,[271] ohne dass zwischen Projekten innerhalb oder außerhalb des Schutzgebiets unterschieden werden darf.[272] Ergibt die Verträglichkeitsprüfung, dass das Projekt zu erheblichen Beeinträchtigungen eines Gebiets in seinem für die Erhaltungsziele oder den Schutzzweck maßgeblichen Bestandteil führen kann,[273] ist es nach § 34 Abs. 2 BNatSchG unzulässig und zu versagen (präventives Verbot mit Erlaubnisvorbehalt).[274]

§ 34 Abs. 3 BNatSchG ermöglicht gegenüber § 34 Abs. 2 BNatSchG ausnahmsweise die Zulassung eines Vorhabens,[275] soweit es aus zwingenden Gründen des überwiegenden öffentlichen Interesses,[276] einschließlich solcher sozialer und wirtschaftlicher Art, notwendig ist und zumutbare Alternativen[277] nicht gegeben sind.[278] Soweit sich in dem betroffenen Gebiet prioritäre Biotope oder Arten befinden, wird der Begriff der zwingenden Gründe noch weiter eingeschränkt (Abs. 4).[279] § 34 Abs. 1 und 2 BNatSchG ist entsprechend auf die Freisetzung[280] und das Inverkehrbringen[281] gentechnisch veränderter Organismen anzuwenden, wenn diese geeignet sind, ein Gebiet von gemeinschaftlicher Bedeutung oder ein Vogelschutzgebiet erheblich zu beeinträchtigen (§ 35 BNatSchG).[282]

§ 36 BNatSchG verweist auf eine entsprechende Anwendung des § 34 Abs. 1–5 BNatSchG für bestimmte Planungen des Bundes (S. 1 Nr. 1) sowie für Pläne, die bei behördlichen Entscheidungen zu beachten oder zu berücksichtigen sind (S. 1 Nr. 2). Bei **Raumordnungsplänen** nach § 3 Abs. 1 Nr. 7 ROG und bei **Bauleitplänen** und Satzungen gem. § 34 Abs. 4 S. 1 Nr. 3 BauGB findet § 34 Abs. 1 S. 1 BNatSchG keine Anwendung (§ 36 S. 2 BNatSchG).

Für Vogelschutzgebiete geht der **EuGH** davon aus, dass die für die Ausweisung maßgeblichen Regelungen der Vogelschutzrichtlinie unmittelbar anzuwenden sind, wenn

---

270 BVerwGE 107, 1; zur Beeinträchtigung eines Vogelschutzgebiets durch Windkraftanlagen außerhalb des Schutzgebiets OVG Münster, ZUR 2011, 35 und zur FFH-Verträglichkeitsprüfung von Windkraftnutzung in einer Vorrangzone, OVG Münster, ZUR 2008, 209; zur Bestimmung der Erheblichkeitsschwelle vgl. BVerwG, ZUR 2013, 32.
271 *Wolf* in: Schlacke (Hrsg.), GK-BNatSchG, § 34 Rn. 3.
272 EuGHE 2004, I-7405, Rn. 24–27.
273 Bereits die Möglichkeit einer erheblichen Beeinträchtigung führt zur Unzulässigkeit des Projekts, vgl. EuGHE 2004, I-7405 – Herzmuschelfischerei; EuGHE 2006, I-10183, Rn. 20 – Castro Verde, einschränkend BVerwGE 128, 1 Rn. 60 ff.; die zuständige Behörde muss die Gewissheit haben, dass sich das Vorhaben nachteilig auf das Gebiet auswirkt. Diese Gewissheit liegt nur dann vor, wenn aus wissenschaftlicher Sicht kein vernünftiger Zweifel daran besteht, dass solche Auswirkungen nicht auftreten werden, OVG Münster, ZUR 2008, 99.
274 Vgl. § 5 Rn. 32; zur Prüfung der Erheblichkeit von Beeinträchtigungen im Rahmen der Verträglichkeitsprüfung *Frenz*, UPR 2011, 170; *Burmeister*, NuR 2004, 296.
275 Zu den Beteiligungsrechten von anerkannten Umweltverbänden im Rahmen von Abweichungsentscheidungen, OVG Magdeburg, ZUR 2007, 246 m. Anm. *Werner*, NuR 2007, 459.
276 Dazu BVerwGE 110, 302; VG Freiburg, NuR 2013, 373; *Beckmann/Lambrecht*, ZUR 2000, 1, 4; *Müller-Terpitz*, NVwZ 1999, 26, 29.
277 BVerwG, NuR 2013, 565; näher *Füßer/Lau*, NuR 2012, 448; *Frenz*, UPR 2011, 100; *Erbguth*, DVBl. 1999, 588.
278 BVerwGE 128, 1; zu den Beteiligungsrechten anerkannter Umweltverbände im Rahmen der Abweichungsentscheidung vgl. *Werner*, NuR 2007, 459.
279 *Möckel* in: Schlacke (Hrsg.), GK-BNatSchG, § 34 Rn. 15; *J. Schumacher/A. Schumacher* in: J. Schumacher/Fischer-Hüftle, BNatSchG, § 34 Rn. 97 ff.; *Wolf* in: Kluth/Smeddinck, Umweltrecht, § 4 Rn. 131.
280 Vgl. § 14 Rn. 25, 41 ff.
281 Vgl. § 14 Rn. 26, 46 ff.
282 Ausführlich hierzu *Palme/Schumacher*, NuR 2007, 16; vgl. ferner § 14 Rn. 15.

ein Gebiet aufgrund seiner herausgehobenen Bedeutung für den Vogelschutz als besonderes Gebiet hätte benannt werden müssen, dies aber unterblieben ist (sog. **faktische Vogelschutzgebiete**).[283] Insofern hat das BVerwG entschieden, dass Gebiete, die nach den Kriterien der Vogelschutzrichtlinie förmlich unter Vogelschutz hätten gestellt werden müssen, aber nicht als Vogelschutzgebiet ausgewiesen worden sind, dem vorläufigen Schutzregime des Art. 4 Abs. 4 S. 1 Vogelschutzrichtlinie unterliegen.[284]

Ob in vergleichbarer Weise auch **potenzielle FFH-Gebiete**, m.a.W. Gebiete, die von einem Mitgliedstaat in Phase 1 der Kommission zugeleitet wurden, über deren Aufnahme in die Liste von gemeinschaftsrechtlicher Bedeutung aber noch nicht entschieden wurde,[285] anzuerkennen sind, ist umstritten.[286] Diesbezüglich hat der EuGH zunächst entschieden, dass die Mitgliedstaaten die von ihnen gemeldeten Gebiete „angemessen" zu schützen haben.[287] Nach Vorlage durch den BayVGH[288] hat der EuGH daraufhin klarstellend zu dem nur schwer eingrenzbaren Begriff der „Angemessenheit" von Schutzmaßnahmen entschieden, dass die Mitgliedstaaten keine Eingriffe zulassen dürfen, die die ökologischen Merkmale eines ausgewählten Gebiets ernsthaft beeinträchtigen können.[289] Letztlich besteht daher für potenzielle FFH-Gebiete zwar kein absolutes Verschlechterungsverbot;[290] gleichwohl haben sich die Schutzmaßnahmen, insbesondere für Gebiete mit prioritären Lebensräumen, an den materiellrechtlichen Maßstäben des Art. 6 Abs. 3 FFH-Richtlinie auszurichten.[291] So wurde in einem Fall, bei dem es einerseits um die Erhaltung eines Braunkohletagebaus und andererseits um den Erhalt eines potenziellen FFH-Gebietes ging, unter Zugrundelegung der Ausnahmevorschrift des Art. 6 Abs. 4 FFH-Richtlinie wegen der überwiegenden öffentlichen Interessen in Form der Sicherung von Arbeitsplätzen, des Strukturwandels und der Energieversorgung ersterem der Vorrang eingeräumt.[292]

Umstritten ist schließlich, ob bei erheblichen Beeinträchtigungen in gemeldeten, aber noch nicht gelisteten Gebieten die Ausnahmevoraussetzungen des Art. 6 Abs. 4 FFH-Richtlinie[293] Anwendung finden.[294]

---

283 VG Saarlouis, NuR 2012, 587; VG Hannover, ZUR 2010, 490; EuGH, NuR 1997, 36, 37f.; BVerwG, NVwZ 1999, 528, 530f.; *Iven*, UPR 1998, 361.
284 BVerwG, ZUR 2008, 378; vgl. auch *Steeck/Lau*, NVwZ 2009, 616.
285 Jedenfalls mit Ergehen der Kommissionsentscheidung über die Gebiete mit gemeinschaftlicher Bedeutung kein Raum für die Annahme potentieller FFH-Gebiete vgl. VGH Mannheim, ZUR 2010, 261.
286 Vgl. EuGHE 2000, I-1079, Rn. 53; EuGHE 2003, I-2089, Rn. 26; BVerwGE 120, 276; hierzu *Baum*, NuR 2005, 87; OVG Berlin-Brandenburg, ZUR 2008, 34; OVG Bautzen, ZUR 2008, 45; BVerwG, NuR 2008, 633; ferner *Klooth/Louis*, NuR 2005, 438; *Louis/Schumacher*, NuR 2005, 770; BVerwG, ZUR 1998, 28, 34; BVerwG, DVBl. 1998, 900; *Stüber*, NuR 1998, 531; *Fisahn*, ZUR 1998, 34, 37; *Hoppe/Beckmann/Kauch*, § 15 Rn. 166; *Kloepfer*, Umweltrecht, § 11 Rn. 191 ff.
287 EuGHE 2005, I-167, Rn. 26 ff.; hierzu *Erbguth/Schubert*, DVBl. 2006, 591, 593 ff.; *Wagner/Emmer*, NVwZ 2006, 422.
288 VGH München, BayVBl. 2005, 659.
289 EuGH, NVwZ 2007, 61, 63.
290 Vgl. *Gellermann* in: Hansmann/Sellner, Grundzüge, Kap. 10 Rn. 96; *Gellermann*, NuR 2005, 433, 435; *Füßer*, ZUR 2005, 458, 465; *Kahl/Schmidt*, JZ 2006, 125, 138; für ein stärkeres Schutzprogramm *Maaß/Schütte* in: Koch, Umweltrecht, § 7 Rn. 94 ff.
291 Vgl. hierzu *Epiney*, EurUP 2013, 41, 46 mit Verweis auf EuGH, NuR 2012, 359.
292 OVG Berlin-Brandenburg, ZUR 2008, 34; kritisch dazu *Unnerstall*, ZUR 2008, 70; ausführlich zu Abweichungsentscheidungen nach Art. 6 Abs. 4 FFH-RL vgl. *Frenz*, UPR 2011, 100.
293 Zu den Voraussetzungen des Art. 6 Abs. 4 FFH-RL vgl. EuGH, ZUR 2007, 89; BVerwG, ZUR 2010, 193.
294 Bejahend (argumentum a maiore ad minus) BVerwGE 124, 201; a.A. EuGH, NVwZ 2007, 61, 63; *Gellermann*, ZUR 2005, 581, 584.

▶ **LÖSUNG FALL 11:** Landwirt S könnte sein Begehren im Rahmen einer Verpflichtungsklage gem. § 42 Abs. 1 Alt. 2 VwGO verfolgen. Eine solche wäre im Sinne einer Versagungsgegenklage statthaft und zulässig, da es sich bei der immissionsschutzrechtlichen Genehmigung um einen Verwaltungsakt gem. § 35 S. 1 VwVfG handelt und S als Adressat der (belastenden) Ablehnung seines ursprünglichen Antrags auch klagebefugt gem. § 42 Abs. 2 VwGO ist.

Die Klage ist begründet, soweit die Versagung der Genehmigung rechtswidrig und S dadurch in seinen Rechten verletzt ist (§ 113 Abs. 5 VwGO). Dies ist jedenfalls dann der Fall, wenn S einen gebundenen Anspruch auf Erteilung der immissionsschutzrechtlichen Genehmigung hat. Anspruchsgrundlage ist § 4 Abs. 1 S. 1 i.V.m. § 6 Abs. 1 BImSchG. Danach ist die Genehmigung zu erteilen, wenn sichergestellt ist, dass die sich aus § 5 BImSchG ergebenden Pflichten erfüllt werden und andere öffentlich-rechtliche Vorschriften der Errichtung und dem Betrieb der Anlage nicht entgegenstehen. Zu diesen öffentlich-rechtlichen Vorschriften zählen insbesondere auch die Vorschriften des Naturschutzes und der Landschaftspflege. Da das Bundesland N keine eigenständige Regelung des Naturschutzrechts vorgenommen hat, ist auf das demnach unmittelbar anwendbare und auf Grundlage des Art. 74 Abs. 1 Nr. 29 GG erlassene Bundesnaturschutzgesetz zurückzugreifen.

Als europäisches Vogelschutzgebiet ist das Schutzgebiet „Oberes Flussland" ein Natura 2000-Gebiet. Gem. § 34 Abs. 1 BNatSchG sind Projekte vor ihrer Zulassung oder Durchführung auf ihre Verträglichkeit mit den Erhaltungszielen eines Natura 2000-Gebiets zu überprüfen. Das Projekt ist gem. § 34 Abs. 2 BNatSchG unzulässig, wenn es zu erheblichen Beeinträchtigungen des Gebiets in seinen für die Erhaltungsziele oder den Schutzzweck maßgeblichen Bestandteilen führen kann. Die Errichtung der zwei Windkraftanlagen muss einer FFH-Verträglichkeitsprüfung unterzogen werden, wenn es sich dabei um ein Projekt i.S.d. § 34 Abs. 1 S. 1 BNatSchG handelt. Projekte i.S.v. § 34 Abs. 1 BNatSchG sind u.a. die Errichtung von baulichen oder sonstigen Anlagen sowie sonstige Eingriffe in Natur und Landschaft. Die Errichtung von Windkraftanlagen ist ein Projekt in diesem Sinne. Fraglich ist jedoch, ob dem Erfordernis einer FFH-Verträglichkeitsprüfung die Tatsache entgegensteht, dass die Windkraftanlagen außerhalb des Schutzgebietes errichtet werden. Da allerdings auch Projekte außerhalb eines Schutzgebiets geeignet sind, dieses erheblich zu beeinträchtigen, und die FFH-Richtlinie ein umfassendes raum- bzw. gebietsbezogenes Schutzkonzept verfolgt, können auch Projekte außerhalb von Schutzgebieten eine Verträglichkeitsprüfung erforderlich machen.

Fraglich ist ferner, ob die Errichtung von zwei Windkraftanlagen in 300 m Entfernung vom Vogelschutzgebiet zu erheblichen Beeinträchtigungen des Gebiets in seinen für die Erhaltungsziele oder den Schutzzweck maßgeblichen Bestandteilen führen kann. Laut Schutzerklärung ist Schutzzweck des Vogelschutzgebiets dessen Erhaltung als Durchzugs-, Rast- und Überwinterungsgebiet für Bläss-, Saat- und Nonnengänse. Wie die erstellten Fachgutachten aufzeigen, könnten die Windkraftanlagen infolge eines Meideverhaltens der Gänse einen Verriegelungseffekt entfalten und damit einen indirekten Nahrungsflächenverlust bewirken. Insbesondere könnte die Verlängerung der Flugwege zwischen Schlaf- und Nahrungsplätzen einen Energieverlust und damit eine erhöhte Sterblichkeit der Gänse hervorrufen. Dabei ist es irrelevant, dass diese Beeinträchtigungen durch die Gutachten nicht abschließend und eindeutig bewiesen wurden. Das in Art. 191 Abs. 2 AEUV und in Art. 6 Abs. 2 FFH-Richtlinie enthaltene umweltrechtliche Vorsorgeprinzip gebietet es, diese Beeinträchtigungen auch dann anzunehmen, wenn sie anhand objektiver Umstände nicht gänzlich ausgeschlossen werden können. Allein eine schlüssige naturschutzfachliche Argumentation, die aus wissenschaftlicher Sicht keinen vernünftigen Zweifel an diesen negativen Auswirkungen bestehen lässt, kann dem entgegengehalten werden. Eine solche wurde von Landwirt S jedoch nicht hervorgebracht.

Auch ist unter Anwendung des Vorsorgegrundsatzes von der Erheblichkeit der Beeinträchtigung auszugehen. Da ursprünglich nicht alle Flächen, sondern nur die für die Nahrungssuche geeignetsten Flächen unter Schutz gestellt wurden, ist jeder weitere Flächenverlust zwangsweise als erheblich anzusehen. Mangels ausreichender Kompensationsflächen sind auch vorgeschlagene Kompensationsmaßnahmen nicht realisierbar.

Die Tatsache, dass die Windkraftanlagen in einer von der Stadt V ausgewiesenen Konzentrationsfläche für die Windenergienutzung errichtet werden sollen, steht dieser naturschutzrechtlichen Bewertung nicht entgegen. Zwar führt die Ausweisung von derartigen Konzentrationszonen i.S.d. § 35 Abs. 3 S. 3 i.V.m. Abs. 1 Nr. 5 BauGB im Flächennutzungsplan dazu, dass Windkraftanlagen außerhalb der ausgewiesenen Flächen bauplanungsrechtlich unzulässig sind, allerdings werden diese dadurch nicht von einer naturschutzrechtlichen (Verträglichkeits-)Prüfung und deren Folgen befreit.

Da dem Vorhaben des S somit die öffentlich-rechtliche Vorschrift des § 34 Abs. 2 BNatSchG entgegensteht, hat er keinen Anspruch auf Erteilung der immissionsschutzrechtlichen Genehmigung gem. § 4 Abs. 1 S. 1 i.V.m. § 6 Abs. 1 BImSchG. Die Verpflichtungsklage des S ist unbegründet und hat daher keinen Erfolg. ◀

4. Meeresnaturschutz

56 Das BNatSchG 2010 enthält erstmalig ein eigenständiges Kapitel zum Meeresnaturschutz, um der besonderen Bedeutung der Meere für die Erhaltung der natürlichen Lebensgrundlagen des Menschen Rechnung zu tragen. Der Erhalt der Leistungs- und Funktionsfähigkeit des Naturhaushalts erfordert, dass die Meeresgewässer nach § 1 Abs. 3 Nr. 3 BNatSchG vor Beeinträchtigungen bewahrt und gem. § 1 Abs. 3 Nr. 6 BNatSchG als naturnahe Ökosysteme in ihrer Selbstregulation erhalten werden.[295]

Insoweit erstreckt § 56 Abs. 1 BNatSchG den Geltungs- und Anwendungsbereich des BNatSchG grundsätzlich auf den Bereich des Küstengewässers[296] sowie – mit Ausnahme der Vorschriften zur Landschaftsplanung (§§ 8–12 BNatSchG) – auch auf die deutsche **Ausschließliche Wirtschaftszone** (AWZ).[297] Lediglich auf die Errichtung und den Betrieb von bis zum 1.1.2017 genehmigten Windkraftanlagen in der deutschen AWZ findet die Eingriffsregelung gem. § 15 BNatSchG keine Anwendung (§ 56 Abs. 3 BNatSchG).[298]

57 § 57 BNatSchG enthält Sonderregelungen für Zuständigkeiten und Verfahren für die Auswahl und Ausweisung von **geschützten Meeresflächen** als Teil des europäischen ökologischen Netzes „Natura 2000" im Bereich der – jenseits der 12-Seemeilen Zone gelegenen –AWZ und des Festlandsockels[299].[300] Hintergrund der Vorschrift ist, dass es

---

295 BR-Drs. 278/09, S. 227. Zum Konfliktpotenzial der Fischerei z.B. *Proelß/Kirschey*, NuR 2012, 378.
296 Dieser Regelung kommt eine lediglich klarstellende Funktion zu, da die Küstengewässer Teil des Staatsgebiets der Bundesrepublik Deutschland sowie des Territoriums der entsprechenden Küstenbundesländer sind, vgl. BR-Drs. 278/09, S. 228.
297 Zur Eingriffsregelung im Meeresbereich vgl. *Czybulka*, EurUP 2012, 229 sowie *Wolf*, ZUR 2010, 365.
298 Zur Errichtung von Windkraftanlagen in der AWZ vgl. *Kieß* in: Schlacke (Hrsg.), GK-BNatSchG, § 56 Rn. 31 ff.
299 Vgl. *Ell/Heugel*, NuR 2007, 315.
300 Vgl. näher § 15 Rn. 16.

durch die geplante Errichtung von Offshore-Windenergieanlagen in der AWZ zu Konflikten mit divergierenden Nutzungen, wie etwa der Schifffahrt, wirtschaftlichen und militärischen Nutzungen sowie Belangen des Natur- und Umweltschutzes kommen kann.[301] Durch Schutzgebietsausweisungen sollen diese zu einem angemessenen Ausgleich geführt werden. Ferner ist die Anwendbarkeit des EU-Rechts in der AWZ zu berücksichtigen.[302] Die AWZ gehört nicht zum Hoheitsgebiet der Bundesrepublik Deutschland; nach dem Seerechtsübereinkommen der Vereinten Nationen (SRÜ)[303] kann der Bund hierfür aber Hoheitsrechte beanspruchen.[304]

§ 57 Abs. 3 BNatSchG ordnet für die Auswahl und Unterschutzstellung mariner Natura 2000-Gebiete die entsprechende Geltung des § 32 BNatSchG an, sofern nicht einer der in Abs. 3 Nr. 1–5 aufgeführten fünf Ausnahmegründe vorliegt. Danach sind näher definierte Beschränkungen des Flugverkehrs und der Schifffahrt, der wissenschaftlichen Meeresforschung, der Fischerei, der Energieerzeugung sowie bei der Verlegung unterseeischer Kabel und Rohrleitungen unzulässig.[305]

Nach § 57 Abs. 1 und § 58 Abs. 1 BNatSchG ist das Bundesamt für Naturschutz (BfN) für die Auswahl geschützter Meeresgebiete sowie die sich aus dem Aufbau und Schutz des „Europäischen Netzes Natura 2000" ergebenden Aufgaben zuständig. Die mit der Schutzausweisung verbundenen Rechtsetzungsaufgaben obliegen allerdings dem Bundesumweltministerium (§ 57 Abs. 2 BNatSchG).[306]

5. Umweltabsprachen

Umweltabsprachen zwischen Staat und Wirtschaft spielen in erster Linie im Artenschutzrecht eine gewisse Rolle. Sie zählen zu den Instrumenten indirekter Verhaltenssteuerung.[307] In diesem Zusammenhang ist die gegenüber der Bundesregierung seitens der deutschen Pelzindustrie abgegebene Verpflichtung erwähnenswert, Jungrobbenfelle und aus solchen gefertigte Produkte nicht mehr einzuführen und zu verarbeiten. Das Selbstbeschränkungsabkommen in Form einer gesetzesvertretenden Absprache erscheint angesichts seiner handels- und verwendungsbeschränkenden Vereinbarungen ökologisch wirksam, praktikabel und effizient.

58

6. Artenschutz

Artenschutzrelevante Vorschriften finden sich in internationalen Artenschutzabkommen (z.B. Ramsar-Übereinkommen und Washingtoner Artenschutzabkommen),[308] im EU-Recht (z.B. EU-Artenschutzverordnung, FFH- und Vogelschutz-Richtlinie)[309] sowie im Bundes- und Landesrecht.[310]

59

---

301 Vgl. § 15 Rn. 3 ff.; hierzu *von Daniels/Uibeleisen*, ZNER 2011, 602.
302 Vgl. § 15 Rn. 61; *Czybulka*, ZUR 2003, 329, 332 f.; *Czybulka* in: J. Schumacher/Fischer-Hüftle, BNatSchG, vor § 56 Rn. 65 ff., § 57 Rn. 9 ff.
303 Vgl. hierzu § 15 Rn. 12 ff. Zu den völkerrechtlichen Implikationen bei der Anwendung naturschutzrechtlicher Instrumente in der AWZ vgl. *Proelß*, ZUR 2010, 359.
304 *Kieß* in: Schlacke (Hrsg.), GK-BNatSchG, § 56 Rn. 1 ff.
305 Vgl. näher *Kieß* in: Schlacke (Hrsg.), GK-BNatSchG, § 56 Rn. 17 ff.
306 *Lütkes* in: Lütkes/Ewers (Hrsg.), BNatSchG, § 57 Rn. 16 ff.; *Heselhaus* in: Frenz/Müggenborg (Hrsg.), BNatSchG, § 57 Rn. 8 ff.
307 Hierzu bereits § 5 Rn. 81 ff.
308 Vgl. § 10 Rn. 3.
309 Vgl. § 10 Rn. 4.
310 Kritisch zum Rechtszustand des Artenschutzes *Philipp*, NVwZ 2008, 593; zum europarechtlichen Artenschutz *Dolde*, NVwZ 2007, 7; *Niederstadt/Krüsemann*, ZUR 2007, 347.

Im Bundesnaturschutzgesetz dienen dem Artenschutz[311] u.a. Regelungen über die Landschaftsplanung (planerisches Instrument), die Eingriffsregelung, die Vorschriften über die Ausweisung von Naturschutzgebieten, Nationalparken und Landschaftsschutzgebieten,[312] vor allem aber das 5. Kapitel (§§ 37 ff.) des Bundesnaturschutzgesetzes (Instrumente der direkten Verhaltenssteuerung). Charakteristisch für den Artenschutz im Bundesnaturschutzgesetz ist ein hierarchisch gestuftes Schutzsystem, das sich an der Schutzbedürftigkeit der Tier- und Pflanzenarten ausrichtet.[313] Der Artenschutz umfasst nach § 37 Abs. 1 S. 2 BNatSchG

- den Schutz der Tiere und Pflanzen wild lebender Arten und ihrer Lebensgemeinschaften vor Beeinträchtigungen durch den Menschen und die Gewährleistung ihrer sonstigen Lebensbedingungen,

- den Schutz der Lebensstätten und Biotope wild lebender Tier- und Pflanzenarten sowie

- die Wiederansiedlung von Tieren und Pflanzen verdrängter wild lebender Arten in geeigneten Biotopen innerhalb ihres natürlichen Verbreitungsgebiets.

Das **allgemeine Artenschutzrecht** schützt alle – d.h. nicht durch namentliche Einzelaufnahme in eine Artenliste aufgenommenen – wild lebenden Tiere und wild wachsenden Pflanzen durch eine Vielzahl von Störungs-, Zugriffs- und Beeinträchtigungsverboten, die in § 39 BNatSchG aufgelistet sind.[314] Ziel des allgemeinen Artenschutzes ist auch der vorsorgende Schutz der Lebensräume und Lebensstätten der Arten i.S.e. Biotopschutzes.[315] Dies verfolgt § 30 BNatSchG durch das Verbot von Maßnahmen, die dem Ziel des Biotopschutzes entgegenlaufen.[316] § 38 Abs. 1 BNatSchG verpflichtet die zuständigen Behörden des Bundes und der Länder zur Festlegung von Schutz-, Pflege- und Entwicklungsmaßnahmen, die der Vorbereitung, Durchführung und Überwachung des Arten- und Biotopschutzes dienen sollen.

60 Der **besondere Artenschutz** bezieht sich schließlich auf einzelne Pflanzen- und Tierarten, die in Artenlisten (z.B. EU-Artenschutzverordnung, Bundesartenschutzverordnung) namentlich aufgezählt sind. Für diese Arten gelten spezielle Verbotstatbestände:[317] Gem. § 44 Abs. 1 BNatSchG ist es verboten, wild lebenden Tieren der geschützten Arten nachzustellen, sie zu fangen, zu verletzen oder zu töten (Nr. 1),[318] sie, insbesondere während der Fortpflanzungszeit, erheblich zu stören (Nr. 2),[319] ihre Fortpflanzungs- oder Ruhestätten zu entnehmen, zu beschädigen bzw. zu zerstören (Nr. 3) oder wildlebende Pflanzen aus der Natur zu entnehmen (Nr. 4). Neben diesen Zugriffsverboten formuliert § 44 Abs. 2 BNatSchG besondere Besitz- und Vermarktungsverbote. Nach Verurteilung der Bundesrepublik Deutschland durch den EuGH[320] setzt ein Ver-

---

311 Vgl. hierzu *Gassner/Heugel* Das neue Naturschutzrecht, Rn. 509 ff.; *Gellermann*, NVwZ 2010, 73, 78.
312 *Hoppe/Beckmann/Kauch*, § 15 Rn. 172 ff.
313 Vgl. *Gellermann* in: Hansmann/Sellner (Hrsg.), Grundzüge, Kap. 10 Rn. 106; *Müller*, NuR 2005, 157, 158.
314 Ausführlich hierzu *Schütte/Gerbig* in: Schlacke (Hrsg.), GK-BNatSchG, § 39 Rn. 1 ff.
315 Zum Verhältnis zwischen Habitatschutz und allgemeinem Artenschutz vgl. BVerwG, ZUR 2009, 141.
316 *Fischer-Hüftle*, DÖV 1990, 1011; *Louis*, NuR 1992, 24.
317 Weiterführend *Louis*, NuR 2012, 467, 468 ff.; *Gellermann* in: Hansmann/Sellner (Hrsg.), Grundzüge, Kap. 10 Rn. 118 ff.; *Kloepfer*, Umweltrecht, § 11 Rn. 214 ff.; die Gefahr der Kollision im Straßenverkehr soll nur dann das Tötungsverbot des § 40 Abs. 1 Nr. 1, 1. Alt. BNatSchG erfüllen, wenn sie sich durch das Straßenbauvorhaben unter Berücksichtigung von Schadenvermeidungsmaßnahmen signifikant erhöht hat, BVerwG, ZUR 2009, 141; VGH München, NuR 2008, 582 m. Anm. *Gellermann*, NuR 2008, 592.
318 Vgl. *Gellermann*, NuR 2012, 34, 35 f.
319 Vgl. *Schütte/Gerbig* in: Schlacke (Hrsg.), GK-BNatSchG, § 44 Rn. 18 ff.
320 EuGH, C-98/03, ZUR 2006, 134.

stoß gegen einen artenschutzrechtlichen Verbotstatbestand entgegen der früheren Rechtslage nunmehr in Übereinstimmung mit Art. 12 Abs. 1d FFH-Richtlinie kein absichtliches Handeln voraus. Damit insbesondere das Tötungsverbot jedoch nicht zu einem nur durch eine Ausnahmeerteilung überwindbaren Hindernis für Infrastrukturprojekte und Windenergieanlagen im Besonderen wird, nimmt die Rechtsprechung eine einschränkende Auslegung vor. Das **Tötungsverbot** ist danach nur verletzt, wenn das Tötungsrisiko geschützter Arten durch ein Vorhaben signifikant erhöht wird.[321] Bei der insoweit anzustellenden Prognose sind auch Vermeidungsmaßnahmen zu berücksichtigen, wenn sie mit hinreichender Sicherheit dazu führen, dass das Tötungsrisiko geschützter Arten trotz Realisierung von Anlagen oder Projekten unterhalb der Signifikanzschwelle verbleibt.[322] Bei den genannten Prognoseentscheidungen besteht für die Behörden eine sog. **naturschutzfachliche Einschätzungsprärogative**, die eine eingeschränkte gerichtliche Kontrolle nach sich zieht.[323] Die verbliebenen Ausnahmen der in § 44 BNatSchG geregelten Verbote werden einheitlich in § 45 BNatSchG unter Aufführung aller Abweichungsvoraussetzungen des Art. 16 FFH-Richtlinie aufgelistet. Voraussetzung für eine Ausnahme bei FFH-Arten ist die Beibehaltung des günstigen Erhaltungszustands. Eine Ausnahme ist jedoch auch bei Arten im ungünstigen Erhaltungszustand möglich, wenn diese aus außergewöhnlichen Gründen gerechtfertigt ist und der ungünstige Erhaltungszustand dadurch nicht weiter verschlechtert oder die Wiederherstellung eines günstigen Erhaltungszustandes nicht behindert wird (vgl. § 45 Abs. 7 BNatSchG).[324] Im Übrigen beschränkt sich die Befreiungsregelung des § 67 Abs. 2 S. 1 BNatSchG auf unzumutbare Belastungen im konkreten Einzelfall.

Mit § 44 Abs. 4 und 5 BNatSchG werden bestehende und seitens der Europäischen Kommission anerkannte Spielräume bei der Auslegung der artenschutzrechtlichen Vorschriften der FFH-Richtlinie gesetzlich festgeschrieben. Insbesondere die der **guten fachlichen Praxis** entsprechende Bodennutzung im Bereich der Land-, Forst- und Fischereiwirtschaft[325] verstößt nicht gegen Zugriffs-, Besitz- und Vermarktungsverbote, soweit sich der Erhaltungszustand der lokalen Population einer Art nicht verschlechtert (§ 44 Abs. 4 BNatSchG). Hintergrund dieser Bereichsausnahme ist die besondere Situation der Wirtschaftszweige, deren Tätigkeit untrennbar mit der Natur verbunden ist. Fraglich ist jedoch, inwieweit diese Privilegierung der Land-, Forst- und Fischereiwirtschaft mit Art. 12 FFH-Richtlinie vereinbar ist.[326]

I.Ü. bleibt es grundsätzlich bei der exemplarischen Anwendung der artenschutzrechtlichen Verbote (§ 44 Abs. 5 BNatSchG). Hinsichtlich des Verbots der Beschädigung von Fortpflanzungs- und Ruhestätten nach § 44 Abs. 1 Nr. 3 BNatSchG liegt jedoch kein Verstoß vor, soweit die ökologische Funktionalität der Lebensstätten im räumlichen Zusammenhang gewahrt bleibt.[327]

Ebenfalls liegt kein Verstoß gegen Zugriffs-, Besitz- und Vermarktungsverbote im Fall von unvermeidlichen Beeinträchtigungen durch zugelassene Eingriffsvorhaben vor.[328]

---

321 BVerwGE 131, 274.
322 BVerwG, ZUR 2009, 141, 149.
323 Hierzu umfassend *Jacob/Lau*, NVwZ 2015, 241 m.w.N.
324 EuGH, C-342/05, NuR 2007, 477; BVerwG, NuR 2009, 414 m. Anm. *Steeck*, NuR 2010, 4; BVerwG, NuR 2010, 492; BVerwG, ZUR 2010, 476.
325 Vgl. oben § 10 Rn. 18.
326 Vgl. Gesetzentwurf der „kleinen" Bundesnaturschutzgesetz-Novelle, BT-Drs. 16/5100, S. 11; kritisch *Lau* in: Frenz/Müggenborg (Hrsg.), BNatSchG, § 44 Rn. 32.
327 *Schütte/Gerbig* in: Schlacke (Hrsg.), GK-BNatSchG, § 44 Rn. 34.
328 *Müller-Walter* in: Lorz/Konrad/Mühlbauer/Müller-Walter/Stöckel, BNatSchG, § 44 Rn. 48 ff.

7. Verbandsmitwirkung und Verbandsklage

62 ▶ **FALL 11 (ABWANDLUNG):** Könnte in Fall 11 der im Bundesland N anerkannte Naturschutzverein „Freunde des Oberen Flusslandes" gegen die Errichtung der Windkraftanlagen gerichtlich vorgehen? ◀

Naturschutz erfordert die Einbeziehung ehrenamtlicher Naturschützer (Kooperationsprinzip).[329] Deshalb ist bundesrechtlich die **Mitwirkung von Verbänden im Bereich des Naturschutzes und der Landschaftspflege** auf Landes- und Bundesebene (§§ 63 f. BNatSchG) geregelt.[330] Das BNatSchG 2002 eröffnete erstmals – nach langjährigen rechtspolitischen Auseinandersetzungen[331] – eine bundesrechtliche Verbandsklagebefugnis im Naturschutzrecht.[332] Bereits vor Einführung der Verbandsklage auf Bundesebene 2002 war es den Ländern nicht verwehrt, bestimmten Naturschutzverbänden das Recht einzuräumen, gegen behördliche Maßnahmen, die geeignet sind, Belange des Naturschutzes und der Landschaftspflege zu beeinträchtigen, die Verwaltungsgerichte anzurufen.[333] Ein Naturschutzverband konnte damit gewissermaßen als Treuhänder der Natur eine objektive Rechtmäßigkeitskontrolle bestimmter, naturschutzbeeinträchtigender Maßnahmen verlangen, ohne in eigenen Rechten verletzt sein zu müssen (vgl. § 42 Abs. 2 Hs. 1 VwGO).[334]

a) Verbandsmitwirkung

63 § 63 BNatSchG räumt einer nach § 3 UmwRG[335] anerkannten Naturschutzvereinigung ein **Recht auf Mitwirkung**[336] – nicht auf Mitentscheidung – bei der Vorbereitung bestimmter staatlicher Entscheidungen ein.[337] Ziel der Mitwirkung ist es, dass sich die das Verfahren abschließende behördliche Entscheidung auf eine möglichst breite Erkenntnisgrundlage stützen kann. Zu differenzieren ist zwischen der Beteiligung bei Maßnahmen des Bundes und der Länder. Die Mitwirkungsbefugnisse bei Bundesentscheidungen gem. § 63 Abs. 1 BNatSchG beschränken sich auf die **Abgabe von Stellungnahmen** und die Möglichkeit der **Einsichtnahme in einschlägige Sachverständigengutachten**. Die Länder können gem. § 63 Abs. 2 Nr. 8 BNatSchG weitergehende Formen der Mitwirkung regeln sowie gem. § 63 Abs. 4 BNatSchG bestimmen, dass in Fällen, in denen lediglich geringfügige Beeinträchtigungen von Natur und Landschaft zu erwarten sind, von einer Mitwirkung abgesehen werden kann.

---

329 Dazu bereits § 3 Rn. 17 ff.
330 Hierzu ausführlich *Schlacke* in: Schlacke (Hrsg.), GK-BNatSchG, §§ 63–64; *Wilrich*, DVBl. 2002, 872; vgl. auch *Marzik/Wilrich*, BNatSchG, Vor §§ 58 ff. Rn. 3 ff.
331 *Bell*, SächsVBl. 2001, 96; *Ekardt*, ThürVBl. 2001, 223; *Rühl*, NWVBl. 2001, 87; *Rudolph*, JuS 2000, 478; *Kokott/Lee* in: Jahrbuch des Umwelt- und Technikrechts 45 (1998), S. 215 ff.; *Harings*, NVwZ 1997, 538; *Rehbinder/Burgbacher/Knieper*, Bürgerklage im Umweltschutz; *Weyreuther*, Verwaltungskontrolle durch Verbände.
332 Hierzu *Schlacke* in: Falke/Schlacke, S. 131, 133 ff.; *Seelig/Gündling*, NVwZ 2002, 1033.
333 Hiervon hatten bis 2002 Berlin, Brandenburg, Bremen, Hamburg, Hessen, Niedersachsen, Rheinland-Pfalz, Saarland, Sachsen, Sachsen-Anhalt, Schleswig-Holstein und Thüringen Gebrauch gemacht.
334 Vgl. *Kloepfer*, Umweltrecht, § 8 Rn. 33 ff.
335 Vgl. § 10 Rn. 64 und § 6 Rn. 6.
336 BVerwGE 87, 62; *Herbert*, NuR 1994, 218; zur Geltendmachung auch *Sparwasser/Engel/Voßkuhle*, § 6 Rn. 286 ff.; zur Frage nach den Mitwirkungsrechten der Verbände bei faktischen FFH-Gebieten, vgl. OVG Sachsen-Anhalt, ZUR 2007, 247; OVG Hamburg, ZUR 2005, 206.
337 Ausführlich hierzu *Schlacke* in: Schlacke (Hrsg.), GK-BNatSchG, § 63 Rn. 7 ff.; vgl. ferner § 6 Rn. 6.

Die **Gegenstände der Mitwirkung** auf Bundesebene[338] sind in § 63 Abs. 1 Nr. 1–4 BNatSchG abschließend aufgeführt; sie umfassen

- Bundesverordnungen und andere im Rang unter förmlichen Gesetzen stehende Rechtsvorschriften auf dem Gebiet des Naturschutzes und der Landschaftspflege,
- die Erteilung von Befreiungen von Geboten und Verboten zum Schutz von geschützten Meeresgebieten i.S.d. § 57 Abs. 2 BNatSchG, auch wenn diese durch andere Entscheidungen eingeschlossen oder ersetzt werden,
- Planfeststellungsverfahren, die von Bundesbehörden oder im Bereich der deutschen Ausschließlichen Wirtschaftszone und des Festlandsockels von Landesbehörden durchgeführt und die mit Eingriffen in Natur und Landschaft verbunden sind, sowie
- Plangenehmigungen, die von Bundesbehörden erteilt werden und für die eine Öffentlichkeitsbeteiligung vorgesehen ist.

Einen nicht abschließenden **Katalog der Mitwirkungsfälle** der Länder enthält § 63 Abs. 2 Nr. 1–8 BNatSchG.[339] Zentrale Mitwirkungsgegenstände – auch im Unterschied zu Abs. 1 – sind

- die Erteilung von Befreiungen von Geboten und Verboten zum Schutz von Gebieten im Sinne des § 32 Abs. 2 BNatSchG, Natura 2000-Gebieten, Naturschutzgebieten, Nationalparken, Nationalen Naturmonumenten und Biosphärenreservaten, auch wenn diese durch eine andere Entscheidung eingeschlossen oder ersetzt werden,[340]
- Planfeststellungsverfahren, wenn es sich um Vorhaben im Gebiet des anerkennenden Landes handelt, die mit Eingriffen in Natur und Landschaft verbunden sind und
- Plangenehmigungen, wenn eine Öffentlichkeitsbeteiligung vorgesehen ist.

Mitwirkungsberechtigt sind nur die nach § 3 UmwRG vom Bund oder einem Land anerkannten Vereinigungen:[341] Die **Anerkennung** wird auf Antrag ausgesprochen (§ 3 Abs. 1 S. 1 UmwRG) und ergeht als gebundene Entscheidung nach § 3 Abs. 1 S. 2 UmwRG, wenn die Vereinigung

64

- nach ihrer Satzung ideell und nicht nur vorübergehend vorwiegend die Ziele des Umweltschutzes fördert (Nr. 1),
- im Zeitpunkt der Anerkennung mindestens drei Jahre besteht und in diesem Zeitraum i.S.d. Nr. 1 tätig gewesen ist (Nr. 2),
- die Gewähr für eine sachgerechte Aufgabenerfüllung bietet; dabei sind Art und Umfang ihrer bisherigen Tätigkeit, der Mitgliederkreis sowie die Leistungsfähigkeit der Vereinigung zu berücksichtigen (Nr. 3),
- gemeinnützige Ziele i.S.v. § 52 AO verfolgt (Nr. 4) und
- jedem offen steht, der die Ziele der Vereinigung unterstützt (Nr. 5). Bei Vereinigungen, deren Mitgliederkreis zu mindestens drei Vierteln aus juristischen Personen be-

---

338 Eine Mitwirkungs- oder Klagebefugnis gegen allein länderbezogene Vorhaben kann hieraus nicht abgeleitet werden, VG Bremen, ZUR 2008, 368.
339 Zum Unterlassungsanspruch eines Naturschutzverbandes gegen ein Vorhaben, an dem er trotz bestehender Beteiligungspflicht nicht beteiligt wurde, vgl. OVG Magdeburg, ZUR 2008, 386.
340 Das BVerwG, NVwZ 2015, 1532 ff., beschränkt die Mitwirkung auf die FFH-Abweichungsentscheidung (s.o. § 10 Rn. 54). Eine Mitwirkung an der FFH-Verträglichkeitsprüfung lehnt das BVerwG auch unter Berücksichtigung des Unionsrechts ab.
341 § 63 Abs. 1 und 2 BNatSchG.

steht, muss die Mehrzahl dieser juristischen Personen die Voraussetzung i.S.v. § 3 Abs. 1 S. 2 Nr. 5 Hs. 1 UmwRG erfüllen.[342] Die Anerkennung wird vom Umweltbundesamt (§ 3 Abs. 2 S. 1 UmwRG) oder der zuständigen Landesbehörde für den satzungsmäßigen Aufgabenbereich ausgesprochen.[343] Dabei ist insbesondere anzugeben, ob die Vereinigung im Schwerpunkt die Ziele des Naturschutzes und der Landschaftspflege fördert (§ 3 Abs. 1 S. 3 UmwRG).

b) Verbandsklage

65 Eines der Grundcharakteristika des deutschen Rechtsschutzsystems ist, dass der Einzelne nur dann Zugang zu verwaltungsgerichtlichem Rechtsschutz erlangt, wenn er die Verletzung eines (eigenen) subjektiv-öffentlichen Rechts geltend machen kann (§ 42 Abs. 2 Hs. 2 VwGO, sog. Klagebefugnis).[344] Die Einführung einer Popularklage, d.h. die Möglichkeit, dass jeder Bürger die Verwaltungsgerichte bei Verstößen gegen Naturschutzrecht anrufen kann, ist dem deutschen Rechtsschutzsystem fremd. Die Überwindung dieser Hürde gelingt daher in der Regel nur dem Grundeigentümer, was in der Praxis dazu führte, dass Naturschutzverbände sog. Sperrgrundstücke ankauften, um gegen ökologisch bedenkliche Vorhaben auch gerichtlich vorgehen zu können (sog. **Sperrgrundstücksklagen**).[345]

66 § 64 BNatSchG normiert eine **altruistische (überindividuelle) Verbandsklage**[346] für nach § 3 UmwRG anerkannte Naturschutzvereinigungen.[347] Anerkannte Umweltverbände können danach ohne Geltendmachung einer eigenen Rechtsverletzung Verstöße gegen naturschutzbezogene Vorschriften gerichtlich rügen.[348]

Rechtsbehelfe i.S.v. § 64 Abs. 1 BNatSchG können Widerspruch, Anträge im Rahmen einstweiligen Rechtsschutzes und Klagen sein. Die **Rechtsbehelfsgegenstände** sind abschließend benannt und umfassen nur einen Teilausschnitt der Mitwirkungsfälle:[349]

- Befreiungen von Ver- und Geboten zum Schutz von geschützten Meeresgebieten i.S.d. § 57 Abs. 2 BNatSchG (§ 63 Abs. 1 Nr. 2 BNatSchG),[350]
- Befreiungen von Ver- und Geboten zum Schutz von Gebieten i.S.d. § 32 Abs. 2 und der §§ 23–25 BNatSchG sowie von Natura 2000-Gebieten (§ 63 Abs. 2 Nr. 5 BNatSchG,

---

342 Zur bisherigen Regelung gem. § 29 Abs. 4 BNatSchG a.F. vgl. BVerwG, DVBl. 1986, 415; OVG Hamburg, NVwZ 1982, 687.
343 So z.B. § 30 Abs. 1 BremNatG.
344 Vgl. § 6 Rn. 11 ff.
345 Vgl. § 4 Rn. 23; auch „versteckte", „uneigentliche" oder „faktische" Verbandsklage genannt, vgl. *Dürr*, VBlBW 1992, 321, 327.
346 Vgl. *Schlacke*, Überindividueller Rechtsschutz; zur Verbandsklage nach dem BNatSchG 2010 vgl. *Fischer-Hüftle*, NuR 2011, 237. Zur Klagebefugnis zuletzt *Schlacke*, DVBl. 2015, 929.
347 Diese begründet zugleich die Möglichkeit der Beiladung von anerkannten Naturschutz- und Umweltvereinen, OVG Hamburg, ZUR 2009, 265; nicht jedoch im Fall einer Unterlassungsklage, weil hier die Voraussetzungen der notwendigen Beiladung nach § 65 Abs. 2 VwGO nicht vorliegen, OVG Lüneburg, ZUR 2009, 267 und auch nicht im Fall einer Verpflichtungsklage des Vorhabenträgers auf Erlass eines Planfeststellungsbeschlusses, OVG Münster, ZUR 2010, 315.
348 Vgl. § 6 Rn. 13; ferner *Schlacke* in: Falke/Schlacke, S. 131 ff.; *Seelig/Gündling*, NVwZ 2002, 1033.
349 Vgl. oben § 10 Rn. 62.
350 Hieraus ergibt sich nicht nur die Möglichkeit der Verbandsklage, sondern auch ein Beteiligungsrecht, OVG Magdeburg, NVwZ-RR 2009, 416: Da für die Vorschrift ein formeller Biotop- und Flächenschutz zugrunde liegt, wird ein FFH-Gebiet hiervon nicht erfasst, solange die Schutzgebietsausweisung noch nicht erfolgt ist, VG Leipzig, ZUR 2008, 28; OVG Bautzen, ZUR 2008, 29 m. Anm. *Günther*, ZUR 2008, 29; vgl. auch die Besprechung von *Niederstadt*, EurUP 2008, 48.

- Plangenehmigungen,³⁵¹ soweit eine Öffentlichkeitsbeteiligung vorgesehen ist (§ 63 Abs. 1 Nr. 4 und Abs. 2 Nr. 7 BNatSchG).³⁵²

Die Länder können Rechtsbehelfe in anderen Fällen, in denen Verbänden eine Mitwirkungsbefugnis eingeräumt worden ist, vorsehen (§ 64 Abs. 3 BNatSchG).³⁵³ Allerdings verleiht die von einer Landesbehörde erteilte Anerkennung als Naturschutzverein eine Rechtsbehelfsbefugnis nur gegen Planfeststellungsbeschlüsse, die Vorhaben in dem Gebiet des betreffenden Bundeslandes zum Gegenstand haben.³⁵⁴

Darüber hinaus enthält § 64 Abs. 1 Nr. 1–3 BNatSchG **besondere Zulässigkeitsvoraussetzungen** für die Einlegung der Rechtsbehelfe: Zunächst ist eine verwaltungsbehördliche oder gerichtliche Überprüfung auf Verwaltungsakte beschränkt. Normenkontrollen können nicht veranlasst werden. Weiterhin können nur Verstöße gegen Rechtsvorschriften gerügt werden, die zumindest auch den Belangen des Naturschutzes und der Landschaftspflege zu dienen bestimmt sind.³⁵⁵ Der Verein muss ferner in seinem satzungsgemäßen Aufgabenbereich, soweit sich die Anerkennung darauf bezieht, berührt sein. Schließlich hat sich der Verband im Verwaltungsverfahren zu beteiligen, wenn ihm die Möglichkeit ordnungsgemäß eröffnet wurde.³⁵⁶

§ 64 Abs. 2 BNatSchG i.V.m. § 2 Abs. 3 UmwRG statuiert eine **Präklusion** von Einwendungen: Die behördliche oder gerichtliche Kontrolle ist auf Einwendungen beschränkt, die der Verband bereits während des Beteiligungsverfahrens aufgrund der ihm vorliegenden Unterlagen erhoben hat.³⁵⁷ Verspätete oder nicht erhobene Einwendungen sind ausgeschlossen. Damit wird der gesetzgeberischen Absicht, dass Vereinigungen ihre Sachkunde vorrangig im Beteiligungsverfahren einbringen sollen, Rechnung getragen.³⁵⁸ Nach § 64 Abs. 1 Nr. 3 BNatSchG verwirkt ein Verein darüber hinaus seine Rechtsbehelfsbefugnis, wenn er sich nicht am Verwaltungsverfahren beteiligt, obwohl ihm dazu Gelegenheit gegeben worden ist.³⁵⁹

Die naturschutzrechtliche Verbandsklage ist grundsätzlich neben einem Umwelt-Rechtsbehelf gem. § 2 Abs. 1 UmwRG anwendbar.³⁶⁰ Lediglich wenn es sich um ein planfeststellungsbedürftiges Vorhaben handelt, das mit Eingriffen in Natur und Landschaft verbunden ist, tritt die naturschutzrechtliche Verbandsklage hinter dem Um-

---

351 OVG Bautzen, NuR 2003, 557; BayVGH, NVwZ-RR 2005, 705, 706.
352 Aufgrund des Vorbehalts in § 64 Abs. 1 BNatSchG sind Planfeststellungsbeschlüsse gem. § 1 Abs. 3 UmwRG nur noch mittels eines Umwelt-Rechtsbehelfs angreifbar. Im Unterschied zum naturschutzrechtlichen Rechtsbehelf findet auf Umwelt-Rechtsbehelfe die sonderprozessuale Vorschrift § 4a UmwRG Anwendung.
353 Zur Klagebefugnis von Naturschutzverbänden bei fehlender landesrechtlicher Regelung vgl. BVerwG, ZUR 2006, 588.
354 OVG Bremen, ZUR 2010, 42.
355 Ausführlich zur Rüge der Verletzung naturschutzbezogener Vorschriften und der fehlenden Gewährung eines objektiv-rechtlichen Beanstandungsverfahrens vgl. BVerwG, ZUR 2008, 257; kritisch hierzu *Vallendar*, UPR 2008, 1.
356 Vgl. § 64 Abs. 1 Nr. 3 BNatSchG.
357 Auf die naturschutzrechtliche Verbandsklage findet die jüngste Rechtsprechung des EuGH zur Unionsrechtswidrigkeit von § 2 Abs. 3 UmwRG (vgl. oben § 6 Rn. 5) grundsätzlich keine Anwendung. Eine Ausnahme bilden indes Gegenstände von Verbandsklagen, die unionsrechtlich überformt sind. Dies betrifft etwa habitatschutzrechtliche Abweichungsentscheidungen nach § 34 Abs. 3-5 BNatSchG, die gem. § 64 Abs. 1 i.V.m. § 63 Abs. 2 Nr. 5 BNatSchG Gegenstand der naturschutzrechtlichen Verbandsklage sein können.
358 BT-Drs. 14/6378, S. 62; zur Präklusion vgl. auch *Seibert*, NVwZ 2013, 1040, 1044.
359 Zur Unionsrechtswidrigkeit von § 2 Abs. 3 UmwRG bei unionsrechtlich bedingten Zulassungsverfahren vgl. § 5 Rn. 41, § 6 Rn. 5.
360 Siehe bereits § 6 Rn. 15.

welt-Rechtsbehelf zurück (§ 1 Abs. 3 UmwRG, § 64 Abs. 1 BNatSchG) und es finden die prozessualen Sondervorschriften gem. § 4a UmwRG Anwendung.

70 ▶ **Lösung Fall 11 (Abwandlung):** Dem Naturschutzverein „Freunde des Oberen Flusslandes" könnte möglicherweise ein Verbandsklagerecht gem. § 64 Abs. 1 BNatSchG oder § 2 Abs. 1 UmwRG zustehen. Der Verein wurde von der zuständigen Landesbehörde als Naturschutzverein gem. § 3 Abs. 1 UmwRG anerkannt und ist somit grundsätzlich verbandsklagebefugt. Allerdings müsste es sich bei der Errichtung der Windkraftanlagen um einen in § 64 Abs. 1 BNatSchG oder § 2 Abs. 1 UmwRG aufgelisteten zulässigen Prüfungsgegenstand handeln. Dies sind insbesondere Befreiungen von Ge- und Verboten zum Schutz von Natura 2000-Gebieten sowie Planfeststellungsverfahren und -genehmigungen (vgl. § 64 Abs. 1 i.V.m. § 63 Abs. 2 Nr. 5–7 BNatSchG). Die Errichtung von zwei Windkraftanlagen ist jedoch weder Gegenstand von Planfeststellungsverfahren bzw. -genehmigungen noch wurde hierzu eine Befreiung von Ge- und Verboten zum Schutz eines Natura 2000-Gebiets erteilt. Nach § 2 Abs. 1 Nr. 1 i.V.m. § 1 Abs. 1 Nr. 1 und 2 UmwRG könnte der Naturschutzverein allerdings darüber hinaus eine Verbandsklage erheben, wenn es sich bei den Windkraftanlagen um ein UVP-pflichtiges Vorhaben oder um eine Anlage handelt, für die in Spalte c des Anhangs 1 zur 4. BImSchV die Durchführung eines Genehmigungsverfahrens nach § 10 BImSchG vorgesehen ist. Die UVP-Pflichtigkeit von Windkraftanlagen ist in Anlage 1 zum UVPG näher geregelt. Gem. Nr. 1.6.3 Anlage 1 zum UVPG sind nur Windfarmen ab einer Anlagenzahl von drei Windkraftanlagen standortabhängig UVP-pflichtig. Eine Pflicht zur Durchführung eines Genehmigungsverfahrens nach § 10 BImSchG besteht darüber hinaus nur für Windfarmen mit mehr als 20 Windkraftanlagen (vgl. Nr. 1.6.1 des Anhangs 1 zur 4. BImSchV). Da Landwirt S jedoch nur zwei Windkraftanlagen errichten will, muss weder eine Umweltverträglichkeitsprüfung noch ein immissionsschutzrechtliches Genehmigungsverfahren nach § 10 BImSchG durchgeführt werden. Der Naturschutzverein „Freunde des Oberen Flusslandes" kann somit auch nicht auf Grundlage von § 2 Abs. 1 UmwRG eine Verbandsklage gegen das Vorhaben des S erheben. ◀

Wiederholungs- und Verständnisfragen

71
> Welche Ziele verfolgt das Bundesnaturschutzgesetz? (Rn. 17 ff.)
> Welchen Einfluss hatte die Föderalismusreform auf das Verhältnis des Bundesnaturschutzgesetzes zu den einzelnen Naturschutz- und Landschaftspflegegesetzen der Länder? (Rn. 11, 22)
> Inwieweit besteht ein Zielkonflikt zwischen Natur und Landschaftspflege einerseits und land- und forstwirtschaftlicher Bodennutzung andererseits? (Rn. 18)
> Welche naturschutzrechtlichen Instrumente normiert das Bundesnaturschutzgesetz? (Rn. 23 ff.)
> Wann ist ein Eingriff nach § 14 BNatSchG vermeidbar? (Rn. 32 f.)
> Worin besteht der Unterschied zwischen Ausgleichs- und Kompensationsmaßnahmen bei unvermeidbaren Beeinträchtigungen? (Rn. 34)
> Welche Schutzgebiete statuiert das BNatSchG? In welcher Rechtsform erfolgt die Unterschutzstellung von Flächen? (Rn. 50 ff.)

§ 10 Naturschutz- und Landschaftspflegerecht

> Was umfasst das allgemeine Verschlechterungs- und Störungsverbot? (Rn. 54)
> Wie unterscheidet sich der allgemeine vom besonderen Artenschutz? (Rn. 59 f.)
> Benennen Sie Voraussetzungen für die Zulässigkeit von Verbandsklagen, um die Verletzung von Naturschutzrecht zu rügen? (Rn. 66 ff.)

§ 11 Gewässerschutzrecht

1 Versteht man Umweltschutz im Sinne einer Gewährleistung natürlicher Zivilisationsgrundlagen, so stellt der Gewässerschutz die wohl **älteste Umweltschutzaufgabe** überhaupt dar. Seit jeher gehört die Ordnung des Wasserhaushalts einschließlich eines nach Menge und Güte ausreichenden Wasserangebots zu den Aufgaben jedes Gemeinwesens.[1] Teilweise wird die Gewässerbewirtschaftung sogar zu den Entstehungsbedingungen bei der Staatenbildung gerechnet.[2]

2 Den Gewässerschutz der Gegenwart prägt angesichts der gerade auch hinsichtlich des Mediums „Wasser" deutlich spürbaren Auswirkungen der modernen Industriegesellschaft eine komplexe Ausgangslage: Wenngleich in der Vergangenheit bereits erhebliche Erfolge beim Schutz der Oberflächengewässer erzielt werden konnten, sind doch die Nährstoff- und Schadstofffrachten, die durch diffuse Quellen (Landwirtschaft, Verkehr) und Punktquellen (Industriebetriebe, Kläranlagen) in die Flüsse und über diese in die Küstenmeere gelangen, immer noch zu hoch. Daneben geraten in jüngerer Zeit auch die sensiblen Reaktionen von Fließgewässern auf Wärmebelastungen aus Kraftwerken in den Blickpunkt. Für die **Grundwasservorräte** ergeben sich Gefährdungen sowohl aus zu hohen Entnahmen als auch aus Verschmutzungen, etwa durch Nitrat-, Chlorid- oder Phosphatbelastung infolge landwirtschaftlicher Überdüngung. Maßnahmen des **Wasserbaus**, z.B. Flusslaufbegradigungen, Trockenlegung flussnaher Feuchtgebiete und Versiegelung der Landschaft durch Überbauung, greifen gravierend in die Fließgewässereigenschaften von Bächen und Flüssen ein und sind mit ursächlich für die in letzter Zeit vermehrt auftretenden Hochwasser.[3] Entsprechend komplex ist die Aufgabenstellung des modernen Gewässerschutzrechts.

I. Rechtsgrundlagen

3 Das Gewässerschutzrecht ist in erster Linie **öffentliches Recht**. Gewässerbewirtschaftung als eine dem Gemeinwohl dienende Aufgabe kann aus heutiger Sicht auch unter Berücksichtigung von Privatisierungs- und Liberalisierungstendenzen in Teilbereichen[4] mit den Mitteln des Privatrechts kaum umfassend bewältigt werden.[5] Die Grundvoraussetzungen für das heutige System des Gewässerschutzes wurden allerdings erst im vorigen Jahrhundert geschaffen. Mit der Beschränkung des bis dahin in eine Vielzahl privater und öffentlicher Wasserrechte zersplitterten Gewässereigentums und einer weitgehenden Überführung in das öffentliche Sachenrecht trug man der Knappheit des Mediums Wasser Rechnung. Unter zunehmender Zurückdrängung subjektiver Rechte wurden alle wesentlichen Gewässerbenutzungen von einem Zulassungsakt abhängig gemacht und so einer **öffentlich-rechtlichen Benutzungsordnung** unterstellt.[6]

---

1 Vgl. BVerfGE 15, 1, 15.
2 Vgl. *Kloepfer*, Umweltrecht, § 13 Rn. 4.
3 Weiterführend zur Situation des Gewässerschutzes in der Bundesrepublik Deutschland vgl. *SRU*, Umweltgutachten 2012, Tz. 111 ff.; *ders.*, Umweltgutachten 2004, Tz. 374 ff.; auch *Salzwedel/Durner* in: Hansmann/Sellner (Hrsg.), Grundzüge, Kap. 8, Rn. 19 ff.; *Sparwasser/Engel/Voßkuhle*, § 8 Rn. 2 ff.
4 Dazu *SRU*, Umweltgutachten 2000, Tz. 180 ff.; *Laskowski*, ZUR 2003, 1; *Kühne*, LKV 2006, 489.
5 Vgl. auch BVerfGE 58, 300, 344.
6 Zur historischen Entwicklung *Salzwedel/Durner* in: Hansmann/Sellner (Hrsg.), Grundzüge, Kap. 8, Rn. 3 ff.; *Sparwasser/Engel/Voßkuhle*, § 8 Rn. 46 ff.; allgemein zur Wasserwirtschaft und dem Gewässerschutzrecht in Deutschland, *Köck*, ZUR 2012, 140; zum (ökologischen) Gewässerschutz zwischen Wasserrecht und Naturschutzrecht, *Durner*, EurUP 2015, 82; *Gärditz*, NuR 2013, 605; gezielte ökologische Flutung zur Hochwasserrückhaltung als Eingriff i.S.d. § 14 Abs. 1 BNatSchG, BVerwG, ZUR 2015, 85.

Rechtsdogmatisch sind Gewässer **öffentliche Sachen**. Während es sich bei Wasserstraßen um öffentliche Sachen im Gemeingebrauch handelt, stellen Gewässer in Bezug auf ihre wirtschaftliche Nutzung öffentliche Sachen im Sondergebrauch dar.[7]

1. Internationales Recht

Mit dem **Seerechtsübereinkommen** (SRÜ) der Vereinten Nationen vom 10.12.1982[8] wurden erstmals weltweite Regelungen zur Verhütung der Verschmutzung der Meere rechtlich verbindlich kodifiziert (Teil XII des SRÜ).[9] Beim SRÜ handelt es sich um ein Rahmenübereinkommen. Dieses wird durch internationale Vereinbarungen sowohl auf globaler als auch auf regionaler Ebene – wie etwa das OSPAR- (Nordost-Atlantik) und HELCOM-Abkommen (Ostsee)[10] – ausgefüllt.[11]

Erwähnenswert sind ferner die bestehenden Übereinkommen zum Schutz grenzüberschreitender Flüsse:

- Vertrag über die internationale Kommission zum Schutz der Oder gegen Verunreinigung (Oderschutzkommission) vom 11.4.1996,[12]
- Vereinbarung über die internationale Kommission zum Schutz der Elbe vom 8.10.1990,[13]
- Übereinkommen über die Zusammenarbeit zum Schutz und zur verträglichen Nutzung der Donau (Donauschutzübereinkommen) vom 29.6.1994[14] und
- Übereinkommen zum Schutz des Rheins vom 12.4.1999.[15]

2. EU-Recht

Der Rat der EU hat zahlreiche Vorschriften in **Richtlinien**form (Art. 288 Abs. 3 AEUV) erlassen. Diese enthalten einerseits einen qualitätsbezogenen Ansatz, indem sie übergreifende oder **für bestimmte Nutzungsarten Qualitätsanforderungen** formulieren und u.a. die Höhe des zulässigen Verschmutzungsgrads der Gewässer bestimmen:

- Richtlinie 2006/7/EG über die Qualität der Badegewässer vom 15.2.2006,[16] und
- Richtlinie 98/83/EG über die Qualität von Wasser für den menschlichen Gebrauch vom 3.11.1998 (sog. Trinkwasserrichtlinie),[17]
- Richtlinie 2000/60/EG zur Schaffung eines Ordnungsrahmens für Maßnahmen der Gemeinschaft im Bereich der Wasserpolitik vom 23.10.2000 (sog. Wasserrahmenrichtlinie – WRRL),[18]
- Richtlinie 2006/113/EG über die Qualitätsanforderungen an Muschelgewässer vom 12.12.2006,[19]

---

7 *Sparwasser/Engel/Voßkuhle*, § 8 Rn. 50.
8 BGBl. II 1994, S. 1798.
9 Vgl. ausführlich § 15 Rn. 21 ff.
10 Z.B. OSPAR, HELCOM, dazu vgl. § 15 Rn. 12, 47.
11 Vgl. hierzu § 15 Rn. 25 ff., 32 ff., 41 ff.; ferner *Breuer*, Rn. 100.
12 BGBl. II 1997, S. 1707, in Kraft getreten am 28. April 1999.
13 BGBl. II 1992, S. 942, in Kraft getreten am 13. August 1993.
14 Gesetz v. 3.6.1996, BGBl. II, S. 874, in Kraft getreten am 22. Oktober 1998.
15 BGBl. II 2001, S. 849, in Kraft getreten am 1. Januar 2003.
16 ABlEG L 64/37, zuletzt geändert durch RL 2013/64/EU v. 17.12.2013, ABlEU L 353/8.
17 ABlEG L 330/32, zuletzt geändert durch RL 2015/1787/EU v. 6.10.2015, ABlEU L 260/6.
18 ABlEG L 327/1, zuletzt geändert durch RL 2014/101/EU v. 30.10.14, ABlEU L 311/32.
19 ABlEG L 376/14, zuletzt geändert durch VO (EG) Nr. 1137/08 v. 22.10.2008, ABlEG L 311/1.

- Richtlinie 2006/118/EG zum Schutz des Grundwassers vor Verschmutzung und Verschlechterung vom 12.12.2006 (sog. Grundwasserrichtlinie),[20]
- Richtlinie 2008/56/EG zur Schaffung eines Ordnungsrahmens für Maßnahmen der Gemeinschaft im Bereich der Meeresumwelt vom 17.6.2008 (sog. Meeresstrategie-Rahmenrichtlinie)[21] und
- Richtlinie 2008/105/EG über Umweltqualitätsnormen im Bereich der Wasserpolitik und zur Änderung mehrerer Richtlinien vom 16.12.2008.[22]

Andererseits bezwecken die gewässerbezogenen Richtlinien den **Schutz der Gewässer vor Ableitungen gefährlicher Stoffe**, m.a.W. einen quellenbezogenen Ansatz:

- Richtlinie 2006/11/EG zur Verschmutzung infolge der Ableitung bestimmter gefährlicher Stoffe in die Gewässer der Gemeinschaft vom 15.2.2006,[23]
- Richtlinie 2006/118/EG zum Schutz des Grundwassers vor Verschmutzung und vor Verschlechterung vom 12.12.2006,[24]
- Richtlinie 91/271/EWG über die Behandlung von kommunalem Abwasser vom 21.5.1991,[25]
- Richtlinie 91/676/EWG zum Schutz der Gewässer vor Verunreinigung durch Nitrat aus landwirtschaftlichen Quellen vom 12.12.1991.[26]

Auf die Hochwasserereignisse der letzten Jahre reagiert schließlich die

- Richtlinie 2007/60/EG über die Bewertung und das Management von Hochwasserrisiken vom 23.10.2007.[27]

8   Weitreichende Veränderungen des europäischen und nationalen Wasserrechts brachte die Richtlinie 2000/60/EG zur Schaffung eines Ordnungsrahmens für Maßnahmen der Gemeinschaft im Bereich der Wasserpolitik vom 23.10.2000 (**Wasserrahmenrichtlinie**)[28] mit sich.[29] Im Wege dieser Richtlinie schuf die Europäische Union einen transparenten, effizienten und kohärenten rechtlichen Handlungsrahmen für eine nachhaltige

---

20 ABlEG L 372/19, zuletzt geändert durch RL 2014/80/EU v. 20.6.2014, ABlEU L 182/52; vgl. hierzu *Rechenberg*, ZUR 2007, 235; Umsetzung der Grundwasserrichtlinie durch die neue Grundwasserverordnung vom 9.11.2010, BGBl. I, S. 1513; vgl. hierzu *Laskowski*, ZUR 2010, 449.
21 ABlEG L 164/19; siehe hierzu näher *Markus/Schlacke*, ZUR 2009, 464; *Markus/Schlacke/Maier*, The International Journal of Marine and Coastal Law 2011, 59–90.
22 ABlEG L 348/84, zuletzt geändert durch RL 2013/39/EU v. 12.8.2013, ABlEU L 226/1; zur Novellierung der Liste der prioritären Stoffe, *Heiss*, in: Hofmann (Hrsg.), Wasserrecht in Europa, S. 184 ff.; *Kern*, JEEPL 2014 (11), 31; *dies.*, NVwZ 2014, 256.
23 ABlEG L 64/52; vgl. unten § 15 Rn. 65.
24 ABlEG L 372/19, zuletzt geändert durch Berichtigung v. 22.2.2007, ABlEG L 53/30.
25 ABlEG L 135/40, zuletzt geändert durch RL 2013/64/EU v. 17.12.2013, ABlEU L 353/8; dazu *Schulte*, EG-Richtlinie Kommunales Abwasser.
26 ABlEG L 375/1, geändert durch VO (EG) Nr. 1137/08 v. 22.10.2008, ABlEG L 311/1.
27 ABlEG L 288/27.
28 Vgl. § 11 Rn. 7.
29 *Albrecht*, EurUP 2015, 96; *Seidel/Rechenberg*, ZUR 2004, 213; *Breuer*, NuR 2000, 541; *Fassbender*, NVwZ 2001, 241; zur Auslegung und der rechtlichen Bedeutung des Verschlechterungsverbotes der WRRL nach EuGH, Rs. C-461/13, ZUR 2015, 546; zu diesem Urteil *Laskowski*, ZUR 2015, 542; *Ginzky*, NuR 2015, 624; *Reinhardt*, UPR 2015, 321; *Rolfsen*, NuR 2015, 437; allgemein zum Verschlechterungsverbot, *Rehbinder*, in: Hofmann (Hrsg.), Wasserrecht in Europa, S. 34 ff.; *Eckhardt/Weyland*, NuR 2014, 12; *Faßbender*, EurUP 2013, 70; *Ginzky*, ZUR 2013, 343; zur aktuellen Entwicklung der wasserwirtschaftlichen Fachplanung, *Faßbender*, NVwZ 2014, 476; den planerischen Instrumenten der WRRL vgl. *Dieckmann*, EurUP 2008, 2.

Nutzung der Gemeinschaftsgewässer.[30] Die wohl bedeutsamste Neuerung der Richtlinie ist die Einführung eines europaweiten Wasserbewirtschaftungssystems auf der Ebene von Flusseinzugsgebieten (Art. 13 WRRL). Damit verfolgt die Wasserrahmenrichtlinie eine integrative Zielsetzung, die sich aber – im Unterschied zur Richtlinie 2010/75/EU über Industrieemissionen[31] und von wenigen Ausnahmen abgesehen – auf das Umweltmedium Wasser beschränkt, dieses allerdings in seiner Gesamtheit in den Blick nimmt (**ganzheitlicher Gewässerschutz**).[32] Als zentrales Instrument zur Erreichung der umweltpolitischen Zielsetzungen wurde die Aufstellung von rechtsverbindlichen Bewirtschaftungsplänen und zugehörigen Maßnahmenprogrammen zur Erreichung eines **guten Gewässerzustandes** innerhalb der Mitgliedstaaten bis 2009 vorgeschrieben (Art. 13 Abs. 6 WRRL). Als Grundlage waren hierfür bis 2004 alle signifikanten Belastungen und anthropogenen Einwirkungen auf die Gewässer zu erfassen sowie eine wirtschaftliche Analyse der Wassernutzung durchzuführen (Art. 5 Abs. 1 WRRL). Mittlerweile wurden für alle zehn Flussgebietseinheiten in Deutschland Maßnahmenprogramme und Bewirtschaftungspläne aufgestellt.[33] Weiterhin war gefordert, bis 2004 ein Verzeichnis der Schutzgebiete zu erstellen (Art. 6 WRRL). Bis 2006 war sodann ein Monitoringprogramm zur Überwachung des Gewässerzustandes zu erarbeiten (Art. 8 WRRL). Das Umweltziel der Richtlinie, einen guten Zustand von Oberflächengewässern und Grundwasser zu erreichen,[34] sollte bis Ende 2015 erfüllt sein.[35] Dieses Ziel wurde nach einhelliger Auffassung nicht erreicht.[36] Stattdessen machten die Mitgliedstaaten in großem Umfang von den in Art. 4 Abs. 4 WRRL enthaltenen Ausnahmeregelungen für die Erreichung eines guten Zustandes der Oberflächengewässer Gebrauch.[37] Spezifikationen zur Umsetzung der einzelnen Teilschritte und Bestimmungen zur Beschreibung des Zustandes der Gewässer finden sich in den Anhängen der Richtlinie.[38]

Daneben formuliert Art. 4 Abs. 1 Buchst. a UAbs. i) WRRL ein **Verschlechterungsverbot**. Danach treffen die Mitgliedstaaten die notwendigen Maßnahmen, um eine Ver-

---

30 Teilweise als zu intensiver Eingriff in das System des deutschen Wasserrechts kritisiert etwa durch *Breuer*, ZfW 2005, 1; zur Frage, ob die WRRL der Errichtung neuer Kohlekraftwerke entgegensteht vgl. *Laskowski*, ZUR 2013, 131; *Köck/Möckel*, NVwZ 2010, 1390; a.A. *Spieth/Ipsen*, NVwZ 2011, 536.
31 Vgl. hierzu § 9 Rn. 8; zur Umsetzung der IE-RL im deutschen Wasserrecht: *Kern*, ZUR 2013, 150; *Hofmann*, ZfW 2013, 57.
32 *Seidel/Rechenberg*, ZUR 2004, 213; zu Aspekten grenzübergreifender Flussgebietsverwaltung vgl. *Albrecht*, DVBl. 2008, 1027; allgemein zu den Umweltzielen der Wasserrahmenrichtlinie, *Port*, Wasserrahmenrichtlinie.
33 Siehe näher die Bund-Länder-Informations- und Kommunikationsplattform www.wasserblick.net (Stand: 15.1.2016).
34 Zur Definition des „guten Zustandes" ausführlich *Albrecht*, NuR 2010, 607.
35 Zum Umsetzungsstand der Wasserrahmenrichtlinie, vgl. Bericht der Kommission, KOM (2012) 670 endg., sowie Mitteilung der Kommission, KOM (2015) 120 endg.
36 KOM (2015) 120 endg. S. 3, 6, 13; KOM (2012) 670 endg., S. 6; *BMUB*, Die Wasserrahmenrichtlinie – Eine Zwischenbilanz zur Umsetzung der Maßnahmenprogramme, 2012, S. 6, 9 f.; *Albrecht*, EurUP 2015, 96, 99; *Reinhardt*, NuR 2013, 765.
37 Kritisch zur Handhabung der Ausnahmeregelungen, *Faßbender*, NVwZ 2014, 476, 479; zu Entwicklungslinien und Perspektiven des Wasserrechts, insbesondere nach 2015, *Reinhardt*, in: Hofmann (Hrsg.), Wasserrecht in Europa, S. 9 ff.; *ders.*, EurUP 2015, 137.
38 Die WRRL wurde durch die siebte Novelle des Wasserhaushaltsgesetzes (WHG) v. 19.8.2002 (BGBl. I, S. 3245) in deutsches Recht umgesetzt. Es bedurfte weiterer Konkretisierungen durch die Länder bis zum 31.12.2003: Bis zu diesem Termin waren aber nicht alle Länder ihrer Umsetzungsverpflichtung nachgekommen; vgl. *Seidel/Rechenberg*, ZUR 2004, 213; ausführlich zur Umsetzung der Wasserrahmenrichtlinie in Deutschland, vgl. *Köck/Faßbender* (Hrsg.), Implementation der WRRL; *Köck*, ZUR 2009, 227.

schlechterung des Zustandes aller Oberflächengewässer zu verhindern.[39] Im Vorabentscheidungsverfahren zur Weservertiefung entschied der EuGH, dass jegliche Beeinträchtigung eines Oberflächengewässers eine Verschlechterung darstellt, sofern sich eine Qualitätskomponente zur Festlegung des ökologischen Zustands nach Anhang V der WRRL um eine Zustandsklasse verschlechtert.[40] Weiter urteilte das Gericht, dass das Verschlechterungsverbot keine bloß planerische Zielvorgabe darstellt. Stattdessen binde es die Mitgliedstaaten unmittelbar bei Vorhabenentscheidungen.[41]

Zur Konkretisierung der Umweltqualitätsnormen sowie des Verfahrens für die Zustandsbewertung und Trendberechnung des Grundwassers erging ferner die Grundwasser-Tochterrichtlinie 2006/118/EG[42].

9 Neben der WRRL stellt die **Meeresstrategie-Rahmenrichtlinie** 2008/56/EG vom 17.6.2008[43] einen weiteren Schritt hin zu einer ökosystemorientierten Bewirtschaftung von Meeresgewässern dar. Ausgangspunkt der Meeresstrategie-Rahmenrichtlinie war die Erkenntnis, dass eine sachgerechte Regulierung von Schutz- und Nutzungskonflikten im Meeresbereich nicht allein durch **sektorspezifische Steuerung** erfolgen kann.[44] Der von der EU entwickelte integrierte, meerespolitische Ansatz mündete schließlich in die Meeresstrategie-Rahmenrichtlinie, die bezweckt, einen guten Umweltzustand der Meere zu erreichen. Konzeptionell setzt die EU insoweit auf die Mitgliedstaaten, die für die Zielerreichung angemessene Strategien und Maßnahmen sowie Governance-Strukturen entwickeln sollen, um die Meeresumwelt zu schützen, zu erhalten, zu verbessern und eine Verschlechterung zu verhindern (Art. 13 Abs. 2 MSRL).[45] Inhaltlicher Maßstab ist der interpretationsoffene und konkretisierungsbedürftige Ökosystemansatz[46], dessen Ausfüllung aufgrund verzögerter und vielfach verfristeter Umsetzung durch die Mitgliedstaaten[47] z.T. durch die Kommission erfolgt.[48]

10 Die Bundesrepublik Deutschland ist wegen fehlender oder mangelhafter Umsetzung gewässerbezogener EU-Richtlinien in den letzten Jahren wiederholt durch den **EuGH** verurteilt worden: So wurde die Umsetzung der Grundwasserschutzrichtlinie 80/68/EWG in nationales Recht nicht fristgerecht vorgenommen; gleiches gilt für die Richtlinien 75/440/EWG und 79/869/EWG sowie die Trinkwasserrichtlinie 98/83/EG. Der EuGH beanstandete u.a., dass anstelle hinreichend konkreter Rechtsnormen Verwaltungsvorschriften erlassen worden waren.[49] Weiter verstieß Deutschland gegen seine Verpflichtungen aus den Richtlinien 78/659/EWG und der Richtlinie 79/923/EWG,

---

39 Allgemein zum Verschlechterungsverbot, *Rehbinder*, in: Hofmann (Hrsg.), Wasserrecht in Europa, S. 34 ff.; *Ekardt/Weyland*, NuR 2014, 12; *Faßbender*, EurUP 2013, 70; *Ginzky*, ZUR 2013, 343.
40 EuGH, Rs. C-461/13, ZUR 2015, 546, Rn. 66, 70, vgl. dazu *Laskowski*, ZUR 2015, 542; *Franzius*, ZUR 2015, 643; *Füßer/Lau*, NuR 2015, 589; *Hofmann*, EurUP 2015, 246; *Ginzky*, NuR, 2015, 624; *Reinhardt*, UPR 2015, 321; *Rolfsen*, NuR 2015, 437.
41 EuGH, Rs. C-461/13, ZUR 2015, 546, Rn. 43, 51.
42 Vgl. Fn. 24.
43 ABlEG L 164/19, vgl. Rn. 7.
44 Vgl. hierzu *Markus/Schlacke*, ZUR 2009, 464; *Markus/Schlacke/Maier*, The International Journal of Marine and Coastal Law 2011, 1, 3 ff.
45 *Schlacke* in: Durner (Hrsg.), Das Recht der Wasser- und Entsorgungswirtschaft, S. 21, 23.
46 Vgl. Art. 1 Abs. 3 MSRL.
47 Vgl. Bericht der Kommission zum Beitrag der MSRL zum Umweltschutz, KOM (2012) 662 endg.
48 Vgl. Festlegung der Deskriptoren in Annex I der Meeresstrategie-Rahmenrichtlinie, Beschluss 2010/477/EU der Kommission v. 1.9.2010 über Kriterien und methodische Standards zur Feststellung des guten Umweltzustands von Meeresgewässern, ABlEU L 232/14.
49 EuGH, Rs. C-131/88; *Reinhardt*, DVBl. 2001, 145; *ders.*, DÖV 1992, 102; *Wegener*, IUR 1991, 14; vgl. bereits § 6 Rn. 18; § 7 Rn. 15.

indem es nicht innerhalb der vorgegebenen Fristen die erforderlichen Maßnahmen getroffen hat, um Qualitätsanforderungen an Süßwasser und Muschelgewässern nachzukommen.[50] Ein **Vertragsverletzungsverfahren** erging zudem gegen Deutschland, weil es nicht die notwendigen Maßnahmen zur Umsetzung von Richtlinien zum Schutz vor bestimmten gefährlichen Stoffen umgesetzt hatte.[51] Wegen nicht fristgerechter Umsetzung der Wasserrahmenrichtlinie in den Bundesländern erfolgte ebenfalls eine Verurteilung der Bundesrepublik Deutschland durch den EuGH.[52] Ein Vertragsverletzungsverfahren war auch bereits wegen Nichtumsetzung der Meeresstrategierahmen-Richtlinie eingeleitet worden, da Deutschland die Richtlinie nicht bis zum 15.7.2010 in nationales Recht umgesetzt hatte. Die deutsche Umsetzung erfolgte 2011 durch Änderung des WHG (§§ 45a-45l WHG n.F.).[53]

3. Bundesrecht

Grundlegend für den Gewässerschutz sind das **Wasserhaushaltsgesetz** (WHG)[54] und die zur Ausfüllung dieses Gesetzes erlassenen Landeswassergesetze. Infolge der **Föderalismusreform 2006**[55] wurde die Rahmengesetzgebungskompetenz für das Wasserrecht in eine konkurrierende Gesetzgebungskompetenz des Bundes (vgl. Art. 74 Abs. 1 Nr. 32 GG) überführt.[56] Das Wasserhaushaltsgesetz a.F.[57] hatte als Rahmengesetz bis zum 28.2.2010 weiterhin Bestand.[58] Seit dem 1.3.2010 gilt das Gesetz zur Ordnung des Wasserhaushalts (WHG)[59] vom 31.7.2009, das nach dem Scheitern des Umweltgesetzbuchs[60] zur Reform des Umweltrechts 2009 zählt.[61] Es ist die erste bundeseinheitliche Vollregelung des Wasserrechts, die zugleich die Anforderungen der Hochwasserrichtlinie 2007/60/EG[62] in deutsches Recht umsetzt.[63] Allerdings enthält auch das WHG Bereiche, die durch die Länder in eigenständigen Regelungen zu konkretisieren sind, wie etwa im Bereich der Abwasseranlagen (§ 60 Abs. 7 WHG).

Gleichwohl können die Länder gem. Art. 72 Abs. 3 S. 1 Nr. 5 GG vom Bundeswasserrecht abweichende Regelungen treffen, sofern es sich nicht um „stoff- und anlagenbezogene" Vorgaben handelt.[64] Es kommen daher landesrechtliche Abweichungen von

---

50 EuGH, Rs. C-298/95, NVwZ 1997, 369.
51 EuGH, Rs. C-262/95, NVwZ 1997, 371.
52 EuGH, Rs. C-67/05, ZfW 2007, 98; zur Umsetzung der Wasserrahmenrichtlinie vgl. *Salzwedel/Durner* in: Hansmann/Sellner (Hrsg.), Grundzüge, Kap. 8, Rn. 15 ff.; *Köck*, ZUR 2009, 227; zur Umsetzung bei FFH- und Vogelschutzgebieten vgl. *Möckel*, NuR 2007, 602.
53 Gesetz vom 6.10.2011, BGBl. I, S. 1986. Zur Umsetzung der MSRL in deutsches Recht vgl. *Janssen*, EurUP 2013, 269 ff.
54 BGBl. I, S. 2585, zuletzt geändert durch VO v. 31.8.2015, BGBl. I, S. 1474.
55 Vgl. § 2 Rn. 14; § 4 Rn. 46 f.
56 *Salzwedel/Durner* in: Hansmann/Sellner (Hrsg.), Grundzüge, Kap. 8, Rn. 3 ff.; kritisch hierzu *Koch/Krohn*, NuR 2006, 673; ferner *Ginzky/Rechenberg*, ZUR 2006, 344.
57 Gesetz zur Ordnung des Wasserhaushalts i.d.F. der Bekanntmachung v. 19.8.2002, BGBl. I, S. 3245, zuletzt geändert durch Gesetz v. 22.12.2008, BGBl. I, S. 2986, aufgehoben durch Gesetz v. 31.7.2009, BGBl. I, S. 2585.
58 Vgl. Art. 125b Abs. 1 S. 1 GG.
59 Ausführlich zum novellierten WHG *Kotulla*, NVwZ 2010, 79; *Faßbender*, ZUR 2010, 181; ferner *Stüer/Buchsteiner*, DÖV 2010, 261.
60 Vgl. § 2 Rn. 14.
61 Vgl. oben § 4 Rn. 47, 52.
62 Vgl. § 11 Rn. 7.
63 Zur Ausgestaltung des Hochwasserschutzes im WHG, *Guckelberger*, UPR 2012, 361; kritisch zum deutschen Hochwasserschutz, *Reinhardt*, ZRP 2013, 184.
64 Kritisch zur Abweichungsgesetzgebung *Haug*, DÖV 2008, 851; kritisch zur stoff- und anlagenbezogenen Regelung vgl. *Dietlein* in: Reinhardt (Hrsg.), Das WHG 2010 – Weichenstellung oder Interimslösung?, S. 30 f.

allen Vorschriften des Wasserhaushaltsgesetzes mit Ausnahme der Vorschriften über Abwasseranlagen (§ 60 WHG), Rohrleitungsanlagen,[65] Anlagen zum Umgang mit wassergefährdenden Stoffen (§§ 62 f. WHG) sowie über das Einleiten von Abwasser (§§ 57 ff. WHG) in Betracht.[66]

Die Wasserrahmenrichtlinie[67] wurde im Wesentlichen durch die **siebte WHG-Novelle**[68] 2002 in deutsches Recht umgesetzt.[69] Sie führte zu

- einer neuen Definition für Grundwasser (vgl. § 3 Abs. 1 Nr. 3 WHG) und zu neuartigen, im Zusammenhang mit dem europäischen Bewirtschaftungssystem eingeführten Begriffen wie Einzugsgebiet und Teileinzugsgebiet (vgl. § 3 Abs. 1 Nr. 13 und 14 WHG),
- einer Einbeziehung der von den Gewässern abhängenden Landökosystemen und Feuchtgebieten in die Schutzzielbestimmung des § 6 Abs. 1 Nr. 2 WHG,
- einer länderübergreifenden Bewirtschaftung nach Flussgebietseinheiten (Donau, Rhein, Maas, Ems, Weser, Elbe, Eider, Oder, Schlei/Trave und Warnow/Peene) einschließlich Planungs- und Koordinierungspflichten der Länder; die Bewirtschaftung umfasst zum einen eine umfassende Bestandsaufnahme und Zustandsbewertung und zum anderen Maßnahmenprogramme zur Erreichung der Bewirtschaftungsziele (vgl. § 7 WHG),
- einer Festlegung ökologischer Bewirtschaftungsziele für Oberflächengewässer, Küstengewässer und Grundwasser (vgl. § 6 WHG),
- Vorgaben zum Verfahren für die Aufstellung von Bewirtschaftungsplänen (vgl. § 83 f. WHG).

12 Die Umsetzung der Meeresstrategie-Rahmenrichtlinie[70] erfolgte 2011 als ein „Gesetz im Gesetz"[71] und nicht als „eigenständiges Regelungsregime"[72], indem ein neuer Abschnitt 3 a „Bewirtschaftung von Meeresgewässern" (§§ 45a bis 45l) in das Kapitel 2 des Wasserhaushaltsgesetzes eingefügt sowie der Begriff „Meeresgewässer" in den Katalog des § 3 WHG aufgenommen und definiert wurde (vgl. § 3 Nr. 2a WHG).[73]

13 Die Rechtsgrundlagen des Gewässerschutzes im Hinblick auf das Einleiten von Abwasser in ein Gewässer ergeben sich aus dem **Abwasserabgabengesetz** (AbwAG) vom 3.11.1994.[74]

14 Bedeutsam für den Schutz der Gewässer vor Abwässer ist die auf der Grundlage des § 23 Abs. 1 Nr. 3 i.V.m. § 57 Abs. 2 WHG[75] sowie des § 3 Abs. 4 AbwAG erlassenen

---

65 Überführt in § 25 Abs. 6a UVPG.
66 Ausführlich zur verfassungsrechtlichen Kompetenzverteilung auf dem Gebiet des Gewässerschutzes siehe *Kotulla*, WHG, Einf. Rn. 29 ff.; ferner *Salzwedel/Durner* in: Hansmann/Sellner (Hrsg.), Grundzüge, Kap. 8, Rn. 6 ff.
67 Vgl. § 11 Rn. 7 f.
68 BGBl. I, S. 1914, ber. S. 2711; ausführlich hierzu *Kotulla*, NVwZ 2002, 1409.
69 Die im Folgenden zitierten §§ sind solche des aktuellen WHG.
70 Vgl. oben § 11 Rn. 9.
71 *Schlacke* in: Durner (Hrsg.), Das Recht der Wasser- und Entsorgungswirtschaft, S. 21, 23.
72 BT-Drs. 17/6055, S. 17.
73 Dazu *Hofmann* in: Durner (Hrsg.), Das Recht der Wasser- und Entsorgungswirtschaft, S. 1, 3 ff.
74 Gesetz über Abgaben für das Einleiten von Abwasser in Gewässer, BGBl. I, S. 114, zuletzt geändert durch VO v. 2.9.2014, BGBl. I, S. 1474; ausführlich zum Abwasserrecht vgl. *Salzwedel/Durner* in: Hansmann/Sellner (Hrsg.), Grundzüge, Kap. 8, Rn. 64 ff.
75 Vgl. Gesetzesbegründung BR-Drs. 280/09, S. 167.

Abwasserverordnung (AbwV)[76] vom 17.6.2004. Sie regelt die Anforderungen für das Einleiten von Abwasser im Rahmen der kommunalen, gewerblichen und industriellen Abwasserbehandlung.

Gewässerschutzbelangen dienen auch folgende Spezialgesetze: das **Wasch- und Reinigungsmittelgesetz** (WRMG)[77] und die **Phosphathöchstmengenverordnung** (PHöchstMengV) vom 4.6.1980.[78]

Mittelbare Bezüge zum Gewässerschutz haben das **Wasserstraßenrecht**[79] und das damit verbundene **Wasserverkehrsrecht**.[80]

Stoffbezogene Regelungen mit wasserwirtschaftlicher Relevanz enthält ferner die **Trinkwasserverordnung** vom 21.5.2001.[81]

4. Landesrecht

Das WHG ist trotz der nun bestehenden Vollregelungen[82] auf Ausfüllung, Konkretisierung und Ergänzung durch den Landesgesetzgeber angewiesen.[83] Neben ihrer Abweichungsbefugnis[84] können[85] und müssen die Länder für Maßnahmen[86] und Anlagen[87], die sich auf die Gewässer und ihre Nutzung auswirken können, und für das Recht der Gefahrenabwehr selbstständige Regelungen treffen. Dies gilt etwa auch für die Frage, wem das Eigentum an den Gewässern zusteht und welche Rechte und Pflichten sich aus dem wasserrechtlichen Nachbarrecht ergeben, sowie für verkehrs- und wegerechtliche Bestimmungen für Gewässer, die nicht Bundeswasserstraßen sind. Schließlich müssen die Länder bestimmen, welche Behörde für die Durchführung des WHG und des jeweiligen Landeswassergesetzes zuständig ist und welche Verfahren dabei einzuhalten sind.[88]

Auf regionaler und örtlicher Ebene werden wasserwirtschaftliche Fragen – insbesondere betreffend die Abwasserbeseitigung über gemeindliche Entwässerungsanlagen –

---

76 BGBl. I, S. 1108, zuletzt geändert durch VO v. 2.9.2014, BGBl. I, S. 1474; zur Beseitigung von Mikroverunreinigungen im Abwasser durch die „Vierte-Reinigungsstufe", *Gawel/Schindler*, ZUR 2015, 387.
77 Gesetz über die Umweltverträglichkeit von Wasch- und Reinigungsmitteln, BGBl. I, S. 2538, zuletzt geändert durch VO v. 31.8.2015, BGBl. I, S. 1474.
78 Verordnung über Höchstmengen für Phosphate in Wasch- und Reinigungsmitteln, BGBl. I, S. 664.
79 Bundeswasserstraßengesetz (WaStrG), BGBl. I, S. 962, zuletzt geändert durch VO v. 31.8.2015, BGBl. I, S. 1474; zur Bewirtschaftung von Bundeswasserstraßen gemäß der WRRL vgl. *Möckel*, DVBl. 2010, 618.
80 Z.B. die Binnenschifffahrtsstraßen-Ordnung v. 16.12.2011, BGBl. I 2012, S. 2, zuletzt geändert durch VO v. 31.8.2015, BGBl. I, S. 1474; *Kloepfer*, Umweltschutzrecht, § 14 Rn. 6.
81 BGBl. I, S. 2799, zuletzt geändert durch Gesetz v. 7.8.2013, BGBl. I, S. 3154.
82 Bereits § 11 Rn. 11; zum Zusammenspiel zwischen Bundes- und Landesrecht am Beispiel des § 38 WHG, vgl. *Fassbender*, ZUR 2010, 181, 185 f.; zu weiteren ausgewählten Konfliktfeldern vgl. *Kibele* in: Reinhardt (Hrsg.), Das WHG 2010 – Weichenstellung oder Interimslösung, S. 53 ff.
83 Dies gilt erst recht für das als Rahmenrecht fortgeltende AbwAG, vgl. oben § 11 Rn. 13.
84 Vgl. oben § 11 Rn. 11.
85 Vgl. z.B. § 2 Abs. 2 WHG (Festlegung von Ausnahmen des Anwendungsbereichs), § 25 S. 3 WHG (Erstreckung des Gemeingebrauchs), § 38 Abs. 3 S. 3 WHG (Festlegung von Gewässerrandstreifen), § 40 Abs. 1 S. 1 WHG (Festlegung des Trägers der Unterhaltungspflicht), § 43 WHG (erlaubnisfreie Benutzungen von Küstengewässern).
86 Den Ländern obliegt etwa die Koordination der Bewirtschaftung der Flussgebietseinheiten gem. § 7 Abs. 2 WHG und der Maßnahmenprogramme (§ 7 Abs. 3 WHG), die Festsetzung von Wasserschutzgebieten (§ 51 Abs. 1 WHG) und die Bestimmung des Abwasserbeseitigungspflichtigen (§ 56 WHG).
87 Vgl. etwa § 20 WHG zu alten Rechten und Pflichten oder § 60 Abs. 4 WHG zu Abwasseranlagen.
88 Eine Auflistung der aktuellen Landeswassergesetze findet sich in *Czychowski/Reinhardt*, WHG, Einl. Rn. 48; zum novellierten Wasserrecht in Schleswig-Holstein vgl. *Mohr*, NordÖR 2011, 426; zur Neuregelung in Niedersachsen vgl. *Schwind*, NdsVBl. 2010, 345.

durch das **Satzungsrecht**[89] der Gemeinden sowie der **Wasser- und Bodenverbände** geregelt.[90] Obwohl § 56 WHG die **Abwasserbeseitigungspflicht** grundsätzlich der öffentlichen Hand zuweist, sind die Länder nach § 56 S. 3 WHG befugt, diese auf private Dritte zu übertragen.

II. Das Wasserhaushaltsgesetz im Überblick

17 Das Wasserhaushaltsgesetz weist folgende Struktur auf: Nach allgemeinen Bestimmungen, die im ersten Kapitel behandelt werden, folgen fünf weitere Kapitel und zwei Anlagen. **Kapitel 1** (§§ 1–5 WHG) enthält Regelungen zu Zweck und Anwendungsbereich des WHG, Begriffsbestimmungen sowie Aussagen zu Gewässereigentum, Schranken des Grundeigentums und zu allgemeinen Sorgfaltspflichten. **Kapitel 2** beschäftigt sich mit der Bewirtschaftung von Gewässern (§§ 6–49 WHG). Es ist unterteilt in die Abschnitte über gemeinsame Bestimmungen (§§ 6–24 WHG), oberirdische Gewässer (§§ 25–42 WHG), Küstengewässer (§§ 43–45 WHG), Meeresgewässer (§§ 45a–45l WHG) und das Grundwasser (§§ 46–49 WHG). **Kapitel 3** (§§ 50–95 WHG) enthält besondere wasserwirtschaftliche Bestimmungen zur öffentlichen Wasserversorgung, Wasserschutzgebieten und zum Heilquellenschutz (§§ 50–53 WHG), zur Abwasserbeseitigung (§§ 54–61 WHG), zum Umgang mit wassergefährdenden Stoffen (§ 62 f. WHG), zu Gewässerschutzbeauftragten (§§ 64–66 WHG), zu Gewässerausbau, Deich-, Damm- und Küstenschutzbauten (§§ 67–71 WHG), zum Hochwasserschutz (§§ 72–81 WHG), zur wasserwirtschaftlichen Planung und Dokumentation (§§ 82–88 WHG), zur Haftung für Gewässerveränderungen (§§ 89 f. WHG) und zu Duldungs- und Gestattungsverpflichtungen (§§ 91–95 WHG). Die Vorschriften des **Kapitels 4** (§§ 96–99 WHG) regeln Entschädigung und Ausgleich; **Kapitel 5** enthält Angaben zu Aufgaben und Befugnissen der Gewässeraufsicht (§§ 100–102 WHG). **Kapitel 6** schließt mit Bußgeld- und Überleitungsbestimmungen (§§ 103–107 WHG). **Anlage 1** enthält Kriterien zur Bestimmung des Standes der Technik und damit zur Konkretisierung von § 3 Nr. 11 WHG; **Anlage 2** enthält gem. § 7 Abs. 1 S. 3 WHG eine kartografische Darstellung der Flussgebietseinheiten der Bundesrepublik Deutschland.[91]

III. Ziele und Grundsätze der Gewässerbewirtschaftung

18 Nach § 1 WHG ist es Zweck des Gesetzes, durch eine nachhaltige Gewässerbewirtschaftung die Gewässer als Bestandteil des Naturhaushalts, als Lebensgrundlage des Menschen, als Lebensraum für Tiere und Pflanzen sowie als nutzbares Gut zu schützen. Leitlinie der Schutzzweckerfüllung ist der **Nachhaltigkeitsgrundsatz**.[92]

Ziel der Bewirtschaftung ist mithin eine Ordnung des Wasserhaushalts dahin gehend zu schaffen, dass das **ökologische Gleichgewicht** der Gewässer gewahrt oder wieder-

---

89 *Kloepfer*, Umweltrecht, § 13 Rn. 31.
90 Das Organisationsrecht der Wasser- und Bodenverbände, deren Hauptaufgabe es ist, die wasserwirtschaftlichen Verhältnisse in einem begrenzten Gebiet zu regeln, normiert das Wasserverbandsgesetz (WVG) v. 12.2.1991, BGBl. I, S. 405, zuletzt geändert durch Gesetz v. 15.5.2002, BGBl. I, S. 1578; vgl. *Czychowski/Reinhardt*, WHG, Einl. Rn. 28; *Breuer*, Rn. 33 ff.; zur Verfassungsmäßigkeit der Abwasserbeseitigungspflicht eines Abwasserverbandes vgl. OVG NRW, ZUR 2014, 249; zur Höhe einer Wasserverbandsabgabe vgl. BVerwG, ZUR 2015, 345.
91 Zur synoptischen Übersicht der alten und neuen Vorschriften des WHG vgl. *Drost*, WHG 2010, S. 98; ausführlich zu den Änderungen des WHG im Einzelnen vgl. *Caßor-Pfeiffer*, ZfW 2010, 1, 5 ff.; zum Aufbau des WHG vgl. *Müggenborg/Hentschel*, NJW 2010, 961, 962 ff.
92 Vgl. § 3 Rn. 2 und sogleich unten § 11 Rn. 19; ferner Begründung BR-Drs. 280/09, S. 149; *Schmidt/Kahl/Gärditz*, Umweltrecht, § 8 Rn. 19 f.

hergestellt wird, dass die **einwandfreie Wasserversorgung** der Bevölkerung und der Wirtschaft gesichert ist und dass darüber hinaus alle **anderen Wasserfunktionen** (wie etwa Fischerei, Erholung, Energieversorgung, Schifffahrt) im Sinne einer nachhaltigen Entwicklung[93] gewährleistet bleiben.[94] Dabei sind insbesondere mögliche Verlagerungen von nachteiligen Auswirkungen von einem Schutzgut auf ein anderes zu berücksichtigen und ein hohes Schutzniveau für die Umwelt insgesamt – unter Berücksichtigung der Erfordernisse des Klimaschutzes[95] – zu gewährleisten. Ferner ist auch ein Beitrag zum Meeresumweltschutz zu leisten, insbesondere bei der Zulassung von Stoffeinträgen in oberirdischen Gewässern.[96] Im Ergebnis ist damit eine integrierte Bewirtschaftung im Hinblick auf den gesamten Wasser- und Naturkreislauf gefordert.[97]

Gegenstand der Gewässerbewirtschaftung sind **Gewässer**, auf die sich auch die **Anwendung des WHG** erstreckt. Gewässer sind gem. § 2 Abs. 1 WHG oberirdische Gewässer, Küstengewässer, Grundwasser oder Teile von diesen. Auf Meeresgewässer gem. § 3 Nr. 2a WHG finden lediglich § 23 und §§ 45a–45l WHG Anwendung (vgl. § 2 Abs. 1a S. 1 WHG), wobei unabhängig vom Anwendungsbereich des WHG der Schutz der Binnengewässer notwendigerweise auch zum Schutz der Meeresgewässer führt.

Die **allgemeinen Grundsätze der Gewässerbewirtschaftung** sind in § 6 WHG niedergelegt. Diese sind insbesondere:

- die Erhaltung und Verbesserung der Funktions- und Leistungsfähigkeit der Gewässer als Bestandteil des Naturhaushalts und als Lebensraum für Tiere und Pflanzen (vgl. § 6 Abs. 1 S. 1 Nr. 1 WHG),
- die Vermeidung und der Ausgleich unvermeidbarer Beeinträchtigungen auch im Hinblick auf den Wasserhaushalt der direkt von den Gewässern abhängenden Landökosystemen und Feuchtgebieten (vgl. § 6 Abs. 1 S. 1 Nr. 2 WHG),
- die Nutzung von Gewässern zum Wohl der Allgemeinheit und im Einklang mit ihm im Interesse Einzelner (vgl. § 6 Abs. 1 S. 1 Nr. 3 WHG),
- die Erhaltung oder Schaffung bestehender oder künftiger Nutzungsmöglichkeiten insbesondere für die öffentliche Wasserversorgung (vgl. § 6 Abs. 1 S. 1 Nr. 4 WHG),
- die Vorbeugung möglicher Folgen des Klimawandels (vgl. § 6 Abs. 1 S. 1 Nr. 5 WHG),
- die Gewährleistung natürlicher und schadloser Abflussverhältnisse an oberirdischen Gewässern und insbesondere die Vorbeugung der Entstehung nachteiliger Hochwasserfolgen durch Rückhaltung des Wassers in der Fläche (vgl. § 6 Abs. 1 S. 1 Nr. 6 WHG) und
- die Leistung eines Beitrags zum Schutz der Meeresumwelt (vgl. § 6 Abs. 1 S. 1 Nr. 7 WHG).

§ 6 Abs. 1 S. 1 WHG verpflichtet generell zu einer nachhaltigen Gewässerbewirtschaftung.[98] § 6 Abs. 1 S. 1 Nr. 4 WHG ist eine besondere Ausprägung des Nachhaltigkeits-

---

[93] Diese Zielsetzung wurde durch die siebte WHG-Novellierung eingefügt; vgl. § 11 Rn. 11.
[94] Vgl. *Kloepfer*, Umweltrecht, § 13 Rn. 49 ff. Erstmals findet sich in § 35 WHG auf Bundesebene eine Regelung der Wasserkraftnutzung, die die ökologischen Belange der Energieerzeugung sowie des Gewässer- und Fischschutzes miteinander in Einklang zu bringen versucht; kritisch zu den neuen wasserrechtlichen Anforderungen *Reinhardt*, NVwZ 2011, 1089.
[95] Zur Anpassung an den Klimawandel im Bewirtschaftungssystem der WRRL vgl. *Reese*, ZfW 2011, 61.
[96] Vgl. Begründung BR-Drs. 280/09, S. 155.
[97] Vgl. *Kloepfer*, Umweltrecht, § 13 Rn. 49; *Czychowski/Reinhardt*, WHG, § 1 Rn. 5 ff.
[98] *Kotulla*, WHG, § 6 Rn. 7 ff.; *Berendes* in: Ders./Frenz/Müggenborg (Hrsg.), WHG, § 6 Rn. 8.

grundsatzes.[99] Darüber hinaus enthält § 6 Abs. 1 S. 2 WHG Anforderungen an eine **nachhaltige Gewässerbewirtschaftung**: Sie soll ein hohes Schutzniveau gewährleisten sowie Wechselwirkungen zwischen den Umweltmedien und die Erfordernisse des Klimaschutzes berücksichtigen.

Ferner sollen Gewässer, die sich in einem natürlichen und naturnahen Zustand befinden, in diesem Zustand erhalten bleiben und nicht naturnah ausgebaute natürliche Gewässer sollen so weit wie möglich wieder in einen naturnahen Zustand zurückgeführt werden, wenn überwiegende Gründe des Allgemeinwohls dem nicht entgegenstehen (§ 6 Abs. 2 WHG).

1. Behördliche Bewirtschaftungspflichten

20 Strukturprinzip des Wasserrechts ist die Verpflichtung, für jede Gewässerbenutzung grundsätzlich eine behördliche Zulassung einzuholen (**Bewirtschaftungsauftrag des Staates**).[100] Übergeordnete Leitlinie dieses Bewirtschaftungsauftrags ist gem. § 6 Abs. 1 S. 1 WHG der Nachhaltigkeitsgrundsatz.[101] Gem. § 6 WHG sind Gewässer als Bestandteil des Naturhaushalts und als Lebensraum für Tiere und Pflanzen zu sichern und unter Beachtung des Vorsorgeprinzips so zu **bewirtschaften**, dass sie dem Wohl der Allgemeinheit und – im Einklang mit ihm – auch dem Nutzen Einzelner dienen und vermeidbare Beeinträchtigungen ihrer ökologischen Funktionen unterbleiben.

Die Bewirtschaftungsgrundsätze[102] – dessen Adressaten ausschließlich Behörden sind[103] – dienen als Richtschnur bei der Auslegung von unbestimmten Rechtsbegriffen und bei der Eingrenzung von Spielräumen im Recht der (staatlichen) Gewässerbewirtschaftung; sie entfalten hingegen keine drittschützende Wirkung.[104] Derartige Spielräume werden den zuständigen Behörden vor allem bei der Erlaubnis und Bewilligung für eine Gewässerbenutzung im Rahmen ihres **Bewirtschaftungsermessens** (§ 12 Abs. 2 WHG) eingeräumt.

2. Allgemeine Sorgfaltspflichten

21 Demgegenüber richtet sich die in § 5 Abs. 1 WHG statuierte, am Vorsorgeprinzip[105] orientierte **allgemeine Sorgfaltspflicht** an jedermann. Sie bezieht sich nicht nur auf eine sparsame Gewässerbenutzung i.S.d. § 9 WHG, sondern aufgrund der in § 5 Abs. 1 WHG bewusst weit gewählten Formulierung auf schlechthin alle Maßnahmen, die auf Gewässer einwirken. Dazu zählt auch die Jedermann-Pflicht, geeignete Vorsorgemaßnahmen zum Schutz vor nachteiligen Hochwasserfolgen und zur Schadensminderung zu treffen, insbesondere die Nutzung von Grundstücken den möglichen nachteiligen Folgen für Mensch, Umwelt oder Sachwerte durch Hochwasser anzupassen (§ 5 Abs. 2 WHG). Damit werden auch und gerade solche Verhaltensweisen erfasst, für welche die übrigen Vorschriften des WHG nicht oder nur eingeschränkt gelten.[106] Solche erlaub-

---

99 Vgl. BR-Drs. 280/09, S. 155.
100 Vgl. Begründung BR-Drs. 280/09, S. 154.
101 Vgl. § 11 Rn. 18 f.; allgemein zum Nachhaltigkeitsgrundsatz vgl. § 3 Rn. 2.
102 Vgl. oben § 11 Rn. 19.
103 *Czychowski/Reinhardt*, WHG, § 6 Rn. 14 ff.
104 BVerwG, ZfW 1999, 94; *Kotulla*, WHG, § 6 Rn. 4 f.
105 Vgl. § 3 Rn. 3 ff.
106 *Czychowski/Reinhardt*, WHG, § 5 Rn. 2 f.

nisfreien Tätigkeiten sind z.B. der Eigentümer- und Anliegergebrauch (§ 26 WHG)[107] und bestimmte Nutzungen des Grundwassers für häusliche, land-,[108] forst- oder gärtnereiwirtschaftliche Zwecke (§ 46 WHG).

Mit dem **Umweltschadensgesetz** (USchadG) vom 10.5.2007 ist erstmals eine zum Teil verschuldensunabhängige Haftung für bestimmte, rein ökologische Schäden an Gewässern eingeführt worden.[109] In Anlehnung an § 2 Nr. 1b USchadG[110] bestimmt § 90 WHG den Begriff des **Gewässerschadens**: Er umfasst alle erheblichen nachteiligen Auswirkungen auf den ökologischen oder chemischen Zustand eines oberirdischen Gewässers oder Küstengewässers, auf das ökologische Potential oder den chemischen Zustand eines künstlichen oder erheblich veränderten oberirdischen Gewässers oder Küstengewässers sowie jene Auswirkungen auf den chemischen oder mengenmäßigen Zustand des Grundwassers.[111]

3. Grundsatzbestimmung über das Verhältnis von Grundeigentum und Gewässerbenutzung

Nach Art. 89 Abs. 1 GG ist der Bund Eigentümer der Bundeswasserstraßen. Die in den Landeswassergesetzen[112] bestimmten Gewässer **erster Ordnung** liegen im Eigentum des Landes, soweit sie nicht Bundeswasserstraßen sind. Alle übrigen Gewässer sind Gewässer **zweiter Ordnung** und gehören den Eigentümern der Ufergrundstücke.

Das **private Gewässereigentum** ist innerhalb dieser Eigentumsordnung stark eingeschränkt. Der deklaratorische Aussagegehalt des § 4 Abs. 2 WHG (oberirdische Gewässer und Grundwasser sind nicht eigentumsfähig), des § 4 Abs. 3 WHG (Grundeigentum berechtigt nicht zu einer zulassungspflichtigen Gewässerbenutzung oder zum Gewässerausbau) und des § 4 Abs. 4 S. 1 WHG (Duldungsverpflichtung Dritter)[113] spiegelt den von Anfang an im WHG verankerten Grundsatz wider, die Gewässerbenutzung losgelöst vom Privateigentum einer öffentlich-rechtlichen Benutzungsordnung zu unterstellen.[114] Seit der Nassauskiesungsentscheidung des BVerfG[115] ist es verfassungsrechtlich nicht mehr zu beanstanden, das Grundwasser und dementsprechend teilweise auch die oberirdischen Gewässer und die Küstengewässer zur Sicherung der öffentlichen Wasserversorgung dem Grundstückseigentum zu entziehen sowie grundsätzlich jede Benutzung von einer konstitutiv wirkenden Zulassung abhängig zu machen. Dieser Umstand ist sowohl auf die „überragende Bedeutung des Wasserhaushalts für die Allgemeinheit"[116] als auch die Sozialpflichtigkeit des Eigentums nach Art. 14

---

107 Zu Fragen des wasserrechtlichen Eigentümergebrauchs vgl. das seit dem 1.2.2004 in Nordrhein-Westfalen geltende Gesetz über die Erhebung eines Entgelts für die Entnahme von Wasser aus Gewässern, Wasserentnahmegesetz des Landes Nordrhein-Westfalen v. 27.1.2004, GVBl. NW, S. 31, zuletzt geändert durch Gesetz v. 9.12.2014, GV. NRW. S. 884.
108 Vgl. *Kloepfer*, Umweltrecht, § 13 Rn. 85.
109 Vgl. § 2 Rn. 18.
110 BGBl. I, S. 666, zuletzt geändert durch Gesetz v. 23.7.2013, BGBl. I, S. 2565; siehe bereits § 2 Rn. 18; vgl. ferner zur Umsetzung der Umwelthaftungsrichtlinie *Becker*, NVwZ 2007, 1105.
111 Eingehend hierzu *Diederichsen*, NJW 2007, 3377 f.; zur Haftung für nachteilige Gewässerveränderung und die Sanierung von Gewässern gem. §§ 89, 90 WHG vgl. *Seuser*, NuR 2013, 248.
112 Z.B. § 4 LWG NRW; §§ 48 ff. LWaG M-V.
113 Zur Rechtsnachfolge in eine wasserrechtliche Duldungsverpflichtung ThürOVG, DÖV 2007, 260 f.
114 *Czychowski/Reinhardt*, WHG, § 4 Rn. 14 ff.; *Berendes* in: Ders./Frenz/Müggenborg, WHG, § 4 Rn. 8 ff.; *Kotulla*, WHG, § 4 Rn. 33 ff.
115 BVerfGE 58, 300, 330 ff.; *Schmidt/Kahl/Gärditz*, Umweltrecht, § 8 Rn. 24.
116 BVerfGE 58, 300, 341; *Czychowski/Reinhardt*, WHG, § 4 Rn. 16 m.w.N.

Abs. 2 GG zurückzuführen. § 4 Abs. 2–4 WHG sind Inhalts- und Schrankenbestimmungen i.S.v. Art. 14 Abs. 1 S. 2 GG.[117]

4. Grundsätze der öffentlichen Wasserversorgung

24 Die allgemeinen Grundsätze der der Allgemeinheit dienenden Wasserversorgung (= öffentliche Wasserversorgung) normiert § 50 WHG, der klarstellt, dass die Versorgung der Bevölkerung mit Wasser („ohne Wasser kein Leben")[118] die wichtigste Nutzung der Gewässer und damit Aufgabe der (kommunalen) Daseinsvorsorge ist.

§ 50 Abs. 2 S. 1 WHG enthält die Vorgabe, statt durch Fernwasser die Trinkwasserversorgung über ortsnahe Wasservorkommen zu decken. Aufgrund der herausragenden Bedeutung des „guten Wassers"[119] ist dieses **Optimierungsgebot**, das bei der Abwägung eine privilegierte Stellung einnimmt, verfassungsgemäß. Das Recht der kommunalen Selbstverwaltung tritt daher ebenso wie wirtschaftliche Erwägungen zurück.[120]

§ 50 Abs. 3 WHG soll einen sorgsamen Umgang mit Wasser durch Wasserversorgungsunternehmen und Endverbraucher gewährleisten.[121] Unnötiger Wasserverbrauch soll unter Beachtung der Anforderungen von Wirtschaftlichkeit und Hygiene in der öffentlichen Wasserversorgung vermieden werden.

IV. Geltungsbereich und Begriffsbestimmungen

25 Den Begriff des **Wasserhaushalts** definieren das WHG und die (bisherigen) Landeswassergesetze nicht. Naturwissenschaftlich lässt sich der Begriff umschreiben als das auf der Erde vorhandene Wasser, das sich ständig in Kreisläufen von Verdunstung, Kondensation, Niederschlag, Abfluss und Wiederverdunstung bewegt.[122] Entscheidend ist somit die Eingebundenheit des Gewässers in den natürlichen Wasserkreislauf.[123] Das BVerfG[124] umschreibt den Regelungsgegenstand des Wasserhaushaltsrechts als die allgemein verbindliche Normierung der menschlichen Einwirkungen auf Oberflächen- und Grundwasser.

Das Wasserhaushaltsgesetz gilt gem. § 2 Abs. 1 WHG für oberirdische Gewässer, Küstengewässer und Grundwasser sowie für deren Teile. Gemäß § 2 Abs. 1a S. 1 WHG finden auf die Meeresgewässer die Verordnungsermächtigung des § 23 WHG und die Vorschriften des Kapitels 2 Abschnitt 3a Anwendung. Daneben gelten für Küstengewässer weiterhin die Vorschriften des Kapitels 2 Abschnitt 3 über die Bewirtschaftung der Küstengewässer (vgl. § 2 Abs. 1a S. 2 WHG).

§ 3 Nr. 1 WHG definiert **oberirdische Gewässer** als das ständig oder zeitweilig in Betten fließende oder stehende oder aus Quellen wild abfließende Wasser.[125]

---

117 Vgl. Begründung BR-Drs. 280/09, S. 152.
118 Vgl. Begründung BR-Drs. 280/09, S. 191.
119 BVerfGE 58, 300, 341.
120 Vgl. *Laskowski/Ziehm* in: Koch (Hrsg.), Umweltrecht, § 5 Rn. 63 m.w.N.
121 Neu eingefügt durch WHG 2010, vgl. Begründung BR-Drs. 280/09, S. 192.
122 *Hoppe/Beckmann/Kauch*, § 18 Rn. 1.
123 BVerwG, NVwZ-RR 2005, 739, 740; BVerwG, NVwZ-RR 2003, 829, 830; OVG Münster, NVwZ-RR 2006, 639, 640.
124 BVerfGE 15, 1, 14; BVerfGE 58, 300, 348.
125 Zur Gewässereigenschaft bei „verrohrter" Wasserführung vgl. BVerwG, ZUR 2011, 254; *Kotulla*, WHG, § 3 Rn. 3 ff.

Gem. § 3 Nr. 4 und 5 findet das WHG auch auf künstliche, d.h. von Menschen geschaffene oberirdische oder Küstengewässer sowie auf durch den Menschen in ihrem Wesen physikalisch erheblich veränderte oberirdische Gewässer oder Küstengewässer (= erheblich veränderte Gewässer) Anwendung.

Küstengewässer sind gem. § 3 Nr. 2 WHG das Meer zwischen der Küstenlinie bei mittlerem Hochwasser oder zwischen der seewärtigen Begrenzung der oberirdischen Gewässer und der seewärtigen Begrenzung des Küstenmeeres.[126] Für das **Küstenmeer** entspricht die seewärtige Begrenzung der Hoheitsgrenze der von der Bundesrepublik in Anspruch genommenen 12-sm-Zone.[127]

26

Der Begriff der **Meeresgewässer** wird in § 3 Nr. 2a WHG definiert als Küstengewässer sowie Gewässer im Bereich der deutschen Ausschließlichen Wirtschaftszone und des Festlandsockels, jeweils einschließlich des Meeresgrundes und des Meeresuntergrundes.[128]

27

Das **Grundwasser** umfasst nach § 3 Nr. 3 WHG das unterirdische Wasser in der Sättigungszone, das in unmittelbarer Berührung mit dem Boden oder dem Untergrund steht.[129]

28

Von der Ermächtigung des § 2 Abs. 2 WHG, kleine Gewässer von wasserwirtschaftlich untergeordneter Bedeutung oder Heilquellen (vgl. § 53 WHG) vom Anwendungsbereich auszunehmen, wurde in den Ländern bisher insbesondere im Hinblick auf Teiche, Gräben und Straßenseitengräben Gebrauch gemacht.[130]

Von zentraler Bedeutung für die aufgrund der WRRL erforderliche Gewässerbewirtschaftung nach Flussgebietseinheiten gem. § 7 WHG sind die Begriffe „Einzugsgebiet" (§ 3 Nr. 13 WHG), „Teileinzugsgebiet" (§ 3 Nr. 14 WHG) und „Flussgebietseinheit" (§ 3 Nr. 15 WHG).

29

Die Begriffsbestimmungen in § 3 WHG für „künstliche Gewässer" (Nr. 4), erheblich „veränderte Gewässer" (Nr. 5), „Wasserkörper" (Nr. 6), „Gewässereigenschaften" (Nr. 7), „Gewässerzustand" (Nr. 8), „Wasserbeschaffenheit" (Nr. 9), „schädliche Gewässerveränderungen" (Nr. 10), „Stand der Technik" (Nr. 11) und „EMAS-Standort" (Nr. 12) sind ebenfalls unionsrechtlichen Vorgaben geschuldet.[131]

V. Wasserrechtliches Instrumentarium

Neben ordnungsrechtlichen Instrumenten in Form von Ge- und Verboten, insbesondere im Bereich der Gewässeraufsicht, bedient sich das Wasserhaushaltsrecht überwiegend der Mittel der direkten Verhaltenssteuerung durch Präventivkontrollen und repressive Maßnahmen sowie der wasserwirtschaftlichen Planung.

30

---

126 Vgl. ferner § 15 Rn. 14 ff.
127 Proklamation der Bundesregierung über die Ausweitung des deutschen Küstenmeeres v. 11.11.1994, BGBl. I, S. 3428; vgl. näher § 15 Rn. 68.
128 Erstmals werden das gesamte, küstenstaatlichen Hoheitsbefugnissen unterliegende Meer, der Meeresboden und Festlandsockel und nicht nur die Küstengewässer vom WHG erfasst (vgl. §§ 3 Nr. 2, 43 ff. WHG). Vgl. zur Zonierung der Meere nach dem SRÜ § 15 Rn. 13 ff.
129 Vgl. auch Definitionen des BVerfGE 58, 300, 303; BVerwG, ZfW 1969, 116; OVG Münster, ZfW 1998, 455, 456; allgemein zum Grundwasserschutz vgl. *Laskowski*, ZUR, 2010, 449; *Rechenberg*, ZUR 2007, 235; *Ginzky*, ZUR 2005, 291; zur Problematik des (Grund)wasserschutzes bei Erdgas-Fracking, u.a. *Ramsauer/Wendt*, NVwZ 2014, 1401; *Gaßner/Buchholz*, NVwZ 2013, 143; zu wasserrechtlichen Maßnahmen bei Verunreinigung des Grundwassers durch schädliche Bodenveränderungen vgl. OVG Münster, NVwZ-RR 2013, 681.
130 Vgl. etwa § 1 Abs. 2 LWG NRW, Art. 1 Abs. 2 BayWG, § 1 Abs. 2 LWaG MV, § 1 LWG RP.
131 Begründung BR-Drs. 280/09, S. 150.

1. Wasserwirtschaftliche Planung

31 Das Wasserhaushaltsgesetz sieht **verschiedene Planungsinstrumente** vor:

- Bewirtschaftungspläne, § 83 WHG,
- Maßnahmenprogramme für Flussgebietseinheiten (§ 82 WHG) und Meeresgewässer (§ 45h WHG) und Überwachungsprogramme für Meeresgewässer (§ 45 f WHG) und
- Risikomanagementpläne für Gebiete mit signifikantem Hochwasserrisiko, § 75 WHG.

a) Bewirtschaftungspläne

32 Die wasserrechtlichen **Bewirtschaftungspläne** gem. § 83 WHG stellen die oberste Planungsstufe dar. Ein Bewirtschaftungsplan ist für jede Flussgebietseinheit[132] aufzustellen, um eine einheitliche Betrachtungsweise vom Oberlauf bis zum Unterlauf zu gewährleisten. Eine Flussgebietseinheit ist ein als Haupteinheit für die Bewirtschaftung von Einzugsgebieten[133] festgelegtes Land- oder Meeresgebiet, das aus einem oder mehreren benachbarten Einzugsgebieten, dem ihnen zugeordneten Grundwasser und den ihnen zugeordneten Küstengewässern i.S.d. § 7 Abs. 5 S. 2 WHG besteht (§ 3 Nr. 15 WHG).[134]

Aufgabe eines Bewirtschaftungsplans ist es, alle vorhandenen, die Gewässer beschreibenden Daten zu bündeln sowie alle relevanten Ziele der Gewässerbewirtschaftung aufzuführen. Die Bewirtschaftungspläne dienen mithin der informatorischen Grundlage der Gewässerbewirtschaftung.[135] Bewirtschaftungspläne müssen gem. § 83 Abs. 2 S. 1 WHG die in Art. 13 Abs. 4 i.V.m. Anhang VII der WRRL genannten Informationen enthalten, insbesondere:

- eine Beschreibung der Merkmale der Gewässer in der Flussgebietseinheit,
- die Zusammenfassung der signifikanten Auswirkungen und Einwirkungen auf den Zustand der Gewässer,
- die von den Gewässern direkt anhängenden Schutzgebiete,
- die Überwachungsnetze und die Überwachungsergebnisse,
- die Bewirtschaftungsziele,
- die Zusammenfassung einer wirtschaftlichen Analyse des Wassergebrauchs,
- die Zusammenfassung der Maßnahmenprogramme.

Neben diesen Mindestinhalten sind nach § 83 Abs. 2 S. 2 WHG die begründete Einstufung oberirdischer Gewässer als künstlich oder erheblich verändert (vgl. § 28 WHG), Abweichungen von gesetzlichen Fristvorgaben und ihre Gründe (vgl. §§ 29 Abs. 2–4, §§ 44 und 47 Abs. 2 S. 2 WHG), begründete Abweichungen von Bewirtschaftungszielen (vgl. § 30 WHG) und Ausnahmen (vgl. §§ 31 Abs. 2, 44 und 47 Abs. 3 WHG) so-

---

[132] Vgl. die Legaldefinition in § 3 Nr. 15 WHG.
[133] Vgl. die Legaldefinition in § 3 Nr. 13 WHG.
[134] Zur Festlegung der Flussgebietseinheiten in der Bundesrepublik Deutschland vgl. § 7 Abs. 1 WHG i.V.m. Anlage 2; zum Koordinierungsgebot für Flussgebietseinheiten (vgl. § 7 Abs. 2 WHG), die sich über das Gebiet mehrerer Bundesländer erstrecken BVerwG, Beschl. v. 9.3.2010, 7 B 3/10.
[135] *Kloepfer*, Umweltschutzrecht, § 14 Rn. 72.

wie Bedingungen und Kriterien für die Geltendmachung von Umständen für vorübergehende Verschlechterungen, ihre Auswirkungen und Behebung darzulegen.[136]

Ferner sieht § 83 Abs. 3 WHG die Erstellung zusätzlicher detaillierter Programme und Bewirtschaftungspläne für bestimmte Teileinzugsgebiete[137] sowie für bestimmte Sektoren und Aspekte der Gewässerbewirtschaftung vor, die in den Bewirtschaftungsplan für die Flussgebietseinheit aufgenommen werden können.

Die Aufstellung solcher Pläne obliegt gem. § 83 Abs. 4 WHG der „zuständigen Behörde" und verweist i.V.m. § 84 WHG die Zuständigkeit für Aufstellung und Änderung an die Länder.

Aufgrund ihrer Funktion, alle relevanten Daten zu sammeln und zusammenzufassen, ohne zugleich eine unmittelbare Grundlage für Vollzugsmaßnahmen darzustellen, besteht weitgehend Einigkeit, dass Bewirtschaftungspläne nicht als Rechtsnormen mit Außenwirkung erlassen werden müssen.[138]

b) Maßnahmen- und Überwachungsprogramme

Maßnahmenprogramme sind für jede Flussgebietseinheit aufzustellen, um den guten Zustand der Gewässer zu erreichen oder zu erhalten (§ 82 WHG). Sie dienen – unter Beachtung der Ziele der Raumordnung und Berücksichtigung der Raumordnungsgrundsätze – der Erreichung von Bewirtschaftungszielen für oberirdische Gewässer (§§ 27–31 WHG), Küstengewässer (§ 44 WHG) und das Grundwasser (§ 47 Abs. 1, § 82 Abs. 1 WHG).[139] Sie enthalten grundlegende – und, soweit erforderlich, ergänzende – Maßnahmen, um fristgerecht die im Gesetz festgelegten Ziele zu erreichen (§ 82 Abs. 2, 3 WHG). Die Erstellung der Maßnahmenprogramme obliegt den Ländern.[140] Als Grundlage für wasserwirtschaftliche Vollzugsmaßnahmen ist umstritten, ob Maßnahmenprogramme als außenwirksame Rechtsnorm erlassen werden müssen.[141] Es bestünde jedenfalls auch die Möglichkeit, sie auf die Benennung von Maßnahmen zu beschränken und ihre konkrete Umsetzung durch landesrechtliche Befugnisnormen vorzunehmen.[142]

§ 85 WHG normiert die Pflicht der zuständigen Behörden, die aktive Beteiligung aller interessierten Stellen an der Aufstellung, Überprüfung und Aktualisierung der Maßnahmenprogramme und Bewirtschaftungspläne zu fördern. Eine Pflicht zur Öffentlich-

---

136 Zu den Ausnahmeklauseln, vgl. *Salzwedel/Durner* in: Hansmann/Sellner (Hrsg.), Grundzüge, § 8 Rn. 50 ff.
137 Vgl. die Legaldefinition in § 3 Nr. 14 WHG.
138 *Czychowski/Reinhardt*, WHG, § 83 Rn. 8 m.w.N.; Kloepfer, Umweltrecht, § 13 Rn. 208; vgl. auch BT-Drs. 14/7755, S. 21; zur Rechtsnatur und den Rechtsschutzmöglichkeiten *Salzwedel/Durner* in: Hansmann/Sellner (Hrsg.), Grundzüge, Kap. 8, Rn. 46 ff.; *Götze*, ZUR 2008, 393.
139 *Czychowski/Reinhardt*, WHG, § 82 Rn. 7; zum Verhältnis der Maßnahmenprogramme zur Raumordnung vgl. *Czychowski/Reinhardt*, WHG, § 82 Rn. 13 f.; zum Konfliktpotential zwischen Raumordnung und Wasserbewirtschaftung vgl. *Köck*, DÖV 2013, 844.
140 Bis Ende 2009 waren die Programme aufzustellen; die Maßnahmen waren bis Ende 2012 umzusetzen vgl. § 84 Abs. 2 WHG; sie sind erstmals bis zum 22. Dezember 2015 sowie anschließend alle sechs Jahre zu überprüfen und, soweit erforderlich, zu aktualisieren, vgl. § 84 Abs. 1, 2. Hs. WHG; zum Maßnahmenprogramm für den deutschen Anteil der Flussgebietsgemeinschaft Elbe s. www.lfu.bayern.de/wasser/wrrl/m assnahmenprogramme/doc/elbe_mp_2009_ub.pdf (Stand: 15.1.2015).
141 Vgl. *Czychowski/Reinhardt*, WHG, § 82 Rn. 10; *Sparwasser/Engel/Voßkuhle*, § 8 Rn. 232; *Laskowski/Ziehm* in: Koch (Hrsg.), Umweltrecht, § 5 Rn. 117 unter Verweis auf die Rechtsprechung der EuGHE 1991, I-825, EuGHE 1991, I-2567; EuGHE 1991, I-2607; a.A *Heiland*, VBlBW 2004, 281; *Faßbender*, ZfW 2010, 189; differenzierend *Schmidt/Kahl/Gärditz*, Umweltrecht, § 8 Rn. 110 m.w.N.
142 Vgl. *Kloepfer*, Umweltrecht, § 13 Rn. 194. Differenzierend zwischen Bewirtschaftungszielen und Maßnahmen *Czychowski/Reinhardt*, WHG, § 82 Rn. 11 f.

keitsbeteiligung besteht nicht, wird aber z.T. unter Berufung auf Art. 14 WRRL gefordert.[143]

Der **Mindestinhalt** eines Maßnahmenprogramms wird durch § 82 Abs. 3 WHG i.V.m. Art. 11 Abs. 3 WRRL festgelegt. Er enthält neben den grundlegenden Maßnahmen auch solche ergänzender Art, soweit sie erforderlich sind, um die in §§ 27 bis 31, 44 und 47 Abs. 1 WHG genannten Güteziele zu erreichen (§ 82 Abs. 4 WHG). Falls die gesetzlichen Güteziele nicht erreicht werden, sieht § 82 Abs. 5 WHG eine Ursachenerforschung sowie eine Aktualisierung und Anpassung des Maßnahmenprogramms an die derzeitige Situation vor. Eine darüber hinausgehende regelmäßige Überprüfungs- und Aktualisierungspflicht normiert § 84 WHG.

Ergänzt werden die ersten beiden Instrumente durch eine plansichernde **Veränderungssperre** (§ 86 WHG) und durch die Pflicht zur wasserwirtschaftlichen **Dokumentation** in sog. Wasserbüchern (§ 87 WHG).[144] Ferner statuiert § 88 WHG eine Pflicht zur Beschaffung und Übermittlung von Daten, die den Informationsaustausch zwischen Behörden der Länder und des Bundes gewährleisten soll.

34 Nach § 45h Abs. 1 WHG sind **Maßnahmenprogramme** auch **für Meeresgewässer** (bis zum 31.12.2015) aufzustellen.[145] Grundlage der Maßnahmenprogramme sind die Anfangsbewertung des Zustands der Meeresgewässer (§ 45c WHG) und die nach § 45e S. 1 WHG festgelegten Ziele, um einen guten Zustand (§ 45b Abs. 2 WHG) der Meeresgewässer zu erreichen.

Die **Rechtsnatur** der Maßnahmenprogramme gem. § 45h Abs. 1 WHG unterscheidet sich nicht von jenen i.S.v. § 82 Abs. 1 WHG.[146] Maßnahmenprogramme gem. § 45h WHG sind ferner SUP-pflichtig (§ 45i Abs. 1 S. 3 WHG), so dass für diese Maßnahmenprogramme, im Gegensatz zu Maßnahmenprogrammen nach § 82 WHG, eine Öffentlichkeitsbeteiligung nach § 14i UVPG durchzuführen ist.

35 Neben den Maßnahmenprogrammen zählen zum wasserrechtlichen Planungsinstrumentarium **Überwachungsprogramme**. Sie sind im Zusammenhang mit der Bewirtschaftung von Küstengewässern nach Maßgabe des § 44 WHG aufzustellen sowie zur fortlaufenden Ermittlung, Beschreibung und Bewertung des Zustands der **Meeresgewässer** (§ 45f Abs. 1 WHG).[147] Adressaten der §§ 44, 45a ff. WHG sind ausschließlich die jeweils zuständigen Behörden, nicht jedoch juristische oder natürliche Personen des Privatrechts.[148] Freilich können einzelne Maßnahmen aus den Maßnahmenprogram-

---

143 So *Laskowski/Ziehm* in: Koch (Hrsg.), Umweltrecht, § 5 Rn. 116; vgl. ferner *Czychowski/Reinhardt*, WHG, § 85 Rn. 3 ff.; *Guckelberger*, NuR 2010, 835.
144 Näher *Czychowski/Reinhardt*, WHG, § 87 Rn. 4 ff.
145 Am 31.3.2015 wurde der Entwurf des Maßnahmenprogramms zum Meeresschutz der deutschen Nord- und Ostsee veröffentlicht. Bis zum 30.9.2015 konnte die interessierte Öffentlichkeit im Rahmen eines Konsultationsverfahrens gem. § 45i WHG den Entwurf kommentieren, vgl. http://www.meeresschutz.info/oeb-anhoerung.html (Stand November 2015); dazu *SRU*, Kommentar zur Umweltpolitik 2015.
146 Vgl. oben § 11 Rn. 32; so auch *Hofmann* in: Durner (Hrsg.), Das Recht der Wasser- und Entsorgungswirtschaft, S. 1, 6.
147 Zu den Überwachungsprogrammen gemäß § 45f Abs. 1 WHG vgl. http://www.meeresschutz.info/bericht eart11.html?file=tl_files/meeresschutz/berichte/art11msrl/DE_MSFD11_Monitoringrahmenkonzept_rev 1.p df (Stand November 2015); zur Öffentlichkeitsbeteiligung bei der Aufstellung vgl. *Schlacke* in: Durner (Hrsg.), Das Recht der Wasser- und Entsorgungswirtschaft, S. 26.
148 *Hofmann* in: Durner (Hrsg.), Das Recht der Wasser- und Entsorgungswirtschaft, S. 1, 6.

men Rechte und Pflichten von Bürgerinnen und Bürgern begründen.[149] Gegen Eingriffe in ihre Rechte können sich die Maßnahmenadressaten gerichtlich zur Wehr setzen.[150]

c) Risikomanagementpläne

Hinsichtlich des Hochwasserschutzes normiert § 75 WHG ein spezifisches Planungsinstrument: Risikomanagementpläne, die die nachteiligen Folgen von Hochwasser[151] unter Berücksichtigung des Verhältnismäßigkeitsgrundsatzes verringern sollen (§ 75 Abs. 2 WHG).

36

Auf die deutschen Hochwasserereignisse der letzten Jahre reagierte der Bundesgesetzgeber mit dem **Hochwasserschutzgesetz** vom 3.5.2005,[152] das bundesweit einheitliche Vorgaben zur Vorbeugung gegen Hochwasserschäden normierte, u.a. durch Schaffung eines neuen Planungsinstruments, die sog. Hochwasserschutzpläne (jetzt Risikomanagementpläne).[153] Im WHG 2010 wurden die Vorschriften zum Hochwasserschutz aufgenommen und zugleich die gemeinschaftsrechtlichen Vorgaben der EG-Hochwasserrichtlinie von 2007[154] in nationales Recht umgesetzt, so dass nunmehr neben dem Binnenhochwasser auch das Küstenhochwasser vom WHG erfasst wird.[155]

Die zuständigen Behörden sind gem. § 75 Abs. 1 WHG verpflichtet, für Risikogebiete auf der Grundlage von Gefahrenkarten und Risikokarten Risikomanagementpläne bis zum 22.12.2015 zu erstellen (§ 75 Abs. 6 S. 1 WHG). Die Länder dürften danach – weiterhin – gehalten sein, derartige Pläne nach den Maßgaben von § 75 Abs. 2 bis 6 WHG aufzustellen.[156]

2. Instrumente direkter Verhaltenssteuerung

Das System der **Eröffnungskontrollen** erstreckt sich auf nahezu alle Gewässerbenutzungen (§§ 8 ff. WHG), die Anlagenzulassung (§ 60 Abs. 1, 3 WHG) und den Gebietsschutz (§ 51 WHG).

37

▶ **FALL 12:** Der Hobbybastler K, der in seiner Freizeit ferngesteuerte Modellboote mit Elektromotoren oder methanolbetriebenen Verbrennungsmotoren baut, wurde mit Schreiben des Landrats L gem. § 56 Abs. 1 S. 1 OWiG i.V.m. §§ 103 Abs. 1 Nr. 1, 8 Abs. 1 WHG verwarnt. Er habe ein ferngesteuertes Modellmotorboot auf dem Baggersee bei H ohne die erforderliche wasserrechtliche Erlaubnis fahren lassen und damit eine Ordnungswidrigkeit begangen. Gleichzeitig wurde dem K für den Fall, dass er erneut ein Modellmotorboot ohne die

38

---

149 *Hofmann* in: Durner (Hrsg.), Das Recht der Wasser- und Entsorgungswirtschaft, S. 1, 7.
150 Vgl. oben § 6 Rn. 8 ff.
151 Vgl. die Legaldefinition in § 72 WHG. Nicht erfasst sind Überschwemmungen aus Abwassersystemen, vgl. Begründung BR-Drs. 280/09, S. 215.
152 Gesetz zur Verbesserung des vorbeugenden Hochwasserschutzes, BGBl. I, S. 1224.
153 Zum Verbot der Ausweisung neuer Baugebiete in Überschwemmungsgebieten gem. § 78 Abs. 1 S. 1 Nr. 1 WHG, vgl. *Köck*, ZUR 2015, 515.
154 Vgl. oben § 11 Rn. 7; zur Entwicklung des Hochwasserschutzes im WHG *Hünnekens* in: Landmann/Rohmer, Vor. §§ 72–81 WHG Rn. 1 ff.; zur Verbesserung und Beschleunigung des Hochwasserschutzes, *Guckelberger*, UPR 2013, 361.
155 Begründung BR-Drs. 280/09, S. 214; zur koordinierten Anwendung von WRRL und HochwasserrisikomanagementRL im Kontext des Planungsprozesses *Albrecht/Wendler*, NuR 2009, 608; zum Hochwasser- (und Naturschutz) bei der Umnutzung von Hafenflächen vgl. *Schlacke*, ZUR 2013, 666.
156 Z.B. zum Entwurf der Hochwasserrisikomanagementpläne in NRW, vgl. http://www.flussgebiete.nrw.de/index.php/HWRMRL/Hochwasserrisikomanagementplan/2015 (Stand: 15.1.2016); zum Drittschutz im Hochwasserschutzrecht VGH Mannheim, Beschl. v. 23.9.2014, ZUR 2015, 361; *Faßbender/Gläß*, NVwZ 2011, 1094.

erforderliche wasserrechtliche Erlaubnis in ein Gewässer einbringe, ein Bußgeldbescheid angedroht. Der Landrat wies darauf hin, dass durch den Betrieb von Modellmotorbooten, insbesondere wegen der relativ hohen erreichbaren Geschwindigkeiten und der Lärmentwicklung, Nutzungskonflikte mit Badenden sowie Störungen des Gewässers als Lebensraum für Tiere und Pflanzen auftreten können. K wendet ein, dass seine Modellboote nur maximal eine Länge von 1,5 m und die verwendeten Motoren eine Leistung von weniger als 2 PS haben. Das Befahren von Gewässern mit seinen Modellbooten übersteige wohl kaum den Gemeingebrauch, da ja auch jedes Kind ohne wasserrechtliche Genehmigung ein Spielzeugboot auf dem Wasser fahren lassen dürfe.

K möchte wissen, ob das Befahren von Gewässern mit seinen Modellmotorbooten tatsächlich einer wasserrechtlichen Gestattungspflicht unterliegt. ◄

a) Gewässerbenutzung

39   Dem Erlaubnis- und Bewilligungserfordernis des § 8 WHG[157] sind fast alle wesentlichen Gewässerbenutzungen unterworfen.[158]

aa) Benutzungstatbestände

40   Genehmigungspflichtige **Benutzungstatbestände** bilden zum einen die im Einzelnen § 9 Abs. 1 Nr. 1–5 WHG zu entnehmenden Benutzungen wie etwa das Aufstauen und Absenken von oberirdischen Gewässern[159] wie auch das Einbringen und Einleiten von Stoffen in Gewässer[160] (sog. **echte Benutzungen**), aber auch sonstige Maßnahmen nach § 9 Abs. 2 Nr. 1 und 2 WHG, wie beispielsweise die nachteilige Veränderung der Wasserbeschaffenheit durch das Einleiten von Abwärme oder das über das Maß der guten fachlichen Praxis hinausgehende Aufbringen von Agrarstoffen[161] (sog. **unechte Benutzungen**).[162]

41   **Keine Benutzungen** im Sinne des Katalogs der gestattungspflichtigen Benutzungstatbestände sind lediglich mittelbare Gewässernutzungen, etwa durch Kanalisationen (sog. Indirekteinleitungen),[163] ferner Maßnahmen der Unterhaltung (soweit hierbei nicht chemische Mittel verwendet werden, z.B. chemische Entkrautung eines Gewässers) und des Ausbaus oberirdischer Gewässer (§ 9 Abs. 3 WHG).[164]

bb) Gestattungsfreie Benutzungen

42   Neben den Genehmigungstatbeständen gibt es bestimmte **genehmigungsfreie Benutzungen**. Exemplarisch herausgegriffen seien

---

157 S. sogleich unter Rn. 43 ff.
158 Vgl. *Salzwedel/Durner* in: Hansmann/Sellner (Hrsg.), Grundzüge, Kap. 8, Rn. 24 ff.
159 Ausführlich zur Benutzung von Wasserkraftanlagen *Reinhardt*, NuR 2006, 205, 207; zum Zielkonflikt zwischen Gewässerschutz und Ausbau der Energiewende durch Wasserkraftanlagen, *Attendorn*, UPR 2013, 47; *Gawel*, ET 2011, Nr. 8, 57.
160 Auch das Einbringen von festen Stoffen in das Grundwasser, z.B. die Verwendung von Bauprodukten im Grundwasserbereich, wird als Benutzung erfasst; vgl. Begründung BR-Drs. 280/09, S. 156.
161 Dazu *Möckel*, ZUR, 2015, 131; *ders.* ZUR 2014, 14; *Müller*, Die gute fachliche Praxis, S. 188 ff.
162 Zu den Benutzungstatbeständen *Breuer*, Rn. 207 ff. Zur Errichtung von Bootsanbindepfählen als Gewässerbenutzung i.S.d. § 9 Abs. 2 Nr. 2 WHG vgl. VGH Bad.-Württ., Urt. v. 20.5.2010, 3 S 1253/08.
163 *Czychowski/Reinhardt*, WHG, § 58 Rn. 6 m.w.N.; kritisch zur Ausnahme von den Benutzungstatbeständen *Kloepfer*, Umweltrecht, § 13 Rn. 72 f.
164 Vgl. *Sparwasser/Engel/Voßkuhle*, § 8 Rn. 124; zum Abpumpen von Grundwasser in ein oberirdisches Gewässer während des Ausbaus einer Bundeswasserstraße vgl. BVerwG, ZUR 2008, 148.

- der wasserrechtliche Gemeingebrauch[165] gem. § 25 WHG, konkretisiert durch die Landeswassergesetze (z.B. Freizeitnutzung, nicht dagegen das Befahren mit Motorbooten),[166]
- der Eigentümer- und Anliegergebrauch gem. § 26 WHG, beispielsweise Wasserentnahme in geringer Menge für den Eigenbedarf, nicht dagegen das Einbringen und Einleiten von Stoffen in oberirdische Gewässer (§ 26 Abs. 1 S. 2 WHG),[167]
- Stoff- und Wassereinbringungen in Küstengewässer nach Maßgabe des § 43 WHG i.V.m. entsprechenden landesrechtlichen Regelungen,
- erlaubnisfreie Benutzungen des Grundwassers gem. § 46 Abs. 1 S. 1 WHG (Entnahmen geringer Mengen für den Haushaltsbedarf und für landwirtschaftliche Betriebe, Bodenentwässerung) und
- die Benutzung aufgrund alter Rechte gem. § 20 WHG.[168]

cc) Wasserrechtliche Genehmigungsarten

Jeder, der ein Gewässer mehr als nur geringfügig benutzen möchte, bedarf der Erteilung einer **Erlaubnis** (§ 10 Abs. 1 Hs. 1 WHG) oder **Bewilligung** (§ 10 Abs. 1 Hs. 2 WHG).

43

Rechtssystematisch handelt es sich bei der Erlaubnis und der Bewilligung um **Ausnahmebewilligungen**, also um repressive Verbote mit Befreiungsvorbehalt.[169]

Erlaubnis und Bewilligung unterscheiden sich in erster Linie durch die dem Genehmigungsadressaten eingeräumte Rechtsstellung: Die **Erlaubnis** gewährt eine jederzeit – aber nicht willkürlich, sondern sachlich begründete – **widerrufliche Befugnis**, während die **Bewilligung** ein **nicht jederzeit**, sondern nur unter den Voraussetzungen des § 18 Abs. 2 WHG **widerrufliches subjektiv-öffentliches Recht** zur Gewässerbenutzung und damit eine deutlich stärkere Rechtsposition einräumt.[170] Diese Rechtsstellung wird nach § 16 Abs. 2 S. 1 WHG durch den Ausschluss bestimmter Ansprüche gestärkt. Danach kann ein Betroffener gegen den Inhaber der Bewilligung keine Ansprüche geltend machen, die auf Beseitigung der Störung, auf die Unterlassung der Benutzung, auf die Herstellung von Schutzeinrichtungen oder auf Schadenersatz gerichtet sind.[171]

44

Als Kompensation für die erschwerte Widerrufsmöglichkeit darf die Bewilligung allerdings **nur befristet** erteilt werden (§ 14 Abs. 2 WHG).[172] Außerdem unterliegt die Erteilung einer Bewilligung – zusätzlich zu § 12 WHG – den in § 14 Abs. 1 Nr. 1 und 2

---

165 Zur Differenzierung von Gewässer als öffentliche Sache im Gemein- oder Sondergebrauch vgl. *Erbguth*, Allgemeines Verwaltungsrecht, § 31 Rn. 1 ff., § 32 Rn. 1 f.
166 OVG Schleswig, NVwZ 1992, 692.
167 Zulässig ist aber das schadlose Einleiten von Niederschlagswasser bzw. das Einbringen von Stoffen in oberirdische Gewässer für Zwecke der Fischerei, wenn dadurch keine signifikant nachteiligen Auswirkungen auf den Gewässerzustand zu erwarten sind, § 26 Abs. 1 S. 3 i.V.m. § 25 S. 3 WHG.
168 Dazu BVerwG, ZfW 1987, 116; NVwZ-RR 1991, 236; OVG Münster, DÖV 1994, 78; zum Widerruf alter Gewässerbenutzungsrechte vgl. *Zeitler*, ZUR 2007, 183; zum Widerruf eines alten Wasserrechts wegen dreijähriger Nichtausübung, OVG Saarlouis, NuR 2010, 811.
169 *Czychowski/Reinhardt*, WHG, § 8 Rn. 3; *Kotulla*, WHG, § 8 Rn. 4, § 10 Rn. 4 ff.; *Schmidt/Kahl/Gärditz*, Umweltrecht, § 8 Rn. 20; BVerfGE 58, 300, 346; vgl. § 5 Rn. 33 f.
170 *Sparwasser/Engel/Voßkuhle*, § 8 Rn. 149 ff.; *Laskowski/Ziehm* in: Koch (Hrsg.), Umweltrecht, § 5 Rn. 71; *Czychowski/Reinhardt*, WHG, § 10 Rn. 7 ff., § 14 Rn. 4 ff.
171 Ansprüche auf Schadenersatz wegen nachteiliger Wirkungen sind gem. § 16 Abs. 2 S. 2 WHG freilich nicht ausgeschlossen, wenn der Gewässerbenutzer angeordnete Inhalts- oder Nebenbestimmungen nicht erfüllt.
172 Die Frist darf gem. § 14 Abs. 2 Hs. 2 WHG nur in besonderen Fällen 30 Jahre überschreiten.

WHG normierten Voraussetzungen und ist für bestimmte Benutzungstatbestände von vornherein ausgeschlossen (vgl. § 14 Abs. 1 Nr. 3 WHG). Auch die Genehmigungsverfahren weisen Unterschiede auf. Während das gem. § 11 Abs. 2 WHG als Einwendungsverfahren ausgestaltete Bewilligungsverfahren einem Planfeststellungsverfahren angenähert ist, bleibt das Erlaubnisverfahren im Wasserhaushaltsgesetz ungeregelt.[173]

45　Beiden Genehmigungstypen kommt allerdings **keine Konzentrationswirkung** zu, wie sie für Planfeststellungsverfahren typisch ist.[174] Zwar stellt § 19 WHG zur Verfahrensvereinfachung die Erteilung der wasserrechtlichen Genehmigung in die Zuständigkeit der Planfeststellungsbehörde. Gleichwohl wird beim Zusammentreffen mehrerer Zulassungserfordernisse nicht lediglich ein einziges Verfahren durchgeführt. Es handelt sich vielmehr um eine bloße Zuständigkeitskonzentration.

Problematisch ist indes, welche Stellung den Interessen Dritter bei dem Verfahren zur Erteilung einer Erlaubnis oder Bewilligung nach § 12 WHG zukommt, was mit der Frage nach dem wasserrechtlichen **Drittschutz**[175] verbunden ist. Dem Rücksichtnahmegebot Rechnung tragend billigt das BVerwG Drittbetroffenen einen Anspruch auf eine ermessensgerechte Beachtung und Würdigung ihrer Interessen zu, sofern eine individualisierbare und qualifizierte Betroffenheit vorliegt.[176]

46　Die **Erlaubnis** stellt als schwächere Zulassungsform die **Regelentscheidung** dar. Demgegenüber darf die Bewilligung gem. § 14 Abs. 1 WHG nur in Ausnahmefällen, u.a. bei ansonsten eintretender wirtschaftlicher Unzumutbarkeit,[177] erteilt werden.

47　Neben den Zulassungsformen der Erlaubnis und der Bewilligung enthält § 15 WHG das Institut der **gehobenen Erlaubnis**.[178] Eingeführt für im öffentlichen Interesse oder im berechtigten Interesse des Gewässerbenutzers liegende Gewässerbenutzungen, berücksichtigt die gehobene Erlaubnis Rechte und Interessen Dritter und schließt im Falle ihrer Erteilung Ansprüche Dritter auf Unterlassung der Benutzung und teilweise auch auf Schadenersatz aus (vgl. § 16 Abs. 1 WHG).

dd) Materielle Genehmigungsvoraussetzungen

48　Die **materiellen Genehmigungsvoraussetzungen** richten sich nach § 12 Abs. 1 WHG und sind demzufolge vom jeweiligen Genehmigungstyp – im Wesentlichen (vgl. § 14 Abs. 1 WHG) – unabhängig. Erlaubnis und Bewilligung können nur erteilt werden, wenn keine zwingenden Versagungsgründe entgegenstehen und im Rahmen des der Behörde eingeräumten sog. **Bewirtschaftungsermessens** (§ 12 Abs. 2 WHG)[179] die Ge-

---

173　*Kloepfer*, Umweltrecht, § 13 Rn. 101.
174　*Hoppe/Beckmann/Kauch*, § 18 Rn. 47; speziell *Kaster*, Immissionsschutzrechtliche Genehmigung und wasserrechtliche Erlaubnis, S. 81 ff.; zur Erforderlichkeit eines wasserrechtlichen Genehmigungsverfahrens beim Eintrag von Luftschadstoffen in ein Gewässer vgl. *Kremer*, ZUR 2009, 421; vgl. oben § 5 Rn. 51.
175　Vgl. bereits § 6 Rn. 13 ff.; *Salzwedel/Durner* in: Hansmann/Sellner (Hrsg.), Grundzüge, Kap. 8 Rn. 107; VGH Kassel, ZUR 2012, 108; *Czychowski/Reinhardt*, WHG, § 10, Rn. 46; zum Drittschutz wasserrechtlicher Vorschriften zum Hochwasserschutz vgl. VGH Mannheim, NVwZ-RR 2014, 265.
176　BVerwGE 78, 40, 42 ff.; BVerwG, NVwZ 2005, 84, 85 f.; ausführlich zum Drittschutz im Wasserrecht *Reinhardt*, DÖV 2011, 135.
177　Dazu BVerwGE 20, 219, 225; *Czychowski/Reinhardt*, WHG, § 14 Rn. 5 ff.; ausführlich zu den wasserrechtlichen Genehmigungsarten, *Salzwedel/Durner* in: Hansmann/Sellner (Hrsg.), Grundzüge, Kap. 8 Rn. 92 ff.
178　*Kotulla*, WHG, § 15 Rn. 2 f. Ausführlich zu allen wasserrechtlichen Zulassungsarten vgl. *Zabel*, DVBl. 2010, 93, 94 ff.
179　Vgl. *Baisch*, S. 145 ff.

wässerbenutzung verhältnismäßig ist (Anspruch auf fehlerfreie Ermessensausübung).[180] Anders ausgedrückt: Erlaubnis oder Bewilligung sind zu versagen, wenn von der beabsichtigten Gewässerbenutzung

- schädliche, auch durch Nebenbestimmungen (§ 13 WHG) nicht vermeidbare oder nicht ausgleichbare Gewässerveränderungen zu erwarten,[181] folglich die Voraussetzungen für das Eingreifen des **Verschlechterungsverbots**[182] gegeben sind oder
- andere Anforderungen nach öffentlich-rechtlichen Vorschriften nicht erfüllt werden und
- das Bewirtschaftungsermessen fehlerfrei ausgeübt wurde.

Gem. § 12 Abs. 1 Nr. 1 WHG muss es sich um **schädliche Gewässerveränderungen** i.S.v. § 3 Nr. 10 WHG handeln. Schädlich sind danach alle Gewässerveränderungen, die gegen das Wohl der Allgemeinheit oder gegen sonstige wasserrechtliche Vorschriften einschließlich landesrechtlicher Anforderungen verstoßen.[183] Das **Wohl der Allgemeinheit** wird u.a. beeinträchtigt, wenn die öffentliche Wasserversorgung gefährdet ist und die Forderung nach Reinhaltung der Gewässer, sparsamer Verwendung des Wassers und überwachbarer Benutzung nicht erfüllt wird.[184] Weitere Konkretisierungen des Allgemeinwohlbegriffs finden sich in den Landeswassergesetzen sowie in wasserwirtschaftlichen und sonstigen raumbedeutsamen Planungen.[185] Eine Legaldefinition des „Wohls der Allgemeinheit" findet sich im WHG nicht, weshalb sich Rechtsprechung und Literatur um eine Konkretisierung des Begriffs bemühen.[186] Aus der Begründung für die Vorschrift[187] geht hervor, dass die Behörde eine „Beeinträchtigung des Wohls der Allgemeinheit nicht nur unter dem Gesichtspunkt einer Gefährdung des Wasserhaushalts, sondern auch in anderer Hinsicht zu berücksichtigen" hat. Als unbestimmter Rechtsbegriff[188] wird das Allgemeinwohl im Wasserhaushaltsgesetz gleich mehrfach verwendet. Es unterliegt der vollen verwaltungsgerichtlichen Nachprüfung und ist einheitlich auszulegen.

Als **Versagungsgründe** für eine wasserrechtliche Erlaubnis oder Bewilligung gem. § 12 Abs. 1 Nr. 2 WHG kommen in Betracht:

49

- einer Bewilligung entgegenstehende private Belange, § 14 Abs. 3 WHG (z.B. Beeinträchtigung der bisherigen Grundstücksnutzung, Veränderung des Wasserstandes und -abflusses),[189]
- einer Erlaubnis zum Einleiten von Abwasser entgegenstehende Anforderungen, § 57 Abs. 1 WHG (z.B. Schadstofffracht, Gefährlichkeit der Stoffe),

---

180 *Kloepfer*, Umweltrecht, § 13 Rn. 108.
181 Zur Erlaubnis der Gewässerbenutzung für den Betrieb des Steinkohlekraftwerks Moorburg, zunächst OVG Hamburg, ZUR 2013, 357, welches die wasserrechtliche Erlaubnis des Kraftwerksbetreibers aufhob. Die Entscheidung des BVerwG steht noch aus; zum Verschlechterungsverbot im Lichte der Rechtsprechung zum Kohlekraftwerk Moorburg, *Munk*, in: Hofmann (Hrsg.), Wasserrecht in Europa, S. 65 ff.; zum Begriff „zu erwarten" vgl. BayVGH, ZfW 2011, 174, 177.
182 Vgl. oben § 11 Rn. 8.
183 Begründung BR-Drs. 280/09, S. 151, 158; *Czychowki/Reinhardt*, WHG, § 3 Rn. 69 ff, § 12 Rn. 11 ff. m.w.N.
184 *Czychowki/Reinhardt*, WHG, § 6 Rn. 25 ff.
185 *Czychowski/Reinhardt*, WHG, § 6 Rn. 26, 30 f.
186 *Berendes* in: ders./Frenz/Müggenborg, WHG, § 3 Rn. 33, § 6 Rn. 16 ff. m.w.N.
187 BT-Drs. 2/2072, S. 23.
188 vgl. hierzu *Erbguth*, Allgemeines Verwaltungsrecht, § 14 Rn. 26 ff.
189 *Czychowski/Reinhardt*, WHG, § 14, Rn. 38 ff.; zu Abwehrrechten kommunaler öffentlicher Einrichtungen als Rechte Dritter i.S.d. Abs. 3 vgl. BayVGH, ZfW 2011, 169 f.

- das Verbot der Einleitung fester Stoffe zum Zwecke der Abfallbeseitigung, § 32 Abs. 1 S. 1 WHG,
- das Gebot schadloser Abwasserbeseitigung, § 55 Abs. 1 S. 1 WHG,[190]
- Grundwassergefährdungen, § 48 Abs. 1 S. 1 WHG und
- die gewässernahe Lagerung von Stoffen, §§ 32 Abs. 2, 45 Abs. 2, 48 Abs. 2 WHG.

Liegt ein Versagungsgrund nach § 12 Abs. 1 WHG nicht vor, so besteht dennoch **kein Rechtsanspruch** auf Erteilung einer Erlaubnis oder Bewilligung. Vielmehr hat die Behörde das genannte weite und umfassende Bewirtschaftungsermessen (§ 12 Abs. 2 WHG), m.a.W. eine *am Bewirtschaftungszweck orientierte Zweckmäßigkeitsprüfung* vorzunehmen, deren Ergebnis lediglich der beschränkten gerichtlichen Kontrolle nach § 114 VwGO unterliegt.[191] Richtschnur für die Ausübung dieses Ermessens sind die allgemeinen Grundsätze der Gewässerbewirtschaftung und das Erfordernis einer nachhaltigen Gewässerbewirtschaftung (§ 6 WHG).[192] Danach sind Gewässer nachhaltig dergestalt zu bewirtschaften, dass bestehende oder künftige Nutzungen – z.B. für die öffentliche Wasserversorgung – zu erhalten oder zu schaffen sind. Auch hat die Behörde den Schutz der Meeresumwelt zu berücksichtigen und folglich die Zulassung von Stoffeinträgen in oberirdische Gewässer zu begrenzen. Insbesondere hat sie das in § 27 WHG für oberirdische Gewässer und das in § 47 für das Grundwasser verankerte Verschlechterungsverbot zu berücksichtigen. Ziel der Ausübung des Bewirtschaftungsermessens ist es, einen guten ökologischen und guten chemischen Zustand der Gewässer zu erhalten oder zu erreichen. Ausgangspunkt für die Ausübung des Bewirtschaftungsermessen nach § 12 Abs. 2 WHG ist der konkrete Zustand des jeweils in Rede stehenden Gewässers.

Inwieweit das sog. Verschlechterungsverbot[193] im Rahmen des Bewirtschaftungsermessens zu berücksichtigen ist, war umstritten. Ausgehend vom Wortlaut des Art. 4 lit. a Nr. i WRRL wurde einerseits unter Verschlechterung jede Inanspruchnahme eines Wasserkörpers, die sich nicht ausschließlich positiv oder neutral auf den Gewässerzustand auswirkt, verstanden. Andererseits sollte eine Verschlechterung nur dann gegeben sein, wenn der Zustand des betroffenen Wasserkörpers von einer Zustandsklasse im Sinne des Anhangs V WRRL in die nächstniedrigere Klasse absinkt.[194] Unter Berücksichtigung des Verhältnismäßigkeitsgrundsatzes wurden u.a. Bagatellgrenzen für zulässig gehalten.[195] Der EuGH[196] hat mittlerweile geklärt, dass das Verschlechterungsverbot sich zu einem Versagungsgrund für ein konkretes Vorhaben entwickeln kann, wenn dieses entweder

- die Verschlechterung des Zustandes eines Oberflächenwasserkörpers verursachen kann oder
- die Erreichung eines guten Zustandes eines Oberflächengewässers gefährdet.

Die „Verschlechterung des Zustandes" liegt vor, sobald sich der Zustand mindestens einer Qualitätskomponente im Sinne des Anhanges V der Richtlinie um eine Klasse

---

190 Zur Beanstandung eines gemeindlichen Abwasserbeseitigungskonzepts vgl. OVG NRW, ZUR 2013, 547.
191 *Pape*, in: Landmann/Rohmer, § 12 WHG Rn. 48.
192 S. oben § 11 Rn. 19.
193 S. o. § 11 Rn. 8.
194 Vgl. ausführlich *Faßbender*, ZUR 2016, 195 ff. m.w.N.
195 Vgl. BVerwG, ZfW 2014, 51 ff.; VG Cottbus, ZUR 2013, 374 ff.; OVG Hamburg, ZUR 2013, 357 ff.; BVerwG, ZfW 2014, ZFW, 51 ff.
196 EuGH, C-461/13, NVwZ 2015, 1041 ff.

verschlechtert. Das gilt auch dann, wenn diese Verschlechterung nicht zu einer Verschlechterung der Einstufung des Oberflächenwasserkörpers insgesamt führt. Wenn die betreffende Qualitätskomponente im Sinne von Anhang V bereits in der niedrigsten Klasse eingeordnet ist, stellt jede Verschlechterung dieser Komponente eine „Verschlechterung des Zustandes" eines Oberflächenwasserkörpers im Sinne von Art. 4 Abs. 1 lit. a Ziff. 1 dar. Werden diese Anforderungen nicht erfüllt, ist die Gewässernutzung zu versagen, es sei denn, eine Zulassung kann über die eng auszulegende Ausnahmeregelung des § 31 Abs 2 WHG gewährt werden.[197]

ee) Inhalts- und Nebenbestimmungen

Nach § 13 Abs. 1 und 2 WHG können Erlaubnis und Bewilligung mit **Inhalts- und Nebenbestimmungen** versehen werden. Im Unterschied zu Auflagen i.S.d. § 36 Abs. 2 Nr. 4 VwVfG[198] sind Inhaltsbestimmungen nach § 13 WHG unselbständiger Teil der genehmigten Benutzung.[199] Sie konkretisieren den Inhalt des Benutzungsrechts z.B. nach Art und Menge des entnehmbaren oder einleitbaren Wassers und sind insoweit nicht isoliert anfechtbar.

50

Nebenbestimmungen i.S.d. § 13 WHG sind nach der Gesetzesbegründung als Auflagen i.S.v. § 36 Abs. 2 Nr. 4 VwVfG zu verstehen und treten zur Genehmigung als selbstständige Gebote, die dem Genehmigungsinhaber ein bestimmtes Tun, Dulden oder Unterlassen vorschreiben, hinzu.

Inhalts- und Nebenbestimmungen sind nach § 13 Abs. 2 WHG insbesondere zulässig, um

- Anforderungen an die Beschaffenheit einzubringender oder einzuleitender Stoffe zu stellen (Nr. 1),
- Maßnahmen anzuordnen, etwa zur Erfüllung eines Maßnahmenprogamms nach § 82 WHG (Nr. 2a) oder damit Wasser mit Rücksicht auf den Wasserhaushalt sparsam verwendet wird (Nr. 2b),
- die Bestellung verantwortlicher Betriebsbeauftragter vorzuschreiben (Nr. 3) oder
- Kosten für Ausgleichsmaßnahmen festzusetzen (Nr. 4).

ff) Nachträgliche Anordnungen und Widerruf

§ 13 Abs. 1 WHG stellt Erlaubnis und Bewilligung unter den Vorbehalt **nachträglicher Änderungen** zulasten des Inhabers. Der Vorbehalt gilt kraft Gesetzes und braucht daher in der Erlaubnis/Bewilligung nicht erwähnt zu werden. Zusätzliche Anforderungen können bspw. an die Beschaffenheit einzubringender oder einzuleitender Stoffe gestellt werden. Da die Erlaubnis gem. § 18 Abs. 1 WHG entschädigungslos widerruflich ist, hat der Vorbehalt nachträglicher Anordnungen in erster Linie für die Bewilligung Bedeutung.[200] Bei Bewilligungen sind – anders als bei Erlaubnissen – nur die in Abs. 2

51

---

197 Zu den Konsequenzen der EuGH-Rechtsprechung vgl. *Faßbender*, ZUR 2016, 195, 198 ff.; *Schütte/Warnke/Wittrock*, ZUR 2016, 215 ff.; *Durner*, DVBl 2015,1049; *Reinhardt*, NVwZ 2015, 1046; *Rolfsen*, NuR 2015, 437; *Stüer*, DVBl. 2015, 1053.
198 Zu Inhalts- und Nebenbestimmungen vgl. *Erbguth*, Allgemeines Verwaltungsrecht, § 18 Rn. 6.
199 Vgl. Begründung BR-Drs. 280/09, S. 158; *Salzwedel/Durner* in: Hansmann/Sellner (Hrsg.), Grundzüge, Kap. 8 Rn. 111 ff. m.w.N.
200 *Czychowski/Reinhardt*, WHG, § 18 Rn. 19 ff.

Nr. 1 bis 4 genannten Inhalts- und Nebenbestimmungen nachträglich zulässig (§ 13 Abs. 3 WHG).

Gleichwohl ist auch die Bewilligung gem. § 18 Abs. 2 WHG widerruflich.[201] Für die Rücknahme von Erlaubnis oder Bewilligung gilt mangels wasserrechtlicher Spezialvorschrift § 48 VwVfG.[202]

b) Gewässerausbau

52   Der **Gewässerausbau** bedarf der **Planfeststellung** (§ 68 Abs. 1 WHG). Gewässerausbau ist die Herstellung, die Beseitigung und die wesentliche Umgestaltung eines Gewässers oder seiner Ufer.[203] Ein Gewässerausbau liegt nicht vor, wenn ein Gewässer nur für einen begrenzten Zeitraum entsteht und der Wasserhaushalt dadurch nicht erheblich beeinträchtigt wird. Deich- und Dammbauten, die den Hochwasserabfluss beeinflussen, sowie Bauten des Küstenschutzes stehen dem Gewässerausbau gleich (§ 67 Abs. 2 WHG). Beim Gewässerausbau ist zu berücksichtigen, dass natürliche Rückhalteflächen erhalten bleiben, das natürliche Abflussverhalten nicht wesentlich verändert wird, naturraumtypische Lebensgemeinschaften bewahrt und sonstige nachteilige Veränderungen des Zustands des Gewässers vermieden oder, soweit dies nicht möglich ist, ausgeglichen werden (§ 67 Abs. 1 WHG).

Ob der Gewässerausbau UVP-pflichtig ist, richtet sich nach Anlage 1 Liste „UVP-pflichtige Vorhaben", Nr. 13 zum UVPG. Ist ein Gewässerausbau nicht UVP-pflichtig, so kann eine Plangenehmigung gem. § 68 Abs. 2 S. 1 WHG erteilt werden. Eine Feststellung oder Genehmigung des Plans kommt nur in Betracht, wenn eine Beeinträchtigung des Wohls der Allgemeinheit, insbesondere eine erhebliche und dauerhafte, nicht ausgleichbare Erhöhung der Hochwasserrisiken oder eine Zerstörung natürlicher Rückhalteflächen, vor allem in Auwäldern, nicht zu erwarten ist und andere Anforderungen nach diesem Gesetz oder sonstigen öffentlich-rechtlichen Vorschriften erfüllt werden (§ 68 Abs. 3 WHG).[204]

c) Anlagenzulassung

53   Die Präventivkontrolle[205] erstreckt sich auch auf das **Anlagenrecht**. So enthält das WHG

- allgemeine Sorgfaltsanforderungen an die Lagerung und den Transport von Flüssigkeiten und Gasen durch Rohrleitungen (§§ 32 Abs. 2, 45 Abs. 2, 48 Abs. 2 WHG),
- Errichtungs- und Betriebsvorschriften für Abwasser- und Abwasserbehandlungsanlagen (§ 60 WHG) sowie
- Entsprechendes für Anlagen zum Umgang mit wassergefährdenden Stoffen (§§ 62 f. WHG).

---

201   Dazu *Czychowski/Reinhardt*, WHG, § 18 Rn. 25 ff.; kritisch zu dieser Regelung *Kotulla/Rolfsen*, NuR 2010, 625.
202   *Kloepfer*, Umweltrecht, § 13 Rn. 134; zur Rücknahme von Verwaltungsakten vgl. *Erbguth*, Allgemeines Verwaltungsrecht, § 16 Rn. 9 ff.
203   Vgl. hierzu *Salzwedel/Durner* in: Hansmann/Sellner, Grundzüge, Kap. 8 Rn. 121 ff.
204   Zur Zulassung eines Hafenausbaus durch Planfeststellungsbeschluss, BVerwG, NWVBl. 2015, S. 290; zum Hochwasser- und Naturschutz bei der Umnutzung von Hafenflächen, *Schlacke*, ZUR 2013, 666.
205   Vgl. oben § 5 Rn. 32.

Genehmigungsvorbehalte bestehen für UVP-pflichtige Abwasserbehandlungsanlagen (§§ 20 ff. UVPG).

d) Wasserschutzgebiete

Eine Präventivkontrolle erfolgt schließlich durch Festsetzung von **Wasserschutzgebieten** gem. § 51 WHG.[206]

54

Soweit es das Wohl der Allgemeinheit erfordert, können nach § 51 Abs. 1 WHG Wasserschutzgebiete festgesetzt werden zu dem Zweck,

- Gewässer im Interesse der derzeit bestehenden oder künftigen öffentlichen Wasserversorgung vor nachteiligen Einwirkungen zu schützen (Nr. 1)[207] oder
- das Grundwasser anzureichern (Nr. 2)[208] oder
- das schädliche Abfließen von Niederschlagswasser sowie das Abschwemmen und den Eintrag von Bodenbestandteilen, Dünge- oder Pflanzenbehandlungsmitteln in Gewässer zu vermeiden (Nr. 3).[209]

Die Festsetzung dient dazu, ausgewählte Gebiete einer verstärkten wasserwirtschaftlichen Pflege zu unterstellen, indem bestimmte Verhaltensweisen, die sich auf Menge und Güte des Wassers, auf die Abflussverhältnisse und den Bodenabtrag auswirken, verboten oder umgekehrt zu dulden sind.[210] Die prinzipiell nicht im Rahmen wasserwirtschaftlicher Planung erfolgende Ausweisung von Wasserschutzgebieten beinhaltet demgemäß eine räumliche Begrenzung des Schutzgebiets, regelmäßig gekoppelt an eine zonenmäßige Staffelung[211] und die Formulierung bestimmter Schutzanordnungen gem. § 52 Abs. 1 WHG.[212] Gem. § 51 Abs. 1 WHG hat die Festsetzung durch die Landesregierungen im Verordnungswege zu erfolgen.[213]

Enteignend wirkende Schutzanordnungen lösen nach § 52 Abs. 4 WHG eine **Entschädigungspflicht** aus.[214] Diese Vorschrift kann nunmehr als Inhalts- und Schrankenbestimmung i.S.v. Art. 14 Abs. 1 S. 2 GG angesehen werden. Die Festsetzung der Entschädigung richtet sich nach §§ 96 ff. WHG. Ferner enthält § 52 Abs. 5 WHG einen vom verfassungsrechtlichen Enteignungstatbestand unabhängigen Ausgleichsanspruch für land- und forstwirtschaftliche Nutzungsbeschränkungen.[215]

55

---

206 Zur Sicherung eines Wasserschutzgebietes durch Enteignung, vgl. Bay-VGH, NuR 2014, S. 223 f.; zur Abgrenzung von Wasserschutzgebieten, BVerwG, ZUR 2013, 33.
207 *Hünnekens* in: Landmann/Rohmer, § 51 WHG Rn. 25 ff.; vgl. zum Normsetzungsermessen der Behörde bzgl. der räumlichen Abgrenzung eines Wasserschutzgebietes BVerwG, Beschl. v. 29.9.2010, 7 BN 1/10.
208 *Hünnekens* in: Landmann/Rohmer, § 51 WHG Rn. 34.
209 Dazu *Müller*, Die gute fachliche Praxis, S. 210 ff.
210 Zu Abwägungsproblemen bei der Festsetzung von Wasserschutzgebieten für die öffentliche Wasserversorgung vgl. *Knopp*, ZUR 2007, 467; zu den Beschränkungen der Landwirtschaft durch die Festsetzung vgl. *Scheidler*, RdL 2010, 227; zur Verbesserung des Umweltschutzes in der Landwirtschaft durch das Umweltrecht u.a. durch Wasserrecht, *Möckel*, ZUR, 2015, 131, *ders.* ZUR 2014, 14.
211 Grundlage hierfür sind die „Richtlinien für Trinkwasserschutzgebiete des deutschen Vereins des Gas- und Wasserfachs e.V".
212 Vgl. dazu *Sparwasser/Engel/Voßkuhle*, § 8 Rn. 243 ff.
213 So schon BVerwGE 29, 207, 209 f.; zur Durchführung und Abschluss des Verfahrens der Festsetzung von Wasserschutzgebieten, *Hünnekens* in: Landmann/Rohmer, § 51 WHG Rn. 53 ff.
214 Vgl. bereits § 4 Rn. 17; *Salzwedel/Durner* in: Hansmann/Sellner (Hrsg.), Grundzüge, Kap. 8, Rn. 175 ff.; zum Ausschluss solcher Schutzanordnungen bei geeigneten und zumutbaren Alternativen vgl. BayVGH, ZUR 2008, 155.
215 Dazu *Kloepfer*, Umweltrecht, § 13 Rn. 182; *Czychowski/Reinhardt*, WHG, § 52 Rn. 88, 102.

3. Instrumente indirekter Verhaltenssteuerung – Abwasserabgabenrecht

56 Mit der Einführung einer Abgabenpflicht für Abwassereinleiter durch das **Abwasserabgabengesetz** (AbwAG)[216] wurde im Bereich der Abwasserbeseitigung ein neuartiges Instrument des Gewässerschutzrechts geschaffen. Als Mittel der indirekten Verhaltenssteuerung tritt die Abwasserabgabe neben das traditionell ordnungsrechtlich und planerisch geprägte Instrumentarium des Wasserhaushaltsrechts.[217] Die ökonomische Belastung, die für den Gewässerverschmutzer aus der Abwasserabgabe folgt,[218] soll diesen veranlassen – daher indirekte Verhaltenssteuerung –, z.B. in stärkerem Maße als bisher Kläranlagen zu bauen, den Stand der Abwasserreinigungstechnik zu verbessern oder abwasserarme bzw. abwasserlose Produktionsverfahren zu entwickeln und einzusetzen.[219] Der Abwasserabgabe kommt damit nicht nur eine Anreiz-, sondern auch eine Antriebs- und eine Ausgleichsfunktion zu.[220] Rechtlich einzuordnen ist sie als Sonderabgabe.[221]

Der Ausgleich wird dadurch bewirkt, dass der Wettbewerbsvorteil derjenigen, die bisher kostenlos die Gewässer verschmutzen und damit ohne Gegenleistung ein knappes Gut in Anspruch nehmen bzw. schädigen, gegenüber anderen Einleitern, die zum Teil kostenintensiven Gewässerschutz betreiben, abgebaut wird. Aufgrund ihres Lenkungscharakters und ihrer zweckgebundenen Verwendung (§ 13 AbwAG) ist die Einnahmeerzielung allerdings nicht primärer Gesetzeszweck, sondern nur notwendige Begleiterscheinung.[222]

Ausgelöst wird die **Abgabenpflicht** durch das Einleiten von Abwasser in ein Gewässer (§ 1 S. 1 AbwAG). Abgabenpflichtig sind nur **Direkteinleiter** wie Kommunen, Wasserverbände und industrielle Großeinleiter. Demgegenüber werden die sog. **Indirekteinleiter** wie private Haushalte und gewerbliche Einleiter, die an das Kanalisationssystem angeschlossen sind, vom Lenkungseffekt des Abwasserabgabengesetzes nicht unmittelbar erreicht, sondern nur mittelbar durch eine Umlage der Abwasserabgabe über die Kanalisationsgebühren.[223]

Während der Abgabentatbestand das tatsächliche Einleiten von Abwasser ist und somit über das Entstehen der Abgabenpflicht entscheidet, knüpft die **Abgabenerhebung** im Regelfall an die im wasserrechtlichen Bescheid zugelassenen Einleitungswerte an (§ 4 Abs. 1 S. 1 AbwAG). Die Abwasserabgabe bemisst sich gem. § 3 Abs. 1 AbwAG nach der Schädlichkeit des Abwassers, die nicht nur durch die Abwassermenge, sondern auch durch den Gehalt an bestimmten Schadstoffen – ausgedrückt in sog. Schadeinheiten, die der Anlage zu § 3 AbwAG zu entnehmen sind – bestimmt wird.[224]

57 ▶ **LÖSUNG FALL 12:** Das Befahren von Gewässern mit den motorbetriebenen Modellbooten des K könnte eine Benutzung nach § 9 Abs. 1 Nr. 4 WHG darstellen, die aufgrund § 8 Abs. 1 WHG einer behördlichen Gestattung bedarf. Gem. § 9 Abs. 1 Nr. 4 WHG ist Benutzung das

---

216 Vgl. § 11 Rn. 13.
217 *Zöllner* in: Sieder/Zeitler/Dahme/Knopp, WHG-AbwAG, Vorb. Rn. 11, § 1 Rn. 1 ff.
218 Zur Abgrenzung zu Fremdwasser *Queitsch*, UPR 2007, 326; *Simonides*, UPR 2008, 256.
219 *Zöllner* in: Sieder/Zeitler/Dahme/Knopp, WHG-AbwAG, Vorb. Rn. 10 f.; *Schmidt/Kahl/Gärditz*, Umweltrecht, § 8 Rn. 11 f.
220 *Hoppe/Beckmann/Kauch*, § 19 Rn. 2 f.; vgl. § 5 Rn. 88 ff.
221 Vgl. § 5 Rn. 88 ff., 92.
222 Vgl. *Zöllner*, in: Sieder/Zeitler/Dahme/Knopp, WHG-AbwAG, AbwAG, § 13 Rn. 1, 3.
223 Weiterführend *Nisipeanu*, S. 37 ff.
224 Dazu *Berendes/Winters*, S. 41 ff.

Einbringen und Einleiten von Stoffen in Gewässer. Wie alle Benutzungsarten des § 9 Abs. 1 WHG setzt auch das Einbringen von Stoffen eine Handlung voraus, die sich nach ihrer objektiven Eignung unmittelbar auf ein Gewässer richtet und sich seiner zur Erreichung bestimmter Ziele bedient. Von einer Benutzung ist nur dann auszugehen, wenn es darum geht, die natürlichen Eigenschaften des Gewässers, z.B. auch seine Tragkraft für Wasserfahrzeuge, zur Förderung bestimmter menschlicher Zwecke auszunutzen. Dies ist beim Befahren eines Baggersees mit motorbetriebenen Modellbooten der Fall. Nicht erforderlich ist ein „Verbrauchen" oder „Verändern" des Wassers durch die Benutzung. Der Begriff des „Stoffes", der im Wasserhaushaltsgesetz nicht näher bestimmt wird, ist weit zu verstehen und erfasst jede Materie, die vor dem Einbringen in das Gewässer nicht vorhanden war. In diesem Sinn stellt auch das Zuwasserbringen eines motorbetriebenen Modellbootes als Voraussetzung und Beginn des Befahrens eines Gewässers das Einbringen eines festen Stoffes dar. Eine Beschränkung des Anwendungsbereichs von § 9 Abs. 1 Nr. 4 WHG auf Stoffe, die zur Auflösung oder zu anderer wasserwirtschaftlicher Verbindung mit dem Wasser eingebracht werden, ist im Wortlaut dieser Bestimmung nicht angelegt und steht auch im Widerspruch zur Zielrichtung des WHG. Wie sich aus § 6 Abs. 1 WHG ergibt, der bei der Auslegung der sonstigen Vorschriften des Wasserhaushaltsgesetzes zu berücksichtigen ist, sind die Gewässer als Bestandteil des Naturhaushalts und als Lebensraum für Tiere und Pflanzen zu sichern und so zu bewirtschaften, dass sie dem Wohl der Allgemeinheit und im Einklang mit ihm auch dem Nutzen Einzelner dienen und vermeidbare Beeinträchtigungen ihrer ökologischen Funktion unterbleiben. Eine einengende Auslegung des Regelungsgehalts in § 9 Abs. 1 Nr. 4 WHG, bei der solche mit einer Einwirkung auf ein Gewässer verbundene Beeinträchtigungen außer Betracht blieben, lässt sich mit dieser Zielrichtung des § 6 Abs. 1 WHG nicht vereinbaren. Zutreffend hat daher der Landrat darauf hingewiesen, dass durch den Betrieb von Modellmotorbooten insbesondere wegen der relativ hohen erreichbaren Geschwindigkeiten und der Lärmentwicklung Nutzungskonflikte mit Badenden sowie Störungen des Gewässers als Lebensraum für Tiere und Pflanzen auftreten können. Das unterscheidet den Betrieb von motorbetriebenen Modellbooten auch vom Fahrenlassen etwa mechanisch aufziehbarer Spielzeugboote ohne eigene Triebkraft durch Kinder oder vom Werfen eines Steins in ein Gewässer, weil in diesen Fällen allenfalls unerhebliche Beeinträchtigungen der in § 6 Abs. 1 WHG genannten Belange auftreten können.

Eine behördliche Gestattung gem. § 8 Abs. 1 WHG wäre jedoch entbehrlich, wenn das Befahren des Baggersees mit dem Modellmotorboot dem erlaubnisfreien Gemeingebrauch gem. § 25 WHG zuzuordnen wäre. Aufgrund § 25 S. 1 WHG i.V.m. (etwa) § 33 Abs. 1 S. 1 LWG NRW ist jedoch lediglich der Betrieb von Modellbooten ohne eigene Triebkraft als Gemeingebrauch ohne behördliche Erlaubnis gestattet. Ein erlaubnisfreier Gemeingebrauch liegt somit nicht vor.

Im Ergebnis ist festzustellen, dass das Befahren des Baggersees mit dem Modellmotorboot als Benutzung gem. § 9 Abs. 1 Nr. 4 WHG einer behördlichen Gestattung gem. § 8 Abs. 1 WHG bedarf. ◄

WIEDERHOLUNGS- UND VERSTÄNDNISFRAGEN

> Zu welchen Veränderungen des nationalen Wasserrechts führte die Wasserrahmenrichtlinie 2000/60/EG? (Rn. 8, 11)
> Welche Grundsätze kennzeichnen das Wasserhaushaltsgesetz? (Rn. 19)

58

- Welche Planungstypen kennt das Wasserhaushaltsgesetz? Wodurch zeichnen sich diese aus? (Rn. 31-36)
- Zwischen welchen wasserrechtlichen Zulassungsarten differenziert das Wasserhaushaltsgesetz? Benennen Sie Gemeinsamkeiten und Unterschiede! (Rn. 43-51)

§ 12 Kreislaufwirtschafts- und Abfallrecht

Ein vergleichender Blick auf die Lage der Abfallwirtschaft am Ende der 1980er Jahre und zu Beginn des neuen Jahrtausends führt zu der Feststellung, dass im Hinblick auf die Reduzierung der Abfallmengen und die Verminderung der hiermit verbundenen Umweltbelastungen gewisse Erfolge erzielt worden sind.[1] Die Entsorgungssituation ist vor allem dadurch gekennzeichnet, dass die Verwertung von Abfällen erheblich an Bedeutung gewonnen hat und spiegelbildlich die der Beseitigung zufließenden Abfallmengen zurückgegangen sind.[2] Mengenreduzierungen dürfen jedoch nicht darüber hinwegtäuschen, dass auch mit den verbleibenden Abfällen erhebliche Umweltprobleme verbunden sind.[3]
Während in der Vergangenheit die Anstrengungen stärker auf eine Erhöhung der technischen Standards zur Abfallbeseitigung als auf eine effektive **Abfallvermeidung**[4] gerichtet waren, kommt im Gefolge der Konzeption einer **Kreislaufwirtschaft**[5] der Abfallvermeidung als umweltschonendster Alternative Priorität zu. Allerdings konstatierte der Sachverständigenrat für Umweltfragen bereits 2008, dass „die mit Priorität verlangte Vermeidung von Abfällen [nicht] geschieht (…), da mit der Abfallwirtschaft und dem Abfallrecht der Rohstoffverbrauch nicht zu steuern ist".[6] Wo Abfälle nicht vermieden oder vermindert werden können, sollen sie in diesem Sinne möglichst wiederverwertet werden (**Abfallverwertung**).[7] Insoweit ist in den letzten Jahren eine Verschiebung der Abfallmengen von der Beseitigung zur Verwertung zu verzeichnen.[8] Das ist zwar wegen allgemein umwelt- und ressourcenschonender Auswirkungen begrüßenswert, reduziert jedoch die Abfallmengen auch bei weiterer Verbesserung der Recyclingsysteme kaum und bewirkt hauptsächlich eine Verschiebung der letztendlich notwendigen Abfallbeseitigung auf einen späteren Zeitpunkt. Als ultima ratio müssen die Abfälle, die nicht verwertet werden können, einer **Abfallbeseitigung**sanlage zur Behandlung oder Ablagerung zugeführt werden.[9]

I. Rechtsgrundlagen

Das Abfallrecht dient wie das Immissionsschutz-, Atom-, Gentechnik- und Chemikalienrecht dem kausalen Umweltschutz. Es findet sich auch hier ein Geflecht aus internationalen, europarechtlichen, bundes- und landesrechtlichen Regeln.

---

1 Vgl. Statistisches Bundesamt, Abfallbilanz (Abfallaufkommen/-verbleib, Abfallintensität, Abfallaufkommen nach Wirtschaftszweigen) 2013, https://www.destatis.de/DE/Publikationen/Thematisch/UmweltstatistischeErhebungen/Abfallwirtschaft/Abfallbilanz5321001137004.pdf?__blob=publicationFile (Stand: 15.1.2016).
2 *SRU*, Umweltgutachten 2012, Tz. 120 ff.; zur Entwicklung des Abfallaufkommens *SRU*, Umweltgutachten 2000, Tz. 822 ff.
3 *SRU*, Umweltgutachten 2012, Tz. 103 ff.; *SRU*, Umweltgutachten 2000, Tz. 947 ff.
4 Dazu *Sparwasser/Engel/Voßkuhle*, § 11 Rn. 1 ff.
5 Zur Entwicklung der europäischen Kreislaufwirtschaft *Weidemann* in: Rengeling (Hrsg.), Bd. 2, § 70 Rn. 1 ff.; vgl. auch *Ladeur*, ZfU 1998, 279; weiterführend zur Kreislaufwirtschaft *Smeddinck* in: Kluth/Smeddinck, Umweltrecht, § 3 Rn. 1 ff.
6 *SRU*, Umweltgutachten 2008, Tz. 863; vgl. auch *Smeddinck* in: Kluth/Smeddinck, Umweltrecht, § 3 Rn. 8.
7 Zu unterscheiden ist die stoffliche von der energetischen Verwertung; vgl. *Dieckmann/Reese* in: Koch (Hrsg.), Umweltrecht, § 6 Rn. 5 ff.
8 *SRU*, Umweltgutachten 2012, Tz. 121.
9 Dazu *Smeddinck* in: Kluth/Smeddinck, Umweltrecht, § 3 Rn. 33.

1. Internationales Recht

3 Auf der **internationalen Ebene** sollen zwischenstaatliche Übereinkommen vornehmlich den Müllexport reduzieren. Hier ist besonders auf das **Basler Übereinkommen** vom 22.3.1989[10] über die Kontrolle der grenzüberschreitenden Verbringung gefährlicher Abfälle und ihrer Entsorgung hinzuweisen, zu dessen Ausführung das Abfallverbringungsgesetz[11] erlassen wurde.

2. EU-Recht

4 Den abfallrechtlichen Vorschriften des **EU-Rechts** kommt als wesentliche Determinante des nationalen Abfallrechts besondere Bedeutung zu.[12] Grundlegend für die Entwicklung des Abfallrechts in der Europäischen Union ist die Richtlinie 75/442/EWG des Rates über Abfälle vom 15.7.1975.[13] Diese wurde durch die Richtlinie 2006/12/EG vom 5.4.2006[14] (sog. **Abfallrahmenrichtlinie**) ersetzt, an deren Stelle schließlich die novellierte Abfallrahmenrichtlinie 2008/98/EG vom 19.11.2008[15] trat. Letztere enthält eine veränderte Definition des Abfallbegriffs (Art. 3 Nr. 1), Kriterien für die bis dahin umstrittene Abgrenzung von Abfall und Nebenprodukt (Art. 5), die Abgrenzung von Verwertung und Beseitigung (Art. 3 Nr. 15) sowie für die ungeklärte Frage des Endes der Abfalleigenschaft (Art. 6). Darüber hinaus normiert sie eine fünfstufige **Abfallhierarchie** (Vermeidung – Vorbereitung zur Wiederverwertung – Recycling – sonstige Verwertung – Beseitigung, Art. 4).[16] Die Abfallrahmenrichtlinie wird durch zahlreiche weitere Einzelrichtlinien ergänzt. Als Auswahl zu nennen sind die

- Richtlinie 86/278/EWG über den Schutz der Umwelt und insbesondere der Böden bei der Verwendung von Klärschlamm in der Landwirtschaft vom 12.6.1986,[17]
- Richtlinie 94/62/EG über Verpackungen und Verpackungsabfälle vom 20.12.1994,[18]
- Richtlinie 96/59/EG über die Beseitigung polychlorierter Biphenyle und polychlorierter Terphenyle (PCB/PCT) vom 16.9.1996,[19]
- Richtlinie 99/31/EG über Abfalldeponien vom 26.4.1999 (sog. Deponierichtlinie),[20]
- Richtlinie 2000/53/EG über Altfahrzeuge vom 18.9.2000,[21]
- Richtlinie 2000/76/EG über die Verbrennung von Abfällen vom 4.12.2000,[22]

---

10 BGBl. II 1994, S. 2703, zuletzt geändert durch ÄnderungsVO v. 6.5.2014, BGBl. II, S. 306.
11 BGBl. I 2007, S. 1462, zuletzt geändert durch Gesetz v. 31.8.2015, BGBl. I, S. 1474.
12 Bericht der Kommission über die Umsetzung des EU-Rechts im Bereich der Abfallwirtschaft, KOM (2013) 6 endg.
13 ABlEG L 194/39.
14 ABlEG L 114/9.
15 ABlEG L 312/3, zuletzt geändert durch RL 2015/1127/EU v. 10.7.2015, ABlEU L 184/13.
16 Vgl. zur Entstehungsgeschichte der Richtlinie und zum Kommissionsentwurf *Petersen*, ZUR 2007, 449; *Kopp-Assenmacher*, ZUR 2009, 345.
17 ABlEG L 181/6, zuletzt geändert durch VO (EG) Nr. 219/2009 v. 11.3.2009, ABlEG L 87/109.
18 ABlEG L 365/10, zuletzt geändert durch RL 2015/720/EU v. 29.4.2015, ABlEG L 115/11.
19 ABlEG L 243/31, zuletzt geändert durch VO (EG) Nr. 596/2009 v. 18.6.2009, ABlEG L 188/14.
20 ABlEG L 182/1, zuletzt geändert durch RL 2011/97/EU v. 5.12.2011, ABlEU L 328/49.
21 ABlEG L 269/34, zuletzt geändert durch RL 2013/28/EU v. 17.5.2013, ABlEG L 135/14.
22 ABlEG L 332/91, zuletzt geändert durch VO (EG) Nr. 1137/2008 v. 22.10.2008, ABlEG L 311/1, durch RL 2010/75/EU v. 24.11.2010, ABlEU 334/17 mit Wirkung zum 7.1.2014 aufgehoben.

- Richtlinie 2006/66/EG über Batterien und Akkumulatoren sowie Altbatterien- und Altakkumulatoren vom 6.9.2006[23] und
- Richtlinie 2006/21/EG über die Bewirtschaftung von Abfällen aus der mineralgewinnenden Industrie vom 15.3.2006,[24]
- Richtlinie 2011/65/EU zur Beschränkung der Verwendung bestimmter gefährlicher Stoffe in Elektro- und Elektronikgeräten vom 8.6.2011[25] und
- Richtlinie 2012/19/EU über Elektro- und Elektronikaltgeräte vom 4.7.2012.[26]

Auf der Ebene der **Verordnungen** (Art. 288 Abs. 2 AEUV) ist die Verordnung (EG) Nr. 1013/2006 über die Verbringung von Abfällen vom 14.6.2006[27] (sog. **Abfallverbringungs-Verordnung**) zu nennen.[28]

3. Bundesrecht

Das Recht der Abfallbeseitigung/-entsorgung wurde gesetzgeberisch lange Zeit vernachlässigt. Seine ersten Normierungen erfuhr die Abfallbeseitigung in **kommunalen Satzungen** und zum Ende der 60er Jahre in einigen **Landesgesetzen**.[29] Erst 1972 wurde eine umfassende Gesetzgebungskompetenz des Bundes geschaffen (Art. 74 Nr. 24 GG a.F. – konkurrierende Gesetzgebungskompetenz), auf deren Grundlage das **Abfallbeseitigungsgesetz** vom 7.6.1972[30] erlassen wurde. Ursprünglich war das Abfallbeseitigungsgesetz durch eine ordnungsrechtliche Zielsetzung geprägt, die allerdings nach und nach durch abfallwirtschaftliche Regelungen ergänzt wurde. Die ersten drei Änderungen von 1976[31], 1982[32] und 1985[33] standen ganz im Zeichen neuerer Erkenntnisse über Umweltgefährdungen, die von Abfällen ausgehen. Anstelle eines vierten Änderungsgesetzes wurde das Abfallbeseitigungsgesetz am 27.8.1986 vom **Abfallgesetz**[34] abgelöst. Bereits die Umbenennung in „Gesetz über die Vermeidung und Entsorgung von Abfällen" sollte die Weiterentwicklung zu einem Abfall*wirtschafts*recht deutlich machen.[35]

Im Wege einer Neuverabschiedung wurde am 27.9.1994 das **Gesetz zur Förderung der Kreislaufwirtschaft und Sicherung der umweltverträglichen Beseitigung von Abfällen** (Kreislaufwirtschafts- und Abfallgesetz – KrW-/AbfG)[36] eingeführt. Die rechtspolitische Konzeption, die dieser Novellierung zugrunde lag, lässt sich mit dem Begriff der **ganzheitlichen Produktverantwortung** umschreiben: Wer ein Produkt erzeugt und vermarktet, soll auch für dessen spätere Entsorgung verantwortlich sein. So soll die Wirt-

---

23 ABlEG L 266/1, geändert durch RL 2013/56/EU v. 20.11.2013, ABlEG L 329/5.
24 ABlEG L 102/15, geändert durch VO (EG) Nr. 596/2009 v. 18.6.2009, ABlEG L 188/14.
25 ABlEU L 174/88, zuletzt geändert durch delegierte RL 2015/863/EU v. 31.3.2015, ABlEU L 137/10.
26 ABlEU L 197/38.
27 ABlEG L 190/1, zuletzt geändert durch VO (EU) Nr. 1234/2014 v. 18.11.2014, ABlEU L 332/15.
28 Umfassend hierzu *Oexle*, ZUR 2007, 460; *Dieckmann*, ZUR 2006, 561; *Kropp*, AbfallR 2006, 150.
29 Dazu *Kloepfer*, Zur Geschichte des deutschen Umweltrechts, S. 68 ff.
30 BGBl. I, S. 873.
31 BGBl. I, S. 1601.
32 BGBl. I, S. 281.
33 BGBl. I, S. 204.
34 BGBl. I, S. 1410.
35 Vgl. *Kloepfer*, Umweltrecht, § 20 Rn. 9.
36 BGBl. I, S. 2705, zuletzt geändert durch Gesetz v. 6.10.2011, BGBl. I, S. 2705, durch Gesetz v. 24.2.2012, BGBl. I, S. 212 mit Wirkung zum 1.6.2012 außer Kraft.

schaft dazu angehalten werden, künftig bereits bei der Entwicklung eines Produkts auf dessen spätere Verwertungs- und Entsorgungsfreundlichkeit zu achten.[37]

7 Zur Umsetzung der Abfallrahmenrichtlinie 2008/98/EG trat am 1. Juni 2012 das Kreislaufwirtschaftsgesetz (KrWG) in und das bis dahin geltende KrW-/AbfG außer Kraft.[38] Die mit dieser Novellierung verbundenen Änderungen des KrW-/AbfG folgen überwiegend aus den europarechtlichen Vorgaben der Abfallrahmenrichtlinie. Im Mittelpunkt dieser Vorgaben steht die Förderung der **Abfallverwertung**, insbesondere die Förderung der stofflichen Verwertung, des Recyclings.[39] Aber auch die Abfallvermeidung rückt in den Vordergrund, indem Mitgliedstaaten zur Aufstellung von **Abfallvermeidungsprogramm**en verpflichtet werden.[40]

8 Das Kreislaufwirtschaftsgesetz bildet den Kern des zum Kreislaufwirtschaftsrecht transformierten Abfallrechts. Als formelles Gesetz ist weiter das Gesetz über die Überwachung und Kontrolle der grenzüberschreitenden Verbringung von Abfällen (**Abfallverbringungsgesetz** – AbfVerbrG) vom 19.7.2007[41] zu nennen, das das Basler Übereinkommen[42] sowie die Abfallverbringungsverordnung[43] in nationales Recht inkorporiert hat.[44] Überdies reagierte der Gesetzgeber mit dem **Elektro- und Elektronikgerätegesetz** (ElektroG) vom 16.3.2005,[45] das die Richtlinien 2002/95/EG[46] und 2002/96/EG[47] umsetzte, auf die bedeutende Zunahme des sog. Elektroschrotts. Die Richtlinie 2012/19/EU[48] ist inzwischen an die Stelle der Richtlinie 2002/96/EG getreten. Der nationale Gesetzgeber setzte diese Richtlinie deutlich verspätet[49] mit Wirkung zum 24.10.2015 durch Neufassung des ElektroG[50] um. Mit dem **Batteriegesetz** (BattG) vom 25.6.2009[51] wurde die EG-Batterien-Richtlinie[52] in nationales Recht umgesetzt. Hersteller und Importeure werden darin zur Rücknahme und zur umweltverträglichen Entsorgung von Altbatterien und Akkumulatoren verpflichtet.

9 Gem. Art. 74 Abs. 1 Nr. 24 GG besitzt der Bund die **konkurrierende Gesetzgebungskompetenz** für die Abfallwirtschaft. Die Prüfung der Erforderlichkeit einer bundeseinheitlichen Regelung (vgl. Art. 72 Abs. 2 GG a.F.) ist seit der **Föderalismusreform** im Jahr 2006[53] obsolet (Art. 72 Abs. 2 GG). Gleichfalls wurde der bisherige Kompetenztitel der „Abfallbeseitigung" durch den Terminus „Abfallwirtschaft" ersetzt. Materiellrechtlich ergeben sich insoweit jedoch keine Änderungen. Das BVerfG subsumierte be-

---

37 Vgl. *Bartlsperger*, VerwArch 1995, 32; *Kersting*, DVBl. 1994, 273; *Weidemann*, NVwZ 1995, 631; *Tettinger*, DVBl. 1995, 214; *Petersen/Rid*, NJW 1995, 7; eine umfassende Darstellung der zum KrW-/AbfG ergangenen Rechtsprechung gibt *Herbert*, NVwZ 2007, 617.
38 BGBl. I, S. 212, zuletzt geändert durch Gesetz v. 20.11.2015, BGBl I, S. 2072.
39 Vgl. dazu § 12 Rn. 33.
40 Näher dazu § 12 Rn. 96.
41 BGBl. I, S. 1462, zuletzt geändert durch VO v. 31.8.2015, BGBl. I, S. 1474.
42 Vgl. oben § 12 Rn. 3.
43 Vgl. oben § 12 Rn. 4.
44 Vgl. zu den Zuständigkeiten und der Vorgehensweise bei der Kontrolle grenzüberschreitender Abfalltransporte *Kropp*, UPR 2008, 213.
45 BGBl. I, S. 762, aufgehoben durch Gesetz v. 20.10.2015, BGBl. I, S. 1739.
46 ABlEU L 37/19, zuletzt geändert durch Beschluss der Kommission 2010/571/EU v. 24.9.2010, ABlEU L 251/28, durch RL 2011/65/EU v. 8.6.2011, ABlEU L 174/88 mit Wirkung zum 3.1.2013 aufgehoben.
47 ABlEU L 37/24 vom 13.2.2003, neugefasst durch RL 2012/19/EU, ABlEU L 197/38.
48 ABlEU L 197/38.
49 Die Richtlinie 2012/19/EU war gem. ihrem Art. 24 Abs. 1 zum 14.2.2014 umzusetzen.
50 BGBl. I, S. 1739; vgl. hierzu unten § 12 Rn. 63.
51 BGBl. I, S. 1582, zuletzt geändert durch Gesetz v. 20.11.2015, BGBl. I, S. 2071.
52 Vgl. oben § 12 Fn. 4.
53 Vgl. oben § 4 Rn. 46; *Wendenburg*, ZUR 2006, 351.

reits vor der Verfassungsänderung unter den Begriff der Abfallbeseitigung gesetzgeberische Maßnahmen zur Abfallvermeidung,[54] so dass die Neuformulierung lediglich der Klarstellung dient.[55]

Die zurzeit geltenden **Rechtsverordnungen** und **Verwaltungsvorschriften** sind größtenteils noch auf der Grundlage des Abfallgesetzes 1972/86 erlassen worden. Besonders hervorzuheben sind die:

- Verordnung über Betriebsbeauftragte für Abfall (AbfBetrbV) vom 26.10.1977,[56]
- Altölverordnung (AltölV) i.d.F. der Bekanntmachung vom 16.4.2002,[57]
- Verordnung über die Entsorgung gebrauchter halogenierter Lösemittel (HKWAbfV) vom 23.10.1989,[58]
- Verordnung über die Nachweisführung bei der Entsorgung von Abfällen (NachwV) i.d.F. der Bekanntmachung vom 20.10.2006,[59]
- Verordnung über die Vermeidung von Verpackungsabfällen (Verpackungsverordnung – VerpackV) vom 21.8.1998,[60]
- Klärschlamm-Verordnung (AbfKlärV) vom 15.4.1992,[61]
- Verordnung über das Europäische Abfallverzeichnis (Abfallverzeichnisverordnung – AVV) vom 10.12.2001,[62]
- Verordnung über Anlagen zur biologischen Behandlung von Abfällen (30. BImSchV) vom 20.2.2001,[63]
- Verordnung über die Überlassung, Rücknahme und umweltverträgliche Entsorgung von Altfahrzeugen (Altfahrzeug-Verordnung – AltfahrzeugV) i.d.F. der Bekanntmachung vom 21.6.2002,[64]
- Verordnung über die Verwertung von Bioabfällen auf landwirtschaftlich, forstwirtschaftlich und gärtnerisch genutzten Böden[65] (Bioabfallverordnung – BioAbfV) i.d.F. der Bekanntmachung vom 4.4.2013,[66]
- Verordnung über die Entsorgung von Altholz (AltholzV) vom 15.8.2002,[67]
- Verordnung über die Entsorgung von gewerblichen Siedlungsabfällen und von bestimmten Bau- und Abbruchabfällen (Gewerbeabfallverordnung – GewAbfV) vom 19.6.2002,[68]
- Verordnung über den Versatz von Abfällen unter Tage (Versatzverordnung – VersatzV) vom 24.7.2002,[69]

---

54 BVerfGE 98, 83.
55 So auch *Franßen* in: Hansmann/Sellner, Grundzüge, Kap. 14, Rn. 31.
56 BGBl. I, S. 1913.
57 BGBl. I, S. 1368, zuletzt geändert durch Gesetz v. 24.2.2012, BGBl. I, S. 212.
58 BGBl. I, S. 1918, zuletzt geändert durch VO v. 20.10.2006, BGBl. I, S. 2298.
59 BGBl. I, S. 2298, zuletzt geändert durch VO v. 31.8.2015, BGBl. I, S. 1474.
60 BGBl. I, S. 2379, zuletzt geändert durch VO v. 17.7.2014, BGBl. I, S. 1061.
61 BGBl. I, S. 912, zuletzt geändert durch VO v. 31.8.2015, BGBl. I, S. 1474.
62 BGBl. I, S. 3379, zuletzt geändert durch Gesetz v. 24.2.2012, BGBl. I, S. 212.
63 BGBl. I, S. 317, zuletzt geändert durch VO v. 27.4.2009, BGBl. I, S. 900.
64 BGBl. I, S. 2214, zuletzt geändert durch VO v. 31.8.2015, BGBl. I, S. 1474.
65 Dazu *Queitsch*, AbfallR 2009, 70; *Vetter*, NVwZ 1999, 622.
66 BGBl. I, S. 658, zuletzt geändert durch VO v. 5.12.2013, BGBl. I, S. 4043.
67 BGBl. I, S. 3302, zuletzt geändert durch VO v. 31.8.2015, BGBl. I, S. 1474.
68 BGBl. I, S. 1938, zuletzt geändert durch Gesetz v. 24.2.2012, BGBl. I, S. 212.
69 BGBl. I, S. 2833, zuletzt geändert durch Gesetz v. 24.2.2012, BGBl. I, S. 212.

- Kostenverordnung zum Elektro- und Elektronikgerätegesetz (Elektro- und Elektronikgerätegesetz-Kostenverordnung – ElektroGKostV) vom 6.7.2005,[70]
- Verordnung zur Durchsetzung von Vorschriften in Rechtsakten der Europäischen Gemeinschaft über die Verbringung von Abfällen (Abfallverbringungsbußgeldverordnung – AbfVerbrBußV) vom 29.7.2007,[71]
- Verordnung zur Umsetzung der Richtlinie 2006/21/EG des Europäischen Parlaments und des Rates vom 15.3.2006 über die Bewirtschaftung von Abfällen aus der mineralgewinnenden Industrie und zur Änderung der Richtlinie 2004/35/EG (Gewinnungsabfallverordnung – GewinnungsAbfV) vom 27.4.2009[72] und die
- Verordnung über Deponien und Langzeitlager (Deponieverordnung – DepV) i.d.F. der Bekanntmachung vom 27.4.2009.[73]

4. Landesrecht

11 Angesichts der konkurrierenden Gesetzgebungskompetenz des Bundes enthält das Kreislaufwirtschaftsgesetz weitgehend abschließende Regelungen.

Die Landesgesetze bestimmen daher lediglich die zur Durchführung des Kreislaufwirtschaftsgesetzes **zuständigen Behörden** und regeln bestimmte vom Bundesgesetzgeber **offen gelassene Einzelfragen**.[74]

II. Das Kreislaufwirtschaftsgesetz im Überblick

12 Das Kreislaufwirtschaftsgesetz besteht aus neun Teilen: Im **Ersten Teil** (§§ 1–5 KrWG) finden sich allgemeine Vorschriften über den Zweck des Gesetzes, seinen Geltungsbereich und Begriffsbestimmungen. Im **Zweiten Teil** (§§ 6–22 KrWG) werden die Grundsätze und Pflichten der Erzeuger und Besitzer von Abfällen sowie der öffentlich-rechtlichen Entsorgungsträger genannt. Der **Dritte Teil** (§§ 23–27 KrWG) enthält Bestimmungen über die Produktverantwortung. Der **Vierte Teil** (§§ 28–44 KrWG) hat Regelungen zu Abfallwirtschaftsplänen und Abfallvermeidungsprogrammen zum Gegenstand; er normiert neben Regelungen der Abfallwirtschaftsplanung vor allem das wichtige Anlagenzulassungsrecht. Der **Fünfte Teil** (§§ 45–46 KrWG) ergänzt die Produktverantwortung um eine Absatzförderungspflicht und normiert eine Beratungspflicht zur Vermeidung, Verwertung und Beseitigung von Abfällen der öffentlichen Hand. Der **Sechste Teil** (§§ 47–55 KrWG) regelt die allgemeine behördliche Überwachung von Abfällen, besonders überwachungsbedürftige (gefährliche) Abfälle bis hin zu Registrierungs- und Nachweispflichten von Sammlern, Beförderern, Händlern und Maklern von Abfällen u.a. mehr. Der **Siebte Teil** (§§ 56–57 KrWG) betrifft Entsorgungsfachbetriebe. Der **Achte Teil** (§§ 58–61 KrWG) regelt Organisationsvorgaben für Unternehmen einschließlich des Betriebsbeauftragten für Abfall. Der **Neunte Teil** (§§ 62–72 KrWG) beendet das Gesetz mit den üblichen Schlussbestimmungen.[75]

---

70 BGBl. I, S. 2020, zuletzt geändert durch VO v. 28.11.2013, BGBl. I, S. 4094.
71 BGBl. I, S. 1761, zuletzt geändert durch VO v. 18.12.2014, BGBl. I, S. 2314.
72 BGBl. I, S. 900, zuletzt geändert durch Gesetz v. 24.2.2012, BGBl. I, S. 212.
73 BGBl. I, S. 900, zuletzt geändert durch VO v. 2.5.2013, BGBl. I, S. 973.
74 So z.B. das Landesabfallgesetz NRW, GV.NW. S. 250, zuletzt geändert durch Gesetz v. 21.3.2013, GV.NRW. S. 148; Landesabfallgesetz BW, GBl. S. 370, zuletzt geändert durch Gesetz v. 17.12.2009, GBl. S. 802.
75 Weiterführend zum KrWG: *Beckmann*, AbfallR 2012, 142; *Knopp*, UPR 2012, 343; *Petersen/Doumet/Stöhr*, NVwZ 2012, 521; *Hutsch*, DÖV 2012, 145; *Matschull-Zorn*, EurUP 2012, 247.

III. Geltungsbereich des Kreislaufwirtschaftsgesetzes

Der **Geltungsbereich** des Kreislaufwirtschaftsgesetzes erstreckt sich grundsätzlich auf die **Vermeidung, Verwertung und Beseitigung** von **Abfällen sowie auf sonstige Maßnahmen der Abfallbewirtschaftung** (§ 2 Abs. 1 Nr. 1–4 KrWG). Alle fünf Begriffe, denen für die Anwendung des Gesetzes zentrale Bedeutung zukommt, werden in § 3 KrWG legaldefiniert.

Ausgenommen von der Anwendung des Kreislaufwirtschaftsgesetzes sind Abfälle, die einer spezialgesetzlichen Regelung unterfallen, welche konkrete Bestimmungen über die Bewirtschaftung als Abfall enthalten.[76] Beispielhaft zu nennen sind

- Stoffe, die nach dem Lebensmittel- und Futtermittelgesetzbuch, Vorläufigen Tabakgesetz, Milch- und Margarinegesetz, dem Tierseuchengesetz, Pflanzenschutzgesetz und nach den aufgrund dieser Gesetze erlassenen Rechtsverordnungen zu beseitigen sind (Nr. 1a-f),
- tierische Nebenprodukte, die dem Anwendungsbereich der Verordnung (EG) Nr. 1774/2002,[77] dem Tierische Nebenprodukte-Beseitigungsgesetz[78] oder der aufgrund dieses Gesetzes erlassenen Rechtsverordnungen unterliegen (Nr. 2),
- Kernbrennstoffe und sonstige radioaktive Stoffe i.S.d. Atomgesetzes (Nr. 5),
- Stoffe, deren Beseitigung in einer aufgrund des Strahlenschutzvorsorgegesetzes erlassenen Rechtsverordnung geregelt ist (Nr. 6),
- Abfälle, die beim Aufsuchen, Gewinnen, Aufbereiten und Weiterverarbeiten von Bodenschätzen in den der Bergaufsicht unterstehenden Betrieben anfallen (Nr. 7),
- nicht in Behälter gefasste gasförmige Stoffe (Nr. 8),
- Stoffe, sobald diese in Gewässer oder Abwasseranlagen eingeleitet oder eingebracht werden (Nr. 9),[79]
- Böden am Ursprungsort (in situ), einschließlich nicht ausgehobener, kontaminierter Böden und Bauwerke, die dauerhaft mit Grund und Boden verbunden sind (Nr. 10)[80] und
- Kampfmittel (Nr. 14).

IV. Grundbegriffe

Gesetzliche Definitionen finden sich in § 3 KrWG u.a. hinsichtlich der Begriffe Abfall, Abfallerzeuger, Abfallbesitzer, Abfallentsorgung und gefährlicher Abfälle.

1. Abfallbegriff

Das Kreislaufwirtschaftsgesetz findet nur für **Abfall** i.S.d. Gesetzes Anwendung. Da das europäische Recht durch die Abfallrahmenrichtlinie[81] bezüglich des Abfallbegriffs genaue Vorgaben formuliert,[82] hat der Gesetzgeber nunmehr im Kreislaufwirtschafts-

---

76 EuGH, ZUR 2007, 366, 369; *Prelle* in: Schmehl (Hrsg.), GK-KrWG, § 2 Rn. 12.
77 ABlEG L 273/1, zuletzt geändert durch VO (EU) v. 7.9.2010, ABlEU L 237/1.
78 BGBl. I 2004, S. 82, zuletzt geändert durch VO v. 31.8.2015, BGBl. I S. 1474.
79 Dazu BT-Drs. 10/2885, S. 13; zur Abgrenzung von Abfall- und Wasserrecht *Scheier*, UPR 2011, 300.
80 Vgl. dazu § 12 Rn. 16.
81 Bereits § 12 Rn. 4.
82 Vgl. *Dieckmann*, NuR 1992, 407; *Fluck*, DVBl. 1993, 590; *Konzak*, NuR 1995, 130; vertiefend zu den Vorgaben der Abfallrahmenrichtlinie *Schink*, UPR 2012, 201.

gesetz die Definition des Abfallbegriffs neben beweglichen Sachen auch auf unbewegliche Sachen ausgedehnt.[83] Damit wurde den Anforderungen der Abfallrahmenrichtlinie entsprochen, die in Art. 3 Abs. 1 nicht auf „bewegliche Sachen", sondern vielmehr auf „Stoffe und Gegenstände" abstellt.[84]

Als Abfall definiert § 3 Abs. 1 S. 1 KrWG „alle Stoffe oder Gegenstände, derer sich ihr Besitzer entledigt, entledigen will oder entledigen muss". Grundlegende Voraussetzung für die Abfalleigenschaft ist mithin, dass es sich um einen **Stoff** oder **Gegenstand** handelt und ein **Entledigungstatbestand** gegeben ist.[85] Grundsätzlich findet der Abfallbegriff an sich auch auf unbewegliche Sachen Anwendung (s.o.). Durch den kategorischen Anwendungsausschluss des Gesetzes für Böden (in situ), nicht ausgehobener, kontaminierter Böden, sowie für Bauwerke, die dauerhaft mit Grund und Boden gem. § 2 Abs. 2 Nr. 10 KrWG verbunden sind[86], wird aber klargestellt, dass sich die abfallrechtlichen Regelungen im Ergebnis weiterhin nur auf „bewegliche Sachen" beschränken.[87] Durch diese Eingrenzung des nationalen Abfallbegriffs ist ebenso der Abfallrahmenrichtlinie (Art. 2 Abs. 1 lit. b) entsprochen worden. Dieser Artikel erging mit der Novellierung der Richtlinie 2008 und ist eine Reaktion auf das **Van-de-Walle-Urteil** des **EuGH**. Er entschied 2004, dass sowohl ins Erdreich gelaufener Treibstoff als auch das dadurch verunreinigte Erdreich Abfälle im Sinne der Richtlinie sind.[88] Die Neuregelung der Abfallrahmenrichtlinie 2008 nahm sodann Böden vom Abfallbegriff aus und beugte einer weiteren Ausdehnung des Abfallbegriffs auf unbewegliche Sachen durch die Rechtsprechung vor.[89] Nach dem Begriffsverständnis des § 3 Abs. 1 S. 1 KrWG i.V.m § 2 Abs. 2 Nr. 10 KrWG stellen Grundstücke und Grundstücksbestandteile auch keinen Abfall dar (z.B. eine noch nicht ausgekofferte Altlast, vgl. § 94 BGB). Es liegt vielmehr eine schädliche Bodenverunreinigung vor, die den Anwendungsbereich des Bundes-Bodenschutzgesetzes[90] eröffnet.[91]

17 Anders als im früheren KrW-/AbfG wird in der Abfalldefinition des KrWG nicht auf Abfallgruppen Bezug genommen.[92] Ähnlich verhält es sich mit dem **Europäischen Abfallkatalog**,[93] der Abfälle zwar klassifiziert; seine Abfallbezeichnungen haben aber keine Auswirkungen auf die Abfalleigenschaft, sondern setzen diese vielmehr voraus.[94]

18 Kernstück des nationalen – wie i.Ü. auch des europäischen Abfallbegriffs[95] – ist daher der **Entledigungsbegriff**. § 3 Abs. 1 S. 1 KrWG benennt drei Entledigungstatbestände: Entledigung, Entledigungswillen und Entledigungspflicht.

---

83 Vgl. *Kopp-Assenmacher/Schwartz* in: Kopp-Assenmacher (Hrsg.), KrWG, § 3 Rn. 7.
84 Zum neuen Abfallbegriff vgl. *Frenz*, NVwZ 2012, 1590; *Schink*, UPR 2012, 201.
85 *Delfs* in: Schmehl (Hrsg.), GK-KrWG, § 3, Rn. 11 f.; *Schink/Krappel* in: Schink/Versteyl (Hrsg.), KrWG, § 3, Rn. 4; *Versteyl* in: ders./Mann/Schomerus, KrWG, § 3, Rn. 7.
86 Vgl. oben § 12 Rn. 14.
87 BT-Drs. 17/6052, S. 71; darstellend auch *Ehrmann*, ZUR 2010, 552.
88 EuGH, NVwZ 2004, 1341, m. Anm. *Riese/Karsten*, ZUR 2005, 75; weitergehend zur Qualifizierung von Abwasser als Abfall vgl. EuGH, ZUR 2007, 366.
89 Dazu *Petersen*, ZUR 2007, 449, 450; *Frenz*, UPR 2007, 81.
90 Vgl. § 13 Rn. 8.
91 *Frenz*, NVwZ 2012, 1590, 1591; *Schink*, UPR 2012, 201, 202; *Hurst*, UPR 2012, 216, 217.
92 BT-Drs. 17/6052, S. 71.
93 Umgesetzt durch Entscheidung 2000/532/EG v. 3.5.2000 über ein europäisches Abfallverzeichnis, ABlEG L 226/3, zuletzt geändert durch Beschluss v. 8.12.2014, ABlEU L 370/44; diese Entscheidung wurde durch die Abfallverzeichnisverordnung v. 10.12.2001, BGBl. I, S. 3379, zuletzt geändert durch Gesetz v. 24.2.2012, BGBl. I, S. 212, in Deutschland umgesetzt.
94 *Dieckmann/Reese* in: Koch (Hrsg.), Umweltrecht, § 6 Rn. 46.
95 Vertiefend *Herbert*, NVwZ 2007, 617; vgl. ferner die Rechtsprechungsübersicht von *Kopp-Assenmacher*, ZUR 2005, 414; vgl. dazu auch EuGH, NVwZ 2008, 295, 296.

Nach § 3 Abs. 2 KrWG setzt die an konkretes Verhalten anknüpfende Entledigung voraus, dass der Besitzer Stoffe oder Gegenstände 19
- einer Verwertung i.S.d. Anlage 2 oder einer Beseitigung i.S.d. Anlage 1 zum KrWG zuführt oder
- die tatsächliche Sachherrschaft über sie unter Wegfall jeder weiteren Zweckbestimmung aufgibt.[96]

Die über das Bestimmungsrecht des Besitzers hinausgehende, in § 3 Abs. 3 S. 1 KrWG geregelte Fiktion des **Entledigungswillens** gliedert sich in **zwei Fallgruppen**: 20

Der Entledigungswille ist einmal hinsichtlich solcher Stoffe oder Gegenstände anzunehmen, die bei der Energieumwandlung, der Herstellung, Bearbeitung und anderen Nutzungen von Stoffen und Erzeugnissen „anfallen, ohne dass der Zweck der jeweiligen Handlung hierauf gerichtet ist" (§ 3 Abs. 3 S. 1 Nr. 1 KrWG). Im Produktions- und Verarbeitungsprozess nicht zielgerichtet anfallende verwertbare „Reststoffe" sind damit (erstmals) Abfälle und unterliegen folglich den Pflichten des Abfallrechts.[97]

In der zweiten Fallgruppe wird der Entledigungswille hinsichtlich bereits in Gebrauch befindlicher Sachen fingiert. Der Entledigungswille ist anzunehmen, wenn die **ursprüngliche Zweckbestimmung einer Sache entfällt**, ohne dass ein neuer Verwendungszweck unmittelbar an deren Stelle tritt (§ 3 Abs. 3 S. 1 Nr. 2 KrWG). Ist für die Wiederverwendung eine Zwischenhandlung erforderlich oder stellt sich der neue Verwendungszweck erst mit erheblichem zeitlichem Verzug ein, so wird der Entledigungswille mit der Folge fingiert, dass solche Stoffe Abfälle sind.[98] Nicht sortenreines Altpapier ist danach beispielsweise so lange Abfall, bis es nach einer Sortierung in einen für die papierverarbeitende Industrie gebrauchsfähigen Zustand versetzt wird.[99] 21

Der Anknüpfungspunkt dieses – auch als subjektiv bezeichneten[100] – Abfallbegriffs ist folglich nicht nur die „unergründliche" Frage, ob der Besitzer eine Verwertungs- oder Beseitigungsabsicht hat. M.a.W. geht es nicht allein darum, ob der Besitzer eine bewegliche Sache „loswerden" will, sondern auch darum, ob der Verwendungszweck der Sache weggefallen ist. Dies richtet sich danach, ob die Sache nach der „Verkehrsanschauung" (vgl. § 3 Abs. 3 S. 2 KrWG) zweckgerichtet produziert bzw. verwendet wird; ausschlaggebend ist also die Abgrenzung zwischen Produkt und Abfall (**Objektivierung der Zweckbestimmung**).[101] Zur Konkretisierung der Verkehrsanschauung und folglich zur Bestimmung der Abfalleigenschaft haben Rechtsprechung und Literatur unterschiedliche und überwiegend strittige Kriterien (z.B. ob ein Stoff einen Marktwert besitzt) entwickelt.[102] 22

---

96 Dazu BVerwG, NVwZ 1996, 1010 f.; BVerwG, ZUR 1999, 110; *Delfs* in: Schmehl (Hrsg.), GK-KrWG, § 3 Rn. 25; *Schink/Krappel* in: Schink/Versteyl (Hrsg.), KrWG, § 3 Rn. 35 f.; *Versteyl* in: ders./Mann/Schomerus, KrWG, § 3 Rn. 16 f.
97 Umfassend zum Unterschied zwischen Abfall und Nicht-Abfall vgl. Mitteilung der Kommission zu Auslegungsfragen betreffend Abfall und Nebenprodukte, KOM (2007) 59 endg.; *Sobotta*, ZUR 2007, 188; EuGH, ZUR 2005, 80; *Schink/Krappel* in: Schink/Versteyl (Hrsg.), KrWG, § 3 Rn. 45.
98 Vgl. *Schink/Krappel* in: Schink/Versteyl (Hrsg.), KrWG, § 3 Rn. 47 m.w.N.
99 Zu weiteren Beispielen und Abgrenzungsschwierigkeiten vgl. *Dieckmann/Reese* in: Koch (Hrsg.), Umweltrecht, § 6 Rn. 48.
100 Vgl. *Kloepfer*, Umweltrecht, § 20 Rn. 57 f.
101 Dazu *Seibert*, UPR 1994, 415, 419; *Wolfers*, NVwZ 1998, 225; *Schink*, VerwArch 1997, 230, 243 f.; BVerwGE 92, 353, 355; *Schink/Krappel* in: Schink/Versteyl (Hrsg.), KrWG, § 3 Rn. 43; *Delfs* in: Schmehl (Hrsg.), GK-KrWG, § 3 Rn. 45.
102 Hierzu näher *Dieckmann/Reese* in: Koch (Hrsg.), Umweltrecht, § 6 Rn. 52 f.; zur Abfalleigenschaft eines Autowracks OVG Lüneburg, ZUR 2010, 541.

23 Die eine Gefährdung voraussetzende **Entledigungspflicht** wird in § 3 Abs. 4 KrWG definiert. Hierbei handelt es sich um den sog. „objektiven Abfallbegriff".[103] Danach muss sich der Besitzer der Stoffe oder Gegenstände entledigen, wenn

- diese entsprechend ihrer ursprünglichen Zweckbestimmung nicht mehr verwendet werden,
- sie aufgrund ihres konkreten Zustands geeignet sind, gegenwärtig und künftig das Wohl der Allgemeinheit, insbesondere die Umwelt zu gefährden, und
- deren Gefährdungspotential nur durch eine ordnungsgemäße und schadlose Verwertung oder eine gemeinwohlverträgliche Beseitigung nach den Vorschriften des KrWG ausgeschlossen werden kann.

Die erste Voraussetzung erfordert, dass der Stoff oder Gegenstand nicht mehr nach seiner ursprünglichen Zweckbestimmung verwendet wird.[104] Die zweite Voraussetzung erfordert, dass der Stoff aufgrund seines konkreten Zustands geeignet ist, das Wohl der Allgemeinheit zu gefährden.[105] Es muss folglich eine abstrakte Gefährdungslage für das Schutzgut vorliegen.[106] Schließlich muss als dritte Voraussetzung eine umweltverträgliche Verwertung und Beseitigung *erforderlich* sein.[107] Dies ist durch Abwägung der privaten Interessen des Besitzers am Erhalt oder der sonstigen Verwendung der Stoffe gegenüber den Interessen der Allgemeinheit an deren Entsorgung zur Beseitigung möglicher Gefahren im Einzelfall zu ermitteln.[108]

2. Abfallerzeuger

24 Zu **Erzeugern** von Abfällen bestimmt § 3 Abs. 8 KrWG jede natürliche oder juristische Person, durch deren Tätigkeit Abfälle angefallen sind (Ersterzeuger), oder jede Person, die Vorbehandlungen, Mischungen oder sonstige Behandlungen vorgenommen hat, die eine Veränderung der Natur oder der Zusammensetzung dieser Abfälle bewirken (Zweiterzeuger).[109]

---

103 *Schink/Krappel* in: Schink/Versteyl (Hrsg.), KrWG, § 3 Rn. 51; *Delfs* in: Schmehl (Hrsg.), GK-KrWG, § 3 Rn. 49.
104 *Schink/Krappel* in: Schink/Versteyl (Hrsg.), KrWG, § 3 Rn. 52; *Delfs* in: Schmehl (Hrsg.), GK-KrWG, § 3 Rn. 52.
105 *Delfs* in: Schmehl (Hrsg.), GK-KrWG, § 3 Rn. 55.
106 *Delfs* in: Schmehl (Hrsg.), GK-KrWG, § 3 Rn. 56.
107 *Delfs* in: Schmehl (Hrsg.), GK-KrWG, § 3 Rn. 58.
108 *Sparwasser/Engel/Voßkuhle*, § 11 Rn. 151.
109 Näher zum Begriff des Zweiterzeugers vgl. *Delfs* in: Schmehl (Hrsg.), GK-KrWG, § 3 Rn. 72; *Schink/Krappel* in: Schink/Versteyl (Hrsg.), KrWG, § 3 Rn. 69/70.

3. Abfallbesitzer

Nach § 3 Abs. 9 KrWG ist **Besitzer** von Abfällen i.S.d. Gesetzes jede natürliche oder juristische Person, die die tatsächliche Sachherrschaft[110] über Abfälle hat. Im Unterschied zum zivilrechtlichen setzt der abfallrechtliche Sachherrschaftsbegriff keinen Besitzbegründungswillen voraus. Erforderlich ist jedoch ein Mindestmaß an Sachherrschaft,[111] welches nicht mehr gegeben ist, wenn Abfälle durch Dritte auf ein Grundstück gelangen, das der Allgemeinheit rechtlich und tatsächlich frei zugänglich ist („wilder Müll").[112]

4. Abfallentsorgung

Die **Abfallentsorgung** umfasst nach § 3 Abs. 22 KrWG sowohl die (stoffliche oder thermische) Abfallverwertung gem. § 3 Abs. 23 KrWG als auch die Abfallbeseitigung gem. § 3 Abs. 26 KrWG.[113] Daneben unterfallen der Abfallentsorgung auch die folgenden Vorbereitungs- und Begleithandlungen:

Als **Einsammeln** werden das Abholen der vom Besitzer bereitgestellten Abfälle sowie das Auflesen herumliegender Abfälle, die keinen Besitzer haben, bezeichnet. Nicht erfasst wird somit das Zusammentragen von Abfällen durch den gem. § 17 Abs. 1 KrWG überlassungspflichtigen Besitzer.[114]

Unter das dem Einsammeln nachfolgende **Befördern** fallen alle Handlungen und Vorgänge, die dem Transport des Abfalls dienen. Hierzu zählen neben dem Be- und Entladen sowie Verpacken und Auspacken auch zeitweilige Unterbrechungen der Beförderung.[115]

Zum **Behandeln** gehört jede quantitative oder qualitative Veränderung des Abfalls, die im Rahmen der Entsorgung erfolgt. Dies kann beispielsweise durch Zerkleinern, Entwässern oder Verbrennen geschehen.[116]

Die Maßnahme des **Lagerns** ist ein vorübergehendes Niederlegen von Abfällen, das der Verwertung oder endgültigen Ablagerung vorausgeht.[117] Nicht hierunter fällt die Bereitstellung des Abfalls (z.B. in Mülltonnen), damit dieser durch den Entsorgungspflichtigen eingesammelt werden kann.[118]

Seinen Abschluss findet der Abfallentsorgungsprozess, der auf die Abfallbeseitigung gerichtet ist, mit der **Ablagerung** von Abfällen und Behandlungsrückständen. Eine solche ist gegeben, wenn Abfälle mit dem Ziel, sich ihrer dauerhaft zu entledigen, auf oder unter dem Erdboden deponiert werden (Endlagerung).[119]

---

110 Dazu BVerwGE 67, 8, 12; BVerwG, UPR 1989, 27; VGH Mannheim, NuR 1995, 353, 354; *Delfs* in: Schmehl (Hrsg.), GK-KrWG, § 3 Rn. 73.
111 OVG Berlin, ZUR 2005, 203.
112 BVerwGE 106, 43, 46.
113 Vgl. näher § 12 Rn. 64 ff.; *Delfs* in: Schmehl (Hrsg.), GK-KrWG, § 3 Rn. 101.
114 *Groß* in: Schmehl (Hrsg.), GK-KrWG, § 10 Rn. 16 m.w.N; *Klement* in: Schmehl (Hrsg.), GK-KrWG, Vor § 17 Rn. 35.
115 *Klement* in: Schmehl (Hrsg.), GK-KrWG, Vor § 17 Rn. 35.
116 *Delfs* in: Schmehl (Hrsg.), GK-KrWG, § 3 Rn. 113, 123.
117 *Groß* in: Schmehl (Hrsg.), GK-KrWG, § 10 Rn. 14 m.w.N.
118 *Delfs* in: Schmehl (Hrsg.), GK-KrWG, § 3 Rn. 84.
119 Zum bloßen Liegenlassen bei Verstoß gegen die Rechtspflicht zum Tätigwerden VGH München, BayVBl. 1981, 597; OVG Koblenz, NVwZ 1989, 985; zur Verbringung von Abfällen als Bergversatz vgl. EuGH, ZUR 2002, 352.

5. Gefährliche und nicht gefährliche Abfälle

32 **Gefährliche Abfälle** sind nach § 3 Abs. 5 S. 1 KrWG diejenigen, die durch Rechtsverordnung nach § 48 S. 2 KrWG dazu bestimmt sind.[120] Alle übrigen Abfälle sind **nicht gefährliche Abfälle** (§ 3 Abs. 5 S. 2 KrWG). Die vormalige Unterscheidung in nichtüberwachungsbedürftige, überwachungsbedürftige und besonders überwachungsbedürftige Abfälle wurde aufgrund der erforderlichen Anpassung an das europäische Abfallrecht durch das **Gesetz zur Vereinfachung der abfallrechtlichen Überwachung** vom 15.7.2006[121] aufgegeben. Die Differenzierung nach gefährlichen und nicht gefährlichen Abfällen wird u.a. im Rahmen der abfallrechtlichen Überwachung relevant, da sie die Intensität der Überwachungsmaßnahmen bestimmt.[122]

6. Recycling

33 Recycling i.S.d. § 3 Abs. 25 KrWG umfasst jedes Verwertungsverfahren, durch das Abfälle zu Erzeugnissen, Materialien oder Stoffen entweder für den ursprünglichen Zweck oder für andere Zwecke aufbereitet werden.[123] Es schließt die Aufbereitung organischer Materialien ein, nicht aber die energetische Verwertung und die Aufbereitung zu Materialien, die für die Verwendung als Brennstoff oder zur Verfüllung bestimmt sind. Damit stellt das **Recycling** von Stoffen und Gegenständen neben der „Vorbereitung zur Wiederverwendung" (§ 3 Abs. 24 KrWG) eine weitere stoffliche Verwertungsoption dar.[124]

7. Nebenprodukte

34 Gem. § 4 Abs. 1 Nr. 1–4 KrWG sind **Nebenprodukte** solche Stoffe und Gegenstände, die als integraler Bestandteil eines Herstellungsverfahrens anfallen, ohne Hauptzweck der Herstellung zu sein. Kumulativ muss eine weitere Verwendung vom Stoff oder Gegenstand sichergestellt und rechtmäßig sein, ohne dass hierfür außergewöhnliche Vorbehandlungen erforderlich sind.[125] Mit dieser Regelung wird die Abgrenzung zwischen Abfall und Nebenprodukt vorgenommen. Indem das abfallrechtliche Regelungsregime nur greift, sofern ein Stoff oder Gegenstand als Abfall i.S.d. KrWG einzustufen ist, hat diese Norm eine große praktische Bedeutung.[126]

8. Ende der Abfalleigenschaft

35 In § 5 Abs. 1 Nr. 1 – 4 KrWG wird das **Ende der Abfalleigenschaft** definiert. Hiernach endet die Abfalleigenschaft von Stoffen und Gegenständen, wenn sie ein Verwertungsverfahren durchlaufen haben und eine Beschaffenheit aufweisen, die eine Verwendung für übliche Zwecke ermöglicht und dabei die technischen Anforderungen und gesetzli-

---

120 Vgl. die AbfallverzeichnisVO v. 10.12.2001 (BGBl. I, S. 3379), zuletzt geändert durch Gesetz v. 24.2.2012, BGBl. I, S. 212; die VersatzVO v. 24.7.2002 (BGBl. I, S. 2833, zuletzt geändert durch Gesetz v. 24.2.2012, BGBl. I, S. 212 und die AltholzVO v. 15.8.2002 (BGBl. I, S. 3302), zuletzt geändert durch VO v. 31.8.2015, BGBl. I, S. 1474.
121 BGBl. I, S. 1619; dazu *Stöhr*, ZUR 2007, 77; vgl. ferner die dazu ergangene Verordnung zur Vereinfachung der abfallrechtlichen Überwachung v. 20.10.2006, BGBl. I, S. 2298, ber. durch BGBl. I, S. 2316.
122 Vgl. unten § 12 Rn. 94; nach dem KrWG bestimmt sich nach der Gefährlichkeit der Abfälle, ob die Tätigkeit als Sammler und Händler lediglich anzeigepflichtig ist oder einer Erlaubnis bedarf, vgl. § 12 Rn. 91 f.
123 *Delfs* in: Schmehl (Hrsg.), GK-KrWG, § 3 Rn. 118 m.w.N.
124 *Schink/Krappel* in: Schink/Versteyl (Hrsg.), KrWG, § 3 Rn. 116; BR-Drucks. 216/11, S. 136.
125 Darstellend *Ehrmann*, ZUR 2010, 552.
126 *Oexle* in: Schmehl (Hrsg.), GK-KrWG, § 4 Rn. 1.

chen Normen an die Zweckbestimmung erfüllt. Zudem muss am Markt eine Nachfrage für sie bestehen und die Verwendung darf keine umweltschädlichen Konsequenzen haben.[127] Die Bestimmung, wann ein Stoff oder Gegenstand seine Abfalleigenschaft verliert und damit dem Produktrecht unterfällt, hat ähnlich wie die Regelung zu den Nebenprodukten große praktische Relevanz. An die Behandlung von Abfällen sind schließlich andere Rechtspflichten geknüpft als an Produkte, für die lediglich das sonstige Anlagen-, Produkt- oder Stoffrecht gilt.[128]

Um mehr Rechtssicherheit und -klarheit zu schaffen, ermächtigt der Gesetzgeber in § 5 Abs. 2 KrWG die Bundesregierung, für einzelne Abfallströme das Ende der Abfalleigenschaft zu konkretisieren. Bisher ist hiervon jedoch kein Gebrauch gemacht worden.

V. Grundsätze und Grundpflichten

Das Kreislaufwirtschaftsgesetz normiert **Grundsätze** der Kreislaufwirtschaft in § 6 KrWG und der Abfallbeseitigung in § 15 KrWG. Darauf bauen die **Grundpflichten** der Erzeuger und Besitzer von Abfällen in §§ 7, 15 KrWG auf. **Konkretisierung** erlangen diese Grundpflichten durch Rechtsverordnungen gem. §§ 10, 16 KrWG.

In § 6 Abs. 1 KrWG wird Art. 4 der Abfallrahmenrichtlinie umgesetzt und eine neue fünfstufige **Abfallhierarchie** eingeführt. Nach § 6 Abs. 1 bezieht das KrWG insbesondere die Wieder- und Weiterverwendung in die Abfallhierarchie ausdrücklich mit ein. Die neue Abfallhierarchie

1. Vermeidung,
2. Vorbereitung zur Wiederverwendung,
3. Recycling,
4. Sonstige, z.B. energetische, Verwertung und
5. Beseitigung

sorgt durch die Ausdifferenzierung der Verwertungsmöglichkeiten auch für eine klarere Abgrenzung zwischen energetischer Verwertung und thermischer Behandlung.[129] So bleibt zwar der Grundkanon Vermeidung, Verwertung und Beseitigung erhalten. Die Abfallverwertung wird aber weiter in Vorbereitung zur Wiederverwendung, Recycling und sonstige Verwertung aufgegliedert.[130] Ob durch die Rangfolge der Verwertungstatbestände auch eine Hierarchie für Verwertungsmaßnahmen vorgeschrieben wird, ist indes fraglich.[131] Gem. § 6 Abs. 2 S. 1 i.V.m. § 8 Abs. 1 S. 1 KrWG hat jedenfalls diejenige Verwertungsmaßnahme i.S.v. § 6 Abs. 1 Nr. 2–4 KrWG Vorrang, die den Schutz von Mensch und Umwelt am besten gewährleistet.[132]

Eine abfallrechtliche Regelung außerhalb des KrWG befindet sich in § 5 Abs. 1 Nr. 3 BImSchG, der eine Grundpflicht für den Betrieb von nach dem BImSchG genehmigungspflichtigen Anlagen enthält. Hiernach ist eine Anlage so zu betreiben, dass Abfäl-

---

[127] BVerwG, ZUR 2007, 203 ff.; *Hofmann* in: Schmehl (Hrsg.), GK-KrWG, § 5 Rn. 12 ff.; *Schink* in: ders./Versteyl (Hrsg.), KrWG, § 5 Rn. 4 f.
[128] *Schink* in: ders./Versteyl (Hrsg.), KrWG, § 5 Rn. 1 m.w.N; *Matschull-Zorn*, EurUP 2012, 247, 249; *Giesberts*, DVBl. 2012, 816.
[129] *Meßerschmidt*, Europäisches Umweltrecht, § 18 Rn. 50.
[130] *Giesberts*, DVBl. 2012, 816, 817; vertiefend zur neuen Abfallhierarchie *Frenz*, UPR 2012, 210; *Petersen*, AbfallR 2013, 2.
[131] So aber *Meßerschmidt*, Europäisches Umweltrecht, § 18 Rn. 50; *SRU*, Umweltgutachten 2008, Tz. 957 für die novellierte Abfallrahmenrichtlinie 2008/98/EG.
[132] *Frenz*, UPR 2012, 210, 213.

le möglichst vermieden, sonst verwertet und, wenn dies nicht möglich ist, ohne Beeinträchtigung des Wohls der Allgemeinheit beseitigt werden. Durch die Umsetzung der IE-Richtlinie[133] im deutschen BImSchG ist die Inkorporation des Abfallrechts im BImSchG fortgesetzt worden. Denn die IE-Richtlinie nimmt Bezug auf die Abfallrahmenrichtlinie, so dass das deutsche BImSchG und das KrWG gleichlaufen. Die nunmehr fünfstufige Abfallhierarchie und die (neuen) Begrifflichkeiten der Abfallrahmenrichtlinie finden über den Gleichlauf des KrWG und BImSchG Eingang in § 5 Abs. 1 Nr. 3 BImSchG.[134] Diese materielle Aufladung des BImSchG bleibt jedoch nicht ohne Folgeprobleme, da bereits auf Genehmigungsebene geprüft werden müsste, ob die fünfstufige Abfallhierarchie eingehalten werden kann.[135] Dies kann zu erheblichen Belastungen und Rechtsunsicherheiten im Genehmigungsverfahren führen, da evtl. ein ökobilanzieller Nachweis geführt werden müsste, um von der Hierarchie abzuweichen.[136] Daher ist eine intensive Zusammenarbeit zwischen Immissionsschutz- und Abfallbehörden gefragt.[137]

37 Die Pflichten zur Abfallvermeidung richten sich gem. § 7 Abs. 1 KrWG nach § 13 KrWG sowie den aufgrund der §§ 24, 25 KrWG erlassenen Rechtsverordnungen.[138] Der Kreislaufwirtschaftsgrundsatz der Abfallverwertung wird in § 7 Abs. 2 KrWG zur Rechtspflicht erhoben. Für den Grundsatz der Abfallbeseitigung bestimmt § 15 Abs. 1 KrWG Gleiches.

38 § 6 Abs. 1 i.V.m. § 7 Abs. 2 S. 2 KrWG legt eine genaue **Pflichtenhierarchie** fest, wonach Abfälle erstens zu vermeiden sind. Auf zweiter Stufe steht die Vorbereitung zur Wiederverwendung. Drittens sollen Abfälle recycelt werden. Darauf folgt die sonstige Verwertung von Abfällen. Am Ende steht die Abfallbeseitigung. Dem Vorrang der Vermeidung kommt allerdings *kein* Absolutheitsanspruch zu. So muss die Vermeidung im Einzelfall technisch möglich sein und darf im Ergebnis auch nicht zu einer höheren Umweltbelastung führen.[139]

---

[133] ABlEU L 334/17.
[134] *Petersen* in: Kirchhof/Paetow/Uechtritz (Hrsg.), FS Dolde, S. 333, 336 f.; vgl. auch *Kopp-Assenmacher/Schwartz* in: Kopp-Assenmacher (Hrsg.), KrWG, § 3 Rn. 5.
[135] *Petersen* in: Kirchhof/Paetow/Uechtritz (Hrsg.), FS Dolde, S. 333, 354 f.
[136] *Petersen* in: Kirchhof/Paetow/Uechtritz (Hrsg.), FS Dolde, S. 333, 354 f.
[137] *Petersen* in: Kirchhof/Paetow/Uechtritz (Hrsg.), FS Dolde, S. 333, 357.
[138] Vgl. § 12 Rn. 10; sowie die Verordnung über Stoffe, die die Ozonschicht schädigen (Chemikalien-OzonschichtVO) v. 15.2.2012, BGBl. I, S. 209, zuletzt geändert durch Gesetz v. 20.10.2015, BGBl. I, S. 1739, und die Verordnung zum Schutz des Klimas vor Veränderungen durch den Eintrag bestimmter fluorierter Treibhausgase (Chemikalien-KlimaschutzVO) v. 2.7.2008, BGBl. I, S. 1139, zuletzt geändert durch Gesetz v. 20.10.2015, BGBl. I, S. 1739.
[139] Zur Differenzierung zwischen energetischer Verwertung und thermischer Behandlung zur Beseitigung *Reese*, ZUR 2003, 217 m.w.N. zur EuGH-Rechtsprechung.

VI. Abfallrechtliches Instrumentarium

Auch die abfallrechtlichen Instrumente lassen sich nach ihrer Wirkungsweise gegenüber dem Adressaten in

- Planungsinstrumente,
- Instrumente direkter Verhaltenssteuerung,
- Instrumente indirekter Verhaltenssteuerung und
- staatliche Eigenvornahme

gliedern.

1. Abfallwirtschaftsplanung

Als Planungsinstrumente sieht das Kreislaufwirtschaftsgesetz die Aufstellung von **Abfallvermeidungsprogrammen**[140] durch den Bund (§ 33 KrWG), die Erstellung von **Abfallwirtschaftsplänen**[141] durch die Länder (§ 30 KrWG) sowie die Erstellung von **Abfallwirtschaftskonzepten** und **Abfallbilanzen** durch die kommunalen öffentlich-rechtlichen Entsorgungsträger (§ 21 KrWG) vor. Damit entsprechen diese Instrumente dem sich aus der komplexen Aufgabe geordneter Abfallentsorgung ergebenden Erfordernis einer überörtlichen Planung. Bei der Ausarbeitung der unterschiedlichen Planungsinstrumente sind die Abfallvermeidungsprogramme des Bundes, die Abfallwirtschaftspläne der Länder und die Abfallwirtschaftskonzepte auf kommunaler Ebene aufeinander abzustimmen.[142]

Alle drei Planungsinstrumente müssen obligatorisch einer **Strategischen Umweltprüfung** (SUP) unterzogen werden (vgl. Nr. 2.3, 2.5, 2.6 Anlage 3 UVPG), so dass sie nur unter Beteiligung der Öffentlichkeit aufgestellt oder geändert werden dürfen.[143]

---

140 Weiterführend zu den Abfallvermeidungsprogrammen vgl. unten § 12 Rn. 96.
141 Vgl. *Frenz*, NuR 2013, 105, 107; grundlegend *Erbguth*, Die Abfallwirtschaftsplanung; *ders.*, UPR 1997, 60.
142 *Kahle* in: Schmehl (Hrsg.), GK-KrWG, § 21 Rn. 3.
143 *Kahle* in: Schmehl (Hrsg.), GK-KrWG, § 21 Rn. 16; *Hofmann* in: Schmehl (Hrsg.), GK-KrWG, § 30 Rn. 36.

a) Abfallwirtschaftsplan

41 § 30 KrWG verpflichtet die Länder zu einer überörtlichen Abfallwirtschaftsplanung.

aa) Inhalt des Abfallwirtschaftsplans

42 Als Mindestinhalt müssen gem. § 30 Abs. 1 S. 2 Nr. 1–4 KrWG

- die Ziele der Abfallvermeidung, der Abfallverwertung, insbesondere der Vorbereitung zur Wiederverwendung und des Recyclings, sowie der Abfallbeseitigung,
- die bestehende Situation der Abfallbewirtschaftung,
- die erforderlichen Maßnahmen zur Verbesserung der Abfallverwertung und Abfallbeseitigung einschließlich einer Bewertung ihrer Eignung zur Zielerreichung sowie
- die Abfallentsorgungsanlagen, die zur Sicherung der Beseitigung von Abfällen sowie der Verwertung von gemischten Abfällen aus privaten Haushaltungen einschließlich solcher, die dabei auch in anderen Herkunftsbereichen gesammelt werden, im Inland erforderlich sind,

dargestellt und

- zugelassene Abfallbeseitigungsanlagen und
- geeignete Flächen für Abfallbeseitigungsanlagen zur Endablagerung von Abfällen und für sonstige Abfallbeseitigungsanlagen

ausgewiesen werden (§ 30 Abs. 1 S. 3 Nr. 1–2 KrWG).

Des Weiteren können die Pläne bestimmen, welcher Entsorgungsträger vorgesehen ist und welcher Abfallbeseitigungsanlage sich die Beseitigungspflichtigen zu bedienen haben (§ 30 Abs. 1 S. 4 KrWG).[144]

§ 30 Abs. 1 KrWG hat nach überwiegender Auffassung keinen abschließenden Charakter, so dass die Länder darüber **hinausgehende Inhalte** zum Planungsgegenstand machen können, z.B. die Verwertung von Abfällen.[145] Ferner müssen die Abfallentsorgungspläne der Länder aufeinander **abgestimmt** werden (§ 31 Abs. 1 KrWG).

Mit den Abfallwirtschaftsplänen werden die für ihren Geltungsbereich zu einer geordneten Abfallbeseitigung notwendigen Maßnahmen unter **Beachtung der Ziele sowie Berücksichtigung der Grundsätze und sonstigen Erfordernisse der Raumordnung und Landesplanung** koordiniert (§ 30 Abs. 5 KrWG). Ebenfalls angemessene Berücksichtigung müssen dabei die auf das **Selbstverwaltungsrecht** (Art. 28 Abs. 2 S. 1 GG) gestützten Interessen der betroffenen Gemeinden finden.[146]

---

144 Dazu OVG Münster, NVwZ-RR 1995, 505.
145 *Kleve* in: Schink/Versteyl (Hrsg.), KrWG, § 30 Rn. 25; anders *Erbguth* in: Jarass/Petersen, KrWG, § 30 Rn. 35.
146 Vgl. BVerwG, UPR 1992, 447; OVG Lüneburg, DVBl. 1987, 1021; *Frenz*, NuR 2013, 105, 111.

§ 12 Kreislaufwirtschafts- und Abfallrecht

bb) Bedeutung des Abfallwirtschaftsplans

Die Abfallwirtschaftspläne wirken sich

- aufgrund einer etwaigen speziellen Verbindlichkeitserklärung (§ 30 Abs. 4 KrWG)[147],
- aufgrund landesrechtlich geregelter Veränderungssperren[148],
- über die Integrationsklausel des § 30 Abs. 5 S. 2 KrWG i.V.m. § 8 Abs. 6 ROG[149], durch die raumbedeutsame Planungen und Maßnahmen der Abfallwirtschaftspläne zu verbindlichen Zielen i.S.d. § 4 Abs. 1 S. 1, 2 ROG werden, oder
- über § 1 Abs. 4 BauGB aufgrund ihrer etwaigen landesrechtlichen Integration in die Landesplanung

unmittelbar **flächensichernd** aus.

Bedeutung haben Abfallwirtschaftspläne hinsichtlich abfallrechtlicher Einzelentscheidungen insbesondere für die Zulassung von Abfallbeseitigungsanlagen[150] nach § 35 Abs. 1 und 2 KrWG bei gem. § 30 Abs. 4 KrWG für verbindlich erklärten Teilen der Pläne.[151]

Das KrWG bedient sich somit eines **zweistufigen Planungskonzepts**.[152] Auf der ersten Stufe geben die Abfallwirtschaftspläne den Rahmen vor, der auf der zweiten Stufe durch die Planfeststellung oder die Genehmigung ausgefüllt wird. Insbesondere die Überprüfung von Standortalternativen[153] kann bereits auf der ersten Stufe behandelt und gelöst werden.

cc) Verbindlichkeit von Abfallwirtschaftsplänen und Rechtsschutz

Abfallwirtschaftspläne sind zunächst **für die nachgeordneten Behörden verbindlich**, die im Rahmen ihrer Entscheidungsbefugnisse die Planvorgaben wie Verwaltungsvorschriften zu beachten haben. Soweit ihre Planinhalte nach § 8 Abs. 6 ROG als Ziele in Raumordnungsplänen Aufnahme gefunden haben, nehmen sie an der Zielbeachtlichkeit nach § 4 Abs. 1 ROG teil.

Ferner können Abfallentsorgungspläne gem. § 30 Abs. 4 KrWG **für die Beseitigungspflichtigen**[154] für **verbindlich** erklärt werden.[155] Die Pläne entfalten gegenüber diesen unmittelbare Außenwirkung. Die Verbindlicherklärung erfolgt in der Regel durch Rechtsverordnungen der Länder.

---

147 *Frenz*, NuR 2013, 105, 108 f.
148 Vgl. etwa § 22 Abs. 5 Landesabfallgesetz NRW v. 21.6.1998, zuletzt geändert durch Gesetz v. 21.3.2013, GV. NRW. S. 148.
149 Vgl. hierzu *Erbguth* in: Jarass/Petersen, KrWG, § 30 Rn. 98 ff.
150 Dazu *Erbguth*, UPR 1997, 60; vgl. § 12 Rn. 84 ff.
151 Vgl. § 36 Abs. 1 Nr. 5 KrWG; hierbei ist umstritten, ob verbindliche Ausweisungen der abfallrechtlichen Pläne eine absolute Sperrwirkung für die behördliche Zulassungsentscheidung auslösen, so *Danter*, ZUR 1996, 309, 312 f.; *Erbguth* in: Jarass/Petersen, KrWG, § 30 Rn. 17 f., hingegen weist im Hinblick auf die Formulierung „[...] nicht entgegenstehen [...]" darauf hin, dass anhand einer Prüfung der Entsorgungskonzeption des Plans ermittelt werden müsse, ob im Einzelfall aufgrund einer für verbindlich erklärten Ausweisung eine Plangenehmigung bzw. ein Planfeststellungsbeschluss nicht erlassen werden können.
152 Vgl. *Bender/Pfaff*, DVBl. 1992, 181.
153 *Hoppe*, DVBl. 1994, 255; *Schink*, DVBl. 1994, 245; *Erbguth*, NuR 1992, 262; *Beckmann*, DVBl. 1994, 236.
154 Vgl. § 12 Rn. 75 ff.
155 *Hofmann* in: Schmehl (Hrsg.), GK-KrWG, § 30 Rn. 25; vgl. auch BVerwGE 81, 139, 144 ff.; *Weidemann*, NVwZ 1988, 977, 980.

45 Von der Form der Verbindlichkeitserklärung hängt der **Rechtsschutz** gegen Abfallwirtschaftspläne ab. Gegen Abfallwirtschaftspläne in Form der Rechtsverordnung ist grundsätzlich die Möglichkeit des Normenkontrollantrags gem. § 47 VwGO gegeben – sofern das Landesrecht dies zulässt. Bei fehlender Verbindlichkeitserklärung hängen die Möglichkeiten des Rechtsschutzes davon ab, ob dieser gegen Verwaltungsvorschriften, um die es sich dann bei den Abfallwirtschaftsplänen handelt, überhaupt eröffnet ist. Überwiegend wird das bislang abgelehnt.[156]

dd) Verfahren

46 Das **Planaufstellungsverfahren** ist gem. § 31 Abs. 4 KrWG von den Ländern zu regeln. Entweder enthalten die Landesabfallgesetze selbst Verfahrensvorschriften oder sie verweisen auf die Bestimmungen der Landesplanungsgesetze. Da die entsorgungspflichtigen Gemeinden sowie die Standortgemeinden durch die Festlegungen in den Abfallentsorgungsplänen in ihrem Selbstverwaltungsrecht aus Art. 28 Abs. 2 S. 1 GG betroffen sind, müssen sie nach § 31 Abs. 2 KrWG durch Anhörung an der Planaufstellung beteiligt werden.[157]

b) Abfallwirtschaftskonzepte und Abfallbilanz

47 Die öffentlich-rechtlichen Entsorgungsträger i.S.d. § 20 KrWG werden gem. § 21 KrWG verpflichtet, Abfallwirtschaftskonzepte sowie Abfallbilanzen über die Verwertung, insbesondere über die Vorbereitung der Wiederverwertung, des Recyclings und die Beseitigung der in ihrem Gebiet anfallenden und ihnen zu überlassenden Abfälle zu erstellen.[158]

§ 21 gibt nicht vor, welchen Inhalt die kommunalen Abfallwirtschaftskonzepte und Abfallbilanzen haben sollen, und überträgt insofern die Ausgestaltung der Anforderungen den Landesgesetzgebern.[159]

Abfallwirtschaftskonzepte werden nach der überwiegenden Zahl der Landesabfallgesetze im Abstand von fünf Jahren neu verfasst und sind auf die Zukunft gerichtet. Die jährlichen Abfallwirtschaftsbilanzen dienen dazu, das in den Abfallwirtschaftskonzepten Festgelegte hinsichtlich der Einhaltung zu überprüfen und das Erreichte zu bilanzieren.[160]

2. Instrumente direkter Verhaltenssteuerung

a) Ge- und Verbote

48 Das Kreislaufwirtschaftsgesetz und die zum großen Teil noch unter dem Regime der Abfallgesetze von 1972 und 1986 erlassenen Rechtsverordnungen enthalten umfangreiche, der Abfallvermeidung sowie der geordneten Abfallentsorgung dienende Leistungs- und Unterlassungspflichten.

---

156 *Hofmann* in: Schmehl (Hrsg.), GK-KrWG, § 30 Rn. 43 m.w.N.
157 *Zimmerling*, NVwZ 1992, 122; *Frenz*, NuR 2013, 105, 111.
158 *Kahle* in: Schmehl (Hrsg.), GK-KrWG, § 21 Rn. 9.
159 *Kahle* in: Schmehl (Hrsg.), GK-KrWG, § 21 Rn. 10.
160 *Kahle* in: Schmehl (Hrsg.), GK-KrWG, § 21 Rn. 14 f.

aa) Abfallvermeidung und Produktverantwortung

§ 6 Abs. 1 KrWG normiert den Grundsatz der **Abfallvermeidung**, dem – wie oben aufgezeigt[161] – Vorrang vor der Abfallverwertung und damit erst recht der Abfallbeseitigung zukommt.

Als Maßnahmen zur Vermeidung von Abfällen benennt § 3 Abs. 20 KrWG

- die anlageninterne Kreislaufführung von Stoffen,
- die abfallarme Produktgestaltung,
- die Wiederverwendung von Erzeugnissen oder die Verlängerung ihrer Lebensdauer sowie
- ein auf den Erwerb abfall- und schadstoffarmer Produkte gerichtetes Konsumverhalten.[162]

Pflichten zur Abfallvermeidung bestehen für den Abfallproduzenten jedoch nur aufgrund der immissionsschutzrechtlichen Vermeidungspflicht (§ 13 KrWG i.V.m. § 5 Abs. 1 Nr. 3 BImSchG)[163] und im Rahmen der in § 23 KrWG verankerten Produktverantwortung.[164] Diese findet ihre nähere Ausgestaltung in den Rechtsverordnungen nach §§ 24 f. KrWG.

(1) Produktverantwortung als Grundpflicht

Mit dem dritten Teil des Kreislaufwirtschaftsgesetzes wird nunmehr die **Produktverantwortung** als eine – in das Regelsystem eingebundene – Grundpflicht[165] ausgestaltet, deren Erfüllung durch Rechtsverordnungen konkretisiert wird.[166] Nach § 23 Abs. 1 KrWG trägt derjenige die Produktverantwortung, der Erzeugnisse entwickelt, herstellt, be- und verarbeitet oder vertreibt. Diese dient dazu, Erzeugnisse möglichst so zu gestalten, dass bei deren Herstellung und Gebrauch das Entstehen von Abfällen vermindert wird und die umweltverträgliche Verwertung und Beseitigung der nach Gebrauch entstandenen Abfälle sichergestellt ist. Die Produktverantwortung entspricht damit dem **Verursacherprinzip** und setzt an der Wurzel der Abfallentstehung an. Eine derart weit gefasste Produktverantwortung bedarf jedoch der Eingrenzung. § 23 Abs. 3 KrWG verlangt deshalb, dass analog der in § 7 Abs. 4 KrWG für die Verwertungspflicht festgelegten Zumutbarkeitsgrenze die Anforderungen verhältnismäßig sein müssen und die Anforderungen zu beachten sind, die sich aus anderen Regelungen der Produktverantwortung (z.B. Sicherheitsbestimmungen) und den Festlegungen des Gemeinschaftsrechts über den freien Warenverkehr ergeben.[167]

Was Produktverantwortung konkret bedeutet, ergibt sich aus einer Reihe von **Regelbeispielen** (§ 23 Abs. 2 KrWG); neben anderem umfasst sie danach insbesondere

- den vorrangigen Einsatz von verwertbaren Abfällen oder sekundären Rohstoffen bei der Herstellung von Erzeugnissen (Nr. 2),

---

161 Vgl. § 12 Rn. 38.
162 Vgl. auch *Petersen/Rid*, NJW 1995, 7, 9.
163 Vgl. auch *Hansmann*, NVwZ 1990, 409, 411.
164 Ausführlich *Kloepfer*, Umweltrecht, § 20 Rn. 97, 137 ff.; *Sanden*, § 11 Rn. 32 ff.; *Hoffmann*, DVBl. 1996, 347, 351.
165 Dazu auch BT-Drs. 12/5672, S. 85 ff. und 114 ff.; *Petersen/Rid*, NJW 1995, 7, 10; a.A. *Beckmann*, UPR 1996, 41, 47; *Tettinger*, DVBl. 1995, 213, 214 f.; *Hendler/Eske*, UPR 2013, 84.
166 Vgl. auch *Versteyl/Wendenburg*, NVwZ 1994, 833, 839.
167 Vgl. *Kloepfer*, Umweltrecht, § 20 Rn. 101.

- den Hinweis auf Rückgabe-, Wiederverwendungs- und Verwertungsmöglichkeiten oder -pflichten und Pfandregelungen durch Kennzeichnung der Erzeugnisse (Nr. 4).

Nähere Konkretisierungen erfährt die Produktverantwortung durch die auf §§ 24 f. KrWG gestützten Rechtsverordnungen.[168]

(2) Verbote, Beschränkungen und Kennzeichnungen

52 Nach § 24 KrWG wird die Bundesregierung nach Anhörung der betroffenen Kreise (§ 68 KrWG) ermächtigt, durch **Rechtsverordnung** mit Zustimmung des Bundesrates u.a. zu bestimmen, dass

- bestimmte Erzeugnisse, insbesondere Verpackungen und Behältnisse, nur in bestimmter Beschaffenheit oder für bestimmte Verwendungen, bei denen eine ordnungsgemäße Verwertung oder Beseitigung der anfallenden Abfälle gewährleistet ist, in Verkehr gebracht werden dürfen (Nr. 1),
- bestimmte Erzeugnisse überhaupt nicht in Verkehr gebracht werden dürfen, wenn bei ihrer Entsorgung die Freisetzung schädlicher Stoffe nicht oder nur mit unverhältnismäßig hohem Aufwand verhindert werden könnte oder die umweltverträgliche Entsorgung nicht auf andere Weise sichergestellt werden kann (Nr. 2),
- bestimmte Erzeugnisse nur in bestimmter, die Abfallentsorgung spürbar entlastender Weise, insbesondere in einer die mehrfache Verwendung oder die Verwertung erleichternden Form in Verkehr gebracht werden dürfen (Nr. 3).

Die nachfolgenden Nummern 4–8 der Vorschrift erlauben die Statuierung von Kennzeichnungspflichten verschiedener Art.

(3) Rücknahme- und Rückgabepflichten

53 Die Verordnungsermächtigung des § 25 Abs. 1 KrWG eröffnet dem Verordnungsgeber die Möglichkeit,

- eine Rückgabemöglichkeit zur Voraussetzung für den Verkauf zu machen (Nr. 1),
- Rücknahme- und Pfandsysteme vorzuschreiben (Nr. 2 und 3) und
- Nachweispflichten über Art, Menge, Verwertung und Beseitigung der zurückgenommenen Abfälle einzuführen (Nr. 4).

54 Er kann nach Abs. 2 der Vorschrift weiter bestimmen:

- die Kostentragung für die Rücknahme, Verwertung und Beseitigung der zurückzunehmenden Erzeugnisse (Nr. 1),
- Rückgabepflichten des Besitzers an den Hersteller oder Vertreiber (Nr. 2),
- Einzelheiten der Überlassung, einschließlich Bringpflichten (Nr. 3) und
- eine Mitwirkung der öffentlich-rechtlichen Entsorgungsträger sowie der entsorgungspflichtigen Verbände und Selbstverwaltungskörperschaften der Wirtschaft (i.S.d. § 20 KrWG) (Nr. 4).[169]

55 Die auf dieser Grundlage erlassene **Verpackungsverordnung** (VerpackV),[170] die einen erheblichen Schritt zur Privatisierung der Entsorgungsaufgaben bedeutet, gilt sowohl

---

168 Vgl. § 12 Rn. 10.
169 *Sparwasser/Engel/Voßkuhle*, § 11 Rn. 224 ff.
170 Vgl. zur fünften Novelle der Verpackungsverordnung *Kaiser/Stern*, ZUR 2008, 363.

für Hersteller als auch für Vertreiber von Verpackungen oder Erzeugnissen, aus denen unmittelbar Verpackungen hergestellt werden. Vertreiber i.S.d. Verordnung ist auch, wer Waren in Verpackungen in den Verkehr bringt. Die VerpackV enthält Rücknahme- und Rückgabe- bzw. Überlassungspflichten und hat zur Errichtung eines von der Privatwirtschaft getragenen Entsorgungssystems, sog. Duales System, geführt.[171]

Die VerpackV bezweckt in erster Linie die Vermeidung von Verpackungsabfällen, sekundär sollen die Auswirkungen von Verpackungsabfällen auf die Umwelt verringert werden. Verpackungen sind – bevor sie beseitigt werden – vorrangig wiederzuverwenden, stofflich oder in anderer Form zu verwerten (§ 1 VerpackV).[172]

Hersteller und Vertreiber sind zudem zur **Rücknahme** und **Verwertung** von Transport-, Verkaufs- und Umverpackungen verpflichtet (§§ 4–11 VerpackV). Die Verwertung hat durch erneute Verwendung oder stoffliche Verwertung der Verpackungen außerhalb der öffentlichen Abfallentsorgung zu erfolgen.

Die VerpackV soll künftig durch ein Wertstoffgesetz ersetzt werden.[173] Die Begrenzung des Anwendungsbereichs auf Verpackungsabfälle soll aufgegeben und eine Erfassung auch anderer materialgleicher Abfälle („stoffgleiche Nichtverpackungen") in einer Wertstofftonne ermöglicht werden. Nach bisher geltender Rechtslage fallen stoffgleiche Abfälle (beispielsweise Zahnbürsten, Töpfe usw.) nicht unter die Verpackungsverordnung, sondern werden über den unsortierten Siedlungsabfall entsorgt. Die Erweiterung soll dem Ziel dienen, die Recyclingrate zu erhöhen, indem mehr Produkte recycelt werden.

Die Rücknahmepflichten nach der VerpackV sind teils individuell, teils kollektiv ausgestaltet. Transport- und Umverpackungen sind gem. §§ 4, 5 VerpackV nach ihrer Verwendung vom Hersteller und Vertreiber im Grundsatz individuell z.B. am Ort der Verkaufsstelle zurückzunehmen. Für die Rücknahme von Verkaufsverpackungen, die typischerweise beim Endverbraucher anfallen, haben sich Hersteller und Vertreiber von Verpackungsware dagegen an einem kollektiven Rücknahmesystem zu beteiligen, das eine flächendeckende Rücknahme der Verkaufsverpackungen sicherstellt (§ 6 Abs. 1 VerpackV).

56

Mit der Einführung der Pflicht einer kollektiven Rücknahme bezweckt der Gesetzgeber, faire Wettbewerbsbedingungen unter den Wirtschaftsbeteiligten zu schaffen.[174] Zudem sollen die bisher freiwilligen Rücknahmesysteme vor sogenannten „Trittbrettfahrern" geschützt werden, die den Verpackungsabfall weder selbst zurückgenommen haben noch an einem kollektiven Rücknahmesystem beteiligt waren.[175] Etwa 25 % der Verkaufsverpackungen wurden auf diese Weise ohne Lizensierung durch ein Rücknahmesystem entsorgt, was die Kostenlast für ordnungsgemäß lizensierte Teilnehmer erhöhte.[176]

57

---

[171] *Kloepfer*, Umweltrecht, § 20 Rn. 113; *Sparwasser/Engel/Voßkuhle*, § 11 Rn. 230.
[172] *Michaelis*, ZUR 2002, 265.
[173] Vgl. Arbeitsentwurf für ein Gesetz zur Fortentwicklung der haushaltsnahen Getrennterfassung von wertstoffhaltigen Abfällen des BMUB, abrufbar unter: http://www.bmub.bund.de/themen/wasser-abfall-boden/abfallwirtschaft/wasser-abfallwirtschaft-download/artikel/gesetz-zur-fortentwicklung-der-haushaltsnahen-getrennterfassung-von-wertstoffhaltigen-abfaellen/?tx_ttnews%5BbackPid%5D=4109 (Stand: 15.1.2016).
[174] BT-Drs. 16/7954, S. 1; *Hendler*, GewArch 2009, 5.
[175] BT-Drs. 16/7954, S. 1; *Dieckmann/Reese* in: Koch (Hrsg.), Umweltrecht, § 6 Rn. 150.
[176] BT-Drs. 16/7954, S. 19.

Ebenfalls der Reduzierung von „Trittbrettfahrern" dient die Pflicht zur Abgabe sog. Vollständigkeitserklärungen gem. § 10 VerpackV.[177] Danach werden Hersteller bzw. Vertreiber von Verkaufsverpackungen zu umfassenden Angaben verpflichtet, beispielsweise zu Materialart und Masse der im vorangegangenen Kalenderjahr in Verkehr gebrachten Verkaufsverpackungen und zur Beteiligung an kollektiven Rücknahmesystemen.

58 Entsorgungssysteme i.S.d. § 6 Abs. 3 VerpackV werden auf Antrag durch die zuständige oberste Landesbehörde „zugelassen".[178] Gesetzliche Anforderungen an die Ausgestaltung dieser Systeme sind in Anhang I Nr. 1 und Nr. 2 der VerpackV aufgeführt. Diese Anforderungen enthalten beispielsweise Vorgaben hinsichtlich der Verwertungsquote verschiedener Verpackungsmaterialien und verpflichten die Systemanbieter zur Bereitstellung ausreichender Verwertungskapazitäten. Momentan agieren bundesweit etwa zehn Anbieter für Rücknahmesysteme i.s.d. VerpackV.[179] Die Beteiligung der Hersteller und Vertreiber an diesen Rücknahmesystemen erfolgt durch Abschluss von Lizenzverträgen mit den Systemanbietern. Hierin verpflichten sich Hersteller bzw. Vertreiber zur Entrichtung von Lizenzentgelten, deren Höhe i.d.R. von Art und Menge der in Verkehr gebrachten Verkaufsverpackungen abhängt.

Vornehmlich der Vorbeugung des Missbrauchs des Lizensierungssystems dient die 7. Novelle[180] der VerpackV. Nunmehr können Vertreiber und Hersteller Lizenzentgelte nicht mehr zurückverlangen, wenn sie die Verpackung am Ort der Ausgabe zurückgenommen haben.[181] Darüber hinaus erschwerte der Verordnungsgeber Branchenlösungen, nach denen einzelne Wirtschaftszweige ein für den jeweiligen Wirtschaftszweig eigenständiges Rücknahmesystem einrichten können, indem er die formalen Anforderungen hieran erhöhte. Alle teilnehmenden Unternehmen (Anfallstellen) müssen nun gem. § 6 Abs. 2 VerpackV ihre Teilnahme schriftlich erklären und die Rücknahme von Abfällen ist gem. § 6 Abs. 2 S. 6 VerpackV genauer als in der Vergangenheit zu dokumentieren.

Die Systemanbieter sind schließlich gem. § 6 Abs. 3 VerpackV sowohl zur Erfassung als auch zur Verwertung (§ 6 Abs. 3 S. 2 VerpackV) der lizensierten Verkaufsverpackungen verpflichtet. Eine Kennzeichnung der lizensierten Verpackungen ist seit der 5. Novelle der VerpackV nicht mehr vorgesehen, da eine Beteiligung an einem Rücknahmesystem nunmehr verpflichtend ist.[182] Jüngst hat das BVerwG[183] § 6 Abs. 4 S. 5 VerpackV, wonach die öffentlich-rechtlichen Entsorgungsträger von Rücknahmesystembetreibern die Benutzung eines Sammlungssystems der öffentlich-rechtlichen Entsorgungsträger gegen angemessenes Entgelt verlangen können, wegen Unbestimmtheit verworfen. Es begründete seine Entscheidung damit, dass für die Festlegung der Ange-

---

177 *Hendler*, GewArch 2009, 5.
178 Genauer: Gem. § 6 Abs. 5 VerpackV stellt die oberste Landesbehörde auf Antrag des Systembetreibers fest, dass das Rücknahmesystem die Anforderungen des § 6 Abs. 3 VerpackV erfüllt und flächendeckend eingerichtet ist. Hält ein Rücknahmesystem die Anforderungen des § 6 Abs. 3 VerpackV nicht ein, ist die zuständige Behörde gem. § 6 Abs. 6 VerpackV zum Widerruf dieser Feststellung berechtigt.
179 *Dieckmann/Reese* in: Koch (Hrsg.), Umweltrecht, § 6 Rn. 151.
180 Siebte ÄnderungsVO v. 17.7.2014, BGBl. I, S. 1061.
181 § 6 Abs. 2 S. 5–7 enthielten diese Möglichkeit, sind aber durch die 7. Novelle, BGBl. I S. 1061, ersatzlos gestrichen worden.
182 Zuvor bestand für Hersteller und Vertreiber die Pflicht, die Beteiligung an einem kollektiven Rücknahmesystem durch Kennzeichnung der Verpackung kenntlich zu machen, vgl. Anhang I Nr. 4 Abs. 2 VerpackV a.F. (Bsp.: der „Grüne Punkt").
183 BVerwG, KommJur 2015, 356.

messenheit keinerlei Maßstäbe oder Anhaltspunkte in der Verordnung vorgegeben seien und diese einseitig in das „Belieben" der öffentlich-rechtlichen Entsorgungsträger gestellt sei. Das Entgelt komme allerdings einer Abgabe gleich, für die Bemessungsmaßstäbe vorher festgelegt werden müssten.

Die Verletzung der Pflicht, sich an einem Rücknahmesystem zu beteiligen, stellt gem. § 15 Nr. 6 VerpackV i.V.m § 69 Abs. 1 Nr. 8 KrWG eine Ordnungswidrigkeit dar, die gem. § 69 Abs. 3 KrWG mit einer Geldbuße bis zu 100.000 EUR geahndet werden kann.

Weitere spezielle Rücknahme- und Pfanderhebungspflichten für **Getränkeverpackungen** werden den Vertreibern durch § 9 VerpackV[184] auferlegt.[185]

Zur Lenkung der jährlich etwa 3 Mio. stillgelegten Autos[186] in umweltgerecht arbeitende Verwertungsbetriebe flankierte die am 1.4.1998 in Kraft getretene **Altautoverordnung**[187] eine 1996 abgegebene freiwillige Selbstverpflichtung der Automobilindustrie. In dieser verpflichten sich die Fahrzeughersteller, alle Fahrzeuge, die nach dem 1.4.1998 neu in den Verkehr gekommen sind, bis zu einem Alter von 12 Jahren kostenlos zurückzunehmen.[188] Sie wurde nunmehr durch die Altfahrzeug-Verordnung[189] ersetzt, welche die Richtlinie 2000/53/EG über Altfahrzeuge vom 1.9.2000[190] umsetzt. Die Verordnung normiert u.a. die Pflicht der Hersteller/Importeure, Altfahrzeuge vom Letzthalter unentgeltlich zurückzunehmen (§ 3 AltfahrzeugV). Hierzu haben sie selbst oder durch beauftragte Dritte ein flächendeckendes Rücknahmesystem einzurichten und die ordnungsgemäße Entsorgung auf eigene Kosten sicherzustellen (§ 3 Abs. 3 AltfahrzeugV). Des Weiteren werden zeitlich gestaffelte Quoten für die stoffliche Verwertung und Wiederverwendung festgelegt (§ 5 AltfahrzeugV). Für die Verwertungsbetriebe enthält der Anhang strenge Umweltstandards, deren Überwachung auf unabhängige Sachverständige übertragen ist (§ 5 Abs. 3 i.V.m. § 6 AltfahrzeugV). Einen präventiven Impuls zur Abfallvermeidung statuiert § 8 Abs. 2 AltfahrzeugV, indem ein Verkehrsverbot für die Verwendung bestimmter gefährlicher Stoffe normiert wird.[191]

Am 1.12.2009 trat das **Batteriegesetz** (BattG)[192] in Kraft.

Gem. § 11 BattG werden die Verbraucher verpflichtet, Altbatterien nicht dem unsortierten Siedlungsabfall, sondern einer getrennten Erfassung zuzuführen. Für diese gesonderte Erfassung stehen Sammelstellen, Gemeinsame Rücknahmesysteme oder herstellereigene Rücknahmesysteme zur Verfügung. Entsprechend sind die Vertreiber von

---

184 Zur Vereinbarkeit der Pfandregelung mit der Warenverkehrsfreiheit gem. Art. 28 EG (jetzt: Art. 34 AEUV) vgl. BVerwG, NVwZ 2007, 1311; BVerwG, NVwZ 2007, 1428; VGH Mannheim, DVBl. 2008, 1386; zur Besprechung dieser Entscheidungen *Weidemann*, NVwZ 2007, 1268; umfassend zur Pfandpflicht auf Einweggetränkeverpackungen UBA, Bewertung der Verpackungsverordnung – Evaluierung der Pfandpflicht, unter: www.umweltbundesamt.de/publikationen/bewertung-verpackungsverordnung (Stand: 15.1.2016).
185 Die Regelungen betreffen nach wie vor nur bestimmte Getränkearten. Zudem werden Verpackungen i.S.d. § 3 Abs. 4 VerpackV von der Pfandpflicht ausgenommen.
186 UBA, Daten zur Umwelt 1997, S. 441 f.
187 Vgl. *Giesberts/Hilf*, Kreislaufwirtschaft Altauto: Altautoverordnung und freiwillige Selbstverpflichtung; *Schrader*, NVwZ 1997, 943; *Kopp*, NJW 1997, 3292; *Christ*, Rechtsfragen der Altautoverwertung.
188 Zum umweltpolitischen Effekt *SRU*, Umweltgutachten 2000, Tz. 164.
189 Neugefasst durch Bekanntmachung v. 21.6.2002, BGBl. I, S. 2214, zuletzt geändert durch Gesetz v. 24.2.2012, BGBl. I, S. 212; umfassend zur AltfahrzeugV *Prelle*, ZUR 2010, 512.
190 Vgl. § 12 Rn. 4.
191 Vertiefend *Hagmann*, ZUR 2007, 135; *Prelle*, ZUR 2010, 512.
192 Vgl. § 12 Rn. 8.

Batterien gem. § 9 BattG zunächst zur Rücknahme von Altbatterien verpflichtet. Die zurückgenommenen Altbatterien haben sie dann dem Gemeinsamen Rücknahmesystem der Hersteller zur Abholung bereitzustellen (§ 9 Abs. 2 BattG). Die Hersteller sind nach §§ 5–8 BattG dazu verpflichtet, die von den Vertreibern zurückgenommenen Altbatterien ihrerseits zurückzunehmen. Zur Erfüllung dieser Pflicht können sie sich an einem Gemeinsamen Rücknahmesystem beteiligen oder ein herstellereigenes Rücknahmesystem betreiben. Die zurückgenommenen Altbatterien sind gem. § 14 Abs. 1 BattG vorrangig stofflich zu verwerten.

63 Schließlich enthält das am 24.10.2015 in Kraft getretene **Elektro- und Elektronikgerätegesetz** (ElektroG)[193], das das bisherige ElektroG[194] ersetzt, Rücknahme- und Verwertungspflichten für Elektro- und Elektronik-Altgeräte.[195] Wie schon das ehemalige ElektroG sieht es dabei zunächst Registrierungspflichten[196] (§ 6 ElektroG) sowie insolvenzsichere Finanzierungsgarantien der Hersteller vor (§ 7 ElektroG). Das gesetzlich geregelte Rücknahmeverfahren ist für private und gewerbliche Nutzer unterschiedlich ausgestaltet. So werden Elektro- und Elektronik-Altgeräte von privaten Endverbrauchern zunächst durch die öffentlich-rechtlichen Entsorgungsträger an Sammelstellen angenommen (§ 13 ElektroG) und sodann den Herstellern zur Abholung bereitgestellt (§ 14 ElektroG). Im Unterschied dazu sind die Hersteller gem. § 19 ElektroG verpflichtet, gewerblichen Nutzern zumutbare Rücknahmemöglichkeiten zu eröffnen. Der Handel wird seit dem Neuerlass des ElektroG ebenfalls in die Pflicht genommen. Gem. § 17 ElektroG besteht für Großvertreiber (Verkaufsfläche ≥ 400 qm) eine unentgeltliche Rücknahmepflicht für Kleingeräte unabhängig von einem Kauf eines neuen Gerätes durch den Kunden; für Großgeräte besteht eine Rücknahmepflicht nur bei einem Neukauf. Die Pflicht zur Rücknahme besteht mithin nicht nur für den stationären Handel, sondern gem. § 17 Abs. 2 ElektroG auch für Online-Händler. Als maßgebliche Verkaufsfläche sind dann sämtliche Lager- und Versandflächen für Elektronik- und Elektrogeräte zu berücksichtigen. Die spezifischen Anforderungen an das Verwertungsverfahren selbst ergeben sich aus den §§ 20 ff. ElektroG.

Gegenüber dem vorherigen ElektroG gestaltet der Gesetzgeber mit Wirkung zum 15.8.2018 den Anwendungsbereich des neuen ElektroG nunmehr offen und nicht mehr kategorienbasiert[197]. Das Gesetz wird daher ab dem 15.8.2018 für sämtliche Elektro- und Elektronikgeräte gelten. Neu ist auch, dass der Gesetzgeber erstmals in bestimmten Zeitabständen steigende Sammelziele gesetzlich verankert hat (§ 10 Abs. 3 ElektroG).

---

193 BGBl I, S. 1739.
194 BGBl. I, S. 762, zuletzt geändert durch Gesetz v. 3.5.2013, BGBl. I, S. 1110; das bisherige ElektroG diente der Umsetzung der Richtlinien 2002/96/EG und 2002/95/EG; dazu *Prelle*, ZUR 2010, 512; zur Novelle des ElektroG vgl. *Grunow/Seitel*, AbfallR 2015, 115.
195 Ausführlich hierzu *Krink*, DB 2005, 1893; Rechtsprechungsübersicht bei *Ahlhaus/Waggershauser*, AbfallR 2007, 194; ebenso zur Rechtsprechung *Stuiber/Hoffmann*, ZUR 2011, 519 sowie *Schoppen*, NVwZ 2013, 187.
196 Weitergehend *Weidemann*, NVwZ 2005, 1345.
197 Vgl. zum derzeit noch geltenden kategorienbasierten Anwendungsbereich (§ 2 Abs. 1) des ElektroG (hier: nicht ausschließlich zum Laufen verwendbarer Sportschuh) BVerwG, NVwZ 2008, 697, 698.

bb) Abfallentsorgung

Wie erwähnt,[198] teilt sich die **Abfallentsorgung** in die

- Abfallverwertung und
- Abfallbeseitigung
- sowie die Vorbereitung vor der Verwertung und Beseitigung.

Die Unterscheidung der Verwertung von der Beseitigung ist maßgeblich für das anzuwendende abfallrechtliche Pflichten- und Überwachungsprogramm[199] sowie für die Frage, ob und nach welchen Vorgaben Abfallanlagen genehmigungspflichtig sind. So bedürfen Anlagen, die der Lagerung oder Behandlung von Abfällen *zur Beseitigung* dienen, einer Planfeststellung nach § 35 Abs. 2 KrWG, während Anlagen *zur energetischen Verwertung* von Abfällen ggf. nach dem Bundes-Immissionsschutzgesetz genehmigungspflichtig sind.[200] Bei gewerblichen Abfällen bedingt die Einordnung in Abfälle zur Verwertung oder Beseitigung beispielsweise, ob sie vom Erzeuger zu entsorgen oder den öffentlich-rechtlichen Entsorgungsträgern zu überlassen sind (§ 17 KrWG).[201]

Abgrenzungsschwierigkeiten bereiten insbesondere drei Fallgruppen:

- die Verbrennung von Abfällen mit nur geringer Energieausbeute (energetische Verwertung oder thermische Behandlung zur Beseitigung),
- Nutzung der Abfälle als Füllstoffe, z.B. zur Verfüllung von Bergwerken und Gruben (stoffliche Verwertung durch Nutzung des Abfallvolumens oder Deponierung),
- Sortierung und Behandlung von Gemischen aus verwertbaren und unverwertbaren Abfällen (Verwertung der verwertbaren oder Beseitigung der unverwertbaren Anteile).[202]

(1) Abfallverwertung

Der Begriff der **Abfallverwertung** umschreibt allgemein den Einsatz von anfallenden Reststoffen für neue Anwendungsbereiche.[203] Gem. § 3 Abs. 23 S. 1 KrWG versteht man unter Verwertung „jedes Verfahren, als dessen Hauptergebnis die Abfälle innerhalb der Anlage oder in der weiteren Wirtschaft einem sinnvollen Zweck zugeführt werden, indem sie entweder andere Materialien ersetzen, die sonst zur Erfüllung einer bestimmten Funktion verwendet worden wären, oder indem die Abfälle so vorbereitet werden, dass sie diese Funktion erfüllen". Dabei kann die Abfallverwertung in die stoffliche und energetische Verwertung unterteilt werden. **Stoffliche Verwertung** bedeutet die Verringerung der Abfallmenge entweder durch Erhaltung des Wertstoffcharakters gebrauchter Stoffe (Weiter- bzw. Wiederverwendung) oder durch Rückgewinnung von Wertstoffen aus Abfällen (Recycling).[204] Dagegen beinhaltet die **energetische Verwertung** die Rückgewinnung der den Abfällen innewohnenden Energie durch Verbrennung. Die Abfälle werden also als Ersatzbrennstoffe verwendet, um Energie zu erzeu-

---

198 Vgl. § 12 Rn. 26 ff.
199 Vgl. *Dieckmann/Reese* in: Koch (Hrsg.), Umweltrecht, § 6 Rn. 65.
200 Vgl. näher § 12 Rn. 84 ff.
201 Hierzu § 12 Rn. 80.
202 *Dieckmann/Reese* in: Koch (Hrsg.), Umweltrecht, § 6 Rn. 65 ff.
203 Zum Verwertungsbegriff näher BVerwG, NuR 1994, 440; *Klöck*, ZUR 1997, 117; *Bothe*, UPR 1996, 170.
204 Vgl. EuGH, ZUR 2004, 34, zur Reichweite des europäischen Abfallbegriffs in Bezug auf Verpackungsverwertung.

gen.[205] Eine energetische Verwertung setzt weiterhin voraus, dass der Abfall einen Mindestheizwert von 11.000 kj/kg haben muss (§ 8 Abs. 3 S. 1 KrWG).[206] Aufgrund von § 6 Abs. 1 Nr. 2 und Nr. 3 KrWG besteht zwar grundsätzlich zugunsten der stofflichen gegenüber der energetischen Verwertung ein Vorrang. Dieses Vorrangverhältnis wird allerdings gem. § 8 Abs. 3 S. 1 KrWG stark eingeschränkt, da ein Gleichrangigkeitsverhältnis widerleglich vermutet wird, wenn „der Heizwert des einzelnen Abfalls, ohne Vermischung mit anderen Stoffen, mindestens 11 000 Kilojoule pro Kilogramm beträgt". Das bedeutet, dass bei Erreichen des Heizwerts zwischen beiden Verwertungsvarianten gewählt werden kann; im Einzelfall ist allerdings stets die umweltfreundlichere Variante zu wählen (§ 8 Abs. 1 S. 1 KrWG).[207]

Die Definition der Abfallverwertung ist die wörtliche Umsetzung der entsprechenden Definition aus Art. 3 Nr. 15 der Abfallrahmenrichtlinie 2008/98/EG. Entscheidendes Kriterium zur Abgrenzung der Verwertung von einer Beseitigung ist hiernach die Substitutionswirkung für Rohstoffe bzw. Brennstoffe, die einer Verwertung zukommt.[208]

Mit der Definition der Begriffe im Katalog des § 3 KrWG wurde zudem der oftmals schwierigen Unterscheidung zwischen Abfallverwertung und Abfallbeseitigung entgegengewirkt, wie sie noch im Rahmen des alten KrW-/AbfG auftrat.

Nach der Rechtsprechung des BVerwG ist die Nutzung von Abfällen als Füllmaterial jedenfalls dann eine Beseitigung, wenn der Abfall für sich genommen nicht die statischen Eigenschaften (etwa Festigkeit) erfüllt, die der Füllstoff zur ordnungsgemäßen (bergrechtlichen) Verfüllung haben muss.[209] Der Hauptzweck der Maßnahme ist ebenfalls ausschlaggebend für die Abgrenzung zwischen energetischer Verwertung und Abfallbeseitigung durch Verbrennung.[210] Darüber hinaus erfordert die Einordnung der Abfallverbrennung als Verwertungsvorgang, dass die Abfälle hauptsächlich als Brennstoff oder anderes Mittel der Energieerzeugung verwendet werden, um Primärenergieträger zu ersetzen, die sonst für diesen Zweck hätten eingesetzt werden müssen. Zudem muss der gewonnene Energieüberschuss auch tatsächlich genutzt werden.[211] Bei **Abfallgemischen** soll nach nunmehr gefestigter Auffassung[212] nicht wie bisher der ein-

---

205 Vgl. Anlage II, R 1 zum KrWG; dazu *Klöck*, ZUR 1997, 117; *Schwartmann*, NVwZ 1998, 1151; *Sina*, NVwZ, 2007, 280; *Schink/Krappel* in: Schink/Versteyl (Hrsg.), KrWG, § 3 Rn. 111.
206 Umstritten ist, ob diese konkreten Voraussetzungen zur Abgrenzung von energetischer Verwertung und thermischer Behandlung zur Beseitigung mit dem Unionsrecht vereinbar sind; vgl. EuGHE, 2003, I-1439; 2003, I-1553; *Reese*, ZUR 2003, 217 und *Frank*, EuZW 2003, 223 erachten § 6 Abs. 2 KrW-/AbfG nicht für europarechtswidrig; zur europarechtskonformen Auslegung VGH Mannheim, ZUR 2008, 43, 44; a.A. *Schink*, AbfallR 2003, 106, 113; grundlegend *Schoch*, DVBl. 2004, 69; zur Rechtslage aufgrund der novellierten Abfallrahmenrichtlinie *Kropp*, ZUR 2009, 584.
207 Vgl. *Hoppe/Beckmann/Kauch*, § 30 Rn. 75; *Sanden*, § 11 Rn. 50.
208 BT-Drs. 17/6052, S. 74; *Ehrmann*, ZUR 2010, 552 sieht darin eine Präzisierung der Abgrenzung zwischen Verwertung und Beseitigung.
209 BVerwG, DVBl. 2000, 1351; vgl. auch BVerwG, DVBl. 1994, 1013, 1014. I.d.S. auch die Auslegung der Begriffe „Verwertung" und „Beseitigung" gem. Art. 1 lit. e und f der Abfallrahmenrichtlinie durch den EuGH, DVBl. 2003, 511; EuGH, NVwZ 2002, 579; vgl. auch *Reese*, ZUR 2003, 217.
210 Näher OVG Münster, DÖV 1999, 434; OVG Lüneburg, NVwZ 1998, 1202; OVG Koblenz, DÖV 1999, 432, 433; VG Regensburg, NVwZ 1998, 431; EuGH, ZUR 2003, 226 f.; *Reese*, ZUR 2003, 217; *Weidemann*, NVwZ 1998, 258; *Dieckmann/Graner*, NVwZ 1998, 221 f.; *Kersting*, NVwZ 1998, 1153, 1155; *Klöck*, Thermische Behandlung und/oder energetische Verwertung; *Arndt/Walter*, WiVerw 1997, 183.
211 BVerwG, ZUR 2007, 476, 477; instruktiv für die Abgrenzung bei der Verwendung von Klärschlamm in Zementwerken *Sina*, NVwZ 2007, 280.
212 BVerwG, ZUR 2007, 476, 477; VGH Mannheim, ZUR 2008, 43, 44; *Petersen*, NVwZ 2004, 34, 36 f.; *Schoch*, DVBl. 2004, 69, 78.

zelne Abfall Bezugspunkt der Abgrenzung sein.²¹³ Vielmehr ist das Abfallgemisch selbst als Abfall zur Verwertung einzuordnen, wenn es als solches überwiegend verwertbar ist und der Verwertung zugeführt wird.

Die Unterscheidung zwischen Verwertung und Beseitigung hängt ferner gem. § 3 Abs. 1 S. 2 KrWG nicht von der abstrakten Verwertbarkeit des Abfalls ab, sondern davon, ob er **konkret** einer Verwertung zugeführt wird. Hiernach wird der Erzeuger oder Besitzer im Zweifel konkrete Verwertungsmaßnahmen darlegen müssen,²¹⁴ ansonsten kann er zur Beseitigung der Abfälle verpflichtet werden.²¹⁵

Nach § 7 Abs. 3 KrWG muss die Verwertung von Abfällen „**ordnungsgemäß und schadlos erfolgen**".²¹⁶ Ordnungsgemäß heißt in diesem Zusammenhang, dass die Verwertung nicht mit den Normen des Gesetzes und anderen öffentlich-rechtlichen Vorschriften (z.B. BImSchG) kollidieren darf. Der Begriff der Schadlosigkeit bezieht sich auf das Wohl der Allgemeinheit, welches nicht beeinträchtigt werden darf. Als Maßstab für die Gemeinwohlverträglichkeit sind die Anforderungen an die Kreislaufwirtschaft heranzuziehen, die § 15 KrWG beinhaltet.²¹⁷

67

Der **Vorrang der Verwertung von Abfällen entfällt**, wenn ihre Beseitigung umweltverträglicher ist, § 7 Abs. 2 S. 2 KrWG, wobei das Gesetz selbst einige hierfür maßgebliche Kriterien aufstellt (§ 6 Abs. 3 S. 3 Nr. 1–4 KrWG). Weitere Grenzen ergeben sich aus der technischen Möglichkeit und der wirtschaftlichen Zumutbarkeit, d.h. der Marktfähigkeit (§ 6 Abs. 2 S. 4 KrWG).

68

Zur Förderung der Abfallverwertung führt das KrWG mit § 14 Abs. 1 die Pflicht zur getrennten Sammlung von Papier-, Metall-, Kunststoff- und Glasabfällen ein. Die Verpflichtung dient dem ordnungsgemäßen, schadlosen und hochwertigen Recycling und ist seit dem 1.1.2015 einzuhalten. Zudem führt das KrWG in § 14 Abs. 2 und Abs. 3 Recyclingquoten ein, nämlich in Höhe von 65 % der Siedlungsabfälle und 70 % der Bau- und Abbruchabfälle, die ab dem 1.1.2020 verbindlich sind.²¹⁸

69

(2) Abfallbeseitigung

▶ **FALL 13:** Der Unternehmer A zeigt gem. § 18 Abs. 1, 2. HS i.V.m. § 17 Abs. 2 S. 1 Nr. 4 KrWG in rechtmäßiger Weise eine geplante gewerbliche Sammlung von Alttextilien an. Die zuständige Behörde untersagt daraufhin gem. § 18 Abs. 5 S. 2 i.V.m. § 17 Abs. 2 S. 1 Nr. 4 KrWG diese Sammlung. Sie begründet ihre Entscheidung damit, dass diese zu einer Gefährdung der Funktionsfähigkeit des öffentlich-rechtlichen Entsorgungsträgers (vgl. § 17 Abs. 3 S. 1 KrWG) führen würde und damit überwiegende öffentliche Interessen der Sammlung entgegenstünden (vgl. § 17 Abs. 2 S. 1 Nr. 4 KrWG). Weiter würde die gewerbliche Sammlung eine wesentliche Beeinträchtigung der Planungssicherheit und Organisationsverantwortung des öffentlich-rechtlichen Entsorgungsträgers nach sich ziehen (vgl. § 17 Abs. 3 S. 2 KrWG). Konkrete Angaben und Tatsachen, inwiefern die Planungssicherheit und Organisati-

70

---

213   Zur früheren Rechtslage kritisch *Dieckmann/Reese* in: Koch (Hrsg.), Umweltrecht, § 6 Rn. 69.
214   *Versteyl/Wendenburg*, NVwZ 1994, 833, 836 f.; *Fluck*, DVBl. 1995, 537, 538 f.; *Krings*, WiVerw 1995, 103, 113; vgl. auch VGH Mannheim, NuR 1999, 581.
215   *Dieckmann/Reese* in: Koch (Hrsg.), Umweltrecht, § 6 Rn. 68; vgl. auch OVG Greifswald, NordÖR 2014, 182.
216   Hiermit endet die Abfalleigenschaft des Stoffes, mithin das Regime des Abfallrechts, vgl. BVerwG, ZUR 2007, 203; zum Ende der Abfalleigenschaft von Klärschlammkompost durch Aufbringen auf einen geeigneten Boden, BVerwG, NVwZ 2007, 338, 339; *Giesberts/Kleve*, DVBl. 2008, 678.
217   Sogleich § 12 Rn. 71 f.; *Kloepfer*, Umweltrecht, § 20 Rn. 157.
218   Zu Getrennthaltungsgeboten im KrWG, *Kropp*, ZUR 2012, 474.

onsverantwortung des öffentlich-rechtlichen Entsorgungsträgers beeinträchtigt werde, trägt die zuständige Behörde indes nicht vor.

Nach erfolglosem Widerspruchsverfahren[219] erhebt A Anfechtungsklage gegen den Bescheid beim zuständigen Verwaltungsgericht. Er ist der Auffassung, dass die Untersagungsverfügung schon allein deshalb rechtswidrig sei, weil die Ermächtigungsgrundlage europarechtswidrig sei. Selbst wenn die Ermächtigungsgrundlage wirksam sei, so seien jedenfalls ihre Tatbestandsvoraussetzungen nicht erfüllt.[220]

Ist die zulässige Klage des Unternehmers A begründet?

Von der formellen Rechtmäßigkeit der Untersagungsverfügung ist auszugehen. ◀

Abfallbeseitigung meint alle Maßnahmen, die darauf gerichtet sind, Abfälle auf Dauer von der Kreislaufwirtschaft unter Beseitigung ihres Schadstoffpotentials auszuschließen.[221]

Die in § 3 Abs. 23 KrWG neu eingeführte Definition der Abfallbeseitigung erfolgt in negativer Abgrenzung zum Begriff der Verwertung. Beseitigung ist demnach jedes Verfahren, das keine Verwertung ist, auch wenn das Verfahren zur Nebenfolge hat, dass Stoffe oder Energie zurückgewonnen werden. Diese neue Definition setzt die europarechtlichen Vorgaben gem. Art. 3 Nr. 19 der Abfallrahmenrichtlinie 2008/98/EG wörtlich um.

71 Für die Abfallbeseitigung etabliert das Kreislaufwirtschaftsgesetz in § 15 KrWG Grundpflichten zur ordnungsgemäßen Beseitigung von Abfällen. § 15 KrWG bestimmt, was wo und wie beseitigt werden muss. So sind nach § 15 Abs. 1 KrWG Abfälle, die nicht verwertet werden, dauerhaft von der Kreislaufwirtschaft auszuschließen und zur Wahrung des Wohls der Allgemeinheit zu beseitigen.

Die **Grundpflicht** des § 15 KrWG verpflichtet Erzeuger und Besitzer von Abfällen, die nicht verwertet werden, zur gemeinwohlverträglichen Abfallbeseitigung nach § 15 Abs. 2 KrWG und erhebt mithin die Grundsätze zu Rechtssätzen. Überdies findet sich in § 15 Abs. 3 KrWG noch die wichtige Grundpflicht der Abfalltrennung.

72 Der als unbestimmter Rechtsbegriff voll justiziable Terminus der Beeinträchtigung des Gemeinwohls wird in § 15 Abs. 2 S. 2 KrWG nach der Regelbeispielstechnik näher beschrieben. Eine Beeinträchtigung liegt danach insbesondere bei

- einer Beeinträchtigung der Gesundheit der Menschen (Nr. 1),
- einer Gefährdung von Tieren und Pflanzen (Nr. 2),
- einer schädlichen Beeinflussung von Gewässern und Boden (Nr. 3),
- der Herbeiführung schädlicher Umwelteinwirkungen durch Luftverunreinigung oder Lärm (Nr. 4),

---

219 Nicht in allen Bundesländern ist ein Widerspruchsverfahren notwendig, vgl. etwa § 110 Abs. 1 JustG NRW.
220 Der Sachverhalt und die Lösung sind angelehnt an einen Fall des 10. Senats des VGH Mannheim vom 9.9.2013, ZUR 2014, 112 ff.
221 *Hoppe/Beckmann/Kauch*, § 30 Rn. 43.

- fehlender Wahrung der Belange der Raumordnung und der Landesplanung, des Naturschutzes und der Landschaftspflege sowie des Städtebaus (Nr. 5) oder
- einer sonstigen Gefährdung oder Störung der öffentlichen Sicherheit und Ordnung (Nr. 6)

vor.[222]

§ 16 KrWG enthält Ermächtigungen zur **Ordnung der Abfallbeseitigung**. Der Verordnungsgeber kann die Kriterien der gemeinwohlverträglichen Abfallbeseitigung entsprechend dem Stand der Technik[223] im Verordnungswege konkretisieren. Danach können etwa Anforderungen an die Getrennthaltung und die Behandlung von Abfällen (Nr. 1), an das Bereitstellen, das Überlassen, das Einsammeln, die Beförderung, die Lagerung und die Ablagerung von Abfällen (Nr. 2) statuiert werden.[224]

73

Die Grundpflichten des § 15 KrWG bestehen nur, soweit eine **Abfallbeseitigungspflicht** besteht, weshalb § 15 Abs. 1 KrWG auf den § 17 KrWG verweist.

74

Nach §§ 7 Abs. 2 S. 1 und 15 Abs. 1 S. 1 KrWG sind Erzeuger und Besitzer von Abfällen zur Verwertung und Beseitigung ihrer Abfälle verpflichtet (**Grundsatz der Eigenentsorgung**).

75

Eine solche Primärverantwortung, welche sich aus dem **Verursacherprinzip** herleitet,[225] wird jedoch durch die Normierung zahlreicher Ausnahmetatbestände weitestgehend eingeengt.

Gem. § 17 Abs. 1 S. 1 KrWG sind abweichend von den §§ 7 Abs. 2 S. 1 und 15 Abs. 1 S. 1 KrWG Erzeuger oder Besitzer von Abfällen aus **privaten Haushaltungen**[226] verpflichtet, diese den nach jeweiligem Landesrecht zur Entsorgung verpflichteten juristischen Personen (öffentlich-rechtliche Entsorgungsträger) zu überlassen, soweit sie zu einer Verwertung auf den von ihnen im Rahmen ihrer privaten Lebensführung genutzten Grundstücken nicht in der Lage sind oder diese nicht beabsichtigen[227] (**obligatorische Entsorgungspflicht der öffentlichen Hand**).

76

§ 17 Abs. 1 S. 2 KrWG begründet durch seine Bezugnahme auf den dortigen S. 1 beim Vorliegen von Abfällen zur Beseitigung aus **anderen Herkunftsbereichen** ebenfalls eine Verpflichtung zur Überlassung der anfallenden Abfälle zur Beseitigung an den öffentlichen Entsorgungsträger,[228] soweit sie nicht in eigenen Anlagen des Abfallbesitzers beseitigt werden können (**fakultative Entsorgungspflicht der öffentlichen Hand**). Für den Fall einer nach Maßgabe dieses Gesetzes zulässigen Verwertung besteht insoweit also

---

222 Vgl. *Kloepfer*, Umweltrecht, § 20 Rn. 167.
223 Vgl. die Legaldefinition gem. § 3 Abs. 28 KrWG; ferner *Kloepfer*, Umweltrecht, § 20 Rn. 169; *Asbeck-Schröder*, DÖV 1992, 252; *Rengeling*, Der Stand der Technik, S. 20 ff.
224 Auf diese Ermächtigungsgrundlage stützt sich die DepV; vgl. oben § 12 Rn. 10.
225 Vgl. oben § 3 Rn. 11 ff.; ferner *Franßen* in: Hansmann/Sellner, Grundzüge, Kap. 14, Rn. 157.
226 Hierzu gehören auch in Ferienhäusern anfallende Abfälle, BVerwG, NVwZ 2009, 184.
227 Umstritten ist hierbei, ob die Möglichkeit zur Verwertung nur die Eigenverwertung (Kompostierung von Hausmüll im eigenen Garten) oder eine darüber hinausgehende Fremdverwertung erfasst. Zur Auslegung des Ausnahmetatbestandes *Dinger*, UPR 2007, 373; *Knopp/Küchenhoff*, UPR 2007, 217; vgl. auch OVG Frankfurt (Oder), ZUR 2005, 264; *Franßen* in: Hansmann/Sellner, Grundzüge, Kap. 14, Rn. 164.
228 BVerwG, NVwZ 2006, 589, 591, zur Vermeidung der Behälterbenutzungspflicht bei der bloßen Möglichkeit der späteren Verwertung des Abfalls BVerwG, NVwZ 2008, 1119, 1121; s. zur Abfallbehälternutzungspflicht für gewerbliche Siedlungsabfälle BVerfG, NVwZ 2007, 1172 sowie die Besprechung dieser Entscheidung von *Vetter*, NVwZ 2007, 1377.

keine Überlassungspflicht an den öffentlich-rechtlichen Entsorgungsträger.[229] § 17 Abs. 1 S. 3 KrWG normiert jedoch, dass die Befugnis zur Beseitigung von Abfällen in eigenen Anlagen nach S. 2 nicht besteht, soweit die Überlassung der Abfälle an den öffentlich-rechtlichen Entsorgungsträger aufgrund **überwiegender öffentlicher Interessen** erforderlich ist. Bei dieser Regelung handelt es sich folglich um eine Rückausnahme zu § 17 Abs. 1 S. 2 KrWG.[230] Bei der Frage, wann das überwiegende öffentliche Interesse betroffen ist, kann nicht die Begriffsdefinition des „überwiegenden öffentlichen Interesses" aus § 17 Abs. 3 KrWG herangezogen werden. Diese bezieht sich ausdrücklich nur auf den § 17 Abs. 2 S. 1 Nr. 4 KrWG. Öffentliche Interessen im Sinne des § 17 Abs. 1 S. 3 KrWG sind die in den Zielen des Gesetzes angelegten Interessen (vgl. § 1 KrWG) sowie die Allgemeinwohlbelange gem. § 15 Abs. 2 S. 2 KrWG, welche die Abfallbehörden bei ihrem Handeln heranzuziehen haben.[231]

Bei § 17 KrWG handelt es sich um eine bundesrechtliche Regelung des Anschluss- und Benutzungszwangs. Danach hat der Abfallbesitzer dem Entsorgungspflichtigen oder den von diesem beauftragten Dritten den Abfall aus privaten Haushaltungen zu überlassen, indem er ihn zur Abholung bereitstellt. Diese Pflicht erstreckt sich auch darauf, dass ein Grundstückseigentümer die auf einem allein seiner Sachherrschaft unterstehenden Grundstück herumliegenden Abfälle zusammenträgt und so deren Einsammeln durch den Träger der Entsorgung ermöglicht.[232]

77 Soweit ein Abfallerzeuger/-besitzer zur Überlassung verpflichtet ist, **darf** er eine Eigenentsorgung nicht mehr vornehmen.[233] Korrespondierend zur Überlassungspflicht steht dem Abfallerzeuger/-besitzer ein Anspruch auf Abnahme der angebotenen Abfälle gegen den öffentlich-rechtlichen Entsorgungsträger zu.[234]

Der Überlassungsvorgang ist vom eigentlichen Verwertungs- und Beseitigungsvorgang zu trennen. In den Fällen des § 17 Abs. 1 KrWG geht die ordnungsgemäße Abfallentsorgung in die Verantwortung der öffentlich-rechtlichen Entsorgungsträger über,[235] mithin endet der Pflichtenkreis des ursprünglich Entsorgungspflichtigen mit der Überlassung (vgl. § 20 Abs. 1 S. 1 KrWG).[236]

78 Eine nach § 17 Abs. 1 S. 1 und 2 KrWG begründete Überlassungspflicht für Abfälle besteht **indes nicht**,[237] wenn

---

229 Hierbei gewinnt die Abgrenzung zwischen Abfallbeseitigung und Abfallverwertung an Bedeutung, vgl. oben § 12 Rn. 64.
230 *Dippel* in: Schink/Versteyl (Hrsg.), KrWG, § 17 Rn. 30; vertiefend zu den Rückausnahmetatbeständen *Schmidt/Kahl/Gärditz*, § 11 Rn. 73; *Kunig* in: Kunig/Paetow/Versteyl, KrW-/AbfG, § 13 Rn. 21; *Klement* in: Schmehl (Hrsg.), GK-KrWG, § 17 Rn. 102 ff.
231 *Klement* in: Schmehl (Hrsg.), GK-KrWG, § 17 Rn. 103 f.; *Dippel* in: Schink/Versteyl (Hrsg.), KrWG, § 17 Rn. 30 ff.
232 BVerwG, NJW 1989, 1295; BVerwGE 67, 8, 11 f.; vgl. auch *Kloepfer*, Umweltrecht, § 20 Rn. 239 ff.
233 BVerwG, NVwZ 2006, 589, 591.
234 *Giesberts* in: Giesberts/Reinhardt, BeckOK, KrWG, § 17 Rn. 1 (Stand: 15.1.2016). Die nähere Ausgestaltung der Abfallüberlassung erfolgt durch kommunales Satzungsrecht der entsorgungspflichtigen Körperschaft, BVerwG, NVwZ 2006, 589, 591. Sie legt ferner auf der Grundlage der Kommunalabgabengesetze die vom Abfallbesitzer zu entrichtende Abfallentsorgungsgebühr fest, dazu *Quaas*, VBlBW 2000, 10; *Queitsch*, UPR 1998, 88; *Fritsch*, S. 91.
235 In Bezug auf die hieran anknüpfende Abfallentsorgung werden kommunale Abfallbesitzer den privaten Abfallbesitzern gleichgestellt. Vgl. hierzu BVerwG, DVBl. 2002, 1127.
236 Zur Abgrenzung zwischen Bereitstellen und Überlassen sowie zum Übergang der Entsorgungspflicht vgl. BVerwG, ZUR 2008, 147.
237 Einen umfassenden Überblick über die hierzu ergangene Rechtsprechung gibt *Weidemann*, NVwZ 2008, 1086.

- Abfälle einer Rücknahme- oder Rückgabepflicht aufgrund einer Rechtsverordnung nach § 25 KrWG (z.B. VerpackV, AltfahrzeugV)[238] unterliegen (§ 17 Abs. 2 S. 1 Nr. 1 KrWG),
- Abfälle in Wahrnehmung der Produktverantwortung[239] nach § 25 KrWG freiwillig zurückgenommen werden (§ 17 Abs. 2 S. 1 Nr. 2 KrWG),
- Abfälle im Rahmen einer gemeinnützigen oder gewerblichen Sammlung einer ordnungsgemäßen und schadlosen Verwertung zugeführt werden (§ 17 Abs. 2 S. 1 Nr. 3 und 4 KrWG)[240] sowie
- besondere landesrechtliche Überlassungs- und Andienungspflichten für gefährliche Abfälle zur Beseitigung bestehen (§ 17 Abs. 4 KrWG).

Die Rechtsprechung hatte sich in einer Reihe von Fällen mit der von öffentlichen Entsorgungsträgern in Frage gestellten Zulässigkeit der gewerblichen Altpapierentsorgung nach § 13 Abs. 3 Nr. 3 KrW-/AbfG a. F. (nunmehr § 17 Abs. 2 S. 1 Nr. 4 KrWG) auseinanderzusetzen.[241] Das BVerwG vertrat in diesem Zusammenhang die Auffassung, dass die Sammlung von Altpapier grundsätzlich den öffentlich-rechtlichen Entsorgungsträgern zu überlassen ist. Private Haushaltungen seien nicht zur Eigenverwertung von Altpapier in der Lage, so dass sich gem. § 13 Abs. 1 KrW-/AbfG a. F. (§ 17 Abs. 1 KrWG) eine Überlassungspflicht an die öffentlich-rechtlichen Entsorgungsträger ergebe. Das BVerwG hat den Begriff der gewerblichen Sammlung sehr eng verstanden, die typischerweise dann anzunehmen sei, wenn es sich um ein „allgemeines, auf freiwilliger Basis beruhendes Angebot der unentgeltlichen Überlassung von verwertbaren Abfällen"[242] handelt. Wenn nach dieser Definition überhaupt eine gewerbliche Sammlung vorläge, müsse in einem zweiten Schritt geprüft werden, ob das überwiegende öffentliche Interesse einer solchen Sammlung nicht entgegenstehe. Einer gewerblichen Sammlung gem. § 13 Abs. 1 Nr. 3 KrW-/AbfG a. F. stehe bereits dann das überwiegende öffentliche Interesse entgegen, „wenn die Sammlung nach ihrer konkreten Ausgestaltung mehr als nur geringfügige Auswirkungen auf die Organisation und Planungssicherheit des öffentlich-rechtlichen Entsorgungsträgers nach sich zieht".[243]

Der Gesetzgeber hat auf diese Rechtsprechung reagiert und den Begriff der gewerblichen Sammlung in § 3 Abs. 18 KrWG definiert. Danach ist eine gewerbliche Sammlung von Abfällen eine Sammlung, die zum Zweck der Einnahmeerzielung erfolgt. Erfasst wird gem. S. 2 auch die Sammeltätigkeit, die auf der Grundlage vertraglicher Bindungen zwischen dem Sammler und der privaten Haushaltung in dauerhaften Strukturen steht. Der Begriff der gewerblichen Sammlung ist danach weit zu verstehen, da nur

---

238 Vgl. oben § 12 Rn. 10.
239 Vgl. hierzu die Rabattaktionen von Modeunternehmen: Nach der Rechtsprechung liegt ein solcher Ausnahmegrund vor, wenn Bekleidungshersteller ihren Kunden Rabatte im Gegenzug für die Abgabe von Altkleidern – sogar von Fremdherstellern – gewähren, vgl. VG Würzburg, AbfallR 2015, 196 und VG Düsseldorf, AbfallR 2015, 196 m. Anm. *Wenzel*, AbfallR 2015, 187.
240 Nach VGH München, NVwZ 2008, 1140, 1141 hat ein öffentlicher Entsorgungsträger nicht das Recht, in die Wahl des Partners der durch gemeinnützige Einrichtungen initiierten Verwertung einzugreifen.
241 Hiervon sind Sammelsysteme unter dem Rechtsregime der Verpackungsverordnung zu unterscheiden; vgl. dazu BVerwG, NVwZ 2006, 688; OVG Hamburg, ZUR 2008, 425, 427; s. dazu auch *Wenzel*, ZUR 2008, 411; *Weidemann*, NVwZ 2008, 1086, 1087; *Knopp/Küchenhoff*, UPR 2007, 216; *Dinger*, UPR 2007, 373; für die Zulässigkeit einer gewerblichen Altpapiersammlung: OVG Lüneburg, KommJur 2013, 277.
242 BVerwG, NVwZ 2009, 1292, 1295.
243 BVerwG, NVwZ 2009, 1292, 1295.

so Konformität mit dem Unionsrecht hergestellt werden kann.[244] Zöge man – wie zuvor vom BVerwG angenommen[245] – ein enges Begriffsverständnis heran, würden Überlassungspflichten an die öffentlich-rechtlichen Entsorgungsträger für problemlos verwertbare Abfälle in nicht mehr mit dem Unionsrecht zu vereinbarender Weise ausgedehnt.[246] Das BVerfG[247] hält die Auslegung des BVerwG „zumindest" für verfassungskonform. Insbesondere sei ein Verstoß gegen das in Art. 101 Abs. 1 S. 2 GG verankerte Gebot des gesetzlichen Richters nicht ersichtlich. Das BVerwG sei nicht verpflichtet gewesen, die Frage dem EuGH vorzulegen, da der Rückgriff auf Art. 106 Abs. 2 AEUV als Rechtfertigungsgrund für die Überlassungspflicht jedenfalls nicht willkürlich sei. Aus verfassungsrechtlicher Sicht könne daher dahinstehen, ob das BVerwG den Begriff der gewerblichen Sammlung zu eng ausgelegt habe, da auch einer gewerblichen Sammlung Art. 106 Abs. 2 AEUV entgegengehalten werden und somit eine Untersagung gerechtfertigt werden könne.

Nunmehr definiert § 17 Abs. 3 KrWG, wann das „überwiegende öffentliche Interesse" betroffen ist. Danach stehen überwiegende öffentliche Interessen einer gewerblichen Sammlung nur entgegen, wenn die Sammlung in ihrer konkreten Ausgestaltung die Funktionsfähigkeit des öffentlich-rechtlichen Entsorgungsträgers gefährdet.[248] Durch diese Regelung soll laut Gesetzesbegründung sichergestellt werden, dass eine Abwägung von entgegenstehenden Interessen im Einklang mit der Rechtsprechung des Gerichtshofs der Europäischen Union erfolgt.[249] Zwar blieb auch § 17 Abs. 3 KrWG nicht ohne Kritik[250], da die Bestimmung viele unbestimmte Rechtsbegriffe enthält und letztlich einen Kompromiss[251] zwischen den Interessen der öffentlich-rechtlichen Entsorgungsträger und dem (europarechtlich geprägten) Interesse an einem freien Wettbewerb darstellt. Denn aus europarechtlicher Sicht wurden vor allem zwei Bedenken vorgebracht: Zum einen verstoße § 17 Abs. 3 KrWG gegen das europäische Sekundärrecht,[252] zum anderen greife auch der Rechtfertigungsgrund nach Art. 106 Abs. 2 AEUV nicht.[253] Die Vorschrift kann aber zumindest europarechtskonform ausgelegt werden.[254] Das europäische Sekundärrecht, insbesondere die Abfallrahmenrichtlinie und die Abfallverbringungsverordnung, trifft keine abschließende Regelung zu Überlassungspflichten. Vielmehr verhält es sich zu der Überlassungspflicht von sortenreinen Abfällen („Altpapier" usw.) gar nicht.[255] Die Anwendung des Art. 106 Abs. 2 ist daher

---

244 Zur Frage der Europarechtswidrigkeit der Überlassungspflichten gem. dem nunmehr maßgeblichen § 17 KrWG vgl. *Knopp/Piroch*, UPR 2012, 343.
245 BVerwG, ZUR 2009, 487 ff.; bestätigt durch BVerwG, ZUR 2015, 39 ff.; zu dieser Rechtsprechung vgl. *Kahl*, JZ 2012, 729, 736 Fn. 97; zur Zulässigkeit von privaten Wertstoffsammlungen OVG Berlin-Brandenburg, ZUR 2012, 103.
246 *Dippel* in: Schink/Versteyl (Hrsg.), KrWG, § 17 Rn. 47 m.w.N.
247 BVerfG, NVwZ 2015, 52.
248 *Klement* in: Schmehl (Hrsg.), GK-KrWG, § 17 Rn. 131 m.w.N.
249 BT-Drs. 17/6052, S. 87.
250 Vgl. etwa *Weidemann*, AbfallR 2012, 96, 101.
251 *Karpenstein/Dingemann* in: Jarass/Petersen, KrWG, § 17 Rn. 152.
252 *Webersinn*, UPR 2012, 436, 437.
253 *Beckmann/Wübbenhorst*, DVBl. 2012, 1403.
254 So zu Recht *Karpenstein/Dingemann* in: Jarass/Petersen, KrWG, § 17 Rn. 153 m. w. N.; *Schoch* in: Kirchhof/Paetow/Uechtritz (Hrsg.), FS Dolde, 2014, S. 292, 301 ff.; *Vetter* in: Kirchhof/Paetow/Uechtritz (Hrsg.), FS Dolde, 2014, S. 309, 320 ff.
255 *Schoch* in: Kirchhof/Paetow/Uechtritz (Hrsg.), FS Dolde, 2014, S. 292, 296 ff.; *Vetter* in: Kirchhof/Paetow/Uechtritz (Hrsg.), FS Dolde, 2014, S. 309, 320 ff.

auch nicht durch das europäische Sekundärrecht gesperrt, sondern kann als Rechtfertigung für weitere Überlassungspflichten herangezogen werden.[256]

Die Befürchtung der Landesbehörden, dass durch die Neuformulierung des § 17 Abs. 3 KrWG gewerblichen Entsorgern das gezielte Sammeln gut vermarktbarer Abfälle ermöglicht wird und infolgedessen gewerbliche Entsorgungsbetriebe gegenüber kommunalen Entsorgern begünstigt werden, ist bisher nur zum Teil bestätigt worden. Die Rechtsprechung wird sich zukünftig an dem Wortlaut des § 3 Abs. 18 KrWG zur gewerblichen Sammlung und § 17 Abs. 3 KrWG hinsichtlich des überwiegenden öffentlichen Interesses orientieren müssen. Folge kann eine weitergehende Zulässigkeit von gewerblichen Sammlungen verwertbarer Abfälle als zuvor sein.[257] Zur Auslegung und Ausfüllung der unbestimmten Rechtsbegriffe des § 17 Abs. 3 KrWG hat sich bisher indes keine einheitliche Rechtsprechung entwickelt.[258]

Im Hinblick auf Untersagungen von gewerblichen Sammlungen haben sich die Gerichte auch mit der Frage auseinanderzusetzen, ob derselbe Rechtsträger öffentlich-rechtlicher Entsorgungsträger und zugleich verantwortlich für die Prüfung der Rechtmäßigkeit der Sammlung sein kann. Dagegen streitet das rechtsstaatliche Neutralitätsgebot. Nach h. M.[259] reicht allerdings eine organisatorische und personelle Trennung der Aufgabenbereiche innerhalb der Behörde zur Wahrung des Neutralitätsgebots aus. Dies ist freilich aus europarechtlicher Sicht aufgrund einer möglichen Interessenkollision mit dem im europäischen Wettbewerbsrecht verankerten Neutralitätsgebot (Art. 106 Abs. 1 i.V.m. Art. 102 AEUV) bedenklich.[260]

▶ **LÖSUNG FALL 13:** Die Klage des A ist begründet, soweit die behördliche Untersagungsverfügung rechtswidrig ist und A dadurch in seinen Rechten verletzt wird (§ 113 Abs. 1 S. 1 VwGO).

Eine behördliche Verfügung ist dann rechtmäßig, wenn sie auf einer wirksamen Ermächtigungsgrundlage beruht und deren formelle und materielle Voraussetzungen vorliegen.

Als Ermächtigungsgrundlage kommt zunächst die abfallrechtliche Generalklausel § 62 KrWG in Betracht. § 62 KrWG ist jedoch nicht einschlägig, sofern eine speziellere Ermächtigungsgrundlage greift. Hinsichtlich angezeigter Sammlungen normiert § 18 Abs. 5 KrWG eine spezielle Ermächtigungsgrundlage, die § 62 KrWG verdrängt.

Die Ermächtigungsgrundlage für die Untersagung einer gewerblichen Sammlung (vgl. §§ 18 Abs. 5 S. 2, 17 Abs. 2 S. 1 Nr. 4 KrWG) müsste zunächst wirksam sein, das heißt u.a. mit höherrangigem Recht in Einklang stehen. Hier äußert A Zweifel an der Unionsrechtskonformität dieser Normen. Grundsätzlich stellen gesetzliche Überlassungspflichten im Abfallrecht eine Beschränkung der Warenverkehrsfreiheit (vgl. Art. 34, 36 AEUV) und der Wettbewerbsfreiheit (vgl. Art. 101 ff. AEUV) dar. Eine Rechtfertigung dieser Beschränkung könnte sich jedoch aus Art. 106 Abs. 2 AEUV ergeben, wenn die Entsorgung von Alttextilien eine Dienstleistung „von allgemeinem wirtschaftlichem Interesse" ist. Die mitgliedstaatliche gesetzliche Zuweisung von zur Verwertung bestimmten Abfällen aus privaten Haushaltungen

---

256 *Vetter* in: Kirchhof/Paetow/Uechtritz (Hrsg.), FS Dolde, 2014, S. 309, 321.
257 So auch schon OVG Lüneburg, KommJur 2013, 277; ebenso VGH Mannheim, ZUR 2014, 112 ff.
258 Eine Übersicht der bisherigen Rechtsprechung findet sich bei *Wenzel*, ZUR 2014, 579; vgl. auch VGH Mannheim, ZUR 2014, 112.
259 VGH Mannheim, ZUR 2014, 112 ff.; OVG Münster, BeckRS 2014, 46261; a. A. *Karpenstein/Dingemann* in: Jarass/Petersen, KrWG, § 18 Rn. 28 ff.
260 Vgl. näher *Karpenstein/Dingemann* in: Jarass/Petersen, KrWG, § 18 Rn. 29 f.; keine Bedenken hat VGH Mannheim, ZUR 2014, 112 ff.

an die öffentlich-rechtlichen Entsorgungsträger kann demnach unter Einhaltung der Voraussetzungen des Art. 106 Abs. 2 AEUV gerechtfertigt werden. Dann müsste es sich bei dem öffentlich-rechtlichen Entsorgungsträger um ein öffentliches Unternehmen i.S.d. Art. 106 Abs. 1 AEUV handeln, das mit einer Dienstleistung von allgemeinem wirtschaftlichem Interesse betraut ist (vgl. Art. 106 Abs. 2 S. 1 AEUV). Bei dem öffentlich-rechtlichen Entsorgungsträger handelt es sich um ein solches Unternehmen. Auch ist anerkannt, dass die Abfallentsorgung eine Dienstleistung darstellt, die von allgemeinem wirtschaftlichem Interesse sein kann.[261] Denn bei der Abholung und Behandlung handele es sich laut EuGH um eine „im Allgemeininteresse liegende Aufgabe", die von Privaten möglicherweise nicht in dem notwendigen Maße erfüllt werden kann.

Darüber hinaus setzt Art. 106 Abs. 2 AEUV für eine Beschränkung der Wettbewerbsfreiheit voraus, dass die Erfüllung der übertragenen Aufgabe anderenfalls rechtlich oder tatsächlich verhindert würde. Dies wiederum ist der Fall, wenn der öffentlich-rechtliche Entsorgungsträger seine Tätigkeit nicht unter wirtschaftlich ausgewogenen Bedingungen ausüben kann.[262] Diesen Maßstäben trägt § 17 Abs. 2 S. 1 Nr. 4 KrWG Rechnung, da nur überwiegende öffentliche Interessen eine Untersagung einer gewerblichen Sammlung rechtfertigen und diese nunmehr in § 17 Abs. 3 KrWG konkretisiert werden. Überwiegende öffentliche Interessen liegen vor, wenn anderenfalls die Funktionsfähigkeit der öffentlich-rechtlichen Entsorgungsträger gefährdet wird. Wann eine solche Gefährdung vorliegt, wird in § 17 Abs. 3 S. 2 KrWG durch Regelbeispiele näher bestimmt. Damit ist die Beschränkung der Warenverkehrsfreiheit gem. Art. 106 Abs. 2 S. 1 AEUV gerechtfertigt.

Eine wirksame Ermächtigungsgrundlage für das Handeln der Behörde liegt demnach vor. Da die formelle Rechtmäßigkeit der Untersagungsverfügung laut Sachverhalt gegeben ist, bedarf es allein einer Untersuchung der materiellen Rechtmäßigkeit.

Die Untersagungsverfügung ist materiell rechtmäßig, sofern die Tatbestandsvoraussetzungen der Ermächtigungsgrundlage vorliegen und die richtige Rechtsfolge gesetzt wurde.

Gem. § 18 Abs. 5 S. 2 KrWG i.V.m. § 17 Abs. 2 S. 1 Nr. 4 KrWG ist die gewerbliche Sammlung von Abfällen aus privaten Haushaltungen unzulässig, sofern überwiegende öffentliche Interessen dieser Sammlung entgegenstehen.

Bei den Alttextilien müsste es sich um Abfall i.S.d. KrWG handeln. Als Abfall definiert § 3 Abs. 1 S. 1 KrWG „alle Stoffe oder Gegenstände, derer sich ihr Besitzer entledigt, entledigen will oder entledigen muss". Grundlegende Voraussetzung für die Abfalleigenschaft ist mithin, dass es sich um einen Stoff oder Gegenstand handelt und ein Entledigungstatbestand gegeben ist. Bei den Alttextilien handelt es sich um Gegenstände, derer sich die vorherigen Besitzer freiwillig entledigt haben. Damit haben sie die tatsächliche Sachherrschaft über die Textilien unter Wegfall jeder weiteren Zweckbestimmung aufgegeben. Es handelt sich somit um Abfall i.S.d. KrWG.

Die Behörde führt an, dass die Planungssicherheit und die Organisationsverantwortung des öffentlich-rechtlichen Entsorgungsträgers beeinträchtigt wäre (vgl. § 17 Abs. 3 S. 2 KrWG) und damit überwiegende öffentliche Interessen der gewerblichen Sammlung entgegenstünden (vgl. § 17 Abs. 3 KrWG). Die Darlegungslast, ob eine Gefährdung des Schutzguts „Funktionsfähigkeit des öffentlich-rechtlichen Entsorgungsträgers" tatsächlich vorliegt, obliegt der Verwaltung. Für eine Gefährdung würde sprechen, wenn durch die gewerbliche

---

261 So schon EuGH, NVwZ 2000, 1151.
262 Vgl. hierzu BVerfG, NVwZ 2015, 52, 55.

Altkleidersammlung der öffentlich-rechtliche Entsorgungsträger seine Pflichten aus § 20 KrWG nicht mehr zu wirtschaftlich ausgewogenen Bedingungen erfüllen könnte, beispielsweise höhere Abfallgebühren fällig würden. Die Behörde hat dahin gehend allerdings keine Fakten vorgetragen. Die bloße Behauptung einer Beeinträchtigung genügt den Anforderungen des § 18 Abs. 5 S. 2 KrWG nicht. Insofern liegen die Voraussetzungen der Ermächtigungsgrundlage nicht vor. Die Untersagungsverfügung ist demnach materiell rechtswidrig.

A ist auch in seiner Berufsausübungsfreiheit aus Art. 12 Abs. 1 GG verletzt.

Die Anfechtungsklage des A ist damit gem. § 113 Abs. 1 VwGO begründet. ◄

Über die dargestellte Verteilung der Entsorgungszuständigkeit hinaus implementiert das KrWG die Möglichkeit der **Zuhilfenahme Dritter** bei der Abfallentsorgung durch den Entsorgungspflichtigen (§ 22 KrWG).

Gem. § 22 S. 1 KrWG kann sich der Entsorgungspflichtige zur Erfüllung seiner Pflichten Dritter bedienen, soweit diese über die erforderliche Zuverlässigkeit verfügen (§ 16 S. 2 Nr. 3 KrWG). Entsprechend § 22 Abs. 1. S. 2 KrWG bleibt die Verantwortlichkeit des Entsorgungspflichtigen hiervon unberührt und so lange bestehen, bis die Entsorgung endgültig und ordnungsgemäß abgeschlossen ist. Der Dritte wird demgemäß als Erfüllungsgehilfe für den Träger der Entsorgungspflicht tätig, so dass dieser im Falle einer regelwidrigen Entsorgung haftbar gemacht werden kann.[263] Die Prüfung der Zuverlässigkeit des beauftragten Dritten liegt nicht zuletzt deshalb im vitalen Eigeninteresse des Entsorgungspflichtigen.[264]

Eine **Entsorgungspflicht**[265] **der öffentlich-rechtlichen Entsorgungsträger** besteht nur noch **subsidiär**.[266] Das heißt die Entsorgungspflicht der öffentlich-rechtlichen Entsorgungsträger ist nachrangig gegenüber der grundsätzlichen Regelung des § 15 Abs. 1 KrWG, welche den Besitzer oder Erzeuger von Abfall auch zur Beseitigung verpflichtet. Die Pflicht der öffentlich-rechtlichen Entsorgungsträger ist zunächst beschränkt auf die in ihrem Gebiet angefallenen oder überlassenen Abfälle aus **privaten Haushaltungen** (§ 20 Abs. 1 S. 1 Hs. 1 KrWG). Hinzu können grundsätzlich auch Abfälle zur Beseitigung aus anderen Herkunftsbereichen kommen, also beispielsweise Restabfälle aus der Abfallaufbereitung, wenn sie den öffentlich-rechtlichen Entsorgungsträgern angetragen werden (§ 20 Abs. 1 S. 1 Hs. 2 KrWG). Die öffentlich-rechtlichen Entsorgungsträger können gem. § 20 Abs. 2 KrWG Abfälle unter den dort genannten Voraussetzungen (S. 1: Rücknahmepflicht aufgrund einer nach § 25 KrWG erlassenen Rechtsverordnung und tatsächlich zur Verfügung stehenden Rücknahmeeinrichtungen; S. 2: Abfälle, die nach Art, Menge oder Beschaffenheit nicht mit den in Haushaltungen anfallenden Abfällen beseitigt werden können oder deren umweltverträgliche Beseitigung durch andere Entsorgungsträger oder Dritte gewährleistet ist) von der Entsorgung ausschließen.[267]

---

263 Vgl. BGH, NVwZ 1993, 1228.
264 *Schmidt/Kahl/Gärditz*, § 11 Rn. 81; zur Prüfungsintensität *Versteyl* in: Kunig/Paetow/ders., KrW-/AbfG, § 16 Rn. 18 ff.
265 Ausweislich § 20 Abs. 1 S. 1 KrWG sind die öffentlich-rechtlichen Entsorgungsträger ebenfalls zu einer ordnungsgemäßen und schadlosen Verwertung und Entsorgung verpflichtet (§§ 6–11, 15–16 KrWG). Die nähere Ausgestaltung obliegt kommunalem Satzungsrecht.
266 Zu den Möglichkeiten und Grenzen der kommunalwirtschaftlichen Betätigung in diesem Bereich *Pape/Holz*, NVwZ 2007, 636.
267 Näher dazu *Arndt/Walter*, WiVerw 1997, 183.

cc) Altölentsorgung

81 Eine Vorrangregelung für die Aufarbeitung von Altölen vor der Entsorgung enthält die **Altölverordnung**.[268] Damit soll eine stoffliche Verwertung von Altölen gewährleistet werden.[269]

dd) Betriebsbeauftragter für Abfall

82 Nach § 59 KrWG besteht für die Betreiber
- von genehmigungspflichtigen Anlagen i.S.d. § 4 BImSchG,
- von Anlagen, in denen regelmäßig besonders überwachungsbedürftige Abfälle anfallen,
- von Sortier-, Verwertungs- oder Abfallbeseitigungsanlagen
- für Besitzer i.S.d. § 27 KrWG
- sowie für Betreiber von Rücknahmesystemen und -stellen, die von den Besitzern im Sinne des § 27 eingerichtet worden sind oder an denen sie sich beteiligen

die Pflicht zur Bestellung eines Betriebsbeauftragten für Abfall.

83 Die **Aufgaben und Befugnisse** des Betriebsbeauftragten erstrecken sich gem. § 60 Abs. 1 S. 2 KrWG u.a. darauf,
- die Wege der Abfälle lückenlos zu überwachen (Nr. 1),
- die Einhaltung der abfallrechtlichen Vorschriften zu überwachen (Nr. 2)
- die Betriebsangehörigen über schädliche Umwelteinwirkungen aufzuklären (Nr. 3)[270]
- auf die Entwicklung und Einführung abfallarmer und umweltfreundlicher Verfahren sowie Erzeugnisse hinzuwirken (Nr. 4)
- bei dieser Entwicklung und Einführung mitzuwirken (Nr. 5) und
- auf Verbesserungen des Verfahrens bei Abfallbewirtschaftungsanlagen hinzuwirken (Nr. 6).

b) Zulassung von Abfallentsorgungsanlagen

84 Gem. § 28 Abs. 1 S. 1 KrWG dürfen Abfälle zum Zwecke der **Beseitigung** nur in den dafür zugelassenen Anlagen oder Einrichtungen (Abfallbeseitigungsanlagen) behandelt, gelagert oder abgelagert werden. Außerdem ist die Behandlung von Abfällen zur Beseitigung in Anlagen zulässig, die überwiegend einem anderen Zweck als der Abfallbeseitigung dienen und einer Genehmigung nach § 4 BImSchG bedürfen (§ 28 Abs. 1 S. 2 KrWG).[271]

Der Begriff der Abfallbeseitigungsanlage erfasst alle zum Zwecke der Beseitigung von Abfällen zugelassenen Anlagen oder Einrichtungen. Der Begriff der Anlage wird im KrWG nicht legaldefiniert, wenngleich er weit auszulegen ist.[272] Er umfasst alle Anla-

---

268 I.d.F.v. 16.4.2002, BGBl. I, S. 1368, zuletzt geändert durch Gesetz v. 24.2.2012, BGBl. I, S. 212. Hierzu *Versteyl*, ZUR 2002, 318.
269 Zur Entwicklung der Bestimmungen für Altöle vgl. *Sparwasser/Engel/Voßkuhle*, § 11 Rn. 247 ff.
270 Zur innerbetrieblichen Überwachung *Kotulla*, DÖV 1995, 452.
271 Vgl. § 9 Rn. 65 ff.
272 BVerwGE 85, 120, 121.

gen und Einrichtungen, die der Behandlung, Lagerung und Ablagerung von Abfällen dienen.[273]

Einen entsprechenden Genehmigungsvorbehalt für **Abfallverwertungsanlagen** normiert das KrWG nicht. Diese werden jedoch unter § 4 Abs. 1 S. 1 BImSchG subsumiert, unterliegen mithin einem immissionsschutzrechtlichen Genehmigungserfordernis.[274] Ob eine Abfallentsorgungsanlage der Abfallverwertung oder der Abfallbeseitigung dient, ist anhand der Begriffsbestimmungen in § 3 Abs. 23, 26 KrWG zu bestimmen.

Die Errichtung, der Betrieb und die wesentliche Änderung einer Abfallbeseitigungsanlage ist zulassungsbedürftig. Zu unterscheiden ist hierbei zwischen der Zulassung von Deponien und sonstigen Abfallbeseitigungsanlagen. Das KrWG selbst regelt nur noch die Zulassung von Deponien[275] im Wege der Planfeststellung (§ 35 Abs. 2 KrWG).[276] Die Errichtung und der Betrieb sonstiger ortsfester Abfallbeseitigungsanlagen zur Behandlung oder (Zwischen-)Lagerung[277] von Abfällen zur Beseitigung bedarf hingegen einer immissionsschutzrechtlichen Genehmigung (§ 35 Abs. 1 KrWG i.V.m. § 4 Abs. 1 S. 2 BImSchG).[278] Daneben besteht ein Anlagenzwang, der dazu verpflichtet, Abfälle nur in zugelassenen Anlagen oder Einrichtungen zu behandeln, zu lagern oder zu beseitigen (§ 28 Abs. 1 S. 1 KrWG).

85

aa) Planfeststellungsverfahren für Deponien

Da das Kreislaufwirtschaftsgesetz **keine speziellen Vorschriften** bezüglich des durchzuführenden **Planfeststellungsverfahren**s enthält, finden die §§ 72–78 VwVfG des Bundes uneingeschränkt Anwendung (§ 38 Abs. 1 S. 1 KrWG).[279] Weitere Einzelheiten des Planfeststellungsverfahrens können durch Rechtsverordnung bestimmt werden, § 38 Abs. 1 S. 2 KrWG. Die nach der Anlage 1 und 3 zu § 3 UVPG für die Planfeststellung vorgeschriebene Umweltverträglichkeitsprüfung[280] ist Bestandteil des Planfeststellungsverfahrens.

86

Das Planfeststellungsverfahren kann auf Antrag oder von Amts wegen durch ein Genehmigungsverfahren ohne UVP (Plangenehmigung)[281] ersetzt werden, wenn einer der in § 35 Abs. 3 S. 1 KrWG normierten Tatbestände eingreift, also wenn

- die Errichtung und der Betrieb einer unbedeutenden Deponie beantragt wird (Nr. 1),[282]
- die wesentliche Änderung einer bestehenden Deponie oder ihres Betriebs, aber ohne erhebliche nachteilige Auswirkungen beantragt wird (Nr. 2) oder
- die Errichtung und der auf maximal zwei Jahre befristete Betrieb einer Anlage zur Entwicklung und Erprobung neuer Abfallbehandlungs- und Abfallverwertungsverfahren beantragt wird (Nr. 3).

---

273 *Schmidt/Kahl/Gärditz*, § 6 Rn. 118 m.w.N.; hierunter können u.U. auch Grundstücke fallen.
274 *Jarass* in: ders., BImSchG, § 4 Rn. 8.
275 Zur Begriffsbestimmung § 3 Abs. 27 KrWG.
276 In Betracht kommt ausnahmsweise auch eine Plangenehmigung gem. § 35 Abs. 3 KrWG.
277 Vgl. zu den Rechtsfragen der Zwischenlagerung von Abfall *Beckmann/Wittmann*, UPR 2007, 247.
278 Vgl. § 9 Rn. 65 ff.; zu den Voraussetzungen für die Forderung einer Sicherheitsleistung nach § 17 Abs. 4a i.V.m. § 5 Abs. 3 BImSchG vgl. BVerwG, ZUR 2008, 419.
279 Vgl. § 5 Rn. 40 ff.
280 Siehe § 5 Rn. 62 ff.
281 Siehe § 5 Rn. 57.
282 Hinsichtlich des Begriffs „unbedeutend" kommt es wohl auf die Lagermenge und den Umfang möglicher Beeinträchtigungen an, vgl. VGH Mannheim, DVBl. 1993, 163.

bb) Materiellrechtliche Zulassungsvoraussetzungen für Deponien

87 Die **materiellrechtlichen Voraussetzungen** für die Zulassung einer Deponie ergeben sich aus § 36 Abs. 1 KrWG. Danach dürfen der Planfeststellungsbeschluss oder die Genehmigung nur erteilt werden, wenn

- sichergestellt ist, dass das Wohl der Allgemeinheit nicht beeinträchtigt wird, insbesondere Gefahren für die in § 15 Abs. 2 S. 2 KrWG genannten Schutzgüter nicht hervorgerufen werden können und Vorsorge gegen die Beeinträchtigung der Schutzgüter, insbesondere durch bauliche, betriebliche oder organisatorische Maßnahmen entsprechend dem Stand der Technik, getroffen sowie Energie sparsam und effizient verwendet wird (Nr. 1),
- keine Tatsachen vorliegen, aus denen sich Bedenken gegen die Zuverlässigkeit der für den Betrieb verantwortlichen Personen ergeben (Nr. 2),
- diese Personen und das sonstige Personal die erforderliche Fach- und Sachkunde besitzen (Nr. 3),
- keine nachteiligen Auswirkungen auf die Rechte eines anderen zu erwarten sind (Nr. 4)[283] und
- die für verbindlich erklärten Feststellungen eines Abfallwirtschaftsplanes (§ 30 Abs. 4 KrWG) dem Vorhaben nicht entgegenstehen (Nr. 5).[284]

Keine Anwendung finden aufgrund der materiellen Konzentrationswirkung des § 38 S. 1 Hs. 1 BauGB die §§ 29 ff. BauGB (sog. Fachplanungsprivileg). Die Zulassung einer Deponie setzt daher keine Zustimmung der Standortgemeinde voraus. Ihr steht aber gem. § 38 S. 1 BauGB ein Recht auf Verfahrensbeteiligung zu.

cc) Planerischer Gestaltungsspielraum

88 Liegen Versagungsgründe nach § 36 Abs. 1 KrWG nicht vor, besteht dennoch **kein Anspruch** auf Erlass des Planfeststellungsbeschlusses.[285] Auch bei abfallrechtlichen Planfeststellungen ist der Behörde planerischer Gestaltungsspielraum[286] eingeräumt; es gelten also (lediglich) die Anforderungen der Abwägungsfehlerlehre.[287] Wird der Planfeststellungsbeschluss erteilt, so hat er Konzentrations- und Gestaltungswirkung.[288]

Bei Durchführung eines Plangenehmigungsverfahrens liegt die Genehmigungserteilung im Ermessen der Behörde.[289] Der Genehmigung kommen jedoch nicht die Rechtswirkungen eines Planfeststellungsbeschlusses zu.[290] Insbesondere kann die fehlende Konzentrationswirkung dazu führen, dass der in der kürzeren Dauer des Genehmigungsverfahrens liegende Vorteil durch das Erfordernis paralleler Genehmigungsverfahren wieder aufgehoben wird.

---

283 Insoweit ist die Vorschrift drittschützend.
284 Für verbindlich erklärte Feststellungen eines Abfallwirtschaftsplans entfalten keine absolute Sperrwirkung für die Planfeststellung i.S.v. § 35 Abs. 2 KrWG; so *Erbguth* in: Jarass/Petersen, KrWG, § 30 Rn. 17 ff.; vgl. bereits § 12 Rn. 44 ff.
285 Der Antragsteller hat lediglich ein subjektiv-öffentliches Recht auf rechtsfehlerfreie Ausübung des Planungsermessens, BVerwG, UPR 1995, 192; vgl. auch VGH Mannheim, DVBl. 1993, 168 und oben § 5 Rn. 42.
286 BVerwGE 71, 166, 168; 85, 44, 51 f.; VGH Baden-Württemberg, VBlBW 1993, 106, 108; *Schink*, DÖV 1993, 725, 733; *Beckmann*, DÖV 1987, 944, 949.
287 Vgl. dazu § 5 Rn. 45 f.
288 Vgl. § 75 Abs. 1 S. 1 Hs. 2 VwVfG; vgl. oben § 5 Rn. 51 f.
289 *Paetow* in: Franßen/Everhardt (Hrsg.), FS Sendler, S. 425, 429.
290 Eine entsprechende gesetzliche Änderung wurde freilich schon vorgeschlagen, vgl. BR-Drs. 29/96, S. 5 ff.

dd) Nebenbestimmungen

Sowohl der Planfeststellungsbeschluss als auch die Genehmigung können mit **Nebenbestimmungen** versehen werden (§ 36 Abs. 4 KrWG). Möglich sind Bedingungen, Auflagen und Befristungen. Gegenstände von Bedingungen und Auflagen können z.B. Vorkehrungen zum Schutz der Nachbarschaft oder Bestimmungen über Art und Menge der in der Anlage zu behandelnden Abfälle sein.

Insbesondere zur Anpassung an veränderte Umstände können auch nachträglich **Auflagen** über Anforderungen an die Deponie oder ihren Betrieb in den Planfeststellungsbeschluss bzw. die Plangenehmigung aufgenommen oder vorhandene Auflagen geändert oder ergänzt werden, wenn dies zur Wahrung des Schutzes der Allgemeinheit oder der Nachbarschaft erforderlich ist (§ 36 Abs. 4 S. 2, 3 KrWG) und dem Grundsatz der Verhältnismäßigkeit entspricht. Einzelheiten hierzu regelt die auf Grundlage von § 36 Abs. 4 S. 4 KrWG ergangene Deponieverordnung.[291]

Gem. § 36 Abs. 3 KrWG soll dem Inhaber einer Deponie die Leistung einer **Sicherheit** im Sinne des § 232 BGB oder ein gleichwertiges Sicherungsmittel für die Rekultivierung sowie für eventuell anfallende Sanierungskosten nach Stilllegung der Anlage auferlegt werden.

ee) Zulassung des vorzeitigen Beginns

Angesichts der erheblichen Dauer von Planfeststellungs- und Genehmigungsverfahren gewinnt die unter den Voraussetzungen des § 37 Abs. 1 KrWG mögliche **Zulassung des vorzeitigen Beginns** an Bedeutung.[292] Danach kann bereits vor Planfeststellungsbeschluss bzw. Genehmigungserteilung mit der Ausführung des Vorhabens begonnen werden, wenn mit einer Entscheidung zugunsten des Vorhabenträgers zu rechnen ist (§ 37 Abs. 1 Nr. 1 KrWG). Ob die Anlage voraussichtlich zugelassen wird, ist anhand der in § 36 Abs. 1 KrWG formulierten Voraussetzungen summarisch zu prüfen. Weitere Voraussetzung ist das Vorliegen eines öffentlichen Interesses am vorzeitigen Beginn (§ 37 Abs. 1 Nr. 2 KrWG). Außerdem muss sich der Träger des Vorhabens verpflichten, alle bis zur endgültigen Entscheidung durch die Ausführung verursachten Schäden zu ersetzen und im Falle der Nichtzulassung den früheren Zustand wiederherzustellen (§ 37 Abs. 1 Nr. 3 KrWG). Hierfür kann eine Sicherheitsleistung verlangt werden (§ 37 Abs. 2 KrWG).

Die vorzeitige Zulassung liegt im **Ermessen** der Behörde. Sie kann die Zulassung mit Auflagen, Bedingungen und Befristungen verbinden.

Umstritten war, ob nach § 37 Abs. 1 KrWG nur Maßnahmen der Anlagenerrichtung, wie die Erschließung von Grundstücken, oder auch der vorläufige Betrieb einer Anlage zulässig sind.[293] Nunmehr beschränkt der eindeutige Wortlaut des § 37 Abs. 1 KrWG, wonach lediglich mit der Ausführung begonnen werden darf, die Maßnahmen auf die bloße Errichtung der Deponie.[294] Zudem ergibt sich aus § 37 Abs. 1 Nr. 3 KrWG, dass die Wiederherstellung des ursprünglichen Zustands möglich bleiben muss. Mit Betriebsbeginn einer Abfallentsorgungsanlage könnten jedoch unter Umständen irreversi-

---

291 Vgl. § 12 Rn. 10.
292 Dazu *Stüer/Hermanns*, DÖV 1999, 58.
293 Dazu bejahend *Kloepfer*, Umweltrecht, § 20 Rn. 267.
294 Vgl. schon BVerwG, DVBl. 1991, 877; *Schröder/Steinmetz-Matz*, DVBl. 1992, 23; so auch *Versteyl* in: Schink/Versteyl (Hrsg.), KrWG, § 37 Rn. 8; *Frische* in: Schmehl (Hrsg.), GK-KrWG, § 37 Rn. 7 ff.

ble Tatsachen geschaffen werden (z.b. durch Ablagerung von Abfällen). Allerdings kann im Zuge einer Prüfung der Betriebstüchtigkeit ein kurzer Probebetrieb der Deponie gestattet werden.[295]

Die **Prognose**, dass mit einer Entscheidung zugunsten des Vorhabenträgers gerechnet werden kann, ist kein feststellender Regelungsbestandteil der Zulassung des vorzeitigen Beginns; sie entfaltet dementsprechend keine Bindungswirkung für das die endgültige Zulassung betreffende Verfahren.[296]

c) Anzeigepflicht und Erlaubnisvorbehalt

91 Im Interesse einer wirkungsvollen Kontrolle des gesamten Ablaufs der Abfallverwertung und -beseitigung (sog. **cradle-to-grave-Prinzip**)[297] besteht für Sammler, Beförderer, Händler und Makler von Abfällen eine **Anzeigepflicht** (§ 53 Abs. 1 S. 1 KrWG). Handelt es sich dabei um gefährliche Abfälle, so benötigen die benannten Personen eine Erlaubnis für ihre Tätigkeit (§ 54 Abs. 1 S. 1 KrWG).[298] Die Intensität der Kontrollinstrumente wird somit nach der Gefährlichkeit der Abfälle differenziert.

Mit diesen Regelungen wird das ursprüngliche Kontrollinstrumentarium des KrW-/AbfG umgestaltet. Es wird zum einen das deutsche Abfallrecht an die europarechtlichen Vorgaben der novellierten Abfallrahmenrichtlinie angepasst. Zum anderen wird der Kontrollaufwand der zuständigen Behörden gesenkt, ohne damit aber die Effektivität der Überwachung zu schmälern.[299]

---

295 *Frische* in: Schmehl (Hrsg.), GK-KrWG, § 37 Rn. 10 m.w.N.; *Beckmann* in: Landmann/Rohmer, § 37 Rn. 11.
296 *Frische* in: Schmehl (Hrsg.), GK-KrWG, § 37 Rn. 13 ff. m.w.N.; *Beckmann* in: Landmann/Rohmer, § 37 Rn. 31.
297 Vgl. dazu § 3 Rn. 2.
298 Zu den Voraussetzungen der Erteilung der Erlaubnis vgl. § 54 Abs. 1 S. 2 KrWG.
299 *Dippel* in: Schink/Versteyl (Hrsg.), KrWG, § 53 Rn. 3; *Brinktrine* in: Schmehl (Hrsg.), GK-KrWG, § 53 Rn. 14 f.

§ 53 Abs. 1 S. 1 KrWG normiert eine Anzeigepflicht für Sammler, Beförderer, Händler und Makler von Abfällen, die nicht gefährlich i.S.v. § 3 Abs. 5 KrWG sind. Diese müssen die Tätigkeit ihres Betriebs vor der Aufnahme der Tätigkeit der zuständigen Behörde anzeigen. Eine Ausnahme von der Anzeigepflicht besteht dann, wenn der Betrieb über eine Erlaubnis gem. § 54 Abs. 1 KrWG verfügt.

§ 53 Abs. 2 S. 1 KrWG bestimmt Anforderungen an den Inhaber eines Betriebes. Danach müssen sowohl der Inhaber als auch die Person, die für die Leitung und Beaufsichtigung des Betriebes verantwortlich ist, zuverlässig sein. Weiter müssen der Inhaber, die für die Leitung und Beaufsichtigung des Betriebes verantwortliche Person und das sonstige Personal über die notwendige Fach- und Sachkunde verfügen (vgl. § 54 Abs. 2 S. 2 KrWG).

Ferner kann die zuständige Behörde die angezeigte Tätigkeit von Bedingungen abhängig machen, sie zeitlich befristen oder Auflagen für sie vorsehen, soweit dies zur Wahrung des Wohls der Allgemeinheit erforderlich ist (§ 53 Abs. 3 S. 1 KrWG). Weiter hat die Behörde die Möglichkeit, die angezeigte Tätigkeit zu untersagen, wenn Tatsachen bekannt sind, aus denen sich Bedenken gegen die notwendigen Anforderungen der Zuverlässigkeit oder der erforderlichen Fach- und Sachkunde nach § 54 Abs. 2 S. 2 KrWG ergeben.

Verboten ist nach der **Abfallverbringungsverordnung der Europäischen Union** ein Export von Abfällen in solche Staaten, die weder EU-Mitgliedstaaten noch dem Basler Übereinkommen beigetreten sind; i.Ü. schreibt die Verordnung ein einheitliches Notifizierungsverfahren (Genehmigungsverfahren) vor, das alle Verbringungen erfasst, mit Ausnahme derjenigen Abfälle zur Verwertung, die in der Anlage III aufgeführt und von einer Kontrolle und Überwachung weitgehend freigestellt sind.[300]

Um dem illegalen Export von Elektroaltgeräten entgegenzuwirken, normierte der Gesetzgeber im ElektroG[301] nunmehr in § 23 Abs. 4 eine Beweislastumkehr. Derjenige, der die Geräte ins Ausland verbringen möchte, muss in Anlage 6 des ElektroG näher bestimmte Unterlagen (u. a. eine Kopie des Kaufvertrags über das Gebrauchtgerät, aus der hervorgeht, dass das Gerät wiederverwendet wird sowie eine Erklärung, dass keines der Materialien des Geräts Abfall darstellt) bereithalten und der zuständigen Behörde auf Anfrage vorlegen. Falls die vorgelegten Unterlagen des Exporteurs Defizite aufweisen, die Unterlagen gänzlich fehlen oder ein angemessener Schutz vor Beschädigung des Geräts beim Transport fehlt, wird widerlegbar vermutet, dass es sich um ein Altgerät handelt und ein illegaler Export vorliegt. Derjenige, der Elektrogeräte exportiert, muss daher beweisen (können), dass es sich bei den zu exportierenden Geräten um funktionstüchtige Gebrauchtgeräte handelt.[302]

d) Überwachung

Ein effizienter Vollzug des Abfallrechts erfordert nicht nur eine vorbeugende Überwachung in Form der Zulassungspflicht von Abfallbeseitigungsanlagen, sondern auch eine laufende Überwachung der Vermeidung, Verwertung und Beseitigung von Abfäl-

---

300 Umfassend hierzu *Dieckmann/Reese* in: Koch (Hrsg.), Umweltrecht, § 6 Rn. 123 ff.; auch *Dieckmann*, ZUR 2006, 561.
301 Vgl. § 12 Rn. 63.
302 Ausführlich hierzu *Kropp*, AbfallR 2014, 280.

len.[303] Daher sollen die entsprechenden Vorschriften eine möglichst lückenlose Überwachung, beginnend mit der Abfallentstehung bis zur endgültigen Abfallbeseitigung, gewährleisten. Kernstück der Überwachungsregelungen ist § 47 Abs. 1 KrWG. Die allgemeine Überwachung erstreckt sich auf alle vom KrWG erfassten Abfallarten[304] sowie auf alle Entsorgungspflichtigen[305].

§ 47 Abs. 1 KrWG enthält zunächst nur eine Zuweisung der Überwachungsaufgabe[306] an die zuständige Behörde.[307] Die einzelnen Überwachungsmaßnahmen bedürfen daher gesonderter Rechtsgrundlagen.[308]

§ 47 Abs. 3 S. 1 Nr. 1–4 KrWG benennt die Überwachungspflichtigen, namentlich Erzeuger und Besitzer von Abfällen, Entsorgungspflichtige, Inhaber oder Betreiber gewerblicher (auch stillgelegter) Entsorgungsanlagen sowie gewerbsmäßig tätige Abfallsammler, Abfallbeförderer, Abfallhändler und Abfallmakler.

Die Überwachungspflichtigen haben auf Verlangen Auskunft über alle Anlagen und Einrichtungen sowie deren Betrieb und sonstige der Überwachung unterliegenden Gegenstände zu geben (§ 47 Abs. 3 S. 1 KrWG). Ein entsprechendes Auskunftsverweigerungsrecht ergibt sich aus § 47 Abs. 5 KrWG.

Zur Sicherstellung einer effektiven Überwachung haben die in § 47 Abs. 1 S. 1 KrWG genannten Personen gem. § 47 Abs. 3 S. 2 KrWG zur Prüfung ihrer Verpflichtungen aus §§ 7 und 15 KrWG das Betreten von Grundstücken, Geschäfts- und Betriebsräumen sowie die Einsicht in Unterlagen und die Vornahme von technischen Ermittlungen und Prüfungen zu gestatten. Diese Gestattungspflicht geht über eine passive Duldungspflicht hinaus und umfasst auch erforderliche Mitwirkungshandlungen des Pflichtigen. Das ergibt sich nicht zuletzt schon aus § 47 Abs. 4 KrWG, der die Mitwirkungspflichten in Bezug auf Anlagenbetreiber ausdrücklich konkretisiert.[309]

Nach § 48 S. 2 KrWG können durch Rechtsverordnung[310] bestimmte Abfälle als gefährlich eingestuft werden (vgl. § 3 Abs. 4 S. 1 KrWG). Solche unterliegen in Bezug auf Entsorgung und Überwachung gesteigerten Anforderungen (§ 48 S. 1 KrWG).[311]

Um eine effektive Abfallüberwachung zu ermöglichen, normiert § 49 KrWG Dokumentationspflichten. Konkret bestimmt § 49 Abs. 1 KrWG eine sog. **Registerpflicht**. Registerpflichtig sind Entsorger (Abs. 1), Entsorger, die Abfälle behandeln oder lagern

---

303 Diese Vorschriften wurden durch das Gesetz zur Vereinfachung der abfallrechtlichen Überwachung v. 15.7.2006, BGBl. I, S. 1619 umfassend vereinfacht; vgl. hierzu *Stöhr*, ZUR 2007, 77; zur Bedeutung des § 3a VwVfG *Kropp*, NVwZ 2008, 1055.
304 Vgl. § 12 Rn. 13 f.
305 Vgl. § 12 Rn. 80.
306 Überwachungsmaßnahmen ohne Grundrechtsrelevanz oder im Einverständnis mit einem betroffenen Grundrechtsträger, wie z.B. Messungen oder Beobachtungen können auf § 47 Abs. 1 KrWG gestützt werden; vgl. hierzu VGH Mannheim, UPR 2002, 237.
307 Die für die Überwachung zuständige Behörde bestimmt sich gem. § 63 KrW-/AbfG nach Landesrecht. In M-V finden sich die Zuständigkeitszuweisungen im Abfallwirtschaftsgesetz i.d.F. v. 15.1.1997, GVBl. S. 43, zuletzt geändert durch Gesetz v. 22.6.2012, GVBl. S. 186, und der Verordnung über die Zuständigkeit der Abfallbehörden i.d.F. der Bekanntmachung v. 15.6.2012, GVBl. S. 240, zuletzt geändert durch Gesetz v. 7.12.2012, GVBl. S. 576. Zur Zulässigkeit der Übertragung der Überwachungsaufgabe auf Private vgl. BVerwG, UPR 2006, 271.
308 Umfassend zur abfallrechtlichen Überwachung *Franßen* in: Hansmann/Sellner, Grundzüge, Kap. 14, Rn. 270 f.
309 *Franßen* in: Hansmann/Sellner, Grundzüge, Kap. 14, Rn. 272.
310 Auf dieser Grundlage ist die Abfallverzeichnis-VO ergangen, vgl. § 12 Rn. 10.
311 Vgl. § 12 Rn. 32.

(Abs. 2), sowie Erzeuger, Besitzer, Sammler, Beförderer, Händler und Makler gefährlicher Abfälle (Abs. 3).

Die Registerpflicht gilt mithin für gefährliche und nicht gefährliche Abfälle. Die spezifischen inhaltlichen Anforderungen an die in dem Register enthaltenen Angaben ergeben sich aus § 49 Abs. 1 und 2 KrWG sowie § 24 NachwV.[312]

Weitergehende Nachweispflichten für Erzeuger, Besitzer, Sammler, Beförderer, Händler und Makler gefährlicher Abfälle statuiert § 50 KrWG.

Die besonderen Anforderungen gem. §§ 49, 50 KrWG sind auch auf nicht gefährliche Abfälle anzuwenden, wenn sie im Einzelfall (§ 51 Abs. 1 S. 1 Nr. 1 KrWG) oder durch Rechtsverordnung gem. § 10 Abs. 2 Nr. 2 und 3 sowie 5 und 8 KrWG durch die zuständige Behörde angeordnet werden (§ 51 Abs. 1 S. 1 Nr. 2 KrWG).

3. Instrumente indirekter Verhaltenssteuerung

Der Einsatz von Instrumenten indirekter Verhaltenssteuerung bietet sich insbesondere im Rahmen der Abfallvermeidung an.

Erstmals zum 12.12.2013 war der Bund gem. § 33 KrWG dazu verpflichtet, ein umfassendes Programm zur Abfallvermeidung festzulegen.[313] Am 31.7.2013 verabschiedete das Bundeskabinett das Abfallvermeidungsprogramm des Bundes, welches in Zusammenarbeit mit den Ländern erarbeitet wurde, und kam somit der Verpflichtung aus § 33 Abs. 1 S. 1 KrWG nach.[314]

Zentraler Bestandteil des Programmes ist die Evaluation bestehender Abfallvermeidungsmaßnahmen und die Weiter- bzw. Neuentwicklung von Instrumenten, die eine Abfallvermeidung bewirken sollen.[315] Die Verpflichtung, Abfallvermeidungsprogramme aufzustellen, richtet sich zunächst an den Bund. Die Länder können sich jedoch gem. § 33 Abs. 1 S. 2 KrWG an der Erstellung des Programmes beteiligen. Beteiligen sich die Länder nicht an der Erstellung eines Abfallvermeidungsprogramms, so müssen sie gem. § 33 Abs. 2 KrWG selbst ein solches erstellen.[316]

Anders als Abfallwirtschaftspläne sollen Abfallvermeidungsprogramme konkrete Maßnahmen zur Abfallvermeidung enthalten.[317] Beiträge der Länder zu Abfallvermeidungsprogrammen gem. § 33 Abs. 1 KrWG oder Länderabfallvermeidungsprogramme gem. § 33 Abs. 2 KrWG können jedoch gem. Abs. 4 in Abfallwirtschaftspläne aufgenommen werden. Durch diese Verschränkungsmöglichkeit der beiden Planungsinstrumente können auch im Rahmen von Abfallwirtschaftsplänen gem. § 30 KrWG konkrete Abfallvermeidungsmaßnahmen vorgesehen werden.

Die nachfolgend dargestellten Instrumente dienen ebenfalls der Abfallvermeidung. Sie werden in den zukünftig zu erstellenden Abfallvermeidungsprogrammen evaluiert und gegebenenfalls weiterentwickelt.

---

312 § 12 Rn. 10.
313 Durch § 33 KrWG wird Art. 29 der Abfallrahmenrichtlinie 2008/98/EG umgesetzt; vertiefend zu den Abfallvermeidungsprogrammen *Schomerus/Herrmann-Reichold/Stropahl*, ZUR 2011, 507; *Hutsch*, DöV 2012, 145, 151; *Hofmann* in: Schmehl (Hrsg.), GK-KrWG, § 33 Rn. 2.
314 Abrufbar unter: http://www.bmub.bund.de/fileadmin/Daten_BMU/Pools/Broschueren/abfallvermeidungsprogramm_bf.pdf (Stand Juli 2013).
315 BT-Drs. 17/6052, S. 58.
316 *Hofmann* in: Schmehl (Hrsg.), GK-KrWG, § 33 Rn. 6 ff.
317 BT-Drs. 17/6052, S. 92.

a) Abfallabgaben

97 Rechtspolitische Vorstellungen richten sich vor allem auf die Erhebung von **Umweltabgaben**, die entsprechend dem **Verursacherprinzip** Endverbraucher sowie die Industrie, die trotzdem große Mengen Abfall erzeugen, mit höheren Gebühren belegen. Mit einer Abgabe, die an das Entstehen von Abfällen anknüpft, verbinden sich jedoch eine Reihe von Problemen. So hängt die Festlegung genauer Abgabesätze von der Quantifizierbarkeit der durch Abfallstoffe hervorgerufenen Umweltbelastungen ab. Da die stofflichen Wirkungszusammenhänge nicht alle bekannt sind, ist eine exakte Bewertung kaum möglich. Wenn die Abgabenhöhe aber nicht entsprechend dem genauen Umweltverschmutzungsbeitrag des einzelnen Verursachers[318] festgelegt werden kann, bleibt auch der Anreiz zur Abfallvermeidung gering.

b) Hausmüllgebühren

98 In allen Bundesländern werden **Gebühren** für die Müllabfuhr nach den Kommunalabgabengesetzen erhoben.[319] Nennenswerte Anreize zur Abfallvermeidung entstehen aber nur dann, wenn ein mengenbezogener Maßstab angewandt wird, sei es, dass sich die Höhe der Gebühr nach dem Gewicht des Mülls oder nach der vom Abfallbesitzer bestimmten Anzahl der Leerungen bemisst. Beide Lösungen setzen jedoch einen hohen organisatorischen Aufwand voraus und sind außerdem kostenträchtig, weil die Müllwagen mit elektronischen Waagen ausgerüstet werden müssen oder eine Codierung der Mülltonnen erfolgen muss.[320]

c) Kommunale Verpackungsteuern

99 Auch Kommunen dürfen Umweltabgaben erheben, wenn ihnen durch die Kommunalabgabengesetze der Länder eine entsprechende Befugnis eingeräumt wird. Strittig ist dagegen, ob die kommunale Selbstverwaltungsgarantie des Art. 28 Abs. 2 S. 1 GG die Gemeinden ermächtigt, – auch ohne besondere gesetzliche Grundlage – aufgrund eines Steuerfindungsrechts Abgabensatzungen zu erlassen.[321] In einigen Gemeinden ist in der Vergangenheit der Versuch unternommen worden, durch Satzungen für den örtlichen Bereich Einwegerzeugnisse zu verbieten oder mit **Sonderabgaben** zu belegen. Zwar hatte das BVerwG[322] die kommunale Verpackungsteuersatzung zunächst für rechtmäßig erachtet; nach dem BVerfG ist sie allerdings in ihrer konkreten Ausgestaltung als Lenkungsteuer bundesrechtswidrig.[323]

WIEDERHOLUNGS- UND VERSTÄNDNISFRAGEN

100 > Wie definiert das KrWG den Begriff „Abfall"? (Rn. 16-23)
> Was wird unter der Abfallhierarchie verstanden (Rn. 36-38)

---

318 Zur Finanzierungsverantwortlichkeit *Koch*, NVwZ 2005, 1153.
319 Dazu *Quaas*, VBlBW 2000, 10; *Queitsch*, UPR 1998, 88; *Gössel*, BWGZ 1999, 170; vgl. oben § 5 Rn. 88 ff.
320 Vgl. zum Problem der Gebühren in der Abfallpolitik auch *SRU*, Umweltgutachten 1998, BT-Drs. 13/10195; Rechtsprechungsübersicht zum Gebührenmaßstab vgl. *Queitsch*, KStZ 2007, 146.
321 Ablehnend BVerwG, NVwZ 1995, 59, 61.
322 BVerwGE 96, 272, 277; dazu *Sendler*, WiVerw 1996, 83; *Gern*, NVwZ 1995, 771; *Eckert*, DÖV 1990, 1006; *Tiedemann*, DÖV 1990, 1; *Dahmen*, KStZ 1992, 1, 6.
323 BVerfGE 98, 106.

§ 12 Kreislaufwirtschafts- und Abfallrecht § 12

> Wie werden nach dem KrWG gefährliche von nicht gefährlichen Abfällen abgegrenzt? Welche Bedeutung kommt der Unterscheidung zu? (Rn. 32)
> Welche abfallrechtlichen Instrumente normiert das KrWG? (Rn. 39 ff.)
> Wie wird der Begriff der Abfallentsorgung definiert? Benennen Sie die diesbezüglichen Grundpflichten! (Rn. 26-31, 64 ff.)
> Nach welchen Normen richtet sich die Zulassung von Abfallentsorgungsanlagen? (Rn. 84 ff.)

§ 13 Bodenschutz- und Altlastenrecht

1   Aufgabe des Bodenschutzes ist es, die natürlichen Bodenfunktionen, die einer Vielzahl von konkurrierenden Nutzungsansprüchen ausgesetzt sind, auch den künftigen Generationen zu erhalten. Der Boden als elementare Lebens- und Nahrungsgrundlage muss insbesondere vor Schadstoffeinträgen und Kontamination, Erosion, Verdichtung, Landverbrauch, Versalzung, Versauerung, Humusverlust und Flächenversiegelung geschützt werden.[1]

Das Umweltmedium Boden ist relativ spät in das umweltrechtliche Blickfeld geraten. Ausgelöst durch Altlastenskandale in den 1970er und 1980er Jahren wurde Bodenschutz in erster Linie durch Altlastensanierung – mangels spezialgesetzlicher Regelungen gestützt auf das allgemeine Recht der Gefahrenabwehr – betrieben. Die Politik hatte allerdings bereits im Umweltprogramm der Bundesregierung von 1971 und in der Bodenschutzkonzeption der Bundesregierung von 1985 das Schutzgut Boden als regelungsbedürftig charakterisiert.[2] Dennoch ließ ein medienbezogenes Schutzgesetz für den Boden auf Bundesebene lange Zeit auf sich warten, obwohl aus fachlicher Sicht wiederholt die Notwendigkeit eines einheitlichen Regelwerks zur Erhaltung der ökologischen Funktionen des Bodens hervorgehoben worden war.[3] Mit der ausufernden Altlastenproblematik sowie der Herstellung der deutschen Einheit im Jahre 1990 wurde dies zunehmend dringlich. Infolgedessen war der Erlass eines Bundes-Bodenschutzgesetzes bereits seit einigen Jahren als fester Bestandteil einer reformorientierten Umweltschutzpolitik vorgesehen.[4] Der Schutz des Bodens erfolgte bis Mitte der 90er Jahre weitgehend aufgrund defizitärer und zersplitterter Vorschriften in den unterschiedlichsten Regelungszusammenhängen, insbesondere des Landesrechts oder einzelner Fachgesetze, z.B. im Immissionsschutzrecht, Wasserrecht und Abfallrecht. Der **Querschnittscharakter des Bodenschutzes** warf nicht unerhebliche Regelungsprobleme bei der Konzeption eines bundeseinheitlichen Regelwerks auf,[5] das erst vier Jahre nach dem ersten Entwurf als „Gesetz zum Schutz des Bodens" am 17.3.1998[6] erlassen werden konnte. Aufgrund seiner Entstehungsgeschichte liegt sein Schwerpunkt weiterhin auf dem primär ordnungsrechtlichen Altlastenrecht.[7] Daneben wird nur Abgrabungen und Auffüllungen eine gewisse Bedeutung beigemessen; quantitativem Bodenschutz (Versiegelungsverbot, Entsiegelungspflicht) und qualitativem Bodenschutz (Nutzungsbeschränkungen in der Landwirtschaft einschließlich Ausgleichspflicht) kommt lediglich eine untergeordnete Rolle zu.[8] Der reaktive, gefahrenabwehrrechtliche Charakter des deutschen Bodenschutzrechts ist allein ungeeignet, den teilweise schon eingetretenen Schäden an der natürlichen Umgebung hinreichend zu begegnen.[9] Geboten ist eine dem Vorsorgeprinzip verpflichtete, nachhaltige Steuerung der Inanspruchnahme dieser

---

1 Zu den aktuellen Bodenfunktionen und ihren Beeinträchtigungen vgl. *SRU*, Umweltgutachten 2008, Tz. 485 ff.
2 *Sanden* in: Koch (Hrsg.), Umweltrecht, § 8 Rn. 20.
3 Vgl. *Sanden/Schoeneck*, BBodSchG, Einf. Rn. 2 f.; *Kauch*, S. 2 f.; *Kobes*, NVwZ 1998, 786; *Erbguth/Stollmann*, NuR 1994, 319 f.
4 *Erbguth/Stollmann*, GewArch 1999, 223.
5 *Sparwasser/Engel/Voßkuhle*, § 9 Rn. 49.
6 BGBl. I, S. 502; dazu *Bückmann/Lee/Zieschank*, UPR 1999, 81; *Erbguth/Stollmann*, Bodenschutzrecht, Rn. 4; *Peine*, NuR 1999, 121; *Peters*, VBlBW 1999, 83; *Riedel*, UPR 1999, 92; *Vierhaus*, NJW 1998, 1262.
7 *Erbguth/Stollmann*, GewArch 1999, 223, 224; vgl. auch *Finger*, NVwZ 2011, 1288, 1291.
8 *Sparwasser/Engel/Voßkuhle*, § 9 Rn. 47; kritisch auch *Peine*, UPR 2003, 406, 407.
9 Vgl. zum Stand der Flächeninanspruchnahme und der Schadstoffeinträge in Böden *SRU*, Umweltgutachten 2008, Tz. 490 ff.; zum Flächenverbrauch vgl. auch *Tomerius*, ZUR 2008, 1 f.

natürlichen Ressource, mithin eine Abkehr vom ordnungsrechtlichen Ansatz. Ein Instrument nachhaltiger Bodenbewirtschaftung ist das Flächenrecycling, das angesichts der nach wie vor erheblichen Neuinanspruchnahme von Böden für Siedlungs- und Verkehrszwecke auf die Wiedernutzung brachgefallener Flächen zielt.[10] Dabei sollten nicht zuletzt ökonomische Instrumente eingesetzt werden, um durch wirtschaftliche Anreize bodenschützende Ziele zu erreichen.[11]

I. Rechtsgrundlagen

Das Bodenschutzrecht ist systematisch dem medienbezogenen, kausalen Umweltschutz zuzuordnen.[12] Es finden sich auch in diesem Bereich völkerrechtliche, europarechtliche sowie bundes- und landesrechtliche Vorschriften.

1. Internationale Vorschriften

Auf der internationalen Ebene hat die **Europäische Bodencharta** von 1972 Grundsätze für eine nachhaltige Bodenbewirtschaftung festgelegt. Zudem haben die **Weltbodencharta** von 1982 sowie das **UNEP-Umweltrechtsprogramm von Montevideo**[13] – als Initiativen und Aktionsprogramme ohne verbindlichen Charakter – den Schutz des Bodens zum Ziel erklärt.[14] Bodenschutzbezogene Regelungen finden sich auch in der Desertifikationskonvention[15], der Biodiversitätskonvention[16] und in der Klimarahmenkonvention.[17] Die Vereinten Nationen sehen den Erhalt der Böden als unabdingbare Voraussetzung für eine nachhaltige Entwicklung. Sie haben deshalb das Jahr 2015 zum ersten internationalen Jahr des Bodens ausgerufen.[18] Außerdem ist die Verhinderung einer Bodenverschlechterung Ziel 15 der sog. Sustainable Development Goals (SDG).[19]

Die **Alpenkonvention**[20] sieht eine wechselseitige Verpflichtung der Alpenländer einschließlich der EU auf Maßnahmen des qualitativen und quantitativen Bodenschutzes im Alpenraum vor.[21]

---

10 Hierzu *Tomerius*, NuR 2005, 14.
11 Zu denken ist bspw. an marktorientierte Bodennutzungsabgaben oder Versiegelungsabgaben; vgl. *Erbguth/Stollmann*, GewArch, 1999, 223, 224. Vgl. ferner zur Diskussion des Handels mit Flächenausweisungsrechten *Bovet*, NuR 2006, 473.
12 *Sparwasser/Engel/Voßkuhle*, § 9 Rn. 49.
13 *Sparwasser/Engel/Voßkuhle*, § 9 Rn. 54.
14 Zur Bestandsaufnahme völkerrechtlicher Regelungen zum Bodenschutz vgl. *Odendahl*, ArchVR 39 (2001), 82; *Olazábal*, JEEPL 2006, 184, 187; zu Perspektiven im internationalen Bodenschutzrecht vgl. *Ehlers/Ginzky*, ZUR 2012, 137.
15 Übereinkommen der Vereinten Nationen zur Bekämpfung der Wüstenbildung in den von Dürre und/oder Wüstenbildung schwer betroffenen Ländern, insbesondere Afrika, v. 14.10.1994, BGBl. II 1997, S. 1471.
16 BGBl. II 1993, S. 1742, in Kraft getreten am 29.12.1993.
17 Vgl. § 8 Rn. 7 sowie *Ginzky*, ZUR 2015, 199, 203.
18 Vgl. *BMUB*, Dritter Bodenschutzbericht der Bundesregierung, Beschluss v. 12.6.2013, S. 8 f., abrufbar unter: http://www.bmub.bund.de/fileadmin/Daten_BMU/Download_PDF/Bodenschutz/dritter_bodenschutzbericht_bf.pdf (Stand: 15.1.2016) sowie *Ehlers/Ginzky*, ZUR 2014, 577 f.
19 *UN*, Transforming our world: The 2030 Agenda for Sustainable Development, S.13 – 14, 19 u. 21, abrufbar unter: http://www.un.org/pga/wp-content/uploads/sites/3/2015/08/120815_outcome-document-of-Summit-for-adoption-of-the-post-2015-development-agenda.pdf (Stand: 15.1.2016), zum Potenzial dieser Zielsetzungen für den Bodenschutz *Linz/Lobos Alva*, ZUR 2015, 195 f., 198; vgl. ferner § 8 Rn. 20.
20 Vgl. § 10 Rn. 3; zur Umsetzung der Bestimmungen der Alpenkonvention in Deutschland vgl. *Cuypers/Güthler/Köhler/Schumacher/Söhnlein*, Alpine Umweltprobleme – Leitfaden zur Umsetzung der Bestimmungen der Alpenkonvention in Deutschland, 2008.
21 Vgl. Art. 2 Abs. 2 lit. d Alpenkonvention v. 7.11.1991, für Deutschland ratifiziert durch Gesetz v. 29.9.1994, BGBl. II, S. 2538; Protokoll zur Durchführung der Alpenkonvention von 1991 im Bereich Bodenschutz, Proto-

2. EU-Recht

3 Die EU verfügt zwar nicht über eine explizite Regelungskompetenz zum Schutz des Bodens. Ein eigenständiger Sekundärrechtsakt für diesen Regelungsbereich könnte gleichwohl auf Art. 192 AEUV gestützt werden, steht aber bislang aus.[22] Die Kommission hat in einer Mitteilung vom April 2002[23] die Grundlage für eine gemeinschaftliche Bodenschutzstrategie geschaffen. Durch einen systematischeren Bodenschutz sollte in den darauf folgenden Jahren den Hauptgefahren für den Boden – Erosion, Rückgang der organischen Substanz, Bodenkontamination aus Punktquellen und Quellen diffuser Art (atmosphärische Niederschläge, landwirtschaftliche Praktiken), Bodenversiegelung, Rückgang der biologischen Vielfalt im Boden, Versalzung, Überschwemmungen und Erdrutsche – begegnet werden.[24]

In der Folge hat die Europäische Kommission auf Grundlage des Sechsten Umweltaktionsprogramms[25] und des EG-Vertrags am 22.9.2006 einen **Vorschlag für** eine europäische **Bodenschutzrahmenrichtlinie**[26] – gestützt auf Art. 192 AEUV (Umweltschutz) – vorgelegt.[27] Mit Blick auf den Subsidiaritätsgrundsatz (Art. 5 Abs. 3 EUV) bestehen zum Teil Zweifel an der Rechtsetzungskompetenz der EU,[28] die aufgrund der grenzüberschreitenden Bedeutung und Notwendigkeit des Bodenschutzes freilich nicht überzeugen.[29]

Bislang konnte auf der EU-Ebene noch keine endgültige Einigung hinsichtlich des Erlasses einer Richtlinie zum Bodenschutz erzielt werden.[30] Vielmehr nahm die EU-Kommission den Entwurf einer Bodenschutzrichtlinie in die Liste zurückgezogener Vorhaben auf.[31] Diese „rote" Liste umfasst neben der geplanten Bodenschutzrichtlinie über 50 weitere Vorhaben und soll unter anderem dazu dienen, den gegenüber der Kommission oft geäußerten Vorwurf der Überregulierung zu entkräften.[32] Obwohl damit der Erlass einer eigenständigen Bodenschutzrichtlinie verworfen scheint, berücksichtigen andere umweltbezogene Sekundärrechtsakte, wie beispielsweise über die Industrieemissionsrichtlinie (IE-RL)[33], Bodenschutzbelange.[34]

---

koll „Bodenschutz", ABlEG L 337/29 v. 22.12.2005. Eine aktuelle Übersicht zum Bodenschutz im Rahmen der Alpenkonvention liefert *Markus*, ZUR 2015, 214 f.
22 Vertiefend hierzu *Schäfer*, ZUR 2003, 151; *Wägenbaur*, ZRP 2002, 278; zum Bodenschutzrecht in verschiedenen Mitgliedstaaten der EU vgl. *Mitschang* (Hrsg.), S. 81 ff.
23 KOM (2002) 179 endg. v. 16.4.2002.
24 Vgl. *Falke*, ZUR 2002, 302.
25 Sechstes Aktionsprogramm der Europäischen Gemeinschaft für die Umwelt: „Umwelt 2010: Unsere Zukunft liegt in unserer Hand." KOM (2001) 31 endg. v. 24.1.2001.
26 Vorschlag für eine Richtlinie des Europäischen Parlaments und des Rates zur Schaffung eines Ordnungsrahmens für den Bodenschutz und zur Änderung der Richtlinie 2004/35/EG, KOM (2006) 232 endg. v. 22.9.2006.
27 Umfassend hierzu *Heimann*, S. 135 ff.; *Heuser*, ZUR 2007, 63; *dies.*, ZUR 2007, 113; *Galle-Bürgel/Gerhold/Kopp-Assenmacher/Schwertner*, EurUP 2007, 96; zur Entwicklung in jüngerer Zeit *Falke*, ZUR 2012, 383, 385 f.
28 Vgl. *Bückmann*, UPR 2006, 365, 366; *Scheil*, NuR 2007, 176; kritisch auch *Hofmann*, DVBl. 2007, 1392; *Wurster*, EuZW 2009, 475; *Strüve*, Jura 2013, 383, 384.
29 *SRU*, Umweltgutachten 2008, Tz. 531.
30 Ausführlich zum Stand der Bemühungen um eine BRRL vgl. *Heimann*, S. 130 ff.; *Falke*, ZUR 2012, 383, 385 f.; ferner BT-Drs. 17/3844.
31 Vgl. ABlEU C 153 v. 21.5.2014, S. 3, zu den Gründen für die Ablehnung der Verabschiedung der Richtlinie *Dooley/Roberts/Wunder*, ZUR 2015, 209.
32 Ausführlich vgl. Europäische Kommission, Pressemitteilung vom 21.5.2014, abrufbar unter http://ec.europa.eu/deutschland/press/pr_releases/12392_de.htm (Stand: 15.1.2016).
33 Zur IE-RL siehe § 9 Rn. 8 f.
34 Vgl. hierzu *Müggenborg*, NVwZ 2014, 326 f.

§ 13 Bodenschutz- und Altlastenrecht

Die **Umwelthaftungsrichtlinie**[35] schafft nach Maßgabe des **Verursacherprinzips**[36] einen Rahmen für die Umwelthaftung zur Verhinderung und Sanierung von Umweltschäden. Ausweislich des Art. 2 Nr. 1 lit. c Umwelthaftungsrichtlinie sind auch Schädigungen des Bodens ein Umweltschaden.

Darüber hinaus finden sich in einigen Rechtsakten Regelungen, die ebenfalls Bodenschutz bezwecken.[37] Zu nennen sind die IE-Richtlinie,[38] die u.a. auf die Vermeidung und Verminderung von Emissionen in Böden zielt, ferner die UVP-Richtlinie,[39] die den Boden als Schutzgut erwähnt, die Klärschlamm-Richtlinie,[40] die die Verwendung von Klärschlämmen durch die Landwirtschaft regelt, die Deponie-Richtlinie[41] und die FFH-Richtlinie.[42]

3. Bundesrecht

Zentrale Regelung des Bundesrechts ist das „**Gesetz zum Schutz des Bodens**" (BBodSchG) vom 17.3.1998,[43] das mit seinen Verordnungsermächtigungen sofort in Kraft getreten ist.[44] Neben den Schutzgütern Luft und Wasser schloss es mit dem Boden nunmehr eine Lücke im **medialen Umweltschutz**. Damit liegt es freilich – obwohl es sich um ein recht junges Rechtsgebiet handelt – nicht im Trend umweltschützender Regulierungspolitik, die auf einen integrativen Umweltschutz zielt.[45] Obwohl der Schwerpunkt der Regulierung auf der Bundesebene liegt, findet keine Verzahnung sämtlicher umwelt- und bodenschützender Regelungen i.S.e. integrativen Ansatzes statt.

4

Überdies ist mit dem Bundes-Bodenschutzgesetz **keine Gesamtkonzeption des Bodenschutzrechts** verwirklicht worden.[46] Daneben enthalten noch eine Reihe weiterer Umweltgesetze, insbesondere das Abfall-, Wasser- und Naturschutzrecht, bodenschutzrechtliche Vorschriften, die z.T. dem Bundes-Bodenschutzgesetz vorgehen.

Vollzugsfähig wird das Bundes-Bodenschutzgesetz erst durch sein untergesetzliches Regelwerk. Die auf den Verordnungsermächtigungen der §§ 8 Abs. 1 und 2, 13 Abs. 1 S. 2 BBodSchG beruhende **Bundes-Bodenschutz- und Altlastenverordnung** (BBodSchV) vom 12.7.1999[47] enthält u.a. Vorschriften für die Untersuchung und Bewertung von Verdachtsflächen und altlastenverdächtigen Flächen,[48] Anforderungen an die Sanierung von schädlichen Bodenveränderungen und Altlasten,[49] ergänzende Vor-

---

35 ABlEG L 143/56 v. 21.4.2004, zuletzt geändert durch RL 2013/30/EU v. 12.6.2013, ABlEU L 178 v. 26.6.2013, S. 66; vgl. oben § 2 Rn. 18; dazu sogleich § 13 Rn. 4; ausführlich vgl. *Ludwig/Petersen*, NuR 2007, 446, 447; *Führ/Lewin/Roller*, NuR 2006, 67; *Jochum*, NVwZ 2005, 140, 141.
36 *Becker*, NVwZ 2005, 371, 374; vgl. auch oben § 3 Rn. 11 ff.
37 Ausführlich hierzu und mit zahlreichen Nachweisen *Schäfer*, ZUR 2003, 151; *Heuser*, JEEPL 2006, 190, 194 ff.; zum Beitrag des Naturschutzrechts *Peine*, NuR 2007, 138.
38 Vgl. § 9 Rn. 8 f.
39 Vgl. § 5 Rn. 61 ff.
40 Vgl. §§ 10 Rn. 4, 12 Rn. 4.
41 Vgl. § 12 Rn. 4.
42 Vgl. § 10 Rn. 4.
43 BGBl. I, S. 502; zuletzt geändert durch Art. 101 der Verordnung vom 31.8.2015, BGBl. I, S. 1474.
44 Im Übrigen trat das Gesetz am 1.3.1999 in Kraft.
45 Vgl. die Umweltschutzkonzeption der EU, die in Form der IE-RL (dazu § 9 Rn. 8 f.) verwirklicht wurde und durch Umsetzung im nationalen Recht (insbesondere BImSchG) Wirkung entfaltet.
46 Kritisch *Strüve*, Jura 2013, 383, 392 m.w.N.
47 BGBl. I, S. 1554, zuletzt geändert durch Art. 102 der Verordnung vom 31.8.2015, BGBl. I, S. 1474.
48 §§ 3 und 4 BBodSchV.
49 § 5 BBodSchV.

schriften für die Gefahrenabwehr von schädlichen Bodenveränderungen aufgrund von Bodenerosion durch Wasser[50] sowie Regelungen zur Vorsorge gegen das Entstehen schädlicher Bodenveränderungen.[51]

Zur Ergänzung der BBodSchV enthalten ihre **vier technischen Anhänge** Vorschriften zu fachlichen Anforderungen an die Untersuchung von schädlichen Bodenveränderungen und Altlasten (Anhang 1), zu Bodenwerten, welche die Erforderlichkeit von Prüfungen bzw. Gefahrenabwehr- und Sanierungsmaßnahmen sowie von Vorsorgemaßnahmen indizieren (Anhang 2), über Anforderungen an den Inhalt und die Reichweite von Sanierungsuntersuchungen und Sanierungsplänen von Altlasten (Anhang 3) und über solche an die Untersuchung und Bewertung von Flächen, bei denen der Verdacht einer schädlichen Bodenveränderung aufgrund von Bodenerosionen durch Wasser vorliegt (Anhang 4). Allerdings weist der Katalog der Werte für die Beurteilung der Bodenqualität der BBodSchV bislang Lücken auf.[52]

Flankierend hinzugetreten ist das **Umweltschadensgesetz**[53] (USchadG), das die Umwelthaftungsrichtlinie[54] in deutsches Recht umgesetzt hat.[55] Das Umweltschadensgesetz bleibt im Hinblick auf den Bodenschutz vielfach ohne Bedeutung.[56] Über die Fälle der Regelungsparallelität hinaus tritt es als subsidiäre Regelung fast vollständig hinter dem Bundes-Bodenschutzgesetz zurück.[57] In eng begrenzten Fällen geht das Umweltschadensgesetz jedoch über das Bundes-Bodenschutzgesetz hinaus und erreicht eine selbstständige Bedeutung. Insbesondere betrifft dies die Informationspflichten gem. § 4 USchadG gegenüber § 12 BBodSchG sowie die selbstständige Sanierungsplanung gem. § 8 Abs. 1 USchadG gegenüber § 13 BBodSchG. Ferner ist die Klagebefugnis zugunsten von Verbänden gem. § 11 Abs. 2 USchadG zu nennen: Anerkannten Vereinen werden mit Verweis auf das Umwelt-Rechtsbehelfsgesetz[58] Klagerechte gegen eine Entscheidung oder das Unterlassen einer Entscheidung der zuständigen Behörde nach dem Bundes-Bodenschutzgesetz auch in Verbindung mit den fachrechtlichen Bestimmungen eingeräumt.[59]

4. Landesrecht

5   Das Bodenschutzrecht der Länder ist – soweit es bundesrechtlichen Regelungen entgegensteht – ab dem 1.3.1999, also mit Inkrafttreten des BBodSchG, unwirksam geworden. Den Ländern obliegt nach der bundesrechtlich abschließenden Konzeption des Bodenschutzrechts nur noch eine **Lückenschließungsfunktion**[60] sowie die Regelung der Einrichtung und Zuständigkeiten der Behörden und der Verwaltungsverfahren (§ 21

---

50 § 8 BBodSchV.
51 §§ 9–12 BBodSchV.
52 OVG Lüneburg, NVwZ 2000, 1194; *Knopp*, DÖV 2001, 441, 452 f.; *Sandner*, NJW 2000, 2542.
53 Gesetz v. 10.5.2007, BGBl. I, S. 666, zuletzt geändert durch Gesetz v. 23.7.2013, BGBl. I, S. 2565; vgl. § 2 Rn. 18; vgl. zum USchadG im System des Umweltrechts *Cosack/Enders*, DVBl. 2008, 405; zum Verhältnis USchadG zu Bodenschutzrecht *Müggenborg*, NVwZ 2009, 12.
54 Vgl. zuvor § 13 Rn. 3.
55 *Brinktrine*, ZUR 2007, 337; *Scheidler*, NVwZ 2007, 1113.
56 *Knopp*, UPR 2005, 361, 367.
57 § 1 USchadG; umfassend hierzu *Brinktrine*, ZUR 2007, 337; *Scheidler*, NVwZ 2007, 1113.
58 Vgl. oben § 5 Rn. 63; § 6 Rn. 15; § 10 Rn. 66.
59 Vgl. *Schrader/Hellenbroich*, ZUR 2007, 289, zu den Voraussetzungen für eine Inanspruchnahme nach dem Umweltschadensgesetz *Beuck*, VersR 2012, 1215.
60 Vgl. *Sparwasser/Engel/Voßkuhle*, § 9 Rn. 62.

BBodSchG).[61] Die überwiegende Mehrheit der Länder hat das Landesrecht angepasst und der begrenzten Regelungskompetenz Rechnung tragende Landesbodenschutzgesetze erlassen.[62]

Das allgemeine (landesrechtliche) Polizei- und Ordnungsrecht findet Anwendung, wenn keine höherrangigen oder spezielleren bodenschutzrechtlichen Vorschriften im Einzelfall einschlägig sind.[63]

Insbesondere für Altfälle und sog. „**Uraltlasten**" greifen zum Teil nur Regelungen in Spezialgesetzen (wie des WHG) oder, falls diese nicht einschlägig sind oder noch nicht vorhanden waren, diejenigen des allgemeinen Polizei- und Ordnungsrechts der Länder. In den neuen Bundesländern ist eine Inanspruchnahme des (Verhaltens- oder Zustands-)Störers nach den gleichen polizeirechtlichen Rechtsgrundsätzen wie in den alten Ländern möglich, da auch in der DDR das Preußische Polizeiverwaltungsgesetz vom 1.6.1931 weiter galt und seine allgemeinen Grundsätze (polizeiliche Generalklausel und Verantwortlichkeit) in dem Volkspolizeigesetz von 1968 fortgeführt wurden.[64]

II. Das Bundes-Bodenschutzgesetz im Überblick

Das Gesetz zum Schutz des Bodens setzt sich aus fünf Teilen zusammen: Im **ersten Teil** (§§ 1–3 BBodSchG) sind Zweck und Grundsätze des Gesetzes sowie Begriffsbestimmungen und Anwendungsbereich geregelt. Der **zweite Teil** (§§ 4–10 BBodSchG) enthält die zur Boden- und Altlastensanierung sowie zur Vorsorge vor weiteren Beeinträchtigungen zu erfüllenden Anforderungen. Darüber hinaus bestimmt er die Ermittlung und Bewertung von Gefahren; wesentliche Pflichten und deren Durchsetzung werden konkretisiert. Die verfahrensbezogenen Vorschriften zum Altlastenmanagement sind im **dritten Teil** (§§ 11–16 BBodSchG) aufgeführt. Der **vierte Teil** (§ 17 BBodSchG) widmet sich der guten fachlichen Praxis der landwirtschaftlichen Bodennutzung, während der **fünfte Teil** (§§ 18–26 BBodSchG) mit den Regelungen zu Sachverständigen und Untersuchungsstellen, zur Datenübermittlung sowie zu Kosten, Bußgeldern usw., die sog. Schlussvorschriften enthält.

III. Ziele und Grundsätze

Zweck des Bundes-Bodenschutzgesetzes ist es, die Funktionen des Bodens nachhaltig[65] zu sichern oder wiederherzustellen (§ 1 S. 1 BBodSchG).

Um diese Zielsetzung zu erreichen, sind gem. § 1 S. 2 und 3 BBodSchG folgende **Grundsätze** einzuhalten:

---

61 BVerwG, DVBl. 2006, 926; *Sparwasser/Engel/Voßkuhle*, § 9 Rn. 62.
62 *Schmidt/Kahl/Gärditz*, § 9 Rn. 7; vgl. Sammlung der Bodenschutzgesetze der Länder bei *Salzwedel/Scherer-Leyendecker* in: Hansmann/Sellner (Hrsg.), Grundzüge, § 9 vor Rn. 1.
63 *Sparwasser/Engel/Voßkuhle*, § 9 Rn. 70.
64 *Sparwasser/Engel/Voßkuhle*, § 9 Rn. 72; *Rehbinder*, DVBl. 1991, 421, 422 f.
65 Zum Gebot der Nachhaltigkeit im Bodenschutzrecht vgl. *Lee/Bückmann*, UPR 2005, 370; *Radtke* in: Holzwarth/Radtke/Hilger/Bachmann, BBodSchG, § 1 Rn. 5 f.; *Sanden/Schoeneck*, BBodSchG, § 1 Rn. 11; zur Anpassung des Bodenschutzrechts des Bundes und der Länder an den Klimaschutz vgl. *Sanden*, NuR 2010, 225.

- Erstens sind schädliche Bodenveränderungen abzuwehren (**Gefahrenabwehrpflicht**),
- zweitens sind Boden und Altlasten sowie hierdurch verursachte Gewässerverunreinigungen zu sanieren (**Sanierungspflicht**) und
- drittens ist Vorsorge gegen nachteilige Einwirkungen auf den Boden zu treffen (**Vorsorgepflicht**).

Überdies sollen bei Einwirkungen auf den Boden Beeinträchtigungen seiner natürlichen Funktionen sowie derjenigen als Archiv der Natur- und Kulturgeschichte so weit wie möglich vermieden werden.

Aus der Zielsetzung und den Grundsätzen des § 1 BBodSchG können keine Rechte oder Pflichten für den Bürger oder Rechtsgrundlagen für das Handeln einer Behörde abgeleitet werden. Sie dienen vielmehr als **Auslegungshilfe** für nachfolgende Bestimmungen und werden durch die in §§ 4 ff. BBodSchG enthaltenen Pflichten – für den Altlastenbereich durch §§ 11 ff. BBodSchG – konkretisiert.[66]

IV. Geltungsbereich und Begriffe

8   Das Bundes-Bodenschutzgesetz findet grundsätzlich auf schädliche Bodenveränderungen und Altlasten Anwendung (§ 3 Abs. 1 BBodSchG).[67] Die für die Bestimmung des **Geltungsbereichs** maßgeblichen Begriffe „schädliche Bodenveränderung" und „Altlast" werden in § 2 Abs. 3 und 5 BBodSchG legaldefiniert.[68]

§ 3 BBodSchG enthält darüber hinausgehende Regelungen zum **Verhältnis des BBodSchG mit anderen Fachgesetzen**. Drei Fallgruppen können unterschieden werden:

- Das Bundes-Bodenschutzgesetz findet keine Anwendung auf Anlagen, Tätigkeiten, Geräte oder Vorrichtungen, Kernbrennstoffe und sonstige radioaktive Stoffe, soweit Rechtsvorschriften den Schutz vor den Gefahren der Kernenergie und der Wirkung ionisierender Strahlen regeln. Zu dieser Fallgruppe zählt gem. § 3 Abs. 2 S. 2 BBodSchG das Aufsuchen, Bergen, Befördern, Lagern, Behandeln und Vernichten von Kampfmitteln.
- Das Bundes-Bodenschutzgesetz findet subsidiär Anwendung, wenn speziellere Vorschriften – etwa jene des KrWG oder des BImSchG – Einwirkungen auf den Boden regeln. Die Konkurrenztatbestände sind in § 3 Abs. 1 Nr. 1 bis 11 BBodSchG aufgeführt.[69]
- Schließlich existiert ein komplexes System der Verzahnung der Rechtsbereiche, etwa soweit es um schädliche Bodenverunreinigungen geht, die durch Immissionen verursacht werden (§ 3 Abs. 3 BBodSchG).[70]

Trotz des gesetzlichen Vorrangs der in § 3 Abs. 1 Nr. 1 bis 11 BBodSchG aufgeführten Regelungen kommt den Vorschriften des Bodenschutzrechts (BBodSchG und BBodSchV) Bedeutung insoweit zu, als die erstgenannten Normen regelmäßig **keine materiellen Maßstäbe** für den Bodenschutz beinhalten. Sie erschöpfen sich vielmehr im Allgemeinen in lediglich verfahrensrechtlichen Bestimmungen. Insoweit ist es in den

---

66 Vgl. *Erbguth/Stollmann*, Bodenschutzrecht, Rn. 64.
67 Ausführlich *Brinkmann*, S. 49 ff.
68 Vgl. unten § 13 Rn. 14 und 16.
69 Zum Abfallbegriff des KrWG vgl. § 12 Rn. 16 ff. insbesondere im Hinblick auf kontaminiertes Erdreich; zur Anwendung des Bodenschutzrechts bei der Verfüllung eines Tagebaus vgl. BVerwG, ZUR 2010, 589 m. Anm. v. *Jacobj*.
70 *Erbguth/Stollmann*, NuR 2001, 241, 244.

meisten Fällen erforderlich, die materiellrechtlichen Maßstäbe den bodenschutzrechtlichen Vorschriften zu entnehmen.[71] So hat etwa nach § 6 Abs. 2 GenTG der Anlagenbetreiber für die Genehmigung einer gentechnischen Anlage die nach dem Stand von Wissenschaft und Technik notwendigen Vorkehrungen zu treffen, um die im Gesetz genannten Rechtsgüter vor Gefahren zu schützen.[72] Das Gentechnikgesetz enthält aber keine Aussage darüber, wann das Rechtsgut Boden („Umwelt in ihrem Wirkungsgefüge" i.S.v. § 1 Nr. 1 GenTG)[73] gefährdet oder bereits geschädigt ist. Insoweit ist auf den Begriff der schädlichen Bodenveränderungen i.S.d. § 2 Abs. 3 BBodSchG und das untergesetzliche Regelwerk abzustellen.

Eine Grenze findet diese Verzahnung zwischen den unterschiedlichen Rechtsmaterien freilich, soweit es um Bodenverbrauch und -versiegelung geht, weil das BBodSchG diesbezüglich keine verbindlichen, die Fachgesetze überlagernden Vorgaben enthält.[74]

§ 2 BBodSchG enthält die **Legaldefinitionen** der für das Bundes-Bodenschutzgesetz wesentlichen Begriffe.

1. Bodenbegriff

Gem. § 2 Abs. 1 BBodSchG ist **Boden** die obere Schicht der Erdkruste, soweit sie Träger der in Abs. 2 genannten Bodenfunktionen ist, einschließlich der flüssigen Bestand-

---

71 Vgl. BVerwG, NuR 1999, 509; *Eckert*, NVwZ 1999, 1181, 1185; *Müggenborg*, SächsVBl 2000, 77, 78.
72 Vgl. näher § 14 Rn. 35.
73 Vgl. § 14 Rn. 29.
74 Zu weiteren Konkurrenzsituationen ausführlich *Erbguth/Stollmann*, NuR 2001, 241. Ebenfalls ist noch streitig, inwieweit das Bodenschutzrecht im Zusammenhang mit CCS anwendbar ist, vgl. *Much*, Die Rechtsfragen der Ablagerung von CO_2 in unterirdischen geologischen Formationen.

teile (Bodenlösung) und der gasförmigen Bestandteile (Bodenluft), ohne Grundwasser[75] und Gewässerbetten.

Boden i.S.d. Bundes-Bodenschutzgesetzes – und darüber hinaus des Bodenschutzrechts überhaupt[76] – ist demnach die oberste, sichtbare, überbaute oder nicht überbaute Schicht der Erde. Auf die Bodenart (Humus, Gestein usw.) kommt es nicht an. Zum Boden gehören deshalb auch die besonderen Flächen auf der Erdkruste, wie Felsböden, Geröll, Sandböden, Dünen, Torfmoore.[77] Umfasst sind zwar auch die flüssigen und gasförmigen Bodenbestandteile (s.o.), allerdings nicht das Grundwasser und die Gewässerbetten. Letzteres wird vom Regime des Wasserhaushaltsgesetzes und der Landeswassergesetze erfasst.[78]

2. Geschützte Bodenfunktionen

10 Während § 2 Abs. 1 BBodSchG den Begriff des Bodens vertikal und horizontal und damit räumlich definiert, erfasst § 2 Abs. 2 BBodSchG den Boden als dynamisches System, indem er die Bodenfunktionen bestimmt.[79] Die **geschützten (natürlichen) Bodenfunktionen** führt § 2 Abs. 2 Nr. 1a-c BBodSchG auf. Es sind die Funktionen als Lebensgrundlage und -raum für Menschen, Tiere, Pflanzen und Bodenorganismen (§ 2 Abs. 2 Nr. 1a BBodSchG), als Bestandteil des Naturhaushalts (§ 2 Abs. 2 Nr. 1b BBodSchG) sowie als Abbau-, Ausgleichs- und Aufbaumedium für stoffliche Einwirkungen aufgrund seiner Filter-, Puffer- und Stoffumwandlungseigenschaften (§ 2 Abs. 2 Nr. 1c BBodSchG).[80] Dem Bundes-Bodenschutzgesetz zufolge werden zu den geschützten Bodenfunktionen i.S.d. Bodenschutzrechts auch Funktionen als Archiv der Natur- und Kulturgeschichte (§ 2 Abs. 2 Nr. 2 BBodSchG)[81] sowie die sog. **nicht-ökologischen Funktionen** gerechnet (§ 2 Abs. 2 Nr. 3 BBodSchG). Boden soll als Rohstofflagerstätte, Fläche für Siedlung und Erholung, Standort für die land- und forstwirtschaftliche Nutzung sowie als Standort für sonstige wirtschaftliche und öffentliche Nutzungen, Verkehr sowie Ver- und Entsorgung geschützt werden (§ 2 Abs. 2 Nr. 3a bis d BBodSchG). Diese Nutzungen können zum Ausfall der ökologisch positiven Wirkungen der Böden führen, indem sie Boden versiegeln, teilweise abtragen oder stofflich verändern, d.h. sie kollidieren nicht nur mit den ökologischen Bodenfunktionen, sondern beides schließt sich gegenseitig aus. Die Absicherung etwa der Zugriffsmöglichkeiten auf Rohstoffvorräte oder der Funktion der Böden als Siedlungs- und Verkehrsfläche kann nicht Aufga-

---

75 Gewässerverunreinigungen werden demgegenüber in § 1 S. 2 sowie § 4 Abs. 3 BBodSchG berücksichtigt, wenn sie durch Altlasten verursacht werden; dazu *Kobes*, NVwZ 1998, 786, 788; *Vierhaus*, NJW 1998, 1262, 1263.

76 Die Definition ist für das Altlasten- und Bodenschutzrecht abschließend und entwickelt eine Sperrwirkung für den Landesgesetzgeber. Definitionen anderslautenden Inhalts in Länderregelungen sind folglich unwirksam; vgl. *Erbguth/Stollmann*, UPR 2002, 411, 412.

77 Dazu mit weiteren Beispielen *Becker*, BBodSchG, § 2 Rn. 6.

78 Zu Abgrenzungsproblemen zwischen wasserrechtlichen und bodenschutzrechtlichen Anforderungen kommt es, wenn eine Gewässerverunreinigung durch eine schädliche Bodenveränderung oder Altlast verursacht worden ist; hierzu näher *Erbguth/Stollmann*, NuR 2001, 241, 245. Das Regime des Wasserrechts wurde 2009 umfassend geändert; vgl. hierzu die Ausführungen in § 11 Rn. 11 ff.

79 *Erbguth/Stollmann*, UPR 2002, 411, 412.

80 Gemäß § 2 Nr. 1c USchadG führt eine Beeinträchtigung insbesondere der natürlichen bzw. ökologischen Bodenfunktionen i.S.d. § 2 Abs. 2 Nr. 1a-c BBodSchG ohne korrespondierende Gesundheitsgefahren nicht zur Annahme eines Umweltschadens und damit auch nicht zur Anwendung des USchadG, vgl. hierzu *Ruffert*, NVwZ 2010, 1177, 1180.

81 Zum Boden als Archiv für Natur- und Kulturgeschichte vgl. *Numberger* in: Oerder/Numberger/Schönfeld, BBodSchG, § 2 Rn. 7; *Radtke* in: Holzwarth/Radtke/Hilger/Bachmann, BBodSchG, § 2 Rn. 18; *Wolf*, NuR 1999, 545, 547.

be des Bodenschutzes als Teil eines ökologisch orientierten Umweltschutzes sein, sondern sollte anderen Regelungsmaterien – etwa dem Raumordnungs- oder Bauplanungsrecht – überlassen bleiben.[82]

Jenseits dessen stellt sich in zweierlei Hinsicht die Frage nach dem Verhältnis der Funktionen zueinander. Dies betrifft zum einen die **Rangfolge** innerhalb der Hauptgruppen und zum anderen – jedenfalls in Bezug auf § 2 Abs. 2 Nr. 1 und 3 BBodSchG – die Frage nach dem Verhältnis der in den Hauptgruppen zusammengefassten Einzelfunktionen untereinander. In § 2 BBodSchG sind die Funktionen lediglich aufgelistet, ohne dass damit über ihre Rangfolge eine Aussage getroffen wurde. Zum Teil wird angenommen, dass § 1 S. 3 BBodSchG den natürlichen und archivarischen Funktionen des Bodens einen Vorrang vor den Nutzungsfunktionen einräume. Die gesetzlich gewollte Rangfolge spiegele sich auch in der Reihenfolge der Auflistung in § 2 Abs. 2 BBodSchG wider.[83]

11

Im Hinblick auf den **Gesamtzusammenhang** des Bundes-Bodenschutzgesetzes ist indes zu berücksichtigen, dass den Nutzungsfunktionen des § 2 Abs. 2 Nr. 3 BBodSchG ein verhältnismäßig hohes Gewicht insoweit eingeräumt ist, als entsprechende Regelungskomplexe im Allgemeinen den bodenschutzrechtlichen Bestimmungen vorgehen (vgl. § 3 BBodSchG). Es wird insoweit ein Zielkonflikt deutlich, der auch durch den Vorrang der Funktionen in § 2 Abs. 2 Nr. 1 und 2 BBodSchG nicht aufgehoben werden kann. Hinzu kommt, dass nach § 1 S. 3 BBodSchG bei Einwirkungen auf den Boden Beeinträchtigungen seiner natürlichen sowie seiner archivarischen Funktionen nur „so weit wie möglich vermieden werden" sollen. Die in der Literatur teilweise angenommene Vorrangigkeit der beiden Funktionen wird auf diese Weise bereits wieder relativiert.[84] Überdies würde ein absoluter oder zumindest bevorzugter Schutz des Bodens zu weitreichenden Einschränkungen bei Besiedelung, Infrastruktur, Rohstoffentnahme usw. führen. Im Ergebnis kann die Frage eines Vorrangs einer der Funktionstypen daher nur im Einzelfall, und zwar im Rahmen einer Abwägung der einander konkret widerstreitenden Funktionen entschieden werden.[85]

12

Indem die Bodenfunktionen dergestalt durch Gesetz festgelegt sind, handelt es sich hierbei um abschließende **Legaldefinitionen**. Sie legen verbindlich fest, welche Funktionen im Kontext des Bodenschutzrechts zu schützen sind. Auch die natürlichen Bodenfunktionen sind damit – für das Bodenschutzrecht – abschließend bestimmt. Es ist daher unzulässig, die Funktionen zu erweitern oder als unbeachtlich zu negieren.[86]

13

---

82 *Erbguth*, NuR 1986, 137; *Erbguth/Stollmann*, UPR 1996, 281, 285; *Erbguth/Stollmann*, GewArch 1999, 223, 225; *Ott*, ZUR 1994, 53, 56; zur Diskussion im Rahmen des Gesetzgebungsverfahrens vgl. *Radtke* in: Holzwarth/Radtke/Hilger/Bachmann, BBodSchG, § 2 Rn. 10.
83 *Radtke* in: Holzwarth/Radtke/Hilger/Bachmann, BBodSchG, § 1 Rn. 4; *Hoppe/Beckmann/Kauch*, § 26 Rn. 4; *Wolf*, NuR 1999, 545, 549; *Notter*, NuR 1999, 541, 543; *Frenz*, BBodSchG, § 1 Rn. 30.
84 Mit dieser Tendenz auch *Sondermann/Hejma* in: Versteyl/Sondermann, BBodSchG, § 2 Rn. 34; *Numberger* in: Oerder/Numberger/Schönfeld, BBodSchG, § 2 Rn. 13.
85 *Sondermann/Hejma* in: Versteyl/Sondermann, BBodSchG, § 2 Rn. 38; *Sanden*, § 10 Rn. 8; *Rengeling* in: Hendler/Marburger/Reinhardt/Schröder, UTR 53, S. 43, 52.
86 *Erbguth/Stollmann*, UPR 2002, 411, 413.

3. Schädliche Bodenveränderung

14 Für die Bestimmung der Eingriffsschwelle für ordnungsbehördliches Handeln ist der Begriff der schädlichen Bodenveränderung maßgebend.[87] Nach § 2 Abs. 3 BBodSchG wird eine **schädliche Bodenveränderung** als Beeinträchtigung der Bodenfunktionen definiert, die geeignet ist, Gefahren, erhebliche Nachteile oder erhebliche Belästigungen für Einzelne oder die Allgemeinheit herbeizuführen.[88] Diese anthropozentrisch ausgerichtete Begriffstrias lehnt sich an die Legaldefinition der schädlichen Umwelteinwirkungen i.S.v. § 3 Abs. 1 BImSchG an.[89] Für das Vorliegen einer schädlichen Bodenveränderung reicht also die Gefahreignung aus; einer tatsächlichen Gefahrensituation bedarf es nicht. Nachteile und Belästigungen müssen eine bestimmte – nämlich eine erhebliche – Eingriffsintensität aufweisen, um die Begriffsdefinition zu erfüllen. Relevant ist die Betroffenheit dabei sowohl in substantieller Hinsicht als auch in Bezug auf die Zweckbeeinträchtigung. In jedem Fall muss es sich um eine Beeinträchtigung von spürbarem Gewicht handeln; geringfügige Belastungen bleiben folglich außer Betracht. Nachteile sind Beeinträchtigungen von Interessen unterhalb der Schwelle der Rechtsgutverletzung; Belästigungen stellen insbesondere Beeinträchtigungen des körperlichen oder seelischen Wohlbefindens dar, etwa durch Geruchsemissionen.[90]

Der Begriff der Bodenveränderung ist weit zu verstehen und umfasst stoffliche Einträge ebenso wie die Flächenversiegelung und Veränderungen der Bodenphysik.

4. Verdachtsflächen

15 Bei den **Verdachtsflächen** i.S.v. § 2 Abs. 4 BBodSchG handelt es sich um Grundstücke, bei denen der Verdacht einer schädlichen Umwelteinwirkung besteht. Im Unterschied zur altlastverdächtigen Fläche, bei der es sich um eine Altablagerung oder einen Altstandort handeln muss (vgl. nachfolgend), kann eine Verdachtsfläche jedes Grundstück sein, bei dem Verdachtsmomente für eine schädliche Bodenveränderung sprechen.[91] Für einen Verdacht reichen tatsächliche Anhaltspunkte aus, die auf eine schädliche Bodenveränderung schließen lassen; es bedarf nicht einer praktisch jeden Zweifel ausschließenden Gewissheit. Beispielsweise kann sich aus einer früheren Grundstücksnutzung oder aufgrund der Kenntnis von Unglücksfällen (Leckagen, Transportunfälle), bei denen umweltgefährdende Stoffe freigesetzt worden sein können, ein Verdacht ergeben.[92]

---

87 Vgl. näher § 13 Rn. 24; zur Anwendbarkeit des Bodenschutzrechts bei Hohlraumverfüllungen *Attendorn*, AbfallR 2008, 111; *Müggenborg*, AbfallR 2006, 285; zur Verfüllung von Abgrabungen in Sachsen-Anhalt *Versteyl/Jacobj*, AbfallR 2008, 247; *Attendorn*, AbfallR 2006, 167; dazu *Bertram*, AbfallR 2007, 37.
88 *Schlabach/Landel/Notter*, ZUR 2003, 73; zu problematischen Anwendungsbeispielen (Naturereignis, Bodennutzung, Versiegelung, futter- oder lebensmittelrechtlicher Grenzwertüberschreitung usw.) für schädliche Bodenveränderungen vgl. *Schäfer*, NuR 2004, 223.
89 *Sparwasser/Engel/Voßkuhle*, § 9 Rn. 87.
90 Grundlegend zum Begriff der schädlichen Bodenveränderung *Schlabach/Landel/Notter*, ZUR 2003, 73, 78 f.
91 *Erbguth/Stollmann*, Bodenschutzrecht, Rn. 85.
92 *Erbguth/Stollmann*, Bodenschutzrecht, Rn. 87; *Schlabach/Landel/Notter*, ZUR 2003, 73, 79.

5. Altlasten

Altlasten sind gem. § 2 Abs. 5 BBodSchG

- stillgelegte Abfallbeseitigungsanlagen sowie sonstige Grundstücke, auf denen Abfälle behandelt, gelagert oder abgelagert worden sind (**Altablagerungen**)[93] und
- Grundstücke stillgelegter Anlagen und sonstiger Grundstücke, auf denen mit umweltgefährdenden Stoffen umgegangen worden ist, ausgenommen Anlagen, deren Stilllegung einer Genehmigung nach dem Atomgesetz bedarf (**Altstandorte**),

durch die schädliche Bodenveränderungen oder sonstige Gefahren für den Einzelnen oder die Allgemeinheit hervorgerufen werden.

Die Altlastendefinition weist damit einen **Anlagen- und Grundstücksbezug** auf. Dabei ist der Altlastenbegriff einerseits mit Rücksicht auf die tatbestandlichen Voraussetzungen **spezieller** als der Begriff der schädlichen Bodenveränderung, andererseits stehen beide Begriffe in einem **Alternativverhältnis**. Nicht selten ist etwa bei alten Deponiekörpern keinerlei Boden mehr vorhanden, so dass die Merkmale der „schädlichen Bodenveränderung" nicht erfüllt sind.[94]

Der Begriff der **Abfallbeseitigungsanlage** gem. § 2 Abs. 5 Nr. 1 BBodSchG bestimmt sich nach den Vorschriften des Kreislaufwirtschaftsgesetzes i.V.m. dem Bundes-Immissionsschutzgesetz. Der Begriff der Abfallbeseitigung wird in § 3 Abs. 22 i.V.m. Abs. 26 KrWG definiert, die Pflichten zur Beseitigung ergeben sich aus §§ 15 und 16 KrWG.[95] Der Anlagenbegriff wiederum ist der Vorschrift des § 3 Abs. 5 BImSchG zu entnehmen.[96] Die Anlage muss überdies „stillgelegt" sein, das heißt, die Pflichten des BBodSchG greifen erst nach Einstellung des Anlagenbetriebs. Auch diese Frage beantwortet sich nach den Vorschriften des KrWG sowie des BImSchG.[97]

Umweltgefährdende Stoffe (§ 2 Abs. 5 Nr. 2 BBodSchG) werden im Rahmen der Definition der **Altstandorte** nicht näher bestimmt. Eingedenk der Zweckrichtung des § 1 BBodSchG sind darunter all jene Stoffe zu verstehen, die geeignet sind, die Bodenfunktionen zu schädigen. Gewisse Anhaltspunkte sind etwa den Wertungen des § 3a Abs. 2 ChemG oder des § 62 Abs. 3 WHG zu entnehmen. Unter einem „Umgang" mit solchen Stoffen wird man das „Gebrauchen, Verbrauchen, Lagern, Aufbewahren, Be- und Verarbeiten, Abfüllen, Umfüllen, Mischen, Entfernen, Vernichten und innerbetriebliche Befördern" i.S.d. § 3 Nr. 10 ChemG verstehen müssen.[98]

In Betrieb befindliche Anlagen werden von den ergänzenden Vorschriften für Altlasten (§§ 13 ff. BBodSchG) nicht erfasst („stillgelegte Anlagen", vgl. § 2 Abs. 5 Nr. 2 BBodSchG).[99] Die Einengung ist zwar insoweit unschädlich, als in den meisten Fällen jedenfalls die Regelungen betreffend die Eingriffsbefugnisse bei schädlichen Bodenveränderungen anwendbar sind. Nicht zur Verfügung stehen den zuständigen Behörden in Fällen qualitativ besonders schädlicher Bodenveränderungen i.S.d. § 13 Abs. 1 S. 1

---

[93] Altablagerungen können vor allem innerbetriebliche Lagerstätten sein, die ihrerseits nicht den Anlagenbegriff erfüllen, so etwa auch eine Tongrube eines stillgelegten Tagebaus, vgl. OVG Sachsen-Anhalt, BeckRS 2015, 46857.
[94] *SRU*, Sondergutachten „Altlasten II", BT-Drs. 13/380, S. 17.
[95] Vgl. § 12 Rn. 71 ff.
[96] So *Sondermann/Hejma* in: Versteyl/Sondermann, BBodSchG, § 2 Rn. 60.
[97] *Radtke* in: Holzwarth/Radtke/Hilger/Bachmann, BBodSchG, § 2 Rn. 35; *Sanden/Schoeneck*, BBodSchG, § 2 Rn. 74.
[98] *Radtke* in: Holzwarth/Radtke/Hilger/Bachmann, BBodSchG, § 2 Rn. 40 f.
[99] *Erbguth/Stollmann*, Bodenschutzrecht, Rn. 210.

BBodSchG insoweit die gesonderten Befugnisse nach den §§ 13 bis 16 BBodSchG. Je nachdem, ob eine Anlage noch betrieben wird oder nicht, können sich unterschiedliche Anforderungen an die Sanierung ergeben. Eine solche Differenzierung erscheint nicht sachgerecht. Allerdings besteht für die Länder die Möglichkeit, entsprechende Regelungen auf der Grundlage des § 21 Abs. 2, 2. Hs. BBodSchG zu treffen. Dergestalt kann das gesamte (ausgenommen § 16 BBodSchG) Instrumentarium der Altlastensanierung auch auf schwere „schädliche" Bodenveränderungen übertragen werden.

Die Einbeziehung der „sonstigen Gefahren" in die Begriffsbestimmung der Altlast ist erfolgt, weil ausweislich der Gesetzesbegründung ein Abstellen allein auf das Vorliegen schädlicher Bodenveränderungen nicht ausreicht, um die Beseitigung aller von dem Grundstück ausgehenden Gefahren regeln zu können – etwa, wenn die Gefahren nicht von den schädlichen Bodenveränderungen, sondern von den in Deponien abgelagerten Abfällen ausgehen.[100]

6. Altlastverdächtige Fläche

17 Altlastverdächtige Flächen sind gem. § 2 Abs. 6 BBodSchG Altablagerungen und Altstandorte, bei denen der Verdacht schädlicher Bodenveränderungen oder sonstiger Gefahren für den Einzelnen oder die Allgemeinheit besteht.

Der Begriff ist **abzugrenzen** von dem der Verdachtsfläche und von dem der Altlast. Im Gegensatz zu einer altlastverdächtigen Fläche kann eine Verdachtsfläche nach § 2 Abs. 4 BBodSchG jedes Grundstück sein, bei dem der Verdacht schädlicher Bodenveränderungen besteht. Altlastverdächtige Flächen stellen hingegen nur eine Altablagerung oder einen Altstandort dar. Insofern ist § 2 Abs. 6 BBodSchG lex specialis zu § 2 Abs. 4 BBodSchG. Vom Begriff der Altlast unterscheidet sich der Begriff der altlastverdächtigen Fläche vor allem dadurch, dass für die Annahme einer Altlast auch die von ihr ausgehenden Gefahren bereits feststehen müssen, während bei der altlastverdächtigen Fläche nur sicher zu sein hat, dass sich auf dem fraglichen Areal ein Altstandort oder eine Altablagerung befindet. Es ist also gerade zweifelhaft, ob von der Altablagerung oder dem Altstandort schädliche Bodenveränderungen oder sonstige Gefahren für den Einzelnen oder die Allgemeinheit hervorgerufen werden.[101]

Entsprechende **Verdachtsmomente** können sich u.a. aus zurückliegenden Schadensfällen oder der früheren Nutzung eines Grundstücks ergeben.[102] Anhaltspunkte enthält insoweit § 3 Abs. 1 BBodSchV.[103]

7. Sanierung

18 Unter **Sanierung** werden nach § 2 Abs. 7 BBodSchG Maßnahmen gefasst, die der Beseitigung oder Verminderung der Schadstoffe dienen (Dekontaminationsmaßnahmen), die Ausbreitung der Schadstoffe langfristig verhindern oder vermindern, ohne die Schadstoffe zu beseitigen (Sicherungsmaßnahmen), oder die die Beseitigung oder Verminderung schädlicher Veränderungen der physikalischen, chemischen oder biologischen Beschaffenheit des Bodens bezwecken.

---

100 Vgl. BR-Drs. 702/96, S. 88.
101 *Numberger* in: Oerder/Numberger/Schönfeld, BBodSchG, § 2 Rn. 37; *Radtke* in: Holzwarth/Radtke/Hilger/Bachmann, BBodSchG, § 2 Rn. 43.
102 *Erbguth/Stollmann*, GewArch 1999, 223, 226; zu Altlastenklauseln in Grundstückskaufverträgen *Oyda*, RNotZ 2008, 245.
103 Vgl. § 13 Rn. 15.

8. Schutz- und Beschränkungsmaßnahmen

Schließlich sind gem. § 2 Abs. 8 BBodSchG **Schutz- und Beschränkungsmaßnahmen** sonstige Maßnahmen, die Gefahren, erhebliche Nachteile oder erhebliche Belästigungen für den Einzelnen oder die Allgemeinheit verhindern oder vermindern.

V. Bodenschutzrechtliches Instrumentarium

▶ **FALL 14:** Im Zeitraum 1969 bis 1979 betrieb Unachtsam auf dem Grundstück des Ahnungslos einen gewerblichen Reinigungsbetrieb. Verwendet wurden hier insbesondere mit leichtflüchtigem Chlor-Kohlenwasserstoff (LCKW) angereicherte Reinigungsmittel. 1979 wurde das Grundstück an Pech verkauft. Dieser betrieb im Zeitraum 1979–1990 den Reinigungsbetrieb ebenfalls unter Verwendung von LCKW-haltigen Reinigungsmitteln. Anfang 1990 ergab eine durch Sachverständige durchgeführte Untersuchung starke LCKW-Verunreinigungen des Grundstückbodens am früheren Standort der Reinigungsmaschinen, in der Garage sowie im Innenhof. Daraufhin wurden im Zeitraum 1990–1998 aufwendige Bodensanierungen durch Bodenluftabsaugung vorgenommen. Die Kosten hierfür trug Pech. Die Verunreinigungen konnten aber nur zum Teil beseitigt werden: Gutachterlich wurde festgestellt, dass die weitere Sanierung durch Luftabsaugung keine Erfolgsaussichten bot und deshalb eingestellt werden sollte. Außerdem hatte die Kontamination des Bodens zu erheblichen Verunreinigungen des Grundwassers der Stadt T geführt: Es bestand die konkrete Gefahr weiterer Grundwasserverunreinigungen. Nicht geklärt werden konnten das Ausmaß der Gefahr einschließlich der Menge der aus dem Boden in das Grundwasser gelangenden LCKW, die Fließrichtung des Grundwassers im Bereich des Grundstücks und die Ausdehnung der vom Grundstück ausgehenden „LCKW-Fahne".

Unachtsam und Pech wurden daraufhin von der zuständigen Behörde gesamtschuldnerisch verpflichtet, durch einen qualifizierten Schadensgutachter bestimmte Grundwasseruntersuchungen vornehmen und auswerten zu lassen. Durch diese Begutachtung sollten notwendige Grundlagen für die Entscheidung geschaffen werden, ob – und wenn ja, welche – Maßnahmen zu ergreifen sind, um das Grundwasser zu reinigen und den Eintritt weiterer Verunreinigungen durch LCKW zu verhindern.

Nach Feststellungen der zuständigen Behörde arbeitete das Unternehmen des Unachtsam mit einem Betriebssystem, das einen „offenen" Umgang mit LCKW-haltigen Stoffen benötigte, was zu einem täglichen Verlust kleinerer Mengen dieser Stoffe führte. Weiterhin wurde festgestellt, dass Unachtsam größere Mengen LCKW-haltiger Reinigungsmittel in der Garage verwendete und lagerte. Nach Aussagen ehemaliger Angestellter des Unachtsam wurden die beim Reinigungsvorgang nach Vorbehandlung verbliebenen Reinigungsrückstände durch den für die Entsorgung der Reinigungsrückstände beauftragten Angestellten P weisungswidrig offen im Hof getrocknet.

Unachtsam wendet sich gegen die Inanspruchnahme als Störer, weil er die festgestellten LCKW-Kontaminationen des Bodens und Grundwassers nicht verursacht habe. In seinem Betrieb seien zwar LCKW-haltige Stoffe gelagert und in vier Reinigungsmaschinen eingesetzt worden. Tatsächlich seien jedoch alle erforderlichen und gebotenen Maßnahmen ergriffen worden, um den Austritt von LCKW zu verhindern. Zum Teil seien sogar überobligatorisch Sicherungsmittel eingesetzt worden. Dies gelte insbesondere für die zur damaligen Zeit gesetzlich noch nicht vorgeschriebenen Auffangwannen unter den Reinigungsmaschinen. Ein konkreter Verstoß gegen Sicherheitsvorschriften beim Umgang mit LCKW sei für die Zeit seiner Betriebsführung nicht festgestellt worden. Bezüglich der Trocknung von Reinigungsrückständen auf dem Hof des Grundstücks fehle der Nachweis einer Kausalität dieses Verhaltens für die Anfang der 90er Jahre festgestellten Bodenverunreinigungen. Allein Pech sei als Störer in Anspruch zu nehmen, da dieser während der Zeit seiner Betriebsführung nicht immer die gebotene Sorgfalt im Umgang mit LCKW habe walten lassen. Er habe wiederholt Anlass zu behördlichen Beanstandungen gegeben. Pech müsse somit als Verursacher der Kontamination und als Eigentümer des Grundstücks allein zur Störungsbeseitigung herangezogen werden.

War die Heranziehung des Unachtsam zur Kostentragung für das Gutachten rechtmäßig?

(Hinweis: Auf die Problematik der Gesamtrechtsnachfolge in die Verursacherhaftung ist hier nicht einzugehen.) ◄

1. Bodenschutzplanung

21 Das Bundes-Bodenschutzgesetz bezweckt in erster Linie die Beseitigung oder Verhinderung von Schadstoffbelastungen.[104] Es enthält insoweit keine eigenständigen planungsrechtlichen Instrumente, um einen **flächenhaften, gebietsbezogenen Bodenschutz**[105] zu gewährleisten.[106] Dieser zielt auf die Erhaltung, Sicherung, Verbesserung sowie Wiederherstellung der natürlichen Bodenfunktionen über einzelne Belastungsstellen hinaus ab.[107] Zur Beschränkung des Freiflächenverbrauchs kommen daher in erster Linie planerische Instrumente des Raumordnungs-,[108] des Bauplanungs-[109] sowie des Naturschutzrechts[110] in Betracht.[111]

Nach § 21 Abs. 3 BBodSchG können die Länder in Gebieten, in denen flächenhaft schädliche Bodenveränderungen auftreten oder zu erwarten sind, die dort zu ergreifenden Maßnahmen bestimmen sowie weitere Regelungen über gebietsbezogene Bodenschutzmaßnahmen treffen. Ob hiermit auch der Erlass eines **Bodenschutzplans** gemeint ist, kann dem Wortlaut nicht eindeutig entnommen werden.[112] Einigkeit dürfte aber darüber bestehen, dass es sich hierbei nicht lediglich um Einzelanordnungen in Bezug auf punktuelle Verunreinigungen handelt, sondern dass die Länder Bodenschutzgebiete festlegen können.[113] Dergestalt ließe sich vorschreiben, dass in dem Bodenbeeinträchtigungsgebiet je nach Art und Ausmaß des Umweltrisikos der Boden auf Dauer oder auf bestimmte Zeit nicht oder nur eingeschränkt benutzt werden darf, dass nur näher beschriebene Nutzungen zugelassen sind, bestimmte Stoffe nicht eingesetzt werden dürfen und dass der Eigentümer oder Inhaber der tatsächlichen Gewalt im Einzelnen fest-

---

104 Vgl. § 13 Rn. 7.
105 Insgesamt zu dieser Thematik vgl. *Köck*, ZUR 2002, 121; *Michaelis*, ZUR 2002, 129; *Krautzberger*, ZUR 2002, 135; *Louis/Wolf*, ZUR 2002, 146; *Einig/Spiecker*, ZUR 2002, 150; *Schmalholz*, ZUR 2002, 158; *Turowski*, ZUR 2002, 126; *Runkel*, ZUR 2002, 138; *Rodi*, ZUR 2002, 164; *Hennegriff/Gloger*, ZUR 2002, 179.
106 Vgl. *Gröhn*, Bodenschutzrecht – auf dem Weg zur Nachhaltigkeit, S. 417 ff., die eine umfassende Bodenschutzfachplanung mit einer Bewertung des Bodenzustands fordert, um diese Schutzlücke zu schließen; *Sanden* in: Koch (Hrsg.), Umweltrecht, § 8 Rn. 21.
107 *Sparwasser/Engel/Voßkuhle*, § 9 Rn. 258.
108 Gem. § 2 Abs. 2 Nr. 8 S. 3 ROG ist der Bodenschutz bei der Raumplanung als Grundsatz zu beachten; vgl. *Kloepfer*, Umweltrecht, § 12 Rn. 47 f.
109 Vgl. § 1a Abs. 2 BauGB, die sog. Bodenschutzklausel, die den Planungsträger verpflichtet, mit Grund und Boden sparsam und schonend umzugehen; vgl. *Götze/Müller*, ZUR 2008, 8, 9.
110 Nach § 1 Abs. 3 Nr. 2 BNatSchG ist ein Grundsatz des Natur- und Landschaftsschutzes die Bodenerhaltung. Als planerisches Instrument kommt sowohl die Ausweisung von Schutzgebieten als auch die Landschaftsplanung in Betracht. Vgl. *Kloepfer*, Umweltrecht, § 13 Rn. 51 ff.
111 Näher *Sanden* in: Koch (Hrsg.), Umweltrecht, § 8 Rn. 107 ff.
112 Bejahend *Sparwasser/Engel/Voßkuhle*, § 9 Rn. 259; wohl verneinend *Bickel*, BBodSchG, § 21 Rn. 5.
113 Hierzu *Peine*, NuR 2001, 246.

zulegende Maßnahmen zur Beseitigung oder Verminderung von Bodenbeeinträchtigungen zu dulden oder durchzuführen hat.[114]

Zur Unterstützung der flächenbezogenen Maßnahmen ermächtigt § 21 Abs. 4 BBodSchG die Länder, für ein Gebiet (oder Gebietsteile) des jeweiligen Landes **Bodeninformationssysteme** einzurichten. Des Weiteren statuiert § 21 Abs. 4 S. 2 BBodSchG, dass insbesondere Daten von Dauerbeobachtungsflächen und Bodenzustandsuntersuchungen über die physikalische, chemische und biologische Beschaffenheit des Bodens und über die Bodennutzung erfasst werden können. Hierbei geht es zunächst um eine Beschreibung des Zustands, der Darstellung der Ziele und der zu ihrer Erreichung notwendigen Maßnahmen. Ferner kommt in Betracht, Dauerbeobachtungsflächen einzurichten.[115] Damit werden entsprechende, in den Ländern bereits vorhandene Aktivitäten konsolidiert; eine Verpflichtung zur Errichtung solcher Informationssysteme besteht hingegen nicht.[116] Eine Bewertung des Bodenzustands, die geeignet wäre, rechtzeitig neue Besorgnispotenziale auszumachen, leisten Bodeninformationssysteme nicht.[117]

22

2. Instrumente direkter Verhaltenssteuerung

Das Instrumentarium zur Verhinderung, Untersuchung und Beseitigung schädlicher Bodenbelastungen und Altlasten ist in §§ 4–10 BBodSchG normiert. Der Dritte Teil des BBodSchG (§§ 11–16) hat lediglich ergänzende Funktion. Zentrale Ermächtigungsgrundlage für behördliche Anordnungen ist insoweit die **Generalklausel in § 10 BBodSchG**. Die Befugnis nach § 16 Abs. 1 BBodSchG gilt lediglich komplettierend, wenn Anordnungen zur Durchsetzung spezifischer Pflichten nach §§ 12 bis 15 BBodSchG notwendig werden und die Spezialregelungen nicht ohnehin Anordnungsbefugnisse (wie etwa § 13 Abs. 1 S. 1 BBodSchG) enthalten.[118]

23

Das Bundes-Bodenschutzgesetz enthält keine präventiven Kontrollerlaubnisse.[119] Erlaubnisvorbehalte, die auch der Vorsorge gegen Bodenverunreinigungen dienen, finden sich aber im Anlagenzulassungsrecht.[120] Das Kontrollinstrumentarium konzentriert sich demzufolge auf Maßnahmen zur Ermittlung schädlicher Bodenveränderungen und Altlasten sowie auf Sanierungsanordnungen.

a) Maßnahmen zur Ermittlung schädlicher Bodenveränderungen und Altlasten

§ 9 Abs. 1 und 2 BBodSchG enthalten ein nach dem Grad der Gefahrenwahrscheinlichkeit **gestuftes behördliches Eingriffsinstrumentarium** für die Ermittlung, ob eine schädliche Bodenverunreinigung oder Altlast vorliegt.[121]

---

114 Beispiele finden sich u. a. in § 7 LBodSchAG BW; § 9 S. 2 SächsABG; § 22 Bln BodSchG; § 12 LBodSchG NRW; § 4 NdsBodSchG.
115 Vgl. *Sanden/Schoeneck*, BBodSchG, § 21 Rn. 12 f. m.w.N.
116 *Sparwasser/Engel/Voßkuhle*, § 9 Rn. 261, *Erbguth/Stollmann*, Bodenschutzrecht, Rn. 193 ff. mit Hinweis auf die Regelungen in Baden-Württemberg.
117 Vgl. *Gröhn*, Bodenschutzrecht – auf dem Weg zur Nachhaltigkeit, S. 417.
118 *Erbguth/Stollmann*, Bodenschutzrecht, Rn. 201.
119 Vgl. § 5 Rn. 32 ff.
120 *Sanden* in: Koch (Hrsg.), Umweltrecht, § 8 Rn. 31.
121 Es stellt eine Konkretisierung des Verhältnismäßigkeitsgebots dar; *Sanden* in: Koch (Hrsg.), Umweltrecht, § 8 Rn. 38.

aa) Behördliche Eingriffsbefugnis

24 Die Legaldefinition der **schädlichen Bodenveränderung**[122] bestimmt maßgeblich die Schwelle für ordnungsbehördliches Eingreifen.[123] Im Unterschied zur abstrakten Definition des polizeirechtlichen Gefahrenbegriffs[124] enthält § 2 Abs. 3 BBodSchG eine Konkretisierung des Schutzgutes („Bodenfunktionen" i.S.v. § 2 Abs. 2 BBodSchG)[125] sowie des Wahrscheinlichkeitsbegriffs. Eine rechtlich relevante Wahrscheinlichkeit des Schadenseintritts liegt erst vor, wenn die Beeinträchtigungen geeignet sind, Gefahren, erhebliche Nachteile oder Belästigungen für den Einzelnen oder die Allgemeinheit, also für andere Schutzgüter als den Boden, herbeizuführen.

25 **Altlasten**[126] berechtigen auch dann zu behördlichen Eingriffen, wenn (noch) keine schädliche Bodenveränderung vorliegt. Es reicht aus, dass Gefahren für den Einzelnen oder die Allgemeinheit durch die Altlast hervorgerufen werden können.

bb) Ermittlungspflicht der Behörden

26 Nach § 9 Abs. 1 S. 1 BBodSchG soll die zuständige Behörde, soweit Anhaltspunkte dafür vorliegen,[127] dass eine schädliche Bodenveränderung besteht, zur **Ermittlung des Sachverhalts** die geeigneten Maßnahmen ergreifen. Anhaltspunkte für eine Bodenveränderung können sich etwa aus einer früheren oder noch bestehenden Nutzung eines Grundstücks ergeben.[128] Belege für die Schädlichkeit einer Bodenveränderung können der Schadstoffbelastung des Bodens und des Sickerwassers entnommen werden. Grenzwerte enthält insoweit Anhang 2 der BBodSchV. Im Kern handelt es sich um sog. **Gefahrerforschungsmaßnahmen**, zu denen insbesondere die Entnahme und Untersuchung von Luft-, Wasser- und Bodenproben, daneben aber auch die Errichtung und der Betrieb von Kontrollstellen gehören.[129]

27 Beim Überschreiten der in der BBodSchV festgelegten Prüfwerte soll die Behörde die notwendigen Maßnahmen treffen, um festzustellen, ob eine schädliche Bodenveränderung vorliegt (§ 9 Abs. 1 S. 2 BBodSchG). Der „Soll"-Begriff bedeutet nach herkömmlichen verwaltungsrechtlichen Grundsätzen, dass im Regelfall Ermittlungen durchzuführen sind; nur in begründeten Ausnahmefällen kann von entsprechenden Ermittlungen abgesehen werden. § 9 Abs. 1 S. 2 BBodSchG enthält keine Ermächtigungsgrundlage für Maßnahmen, die mit Eingriffen in Rechte der Betroffenen verbunden sind; es handelt sich vielmehr um eine **Amtsermittlungspflicht der Behörde**.[130]

28 Im Rahmen der Untersuchung und Bewertung sind ferner insbesondere Art und Konzentration der Schadstoffe, die Möglichkeit ihrer Ausbreitung in die Umwelt und ihrer Aufnahme durch Menschen, Tiere und Pflanzen sowie die Nutzung des Grundstücks zu berücksichtigen (§ 9 Abs. 1 S. 3 BBodSchG).

---

122 Vgl. § 13 Rn. 14.
123 *Sanden* in: Koch (Hrsg.), Umweltrecht, § 8 Rn. 32 ff.
124 Dazu bereits § 4 Rn. 33.
125 Vgl. *Becker*, BBodSchG, § 4 Rn. 12 ff., vgl. auch § 13 Rn. 10 ff.
126 Vgl. § 13 Rn. 16.
127 Vgl. § 3 Abs. 1 bis 3 BBodSchV.
128 Vgl. § 3 Abs. 1 BBodSchV.
129 *Erbguth/Stollmann*, Bodenschutzrecht, Rn. 215. Kritisch zu Abgrenzungsproblemen im Hinblick auf Gefahrerforschungsmaßnahmen *Buchholz*, NVwZ 2002, 563.
130 Vgl. die Argumentation bei *Erbguth/Stollmann*, Bodenschutzrecht, Rn. 113 ff.; VGH Mannheim, ZUR 2008, 325; VG Ansbach, Urteil v. 11.12.2013 – AN 9 K 13.00652 – juris.

Weithin verlässliche Maßgaben für den Vollzug und zur Konkretisierung des § 9 BBodSchG (und des § 13 BBodSchG für Altlasten) finden sich in der **BBodSchV**. Sie enthält nähere Angaben für die Gefährdungsabschätzung bei Verdachtsflächen und regelt die Maßstäbe, nach denen die Untersuchungsergebnisse zu bewerten sind.[131] Aus der gesetzlichen Systematik des Bundes-Bodenschutzgesetzes und der BBodSchV ergibt sich insgesamt für die Vollzugspraxis ein **abgestuftes Verfahrensschema** zur Untersuchung und Bewertung schädlicher Bodenveränderungen (und Altlasten).[132]

29

§ 9 Abs. 2 BBodSchG regelt die Frage, unter welchen Voraussetzungen die Behörde gegenüber dem Verpflichteten **Gefahrerforschungseingriffe** anordnen darf. Insoweit wird verlangt, dass aufgrund konkreter Anhaltspunkte (§ 3 Abs. 4 BBodSchV) der **hinreichende Verdacht** einer schädlichen Bodenveränderung besteht; in diesem Fall kann die Behörde gegenüber den Verantwortlichen anordnen, dass diese die notwendigen Untersuchungen zur Gefährdungsabschätzung durchführen (§ 9 Abs. 2 S. 1 BBodSchG). Im Hinblick auf den Grundsatz der Verhältnismäßigkeit gilt dies jedoch nur eingeschränkt, wenn die Kontamination sehr lange zurückliegt und eine Vielzahl von Verursachern in Betracht kommt.[133] Ein Gefahrverdacht besteht nach § 3 Abs. 4 BBodSchV regelmäßig bei vorliegender oder zu erwartender Überschreitung von Prüfwerten für die Schadstoffbelastung.[134]

30

Die zuständige Behörde kann in diesem Fall auch verlangen, dass **Untersuchungen von Sachverständigen** oder Untersuchungsstellen (§ 18 BBodSchG) durchgeführt werden, § 9 Abs. 2 S. 2 BBodSchG. Im Gegensatz zu Abs. 1 des § 9 BBodSchG steht die Anordnung der weiteren Untersuchung folglich im pflichtgemäßen Ermessen. Sonstige Pflichten zur Mitwirkung der Verantwortlichen sowie Duldungspflichten Dritter können gem. § 9 Abs. 2 S. 3 BBodSchG durch Landesrecht bestimmt werden.[135]

Soweit sich der Verdacht nicht bestätigt, sind den zur Untersuchung herangezogenen Personen die **Kosten** zu **erstatten**, wenn sie die den Verdacht begründenden Umstände nicht verursacht haben (§ 24 Abs. 1 S. 2 BBodSchG).

cc) Überwachungsmaßnahmen bei Altlasten und altlastverdächtigen Flächen

Mit der Erkundung geht vielfach eine **Überwachung** der untersuchten Altlasten und altlastverdächtigen Flächen durch die zuständige Behörde (§ 15 Abs. 1 S. 1 BBodSchG) einher, um von ihnen ausgehende Beeinträchtigungen der Umwelt frühzeitig zu erkennen bzw. die weitere Entwicklung absehen und entsprechend reagieren zu können.

31

Beim Vorliegen einer **Altlast** kann die Behörde von den Verantwortlichen die Durchführung von **Eigenkontrollmaßnahmen**, insbesondere Boden- und Wasseruntersuchungen, sowie die Einrichtung und den Betrieb von Messstellen verlangen (§ 15 Abs. 2 S. 1 BBodSchG). Die **Kosten** der Eigenkontrollmaßnahmen haben gem. § 24 Abs. 1 S. 1 BBodSchG die zur Durchführung verpflichteten Personen zu tragen.

32

---

131 Weiterführend *Schmidt-Räntsch/Sanden*, NuR 1999, 555.
132 Hierzu im Einzelnen *Erbguth/Stollmann*, Bodenschutzrecht, Rn. 119 ff.
133 VG Saarlouis, Urt. v. 11.5.2011 – 5 K 781/10 – juris; vgl. zur Heranziehung eines Erbbauberechtigten als Zustandsstörer VG Bremen, Urteil v. 12.11.2015 – 5 K 49/14 – juris.
134 *Sanden* in: Koch (Hrsg.), Umweltrecht, § 8 Rn. 37 m.w.N. zur Lückenhaftigkeit der Werte der BBodSchV; zu den Anforderungen an die Anordnung einer Detailuntersuchung OVG Koblenz, NuR 2008, 346; zu den Anforderungen an die Bestimmtheit einer Untersuchungsanordnung vgl. *Troidl*, NVwZ 2010, 154, 156 f.
135 Zu Duldungsverfügungen im Bodenschutz- und Altlastenrecht ausführlich *Sanden*, NuR 2015, 606 ff.

b) Sanierungsanordnungen

33 Nach § 10 Abs. 1 S. 1 BBodSchG kann die zuständige Behörde zur Erfüllung der sich aus § 4 BBodSchG ergebenden Pflichten die notwendigen Maßnahmen treffen (Ermächtigungsgrundlage für **Sanierungsanordnungen**). Es handelt sich bei diesen Pflichten um Ausgestaltungen der materiellen Polizeipflicht.[136] In § 4 Abs. 1 und 2 BBodSchG sind gefahrenabwehrende Bodenschutzpflichten enthalten.[137] Soweit schädliche Bodenveränderungen (oder Altlasten) eingetreten sind, richtet sich das weitere Vorgehen nach der repressiven Beseitigungspflicht des § 4 Abs. 3 BBodSchG.[138] Boden, Altlasten sowie dadurch verursachte Gewässerverunreinigungen sind demnach so zu sanieren, dass dauerhaft keine Gefahren, erhebliche Nachteile oder erhebliche Belästigungen für den Einzelnen oder die Allgemeinheit entstehen (§ 4 Abs. 3 S. 1 BBodSchG).

34 Als **Oberbegriff** hat der Bundesgesetzgeber insoweit die **Sanierung** gewählt, die sich wiederum unterteilt in Maßnahmen

- zur Beseitigung oder Verminderung der Schadstoffe (Dekontaminationsmaßnahmen, § 2 Abs. 7 Nr. 1 BBodSchG),
- die eine Ausbreitung der Schadstoffe langfristig verhindern oder vermindern, ohne diese zu beseitigen (Sicherungsmaßnahmen, § 2 Abs. 7 Nr. 2 BBodSchG) und
- zur Beseitigung oder Verminderung schädlicher Veränderungen der physikalischen, chemischen oder biologischen Beschaffenheit des Bodens gem. § 2 Abs. 7 Nr. 3 BBodSchG.

35 Das **Sanierungsziel** ist nach § 4 Abs. 4 BBodSchG **nutzungsbezogen** festzulegen, wodurch wirtschaftlich übermäßig belastende Sanierungen vermieden werden. Der Gefahr von „Billigstsanierungen" wird durch die Bezugnahme auf den Schutz der in § 2 Abs. 2 Nr. 1, 2 BBodSchG genannten Bodenfunktionen begegnet.[139] Nach § 4 Abs. 4 S. 1 BBodSchG sind bei der Sanierung die planungsrechtlich zulässige Nutzung des Grundstücks[140] und das sich daraus ergebende **Schutzbedürfnis** zu beachten, soweit dies mit dem Schutz der in § 2 Abs. 2 Nr. 1 und 2 BBodSchG genannten Bodenfunktionen[141] zu vereinbaren ist. Soweit planungsrechtliche Festsetzungen fehlen, bestimmt die Prägung des Gebiets unter Berücksichtigung der absehbaren Entwicklung das Schutzbedürfnis (§ 4 Abs. 4 S. 2 BBodSchG). Bei der Vorgabe von Sanierungszielwerten sind die allgemeinen Grundsätze der Verhältnismäßigkeit und der Bestimmtheit zu beachten. An Letzterer kann es beispielsweise fehlen, wenn dem Sanierungspflichtigen allenfalls langfristig erreichbare Sanierungszielwerte vorgegeben werden, ohne dass zugleich die dazu einzusetzenden, diesen Erfolg versprechenden Sanierungsverfahren festgelegt werden.[142] Die Regelung relativiert den Schutz der Bodenfunktionen: Nur soweit überhaupt ein Schutzbedürfnis besteht, gibt es eine Verpflichtung, Kontaminationen zu beseitigen. Der Gesetzgeber strebt damit ein Sanierungsziel an, das einerseits

---

136 *Gröhn*, Bodenschutzrecht – auf dem Weg zur Nachhaltigkeit, S. 144.
137 Gesetzentwurf der Bundesregierung, Entwurf eines Gesetzes zum Schutz des Bodens, BT-Drs. 13/6701 v. 14.1.1997, S. 22.
138 VGH Mannheim, ZUR 2002, 227; OVG Münster, AbfallR 2015, 259.
139 *Erbguth/Stollmann*, Bodenschutzrecht, Rn. 135 ff.
140 Die planungsrechtlich zulässige Nutzung wird vor allem durch die Bauleitpläne (Flächennutzungs- und Bebauungsplan) festgelegt.
141 Hierzu § 13 Rn. 10 ff.
142 VGH Mannheim, NVwZ 2013, 1100.

die Gefahren, erheblichen Nachteile oder erheblichen Belästigungen beseitigt, die durch die schädlichen Bodenveränderungen hervorgerufen werden, andererseits jedoch über die Gefahrenbeseitigung nicht hinausgeht.[143] Im Ergebnis wird damit das Schutzbedürfnis bei Bodenveränderungen von der tatsächlichen und rechtlich zulässigen Nutzung abhängig gemacht. Der Nutzungsbezug der Sanierung hat zur Folge, dass beispielsweise für Verkehrsflächen oder für gewerblich bzw. industriell genutzte Bereiche weniger strenge Sanierungsziele erforderlich sind als für Kinderspielflächen oder Wohngebiete.[144]

Eine Sonderregelung zur **Auswahl des Sanierungsmittels** greift § 4 Abs. 5 BBodSchG zufolge ein, wenn die schädliche Bodenveränderung oder Altlast nach dem Inkrafttreten des Gesetzes eingetreten ist (sog. **Neulast**).[145] In diesen Fällen gilt die generelle Gleichrangigkeit von Dekontaminations- und Sicherungsmaßnahmen nach § 4 Abs. 3 BBodSchG nicht. Vielmehr begründet § 4 Abs. 5 BBodSchG einen relativen Vorrang von Dekontaminationsmaßnahmen.[146] Das gilt auch dann, wenn Sicherungsmaßnahmen qualitativ gleichwertig und damit gleich geeignet sind.[147] Indes ist der Vorrang in zweierlei Hinsicht bedingt: Zum einen muss die Vorbelastung des Bodens berücksichtigt werden[148] und zum anderen entfällt für einen gutgläubig Verantwortlichen die Dekontaminationspflicht als primäre Pflicht (vgl. § 4 Abs. 5 S. 2 BBodSchG). Mit dieser Regelung sind insbesondere Konstellationen gemeint, in denen sich der Verursacher entsprechend einer ihm erteilten Anlagengenehmigung verhalten hat und der Schaden gleichwohl eingetreten ist.[149] Eine Exkulpation dürfte aber dann entfallen, wenn gegen gesetzliche Vorschriften verstoßen oder die nach den Umständen objektiv zu erwartende Sorgfalt nicht beachtet wurde.[150]

36

aa) Sanierungsmittel

(1) Dekontaminationsmaßnahmen

Die an die genannten Maßnahmen zu stellenden Anforderungen werden in § 5 BBodSchV konkretisiert.[151] **Dekontaminationsmaßnahmen** sind nach § 5 Abs. 1 S. 1 BBodSchV zur Sanierung geeignet, wenn sie auf technisch und wirtschaftlich durchführbaren Verfahren beruhen, die ihre praktische Eignung zur umweltverträglichen Beseitigung oder Verminderung der Schadstoffe gesichert erscheinen lassen. In Anbetracht ihrer Funktion als Maßnahme zur Beseitigung oder Verminderung der Schadstoffe bezwecken sie die endgültige Beseitigung der Gefahren an der Quelle und im kontaminierten Umfeld. Regelmäßig wird es sich dabei um die Auskofferung und Verbrennung des Erdreichs handeln.[152] Technisch möglich ist überdies eine Bodensanierung im Wege einer mikrobiologischen Bodenbehandlung, einer Bodenwäsche sowie

37

---

143 Zur Sanierung einer Grundwasserkontamination durch eine schädliche Bodenveränderung OVG Berlin-Brandenburg, UPR 2008, 154.
144 *Erbguth/Stollmann*, Bodenschutzrecht, Rn. 135.
145 Grundlegend zu § 4 Abs. 5 BBodSchG: *Becker*, BBodSchG, § 4 Rn. 58 ff.
146 *Hilger* in: Holzwarth/Radtke/Hilger/Bachmann, BBodSchG, § 4 Rn. 126.
147 *Sanden/Schoeneck*, BBodSchG, § 4 Rn. 28; a.A. mit Verweis auf das Verhältnismäßigkeitsprinzip *Versteyl* in: ders./Sondermann, BBodSchG, § 4 Rn. 120 ff.
148 Dies kann zur Folge haben, dass Dekontaminationsmaßnahmen ausscheiden, weil sie aufgrund erheblicher Vorbelastungen unverhältnismäßig wären.
149 *Oerder* in: ders./Numberger/Schönfeld, BBodSchG, § 4 Rn. 51.
150 *Sanden/Schoeneck*, BBodSchG, § 4 Rn. 28.
151 Dazu *Schmidt-Räntsch/Sanden*, NuR 1999, 555, 556.
152 *Erbguth/Stollmann*, Bodenschutzrecht, Rn. 131.

durch Einsatz aktiver pneumatischer Verfahren (Bodenluftabsaugung) und aktiver hydraulischer Verfahren (*pump-and-treat*-Verfahren).[153]

(2) Sicherungsmaßnahmen

38 **Sicherungsmaßnahmen** sind dadurch gekennzeichnet, dass die Schadstoffe im Boden verbleiben und ihre Ausbreitung in benachbarte Bodenbereiche, ins Grundwasser oder in die Luft lediglich *langfristig* verhindert oder vermindert wird (vgl. § 5 Abs. 3 BBodSchV). Dabei können die Maßnahmen sowohl eine Zwischen- als auch eine Dauerlösung darstellen. Es kommt folglich darauf an, die schädliche Bodenveränderung von der Umgebung abzuschirmen, damit keine Schadstoffe austreten können. Schadstoffe treten aus verunreinigten Böden entweder durch Ausgasungen aus oder sie werden durch Sickerwasser in die umliegenden Grundflächen oder das Grundwasser ausgewaschen. Aus diesen Gründen kommen zur Sicherung Maßnahmen der Drainage von Gas und Sickerwasser sowie der feste Einschluss der Schadstoffe durch ein Basis- und ein Oberflächenabdichtungssystem in Betracht (vgl. auch § 5 Abs. 4 BBodSchV).

(3) Beseitigungs- und Verminderungsmaßnahmen

39 **Beseitigungs- und Verminderungsmaßnahmen** können im Hinblick auf die physikalische Bodenbeschaffenheit vor allem auf schädliche Veränderungen durch eine Bodenverdichtung oder Bodenerosion gerichtet sein. So handelt es sich beispielsweise beim Abstützen eines infolge wasserbedingter Erosion abrutschenden Hanges um eine Verminderungsstrategie.

Von besonderer praktischer Relevanz ist darüber hinaus, dass sich die rechtlichen Anforderungen an den Umgang mit dem ausgekofferten kontaminierten Boden sowie an die Errichtung und den Betrieb etwaiger Bodenbehandlungsanlagen aus dem Kreislaufwirtschaftsgesetz bzw. dem Bundes-Immissionsschutzgesetz ergeben können.

40 Während Beseitigungs- und Verminderungsmaßnahmen nebeneinander ergriffen werden können, greifen Dekontaminations- und Sicherungsmaßnahmen nur bei **stofflichen Bodenbelastungen** ein; in Fällen anderweitiger schädlicher Bodenveränderungen – Erosion, Bodenverdichtung usw. – müssen Sanierungsmaßnahmen nach § 2 Abs. 7 Nr. 3 BBodSchG erfolgen. Bei Schadstoffbelastungen ergibt sich ein gesetzlicher Vorrang der Dekontaminationsmaßnahmen (vgl. § 4 Abs. 3 S. 2 BBodSchG).[154]

(4) Schutz- und Beschränkungsmaßnahmen

41 Nach § 4 Abs. 3 S. 3 BBodSchG können darüber hinaus sog. **Schutz- und Beschränkungsmaßnahmen** (§ 2 Abs. 8 BBodSchG)[155] ergriffen werden. Obwohl § 4 Abs. 3 S. 3 BBodSchG aufgrund der Bezugnahme auf den vorhergehenden Satz nur bei stofflichen Belastungen einschlägig zu sein scheint, folgt aus einer systematischen Betrachtung die Anwendbarkeit bei jeder schädlichen Bodenveränderung. Einschränkend ist indes in jedem Fall zu berücksichtigen, dass Schutz- und Beschränkungsmaßnahmen nur erlaubt sind, wenn Sanierungsmaßnahmen nach § 2 Abs. 7 BBodSchG nicht möglich oder zumutbar sind (§ 4 Abs. 3 S. 3 BBodSchG). Die in § 2 Abs. 8 BBodSchG aufgeführten Schutz- und Beschränkungsmaßnahmen sind das schwächste Mittel, um den in § 1

---

153 *Sanden* in: Koch (Hrsg.), Umweltrecht, § 8 Rn. 44.
154 *Erbguth/Stollmann*, Bodenschutzrecht, Rn. 130.
155 Vgl. § 13 Rn. 19.

BBodSchG statuierten Zielen gerecht zu werden. Sie stellen eine subsidiäre Notlösung für den Fall dar, dass eine Sanierungsmaßnahme technisch nicht möglich oder dem Verpflichteten unzumutbar ist. Denn durch diese Maßnahmen werden nur die Auswirkungen der schädlichen Bodenveränderung auf Mensch und Umwelt verhindert oder vermindert; an der schädlichen Bodenveränderung selbst und ihrem Gefährdungspotential ändert sich nichts.[156]

bb) Sanierungsverantwortliche

Sanierungsverantwortliche können der Verursacher einer schädlichen Bodenveränderung oder Altlast sowie dessen Gesamtrechtsnachfolger, der Grundstückseigentümer und der Inhaber der tatsächlichen Gewalt über ein Grundstück sein (§ 4 Abs. 3 BBodSchG).[157] Hinzu tritt eine Verpflichtung des ehemaligen Zustandsstörers, der sein Eigentum aufgegeben oder auf einen Dritten übertragen hat (§ 4 Abs. 3 S. 4 BBodSchG), sowie desjenigen, der aus handels- oder gesellschaftsrechtlichem Grund für den gegenwärtigen Zustand einzustehen hat (§ 4 Abs. 3 S. 4 BBodSchG).[158]

42

(1) Verursacher

Als **Verursacher** ist derjenige anzusehen, dessen Verhalten für sich gesehen die polizeirechtliche Gefahrenschwelle überschreitet.[159] Dabei handelt es sich grundsätzlich um die letzte menschliche Verursachung, wobei es entscheidend auf die Unmittelbarkeit i.S.e. objektiv engen Wirkungs- und Verantwortungszusammenhangs zwischen Verhalten und Gefahr ankommt. Demzufolge ist Verhaltensverantwortlicher, wer zumindest einen Teilbeitrag für das Entstehen einer schädlichen Bodenveränderung oder Altlast geleistet hat.[160]

43

(2) Gesamtrechtsnachfolger

Als **Gesamtrechtsnachfolger** ist diejenige natürliche oder juristische Person anzusehen, die kraft gesetzlicher Anordnung in die gesamten Rechte und Pflichten einer anderen Person eintritt – wie es beispielsweise bei einem Erben gem. § 1922 Abs. 1 BGB der Fall ist. Derjenige, der lediglich das Vermögen eines anderen durch Vertrag übernimmt, ist nicht dessen Gesamtrechtsnachfolger. Die Gesamtrechtsnachfolge erfasst nach dem eindeutigen Gesetzeswortlaut nur die Verantwortlichkeit des Verursachers, unabhängig

44

---

156 Als Schutzmaßnahmen kommen etwa Einzäunungen und Warnvorrichtungen in Betracht; als Beschränkungsmaßnahmen kommen vor allem Nutzungsbeschränkungen in Frage; vgl. *Erbguth/Stollmann*, Bodenschutzrecht, Rn. 134; zur Reichweite der Überwachungspflicht OVG Lüneburg, ZUR 2007, 432.
157 Zur verfassungsrechtlichen Problematik vgl. *Knopp*, DÖV 2001, 441, unter Bezugnahme auf die Rechtsprechung; zum Bodenschutzrecht im Industriepark *Müggenborg*, S. 191 ff.; zur Haftung einer ineffizienten Bodenschutzbehörde *Mohr*, UPR 2010, 175.
158 Zur Zustandsverantwortlichkeit gem. § 4 Abs. 3 S. 4, 1. Alt. BBodSchG vertiefend *Tiedemann*, NVwZ 2003, 1477; ausführlich zur Verantwortlichkeit im Bodenschutzrecht *Erbguth/Stollmann*, DVBl. 2001, 601; zu Grenzen der Sanierungsverantwortlichkeit vgl. *Schäling*, S. 108 ff.; *Hullmann/Zorn*, NVwZ 2010, 1267; ausführlich zur Verantwortlichkeit für die Sanierung von Altlasten vgl. *Krieger*, S. 28 ff.
159 Grundlegend BVerwG, NJW 1981, 1571; BVerwG, NVwZ 2008, 684; zur Sanierungsverantwortung des Heizöllieferers OVG Koblenz, GewArch 2009, 131; zur Sanierungsverantwortung für Altlasten bei mehreren Nachnutzern eines Heizöltanks VG Braunschweig, ZUR 2010, 159.
160 *Erbguth/Stollmann*, Bodenschutzrecht, Rn. 141 m.w.N.; zum Zusammentreffen mehrerer Verursachungsbeiträge vgl. OVG Koblenz, UPR 2009, 114; VG Düsseldorf, ZUR 2010, 85, 86. Die bloße Möglichkeit einer Verursachungsverantwortung genügt zur Heranziehung von Gefahrenabwehrmaßnahmen demgegenüber nicht, vgl. VGH München, UPR 2013, 147, 148.

davon, ob gegen Letzteren bereits Sanierungsmaßnahmen angeordnet worden sind.[161] Andererseits stehen aber alle Einwendungen, die der Verursacher vorbringen könnte, auch dem Rechtsnachfolger zu. Die Pflicht geht folglich in dem Umfang und mit den Bedingungen oder Beschränkungen auf den Rechtsnachfolger über, mit denen sie zum Zeitpunkt der Übernahme existierte.[162]

Das **BVerwG**[163] hat klargestellt, dass eine Haftung des Gesamtrechtsnachfolgers **keine verfassungswidrige Rückwirkung** darstellt und auch dann in Betracht kommt, wenn die Rechtsnachfolge vor dem Inkrafttreten des BBodSchG (1.3.1999) stattfand. Die Gesamtrechtsnachfolge in öffentlich-rechtliche Pflichten, deren Konkretisierung durch einen Verwaltungsakt noch aussteht, sei der bisherigen Rechtsordnung keineswegs fremd. Sie folgt aus dem allgemeinen Grundsatz des Verwaltungsrechts, dass sachbezogene Verhaltenspflichten, die den zivilrechtlichen Bestimmungen des Erbrechts und des Umwandlungsrechts folgen, rechtsnachfolgefähig sind.[164] Die jeweilige Verantwortlichkeit des Gesamtrechtsnachfolgers ist insoweit akzessorisch zur Haftung des Verursachers zu verstehen. Der Gesamtrechtsnachfolger tritt m.a.W. in die gesamten Rechte und Pflichten des Verursachers ein, und zwar im Umfang der Verantwortlichkeit des Verursachers.[165]

(3) Grundstückseigentümer

45 **Grundstückseigentümer** i.S.d. § 4 Abs. 3 S. 1 Alt. 3 BBodSchG ist diejenige Person, der das Eigentum an der betroffenen Fläche zusteht. Danach ist für das Eigentum an Grundstücken allein entscheidend, welche Person im Grundbuch als Eigentümer eingetragen ist.[166] Begrenzt ist die ordnungsrechtliche Inanspruchnahme des Grundstückseigentümers als Zustandsstörer aber im Hinblick auf die Kosten der geforderten Maßnahme durch den Grundsatz der **Verhältnismäßigkeit**.[167] Nach den vom BVerfG[168] entwickelten Maßstäben kann eine Überschreitung dieser verfassungsrechtlichen Grenze insbesondere dann gegeben sein, wenn die von dem Grundstück ausgehende Gefahr durch äußere Einwirkungen wie Naturereignisse bedingt ist. Andererseits kann eine Kostenbelastung, die den Verkehrswert des sanierten Grundstücks übersteigt, zumutbar sein, wenn der Eigentümer das Risiko der entstandenen Gefahr bewusst in Kauf genommen hat. Denn das freiwillig übernommene Risiko mindert die Schutzwürdigkeit des Eigentümers. Aber auch dann, wenn der Eigentümer fahrlässig die Augen vor Risikoumständen verschlossen hat, kann dies dazu führen, dass eine Kostenbelastung über die Höhe des Verkehrswerts hinaus zumutbar ist. In Fällen, in denen eine Kostenbelastung über den Verkehrswert hinaus an sich zumutbar ist, kann sie nicht auf die

---

161 Str.: vgl. etwa die Nachweise bei VGH Mannheim, DÖV 2000, 782, 783; *Nolte*, NVwZ 2000, 1135, 1136 f.; zu den Grenzen der Gesamtrechtsnachfolge bei der Sanierung von Altlasten *Vossenkämper*, S. 39 ff.
162 *Spieth/Wolfers*, NVwZ 1999, 355, 359. Zur Frage der Anwendbarkeit und Zulässigkeit landesrechtlicher Haftungsbestimmungen, die über die Regelungen des Bundes hinausgehen vgl. *Erbguth/Stollmann*, Bodenschutzrecht, Rn. 144, die im Ergebnis § 4 BBodSchG als abschließende Regelung ansehen.
163 BVerwG, ZUR 2006, 482; m. Anm. *Landel/Versteyl*, ZUR 2006, 475; *Wittreck*, Jura 2008, 534.
164 Vgl. BGH, UPR 2004, 310, m. Anm. *Leitzke/Schmitt*, UPR 2005, 177.
165 BVerwGE 125, 325 ff., mit Verweis auf die ständige Rechtsprechung des BVerwG; vgl. *Grziwotz*, ZfIR 2006, 555; zum Ganzen *Finger*, NVwZ 2011, 1288; ausführlich zur Haftungsbeschränkung des Erben *Joachim/Lange*, ZEV 2011, 53.
166 *Bickel*, BBodSchG, § 4 Rn. 41.
167 BVerfG, NJW 2000, 2573; OLG Schleswig, AbfallR 2008, 146; dazu Anm. *Bickel*, NJW 2000, 2562; *Tollmann*, DVBl. 2008, 616; *Müggenborg*, NVwZ 2001, 39; *Klüppel*, JURA 2001, 26; *Spieth/v. Oppen*, ZUR 2002, 257, 259 f.
168 BVerfG, NJW 2000, 2573.

gesamte wirtschaftliche Leistungsfähigkeit des Eigentümers bezogen werden. Dem Eigentümer ist nicht zumutbar, unbegrenzt für die Sanierung einzustehen, d.h. auch mit Vermögen, das in keinem rechtlichen oder wirtschaftlichen Zusammenhang mit dem sanierungsbedürftigen Grundstück steht. Dagegen ist es zumutbar, Vermögen zur Sanierung einzusetzen, das zusammen mit dem sanierungsbedürftigen Grundstück eine funktionale Einheit darstellt. Schließlich kann die Inanspruchnahme des Zustandsverantwortlichen mit Sanierungskosten bis zur Höhe des Verkehrswerts in Fällen unzumutbar sein, in denen das zu sanierende Grundstück den wesentlichen Teil des Vermögens des Pflichtigen bildet und die Grundlage seiner privaten Lebensführung einschließlich seiner Familie darstellt.[169]

(4) Inhaber der tatsächlichen Gewalt

Inhaber der tatsächlichen Gewalt ist derjenige, der auf das Grundstück einwirken kann, ohne dass er sich dafür der Hilfe anderer bedienen muss und ohne dass tatsächliche Hindernisse der Einwirkung entgegenstehen. Es muss kein Besitz im zivilrechtlichen Sinn vorliegen.[170]

46

Nach § 4 Abs. 3 S. 4 BBodSchG kann sanierungsverantwortlich auch derjenige sein, der aus **handels- oder gesellschaftsrechtlichem Rechtsgrund** für eine juristische Person einzustehen hat, welcher ein Grundstück gehört, das mit einer schädlichen Bodenveränderung oder Altlast behaftet ist (sog. **Durchgriffshaftung**).[171] Von besonderer Bedeutung ist beispielsweise der Durchgriff vom abhängigen Unternehmen auf seine Muttergesellschaft.[172]

47

§ 4 Abs. 3 S. 4 Hs. 2 BBodSchG stellt sicher, dass auch derjenige zur Sanierung verpflichtet bleibt und sich nicht seiner Verantwortung entziehen kann, der das Eigentum an einem belasteten Grundstück aufgibt (sog. **Dereliktion**, vgl. § 928 Abs. 1 BGB).[173]

48

(5) Früherer Eigentümer

Damit eng verbunden ist die Regelung des § 4 Abs. 6 BBodSchG, die den früheren Eigentümer verpflichtet.[174] Zweck der Bestimmung ist ebenfalls, Spekulations- und Umgehungsgeschäften zu begegnen. Früherer Eigentümer ist der jeweils **letzte Eigentümer** i.S.d. § 4 Abs. 6 BBodSchG. Die Sanierungspflicht des früheren Eigentümers betrifft nur die Nachhaftung für die Zustandsverantwortlichkeit und ist an folgende Voraussetzungen geknüpft:

49

- Die Eigentumsübertragung muss nach dem 1.3.1999 stattgefunden haben.[175]

---

169 Zur Frage, ob die Rechtsprechung des BVerfG auch auf die Haftung des Inhabers der tatsächlichen Gewalt übertragen werden kann, vgl. *Schäling*, NVwZ 2004, 543; *Spieth/v. Oppen*, ZUR 2002, 257, 259 f.
170 *Sanden/Schoeneck*, BBodSchG, § 4 Rn. 19.
171 Näher dazu *Erbguth/Stollmann*, Bodenschutzrecht, Rn. 152 ff. m.w.N. und Beispielen; OVG Bremen, NordÖR 2009, 367; *Tiedemann*, NVwZ 2008, 257; zur persönlichen Haftung eines Geschäftsführers der Komplementär-GmbH einer GmbH & Co.KG vgl. OVG Münster, UPR 2007, 315; zur Voraussetzung eines existenzvernichtenden Eingriffs vgl. VGH Mannheim, ZUR 2008, 325.
172 Näher *Sanden* in: Koch (Hrsg.), Umweltrecht, § 8 Rn. 61; auch zur Durchgriffshaftung der Treuhandanstalt für Altlasten im Besitz der in Kapitalgesellschaften umgewandelten ehemaligen DDR-Betriebe; vgl. *Greinacher*, PHi 2006, 42, 45 f.
173 Zu den hiermit einhergehenden Problemen vgl. *Erbguth/Stollmann*, Bodenschutzrecht, Rn. 161 ff. m.w.N.
174 Differenzierend *Tollmann*, ZUR 2008, 512; kritisch in Bezug auf Art. 14 GG *Dombert*, NJW 2001, 927.
175 Der Gesetzgeber hat damit die Rückwirkungsproblematik vermieden; verfassungsrechtliche Bedenken bestehen im Gegensatz zu den vergleichbaren landesrechtlichen Bestimmungen nicht, vgl. dazu *Droese*,

- Der Veräußerer muss die schädliche Bodenveränderung oder Altlast gekannt haben oder hätte sie kennen müssen.[176]
- Durch die Verantwortlichkeit darf kein schutzwürdiges Vertrauen in die bodenschutzrechtliche Unbedenklichkeit des Erwerbs verletzt werden (§ 4 Abs. 6 S. 2 BBodSchG).

Sanierungsverantwortliche gem. § 4 Abs. 3	
Verhaltensverantwortlichkeit	**Zustandsverantwortlichkeit**
▪ Verursacher ▪ Gesamtrechtsnachfolger	▪ Grundstückseigentümer ▪ Inhaber tatsächlicher Gewalt ▪ früherer Eigentümer ▪ Verantwortlichkeit aus handels- oder gesellschaftsrechtlichem Grund

c) Anordnungsbefugnisse für komplexe Sanierungsfälle

50 Im Bereich der **Altlasten** werden die Gefahrerforschungsmaßnahmen gem. § 9 BBodSchG ergänzt durch die behördlichen Befugnisse nach § 13 BBodSchG, der ein **differenziertes instrumentelles System** für die Bewältigung komplexer Sanierungsfälle vorhält.

51 Im Fall von Altlasten kann wegen der Verschiedenartigkeit der nach § 4 BBodSchG erforderlichen Maßnahmen ein abgestimmtes Vorgehen notwendig sein. Wenn von den Altlasten aufgrund von Art, Ausbreitung oder Menge der Schadstoffe in besonderem Maße schädliche Bodenveränderungen oder sonstige Gefahren für den Einzelnen oder die Allgemeinheit ausgehen, soll die zuständige Behörde gem. § 13 Abs. 1 S. 1 BBodSchG von einem Pflichtigen die zur Entscheidung über Art und Umfang der erforderlichen Maßnahmen notwendigen Untersuchungen (Sanierungsuntersuchungen) sowie die Vorlage eines Sanierungsplans verlangen. Der Sanierungsplan soll vor allem eine Zusammenfassung der Gefährdungsabschätzung, Angaben über die bisherige und künftige Nutzung der zu sanierenden Grundstücke sowie die Darstellung des Sanierungsziels und die erforderlichen Dekontaminations-, Sicherungs-, Beschränkungs- und Eigenkontrollmaßnahmen sowie die zeitliche Durchführung dieser Maßnahmen enthalten (vgl. § 13 Abs. 1 S. 1 Nr. 1–3 BBodSchG).[177] Die **Sanierungsuntersuchungen** haben insbesondere Aufschluss darüber zu geben, mit welchen Maßnahmen eine Sanierung i.S.d. § 4 Abs. 3 BBodSchG erreicht werden kann, inwieweit Veränderungen des Bodens nach der Sanierung verbleiben und welche rechtlichen, organisatorischen und finanziellen Gegebenheiten für die Durchführung der Maßnahmen von Relevanz sind

---

UPR 1999, 86, 89; *Knopp*, DVBl. 1999, 1010, 1011 f.; *Schink*, DÖV 1999, 797, 805; vertiefend zum Übertragungsbegriff *Schlemminger*, NJW 2002, 2133.
176 Dazu *Hellriegel*, NVwZ 2012, 541.
177 VGH Mannheim, ZUR 2008, 325; OVG Sachsen-Anhalt, Urt. v. 22.4.2014 – 2 L 48/13 – juris; im Unterschied dazu § 8 USchadG.

(vgl. auch § 6 Abs. 1 BBodSchV). Details dieser Untersuchungen sind Anhang 3 Nr. 1 BBodSchV zu entnehmen.[178]

Der **Sanierungsplan** bildet die Grundlage für die zur Gefahrenabwehr und zur Sanierung durchzuführenden Maßnahmen. Nach § 6 Abs. 2 S. 1 BBodSchV sind bei der Erstellung des Sanierungsplans die Maßnahmen nach § 13 Abs. 1 S. 1 Nr. 3 BBodSchG textlich und zeichnerisch vollständig darzustellen. In dem Sanierungsplan ist darzulegen, dass die vorgesehenen Maßnahmen geeignet sind, dauerhaft Gefahren, erhebliche Nachteile oder erhebliche Belästigungen für den Einzelnen oder die Allgemeinheit zu vermeiden (§ 6 Abs. 2 S. 2 BBodSchV). In diesem Kontext müssen etwaige Zulassungserfordernisse, die voraussichtlichen Kosten sowie die Auswirkungen der Maßnahmen auf die Umwelt dargestellt werden (§ 6 Abs. 2 S. 3 BBodSchV). Den notwendigen Inhalt eines Sanierungsplans konkretisiert Anhang 3 Nr. 2 BBodSchV. Danach muss ein Sanierungsplan im Wesentlichen

- eine Darstellung der Ausgangslage,
- die textliche und zeichnerische Darstellung der durchzuführenden Maßnahmen und den Nachweis ihrer Eignung,
- eine Darstellung der Eigenkontrollmaßnahmen zur Überprüfung der sachgerechten Ausführung und Wirksamkeit der vorgesehenen Maßnahmen,
- die Darstellung der Eigenkontrollmaßnahmen im Rahmen der Nachsorge einschließlich der Überwachung sowie
- eine Darstellung des Zeitplans und der Kosten

enthalten.

Es kann verlangt werden, dass die Sanierungsuntersuchungen sowie der Sanierungsplan von einem **Sachverständigen** nach § 18 BBodSchG erstellt werden, § 13 Abs. 2 BBodSchG. Im Weigerungsfalle kann die Behörde die entsprechende Anordnung im Wege des Verwaltungszwanges vollstrecken. Die Vorschrift des § 14 BBodSchG schließlich eröffnet der Behörde die Möglichkeit, unter den dort genannten Voraussetzungen (mangelhafte Planerstellung, Fehlen von Pflichtigen, Notwendigkeit koordinierten Vorgehens) selbst einen Sanierungsplan zu erstellen oder von einem Sachverständigen erstellen zu lassen, das heißt eine Art **Ersatzvornahme der Sanierungsplanung** einzuleiten.

Nach dem Vorliegen eines Sanierungsplans kann die zuständige Behörde wie folgt weiter vorgehen:

52

- Es kann ein **Sanierungsvertrag** (§ 13 Abs. 4 BBodSchG) abgeschlossen werden, in dem die Sanierungspflichtigen und sonstige Modalitäten festgelegt werden.[179]
- Der Plan kann nach § 13 Abs. 6 BBodSchG mit Konzentrationswirkung und erforderlichenfalls unter Abänderungen oder Auflagen für verbindlich erklärt werden.
- Schließlich kann die zuständige Behörde eine separate Anordnung gem. § 16 BBodSchG treffen.

Die **Auswahl** der jeweils richtigen Handlungsform hat die Behörde im Rahmen der Ausübung pflichtgemäßen Ermessens (§ 40 VwVfG) zu treffen.[180]

---

178 *Erbguth/Stollmann*, Bodenschutzrecht, Rn. 220.
179 Diesem kommt in der Praxis große Bedeutung zu, vgl. *Frenz/Heßler*, NVwZ 2001, 13; *Sahm*, UPR 1999, 374.
180 Vgl. näher *Erbguth/Stollmann*, Bodenschutzrecht, Rn. 224.

Nach § 13 Abs. 4 BBodSchG besteht die Möglichkeit, mit dem Sanierungsplan den Entwurf eines Sanierungsvertrages über die Einzelheiten der Ausführung der Sanierung vorzulegen, der die **Einbeziehung Dritter** vorsehen kann.[181] Dritte in diesem Sinne sind etwa weitere Verantwortliche, Nachbarn der kontaminierten Fläche oder auch Hoheitsträger wie beispielsweise Kommunen. Das Rechtsregime richtet sich nach den Vorschriften über öffentlich-rechtliche Verträge, §§ 54 bis 62 VwVfG.[182] Der Vorteil dieser Handlungsform – etwa gegenüber entsprechenden Zwangsmaßnahmen auf der Grundlage des § 16 Abs. 1 BBodSchG – liegt in dem Aspekt der Freiwilligkeit und der Akzeptanz durch die Betroffenen.[183]

53 Gem. § 13 Abs. 6 S. 1 BBodSchG kann die zuständige Behörde den Plan für verbindlich erklären. Diese **Verbindlicherklärung** stellt einen Verwaltungsakt dar.[184] Im Rahmen der Erklärung kann der Plan auch abgeändert oder mit Nebenbestimmungen versehen werden. § 13 Abs. 6 S. 2 BBodSchG (betreffend sonstige Anordnungen) sieht – im Einklang mit den aktualisierten Landesgesetzen – vor, dass damit andere die Sanierung betreffende behördliche Entscheidungen (ausgenommen UVP-pflichtige Vorhaben) miteingeschlossen sind, soweit sie im Einvernehmen mit der jeweils zuständigen Behörde erlassen und in der Entscheidung die miteingeschlossenen Entscheidungen aufgeführt sind (**Konzentrationsregelung**).[185] Die Verbindlicherklärung führt indes nicht dazu, dass die materiellen Anforderungen des sonstigen Fachrechts außer Acht gelassen werden können. Die Verfahren i.S.d. § 13 Abs. 6 BBodSchG werden jedoch in der Hand einer Behörde gebündelt, was wiederum der Verfahrensbeschleunigung dient.[186]

d) Kosten, interner Ausgleichsanspruch und Verjährung

54 In Ergänzung des § 4 BBodSchG regelt § 24 BBodSchG die vermögensrechtlichen Folgen für die aufgrund des Gesetzes Verpflichteten. Nach § 24 Abs. 1 S. 1 BBodSchG tragen die zur Durchführung Verpflichteten die **Kosten** der nach §§ 9 Abs. 2, 10 Abs. 1, 12, 13, 14 S. 1 Nr. 1, 15 Abs. 2 und 16 Abs. 1 BBodSchG angeordneten Maßnahmen.[187] Dabei erstreckt sich die Pflicht zur Kostentragung insbesondere auf die auferlegten Untersuchungs- und Sanierungskosten. Zu ihrer Umsetzung ist die Vorschrift auf die landesrechtlichen Regelungen des Verwaltungsvollstreckungsrechts[188] angewiesen.

55 Die **Auswahl** zwischen **mehreren Kostenpflichtigen** erfolgt nach pflichtgemäß ausgeübtem Ermessen der Behörde. Die Rechtsprechung stellt hier auf die Nähe zur Gefahr, die

---

181 Zu dieser Handlungsform etwa *Vierhaus*, NJW 1998, 1262, 1268 f.; *Kobes*, NVwZ 1998, 786, 794; *Dombert*, ZUR 2000, 303.
182 Ausführlich dazu *Erbguth*, Allgemeines Verwaltungsrecht, § 24 Rn. 1 ff.; speziell zu Sanierungsverträgen vgl. *Christonakis*, UPR 2005, 11.
183 Zum Kooperationsprinzip im Bereich der Altlastensanierung vgl. *Rengeling* in: Hendler/Marburger/Reinhardt/Schröder, UTR 53, S. 43, 79 f.; *Dombert*, ZUR 2000, 303, 304.
184 *Erbguth/Stollmann*, GewArch 1999, 283, 286; *Rengeling* in: Hendler/Marburger/Reinhardt/Schröder, UTR 53, S. 43, 77; eingehend *Fluck*, DVBl. 1999, 1551, 1552 f.
185 Eingehend zur Konzentrationswirkung *Fluck*, DVBl. 1999, 1551, 1554 f.; *Sanden*, § 10 Rn. 55; *Diehr*, UPR 1998, 128, 131.
186 *Sanden*, § 10 Rn. 55; *Fluck*, DVBl. 1999, 1551, 1556 f., geht von einer Zuständigkeitsbündelung „eigener Art" aus.
187 OLG Jena, ThürVBl 2009, 126; zur Pflicht eines Pkw-Führers die Kosten für die Beseitigung von Ölablagerungen zu beseitigen, die durch Beschädigung der Ölwanne bei Überfahren eines Steins entstanden sind vgl. Bayrischer VGH, Beschluss v. 6.5.2015 – 22 ZB 14.2633; vertiefend *Mohr*, UPR 2005, 99.
188 Für Nordrhein-Westfalen: §§ 1–54 VwVG NRW.

Beherrschung der Gefahr, die Effektivität der Gefahrenabwehr, die zeitlich letzte Ursache und das Maß der Verursachung ab.[189] § 24 Abs. 1 S. 2 BBodSchG enthält eine Sondervorschrift für die bislang umstrittene Kostentragung bei Gefahrerforschungseingriffen; § 24 Abs. 1 S. 3 BBodSchG liegen Fälle der unmittelbaren Ausführung bzw. der Ersatzvornahme i.S.d. Verwaltungsvollstreckungsrechts zugrunde, bei denen die Verantwortlichen nach allgemeinen Grundsätzen zur Kostentragung verpflichtet sind.[190]

Dem vor diesem Hintergrund bestehenden Bedarf nach einem **internen Ausgleichsanspruch** zwischen verschiedenen Kostenpflichtigen untereinander trägt § 24 Abs. 2 S. 1 BBodSchG Rechnung.[191] Hiernach haben mehrere Verpflichtete unabhängig von ihrer Heranziehung einen Ausgleichsanspruch.[192] Dessen Umfang richtet sich – vorbehaltlich vertraglicher Regelung[193] – danach, inwieweit die Gefahr oder der Schaden vorwiegend von dem einen oder anderen verursacht worden ist; § 426 Abs. 1 S. 2 BGB findet entsprechende Anwendung.[194] Verjährung[195] und Rechtswegfragen regeln die Sätze 3 bis 6 des § 24 Abs. 2 BBodSchG.[196]

56

Die Verpflichtungen des Verantwortlichen nach dem Bundesbodenschutzgesetz unterliegen mit Ausnahme des Ausgleichsanspruchs **keiner Verjährung**. Dies gilt auch dann, wenn ein Rechtsnachfolger in Anspruch genommen wird.[197] Beschränkungen für die Verantwortlichkeit ehemaliger Eigentümer können sich allerdings auf Tatbestandsebene im Hinblick auf das Erfordernis der Kenntnis der schädlichen Bodenveränderung (§ 4 Abs. 6 BBodSchG) ergeben.[198]

e) Vorsorgeanordnungen

§ 7 BBodSchG normiert eine **spezifisch bodenschutzrechtliche Vorsorgepflicht**. Ihr Ziel ist es, das Entstehen (im Unterschied zu bereits bestehenden Bodenbelastungen, §§ 7 S. 8 i.V.m. 4 BBodSchG) schädlicher Bodenveränderungen durch zukünftige Einwirkungen – die durch die jeweilige Nutzung auf dem Grundstück selbst oder in dessen Einwirkungsbereich hervorgerufen werden können – von vornherein zu verhindern (§ 7 S. 1 BBodSchG). Von der Vorsorgepflicht ausgenommen sind nach § 7 S. 6 und 7 BBodSchG die land- und forstwirtschaftliche Bodennutzung sowie der Grundwasserschutz.

57

Nach § 7 S. 2 BBodSchG sind **Vorsorgemaßnahmen** geboten, wenn wegen räumlicher, langfristiger oder komplexer Auswirkungen einer Nutzung auf die Bodenfunktionen die Besorgnis einer schädlichen Bodenveränderung besteht. Mit dem Begriff der Be-

---

189 VGH Mannheim, ZUR 2013, 298; OVG Berlin, Urt. v. 24.2.2011 – 11 B 10.09 – juris; VGH Kassel, ZfIR 2006, 248; vgl. aber auch VGH Mannheim, ZUR 2008, 430, 432; *Schmitt/Leitzke*, ZUR 2006, 78, 79.
190 *Versteyl* in: ders./Sondermann, BBodSchG, § 24 Rn. 6; *Baufeld*, NVwZ 2009, 886.
191 Zu den früheren landesrechtlichen Ausgleichsregelungen vgl. *Guttenberger*, S. 30 ff.
192 Vgl. BGH, NJW 2009, 139; OLG Frankfurt, AbfallR 2009, 201 (Leitsatz); *Hellriegel/Schmitt*, NJW 2009, 1118; *Drasdo*, NJW-Spezial 2007, 97; zur Herleitung von Ansprüchen des Veräußerers eines kontaminierten Grundstücks gegen den Verursacher vgl. *Beckhaus*, ZUR 2010, 418; zum bodenschutzrechtlichen Ausgleichsanspruch bei Abfallbeseitigungsanlagen BGH, UPR 2010, 273.
193 Dazu eingehend *Knopp*, NJW 2000, 905; *Schlette*, VerwArch 2000, 41, 64 f.
194 OLG Karlsruhe, W+B 2015, 127; Ausführlich zur Störerauswahl auf der Primär- und Sekundärebene und zum gesamtschuldnerischen Ausgleich vgl. *Guttenberger*, S. 49 ff., 71 ff.
195 Dazu BGHZ 195, 153; BGH, NJW 2012, 3777; *Landel/Mohr*, UPR 2008, 100; zur Verjährungsproblematik der Verantwortlichkeit vgl. *Erbguth/Stollmann*, Bodenschutzrecht, Rn. 171.
196 Zur Problematik der Verjährung *Hünnekens/Plogmann*, NVwZ 2003, 1216.
197 VGH Mannheim, ZUR 2008, 325, 327.
198 *Hellriegel*, NVwZ 2012, 541; dazu bereits § 13 Rn. 49.

sorgnis wird ein dem Vorsorgegrundsatz gemäßer Prognosemaßstab geliefert, der aus dem Gewässerschutzrecht kommend von einer Schadensmöglichkeit ausgeht.[199] Derartige Maßnahmen können gem. § 10 Abs. 1 S. 1 BBodSchG behördlicherseits angeordnet werden, wenn die in §§ 9 f. BBodSchV[200] gestellten Vorsorgeanforderungen nicht eingehalten werden. Sie können beispielsweise zulässig sein, wenn Schadstoffgehalte im Boden gemessen werden, welche die Vorsorgewerte nach § 9 Abs. 1 S. 1 Nr. 1 i.V.m. Anhang 2 Nr. 4 der BBodSchV überschreiten.[201]

Werden Vorsorgewerte überschritten, so soll der nach § 7 BBodSchG Verpflichtete Vorkehrungen treffen, um weitere durch ihn auf dem Grundstück und dessen Einwirkungsbereich verursachte Schadstoffeinträge zu vermeiden oder wirksam zu vermindern (§ 10 Abs. 1 S. 1 BBodSchV).[202] Entsprechende **Vorsorgeanordnungen** müssen **verhältnismäßig** sein, wobei insbesondere Zumutbarkeitsaspekte im Hinblick auf die planungsrechtlich zulässige Flächennutzung zu berücksichtigen sind.[203]

Verpflichtete sind in diesem Zusammenhang der Grundstückseigentümer, der Inhaber der tatsächlichen Gewalt über ein Grundstück sowie derjenige, der Verrichtungen auf einem Grundstück durchführt oder durchführen lässt, die zu (negativen) Veränderungen der Bodenbeschaffenheit führen können, vgl. § 7 S. 1 BBodSchG. Damit können Einwirkungen Dritter, die von diesem Personenkreis unabhängig sind – wie etwa Emittenten aus der Nachbarschaft – eine Vorsorgepflicht bspw. des Grundstückseigentümers nicht auslösen.[204]

f) Entsiegelungsanordnungen

58 Nach § 5 BBodSchG kann bei dauerhaft nicht mehr genutzten Flächen die Beseitigung einer Bodenversiegelung vom Grundstückseigentümer verlangt werden. Nach § 5 S. 1 BBodSchG können Entsiegelungsanordnungen auf der Grundlage einer Rechtsverordnung erlassen werden. § 5 S. 2 BBodSchG ermöglicht bis zu ihrem Inkrafttreten, die Anordnung von Einzelmaßnahmen nach den Voraussetzungen von S. 1 zu treffen. Da von der Verordnungsermächtigung des § 5 S. 1 BBodSchG bisher noch kein Gebrauch gemacht wurde, besteht derzeit nur die Möglichkeit Einzelfallanordnungen (Verwaltungsakte) nach § 5 S. 2 zu erlassen.[205] Zur Entsiegelung verpflichtet werden kann **nur** der **Grundstückseigentümer**. Mieter oder Pächter oder sonstige Nutzungsberechtigte scheiden als Adressaten entsprechender Maßnahmen aus.

Im Hinblick auf die **Rechtsfolgen** der Maßnahmen nach § 5 BBodSchG ordnet das Gesetz die Erhaltung bzw. die Wiederherstellung der Bodenfunktionen an, freilich nur unter dem Vorbehalt der Möglichkeit und Zumutbarkeit. Damit wird zum einen Bezug genommen auf die technische Machbarkeit der Beseitigung von Versiegelungen, zum anderen auf die vor allem wirtschaftliche Zumutbarkeit der Entsiegelungsmaßnahmen.[206]

---

199 *Peters*, VBlBW 1999, 83, 85; *Ott*, ZUR 1994, 53, 59.
200 Damit ist der Rechtsverordnungsermächtigung gem. § 8 Abs. 2 BBodSchG entsprochen worden.
201 Vgl. auch *Schäfer*, DVBl. 2002, 734.
202 Zu den bodenschutzrechtlichen Anforderungen an die Verfüllung von Ausgrabungen mit mineralischen Abfällen vgl. BVerwG, NVwZ 2005, 954; umfassend hierzu *Bertram*, AbfallR 2007, 37; *Frenz*, UPR 2007, 81.
203 *Erbguth/Stollmann*, Bodenschutzrecht, Rn. 189.
204 *Erbguth/Stollmann*, Bodenschutzrecht, Rn. 183.
205 Zur Anwendbarkeit des § 5 S. 2 BBodSchG vor dem Erlass einer Verordnung nach § 5 S. 1 BBodSchG vgl. *Gröhn*, Bodenschutzrecht – auf dem Weg zur Nachhaltigkeit, S. 155.
206 *Erbguth/Stollmann*, GewArch 1999, 223, 231.

§ 13 Bodenschutz- und Altlastenrecht

Entsiegelungsmaßnahmen können nur angeordnet werden, „soweit die Vorschriften des Baurechts die Befugnisse der Behörden nicht regeln" (§ 5 S. 1, 1. Hs. BBodSchG). Hierdurch wird eine **Subsidiarität** der bodenschutzrechtlichen Entsiegelungspflicht insbesondere gegenüber der Pflicht zur Duldung von Entsiegelungsmaßnahmen der Gemeinde nach § 179 BauGB statuiert.[207]

▶ **LÖSUNG FALL 14:** Die Anordnung der zuständigen Behörde könnte sich auf § 9 Abs. 2 BBodSchG stützen. Gem. § 9 Abs. 2 S. 1 BBodSchG kann die zuständige Behörde anordnen, dass die in § 4 Abs. 3, 5 und 6 BBodSchG genannten Personen die notwendigen Untersuchungen zur Gefahrenabschätzung durchzuführen haben, wenn aufgrund konkreter Anhaltspunkte der hinreichende Verdacht einer schädlichen Bodenveränderung oder einer Altlast vorliegt. Derartige konkrete Anhaltspunkte für das Vorliegen einer schädlichen Bodenveränderung oder Altlast liegen in Form verschiedener Gutachten aus den Jahren 1990, 1999 und 2000 vor, welche die Kontamination des Bodens durch LCKW feststellten und die Annahme rechtfertigen, dass dies zu einer Verunreinigung des Grundwassers geführt hat und weiter führen wird. Nach den dort getroffenen Feststellungen konnten trotz der Bodensanierung durch Bodenluftabsaugung im Zeitraum 1990–1998 die Bodenverunreinigungen nur teilweise beseitigt werden. Weitere Voraussetzung ist, dass die Untersuchungen zur Gefahrenabschätzung notwendig sind. Dies ist zu bejahen, weil das Ausmaß der Gefahr, insbesondere die Mengen der aus dem Boden in das Grundwasser gelangenden LCKW, die Fließrichtung des Grundwassers im Bereich des Grundstücks und die Ausdehnung der vom Grundstück ausgehenden „LCKW-Fahne", ungeklärt ist. Eine diesbezügliche Aufklärung ist jedoch zur Einleitung der geeigneten Gefahrabwehrmaßnahmen durch die Behörde notwendig. Darüber hinaus müsste Unachtsam zu dem im § 4 Abs. 3 BBodSchG genannten Personenkreis gehören. Unachtsam könnte hier jedenfalls Mitverursacher einer schädlichen Bodenveränderung oder Altlast i.S.v. § 4 Abs. 3 S. 1 BBodSchG sein. Nach der Rechtsprechung kann, wenn verschiedene Anlagenbetreiber nacheinander zu einer Verunreinigung des Bodens und Grundwassers des von ihnen betrieblich genutzten Grundstücks beigetragen haben, auch derjenige von ihnen zu Altlastenerkundungs- und -sanierungsmaßnahmen herangezogen werden, der den möglicherweise geringeren Beitrag zu der Verunreinigung geleistet hat.[208] Die Inanspruchnahme eines Anlagenbetreibers als (Mit-)Verursacher einer Bodenverunreinigung kommt allerdings nur dann in Betracht, wenn seine (Mit-)Verantwortlichkeit objektiv feststeht. Bloße Vermutungen über Kausalverläufe genügen nicht. Die Führung eines Unternehmens, in dem mit grundwassergefährdenden Stoffen umgegangen wird, bildet für sich allein noch keine ausreichende Grundlage für eine Heranziehung des Geschäftsinhabers als Verursacher. Dies gilt jedenfalls dann, wenn noch andere Personen, insbesondere frühere bzw. spätere Betriebsinhaber, als Verursacher in Betracht kommen.[209] Kann der Nachweis für die als Verursacher verantwortliche Person nicht erbracht werden, müssen zum Ausschluss spekulativer Erwägungen und bloßer Mutmaßungen wenigstens objektive Faktoren als tragfähige Indizien vorhanden sein, die den Schluss rechtfertigen, zwischen dem Verhalten der Person und der eingetretenen Gefahrenlage bestehe ein gesicherter Ursachenzusammenhang. Objektive Verdachtsmomente ergeben sich hier bereits aus dem Umstand, dass während der Dauer der Inhaberschaft des Unachtsam in dem Unternehmen ein Betriebssystem installiert war, das regelmäßig den „offenen" Umgang mit

---

207 *Erbguth/Stollmann*, Bodenschutzrecht, Rn. 177; str.: vgl. *Sanden* in: Koch (Hrsg.), Umweltrecht, § 8 Rn. 92.
208 VGH Mannheim, NVwZ-RR 2003, 103, 105.
209 Vgl. zur Ordnungspflichtigkeit von Leitungspersonen einer juristischen Person des Privatrechts als Verursacher einer schädlichen Bodenveränderung OVG NRW, AbfallR 2015, 259.

LCKW-haltigen Stoffen erforderte und in verschiedener Hinsicht den Eintritt des Verlustes kleinerer Mengen dieser Stoffe im täglichen Umgang ermöglichte. Am früheren Standort der Reinigungsmaschinen wurden auch erhebliche Bodenverunreinigungen mit LCKW festgestellt. Ferner ist innerhalb der Garage, die zur Lagerung größerer Mengen LCKW-haltiger Reinigungsmittel diente, laut Sachverständigengutachten der Boden stark mit LCKW verunreinigt. Darüber hinaus wurden im Bereich des Innenhofs, der laut Aussagen der Angestellten weisungswidrig zur Trocknung von Reinigungsrückständen genutzt wurde, starke Verunreinigungen mit LCKW nachgewiesen. Es ist somit festzustellen, dass gerade in den Bereichen, in denen mit dem Eintritt von LCKW-Verlusten im Betrieb des Unachtsam zu rechnen war, tatsächlich erhebliche Verunreinigungen des Bodens festgestellt worden sind. Insbesondere das offene Trocknen von Reinigungsrückständen auf dem Innenhof, das dem Unachtsam als betriebsbezogenes Verhalten zuzurechnen war, ist ein Indiz dafür, dass im Unternehmen des Unachtsam nicht in jeder Hinsicht ein sachgerechter Umgang mit LCKW-haltigen Stoffen stattgefunden hat. Die Heranziehung des Unachtsam als (Mit-)Verursacher der Altlast gem. §§ 9 Abs. 2 i.V.m. 4 Abs. 3 S. 1 BBodSchG war somit rechtmäßig. Nach § 9 Abs. 2 S. 2 BBodSchG schließt dies die Anordnung der Beauftragung einer Untersuchung durch Sachverständige oder Untersuchungsstellen nach § 18 BBodSchG ein.

Hinweis: Dies führt zur materiellen Rechtmäßigkeit der behördlichen Anordnung. Die Sanierungsverantwortlichkeit des früheren Grundstückseigentümers Ahnungslos aus § 4 Abs. 6 BBodSchG ist dagegen mangels Kenntnis und darüber hinaus mangels Eigentumsübertragung nach dem 1.3.1999 ausgeschlossen. ◀

3. Instrumente indirekter Verhaltenssteuerung

a) Appellatorische Vermeidungs- und Abwehrpflicht

60   Um das Verantwortungsbewusstsein des Bürgers zu wecken und zu stärken sowie eine erzieherische Wirkung auf das bodenrelevante Verhalten zu erzeugen, enthält das Bundes-Bodenschutzgesetz Verhaltenspflichten, denen aber lediglich eine **Appellfunktion** zukommt. Das bedeutet, dass diese Regelungen keine konkreten Handlungs- oder Unterlassungspflichten begründen, die selbstständig durch Anordnungen erzwungen oder ordnungsrechtlich sanktioniert werden könnten.[210]

§ 4 Abs. 1 BBodSchG normiert eine **Jedermann-Verpflichtung** zum Schutz des Bodens, nach der jeder, der auf den Boden einwirkt, sich so zu verhalten hat, dass schädliche Bodenveränderungen nicht hervorgerufen werden.

In gleicher Weise verpflichtet § 4 Abs. 2 BBodSchG **Grundstückseigentümer** und **Inhaber der tatsächlichen Gewalt** über ein Grundstück, Maßnahmen zu ergreifen. Im Gegensatz zu § 4 Abs. 1 BBodSchG wird also nicht an ein menschliches Verhalten, sondern an den Grundstückszustand angeknüpft.

b) Landwirtschaftliche Bodennutzung

61   Ebenfalls rein faktischen und damit Appellcharakter haben die Anforderungen, die § 17 Abs. 1 S. 1 BBodSchG für die Landbewirtschaftung aufstellt:[211] Bei der landwirtschaftlichen Bodennutzung soll die Vorsorgepflicht durch die **gute fachliche Praxis** er-

---

210 *Erbguth/Stollmann*, Bodenschutzrecht, Rn. 111; so auch *Vierhaus*, NJW 1998, 1262, 1264; *Peters*, VBlBW 1999, 83, 84; *Neun*, NJ 1999, 123, 125.
211 In diesem Bereich dürften auch für die Länder keine Möglichkeiten der Rechtsdurchsetzung bestehen. Vgl. *Erbguth/Stollmann*, Bodenschutzrecht, Rn. 198; ähnlich *Sanden*, § 10 Rn. 60 f.

füllt sein.²¹² In § 17 Abs. 2 BBodSchG werden sodann allgemeine Grundprinzipien der guten fachlichen Praxis aufgeführt, wobei eine Beschränkung auf nichtstoffliche Aspekte²¹³ der Landbewirtschaftung erfolgt. Als Grundsatz wirkt insoweit die nachhaltige Sicherung der Bodenfruchtbarkeit und Leistungsfähigkeit des Bodens als natürliche Ressource (§ 17 Abs. 2 S. 1 BBodSchG).²¹⁴ Der (nicht abschließende) Katalog des § 17 Abs. 2 S. 2 Nr. 1 bis 7 BBodSchG fächert diese Grundsätze sodann weiter auf. U.a. sind soweit wie möglich Bodenabträge, Bodenverdichtungen, eine Verminderung des Humusgehaltes und weitere negative Begleiterscheinungen zu vermeiden.

§ 10 Abs. 2 BBodSchG sieht zugunsten der Landwirtschaft einen Anspruch auf **Ausgleichsleistungen** für diejenigen wirtschaftlichen Nachteile vor, die infolge einer behördlichen Bodennutzungsbeschränkung oder einer Bewirtschaftungsregelung eintreten. Freilich ist die Geltendmachung des Anspruchs an mehrere einschränkende Voraussetzungen geknüpft:

62

- Der Anspruchsberechtigte (Grundstückseigentümer oder Inhaber der tatsächlichen Gewalt) darf die schädliche Bodenveränderung nicht verursacht haben.
- Jeder Landwirt muss zunächst versuchen, die durch die Beschränkungen entstehenden Nachteile betriebsintern zu kompensieren.
- Die Nutzungsbeschränkung muss ohne den Ausgleich zu einer besonderen Härte führen, die erheblich über die mit der Beschränkung verbundene allgemeine Belastung hinausgeht.
- Ganz entscheidend dürfte schließlich sein, dass der Ausgleichsanspruch – d.h. dessen Inhalt und Umfang – nur nach Maßgabe des Landesrechts gilt. Damit ist der Anspruch erst nach Erlass entsprechender Landesregelungen durchsetzbar.²¹⁵

c) Ökonomische Anreize

Zur Eindämmung von Bodenversiegelung und -verbrauch werden – neben den bereits genannten ökonomischen Anreizen²¹⁶ – rechtspolitisch für das Bodenschutzrecht folgende Ansätze diskutiert:²¹⁷

63

- Umweltabgaben bei Flächeninanspruchnahme (Bodennutzungsabgabe oder **Versiegelungsabgabe**),²¹⁸
- handelbare **Flächenzertifikat**e oder **Versiegelungsrecht**e.²¹⁹

---

212 Für eine Konkretisierung und Ergänzung des Begriffs der guten fachlichen Praxis *Ginzky*, ZUR 2008, 188, 191; kritisch *Müller*, AgrarR 2002, 237; zu den Pflichten aus § 4 BBodSchG nach § 17 Abs. 3 BBodSchG vgl. *Notter*, ZUR 2008, 184.
213 Über die in § 3 Abs. 1 Nr. 4 BBodSchG begründete Subsidiarität des Gesetzes gegenüber den Vorschriften des Düngemittel- und Pflanzenschutzrechts wird der gesamte Bereich der stofflichen Bodenbelastungen aus der Landwirtschaft vom Geltungsbereich des Gesetzes ausgenommen. Dies wird durch die Regelung des § 17 Abs. 3 BBodSchG nochmals nachdrücklich betont. Danach werden die Pflichten nach § 4 BBodSchG durch die Einhaltung der in § 3 Abs. 1 BBodSchG genannten Vorschriften erfüllt.
214 Zur Konkretisierung der Begriffe Bodenfruchtbarkeit und Leistungsfähigkeit des Bodens *Gröhn*, Bodenschutzrecht – auf dem Weg zur Nachhaltigkeit, S. 168.
215 Für Nordrhein-Westfalen: § 19 LbodSchG NRW; vgl. des Weiteren *Versteyl* in: ders./Sondermann, BBodSchG, § 10 Rn. 20 ff.
216 Vgl. § 5 Rn. 84 ff.
217 *SRU*, Umweltgutachten 2000, Tz. 536 f., 538.
218 *Michaelis*, ZUR 2002, 129; *Ekardt*, VR 2001, 397.
219 *Senftleben*, ZUR 2008, 64; *Peine/Spyra/Hüttl*, UPR 2006, 375; zur Diskussion des Handels mit Flächenausweisungsrechten vgl. ferner *Bovet*, NuR 2006, 473; *Marty*, ZUR 2011, 395; *Hansjürgens/Schröter-Schlaak* in: Köck/Bizer/Hansjürgens/Einig/Siedentop (Hrsg.), Handelbare Flächenausweisungsrechte, S. 61 ff.; zum

Darüber hinaus wird zur Steuerung des zunehmenden Flächenverbrauchs zu Recht eine Effektivierung des Planungsrechts, insbesondere der Bauleitplanung, gefordert.[220] Zur Erreichung einer nachhaltigen Bodenbewirtschaftung bedarf es ferner des **Flächenrecyclings**. Flächenrecycling ist die nutzungsbezogene Wiedereingliederung vormals industriell oder gewerblich genutzter Grundstücke, die ihre bisherige Funktion und Nutzung verloren haben, mittels planerischer, umwelttechnischer und wirtschaftspolitischer Maßnahmen in den Wirtschafts- und Naturkreislauf.[221] Es ergibt sich sowohl aus dem bauplanungsrechtlichen Gebot der Wiedernutzbarmachung von Flächen (§ 1a Abs. 2 S. 1 BauGB) als auch aus dem Grundsatz der nutzungsbezogenen Sanierung aus § 4 Abs. 4 BBodSchG. Weitere rechtliche Instrumente des Flächenrecyclings können sich etwa aus städtebaulichem Maßnahmenvertrag, vorhabenbezogenem Bebauungsplan oder städtebaulicher Sanierungssatzung ergeben.[222]

Insbesondere in Städten, die naturgemäß einen großen Flächenbedarf haben, ist eine große Anzahl der benötigten Flächen mit einem Altlastenverdacht behaftet. Diese Flächen befinden sich aber regelmäßig in infrastrukturell gut erschlossenen Lagen, so dass die Mehrkosten eines Recyclings, die gegenüber dem Verbrauch neuer unbelasteter Flächen entstehen, oftmals gerechtfertigt sind.

d) Information und Kooperation

64 Indirekte Verhaltensauswirkungen hat ebenfalls ein breit angelegtes **Umweltinformationsmanagement**. Verlässliche Informationen über den Zustand der Umwelt und die Ursachen von Umweltbeeinträchtigungen sind zur Verwirklichung des Umweltschutzes unverzichtbar. So schaffen Berichte über die jährliche Flächeninanspruchnahme Transparenz und Bewusstsein in der Bevölkerung.

Seit 2007 berichten Industriebetriebe auf Grundlage der Europäischen PRTR-Verordnung (E-PRTR-VO)[223] und des deutschen PRTR-Gesetzes (SchadRegProtAG)[224] insbesondere über die Freisetzung von Schadstoffen in Luft, Wasser und Boden, wenn bestimmte Emissionsschwellenwerte überschritten werden. PRTR steht dabei für **Pollutant Release and Transfer Register**.[225] Die Bevölkerung kann diese öffentlich zugänglichen Daten im Internet einsehen.[226]

Beitrag der Rechtsprechung zur Reduzierung des Flächenverbrauchs am Beispiel des Raumordnungs- und Bauplanungsrechts *Faßbender*, ZUR 2010, 81.
220 *SRU*, Umweltgutachten 2008, Tz. 517 ff.
221 *Tomerius*, NuR 2005, 14; *Thiel*, UPR 2005, 212; *Pommer*, ZfIR 2003, 892; *Heinz*, NZBau 2005, 79; *Reicherzer*, KommJur 2007, 161.
222 *Pommer*, ZfIR 2003, 892.
223 VO (EG) Nr. 166/2006 v. 18.1.2006 über die Schaffung eines europäischen Schadstofffreisetzungs- und -verbringungsregisters, ABl. EG L 33/1 v. 4.2.2006, zuletzt geändert durch VO (EG) Nr. 596/ 2009 v. 18.6.2009, ABlEG L 188/14.
224 Gesetz zur Ausführung des Protokolls über Schadstofffreisetzungs- und -verbringungsregister v. 21.5.2003 sowie zur Durchführung der VO (EG) Nr. 166/2006 v. 6.6.2007, BGBl. I, S. 1002; *Röckinghausen*, ZUR 2009, 19.
225 Vgl. hierzu den positiven Bericht der Kommission über die Fortschritte bei der Durchführung der VO (EG) Nr. 166/2006 über die Schaffung eines Europäischen Schadstofffreisetzungs- und –verbringungsregisters (E-PRTR) vom 5.3.2013, KOM (2013) 111 endg., S. 10.
226 Abrufbar unter www.thru.de (Stand: 15.1.2016).

§ 13 Bodenschutz- und Altlastenrecht

Darüber hinaus steht jedermann der Zugang zu den bei verschiedenen Behörden erfassten Altlastendaten nach Maßgabe des allgemeinen Informationsfreiheitsrechts offen, insbesondere nach dem UIG.[227]

Konsensuale Lösungen zwischen Staat und Bürger haben im Gegensatz zum Ordnungsrecht den Vorteil, dass regelmäßig eine höhere Akzeptanz beim Bürger erreicht wird. Eine wichtige Möglichkeit konsensualen Verhaltens eröffnet der öffentlich-rechtliche Vertrag (§§ 54 ff. VwVfG),[228] der im BBodSchG in Form eines **Altlastensanierungsvertrags** nach § 13 Abs. 4 BBodSchG für den Sonderfall einer qualifizierten Altlast vorgesehen ist. Die generell zulässigen Vertragsformen der §§ 54 ff. VwVfG sind parallel dazu anwendbar. Insbesondere in der Phase der Gefahrabschätzung und vor Beginn der Sanierungsplanung nach § 13 Abs. 1 BBodSchG wird in der Praxis häufig ein Verwaltungsvertrag abgeschlossen.

WIEDERHOLUNGS- UND VERSTÄNDNISFRAGEN

> Welchen Schutzzweck verfolgt das BBodSchG? (Rn. 7)
> Wie werden die Begriffe „Boden", „Altlasten" und „schädliche Bodenverunreinigung" definiert? (Rn. 9, 14, 16)
> Welches behördliche Instrumentarium stellt das BBodSchG für eine Altlastensanierung bereit? (Rn. 24 ff.)
> Erläutern Sie die Haftung des Gesamtrechtsnachfolgers im Anwendungsbereich des BBodSchG! (Rn. 44)
> Welchen verfassungsrechtlichen Grenzen unterliegt die ordnungsbehördliche Inanspruchnahme des Grundstückseigentümers?
> Welche Befugnisse besitzt die zuständige Behörde zur Ermittlung einer schädlichen Bodenverunreinigung?

---

[227] Vgl. dazu § 5 Rn. 129. Zur Reichweite des Auskunftsanspruchs in Bezug auf Altlasten nach § 3 Abs. 1 UIG und möglichen Ausschlussgründen nach §§ 8, 9 UIG vgl. *Kümper*, UPR 2012, 291.
[228] *Erbguth*, Allgemeines Verwaltungsrecht, § 24 Rn. 1 ff.

§ 14 Gentechnikrecht

1   Das Gentechnikrecht ist ein vergleichsweise junges Rechtsgebiet, anhand dessen die Verknüpfung von umweltbezogenem Anlagen- und Produktrecht – exemplarisch – aufgezeigt werden kann. Die Anwendung der Gentechnologie beim Menschen wird als Humangenetik bezeichnet (auch sog. „rote Gentechnik").[1] Sie ist nicht Gegenstand der Darstellung.[2] Im Rahmen des Umweltrechts geht es um die sog. „grüne Gentechnik", auch „Umweltgentechnik" genannt.[3] Hierbei handelt es sich um die Anwendung gentechnischer Verfahren in der Pflanzen- und Tierzüchtung und die Nutzung gentechnisch veränderter Pflanzen und sonstiger Organismen in der Landwirtschaft und im Lebensmittelsektor.

2   Die **Nutzenpotentiale** der grünen Gentechnik sind in erster Linie wirtschaftlicher Natur: Insbesondere im Lebensmittel- und Futtermittelbereich wird mithilfe genetischer Veränderungen von Pflanzen und Tieren versucht, eine Kosten sparende und effizientere Lebens- und Futtermittelproduktion zu etablieren.[4] Zugleich soll – beispielsweise durch eine gentechnisch erzeugte Herbizidresistenz bei Pflanzen – der Einsatz von Pestiziden verringert und dadurch Boden und Grundwasser vor schädlichen Einträgen geschützt werden.[5]

Die mit der Gentechnik verbundenen **Risiken** für die menschliche und tierische Gesundheit sowie für die Umwelt sind angesichts ihrer verhältnismäßig jungen Geschichte weitgehend ungeklärt.[6] Mittlerweile kristallisiert sich aber heraus, dass die größten Risiken nicht in der Beeinträchtigung der menschlichen Gesundheit, sondern im Bereich der Schäden für die Umwelt und der Beeinträchtigung der gentechnikfreien Landwirtschaft bestehen.[7] Nachteile können der gentechnikfreien Landwirtschaft, insbesondere dem ökologischen Landbau, entstehen, wenn nicht hinreichende Vorkehrungen gegen Verunreinigungen durch gentechnisch veränderte Organismen (GVO) getroffen werden.[8] So kann etwa das Saatgut eines konventionelle Landwirtschaft betreibenden Landwirts durch GVO verunreinigt werden, so dass die Aussaat dieses Saatguts eine genehmigungspflichtige Freisetzung von GVO ist.[9] Überdies bestehen ethische Bedenken insbesondere gegenüber dem Einsatz gentechnisch veränderter Organismen in der Lebensmittelproduktion.[10] In der EU ist daher lediglich der Anbau der Maissorte MON810, die besonders widerstandsfähig gegen ein Insektizid ist, zugelassen.[11] Die Erstzulassung von MON810 ist 2007 zwar abgelaufen, gilt aber bis zur Entscheidung über den Zweitantrag fort.[12] Die Maissorte ist derzeit die einzige gentechnisch veränderte Pflanze, die in der Europäischen Union angebaut wird. Mehrere Mitgliedstaaten

---

1   *SRU*, Umweltgutachten 2004, Tz. 844.
2   Hierzu näher *Kloepfer*, Umweltrecht, § 18 Rn. 82 ff.
3   *Sparwasser/Engel/Voßkuhle*, § 6 Rn. 326.
4   *SRU*, Umweltgutachten 2004, Tz. 845; *Ittershagen/Runge*, NVwZ 2003, 549, 549.
5   *SRU*, Umweltgutachten 2004, Tz. 845; vgl. auch *Fisahn*, NuR 2004, 145, 145; *Mechel* in: Koch (Hrsg.), Umweltrecht, § 11 Rn. 2.
6   *SRU*, Umweltgutachten 2004, Tz. 866 ff.; *Schauzu*, ZUR 1999, 3; *dies.*, ZLR 1996, 655.
7   *SRU*, Umweltgutachten 2008, Tz. 1048.
8   *SRU*, Umweltgutachten 2004, Tz. 890 ff.
9   Vgl. VGH München, ZUR 2007, 487; OVG Schleswig-Holstein, LRE 56, 352; zu den Anforderungen einer Freisetzungsgenehmigung in Bezug auf gentechnisch verändertes Saatgut vgl. *Winter*, ZUR 2006, 456.
10 *SRU*, Umweltgutachten 2004, Tz. 845.
11 Kommission, Zulassungsentscheidung v. 22.4.1998, ABlEG L 131/32.
12 Zum Stand des Zulassungsverfahrens: http://www.transgen.de/anbau/483.mon810-mais-zulassung-eu.html (15.1.2016).

– u.a. auch Deutschland – haben indes von der Schutzklausel (Art. 23) der Freisetzungsrichtlinie[13] Gebrauch gemacht und den Anbau national untersagt.[14] Sollte die EU eine Neuzulassung von MON810 erteilen, wären die nationalen Verbote hinfällig. Noch hat die Kommission keine erneute Zulassung erteilt. Die mangelnde Akzeptanz gentechnisch veränderter Lebensmittel in der europäischen Bevölkerung und die Politisierung der Debatte mag die Verzögerung erklären. Das Akzeptanzdefizit zeigt sich auch daran, dass die ursprünglich zugelassene, gentechnisch veränderte Kartoffelsorte Amflora sich nicht am Markt durchsetzen konnte.gegen die Zulassung zum Anbau der besonders stärkehaltigen Kartoffelsorte erhob zudem Ungarn erfolgreich eine Nichtigkeitsklage. Der EuGH stellte erhebliche Fehler der Kommission im Zulassungsverfahren fest und erklärte den Amflora-Zulassungsbeschluss der Kommission für nichtig.[15] Aufgrund der gesellschaftlichen, wirtschaftlichen und rechtlichen Hindernisse ist ein neuer Zulassungsantrag bezüglich Amflora kaum zu erwarten.

I. Rechtsgrundlagen

Das Gentechnikrecht dient primär dem vorsorgenden Umweltschutz,[16] sekundär dem kausalen Umweltschutz.[17]

Das Spannungsverhältnis zwischen Risiken und Nutzen der Gentechnik kann der Gesetzgeber einerseits zugunsten der Sicherheit durch ein Totalverbot des Einsatzes gentechnischer Verfahren lösen, andererseits zugunsten der Freiheit durch eine weitgehende Freistellung von Genehmigungs- und Verbotsregelungen.

1. Internationales Recht

Auf der internationalen Ebene verpflichtet die Konvention von Rio de Janeiro zum Schutz der Artenvielfalt (**Biodiversitätskonvention**) vom 5.6.1992[18] in Art. 8 lit. g die Vertragsstaaten u.a., Mittel zur Regelung, Bewältigung und Kontrolle der Risiken einzuführen, die mit der Nutzung oder Freisetzung der durch Biotechnologie hervorgebrachten lebenden modifizierten Organismen zusammenhängen, die nachteilige Umweltauswirkungen haben und die Erhaltung der biologischen Vielfalt beeinträchtigen können.

Darüber hinaus enthält das – im September 2003 in Kraft getretene und auf Art. 19 Abs. 3 Biodiversitätskonvention gestützte[19] – **Protokoll von Cartagena** über die Biologische Sicherheit (**Biosicherheits-Protokoll**) vom 29.1.2000[20] völkerrechtlich verbindli-

---

13 Vgl. § 14 Rn. 5 a.E.
14 In Deutschland wurde am 17.4.2009 ein Anbauverbot gestützt auf die in § 20 Abs. 2 GenTG umgesetzte Schutzklausel erlassen: http://www.bmel.de/SharedDocs/Pressemitteilungen/2009/063-AI-Mon810.html?nn=312878 (Stand: 15.1.2016), die Rechtmäßigkeit des Verbots wurde gerichtlich bestätigt, vgl. VG Braunschweig, ZUR 2009, 446 f., OVG Niedersachsen, NuR 2009, 566 f., derartige Anbauverbote wurden in neun weiteren EU-Ländern erlassen, siehe: http://www.bund.net/themen_und_projekte/gentechnik/kommerzieller_anbau/europa/ (Stand: 15.1.2016).
15 EuG, Rs. T-240/10, LRE 67, 148.
16 Hierzu näher § 3 Rn. 3 ff.
17 Hierzu näher § 2 Rn. 25.
18 Umgesetzt durch Gesetz zu dem Übereinkommen über die biologische Vielfalt v. 5.6.1992 i.d.F. der Bekanntmachung v. 30.8.1997, BGBl. II, S. 1741; vgl. *Friedland/Prall*, ZUR 2004, 193; *Godt*, ZUR 2004, 202; vgl. auch § 10 Rn. 3.
19 *Mechel* in: Koch (Hrsg.), Umweltrecht, § 11 Rn. 12 f.
20 BT-Drs. 14/3071; dazu *Buck*, ZUR 2000, 319.

che Regelungen zum grenzüberschreitenden Verbringen von lebenden gentechnisch veränderten Organismen. Durch die Verankerung präventiver Kontrollen, durch Kennzeichnung sowie durch Informationsvorschriften sollen (in erster Linie) die biologische Vielfalt, aber auch die Umwelt allgemein und die menschliche Gesundheit geschützt werden.[21] In der EU ist das Cartagena-Protokoll durch die Verordnung (EG) Nr. 1946/2003[22] über grenzüberschreitende Verbringungen genetisch veränderter Organismen rechtlich verbindlich umgesetzt.[23] Der Deutsche Bundestag hat es am 20.11.2003 gebilligt, so dass es am 18.2.2004 in Kraft getreten ist.

Der 1991 vorgelegte **Verhaltenskodex** (Preliminary Draft International Code of Conduct on Plant Biotechnology) der Ernährungs- und Landwirtschaftsorganisation der Vereinten Nationen (Food and Agriculture Organization, **FAO**) versucht, dem Schutz des natürlichen Genpools bei gleichzeitiger Nutzung und Entwicklung biotechnologischer Verfahren Rechnung zu tragen und dadurch eine nachhaltige Entwicklung der Ernährungswirtschaft zu gewährleisten.[24] Der völkerrechtlich unverbindliche Kodex will diese Zielsetzungen durch Risikoevaluationen, Minimierungspflichten und Überwachungsmaßnahmen erreichen.[25]

Der unverbindliche Codex Alimentarius der Welthandelsorganisation (**WTO**) und der FAO enthält Standards, Verfahrensregeln, Richtlinien und Empfehlungen zum Umgang mit Nahrungsmitteln.[26] Im Jahr 2009 wurde er um Vorgaben für den Umgang mit genetisch veränderten Futter- und Lebensmitteln erweitert.[27]

Das „Agreement on the Application of Sanitary and Phytosanitary Measures" (**SPS-Übereinkommen**) der WTO[28] über die Anwendung gesundheitspolizeilicher und pflanzenschutzrechtlicher Maßnahmen regelt die Zulässigkeit derartiger Handlungen, die sich unmittelbar oder mittelbar auf den internationalen Handel auswirken können. Vertragsstaaten können Maßnahmen zum Schutz von Leben und Gesundheit von Menschen, Tieren oder Pflanzen erlassen, wenn diese notwendig sind, sich auf eine wissenschaftliche Risikobewertung stützen und kein verstecktes Handelshemmnis darstellen (Art. 2.2, 2.3 SPS-Übereinkommen).[29] Zweck des SPS-Übereinkommens ist es, Handelskonflikte zu lösen, die etwa infolge einer unterschiedlichen Risikobewertung im Zusammenhang mit Freisetzung und Inverkehrbringen von GVO entstehen.[30]

---

21 Der Vertragstext ist unter http://bch.cbd.int/protocol/ abrufbar (Stand: 15.1.2016).
22 ABlEG L 287/1; zu den Entwürfen vgl. bereits *Stökl*, S. 101 ff.
23 Hierzu sogleich § 14 Rn. 7.
24 Vertragstext unter www.fao.org/ag//CGRFA/biocode.htm (Stand: 15.1.2016).
25 *Mechel* in: Koch (Hrsg.), Umweltrecht, § 11 Rn. 14.
26 Abrufbar unter: www.codexalimentarius.net (Stand:15.1.2016).
27 Vgl. ftp.fao.org/codex/Publications/Booklets/Biotech/Biotech_2009e.pdf (15.1.2016).
28 Abrufbar unter www.wto.org/english/tratop_e/sps_e/spsund_e.htm (Stand: 15.1.2016).
29 Vgl. auch Beschluss 2003/822/EG des Rates v. 17.11.2003 über den Beitritt der Europäischen Gemeinschaft zur Codex-Alimentarius-Kommission, ABlEG L 309/14.
30 In den USA werden verschiedene GVO-Sorten angebaut, die in der EU infolge eines EU-Kommissions-Moratoriums (vgl. sogleich § 14 Rn. 5) keine Zulassung erhalten hatten. US-Exporte sind in der EU nur marktfähig, wenn sie frei von hier nicht zugelassenen GVO sind. Da dieses aus Sicht der USA mit vertretbarem Aufwand nicht erreichbar ist, verlieren die US-Farmer jährlich geschätzte 300 Mio. US-Dollar an Exporteinnahmen. Ein Streitschlichtungspanel der WTO entschied 2006, dass das Zulassungs-Moratorium (welches 2004 aufgegeben wurde) nicht rechtens gewesen ist, eigenständige Risikoprüfungen und nationale Importverbote aber grundsätzlich zulässig sind; vgl. *Stoll*, EuZW 2007, 471, 472; *Mechel* in: Koch (Hrsg.), Umweltrecht, § 11 Rn. 15 ff. m.w.N.; zuvor bereits *Scherzberg*, ZUR 2005, 1.

2. EU-Recht

Dem Unionsrecht kommt eine Vorreiterrolle im Bereich des Gentechnikrechts zu: Sowohl im Anlagen- als auch im Produktrecht hat der Gemeinschaftsgesetzgeber durch Verordnungen und Richtlinien maßgeblich die rechtlichen Vorgaben für den nationalen Gesetzgeber festgelegt.[31]

Standen zunächst gentechnische Arbeiten in Anlagen und die Freisetzung von GVO im Fokus juristischer Auseinandersetzung,[32] rückte in der zweiten Hälfte der 1990-er Jahre das Inverkehrbringen gentechnisch veränderter Organismen in den Mittelpunkt wissenschaftlicher Abhandlungen[33] sowie von Rechtsetzung und Rechtsanwendung.

1997 trat die **Novel Food-Verordnung** in Kraft, die das Inverkehrbringen gentechnisch veränderter Lebensmittel regelte.[34] Das 1999 von der Europäischen Kommission aufgrund ungeklärter Risiken de facto verhängte Moratorium[35] für die Freisetzung und das Inverkehrbringen von GVO[36] führte dazu, dass bis 2004 keine gentechnisch veränderten Produkte in der Gemeinschaft auf den Markt gebracht werden konnten. Die EG hat im Mai 2004 dieses De-facto-Moratorium beendet und erstmals seit 1998 Genehmigungen für das Inverkehrbringen von GVO erteilt.[37]

Den Umgang mit GVO in Anlagen regelt die Richtlinie 2009/41/EG vom 6.5.2009 über die Anwendung genetisch veränderter Mikroorganismen in geschlossenen Systemen (**Systemrichtlinie**)[38]. Diese normiert das Zulassungsverfahren sowie Betreiber- und Überwachungspflichten für Anlagen, in denen genetisch veränderte Mikroorganismen[39] hergestellt oder verwendet werden.

Die Richtlinie 2001/18/EG vom 12.3.2001 (**Freisetzungsrichtlinie**)[40] regelt den Umgang und die Verwendung, insbesondere das Inverkehrbringen von GVO außerhalb geschlossener Anlagen und ergänzt insoweit die Systemrichtlinie.

Die Freisetzungsrichtlinie ist grundsätzlich dem Vorsorgeprinzip verpflichtet und enthält allgemeine Vorschriften (Teil A) sowie Regelungen über die Freisetzung von GVO zu Forschungs- und Entwicklungszwecken (Teil B) und zum Inverkehrbringen von GVO als Produkte oder in Produkten (Teil C).[41] Die Inverkehrbringenszulassung ist auf zehn Jahre befristet. Ferner muss eine umfassende Risikoprüfung erfolgen, die die Auswirkungen von GVO auf die menschliche Gesundheit und die Umwelt umfassend ermittelt und bewertet sowie Langzeitwirkungen zu beachten hat.[42] Der Vorhabenträger wird bereits bei Antragstellung verpflichtet, einen Vorschlag für die Überwachung

---

31 *Sparwasser/Engel/Voßkuhle*, § 6 Rn. 372.
32 Vgl. *Di Fabio*, S. 116 ff.; *Scherzberg*, VerwArch 84 (1993), 484; *Dederer*, Gentechnik im Wettbewerb der Systeme; *Kapteina*, Die Freisetzung von gentechnisch veränderten Organismen; vgl. die Rechtsprechungsauswertungen von *Jörgensen/Winter*, ZUR 1996, 193; *Schlacke*, ZUR 2001, 393.
33 *Groß*, Die Produktzulassung von Novel Food; *Meier*, Risikosteuerung im Lebensmittel- und Gentechnikrecht; *Tünnesen-Harmes*, Risikobewertung im Gentechnikrecht; vgl. auch die Besprechung von *Beaucamp*, ZUR 2001, 286.
34 VO (EG) Nr. 258/97 v. 27.1.1997 über neuartige Lebensmittel und neuartige Lebensmittelzutaten, ABlEG L 43/1, zuletzt geändert durch VO (EG) Nr. 596/2009 v. 18.6.2009, ABlEG L 188/14. Hierzu sogleich § 14 Rn. 9.
35 Vgl. *Stoll*, EuZW 2007, 471.
36 *Chotjewitz*, ZUR 2003, 270.
37 Pressemitteilung der Kommission IP/04/663 v. 19.5.2004.
38 ABlEG L 125/75.
39 Zum Begriff vgl. Art. 2 b) RL 2009/41/EG (Fn. 38).
40 ABlEG L 106/1, zuletzt geändert durch RL 2015/412/EU v. 11.3.2015, ABlEU L 68/1.
41 Ferner enthält Teil D (Art. 25 ff.) sog. Schlussbestimmungen.
42 Vgl. hierzu die Entscheidung 2002/623/EG der Kommission v. 24.7.2002, ABlEG L 200/22.

(Monitoring) des Produkts nach dem Inverkehrbringen zu unterbreiten.[43] Darüber hinaus werden Kennzeichnungsanforderungen und die Pflicht zur Rückverfolgbarkeit des GVO in jeder Phase des Inverkehrbringens eines Produktes festgeschrieben.[44] Letztere soll insbesondere durch Kennzeichnung, Hinterlegung von Proben und Nachweismethoden sowie durch Gen-Register bei der Kommission gewährleistet werden. Für nicht beabsichtigte Verunreinigungen von Produkten mit GVO kann ein Schwellenwert festgelegt werden, unterhalb dessen das Produkt nicht gekennzeichnet werden muss.[45] Art. 26a der Freisetzungsrichtlinie sieht vor, dass die Mitgliedstaaten Maßnahmen treffen, um das unbeabsichtigte Vorhandensein von GVO in anderen Produkten zu verhindern.[46] Mit der jüngsten Änderung der Richtlinie[47] wurde u.a. Art. 26a um einen Absatz ergänzt. Der neue Absatz 1 a) sieht vor, dass die Mitgliedstaaten, in denen GVO angebaut werden, Schutzmaßnahmen treffen müssen, um die grenzüberschreitende Verunreinigung benachbarter Staaten, in denen der Anbau von GVO untersagt ist, zu vermeiden. Zusätzlich wurden die Art. 26b und 26c eingefügt, die es Mitgliedstaaten ermöglichen, einen vollständigen oder teilweisen Ausschluss des Anbaus von GVO in ihrem Hoheitsgebiet bei der Kommission zu beantragen. Mitgliedstaaten können auch selbst den Anbau von GVO beschränken oder untersagen, wenn dies im Einklang mit dem Unionsrecht geschieht und die Einschränkungen durch „zwingende Gründe" gerechtfertigt werden. Damit wurde ein sog. Opt-Out-Konzept eingeführt, dessen Kernregelungen in Art. 26b zu finden sind.[48] Nicht abschließend zählt Art. 26b Abs. 3 Nr. 3 sieben mögliche zwingende Gründe auf, wobei ein Berufen auf die „öffentliche Ordnung" allein ausdrücklich nicht zur Rechtfertigung ausreichen soll.[49] Weiterhin hat die Kommission im Jahr 2003 Leitlinien zur Realisierung der Koexistenz vorgelegt, die im Jahr 2010 durch neue Leitlinien ersetzt wurden.[50] Sie sollen sicherstellen, dass der gentechnikfreie, biologische oder konventionelle Landbau neben dem Landbau, in dem GVO ausgebracht werden, gleichberechtigt existieren kann und GVO nicht unbeabsichtigt in anderen Kulturpflanzen vorhanden sind (Koexistenz verschiedener landwirtschaftlicher Betriebsweisen).[51] Auch der Artenvielfalt des Saatgutes wird Rechnung getragen.

7   Das **Inverkehrbringen von Lebensmitteln oder Futtermitteln**, die GVO enthalten oder aus diesen hergestellt wurden, ist einem eigenständigen Regime von drei Sekundärrechtsakten mit unmittelbarer Wirkung gegenüber den Mitgliedstaaten unterworfen:

- der Verordnung (EG) Nr. 1829/2003 über genetisch veränderte Lebensmittel und Futtermittel vom 22.9.2003,[52]

---

43 S. Anhang VII der Richtlinie.
44 *Ittershagen/Runge*, NVwZ 2003, 549, 551.
45 Technisch unvermeidbare und zufällige gentechnisch veränderte Bestandteile in Lebens- oder Futtermitteln sind unterhalb einer Schwelle von 0,9 % kennzeichnungsfrei.
46 Zur Reichweite dieser Norm vgl. EuGH, NuR 2012, 770.
47 S. Fn. 40.
48 Umfassend zum neuen Opt-Out-Konzept und dessen Vereinbarkeit mit dem Grundgesetz, mit europäischem Primärrecht und dem Völkerrecht: *Winter*, NuR 2015, 516 f., und NuR 2015, 595 f.
49 Art. 26b Abs. 3 S. 2 RL 2001/18/EG.
50 ABlEG L 189/36; aufgehoben durch Empfehlung v. 13.7.2010, ABlEU C 200/1.
51 Vertiefend *Palme*, NuR 2006, 76; *Stoppe-Ramadan/Winter*, NuR 2011, 396. Zu möglichen ethischen Begründungen für Anbauverbote im Europarecht unabhängig von Umweltvorsorgegesichtspunkten vgl. *Satish*, NuR 2012, 687.
52 ABlEG L 268/1, zuletzt geändert durch VO (EG) Nr. 298/2008 v. 11.3.2008, ABlEG L 97/64.

- der Verordnung (EG) Nr. 1830/2003 über die Rückverfolgbarkeit und Kennzeichnung von genetisch veränderten Organismen und über die Rückverfolgbarkeit von aus GVO hergestellten Lebensmitteln und Futtermitteln vom 22.9.2003[53] und
- der Verordnung (EG) Nr. 1946/2003 über die grenzüberschreitende Verbringung genetisch veränderter Organismen vom 15.7.2003,[54] die ein gemeinsames Anmelde- und Informationssystem normiert.

Im Unterschied zur Freisetzungsrichtlinie[55] verfolgt die Union mit diesen Rechtsakten einen vertikalen, das heißt **produktbezogenen Ansatz** für den Lebensmittel- und Futtermittelbereich.[56] Er ermöglicht, lebens- und futtermittelspezifische Risiken durch ein angemessenes rechtliches Instrumentarium auf einem hohen Gesundheitsschutzniveau zu regulieren. Hierzu dient insbesondere die generelle Verpflichtung zu einer Eröffnungskontrolle für genetisch veränderte Produkte.[57]

Ergänzend zu den EG-Verordnungen Nr. 1829/2003 und 1830/2003 sind allgemeine Vorschriften der Verordnung (EG) Nr. 178/2002,[58] welche die Grundlage des europäischen Lebensmittel- und Futtermittelrechts bildet, heranzuziehen.[59]

Abgrenzungsschwierigkeiten können sich im Verhältnis zur Freisetzungsrichtlinie ergeben.[60] Fraglich ist, ob die bislang unter diese Richtlinie fallende Freisetzung gentechnisch veränderter Pflanzen, die als Lebensmittel oder in Lebensmitteln verwendet werden können, aufgrund der Verordnung (EG) Nr. 1829/2003 genehmigungsbedürftig sind. Dagegen spricht, dass Pflanzen vor dem Ernten nicht vom Begriff des Lebensmittels erfasst werden (Art. 2 lit. c) VO (EG) Nr. 178/2002). Zwar setzt die Verordnung (EG) Nr. 1829/2003 nicht immer voraus, dass es sich bei gentechnisch veränderten Produkten bereits um Lebensmittel handelt. Nach Art. 2 Nr. 8 VO (EG) Nr. 1829/2003 bezeichnet „zur Verwendung als Lebensmittel/in Lebensmitteln bestimmter genetisch veränderter Organismus" einen GVO, der als Lebensmittel oder als *Ausgangsmaterial* für die Herstellung von Lebensmitteln verwendet werden kann. Die Verordnung (EG) Nr. 1829/2003 umfasst aber– wie sich aus Art. 4 Abs. 2 und 3 ergibt – nur die Zulassung des Inverkehrbringens, nicht hingegen das Ausbringen von Saatgut oder Pflanzen, also die Freisetzung[61] von GVO. Diese fällt nach wie vor in den Anwendungsbereich der Richtlinie 2001/18/EG. Somit richtet sich das Zulassungsverfahren für die Freisetzung gentechnisch veränderter Pflanzen nicht nach deren potenziellem Verwendungszweck. Ein gegenteiliges Ergebnis würde zudem zu Rechtsunsicherheiten führen, die

8

---

53 ABlEG L 268/24, zuletzt geändert durch VO (EG) Nr. 1137/2008 v. 22.10.2008, ABlEG L 311/1.
54 ABlEG L 287/1; zu den Entwürfen vgl. bereits *Stökl*, S. 101 ff.
55 § 14 Rn. 5 f.
56 *Ittershagen/Runge*, NVwZ 2003, 549, 553 f.
57 Vgl. §§ 8, 14 GenTG. Der EuGH, Rs. C- 442/09, ZUR 2011, 530, hat hierzu entschieden, dass auch Honig, der unbeabsichtigt den unfruchtbaren Pollen eines GVO enthielt, ein Lebensmittel darstellt, das Zutaten enthält, „die aus GVO hergestellt werden" i.S.v. Art. 3 Abs. 1 lit.c RL 1829/2003/EG mit der Folge einer Zulassungspflicht, vgl. dazu *Keich*, NuR 2012, 539.
58 VO (EG) Nr. 178/2002 v. 28.1.2002 zur Festlegung der allgemeinen Grundsätze und Anforderungen des Lebensmittelrechts, zur Errichtung der Europäischen Behörde für Lebensmittelsicherheit und zur Festlegung von Verfahren zur Lebensmittelsicherheit, ABlEG L 31/1, zuletzt geändert durch VO (EG) Nr. 596/2009 v. 18.6.2009, ABlEG L 188/14.
59 Hierzu *Schlacke*, ZUR 2002, 377, 383 f.; *Falke*, ZUR 2002, 388, 390 f.
60 Vgl. *Roller*, ZUR 2005, 113.
61 Gem. Art. 2 Nr. 3 RL 2001/18/EG ist das absichtliche Freisetzen jede Art von absichtlichem Ausbringen eines GVO oder einer Kombination von GVO in die Umwelt, bei dem keine spezifischen Einschließungsmaßnahmen angewandt werden, um ihren Kontakt mit der Bevölkerung und der Umwelt zu begrenzen und ein hohes Sicherheitsniveau für die Bevölkerung und die Umwelt zu erreichen.

durch den Erlass der VO (EG) Nr. 1829/2003 gerade verhindert werden sollten. In Zweifelsfragen kann Rechtsklarheit überdies durch eine Entscheidung der Kommission im Zusammenwirken mit dem Ständigen Ausschuss für die Lebensmittelkette und Tiergesundheit[62] gewährleistet werden.

9 Weitere Abgrenzungsschwierigkeiten können sich zur **Novel Food-Verordnung Nr. 258/97**[63] ergeben. Sie findet Anwendung auf neuartige Lebensmittel,[64] aber nicht (mehr) auf gentechnisch veränderte Lebensmittel.[65] Lebensmittelzutaten mit neuer oder gezielt modifizierter primärer Molekularstruktur bedürfen weiterhin einer Zulassung nach der Novel Food-Verordnung, solange sie weder bei der Herstellung noch im Endprodukt mit GVO in Berührung gekommen sind.[66]

10 Die Richtlinie 98/44/EG über den rechtlichen Schutz biotechnologischer Erfindungen vom 6.7.1998 (**Biopatentrichtlinie**)[67] regelt die Patentierung von Genen.

3. Bundesrecht

11 Das Gesetz zur Regelung von Fragen der Gentechnik vom 20.6.1990 (**Gentechnikgesetz – GenTG**)[68] ist die bundesrechtliche Grundlage der Gentechnik.[69] Ergänzt und konkretisiert wird es durch zahlreiche untergesetzliche Vorschriften.

12 Die Umsetzung der Freisetzungsrichtlinie 2001/18/EG[70] erfolgte durch den deutschen Gesetzgeber in zwei Schritten.

---

62 Eingesetzt durch Art. 58 der VO (EG) Nr. 178/2002.
63 VO (EG) Nr. 258/97 über neuartige Lebensmittel und neuartige Lebensmittelzutaten v. 27.1.1997, ABlEG L 43/1, zuletzt geändert durch VO (EG) 596/2009 v. 18.6.2009, ABlEG L 188/14.
64 Die Novel Food-Verordnung findet gem. Art. 1 Abs. 2 Anwendung auf
 - Lebensmittel und Lebensmittelzutaten mit neuer oder gezielt modifizierter primärer Molekularstruktur;
 - Lebensmittel und Lebensmittelzutaten, die aus Mikroorganismen, Pilzen oder Algen bestehen oder aus diesen isoliert worden sind;
 - Lebensmittel und Lebensmittelzutaten, die aus Pflanzen bestehen oder aus Pflanzen isoliert worden sind, und aus Tieren isolierte Lebensmittelzutaten, außer Lebensmittel oder Lebensmittelzutaten, die mit herkömmlichen Vermehrungs- oder Zuchtmethoden gewonnen wurden und die erfahrungsgemäß als unbedenkliche Lebensmittel gelten können;
 - Lebensmittel und Lebensmittelzutaten, bei deren Herstellung ein nicht übliches Verfahren angewandt worden ist und bei denen dieses Verfahren eine bedeutende Veränderung ihrer Zusammensetzung oder der Struktur der Lebensmittel oder der Lebensmittelzutaten bewirkt hat, was sich auf ihren Nährwert, ihren Stoffwechsel oder auf die Menge unerwünschter Stoffe im Lebensmittel auswirkt.
65 Durch Art. 38 VO (EG) Nr. 1829/2003 wurden Art. 1 Abs. 2a) und b) VO (EG) Nr. 258/97 gestrichen. Demzufolge unterfällt die Zulassung von Lebensmitteln und Lebensmittelzutaten, die GVO enthalten, aus solchen bestehen oder aus solchen hergestellt wurden, sie aber nicht mehr enthalten, nunmehr der VO (EG) Nr. 1829/2003.
66 Ein Beispiel für ein nicht gentechnisch verändertes, aber neuartiges Erzeugnis ist der Fettersatzstoff „Olestra"; vgl. Art. 1 Abs. 2 c) bis f) VO (EG) Nr. 258/97. Zu den Problemen der Bestimmung des Anwendungsbereichs der Novel Food-Verordnung vgl. *Streinz*, ZLR 1998, 19, 31 f.
67 ABlEG L 213/13; hierzu *Kienle*, EWS 1998, 156; *Luttermann*, RIW/AWD 1998, 916. Die Richtlinie ist durch Gesetz v. 28.2.2005, BGBl. I, S. 146, verspätet in deutsches Recht umgesetzt worden.
68 BGBl. I, S. 1080; geändert und neu bekannt gemacht durch Gesetz v. 16.12.1993, BGBl. I, S. 2066, zuletzt geändert durch Art. 55 der Verordnung vom 31.8.2015, BGBl., I S. 1474. Zur Geschichte des GenTG vgl. *Schubert*, NVwZ 2010, 871.
69 Das BVerfG bestätigte mit seinem Urteil v. 24.11.2010, NVwZ 2011, 94, die Verfassungskonformität des Gentechnikgesetzes, insbesondere im Hinblick auf den Koexistenzansatz. Es wies insbesondere angesichts des noch nicht endgültig geklärten Erkenntnisstands bei der Bewertung der Langzeitfolgen der Gentechnik auf die besonderen Sorgfaltspflichten des Gesetzgebers zum Schutz der natürlichen Lebensgrundlagen hin; vgl. hierzu *Winkler*, ZUR 2011, 137; *Hauth*, Forum Recht 2011, 19; *Bickenbach*, ZfS 2011, 1.
70 Vgl. oben § 14 Rn. 5 f.

Erstens durch das **Gesetz zur Neuordnung des Gentechnikrechts** vom 21.12.2004:[71] Es setzte die Vorgaben der Richtlinie 2001/18/EG verspätet in deutsches Recht um.[72] Mit Urteil vom 15.7.2004 hatte der EuGH folgerichtig eine Vertragsverletzung festgestellt.[73] Die Kommission der Europäischen Gemeinschaft hatte daraufhin ein Zwangsgeldverfahren gem. Art. 228 EG (jetzt Art. 260 AEUV) eingeleitet und die Bundesrepublik Deutschland aufgefordert, die erforderlichen Maßnahmen zu erlassen, um der Entscheidung des EuGH nachzukommen.[74] Dieses im Vergleich zu seiner ursprünglichen Fassung[75] auf nicht (seitens des Bundesrats) zustimmungspflichtige Vorschriften reduzierte Änderungsgesetz[76] erreichte lediglich eine teilweise Anpassung des nationalen Gentechnikrechts an die europarechtlichen Vorgaben.

Kern des Gesetzes ist die Regelung über die Koexistenz zwischen dem gentechnikfreien landwirtschaftlichen Anbau und der Freisetzung gentechnisch veränderter Pflanzen.[77] Anlass hierfür war, dass der durch die Freisetzung gentechnisch veränderter Pflanzen zu Forschungszwecken erzeugte Pollenflug zu Auskreuzungen bei konventionell oder biologisch erzeugten Produkten und damit zu zahlreichen, zuvörderst zivilrechtlichen **Rechtsstreitigkeiten** führte. Für einen ökologisch wirtschaftenden Landwirt ergab sich daraus die für ihn schwer nachvollziehbare rechtliche Situation, dass er bei Zufallsauskreuzungen öffentlich-rechtlich zur Vernichtung des Erntegutes verpflichtet werden konnte, zivilrechtlich aber keine Erfolgsaussichten auf Schadenersatz hatte.[78] Das Änderungsgesetz bezweckt, diese überbotmäßige Inanspruchnahme der nicht gentechnisch produzierenden Landwirte zu einem angemessenen Ausgleich zu führen.

Zum Schutz der gentechnikfreien Landwirtschaft enthält das Gesetz vornehmlich drei Instrumente:

- eine **Vorsorgepflicht** zur Vermeidung wesentlicher Beeinträchtigungen durch GVO, vor allem durch „Regeln der guten fachlichen Praxis" beim Anbau gentechnisch veränderter Pflanzen,[79]
- ein **Standortregister**, aufgrund dessen Landwirte präzise Informationen über den Anbau gentechnisch veränderter Pflanzen in ihrer Nachbarschaft erhalten können,[80]
- **Ausgleichsansprüche** gegenüber dem GVO-Anbauer, wenn es zu wesentlichen Beeinträchtigungen durch Auskreuzungen kommt.[81]

13

---

71 BGBl. I, 2005, S. 186, in Kraft getreten am 4.2.2005.
72 Die RL 2001/18/EG war bis zum 17.10.2002 in den Mitgliedstaaten umzusetzen.
73 EuGH, NuR 2004, 657; vgl. auch BT-Drs. 16/430.
74 BT-Drs. 16/430, S. 1.
75 BT-Drs. 15/3088.
76 Vgl. die sehr anschauliche Synopse der Beschlussempfehlung des Ausschusses für Verbraucherschutz, Ernährung und Landwirtschaft (10. Ausschuss), BT-Drs. 15/3344. Die entfallenen Regelungen sind als zustimmungspflichtig angesehen worden; zur verfassungsrechtlichen Bewertung des Änderungsgesetzes vgl. *Palme*, UPR 2005, 164; *ders.*, NVwZ 2005, 253.
77 Vgl. nachfolgend § 14 Rn. 13 ff.
78 OLG Stuttgart, ZUR 2000, 28 m. Anm. *Abel-Lorenz*; vgl. auch die Rechtsprechungsübersicht bei *Schlacke*, ZUR 2001, 393.
79 Dazu nachfolgend § 14 Rn. 29.
80 Vgl. nachfolgend § 14 Rn. 45, einsehbar unter: apps2.bvl.bund.de/stareg_web/showflaechen.do (Stand: 15.1.2016).
81 Neben die bürgerlich-rechtlichen Abwehr- und Ausgleichsregelungen tritt ein spezielles Haftungsregime, das grundsätzlich eine Ausgleichspflicht für denjenigen vorsieht, der wesentliche Beeinträchtigungen fremden Eigentums durch den Anbau von GVO hervorruft, hierzu sogleich unten § 14 Rn. 69 ff.

14 Damit das Ziel erreicht werden kann, wesentliche Beeinträchtigungen durch das unbeabsichtigte Vorhandensein von GVO zu vermeiden, zählt das Gesetz verschiedene Grundpflichten auf, wie bspw. die Einhaltung von Mindestabständen zwischen Feldern. Außerdem muss derjenige, der mit GVO kommerziell umgeht, entsprechende Zuverlässigkeit, Kenntnisse, Fertigkeiten und Ausstattung nachweisen. Wer GVO in Verkehr bringt, hat eine Produktinformation („Beipackzettel") mitzuliefern, aus der hervorgeht, wie beim Umgang mit dem jeweiligen GVO wesentliche Beeinträchtigungen vermieden werden.[82] Diese Pflichten sind in einer Rechtsverordnung zu präzisieren.[83]

15 Darüber hinaus wurden Sonderregeln[84] für den **Schutz ökologisch besonders sensibler Gebiete** statuiert (§ 35 BNatSchG), die zum europäischen Natura-2000-Netzwerk[85] gehören. Das Spannungsverhältnis zwischen der Nutzung grüner Gentechnik einerseits und der Erhaltung der Biodiversität andererseits soll dadurch aufgelöst werden, dass die Freisetzung und Nutzung von GVO nur unter den Voraussetzungen des § 34 Abs. 1 und 2 BNatSchG zulässig ist. Allerdings bedarf es einer speziellen „Projektprüfung", wenn eine erhebliche Beeinträchtigung des Natura-2000-Gebietes zu befürchten ist.

Zweitens ist die Richtlinie 2001/18/EG durch das **Dritte Gesetz zur Änderung des Gentechnikgesetzes** aus dem Jahr 2006 umgesetzt worden.[86] Der Schwerpunkt der Novellierung betraf das Verfahrensrecht.[87]

Die vierte Novellierung des Gentechnikgesetzes vom 1.4.2008[88] bezweckte, den durch Freisetzung und Inverkehrbringen gentechnisch veränderter Produkte Betroffenen durch einen fairen Interessensausgleich – wie etwa der Verpflichtung zur Einhaltung von Abständen beim Anbau gentechnisch veränderter Pflanzen[89] – Rechnung zu tragen.[90] Ferner betrafen die Änderungen gentechnische Arbeiten in Anlagen der Sicherheitsstufe I, die seit 2008 lediglich anzuzeigen statt wie bisher anzumelden sind, mit der Folge, dass der Betreiber nach Eingang der Anzeige bei der zuständigen Behörde sofort mit gentechnischen Arbeiten beginnen darf.[91] Überdies wurden durch die gleichzeitig beschlossenen Änderungen des EGGenTDurchfG[92] die Anforderungen an eine „ohne Gentechnik"-Kennzeichnung herabgesetzt. Lebensmittel tierischer Herkunft dürfen danach das Etikett „ohne Gentechnik" nur tragen, soweit auch die Futterpflanzen nicht gentechnisch verändert wurden. Zudem dürfen Zusatzstoffe im Futter nicht mithilfe gentechnisch veränderter Mikroorganismen hergestellt worden sein. Ausnah-

---

82 Ein Beispiel hierfür wären genaue Hinweise des Saatgutlieferanten auf die Anbaugestaltung des GVO.
83 Damit Behörden auf der Grundlage zukünftiger Erfahrungen mit dem Anbau gentechnisch veränderter Pflanzen die Rechtsvorschriften anpassen können, muss derjenige, der GVO in den Verkehr bringt oder damit umgeht, den Behörden neue Erkenntnisse über Risiken mitteilen.
84 Eingeführt durch Art. 2 des Gesetzes zur Neuordnung des Gentechnikrechts, BT-Drs. 15/3344, S. 36; § 10 Rn. 52.
85 Hierzu näher § 10 Rn. 24, 50 ff.
86 Gesetz v. 17.3.2006, BGBl. I, S. 534; vgl. Gesetzesbegründung BT-Drs. 16/430.
87 BT-Drs. 16/430, S. 8.
88 BGBl. I, S. 499. Dazu ausführlich *Burchardi*, ZUR 2009, 9, 12 ff.
89 Anlage der Verordnung über die gute fachliche Praxis bei der Erzeugung gentechnisch veränderter Pflanzen (Gentechnik-Pflanzenerzeugungsverordnung – GenTPflEV) v. 7.4.2008, BGBl. I, S. 655: Zwischen Flächen mit Genmais und konventionell bewirtschafteten Feldern gilt ein Isolationsabstand von 150 m; zu Feldern mit ökologisch angebautem Mais beträgt der Abstand 300 m.
90 Vgl. ausführlich *Hartmannsberger*, DVBl. 2007, 726; vgl. auch BR-Drs. 108/06. Zum Abstandsgebot vgl. auch jüngst VGH München, DVBl. 2012, 776.
91 BT-Drs. 16/6814, S. 12, gleichwohl verknüpft mit der Möglichkeit einer vorläufigen Untersagungsverfügung der Behörde.
92 Dazu sogleich § 14 Rn. 16.

men bestehen für Substanzen, für die es keine gentechnikfreien Alternativen gibt. Darüber hinaus ist lediglich ein definierter Zeitraum, innerhalb dessen eine Verfütterung von genetisch veränderten Futtermitteln untersagt ist, einzuhalten.[93]

Das **Gesetz zur Durchführung von Verordnungen**[94] der Europäischen Gemeinschaft auf dem Gebiet der Gentechnik vom 22.6.2004 (**EGGenTDurchfG**)[95] regelt die Zuständigkeiten für die nationale Implementation der EG-Verordnungen Nr. 1829/2003 und 1830/2003; ferner enthält es Straf- und Bußgeldvorschriften.

16

Die Überwachung gentechnisch veränderter Lebensmittel und Futtermittel richtet sich grundsätzlich nach den Vorschriften des **Lebensmittel-, Bedarfsgegenstände- und Futtermittelgesetzbuchs (LFGB)**.[96]

Für die Vollzugsfähigkeit des Gentechnikgesetzes bedarf es konkretisierender Regelungen auf untergesetzlicher Ebene. Auf der Grundlage von § 30 Abs. 2 GenTG wurden hierzu insbesondere folgende **Rechtsverordnungen** erlassen:

17

- Verordnung über die Sicherheitsstufen und Sicherheitsmaßnahmen bei gentechnischen Arbeiten in gentechnischen Anlagen vom 24.10.1990 in der Fassung der Bekanntmachung vom 14.3.1995[97] (**Gentechnik-Sicherheitsverordnung – GenTSV**),
- Verordnung über Antrags- und Anmeldeunterlagen und über Genehmigungs- und Anmeldeverfahren nach dem Gentechnikgesetz vom 24.10.1990[98] (**Gentechnik-Verfahrensverordnung – GenTVfV**),
- Verordnung über Anhörungsverfahren nach dem Gentechnikgesetz vom 24.10.1990[99] (**Gentechnik-Anhörungsverordnung – GenTAnhV**),
- Verordnung über Aufzeichnungen bei gentechnischen Arbeiten zu Forschungszwecken oder zu gewerblichen Zwecken vom 24.10.1990[100] (**Gentechnik-Aufzeichnungsverordnung – GenTAufzV**),
- Verordnung über die Zentrale Kommission für die biologische Sicherheit vom 30.10.1990[101] (**ZKBS-Verordnung**),
- Verordnung über die Beteiligung des Rates, der Kommission und der Behörden der Mitgliedstaaten der Europäischen Union und der Vertragsstaaten des Abkommens über den Europäischen Wirtschaftsraum im Verfahren zur Genehmigung von Freisetzungen und Inverkehrbringen sowie im Verfahren bei nachträglichen Maßnahmen nach dem Gentechnikgesetz vom 17.5.1995[102] (**Gentechnik-Beteiligungsverordnung – GenTBetV**),

---

93 Diese Zeiträume sind in der Anlage zu § 3a Abs. 4 S. 2 EGGenTDurchfG definiert. So gilt beispielsweise Schweinefleisch als gentechnikfrei, wenn das Schwein vier Monate vor der Schlachtung gentechnikfreies Futter erhalten hat.
94 Vgl. *Schlacke*, ZLR 2004, 161.
95 BGBl. I, S. 1244, zuletzt geändert durch Art. 58 der VO v. 31.8.2015, BGBl. I, S. 1474.
96 Neugefasst durch Bek. v. 22.8.2011, BGBl. I, S. 1770, zuletzt geändert durch Art. 67 der VO v. 31.8.2015, BGBl. I, S. 1474.
97 BGBl. I, S. 297, zuletzt geändert durch Art. 56 der VO v. 31.8.2015, BGBl. I, S. 1474.
98 BGBl. I, S. 2378, i.d.F. v. 4.11.1996, BGBl. I, S. 1657, zuletzt geändert durch VO v. 28.4.2008, BGBl. I, S. 766.
99 BGBl. I, S. 2375, i.d.F. v. 4.11.1996, BGBl. I, S. 1649, zuletzt geändert durch VO v. 28.4.2008, BGBl. I, S. 766.
100 BGBl. I, S. 2338, i.d.F. v. 4.11.1996, BGBl. I, S. 1644, zuletzt geändert durch VO v. 28.4.2008, BGBl. I, S. 766.
101 BGBl. I, S. 2418, i.d.F. v. 5.8.1996, BGBl. I, S. 1232, zuletzt geändert durch Art. 56 der VO v. 31.8.2015, BGBl. I, S. 1474.
102 BGBl. I, S. 734, zuletzt geändert durch VO v. 23.3.2006, BGBl. I, S. 65.

- Verordnung über die Erstellung von außerbetrieblichen Notfallplänen und über Informations-, Melde- und Unterrichtspflichten vom 10.12.1997[103] (**Gentechnik-Notfallverordnung – GenTNotfV**),
- Verordnung über Sicherheit und Gesundheitsschutz bei Tätigkeiten mit biologischen Arbeitsstoffen vom 27.1.1999[104] (**Biostoffverordnung – BioStoffV**) und
- Verordnung über die gute fachliche Praxis bei der Erzeugung gentechnisch veränderter Pflanzen vom 7.4.2008 (**Gentechnik-Pflanzenerzeugungsverordnung – GenTPflEV**).[105]

II. Das Gentechnikgesetz

1. Überblick

18 Das Gentechnikgesetz gliedert sich in sieben Teile: Der **erste Teil** (§§ 1–6) umfasst die allgemeinen Vorschriften. Der **zweite Teil** (§§ 7–12) enthält Regelungen zu gentechnischen Arbeiten in gentechnischen Anlagen; der **dritte Teil** (§§ 14–16e) normiert Anforderungen an Freisetzung und Inverkehrbringen gentechnisch veränderter Organismen. Ein **vierter Teil** (§§ 17–31) statuiert gemeinsame Vorschriften über Verfahren, Zuständigkeiten, formelle Anforderungen, Überwachungsbefugnisse der Behörden sowie Informationsaustausch. Der **fünfte Teil** (§§ 32–37) regelt die zivilrechtliche Haftung, während der **sechste Teil** (§§ 38 und 39) das ordnungs- und strafrechtliche Sanktionsinstrumentarium enthält. Eine Übergangsvorschrift und eine Regelung zur Anwendbarkeit im Europäischen Wirtschaftsraum finden sich im **siebten Teil** (§§ 41 und 42).[106]

2. Geltungsbereich

19 Das Gentechnikgesetz findet gem. § 2 Abs. 1 GentG Anwendung auf gentechnische Anlagen (Nr. 1), gentechnische Arbeiten (Nr. 2), Freisetzungen von gentechnisch veränderten Organismen (Nr. 3) und das Inverkehrbringen von Produkten, die gentechnisch veränderte Organismen enthalten oder aus solchen bestehen, wobei Tiere als Produkte i.S.d. Gentechnikgesetzes gelten (Nr. 4). Damit regelt es grundsätzlich jeglichen Umgang mit GVO, so dass auch Produkte wie Arzneimittel, Lebensmittel, Futtermittel, Pflanzenschutzmittel und Düngemittel vom Geltungsbereich des GenTG erfasst werden, solange sie keinen Sonderregeln unterfallen, die ein dem Gentechnikgesetz entsprechendes Schutzniveau aufweisen.[107] Die Anforderungen, die die EG-Verordnungen Nr. 1829/2003 und Nr. 1830/2003 an das Inverkehrbringen gentechnisch veränderter Lebensmittel und Futtermittel statuieren, genießen insoweit Vorrang.[108]

20 § 14 Abs. 2 GenTG normiert, dass Vorschriften, die dem Schutzniveau des Gentechnikgesetzes entsprechende gleichwertige Anforderungen über die Risikobewertung, das

---

103 BGBl. I, S. 2882, geändert durch VO v. 28.4.2008, BGBl. I, S. 766.
104 BGBl. I, S. 50, i.d.F. v. 15.7.2013, BGBl. I, S. 2514. Sie dient der Umsetzung von EU-Richtlinien über den Schutz der Beschäftigten gegen Gefährdung durch biologische Arbeitsstoffe bei der Arbeit mit speziellen Anforderungen und zum Schutz der Beschäftigten vor Gefahren bei Tätigkeiten mit Mikroorganismen, Zellkulturen und humanpathogenen Endoparasiten, die beim Menschen Infektionen, sensibilisierende oder toxische Wirkungen hervorrufen können.
105 BGBl. I, S. 655.
106 Vgl. vertiefend zum gentechnikrechtlichen Regime *Struß*, S. 44 ff.
107 Vgl. *Kloepfer*, Umweltrecht, § 18 Rn. 29.
108 Vgl. § 14 Rn. 7 f.

Risikomanagement, die Kennzeichnung, Überwachung und Unterrichtung der Öffentlichkeit festlegen, dem dritten Teil des Gentechnikgesetzes vorgehen.[109]

3. Grundbegriffe

Die maßgeblichen Grundbegriffe, die zugleich den Geltungsbereich des Gentechnikgesetzes bestimmen,[110] sind in § 3 GentG legaldefiniert.

Danach ist ein **Organismus** jede biologische Einheit, die fähig ist, sich zu vermehren oder genetisches Material zu übertragen, einschließlich Mikroorganismen.[111]

Gentechnische Arbeiten umfassen die Erzeugung gentechnisch veränderter Organismen und die Vermehrung, Lagerung, Zerstörung oder Entsorgung sowie den innerbetrieblichen Transport gentechnisch veränderter Organismen (§ 3 Nr. 2 GenTG). Ist noch keine Genehmigung für die Freisetzung oder das Inverkehrbringen zum Zweck des späteren Ausbringens in die Umwelt erteilt worden, so wird hiervon auch die Verwendung von GVO in anderer Weise hinsichtlich der eben erwähnten Möglichkeiten erfasst.

Ein **gentechnisch veränderter Organismus** ist ein Organismus, mit Ausnahme des Menschen, dessen genetisches Material in einer Weise verändert worden ist, wie sie unter natürlichen Bedingungen durch Kreuzen oder natürliche Rekombination nicht vorkommt (§ 3 Nr. 3 GenTG).[112]

Das Gentechnikgesetz konkretisiert die Definition des gentechnisch veränderten Organismus um weitere Entstehungsmöglichkeiten, die auch andere Arten der Vermehrung eines gentechnisch veränderten Organismus erfassen, sofern das genetische Material des Organismus Eigenschaften aufweist, die auf gentechnische Arbeiten zurückzuführen sind.

Bei einer **gentechnischen Anlage** handelt es sich um eine Einrichtung, in der gentechnische Arbeiten[113] im geschlossenen System durchgeführt werden. Es müssen zudem besondere Einschließungsmaßnahmen vorgenommen werden, um den Kontakt der verwendeten Organismen mit Menschen und der Umwelt zu begrenzen und um ein dem Gefährdungspotential angemessenes Sicherheitsniveau zu gewährleisten (§ 3 Nr. 4 GenTG).

Das **Freisetzen** ist das gezielte Ausbringen von GVO in die Umwelt; allerdings darf noch keine Genehmigung für das Inverkehrbringen zum Zweck des späteren Ausbringens in die Umwelt erteilt worden sein.[114] Ob die unbewusste Aussaat von genetisch verändertem Saatgut als „Freisetzen" gilt, war lange Zeit strittig. Teilweise wurde vertreten, dass es sich um „gentechnische Arbeiten" handelt oder das allgemeine Polizei- und Ordnungsrecht anwendbar ist.[115] Inzwischen hat das BVerwG festgestellt, dass Freisetzen im Sinne des § 3 Nr. 5 GenTG lediglich voraussetzt, dass GVO durch eine

---

109 Mit Ausnahme der §§ 16a und 16b sowie der §§ 17b Abs. 1 und 20 Abs. 2 GenTG.
110 Vgl. § 14 Rn. 19.
111 § 3 Nr. 1 und 1a GenTG.
112 In § 3 Nr. 3a) GenTG werden – nicht abschließend – Verfahren zur Veränderung genetischen Materials aufgeführt; § 3 Nr. 3b) und 3c) GenTG benennen Verfahren, die keine Veränderung genetischen Materials bewirken.
113 Im Sinne von § 3 Nr. 2 GenTG.
114 § 3 Nr. 5 GenTG.
115 Vgl. zum Streitstand VG Augsburg, NuR 2011, 523; *Schröder*, ZUR 2011, 422, 425.

willentliche Handlung in die Umwelt entlassen worden sind; im Fall der Aussaat sei die Kenntnis der Verunreinigung des Saatguts nicht erforderlich.[116]

26 **Inverkehrbringen** ist die Abgabe von Produkten an Dritte, einschließlich der Bereitstellung für Dritte; ferner das Verbringen in den Geltungsbereich des Gesetzes, soweit die Produkte nicht zu gentechnischen Arbeiten in gentechnischen Anlagen bestimmt oder Gegenstand einer genehmigten Freisetzung sind. Ausnahmen bestehen für den unter zollamtlicher Überwachung durchgeführten Transitverkehr und die Abgabe sowie das Verbringen zum Zwecke der klinischen Prüfung.[117]

27 § 3 Nr. 7 bis 9 GenTG definiert, wer Betreiber, Projektleiter und Beauftragter für die biologische Sicherheit ist.

Als **Sicherheitsstufen** gelten Gruppen gentechnischer Arbeiten nach ihrem Gefährdungspotential (Nr. 10).

Nach § 3 Nr. 13a GenTG ist ein **Bewirtschafter** eine juristische oder natürliche Person oder eine nichtrechtsfähige Personenvereinigung, die die Verfügungsgewalt und tatsächliche Sachherrschaft über eine Fläche zum Anbau von gentechnisch veränderten Organismen besitzt.

28 Das Gentechnikgesetz enthält weitere Legaldefinitionen: Zum **Umgang mit GVO** zählen auch Anwendung, Vermehrung, Anbau, Lagerung, Beförderung und Beseitigung sowie Verbrauch, sonstige Verwendung und Handhabung von zum Inverkehrbringen zugelassenen Produkten, die gentechnisch veränderte Organismen enthalten oder daraus bestehen (§ 3 Nr. 6a GenTG). Ferner wird der Begriff des **Risikomanagements** als ein von der Risikobewertung unterschiedener Prozess der Abwägung von Alternativen bei der Vermeidung oder Beherrschung von Risiken definiert (§ 3 Nr. 6b GenTG).

4. Ziele und Grundsätze des Gentechnikrechts

29 Nach § 1 Nr. 1 bezweckt das Gentechnikgesetz, unter Berücksichtigung ethischer Werte das Leben und die Gesundheit von Menschen, die Umwelt in ihrem Wirkungsgefüge, Tiere, Pflanzen und Sachgüter vor möglichen Gefahren gentechnischer Verfahren und Produkte zu schützen und Vorsorge gegen das Entstehen solcher Gefahren zu treffen.[118] Hierdurch wird ein einheitliches Begriffsverständnis mit dem im EU-Recht statuierten Vorsorgeprinzip gewährleistet. Der Vorsorgegrundsatz kann zur Auslegung aller sicherheitsrelevanten Vorschriften, insbesondere der Genehmigungsvorschriften, herangezogen werden. Überdies ermöglicht er den zuständigen Behörden, vorläufige Schutzvorkehrungen auch bei Unsicherheiten hinsichtlich des Vorliegens oder des Umfangs eines Risikos für die Umwelt oder Gesundheit zu treffen, ohne dass abgewartet werden muss, dass Bestehen und Schwere des Risikos vollständig dargelegt werden (**Schutz- und Vorsorgezweck**).

---

116 BVerwG, ZUR 2012, 431 f., Rn. 17 f.; HessVGH, ZUR 2011, 431 f.; Bay. VGH, ZUR 2014, 175 f.; zuletzt vgl. hinsichtlich des unwissentlichen Aussäens von Rapssamen der Sorte Taurus OVG Lüneburg, RdL 2014, 159 f., Rn. 39; s.u. § 14 Rn. 63.
117 § 3 Nr. 6 GenTG. Hierdurch wird insbesondere der Forschungsversand erleichtert, dazu näher *Sparwasser/Engel/Voßkuhle*, § 6 Rn. 413 f. Das BVerfG, NVwZ 2011, 94, 98, hat entschieden, dass die Begriffsbestimmung nicht gegen die Berufs-, Eigentums- oder Wissenschaftsfreiheit aus Art. 12 Abs. 1, 14 Abs. 1, 5 Abs. 3 GG verstößt.
118 Durch das Gesetz zur Neuordnung des Gentechnikrechts wurde der Zielkatalog des § 1 Nr. 1 GenTG um die Begriffe „ethische Werte" und „Vorsorge" erweitert, vgl. oben § 14 Rn. 12; hierzu *Palme*, ZUR 2005, 119.

Vorsorgebestimmungen des GenTG (vgl. allgemein § 6 Abs. 2 GenTG), die auch dem Schutz der in § 1 Nr. 1 GenTG genannten Individualrechtsgüter zu dienen bestimmt sind, können angesichts des erheblichen Risikopotentials gentechnisch veränderter Organismen drittschützend sein.[119] Dies ist etwa hinsichtlich der Genehmigungsvoraussetzungen einer Freisetzung (§ 16 Abs. 1 Nr. 3 GenTG) zu bejahen.[120]

Überdies wurde durch das **Gesetz zur Neuordnung des Gentechnikrechts**[121] 2005 eine neue Zielfestlegung eingefügt: Gem. § 1 Nr. 2 bezweckt das Gentechnikgesetz, die Möglichkeit zu gewährleisten, dass Produkte, insbesondere Lebens- und Futtermittel, konventionell, ökologisch oder unter Einsatz gentechnisch veränderter Anbauformen erzeugt und in den Verkehr gebracht werden können (**Koexistenzzweck**).[122] Verschiedene Formen landwirtschaftlicher Produktion sollen mithin nebeneinander bestehen können. Die Rechtsprechung hat hieraus ein Recht auf gentechnikfreie Wirtschaftsweise (Koexistenzrecht) abgeleitet.[123] Ein einseitiges Schutzrecht zugunsten einer gentechnikfreien Landwirtschaft dürfte § 1 Nr. 2 GenTG gleichwohl nicht zu entnehmen sein.[124] Vielmehr ist das Koexistenzrecht als ein Gebot schonenden Ausgleichs zur Ermöglichung verschiedener Produktionsweisen nebeneinander zu verstehen.[125]

30

Außerdem soll der rechtliche Rahmen für die Erforschung, Entwicklung, Nutzung und Förderung der wissenschaftlichen, technischen und wirtschaftlichen Möglichkeiten der Gentechnik geschaffen werden (§ 1 Nr. 3 GenTG, **Förderzweck**). Im Verhältnis zum Koexistenzrecht dürfte Gleichrangigkeit bestehen.[126]

Aufgrund seiner systematischen Stellung und seiner hochrangigen Rechtsgüter haben Schutz- und Vorsorge i.S.d. Nr. 1 Vorrang vor dem Förderzweck in Nr. 3.[127]

5. Gentechnikrechtliches Instrumentarium

▶ **FALL 15:** Bauer K betreibt auf seinem Grundeigentum ökologischen Landbau, insbesondere Feldgemüseanbau. Drei Kilometer von seinem Grundstück entfernt sollen gentechnisch veränderte Zuckerrüben freigesetzt werden. Die Zentrale Kommission für die Biologische Sicherheit (ZKBS) erteilte auf Vorlage zur Prüfung und Bewertung des Vorhabens die Empfehlung zur Genehmigung des Freisetzungsversuchs, weil hierdurch keine schädlichen Einwirkungen auf die Umwelt zu erwarten seien. Die Genehmigung erging unter Einhaltung der Verfahrens- und Formvorschriften und enthält folgende Auflagen:

31

Bei der Freisetzung auf dem Versuchsfeld soll es zu keiner Blüte und keiner Entwicklung von Pollen kommen. Die genetisch veränderten Versuchspflanzen, die im ersten Jahr des Anbaus zur Blüte kommen können (sog. Schosser), sind aus dem Versuchsfeld zu entfernen.

---

119 VG Augsburg, ZUR 2007, 437, 439 f.; VG Hamburg, ZUR 1994, 322; OVG Hamburg, ZUR 1995, 93; dazu *Beaucamp*, NuR 2002, 332, 333.
120 VG Braunschweig, ZUR 2009, 157, 158; dazu *Gärditz*, ZUR 2009, 413, 414.
121 Vgl. oben § 14 Rn. 12.
122 Hierzu ausführlich *Brunner*, S. 67 ff.; *Gärditz*, ZUR 2009, 413, 415 ff.; *Wegener*, AuR 2007, Beilage Nr. 1, 21; *Winter*, ZUR 2006, 456. Zur Weiterentwicklung der Schutzziele in Hinblick auf die Koexistenz naturnaher Ökosysteme mit menschlich stärker beeinflussten Ökosystemen sowie der Berücksichtigung naturschutzrechtlicher Belange im Anwendungsbereich des Gentechnikrechts vgl. *Stoppe-Ramadan/Winter*, NuR 2011, 396; *Winter*, NuR 2007, 571; *ders.*, ZUR 2006, 456.
123 VG Augsburg, ZUR 2007, 437, 440.
124 I.E. ebenso Bayrischer VGH, LRE 64, 283 f. Rn. 50 f.
125 *Gärditz*, ZUR 2009, 413, 415.
126 *Kauch*, Teil E, Rn. 17.
127 *Mechel* in: Koch (Hrsg.), Umweltrecht, § 11 Rn. 32; in der Tendenz auch *Kloepfer*, Umweltschutzrecht, § 17 Rn. 13.

Dazu sollen die Versuchsflächen während der Freisetzung mindestens einmal wöchentlich durch geschultes Personal kontrolliert werden.

Gegen die Verschleppung von Saatgut durch Tiere sind folgende Vorkehrungen zu treffen: Die Aussaat des Saatguts muss durch Einarbeitung von Hand in den Boden erfolgen, wobei die Samen vollständig mit Erde zu bedecken sind. Nach der Aussaat hat eine Kontrolle zu erfolgen. Darüber hinaus sollen die Öffnungen der Folienhäuser mit vogelsicheren Netzen versehen werden.

Bauer K fragt an, ob die Erteilung der Genehmigung materiell rechtmäßig erfolgt ist. Er trägt insbesondere vor, dass ihm durch die Freisetzung schwere wirtschaftliche Nachteile erwachsen würden, weil seine überwiegend ernährungsbewusste Kundschaft seit Bekanntwerden des Vorhabens bereits konkret geäußert habe, seine landwirtschaftlichen Produkte wegen gesundheitlicher Gefahren nicht mehr kaufen zu wollen. Er rügt ferner, dass prinzipiell kein ausreichender Wissensstand hinsichtlich der Wechselwirkungen der gentechnisch veränderten Pflanzen mit ihrer Umwelt vorhanden sei. ◀

a) Präventive Kontrollinstrumente

Das Gentechnikgesetz enthält Eröffnungskontrollen für

- gentechnische Arbeiten in gentechnischen Anlagen,
- die Freisetzung von GVO und
- das Inverkehrbringen von GVO.

aa) Gentechnische Arbeiten in gentechnischen Anlagen

32 Gentechnische Arbeiten dürfen nur in gentechnischen Anlagen durchgeführt werden (§ 8 Abs. 1 S. 1 GenTG). Die Errichtung und der Betrieb gentechnischer Anlagen unterliegen gem. § 8 Abs. 1 S. 2 GenTG einer **Eröffnungskontrolle**, wenn Arbeiten den Sicherheitsstufen 3 und 4 zuzuordnen sind. Werden im Laufe des Betriebs weitere gentechnische Arbeiten der Sicherheitsstufe 3 und 4 aufgenommen, bedürfen sie gleichfalls einer **Genehmigung** gem. § 9 Abs. 3 GenTG; das gilt ebenso für wesentliche Änderungen (§ 8 Abs. 4 S. 1 GenTG). Nach § 8 Abs. 3 GenTG besteht die Möglichkeit der Erteilung einer Teilerrichtungs- bzw. Teilgenehmigung. Die gentechnikrechtliche Anlagengenehmigung entfaltet eine Konzentrationswirkung mit Ausnahme von Zulassungen aufgrund atomrechtlicher Vorschriften (§ 22 Abs. 1 GenTG).[128]

33 Für Arbeiten, die der Sicherheitsstufe 1 entsprechen, ist nach § 8 Abs. 2 GenTG für die Errichtung und den Betrieb einer Anlage sowie die vorgesehenen erstmaligen gentechnischen Arbeiten lediglich eine **Anzeige**, für Arbeiten, die der Sicherheitsstufe 2 entsprechen, eine **Anmeldung** erforderlich.[129] Eine wesentliche Änderung sowie eine Erweiterung des Betriebs um Arbeiten der Sicherheitsstufe 2 sind ebenfalls anzeige- bzw. anmeldepflichtig (§§ 8 Abs. 4 S. 2; 9 Abs. 2 GenTG). Ist lediglich eine Anzeige erforderlich, so kann der Betreiber einer Anlage ohne Einhaltung einer Wartefrist mit den gentechnischen Arbeiten beginnen. Im Falle des Erfordernisses der Anmeldung muss zunächst das Anmeldeverfahren durchlaufen oder zumindest 45 Tage nach Eingang

---

128 *Kloepfer*, Umweltschutzrecht, § 17 Rn. 31; *Alt*, MüKo GenTG, § 22 Rn. 1.
129 Form und Verfahren der Anmeldung regelt § 12 GenTG.

der Anmeldung abgewartet werden,[130] bevor mit den Arbeiten begonnen werden darf.[131]

Weitere Arbeiten der Stufe 1 können nach Aufnahme des Betriebs ohne Anzeige durchgeführt werden (§ 9 Abs. 1 GenTG); weitere Folgearbeiten der Sicherheitsstufe 2 bedürfen gem. § 9 Abs. 2 GenTG nur der Anzeige und können ohne Zeitverzögerung begonnen werden.

Die jeweiligen Anforderungen an die Anlagen richten sich infolgedessen nach der Einordnung der jeweiligen gentechnischen Arbeiten in Sicherheitsstufen, § 7 Abs. 1 GenTG (sog. **Stufenprinzip**).[132] Zu unterscheiden sind gentechnische Arbeiten, bei denen nach dem Stand der Wissenschaft

- nicht von einem Risiko (Sicherheitsstufe 1),
- von einem geringen Risiko (Sicherheitsstufe 2),
- von einem mäßigen Risiko (Sicherheitsstufe 3),
- von einem hohen Risiko oder dem begründeten Verdacht eines solchen Risikos (Sicherheitsstufe 4)

für die menschliche Gesundheit oder die Umwelt auszugehen ist. Entscheidend für die Zuordnung eines Vorhabens zu einer Sicherheitsstufe ist, welches **Risikopotenzial** den beabsichtigten gentechnischen Arbeiten beigemessen wird. Hierbei sind die möglichen Auswirkungen auf die Beschäftigten, die Bevölkerung, Nutztiere, Kulturpflanzen und die sonstige Umwelt einschließlich der Verfügbarkeit von Gegenmaßnahmen zu berücksichtigen.[133] Der Begriff des Risikos ist juristisch bislang nicht eindeutig geklärt.[134] Im Unterschied zur Gefahr[135] ist ein Risiko anzunehmen, wenn aufgrund mangelnder wissenschaftlicher Erkenntnisgrundlage Unsicherheiten hinsichtlich der Wahrscheinlichkeit des Schadenseintritts und/oder der Schadenshöhe bestehen. Insoweit erlaubt der Risikobegriff auch behördliche Maßnahmen im Vorsorgebereich.[136] Im Zweifelsfall hat die zuständige Behörde gem. § 7 Abs. 1a S. 1 GenTG die gentechnische Arbeit der höheren Sicherheitsstufe zuzuordnen.[137]

Die Genehmigung zur Errichtung und zum Betrieb einer gentechnischen Anlage ist zu erteilen, wenn die Voraussetzungen des § 11 Abs. 1 GenTG vorliegen. Der Antragsteller hat – unter Berücksichtigung der Einhaltung der gesetzlichen Anforderungen – mithin einen Rechtsanspruch auf Erteilung der Genehmigung.

§ 11 Abs. 1 GenTG[138] erfordert, dass

- Betreiber und andere verantwortliche Personen zuverlässig sind (Nr. 1),
- Projektleiter und Beauftragte für die Biologische Sicherheit sachkundig sind und die ihnen obliegenden Verpflichtungen ständig erfüllen können (Nr. 2),

---

130 Vgl. § 12 Abs. 5 S. 1 und 2 GenTG.
131 *Burchardi*, ZUR 2009, 9, 12.
132 Vgl. *Calliess/Korte*, DÖV 2006, 10, 14.
133 Vgl. § 7 Abs. 1 S. 7 GenTG.
134 Hierzu *Di Fabio*, S. 116 ff.; *Schlacke*, Risikoentscheidungen im europäischen Lebensmittelrecht, S. 42, 356; *Appel*, NuR 1996, 227, 228; *Böhm*, NVwZ 2005, 609, 612; *Krause*, NVwZ 2009, 496.
135 Vgl. § 3 Rn. 5.
136 Vgl. *Mechel* in: Koch (Hrsg.), Umweltrecht, § 11 Rn. 35 ff.
137 Ausnahmsweise kann die zuständige Behörde gem. § 7 Abs. 1a S. 2 GenTG eine niedrigere Sicherheitsstufe auf Antrag zulassen, wenn ein ausreichender Schutz für die menschliche Gesundheit und die Umwelt nachgewiesen wird.
138 § 11 Abs. 1 Nr. 1, 2 und 4 GenTG ist drittschützend, dazu § 6 Rn. 12 ff.

- die Betreiberpflichten aus § 6 Abs. 1 und 2 GenTG[139] und den Rechtsverordnungen nach § 30 GenTG[140] erfüllt werden (Nr. 3),
- die nach dem Stand von Wissenschaft und Technik notwendigen Einrichtungen vorhanden und Vorkehrungen getroffen sind, so dass keine schädlichen Einwirkungen auf die in § 1 Nr. 1 GentG genannten Schutzgüter zu erwarten sind (Nr. 4), und
- kein Verstoß gegen bestimmte internationale Übereinkommen – wie etwa gegen Verbote, biologische oder chemische Waffen herzustellen – und andere öffentlich-rechtliche Vorschriften sowie Belange des Arbeitsschutzes vorliegt (Nr. 5 und 6).

36 Die **formellen Anforderungen** an eine Genehmigung, insbesondere an das Genehmigungsverfahren, regeln § 10 GenTG i.V.m. der Gentechnik-Verfahrensordnung[141] und der Gentechnik-Anhörungsverordnung.[142] Besondere Bedeutung kommt hierbei der nach § 10 Abs. 7 GenTG erforderlichen **Stellungnahme der Zentralen Kommission für die Biologische Sicherheit** (ZKBS, § 4 GenTG) zur sicherheitstechnischen Einstufung und den erforderlichen sicherheitstechnischen Maßnahmen zu. Sie ist bei der behördlichen Entscheidung über den Genehmigungsantrag zu berücksichtigen. Den Stellungnahmen der ZKBS (§ 5 GenTG)[143] ist keine Bindungswirkung beizumessen. Seitens der Rechtsprechung wird der zuständigen Genehmigungsbehörde regelmäßig ein gerichtlich nicht überprüfbarer Beurteilungsspielraum eingeräumt.[144] Bei Abweichen der Verwaltungsentscheidung von der Empfehlung der Kommission obliegt der Behörde jedoch wegen der vom Gesetzgeber vorausgesetzten großen Sachkunde der ZKBS eine besondere Begründungslast.[145]

37 Die Genehmigungen **erlöschen**, wenn innerhalb einer von der Genehmigungsbehörde festgesetzten Frist, die drei Jahre nicht überschreiten darf, von der Genehmigung durch Errichtung oder Betrieb der Anlage kein Gebrauch gemacht oder wenn eine Anlage während eines Zeitraums von mehr als drei Jahren nicht betrieben worden ist (§ 27 Abs. 1 GenTG). Eine ähnliche Regelung sieht § 27 Abs. 4 GenTG für die Anmeldung einer Anlage vor.

38 Im Falle der **Versagung der Genehmigung** kann der Betroffene sein Klagebegehren nach erfolglos durchgeführtem Widerspruchsverfahren mit einer Verpflichtungsklage gem. § 42 Abs. 1 Alt. 2 VwGO durchsetzen.[146] Die Durchführung eines behördlichen Widerspruchsverfahrens findet indes nicht statt, wenn im Vorfeld bereits ein Anhörungsverfahren durchgeführt wurde, § 10 Abs. 8 i.V.m § 18 GenTG.[147] Die **Rechtsschutz**möglichkeiten eines Anlagenbetreibers, der gentechnische Arbeiten durchführen will, richten sich grundsätzlich nach den üblichen Regeln.[148]

---

139 Vgl. sogleich § 14 Rn. 51 f.
140 Bereits § 14 Rn. 17.
141 Vgl. § 14 Rn. 17.
142 Vgl. § 14 Rn. 17.
143 *Karthaus*, ZUR 2001, 61; *Kroh*, DVBl. 2000, 102; vgl. ferner unten § 14 Rn. 66 ff.
144 BVerwG, DVBl. 1999, 1138, 1140; VGH Mannheim, DVBl. 2001, 1463; VG Freiburg, ZUR 2000, 216 m. Anm. *Ginzky*.
145 *Mechel* in: Koch (Hrsg.), Umweltrecht, § 11 Rn. 39.
146 *Schmidt/Kahl/Gärditz*, Umweltrecht, § 13 Rn. 33.
147 So auch *Mechel* in: Koch (Hrsg.), Umweltrecht, § 11 Rn. 107.
148 Vgl. § 6 Rn. 7 ff.

Dritte können gegen eine dem Betreiber erteilte Genehmigung im Wege der Drittanfechtungsklage vorgehen.[149] Wenn sie den Erlass einer zu ihrem Schutz gebotenen, jedoch fehlenden Nebenbestimmung begehren, ist die Drittverpflichtungsklage statthaft.

Gem. § 12 Abs. 5 GenTG gilt der **Ablauf bestimmter Fristen**[150] als Zustimmung zur Errichtung und zum Betrieb der gentechnischen Anlage und zur Durchführung gentechnischer Arbeiten. Bestehen auf Seiten des Betreibers Unklarheiten über den Fristenlauf, kann er mit der Feststellungsklage gerichtlich überprüfen lassen, ob die Genehmigung bereits als erteilt gilt.

bb) Freisetzung von genetisch veränderten Organismen

Nach § 14 Abs. 1 S. 1 Nr. 1 GenTG ist die Freisetzung von GVO zulassungspflichtig.[151] Die Genehmigung für eine Freisetzung ist gem. § 16 Abs. 1 GenTG zu erteilen (gebundene Entscheidung), wenn

- der Betreiber über die notwendige Zuverlässigkeit verfügt und gewährleistet ist, dass Projektleiter und Beauftragter für die Biologische Sicherheit die erforderliche Sachkunde besitzen (§ 16 Abs. 1 Nr. 1 i.V.m. § 11 Abs. 1 Nr. 1 und 2 GenTG),[152]
- alle nach dem Stand von Wissenschaft und Technik erforderlichen Sicherheitsvorkehrungen getroffen werden (§ 16 Abs. 1 Nr. 2 GenTG) und
- nach dem Stand der Wissenschaft im Verhältnis zum Zweck der Freisetzung unvertretbare schädliche Einwirkungen[153] auf die in § 1 Nr. 1 genannten Rechtsgüter[154] nicht zu erwarten sind (§ 16 Abs. 1 Nr. 3 GenTG).[155]

Damit statuiert das Gentechnikgesetz eine umfassende Pflicht zur Risikoabwehr sowie zur Abwägung zwischen dem Zweck der Freisetzung und möglichen Schutzgutbeeinträchtigungen. Die Auslegung dieser sog. **Vertretbarkeitsklausel** ist umstritten.[156] Einhelligkeit dürfte darüber bestehen, dass nicht jede schädliche Einwirkung auf die in § 1 Nr. 1 GenTG genannten Rechtsgüter zu einer Genehmigungsversagung führt.[157] Jedenfalls kann hinsichtlich des Standes der Wissenschaft und der Nutzen-Schaden-Relation der Exekutive eine Einschätzungsprärogative eingeräumt werden.[158]

Die **formellen Anforderungen** an einen Freisetzungsantrag enthält § 15 Abs. 1 GenTG; diejenigen an das Verfahren § 16 Abs. 3 S. 1 GenTG i.V.m. der Gentechnikverfahrensordnung.

Eine Befreiung von der Genehmigungspflicht sieht § 14 Abs. 1 S. 4 GenTG für **Änderungen einer Freisetzung** vor, wenn das Bundesamt für Verbraucherschutz und Lebensmittelsicherheit feststellt, dass die Änderung keine wesentlichen Auswirkungen auf die

---

149 Vgl. § 6 Rn. 12 ff.
150 Die unterschiedlichen Fristen bestimmen sich nach der jeweiligen Sicherheitsstufe.
151 Ausführlich zu den Maßstäben einer Genehmigung der Freisetzung und des Inverkehrbringens von GVO *Winter*, NuR 2007, 571; *ders.*, ZUR 2006, 456.
152 Hierbei handelt es sich um eine drittschützende Norm; vgl. *Pottschmidt* in: Hansmann/Sellner, Grundzüge, Kap. 13 Rn. 205.
153 Zur Auslegung des Begriffs der schädlichen Einwirkungen grundlegend *Fisahn*, NuR 2004, 145, 146.
154 Hierbei handelt es sich um Leben und Gesundheit von Menschen, Tieren, Pflanzen sowie die sonstige Umwelt in ihrem Wirkungsgefüge und Sachgüter.
155 Hierbei handelt es sich um eine drittschützende Norm.
156 Vgl. *Kloepfer*, Umweltrecht, § 18 Rn. 67 m.w.N. in Fn. 191.
157 Vgl. *Mechel* in: Koch (Hrsg.), Umweltrecht, § 11 Rn. 42 m.w.N.; *Calliess/Korte*, DÖV 2006, 10, 17.
158 *Kloepfer*, Umweltschutzrecht, § 17 Rn. 36; zu den rechtsstaatlichen Grenzen eines derartigen, gerichtlich nicht überprüfbaren Beurteilungsspielraums *Gärditz*, ZUR 2009, 413, 418.

Beurteilung der Voraussetzungen nach § 16 Abs. 1 GenTG hat. Allerdings kann die Behörde notwendige Auflagen erteilen (§ 14 Abs. 1 S. 5 GenTG).

44 **Genehmigungsgegenstand** kann die Freisetzung eines gentechnisch veränderten Organismus oder eine Kombination gentechnisch veränderter Organismen am selben Standort oder an verschiedenen Standorten sein, soweit die Freisetzung zum selben Zweck und innerhalb eines in der Genehmigung bestimmten Zeitraums erfolgt (§ 14 Abs. 3 GenTG).

45 Um einen möglichst transparenten Überblick über die Anbaugebiete von GVO zum Zweck einer effizienten Überwachung zu gewährleisten, sieht § 16a GenTG die behördliche Pflicht zur Errichtung eines **Standortregisters** vor, das vom Bundesamt für Verbraucherschutz und Lebensmittelsicherheit geführt und erfasst wird. Das allgemein zugängliche Register[159] enthält Angaben über die Bezeichnung des GVO und über seinen spezifischen Erkennungsmarker, seine gentechnisch veränderten Eigenschaften, das Grundstück der Freisetzung oder des Anbaus sowie die Flächengröße (§ 16a Abs. 4 S. 1 GenTG). Ein Anspruch auf Auskunft über personenbezogene Daten besteht gem. § 16a Abs. 5 GenTG, wenn der Antragsteller ein berechtigtes Interesse geltend macht und keine überwiegenden schutzwürdigen privaten oder öffentlichen Interessen den Anspruch ausschließen. Durch die Einrichtung eines solchen Registers wird nicht zuletzt der Koexistenzzwecksetzung i.S.v. § 1 Nr. 2 GenTG[160] Rechnung getragen. Anhand der Registereintragungen können sich z.b. landwirtschaftliche Betriebe darüber informieren, ob in der Nachbarschaft GVO angebaut werden. Sollte dies der Fall sein, können die Beteiligten sodann Absprachen treffen, um GVO-Verunreinigungen konventioneller Pflanzen der gleichen Kulturart zu vermeiden.[161] Das Standortregister war Gegenstand einer Normenkontrolle gem. Art. 100 GG. Das Bundesverfassungsgericht rechtfertigte die mit dem Standortregister verbundenen Erhebungen personenbezogener Daten und die möglicherweise damit verbundenen Eingriffe in das Recht auf informationelle Selbstbestimmung[162] damit, dass Landwirtschaft im sozialen Raum betrieben werde und das Recht auf informationelle Selbstbestimmung der Landwirte dementsprechend hinter dem Transparenzinteresse der Öffentlichkeit zurückzustehen habe.[163]

cc) Inverkehrbringen von genetisch veränderten Organismen

46 Auch das Inverkehrbringen von GVO unterliegt einer **Eröffnungskontrolle** gem. §§ 14 Abs. 1 S. 1 Nr. 2, 3 und 4; 16 Abs. 2 GenTG.[164] Die Genehmigung für ein Inverkehrbringen wird in jedem Fall befristet erteilt (§§ 16 Abs. 2 S. 1; 27 GenTG). Indes besteht die Möglichkeit einer Genehmigungsverlängerung gem. § 16 Abs. 2 S. 2 GenTG.

Die Genehmigungspflicht bezieht sich sowohl auf das Inverkehrbringen von Produkten, die GVO enthalten oder aus solchen bestehen (§ 14 Abs. 1 S. 1 Nr. 2 GenTG), als auch auf eine Zweckveränderung in Bezug auf die bisherige Verwendung (§ 14 Abs. 1 S. 1 Nr. 3 GenTG). Ferner sind Produkte, die aus freigesetzten gentechnisch veränder-

---

159 Der Zugang soll über das Internet erfolgen, vgl. § 16a Abs. 4 S. 2 GenTG, siehe: apps2.bvl.bund.de/stareg_web/showflaechen.do (Stand: 15.1.2016).
160 Vgl. oben § 14 Rn. 30.
161 Vgl. *Mechel* in: Koch (Hrsg.), Umweltrecht, § 11 Rn. 86.
162 BVerfGE 128, 1, 22.
163 BVerfGE 128, 1, 44.
164 Hierbei handelt es sich um eine drittschützende Norm.

ten Organismen gewonnen oder hergestellt wurden, für die keine Genehmigung nach § 14 Abs. 1 S. 1 Nr. 2 GenTG vorliegt, genehmigungspflichtig (§ 14 Abs. 1 S. 1 Nr. 4 GenTG). Damit unterliegen auch Produkte, die aus einer genehmigten Freisetzung stammen, einer (erneuten) Eröffnungskontrolle.[165]

Das Inverkehrbringen von GVO ist gem. § 16 Abs. 2 S. 1 GenTG zu gestatten (gebundene Entscheidung), wenn nach dem Stand der Wissenschaft im Verhältnis zum Zweck des Inverkehrbringens unvertretbare schädliche Einwirkungen auf die in § 1 Nr. 1 GenTG bezeichneten Rechtsgüter nicht zu erwarten sind (**materielle Voraussetzungen, Vertretbarkeitsklausel**).[166]

Einer Genehmigung zum Inverkehrbringen bedarf es nicht, wenn Produkte, die GVO enthalten oder aus solchen bestehen, gem. § 14 Abs. 1a) GenTG in einem spezifischen Verfahren gem. § 3 Nr. 3c GenTG hergestellt worden sind oder das Inverkehrbringen in speziell abgeschirmten Bereichen erfolgt.

Im Sinne der gegenseitigen Anerkennung bedarf es keiner Genehmigung, wenn eine solche von Behörden anderer EU-Mitgliedstaaten nach deren Vorschriften, die die Richtlinie 2001/18/EG umsetzen, erteilt wurde (§ 14 Abs. 5 GenTG).

47

Die **formellen Anforderungen** an eine Genehmigung zum Inverkehrbringen, insbesondere solche an die Antragsunterlagen, enthält § 15 Abs. 3 GenTG; das Verfahren richtet sich nach § 16 Abs. 3 S. 2 GenTG.[167] Es handelt sich hierbei um ein komplexes, mehrstufiges EU-Beteiligungsverfahren nach Art. 14 ff. Richtlinie 2001/18/EG, in welchem u.a. die Kommission und Behörden anderer Mitgliedstaaten mitwirken, Einwände erheben und letztlich eine Genehmigung (mittelbar) versagen können. Nach § 16 Abs. 5 GenTG hat die ZKBS (§ 4 GenTG) den Antrag zu prüfen und zu bewerten.[168]

48

§ 16d Abs. 2 S. 1 GenTG enthält die unionsrechtlich vorgeschriebene **Befristung** der Genehmigung zum Inverkehrbringen auf zehn Jahre. Eine Verlängerung für einen kürzeren oder längeren Zeitraum ist möglich (§ 16d Abs. 2 S. 2 GenTG). Wenn der Antrag auf **Verlängerung** rechtzeitig, d.h. vor Ablauf der Genehmigung gestellt wird, kann der Antragsteller während des laufenden Verwaltungsverfahrens seine Produkte weiterhin rechtmäßig in den Verkehr bringen.[169]

49

Bestimmungen über den Verwendungszweck, den Umgang mit dem Produkt und seine Verpackung, spezielle Bedingungen für den Schutz besonderer Ökosysteme, Umweltgegebenheiten oder geographischer Gebiete, Kennzeichnungsanforderungen sowie Vorgaben für die Produktbeobachtung und die Vorlage von Kontrollproben (Nachmarktkontrolle/Monitoring) hat die Zulassungsbehörde im Rahmen der Genehmigung festzulegen (§ 16d Abs. 1 GenTG).

Wenn eine Genehmigung zum Inverkehrbringen öffentlich bekannt gemacht wurde, entfalten die in ihr festgeschriebenen Anforderungen Geltung für sämtliche am Inverkehrbringen des Produkts oder am Umgang mit ihm Beteiligten (§ 16 Abs. 5a GenTG). Es handelt sich um eine **Allgemeinverfügung** i.S.d. § 35 S. 2 VwVfG, die den Adressatenkreis der Genehmigung weit über den Antragsteller hinaus ausdehnt.

---

165 *Kloepfer*, Umweltschutzrecht, § 17 Rn. 41.
166 Vgl. oben § 14 Rn. 41.
167 Vgl. oben § 14 Rn. 42.
168 Zur Bedeutung und Bindungswirkung vgl. oben § 14 Rn. 36.
169 Einzelheiten des Inverkehrbringens von GVO als Saatgut enthält § 16d Abs. 2 S. 3 ff. GenTG.

Ein Erlöschen der Inverkehrbringensgenehmigung richtet sich nach § 27 GenTG.[170]

50 Das Gentechnikgesetz statuiert in § 17b Abs. 1 S. 1 eine **Kennzeichnungspflicht** für Produkte, die GVO enthalten oder aus solchen bestehen und in den Verkehr gebracht werden – auch wenn sie für gentechnische Arbeiten in gentechnischen Anlagen zur Verfügung gestellt werden.[171] Ausnahmen hiervon bestehen nach § 17b Abs. 1 S. 2 und Abs. 3 GenTG bei geringen Verunreinigungen mit GVO. Bereits bei der Beantragung des Inverkehrbringens eines GVO schlägt der Antragsteller eine Kennzeichnung seines Produktes vor (§ 15 Abs. 3 GenTG i.V.m. § 6 Abs. 1 Nr. 5 GenTVfVO/Anhang 4 der Richtlinie 2001/18/EG).

dd) Grundpflichten: Risikoprüfung und -bewertung

51 Eine Regelung der **Grundpflichten** unter Berücksichtigung des Entwicklungs- und Erkenntnisstandes erfolgt in § 6 GenTG. Danach besteht für jeden, der Umgang mit gentechnisch veränderten Organismen hat, sei es in gentechnischen Anlagen, bei Freisetzungen oder Inverkehrbringen, die Pflicht, die damit verbundenen Risiken für die in § 1 Nr. 1 GenTG genannten Schutzgüter vor Aufnahme seiner Tätigkeit umfassend zu bewerten und sie zugleich dem Stand der Wissenschaft anzupassen (**Risikobewertung**).

52 Die Betreiber gentechnischer Anlagen unterliegen der Verpflichtung, entsprechend der Risikobewertung die nach dem Stand von Wissenschaft und Technik notwendigen Vorkehrungen zu treffen, um die in § 1 Nr. 1 GenTG genannten Rechtsgüter vor möglichen Gefahren zu schützen und dem Entstehen solcher Gefahren vorzubeugen (§ 6 Abs. 2 S. 1 GenTG).[172] Diese **Schutz- und Vorsorgepflicht**[173] besteht während des gesamten Betriebs sowie über den Zeitpunkt der Betriebseinstellung hinaus (sog. dynamische Pflicht).[174] Gem. § 6 Abs. 3 GenTG hat der Betreiber darüber hinaus Aufzeichnungen über die Durchführung gentechnischer Arbeiten und Freisetzungen zu führen. Aus der Durchführung von gentechnischen Arbeiten und Freisetzungen ergibt sich gem. § 6 Abs. 4 GenTG die Verpflichtung, Projektleiter sowie Beauftragte oder **Ausschüsse für Biologische Sicherheit** zu bestellen.

ee) Mitteilungspflichten

53 § 21 Abs. 1 GenTG verpflichtet Betreiber, jede Änderung in der Beauftragung des Projektleiters, des Beauftragten für die Biologische Sicherheit oder eines Mitglieds des Ausschusses für die Biologische Sicherheit der zuständigen Behörde mitzuteilen. Mitteilungspflichtig ist die Einstellung der Anlage (§ 21 Abs. 1b GenTG) sowie jede sicherheitsrelevante Änderung einer gentechnischen Anlage (§ 21 Abs. 2 GenTG).

Überdies ist gem. § 21 Abs. 2a GenTG jede Änderung einer Freisetzung, die Auswirkungen auf die Beurteilung der Voraussetzungen einer Genehmigungserteilung haben kann, der zuständigen Behörde mitzuteilen. Ferner besteht eine Unterrichtungspflicht des Betreibers für jegliche unvorhergesehenen Vorkommnisse und beim Verdacht auf eine Gefährdung der in § 1 Nr. 1 GenTG genannten Rechtsgüter (§ 21 Abs. 3 GenTG).

---

170 Vgl. oben § 14 Rn. 37.
171 Sie müssen auf dem Etikett oder Begleitdokument mit dem Hinweis „Dieses Produkt enthält genetisch veränderte Organismen." gekennzeichnet sein.
172 Hierbei handelt es sich um eine drittschützende Norm; *Gärditz*, ZUR 2009, 413, 414.
173 Vgl. oben § 14 Rn. 29.
174 *Kloepfer*, Umweltschutzrecht, § 17 Rn. 23.

Nach Abschluss einer Freisetzung hat der Betreiber die Ergebnisse der Freisetzung im Zusammenhang mit der Gefährdung der menschlichen Gesundheit oder der Umwelt der zuständigen Behörde mitzuteilen (§ 21 Abs. 4 GenTG). Eine *unverzügliche* Mitteilung hat zu erfolgen, wenn der Betreiber neue Informationen über gesundheits- oder umweltbezogene Risiken erhält (§ 21 Abs. 5 GenTG).

§ 21 Abs. 4 und 5a GenTG erweitern die Meldepflicht in Bezug auf die in § 1 Nr. 1 GenTG genannten Rechtsgüter und erfassen zudem das Inverkehrbringen. Dem Betreiber obliegt darüber hinaus eine Unterrichtungspflicht über die Beobachtung des Inverkehrbringens gem. § 21 Abs. 4a GenTG.

ff) Auskunfts- und Duldungspflichten

Auskunfts- und Duldungspflichten bestehen für Betreiber gentechnischer Anlagen sowie für diejenigen, die GVO freisetzen oder in Verkehr bringen; Hinnahmepflichten obliegen jenen, in deren Produkten sich unbeabsichtigte GVO finden.

Zur Überwachung gentechnischer Anlagen und Freisetzungen sowie des Inverkehrbringens von GVO obliegen den Betreibern und verantwortlichen Personen (Projektleiter, Beauftragter für die Biologische Sicherheit) und Personen, die mit Produkten, die GVO enthalten oder aus solchen bestehen, erwerbswirtschaftlich, gewerbsmäßig oder in vergleichbarer Weise umgehen, spezifische Auskunfts- und Duldungspflichten: Auf Verlangen der zuständigen Überwachungsbehörden haben sie Auskunft zu erteilen, wenn dies der Überwachung zur Einhaltung des Gentechnikgesetzes dient (§ 25 Abs. 2 GenTG). Insbesondere sind der zuständigen Behörde auf Verlangen die Prüfungsergebnisse der Risikobewertung i.S.v. § 6 Abs. 1 GenTG vorzulegen (§ 25 Abs. 6 GenTG). Ein Auskunftsverweigerungsrecht besteht, sofern der Auskunftspflichtige sich selbst oder einen nahen Angehörigen einer Verfolgungsgefahr aussetzen würde (§ 25 Abs. 4 GenTG). Ferner dürfen mit der Überwachung betraute Personen Grundstücke, Geschäftsräume, Betriebsräume und Transportmittel des Betreibers – ohne vorherige Ankündigung[175] – während der üblichen Geschäfts- und Betriebszeiten betreten und Besichtigungen durchführen, Proben entnehmen, geschäftliche Unterlagen einsehen und Kopien herstellen (§ 25 Abs. 3 S. 1 Nr. 1–3 GenTG).[176] Besteht eine dringende Gefahr für die öffentliche Sicherheit, so dürfen diese Rechte auch dann ausgeübt werden, wenn die Geschäfts- und Betriebsräume zugleich Wohnzwecken des Betreibers dienen (§ 25 Abs. 3 S. 2 GenTG).

Die auf Grundlage von § 25 Abs. 3 S. 1 Nr. 1–3 GenTG ergehenden Maßnahmen sind regelmäßig Realakte. Begehrt der Vorhabenträger diesbezüglich Rechtsschutz, kommt insoweit die **Feststellungsklage** gem. § 43 Abs. 1 VwGO als statthafte Klageart in Betracht.

gg) Nachmarktpflichten

Nachmarktpflichten, also solche Pflichten, die nach Inverkehrbringen zugelassener Produkte für den Inverkehrbringer bestehen, statuiert § 16b GenTG.[177] Danach obliegt denjenigen, die GVO anbauen, weiterverarbeiten, – im Falle von Tieren – halten,

---

[175] OLG Düsseldorf, AgrarR 1985, 200.
[176] Zur Unterscheidung zwischen Überwachungs- und Eingriffsbefugnissen gem. § 25 GenTG vgl. OVG Saarland, AS RP-SL 35, 409.
[177] Dessen Verfassungskonformität wurde vom BVerfG bestätigt, vgl. NVwZ 2011, 94, 104.

gewerbsmäßig oder in anderer Weise in den Verkehr bringen, eine **Vorsorgepflicht**[178] für die in § 1 Nr. 1 GenTG genannten Rechtsgüter, um wesentliche Beeinträchtigungen zu verhindern. Bei der Beurteilung einer Beeinträchtigung als wesentlich soll auf die europäischen Schwellenwerte und die Interpretationsregeln des § 36a Abs. 1 GenTG zurückgegriffen werden.[179] § 16b Abs. 1 S. 2–4 GenTG normieren Ausnahmen von der Vorsorgepflicht, etwa wenn eine entsprechende schriftliche Vereinbarung mit einem Schutzbedürftigen vorliegt, in der dieser auf seinen Schutz verzichtet.

Die Vorsorgepflicht nach § 16b Abs. 1 GenTG wird durch die Einhaltung der guten fachlichen Praxis i.S.d. § 16b Abs. 3 GenTG erfüllt (§ 16b Abs. 2 GenTG). Zur guten fachlichen Praxis gem. § 16b Abs. 3 GenTG gehören insbesondere folgende Pflichten, die zugleich der Sicherstellung der Koexistenz im Umgang mit GVO dienen:[180]

- Es müssen beim Umgang mit GVO Bestimmungen der Genehmigung für das Inverkehrbringen gem. § 16 Abs. 5a GenTG beachtet werden (§ 16b Abs. 3 Nr. 1 GenTG).
- Es müssen beim Anbau von gentechnisch veränderten Pflanzen und bei der Herstellung und Ausbringung von Düngemitteln, die gentechnisch veränderte Organismen enthalten, Maßnahmen getroffen werden, um Einträge in andere Grundstücke zu verhindern sowie Auskreuzungen in andere Kulturen benachbarter Flächen und die Weiterverbreitung durch Wildpflanzen zu vermeiden (§ 16b Abs. 3 Nr. 2 GenTG).
- Es muss bei der Haltung gentechnisch veränderter Tiere ein Entweichen aus dem zur Haltung vorgesehenen Bereich und ein Eindringen anderer Tiere der gleichen Art in diesen Bereich verhindert werden (§ 16b Abs. 3 Nr. 3 GenTG).
- Bei der Beförderung, Lagerung und Weiterverarbeitung von GVO darf es zu keinen Verlusten oder Vermischungen und Vermengungen mit anderen Produkten kommen (§ 16b Abs. 3 Nr. 4 GenTG).

Die Anforderungen an die gute fachliche Praxis werden durch die auf der Grundlage von § 16b Abs. 6 GenTG erlassenen GenTPflEV konkretisiert.[181]

§ 16b Abs. 4 GenTG sieht zur Erfüllung der Vorsorgepflicht darüber hinaus besondere Anforderungen an die persönliche Zuverlässigkeit, Kenntnis, Fertigkeit und Ausstattung des zu gewerblichen oder vergleichbaren Zwecken Handelnden vor.

58 Eine **Produktinformationspflicht** des Inverkehrbringers etabliert § 16b Abs. 5 GenTG. Sie soll die Bestimmungen der Genehmigung enthalten; aus ihr soll zudem hervorgehen, wie die Pflichten gem. § 16b Abs. 1 bis 3 GenTG eingehalten werden.

59 Schließlich enthält § 16c GenTG eine **Produktbeobachtungspflicht** des Inverkehrbringers: Sie umfasst die Einrichtung eines umfassenden Beobachtungssystems für in Verkehr gebrachte GVO.

b) Repressive Kontrollinstrumente

60 Nach § 19 S. 1 GenTG kann die zuständige Behörde ihre Genehmigung mit **Nebenbestimmungen** (vgl. § 36 VwVfG) versehen, um die Einhaltung der Zulassungsvorausset-

---

178 Vgl. § 14 Rn. 29.
179 Vgl. BT-Drs. 15/3088, S. 27; europäische Regelungen von Schwellenwerten finden sich in Art. 12 Abs. 2, Art. 24 Abs. 2 VO 1829/2003/EG, ABlEG L 268/1; Art. 21 Abs. 2 RL 2001/18/EG i.d.F. der RL 2008/27/EG, ABlEG L 81/45.
180 Näher *Burchardi*, ZUR 2009, 9, 13.
181 Vgl. oben § 14 Rn. 17.

zungen zu gewährleisten. Insbesondere können spezielle Anforderungen an eine gentechnische Anlage festgelegt oder Regelungen für die bestimmungsgemäße und sachgerechte Anwendung des in Verkehr zu bringenden Produkts getroffen werden (§ 19 S. 2 GenTG). Die Entscheidung über die Auferlegung solcher Maßnahmen ist in das **Ermessen** der Behörde gestellt.

Soweit die erteilte Genehmigung Nebenbestimmungen enthält, besteht für den Betroffenen je nach Einzelfall die Möglichkeit, entweder die Nebenbestimmung isoliert anzufechten oder eine Verpflichtungsklage auf Erteilung einer Genehmigung ohne Nebenbestimmungen zu erheben.[182]

Gem. § 19 S. 3 GenTG ist es zulässig, auch ohne Auflagenvorbehalt im Genehmigungsbescheid **nachträglich Auflagen** anzuordnen. Dergestalt kann eine angemessene Berücksichtigung des aktuellen Standes von Wissenschaft und Technik und neuer Erfahrungen sichergestellt werden. Dabei muss allerdings – wie im gesamten öffentlichen Recht – der Grundsatz der Verhältnismäßigkeit beachtet werden. Auflagen, die den GVO-Anwender wirtschaftlich erheblich belasten, dürfen beispielsweise dann nicht erfolgen, wenn die Schädlichkeit der GVO-Anwendung im Einzelfall nicht belegt ist und die Auflage lediglich aus Vorsorgegründen ergeht.[183]

61

Speziell für die Genehmigung zum Inverkehrbringen enthält § 16d Abs. 3 GenTG die Möglichkeit, **nachträgliche Änderungen** in Bezug auf die **Produktbeobachtung**[184] festzulegen.

Eine **einstweilige Einstellung** einer gentechnischen Anlage, Arbeit oder einer Freisetzung kann unter den Voraussetzungen des § 20 Abs. 1 GenTG, das Ruhen der Genehmigung zum Inverkehrbringen gem. § 20 Abs. 2 GenTG angeordnet werden (Ermessensentscheidungen).

62

§ 20 Abs. 2 GenTG stellt mit Verweis auf § 14 Abs. 5 GenTG klar, dass das **Ruhen einer Genehmigung zum Inverkehrbringen** bei neuen oder zusätzlichen Informationen oder Erkenntnissen über GVO, die auf eine Gefahr für die menschliche Gesundheit oder die Umwelt schließen lassen, unabhängig davon angeordnet werden darf, ob sie von einer deutschen oder einer Behörde eines anderen EU-Mitgliedstaats stammt.[185]

Beide Instrumente, die einstweilige Einstellung des Betriebs oder einer Freisetzung und das Ruhen der Genehmigung zum Inverkehrbringen, sollen den betroffenen Personen die Möglichkeit eröffnen, nachzuweisen, dass die Voraussetzungen für die Genehmigung wieder vorliegen. Sind die Mängel nicht behebbar, stehen der zuständigen Behörde die üblichen Instrumentarien der **Rücknahme** und des **Widerrufs** der Genehmigung zur Verfügung.[186]

Untersagungsverfügungen und ähnliche Anordnungen wie **Betriebseinstellungen** im Einzelfall kann die zuständige Behörde auf der Grundlage des § 26 GenTG treffen, wenn sie zur Beseitigung rechtswidriger Zustände oder Verhütung künftiger Verstöße gegen das Gentechnikgesetz erforderlich sind. Auf der Grundlage des § 26 Abs. 5 S. 1

63

---

182 Umfassend zum Rechtsschutz gegen Nebenbestimmungen *Erbguth*, Allgemeines Verwaltungsrecht, § 18 Rn. 15 ff. m.w.N.
183 VG Frankfurt a.M., Urt. v. 11.5.2011-8 K 2233/08, juris.
184 Vgl. § 14 Rn. 59.
185 Für die genetisch veränderte Maissorte MON810 wurde vom Bundesamt für Verbraucherschutz und Lebensmittelsicherheit eine solche Ruhensanordnung ausgesprochen, vgl. OVG Lüneburg, NuR 2009, 566.
186 Mangels spezialgesetzlicher Regelungen richten sich Rücknahme und Widerruf der gentechnikrechtlichen Genehmigungen nach §§ 48, 49 VwVfG bzw. den entsprechenden landesrechtlichen Vorschriften.

GenTG wurde beispielsweise die Veräußerung unbeabsichtigt gentechnisch verunreinigten Saatguts untersagt, weil die für dieses „Inverkehrbringen" erforderliche Genehmigung fehlte. Ebenso sind auf der Grundlage von § 26 Abs. 4 GenTG Untersagungsverfügungen für unbeabsichtigte Freisetzungen ergangen. Solche Verfügungen sind bereits dann rechtmäßig, wenn das Freisetzen oder Inverkehrbringen als solches willentlich geschieht; die Kenntnis des Verfügungsadressaten von einer Vermischung oder Vermengung mit GVO ist demgegenüber nicht erforderlich.[187] Dementsprechend könnte auch das Inverkehrbringen von unbeabsichtigt aus GVO hergestelltem Honig[188] untersagt werden.

64 **Stilllegungs- und Beseitigungsverfügungen** kommen in Betracht, wenn eine gentechnische Anlage ohne die erforderliche Anmeldung oder Genehmigung errichtet oder betrieben wird (§ 26 Abs. 3 GenTG).

Der Betreiber kann diese repressiven Kontrollmaßnahmen mittels Anfechtungsklage (nach erfolglosem Anfechtungswiderspruch) gem. § 42 Abs. 1 Alt. 1 VwGO gerichtlich abwehren.[189]

c) Zuständigkeiten

aa) Bundesamt für Verbraucherschutz und Lebensmittelsicherheit

65 Nimmt das Gentechnikgesetz auf die „zuständige Bundesoberbehörde" Bezug, so handelt es sich um das **Bundesamt für Verbraucherschutz und Lebensmittelsicherheit** (BVL, § 31 GenTG). Das BVL ist selbstständige Bundesoberbehörde im Geschäftsbereich des Bundesministeriums für Ernährung und Landwirtschaft (BMEL).

Dem BVL obliegen im Rahmen des Gentechnikgesetzes hoheitliche Aufgaben im Bereich des Risikomanagements: Es ist Zulassungsbehörde, nimmt Koordinierungsaufgaben des Bundes und gegenüber den Bundesländern wahr und ist die maßgebliche nationale Kontaktstelle für europäische Behörden.

Entscheidungen über Freisetzungen und Inverkehrbringen gentechnisch veränderter Organismen trifft das BVL **im Benehmen** mit dem Bundesamt für Naturschutz (BfN), dem Bundesinstitut für Risikobewertung (BfR) und dem Robert-Koch-Institut (RKI). Das Julius-Kühn-Institut (Bundesforschungsinstitut für Kulturpflanzen), die ZKBS[190] sowie die zuständige Behörde des betroffenen Bundeslandes geben ebenfalls Stellungnahmen zu Freisetzungsvorhaben ab. In bestimmten Fällen werden auch das Paul-Ehrlich-Institut (PEI) und das Friedrich-Loeffler-Institut (FLI) beteiligt (§ 16 Abs. 4 GenTG).[191]

bb) Zentrale Kommission für die Biologische Sicherheit

66 Bei der Zentralen Kommission für die Biologische Sicherheit (ZKBS) handelt es sich um ein Sachverständigengremium, das für die Prüfung und Bewertung sicherheitsrelevanter Fragen bei Arbeiten in gentechnischen Anlagen, Freisetzungen und Inverkehr-

---

187 Nunmehr nach jahrelangen divergierenden Entscheidungen der Instanzgerichte (vgl. die 4. Aufl.) vom BVerwG, ZUR 2012, 431, entschieden; zur jüngeren Rechtsprechung vgl. § 14 Rn. 25.
188 Vgl. EuGH, ZUR 2011, 530.
189 Vgl. § 6 Rn. 1, 7 ff.
190 Vgl. sogleich § 14 Rn. 66.
191 Zum Genehmigungsverfahren im Zusammenhang mit gentechnischen Arbeiten in gentechnischen Anlagen vgl. bereits oben § 14 Rn. 36.

bringen von GVO zuständig ist und darüber hinaus die Bundesregierung in diesen Bereichen berät (§§ 4 Abs. 1, 5 S. 1 GenTG). Sie ist beim BVL eingerichtet.

Der ZKBS gehören zwölf Sachverständige für Mikrobiologie, Zellbiologie, Virologie, Genetik, Pflanzenzucht, Hygiene, Ökologie, Toxikologie und Sicherheitstechnik sowie acht sachkundige Personen aus Gewerkschaften, den Bereichen des Arbeitsschutzes, der Wirtschaft, der Landwirtschaft, des Umwelt-, Natur- und Verbraucherschutzes und aus forschungsfördernden Organisationen an (§ 4 Abs. 1 S. 2 GenTG). 67

Die unabhängigen und zur Verschwiegenheit verpflichteten **Mitglieder** der ZKBS werden vom Bundesministerium für Ernährung und Landwirtschaft nach Zustimmung („im Einvernehmen") weiterer Fachminister für die Dauer von drei Jahren berufen (§ 4 Abs. 2, 3 GenTG). 68

Die rechtliche Bedeutung und das Verhältnis der Kommissionsstellungnahmen zu den Entscheidungen der Genehmigungsbehörde sind gesetzlich offen gelassen.[192] Allerdings kann die zur Bedeutung und Funktion der ZKBS ergangene Rechtsprechung auf ihre Ausschüsse übertragen werden.

6. Haftungsregime

Ein spezielles zivilrechtliches Haftungsregime enthält der fünfte Teil des Gentechnikgesetzes (§§ 32–37).[193]

§ 32 Abs. 1 GenTG normiert eine **verschuldensunabhängige Gefährdungshaftung** des Betreibers für den Fall, dass infolge von Eigenschaften eines Organismus, die auf gentechnischen Arbeiten beruhen, jemand getötet, sein Körper oder seine Gesundheit verletzt oder eine Sache beschädigt wird.[194] 69

Haftungsbegrenzend wirkt insoweit das **Kausalitätserfordernis:** Nur solche Schäden sind ersatzfähig, die gerade auf den gentechnisch veränderten Eigenschaften eines Organismus beruhen. Zugunsten der Geschädigten streitet jedoch die (widerlegbare) Ursachenvermutung des § 34 Abs. 1 GenTG, wonach infolge der Entstehung eines Schadens durch GVO vermutet wird, dass dieser gerade auf den veränderten Eigenschaften des Organismus beruht (**prima-facie-Beweis**).

Um die Durchsetzbarkeit von Schadenersatzansprüchen zu gewährleisten, hat der Gesetzgeber dem Geschädigten **Auskunftsansprüche** gegen den Betreiber sowie gegenüber Genehmigungs- und Überwachungsbehörden gewährt (§ 35 GenTG).

Besondere Bedeutung kommt § 36a GenTG zu.[195] Die Norm konkretisiert die zivilrechtlichen **Abwehransprüche** aus §§ 906, 1004 BGB.[196] Durch dieses Abwehr- und Ausgleichssystem zwischen ökologisch bzw. konventionell arbeitender Landwirtschaft 70

---

192 Vgl. hierzu die Darstellung der Rechtsprechung bei *Schlacke*, ZUR 2001, 393, 395.
193 Das Unionsrecht enthält diesbezüglich nur „unscharfe Haftungsvorgaben" (*Calliess/Korte*, DÖV 2006, 10, 20 m.w.N.), so dass dem nationalen Gesetzgeber die nähere Ausgestaltung vorbehalten ist. Vgl. allgemein zum Haftungsregime *Luttermann*, NJW 2011, 431 ff.
194 Näher *Wolfers/Kaufmann*, ZUR 2004, 321, 321; *Palme*, ZUR 2005, 119, 126.
195 Die Vereinbarkeit des § 36a GenTG mit dem Unionsrecht ist umstritten, vgl. *Wolfers/Kaufmann*, ZUR 2004, 321, 326 ff.; *Dolde*, NuR 2004, 219, 222; *Reese*, EurUP 2004, 184, 186; *Schmieder*, UPR 2005, 49, 52; *Palme/ Schlee/Schumacher*, EurUP 2004, 170, 176 f.; *Arnold*, NuR 2006, 15, 16. Das BVerfG, NVwZ 2011, 94, 107, hat die Vorschrift jüngst für verfassungskonform erachtet und ihre Ausgleichsfunktion für die widerstreitenden Interessen des konventionellen, ökologischen oder mit Gentechnik arbeitenden Ackerbaus hervorgehoben.
196 *Wagner*, VersR 2007, 1017.

und der Landwirtschaft, die GVO anbaut, soll der Koexistenzzielbestimmung (§ 1 Nr. 2 GenTG)[197] Rechnung getragen werden.[198] Konkret normiert § 36a Abs. 1 GenTG, dass Einträge von GVO dann **wesentliche Beeinträchtigungen** i.S.d. § 906 Abs. 2 BGB darstellen, soweit der Betroffene aufgrund dieser Einträge Erzeugnisse

- überhaupt nicht, § 36a Abs. 1 Nr. 1 GenTG,[199] oder
- nur mit Hinweis auf eine gentechnische Veränderung, § 36a Abs. 1 Nr. 2 GenTG,[200]

in den Verkehr bringen darf.

Gleiches gilt auch für den Fall, dass der Betroffene Kennzeichnungen nicht verwenden darf, die nach den für die Produktionsweise jeweils geltenden Rechtsvorschriften möglich gewesen wären (§ 36a Abs. 1 Nr. 3 GenTG).[201]

Das Vorliegen dieser Tatsachen ergibt sich wiederum aus dem Gentechnikgesetz selbst. Liegt eine wesentliche Beeinträchtigung vor, ist sie nur dann abwehrfähig, wenn sie durch Maßnahmen verhindert werden kann, welche für den Störer wirtschaftlich zumutbar sind.[202]

Wirtschaftlich zumutbar ist gem. § 36a Abs. 2 GenTG die Einhaltung der guten fachlichen Praxis i.S.v. § 16b Abs. 2 und 3 GenTG. Die spezifischen Anforderungen an die gute fachliche Praxis bedürfen indes noch der Konkretisierung.[203]

71 Kann die wesentliche Beeinträchtigung auch unter Beachtung der guten fachlichen Praxis nicht beendet werden, wandelt sich der Abwehr- und Unterlassungsanspruch[204] des Betroffenen in eine **Duldungspflicht** um. Der betroffene Nachbar kann dann lediglich gem. § 906 Abs. 2 S. 2 BGB einen finanziellen Ausgleich verlangen.

Zugunsten des Betroffenen greift gem. § 36a Abs. 4 GenTG eine **gesamtschuldnerische Haftung** aller in Betracht kommenden Nachbarn für den Fall ein, dass sich der unmittelbare Verursacher der wesentlichen Beeinträchtigung nicht ermitteln lässt.[205]

72 ▶ **LÖSUNG VON FALL 15:** Die Genehmigung der Freisetzung ist materiell rechtmäßig, wenn die Voraussetzungen des § 16 Abs. 1 GenTG erfüllt sind. Zunächst müssen gem. § 16 Abs. 1 Nr. 1 GenTG die Voraussetzungen des § 11 Abs. 1 Nr. 1 und 2 GenTG vorliegen. Anhaltspunkte für eine mangelnde Zuverlässigkeit oder mangelnde Sachkunde des Betreibers oder Pro-

---

197 Vgl. oben § 14 Rn. 30.
198 Vgl. zum Haftungsregime BT-Drs. 15/3088, S. 30; *Glas*, AuR 2007, Beilage Nr. 1, 42; *Rehbinder*, NuR 2007, 115; *Arnold*, NuR 2006, 15; *Kohler*, NuR 2005, 566.
199 Hierbei greifen Schwellenwerte; eine Genehmigungspflicht besteht gewöhnlich ab einem GVO-Anteil von mehr als 0,9 %, Art. 12 Abs. 2, Art. 24 Abs. 2 VO 1829/2003/EG, ABlEG L 268/1; Art. 21 Abs. 2 RL 2001/18/EG i.d.F. der RL 2008/27/EG, ABlEG L 81/45.
200 Kennzeichnungsschwelle bei einem GVO-Anteil von mehr als 0,9 %, § 17b Abs. 3 GenTG; zur Kritik vgl. *Dolde*, NuR 2004, 219; *Schmieder*, UPR 2005, 49.
201 Hierbei handelt es sich um eine nicht abschließende Aufstellung („insbesondere", § 36a Abs. 1 GenTG). Die im Rahmen der Novellierung durch das 4. Änderungsgesetz geplante Streichung des Wortes „insbesondere" wurde nicht realisiert. Vgl. i.Ü. zum Verlust der Kennzeichnungsbefugnis *Arnold*, NuR 2006, 15, 16 f.
202 Das Tatbestandsmerkmal der „Ortsüblichkeit" findet gem. § 36a Abs. 3 GenTG keine Anwendung, vgl. *Arnold*, NuR 2006, 18.
203 Die GenTPflEV, BR-Drs. 563/07 enthält zwar einige Konkretisierungen, aber die wesentlichen Details bleiben mangels wissenschaftlicher Kenntnisse ungeregelt, vgl. *Gärditz*, ZUR 2009, 414, 416; *Pottschmidt* in: Hansmann/Sellner (Hrsg.), Grundzüge, Kap. 13 Rn. 211.
204 Zum Unterlassungsanspruch bei Nichteinhaltung der guten fachlichen Praxis *Palme*, ZUR 2005, 126.
205 Die gesamtschuldnerische Haftung wird vielfach als Hindernis für den Einsatz der Gentechnik in der Landwirtschaft angesehen, weshalb u.a. die Einrichtung eines Haftungsfonds vorgeschlagen wird, vgl. zu *Kaufmann*, AuR 2007, Beilage Nr. 1, 28; *Rehbinder*, NuR 2007, 115.

jektleiters bestehen nicht. Nach § 16 Abs. 1 Nr. 2 GenTG muss ferner gewährleistet sein, dass alle nach dem Stand von Wissenschaft und Technik erforderlichen Sicherheitsvorkehrungen getroffen werden. Eine durch Pollenflug verursachte Kontamination von K's Feldern ist durch die in der Freisetzungsgenehmigung getroffenen Auflagen (Abstand usw.) nicht zu befürchten.

Darüber hinaus dürfen gem. § 16 Abs. 1 Nr. 3 GenTG nach dem Stand der Wissenschaft im Verhältnis zum Zweck der Freisetzung unvertretbare schädliche Einwirkungen auf die in § 1 Nr. 1 GenTG aufgeführten Rechtsgüter nicht zu erwarten sein. K hat Zweifel, ob die von der Genehmigungsbehörde getroffene Risiko- und Sicherheitsbewertung hinreichend die Wechselwirkungen gentechnisch veränderter Pflanzen mit ihrer Umwelt berücksichtigt. Zu prüfen ist daher, ob die gem. § 16 Abs. 1 Nr. 3 GenTG erforderliche Sicherheitsbewertung rechtmäßig erfolgt ist. Sie ist auf der Grundlage des Standes der Wissenschaft durchzuführen. Nach der Rechtsprechung des Bundesverwaltungsgerichts verfügt die Genehmigungsbehörde über einen Beurteilungsspielraum, da der Gesetzgeber ihr mit der Bezugnahme auf den „Stand der Wissenschaft" eine Einschätzungsprärogative zuerkannt hat.[206] Die gerichtliche Kontrolle ist insoweit begrenzt auf die Prüfung, ob die Genehmigungsbehörde die Tatsachenbasis ausreichend ermittelt, die Maßstäbe willkürfrei erarbeitet und die Bewertung der Risiken unter Hinzuziehung des vorhandenen Sachverstands willkürfrei vorgenommen hat. Die zuständige Behörde hat die Genehmigung hier unter Hinzuziehung eigenen und des Sachverstands der ZKBS erteilt. Insbesondere der Empfehlung der ZKBS kommt eine hervorgehobene Bedeutung zu. Sie ist für die gerichtliche Überprüfung behördlicher Entscheidungen nach dem Gentechnikgesetz ein wichtiger Maßstab, da dem Gericht grundsätzlich die sachliche Kompetenz für die Beurteilung fehlt, ob die Behörde den Stand der Wissenschaft ausreichend ermittelt und berücksichtigt hat. Schädliche Einwirkungen auf die Sachgüter des K – insbesondere auf die von ihm hergestellten Produkte – sind nach der rechtlich nicht zu beanstandenden Bewertung der Behörde nicht zu erwarten. Eine Verbreitung durch sog. Pollenflug oder infolge der Verschleppung von Saatgut durch Tiere erscheint bei der Art der genehmigten Freisetzung und den dabei getroffenen Schutzvorkehrungen nahezu ausgeschlossen. Folglich ist die Freisetzungsgenehmigung materiell rechtmäßig. ◀

WIEDERHOLUNGS- UND VERSTÄNDNISFRAGEN

> Worin liegt das durch den Normgeber zu lösende Spannungsverhältnis des Gentechnikrechts? (Rn. 1 f., 5 f.)
> Welche Maßnahmen sind nach dem Gentechnikgesetz genehmigungspflichtig? (Rn. 32 ff.)
> Gentechnische Arbeiten in gentechnischen Anlagen unterliegen einer Risikobewertung. Wie wird der Begriff des „Risikos" juristisch definiert? (Rn. 34, 51 f.)
> Welcher gerichtlichen Kontrolldichte unterliegen die durch die zuständige Genehmigungsbehörde getroffenen Entscheidungen? (Rn. 72)
> Was verstehen Sie unter dem Begriff der „guten fachlichen Praxis" i.S.v. § 16b GenTG? (Rn. 57)

---

[206] BVerwG, DVBl. 1999, 1138, 1140.

§ 15 Meeresumweltrecht zum Schutz von Nord- und Ostsee

1 ▶ **FALL 16:** In der Ostsee 30 km nordöstlich von Rügen soll innerhalb der Ausschließlichen Wirtschaftszone (AWZ) der Bundesrepublik Deutschland ein Offshore-Windpark mit 75 Einzelanlagen errichtet werden. Welche see- und meeresumweltvölkerrechtlichen Rahmenvorgaben bestehen für die Ansiedlung dieses Vorhabens? Wie wurden diese Vorgaben in nationales Recht umgesetzt? ◀

2 Nord- und Ostsee sind durch die Industrieländer Nord- und Westeuropas einer **stetigen Belastungssituation** ausgesetzt.[1] Die marinen Ökosysteme werden durch die Fischerei, durch Nährstoff- und Schadstoffeinträge insbesondere durch Landwirtschaft und Siedlungen aber auch durch die Seeschifffahrt sowie die Offshore-Windenergienutzung beeinträchtigt. Auch die vielfältigen raumwirksamen Eingriffe, insbesondere der Rohstoffindustrie, des Tourismus und des Küstenschutzes, belasten und schädigen die Meere.[2] Nicht zuletzt die negativen Auswirkungen eines stetigen Anstiegs des vom Menschen verursachten Treibhauseffekts werden zusätzlich zu Veränderungen und Schäden der marinen Umwelt führen.[3] Die **grenzüberschreitende Problemstruktur** des Meeresumweltschutzes fordert politische und rechtliche Rahmenbedingungen, deren Entwicklung in den letzten Jahren stetig zugenommen hat. Es bedarf vor allem der **internationalen Zusammenarbeit der Anrainerstaaten**, aber auch der Staaten mit einem Anteil von Wassereinzugsgebieten des jeweiligen Meeres und koordinierter Maßnahmen, um schädliche Einflüsse des Menschen auf die Meeresumwelt zu verhindern oder zumindest zu reduzieren. Vor diesem Hintergrund ist mit dem **Meeresumweltrecht**[4] ein **gänzlich neues Rechtsregime** entstanden, das sich zunächst vornehmlich auf see- resp. umweltvölkerrechtlicher Ebene etablierte.[5]

I. Problemstellung

3 Die Weltmeere sind in den letzten Jahrzehnten infolge der fortschreitenden Technisierung der verschiedenen wirtschaftlichen Tätigkeiten zunehmend verschmutzt worden.[6] Die daraus folgende Gefährdungssituation wurde erstmals nach Ende des Zweiten Weltkrieges auch auf internationaler Ebene in den Blick genommen.[7] Trotz dieser Bestrebungen waren die 1950er und 1960er Jahre weit überwiegend durch ein reines

---

1 Zur aktuellen Belastungssituation vgl. *SRU*, Umweltgutachten 2012, Rz. 447 ff.
2 Vgl. zum Zustand von Nord- und Ostsee *SRU*, Umweltgutachten 2012, Rz. 447 ff. sowie *Gellermann* in: Gellermann/Stoll/Czybulka (Hrsg.), S. 7 ff.; zu Erkenntnis- und Bewertungsunsicherheiten: S. 16 ff.
3 Siehe zu den Auswirkungen des Klimawandels *WBGU*, Menschheitserbe Meer, S. 45 ff.; zum WBGU-Gutachten vgl. *Schlacke*, ZUR 2013, 513.
4 Vgl. *Czybulka/Kersandt* in: Lozán/Rachor/Reise u.a. (Hrsg.), S. 374 ff.; *Hafner* in: Graf Vitzthum (Hrsg.), Handbuch des Seerechts, S. 347 ff.; *Proelß*, Meeresschutz im Völker- und Europarecht; nachfolgend wird nicht zwischen Meeresumweltrecht und Meeresnaturschutzrecht differenziert.
5 Einen Überblick zum internationalen Meeresumweltrecht findet sich bei *Kirchner* in: ders. (Hrsg.), S. 1 ff.; siehe auch *Proelß* in: Graf Vitzthum/ders. (Hrsg.), Völkerrecht, S. 403 ff.; *Hafner* in: Graf Vitzthum (Hrsg.), Handbuch des Seerechts, S. 347 ff. und bei *Heintschel von Heinegg* in: Ipsen, Völkerrecht, S. 861 ff. Das Viadrina International Law Project bietet im Internet unter www.vilp.de (Stand: 15.1.2016) eine Sammlung völkerrechtlicher Verträge (u.a. zum Umwelt- und zum Seerecht) in deutscher Sprache.
6 Umfassend zu dieser Problematik: *WBGU*, Menschheitserbe Meer, S. 39 ff.
7 Internationales Übereinkommen zur Verhütung der Verschmutzung der See durch Öl v. 12.5.1954, BGBl. II 1956, S. 381, in Kraft getreten am 26.7.1958; zur zivilrechtlichen Haftung und Entschädigung für Ölverschmutzungen in Umsetzung des Haftungsübereinkommens, BGBl. II 1988, S. 824 (in Kraft getreten am 19.6.1975) und des Fondsübereinkommens, BGBl. II 1988, S. 839 (in Kraft getreten am 16.10.1978) s. Gesetz über die Haftung und Entschädigung für Ölverschmutzungsschäden durch Seeschiffe, BGBl. I, S. 1770, zuletzt geändert durch Gesetz v. 25.11.2015, BGBl. I, S. 2095.

Nutzungsverständnis geprägt. Hiervon wandte man sich erst in den 1970er Jahren aufgrund eines rasanten Anstiegs der Meeresverschmutzung ab.[8] Doch auch dreißig Jahre später sind Nord- und Ostsee weiterhin unterschiedlichsten **Belastungen**[9] ausgesetzt. Diese setzen sich aus folgenden anthropogenen Einwirkungen zusammen:

- intensive Fischereiwirtschaft,
- Schadstoffeinträge,
- Treibhausgasemissionen,
- Nährstoffeinträge,
- Umweltrisiken und Belastungen durch die Seeschifffahrt,
- bauliche Eingriffe wie:
  - Küstenbau,
  - mariner Bergbau,
  - Baggergutverklappung,
  - Pipelines und Kabeltrassen,
  - Offshore-Windenergieanlagen,
- Ressourcen- und militärische Nutzung sowie
- Tourismus.

Die **Fischereiwirtschaft** greift intensiv in die Ökosysteme von Nord- und Ostsee ein. Die Überfischung wirtschaftlich relevanter Fischbestände hat dazu geführt, dass die bestandserhaltende Reproduktion dieser Populationen nicht mehr sichergestellt ist.[10] Darüber hinaus sind Organismen gefährdet, die als Beifänge in die Netze geraten oder durch die zerstörerische Wirkung von bodengängigem Fangmaterial (Schleppnetze/Baumkurren) verenden.[11]

Schadstoffeinträge in Form von Schwermetallen, bestimmten organischen Verbindungen und Ölen können die Meeresumwelt und ihre Organismen in nachhaltiger Weise schädigen. Meere agieren als Schadstoffsenken: Nahezu alle anthropogenen Schadstoffimmissionen finden sich in der Meeresumwelt wieder. Unfälle wie die Explosion der Ölplattform „Deepwater Horizon" oder des an der Küste Japans gelegenen Atomkraftwerks „Fukushima" führen zu gravierenden Belastungen der Meere mit Schadstoffen.[12]

Der anthropogene Ausstoß von Treibhausgasen führt nach nunmehr gesicherten wissenschaftlichen Erkenntnissen nicht nur zur Erwärmung der globalen Erdatmosphäre, sondern zugleich zur Erwärmung und **Versauerung** der Meere.[13] Die Meere haben bereits etwa ein Drittel der anthropogenen Treibhausgase aus der Luft aufgenommen.[14]

---

8 Einen geschichtlichen Überblick über völkerrechtlichen Meeresumweltschutz bieten *Beyerlin/Marauhn*, S. 115 ff. und *Heintschel von Heinegg* in: Ipsen, Völkerrecht, S. 861 ff.
9 *Lozán/Rachor/Reise u.a.* (Hrsg.), S. 61 ff. und 161 ff.; *SRU*, Umweltgutachten 2012, Rz. 447 ff.; *Mechel/Reese*, ZUR 2003, 321; zu den verschiedenen Verschmutzungsquellen der AWZ *Ehlers*, NordÖR 2004, 51, 52.
10 Instruktiv hierzu: *WBGU*, Menschheitserbe Meer, S. 117 ff.
11 Zur Überfischungsproblematik siehe *SRU*, Stellungnahme Nr. 16 – Fischbestände nachhaltig bewirtschaften, 2011; zur Reform der Gemeinsamen Fischereipolitik der EU vgl. Beiträge von *Markus, Kraus/Döring, Weis/Busse, Markus/Salomon* in: ZUR 2013, 1 ff.
12 Zur Schadenshaftung bei der Deepwater Horizon-Katastrophe vgl. *Birke*, VW 2010, 1182; für Fukushima vgl. *Thomas*, VW 2011, 446.
13 *WBGU*, Klimaschutz als Weltbürgerbewegung, S. 7 f.
14 *IPCC*, Summary for Policymakers, in: Climate Change 2013: The Physical Science Basis, 2013, S. 11.

Die Versauerung beeinträchtigt das Wachstum kalkbildender Organismen (z.b. Korallen, Muscheln, Schnecken und bestimmte Planktongruppen), führt zum Verlust biologischer Vielfalt, kann anoxische Todeszonen erzeugen und führt mithin zu einer existentiellen Gefährdung mariner Ökosysteme.[15] Hinzukommt der durch den Klimawandel verursachte Anstieg des Meeresspiegels.[16]

6 Zu den gravierendsten Bedrohungen des marinen Ökosystems zählen seit jeher übermäßige **Nährstoffeinträge**, insbesondere von Stickstoff und Phosphat. Diese können aus angrenzenden Meeresgebieten, Flüssen, der Atmosphäre und direkt durch Verklappung (Abfallbeseitigung auf See) oder durch küstennahe Einleitungen eingetragen werden. Das hierdurch vermehrt auftretende Algenwachstum bedingt nach deren Absterben Sauerstoffmangel und hohe Schwefelwasserstoffkonzentrationen, was letztlich das großflächige Absterben bodennaher Organismen zur Folge hat (Eutrophierung).[17]

7 Im Vordergrund der Umweltrisiken durch die **Seeschifffahrt** steht neben dem Transport meeresgefährdender Stoffe als Ladung (vor allem schwefelhaltige sog. Bunker- und Schweröle) und Treibstoff die illegale Ableitung von Betriebs- und Ladungsrückständen (Schwerölrückstände, Tankwaschwasser). Verheerende Folgen entstehen darüber hinaus bei Öltankerunfällen wie bspw. der Havarie der „Prestige" im November 2002.[18] Ein nicht zu unterschätzendes meeresökologisches Risiko bildet zudem das Einschleppen gebietsfremder Arten durch das Ballastwasser von Seeschiffen. Abgase der Schiffsantriebe belasten die Atmosphäre mit Kohlendioxid. Zudem entstehen Meeresumweltbelastungen durch die Einleitung von Abwässern in die Meere, wie durch Reinigung von Schiffsabgasen.[19]

8 Ein an Bedeutsamkeit stetig zunehmendes Gefährdungspotential ist den **baulichen Eingriffen**, insbesondere durch Küstenbau, Bergbau (Aufsuchen von Erdöl und Erdgas sowie Sand- und Kiesgewinnung),[20] Baggergutverklappung, Pipelines,[21] Kabeltrassen[22] und durch Offshore-Windenergieanlagen,[23] aber auch solche zu Tourismus- und Siedlungszwecken (Bau von Marinas, schwimmenden oder pfahlgestützten Wohnbauten),[24] zuzuschreiben.

9 Ferner werden zunehmend die Gewinnung und Nutzung von **Ressourcen** – z.B. am Festlandsockel lagernde Gashydrate[25] oder genetische Ressourcen der Tiefsee (sog.

---

15 *WBGU*, Menschheitserbe Meer, S. 47 ff.
16 *IPCC*, Summary for Policymakers, in: Climate Change 2013: The Physical Science Basis, 2013, S. 11.
17 *WBGU*, Menschheitserbe Meer, S. 193 ff.
18 Zur diesbezüglichen Haftung für Meeresverschmutzungen vgl. *Ehlers*, NuR 2006, 86; siehe zudem *Höltmann*, Schiffssicherheit und Meeresumweltschutz in der EU nach Erika und Prestige.
19 Zum Einsatz sog. schiffsbasierter Scrubber-Anlagen zur Reduktion von Schwefelemissionen von Schiffen und bestehender Regelungslücken *Markus/Helfst*, NuR 2014, 760.
20 Zu den Rechtsfragen des Bergbaus in Nord- und Ostsee *Stoll/Gellermann* in: Gellermann/Stoll/Czybulka (Hrsg.), S. 167 ff.; international *Jenisch*, NuR 2013, 841.
21 Beispielsweise der Ostseepipeline, vgl. *Kim*, NuR 2009, 170; *Abromeit*, ZUR 2007, 354, insbesondere zu den verfahrensrechtlichen Anforderungen.
22 Zu den biologischen Auswirkungen von Elektrokabeln im Meer *Kullnick/Marhold* in: Merk/von Nordheim (Hrsg.), S. 4 ff. und 19 ff.
23 Zu den möglichen Problemen von Offshore-Windenergieanlagen aus Naturschutzsicht *Merk/von Nordheim* in: dies. (Hrsg.), S. 88 ff.; zum Genehmigungsrecht s. unten Rn. 72.
24 Zur diesbezüglichen gesamtplanerischeren Steuerung in Küsten- und Binnengewässern vgl. *Erbguth/Schubert*, UPR 2006, 51.
25 *Jenisch*, NordÖR 2010, 373; *ders.*, NuR 2006, 79, 84.

blaue Biotechnologie)²⁶ – erforscht und in Aussicht gestellt. Die hiermit ggf. verbundenen Risiken für die Meeresumwelt sind bislang weitgehend unbekannt.

Zum Schutz des Klimas finden sich auf internationaler und europäischer Ebene jüngst verstärkte Bestrebungen zur Nutzung des Meeresuntergrunds als Ort für die Speicherung von Kohlendioxid²⁷ sowie zur Düngung der Meeresgewässer, um die Fähigkeit der Meere zur Senkung von Kohlendioxid zu erhöhen.²⁸

Im Rahmen der **militärischen Nutzung** wird der Meeresraum von See- und Luftstreitkräften über die Verkehrsfunktion hinaus genutzt. Das gilt vor allem für die Errichtung und Nutzung von Schießgebieten, Minenjagdgebieten und U-Boot-Tauchgebieten.²⁹

10

Darüber hinaus kann eine nicht hinreichende Steuerung der **touristischen Nutzung** direkte Störungen der marinen Pflanzen- und Tierwelt zur Folge haben. Genannt seien nur der erhöhte Urlaubsverkehr (Anstieg der Stickoxid-Emissionen), der küstennahe Sportboot- und Schiffsverkehr und die Zunahme von Abwasser und Abfall.³⁰

11

Aus der Fülle der unterschiedlichen Nutzungen resultieren zunehmend **Konflikte**, bei denen nicht nur Nutzungen untereinander, sondern auch Nutzungen mit etwaigen Schutzinteressen in Konkurrenz treten.

II. Rechtsregime des Meeresumweltschutzes

Das Meeresumweltrecht stellt ein komplexes rechtliches Mehrebenensystem dar: So finden neben internationalen (völkerrechtlichen)³¹ auch supranationale. (=unionsrechtliche),³² und nationale Normen Anwendung.

12

Der Regelungsbereich des **internationalen Meeresumweltrechts** ist durch die unterschiedlichen Belastungssituationen sehr weit gefasst und entspricht einem ausgeprägten Geflecht multilaterale Verträge, internationale Kooperationen und Institutionen. Zum rechtlichen Regime tritt zudem der weiter zu fassende Bereich der Meeresgovernance hinzu, der diesesdurch rein politische sowie „weiche" Steuerungsmechanismen ergänzt.³³ Ein aktuelles Beispiel nicht rechtlich verbindlicher, internationaler Kooperation ist der Prozess der „Sustainable Development Goals"³⁴. Hier wurde mit dem 14. Ziel („Ocean-SDG") ein nachhaltiger Umgang mit den Weltmeeren vereinbart und durch eine Vielzahl von Unterzielen ergänzt.³⁵

---

26 *Jenisch*, NuR 2006, 79, 84 ff.; vgl. zum see- und umweltvölkerrechtlichen Regime des Tiefseebodens *Proelß*, NuR 2007, 650; zur Staatenverantwortlichkeit und Haftung bei Umweltschäden durch den Tiefseebodenbergbau *Jessen*, ZUR 2012, 71.
27 *Schlacke*, EurUP 2007, 87; vgl. zur rechtlichen Zulässigkeit *Much*, S. 60 ff.; zum Genehmigungsrecht *Kohls/Kahle*, ZUR 2009, 122, 124.
28 Zur völkerrechtlichen Zulässigkeit vgl. *Bothe*, ZUR 2011, 466; *Ginzky/Markus*, ZUR 2011, 472.
29 Zu Nutzungskonflikten mit Offshore-Windenergieanlagen in der AWZ vgl. *Dietrich*, NuR 2013, 628.
30 Vgl. *WBGU*, Menschheitserbe Meer, S. 34.
31 Vgl. oben § 8.
32 Vgl. oben § 7.
33 Umfassend hierzu *WBGU*, Menschheitserbe Meer, sowie Maribus (Hrsg.), World Ocean Review 2015 (online unter: worldoceanreview.com, Stand: 15.1.2016).
34 Hierzu bereits § 8 Rn. 20.
35 Ausführlich zu den SDGs und ihrem Entwicklungsprozess *WBGU*, Zivilisatorischer Fortschritt innerhalb planetarischer Leitplanken; endgültig verabschiedete SDGs: „Transforming our world: the 2030 Agenda for Sustainable Development", GA/A/RES/70/1; s. hierzu auch: https://sustainabledevelopment.un.org/post2015/transformingourworld (Stand: 15.1.2016).

Im Zentrum des internationalen, rechtlich verbindlichen Normengefüges stehen die Vorgaben des UN-Seerechtsübereinkommens (SRÜ).[36] Diesem nahezu weltweit geltenden Vertragswerk schließen sich weitere globale Übereinkommen des Meeresumweltschutzes an. Zur Verbesserung der Verschmutzungssituation von Nord- und Ostsee tragen wesentlich das OSPAR-Übereinkommen[37] für den Nordostatlantik und das Helsinki-Übereinkommen[38] für das Ostseegebiet bei. Der Europäischen Union (EU) kommt als Vertragspartei einer Vielzahl global- und regionalvölkerrechtlicher Übereinkommen im Rahmen ihrer weit reichenden Regelungskompetenzen grundlegende Bedeutung zu. Als Mitgliedstaat der EU hat die Bundesrepublik Deutschland entsprechende sekundärrechtliche Rechtssätze, die sich direkt oder indirekt dem Meeresumweltschutz widmen, umzusetzen. Überdies ist sie selbst Vertragspartei diverser internationaler Übereinkommen und als solche verpflichtet, den völkerrechtlichen Vorgaben national nachzukommen. Zusätzlich leisten sowohl die EU als auch die Bundesrepublik durch ihre Mitgliedschaft in internationalen Organisationen und Konferenzen einen Beitrag zum Schutz von Nord- und Ostsee.

1. SRÜ – „Die Verfassung der Meere"

13 Die vermehrte und intensivierte Nutzung der See durch verbesserte technische Möglichkeiten führte die Staatengemeinschaft dazu, räumliche und sachliche Befugnisse des Küstenstaates und die hierdurch bewirkten Einschränkungen der Meeresfreiheit rechtlich zu regeln. Anlässlich der Ersten UN-Seerechtskonferenz wurden bereits am 29.4.1958 die sog. Genfer Seerechtsübereinkommen verabschiedet.[39] Das Bedürfnis, ein für alle Staaten **einheitlich geltendes Seevölkerrecht** zu schaffen, war Ziel der Dritten UN-Seerechtskonferenz, an deren Ende die Verabschiedung des SRÜ am 10.12.1982 stand. Das SRÜ stellt eine umfassende Rechtsordnung für sämtliche Meere auf und regelt als **Rahmenübereinkommen** alle in Betracht kommenden Nutzungen des Meeresraumes und seiner Ressourcen.[40] Daraus resultiert die Bezeichnung als „Verfassung der Meere". Obwohl die Genfer Übereinkommen noch in Kraft sind, nimmt ihre Bedeutung mit der zunehmenden weltweiten Geltung des Rahmenübereinkommens immer mehr ab. Das SRÜ hat zu einer Reihe wesentlicher Neuerungen geführt:

- Möglichkeit des Küstenstaates, sein Küstenmeer auf 12 Seemeilen (sm) zu erweitern,
- Möglichkeit der Ausweisung einer Ausschließlichen Wirtschaftszone (AWZ) durch den Küstenstaat,
- Schaffung eines Tiefseebergbauregimes und

---

36 Seerechtsübereinkommen der Vereinten Nationen v. 10.12.1982. BGBl. II 1994, S. 1799, in Kraft getreten am 16.11.1994. Vgl. auch das Übereinkommen v. 28.7.1994 zur Durchführung des Teils XI des Seerechtsübereinkommens der Vereinten Nationen v. 10.12.1982, BGBl. II 1994, S. 2566, in Kraft getreten am 28.7.1996. Durch dieses Übereinkommen wurde der Tiefseebergbau gänzlich neu gestaltet; näher Jenisch, NuR 2013, 841; ders., NordÖR 2010, 373.
37 Übereinkommen zum Schutz der Meeresumwelt des Nordostatlantiks v. 22.9.1992, BGBl. II 1994, S. 1356, in Kraft getreten am 25.3.1998.
38 Übereinkommen zum Schutz der Meeresumwelt des Ostseegebietes v. 9.4.1992, BGBl. II 1994, S. 1397, in Kraft getreten am 17.1.2000.
39 Durch das SRÜ ersetzt.
40 *Czybulka/Kersandt*, S. 5. Derzeit umfasst das SRÜ 167 Vertragsparteien (= 166 Staaten und die EU).

- Schaffung eines Seerechtsgerichtshofes (International Tribunal for the Law of the Sea, ITLOS).[41]

a) Zonierung der Meere nach dem SRÜ

Das SRÜ teilt das Meer, ausgehend von der sog. **Basislinie** (baseline), welche grundsätzlich der Niedrigwasserlinie entspricht (Art. 5 SRÜ), in verschiedene Zonen ein, in denen dem Küstenstaat unterschiedlich weitreichende Befugnisse zuerkannt werden.

Die inneren Gewässer oder **Eigengewässer** (internal waters) sind landwärts, das **Küstenmeer** (territorial sea) seewärts der Basislinie gelegen. Sie unterfallen jeweils der territorialen Souveränität des Küstenstaates. Das SRÜ erlaubt dem Küstenstaat, ein Küstenmeer bis zu einer Breite von 12 sm jenseits der Basislinie zu beanspruchen (Art. 3 SRÜ). Seine Gebietshoheit wird allein durch das Recht der friedlichen Durchfahrt (right of innocent passage, Art. 17 ff. SRÜ) eingeschränkt. Die maximale Küstenmeerbreite wird von der Bundesrepublik Deutschland seit der Proklamation am 11.11.1994 in Anspruch genommen.[42]

An das Küstenmeer grenzt die **Anschlusszone** (contiguous zone), die maximal bis zu einer Breite von 24 sm ab der Basislinie in Anspruch genommen werden darf (Art. 33 Abs. 2 SRÜ). Dort stehen dem Küstenstaat spezielle Kontrollrechte und Durchsetzungsbefugnisse zu (Zoll- und sonstige Finanzgesetze, Einreise- und Gesundheitsgesetze).

Die **AWZ** bildet ein jenseits des Küstenmeeres gelegenes und an dieses angrenzendes Gebiet (Art. 55 SRÜ).[43] An die AWZ, die sich nicht weiter als 200 sm von der Basislinie entfernt erstreckt (Art. 57 SRÜ), schließt sich die Hohe See an. Dem Küstenstaat werden durch Art. 56 Abs. 1 SRÜ in der AWZ **funktional begrenzte Hoheitsrechte**[44] zugewiesen, deren Ausgestaltung sich wie folgt darstellt:

Dem Küstenstaat werden einerseits **souveräne Rechte** (sovereign rights) durch Art. 56 Abs. 1 lit. a) SRÜ

- zum Zweck der Erforschung und Ausbeutung, Erhaltung und Bewirtschaftung der lebenden und nichtlebenden natürlichen Ressourcen der Gewässer über dem Meeresboden, des Meeresbodens und seines Untergrundes sowie
- hinsichtlich anderer Tätigkeiten zur wirtschaftlichen Erforschung und Ausbeutung der Zone wie der Energieerzeugung aus Wasser, Strömung und Wind

eingeräumt.

Andererseits werden dem Küstenstaat **Hoheitsbefugnisse** (jurisdiction) durch Art. 56 Abs. 1 lit. b) SRÜ in Bezug auf

---

41 Dieser hat seinen Sitz in Hamburg. Im Zeitraum 1997–2015 sind 24 Fälle anhängig gemacht worden, abrufbar unter www.itlos.org/cases/ (Stand: 15.1.2016). Zur Problematik der Zuständigkeitsabgrenzung zum Europäischen Gerichtshof *Wegener*, ZUR 2006, 582. Eine der aktuellen Entscheidungen betraf die Freilassung der in Russland inhaftierten Aktivisten des Greenpeace-Schiffes „Arctic Sunrise", hierzu *Zengerling/Verheyen*, ZUR 2014, 147.
42 Bekanntmachung der Proklamation der Bundesregierung über die Ausweitung des deutschen Küstenmeeres v. 11.11.1994, BGBl. I, S. 3428; zur Unterscheidung der Begrifflichkeiten Küstengewässer und Küstenmeer: *Kieß* in: Schlacke (Hrsg.), GK-BNatSchG, § 56 Rn. 17.
43 Ausführlich *Proelß* in: Graf Vitzthum (Hrsg.), Handbuch des Seerechts, S. 222 ff.; zum Regime der AWZ im Wandel der Zeit vgl. *Proelß*, EurUP 2012, 280.
44 *Gündling*, S. 119 m.w.N.

- die Errichtung und Nutzung von künstlichen Inseln, Anlagen und Bauwerken,
- die wissenschaftliche Meeresforschung und
- den Schutz und die Bewahrung der Meeresumwelt

zugewiesen.

Der Küstenstaat besitzt innerhalb der AWZ keine volle Souveränität, ihm wurden vielmehr nur die vorgenannten einzelnen Hoheitsrechte – in Form von wirtschaftlichen Nutzungsrechten – eingeräumt.[45] Damit gehört die AWZ, trotz der sich aus dem SRÜ ergebenden weitreichenden Befugnisse, nicht zum Staatsgebiet des Küstenstaates. Ihr kommt wegen der Regelungs- und Vollzugskompetenzen in Form von exklusiven wirtschaftlichen Nutzungsrechten ein **Status „sui generis"** zu, der zwischen der territorialen Souveränität über das Küstenmeer und der Staatsfreiheit der Hohen See anzusiedeln ist.[46] Grundsätzlich werden dem Küstenstaat die im SRÜ aufgeführten Rechte exklusiv zugewiesen. Art. 58 Abs. 1 SRÜ schreibt jedoch fest, dass alle Staaten weiterhin in der AWZ die in Art. 87 SRÜ genannten (Kommunikations-)Freiheiten[47] genießen.

Diese sind:

- die Freiheit der Schifffahrt,
- die Freiheit des Überflugs,
- die Freiheit, unterseeische Kabel und Rohrleitungen zu verlegen,
- die Freiheit, künstliche Inseln und andere nach dem Völkerrecht zulässige Anlagen zu errichten,
- die Freiheit der Fischerei[48] und
- die Freiheit der wissenschaftlichen Forschung.

Die Bundesrepublik Deutschland hat mit Proklamation vom 25.11.1994 eine AWZ im Bereich der Nord- und Ostsee errichtet.[49]

18 Der **Festlandsockel** (continental shelf) erfasst die natürliche Verlängerung der Landmassen jenseits des Küstenmeeres bis zum Kontinentalabhang (Art. 76 SRÜ).[50] Im Gegensatz zur AWZ stehen dem Küstenstaat in Bezug auf den Festlandsockel die im SRÜ aufgeführten Rechte eo ipso zu (Art. 77 Abs. 3 SRÜ). Nach Art. 77 SRÜ übt der Küstenstaat über den Festlandsockel souveräne Rechte zum Zweck seiner Erforschung und der Ausbeutung seiner natürlichen Ressourcen aus. Festlandsockel und AWZ sind für den Bereich der 200 sm-Zone räumlich identisch.[51]

19 Als **Hohe See** gelten Teile des Meeres, die weder zur AWZ, zum Küstenmeer noch zu den inneren Gewässern eines Küstenstaates zählen (Art. 86 S. 1 SRÜ).[52] Dort stehen die in Art. 87 Abs. 1 SRÜ aufgeführten Freiheiten allen Staaten gleichermaßen zu. Die

---

45 *Proelß* in: Graf Vitzthum (Hrsg.), Handbuch des Seerechts, S. 228.
46 *Proelß* in: Graf Vitzthum/ders. (Hrsg.), Völkerrecht, S. 382.
47 Dazu *Kwiatkowska*, S. 198 ff.
48 Kritisch hierzu *Brooks et al.*, Stanford Env. Law Journal 2014, 289.
49 Bekanntmachung der Proklamation der Bundesrepublik Deutschland über die Errichtung einer Ausschließlichen Wirtschaftszone der Bundesrepublik Deutschland in der Nordsee und in der Ostsee v. 25.11.1994, BGBl. II, S. 3769. Zur Frage, ob und inwieweit konfligierende Nutzungen einem angemessenen Ausgleich durch raumordnerische Maßnahmen zugeführt werden können *Erbguth*, DÖV 2011, 373; *Schubert*, NuR 2009, 834.
50 Ausführlich *Lagoni* in: Graf Vitzthum (Hrsg.), Handbuch des Seerechts, S. 166 ff.
51 *Attard*, S. 136 ff.; *Churchill/Lowe*, S. 174.
52 Ausführlich *Wolfrum* in: Graf Vitzthum (Hrsg.), Handbuch des Seerechts, S. 293 ff.

Bereiche von Nord- und Ostsee wurden im vorstehenden Sinne nahezu vollständig aufgeteilt, so dass eine Hohe See (quasi) nicht vorhanden ist.[53]

Durch die seevölkerrechtliche Zonierung der Meere zeichnet sich eine **Zwei-, u.U. sogar Dreiteilung des Meeresumweltschutzes** ab.[54] Die inneren Gewässer und das Küstenmeer unterfallen uneingeschränkt, da sie der Souveränität des Küstenstaates unterliegen, dem nationalen Recht. Funktionshoheitsräume wie die AWZ und der Festlandsockel stehen in vielfältiger Weise unter der Kontrolle des Küstenstaates. Diesem ist es jedoch nicht ohne Weiteres möglich, sein nationales Recht uneingeschränkt zur Anwendung zu bringen.[55]

b) Meeresumweltrechtliche Vorgaben des SRÜ

Das Herzstück des globalvölkerrechtlichen Umweltschutzes stellt Teil XII des SRÜ dar.[56] Hiermit wurde erstmals ein allgemeiner Rahmen für ein rechtliches System geschaffen, das in einem völkerrechtlichen Vertrag Rechte, Pflichten und Verantwortlichkeiten in Bezug auf den Meeresumweltschutz regelt. Es enthält vornehmlich **Rahmenbedingungen,** die ausfüllungsbedürftig sind bzw. bereits bestehende Regeln aufgreifen und fortschreiben, ohne diese außer Kraft zu setzen. Die **Generalverpflichtung** findet sich mit Art. 192 SRÜ in Abschnitt 1. Danach sind alle Staaten verpflichtet, die Mee-

---

53 Damit entfaltet auch das Gebiet i.S.v. Art. 1 Abs. 1 Nr. 1 SRÜ für die Nord- und Ostsee kaum Relevanz. Hier gilt zum großen Teil das Festlandsockelregime und das Rechtsregime des Gebietes i.S.v. Teil XI SRÜ findet praktisch kaum Anwendung.
54 *Proelß* in: Graf Vitzthum/Ders. (Hrsg.), Völkerrecht, S. 425 f.
55 Zur höchst umstrittenen Frage der Anwendbarkeit von nationalem Recht innerhalb der AWZ vgl. *Kahle*, ZUR 2004, 80, 84 und zur Geltung von Naturschutzrecht in der AWZ vgl. *Proelß*, ZUR 2010, 359; *Kieß* in: Schlacke (Hrsg.), GK-BNatSchG, § 56 Rn. 19 ff.
56 *Wolfrum* in: Ehlers/Erbguth (Hrsg.), S. 69 ff.

resumwelt zu schützen und zu bewahren. Art. 193 SRÜ unterstreicht das Zusammenspiel vom Schutz der Meeresumwelt auf der einen und der wirtschaftlichen Nutzung der See auf der anderen Seite. In welchem Umfang die Staaten zu Schutz und Bewahrung der Meeresumwelt beitragen, wird durch Art. 194 bis 196 SRÜ aufgezeigt. Hervorzuheben ist Art. 194 Abs. 5 SRÜ, der die Vertragsstaaten dazu verpflichtet, die notwendigen Maßnahmen zum Schutz und zur Erhaltung bedrohter und gefährdeter Arten zu ergreifen. Nach Maßgabe der Bestimmungen in Abschnitt 2 (Art. 197 bis 201 SRÜ) verpflichten sich die Vertragsparteien, auf globaler und regionaler Ebene internationale Regeln, Normen, Verhaltens- und Verfahrensweisen umzusetzen, sich im Falle eines Schadens oder einer Gefahr unverzüglich zu unterrichten und bei der Schadensabwehr sowie im Bereich der Forschung, des Datenaustausches und der Ausarbeitung wissenschaftlicher Kriterien zu kooperieren. Abschnitt 3 (Art. 202 f. SRÜ) regelt die technische Hilfe für Entwicklungsstaaten. Abschnitt 4 (Art. 204 bis 206 SRÜ) enthält Vorgaben in Bezug auf die ständige Überwachung der Gefahren und Auswirkungen der Meeresverschmutzung, die Veröffentlichung entsprechender Berichte sowie die Durchführung einer Umweltverträglichkeitsprüfung für bestimmte geplante Tätigkeiten.

22 Kern der Regelungen in Teil XII bilden die Abschnitte 5 und 6 zur Recht- und Durchsetzungsbefugnis des Küstenstaates. Eine **Rechtsetzungsbefugnis** besteht insbesondere für die:

- Verschmutzung von Land aus (Art. 207 SRÜ),
- Verschmutzung durch Tätigkeiten auf dem Meeresboden, die unter nationale Hoheitsbefugnisse fallen (Art. 208 SRÜ),
- Verschmutzung durch Tätigkeiten auf dem Gebiet (the Area), dem Meeresboden und Meeresuntergrund jenseits der Bereiche nationaler Hoheitsbefugnisse (Art. 209 SRÜ),
- Verschmutzung durch Einbringen (dumping) (Art. 210 SRÜ),
- Verschmutzung durch Schiffe (Art. 211 SRÜ) und
- Verschmutzung aus der Luft oder durch die Luft (Art. 212 SRÜ).

Die Durchsetzungsbefugnis für die geschaffenen Umweltschutzvorschriften wurde in Art. 213 ff. SRÜ geregelt.

23 Hervorzuheben sind die Vorgaben des SRÜ zur Verhütung, Verringerung und Überwachung der **Verschmutzung durch Schiffe** (Art. 211 und 220 f. SRÜ). Der **Flaggenstaat** muss sicherstellen, dass die seine Flagge führenden Schiffe die geltenden internationalen Regeln und Normen zur Verhütung der Verschmutzung der Meeresumwelt einhalten (Art. 217 SRÜ). Der **Hafenstaat** kann jeden Verstoß innerhalb seines Küstenmeeres verfolgen, innerhalb der AWZ hat er gegenüber Schiffen anderer Flagge nur beschränkte Durchsetzungsbefugnisse (Art. 220 SRÜ). Befindet sich ein Schiff freiwillig im Hafen, so obliegt es dem Hafenstaat, Untersuchungen wegen jedes Einleitens innerhalb der Hohen See durchzuführen, das gegen seine oder internationale Vorschriften verstößt (Art. 218 SRÜ).

24 Aus meeresökologischer Sicht bedeutsam ist die Möglichkeit des Küstenstaates, bei der zentralen UN-Sonderorganisation des Übereinkommens, der **Internationalen Seeschifffahrtsorganisation** (International Maritime Organization – IMO), besondere gebietsbezogene Schutzmaßnahmen zur Verhütung der Verschmutzung durch Schiffe bzw. die

Ausweisung von marinen Schutzgebieten in bestimmten Gebieten der AWZ zu beantragen (Art. 211 Abs. 6 lit. a) und c) SRÜ).

2. Bedeutende globale Übereinkommen zum Meeresumweltschutz

Nach Art. 237 Abs. 1 SRÜ berühren die in Teil XII getroffenen Vorgaben weder die Verpflichtungen, die Staaten aufgrund früher geschlossener besonderer Übereinkommen über den Schutz und die Bewahrung der Meeresumwelt übernommen haben, noch Übereinkünfte, die zur Ausgestaltung der in diesem Übereinkommen enthaltenen allgemeinen Grundsätze geschlossen werden können. Darüber hinaus besagt Art. 311 Abs. 2 SRÜ, dass das SRÜ nicht die Rechte und Pflichten der Vertragsstaaten aus anderen Übereinkünften ändert, die mit dem SRÜ vereinbar sind. Das **SRÜ** bildet demzufolge einen **Rahmen**, in den sowohl ältere als auch gänzlich neue Vereinbarungen treten.

a) Übereinkommen zum Schutz vor Verschmutzungsquellen

Vor allem unter der Führung der **IMO**, zu deren Aufgabenbereich u.a. die Kontrolle der Meeresverschmutzung durch Schiffe gehört, wurde eine Vielzahl völkerrechtlicher Verträge mit Bezug zum Meeresumweltschutz geschlossen, die jedoch vornehmlich auf Verschmutzungsquellen rekurrieren.[57] Die für die Nord- und Ostsee relevanten werden im Folgenden aufgezeigt.

Das Übereinkommen über die Verhütung der Meeresverschmutzung durch das Einbringen von Abfällen und anderen Stoffen (**London-Übereinkommen**)[58] vom 29.12.1972 verbietet das Einbringen von in Anlage 1 aufgeführten Abfällen und sonstigen Stoffen, überdies fordert es eine Erlaubnis für das Einbringen der in Anlage 2 erfassten Materialien.[59] Es ist durch das Protokoll zum Londoner-Übereinkommen vom 7.11.1996 (**London-Protokoll**),[60] welches nunmehr für 45 Vertragsparteien gilt, ersetzt worden. Das Protokoll statuiert ein weitergehendes Verklappungsverbot sowie technische Kooperationen und sieht insbesondere die Möglichkeit eines ad-hoc-Schiedsgerichts bei Streitigkeiten vor.

Das Internationale Übereinkommen zur Verhütung der Meeresverschmutzung durch Schiffe (**MARPOL 73/78**)[61] vom 2.11.1973, in der Fassung des Zusatzprotokolls vom 17.2.1978, ist darauf gerichtet, die Verschmutzung des Meeres durch „betriebsbedingte" Einleitungen zu verringern bzw. zu verhindern. MARPOL 73/78 zielt vor allem auf die Verhinderung der von Schiffen verursachten Verschmutzungen. Überdies sieht MARPOL 73/78 in den Anlagen I, II und V die Ausweisung von Sondergebieten (**special areas**) vor. Dies sind Meeresgebiete, in denen aus anerkannten technischen Gründen im Zusammenhang mit ihrem ozeanographischen und ökologischen Zustand und

---

57 Eine Übersicht über die entsprechenden Übereinkommen bietet die IMO im Internet unter www.imo.org (Stand: 15.1.2016).
58 BGBl. II 1977, S. 180, in Kraft getreten am 30.8.1975.
59 Umgesetzt durch das Hohe-See-Einbringungsgesetz i.d.F. v. 25.8.1998, BGBl. I, S. 2455, zuletzt geändert durch Art. 104 der zehnten ZuständigkeitsanpassungsVO v. 31.6.2015, BGBl. I 2015, S. 1474; vgl. *Breuer*, Rn. 101 ff.
60 BGBl. II 1998, S. 1346, in Kraft getreten am 24.3.2006; eine 2009 verabschiedete Änderung (Amendment) des Protokolls soll nach ihrer Ratifizierung durch eine 2/3-Mehrheit den grenzüberschreitenden Transport von CO_2 zum Zweck des CCS (Carbon Capture Storage) im Meeresboden erlauben, s. hierzu *Dixon/Garrett/Kleverlaan*, Energy Procedia 2014, 6623, 6626.
61 BGBl. II 1982, S. 4, in Kraft getreten am 2.10.1983.

der besonderen Natur ihres Schiffsverkehrs die Annahme besonderer obligatorischer Methoden zur Verhütung der Meeresverschmutzung durch Öl, schädliche Stoffe oder Müll erforderlich ist.[62]

Von diesen sind die **SECA-Sondergebiete** nach der neuen Anlage VI des MARPOL-Übereinkommens zu unterscheiden, welches erstmals in der Geschichte der Schifffahrt den Emissionen von Luftschadstoffen durch Seeschiffe Grenzen setzt. Der Schwefelgehalt in Schiffskraftstoffen wird danach grundsätzlich auf 4,5 % begrenzt. Darüber hinaus werden Nord- und Ostsee als Schwefel-Emissions-Überwachungsgebiete (SECA) ausgewiesen, in denen der Schwefelgehalt des Schiffkraftstoffes lediglich 1,5 % betragen darf.[63]

Die **Particularly Sensitive Sea Areas** (PSSA)[64] werden nicht vertraglich errichtet, sondern jeweils auf Antrag eines oder mehrerer Mitgliedstaaten der IMO durch einen Beschluss des IMO-Ausschusses für den Schutz der Meeresumwelt (**Marine Environment Protection Committee – MEPC**) identifiziert.[65]

29 Das **Internationale Übereinkommen von 1990 über Vorsorge, Bekämpfung und Zusammenarbeit auf dem Gebiet der Ölverschmutzung** (International Convention on Oil Pollution Preparedness, Response and Co-operation – **OPRC**)[66] vom 30.11.1990 sieht vor, dass die Vertragsparteien auf nationaler oder internationaler Ebene Maßnahmen im Einklang mit diesem Übereinkommen und seiner Anlage ergreifen, um sich auf Ölverschmutzungsereignisse vorzubereiten und sie zu bekämpfen. Mit dem am 14.6.2007 in Kraft getretenen **Protocol on Preparedness, Response and Co-operation to Pollution Incidents by Hazardous and Noxious Substances – HNS-Protokoll**[67] vom 15.3.2000 ist der Geltungsbereich des OPRC-Übereinkommens auf Chemikalien erweitert worden.

30 Am 17.9.2008 trat das **Internationale Übereinkommen über die Kontrolle von schädlichen Anti-Fouling-Systemen bei Schiffen (AFS-Übereinkommen)**[68] vom 18.10.2001 in Kraft. Danach sind seit dem 1.1.2008 Tributylzinn-haltige (TBT-haltige) Anstriche gänzlich verboten.

31 Das **Übereinkommen zur Überwachung und Behandlung von Ballastwasser und Sedimenten von Schiffen** vom 13.2.2004 soll die Verschleppung von Organismen zwischen Meeresgebieten verhindern.[69] Seit 2009, spätestens jedoch ab 2016, soll ein gesteuertes Ballastwassermanagement durch Verzicht auf unkontrollierte Aufnahme und Ablassen

---

62 Eine Einrichtung kann nur durch die Änderung der jeweiligen MARPOL-Anlage auf Vorschlag einer oder mehrerer Vertragsparteien unter Mitwirkung des IMO-Ausschusses für den Schutz der Meeresumwelt (MEPC) erfolgen. Vgl. hierzu die Resolution A.927(22) – Guideline for the Designation of Special Areas under MARPOL 73/78 and Guidelines for the Identification and Designation of Particularly Sensitive Sea Areas.
63 Vgl. zu den internationalen Schifffahrtsregelungen für den Schutz der Meere *Breuch-Moritz* in: Ehlers/Erbguth, Hafenrecht und Schutz der Meere: neue Entwicklungen, S. 57, 64; *Graf Vitzthum*, ZaöRV 2002, 163; *Lutz/Mez* in: Kirchner (Hrsg.), S. 104 ff.
64 Anerkannt als PSSA ist seit 2001 das Wattenmeer der Nordsee und seit 2004 die gesamte Ostsee ohne die Gebiete an der russischen Küste. Eine Gegenüberstellung von marinen Schutzgebieten nach Art. 211 Abs. 6 lit. a SRÜ, von MARPOL-Sondergebieten und PSSA bietet *Lagoni* in: Kirchner (Hrsg.), S. 157, 161 ff.
65 Grundlage ist Resolution A.927(22), vgl. Fn. 62.
66 BGBl. II 1994, S. 3799, in Kraft getreten am 13.5.1995.
67 Text im Internet unter www.jus.uio.no/english/services/library/treaties/06/6-04/co-operation-pollution-incidents.xml (Stand: 15.1.2016).
68 BGBl. II 2008, S. 522, in Kraft getreten am 17.9.2008.
69 Text abrufbar unter www.bsh.de/de/Meeresdaten/Umweltschutz/Ballastwasser/G-Ballastwasser.pdf (Stand: 15.1.2016).

von Ballastwasser sowie Behandlung des Ballastwassers an Bord dafür sorgen, dass die Ansiedlung gebietsfremder (invasiver) Arten vermieden wird.

b) Übereinkommen zum Arten- und Lebensraumschutz mit Meeresbezug

Neben globalvölkerrechtlichen Verträgen, die hauptsächlich an die Verschmutzungsursachen anknüpfen, wurden darüber hinaus **Abkommen** geschlossen, die ausschließlich auf den **Schutz der marinen Tier- und Pflanzenwelt und deren Lebensraum** abzielen.[70]

32

Das insofern älteste Abkommen ist das **Internationale Übereinkommen zur Regelung des Walfangs**[71] vom 2.12.1946. Dieses hat zum Ziel, die Überfischung der Wale zu verhindern und überlebensfähige Populationen zu sichern. Die innerhalb des Abkommens eingerichtete Internationale Walfangkommission (**The International Whaling Commission**)[72] legt u.a. Vorschriften für die Erhaltung und Nutzung der Walbestände (z.B. Zeiten, Methoden und Ausmaß des Walfanges) fest und unterstützt Forschungsarbeiten.

33

In dem **Übereinkommen über Feuchtgebiete, insbesondere als Lebensraum für Wasser- und Wattvögel, von internationaler Bedeutung (Ramsar-Übereinkommen)**[73] vom 2.2.1971 haben sich die Vertragsparteien zur Bestimmung und Unterschutzstellung von Feuchtgebieten (Ramsar Sites) in ihrem Hoheitsgebiet verpflichtet (Art. 2 und 4 Ramsar-Übereinkommen).

34

Das **UNESCO-Welterbe-Übereinkommen von 1972**[74] legt fest, dass jeder Vertragsstaat Erfassung, Schutz und Erhaltung des in seinem Hoheitsgebiet befindlichen Welt-Kultur- und Naturerbes sowie seine Weitergabe an künftige Generationen sicherzustellen hat. Die Beurteilung, ob ein Gebiet für das Prädikat „Weltnaturerbe" in Betracht kommt und in die UNESCO-Welterbeliste aufgenommen wird, erfolgt auf Antrag nach den Kriterien der Welterbekonvention.[75] Das Wattenmeer erfüllt die Geologie-, Ökologie- und Biodiversitäts-Kriterien und ist mit Entscheidung der UNESCO vom 26.6.2009 als Schutzgebiet in die Liste der Weltnaturerbestätten aufgenommen worden.[76] Die Umsetzung der UNESCO-Welterbe-Konvention in deutsches Recht ist jedoch noch nicht erfolgt.[77]

35

Das **Übereinkommen zur Erhaltung der wandernden wildlebenden Tierarten – Bonner-Übereinkommen** (Convention on the Conservation of Migratory Species of Wild Animals – CMS)[78] vom 23.6.1979 widmet sich vornehmlich dem Artenschutz. Die erklärte Zielsetzung des Vertrages besteht darin, alle Tierarten, die in der Luft, zu Wasser und auf der Erde wandern, in ihrem gesamten Lebensraum zu erhalten (Art. II Abs. 1 CMS). In Anhang II des Übereinkommens werden Arten benannt, deren Erhaltung

36

---

70 Vgl. zu den globalen Politiken, Strategien und Aktionsprogrammen zur Erhaltung der Biodiversität im marinen Bereich *Czybulka*, ZUR 2008, 241.
71 BGBl. II 1982, S. 559, in Kraft getreten am 10.11.1948.
72 Vgl. im Internet unter www.iwc.int/home (Stand: 15.1.2016); kritisch zur Effektivität der IWC sowie ebenso wie zum Vorschlag handelbarer Fangquoten *Babcock*, ELR 2013, 1, 2.
73 BGBl. II 1976, S. 1266, in Kraft getreten am 21.12.1975, in der Fassung des Protokolls v. 26.10.1990 (BGBl. II, S. 1671), siehe auch § 10 Rn. 3.
74 BGBl. II 1977, S. 215, in Kraft getreten am 17.12.1975.
75 Vgl. im Internet unter www.unesco.de/welterbe-konvention.html (Stand: 15.1.2016).
76 Vgl. www.worldheritage-waddensea.org (Stand: 15.1.2016).
77 Vgl. dazu den Beschluss des Deutschen Bundestags vom 2.7.2009, BT-Plenarprotokoll 16/230 die Vorlage v. 27.5.2009, BT-Drs. 16/13176 abzulehnen.
78 BGBl. II 1984, S. 571, in Kraft getreten am 1.11.1983.

und bisheriger Schutzstatus in einzelnen Ländern als unzureichend eingestuft werden muss und daher internationaler Koordination bedarf. Dafür ist der Erlass spezieller Artenschutzübereinkommen vorgesehen (Art. IV Abs. 1 CMS). Auf die in diesem Rahmen erlassenen Regionalabkommen mit Relevanz für Nord- und Ostsee wird im folgenden Abschnitt eingegangen.[79]

37 Das **Übereinkommen über die Erhaltung der europäischen wildlebenden Pflanzen und Tiere und ihrer natürlichen Lebensräume – Berner-Übereinkommen**[80] vom 19.9.1979 ist die erste umfassende verbindliche Verpflichtung, Biotope zu schützen. Ziel des Übereinkommens ist die Erhaltung wildlebender Tiere und Pflanzen sowie ihrer Lebensräume und die Förderung internationaler Zusammenarbeit.

38 Der weitreichende Schutzansatz des Berner-Übereinkommens wurde mit dem **Übereinkommen über die biologische Vielfalt** (Convention on Biological Diversity – **CBD**)[81] vom 5.6.1992 sodann auch weltweit aufgegriffen. Das im Zuge der Rio-Konferenz[82] geschlossene Abkommen gibt den Vertragsstaaten einen ausfüllungsbedürftigen Rahmen zur Verfolgung nachfolgender Ziele vor: die Erhaltung der biologischen Vielfalt, die nachhaltige Nutzung ihrer Bestandteile sowie die ausgewogene und gerechte Aufteilung der sich aus der Nutzung der genetischen Ressourcen ergebenden Vorteile (Art. 1 CBD). In Art. 22 Abs. 1 und 2 CBD konkretisiert das Übereinkommen die Pflichten seiner Vertragsstaaten in Bezug auf den Schutz der natürlichen Lebensräume und Ökosysteme im Meer, soweit diese ihrer Hoheitsgewalt unterliegen. Die Vertragsstaaten haben den „Strategic Plan for Biodiversity 2011–2020" verabschiedet, dieser beinhaltet als Teil der „Aichi Biodiversity Targets" den Schutz mariner Ökosysteme.[83] Weitere Bestrebungen der Vertragsstaaten gelten der Ausweisung eines weltweiten, repräsentativen Netzes mariner Schutzgebiete (High Seas Marine Protected Areas – HSMPA) sowie der weiteren Umsetzung des integrierten Meeres- und Küstenzonenmanagements.

39 Vornehmlich dem Schutz von Fischbeständen hat sich das **Übereinkommen zur Durchführung der Bestimmungen des Seerechtsübereinkommens der Vereinten Nationen vom 10.12.1982 über die Erhaltung und Bewirtschaftung von gebietsübergreifenden Fischbeständen und Beständen weit wandernder Fische** (Straddling Stocks Agreement – **SSA**)[84] vom 4.12.1995 verschrieben.[85] Durch eine effektive Implementation der für die Fischereinutzung relevanten Vorschriften des SRÜ sollen die Fischbestände langfristig geschützt und nachhaltig bewirtschaftet werden.

40 In den letzten Regelungsbereich fällt zudem die Arbeit der **Welternährungsorganisation der Vereinten Nationen** (Food and Agriculture Organization – **FAO**).[86] Wichtigstes

---

79 Vgl. dazu unten § 15 Rn. 41 ff. und 45.
80 BGBl. II 1984, S. 618, in Kraft getreten am 1.6.1982; vgl. § 10 Rn. 3.
81 BGBl. II 1993, S. 1741, in Kraft getreten am 29.12.1993, vgl. www.cbd.int/convention/convention.shtml (Stand: 15.1.2016), ferner § 10 Rn. 3.
82 Konferenz der Vereinten Nationen über Umwelt und Entwicklung (United Nations Conference on Environment and Development – UNCED) v. 3. bis 14.6.1992 in Rio de Janeiro.
83 www.cbd.int/decision/cop/?id=12268 (Stand: 15.1.2016).
84 BGBl. II 2000, S. 1023, in Kraft getreten am 11.12.2001.
85 Vgl. dazu auch Konvention der Internationalen Überfischungskonferenz v. 5.4.1946, BGBl. II 1954, S. 470, in Kraft getreten am 28.4.1954, und Fischerei-Übereinkommen v. 9.3.1964, BGBl. II 1969, S. 1898, in Kraft getreten am 15.3.1966.
86 Vgl. dazu FAO-Report 2014, The State of World Fisheries and Aquaculture, im Internet abrufbar unter http://www.fao.org/3/a-i3720e.pdf (Stand: 15.1.2016) und siehe allgemein zur Fischerei www.portal-fischerei.de (Stand: 15.1.2016); vgl. ferner § 14 Rn. 4.

Instrument ist der am 31.10.1995 von der FAO-Konferenz beschlossene „Verhaltenskodex für verantwortungsvolle Fischerei". Diesem Kodex kommt jedoch keine unmittelbare völkerrechtliche Verbindlichkeit zu.

3. Regionale Übereinkommen für den Bereich von Nord- und Ostsee

Ein wesentlicher Beitrag zur Verbesserung des Meeresumweltschutzes wird vor allem auf regionaler Ebene angestrebt. Die Vertragsstaaten haben sich im Rahmen einer Vielzahl multilateraler Verträge auf den Schutz der lebenden Ressourcen, vor allem besonders gefährdeter Arten und Lebensräume, auf wirksame Maßnahmen gegen die Verschmutzung der Meere, den Schutz empfindlicher Ökosysteme sowie auf die Verbesserung der Zusammenarbeit innerhalb dieser Gebiete geeinigt. Die für die Region von Nord- und Ostsee relevanten Übereinkommen sollen im Folgenden aufgezeigt werden.

41

a) Nordsee-relevante Übereinkommen

Ein umfassender Schutzansatz wurde mit dem **Übereinkommen zum Schutz der Meeresumwelt des Nordostatlantiks (OSPAR-Übereinkommen)**[87] vom 22.9.1992 angestrebt. Es ersetzt das Übereinkommen zur Verhütung der Meeresverschmutzung durch das Einbringen durch Schiffe und Luftfahrzeuge (Oslo-Übereinkommen)[88] vom 15.2.1972 und das Übereinkommen zur Verhütung der Meeresverschmutzung vom Lande aus (Paris-Übereinkommen) vom 4.6.1974. Vorrangiges Ziel des OSPAR-Übereinkommens ist es, die Meeresumwelt des Nordostatlantiks vor Risiken durch anthropogene Verschmutzungen im Hinblick auf sämtliche Verschmutzungsquellen zu schützen.[89] Die potenziellen Emittenten schädlicher Stoffe werden vor dem Hintergrund des Vorsorge- und Verursacherprinzips zur Verwendung der besten verfügbaren Emissionsminderungstechnik verpflichtet (Art. 2 Abs. 2 und 3 OSPAR-Übereinkommen). Die Vertragsstaaten müssen für die möglichen Verschmutzungsquellen (Verschmutzung vom Lande aus durch Einbringen oder Verbrennen und durch Offshore-Quellen) eine Genehmigungspflicht einführen. Das OSPAR-Übereinkommen knüpft jedoch nicht nur an eine bloße Verschmutzungsverhütung an, vielmehr sollen die Vertragsparteien alle notwendigen Schritte zum Schutz des Meeresgebiets vor nachteiligen Auswirkungen menschlicher Tätigkeiten unternehmen, damit die menschliche Gesundheit geschützt, die Meeresökosysteme erhalten und, soweit durchführbar, beeinträchtigte Meereszonen wiederhergestellt werden (Art. 2 Abs. 1 lit. a OSPAR-Übereinkommen). In diesen Bereich fällt die erst im Jahre 1998 verabschiedete Anlage V über den Schutz und die Erhaltung der Ökosysteme und der biologischen Vielfalt des Meeresgebiets.[90] Im Jahr 2010 wurden erstmals marine Schutzgebiete durch die OSPAR-Kommission ausgewiesen.[91] Anlagen II und III wurden 2007 hinsichtlich der Speicherung von Kohlendioxidströmen in geologischen Formationen geändert.[92] Auf die Arbeit der für die Durchfüh-

42

---

87 Vgl. oben § 15 Rn. 12.
88 BGBl. II 1977, S. 169, in der Fassung der Protokolle v. 26.3.1986 (BGBl. II 1989, S. 171) und v. 5.12.1989 (BGBl. II 1994, S. 1356) und BGBl. II 1981, S. 871, in der Fassung des Protokolls v. 26.3.1986 (BGBl. II 1989, S. 171).
89 Zum OSPAR-Übereinkommen allgemein *Proelß*, S. 149 ff.; *Hilf*, ZaöRV 55 (1995), 580; *Lagoni* in: Koch/Lagoni (Hrsg.), S. 79 ff.
90 BGBl. II 2001, S. 647, in Kraft getreten am 30.8.2000.
91 Hierzu *Matz-Lück/Fuchs*, ZUR 2012, 532.
92 BGBl. II 2010, S. 1007, in Kraft getreten am 23.7.2011.

rung und Fortschreibung des Übereinkommens maßgebliche OSPAR-Kommission zum Schutz der Meeresumwelt des Nordostatlantiks wird später noch eingegangen.[93]

43 Im Rahmen des Übereinkommens zur Zusammenarbeit bei der Bekämpfung von Verschmutzungen der Nordsee durch Öl und andere Schadstoffe vom verpflichteten sich die Vertragsparteien zur umfassenden gegenseitigen Unterrichtung über eingetretene Schadensfälle sowie zur nationalen Vorsorge und Bekämpfung solcher Schadensfälle (**Bonner-Übereinkommen**)[94] vom 13.9.1983. Der Anwendungsbereich erfasst auch andere Schadstoffe als ausschließlich Öl. Darüber hinaus wird die gegenseitige Unterrichtungspflicht u.a. auf neue Entwicklungen in der Überwachungstechnologie sowie auf Informationen, die bei Überwachungstätigkeiten erlangt wurden, erstreckt.

44 In den Regelungsgehalt des Bonn-Übereinkommens fällt das noch nicht in Kraft getretene **Übereinkommen über die Zusammenarbeit beim Schutz der Küsten und Gewässer des Nordostatlantiks vor Verschmutzung** vom 17.10.1990.[95] Die Vertragsparteien verpflichten sich, Maßnahmen zu treffen, um sich auf die Bekämpfung eines Verschmutzungsereignisses auf See, das durch Öl oder andere Schadstoffe verursacht worden ist, vorzubereiten.

45 Bedeutsam ist zudem das im Rahmen des Bonner-Übereinkommens geschlossene **Abkommen zum Schutz der Seehunde im Wattenmeer**[96] vom 16.10.1990.[97] Mit dem Ziel, eine günstige Situation für die Seehundpopulationen im Wattenmeer herzustellen und zu erhalten, verpflichten sich die Unterzeichnerstaaten zu umfassenden Maßnahmen zum Schutz der Seehundpopulationen und ihrer Lebensräume.

46 Ausschließlich dem Schutz der Fischereibestände des Nordostatlantiks dient das **Übereinkommen über die künftige multilaterale Zusammenarbeit auf dem Gebiet der Fischerei im Nordostatlantik**[98] vom 18.11.1980.[99] Zu diesem Zweck haben sich die Vertragsparteien dazu entschlossen, eine **Fischereikommission** für den **Nordost-Atlantik (The North East Atlantic Fisheries Commission – NEAFC) zu gründen**.[100] Bedeutung für Deutschland gewinnt dieses Übereinkommen über seine Mitgliedschaft in der

---

93 Dazu nachfolgend § 15 Rn. 52.
94 BGBl. II 1990, S. 70, geändert mit Beschluss v. 22.9.1989, BGBl. II 1995, S. 179, siehe auch www.bonnagreement.org (Stand: 15.1.2016).
95 ABlEG L 267/22 v. 28.10.1993, zuletzt geändert durch Protokoll v. 20.5.2008, ABlEG L 285/1.
96 BGBl. II 1991, S. 1308, in Kraft getreten am 1.10.1991.
97 Vgl. auch Verwaltungsabkommen über ein Gemeinsames Sekretariat für die Zusammenarbeit beim Schutz des Wattenmeeres zwischen dem Ministerium für Umwelt Dänemark, dem Bundesministerium für Umwelt, Naturschutz und Reaktorsicherheit, dem Ministerium für Landwirtschaft, Natur und Lebensmittelqualität der Niederlande v. 18.3.2010, BGBl. II 2010, S. 1090, in Kraft getreten am 18.3.2010, welches das Vorgängerabkommen v. 13.10.1987, BGBl. II 1988, S. 88 außer Kraft setzte.
98 Zum nunmehr geänderten Text vgl. im Internet http://www.neafc.org/system/files/London-Declaration.pdf (Stand: 15.1.2016).
99 Vgl. dazu auch das Übereinkommen über das Verhalten beim Fischfang im Nordostatlantik v. 1.6.1967, BGBl. II 1976, S. 4, in Kraft getreten am 26.9.1976; das Übereinkommen zur Lachserhaltung im Nordatlantik (NASCO-Übereinkommen) v. 2.3.1982, in Kraft getreten am 1.10.1983 (www.nasco.int/convention.html (Stand: 15.1.2016)) sowie das Internationale Übereinkommen zur Erhaltung der Thunfischbestände im Atlantik (ICCAT-Übereinkommen) v. 14.5.1966, in Kraft getreten am 23.5.1969 (www.iccat.int/Documents/Commission/BasicTexts.pdf (Stand: 15.1.2016)).
100 Vgl. die Übersicht zu weiteren Organisationen unter ec.europa.eu/fisheries/cfp/international/rfmo/index_de.htm (Stand: November 2015), vgl. auch die Organisation zur Lachserhaltung im Nordatlantik (NASCO), www.nasco.int (Stand: November 2015); und die Internationale Kommission zur Erhaltung der Thunfischbestände www.iccat.int/en/ (Stand: 15.1.2016).

Europäischen Union, welche Vertragspartei des Übereinkommens bzw. der NEAFC ist.[101]

b) Ostsee-relevante Übereinkommen

Das völkerrechtliche Pendant zum OSPAR-Übereinkommen bildet das **Übereinkommen über den Schutz der Meeresumwelt des Ostseegebiets (Helsinki-Übereinkommen)**[102] vom 9.4.1992.[103] Das Übereinkommen erfasst sämtliche Verschmutzungstatbestände (Verschmutzung durch Schadstoffe vom Lande aus, durch Schiffe, durch Verbrennen und Einbringen sowie durch Erforschung und Ausbeutung des Meeresuntergrundes) und bringt das Vorsorge- und Verursacherprinzip zur Anwendung (Art. 3 Abs. 2 und 4 Helsinki-Übereinkommen). Die Vertragsstaaten werden überdies angehalten, zur Verhütung und Beseitigung der Verschmutzung des Ostseegebietes die Anwendung der besten Umweltpraxis und der besten verfügbaren Technologie zu fördern (Art. 3 Abs. 3 Helsinki-Übereinkommen). Das Helsinki-Übereinkommen knüpft nicht nur an die einzelnen Verschmutzungstatbestände an. In Art. 15 des Übereinkommens findet sich eine **Verpflichtung zum Ökosystem- und Habitatschutz**. Detailregelungen sind in insgesamt sieben Annexen enthalten. Welchen Beitrag die Helsinki-Kommission (HELCOM) in diesem Bereich leistet, wird noch an anderer Stelle aufgezeigt.[104]

47

Ein weiteres speziell für den Ostseeraum relevantes Vertragswerk ist das Anfang 2009 geschlossene Abkommen zwischen der Europäischen Gemeinschaft (deren Rechtsnachfolgerin die Europäische Union ist) und der Regierung der Russischen Föderation über die Zusammenarbeit bei der Fischerei und bei der Erhaltung der lebenden Meeresressourcen in der Ostsee.[105] Es zielt auf die Erhaltung und langfristige nachhaltige Bewirtschaftung sowie Nutzung der Fischbestände in der Ostsee und setzt zur Verwirklichung dieser Zielsetzungen einen gemeinsamen Ostsee-Fischereiausschuss ein. Das Abkommen ersetzt das **Danziger Übereinkommen**[106] vom 13.9.1973, das seit 1.1.2007 nicht mehr angewendet wird und vor dessen Hintergrund die ebenfalls aufgelöste International Baltic Sea Fishery Commission (**IBSFC**) gegründet wurde.[107] Völkerrechtlich ist das Abkommen noch nicht in Kraft getreten. Gem. Art. 18 des Abkommens wird es aber seit dem Tag der Unterzeichnung am 28.4.2009 bereits vorläufig angewendet.[108]

48

c) Nord- und Ostsee-relevante Übereinkommen

Das **Abkommen zur Erhaltung der Kleinwale in der Nord- und Ostsee** (Agreement on the Conservation of Small Cetaceans of the Baltic, the North-East Atlantic, Irish and

49

---

101 Beschluss 81/608/EWG v. 31.7.1981, ABlEG L 227/21.
102 Vgl. oben § 15 Rn. 12.
103 *Birnie* in: Platzöder/Verlaan (Hrsg.), S. 346 ff.; *Ehlers* in: Koch/Lagoni (Hrsg.), S. 103 ff.; *Fels*, NuR 2011, 539, 540 ff.
104 Nachfolgend § 15 Rn. 57.
105 ABlEG L 129/2.
106 BGBl. II 1976, S. 1545 und BGBl. II 1982, S. 222, geändert durch das Protokoll vom 11.11.1982 und außer Kraft getreten am 18.3.1984; vgl. auch Übereinkommen über den Schutz des Lachsbestandes in der Ostsee v. 20.12.1962, BGBl. II 1965, S. 1115.
107 Beschluss 2004/98/EG des Rates über den Austritt der Europäischen Gemeinschaft aus der Konvention über die Fischerei und den Schutz der lebenden Ressourcen in der Ostsee und den Belten v. 20.12.2004, ABlEG L 375/27.
108 Umgesetzt durch die VO (EG) Nr. 439/2009 v. 23.5.2009, ABlEG L 129/1 v. 28.5.2009.

North Seas – ASCOBANS)[109] aus dem Jahr 1991 ist ein spezielles, im Rahmen des Bonner-Übereinkommens geschlossenes Artenschutzübereinkommen, welches den Schutz von Zahnwalen speziell für den Bereich von Nord- und Ostsee festschreibt.

50 Ebenfalls unter dem Dach des Bonner-Übereinkommens wurde das **Abkommen zur Erhaltung der afrikanisch-eurasischen wandernden Wasservögel** (Agreement on the Conservation of African-Eurasian Migratory Waterbirds – **AEWA**)[110] vom 16.6.1995 geschlossen. Dieses ist insofern von Bedeutung, als Nord- und Ostsee zum globalen Zugwegsystem der dort aufgeführten 235 Vogelarten gehören. Ziel dieses Artenschutzübereinkommens ist es, afrikanisch-eurasische wandernde Wasservogelarten auf ihrem Zugweg in einem günstigen Erhaltungszustand zu belassen oder einen solchen wiederherzustellen, wobei gefährdete Arten sowie solche mit ungünstigem Erhaltungszustand besondere Aufmerksamkeit finden sollen.

4. Regionale Zusammenarbeit auf der Ebene internationaler Organisationen und Konferenzen

51 Die eigentliche regionale Zusammenarbeit findet überwiegend im Rahmen spezieller internationaler Organisationen und Konferenzen statt, da die einzelnen Übereinkommen häufig nur generelle oder pragmatische Aussagen beinhalten.[111] Dort treffen die einzelnen Anrainerstaaten aufeinander, um Zielsetzungen, Maßnahmenprogramme und entsprechende Beschlüsse zum Meeresumweltschutz festzuschreiben und auf diesem Weg die geschaffenen Regelwerke ständig weiterzuentwickeln. Je nach völkerrechtlicher Legitimation des Gremiums kommt den Entschließungen politische oder sogar bindende Wirkung zu.

a) Organisationen und Konferenzen für den Bereich der Nordsee

52 Für den Bereich des OSPAR-Übereinkommens nimmt diese Aufgabe die **OSPAR**[112] wahr, welche sich aus dem Vorsitz, fünf Komitees und vier Beratungsgruppen zusammensetzt und einmal jährlich tagt. Ihr kommt als internationale Kommission eigene Rechtspersönlichkeit zu. Der Aufgabenkreis der OSPAR beinhaltet:

- die Überwachung der Durchführung des OSPAR-Übereinkommens,
- die Überprüfung des Meereszustandes,
- die Erarbeitung von Programmen und Maßnahmen und
- die Befugnis, bindende Beschlüsse[113] (decisions) sowie nicht bindende Empfehlungen (recommendations) und Übereinkünfte (agreements) zu treffen.

Die OSPAR hat mittlerweile **sechs Strategien** zu den Bereichen biologische Vielfalt und Ökosystem, Eutrophierung, gefährliche Stoffe, radioaktive Substanzen sowie Offshore-, Öl- und Gasindustrie, Assessment und Monitoring entwickelt. Im Rahmen dieser Strategien werden die Auswirkungen des Klimawandels berücksichtigt. Auf der

---

109 BGBl. II 1993, S. 1114, in Kraft getreten am 29.3.1994; http://www.ascobans.org/en/documents/agreement-text (Stand: 15.1.2016).
110 BGBl. II 1998, S. 2500, in Kraft getreten am 1.11.1999.
111 Zur regionalen Zusammenarbeit für den Bereich der Ostsee *Ehlers*, NuR 2001, 661, 662.
112 Vgl. im Internet unter www.ospar.org (Stand: 15.1.2016).
113 Derartige Beschlüsse erlangen für diejenigen Vertragsparteien des OSPAR-Übereinkommens bindende Wirkung, die den Beschlüssen zugestimmt haben oder nicht binnen einer bestimmten Frist widersprechen (Art. 13 Abs. 2 OSPAR-Übereinkommen).

OSPAR-Jahrestagung 2007 wurde ein Maßnahmenpaket mit Änderungen der Anlagen II und III sowie zweier Beschlüsse und einer Empfehlung zu rechtlichen, technischen und umweltrelevanten Voraussetzungen für die Sequestrierung und Speicherung von Kohlendioxid in geologischen Schichten unter dem Meer verabschiedet.[114]

Eine weitere Ebene der gemeinsamen Zusammenarbeit bildete die **Internationale Nordseekonferenz – INK** (North Sea Conference – NSC). Sie wurde seit 1984 in unregelmäßigen Abständen (alle drei bis fünf Jahre) von den für den Schutz der Nordsee jeweils zuständigen Ministern der Nordseeanrainerstaaten und Vertretern der EU als ständigen Beobachtern durchgeführt. Auf der letzten Konferenz im Jahr 2006 beschlossen die Minister, dass kein weiterer Bedarf für ein nächstes Treffen bestehe, da die behandelten Themen mittlerweile in anderen Foren wie der EU-Meerespolitik mitbehandelt würden.[115] Zwar besaß die INK keinerlei völkerrechtliche Rechtsetzungsbefugnisse; sie war aber ein wichtiger Wegbereiter für Beschlüsse der OSPAR und gab wesentliche Impulse für die Entwicklung des Meeresumweltrechts in Europa.

Weiteren Einfluss auf ausschließlich (ministerial-)politischer Ebene nehmen zudem die seit 1978 regelmäßig stattfindenden **trilateralen Regierungskonferenzen** (Trilateral Governmental Conference – TGC)[116] **zum Schutz des Wattenmeeres**. Die trilaterale Wattenmeerpolitik baut auf die bestehenden unterschiedlichen nationalen Strukturen der drei Wattenmeeranrainerstaaten Dänemark, Deutschland und Niederlande auf und wird in diesem Rahmen umgesetzt. Hauptziel ist es, die Vielfalt der Bioptypen des Wattenmeeres, die zu einem natürlichen und dynamischen Ökosystem gehören, zu erhalten. Als großer Erfolg wird deshalb die Aufnahme des Wattenmeeres in die Liste der Weltnaturerbestätten durch die UNESCO gewertet.[117]

Die Fischereikommission für den **Nordost-Atlantik (The North East Atlantic Fisheries Commission – NEAFC)**[118] ist eine internationale Organisation im Rahmen des Übereinkommens über die künftige multilaterale Zusammenarbeit auf dem Gebiet der Fischerei im Nordostatlantik. Hauptaufgabe der NEAFC ist die Förderung der Erhaltung und optimalen Nutzung der Fischbestände des Nordostatlantiks. In diesem Rahmen ist sie beauftragt, den Vertragsparteien außerhalb der Gewässer unter ihrer Fischereihoheit – auf Antrag der betreffenden Parteien, aber auch in den Fischereizonen unter ihren nationalen Gerichtsbarkeiten – Maßnahmen zur Bewirtschaftung der Fischereiressourcen zu empfehlen. Kontrollen erfolgen seit dem 1.5.2007 durch die Hafenstaaten. Die NEAFC arbeitet eng mit dem **Internationalen Rat für Meeresforschung**[119] zusammen.

---

114 Die Änderung und die des Londoner Protokolls ermöglichten die Verabschiedung der RL 2009/31/EG über die geologische Speicherung von Kohlendioxid im Rahmen des Energie- und Klimapakets der Gemeinschaft ABlEG L 140/114, zuletzt geändert durch RL 2011/92/EU v. 13.12.2011 vgl. dazu § 16 Rn. 11 und in diesem Kapitel Rn. 42. Aufgrund der Ratifizierung durch Norwegen, Deutschland, Großbritannien, Spanien, EU, Luxemburg, Dänemark und die Niederlande entfalten die geänderten Regelungen für diese Vertragsparteien Geltung gemäß Art. 15 der OSPAR-Konvention, vgl. http://www.ospar.org/news/ratificatio n-of-ospar-carbon-capture-and-storage-measures (Stand: 15.1.2016).
115 Vgl. im Internet unter: http://www.ospar.org/about/international-cooperation/north-sea-conferences (Stand: 15.1.2016).
116 Vgl. im Internet unter www.waddensea-secretariat.org (Stand: 15.1.2016).
117 Vgl. dazu bereits oben § 15 Rn. 35.
118 Vgl. im Internet unter www.neafc.org (Stand: 15.1.2016).
119 Vgl. im Internet unter www.ices.dk/Pages/default.aspx (Stand: 15.1.2016).

56 Eine sehr bedeutende Kooperation in Bezug auf den Meeresumweltschutz bieten die **internationalen Kommissionen zum Schutz des Rheins (IKSR)**[120] **und der Elbe (IKSE).**[121] Zu deren Zielsetzungen gehört es, die Belastung der Nordsee in Abstimmung mit den anderen Maßnahmen zum Schutz des Einmündungsgebietes nachhaltig zu verringern.

b) Organisationen und Konferenzen für den Bereich der Ostsee

57 Die **HELCOM** nimmt vergleichbare Aufgaben im Rahmen des Helsinki-Übereinkommens für das Ostseegebiet wie OSPAR für die Nordsee wahr.[122] Sie setzt sich aus der Führungsdelegation (Head of Delegation) und fünf nachgeordneten Expertengremien (HELCOM MARITIME, RESPONSE, LAND, MONAS und HELCOM HABITAT), denen die fachliche Arbeit obliegt, zusammen. Das Sekretariat der Kommission hat seinen Sitz in Helsinki. Entscheidungen werden vornehmlich in Form von **Empfehlungen** (recommendations) getroffen. Diese sind völkerrechtlich **nicht verbindlich**, bedingen mit Blick auf das Erfordernis der Einstimmigkeit jedoch den festen politischen Willen der Vertragspartner, sie anzuwenden und zu beachten. Am 15.11.2007 wurde in Krakau der Ostseeaktionsplan (Baltic Sea Action Plan) beschlossen, der verschiedene Maßnahmen zum Schutz der Ostsee in den Bereichen Eutrophierung,[123] gefährliche Stoffe, Biodiversität und maritime Aktivitäten vorsieht. Ab 2016 soll die jährliche Einleitung von Nährstoffen erheblich verringert und so bis 2021 ein guter ökologischer Zustand der Ostsee erreicht werden.[124]

58 Eine weitere Ebene der Zusammenarbeit der Ostseeanrainerstaaten stellt die **Agenda 21 für den Ostseeraum (Baltic 21)**[125] als die erste regionale Agenda im Rio-Prozess dar, in der sich die Staaten zu einer integrierten Bewirtschaftung und nachhaltigen Entwicklung von Küsten- und Meeresgebieten (IKZM) rechtsunverbindlich verpflichtet haben.[126] Aufgabeninhalt von Baltic 21 ist ein Engagement im Ostseeraum hinsichtlich umweltschützender sowie ökonomischer und sozialer Aspekte. Das Umweltbundesamt (UBA) koordiniert im Auftrag des Bundesministeriums für Umwelt, Naturschutz und Reaktorsicherheit (BMU) die deutschen Aktivitäten und unterstützt die Agenda Baltic 21 mit zahlreichen Projekten.

59 Im Rahmen der **Internationalen Kommission zum Schutz der Oder** gegen Verunreinigung arbeiten die Vertragsparteien zusammen, um der Belastung der Ostsee mit Schadstoffen vorzubeugen und diese nachhaltig zu verringern. Dazu werden gemeinsame Aktionsprogramme erarbeitet.[127]

---

120 Vgl. im Internet unter www.iksr.org (Stand: 15.1.2016).
121 Vgl. im Internet unter www.ikse-mkol.org (Stand: 15.1.2016).
122 Vgl. im Internet unter www.helcom.fi (Stand: 15.1.2016).
123 Zur Verminderung der Eutrophierung in der Ostsee *Upston-Hooper/Mehling*, JEEPL 2007, 296.
124 Vorschlag für ein Nährstoffeintrags-Handelssystem zur Kontrolle der Eutrophierung mit Bezug zum Helsinki-Übereinkommen bei *Malla*, JEEPL 2014, 272.
125 Vgl. im Internet unter www.cbss.org/Environment/baltic-21 (Stand: 15.1.2016).
126 Vgl. ausführlich zur IKZM *Bovet*, NordÖR 2011, 1; *Dieckmann*, EurUP 2009, 10, 11.
127 Vertrag über die Internationale Kommission zum Schutz der Oder gegen Verunreinigung v. 11.4.1996, BGBl. II 1997, S. 1707, in Kraft seit 28.4.1999; vgl. im Internet unter www.mkoo.pl/index.php?lang=DE (Stand: 15.1.2016).

c) Gemeinsame Ministerkonferenz von OSPAR und HELCOM

Für beide Meere gleichsam von Bedeutung ist die Zusammenarbeit im Rahmen der unregelmäßig stattfindenden **gemeinsamen Ministerkonferenz der OSPAR- und Helsinki-Kommissionen** (Joint Ministerial Meeting of the HELSINKI and OSPAR Commissions – JMM), in deren Rahmen einheitliche Standards für den Nord- und Ostseeraum geschaffen werden sollen.

60

5. EU-Recht

Als **Völkerrechtssubjekt** kommt der EU die Fähigkeit zu, Trägerin völkerrechtlicher Rechte und Pflichten zu sein (Art. 47 EUV). Sie verfügt jedoch nur über solche Kompetenzen, die ihr von den Mitgliedstaaten im Wege primärvertraglicher Ermächtigung übertragen werden (Prinzip der begrenzten Einzelermächtigung, Art. 2 AEUV).[128] Vor dem Hintergrund ihrer völkerrechtlichen Befugnisse auf dem Gebiet des Umweltschutzes (Art. 191 Abs. 4 AEUV) ist sie Vertragspartei nahezu aller für das Unionsgebiet einschlägigen völkerrechtlichen Übereinkommen zum Meeresumweltschutz. Diese Abkommen stehen im Rang zwischen dem Primär- und Sekundärrecht (Art. 216 AEUV). Der Vorrang vor dem Sekundärrecht folgt aus Art. 216 Abs. 2 AEUV, wonach die geschlossenen Abkommen sowohl für die Organe der Union als auch für die Mitgliedstaaten verbindlich sind. Folglich kann die Effektivität völkerrechtlicher Verträge im Rahmen von unionsrechtlichem Sekundärrecht, welches durch die Mitgliedstaaten umzusetzen bzw. direkt anzuwenden ist, verstärkt werden.[129] Dies ist von erheblicher Bedeutung, da die EU einen Großteil der für die Belastungen von Nord- und Ostsee verantwortlichen Nationen umfasst. Darüber hinaus wird die EU auf völkerrechtlicher Ebene durch **Mitwirkung in internationalen Organisationen** tätig. Hierbei kommt ihr entweder eine Beobachterstellung zu (Art. 220 AEUV) oder sie beteiligt sich, wie bspw. im Rahmen von OSPAR und HELCOM, als gleichberechtigtes Vollmitglied.

61

a) Anwendbarkeit von Unionsrecht innerhalb des Meeresraumes

Das sekundäre Unionsrecht[130] enthält zahlreiche direkt oder mittelbar wirkende Vorschriften zum Meeresumweltschutz. Es existiert aber bislang kein einheitliches Regelwerk, vielmehr finden sich Einzelvorschriften in unterschiedlichsten Rechtsakten.[131] Der Grund liegt darin, dass die Union nicht über eine Befugnis verfügt, rein meeresumweltrechtliche Vorschriften zu erlassen. Vielmehr beruhen derartige Regelungen auf verschiedenen unionsrechtlichen **Regelungskompetenzen**.[132] Für das Gebiet des Meeresumweltschutzes von Bedeutung sind vor allem jene im Bereich des Gewässerschutzes, der Fischerei, der Landwirtschaft, der Chemikalienpolitik und des Arten- und Lebensraumschutzes. Die sachliche Anwendbarkeit von Unionsrecht ist demzufolge gesondert für jeden Rechtsakt nach dessen Wortlaut bzw. Sinn und Zweck zu bestimmen.[133]

62

---

128 Daraus folgt jedoch nicht zwangsläufig, dass sich die Kompetenz nur aus dem Vertragstext ergeben kann. Nach der Rechtsprechung des EuGH verfügt die EU überall dort über die Kompetenz zum Abschluss völkerrechtlicher Verträge, wo ihr auch intern Rechtsetzungskompetenz zusteht (Grundsatz der Parallelität von Innen- und Außenkompetenz), sog. implied powers; EuGHE 1971, 263.
129 Vgl. § 7 Rn. 3 ff.
130 Hierzu bereits § 7 Rn. 23 ff.
131 Einen sehr ausführlichen Überblick bieten *Proelß*, S. 345 ff.; *Krämer* in: Koch/Lagoni (Hrsg.), S. 129 ff.
132 *Proelß*, S. 288; *SRU*, Sondergutachten „Meeresumweltschutz für Nord- und Ostsee", BT-Drs. 15/2626, S. 39.
133 *Czybulka/Kersandt* in: Lozán/Rachor/Reise u.a. (Hrsg.), S. 376.

63 Die Problematik der **Geltung von Unionsrecht** (gleichgültig ob primärer oder sekundärer Natur) **innerhalb der AWZ und des Festlandsockels** und damit außerhalb des nationalen Hoheitsgebietes kann nunmehr als geklärt angesehen werden. Der sachliche Anwendungsbereich des AEUV-Vertrages und damit grundsätzlich auch der des Sekundärrechts erweitert sich, sobald die Mitgliedstaaten einen Zuwachs an Rechten in einem Bereich außerhalb ihres Hoheitsgebietes erfahren, welches sie auf die Union übertragen haben.[134] Dies gilt zumindest für die oben aufgeführten Regelungskompetenzen.

b) Meeresumweltschutzbezogenes Sekundärrecht

64 Das meeresumweltschutzbezogene Sekundärrecht ist bisher von einer Fülle einzelner Rechtsakte geprägt, die zumeist nicht konkret zum Schutz der Meeresumwelt erlassen worden sind. Durch die im Juni 2008 verabschiedete Meeresstrategie-Rahmenrichtlinie (MSRL)[135] ist ein Ordnungsrahmen für Maßnahmen geschaffen worden, die eine nachhaltige Nutzung der Meere zu fördern und Meeresökosysteme zu erhalten bezwecken.[136] Um einen groben Überblick über das bestehende meeresumweltschutzbezogene Sekundärrecht zu geben, bietet sich die Unterscheidung von Rechtsakten zum Schutz vor Verschmutzungsquellen (am Beispiel der Seeschifffahrt und der Ableitung von Stoffen vom Lande aus) und solchen zum Arten- und Lebensraumschutz an.

65 Rechtsakte zum Schutz vor Verschmutzungsquellen:

Seeschifffahrt[137] (unvollständig):

- Richtlinie 2000/59/EG über Hafenauffangeinrichtungen für Schiffsabfälle und Ladungsrückstände vom 27.11.2000,[138]
- Rechtsätze im Rahmen der ERIKA I-, II- und III-Pakete: z.B. Klassifikationsgesellschaften-Richtlinie 2001/105/EG und Hafenstaatkontroll-Richtlinie 2001/106/EG vom 19.12.2001[139], Schiffsüberwachungs-Richtlinie 2002/59/EG vom 27.6.2002[140] und Richtlinie über Erfüllung der Flaggenstaatpflicht 2009/21/EG,[141] Seeunfalluntersuchungsrichtlinie 2009/18/EG[142] sowie Verordnung (EG) Nr. 392/2009 über die Unfallhaftung von Beförderern von Reisenden auf See),[143]
- Verordnung (EG) Nr. 782/2003 über das Verbot zinnorganischer Verbindungen auf Schiffen vom 14.4.2003,[144]

---

134 Zur Geltung von Unionsrecht in der AWZ vgl. *Wolf*, ZUR 2007, 24, 28; *Breier* in: Lenz/Borchardt, EU-Verträge, Art. 192 AEUV Rn. 1; *Keller*, ZUR 2005, 184, 185 f.
135 ABlEG 2008 L 164/19.
136 Vgl. § 11 Rn. 9. Vgl. zum Ökosystemansatz der MSRL *Schubert*, Maritimes Infrastrukturrecht, S. 135 ff.; *Täufer*, EurUP 2009, 225 ff.
137 Ausführlich *Erbguth/Jenisch*, S. 64 ff.
138 ABlEG L 332/1, zuletzt geändert durch VO (EG) Nr. 1137/2008 v. 22.10.2008, ABlEG L 311/1.
139 Richtlinie 2001/105/EG, ABlEG L 19/9 v. 22.1.2002, Aufhebung durch Richtlinie 2009/15/EG, ABlEG L 131/47 v. 23.4.2009, diese wiederum zuletzt geändert durch Richtlinie 2014/111/EU v. 17.12.2014, ABlEU L 366/83; Richtlinie 2001/106/EG, ABlEG L 19/17 v. 22.1.2002, Aufhebung durch Richtlinie 2009/16/EG, ABlEG L 131/57, diese wiederum zuletzt geändert durch Verordnung VO (EU) 2015/757 v. 29.4.2015, ABlEU L 123/55.
140 Richtlinie 2002/59/EG über die Einrichtung eines gemeinschaftlichen Überwachungs- und Informationssystems für den Schiffsverkehr und zur Aufhebung der Richtlinie 93/75/EWG, ABlEG L 208/10 v. 5.8.2002, zuletzt geändert durch Richtlinie 2014/100/EU v. 28.10.2014, ABlEU L 308/82.
141 ABlEG L 131/132 v. 23.4.2009.
142 ABlEG L 131/114 v. 23.4.2009.
143 ABlEG L 131/24 v. 23.4.2009; allg. noch zum Entwurf des ERIKA III-Paketes *Jenisch*, NuR 2007, 392.
144 ABlEG L 115/1 v. 14.4.2003, zuletzt geändert durch VO (EG) Nr. 219/2009 v. 11.3.2009, ABlEG L 87/109.

- Verordnung (EG) Nr. 2099/2002 zur Einsetzung eines Ausschusses für die Sicherheit im Seeverkehr und die Vermeidung von Umweltverschmutzung durch Schiffe (COSS) sowie zur Änderung der Verordnungen über die Sicherheit im Seeverkehr und die Vermeidung von Umweltverschmutzung durch Schiffe vom 5.11.2002,[145]
- Richtlinie 2002/84/EG zur Änderung der Richtlinien über die Sicherheit im Seeverkehr und die Vermeidung von Umweltverschmutzung durch Schiffe vom 5.11.2002,[146]
- Richtlinie 2005/35/EG über die Meeresverschmutzung durch Schiffe und die Einführung von Sanktionen für Verstöße vom 7.9.2005,[147] und
- Verordnung (EU) Nr. 530/2012 zur beschleunigten Einführung von Doppelhüllen oder gleichwertigen Konstruktionsanforderungen für Einhüllen-Öltankschiffe vom 13.6.2012.[148]

Ableitung von Stoffen vom Lande aus:
- Richtlinie 91/271/EWG zur Behandlung von kommunalem Abwasser vom 21.5.1991,[149]
- Richtlinie 91/676/EWG des Rates zum Schutz der Gewässer vor Verunreinigung durch Nitrat aus landwirtschaftlichen Quellen vom 12.12.1991 (sog. Nitratrichtlinie)[150] und
- Richtlinie 2006/11/EG betreffend die Verschmutzung infolge der Ableitung bestimmter gefährlicher Stoffe in die Gewässer der Gemeinschaft vom 15.2.2006.[151]

Rechtsakte zum Arten- und Lebensraumschutz:
- Richtlinie 79/409/EWG zur Erhaltung der wildlebenden Vogelarten vom 2.4.1979 (sog. Vogelschutzrichtlinie),[152]
- Richtlinie 85/337/EWG über die Umweltverträglichkeitsprüfung bei bestimmten öffentlichen und privaten Projekten vom 27.6.1985 (sog. UVP-Richtlinie),[153]
- Richtlinie 92/43/EWG zur Erhaltung der natürlichen Lebensgrundlagen sowie der wildlebenden Tiere und Pflanzen vom 21.5.1992 (sog. FFH-Richtlinie),[154]
- Verordnung (EG) Nr. 1005/2008 über ein Gemeinschaftssystem zur Verhinderung, Bekämpfung und Unterbindung der illegalen, nicht gemeldeten und unregulierten Fischerei vom 29.9.2008,[155]
- Verordnung (EG) Nr. 734/2008 zum Schutz empfindlicher Tiefseeökosysteme vor den schädlichen Auswirkungen von Grundfanggeräten vom 15.7.2008,[156]

---

145 ABlEG L 324/1 v. 29.11.2002, zuletzt geändert durch VO (EG) Nr. 356/2009 v. 18.6.2009, ABlEG L188/14.; teilweise Aufhebung durch VO (EU) Nr. 530/2012 v. 13.6.2012, ABlEU L 172/3 v. 20.6.2012.
146 ABlEG L 324/53 v. 29.11.2002, zuletzt geändert durch RL 2014/90/EU v. 23.7.2014, ABlEG L 257/146.
147 ABlEG L 255/11 v. 30.9.2005, zuletzt geändert durch RL 2009/123/EG v. 21.10.2009, ABlEG L 280/52.
148 ABlEU L 172/3.
149 Vgl. § 11 Rn. 7.
150 Vgl. § 11 Rn. 7.
151 ABlEG L 64/52.
152 Vgl. § 10 Rn. 4.
153 Vgl. § 5 Rn. 63.
154 Vgl. § 10 Rn. 4; zur Frage von Auswirkungen der Fischerei auf Natura-2000-Gebiete (am Beispiel Schwedens) vgl. Christiernsson/Michanek/Nilsson, JEEPL 2015, 22.
155 ABlEG 2008 L 286/1, zuletzt geändert durch VO (EU) Nr. 202/2011 v. 1.3.2011, ABlEU L 57/10.
156 ABlEG 2008 L 201/8.

- Verordnung (EG) Nr. 708/2007 über die Verwendung nicht heimischer und gebietsfremder Arten in der Aquakultur vom 11.6.2007[157] und
- Verordnung (EU) Nr. 500/2012 zur Änderung der Verordnung (EG) Nr. 302/2009 über einen mehrjährigen Wiederauffüllungsplan für Roten Thun im Ostatlantik und im Mittelmeer vom 13.6.2012,[158] und
- Verordnung (EU) Nr. 1380/2013 über die Gemeinsame Fischereipolitik vom 11. Dezember 2013.[159]

Rechtsakte mit dem Ziel übergreifender Steuerung:

- Richtlinie 2000/60/EG zur Schaffung eines Ordnungsrahmens für Maßnahmen der Gemeinschaft im Bereich der Wasserpolitik vom 23.10.2000 (sog. Wasserrahmenrichtlinie),[160]
- Richtlinie 2008/56/EG zur Schaffung eines Ordnungsrahmens für Maßnahmen der Gemeinschaft im Bereich der Meeresumwelt (Meeresstrategie-Rahmenrichtlinie) über Umweltqualitätsnormen im Bereich der Wasserpolitik vom 17.6.2008,[161]
- Richtlinie 2001/42/EG über die Prüfung der Umweltauswirkungen bestimmter Pläne und Programme vom 27.6.2001 (sog. SUP-Richtlinie),[162]
- Richtlinie 2014/89/EU zur Schaffung eines Rahmens für die maritime Raumplanung v. 23.7.2014.[163]

67 Die zur Schaffung eines Ordnungsrahmens für Maßnahmen der Gemeinschaft (heute Union) im Bereich der Meeresumwelt erlassene Meeresstrategie-Rahmenrichtlinie beinhaltet eine übergreifende Raum- und Fachplanung für vier EU-Meeresregionen (Ostsee, Nordostatlantik, Mittelmeer, Schwarzes Meer).[164] Sie ist im Rahmen des **6. Umweltaktionsprogramms**,[165] aus der **Strategie zur Erhaltung und zum Schutz der Meeresumwelt** entwickelt worden und soll die Umweltsäule der **Integrierten Meerespolitik** bilden.[166] Ihr Anwendungsbereich ist auf diejenigen Meereszonen beschränkt, in denen die Mitgliedstaaten als Küstenstaaten Hoheitsbefugnisse nach dem SRÜ ausüben dürfen (Küstenmeer und AWZ). Soweit Überschneidungen mit der ebenfalls im Küstenmeer geltenden Wasserrahmenrichtlinie auftreten, soll vorrangig die Wasserrahmenrichtlinie gelten. Die Meeresstrategie-Rahmenrichtlinie legt klare Zeithorizonte fest: Der Zweck der Richtlinie, einen Rahmen für den Schutz, die Erhaltung und Wiederherstellung der Meeresumwelt zu etablieren (sog. Meeresstrategien) soll bis 2021 verwirklicht werden. Bis 2016 sollen sog. Maßnahmenprogramme durch die Mitgliedstaaten aufgestellt werden, die vorhandene Maßnahmen wie die FFH- und Vogelschutzgebietsausweisungen oder die Ausweisung geschützter mariner Gebiete integrie-

---

157 ABlEG L 168/1, zuletzt geändert durch VO (EU) Nr. 304/2011 v. 9.3.2011, ABlEU L 88/1.
158 ABlEU L 157/1.
159 ABlEU L 354/22, zuletzt geändert durch VO (EU) Nr. 1385/2013 v. 17.12.2013, ABlEU L 354/86.
160 ABlEG 2000 L 327/1, zuletzt geändert durch RL 2014/101/EU, ABlEU L 311/32; vgl. § 11 Rn. 8.
161 ABlEG 2008 L 164/19, vgl. § 11 Rn. 9.
162 Vgl. § 5 Rn. 73.
163 ABlEU L 257/135; s. hierzu auch *Falke*, ZUR 2014, 635, 638f.
164 ABlEG 2008 L 164/19; dazu bereits § 11 Rn. 9 sowie *SRU*, Umweltgutachten 2012, Rz. 463 ff., *Markus/Schlacke/Meier*, International Journal of Marine and Coastal Law 2011, 59 ff.; *Markus/Schlacke*, ZUR 2009, 464; Strategievorschlag der Europäischen Union für den Ostseeraum KOM (2009) 248 endg.
165 Vgl. § 7 Rn. 24; zum aktuellen 7. Umweltaktionsprogramm: *Hoffmann*, NVwZ 2013, 534.
166 KOM (2005) 504 endg; Grünbuch zur IMP: KOM (2006) 275; Blaubuch zur IMP: KOM (2007) 575 sowie VO (EU) Nr. 1255/2011 v. 30.11.2011 zur Schaffung eines Programms zur Unterstützung der Weiterentwicklung der integrierten Meerespolitik, bereits wieder aufgehoben durch VO (EU) Nr. 508/2014 v. 15.5.2014 über den Europäischen Meeres-und Fischereifonds.

ren und die zu ergreifenden Maßnahmen benennen. In einer sog. Vorbereitungsphase für die Maßnahmenprogramme muss der bestehende Umweltzustand der Gewässer erfasst und beschrieben werden, Umweltziele festgelegt und ein Überwachungsprogramm für die laufende Bewertung aufgestellt werden. Für besonders verschmutzte Gebiete haben die Mitgliedstaaten sog. Aktionspläne aufzustellen. Inhaltliche Planungsleitlinien, also materielle Vorgaben für die Vorbereitungsmaßnahmen und die Maßnahmenprogramme, sind der Ökosystem-Ansatz und das Nachhaltigkeitsprinzip. Prozedural müssen die Mitgliedstaaten ihre Maßnahmen jeweils bei der europäischen Kommission notifizieren lassen. Vorhandene Kooperationsstrukturen einschließlich jene im Rahmen von regionalen Meeresübereinkommen werden dabei weiterhin genutzt, um eine angemessene Koordinierung und Abstimmung zu erreichen. Die Öffentlichkeit ist durch Anhörung an der Entwicklung der Meeresstrategien etappenweise zu beteiligen.

Maßnahmen zur Regulierung des Fischereimanagements sind nicht Gegenstand der Meeresstrategie-Rahmenrichtlinie. Die bloße Einbindung der Fischerei in die allgemeine Meerespolitik, wie es das Grünbuch zur Reform der Fischereipolitik vom 22.4.2009[167] vorsieht, stellt demgegenüber keine ausreichende Verbindung eines nachhaltigen Fischereiregimes mit einem Naturschutzrechtsregime dar.[168] Nach einem mehrjährigen Reformprozess haben sich die europäischen Organe im Jahr 2013 über die Reform der Gemeinsamen Fischereipolitik der Union geeinigt.[169] Durch die Reform wurde beispielsweise ein grundsätzlich neuer Bewirtschaftungsansatz eingeführt, der – am Nachhaltigkeitsprinzip orientiert – eine Befischung der Bestände mit dem höchstmöglichen Dauerertrag nur solange zulassen soll, wie sie sich selbst wieder regenerieren können („**Maximum Sustainable Yield**", MSY).[170] Ein weiteres Novum ist das Rückwurfverbot für Beifänge. Ob diese Maßnahmen tatsächlich zur Verbesserung der Integration von Umweltschutzbelangen in die Fischereipolitik führen, bleibt abzuwarten.

Des Weiteren werden als Teil der **Integrierten Meerespolitik (IMP) der EU** unterschiedliche Aspekte, wie maritime Identität, die Bedeutung der Meeresumwelt für die nachhaltige Nutzung der marinen Ressourcen, aber auch wirtschaftliche und gesellschaftspolitische Themen behandelt.[171]

Eine neue Verbindung zwischen der Gemeinsamen Fischereipolitik und der integrierten Meerespolitik ist durch den europäischen Meeres- und Fischereifonds (EMFF) geschaffen worden. Neben der Förderung von Fischerei- und Aquakultur soll dieser auch der Umsetzung und Entwicklung der IMP dienen.[172]

In den Bereich einer nachhaltigen Nutzung des Meeres, der Küstengebiete und der Erhaltung von Ökosystemen fällt auch die nicht verbindliche Empfehlung 2002/413/EG

---

167 KOM (2009) 163 endg.
168 *Czybulka*, NuR 2011, 313, 320; vgl. allgemein zum Fischereirecht der EG *Markus*, 29 ff. sowie zu den internationalen Auswirkungen der „EU-Fischereiaußenhandelspolitik" *Markus* EuR 2013, 697.
169 Siehe hierzu den Kommissionsvorschlag bezüglich der Reform, KOM (2011) 804 endg. und *SRU*, Stellungnahme Nr. 16 – Fischbestände nachhaltig bewirtschaften, 2011 und *Markus/Salomon*, JEEPL 2012, 257; ausführliche Informationen zur neuen GFP-VO finden sich in den Beiträgen von *Markus*, *Kraus/Döring*, *Weis/Busse*, *Markus/Salomon*, ZUR 2013, 1; zur neuen VO s. bereits oben Rn. 66.
170 Bei der Frage der konsequenten Umsetzung dieses Ansatzes scheiden sich allerdings die Geister, s. z.B. http://www.eu-koordination.de/umweltnews/news/wasser-meere/3331-scholle-fuer-alle (Stand: 15.1.2016).
171 S. bereits oben § 15 Fn. 166.
172 S. bereits oben § 15 Fn. 166 sowie *Priebe*, in: *Grabitz/Hilf/Nettesheim* (Hrsg.), Art. 39 AEUV, Rn. 71 ff.

zur Umsetzung einer Strategie für ein **integriertes Küstenzonenmanagement (IKZM)** in Europa vom 30.5.2002.[173] Hierdurch wurden die europäischen Küstenstaaten aufgefordert, ein IKZM zu entwickeln, das eine globale und langfristige Betrachtung eröffnet sowie die besonderen Bedingungen und die ökologische Belastbarkeit des betreffenden Küstengebietes berücksichtigt und die maßgeblichen Akteure, insbesondere die regionalen und lokalen Behörden, einbezieht. Im Jahr 2013 veröffentlichte die europäische Kommission einen Vorschlag für eine Richtlinie, die den Bereich der maritimen Raumordnung und des IKZM für die Mitgliedstaaten rechtsverbindlich regulieren soll.[174]

Während die Meeresstrategie-Rahmenrichtlinie die grüne Umweltsäule der integrierten Meerespolitik der EU symbolisiert, bezweckt die Richtlinie 2014/89/EU[175] zur Schaffung eines Rahmens für die maritime Raumplanung Koexistenz und einen koordinierten Ausgleich von Nutzungs- und Schutzansprüchen an den maritimen Raum. Sie zielt damit auf sog. „blaues Wachstum", also die Nutzung des Potenzials der Meere und Ozeane für Wachstum und Beschäftigung.[176] Sie findet Anwendung auf die EU-Meeresgewässer (= Küstenzone und AWZ)[177] und verpflichtet die Küstenstaaten zu einer gesamträumlichen und überfachlichen maritimen Raumplanung.[178] Während die Richtlinie Planinhalte lediglich fakultativ vorgibt, werden die Mitgliedstaaten indes verpflichtet, die maritime Raumplanung nachhaltig und am Ökosystem-Ansatz der Meeresstrategie-Rahmenrichtlinie zu orientieren.[179] Letzterer beschränkt das der Raumplanung wesensmäßig inhärente Abwägungsgebot in Form von Belastungsgrenzen.[180] Die Richtlinie ist bis zum 18. September 2016 in nationales Recht umzusetzen.[181] Deutschland strebt hierzu eine Änderung des Raumordnungsgesetzes an.

6. Nationales Recht

Auf nationaler Ebene setzen sich der Bund und die Länder gemeinsam für die Erhaltung einer gesunden Meeresumwelt ein. Der **Schutz der Meeresumwelt** kann jedoch auch nationalrechtlich **keinem eigenständigen Regelungsbereich** zugeordnet werden, so dass die spezifischen Umweltschutzgesetze jeweils auf ihre Anwendbarkeit hin untersucht werden müssen.[182]

---

173 ABlEG L 148/24 (berichtigt durch ABlEG L 176/48 v. 5.7.2002). Vgl. Mitteilung der Kommission – Bericht an das Europäische Parlament und den Rat: Bewertung des integrierten Küstenzonenmanagements (IKZM) in Europa, KOM 2007 (308) endg. Ausführlich zum Stand des IKZM im Bereich der deutschen Küstenbundesländer vgl. *Erbguth*, NuR 2005, 757.
174 KOM (2013) 133 endg.
175 S. bereits oben § 15 Rn. 66.
176 Vgl. Mitteilung der Kommission Blaues Wachstum – Chancen für nachhaltiges marines und maritimes Wachstum, KOM (2012) 494 endg.; Mitteilung der Kommission Innovation in der blauen Wirtschaft: Nutzung des Potenzials unserer Meere und Ozeane für Wachstum und Beschäftigung, KOM (2014) 254 endg.
177 Zum Anwendungsbereich vgl. Art. 2 Abs. 1 RL 2014/89/EU sowie *Schubert*, Jahrbuch des UTR 2015, S. 204 ff.
178 Art. 4 Abs. 1 RL 2014/89/EU.
179 Vgl. 14. Erwägungsgrund und Art. 1 Abs. 3 RL 2014/89/EU.
180 In diese Richtung vgl. *Schubert*, Maritimes Infrastrukturrecht, S. 128 ff.; *ders.* in: Jahrbuch des UTR 2015, S. 208 ff.
181 Art. 15 Abs. 1 RL 2014/89/EU.
182 *Proelß*, EurUP 2009, 2.

a) Anwendbarkeit von nationalem Recht innerhalb des Meeresraumes

Bei der Anwendung der spezifischen Umweltschutzgesetze ist zwingend zwischen den einzelnen Meereszonen zu unterscheiden. Das Küstenmeer ist dem Staatsgebiet des jeweiligen Küstenstaates zugewiesen. Insofern sind sämtliche nationale Rechtsvorschriften auf diesen Bereich anwendbar, soweit sie nicht vornehmlich terrestrisch, d.h. auf das Land, ausgelegt sind. Das lässt sich jedoch nicht ohne Weiteres auf die AWZ übertragen, denn diese Meereszone ist gerade nicht dem nationalen Hoheitsgebiet zuzurechnen. Dem Küstenstaat wurden durch das SRÜ lediglich funktional begrenzte Hoheitsrechte eingeräumt. Zum Teil wird jedoch erwogen, dass nationale Umweltschutzgesetze ipso iure innerhalb der AWZ Geltung beanspruchen, soweit deren Regelungen der Wahrnehmung gerade dieser Hoheitsrechte dienen.[183] Eine andere Ansicht schließt sich der Vorgehensweise des Gesetzgebers an und fordert eine Erstreckung des spezifischen Gesetzes auf die AWZ.[184] Dafür spricht vor allem, dass ansonsten kaum gewährleistet wäre, dass der einzelne Rechtsanwender nicht über die dem Küstenstaat explizit zugewiesenen funktionalen Hoheitsrechte hinausgeht. Die gleiche Vorgehensweise gilt auch für den Bereich des Festlandsockels.

68

In der nachfolgenden Darstellung werden überblicksartig die wichtigsten Gesetze aufgezeigt, die eindeutig einen Bezug zum Meeresumweltschutz enthalten.

b) Meeresumweltschutzbezogenes nationales Recht

Im nachfolgenden Überblick über das meeresumweltschutzbezogene nationale Recht wird nach den einzelnen Meereszonen, Küstenmeer einerseits, AWZ und Festlandsockel andererseits, unterschieden.

Für das **Küstenmeer** enthalten folgende Gesetze Regelungen zum Meeresumweltschutz:

69

- das Seefischereigesetz (SeefiG)[185] vom 6.7.1998 und die Seefischereiverordnung (SeefiV)[186] vom 18.7.1989,
- das Schiffssicherheitsgesetz (SchSG)[187] vom 9.9.1998,
- das Gefahrgutbeförderungsgesetz (GGBefG)[188] in der Fassung der Bekanntmachung vom 7.7.2009 und die Gefahrgutverordnung See (GGVSee)[189] in der Fassung der Bekanntmachung vom 16.12.2011,
- das Bundesnaturschutzgesetz (BNatSchG) und die entsprechenden LNatSchG der Küstenbundesländer (Mecklenburg-Vorpommern, Niedersachsen und Schleswig-Holstein)[190] und
- das Wasserhaushaltsgesetz (WHG)[191] vom 31.7.2009 und die entsprechenden LWG der Küstenbundesländer.

---

183 Z. B. *Proelß*, EurUP 2009, 2; *Kahle*, ZUR 2004, 80, 83 f. und *Czybulka*, NuR 1999, 562, 567 m.w.N.
184 *Wolf*, ZUR 2010, 365, 365; *Lagoni*, NuR 2002, 121, 125.
185 BGBl. I, S. 1791, zuletzt geändert durch VO v. 31.8.2015, BGBl. I S. 1474.
186 BGBl. I, S. 1485, zuletzt geändert durch VO v. 31.8.2015, BGBl. I S. 1474.
187 BGBl. I, S. 2860, zuletzt geändert durch VO v. 31.8.2015, BGBl. I S. 1474.
188 BGBl. I, S. 1774, 3975, zuletzt geändert durch VO v. 31.8.2015, BGBl. I S. 1474.
189 BGBl. I, S. 2784, zuletzt geändert durch VO v. 26.2.2015, BGBl. I, S. 265.
190 Hierzu § 10 Rn. 5 ff. und 16.
191 Hierzu § 11 Rn. 11 ff.

§ 15 B. Besonderes Umweltrecht

70 Für die **AWZ** und den **Festlandsockel** weisen nachfolgende Gesetze bzw. Regelungen Vorgaben zum Meeresumweltschutz auf:
- das Bundesberggesetz (BBergG)[192] vom 13.8.1980,
- die Festlandsockelbergverordnung (FlsBergV)[193] vom 21.3.1989,
- die Seeanlagenverordnung (SeeAnlV)[194] vom 23.1.1997,[195]
- das Raumordnungsgesetz (ROG) vom 22.12.2008,[196]
- das Seefischereigesetz (SeefiG)[197] und die SeeFiV,[198]
- das Hohe-See-Einbringungsgesetz (HSEG)[199] vom 25.8.1998,
- das Schiffssicherheitsgesetz (SchSG) vom 9.9.1998,[200]
- §§ 56 und 57 BNatSchG[201] und
- das Erneuerbare-Energien-Gesetz (EEG)[202] vom 25.10.2008 sowie
- das Wasserhaushaltsgesetz (WHG)[203] vom 31.7.2009.

71 Unter Bezugnahme auf die Europäische Meeresstrategie-Rahmenrichtlinie[204] ist in Deutschland zunächst am 1.10.2008 die unverbindliche **nationale Strategie für die nachhaltige Nutzung und den Schutz der Meere** beschlossen worden.[205] In diesem Gesamtkonzept werden das integrierte Küstenzonenmanagement,[206] die Raumordnung im Küsten- und Meeresbereich, die Umweltüberwachung (Monitoring) und das vernetzte Geodatenmanagement als Planungs- und Kontrollinstrumente aufgegriffen.

---

192 BGBl. I, S. 1310, zuletzt geändert durch VO v. 31.8.2015, BGBl I S. 1474.
193 BGBl. I, S. 554, zuletzt geändert durch VO v. 31.8.2015, BGBl I S. 1474.
194 BGBl. I, S. 57, zuletzt geändert durch VO v. 31.8.2015, BGBl I S. 1474.
195 Zur Rechtslage der Genehmigungsfähigkeit sowie zur Genehmigungspraxis von Offshore-Windenergieanlagen nach der SeeAnlV vgl. *Müller*, ZUR 2008, 584; *Bönker*, NVwZ 2004, 537; *Koch/Wiesenthal*, ZUR 2003, 350, 353 ff.; zur Rechtslage vor der Änderung SeeAnlV durch das BNatSchG vgl. *Dahlke*, NuR 2002, 472.
196 BGBl. I, S. 2986, zuletzt geändert durch VO v. 31.8.2015, BGBl I S. 1474. Eine Erstreckung auf die AWZ und den Festlandsockel ist mit dem Gesetz zur Anpassung des Baugesetzbuchs an EU-Richtlinien (Europarechtsanpassungsgesetz Bau – EAG Bau) v. 24.6.2004, BGBl. I, S. 1359, erfolgt. Dadurch wird dem Bund die Raumordnung für die deutsche AWZ in Nord- und Ostsee übertragen. Die Verordnung über die Raumordnung in der deutschen AWZ in der Nordsee ist am 26.9.2009 in Kraft getreten, die Verordnung über die Raumordnung in der deutschen AWZ in der Ostsee am 19.12.2009; vgl. www.bsh.de/de/Meeresnutzung/Raumordnung_in_der_AWZ/index.jsp, Stand: 15.1.2016; näher *Erbguth*, DÖV 2011, 373 und zu Empfehlungen für europarechtliche Vorgaben für eine maritime Raumordnung *Erbguth*, NuR 2012, 85.
197 Oben unter § 15 Fn. 185.
198 Oben unter § 15 Fn. 186.
199 BGBl. I, S. 2455, zuletzt geändert durch VO v. 31.8.2015, BGBl I, S. 1474.
200 Oben unter § 15 Fn. 187.
201 Hierzu bereits § 10 Rn. 56; zur auf der Grundlage von § 38 BNatSchG erfolgten Ausweisung der ersten beiden Naturschutzgebiete in Nord- und Ostsee („Östliche Bucht" und „Pommersche Bucht") vgl. *Ell/Heugel*, NuR 2007, 315; allgemein zur Anwendbarkeit von Bundesnaturschutzrecht im Bereich von AWZ und Festlandsockel: *Kieß* in: Schlacke (Hrsg.), GK-BNatSchG, § 56 Rn. 19 ff.
202 BGBl. I, S. 2074, zuletzt geändert durch Gesetz v. 29.6.2015, BGBl. I, S. 1015. Vgl. unten § 16 Rn. 41 ff.
203 S. bereits oben Fn. 191; in Umsetzung der Meeresstrategie-Rahmenrichtlinie wurden die §§ 45 a ff. in das WHG eingefügt. Die entsprechenden Regelungen des WHG erstrecken sich damit auch auf die AWZ.
204 Vgl. bereits oben unter § 15 Rn. 64.
205 Abrufbar unter: https://www.clearingstelle-eeg.de/files/private/active/0/bundesregierung_meeresstrategie_2008.pdf (Stand: 15.1.2016); kritisch zur nationalen Umsetzung der Europäischen Meeresstrategie-Rahmenrichtlinie zahlreiche Umweltschutzverbände: https://www.nabu.de/imperia/md/content/nabude/meeresschutz/151005-nabu-kurzkritik__ma__nahmen_msrl.pdf (Stand: 15.1.2016); dazu *Markus/Schlacke*, ZUR 2009, 464 ff.
206 Strategie IKZM v. 22.3.2006 www.bmu.de/files/pdfs/allgemein/application/pdf/kuestenzonenmanagement.pdf (Stand: 15.1.2016); dazu *Dieckmann*, EurUP 2009, 10, 11; vgl. bereits oben § 15 Rn. 67.

Bund und Länder setzen sich dabei gemeinsam für die Erhaltung einer gesunden Meeresumwelt ein. Zwar unterliegt die Aufstellung der Raumordnungspläne nach den Meereszonen getrennten Zuständigkeiten,[207] die Überwachung von Nord- und Ostsee erfolgt jedoch gemeinsam. Bis 2012 erfolgte das Monitoring über das Bund/Länder-Messprogramm (BLMP). Mit dem Bund-Länder-Verwaltungsabkommen Meeresschutz wurde das Monitoring allerdings derart umstrukturiert, dass nunmehr als oberstes Organ der Bund/Länder-Ausschuss Nord- und Ostsee (BLANO) als oberstes Organ für die Überwachung zuständig ist.[208]

§§ 45a ff. WHG setzen die Anforderungen der Meeresstrategie-Rahmenrichtlinie in deutsches Recht um.[209]

Im grenzüberschreitenden Aufbau – an dem sich Deutschland maßgeblich beteiligt – befindet sich vor allem die Satelliten gestützte Beobachtung der Meeres- und Küstenumwelt sowie die Vernetzung von Geodaten, zu denen auch die Daten der Meeres- und Küstenumwelt zählen. Ziel ist dabei, Geoinformationen grenzüberschreitend verfügbar zu machen und einen Monitoring-Dienst zur „Meeresüberwachung" bereitzustellen.[210]

▶ **Lösung Fall 16:** Zunächst ist dabei auf die Vorgaben des SRÜ zu blicken, welches als Rahmenübereinkommen alle in Betracht kommenden Nutzungen des Meeresraumes und seiner Ressourcen regelt. Für die AWZ werden dem Küstenstaat einerseits durch Art. 56 Abs. 1 lit. a) SRÜ souveräne Rechte hinsichtlich der Ausbeutung der Zone sowie der Energieerzeugung aus Wind und andererseits durch Art. 56 Abs. 1 lit. b Nr. i SRÜ Hoheitsbefugnisse in Bezug auf die Errichtung und Nutzung von Anlagen zugewiesen. Die Bundesrepublik Deutschland hat mit Proklamation vom 25.11.1994 eine AWZ im Bereich der Nord- und Ostsee eingerichtet. Die dem jeweiligen Küstenstaat zugewiesenen funktionalen Hoheitsrechte können durch die Bundesrepublik in Anspruch genommen werden, soweit Windenergieanlagen dem Anlagenbegriff des SRÜ unterfallen. Eine Definition enthält das SRÜ nicht. Nach allgemeiner Ansicht sind hiervon jedoch Konstruktionen erfasst, die auf dem Meeresboden aufsitzen oder mit dem Meeresboden durch Pfeiler oder ähnliches fest verbunden sind. Die derzeitige Errichtungspraxis für Windenergieanlagen sieht vor, dass deren Piles im Boden verankert werden. Demnach handelt es sich um Anlagen i.S.d. SRÜ, die der Windenergieerzeugung dienen. Nach Art. 60 Abs. 1 lit. b SRÜ wird dem Küstenstaat das ausschließliche Recht zur Errichtung, Genehmigung und Regelung der Errichtung, des Betriebs und der Nutzung von Anlagen für die in Art. 56 SRÜ vorgesehenen und für andere wirtschaftliche Zwecke eingeräumt. Darüber hinaus hat der Küstenstaat über die Anlagen ausschließliche Hoheitsbefugnisse, einschließlich derjenigen in Bezug auf Zoll- und sonstige Finanzgesetze, Gesundheits-, Sicherheits- und Einreisegesetze und diesbezügliche sonstige Vorschriften. Das SRÜ enthält zudem küstenstaatliche Pflichten wie die ordnungsgemäße Bekanntgabe der Errichtung solcher Anlagen (Art. 60 Abs. 3 S. 1 SRÜ), die Beseitigung aufgegebener und nicht mehr benutzter Anlagen zur Gewährleistung der Sicherheit des Schiffsverkehrs (Art. 60 Abs. 3 S. 2 SRÜ), die Bekanntmachung nicht vollständig beseitigter Anlagen (Art. 60

---

[207] Für die Raumordnungsplanung innerhalb der 12-Seemeilenzone sind die Länder zuständig. Sie haben entsprechende Raumordnungspläne erlassen; vgl. zur AWZ § 15 Rn. 1, 17, 67, 70.
[208] Detaillierte Informationen hierzu beim Bundesamt für Naturschutz unter https://www.bfn.de/17601.html (Stand: 15.1.2016).
[209] S. hierzu näher § 11 Rn. 12, 17, 33, 34.
[210] Vgl. *BMU*, Nationale Strategie für die nachhaltige Nutzung und den Schutz der Meere, S. 62, abrufbar unter: https://www.clearingstelle-eeg.de/files/private/active/0/bundesregierung_meeresstrategie_2008.pdf (Stand: 15.1.2016).

Abs. 3 S. 3 SRÜ) und die Errichtung und Bekanntmachung von Sicherheitszonen (Art. 60 Abs. 4 und 5 SRÜ). Überdies dürfen derartige Anlagen und deren Sicherheitszonen dort nicht errichtet werden, wo dies die Benutzung anerkannter und für die internationale Schifffahrt wichtiger Schifffahrtswege behindern kann (Art. 60 Abs. 7 SRÜ). Des Weiteren sind die ergänzenden völkerrechtlichen Umweltschutzverpflichtungen des SRÜ zu beachten. Nach Art. 194 Abs. 1 i.V.m. Abs. 3 SRÜ haben die Staaten die geeignetsten Mittel einzusetzen, die notwendig sind, um die Verschmutzung der Meeresumwelt durch Anlagen zu verhüten, zu verringern und zu überwachen. Insofern hat die Bundesrepublik nach Art. 206 SRÜ die möglichen Auswirkungen von Tätigkeiten auf die Meeresumwelt zu beurteilen und in der durch Art. 205 SRÜ vorgesehenen Art und Weise zu berichten. Darüber hinaus obliegt ihr nach Art. 208 i.V.m. Art. 214 SRÜ eine Rechts- und Durchsetzungsbefugnis im Hinblick auf Gesetze und Vorschriften zur Verhütung, Verringerung und Überwachung der Verschmutzung der Meeresumwelt. Nach Art. 237 i.V.m. Art. 311 SRÜ berührt Teil XII des SRÜ weder Verpflichtungen, die Staaten aufgrund früher geschlossener besonderer Übereinkommen zum marinen Umweltschutz übernommen haben, noch Übereinkünfte, die zur Ausgestaltung der im SRÜ enthaltenen allgemeinen Grundsätze geschlossen werden können. In diesem Zusammenhang geht es vornehmlich um die Vorgaben des Helsinki-Übereinkommens. Offshore-Windenergieanlagen unterfallen allerdings nicht den dort erfassten Verschmutzungsquellen, vielmehr ist auf den durch Art. 15 des Übereinkommens garantierten Ökosystemschutz und seine Ausfüllung durch entsprechende Empfehlungen der HELCOM zu blicken. Direkt für die Errichtung und den Betrieb von Offshore-Windenergieanlagen wurden bislang keine Empfehlungen verabschiedet. Zumindest mittelbar von Bedeutung ist jedoch einerseits die Empfehlung 15/5 vom 10.3.1994 über ein System von küstennahen und marinen Schutzgebieten in der Ostsee (System of Coastal and Marine Baltic Sea Protected Areas – BSPAs), wonach innerhalb entsprechender Schutzgebietsausweisungen Regelungen in Bezug auf Einschränkungen oder gar gänzliche Errichtungsverbote für derartige Anlagen vorgesehen sind. Andererseits von Bedeutung ist die HELCOM-Empfehlung 17/3 vom 12.3.1996 über Information und Konsultation im Hinblick auf die Errichtung neuer Installationen, die Einfluss auf die Ostsee haben. Anders als den Regelungen innerhalb völkerrechtlicher Verträge kommt derartigen Empfehlungen als sog. soft law indes keinerlei völkerrechtliche Bindungskraft zu. Spezielle Vorgaben im Hinblick auf die Erhaltung wandernder wildlebender Tierarten folgen aus dem Bonner Übereinkommen und den in dessen Rahmen abgeschlossenen grenzüberschreitenden Regionalabkommen wie AEWA und ASCOBANS. Im Ergebnis unterfallen die Errichtung und der Betrieb des Offshore-Windenergieparks nordöstlich von Rügen innerhalb der AWZ aus seevölkerrechtlicher Sicht ausschließlich dem nationalstaatlichen Regelungsbereich. Dabei gilt es jedoch verstärkt die internationalen meeresumweltrechtlichen Vorgaben des SRÜ sowie spezifische Übereinkommen und Organisationen zum Schutz der Meeresumwelt zu beachten. Die Umsetzung der völkerrechtlichen Vorschriften, vor allem der des SRÜ, ist auf nationalrechtlicher Ebene durch den Erlass des SeeAufgG und der SeeAnlV erfolgt.

Durch eine Änderung der SeeAnlV vom 31.1.2012 wurde das Recht für Zulassungen von Offshore-Anlagen auf nationaler Ebene reformiert. Die Zuständigkeit für die Genehmigung von Anlagen in der AWZ liegt nunmehr beim Bundesamt für Seeschifffahrt und Hydrographie (BSH).[211] Anstelle des bisherigen Genehmigungsverfahrens wird nun ein Planfeststellungsverfahren durchgeführt, welches die Zulassungsentscheidungen für Offshore-Anlagen bün-

---

211 Zur Änderung des SeeAufgG *Wittmann*, DVBl. 2013, 830, 831; zu Nutzungskonflikten in der AWZ vgl. *Dietrich*, NuR 2013, 628.

deln soll.²¹² Die dieses Planfeststellungsverfahren abschließende Zulassungsentscheidung (Planfeststellungsbeschluss) entfaltet damit Konzentrationswirkung, vgl. § 2 Abs. 3 S. 1 SeeAnlV i.V.m. § 75 Abs. 1 S. 1 Hs. 2 VwVfG.²¹³ Dies bedeutet insbesondere, dass das bisher für natur- und artenschutzrechtliche Ausnahmegenehmigungen (vgl. §§ 30 Abs. 3, 45 BNatSchG) zuständige Bundesamt für Naturschutz (BfN) lediglich mittels Anhörung gemäß § 2 Abs. 3 S. 1 SeeAnlV i.V.m. § 73 Abs. 2 VwVfG am Zulassungsverfahren beteiligt wird.²¹⁴ Die naturschutzrechtlichen Regelungen entfalten jedoch weiterhin Relevanz für die Zulassungsentscheidung: § 56 Abs. 1 Bundesnaturschutzgesetz (BNatSchG) erweitert den Anwendungsbereich des BNatSchG insofern auf die AWZ, als nach dem SRÜ küstenstaatliche Hoheitsbefugnisse der Bundesrepublik bestehen.²¹⁵ Windkraftanlagen fallen gemäß § 56 Abs. 3 BNatSchG indes erst in den Anwendungsbereich der Regelung, wenn sie nach dem 1.1.2017 errichtet und in Betrieb genommen werden.²¹⁶ ◂

WIEDERHOLUNGS- UND VERSTÄNDNISFRAGEN

> Welche Schutz- und Nutzungskonflikte bestehen auf dem Meer? (Rn. 3-11)
> In welche Zonen unterteilt das SRÜ das Meer? (Rn. 13-20)
> Benennen Sie bedeutende globale Meeresübereinkommen! (Rn. 25-40)
> Ziele und wesentliche Inhalte der regionalen Übereinkommen für den Nord- und Ostseebereich! (Rn. 41-50)
> Inwieweit findet das EU-Recht innerhalb des Meeresraums Anwendung? (Rn. 62 f.)

73

---

212 *Büllesfeld/Koch/v. Stackelberg*, ZUR, 2012, 274, 275; zum Genehmigungsverfahren vgl. *Wittmann*, DVBl. 2013, 830; zur Netzanbindung von Offshore-Windkraftanlagen *Broemel*, ZUR 2013, 408, und Störungen oder Verzögerungen bei der Anbindung *Broemel*, ZUR 2015, 400.
213 *Büllesfeld/Koch/v. Stackelberg*, ZUR, 2012, 274, 278.
214 *Büllesfeld/Koch/v. Stackelberg*, ZUR, 2012, 274, 278.
215 *Kieß* in: Schlacke (Hrsg.), GK-BNatSchG, § 56 Rn. 1.
216 Nach § 3 UmwRG anerkannte Naturschutzverbände verfügen über ein Recht zur Beteiligung an Verfahren zur Befreiung von Ge- und Verboten zum Schutz von Meeresgebieten und zur Zulassung von Windenergieanlagen in der AWZ (vgl. § 63 Abs. 1 Nr. 2 und 3 BNatSchG). Sie können diesbezüglich Verbandsrechtsbehelfe gem. § 64 Abs. 1 BNatSchG erheben. Zum früheren Rechtsschutzdefizit vgl. *Keller*, ZUR 2005, 184.

§ 16 Klimaschutzrecht

I. Problemstellung

1 Anthropogene Emissionen erhöhen die Konzentration von Treibhausgasen, insbesondere von Kohlendioxid (CO_2), in der Atmosphäre und führen zu einem Temperaturanstieg der globalen Mitteltemperatur, der im Jahre 2012 knapp 0,9[1] Grad Celsius gegenüber dem vorindustriellen Zeitalter (1880) betrug und der je nach Emissionsszenario mit 1,6–4,6 Grad Celsius bis zum Jahr 2100 geschätzt wird.[2] Das International Panel on Climate Change (IPCC) prognostiziert z.t. erhebliche ökologische Auswirkungen, wie etwa eine Zunahme heftiger Niederschläge, eine Abnahme schneebedeckter Flächen, ein Schrumpfen der Gletscher, einen Anstieg des Meeresspiegels und einen Verlust an Biodiversität.[3] Die **Erderwärmung** kann ferner die Grundlagen der Wasserversorgung, der Nahrungsmittelproduktion sowie der gesamten wirtschaftlichen Leistungsfähigkeit vieler Länder, insbesondere die Land-, Forst- und Fischereiwirtschaft, bedrohen.[4]

Vor allem die Zunahme der CO_2–Konzentration in der Luft wird für den Klimawandel verantwortlich gemacht.[5] Dem Klimawandel, dem mittlerweile weltweite Aufmerksamkeit geschenkt wird, soll verstärkt durch energiepolitische Maßnahmen entgegengewirkt werden. Neuartige klima- und energiepolitische Maßnahmen zur Verhinderung und Eindämmung des anthropogenen CO_2-Ausstoßes stehen daher im Zentrum der Klimaschutzpolitik. In diesem Zusammenhang werden auch die Nutzung fossiler Ressourcen,[6] die Landnutzung[7] sowie bisherige Lebens- und Konsummuster[8] neu zur Diskussion gestellt.

II. Begriffsklärung „Klimaschutzrecht"

2 „Klimaschutzrecht" ist ein neuartiger Begriff, der rechtsdogmatisch bislang wenig konturiert ist.[9] Als Teilgebiet und Querschnittsmaterie des Umweltrechts kann das Klimaschutzrecht insoweit eingeordnet werden, als einige Umweltgesetze auch das Klima als

---

1 *WBGU*, Klimaschutz als Weltbürgerbewegung. Sondergutachten 2014, S. 5.
2 Ebenda, S. 12 f.; ebenso zu den Emissionsszenarien *IPCC*, Climate Change 2013. The Physical Science Basis. Working Group I Contribution to the Fifth Assessment Report, Chapter 12; abrufbar unter http://www.climatechange2013.org/images/report/WG1AR5_ALL_FINAL.pdf (Stand: 15.1.2016).
3 Ebenda, Technical Summary; aus umweltvölkerrechtlicher Perspektive zur Kritik am IPCC *Schlacke*, ZUR 2010, 225.
4 Vgl. dazu auch *WBGU*, Welt im Wandel – Sicherheitsrisiko Klimawandel, 2007, S. 68 ff., 83 ff., 98 ff.; vgl. insbesondere zu den wirtschaftlichen Folgen des Klimawandels auch den Stern Report vom 30.10.2006, (Stern Review on the Economics of Climate Change), abrufbar unter webarchive.nationalarchives.gov.uk/+/http://www.hm-treasury.gov.uk/stern_review_report.htm (Stand: 15.1.2016).
5 Vgl. *WBGU*, Sondergutachten. Klimaschutz als Weltbürgerbewegung 2014, S. 15 ff.; *Prall/Ewer* in: Koch (Hrsg.), Umweltrecht, § 9 Rn. 5; vgl. ferner allgemein zum Klimawandel und seinen rechtlichen Auswirkungen *Köck*, ZUR 2007, 393; zum Stand der deutschen Gesetzgebung zum Klimaschutz *Koch*, NVwZ 2011, 641.
6 Vgl. Fahrplan für ein ressourcenschonendes Europa, KOM (2011) 571 endg. v. 20.9.2011.
7 Zur Klimagesetzgebung in der Landwirtschaft *Rodi/Sina*, S. 220 ff.; Klimaschutzziele beinhaltet auch der europäische Entwurf einer Bodenschutzrahmenrichtlinie, vgl. KOM (2006) 232 endg. v. 22.9.2006; dazu § 13 Rn. 3.
8 Vgl. *WBGU*, Welt im Wandel – Gesellschaftsvertrag für eine Große Transformation, Kapitel 2.
9 Den Begriff verwendete erstmalig *Winkler*, Klimaschutzrecht; danach auch *Weinreich*, ZUR 2006, 399, 404; *Wustlich*, ZUR 2008, 113; *Gärditz*, JuS 2008, 324, 324; *Kloepfer*, Umweltschutzrecht, S. 258 ff.; *Müller/Schulze-Fielitz* in: Schulze-Fielitz/Müller, S. 9 ff.; *Calliess*, Die neue Europäische Union nach dem Vertrag von Lissabon, S. 476; *Koch*, NVwZ 2011, 641; *Much* in: Kluth/Smeddinck, § 6 Rn. 4.

Rechtsgut identifizieren und schützen.[10] Durch die Verwendung des Begriffs „Klimaschutzrecht" wird freilich noch kein Rechtsgebiet statuiert. Ob sich ein solches bereits anhand übergreifender Zielsetzungen, Strukturen, Prinzipien und Instrumente charakterisieren lässt und ob hinreichende Grenzen zu anderen Rechtsgebieten feststellbar sind,[11] ist noch offen. Allerdings sind Ansatzpunkte erkennbar, die auf ein neues Rechtsgebiet in statu nascendi hindeuten.[12]

Einigkeit besteht aber darüber, dass als Schutzgut dieses im Entstehen begriffenen Rechtsgebiets zum einen die Atmosphäre angesehen werden kann[13] und zum anderen ein stabiles Klima Grundvoraussetzung für menschliches Leben ist. Für die Identifizierung derjenigen Regelungen, die zu einem Klimaschutzrecht beitragen, wird im Folgenden auf die zweckorientierte Definition von *Gärditz* zurückgegriffen, wonach vom **Klimaschutzrecht** „die Summe derjenigen Rechtsnormen, die das Klima vor anthropogenen Einwirkungen schützen sollen", erfasst wird.[14]

Zu klimaschützenden Regelungen zählen demnach solche, die auf eine Vermeidung des Ausstoßes von Treibhausgasen in die Atmosphäre gerichtet sind (sog. Mitigation), wie auch jene, die die Abscheidung und Speicherung von Kohlendioxid, sog. **Carbon Capture and Storage** (CCS),[15] und Maßnahmen des Geoengineerings steuern.[16] Nicht mehr zum Klimaschutzrecht zählen Normen, die der Anpassung, mit anderen Worten der Adaptation an den Klimawandel dienen, wie etwa rechtliche Instrumente zur Bekämpfung und Beseitigung eingetretener Schäden des Klimawandels (z.B. wasserrechtliche Regelungen zur Hochwasserbekämpfung).[17]

Darüber hinaus wird vom Klimaschutzrecht in erster Linie das öffentliche Recht erfasst. Allerdings wirkt sich das Klimaschutzrecht auch auf das **Privatrecht** aus. Das lässt sich beispielhaft an den ins Mietrecht eingefügten §§ 536 Abs. 1 a), 555 b) Nr. 1 BGB verdeutlichen, die die energetische Modernisierung von Mietwohnungen erleichtern sollen[18]. Im EEG wird die finanzielle Förderung durch gesetzliche Schuldverhältnisse, und damit privatrechtlich, abgewickelt.[19] Nachfolgend wird sich auf eine Skizzierung des öffentlich-rechtlichen Klimaschutzrechts beschränkt.[20]

III. Das Rechtsregime des Klimaschutzes

Die globale Herausforderung, die die Bekämpfung des Klimawandels für gegenwärtige und zukünftige Generationen darstellt, wurde zunächst auf völkerrechtlicher Ebene erkannt. Sodann wurden diese Impulse von der Europäischen Union aufgenommen und auf nationaler Ebene umgesetzt. Klimaschutzrecht kann mithin vor allem ein supra-

---

10 Ausführlich *Schlacke* in: dies. (Hrsg.), Umwelt- und Planungsrecht im Wandel, DV 2011, Beiheft 11, S. 121; *Gärditz*, JuS 2008, 324.
11 Noch zweifelnd *Müller/Schulze-Fielitz* in: Schulze-Fielitz/Müller, S. 9 f.
12 *Schlacke* in: dies. (Hrsg.), Umwelt- und Planungsrecht im Wandel, DV 2011, Beiheft 11, S. 152.
13 *Kloepfer*, Umweltschutzrecht, § 10 Rn 5; *Wustlich*, Die Atmosphäre als globales Schutzgut, S. 59 ff.
14 *Gärditz*, JuS 2008, 324; kritisch zum Einwirkungsansatz *Sailer*, NVwZ 2011, 718, 721.
15 *Wickel*, ZUR 2011, 115; vgl. zur rechtlichen Zulässigkeit *Much*, S. 60 ff.; zum Genehmigungsrecht *Kohls/Kahle*, ZUR 2009, 122, 124; vgl. dazu § 16 Rn. 29, 71.
16 Vgl. zur rechtlichen Regulierung am Bsp. der Meeresdüngung *Redgwell*, CCLR 2011, 178; *Gawel*, ZUR 2011, 451.
17 Hierzu vgl. *Köck*, ZUR 2007, 393; *Knopp/Hoffmann*, EurUP 2008, 54; *Reese*, ZUR 2009, 113.
18 Instruktiv zur Mietrechtsnovelle *Horst*, MDR 2013, 189.
19 *Mechel*, ZUR 2011, 184; *Horst*, NZM 2010, 761.
20 Vgl. hierzu *Ringel*, WuM 2009, 71.

und internationaler Charakter bescheinigt werden und ist ein typisches Beispiel für ein im **Mehrebenensystem**[21] entstehendes Rechtsgebiet.

1. Internationales Recht

4   Im internationalen Recht enthält das Völkervertragsrecht Abkommen zum Klimaschutz.[22] Zu differenzieren ist zwischen Verträgen zur Bekämpfung des Ozonschichtabbaus und zur Bekämpfung des Klimawandels.[23]

a) Internationale Abkommen zur Bekämpfung des Ozonschichtabbaus

5   Das **Wiener Übereinkommen zum Schutz der Ozonschicht** vom 22.3.1985[24] ist ein Rahmenübereinkommen und enthält selbst keine konkreten Verpflichtungen, sondern verpflichtet lediglich zur Ergreifung „geeigneter Maßnahmen" zum Schutz der menschlichen Gesundheit und der Umwelt vor schädlichen Umwelteinwirkungen (Art. 2 Abs. 1).[25]

Verbindliche Reduktionsverpflichtungen wurden erst durch das inzwischen mehrfach geänderte **Montrealer Protokoll** über Stoffe, die zu einem Abbau der Ozonschicht führen, vom 16.9.1987[26] eingeführt. Durch einen Fonds wird sichergestellt, dass die ökonomische Entwicklungsfähigkeit der Entwicklungs- und Schwellenländer durch höhere Kosten nicht beeinträchtigt wird.

Als gemischte Abkommen im unionsrechtlichen Sinne[27] wurden die Verträge in (teilweise strengeren) EU-Verordnungen[28] sowie darauf aufbauend in Deutschland etwa durch die Chemikalien-Ozonschichtverordnung,[29] die Chemikalien-Sanktionsverordnung – ChemSanktionsV[30] – und die Verordnung über die Entsorgung gebrauchter halogenierter Lösemittel umgesetzt.[31]

b) Internationale Abkommen zur Bekämpfung des Klimawandels

6   Um der anthropogenen Erwärmung der Erdatmosphäre entgegenzuwirken, wurde 1992 auf der UN-Konferenz für Klima und Entwicklung in Rio de Janeiro die schon zuvor von der UN-Generalversammlung beschlossene **Klimarahmenkonvention (UNFCCC)**[32] durch 154 Staaten unterzeichnet.[33]

---

21 Vgl. *Groß*, VVDStRL 66 (2007), 152 ff.; *Pache*, VVDStRL 66 (2007), 106 ff.
22 Vgl. § 8 Rn. 7.
23 Zu den Wechselwirkungen zwischen Klimaerwärmung und Ozonschichtenabbau vgl. WBGU, Welt im Wandel – Neue Strukturen globaler Umweltpolitik, S. 60; *Winkler*, Klimaschutzrecht, S. 19 f.
24 BGBl. II 1988, S. 901.
25 Vgl. bereits § 8 Rn. 7, § 9 Rn. 4; dazu *Koch/Mielke*, ZUR 2009, 403, 405.
26 BGBl. II 1988, S. 1014, zuletzt geändert durch BGBl. II 2002, S. 921 (Pekinger Änderung), vgl. bereits § 9 Rn. 4.
27 *Steyrer*, ZUR 2005, 343 ff.
28 VO (EG) Nr. 1005/2009 v. 16.9.2009 über Stoffe, die zum Abbau der Ozonschicht führen, ABlEG L 286/1, zuletzt geändert durch VO (EU) Nr. 1088/2013 v. 4.11.2013.
29 Verordnung über Stoffe, die die Ozonschicht schädigen, BGBl. I 2012, S. 409, zuletzt geändert durch Gesetz v. 20.10.2015, BGBl. I, S. 1739.
30 BGBl. I 2013, S. 944, zuletzt geändert durch Gesetz v. 23.7.2013, BGBl. I S. 2565.
31 Verordnung über die Entsorgung gebrauchter halogenierter Lösemittel (HKWAbfV) v. 23.10.1989, BGBl. I, S. 1918, geändert durch VO v. 20.10.2006, BGBl. I, S. 2298.
32 BGBl. II 1993, S. 1783; vgl. bereits § 9 Rn. 4.
33 Derzeit hat die Konvention 196 Mitglieder (einschließlich der EU) mit unterschiedlichem Ratifikationsstand; abrufbar unter http://unfccc.int/essential_background/convention/status_of_ratification/items/2631.php (Stand: 15.1.2016).

§ 16 Klimaschutzrecht

Das auf der Dritten Vertragsstaatenkonferenz zunächst bis 2012 vereinbarte **Protokoll von Kyoto** vom 11.12.1997[34] fordert die „Verbesserung der Energieeffizienz in maßgeblichen Bereichen der Volkswirtschaft".[35] Die konkrete Verpflichtung der Vertragsstaaten zur Reduzierung von sechs Treibhausgasen[36] steht jedoch im Vordergrund. Danach müssen die Emissionen dieser Treibhausgase in den Industrieländern insgesamt soweit reduziert werden, dass sie im Zeitraum von 2008–2012 um mindestens 5 % unter dem Niveau von 1990 liegen. Weiterhin enthält das Kyoto-Protokoll sog. **flexible Mechanismen**:[37] Emissionszertifikatehandel,[38] Joint Implementation (JI)[39] und Clean Development Mechanism (CDM).[40] Letzterer ermöglicht den Vertragsstaaten, ihre Emissionsreduzierung z. T. auch im Ausland zu erbringen.[41] Die Klimarahmenkonvention erwähnt die flexiblen Mechanismen nur allgemein als eine Handlungsoption, lässt aber Spielraum für weitere Maßnahmen. Auch das Kyoto-Protokoll schreibt sie nicht vor, gibt aber gewisse Strukturen für den Fall vor, dass sich Vertragsstaaten der Mechanismen bedienen wollen.[42]

Dem Kyoto-Protokoll fehlt eine universelle Reduktionsverpflichtung, die die allgemein gehaltene Reduktionsverpflichtung des Art. 3 Abs. 1 lit. c UNFCCC konkretisiert. Es legt lediglich industrialisierten Vertragsstaaten quantifizierte Reduktionsverpflichtungen auf. Entsprechend dem Charakter des Völkerrechts als Recht gleichberechtigter, souveräner Staaten[43] ist auch der Sanktionsmechanismus weich, jedoch stärker institutionalisiert als in anderen umweltvölkerrechtlichen Abkommen.[44] Angesichts der zeitli-

---

34 BGBl. II 2002, S. 966; *Sach/Reese*, ZUR 2002, 65; *Graichen/Harders*, ZUR 2002, 73; *Marr/Oberthür*, NuR 2002, 573; *Verheyen*, NuR 2002, 445; vgl. § 9 Rn. 4.
35 Vgl. Art 2 Abs. 1 lit. a) i) des Kyoto-Protokolls.
36 Kohlendioxid, Methan, Distickstoffoxid, Schwefelhexafluorid, perfluorierte Kohlenwasserstoffe und teilhalogenierte Fluorkohlenwasserstoffe, vgl. Annex I des Kyoto-Protokolls.
37 Die sog. flexiblen Mechanismen sind Instrumente, um die erlaubte Emissionsgesamtmenge der einzelnen Staaten möglichst kostengünstig einzuhalten. Die Staaten und Betreiber sollen die Wahl haben, entweder durch Investitionen dafür zu sorgen, dass Emissionen reduziert werden, oder, statt zu investieren, Emissionsberechtigungen dazuzukaufen. *Weinreich* in: Landmann/Rohmer, Vorb. TEHG Rn. 5 ff.
38 Zur Verknüpfung von JI und CDM mit dem Europäischen Emissionshandelssystem *Stratmann*, 2011; zur funktionalen Ausgestaltung des Emissionszertifikatehandels vgl. *Hartmann*, ZUR 2011, 245; zur Umstellung der Zuteilungsmethode ab 2013 *Greb*, Der Emissionshandel ab 2013.
39 Der JI-Mechanismus besteht darin, dass ein Investor aus einem Anlage-I-Staat ein Projekt in einem anderen Anlage-I-Staat (mit-)finanziert und sich die durch das Projekt eingesparten Emissionen als sog. Emissionsreduktionseinheiten („emission reduction units" – ERU) übertragen lässt. Das Kyoto-Protokoll schreibt „additionality" (Zusätzlichkeit) vor, d.h., dass ein derartiges Projekt „zu einer Reduktion der Emissionen aus Quellen oder zu einer Verstärkung des Abbaus durch Senken führt, die zu den ohne das Projekt entstehenden hinzukommt." Weiterhin gilt wie für den Emissionshandel auch für JI das Erfordernis der „supplementarity", also eines Ergänzungsverhältnisses zu sonstigen Klimaschutzmaßnahmen. Kritisch zur Nachprüfbarkeit der Zusätzlichkeit *Winter*, NuR 2009, 289; *Hohmuth/Wolf*, NuR 2009, 470.
40 Der CDM-Mechanismus besteht darin, dass ein Investor aus einem Anlage-I-Staat ein Projekt in einem Nicht-Anlage-I-Staat (mit-)finanziert und sich in Höhe der durch das Projekt eingesparten Emissionen sog. zertifizierte Emissionsreduktionseinheiten („certified emission reduction units" – CER) zuweisen lässt. Das Kyoto-Protokoll schreibt wie bei JI „additionality" des Projekts vor. Als weitere, im Vergleich zu der JI strengere Voraussetzung werden reale, messbare und langfristige Vorteile in Bezug auf die Abschwächung der Klimaänderungen verlangt. Demgegenüber entfällt die Anforderung der „supplementarity". Es bedarf also keines Nachweises, dass das Gastgeberland eine eigene Klimaschutzpolitik betreibt. Eine allgemeine Bewertung des CDM bietet *Mehling/Merrill/Upston-Hooper* (Hrsg.), Improving the Clean Development Mechanism. Options and Challenges Post-2012; ferner zu Reformbedürfnissen *Duan*, CCLR 2011, 169.
41 *Koch* in: ders. (Hrsg.), Umweltrecht, § 4 Rn. 17; vgl. zu den Vertragsstaatenkonferenzen in Bonn und Marrakesch 2001: *Sach/Reese*, ZUR 2002, 65; *Graichen/Harders*, ZUR 2002, 73; *Oberthür/Marr*, ZUR 2002, 81.
42 Art. 6, 12 und 17 Kyoto-Protokoll.
43 Vgl. oben § 8 Rn. 7 ff.
44 Vgl. *Oberthür/Marr*, ZUR 2002, 81; *Holtwisch*, Das Nichteinhaltungsverfahren des Kyoto-Protokolls.

chen Begrenzung des Kyoto-Protokolls bis 2012 bedarf es außerdem eines Nachfolgeabkommens.

8 Über ein derartiges Nachfolgeabkommen wird seit der 13. UN-Klimakonferenz in Bali im Dezember 2007 verhandelt.[45] Besonders schwierig gestaltet sich die Festlegung quantifizierter Ziele zur Begrenzung und Minderung der Treibhausgasemissionen sowohl für Industrieländer als auch für Schwellen- und Entwicklungsländer.[46] Die Verabschiedung eines Nachfolgeabkommens auf der COP in Kopenhagen 2009 scheiterte. Auf der 16. UN-Klimakonferenz in Cancún 2010 wurde die – bereits 1995 vom Wissenschaftlichen Beirat der Bundesregierung Globaler Umweltfragen (WBGU) vorgeschlagene[47] – 2°C-Leitplanke von der internationalen Weltgemeinschaft offiziell anerkannt und ein Maßnahmenpaket verabschiedet. Dieses umfasst vor allem Verabredungen zur Errichtung eines globalen Klimafonds, zu Emissionsminderungsmaßnahmen von Industrie- und Entwicklungsländern, zum Waldschutz, zur Transparenz von Klimaschutzmaßnahmen sowie zur Adaptation und Technologiekooperation.[48] Umsetzungsentscheidungen wurden dazu auf der 17. Klimakonferenz in Durban im Dezember 2011 getroffen.[49] Gleichzeitig haben die Vertragsstaaten beschlossen, das Kyoto-Protokoll mit einer zweiten Verpflichtungsperiode weiterzuführen. Wichtige Aspekte, wie die Klärung von Minderungszusagen und Emissionsbudgets, wurden jedoch bis zur nächsten UN-Klimakonferenz Ende 2012 in Katar verschoben. Auf dieser Konferenz wurde eine Verlängerung des Kyoto-Protokolls bis 2020 vereinbart. Allerdings ist dieser Beschluss lediglich für 37 Staaten verbindlich, darunter die Europäische Union. Diese Staaten sind wiederum nur für etwa 15 %[50] der weltweiten Treibhausgasemissionen verantwortlich.[51] Sie verpflichten sich, ihre Treibhausgasemissionen bis 2020 zu reduzieren, indem sie ihre Reduktionsziele freiwillig festlegen. Wesentliche Emittenten wie etwa Russland, Kanada und Japan sowie Neuseeland erklärten gleichzeitig ihren Austritt aus dem Kyoto-Protokoll[52]. Bis Anfang Oktober 2015 hatten insgesamt 54 Staaten die Verlängerung ratifiziert. Deutschland und die Europäische Union bleiben diesen Schritt bislang schuldig,[53] haben aber freiwillig Reduktionsziele – wie auch über 150 andere Staaten – dem UNFCCC-Sekretariat gemeldet.[54] Selbst wenn diese sog. „intended nationally determined contributions" (INDCs) erfüllt werden, ließe sich die globale Erderwärmung auf lediglich 2,7° C beschränken.

---

45 Verhandlungsgrundlage ist seitdem der „Bali Action Plan", abrufbar unter: http://unfccc.int/resource/docs/2007/cop13/eng/06a01.pdf (Stand: 15.1.2016).
46 Art. 3 Abs. 1 UNFCCC geht von gemeinsamen, aber unterschiedlichen Verantwortlichkeiten im Verhältnis von Industriestaaten und Entwicklungsländern aus; Vgl. hierzu *Kreuter-Kirchhof*, S. 515 ff.
47 *WBGU*, Welt im Wandel – Wege zur lösung globaler Umweltprobleme, S. 111 f.
48 *BMU*, Pressemitteilung 195/10 v. 11.12.2010, abrufbar unter: www.bmu.de/pressemitteilungen/aktuelle_pressemitteilungen/pm/46829.php (Stand: 15.1.2016).
49 Vgl. *Schlacke*, ZUR 2012, 69 f.
50 *Feess/Seeliger*, Umweltökonomie und Umweltpolitik, S. 231.
51 Weiterführende Informationen zum Verhandlungsprozess und Ergebnis in Katar unter: unfccc.int/key_steps/doha_climate_gateway/items/7389.php (Stand: 15.1.2016).
52 *Feess/Seeliger*, Umweltökonomie und Umweltpolitik, S. 231.
53 Der Ratifizierungsstand zur Verlängerung des Kyoto-Protokolls ist abrufbar unter: http://unfccc.int/kyoto_protocol/doha_amendment/items/7362.php (Stand: 15.1.2016).
54 UNFCCC Secretariat, Synthesis report on the aggregate effect on intended nationally determined contributions, FCCC/CP/2015/7, 30.10.2015; abrufbar unter: http://www4.unfccc.int/submissions/INDC/Submission%20Pages/submissions.aspx (Stand: 15.1.2016).

Das am 12. Dezember 2015 von 195 Staaten und der EU verabschiedete Pariser Abkommen[55] enthält keine Minderungsziele, sondern verpflichtet die Mitglieder, den Anstieg der globalen Mitteltemperatur „well below", also deutlich unter 2° Celsius im Vergleich zum vorindustriellen Niveau, zu halten und Anstrengungen zu verfolgen, den Temperaturanstieg sogar unterhalb von 1,5° Celsius zu stabilisieren. Ein globales Langfristziel, das etwa nach Auffassung des WBGU beinhalten sollte, die CO_2-Emissionen aus fossilen Energieträgern bis spätestens 2070 weltweit auf Null abzusenken,[56] wurde nicht vereinbart. Stattdessen wird in Art. 4 Abs. 1 für die Erreichung eines „long-term temperature goal" auf die 2° bzw. 1,5° Celsius-Leitplanke verwiesen. Lediglich für die zweite Hälfte dieses Jahrhunderts wird eine Balance zwischen Treibhausgasemissionen und Senken, m.a.W. eine Treibhausgasemissionsneutralität angestrebt. Die Einhaltung der 2°-Celsius-Leitplanke soll gewährleistet werden, indem jede Vertragspartei ab 2020 die Pflicht hat, selbst festgelegte Minderungsbeiträge bzw. -ziele alle 5 Jahre zu melden. Zwar sind die Vertragsstaaten verpflichtet, so schnell wie möglich den Scheitelpunkt der globalen Emissionen zu erreichen. Reduktionsziele, -fristen oder Kohlenstoffbudgets werden aber nicht festgelegt bzw. verteilt. Industriestaaten soll insoweit eine Führungsrolle bei der Festlegung von Emissionsminderungszielen zukommen; Entwicklungsländer sollen unterstützt werden, damit sie höhere Ambitionsniveaus erreichen und die am wenigsten entwickelten Länder und die kleinen Inselstaaten werden lediglich verpflichtet, Strategien, Pläne und Aktionen für niedrige Treibhausgasemissionsentwicklungen in Abhängigkeit von ihren speziellen Umständen zu formu-lieren. Sehr wesentlich zu dieser Regelung beigetragen hat der auf der Konferenz von Warschau vereinbarte neue Mechanismus, bereits vor der Pariser Konferenz beabsichtigte national bestimmte Beiträge ("intended nationally determined contributions", kurz INDCs) für das neue Klimaschutzabkommen zu melden. Insgesamt zeigt das Abkommen die Ernsthaftigkeit der Staatengemeinschaft, sich der Bekämpfung des globalen Klimawandels zu widmen. Dennoch sind weitere Maßnahmen in den Bereichen Klimaschutz, Klimaanpassung, Verluste und Schäden zu treffen sowie die flexiblen Mechanismen fortzuentwickeln.[57]

2. EU-Recht

Erste Schritte einer gemeinsamen Klimaschutzpolitik unternahm die EU bereits 1988.[58] Seit Genehmigung des Kyoto-Protokolls mit der Entscheidung 2002/358/EG vom 25.4.2002[59] war die EU verpflichtet, ihre gemeinsamen anthropogenen Treibhausgasemissionen, die im Anhang A des Kyoto-Protokolls aufgeführt sind (sog. „Bubble"), im Zeitraum von 2008 bis 2012 gegenüber dem Stand von 1990 um 8 % zu senken.[60] Die mitgliedstaatlichen Verpflichtungen konnten im Innenverhältnis unterschiedlich hoch ausfallen.[61]

9

---

55 Abrufbar unter: https://unfccc.int/resource/docs/2015/cop21/eng/l09r01.pdf (Stand: 15.1.2016); s. oben § 8 Rn. 20.
56 Klimaschutz als Weltbürgerbewegung, 2014, S. 1 f.
57 Weiterführend vgl. *Morgenstern/Dehnen*, ZUR 2016, 131 ff.; *Schlacke*, ZUR 2016, 65 f.
58 KOM (88) 656/2 endg.
59 ABlEG L 130/1.
60 Vgl. zum Kyoto-Protokoll und zur Reduktionsverpflichtung der EU unter: www.bmu.de/themen/klima-energie/klimaschutz/internationale-klimapolitik/kyoto-protokoll/ (Stand: 15.1.2016).
61 Dies war einer der Kritikpunkte der USA am Kyoto-Protokoll, die sich durch die Regelung benachteiligt fühlten. Vgl. zum Verhandlungsprozess die Zusammenstellung in *Hunter/Salzmann/Zaelke*, International environmental law and policy, S. 667 ff.

10 **Primärrechtlich** ist die „Bekämpfung des Klimawandels" als Teil der gemeinsamen Umweltpolitik in Art. 191 Abs. 1, 4. Spiegelstrich a.E. AEUV verankert und wird durch den im Vertrag von Lissabon neu verankerten Energiekompetenztitel, Art. 194 AEUV, flankiert.[62]

11 **Sekundärrechtlich** hat die Europäische Union zahlreiche Verordnungen, Richtlinien und Entscheidungen im Bereich des Klimaschutzrechts erlassen. Weitreichend waren zunächst die vom Europäischen Rat im März 2007 vereinbarten Klima- und Energieziele. Diese sahen vor, dass bis 2020 der Treibhausgasausstoß um 20 % gegenüber 1990 vermindert, die Energieeffizienz um 20 % gesteigert und 20 % der Energieversorgung durch Energie aus erneuerbaren Quellen gedeckt werden soll (sog. Zieltrias).[63] Die als **Klima- und Energiepaket**[64] der EU ergangenen Rechtsakte,[65] die zur Änderung und Fortschreibung bestehender Richtlinien, etwa zu erneuerbaren Energien oder Treibhausgasemissionen durch Kraftstoffe,[66] zur Einführung neuer Technologien wie der Kohlenstoffspeicherung[67] und zur Novellierung des Emissionshandels[68] führen, zählen insgesamt zum EU-Luftreinhaltungs-[69] und Klimaschutzrecht. Unter der Bedingung, dass andere Staaten vergleichbare Verpflichtungen in einem internationalen Abkommen eingehen, ist die EU bereit, ihre Emissionen um 30 % zu reduzieren.[70] Gegen die ehrgeizigen Emissionskorridore, die für Industriestaaten zwischen 25 und 40 % bis 2020 gegenüber 1990 liegen, bestehen international jedoch zahlreiche Widerstände.

---

62 Zur Abgrenzung von Art. 194 AEUV zu Art. 192 AEUV vgl. *Schlacke* in: Müller/Kahl (Hrsg.), S. 99 ff.; *Kröger*, Die Förderung erneuerbarer Energien im Europäischen Elektrizitätsbinnenmarkt, S. 344 f.; ferner § 7 Rn. 12.
63 Entscheidung Nr. 406/2009/EG des Europäischen Parlaments und des Rates v. 23.4.2009 AB1EG L 140/136; Mitteilung der Kommission vom 10.1.2007 „Begrenzung des globalen Klimawandels auf 2 Grad Celsius – Der Weg in die Zukunft bis 2020 und darüber hinaus", KOM (2007) 20 endg.; Mitteilung der Kommission vom 23.1.2008 „20 und 20 bis 2020 – Chancen Europas im Klimawandel", KOM (2008) 30 endg.
64 Hierzu vgl. *Sieberg*, NVwZ 2006, 141.
65 Entscheidung 406/2009/EG v. 23.4.2009 über die Anstrengungen der Mitgliedstaaten zur Reduktion ihrer Treibhausgasemissionen mit Blick auf die Erfüllung der Verpflichtung der Gemeinschaft zur Reduktion der Treibhausgasemissionen bis 2020, AB1EG L 140/136, zuletzt geändert durch Beschluss v. 9.12.2011, AB1EU L 112/6; VO (EG) Nr. 443/2009 v. 23.4.2009 zur Festsetzung von Emissionsnormen für neue Personenkraftwagen, AB1EG L 140/1, zuletzt geändert durch Delegierte VO (EU) 2015/6 v. 31.10.2014, AB1EU L 3/1; RL 2009/28/EG v. 23.4.2009 zur Förderung der Nutzung von Energie aus erneuerbaren Quellen, AB1EG L 140/16, zuletzt geändert durch RL (EU) 2015/1513 v. 9.9.2015, AB1EU L 239/1; RL 2009/29/EG v. 23.4.2009 zur Änderung der RL 2003/87/EG zwecks Verbesserung und Ausweitung des Gemeinschaftssystems für den Handel mit Treibhausgasemissionszertifikaten, AB1EG 140/63; RL 2009/30/EG v. 23.4.2009 zur Änderung der RL 98/70/EG im Hinblick auf die Spezifikationen für Otto-, Diesel- und Gasölkraftstoffe und die Einführung eines Systems zur Überwachung und Verringerung der Treibhausgasemissionen sowie zur Änderung der RL 1999/32/EG des Rates im Hinblick auf die Spezifikationen für von Binnenschiffen gebrauchte Kraftstoffe und zur Aufhebung der RL 1993/12/EWG, AB1EG L 140/88; RL 2009/31/EG v. 23.4.2009 über die geologische Speicherung von Kohlendioxid, AB1EG L 140/114, zuletzt geändert durch RL 2011/92 EU v. 13.12.2011, AB1EU L 26/1.
66 Geändert wurden die RL 1998/70/EG; 1999/32/EG; 2000/60/EG; 2003/87/EG; 2004/35/EG, 2006/12/EG, 2008/1/EG sowie die VO (EG) Nr. 1013/2006; geändert und dann aufgehoben wurden die RL 2001/77/EG, 2003/30/EG, 93/12/EWG und 1985/337/EWG; zum 1.1.2016 ist die RL 2001/80/EG außer Kraft getreten.
67 RL 2009/31/EG v. 23.4.2009 über die geologische Speicherung von Kohlendioxid, AB1EG L 140/114, zuletzt geändert durch RL 2011/92/EU v. 13.12.2011, AB1EU L 26/1.
68 RL 2009/29/EG v. 23.4.2009 zwecks Verbesserung und Ausweitung des Gemeinschaftssystems für den Handel mit Treibhausgasemissionszertifikaten, AB1EG L 140/63.
69 Vgl. oben § 9 Rn. 5 ff.
70 Entscheidung Nr. 406/2009/EG des Europäischen Parlaments und des Rates v. 23.4.2009, AB1EG L 140/136, zuletzt geändert durch Beschluss v. 5.12.2011, AB1EU L 112/6; s. auch Mitteilung der Kommission, EU-Strategie zur Anpassung an den Klimawandel, KOM (2013) 216 endg.

Der Europäische Rat legte im Oktober 2014 das 2030-Mindestziel fest und konzentrierte sich dabei auf eine Weiterentwicklung der sog. Zieltrias. Demnach sollen die Emissionen um 40 % gegenüber 1990 reduziert, der Anteil erneuerbarer Energien am Energieverbrauch auf mindestens 27 % und die Energieeffizienz um 27 % erhöht werden. In Anbetracht des Fernziels einer Reduzierung von 80 bis 95 % gegenüber 1990 wurde diese Zielsetzung vielfach als unbefriedigend aufgefasst.[71]

Im Sinne einer Systematisierung bietet sich die Unterscheidung von Rechtsakten zur Errichtung eines gemeinschaftsweiten Treibhausgasemissionszertifikatehandels, zur Förderung erneuerbarer Energien und zur Förderung der Energieeffizienz sowie zur Steuerung sonstiger klimaschützender Technologien oder Verhaltensweisen an.

a) Rechtsakte zur Errichtung eines EU-Emissionshandelssystems

Veranlasst durch das Kyoto-Protokoll ist mit der **Richtlinie 2003/87/EG** vom 13.10.2003[72] (sog. **Emissionshandelsrichtlinie**) ein selbstständiges europäisches System für den Handel mit Emissionsberechtigungen geschaffen worden. Seit seiner Errichtung im Jahr 2005 ist der Emissionshandel eines der wichtigsten Instrumente der Europäischen Union zur unionsweiten Treibhausgasreduktion.[73] Der Emissionshandel beruht – modellhaft – auf einem **cap and trade-System**, bei dem die Menge zulässiger Emissionen bestimmter Treibhausgase gedeckelt wird (cap) und die Emissionsrechte, übersetzt in Zertifikate, auf einem hierfür geschaffenen Markt gehandelt werden können (trade). Betreiber relevanter Industrieanlagen werden verpflichtet, für jede Tonne Ausstoß spezifischer Gase[74] eine entsprechende handelbare Emissionsberechtigung (Zertifikat) nachzuweisen. Dies soll dazu führen, dass Betreiber, für die technische Emissionsreduktionen nur durch vergleichsweise kostenaufwändige Maßnahmen erreichbar sind, Zertifikate von solchen Anlagenbetreibern erwerben, welche die Reduktionen kostengünstiger erreichen können. Die auf die einzelnen Mitgliedstaaten entfallenden Emissionsberechtigungen wurden in den ersten beiden Zuteilungsperioden, Phase I (2005–2007)[75] und Phase II (2008–2012),[76] auf europäischer Ebene ausgehandelt und dann in Nationalen Allokationsplänen (NAP) auf die einzelnen Betriebe verteilt, die der Kommission zwar vorzulegen waren; diese besaß jedoch nur sehr eingeschränkte inhaltliche Kontrollmöglichkeiten.[77]

12

---

71 Siehe allgemein zu dieser Entwicklung und dem 2030-Klimaziel *Falke*, ZUR 2015, 55.
72 ABlEG L 275/32, zuletzt geändert durch Beschluss v. 6.10.2015, ABlEU L 264/1; vgl. ferner Mitteilung der Europäischen Kommission, Errichtung eines globalen Kohlenstoffmarkts – Bericht nach Maßgabe von Art. 30 der RL 2003/87/EG, KOM (2006) 676 endg.; weiterführend zur Zwischenbilanz des Emissionshandelssystems *Winter*, ZUR 2009, 289; zu aktuellen Entwicklungen *Stäsche*, EnWZ 2015, 309; siehe bereits § 9 Rn. 12.
73 *Epiney*, ZUR 2010, 236; *Peine*, EurUP 2008, 102.
74 Erfasst waren bisher z. B. Kohlendioxid, Methan, Distickstoffoxid, teilhalogenierte Kohlenwasserstoffe, perfluorierte Kohlenwasserstoffe sowie Schwefelhexafluorid. Seit 2013 werden weitere klimaschädliche Substanzen, wie Lachgas und vollhalogenierte Fluorkohlenwasserstoffe, einbezogen.
75 Mitteilung der Kommission über Hinweise zur Unterstützung der Mitgliedstaaten bei der Anwendung der in Anhang III der RL 2003/87/EG über ein System für den Handel mit Treibhausgasemissionszertifikaten in der Gemeinschaft und zur Änderung der RL 96/61/EG des Rates aufgelisteten Kriterien sowie über die Bedingungen für den Nachweis höherer Gewalt, KOM (2003) 830 endg.; vertiefend zur ersten Zuteilungsperiode 2005–2007 vgl. *Knopp/Hoffmann*, EWS 2004, 201; *Michaelis/Holtwisch*, NJW 2004, 2127.
76 Mitteilung der Kommission „Neue Hinweise zu den Zuteilungsplänen für den Handelszeitraum 2008 bis 2012 des Systems für den EU-Emissionshandel", KOM (2005) 703 endg.; vertiefend zur zweiten Zuteilungsperiode 2008–2012 vgl. *Zenke/Telscho*, IR 2006, 126; *dies.*, IR 2006, 146 ff.; *Kobes*, NVwZ 2007, 857.
77 Bspw. scheiterte der Versuch der Kommission Überallokationen durch Kürzung nationaler Emissionsbudgets einzuschränken; vgl. EuG, Urt. v. 23.9.2009, ZUR 2009, 610.

Phase III (2013–2020) beruht nunmehr – erstmalig – auf einer europäischen Gesamtobergrenze für CO_2 („cap"). Die Gesamtzuteilungsmenge ist auf etwa 2 Mrd. Emissionsberechtigungen festgesetzt[78], die bis zum Jahre 2020 jährlich um einen linearen Verringerungsfaktor von 1,74 % gesenkt wird.[79]

13 In den ersten acht Jahren des Emissionshandels standen den Mitgliedstaaten noch weitreichende Rechtsetzungsbefugnisse bei der inhaltlichen Ausgestaltung der nationalen Zuteilungspläne zu. Im Zuge einer europaweiten Harmonisierung des Emissionshandelssystems[80] durch die im Rahmen des Klima- und Energiepaketes[81] erlassene Richtlinie 2009/29/EG[82] vom 23.4.2009 hat die Union wesentliche Rechtsetzungsbefugnisse für die 2013 begonnene Phase III (2013–2020) an sich gezogen und ist damit erstmalig allein für die Festlegung der Gesamtzuteilungsmenge und die Ausgestaltung der Zuteilungsregeln zuständig.

Im Oktober 2014 gab der Europäische Rat einen neuen „Rahmen für die Klima- und Energiepolitik bis 2030"[83] bekannt. Dieser sieht strengere Reduktionsziele für den Ausstoß von CO_2 für den Zeitraum 2021–2030 vor. Danach soll der Ausstoß an CO_2 2030 im Vergleich zu 2005 um 43 % reduziert werden[84]. Zu diesem Zweck soll der lineare Verringerungsfaktor ab 2021 jährlich um 2,2 % – und nicht wie bisher um 1,74 % – gesenkt werden[85]. Die Umsetzung dieser Ziele soll durch eine erneute Reform der Emissionshandelsrichtlinie 2003/87/EG erfolgen[86].

14 Während in Phase I und Phase II die Zertifikate überwiegend kostenlos zugeteilt wurden, ist seit 2013 die Versteigerung der Zertifikate als Grundprinzip der Zuteilung festgelegt. Die schrittweise Umstellung greift zuerst im Sektor der Stromerzeugung, in dem seit 2013 die meisten Zertifikate versteigert werden.[87] Ab 2020 sollen dann die Emissionszertifikate sämtlicher Sektoren versteigert werden. Bis dahin wird die überwiegende Anzahl der Industrieanlagenbetreiber[88] noch nach einem mehrstufigen Berechnungsmodell eine kostenlose Zuteilung erhalten, die auf produktbezogenen Emissionswerten basiert (Produktbenchmarks). Greift dieses Zuteilungskonzept nicht, findet nach einem dreigestuften Verfahren entweder ein sog. Wärmebenchmark, ein Brennstoffbenchmark oder ein prozessbezogener Benchmark Anwendung. Die Benchmarks leiten sich von den 10 % effizientesten Anlagen in Europa ab, so dass ineffiziente Anlagen künftig verstärkt Emissionsberechtigungen zukaufen müssen. Um internationale Wettbewerbsnachteile für Anlagen aus Sektoren mit einem besonders hohen

---

78 Vgl. Art. 1 des Beschl. der Kommission zur Anpassung der gemeinschaftsweiten Menge der im Rahmen des EU-Emissionshandelssystems für 2013 zu vergebenden Zertifikate v. 22.10.2010, ABlEU L 279/34.
79 Grundlegend zur dritten Zuteilungsperiode *Hartmann*, ZUR 2011, 246; *Spieth/Hamer*, NVwZ 2011, 920; *Hutsch*, NordÖR 2011, 8.
80 Zum systemischen Anpassungsbedarf vgl. Erwägungsgrund 8 der RL 2009/29/EG.
81 Vgl. oben § 16 Rn. 11.
82 ABlEG L 140/63.
83 Siehe zum „Rahmen für die Klima- und Energiepolitik bis 2030" die Schlussfolgerungen des Europäischen Rates v. 23./24.10.2014, EUCO 169/14.
84 Ebenda, Rn. 2.1.
85 Ebenda, Rn. 2.2.
86 Vgl. den Vorschlag für eine Richtlinie des Europäischen Parlaments und des Rates zur Änderung der Richtlinie 2003/87/EG zwecks Verbesserung der Kosteneffizienz von Emissionsminderungsmaßnahmen und zur Förderung von Investitionen in CO_2-effiziente Technologien v. 15.7.2015, KOM (2015) 337 endg.
87 Vgl. zur übergangsweisen kostenlosen Zuteilung an Anlagen zur Stromerzeugung die Mitteilung der Kommission v. 31.3.2011, ABlEU C 99/9; zur Versteigerung im Lichte der europäischen Zuständigkeitsverordnung *Seiler*, EuR 2010, 67.
88 Zu den neuen Zuteilungsregeln für Industrieanlagen vgl. *Spieth/Hamer*, NVwZ 2011, 920.

Verlagerungsrisiko in das außereuropäische Ausland („Carbon Leakage Risk") zu vermeiden, normiert Art. 10a Abs. 12 der Emissionshandelsrichtlinie Ausnahmeregelungen.[89]

Nach der bereits erfolgten Einbeziehung des **Luftverkehrs**[90] in das System durch die **Richtlinie 2008/101/EG** vom 19.11.2008[91] wird dieser Schritt für weitere Sektoren, etwa die Schifffahrt[92] oder den Kraftfahrzeugverkehr,[93] noch erwogen. Währenddessen war die steuerliche Flankierung des EU-Emissionshandelssystems durch weitreichende Änderungen der Energiesteuerrichtlinie 2003/96/EG bereits für 2013 geplant.[94] Eine solche Änderung der Energiesteuerrichtlinie steht weiterhin aus.

Die Verpflichtung zur Abgabe von Zertifikaten gilt hingegen nicht für Emissionen, die dauerhaft unterirdisch nach der sog. Carbon Capture and Storage-Technologie eingelagert werden.[95]

Die sog. **Verbindungsrichtlinie 2004/101/EG (linking directive)**[96] überträgt die flexiblen Mechanismen des Kyoto-Protokolls ins Europarecht und lässt eine Berücksichtigung von JI- und CDM-Maßnahmen zu.[97] Die zukünftige Ausgestaltung ist dabei von dem Abschluss eines Kyoto-Nachfolgeprotokolls abhängig und somit noch offen.

b) Rechtsakte zur Förderung erneuerbarer Energien

Die

- Verordnung (EG) Nr. 714/2009 vom 13.7.2009 über die **Netzzugangsbedingungen für den grenzüberschreitenden Stromhandel**, und zur Aufhebung der Verordnung (EG) Nr. 1228/2003,[98]
- Verordnung (EG) Nr. 715/2009 vom 13.7.2009 über den **Zugang zu den Erdgasfernleitungsnetzen** und zur Aufhebung der Verordnung (EG) Nr. 1775/2005,[99]

---

89 Als „Carbon Leakage Risk" wird das Risiko bezeichnet, dass Unternehmen ihre Produktion aufgrund einer stringenten Klimaschutzpolitik ins Ausland verlagern; vgl. auch Beschluss 2014/746/EU der Kommission v. 27.10.2014 zur Festlegung eines Verzeichnisses der Sektoren und Teilsektoren, von denen angenommen wird, dass sie im Zeitraum 2015–2019 einem erheblichen Risiko einer Verlagerung von CO_2-Emissionen ausgesetzt sind.
90 Zur Einbeziehung des Luftverkehrs in das System für den Handel mit Treibhausgasemissionszertifikaten vgl. EuGH, NVwZ 2012, 226.
91 ABlEG L 8/3; vgl. auch *Bartlik*, EuR 2011, 196.
92 Vgl. zur Einbeziehung der Seeschifffahrt den Vorschlag der Kommission KOM(2013) 480 sowie *Engel*, NVwZ 2013, 1384, 1385 f.; *Hinselmann*, ZUR 2014, 473.
93 *SRU*, Umweltschutz im Zeichen des Klimawandels, Umweltgutachten 2008, Tz. 158 f.; vgl. VO (EG) Nr. 443/2009 v. 23.4.2009, ABlEG L 140/1.
94 Vgl. dazu den Vorschlag für eine Richtlinie des Rates zur Änderung der Richtlinie 2003/96/EG zur Restrukturierung der gemeinschaftlichen Rahmenvorschriften zur Besteuerung von Energieerzeugnissen und elektrischem Strom, KOM (2011) 196/3.
95 Art. 12 (3a) RL 2003/87/EG in der Fassung der RL 2009/29/EG; vgl. auch *Hohmuth*, ZUR 2008, 295 ff.; vgl. dazu unter § 16 Rn. 2, 29, 71.
96 RL 2004/101/EG v. 27.10.2004 zur Änderung der RL 2003/87/EG über ein System für den Handel mit Treibhausgasemissionszertifikaten in der Gemeinschaft im Sinne der projektbezogenen Mechanismen des Kyoto-Protokolls, ABlEG L 338/18; dazu *Knopp/Hoffmann*, EuZW 2005, 616; *Marr/Wolke*, NVwZ 2006, 1102, 1105 ff.
97 Vgl. oben § 16 Rn. 7.
98 ABlEG L 211/15, zuletzt geändert durch VO v. 14.6.2013, ABlEU L 163/1.
99 ABlEG L 211/36, zuletzt geändert durch Beschluss (EU) 2015/715 der Kommission v. 30.4.2015 zur Änderung von Anhang I Verordnung (EG) Nr. 715/2009 des Europäischen Parlaments und des Rates über die Bedingungen für den Zugang zu den Erdgasfernleitungsnetzen, ABlEU L 114/9.

- Richtlinie 2009/72/EG vom 13.7.2009 über gemeinsame Vorschriften für den **Elektrizitätsbinnenmarkt** und zur Aufhebung der Richtlinie 2003/54/EG,[100]
- Richtlinie 2009/73/EG vom 13.7.2009 über gemeinsame Vorschriften für den **Erdgasbinnenmarkt** und zur Aufhebung der Richtlinie 2003/55/EG,[101]
- Richtlinie 2003/96/EG (**Energiesteuerrichtlinie**) zur Restrukturierung der gemeinschaftlichen Rahmenvorschriften zur Besteuerung von Energieerzeugnissen und elektrischem Strom vom 27.10.2003[102] und
- Verordnung (EU) Nr. 994/2010 vom 20.10.2010 über Maßnahmen zur Gewährung der sicheren Erdgasversorgung und zur Aufhebung der Richtlinie 2004/67/EG[103]

enthalten zwar **kein umweltspezifisches Instrumentarium** zur Förderung erneuerbarer Energien. Sie erlauben aber nichtdiskriminierende Umweltschutzmaßnahmen[104] und sehen etwa die Möglichkeit eines Abnahmevorrangs für erneuerbare Energien vor.[105] Im Übrigen stehen als lex specialis spezifische Rechtsakte zur Förderung erneuerbarer Energien bereit.[106] Im Rahmen der **Energiesteuer-Richtlinie** 2003/96/EG sind bisher Steuererleichterungen vorgesehen, die vor allem die erneuerbaren Energien benachteiligen und Anreize setzen, die den energie- und klimapolitischen Zielen der EU zuwiderlaufen. Vor diesem Hintergrund hat die Kommission einen Änderungsentwurf der Energiesteuerrichtlinie 2003/96/EG vom 13.4.2011 vorgelegt, der die steuerliche Belastung der einzelnen Brennstoffe umverteilen soll und auf die Schaffung eines Rahmens für die Besteuerung von CO_2-Emissionen (**CO_2-Steuer**) zielt, die nicht durch das EU-Emissionshandelssystem erfasst werden.[107]

18 Die

- Richtlinie 2009/28/EG vom 23.4.2009 zur Förderung der Nutzung von Energie aus erneuerbaren Quellen,[108] sog. **Erneuerbare-Energien-Richtlinie**

enthält demgegenüber **ein Instrumentarium** zur Förderung erneuerbarer Energien. Die Mitgliedstaaten sind indes hinsichtlich der Wahl ihrer Förderinstrumente (preis- oder quotenbasiert) frei.[109]

Sie sieht einen Anteil von 20 % erneuerbarer Energien am Endenergieverbrauch von Strom und Wärme/Kälte bis 2020, der anteilig auf die Mitgliedstaaten umgelegt und nach nationalen Aktionsplänen[110] erfüllt wird, sowie eine 10 %-Biokraftstoffquote für jeden Mitgliedstaat vor.[111] Damit setzt die Richtlinie für Strom und Wärme erstmals verbindliche Ziele fest und enthält genaue Vorgaben zum Netzzugang, zur Vereinfa-

---

100 ABlEG L 211/55.
101 ABlEG L 211/94.
102 ABlEG L 283/51, zuletzt geändert durch RL v. 29.4.2004, ABlEG L 157/100.
103 ABlEU L 295/1.
104 Vgl. z.B. Art. 3 Abs. 15 RL 2009/72/EG, ABlEG L 211/55.
105 Vgl. Art. 25 Abs. 4 RL 2009/72/EG, ABlEG L 211/55.
106 Vgl. zum Verhältnis von allgemeinem Energierecht und den Rechtsakten zur Förderung erneuerbarer Energien *Ekardt/Schmeichel*, ZEuS 2009, 171; *Kahl*, EuR 2009, 618.
107 Vgl. dazu den Vorschlag für eine Richtlinie des Rates zur Änderung der RL 2003/96/EG zur Restrukturierung der gemeinschaftlichen Rahmenvorschriften zur Besteuerung von Energieerzeugnissen und elektrischem Strom, KOM (2011) 196/3; Erwiderung des EWS auf diesen Vorschlag v. 28.1.2012, ABlEU C 24.
108 ABlEG L 140/16, zuletzt geändert durch RL (EU) 2015/1513 v. 9.9.2015, ABlEU L 239/1.
109 *Schlacke/Kröger*, NVwZ 2013, 313; *Lehnert*, ZUR 2009, 307.
110 Nicht zu verwechseln mit den Nationalen Allokationsplänen des Emissionshandels, die nunmehr mit der Phase III des europäischen Emissionshandels ohnehin nicht mehr gelten.
111 Vgl. bereits Mitteilung der Kommission, Fahrplan für erneuerbare Energien im 21. Jahrhundert: Größere Nachhaltigkeit für die Zukunft, KOM (2006) 848 endg.

chung von Verwaltungsvorschriften, Herkunftsnachweisen sowie bestimmten Berichtspflichten. Zusätzlich befasst sie sich mit Fragen der Anlageneffizienz sowie der Ausbildung und Information der Beteiligten.

Die Erneuerbare-Energien-Richtlinie beschränkt die Nutzung erneuerbarer Energien durch **Nachhaltigkeitskriterien**, allerdings nur in Bezug auf flüssige Biobrennstoffe, zu denen auch Biokraftstoffe gehören.[112] Die Beschränkung dient der Regulierung des, aus der Intensivierung der landwirtschaftlichen Produktion von Biomasse resultierenden gesteigerten Nutzungsdrucks auf die Umwelt und damit der Lösung der Zielkonflikte von Klima- und Umweltschutz. Angesichts der Geltung der Kriterien auch für importierte Biomasse kann dies welthandelsrechtliche Probleme nach sich ziehen.[113]

Wie sich der „Rahmen für die Klima- und Energiepolitik 2030"[114] auf die zukünftige Politik der Union im Bereich der erneuerbaren Energien auswirkt, bleibt abzuwarten. Er sieht vor, den Anteil erneuerbarer Energien am Energieverbrauch in der Union auf mindestens 27 % zu erhöhen[115]. Eine verbindliche Festlegung nationaler Ziele scheiterte am Widerstand verschiedener Staaten, u.a. Großbritanniens[116].

19

c) Rechtsakte zur Verbesserung der Energieeffizienz

Maßnahmen zur Steigerung der Energieeffizienz[117] sollen dazu beitragen, den Energieverbrauch zu reduzieren und dadurch den Ausstoß von klimaschädlichen Treibhausgasen, die Energiekosten sowie die Abhängigkeit von Energieimporten zu senken. Dazu wird im Bereich der Energieeffizienz bis 2020 unionsweit eine Energieeinsparung von 20 % angestrebt, ohne dass dies bisher verbindlich festgesetzt wurde.[118] Die EU hat zahlreiche Rechtsakte zur Verbesserung der Energieeffizienz erlassen:[119]

20

- Richtlinie 2012/27/EU vom 25.10.2012 zur Energieeffizienz, sog. „**Energieeffizienzrichtlinie**",[120]
- Richtlinie 2010/30/EU vom 19.5.2010 über die Angabe des Verbrauchs an Energie und anderen Ressourcen durch energieverbrauchsrelevante Produkte mittels einheitlicher Etiketten und Produktinformationen,[121]
- Richtlinie 2010/31/EU über die Gesamtenergieeffizienz von Gebäuden vom 19.5.2010, sog. „**Gebäudeeffizienz-Richtlinie**",[122]
- Richtlinie 2008/98/EG vom 19.11.2008 über Abfälle und zur Aufhebung bestimmter Richtlinien, sog. „**Abfallrichtlinie**",[123]

---

112 Vgl. Art. 17–19 EEG-RL; *Ekardt/Schmeichel/Heering*, NuR 2009, 222, 226.
113 *Schlacke* in: dies. (Hrsg.), Umwelt- und Planungsrecht im Wandel, DV 2011, Beiheft 11, S. 136; zur Vereinbarkeit der Nachhaltigkeitskriterien mit WTO-Recht *Franken*, ZUR 2010, 66.
114 Schlussfolgerungen des Europäischen Rates v. 23./24.10.2014, EUCO 169/14.
115 Ebenda, Rn. 3.
116 *Stäsche*, EnWZ 2015, 309, 312.
117 Zum Rechtsbegriff der Energieeffizienz; *Britz/Eifert/Reimer*, S. 65; *Pielow*, ZUR 2010, 118.
118 Vgl zur Absicht der EU KOM (2010) 2020 endg.
119 Vgl. *Wüstemann*, S. 47 ff.
120 ABlEU L 315/1, zuletzt geändert durch RL v. 13.5.2013, ABlEU L 141/28.
121 ABlEU L 153/1, zuletzt geändert durch RL v. 25.10.2012, ABlEU L 315/1.; Art. 9 Abs. 1 und Abs. 2 über die Angaben des Energieverbrauchs der RL 2010/30/EU wurde mit dieser Änderung zum 5.6.2014 gestrichen.
122 ABlEU 2010 L 153/13. Durch diese Neufassung der RL 2002/91/EG v. 16.12.2002, ABlEG L 1/65, werden die bisherigen Instrumente ausgeweitet und verschärft.
123 ABlEG L 312/3, zuletzt geändert durch RL (EU) 2015/1127 v. 10.7.2015, ABlEU L 184/13.

- Richtlinie 2009/125/EG vom 21.10.2009 zur Schaffung eines Rahmens für die Festlegung von Anforderungen an die umweltgerechte Gestaltung energieverbrauchsrelevanter Produkte „Ökodesign-Richtlinie"[124] und
- Richtlinie 2009/33/EG vom 23.4.2009 zur Förderung sauberer und energieeffizienter Straßenfahrzeuge.[125]

21 Außerdem soll die Energieeffizienz von energieverbrauchsrelevanten Produkten (Ökodesign) und Gebäuden verbessert werden. Die Richtlinie 2010/31/EU gibt den Mitgliedstaaten auf, Mindeststandards für die Gesamtenergieeffizienz von Gebäuden zu setzen und ein System für die Erstellung von Energieausweisen einzurichten.[126] Die sog. Ökodesign-Richtlinie stellt den Rechtsrahmen für den Erlass umfassender Anforderungen an die Umweltverträglichkeit von energieverbrauchsrelevanten Produkten vor und dient als Ermächtigungsgrundlage für entsprechende Durchführungsverordnungen der Kommission.[127] Gemäß der Richtlinie 2010/30/EU sollen Verbraucher durch Kennzeichnungen Energieverbrauch und Energieeffizienz von energieverbrauchsrelevanten Produkten beim Kauf berücksichtigen können.[128] Der Effizienz der Energieerzeugung wird etwa durch die KWK-Richtlinie oder die Forderung nach bestimmten Wirkungsgraden in der Erneuerbare-Energien-Richtlinie 2009/28/EG Rechnung getragen.[129] Dennoch ist es bisher nicht gelungen, das Energieeinsparpotenzial voll auszuschöpfen.

Mit der „**Energieeffizienzrichtlinie**" 2012/27/EU vom 25.10.2012 wurde der Weg für zusätzliche Maßnahmen effizienter Energienutzung in sämtlichen Bereichen der Energiewertschöpfungskette geebnet.[130] So soll mittelfristig der Primärenergieverbrauch in der Europäischen Union bis zum Jahr 2020 um 20 % gegenüber unverändert geltenden Projektionen gesenkt werden (vgl. Art. 1 Abs. 1). Außerdem sollen mit der Richtlinie weitere Energieeffizienzverbesserungen für die Zeit nach 2020 vorbereitet werden.[131] Konkret bestimmte der Europäische Rat bisher für die Zeit nach 2020 und bis 2030 ein lediglich indikatives Mindestziel von 27 % mit der Möglichkeit einer Erhöhung auf 30 % nach Abschluss einer Evaluation bis 2020[132].

Im dritten Energiepaket wurde zudem die Einführung intelligenter Verbrauchsmessgeräte festgelegt, sog. „**Smart Meters**", die die Verbraucher genau über Energieverbrauch und -preise informieren, so dass diese gezielter Energie sparen können. Allerdings kann

---

124 ABlEG L 285/10, zuletzt geändert durch RL v. 25.10.2012, ABlEU L 315/1; dazu vgl. *Dietrich/Akkermann*, ZUR 2013, 274.
125 ABlEG L 120/5.
126 Seit der Neufassung ist auch der Gebäudebestand in den Anwendungsbereich der Richtlinie einbezogen; vgl. *Koch*, NVwZ 2011, 641, 645.
127 Zur Ökodesign-Richtlinie bestehen Durchführungsvorschriften der Kommission, etwa die VO (EG) Nr. 278/2009 v. 6.4.2009 zur Durchführung der RL 2005/32/EG im Hinblick auf die Festlegung von Ökodesign-Anforderungen an die Leistungsaufnahme externer Netzteile bei Nulllast sowie ihre durchschnittliche Effizienz im Betrieb, ABlEG L 93/3; vertiefend *Schomerus/Spengler*, EurUP 2010, 54; zur Umsetzung der Richtlinie *Dietrich/Akkermann*, ZUR 2013, 274.
128 Gem. Art. 2 a) RL 2010/30/EU ist ein „energieverbrauchsrelevantes Produkt" ein Gegenstand, dessen Nutzung den Verbrauch von Energie in irgendeiner Weise beeinflusst; *Reimer* in: Schulze-Fielitz/Müller, S. 161 ff.
129 Vgl. oben § 16 Rn. 18 f.
130 *Falke*, ZUR 2013, 51; *Rebentisch*, NVwZ 2015, 921.
131 *Klemm*, CuR 2012, 148.
132 Schlussfolgerungen des Europäischen Rates v. 23./24.10.2014, EUCO 169/14, Rn. 3.

die Einführung von einer positiven wirtschaftlichen Bewertung der langfristigen Kosten und Vorteile abhängig gemacht werden.[133]

Fragen der Energieeffizienz sind auch im **Straßenverkehr** relevant.[134] Die Richtlinie 2009/33/EG vom 23.4.2009 zur Förderung sauberer und energieeffizienter Straßenfahrzeuge[135] zielt darauf ab, Antragsteller in Vergabeverfahren für bestimmte Grundversorgungsleistungen nach der Richtlinie 2004/17/EG,[136] für öffentliche Bauaufträge nach der Richtlinie 2004/18/EG[137] und Betreiber des öffentlichen Personenverkehrs zu verpflichten, Energie- und Umweltauswirkungen neu gekaufter Fahrzeuge zu berücksichtigen. Hierzu zählen der Energieverbrauch, CO_2-Ausstoß und bestimmte Schadstoffemissionen wie NO_X und Nichtmethan-Kohlenwasserstoffe, wobei die gesamte Lebensdauer der Fahrzeuge zu berücksichtigen ist.

Hauptzweck der Abfallrahmenrichtlinie ist es, die Umwelt, menschliche Gesundheit und Ressourcen zu schützen und die EU dem Ziel einer „Recycling-Gesellschaft" näher zu bringen.[138] In der Hierarchie der Abfallbehandlung wird die energetische Verwertung, m. a. W. Verbrennung oder Mitverbrennung, deshalb nur genehmigt, wenn ein hoher Grad an Energieeffizienz erreicht wird. Durch eine strenge Fassung der maßgeblichen Energieeffizienzformel wird unionsweit die Energieeffizienz der Verbrennungsanlagen gesteigert.[139]

d) Sonstige klimaschützende Rechtsakte

Rechtsakte zur Steuerung sonstiger klimaschützender Technologien oder Verhaltensweisen sind Regelungen, die im Schwerpunkt Luftreinhaltung bezwecken und als Nebeneffekt Klimaschutz bewirken, sowie Maßnahmen, die auf die Vermeidung des Austritts von Kohlendioxid in die Atmosphäre gerichtet sind.

aa) EU-Luftreinhaltungsrecht

Regelungen zum Klimaschutz finden sich zudem im **EU-Luftreinhaltungsrecht**:[140]

- Verordnung (EG) Nr. 443/2009 vom 23.4.2009 zur Festsetzung von Emissionsnormen für neue Personenkraftwagen im Rahmen des Gesamtkonzepts der Gemeinschaft zur Verringerung der CO_2-Emissionen von Personenkraftwagen und leichten Nutzfahrzeugen,[141]
- Richtlinie 2009/30/EG vom 23.4.2009 zur Änderung der Richtlinie 1998/70/EG im Hinblick auf die Spezifikationen für Otto-, Diesel- und Gasölkraftstoffe und die Einführung eines Systems zur Überwachung und Verringerung der Treibhausgas-

---

133 Bericht der Kommission: Die Einführung intelligenter Verbrauchsmesssysteme in der EU-27 mit Schwerpunkt Strom im Vergleich, COM(2014) 356 endg.
134 *Reimer* in: Schulze-Fielitz/Müller, S. 165.
135 Vgl. oben § 16 Rn. 20.
136 RL 2004/17/EG v. 31.3.2004 zur Koordinierung der Zuschlagerteilung durch Auftraggeber im Bereich der Wasser-, Energie- und Verkehrsversorgung sowie der Postdienste, ABlEG L 134/1, aufgehoben durch RL 2014/25/EU v. 26.2.2014, ABlEU L 94/243.
137 RL 2004/18/EG v. 31.3.2004 über die Koordinierung der Verfahren zur Vergabe öffentlicher Bauaufträge, Lieferaufträge und Dienstleistungsaufträge, ABlEG L 134/114, aufgehoben durch RL 2014/24/EU v. 26.2.2014, ABlEU L 94/65.
138 Vgl. § 12 Rn. 7 ff.
139 Ausführlich zum Abfallrecht vgl. unter § 12 Rn. 1 ff.; zur Energieeffizienzformel *Kropp*, ZUR 2009, 584.
140 Vgl. hierzu bereits § 9 Rn. 5 ff.
141 ABlEG L 140/1, zuletzt geändert durch VO (EU) 2015/6 v. 31.10.2014, ABlEU L 3/1.

emissionen sowie zur Änderung der Richtlinie 1999/32/EG im Hinblick auf die Spezifikationen für von Binnenschiffen gebrauchte Kraftstoffe und zur Aufhebung der Richtlinie 1993/12/EWG,[142]
- Luftqualitätsrichtlinie 2008/50/EG vom 21.5.2008 über die Luftqualität und saubere Luft für Europa[143] und
- Richtlinie 2010/75/EU vom 24.11.2010 über Industrieemissionen.[144]

26 Zum klimaschutzbezogenen Luftreinhaltungsrecht zählen quellenbezogene Regelungen für Kraftfahrzeuge und Industrieanlagen und die davon zu unterscheidenden quellen*un*abhängigen Regelungen zu unterscheiden sind.[145] Die **Luftqualitätsrahmenrichtlinie** 2008/50/EG vom 21.5.2008 über die Luftqualität und saubere Luft für Europa[146] macht Vorgaben für die Luftqualität durch die Festlegung von Grenz- und Leitwerten und für die zu ergreifenden Maßnahmen und ist somit quellenunabhängig. Sie ist ein zentrales Element zur Erreichung der gesundheitsrelevanten Ziele der von der EU-Kommission vorgelegten „Luftreinhaltestrategie" zur Verbesserung der Umweltsituation bis 2020.[147]

Im Dezember 2013 hat die EU-Kommission das Programm „Saubere Luft für Europa"[148] vorgestellt. Danach sollen die bestehenden Ziele bis 2020 eingehalten und darüber hinaus bis 2030 wesentliche Verbesserungen erreicht werden. Dazu schlägt sie eine Reform der Richtlinie 2001/81/EG über nationale Emissionshöchstmengen für bestimmte Luftschadstoffe (NEC-RL)[149] und eine Richtlinie zur Begrenzung von Emissionen von Luftschadstoffen aus mittelgroßen Feuerungsanlagen[150] vor.[151] Die Luftqualitätsrahmenrichtlinie soll allerdings vorerst nicht überarbeitet werden.

27 In der quellenbezogenen Industrieemissionsrichtlinie 2010/75/EU werden primär Grenzwerte für Emissionen gesetzt. Die Energieeffizienz gehört dabei zu den Kriterien für die Ermittlung der besten verfügbaren Techniken, die als Referenz für die Festlegung der Genehmigungsauflagen für die erfassten Anlagen gelten, und wird voraussichtlich weitere klimaschützende Effizienzsteigerungen bewirken.[152]

28 Die Regelungen für die Reduzierung von Kfz-Abgasen stellen ebenfalls quellenbezogene Maßnahmen dar, die auf Senkung von Feinstaubpartikeln und Treibhausgasemissionen zielen. Der Straßenverkehrssektor ist für etwa 20 % der Treibhausgasemissionen der Europäischen Union verantwortlich. Die geltenden Emissionsgrenzwerte für CO-, HC-, und Partikelemissionen bei neuen PKW und leichten Nutzfahrzeugen (Euro-Nor-

---

142 AB|EG L 140/88.
143 AB|EG L 152/1, zuletzt geändert durch RL (EU) 2015/1480 v. 28.8.2015, AB|EU L 226/4; vgl. zur Entwicklung des Luftqualitätsrechts *Köck/Lehmann*, ZUR 2013, 67.
144 AB|EU L 334/17; zur Umsetzung der Richtlinie vgl. *Betensted/Grandjot/Waskow*, ZUR 2013, 395.
145 Vgl. hierzu bereits § 9 Rn. 5 ff.
146 Vgl. Fn. 142; einen anschaulichen Überblick über die europäische Luftreinhalteplanung und deren Umsetzung gibt *Cancik*, ZUR 2011, 283; siehe zur Entwicklung des Luftqualitätsrechts allgemein *Köck/Lehmann*, ZUR 2013, 67.
147 V. 21.9.2005, KOM (2005) 446 endg.; dazu *Scheidler*, NuR 2006, 354.
148 KOM(2013) 918 endg.
149 KOM(2013) 920 endg.
150 KOM(2013) 919 endg.
151 Allgemein zum Programm „Saubere Luft für Europa" vgl auch *Koch/Welss*, NVwZ 2015, 1100.
152 Dazu oben § 9 Rn. 8; zur Umsetzung der IE-RL in das deutsche Recht vgl. *Jarass*, NVwZ 2013, 169; *Betensted/Grandjot/Waskow*, ZUR 2013, 395.

men)[153] wurden deshalb durch Erlass der Verordnung (EG) Nr. 443/2009[154] um verbindliche CO_2-Grenzwerte ergänzt.[155]

Daneben wird den Mitgliedstaaten auf Grundlage der Wegekostenrichtlinie 1999/62/EG[156] die Möglichkeit geboten, externe Kosten nach dem Verursacherprinzip zu internalisieren; d.h. im Straßengüterverkehr können Umweltbelastungen durch Lärm und Luftverschmutzung zusätzlich zu den Straßennutzungsgebühren in den LKW-Mautpreis (Stichwort: Eurovignette) einbezogen werden. Durch Ausnahme der energieeffizienten, emissionsarmen LKW-Motoren der Klasse Euro-5 soll das Instrument eine Flottenerneuerung bewirken.[157] Ob Kosten klimaschädlicher Emissionen ebenfalls internalisiert werden, bleibt abzuwarten.

bb) CO_2-Abscheidung und Speicherung

Ziel der **Richtlinie 2009/31/EG vom 23.4.2009 über die geologische Speicherung von Kohlendioxid**[158] ist es, einen Rechtsrahmen für die Speicherung von CO_2 zu schaffen, damit die Kohlenstoffspeicherung in das Klimaschutzsystem der EU eingebunden werden kann.[159] Die Richtlinie gilt gem. Art. 2 Abs. 1 für die geologische Speicherung von CO_2 im Hoheitsgebiet der Mitgliedstaaten, ihren ausschließlichen Wirtschaftszonen und ihren Festlandsockeln im Sinne des Seerechtsübereinkommens der Vereinten Nationen.[160] Speicherungen in Bereichen, die sich über diesen Anwendungsbereich hinaus erstrecken, sind verboten. Nicht anwendbar ist die Richtlinie auf Forschungs- und Entwicklungsprojekte und auf Demonstrationsprojekte mit einem Gesamtspeichervolumen von max. 100 Kilotonnen CO_2. Neben der Erforderlichkeit einer Explorationsgenehmigung (Art. 5), mit der mögliche Speicherstätten auf ihre Geeignetheit untersucht werden, bedarf es ferner einer Speichergenehmigung (Art. 6), die allein zur Ablagerung des CO_2 berechtigt. Das Erfordernis der vorherigen Genehmigung gilt unabhängig von der Lage der Speicherstätte (terrestrisch oder maritim). Ferner werden der Betrieb, die Schließung und die Nachsorgepflichten geregelt. Ebenso enthält die Richtlinie Regelungen zu Überwachungs- und Berichterstattungspflichten, Inspektionen, Maßnahmen im Falle von ungewollten Austritten von CO_2 oder erheblichen Unregelmäßigkeiten und der Stellung einer Finanzsicherheit für Haftungsfälle (Art. 13 ff.). Aufgrund der eindeutigen Wertung der Richtlinie kann CO_2 zwar als Abfall definiert werden, soll aber gem. Art. 35, 36 nicht dem europäischen Abfallrechtsregime unterfallen, womit eine abfallrechtliche Steuerung der CO_2-Speicherung ausgeschlossen wird.

---

153 VO (EG) 715/2007 v. 29.6.2007, ABlEG L 171/1, zuletzt geändert durch VO (EU) Nr. 459/2012 v. 29.5.2012, ABlEU L 142/16.
154 Vgl. Fn. 140.
155 Ausführlich *Herrmann/Hofmann* in: ders. (Hrsg.), Umweltrecht, § 14 Rn. 27 f.
156 ABlEG L 187/42 v. 20.7.1999, zuletzt geändert durch RL v. 13.5.2013, ABlEU L 158/356; vgl. zur Entwicklung der Richtlinie *Hartmann*, EuZW 2012, 413.
157 Vgl. Entschließung des Europäischen Parlaments v. 11.3.2009 ABlEG C 87 E/345.
158 ABlEG L 140/114, zuletzt geändert und teilweise aufgehoben durch RL v. 13.12.2011, ABlEU L 26/1.
159 Zur deutschen Umsetzung vgl. *Koch/Welss*, NVwZ 2015, 633; *Wickel*, ZUR 2011, 115; *Schlacke* in: dies. (Hrsg.), Umwelt- und Planungsrecht im Wandel, DV 2011, Beiheft 11, S. 137 f.; zum Anlagengenehmigungsrecht und CCS, vgl. *Uibeleisen*, CCLR 2011, 264; *Wolf*, ZUR 2009, 571.
160 Vgl. dazu § 15 Rn. 12 ff.

3. Bundesrecht

30 Auch im nationalen Recht hat sich die Klimapolitik zu einem dynamischen Rechtsbereich entwickelt: 2007 setzte die Bundesregierung mit den Meseberger Beschlüssen zum „Integrierten Energie- und Klimaprogramm" (IEKP)[161] die als „Klima- und Energiepaket"[162] ergangene europäische Richtungsentscheidung in konkrete Maßnahmen um. Eine langfristige Strategie zur künftigen Energieversorgung in Deutschland folgte im Jahr 2010 mit dem **„Energiekonzept"**.[163] Im Verhältnis zum Jahr 1990 formuliert es als Ziel eine Treibhausgasreduktion von 40 % bis zum Jahr 2020 und eine Reduktion von 80–95 % bis zum Jahr 2050. Um dieses Ziel zu erreichen, sollte die Nutzung der Kernenergie[164] als Brücke während des Umbaus der Energieversorgung auf erneuerbare Energien dienen. Mit dieser Begründung wurde durch das Energiekonzept der bereits im Jahr 2002 beschlossene Ausstieg aus der Nutzung der Kernenergie[165] bis zum Jahr 2021 zurückgenommen und eine Laufzeitverlängerung der vorhandenen Kernkraftwerke um durchschnittlich zwölf Jahre beschlossen.[166] Dieser unter dem Schlagwort „Ausstieg aus dem Ausstieg" bekannte Beschluss war sehr umstritten und wurde nach dem Unfall im japanischen Kernkraftwerk in Fukushima im März 2011 durch Erlass eines sog. Atom-Moratoriums[167] ausgesetzt und schließlich durch beschleunigtes Einleiten der **„Energiewende"**[168] im Juni 2011 zurückgenommen. Das Gesetzespaket zur Energiewende umfasst überwiegend Akte zur Steigerung der Energieeffizienz und zum Ausbau erneuerbarer Energien und setzt den vollständigen Verzicht auf die Stromerzeugung in deutschen Kraftwerken nun für das Jahr 2022 fest.

31 Dem Bund steht nach Art. 74 Abs. 1 Nr. 24 GG die Gesetzgebungskompetenz für das Recht der Luftreinhaltung sowie nach Nr. 11 für das Recht der Wirtschaft zu. Es handelt sich jeweils um eine konkurrierende Gesetzgebungskompetenz. Für auf Art. 74 Abs. 1 Nr. 11 GG gestützte Regelungen ist die Erforderlichkeit einer bundeseinheitlichen Regelung nachzuweisen (Art. 72 Abs. 2 GG). Eine Abweichungskompetenz der Länder besteht bei abschließender Regelung des Bundes nicht. Bundesgesetze können jedoch Öffnungsklauseln enthalten.[169]

32 Die Spezialregelungen zum Klimaschutzrecht, die in den vergangenen Jahren erlassen wurden, müssen den verfassungsrechtlichen Erfordernissen genügen. Insbesondere für die Etablierung des Emissionshandels haben sich die verfassungsrechtlichen Grenzen,

---

161 Vgl. www.bmu.de/klimaschutz/downloads/doc/39875.php (Stand: 15.1.2016).
162 EU-Ratsbeschluss 7224/01/07 REV 1, Fassung v. 22.5.2007; vgl. oben § 16 Rn. 11.
163 Beschl. des Bundeskabinetts v. 28.9.2010, Energiekonzept für eine umweltschonende, zuverlässige und bezahlbare Energieversorgung, S. 4, 18 ff.; vgl. www.bundesregierung.de/Content/DE/StatischeSeiten/Breg/Energiekonzept/Sofortprogramm.html?nn=437032 (Stand: 15.1.2016).
164 Ausführlich hierzu *John* in: Koch (Hrsg.), Umweltrecht, § 10; vgl. oben § 4 Rn. 34 und 37.
165 Gesetz zur geordneten Beendigung der Kernenergienutzung zur gewerblichen Erzeugung von Elektrizität, v. 22.4.2002, BGBl. I, S. 1351.
166 Elftes Gesetz zur Änderung des Atomgesetzes v. 8.12.2010, BGBl. I, S. 1814; kritisch zum Ablauf der jüngsten atomrechtlichen Gesetzgebungsverfahren, *Ziehm*, ZUR 2011, 281, 282.
167 § 19 Abs. 3 S. 2 Nr. 3 AtG wurde dabei fälschlicherweise als Rechtsgrundlage für die dreimonatige Betriebseinstellung von sieben Kernkraftwerken herangezogen; dazu, *Rebentisch*, NVwZ 2011, 533; zu den diesbezüglich ergangenen Entscheidungen des VGH Kassel *Battis/Ruttloff*, NVwZ 2013, 817.
168 Hierzu *Sellner/Fellenberg*, NVwZ 2011, 1025; *Ewer*, NVwZ 2011, 1035. Die aktuelle Bilanz der Bundesregierung zur Energiewende ist abrufbar unter: http://www.bundesregierung.de/Content/DE/_Anlagen/2015/03/2015-03-23-bilanz-energiewende-2015.pdf?__blob=publicationFile&v=3 (Stand: 15.1.2016).
169 *Milkau*, ZUR 2008, 561 ff.

im Speziellen Art. 12, 14, 3 Abs. 1, 2 Abs. 1 GG, zwar nicht als hinderlich, aber als überprüfungsbedürftig erwiesen.[170]

In der Bundesrepublik ist eine sektorübergreifende gesetzliche Regelung des Klimaschutzrechts bisher nicht zustande gekommen.[171] Als Schwerpunkte des deutschen Klimaschutzrechts können nachfolgend

- das Recht des Emissionszertifikatehandels,
- das Recht der erneuerbaren Energien,
- das Recht der Energieeffizienz sowie
- klimaschützende Regelungen im Umwelt- und Planungsrecht

identifiziert werden.[172]

a) Recht des Emissionszertifikatehandels

▶ **FALL 17:** A betreibt seit 1999 eine immissionsschutzrechtlich genehmigte Anlage zur Herstellung von Zement. Durch das Inkrafttreten des Treibhausgas-Emissionshandelsgesetzes (TEHG) am 15.7.2004 wird sie verpflichtet, die Anforderungen der §§ 5, 6 TEHG einzuhalten und am Emissionshandel teilzunehmen. A hält das TEHG und die darin auferlegten Pflichten für verfassungswidrig. § 4 TEHG legt die nach dem TEHG genehmigungspflichtigen Anlagen fest. A zufolge ist § 4 TEHG ein Enteignungstatbestand, der mangels Entschädigungsregel weder verhältnis- noch verfassungsmäßig sei. Die enteignende Wirkung bestehe darin, dass der Staat A die Emissionsbefugnis entziehe, um selbst dauerhaft die Verfügungsbefugnis über die Emissionsberechtigung zu bekommen. Dadurch sei die Emissionsberechtigung der Anlagenbetreiberin A quasi widerrufen, wobei die immissionsschutzrechtlichen Widerrufsvoraussetzungen allerdings umgangen wurden. A sieht in § 5 Abs. 1 S. 2 BImSchG und § 4 Abs. 7 S. 1 TEHG einen Eingriff in den immissionsschutzrechtlich genehmigten Bestand ihrer Anlage, der ihre Rechte aus Art. 14 GG verletze.

33

Zu Recht?[173] ◀

Die europäischen Vorgaben zum Emissionshandel erfüllt der Bundesgesetzgeber durch spezifische Vorschriften:[174]

34

- das Treibhausgas-Emissionshandelsgesetz (TEHG) vom 21.7.2011,[175]

---

170 BVerfG, ZUR 2007, 583; BVerfG, ZUR 2007, 587; BVerfG, ZUR 2007, 579; *Frenz*, UPR 2008, 8; *Holz*, NVwZ 2007, 1153.
171 Anders insoweit die Klimaschutzgesetze der Länder. Zu den Regelungen u.a. in Nordrhein-Westfalen und Baden-Württemberg s. u. § 16 Rn. 74 f.; Beispiele für nationale Klimaschutzgesetze finden sich in der Schweiz, Frankreich und Großbritannien; dazu *Groß*, ZUR 2011, 171; zu einem möglichen Bundesklimaschutzgesetz *UBA* (Hrsg.), Das Klimaschutzrecht des Bundes, S. 290 ff.
172 *Koch*, NVwZ 2011, 641.
173 Ausführlich zu dieser Thematik: VG Würzburg, Urt. v. 9.11.2004 – 4 K 04.948.
174 Einen Überblick über die bundesrechtlichen Regeln gibt das UBA unter: www.dehst.de/DE/Emissionshandel/Gesetze-Verordnungen/Deutschland/Deutschland_node.html#doc2708172bodyText3 (Stand: 15.1.2016).
175 BGBl. I, S. 1475. v. 21.7.2011, zuletzt geändert durch Art. 114, 626 Abs. 2 der Zehnten ZuständigkeitsanpassungsVO v. 31.8.2015, BGBl. I S. 1474; die Erstfassung des TEHG v. 8.7.2004, BGBl. I, S. 1578, wurde durch dieses Gesetz aufgehoben.

- das **Zuteilungsgesetz** (ZUG) 2012 vom 7.8.2007[176] – und die **Zuteilungsverordnung** (ZuV) 2020 vom 26.9.2011,[177]
- die **Emissionshandels-Versteigerungsverordnung** (EHVV)2012 vom 17.7.2009,[178]
- die **Datenerhebungsverordnung** (DEV) 2020 vom 22.7.2009,[179]
- Änderungen des BImSchG[180] sowie
- das Gesetz über projektbezogene Mechanismen nach dem Protokoll von Kyoto zum Rahmenübereinkommen der Vereinten Nationen über Klimaänderungen vom 11.12.1997, sog. **Projekt-Mechanismen-Gesetz** (ProMechG).[181]

35 Veranlasst durch die Emissionshandelsrichtlinie 2003/87/EG bildet das Treibhausgas-Emissionshandelsgesetz den rechtlichen Rahmen des Emissionszertifikatehandels. In der dritten Handelsperiode (2013–2020) werden europaweit einheitliche Regelungen für die Zuteilung der Emissionszertifikate innerhalb der Mitgliedstaaten festgelegt. Aus diesem Grund sind nationale Zuteilungsgesetze (ZuG), wie sie noch innerhalb der ersten beiden Handelsperioden ergingen, nicht mehr erforderlich.[182]

Der **Konzeption** nach wird den Unternehmen eine bestimmte Menge an Emissionszertifikaten zugeteilt, mit denen die Unternehmen „haushalten" müssen und dergestalt ihren Minderungsverpflichtungen nachkommen. Seit dem Jahr 2013 wird die Menge der kostenlosen Emissionszertifikate sukzessive bis zum Jahr 2027 herabgesetzt und entsprechend die Anzahl der versteigerten Emissionszertifikate erhöht.[183] Ziel ist es, dass die Unternehmen einerseits ihre Energieeffizienz steigern – insbesondere durch Einsatz neuer, innovativer Techniken – und zugleich ihre CO_2-Emissionen senken, um mit den zugeteilten Zertifikaten auszukommen. Ferner ist es ihnen gestattet, Zertifikate von anderen deutschen oder mitgliedstaatlichen Unternehmen hinzuzukaufen. Entscheidend dafür, ob sie zukaufen oder Emissionen an ihren eigenen Anlagen vermeiden, sind letztlich die individuellen Kosten: Ist die Vermeidung von Emissionen kostengünstiger als der Preis der Zertifikate, wird die eigene Anlage verbessert.[184] Das Emissionshandelssystem bezweckt mithin, den Ausstoß von Kohlendioxid dort zu reduzieren, wo es am kostengünstigsten ist und sich am wirtschaftlichsten realisieren lässt. In Folge der gezielten Begrenzung der Gesamtemissionsmenge und der Knappheit von Emissionsberechtigungen erhält die vermiedene Tonne CO_2 daher – erstmalig – einen

---

176 Für die Zuteilungsperiode 2008–2012, BGBl. I, S. 1788, zuletzt geändert durch Art. 110 der Zehnten ZuständigkeitsanpassungsVO v. 31.8.2015, BGBl. I S. 1474; hierzu *Kobes*, NVwZ 2007, 857; *Spieth/Hamer*, NVwZ 2007, 867; zuvor: Gesetz über den nationalen Zuteilungsplan für Treibhausgas-Emissionsberechtigungen in der Zuteilungsperiode 2005–2007 (ZuG 2007) v. 26.8.2004, BGBl. I, S. 2211.
177 Für die Zuteilungsperiode 2013–2020, BGBl. I, S. 1921.
178 BGBl. I, S. 2048, zuletzt geändert durch Art. 111 der Zehnten ZuständigkeitsanpassungsVO v. 31.8.2015, BGBl. I S. 1474.
179 BGBl. I, S. 2118, zuletzt geändert durch Art. 106 der Zehnten ZuständigkeitsanpassungsVO v. 31.8.2015, BGBl. I S. 1474.
180 BGBl. I, S. 1274, zuletzt geändert durch Art. 76 der Zehnten ZuständigkeitsanpassungsVO v. 31.8.2015, BGBl. I S. 1474.
181 BGBl. I, S. 2826; zuletzt geändert durch Art. 108 der Zehnten ZuständigkeitsanpassungsVO v. 31.8.2015, BGBl. I S. 1474, dazu *Ehrmann*, ZUR 2006, 410.
182 Vgl. § 1 ZuG; ferner die Mitteilung der deutschen Emissionshandelsstelle abrufbar unter: www.dehst.de/DE/Emissionshandel/Gesetze-Verordnungen/Deutschland/Deutschland_node.html#doc2708172bodyText3 (Stand: 15.1.2016).
183 Vgl. Art. 10a Abs. 11 RL 2009/29/EG, ABlEG L 140/63.
184 Vgl. *Sparwasser/Engel/Voßkuhle*, § 2 Rn. 113 ff.; *Michaelis/Holtwisch*, JA 2005, 71, 72; *Siems*, NuR 2005, 443; *Martini/Gebauer*, ZUR 2007, 225.

Marktpreis.¹⁸⁵ Der Ausstoß von Treibhausgasen ist damit ein wichtiger Kostenfaktor für Unternehmen, der einen wirtschaftlichen Anreiz schafft, Emissionen einzusparen.

Gem. § 2 Abs. 1 TEHG umfasst der **Anwendungsbereich** des Gesetzes die Emissionen der im Anhang 1 Teil 2 aufgelisteten Treibhausgase durch die dort benannten Tätigkeiten. Nach § 4 Abs. 1 TEHG ist die Freisetzung von Treibhausgasen aus im Anhang 1 Teil 2 Nr. 1 bis 32 genannten Anlagen genehmigungspflichtig. § 7 Abs. 1 TEHG verpflichtet die für Emissionen Verantwortlichen, bis zum 30. April eines jeden Jahres eine Anzahl an Berechtigungen an die zuständige Behörde zu übermitteln, welche jeweils den angefallenen Emissionen im vorangegangenen Kalenderjahr entspricht. Sofern die festgelegten Fristen zum Nachweis über den Besitz einer ausreichenden Menge an Emissionsberechtigungen nicht eingehalten werden, sind Sanktionszahlungen fällig (§ 30 TEHG). In den ersten beiden Phasen des Emissionshandels hatten verantwortliche Anlagenbetreiber nach § 9 TEHG a. F. i.V.m. den Zuteilungsregeln des ZuG 2012 einen Anspruch auf Zuteilung von Berechtigungen. Mit Beginn von Phase III (2013–2020) werden die Berechtigungen gemäß Art. 8 Abs. 1 TEHG versteigert oder nach Stellung eines Antrages nach Art. 9 Abs. 2 TEHG kostenlos den Anlagenbetreibern zugeteilt. Die gezielte Verknappung der europaweiten Zertifikatsmenge und die Orientierung an den 10 % der effizientesten Anlagen bei der kostenlosen Berechtigungszuteilung sollen Betreiber ineffizienter Anlagen dazu anhalten, ihre Emissionen zu reduzieren oder entsprechende Zertifikate zuzukaufen.¹⁸⁶ Die Möglichkeit des Handels mit Emissionsrechten wird in §§ 7 Abs. 3, 17 TEHG vorausgesetzt.¹⁸⁷

Zur Verwaltung der Emissionsberechtigungen wurden nationale Datenbanken mit „Konten" für die Marktteilnehmer bei der dem Umweltbundesamt zugeordneten **Deutschen Emissionshandelsstelle** (DEHSt) eingerichtet (§ 19 Abs. 1 Nr. 3 TEHG i.V.m. § 23 ZuG). Dieses elektronische Handelsregister war Teil des europäischen Zentralregisters (CITL), in dem sämtliche Transaktionen aufgeführt wurden. Für die laufende Handelsperiode bis 2020 gilt nunmehr die RegVO 2013¹⁸⁸, welche die nationalen Register zu einem Unionsregister zusammenführt.¹⁸⁹

Die Komplexität des Emissionshandels begründet ein erhebliches Konfliktpotential:¹⁹⁰ So hat das BVerwG der im Emissionszertifikatehandelssystem liegenden Eingriffe in eigentumsrechtliche Positionen die verfassungsmäßige Verhältnismäßigkeit mit Blick auf das Allgemeininteresse bejaht und überdies die Europarechtskonformität bestätigt.¹⁹¹ Daneben hat der EuGH festgestellt, dass die anfängliche Nichteinbeziehung des Chemie- und Nichteisenmetallsektors zwar den Gleichheitssatz tangiere, die unterschiedliche Behandlung aber aufgrund der geringen Mengen an Emissionen und der schrittweisen Einführung des komplexen Systems gerechtfertigt sei.¹⁹² Die Daten aus den Zu-

---

185 Ausführlich zum Verhältnis von Wettbewerbsrecht und Umweltrecht am Beispiel des Emissionshandels *Frenz*, EWS 2007, 337, 339; ferner EuG, NVwZ 2006, 75.
186 In den Phasen I und II hatten die Mitgliedstaaten noch einen eigenen Gestaltungsspielraum bei der Zuteilung. Mit der Phase III setzt die Zuteilungsverordnung lediglich die Unionsvorgaben 1:1 in deutsches Recht um; vgl. § 16 Rn. 14.
187 Zur jüngeren Entwicklung des Treibhausgashandels *Koch/Wels*, NVwZ 2015, 633, 634.
188 VO (EU) Nr. 389/2013 der Kommission v. 2.5.2013 zur Festlegung eines Unionsregisters für das EU-Emissionshandelssystem.
189 Hierzu im Detail *Quennet*, NVwZ 2014, 906.
190 Ausführlich hierzu *Pfromm*, Emissionshandel und Beihilfenrecht; *Schmidt/Kahl/Gärditz*, § 6 Rn. 47 ff.
191 BVerfG, ZUR 2007, 583; ZUR 2007, 587; zusammenfassend *Frenz*, UPR 2008, 8; ferner *Günther/Schnutenhaus*, NVwZ 2007, 1140.
192 EuGH, NVwZ 2009, 382; dazu *Epiney*, EurUP 2009, 94, 97.

teilungsbescheiden unterliegen nur teilweise dem Schutz von Betriebs- und Geschäftsgeheimnissen der Unternehmen, so dass Angaben über die ausgestoßene Gesamtmenge an Kohlendioxid der Öffentlichkeit zugänglich gemacht werden müssen.[193] Rechtsschutz gegen Zulassungsentscheidungen wird darüber hinaus durch Widerspruch und Anfechtungsklage (§ 26 TEHG) gewährleistet.[194]

39 Das **Projekt-Mechanismen-Gesetz** setzt die internationalen[195] und europäischen[196] Vorgaben für eine Erbringung von Emissionsreduzierungen an wirtschaftlich kostengünstigen Standorten im Ausland (CDM, JI)[197] um. Auf internationaler Ebene werden den Emittenten dafür sog. Kompensationszertifikate erteilt.

40 ▶ **Lösung Fall 17:** Von der Einführung des Emissionshandels, der auch die Anlagen der Betreiberin A erfasst, sieht sich A in ihren Rechten aus Art. 14 GG verletzt. Soweit A das TEHG als „Entzug von Emissionsrechten" und das Fehlen einer Entschädigungsregel (Junktimklausel) als verfassungswidrig interpretiert, greift A das dahinterstehende Emissionshandelssystem an. Die Einführung des Emissionshandels in Deutschland beruht auf der europäischen Richtlinie 2003/87/EG, die hinsichtlich der Systemausgestaltung den Mitgliedstaaten zwingende Vorgaben macht. Soweit es sich beim TEHG um die bloße innerstaatliche Umsetzung von Unionsrecht handelt, ist dieses dem Maßstab der nationalen Grundrechte entzogen, wenn die Richtlinie abschließende Regelungen trifft, und solange ein im Wesentlichen gleicher Grundrechtsschutz durch die Unionsgrundrechte gewährt ist.

Im Bereich des Eigentumsschutzes (Art. 17 Abs. 1 S. 1 S. 2 GRC und Rechtsprechung des EuGH) wird zwischen Entziehung des Eigentums und der Beschränkung seiner Nutzung unterschieden. Luft ist dem Einzelnen nicht nach Art eines Ausschließlichkeitsrechts privatnützig zuzuordnen und scheidet aus der Natur der Sache als eigenständiges, entziehungsfähiges Gut aus. Des Weiteren führen die Regelungen des Emissionshandels über die Emissionsbefugnis nicht notwendigerweise zu einem Entzug der Eigentümerposition an der Zementanlage. In der Einführung des Emissionshandels gemäß der Richtlinie 2003/87/EG liegt somit keine – auch keine teilweise – Eigentumsentziehung, sondern lediglich eine Beschränkung der Nutzungsmöglichkeit des Anlageneigentums. Art. 14 Abs. 3 GG definiert Enteignung als hoheitliche Güterbeschaffung für ein konkretes, der Erfüllung öffentlicher Aufgaben dienendes Vorhaben, wobei die Enteignung zumeist einem einzelnen Projekt dient. Ein Absinken unter den Grundrechtsstandard des GG droht durch Anwendung der Unionsgrundrechte insoweit nicht.

Die Einführung des Emissionshandels stellt somit eine gesetzliche Benutzungsregelung der Anlage dar, die als Eigentumsbeschränkung gerechtfertigt sein muss. Einschränkungen der Eigentumsnutzung sind zulässig, wenn sie tatsächlich dem Allgemeinwohl dienenden Zielen der Europäischen Union entsprechen und im Hinblick auf den verfolgten Zweck einen verhältnismäßigen Eingriff darstellen, der die gewährten Rechte nicht in ihrem Wesensgehalt antastet. Mit der Einführung des Emissionshandelssystems wird die Reduzierung von Treibhausgasemissionen bezweckt. Es werden daher umweltpolitische Ziele verfolgt, die eine Benutzungsregelung des Eigentums rechtfertigen. Fraglich ist, ob der Systemwechsel auch angemessen, d.h. verhältnismäßig im engeren Sinne ist. Dazu führt A an, dass ihre An-

---

193 BVerwG, Urt. v. 24.9.2009, ZUR 2010, 37.
194 Vgl. *Weinreich/Marr*, NJW 2005, 1078, 1081; ferner *Shirvani*, NVwZ 2005, 868; *Begemann/Lustermann*, NVwZ 2006, 135.
195 Vgl. oben § 16 Rn. 6 ff.
196 Vgl. oben § 16 Rn. 9 ff.
197 Vgl. oben § 16 Rn. 7.

lage mit den damit verbundenen CO_2-Emissionen genehmigt sei und § 4 Abs. 7 TEHG nun eine Änderung dieser Ursprungsgenehmigung bewirke, indem die §§ 5 und 6 TEHG nachträglich Bestandteil dieser Genehmigung würden. Hier verkennt A, dass § 4 nicht die Ursprungsgenehmigung nachträglich ändert, sondern die Ursprungsgenehmigung lediglich zum Anknüpfungspunkt für die Geltung der Pflichten nach §§ 5, 6 TEHG macht. Deshalb liegt weder eine Entziehung noch eine Änderung der erteilten immissionsschutzrechtlichen Genehmigung vor. Vielmehr treten die Pflichten aus dem TEHG neben die Gestattungswirkung der schon erteilten immissionsschutzrechtlichen Genehmigung. Der durch die bloße Nutzung der Anlage geschaffene Vertrauenstatbestand räumt der A auch keine Rechtsposition ein, die trotz Rechtsänderung zu belassen sei oder nur gegen Entschädigung entzogen werden dürfte. Es handelt sich unionsrechtlich wie innerstaatlich um die Neuordnung eines Rechtsgebiets, die nicht in den Besitzstand eingreift und nur für die Zukunft den bisher gewährten Eigentumsinhalt ändert.

Vorliegend richtet sich der Systemwechsel allerdings ausschließlich nach den beanstandungsfreien Vorgaben des Unionsrechts, so dass eine nähere Grundrechtsprüfung nach nationalem Verfassungsrecht ausgeschlossen ist. Die der Einführung des TEHG zugrunde liegende europarechtliche Systementscheidung ist somit sowohl mit den europäischen als auch mit den nationalen Grundrechten vereinbar, so dass die von A angegriffenen Pflichten aus dem TEHG nicht zu beanstanden sind. ◄

b) Recht der Erneuerbaren Energien

Effektiver und langfristiger Klimaschutz erfordert eine grundlegende Umsteuerung der Energieerzeugung und -versorgung. Erneuerbare Energieträger können fossile Energien ersetzen, die in Deutschland nach wie vor den Großteil der Primärenergie bereitstellen und deren Emissionen maßgeblich den anthropogenen Klimawandel (mit-)verursachen.[198]

41

Im Jahr 2014 trugen die erneuerbaren Energien einen Anteil von 25,8 % zur gesamten Bruttostromerzeugung in Deutschland bei.[199] Die Nutzung von Windenergie stellt den größten Anteil dar; ferner wird durch Biomasse, Wasserkraft und Photovoltaik Energie bereit gestellt. Bis zum Jahr 2025 sollen gemäß § 1 Abs. 2 EEG 2014 40 bis 45 % des in Deutschland verbrauchten Stroms aus erneuerbaren Energien produziert werden, bis zum Jahr 2035 sollen es 55 bis 60 % sein.[200] Nicht nur zu Zwecken des Klimaschutzes, sondern auch hinsichtlich der Arbeitsmarkt-,[201] Industrie-[202] und Sicherheitspoli-

---

[198] Noch bis zum Jahr 2013 wurden mehr als 80 % der Energie wird durch Öl, Kohle und Erdgas gewonnen. Vgl. *Wustlich* in: Tagungsband zur 37. Energierechtlichen Jahrestagung, 2008, S. 41 ff. (i.E.), der zu Recht darauf verweist, dass auch aus ökonomischer Perspektive, nämlich aufgrund der Importabhängigkeit der deutschen Energieversorgung, eine Umsteuerung erforderlich ist; vgl. *Köck/Faßbender*, Klimaschutz durch Erneuerbare Energien; grundsätzlich zum Recht der erneuerbaren Energien, *Müller* (Hrsg.), 20 Jahre Recht der Erneuerbaren Energien.
[199] Die Energieversorgung Deutschlands auf einen Blick abrufbar unter: http://www.bmwi.de/DE/Themen/Energie/Erneuerbare-Energien/erneuerbare-energien-auf-einen-blick.html (Stand: 15.1.2016); vgl. zur Entwicklung auch *BMU*, Erneuerbare Energien in Zahlen, 2012, S. 8.
[200] Erneuerbare-Energien-Gesetz v. 21.7.2014, BGBl. I S. 1066; zuletzt geändert durch Art. 1 des Gesetzes v. 29.6.2015, BGBl. I S. 1010. Der SRU hält hingegen eine 100 % Vollversorgung mit Strom aus erneuerbaren Energien bis 2050 für möglich, vgl. *SRU*, Wege zu 100% erneuerbarer Stromversorgung, S. 39.
[201] *BMU*, Erneuerbar beschäftigt!, Juli 2011, S. 5 ff.
[202] *Sensfuß*, Analyse zum Merit-Order Effekt erneuerbarer Energien.

tik[203] enthält die Nutzung erneuerbarer Energien ein erhebliches Potential, das durch einen Ausbau in der kommenden Dekade intensiv genutzt werden soll.

42 Das Recht der erneuerbaren Energien – auch „**Umweltenergierecht**" genannt – steht im Spannungsverhältnis zwischen Wettbewerbs- und Klimaschutzrecht. Zum einen zählt es zum **Energierecht** bzw. Energiewirtschaftsrecht, mit dem eine Marktöffnung zugunsten von mehr Wettbewerb erstrebt wird. Zum anderen zählt es zum Klimaschutzrecht, das eine möglichst nachhaltige Energieerzeugung bezweckt.[204]

Besondere Beachtung verdient insoweit das **Energiewirtschaftsgesetz** (EnWG),[205] welches die leitungsgebundene Energieversorgung regelt. Es setzt im Wesentlichen das im Jahr 2009 in Kraft getretene „Dritte Binnenmarktpaket Energie" der EU um,[206] bereitet aber auch auf nationaler Ebene den Weg für den beschleunigten Netzausbau, der für die Verwirklichung der Energiewende erforderlich ist.[207] Die unionsrechtlichen Vorgaben sorgten, neben einer vollständigen Öffnung der Strom- und Gasmärkte durch Vorgaben zur Entflechtung der Energieversorgungsnetze, auch für eine klimaschützende Zweckrichtung des EnWG: Zweck des Gesetzes ist es, eine preisgünstige, verbraucherfreundliche, effiziente und umweltverträgliche leitungsgebundene Versorgung der Allgemeinheit mit Elektrizität und Gas, die zunehmend auf erneuerbaren Energien beruht, sicherzustellen (§ 1 Abs. 1 EnWG). Überdies dient die Regulierung der Elektrizitäts- und Gasversorgungsnetze der Sicherstellung eines wirksamen und unverfälschten Wettbewerbs bei der Versorgung mit Elektrizität und Gas sowie der Sicherung eines langfristig angelegten, leistungsfähigen und zuverlässigen Betriebs von Energieversorgungsnetzen (§ 1 Abs. 2 EnWG).[208]

Die Rechtsakte zu erneuerbaren Energien differenzieren nach den energetischen Verwendungsarten Strom, Wärme und Kraftstoffe.

aa) Strombereich

43 Im **Strombereich** fand frühzeitig eine rechtliche Steuerung erneuerbarer Energien statt. Das **Stromeinspeisungsgesetz** (1991)[209] war der Vorläufer des am 1.4.2000 in Kraft getretenen, international als beispielhaft bewerteten **Erneuerbare-Energien-Gesetz**es (EEG),[210] das seine letzte maßgebliche Novelle zum 1.8.2014 erfahren hat.[211] Das Erneuerbare-Energien-Gesetz (EEG) hat sich im Hinblick auf die Erreichung der Ausbauziele für erneuerbare Energien im Strombereich als bislang effektivstes Förderinstrument der Bundesregierung herausgestellt.[212] Zweck des EEG 2014 ist die Steigerung

---

203 *Adelphi Consult & Wuppertal Institut*, Die sicherheitspolitische Bedeutung erneuerbarer Energien.
204 Vgl. zu den ökologischen Binnenkonflikten *Gärditz*, DVBl. 2010, 214; *Anger/Gerhold*, ZfBR-Beil. 2012, 90.
205 V. 7.7.2005, BGBl. I, S. 1970, 3621; zuletzt geändert durch Art. 311 der Zehnten Zuständigkeitsanpassungsvo v. 31.8.2015, BGBl. I, S. 1474V. v. 31.8.2015, BGBl. I, S. 1474; vgl. *Sellner/Fellenberg*, NVwZ 2011, 1033.
206 Vgl. oben § 16 Rn. 17.
207 Zur Entstehung vgl. *Prall/Ewer* in: Koch (Hrsg.), Umweltrecht, § 9 Rn. 124 ff.; zum beschleunigten Netzausbau unter NABEG vgl. § 16 Rn. 48.
208 Vgl. auch *Rufin*, ZUR 2009, 66; vgl. auch *Möllinger*, Eigentumsrechtliche Entflechtung der Übertragungsnetze; kritisch hingegen *Wieser*, EurUP 2011, 176.
209 V. 7.12.1990, BGBl. I, S. 2633. Ausführlich zur Entstehungsgeschichte *Prall/Ewer* in: Koch (Hrsg.), Umweltrecht, § 9 Rn. 96 ff.
210 BGBl. I, S. 2074, zuletzt geändert durch Art. 1 des Gesetzes v. 28.7.2011, BGBl. I, S. 1634.
211 BGBl. I, S. 1066, zuletzt geändert durch Art. 1 des Gesetzes v. 29.6.2015, BGBl. I, S. 1010.
212 Zur Regulierung der Stromerzeugung aus erneuerbaren Energieträgern im deutschen und europäischen Recht *Oschmann/Sösemann*, ZUR 2007, 1; zum britischen Quotensystem vgl. *Laube/Toke*, ZNER 2006, 132.

des Anteils der erneuerbaren Energien an der Stromversorgung bis 2025 auf 40 bis 45 %. Gleichzeitig sollen – im Lichte der Ziele des § 1 EnWG: Energieversorgungssicherheit, Effizienz, Verbraucherfreundlichkeit, Umweltverträglichkeit, Preisgünstigkeit[213] – die volkswirtschaftlichen Kosten gering gehalten werden, etwa durch strengere Regeln zum Anlagensplitting, um Mitnahmeeffekte zu begrenzen (§ 32 EEG 2014).[214] Kern des mehrfach kommentierten Gesetzes[215] ist die für Netzbetreiber bestehende Anschluss-, Abnahme-, Verteilungs-, Übertragungs- und Vergütungspflicht für Netzbetreiber von Strom, der aus sog. regenerativen Energieträgern gewonnen wurde.[216] Strukturell hält das EEG 2014 mit Regelungen zur Marktprämie und zwei Formen der Einspeisevergütung Förderwege bereit, die über einen bundesweiten Ausgleichmechanismus finanziert werden. Weiterhin kann der Anlagenbetreiber eine nichtgeförderte Direktvermarktung wählen. Daneben ebnet das EEG 2014 nunmehr in den §§ 52 bis 54 einen weiteren Förderweg für das Vorhalten von Kapazität.[217] Mit dem Beschluss der Freiflächenausschreibungsverordnung[218] wird darüber hinaus das Instrument der Ausschreibung probeweise auf Grundlage der §§ 55, 88 EEG 2014 eingeführt. Die Förderberechtigung und -höhe bestimmter Fotovoltaik-Freiflächenanlagen wird danach durch ein Ausschreibungsverfahren ermittelt.[219]

Gemäß § 2 Abs. 2 EEG 2014 ist die **Direktvermarktung** von Strom aus erneuerbaren Energien der gesetzlich gewünschte Regelfall. Die §§ 34 bis 36 EEG 2014 sollen damit die bisher weitgehend von Marktmechanismen losgelöste erneuerbare Energieerzeugung in den Strommarkt integrieren. § 5 Nr. 9 EEG 2014 definiert die Direktvermarktung als die Veräußerung von Strom aus erneuerbaren Energien oder aus Grubengas an Dritte, es sei denn, der Strom wird in unmittelbarer räumlicher Nähe zur Anlage verbraucht und nicht durch ein Netz durchgeleitet. Die zentrale Norm für die Berechnung der Förderung, welche als zusätzliche Marktprämie zum freihändig erzielten Veräußerungserlös des Anlagenbetreibers ausgestaltet ist,[220] ist § 23 EEG 2014.[221]

44

Die in den §§ 37 bis 39 EEG normierte **Einspeisevergütung** stellt nach § 38 EEG nunmehr den Ausnahmefall der Förderung dar. Zwar ist deren Inanspruchnahme an keine tatbestandlichen Voraussetzungen geknüpft, jedoch ist die Förderhöhe gemäß § 38 Abs. 2 EEG gegenüber dem regulären Wert um 20 % verringert. Mit dieser sog. „Ausfallvergütung" soll weiterhin eine grundlegende Investitionssicherheit geschaffen werden, da im Rahmen dieses Förderweges das Risiko der Direktvermarktung nicht besteht.[222]

45

Zur Refinanzierung der Kosten der Netzbetreiber werden über einen mehrstufigen Vergütungs- und Finanzierungsmechanismus die regional unterschiedlichen Belastungen bundesweit ausgeglichen und der EEG-Strom gleichmäßig auf alle Stromversorgungsunternehmen verteilt. Dieser **Ausgleichmechanismus** ist in den §§ 56 bis 62 EEG 2014

46

---

213 Vgl. oben § 16 Rn. 42.
214 Zu Regelungskonzept und -zielen des EEG 2014 vgl. *Kreuter-Kirchhof*, NVwZ 2015, 1480 ff.
215 *Scholtka/Baumann/Brucker*, EEG, 2016; *Altrock/Oschmann/Theobald*, EEG, 2013; *Danner/Theobald*, Energierecht, Bd. 2 – VI.B1; *Reshöft/Steiner/Dreher*, EEG, 2009; *Salje*, EEG 2014, 2015.
216 § 8 Abs. 1 EEG schreibt den Vorrang von EEG-Strom vor und ändert die sog. „Merit-Order"; dazu *Greinacher*, ZUR 2011, 305.
217 *Wustlich*, NVwZ 2014, 1113, 1116.
218 Art. 1 der Verordnung v. 6.2.2015, BGBl. I, S. 108.
219 Vgl. *Schütte/Winkler*, ZUR 2015, 249, 251 f.
220 *Thomas*, NVwZ 2014, 1139.
221 *Wustlich*, NVwZ 2014, 1113, 1116.
222 *Thomas*, NVwZ 2014, 1139, 1140.

normiert und auf allen Stufen als gesetzliches Schuldverhältnis ausgestaltet.[223] Durch den gesetzlichen Anspruch des Anlagenbetreibers gegen den Netzbetreiber auf Vergütung wird die Förderung von Strom aus erneuerbaren Energien ins Privatrecht verlagert, wobei der Konfliktdruck durch die Einrichtung der **EEG-Clearingstelle**, welche in § 81 EEG 2014 eine weitere Aufwertung erfahren hat, reduziert wird.[224]

47   Die in Art. 17–19 EE-RL festgelegten Nachhaltigkeitsanforderungen für Biomasse[225] hat Deutschland für Strom in der Verordnung über Anforderungen an eine nachhaltige Herstellung von flüssiger Biomasse zur Stromerzeugung,[226] der sog. **Biomassestrom-Nachhaltigkeitsverordnung**, vom 23.7.2009[227] umgesetzt.[228]

48   Mit dem Ausbau der erneuerbaren Energien ändert sich die Struktur der Energieerzeugung von zentral zu dezentral. Eine Herausforderung der Energiewende ist deshalb die Netzintegration der erneuerbaren Energien unter Erhalt der Gesamtstabilität des Stromnetzes. Im Hinblick auf den Ausbau der Offshore-Windenergieerzeugung wird eine Erhöhung der Kapazität der Übertragungsnetze gebraucht, um den im Norden erzeugten Windstrom in die verbrauchsstarken Zentren im Süden zu bringen.[229] Das „Netzausbaubeschleunigungsgesetz Übertragungsnetz" (NABEG)[230] vom 28.7.2011 trägt diesem Erfordernis Rechnung, indem es für prioritäre Projekte ein neues dreistufiges Planungs- und Zulassungssystem errichtet.[231] Um Fehlplanungen zu vermeiden, ist insbesondere eine gemeinsame und koordinierte Netzausbauplanung aller Übertragungsnetzbetreiber vorgesehen, wobei zur Förderung der Transparenz und Akzeptanz des Leitungsausbaues in der Bevölkerung verschiedene Runden der Öffentlichkeitsbeteiligung vorgesehen sind.

bb) Wärmebereich

49   Der zweite, bedeutende Energiesektor ist der **Wärmesektor**, der sich aufgrund seiner vielfältigen und strukturell unterschiedlichen Akteure maßgeblich vom Strombereich unterscheidet. Im Unterschied zum Strommarkt, auf dem ein Netz existiert, verfügt der Wärmemarkt nicht über ein großräumiges Wärmenetz, in das an jedem Ort Wärme eingespeist werden kann. Vielmehr ist der Wärmesektor durch kleinere, dezentrale Wärmenetze gekennzeichnet, die allen Akteuren eine Einspeisung der Wärme ermöglichen. Aufgrund eines fehlenden flächendeckenden Wärmenetzes wurde lange Zeit die Nutzung erneuerbarer Energien im Wärmemarkt allein durch staatliche Zuschüsse und zinsverbilligte Darlehen finanziell gefördert.[232]

---

223 Verordnung v. 17.6.2009 zur Weiterentwicklung des bundesweiten EEG-Ausgleichsmechanismus, AusglMechV, BGBl. I, S. 2101, zuletzt geändert durch Art. 2 V v. 17.2.2015, BGBl. I, S. 164.
224 Die EEG-Clearingstelle klärt Streitigkeiten und Anwendungsfragen im Bereich des Erneuerbare-Energien-Gesetzes (EEG), vgl. www.clearingstelle-eeg.de (Stand: 15.1.2016); zur Weiterentwicklung im EEG 2012 *Bauer*, ZUR 2012, 39.
225 Vgl. oben § 16 Rn. 18.
226 Der Biomassebegriff wird in der Biomasseverordnung v. 21.6.2001, BGBl. I, S. 1234 definiert, zuletzt geändert durch Art. 12 G v. 21.7.2014, BGBl. I, S. 1066.
227 BioSt-NachV, BGBl. I, S. 2174, zuletzt geändert durch Art. 3 G v. 20.11.2014, BGBl. I, S. 1740.
228 *Ekardt/Hennig*, ZUR 2009, 543; zur Förderung von Strom aus Biomasse *Müller*, ZUR 2012, 22.
229 Vgl. zu den tatsächlichen Herausforderungen und rechtlichen Lösungen des Energieleitungsausbaus *Greinacher*, ZUR 2011, 305.
230 BGBl. I, S. 1690, zuletzt geändert durch Art. 318 V v. 31.8.2015, BGBl. I, S. 1474; weiterführend zum NABEG *Erbguth*, NVwZ 2012, 326; *Moench/Ruttloff*, NVwZ 2013, 463; *Fest*, NVwZ 2013, 824.
231 Zur Verfassungsmäßigkeit des Beschleunigungspotentials *Durner*, DVBl 2011, 853.
232 Das wichtigste Förderprogramm ist das sog. „Marktanreizprogramm" des Bundesumweltministeriums, vgl. Richtlinien zur Förderung von Maßnahmen zur Nutzung erneuerbarer Energien im Wärmemarkt

Der hierauf zurückführbare und im Vergleich zum Strombereich langsame Anstieg der erneuerbaren Energien im Wärmesektor auf insgesamt 10,4 % soll durch das **Erneuerbare-Energien-Wärmegesetz** (EEWärmeG)[233] vom 7.8.2008 auf mindestens 14 % im Jahr 2020 gesteigert werden (vgl. § 1 Abs. 2 EEWärmeG).[234] Ziel des EEWärmeG ist der Schutz des Klimas durch Steigerung der Energieeffizienz.[235] Die Erzeugung von Heizwärme aus klimafreundlichen Quellen wie Sonne, Biogas, Holz oder Erdwärme soll gefördert werden, da so in hohem Maße fossile Brennstoffe eingespart werden könnten. Hierzu werden Pflichten für die Nutzung erneuerbarer Energien bei Neubauten festgelegt (1. Säule des EEWärmeG).[236] Diese Nutzungspflicht ist für unterschiedliche Technologien unterschiedlich hoch. Ausnahmen hiervon, insbesondere zugunsten anderer umweltpolitisch gewünschter Alternativen (Ersatzmaßnahmen), wie der Nutzung von Kraft-Wärme-Kopplung, sehen die §§ 7 ff. EEWärmeG vor. Bei Altbauten ist die Einführung einer Nutzungspflicht gemäß § 3 Abs. 4 Nr. 2 EEWärmeG Ländersache. Daneben blieb es insoweit zumindest bis 2012 bei einer indirekten Verhaltenssteuerung mittels finanzieller Anreize durch das sogenannte Marktanreizprogramm (2. Säule des EEWärmeG). Insofern sahen die §§ 13 ff. EEWärmeG ein Förderprogramm von 500 Mio. Euro jährlich für die Jahre 2009 bis 2012 vor. Eine bislang eher fragmentarische Regelung im EEWärmeG findet sich zum angestrebten Ausbau von Wärmenetzen (3. Säule des EEWärmeG).[237] Der Ausbau der Wärmeinfrastruktur kommt in verschiedenen Einzelbestimmungen zum Ausdruck, z.B. indem Wärmenetzanschlüsse auch als Ersatzmaßnahme gelten (§ 7 Abs. 1 Nr. 3 EEWärmeG), Wärmenetze förderfähig nach dem Marktanreizprogramm sind (§ 14 Abs. 1 Nr. 4 EEWärmeG) und § 16 EEWärmeG einen Anschluss- und Benutzungszwang für Wärmenetze zulässt, die dem Klimaschutz dienen. Insgesamt kommt öffentlichen Gebäuden gemäß § 1a EEWärmeG eine Vorbildfunktion zu.[238]

cc) Kraftstoffbereich

Der dritte Energiesektor, der **Kraftstoffbereich**, unterscheidet sich wiederum maßgeblich vom Strom- und Wärmemarkt. Unterschiede bestehen nicht nur hinsichtlich Marktstruktur und Akteuren (Mineralölhersteller und -lieferanten, Verkehrsteilnehmer). Anders als Strom und Wärme bedarf der Vertrieb von Kraftstoff keines Versorgungsnetzes. Zudem is die Auswahl der einsetzbaren erneuerbaren Energien (nur Biomasse in Form von Biokraftstoffen) geringer. Die Erneuerbare-Energien-Richtlinie der EU verpflichtet zur Erreichung eines europaweit einheitlichen Mindestziels von 10 % von erneuerbaren Energien bei allen Verkehrsträgern.[239]

---

v. 11.3.2015, abrufbar unter http://www.erneuerbare-energien.de/EE/Redaktion/DE/Downloads/Foerderbekanntmachungen/marktanreizprogramm-erneuerbare-energien.pdf;jsessionid=224468589BBD2AC7A16FEB41CA0FADDD?__blob=publicationFile&v=11 (Stand: 15.1.2016).

233 BGBl. I, S. 1658, zuletzt geändert durch Art. 9 des Gesetzes v. 20.10.2015, BGBl. I, S. 1722; mit dem Europarechtsanpassungsgesetz Erneuerbare Energien (EAG EE v. 12.4.2011) wurde das EEWärmeG an die Vorgaben der RL 2009/28EG angepasst; *Mechel*, ZUR 2011, 184; zu den Schnittstellen mit dem Zivilrecht *Schläger*, ZMR 2009, 339; *Milkau*, ZUR 2008, 561.

234 *BMU*, Erneuerbare Energien in Zahlen, 2012, S. 9; zweifelnd, ob das 14 %-Ziel erreicht werden kann *Müller* in: Müller/Oschmann/Wustlich, EEWärmeG, § 1 Rn. 37.

235 Dazu *Wustlich*, NVwZ 2008, 1041; *ders.*, ZUR 2008, 113; zu Strategien der Förderung erneuerbarer Energien im Wärmemarkt vgl. *Fischer/Klinski*, ZUR 2007, 8.

236 § 3 Abs. 1 EEWärmeG.

237 Vgl. *Fischer/Klinski*, ZUR 2007, 8 ff.

238 Hierzu *von Oppen/Klinksi*, KommJur 2012, 201.

239 Art. 3 Abs. 4 EE-RL.

52 Nach einer ursprünglich lediglich steuerlichen Begünstigung von Biokraftstoffen durch das Energiesteuergesetz[240] konnte der Anteil erneuerbarer Energien am Kraftstoffverbrauch durch Erlass des **Biokraftstoffquotengesetzes**[241] 2007 auf 7,6 % erhöht werden. Hierdurch wurde zum einen die steuerliche Förderung von Biokraftstoffen ab dem 1.1.2007 eingeschränkt (§ 50 EnStG) und zum anderen in den §§ 37a ff. BImSchG eine Biokraftstoffzwangsquote eingeführt.[242] Die Quote besteht aus einer Einzelquote für Ottokraftstoffe und Diesel sowie einer jährlich steigenden Gesamtquote. Im Unterschied zum Wärmebereich werden nicht die nachfragenden Endverbraucher, sondern die Mineralölunternehmen verpflichtet, einen Mindestanteil von Biokraftstoffen in den Verkehr zu bringen.[243] Zukünftig sollen insbesondere Biokraftstoffe gefördert werden, die u.a. aus Abfällen und Biomasseresstoffen hergestellt werden, indem ihr Beitrag gegenüber dem Beitrag sonstiger Biokraftstoffe künftig doppelt gewichtet auf die von dem Unternehmen zu erfüllende Biokraftstoffquote angerechnet wird (§ 7 36. BImSchV).[244] Grund ist die günstigere Klimabilanz von Kraftstoffen aus Abfällen und Biomasseresstoffen als die konventioneller Biokraftstoffe (z.B. aus Raps oder Weizen). Ebenfalls aus Klimaschutzgründen ist seit 2015 der Bezugspunkt der Quotenverpflichtung nicht mehr der Energiegehalt der Kraftstoffe, sondern nach § 37a Abs. 4 BImSchG ihr relatives Treibhausgasminderungspotenzial.[245] Ergänzend zur Quotenregelung des BImSchG fördert das Energiesteuergesetz die Vermarktung durch eine (befristete) steuerliche Privilegierung von Biokraftstoffen, die nicht zur Erfüllung der Quote angerechnet werden kann. Die Nachhaltigkeitsvorgaben der Art. 17–19 RL 2009/28/EG über Anforderungen an eine nachhaltige Herstellung von Biokraftstoffen hat Deutschland durch Erlass einer Biokraftstoff-Nachhaltigkeitsverordnung[246] bereits 2009 umgesetzt.

53 Flankiert werden die vorgenannten Maßnahmen inzwischen auch durch das Steuerrecht. Die **Steuerbegünstigung** für die Herstellung von Energieerzeugnissen soll schlüssiger ausgestaltet werden, indem wesentliche Herstellungsprozesse mit einbezogen werden und die Steuerbegünstigung den verstärkten Einsatz umweltfreundlicherer Erdgases zulässt. So werden bspw. steuerliche Anreize für die landseitige Stromversorgung von Schiffen in Häfen gesetzt und auf die Entstehung eines Marktes für Sekundär- und Ersatzbrennstoffe wird durch die Einführung eines am Energiegehalt orientierten Steuertarifs reagiert.[247]

c) Recht der Energieeffizienz

54 Das Recht der Energieeffizienz kann als **Querschnittsmaterie** charakterisiert werden. Aufgrund der vielfältigen und unterschiedlichen Regelungen und Instrumente, die die

---

240 V. 15.7.2006, BGBl. I, S. 1534, zuletzt geändert durch Art. 239 der Zehnten ZuständigkeitsanpassungsVO v. 31.8.2015, BGBl. I S. 1474.
241 Gesetz zur Einführung einer Biokraftstoffquote durch Änderung des Bundes-Immissionsschutzgesetzes und zur Änderung energie- und stromsteuerrechtlicher Vorschriften v. 18.12.2006, BGBl. I, S. 3180; vgl. hierzu *Jarass*, ZUR 2007, 518 ff.; *Oschmann/Sösemann*, ZUR 2007, 1 ff., 4 ff.
242 Vgl. oben § 9 Rn. 21.
243 Kritisch zum Ausbau von Biokraftstoffen für den Individualverkehr *Gawel*, ZUR 2011, 337.
244 BGBl. I 2007, S. 60, zuletzt geändert durch Art. 86 der Zehnten ZuständigkeitsanpassungsVO v. 31.8.2015, BGBl. I, S. 1474.
245 Umfassend hierzu *Probst*, ZUR 2015, 393.
246 V. 30.9.2009, BGBl. I, S. 3182, zuletzt geändert durch Art. 334 der Zehnten ZuständigkeitsanpassungsVO v. 31.8.2015, BGBl. I S. 1474; vgl. *Müller*, ZUR 2011, 405.
247 Gesetz zur Änderung des Energiesteuer- und des Stromsteuergesetzes v. 1.3.2011, BGBl. I, S. 282.

Steigerung der Energieeffizienz, m.a.W. die Reduktion des Energieeinsatzes bezwecken,[248] ist fraglich, ob sich diesbezüglich bereits ein eigenständiges Rechtsgebiet konturieren lässt.[249] Allerdings orientiert sich der Bundesgesetzgeber an einem nationalen Energieeffizienz-Aktionsplan (NEEAP)[250] gemäß der Richtlinie 2006/32/EG über Endenergieeffizienz und Energiedienstleistungen[251] sowie dem Gesetz über Energiedienstleistungen und andere Energieeffizienzmaßnahmen (EDL-G).[252]

Zum Recht der Energieeffizienz zählt das im unmittelbaren Zusammenhang mit dem Erneuerbare-Energien-Gesetz stehende **Kraft-Wärme-Kopplungsgesetz (KWKG)** vom 19.3.2002.[253] Zweck des Gesetzes ist es, im Interesse der Energieeinsparung, des Umweltschutzes und der Erreichung der Klimaschutzziele der Bundesregierung zur Steigerung des Anteils der Stromerzeugung aus Kraft-Wärme-Kopplung in der Bundesrepublik Deutschland auf 25 % beizutragen (§ 1 KWKG). Dies soll erreicht werden durch die Förderung der Modernisierung und des Neubaus von Kraft-Wärme-Kopplungsanlagen (KWK-Anlagen), die Unterstützung der Markteinführung der Brennstoffzelle sowie die Förderung des Neu- und Ausbaus von Wärmenetzen, in die Wärme aus KWK-Anlagen eingespeist wird. Nach § 2 KWKG erfasst das Gesetz ausschließlich die Abnahme und Vergütung von Strom aus Kraftwerken mit KWK-Anlagen auf der Basis bestimmter Energieträger und jenem KWK-Strom, der nicht bereits nach dem Erneuerbare-Energien-Gesetz vergütet wird. Definiert wird der KWK-Strom in § 3 Abs. 4 KWKG als das rechnerische Produkt aus Nutzwärme und Stromkennzahl der KWK-Anlage und damit als Strom, der einhergehend mit der Nutzwärme im gekoppelten Betrieb entsteht. Ähnlich wie das EEG enthält das KWKG in § 4 Abs. 1, 2 eine Anschluss-, Abnahme- und Vergütungspflicht des in KWK-Anlagen gewonnenen Stroms. Nach § 4 Abs. 3 KWKG bestimmt sich der Preis für den aufgenommenen KWK-Strom nach der Vereinbarung zwischen dem Betreiber der KWK-Anlage und dem Netzbetreiber. Darüber hinaus besteht ein Anspruch auf Zahlung eines zeitlich befristeten Zuschlags für die jeweiligen nach § 5 KWKG kategorisierten Anlagen (§ 7 KWKG).[254] Sonderregelungen und Privilegierungen finden sich für den Neu- und Ausbau von Wärmenetzen (§§ 5a, 6a KWKG). Schließlich sieht § 9 Abs. 1 KWKG eine Ausgleichsregelung vor, nach der der aufnehmende Netzbetreiber einen Ausgleich für geleistete Zahlungen vom vorgelagerten Netzbetreiber verlangen kann.[255]

---

248 Ausführlich *Keyhanian*, Rechtliche Instrumente zur Energieeinsparung, 2008.
249 Ablehnend *Schomerus*, NVwZ 2009, 418, 423.
250 Der 3. Energieeffizienz-Aktionsplan der Bundesrepublik Deutschland ist abrufbar unter: http://www.bmwi.de/BMWi/Redaktion/PDF/M-O/nationaler-energieeffizienz-aktionsplan-2014,property=pdf,bereich=bmwi,sprache=de,rwb=true.pdf (Stand: 15.1.2016).
251 Vgl. oben § 16 Rn. 21.
252 BGBl. I, S. 1483; zuletzt geändert durch Art. 1 des Gesetzes zur Teilumsetzung der Energieeffizienzrichtlinie und zur Verschiebung des Außerkrafttretens des § 47g Abs. 2 des Gesetzes gegen Wettbewerbsbeschränkungen v. 15. 4. 2015, BGBl. I, S. 578.
253 BGBl. I, S. 1092; zuletzt geändert durch Art. 331 der Zehnten Zuständigkeitsanpassungsvo v. 31.8.2015, BGBl. I, S. 1474; vgl. *Burgi*, DVBl. 2008, 1205; *Lamfried*, ZNER 2007, 280.
254 Im Rahmen der Energiewende ist der Zeitpunkt, bis zu dem KWK-Anlagen erstmals den Dauerbetrieb aufnehmen müssen, um die KWK-Förderungen zu erhalten, von 2016 auf 2020 verschoben worden. Die erwartete Novellierung, die wg. der Stagnation des KWK-Ausbaus dringend erscheint, ist jedoch unterblieben. Kritisch dazu *Kachel*, ZUR 2011, 394.
255 Ausführlich hierzu *Prall/Ewer*, in: Koch (Hrsg.), Umweltrecht, § 9 Rn. 170 ff.; zum Belastungsausgleich nach dem EEG 2009 vgl. *Fricke*, Die Teilnahme des Strom-Contractings am Belastungsausgleich nach dem Erneuerbaren-Energien-Gesetz.

56 Das **Energieeinsparungsgesetz** (EnEG)[256] dient der Umsetzung der Gebäudeeffizienz-Richtlinie 2002/91/EG und macht u.a. Vorgaben zur Wärmeisolierung (§ 1), energiesparender Anlagentechnik (§ 2) und Energieausweisen (§ 5a) und ermächtigt die Bundesregierung jeweils zum Erlass von Rechtsverordnungen zur genaueren Ausgestaltung.

57 In diesem Zusammenhang ist ferner die **Energieeinsparverordnung** (EnEV)[257] zu erwähnen.[258] Zur Steigerung der Energieeffizienz hat der Verordnungsgeber einen Energieausweis für Gebäude eingeführt (§ 16 EnEV). Ziel dieser Maßnahme ist es, den Energiebedarf bzw. Energieverbrauch einer Wohnung oder eines Gebäudes zum Gegenstand der Kauf-, Miet- oder Pachtentscheidung werden zu lassen, so dass mittelbar effizientere Immobilien Wertsteigerungen erfahren und deren Eigentümern Anreize zur energetischen Sanierung gesetzt werden. Zur Steigerung der Energieeffizienz im Gebäudebereich sieht die zuletzt 2014 novellierte **Energieeinsparverordnung** vor, dass Bauherren bautechnische Standardanforderungen für einen effizienten Betriebsenergieverbrauch für Wohngebäude, Bürogebäude und bestimmte Betriebsgebäude zu berücksichtigen haben. Ein Gesetzesentwurf für Steuervorteile bei der energetischen Gebäudesanierung im Rahmen der Energiewende scheiterte allerdings.

58 Zur Umsetzung der EG-Ökodesign-Richtlinie[259] hatte der Bundesgesetzgeber u.a.[260] das **Energiebetriebene-Produkte-Gesetz** (EBPG) vom 27.2.2008[261] erlassen, das die umweltgerechte Gestaltung energiebetriebener Produkte regelte. Durch das Gesetz zur Änderung des Energiebetriebene-Produkte-Gesetzes wurde es jedoch in **Energieverbrauchsrelevante-Produkte-Gesetz** (EVPG) umbenannt und entsprechend der Richtlinie 2009/125/EG[262] in seinem Geltungsbereich auf alle energieverbrauchsrelevanten Produkte ausgeweitet. Damit sind auch Produkte erfasst, die selbst keine Energie verbrauchen, aber während ihrer Nutzung den Verbrauch von Energie beeinflussen.[263] Konkret dürfen bestimmte Produkte, die von einer Durchführungsregelung der Kommission[264] erfasst werden, nur in den Verkehr gebracht werden, wenn diese u.a. die gesetzlich verankerten Anforderungen an die umweltgerechte Gestaltung erfüllen.[265] Ziel der Regelungen ist es, energieineffiziente Produkte durch Mindesteffizienz- bzw. Höchstverbrauchsanforderungen vom Markt zu verdrängen. Die neugefassten Bestimmungen sollen dabei den Herstellern dynamische Anreize dafür bieten, die Energieeffizienz von Haushaltskühlgeräten weiter zu verbessern und die Marktausrichtung auf energieeffiziente Technologien zu beschleunigen.

59 Weiterhin versucht der Gesetzgeber durch indirekte Verhaltenssteuerung im Produktsektor energieeffiziente Kaufentscheidungen der Endverbraucher zu fördern. Mit dem

---

256 BGBl. I 2005, S. 2684, zuletzt geändert durch Art. 1 G v. 4.7.2013, BGBl. I, S. 2197.
257 BGBl. I 2007, S. 1519, geändert durch Gesetz v. 4.7.2013, BGBl. I, S. 2197; zuletzt geändert durch Art. 3 V v. 24.10.2015, BGBl. I, S. 1789.
258 Hierzu Nusser, ZUR 2014, 67; Flache/Hänsel, NJW-Spezial 2009, 332 f.
259 Vgl. oben § 16 Rn. 21.
260 Die Ökodesign-RL ist auch durch das Gesetz zur Neuordnung des Energieverbrauchskennzeichnungsrechts v. 10.5.2012, BGBl. I, S. 1070 umgesetzt worden.
261 BGBl. I, S. 258, zuletzt geändert durch Art. 332 der Zehnten ZuständigkeitsanpassungsVO v. 31.8.2015, BGBl. I, S. 1474.
262 Vgl. oben § 16 Rn. 20.
263 Vgl. www.bmwi.de/BMWi/Navigation/Service/gesetze,did=212540.html (Stand: 15.1.2016).
264 Vgl. oben § 16 Rn. 21.
265 Laschet, StoffR 2008, 69; Nusser, ZUR 2010, 130.

Energieverbrauchskennzeichnungsgesetz (EnVKG) vom 10.5.2012[266] und der **Energieverbrauchskennzeichnungsverordnung** (EnVKV) vom 30.10.1997[267] wurden die entsprechenden unionsrechtlichen Anforderungen[268] an die Kennzeichnung energieeffizienter Haushaltsgeräte in deutsches Recht umgesetzt. Die EnVKV verpflichtet Hersteller und Händler von Haushaltsgeräten zu Angaben über den Energieverbrauch. Darüber hinaus werden die Geräte in verschiedene, durch Richtlinien definierte Energieeffizienzklassen eingeteilt, die eine Bewertung des Energieverbrauchs des jeweiligen Gerätes enthalten. Die entsprechende Energieeffizienzklasse wird durch ein EU-Label gekennzeichnet.[269]

Im Haushaltsgerätebereich beabsichtigt der EU-Gesetzgeber, durch eine genaue, sachdienliche und vergleichbare Unterrichtung über den spezifischen Energieverbrauch von Haushaltsgeräten die Wahl der Verbraucher auf Geräte zu lenken, die nur verhältnismäßig wenig Energie verbrauchen. Diese Unterrichtung soll mittelbar auch den rationellen Einsatz dieser Geräte fördern.[270] Ferner soll der Hersteller zu Maßnahmen veranlasst werden, die den Energieverbrauch der von ihm hergestellten Geräte verringern. Nach § 1 Abs. 1 PKW-EnVKV sind auch alle Hersteller und Händler, die neue PKW ausstellen, zum Kauf oder Leasing anbieten oder für diese werben, verpflichtet, Informationen über Kraftstoffverbrauch und CO_2-Emissionen der Fahrzeuge anzugeben.[271]

Mit der Neufassung der Kennzeichnungsrichtlinie 2010/30/EU wurde der Anwendungsbereich im Verhältnis zur Ökodesign-Richtlinie klargestellt. Die Ökodesign-Richtlinie deckt den gesamten Lebenszyklus eines Produktes ab, während sich die Energieverbrauchskennzeichnung nur auf die Gebrauchsphase bezieht. Aufgrund dieser unterschiedlichen Regelungsansätze wurde eine erwogene Zusammenführung beider Regime verworfen.[272]

Auch **Qualitätszeichen**, die für energieeffiziente Produkte vergeben werden, sollen die Konsumentenentscheidung beeinflussen.[273] Neben spezifisch auf den Energieverbrauch abstellenden Zeichen – wie etwa dem Energy Star für Bürogeräte[274] – berücksichtigen auch Umweltzeichen wie die Europäische Blume[275] und der Blaue Engel[276] Energieeffizienzgesichtspunkte.

---

266 BGBl. I, S. 1070.
267 BGBl. I, S. 2616, zuletzt geändert durch Art. 1 der Zweiten ÄndVO v. 24.10.2014, BGBl. I, S. 1650.
268 Vgl. bspw.: Haushaltskühl- und Gefriergeräte VO (EU) 1060/2010; Haushaltswaschmaschinen VO (EU) 1061/2010, Haushaltsgeschirrspüler VO (EU) 1059/2010, Fernsehgeräte VO (EU) 1062/2010.
269 Vgl. für Wäschetrockner: VO (EU) Nr. 392/2012 im Hinblick auf das Energieetikett für elektrische Haushaltswäschetrockner, ABlEU L 123/1.
270 4. Erwägungsgrund RL 92/75/EWG.
271 Verordnung über Verbraucherinformationen zu Kraftstoffverbrauch und CO_2-Emissionen neuer Personenkraftwagen v. 28.5.2004 BGBl. I, S. 1037; zuletzt geändert durch Art. 330 der Zehnten ZuständigkeitsanpassungsVO v. 31.8.2015, BGBl. I, S. 1474.
272 Vgl. zur Entwicklung des Instrumentenverbundes im Energieeffizienzrecht *Jesse* in: Britz/Eifert/Reimer, S. 55 f.; *Pielow*, ZUR 2010, 115; vgl. oben § 16 Rn. 21.
273 Vgl. oben § 5 Rn. 109.
274 Vgl. VO (EG) Nr. 106/2008 v. 15.1.2008 über ein gemeinschaftliches Kennzeichnungsprogramm für Strom sparende Bürogeräte, ABlEG L 39/1, zuletzt geändert durch VO (EU) Nr. 174/2013 v. 5.2.2013, ABlEU L 63/1.
275 VO (EG) Nr. 66/2010 v. 25.11.2009 über das Umweltzeichen, ABlEG L 27/1.
276 Näheres abrufbar unter www.blauer-engel.de/de/blauer_engel/index.php (Stand: 15.1.2016).

d) Klimaschutzbezogene Regelungen des Umwelt- und Planungsrechts

62 Neben den soeben skizzierten Einzelgesetzen und Einzelregelungen existieren im Immissionsschutz-, Naturschutz- und Wasserrecht sowie im Raumordnungs- und Baurecht Normen, die ebenfalls dem Klimaschutz zu dienen bestimmt sind. Sie gleichen freilich einer Art Flickenteppich; ein ihnen zugrundeliegendes kohärentes Konzept ist bislang nicht ersichtlich.

63 **Umweltrecht:** Der Klimaschutz ist zu einem bedeutenden Teil der Luftreinhaltungspolitik geworden.[277] Dennoch bestehen bereits hinsichtlich der Zielsetzung Unterschiede zwischen klassischem Immissionsschutzrecht und dem Klimaschutzrecht: Während das Immissionsschutzrecht Luftreinhaltung und Lärmbekämpfung bezweckt und die Instrumente entweder an den Quellen der Luft- oder Lärmemissionen ansetzen oder den Schutz der Umweltgüter vor Luft- und Lärmemissionen bezwecken, sind anthropogene Klimaveränderungen diffuser Natur, die global und z.T. mit erheblicher zeitlicher Verzögerung eintreten.[278]

64 Trotz dieser Unterschiede sind insbesondere Regelungen zur Umsetzung des Emissionshandels und solche des Rechts erneuerbarer Energien in Bezug auf Kraftstoffe in das BImSchG integriert worden. So findet sich eine Konkretisierung der Vorsorgepflicht gem. § 5 Abs. 1 Nr. 2 BImSchG durch Art. 2 TEHG.[279] Ferner sind die Regelungen zu Biokraftstoffen zu nennen (§§ 37a ff. BImSchG).[280]

65 Hinsichtlich der Zulassung einer Abfallentsorgungsanlage ergeben sich Anforderungen an eine effiziente Energieverwendung: Gemäß § 36 Abs. 1 KrWG ist u.a. sicherzustellen, dass das Wohl der Allgemeinheit nicht beeinträchtigt wird, insbesondere Gefahren für die in § 15 Abs. 2 S. 2 KrWG genannten Schutzgüter nicht hervorgerufen werden können und Vorsorge gegen die Beeinträchtigung der Schutzgüter, insbesondere durch bauliche, betriebliche oder organisatorische Maßnahmen entsprechend dem Stand der Technik, getroffen wird sowie Energie sparsam und effizient verwendet wird (§ 36 Abs. 1 Nr. 1 lit. c KrWG).[281]

66 Zudem ist das **Klima Schutzgut** mehrerer Umweltgesetze: § 1 Abs. 1 BImSchG schützt die Atmosphäre und damit zugleich das Klima (vgl. § 1a 9. BImSchV). Bei einer strategischen Umweltprüfung und einer Umweltverträglichkeitsprüfung sind die Auswirkungen eines Vorhabens auf das Klima zu untersuchen (§ 2 Abs. 1 S. 2 Nr. 2 UVGP). Auch Wasser- und Naturschutzrecht bezwecken den Schutz des Klimas (§ 6 Abs. 2 S. 2 WHG, § 9 Abs. 3 Nr. 4 e BNatSchG). Es fehlen allerdings klimaspezifische Instrumente zur Erreichung dieser Zielsetzung.

67 **Planungsrecht:** Sowohl das Raumordnungs- als auch das Bauleitplanungsrecht bezwecken mit ihrem Instrumentarium Klimaschutz. So gehört es nach § 2 Abs. 2 Nr. 6 S. 6 und S. 9 ROG zu den Grundsätzen der Raumordnung, den räumlichen Erfordernissen des Klimaschutzes Rechnung zu tragen und die räumlichen Voraussetzungen für den Ausbau der erneuerbaren Energien für eine sparsame Energienutzung sowie für den Erhalt und die Entwicklung natürlicher Senken für klimaschädliche Stoffe und für die Einlagerung dieser Stoffe zu schaffen. Das Instrumentarium des Raumordnungsrechts

---

277 Vgl. oben § 9 Rn. 1.
278 *Gärditz*, JuS 2008, 324 f.
279 Vgl. oben § 9 Rn. 45 ff.
280 Vgl. oben § 9 Rn. 21, § 16 Rn. 51.
281 Vgl. oben § 12 Rn. 87 ff.; § 16 Rn 23.

ermöglicht es den Planungsträgern, Vorrang- und Eignungsgebiete für Anlagen zur Erzeugung von Strom aus erneuerbaren Energien auszuweisen.[282] Am 22.7.2011 ist das Gesetz zur Förderung des Klimaschutzes bei der Entwicklung in Städten und Gemeinden (BauGBÄndG)[283] als Teil des Gesetzespakets zur Energiewende[284] in Deutschland in Kraft getreten. Ziel des Gesetzes ist die Absicherung und Betonung der städtebaulichen Dimension des Klimaschutzes, der die Gemeinden bei ihren Vorgaben zur örtlichen Bodennutzung Rechnung tragen sollen.[285]

Den Anforderungen des Klimaschutzes wird in den Bestimmungen über die **Bauleitplanung** durch eine Klimaschutzklausel in § 1 Abs. 5 S. 2 BauGB Rechnung getragen. Bauleitpläne sollen dazu beitragen, „eine menschenwürdige Umwelt zu sichern, die natürlichen Lebensgrundlagen zu schützen **und** zu entwickeln sowie den Klimaschutz und die Klimaanpassung, insbesondere auch in der Stadtentwicklung, zu fördern (…)". Bei der Aufstellung der Bauleitpläne gemäß § **1 Abs. 7** i.V.m. § 1a Abs. 5 S. 2 **BauGB** ist der Klimaschutz als Abwägungsbelang einzubeziehen.[286] Ferner können Festsetzungen in Bebauungsplänen zum Schutz des Klimas getroffen werden (§ 9 Abs. 1 Nr. 12 und 23 b BauGB).

68

Im Zentrum des Planungsrechts steht die bauleitplanerische Privilegierung von Anlagen zur Erzeugung von Strom und Wärme aus erneuerbaren Energien. So sind Wind-, Wasser und Biomasseanlagen vorrangig im Außenbereich zu errichten und zu betreiben (§ 35 Abs. 1 Nr. 5 und 6 BauGB).[287] Von diesem Grundsatz kann aber zur sparsamen und effizienten Nutzung von Energie zugunsten von Maßnahmen im unbebauten Innenbereich und in bebauten Ortsteilen abgewichen werden (§§ 248 S. 3, 34 Abs. 1 S. 1 BauGB). Wesentlich zur planerischen Steuerung von Außenbereichsvorhaben, die erneuerbare Energien nutzen, trägt ferner § 35 Abs. 3 S. 3 BauGB bei, der die zuständige Genehmigungsbehörde zur Berücksichtigung der vorgelagerten planerischen Entscheidungen zwingt. Den Planungsträgern wird insoweit ermöglicht, die Nutzung des Außenbereichs durch eine gezielte Auswahl von Standorten planerisch zu steuern. Allerdings ist den Planungsträgern seitens der Rechtsprechung ein Riegel vorgeschoben, wenn sie lediglich eine „Verhinderungsplanung" in Form der Nichtausweisung hinreichend geeigneter Flächen etwa zur Windkraftnutzung betreiben wollen: Derartigen Ausweisungen fehlt es regelmäßig an einem schlüssigen gesamträumlichen Planungskonzept, sie untergräbt die seitens des Gesetzgebers gewollte Privilegierung derartiger Anlagen und ist insoweit unzulässig.[288] § 249 BauGB erleichtert hingegen die erweiternde Ausweisung der für die Windkraft bereitgestellten Flächen, das Repowering alter Windkraftanlagen sowie die Bündelung der Standorte im Sinne eines Aufräumens der Landschaft. § 5 Abs. 2 Nr. 2a BauGB ermöglicht die Darstellung von Anlagen, die dem Klimaschutz dienen und stärkt auf diesem Weg die Bedeutung des Flächennut-

69

---

282 Zum Klimaschutz als Ziel in der Raumordnung, vgl. *Klinger/Wegener*, NVwZ 2011, 905; *Schlacke* in: dies. (Hrsg.), Umwelt- und Planungsrecht im Wandel, Beiheft 11, DV 2011, S. 149; ablehnend hingegen *Schink*, UPR 2011, 100; *Reidt*, DVBl. 2011, 789; *Köck*, ZUR 2013, 269.
283 BGBl. I, S. 1509.
284 Vgl. oben § 16 Rn. 30.
285 Zur Novellierung in zwei Teilen ausführlich zum ersten Teil *Battis/Krautzberger/Mitschang/Reidt/Stüer*, NVwZ 2011, S. 897.
286 Zur Auslegung dieser Zielsetzung vgl. *Verheyen*, ZUR 2010, 403; *Krautzberger*, DVBl. 2008, 737; *Söfker*, UPR 2009, 81.
287 *Erbguth/Schubert*, Öffentliches Baurecht, § 8 Rn. 71.
288 BVerwGE 117, 287, 294 ff.; BVerwGE 122, 109.

zungsplans als Koordinierungsinstrument für die Berücksichtigung der Belange des Klimaschutzes.[289]

70 Im Rahmen des Landschaftsplanungsrechts[290] können im Interesse des örtlichen Klimaschutzes Waldgebiete und sonstige Gebiete mit günstiger klimatischer Wirkung sowie Luftaustauschbahnen erhalten, entwickelt und wiederhergestellt werden (§ 1 Abs. 3 Nr. 4 BNatSchG).

71 Mit der Verabschiedung eines Gesetzes zur Demonstration der dauerhaften Speicherung von Kohlenstoffdioxid (KSpG)[291] vom 17.8.2012 wurden die europäischen Vorgaben der CCS-Richtlinie in nationales Recht umgesetzt und die Voraussetzungen zur Erprobung der CCS-Technologie in EU-geförderten Modellprojekten geschaffen. Es bezweckt die Gewährleistung einer dauerhaften Speicherung von Kohlendioxid in unterirdischen Gesteinsschichten zum Schutz des Menschen und der Umwelt, auch in Verantwortung für künftige Generationen. Es regelt zunächst die Erforschung, Erprobung und Demonstration von Technologien zur dauerhaften Speicherung von Kohlendioxid in unterirdischen Gesteinsschichten (§ 1 S. 2 KSpG).

4. Landesrecht

72 ▶ **FALL 18:** Die Berliner Gaststättenbetreiberin K, die den Gehweg vor ihrem Lokal als Straßencafé nutzen möchte, beantragt die Erteilung einer Ausnahmegenehmigung zum Aufstellen von Tischen, Stühlen und Gasheizstrahlern. Die Ausnahmegenehmigung zum Aufstellen von Tischen und Stühlen wird vom zuständigen Bezirksamt mit Bescheid gem. § 46 StVO i. V. m. §§ 11 Abs. 1, 13 BerlStrG für die Zeit von April bis September erteilt. Allerdings wird das Aufstellen von Gasheizstrahlern mit der Begründung untersagt, dass Gasheizstrahler für den Klimaschutz besonders nachteilig seien und es gem. § 11 Abs. 2 BerlStrG im überwiegenden öffentlichen Interesse läge, eine Ausnahmegenehmigung zur Aufstellung zu versagen. Nach erfolglosem Widerspruch erhebt K Klage vor dem Verwaltungsgericht und begründet dies damit, dass keine überwiegenden öffentlichen Interessen der Aufstellung entgegenstünden. Die Genehmigung zum Aufstellen von Gasheizstrahlern könne nicht aus Klimaschutzgründen versagt werden, da selbst die Versagung aller Gasheizstrahler im Land Berlin keinen messbaren Einfluss auf den Klimaschutz hätte. Ferner seien Belange des Klimaschutzes nicht von der straßenrechtlichen Zielsetzung des BerlStrG erfasst. Lediglich Belange mit Bezug zur Straße seien im Rahmen des öffentlichen Interesses bei der Beurteilung der Verträglichkeit einer Sondernutzung einzubeziehen. Dieses Verständnis spiegele auch die Streichung der pauschalen Berücksichtigung von Umweltbelangen aus dem Beispielskatalog des § 11 Abs. 2 BerlStrG wider. Schwerwiegender als der Klimaschutz sei vielmehr das wirtschaftliche Interesse der K, die (nachweislich) Umsatzrückgänge von 50 % zu erwarten hat. Zudem werde durch Straßencafés mit Heizmöglichkeit die Attraktivität Berlins erhöht, was dem Tourismus und damit dem öffentlichen Interesse diene.[292]

---

289 Ausführlich zu den Änderungen durch das Gesetz zur Förderung des Klimaschutzes bei der Entwicklung in den Städten und Gemeinden *Battis/Krautzberger/Mitschang/Reidt/Stüer*, NVwZ 2011, 897; zum Repowering *Schomerus/Degenhart*, Repowering – Hindernisse und Lösungsmöglichkeiten.
290 Vgl. oben § 10 Rn. 24 ff.
291 BGBl. I, S. 1726; zuletzt geändert durch Art. 116 der Zehnten ZuständigkeitsanpassungsVO v. 31.8.2015, BGBl. I, S. 1474; zu den europäische Vorgaben vgl. § 16 Rn. 29.
292 Fall nach Urteil des VG Berlin v. 14.5.2009, VG 1 A 417.08, juris. Das VG hat die Berufung an das OVG Berlin-Brandenburg wg. der grundsätzlichen Frage, ob Gründe des Klimaschutzes überwiegende öffentliche

Ist die Klage der K begründet?

§ 11 BerlStrG: Sondernutzung

(1) Jeder Gebrauch der öffentlichen Straßen, der über den Gemeingebrauch hinausgeht, ist eine Sondernutzung und bedarf unbeschadet sonstiger Vorschriften der Erlaubnis der Straßenbaubehörde.

(2) Die Erlaubnis nach Abs. 1 soll in der Regel erteilt werden, wenn überwiegende öffentliche Interessen der Sondernutzung nicht entgegenstehen oder ihnen durch Nebenbestimmungen zur Erlaubnis entsprochen werden kann. Die Erlaubnis soll versagt werden, wenn behinderte Menschen durch die Sondernutzung in der Ausübung des Gemeingebrauchs erheblich beeinträchtigt würden. Über die Erlaubnis ist, außer in den Fällen des Absatzes 3, innerhalb eines Monats nach Eingang des vollständigen Antrags bei der zuständigen Behörde zu entscheiden. Kann die Prüfung des Antrags in dieser Zeit nicht abgeschlossen werden, ist die Frist durch Mitteilung an den Antragsteller um einen Monat zu verlängern. Die Erlaubnis gilt als widerruflich erteilt, wenn nicht innerhalb der Frist entschieden wird.

(3) (...)

§ 13 BerlStrG: Zuständigkeitskonzentration

(...)

§ 11 BerlStrG: Sondernutzung (a. F.)

(2) Die Erlaubnis nach Absatz 1 ist zu versagen, wenn öffentliche Interessen der Sondernutzung entgegenstehen und diesen nicht durch Nebenbestimmungen Genüge getan werden kann. Ein öffentliches Interesse ist insbesondere dann gegeben, wenn

1. die Sondernutzung den Gemeingebrauch nicht unerheblich einschränken würde,
2. von der Sondernutzung schädliche Umwelteinwirkungen ausgehen würden,
3. (...) ◄

Bundesländer und Kommunen sind insbesondere auf der Ebene des Verwaltungsvollzuges bei der Umsetzung der klimapolitischen Beschlüsse gefordert.[293] Anknüpfend an die internationalen, unionsrechtlichen und nationalen Regelungen haben inzwischen zahlreiche Bundesländer klimaschützende Beschlüsse, überwiegend in Form von strategischen Maßnahmenprogrammen, getroffen.[294] Daneben haben die Länder auch eigenständige, z.T. über die Bundesgesetze hinausgehende **Landesklimaschutzgesetze** oder dem Klimaschutz dienende Gesetze erlassen.[295]

73

Das erste **Landesklimaschutzgesetz** hat **Nordrhein-Westfalen** am 23.1.2013 verabschiedet.[296] Das KlimaSchG NRW legt erstmalig landesweite verbindliche **Klimaschutzziele** in Form von quantitativen Reduktionszielen fest (§ 3 Abs. 1 KlimaSchG NRW)[297] und folgt damit dem Vorbild von Klimaschutzgesetzen anderer Staaten – wie

74

Interessen sein können, zugelassen. Dieses hat nunmehr entschieden, dass das VG die Klage zu Recht abgewiesen hat, NVwZ-RR 2012, 217.
293 Zu den Regelungsmöglichkeiten der Bundesländer vgl. *Schink*, UPR 2011, 91; zu den Möglichkeiten des kommunalen Klimaschutzes *Kahl*, ZUR 2010, 395 ff.; *Pielow*, ZUR 2010, 117; aus Sicht der EU vgl. Stellungnahme des Ausschusses der Regionen v. 31.3.2009, ABlEG C 76/19.
294 Beispielhaft sei hier insoweit auf das bremische Aktionsprogramm Klimaschutz 2010 verwiesen, abrufbar unter: www.wupperman.de/downloads/Klimaschutz.pdf (Stand: 15.1.2016).
295 Zu möglichen Inhalten von Klimaschutzgesetzen auf Länderebene, *Wickel*, DVBl. 2013, 77.
296 GVBl. NRW 2013, S. 33.
297 So die Terminologie von *Wickel*, DVBl. 2013, 77, 79.

etwa Großbritannien.[298] Nach § 3 Abs. 1 KlimaSchG NRW soll die Gesamtsumme der Treibhausgasemissionen in Nordrhein-Westfalen bis zum Jahr 2020 um mindestens 25 % und bis zum Jahr 2050 um mindestens 80 % im Vergleich zu den Gesamtemissionen des Jahres 1990 verringert werden. Es nennt darüber hinaus verschiedene Maßnahmen (§§ 4 ff. KlimaSchG NRW, insbesondere einen Klimaschutzplan § 6 KlimaSchG NRW), zur Erreichung der Reduktionsziele.

75 Als zweites Bundesland nach Nordrhein-Westfalen hat **Baden-Württemberg** am 31.7.2013 ein **Klimaschutzgesetz** (KSG BW) erlassen,[299] welches eine Reduzierung der Treibhausgase um 25 % bis zum Jahr 2020 und um 90 % bis zum Jahr 2050 jeweils im Verhältnis zum Basisjahr 1990 festschreibt (§ 4 Abs. 1 KSG BW). Neben der Kodifizierung der Klimaschutzziele sieht § 6 KSG BW vor, dass die Landesregierung nach Anhörung von Verbänden und Vereinigungen zur Gewährleistung einer größtmöglichen demokratischen Teilhabe und gesellschaftlichen Akzeptanz ein sog. „Integriertes Energie- und Klimaschutzkonzept" (IEKK) beschließt, das wesentliche Ziele, Strategien und Maßnahmen zur Erreichung der Klimaschutzziele benennt, und ein Tribut an das Klimaschutzrecht in seiner Eigenschaft als Querschnittsmaterie ist.[300] Vergleichbare Gesetze zum Klimaschutz finden sich mittlerweile in Rheinland-Pfalz[301] und Bremen[302].

76 Ähnliche Entwicklungen deuten sich auch in Berlin, Brandenburg, Niedersachsen, Saarland, Sachsen-Anhalt, Schleswig-Holstein und Thüringen an. In Bayern, Sachsen und Hessen werden unverbindliche Klimaschutzziele durch (ebenfalls unverbindliche) politische Klimaschutzpläne oder -programme umgesetzt.[303] Das Hamburgische Gesetz zum Schutz des Klimas durch Energieeinsparung (HmbKliSchG) von 1997[304] legt indes keine Ziele zur Verminderung von Treibhausgasemissionen fest und verfolgt mithin einen strukturell anderen Ansatz als die aktuellen Klimaschutzgesetze von Nordrhein-Westfalen und Baden-Württemberg.

77 Daneben hat auf Länderebene **Baden-Württemberg** als erstes Bundesland ein Erneuerbare-Wärme-Gesetz (i.d.F. vom 20.11.2007)[305] erlassen. Eine novellierte Fassung liegt seit 2015 vor.[306] Diese statuiert in § 4 EWärmeG BW insbesondere die Pflicht, beim Austausch oder dem nachträglichen Einbau einer Heizanlage mindestens 15 % des jährlichen Wärmeenergiebedarfs durch erneuerbare Energien zu decken oder diesen um 15 % zu senken. **Hamburg** ist mit einer Klimaschutzverordnung[307] gefolgt.

78 Zur Erfüllung der Vorbildfunktion nach § 1a EEWärmeG können die Länder darüber hinaus für öffentliche Altbauten eigene Regelungen erlassen, die vom EEWärmeG abweichen. § 3 Abs. 4 Nr. 2 EEWärmeG eröffnet den Ländern daneben für Altbauten, die keine öffentlichen Gebäude sind, die Möglichkeit, eine Nutzungspflicht einzuführen,

---

298 Vgl. *Groß*, ZUR 2011, 171.
299 Das KSG BW wurde am 17.7.2013 als Art. 1 des Gesetzes zur Förderung des Klimaschutzes in Baden-Württemberg beschlossen (GBl. Bad-Würt. S. 229).
300 LT-Drs. 15/3465 v. 7.5.2013, S. 16.
301 GVBl. RP 2014, S. 188.
302 Brem.GBl. 2015, S. 124.
303 Vgl. *Stäsche*, EnWZ 2014, S. 297 m.w.N.
304 Hamburgisches Klimaschutzgesetz v. 25.6.1997, HmbGVBl S. 261.
305 GBl. Bad.-Würt., S. 531, dazu *Milkau*, S. 263.
306 GBl. Bad.-Würt., S. 151.
307 Hamburger Klimaschutzverordnung vom 11.12.2007 aufgrund von § 6 Abs. 2, § 7 Abs. 2 sowie § 8 Abs. 1 des Hamburgischen Klimaschutzgesetzes vom 25.6.1997, HmbGVBl S. 261, zuletzt geändert durch Gesetz v. 6.7.2006, HmbGVBl S. 404, 414.

wie dies etwa durch die Satzung der Stadt Marburg zur verbindlichen Nutzung der Solarenergie in Gebäuden vom 17.11.2010 (**Marburger Solarsatzung**) geschehen ist.[308] In diesem Zusammenhang ist auch der umweltpolitisch motivierte kommunale Anschluss- und Benutzungszwang zu sehen, der die Schnittstelle zwischen Klimaschutzrecht und Kommunalrecht bildet.[309] Die grundsätzliche Vorbildfunktion der öffentlichen Hand erstreckt sich darüber hinaus auf die planerische Abwägung, die Darstellungs- und Festsetzungsmöglichkeiten, die Zulassung von Vorhaben, das besondere Städtebaurecht und die Berücksichtigung der Klimaschutzziele durch die Gerichte.[310]

Die Anwendung der neuen **CCS-Technologie** regelt das Gesetz zur Demonstration der dauerhaften Speicherung von Kohlendioxid (**Kohlendioxid-Speicherungsgesetz – KSpG** Es regelt zunächst die Erforschung, Erprobung und Demonstration von Technologien zur dauerhaften Speicherung von Kohlendioxid in unterirdischen Gesteinsschichten (§ 1 KSpG).[311] Für die Speicherung von Kohlendioxid enthält § 2 Abs. 5 KSpG eine sog. Länderklausel, wonach die Länder im Rahmen einer fachlichen Abwägung sowohl Gebiete ausweisen können, in denen die CO_2-Speicherung zulässig ist, als auch solche, in denen sie nicht zulässig ist.[312]

79

▶ **LÖSUNG FALL 18:** Die Klage der K ist begründet, soweit die teilweise Versagung der straßenverkehrsrechtlichen Ausnahmegenehmigung rechtswidrig ist und K dadurch in ihren Rechten verletzt ist (§ 113 Abs. 5 S. 1 VwGO). Das ist der Fall, wenn K einen Anspruch aus § 46 StVO i. V. m. §§ 11 Abs. 1, 13 BerlStrG auf Erteilung der begehrten Ausnahmegenehmigung zur Nutzung des Gehwegstreifens zum Aufstellen von Gasheizstrahlern hat. Formelle Probleme sind nicht ersichtlich. Materiellrechtlich handelt es sich bei dem Aufstellen von Gasheizstrahlern um den Gebrauch einer öffentlichen Straße, der über den Gemeingebrauch nach § 11 Abs. 1 BerlStrG hinausgeht. Nach der Neufassung des § 11 Abs. 2 BerlStrG soll die Erlaubnis in der Regel erteilt werden, wenn keine überwiegenden öffentlichen Interessen der Sondernutzung entgegenstehen. Fraglich ist jedoch, ob durch die Streichung des weit gefassten negativen Versagungsgrunds der schädlichen Umwelteinwirkung (§ 11 Abs. 2 S. 1 Nr. 2 BerlStrG a.F.) die Zielsetzung des BerlStrG lediglich auf straßenbezogene öffentliche Interessen beschränkt ist und der Klimaschutz überhaupt ein Grund des öffentlichen Interesses im Rahmen des BerlStrG sein kann. Grundsätzlich sind die Gründe des öffentlichen Interesses im BerlStrG nicht auf den Bezug zur Straße beschränkt.[313] Daran ändert auch die Streichung der früheren Fassung des BerlStrG nichts, da dies lediglich redaktionelle Gründe hatte und eine sachliche Änderung nicht beabsichtigt war.[314] Dem Klimaschutz kommt im Rahmen der Bewahrung der natürlichen Lebensgrundlagen in Art. 20a GG, Art. 31 Abs. 1 Berliner Verfassung Verfassungsrang zu. Das Ziel, Treibhausgase zu reduzieren, ergibt sich aus dem Kyoto-Protokoll, unter dem sich Deutschland verpflichtet hat, den Ausstoß an Treibhausgasen im Zeitraum von 2008 bis 2012 um 21 % gegenüber 1990

80

---

308 Zur Rechtswidrigkeit der ersten Fassung der Marburger Solarsatzung vgl. VG Gießen, Urt. v. 12.5.2010, ZUR 2010, 375; *Kahl*, ZUR 2010, 371; zur öffentlichen Vorbildfunktion *Wustlich*, ZUR 2011, 113 f.
309 BVerwG, ZUR 2006, 364; OVG Magdeburg, KommJur 2009, 104.
310 Ein vielbeachtetes Urteil war in diesem Zusammenhang OVG Münster v. 3.9.2009, ZUR 2009, 597, welches den Bebauungsplan für ein Steinkohlekraftwerk in Datteln für unwirksam erklärt und den Gemeinden eine erhebliche Verantwortung für die Beachtung von Klimaschutzzielen in der Landesplanung bescheinigt; zu der Thematik vgl. *Verheyen*, ZUR 2010, 403.
311 S. o. § 16 Rn. 71.
312 Kritisch zum Bundesgesetzentwurf aus der Sicht von Schleswig-Holstein als potentielles Speicherland, *Wasielewski*, UPR 2011, 174; vgl. oben § 16 Rn. 29, 71.
313 Vgl. OVG Berlin, Beschl. v. 16. 8. 2000, OVG 1 S. 500.
314 Vgl. Abgeordnetenhaus von Berlin, Drs. 15/3584, S. 15.

zu senken. Entgegen der Auffassung der K scheitert der globale Klimaschutz somit nicht bereits an der Neufassung des § 11 BerlStrG. Ferner sind Gasheizstrahler für den Klimaschutz besonders nachteilig, da die Nutzung offenen Feuers zum Heizen im Freien eine ausnehmend ineffiziente Nutzung fossiler Brennstoffe darstellt. Das Argument, dass das Aufstellen von Gasheizstrahlern keinen spürbaren Effekt auf das Weltklima habe, stellt sämtliche Bemühungen um die Reduzierung von Treibhausgasen in Frage und ist schon deshalb nicht haltbar, weil das globale Ziel des Klimaschutzes für seine Umsetzung lokales Handeln erfordert. Die „künstliche" Verlängerung der Nutzungszeit des Straßencafés durch den Einsatz von Gasheizstrahlern führt K zufolge jedoch zu einer Umsatzsteigerung von bis zu 50 %. Dieses wirtschaftliche Interesse der K ist dabei jedoch weder eigentumsrechtlich noch durch das Recht am eingerichteten und ausgeübten Gewerbebetrieb geschützt, da es sich lediglich um eine verfassungsrechtlich nicht geschützte Gewinnchance handelt. Ferner könnte K ihren Gästen gegen die Kälte Decken zur Verfügung stellen. Insoweit überwiegt der geringfügige Effekt für den Klimaschutz das erheblich wirtschaftliche Interesse der K. Die Gründe des Klimaschutzes begründen mithin ein überwiegendes öffentliches Interesse, das der Erteilung der begehrten Ausnahmegenehmigung entgegensteht. Wegen der pflichtgemäßen Ausübung des Versagungsermessens hat K keinen Anspruch auf Erteilung der begehrten Ausnahmegenehmigung zur Nutzung des Gehwegstreifens zum Aufstellen von Gasheizstrahlern. Die teilweise Versagung der straßenverkehrsrechtlichen Ausnahmegenehmigung war mithin rechtmäßig. Die Klage der K ist somit unbegründet und hat keinen Erfolg. ◀

WIEDERHOLUNGS- UND VERSTÄNDNISFRAGEN

81
- > Was verstehen Sie unter dem Begriff Klimaschutzrecht? (Rn. 2)
- > Bilden die einzelnen EU-Rechtsakte ein kohärentes umfassendes klimaschutzrechtliches System? Wie beeinflussen sie sich gegenseitig? (Rn. 9 ff.)
- > Erläutern Sie die Funktionsweise des Emissionshandels. Warum ist der Emissionshandel ein gutes Beispiel für Klimapolitik im Mehrebenensystem? (Rn. 12 ff.)
- > Welche Konzeption liegt dem Treibhausgas-Emissionshandelsgesetz zugrunde? Bestehen verfassungsrechtliche Bedenken? Wenn ja, welche? (Rn. 33 ff.)
- > Welches sind die drei wesentlichen Regelungswerke zum deutschen Recht der erneuerbaren Energien und welche Zielsetzungen verfolgen sie? (Rn. 41 ff.)
- > Welche Rolle spielen Planungs- und Immissionsschutzrecht für den Klimaschutz? (Rn. 62 ff.)

Definitionen

Begriff	Definition
Abfall	Abfälle sind alle Stoffe und Gegenstände, derer sich ihr Besitzer entledigt, entledigen will oder entledigen muss (§ 3 Abs. 1 S. 1 KrWG). *§ 12 Rn. 16*
Abfallverwertung	Abfallverwertung ist jede Maßnahme, deren Hauptzweck auf die Nutzung der stofflichen Eigenschaften der Abfälle gerichtet ist, um die Abfälle einem sinnvollen Zweck zuzuführen, indem sie andere Stoffe ersetzen, die ansonsten zur Erfüllung einer bestimmten Funktion verwendet worden wären. *§ 12 Rn. 1*
Anthropozentrischer Umweltschutz	Nach der Vorstellung vom anthropozentrischen Umweltschutz entspringt die Pflicht zur Erhaltung der natürlichen Lebensgrundlagen aus der Verantwortung für das Wohl der lebenden und zukünftigen Menschen. *§ 1 Rn. 9*
Altlasten	Altlasten sind - stillgelegte Abfallbeseitigungsanlagen sowie sonstige Grundstücke, auf denen Abfälle behandelt, gelagert oder abgelagert worden sind (Altablagerungen), - Grundstücke stillgelegter Anlagen und sonstiger Grundstücke, auf denen mit umweltgefährdenden Stoffen umgegangen worden ist, ausgenommen Anlagen, deren Stilllegung einer Genehmigung nach dem Atomgesetz bedarf (Altstandorte), durch die schädliche Bodenveränderungen oder sonstige Gefahren für den Einzelnen oder die Allgemeinheit hervorgerufen werden. *§ 13 Rn. 16*
Altlastverdächtige Fläche	Altlastverdächtige Flächen sind gem. § 2 Abs. 6 BBodSchG Altablagerungen und Altstandorte, bei denen der Verdacht schädlicher Bodenveränderungen oder sonstiger Gefahren für den Einzelnen oder die Allgemeinheit besteht. *§ 13 Rn. 17*
Ausschlusswirkung	Auf Grund von § 75 Abs. 2 S. 1 VwVfG sind mit Unanfechtbarkeit des Planfeststellungsbeschlusses alle privatrechtlichen oder öffentlich-rechtlichen Ansprüche auf Unterlassung, Beseitigung oder Änderung des Vorhabens ausgeschlossen. *§ 5 Rn. 53*
AWZ	Die AWZ bildet nach Art. 55 SRÜ ein jenseits des Küstenmeeres gelegenes und an dieses angrenzende Gebiet und erstreckt sich bis zu 200 sm von der Basislinie entfernt. Dem Küstenstaat werden durch Art. 56 Abs. 1 SRÜ in dieser Zone funktional begrenzte Hoheitsrechte wie die Ausbeutung der Ressourcen oder wissenschaftliche Meeresforschung zugewiesen. *§ 15 Rn. 17*
Belästigung i.S.d. Umweltverfassungsrechts	Belästigungen sind unerhebliche Beeinträchtigungen rechtlich geschützter Güter, hier der Grundrechte. Sie dürfen dem Einzelnen zugemutet werden, soweit sie sozial adäquat sind. *§ 4 Rn. 31*

Definitionen

Begriff	Definition
Bewirtschaftungspläne	Die wasserrechtlichen Bewirtschaftungspläne gem. § 83 WHG stellen die oberste Planungsstufe dar. Ein Bewirtschaftungsplan ist für jede Flussgebietseinheit (§ 3 Nr. 15 WHG) aufzustellen, um eine einheitliche Betrachtungsweise vom Oberlauf bis zum Unterlauf zu gewährleisten. Aufgabe eines Bewirtschaftungsplans ist, alle vorhandenen, die Gewässer beschreibenden Daten zu bündeln sowie alle relevanten Ziele der Gewässerbewirtschaftung aufzuführen. Sie dienen mithin der informatorischen Grundlage der Gewässerbewirtschaftung. *§ 11 Rn. 32*
Boden	Boden i.S.d. Bundes-Bodenschutzgesetzes (§ 2 Abs. 1 BBodSchG) – und darüber hinaus des Bodenschutzrechts überhaupt – ist die oberste, sichtbare, überbaute oder nicht überbaute Schicht der Erde. Auf die Bodenart (Humus, Gestein etc.) kommt es nicht an. Zum Boden gehören deshalb auch die besonderen Flächen auf der Erdkruste, wie Felsböden, Geröll, Sandböden, Dünen, Torfmoore. Umfasst sind auch die flüssigen und gasförmigen Bodenbestandteile, allerdings nicht das Grundwasser und die Gewässerbetten. Letzteres wird vom Regime des Wasserhaushaltsgesetzes und der Landeswassergesetze erfasst. *§ 13 Rn. 9*
Bodenveränderung	Der Begriff der Bodenveränderung ist weit zu verstehen und umfasst stoffliche Einträge ebenso wie die Flächenversiegelung und Veränderungen der Bodenphysik. *§ 13 Rn. 14*
Cradle-to-Grave-Prinzip	Das Cradle-to-Grave-Prinzip beinhaltet die Kontrolle bestimmter Problemstoffe von ihrer Produktion bis zu ihrer Beseitigung. *§ 3 Rn. 2*
Direkte Verhaltenssteuerung	Direkte Verhaltenssteuerung liegt vor, wenn eine Rechtsnorm oder eine administrative Maßnahme einzelnen Personen zwingend ein bestimmtes Handeln (oder Unterlassen) abverlangt. *§ 5 Rn. 20*
Eingriff in Natur und Landschaft	Ein Eingriff ist jede Beeinträchtigung von Natur und Landschaft einschließlich der Veränderung von Gestaltung und Nutzung von Grundflächen, die die Leistungs- und Funktionsfähigkeit des Naturhaushalts erheblich beeinträchtigen können. *§ 10 Rn. 31*
Emissionen	Emissionen sind die von einer Anlage ausgehenden - Luftverunreinigungen, - Geräusche, - Erschütterungen, - Licht, - Wärme, - Strahlen und - ähnlichen Erscheinungen (§ 3 Abs. 3 BImSchG). *§ 9 Rn. 27*

Definitionen

Begriff	Definition
Energieverbrauchsrelevante Produkte	Energieverbrauchsrelevante Produkte sind Produkte, die mit Energie betrieben werden und Produkte, die selbst keine Energie verbrauchen, aber während ihrer Nutzung den Verbrauch von Energie beeinflussen. Sie dürfen nur in den Verkehr gebracht werden, wenn diese u.a. die gesetzlich verankerten Anforderungen an die umweltgerechte Gestaltung erfüllen, um langfristig energieineffiziente Produkte vom Markt zu verdrängen. § 16 Rn. 58
Enteignungsvorwirkung	Unbeschadet der Ausschlusswirkung sind oftmals fremde Rechte, vornehmlich von Grundstückseigentümern, durch die Realisierung des Vorhabens betroffen. Die entsprechenden Festsetzungen im Planfeststellungsbeschluss berechtigen dann zur Enteignung nach Maßgabe der jeweils einschlägigen landesrechtlichen Enteignungsgesetze. § 5 Rn. 54
Eröffnungskontrollen	Die Eröffnungskontrollen dienen der Überprüfung von Vorhaben auf etwaige Umweltbeeinträchtigungen, bevor es hierzu kommt. § 5 Rn. 31
EU-Emissionshandel	Der auf einem cap and trade-System beruhende EU-Emissionshandel ist ein Instrument zur unionsweiten Treibhausgasreduktion, bei dem die Menge zulässiger Emissionen bestimmter Treibhausgase gedeckelt wird (cap) und die Emissionsrechte, übersetzt in Zertifikate, auf einem hierfür geschaffenen Markt gehandelt werden können (trade). Nach diesem System Verpflichtete haben für jede Tonne Ausstoß spezifischer Gase eine entsprechende handelbare Emissionsberechtigung (Zertifikat) nachzuweisen. Der Handel soll dazu führen, dass die technischen Emissionsreduktionsmaßnahmen an den kostengünstigsten Standorten ergriffen werden. § 16 Rn. 12 ff., 33 ff.
Flächenrecycling	Flächenrecycling ist die nutzungsbezogene Wiedereingliederung vormals industriell oder gewerblich genutzter Grundstücke, die ihre bisherige Funktion und Nutzung verloren haben, mittels umwelttechnischer planerischer, umweltpolitischer und wirtschaftspolitischer Maßnahmen in den Wirtschafts- und Naturkreislauf. Es ergibt sich sowohl aus dem bauplanungsrechtlichen Gebot als auch aus dem Grundsatz der nutzungsbezogenen Sanierung aus § 4 Abs. 4 BBodSchG. § 13 Rn. 63
Freiraumthese	Nach der Freiraumthese darf die Belastbarkeit der Natur nicht völlig ausgeschöpft werden, um ein weiteres Wachstum der menschlichen Gesellschaft und Wirtschaft zu ermöglichen und um wenig belastete Freiräume zur Regeneration des Umweltsystems zu erhalten. § 3 Rn. 4
Gefahrenabwehr- bzw. Schutzprinzip	Nach dem Gefahrenabwehr- bzw. Schutzprinzip sind Umweltgefahren abzuwehren. § 3 Rn. 2
Gemeinlastprinzip	Eine Begrenzung des Verursachergedankens stellt das Gemeinlastprinzip dar, wonach die Kosten zur Bereinigung oder Verminderung von Umweltschäden der Allgemeinheit, also dem Steuerzahler, auferlegt werden. § 3 Rn. 15

Definitionen

Begriff	Definition
Gentechnisch veränderter Organismus	Dies ist nach § 3 Nr. 3 GenTG ein Organismus, mit Ausnahme des Menschen, dessen genetisches Material in einer Weise verändert worden ist, wie sie unter natürlichen Bedingungen durch Kreuzen oder natürliche Rekombination nicht vorkommt. *§ 14 Rn. 23*
Gestaltungswirkung	Es werden nach § 75 Abs. 1 S. 2 VwVfG alle öffentlich-rechtlichen Beziehungen zwischen dem Träger des Vorhabens und den Planbetroffenen rechtsgestaltend geregelt. *§ 5 Rn. 52*
Gestattungswirkung	Gestattungswirkung bedeutet, dass durch den Planfeststellungsbeschluss die Zulässigkeit des Vorhabens einschließlich der notwendigen Folgemaßnahmen an anderen Anlagen festgestellt wird, und zwar im Hinblick auf alle von ihm berührten öffentlichen Belange. *§ 5 Rn. 50*
Grundsatz der Nachhaltigkeit	Unter dem Grundsatz der Nachhaltigkeit sind die sozialen und wirtschaftlichen Ansprüche an den Raum mit seinen ökologischen Funktionen in Einklang zu bringen sowie zu einer dauerhaften, großräumig ausgewogenen Ordnung zu führen. *§ 3 Rn. 2*
Grüne Gentechnik	Grüne Gentechnik wird auch „Umweltgentechnik" genannt. Hierbei handelt es sich um die Anwendung gentechnischer Verfahren in der Pflanzen- und Tierzüchtung und die Nutzung gentechnisch veränderter Pflanzen und sonstiger Organismen in der Landwirtschaft und im Lebensmittelsektor. *§ 14 Rn. 1*
Hoheitliche Planung	Hoheitliche Planung bedeutet die vom Einzelfall unabhängige, zukunftsgerichtet gestaltende Steuerung staatlicher Aufgabenbereiche. *§ 5 Rn. 4*
Ignoranztheorie	Mit der Ignoranztheorie wird das Vorsorgeprinzip begründet, wonach die langfristige Wirkung von umweltrelevanten Maßnahmen nie genau vorhergesagt werden kann, Umweltbeeinträchtigungen vielmehr in einem gewissen Maße immer auftreten. Angesichts dessen sei es sinnvoll und notwendig, Eingriffe in die Umwelt durchweg auf das technisch mögliche und zumutbare Maß zu reduzieren. *§ 3 Rn. 4*
Immissionen	Immissionen sind gem. § 3 Abs. 2 BImSchG auf Menschen, Tiere, Pflanzen, den Boden, das Wasser, die Atmosphäre sowie Kultur- und Sachgüter einwirkende ■ Luftverunreinigungen, ■ Geräusche, ■ Erschütterungen, ■ Licht, ■ Wärme, ■ Strahlen und ■ ähnliche Umwelteinwirkungen. *§ 9 Rn. 26*

Definitionen

Begriff	Definition
Instrumente des Umweltrechts	Instrumente des Umweltrechts sind Planungsinstrumente, Instrumente direkter Verhaltenssteuerung (Ge- und Verbote), Instrumente indirekter Verhaltenssteuerung (z.B. Einspeisevergütung) und staatliche Eigenvornahme (z.B. Sammeln umwelterheblicher Daten). *§ 5 Rn. 2*
Integrationsprinzip	Unter dem Integrationsprinzip versteht man die Abkehr vom sektoralen zum gesamtheitlichen, insbesondere die Wechselwirkungen zwischen den Umweltmedien erfassenden (Umwelt-)Schutz. *§ 3 Rn. 2*
Integrierte Vorhabengenehmigung	Die integrierte Vorabgenehmigung, die bislang rechtlich nicht verankert ist, beinhaltet eine einheitliche und umfassende Entscheidung über die Zulassung eines Vorhabens. Grundpflichten der genehmigungsbedürftigen Vorhaben richten sich zwecks Gewährleistung eines hohen Schutzniveaus für Mensch auf Umwelt insgesamt u.a. auf die Vermeidung schädlicher Umweltveränderungen und sonstiger Gefahren, erheblicher Nachteile und erheblicher Beeinträchtigungen für die Allgemeinheit wie für die Nachbarschaft, auf Vorsorge gegen jene Belastungen, auf die Vermeidung, Verwertung und Beseitigung von Abfällen, auf eine sparsame Verwendung von Wasser sowie eine entsprechende und zugleich effiziente Verwendung von Energie, insbesondere durch Abwärmenutzung. *§ 5 Rn. 52, 71*
Integrierter Umweltschutz	Integrierter Umweltschutz findet sich dort, wo entweder der Umweltschutz mit anderen (gegenläufigen) Aufgabenstellungen und Zielen konkurriert (etwa Raumordnungsrecht, Recht der Bauleitplanung: Umweltschutz als ein Planungsziel oder abwägungserheblicher Belang neben anderen Aufgaben) oder aber mit (gleichgerichteten) Zielen konvergiert (bspw. Recht der Technischen Sicherheit, Arbeitsschutzrecht, Gesundheitsrecht) – hier ergänzen Umweltschutzaspekte die anderen Schutzziele Gesundheit, Arbeitssicherheit etc., sie konkurrieren nicht mit ihnen. *§ 2 Rn. 28*
Kausaler Umweltschutz	Kausaler Umweltschutz will eine effektive Minderung der Umweltgefährdung erreichen, indem er bei der Emission gefährlicher Stoffe – gleichsam „an der Quelle" – ansetzt und den Umgang mit ihnen reglementiert. *§ 2 Rn. 25*
Klagebefugnis	Die Klagebefugnis verlangt, dass der Kläger geltend machen kann, in seinen Rechten verletzt zu sein. Nach seinem Vortrag muss es möglich erscheinen, dass er in einem subjektiven Recht verletzt ist. *§ 6 Rn. 11 ff.*
Klimaschutzrecht	Das Klimaschutzrecht ist die Summe derjenigen Rechtsnormen, die das Klima vor anthropogenen Einwirkungen schützen sollen. Dazu zählen z. B. Regelungen, die auf die Vermeidung des Austritts von Treibhausgasen in die Atmosphäre gerichtet sind, wie etwa jene, die die Abscheidung und Speicherung von Kohlendioxid, sog. Carbon Capture and Storage (CCS), steuern oder Maßnahmen des Geoengineerings. *§ 16 Rn. 2*

Definitionen

Begriff	Definition
Koexistenzzweck	Gem. § 1 Nr. 2 bezweckt das Gentechnikgesetz, die Möglichkeit zu gewährleisten, dass Produkte, insbesondere Lebens- und Futtermittel, konventionell, ökologisch oder unter Einsatz gentechnisch veränderter Anbauformen erzeugt und in den Verkehr gebracht werden können. *§ 14 Rn. 30, 45*
Kompensationsmodell	Das Zertifikatsmodell ist eine Abwandlung des Kompensationsmodells. Bei Letzterem geht es um die Zuweisung von austauschbaren Emissionskontingenten. Hiernach können mehrere Unternehmen in einem begrenzten Gebiet zu einem Betriebsverbund zusammengefasst werden. Innerhalb des Verbundes dürfen einzelne Betriebe über ihre Befugnis hinausgehend emittieren, wenn hierfür andere Unternehmen ihre in der Wirkung gleichen Schadstoffemissionen entsprechend einschränken und so die erhöhte Emission kompensieren. Eine Neuansiedlung emittierender Anlagen ist in diesem System ebenfalls nur unter Rückführung der von bestehenden Einrichtungen ausgehenden Emissionen möglich. *§ 5 Rn. 106*
Kooperationsprinzip	Dem Kooperationsprinzip zufolge ist Umweltschutz die Aufgabe aller gesellschaftlichen Kräfte, nicht allein diejenige des Staates. Angesichts dessen ist eine Zusammenarbeit der staatlichen und gesellschaftlichen Kräfte in umweltrelevanten Willensbildungs- und Entscheidungsprozessen vonnöten, wobei dem Staat wegen seiner Verpflichtung auf das Gemeinwohlinteresse und seiner Durchsetzungsinstrumente eine leitende, zumindest aber federführende Funktion zukommt. Durch eine solche „Ko-Operation" kann sich der Staat einerseits Sachverstand aus dem gesellschaftlich-privaten Bereich sichern und zum anderen durch beständige Information der Beteiligten die Akzeptanz und damit die Wirksamkeit umweltpolitischer Entscheidungen verbessern. *§ 3 Rn. 17*
Kreislaufwirtschaft	Der Begriff Kreislaufwirtschaft ist eine Wortschöpfung des deutschen Gesetzgebers. In Ermangelung einer gesetzlichen Definition erschloss sich der Inhalt des Begriffs vorrangig über die Grundsätze der Kreislaufwirtschaft, die gem. § 6 Abs. 1 KrWG primär in der Abfallvermeidung und sekundär in der Abfallverwertung liegen. Entsprechend wird die Kreislaufwirtschaft durch § 3 Abs. 19 KrWG als Vermeidung und Verwertung von Abfällen definiert. *§ 12 Rn. 1*
Landschaftsplanung	Landschaftsplanung ist sektorale und querschnittsorientierte Fachplanung für den Bereich des Naturschutzes, der Landschaftspflege und der Erholungsvorsorge, die als ökologisch orientiertes räumliches Nutzungskonzept dem Vorsorgeprinzip Rechnung trägt. Sie erfolgt auf überörtlicher Ebene durch Landschaftsprogramme und Landschaftsrahmenpläne; auf kommunaler Ebene durch Landschaftspläne und Grünordnungspläne. *§ 10 Rn. 23 ff.*

Definitionen

Begriff	Definition
MARPOL	MARPOL stellt ein 1978 geschaffenes internationales Übereinkommen zur Verhütung der Meeresverschmutzung durch Schiffe dar. Es ist darauf gerichtet, die Verschmutzung des Meeres durch „betriebsbedingte" Einleitungen zu verringern bzw. zu verhindern. § 15 Rn. 28
Massenverfahren	Massenverfahren sind prozessuale Verfahren, an denen mehr als (zwanzig bzw.) fünfzig Personen beteiligt sind. § 6 Rn. 23
Maßnahmenprogramme	Maßnahmenprogramme sind selbstständige Planungsinstrumente, welche die abstrakten Vorgaben der Bewirtschaftungsziele für die jeweilige Flussgebietseinheit konkretisieren. Sie enthalten grundlegende – und, soweit erforderlich, ergänzende – Maßnahmen, um fristgerecht die im Gesetz festgelegten Ziele zu erreichen (§ 82 Abs. 2, 3 WHG). Maßnahmenprogramme bilden die Grundlage für wasserwirtschaftliche Vollzugsmaßnahmen. Ob sie insoweit grundsätzlich als außenwirksame Rechtsnorm erlassen werden müssen, ist umstritten. Es bestünde jedenfalls auch die Möglichkeit, sie auf die Benennung von Maßnahmen zu beschränken und ihre konkrete Umsetzung durch landesrechtliche Befugnisnormen vorzunehmen. § 11 Rn. 33
Medialer Umweltschutz	Medialer Umweltschutz dient dem Schutz der (Umwelt-)Medien Boden, Wasser und Luft. § 2 Rn. 24
Meeresstrategie-Rahmenrichtlinie	Die Meeresstrategie-Rahmenrichtlinie bildet die Umweltsäule der künftigen Meerespolitik der EU. Der Zweck der Richtlinie, einen Rahmen für den Schutz, die Erhaltung und Wiederherstellung der europäischen Meeresgebiete zu etablieren, soll durch Maßnahmenprogramme der Mitgliedstaaten erreicht werden. § 15 Rn. 64
Natura 2000-Netz	Ein zusammenhängendes ökologisches Netz, das zwecks Wiederherstellung oder Bewahrung eines günstigen Erhaltungszustands bestimmter natürlicher Lebensräume und Arten auf Grundlage der FFH-Richtlinie 92/43/EG und der Vogelschutzrichtlinie 2009/147/EG ausgewiesen wird. In den Schutzgebieten gilt ein allgemeines Verschlechterungs- und Störungsverbot sowie die Pflicht zur Durchführung einer Prüfung der Verträglichkeit von Projekten und Plänen mit den jeweiligen Erhaltungszielen. § 10 Rn. 25, 50 ff.
Öffentliches Umweltrecht	Das öffentliche Umweltrecht als Summe aller öffentlich-rechtlichen Normen, die dem Umweltschutz dienen, lässt sich wie folgt unterteilen: Umweltvölkerrecht, Umwelteuroparecht, Umweltverfassungsrecht und Umweltverwaltungsrecht. § 2 Rn. 20
Ökozentrischer Umweltschutz	Verfechter des ökozentrischen Umweltschutzes verstehen die Umwelt als einen Wert an sich, der um seiner selbst willen zu schützen ist. Begründet wird dies mit der ethisch-sittlichen Verantwortung des Menschen gegenüber seiner Umwelt. § 1 Rn. 10

Definitionen

Begriff	Definition
Plan	Der Plan beschreibt den gegenwärtigen (Ist-Zustand) sowie den angestrebten Zustand (Soll-Zustand) und legt die erforderlichen Maßnahmen zur Erreichung des Soll-Zustandes fest. § 5 Rn. 6
Planfeststellungsbeschluss	Planfeststellungsbeschluss ist der Abschluss eines Planfeststellungsverfahrens. § 5 Rn. 40, 42
Planfeststellungsverfahren	Beim Planfeststellungsverfahren handelt es sich um ein besonderes Verwaltungsverfahren, durch das die Zulässigkeit eines konkreten Vorhabens festgestellt wird und sämtliche öffentlich-rechtliche Beziehungen zwischen dem Träger des Vorhabens und den durch den Plan Betroffenen rechtsgestaltend geregelt sowie die ansonsten erforderlichen behördlichen Entscheidungen ersetzt werden. § 5 Rn. 40
Präklusion (formell)	Formelle Präklusion liegt im Zweifel vor, wenn die gesetzliche Regelung nur eine Einwendungsfrist festsetzt. Ihre Versäumung führt zum Ausschluss des Anspruchs auf Erörterung der Einwendungen im Rahmen des Verwaltungsverfahrens. § 6 Rn. 5
Präklusion (materiell)	Die materielle Präklusion oder Verwirkungspräklusion liegt vor, wenn das Gesetz zusätzlich die Rechtsfolge der Fristversäumnis – Einwendungsausschluss – normiert. § 6 Rn. 5
Präventives Verbot (Kontrollerlaubnis)	Das präventive Verbot ermöglicht vor Aufnahme einer bestimmten, grundrechtlich geschützten Tätigkeit eine behördliche Überprüfung dahingehend, ob das Vorhaben im Einzelfall Rechtsgüter beeinträchtigt. § 5 Rn. 32
Produktverantwortung	Produktverantwortung bedeutet, Erzeugnisse so zu gestalten, dass bei der Herstellung und dem Gebrauch das Entstehen von Abfällen vermindert wird und die umweltverträgliche Verwertung und Beseitigung der nach deren Gebrauch entstandenen Abfälle sichergestellt ist (§ 23 KrWG). § 12 Rn. 51
Querschnittsklausel	Die Querschnittsklausel (Art. 11 AEUV) bestimmt, dass die Erfordernisse des Umweltschutzes bei der Festlegung und Durchführung der in Art. 3 EG genannten Gemeinschaftspolitiken und -maßnahmen mit zu bedenken sind. Diese Einbeziehung soll insbesondere der Förderung einer nachhaltigen Entwicklung dienen. § 7 Rn. 9
Repressive Instrumente der Verwaltung	Repressive Instrumente der Verwaltung sind Maßnahmen, mittels derer ein umweltrelevantes Verhalten oder Vorhaben nachträglich ganz oder teilweise unterbunden wird. Je nach Inhalt werden sie als Untersagungs-, Stilllegungs- und Beseitigungsverfügungen bezeichnet. Zu unterscheiden ist zwischen der Untersagung erlaubnisfreier und erlaubnispflichtiger Tätigkeiten bzw. Vorhaben. § 5 Rn. 77

Definitionen

Begriff	Definition
Repressives Verbot (Ausnahmebewilligung)	Das repressive Verbot bezieht sich auf potentiell umweltschädliche bzw. sozial unerwünschte Verhaltensweisen. Um besonders gelagerten Fällen Rechnung tragen zu können oder nicht intendierte Härten zu vermeiden, ist jedoch die Erteilung einer Ausnahmebewilligung eröffnet. Eine solche Bewilligung erweitert den Rechtskreis des Bürgers, weil sie eine Betätigung, die an sich gesetzlich verwehrt ist, unter besonderen Voraussetzungen (doch) zulässig macht. *§ 5 Rn. 33*
Ressourcenvorsorge	Die Ressourcenvorsorge prägt das moderne Umweltrecht; sie geht über den Bereich der Risikovorsorge hinaus und ist auf ein Konzept für umweltverträgliches Wirtschaftswachstum gerichtet. Sie ist Ausdruck des Leitbildes einer dauerhaft umweltgerechten Entwicklung für kommende Generationen, das auch in Art. 20a GG seinen Niederschlag gefunden hat. *§ 3 Rn. 8*
Risikovorsorge	Die Risikovorsorge prägt das moderne Umweltrecht und beinhaltet Maßnahmen, die bloße Schadensmöglichkeiten verhindern oder beschränken sollen. *§ 3 Rn. 6*
Sanierung	Unter Sanierung werden nach § 2 Abs. 7 BBodSchG Maßnahmen gefasst, die der Beseitigung oder Verminderung der Schadstoffe dienen (Dekontaminationsmaßnahmen), welche die Ausbreitung der Schadstoffe langfristig verhindern oder vermindern, ohne die Schadstoffe zu beseitigen (Sicherungsmaßnahmen), oder die zur Beseitigung oder Verminderung schädlicher Veränderungen der physikalischen, chemischen oder biologischen Beschaffenheit des Bodens dienen. *§ 13 Rn. 18*
Schaden i.S.d. Umweltverfassungsrechts	Schäden stellen nicht unerhebliche Beeinträchtigungen von Grundrechten dar. Solche Schäden müssen infolge der grundrechtlichen Schutzpflicht vermieden werden. *§ 4 Rn. 31*
Schädliche Bodenveränderung	Nach § 2 Abs. 3 BBodSchG wird eine schädliche Bodenveränderung als Beeinträchtigung der Bodenfunktionen definiert, die geeignet ist, Gefahren, erhebliche Nachteile oder erhebliche Belästigungen für Einzelne oder die Allgemeinheit herbeizuführen. Für das Vorliegen einer schädlichen Bodenveränderung reicht also die Gefahreignung aus; einer tatsächlichen Gefahrensituation bedarf es nicht. Nachteile und Belästigungen müssen eine erhebliche Eingriffsintensität aufweisen, um die Begriffsdefinition zu erfüllen. Relevant ist die Betroffenheit dabei sowohl in substantieller Hinsicht als auch in Bezug auf die Zweckbeeinträchtigung. Nachteile sind Beeinträchtigungen von Interessen unterhalb der Schwelle der Rechtsgutverletzung; Belästigungen stellen insbesondere Beeinträchtigungen des körperlichen oder seelischen Wohlbefindens dar, etwa durch Geruchsemissionen. Der Begriff der Bodenveränderung ist weit zu verstehen und umfasst stoffliche Einträge ebenso wie die Flächenversiegelung und Veränderungen der Bodenphysik. *§ 13 Rn. 14*

Definitionen

Begriff	Definition
Schädliche Umwelteinwirkungen	Schädliche Umwelteinwirkungen sind Immissionen, die nach Art, Ausmaß oder Dauer geeignet sind, Gefahren, erhebliche Nachteile oder erhebliche Belästigungen für die Allgemeinheit oder die Nachbarschaft herbeizuführen. § 9 Rn. 28
Schutzniveauklausel	Nach der Schutzniveauklausel (Art. 191 Abs. 2 S. 1 AEUV) zielt die Umweltpolitik der Gemeinschaft auf ein hohes Schutzniveau ab; dies unter Berücksichtigung der unterschiedlichen Gegebenheiten in ihren einzelnen Regionen. § 7 Rn. 8
Scoping	Sofern der Träger des Vorhabens die zuständige Behörde vor Beginn des (förmlichen) Zulassungsverfahrens darum ersucht oder die Behörde es nach Verfahrensbeginn für erforderlich hält, unterrichtet sie den Träger über die voraussichtlich beizubringenden Unterlagen betreffend die Umweltauswirkungen des Vorhabens, also über den Untersuchungsrahmen der Umweltverträglichkeitsprüfung (§ 5 UVPG). § 5 Rn. 66
Screening	Verfahren, in dem die vorhabenbezogene UVP-Pflichtigkeit erst nach einer allgemeinen oder standortbezogenen Einzelfallprüfung festgestellt wird. § 5 Rn. 66
Strategische Umweltprüfung	Bei der strategischen Umweltprüfung sind zur Sicherung eines hohen Umweltschutzniveaus bestimmte Programme und Pläne, bei denen von erheblichen Umweltauswirkungen auszugehen ist, einer Umweltprüfung (SUP) zu unterziehen. Dabei sind die voraussichtlichen erheblichen Umweltauswirkungen sowie vernünftige Alternativen zu ermitteln und in einem Umweltbericht zu beschreiben, zu bewerten und zu dokumentieren. § 5 Rn. 73
Umwelt	Umwelt im weiteren Sinne ist die Gesamtheit der äußeren Lebensbedingungen, die auf eine bestimmte Lebenseinheit (bspw. einen Menschen, ein Tier, eine Pflanze) einwirken. Danach gehört zur Umwelt unsere gesamte belebte und unbelebte Umgebung einschließlich der sozialen Umwelt, d.h. der zwischenmenschlichen Beziehungen, der gesellschaftlichen, kulturellen und wirtschaftlichen Einrichtungen und der staatlichen Institutionen. § 1 Rn. 1
Umweltabsprachen	Als Umweltabsprachen werden dem Umweltschutz dienliche Vereinbarungen zwischen Staat und Privaten bezeichnet, die auf einem in Verhandlungen gewonnenen Konsens der Beteiligten beruhen. § 5 Rn. 110
Umweltauditsystem	Beim Umweltauditsystem handelt es sich um ein freiwilliges, öffentlich kontrolliertes System zur kontinuierlichen Verbesserung des betrieblichen Umweltschutzes. § 5 Rn. 120
Umweltausgleichabgaben	Umweltausgleichsabgaben sollen Umweltbeeinträchtigungen kompensieren, die dadurch entstehen, dass Nutzer Umweltgüter zur eigenen Zweckverfolgung in Anspruch nehmen. § 5 Rn. 99

Definitionen

Begriff	Definition
Umweltbelastende Duldungspflicht	Die sich aus einem Hoheitsakt ergebenden Umweltbelastungen sind hinzunehmen, wenn die Einlegung des gebotenen Rechtsbehelfs versäumt worden und der Hoheitsakt damit bestandskräftig geworden ist. § 5 Rn. 29
Umwelteuroparecht	Umweltrechtliche Normen, die aufgrund von primärer oder sekundärer Regelungen der EU ergangen sind. § 7 Rn. 2
Umweltlenkungsabgabe	Bei der Umweltlenkungsabgabe wird primär auf die Verminderung von Umweltbelastungen und die Entwicklung umweltverträglicher Verhaltensformen hingewirkt. Hierbei steht die Lenkungsfunktion im Vordergrund. Die Erzielung eines Abgabeaufkommens wird nicht angestrebt, sondern stellt lediglich eine hingenommene Nebenfolge dar. § 5 Rn. 98
Umweltnutzungs- und Entsorgungsabgaben	Umweltnutzungs- und Entsorgungsabgaben werden in Form von Gebühren für eine bestimmte umweltrelevante Leistung der Verwaltung erhoben. Hierzu zählen bspw. Abfall- und Entwässerungsgebühren. § 5 Rn. 97
Umweltökonomie	Umweltökonomie ist die Wirtschaftswissenschaft, die in ihre Theorien, Analysen und Kostenrechnungen ökologische Parameter mit einbezieht. Betriebswirtschaftliche Umweltökonomie betrifft die Beziehungen zwischen Betrieb und Umwelt, deren wirtschaftlichen Folgewirkungen und die Auswirkungen der staatlichen Umweltpolitik auf den Betrieb. Die volkswirtschaftliche Umweltökonomie entwickelt Maßnahmen zur Optimierung des gesellschaftlichen Gutes „Umweltqualität". § 1 Rn. 17 f.
Umweltplanung	Umweltplanung meint die Bewältigung räumlicher Umweltprobleme mit den Mitteln planerischen Handelns. § 5 Rn. 3
Umweltpolitik	Umweltpolitik wird im Umweltprogramm der Bundesregierung aus dem Jahre 1971 als die Gesamtheit aller Maßnahmen beschrieben, die notwendig sind, ▪ um dem Menschen eine Umwelt zu sichern, wie er sie für seine Gesundheit und für ein menschenwürdiges Dasein braucht, ▪ um Boden, Luft und Wasser, Pflanzen- und Tierwelt vor nachteiligen Wirkungen menschlicher Eingriffe zu schützen und ▪ um Schäden oder Nachteile aus menschlichen Eingriffen zu beseitigen. § 1 Rn. 15
Umweltprivatrecht	Umweltprivatrecht ist die Summe aller privatrechtlichen Normen, denen in ihrer Ausrichtung auf die Gestaltung der Rechtsbeziehungen zwischen den Bürgern die Funktion zukommt, „zugleich" Auswirkungen auf die Umwelt zu erfassen. § 2 Rn. 17

Definitionen

Begriff	Definition
Umweltrecht	Zum Umweltrecht gehören sämtliche staatlichen Normen, die dem Schutz der Umwelt dienen. § 2 Rn. 1
Umweltschutz	Umweltschutz umfasst alle Maßnahmen, die dazu dienen, ■ bereits eingetretene Umweltschäden zu beseitigen (reparativ-wiederherstellende Funktion), ■ gegenwärtige Umweltbelastungen zu begrenzen und zu vermindern (repressiv-zurückdrängende Funktion) und ■ künftigen Umweltbelastungen vorzubeugen (präventiv-vorsorgende Funktion). § 1 Rn. 6
Umweltspezifische Fachplanung	Kennzeichnend für die umweltspezifische Fachplanung ist, dass sie der Verwirklichung eines bestimmten (sektoralen) Ziels dient. Umweltspezifische Fachplanung liegt dann vor, wenn der Umweltschutz vorrangiges Planungsziel ist. Andere Belange, etwa wirtschaftlicher Art, finden lediglich im Rahmen des planerischen Abwägungsprozesses Berücksichtigung. Als umweltspezifisch einzustufen sind etwa: ■ die Landschaftsplanung, ■ die wasserwirtschaftliche Planung, ■ die Luftreinhalte- und Aktionsplanung, ■ die Lärmminderungsplanung, ■ die Abfallwirtschaftsplanung. § 5 Rn. 16
Umweltstrafrecht	Umweltstrafrecht betrifft Straftaten gegen die Umwelt i.S.d. StGB. § 2 Rn. 16
Umweltverfassungsrecht	Hierzu gehören alle Bestimmungen der Verfassung, die dem Umweltschutz dienen. Dabei ist es gleichgültig, ob die Normen ausdrücklich bzw. allein auf Umweltschutz ausgerichtet sind oder ob sie nur unter anderem umweltschützenden Charakter aufweisen. § 4 Rn. 1
Umweltverträglichkeitsprüfung (UVP)	Bei der UVP handelt es sich um ein rechtlich geordnetes, mehrphasiges Verfahren zur frühzeitigen Ermittlung, Beschreibung und Bewertung aller unmittelbaren und mittelbaren Auswirkungen eines Projekts auf bestimmte Umweltfaktoren, und zwar einschließlich der ökologischen Wechselwirkungen. § 5 Rn. 62
(Umwelt-)Völkergewohnheitsrecht	(Umwelt-)Völkergewohnheitsrecht entsteht durch allgemeine Übung (Staatenpraxis), getragen von der Überzeugung, dass es sich bei der Übung um eine Rechtspflicht handelt. § 8 Rn. 4
Umweltvölkerrecht	Das Umweltvölkerrecht bildet einen Teilbereich des besonderen Völkerrechts. Es umfasst alle völkerrechtlichen Regelungen, die unmittelbar oder mittelbar dem Schutz der Umwelt gewidmet sind. Das Völkerrecht regelt die Beziehungen der Staaten untereinander, zu den internationalen Organisationen sowie zwischen diesen. Einzelpersonen werden hingegen durch völkerrechtliche Regelungen grundsätzlich weder berechtigt noch verpflichtet. § 8 Rn. 2

Definitionen

Begriff	Definition
(Umwelt-)Völkerrechtliche Verträge	(Umwelt-)Völkerrechtliche Verträge stellen Vereinbarungen dar, die zwischen Staaten oder sonstigen Völkerrechtssubjekten getroffen werden und dem Völkerrecht unterliegen. § 8 Rn. 4
Umweltzertifikat	Nach dem Zertifikatmodell werden für einen bestimmten Raum Höchstgrenzen der Gesamtemissionen eines Stoffes oder mehrerer Stoffe festgelegt. Es werden Emissionsanteile gebildet, die in Zertifikaten verbürgt und an emittierende Betriebe vergeben werden. Anders als Genehmigungen sind die Zertifikate übertragbar. Sie sollen an einer Börse frei gehandelt werden, so dass sich ihr Preis aus Angebot und Nachfrage ergibt. Will ein Anlagenbetreiber seine Emissionen erhöhen, muss er ein entsprechendes Zertifikat erwerben. Dabei wird er zwischen den Kosten für den Erwerb und den Kosten für die Emissionsvermeidung abwägen und ggf. die Emission unterlassen. § 5 Rn. 104
Unterlassungspflicht	Unterlassungspflichten verbieten oder beschränken ein bestimmtes umweltgefährdendes Handeln. § 5 Rn. 30
Ursprungsprinzip	Das Ursprungsprinzip (Art. 191 Abs. 2 S. 2 Alt. 3 AEUV) legt fest, dass Umweltbeeinträchtigungen so früh wie möglich, also dort bekämpft werden sollen, wo sie entstehen. § 7 Rn. 9
Verbandsklage (altruistisch)	Hiernach können Naturschutzvereinigungen in gesetzlich näher festgelegten Fällen unabhängig von der Verletzung eigener Rechte gegen Beeinträchtigungen von Natur und Landschaft gerichtlich vorgehen. § 6 Rn. 15
Verbandsklage (verfahrensrechtlich)	Die Verbandsklage im verfahrensrechtlichem Sinn ist die allgemeine Klagebefugnis der Naturschutzverbände, die auf einem Verstoß gegen ihr Beteiligungsrecht aus § 63 BNatSchG oder aus einer landesrechtlichen Beteiligungsvorschrift beruht. § 6 Rn. 16
Verschlechterungsverbot bzw. Bestandsschutzprinzip	Nach dem Verschlechterungsverbot bzw. Bestandsschutzprinzip soll eine weitere Zunahme der Umweltbelastungen verhindert und wenigstens das gegenwärtige Maß an Umweltqualität erhalten werden. § 3 Rn. 2
Verursacherprinzip	Das Verursacherprinzip besagt, dass derjenige, dem Umweltbeeinträchtigungen zuzurechnen sind, für ihre Beseitigung, Verminderung oder Ausgleich herangezogen werden soll. In einem engen Sinne ist Verursacher nur der, in dessen Einflussbereich die Umweltbelastung auftritt. Nach einem weiteren Verursacherbegriff können hingegen statt des unmittelbar kausalen Verwenders (Konsumenten) bereits der Hersteller und/oder alle ausführend Beteiligten als Verursacher angesehen werden. Eine dritte Möglichkeit stellt es dar, als Verursacher denjenigen zu begreifen, der die Umweltbelastung mit verursacht hat und wirtschaftlich und technisch am besten in der Lage ist, die Beeinträchtigung abzustellen. § 3 Rn. 11
Verwaltungsakzessorietät des Umweltstrafrechts	Abhängigkeit der Sanktionsnorm von der Erfüllung verwaltungsrechtlicher Normen des Umweltrechts. § 2 Rn. 16

Definitionen

Begriff	Definition
Vitaler Umweltschutz	Vitaler Umweltschutz dient dem unmittelbaren Schutz von Tieren und Pflanzen. § 2 Rn. 27
Vorsichtsprinzip	Nach dem Vorsichtsprinzip kann bereits eine potentiell umweltbelastende Maßnahme – z.B. eine Emission – untersagt werden, wenn es lediglich möglich erscheint, dass sie die Umwelt schädigt. § 3 Rn. 2
Vorsorgeprinzip auch Vorbeugeprinzip	Das Vorsorgeprinzip besagt, dass bereits die Entstehung von Umweltgefahren und Umweltschäden so weit wie möglich vermieden werden muss. § 3 Rn. 3
Wasserhaushalt	Den Begriff des Wasserhaushalts definieren das WHG und die (bisherigen) Landeswassergesetze nicht. Naturwissenschaftlich lässt sich der Begriff umschreiben als das auf der Erde vorhandene Wasser, das sich ständig in Kreisläufen von Verdunstung, Kondensation, Niederschlag, Abfluss und Wiederverdunstung bewegt. Entscheidend ist somit die Eingebundenheit des Gewässers in den natürlichen Wasserkreislauf. Das BVerfG umschreibt den Regelungsgegenstand des Wasserhaushaltsrechts als die allgemein verbindliche Normierung der menschlichen Einwirkungen auf Oberflächen- und Grundwasser. § 11 Rn. 25

Verzeichnis der abgekürzt zitierten Literatur

(Zeitschriftenbeiträge und Beiträge in Sammelbänden finden sich ausschließlich in den Fußnoten)

Achterberg, Norbert/Püttner, Günter/Würtenberger, Thomas, Besonderes Verwaltungsrecht, Bd. 1, 2. Aufl., 2000
Adam, Michael/Hentschke, Helmar/Kopp-Assenmacher, Stefan, Handbuch des Emissionshandelsrechts, 2006
Adelphi Consult & Wuppertal Institut, Gutachten für das BMU, Die sicherheitspolitische Bedeutung erneuerbarer Energien, 2007
Albus, Martin R., Zur Notwendigkeit eines Internationalen Umweltgerichtshofs, 2000
Altrock, Martin/Oschmann, Volker/Theobald, Christian, EEG. Erneuerbare-Energien-Gesetz, 4. Aufl., 2013
v. Arnauld, Andreas, Völkerrecht, 2. Aufl., 2014
Attard, David Joseph, The Exclusive Economic Zone in International Law, 1987
Au, Michael/Rühl, Reinhold, REACH-Verordnung, 2007

Baisch, Axel, Bewirtschaftung im Wasserrecht, 1996
Balleis, Kristina, Mitwirkungs- und Klagerechte anerkannter Naturschutzverbände, 1996
Barboza, Julio, The Environment, Risk and Liability in International Law, 2010
Baumeister, Hubertus, Die Integration der örtlichen Landschaftsplanung in die Bauleitplanung, 1992
Beaucamp, Guy, Das Konzept der zukunftsfähigen Entwicklung im Recht, 2002
Beck, Stuart/Burleson, Elisabeth, Transnational Environmental Law, 2014
Becker, Bernd, Das neue Umweltschadensgesetz, 2007
Ders., Bundes-Bodenschutzgesetz, 52. Erg.-Lfg., 2015
Bender, Bernd (Hrsg.), Rechtsstaat zwischen Sozialgestaltung und Rechtsschutz. Festschrift für Konrad Redeker, 1993
Berchter, Dirk, Die Eingriffsregelung im Naturschutzrecht, 2007
Berendes, Konrad, Wasserhaushaltsgesetz, Kurzkommentar, 2010
Ders./Winters, Karl-Peter, Das Abwasserabgabengesetz, 3. Aufl., 1995
Ders./Frenz, Walter/Müggenborg, Hans-Jürgen (Hrsg.), Wasserhaushaltsgesetz, Kommentar, 2011
Bergs, Claus-Gerhard/Dreyer, Stephan/Radde, Claus-André, TA Siedlungsabfall, 3. Aufl., 2002
Beyerlin, Ulrich, Umweltvölkerrecht, 2000
Ders./Marauhn, Thilo, International Environmental Law, 2011
Bickel, Christian, Bundes-Bodenschutzgesetz, 4. Aufl., 2004
Bieber, Roland/Epiney, Astrid/Haag, Marcel, Die Europäische Union, 11. Aufl., 2015
Bielenberg, Walter/Runkel, Peter/Spannowsky, Willy/Reitzig, Frank/Schmitz, Holger, Raumordnungs- und Landesplanungsrecht des Bundes und der Länder, Loseblatt, Stand: 2015
Birnie, Patricia/Boyle, Alan/Redgwell, Catherine, International Law and The Environment, 3. ed., 2009
Bohne, Eberhard, Der informale Rechtsstaat, 1981
Book, Angelika, Bodenschutz durch räumliche Planung, 1986
Börner, Bodo, Umwelt, Verfassung, Verwaltung, 1982
Breuer, Rüdiger, Öffentliches und privates Wasserrecht, 3. Aufl., 2004
Breuer, Rüdiger/Kloepfer, Michael/Marburger, Peter/Schröder, Meinhard (Hrsg.), Kreislauf oder Kollaps im Abfallwirtschaftsrecht?, 1995
Breuer, Rüdiger/Gärditz, Klaus Ferdinand, Öffentliches und Privates Wasserrecht, 4. Aufl., 2016
Brinkmann, Grit, § 3 BBodSchG – Geltung, Subsidiarität und Ausschluss, 2008
Britz, Gabriele/Eifert, Martin/Reimer, Franz, Energieeffizienzrecht – Perspektiven und Probleme, 2010
Brönneke, Tobias, Umweltverfassungsrecht, 1999

Verzeichnis der abgekürzt zitierten Literatur

Bruch, David, Umweltpflichtigkeit der grundrechtlichen Schutzbereiche, 2012
Brunner, Tanja, Das Prinzip der Koexistenz im Gentechnikrecht, 2011
Bundesministerium für Umwelt, Naturschutz und Reaktorsicherheit, Umweltgesetzbuch (UGB-KomE), Entwurf der unabhängigen Sachverständigenkommission zum Umweltgesetzbuch beim Bundesministerium für Umwelt, Naturschutz und Reaktorsicherheit, 1998
Dass., Förderung von Umweltmanagementsystemen in Deutschland, 2003
Dass., Förderung von Umweltmanagementsystemen in Deutschland, 2009
Dass., Erneuerbar beschäftigt! Kurz- und langfristige Wirkungen des Ausbaus erneuerbarer Energien auf den deutschen Arbeitsmarkt, 2011
Dass., Erneuerbare Energien in Zahlen 2012, 2012
Burgi, Martin/Durner, Wolfgang, Modernisierung des Verwaltungsverfahrensrechts durch Stärkung des VwVfG, 2011

Calliess, Christian, Die Europäische Union nach dem Vertrag von Lissabon, 2010
Ders./Ruffert, Matthias (Hrsg.), Kommentar des Vertrages über die Europäische Union und des Vertrages zur Gründung der Europäischen Gemeinschaft – EUV/EGV –, 4. Aufl., 2011
Carlsen, Claus (Hrsg.): Naturschutz und Bauen, 1995
Christ, Patrick, Rechtsfragen der Altautoverwertung, 1998
Churchill, Robin Rolf/Lowe, Alan Vaughan, The law of the sea, 3. Aufl., 1999
CIPRA Deutschland, Leitfaden zur Umsetzung der Bestimmungen der Alpenkonvention in Deutschland, 2008
Cremer, Wolfram, Freiheitsgrundrechte. Funktionen und Strukturen, 2003
Cuypers, Stefan/Güthler, Andreas/Köhler, Stefan/Schumacher, Jochen/Söhnlein, Bernd, Alpine Umweltprobleme – Leitfaden zur Umsetzung der Bestimmungen der Alpenkonvention in Deutschland, 2008
Czajka, Dieter (Hrsg.), Immissionsschutzrecht in der Bewährung: 25 Jahre Bundes-Immissionsschutzgesetz. Festschrift für Gerhard Feldhaus, 1999
Czarnecki, Ralph, Verteilungsgerechtigkeit im Umweltrecht: Dogmatik und Umsetzung, 2008
Czybulka, Detlef/Kersandt, Peter, Rechtsvorschriften, rechtliche Instrumentarien und zuständige Körperschaften mit Relevanz für marine Schutzgebiete („Marine Protected Areas"/MPAs) in der Ausschließlichen Wirtschaftszone (AWZ) und auf Hoher See des OSPAR-Konventionsgebietes, 2000
Czychowski, Manfred/Reinhardt, Michael, Wasserhaushaltsgesetz, 11. Aufl., 2014

Danner, Wolfgang/Theobald, Christian, Energierecht, Loseblatt, Bd. 2 – VI.B1, Stand: 2015
Dederer, Hans-Georg, Gentechnik im Wettbewerb der Systeme, 1998
Dempfle, Ulrich, Normvertretende Absprachen, 1994
Di Fabio, Udo, Risikoentscheidungen im Rechtsstaat, 1994
Dietrich, Björn/Au, Christian/Dreher, Jörg, Umweltrecht der Europäischen Gemeinschaften, 2003
Drost, Ulrich, Das neue Wasserhaushaltsgesetz: WHG 2010, 2010
Dupuy, Pierre-Marie/Viñuales, Jorge E., International Environmental Law, 2015
Durner, Wolfgang (Hrsg.), Das Recht der Wasser- und Entsorgungswirtschaft, 2011

Eberbach, Wolfram (Hrsg.), Gentechnikrecht, Bd. 4, 2000
Ehlers, Dirk (Hrsg.), Europäische Grundrechte und Grundfreiheiten, 4. Aufl., 2014
Ehlers, Peter/Erbguth, Wilfried (Hrsg.), Aktuelle Entwicklungen im Seerecht: Dokumentation der Rostocker Gespräche zum Seerecht 1996–1999, 2000
Dies. (Hrsg.), Hafenrecht und Schutz der Meere: neue Entwicklungen - Dokumentation der Rostocker Gespräche zum Seerecht 2004-2005, 2006
Ekardt, Felix, Theorie der Nachhaltigkeit: Rechtliche, ethische und politische Zugänge – am Beispiel von Klimawandel, Ressourcenknappheit und Welthandel, 2011
Engels, Thomas, Grenzüberschreitende Abfallverbringung nach EG-Recht, 1999
Epiney, Astrid, Umweltrecht der Europäischen Union, 3. Aufl., 2013

Dies., Strukturprinzipien des Umweltvölkerrechts, 1998
Dies./Scheyli, Martin, Die Aarhus-Konvention. Rechtliche Tragweite und Implikationen für das schweizerische Recht, 2000
Erbguth, Wilfried, Allgemeines Verwaltungsrecht mit Verwaltungsprozess- und Staatshaftungsrecht, 8. Aufl., 2016
Ders. (Hrsg.), Strategische Umweltprüfung (SUP) – Stand, Rechtsfragen, Perspektiven –, 2006
Ders., Die Abfallwirtschaftsplanung, 2. Aufl., 2004
Ders. (Hrsg.), Europäisierung des nationalen Umweltrechts: Stand und Perspektiven, 2001
Ders., Zur Vereinbarkeit der jüngeren Deregulierungsgesetzgebung im Umweltrecht mit dem Verfassungs- und Europarecht, am Beispiel des Planfeststellungsrechts, 1999
Ders./Mann, Thomas/Schubert, Mathias, Besonderes Verwaltungsrecht, 12. Aufl., 2015
Ders./Schink, Alexander, Gesetz über die Umweltverträglichkeitsprüfung, 2. Aufl., 1996
Ders./Schubert, Mathias, Öffentliches Baurecht, 6. Aufl., 2014
Ders./Jenisch, Uwe, Maritime Sicherheit im Ostseeraum 2003, Sondergutachten, Landtag Mecklenburg-Vorpommern, Ausschussdrucksache 4/29, 2003
Ders./Stollmann, Frank, Bodenschutzrecht, 2001
Erichsen, Hans-Uwe/Ehlers, Dirk (Hrsg.), Allgemeines Verwaltungsrecht, 14. Aufl., 2010
Erichsen, Sven, Der ökologische Schaden im internationalen Umwelthaftungsrecht, 1993
Eyermann, Erich (Hrsg.), Verwaltungsgerichtsordnung, 13. Aufl., 2010

Falke, Josef/Schlacke, Sabine (Hrsg.), Neue Entwicklungen im Umwelt- und Verbraucherrecht, 2004
Faßbender, Kurt/Köck, Wolfgang (Hrsg.), Aktuelle Entwicklungen im Immissionsschutzrecht, 2013
Franßen, Everhardt (Hrsg.), Bürger – Richter – Staat, Festschrift für Horst Sendler, 1991
Feess, Eberhard/Seeliger, Andreas, Umweltökonomie und Umweltpolitik, 4. Aufl., 2013
FIELD, Handbook on the Convention on Biological Diversity, 2001
Fischer, Thomas, Strafgesetzbuch und Nebengesetze, 60. Aufl., 2013
Freiburg, Susann, Die Erhaltung der biologischen Vielfalt in Deutschland auf der Basis europarechtlicher Vorgaben, 1998
Frenz, Walter, Emissionshandelsrecht: Kommentar zum TEHG und ZuV 2020, 3. Aufl., 2012
Ders., Bundes-Bodenschutzgesetz, 2000
Frenz, Walter/Müggenborg, Hans-Jürgen (Hrsg.), Erneuerbare-Energien-Gesetz, Kommentar, 4. Aufl., 2015
Dies., (Hrsg.), Bundesnaturschutzgesetz. Kommentar, 2. Aufl., 2016
Fricke, Hanns-Christian, Die Teilnahme des Strom-Contractings am Belastungsausgleich nach dem Erneuerbaren-Energien-Gesetz, 2009
Fritsch, Klaus, Das neue Kreislaufwirtschafts- und Abfallrecht, 1996
Führ, Martin (Hrsg.), Gemeinschaftskommentar Bundes-Immissionsschutzgesetz (GK-BImSchG), 2016

Gärditz, Klaus Ferdinand, Verwaltungsgerichtsordnung (VwGO), 2013
Gassner, Erich, Recht der Landschaft, 1995
Ders./Bendomir-Kahlo, Gabriele/Schmidt-Räntsch, Annette/Schmidt-Räntsch, Jürgen, Bundesnaturschutzgesetz, 2. Aufl., 2003
Ders./Heugel, Michael, Das neue Naturschutzrecht, 2010
Geiger, Rudolf/Kahn, Daniel-Erasmus/Kotzur, Markus, EUV/AEUV, 5. Aufl., 2010
Gellermann, Martin, Natura 2000, 2. Aufl., 2001
Gellermann, Martin/Stoll, Peter-Tobias/Czybulka, Detlef (Hrsg.), Handbuch des Meeresnaturschutzrechts in der Nord- und Ostsee – Nationales Recht unter Einbezug internationaler und europäischer Vorgaben, 2012
Gerstenberg, Katrin, Zu den Gesetzgebungs- und Verwaltungskompetenzen nach der Föderalismusreform, 2009

Verzeichnis der abgekürzt zitierten Literatur

Giesberts, Ludger/Reinhardt, Michael (Hrsg.), Beck'scher Online-Kommentar Umweltrecht, 37. Erg.-Lfg., 2015
Giesberts, Ludger/Hilf, Juliane, Kreislaufwirtschaft Altauto: Altautoverordnung und freiwillige Selbstverpflichtung, 1998
Glaser, Andreas W./Klement, Jan Henrik, Umweltrecht mit Planungsrecht, 2010
Gornig, Gilbert H./Kramer, Urs/Volkmann, Uwe (Hrsg.), Festschrift für Werner Frotscher, 2007
Grabitz, Eberhard/Hilf, Meinhard/Nettesheim, Martin (Hrsg.), Das Recht der Europäischen Union, 3 Bände: EUV/AEUV, 57. Aufl., 2015
Greb, Tobias, Der Emissionshandel ab 2013. Die Versteigerung der Emissionszertifikate auf europäischer Ebene, 2011
Greim, Jeanine, Rechtsschutz bei Verfahrensfehlern im Umweltrecht: Eine Abhandlung am Beispiel des Umwelt-Rechtsbehelfsgesetzes, 2013
Gröhn, Kerstin, Bodenschutzrecht – auf dem Weg zur Nachhaltigkeit: Konkretisierung der Schutzziele und Harmonisierung der Regelungsfülle, 2014
Groß, Detlef, Die Produktzulassung von Novel Food, 2001
Gündling, Lothar, Die 200-Seemeilen-Wirtschaftszone, 1983
Guttenberger, Franz, Ausgleichsansprüche nach § 24 Abs. 2 und § 25 BBodSchG, 2011

Hackländer, Daniel, Die allgemeine Energiekompetenz im Primärrecht der Europäischen Union: Eine Analyse des Art. 194 des Vertrages über die Arbeitsweise der Europäischen Union in der Fassung des Vertrages von Lissabon unter Berücksichtigung der historischen Entwicklung der Energiekompetenz, 2010
Häberle, Peter (Hrsg.), Jahrbuch des Öffentlichen Rechts der Gegenwart, Bd. 61, 2013
Häfner, Christof, Verantwortungsteilung im Genehmigungsrecht, 2010
Hansmann, Klaus/Sellner, Dieter (Hrsg.), Grundzüge des Umweltrechts, 4. Aufl., 2012
Hebeler, Timo/Hofmann, Ekkehard/Proelß, Alexander/Reiff, Peter (Hrsg.), Jahrbuch des Umwelt- und Technikrechts (UTR), Bd. 129, 2015
Heger, Martin/Kelker, Brigitte/Schramm, Edward (Hrsg.), Festschrift für Kristian Kühl zum 70. Geburtstag, 2014
Heidler, Stephan, Der Tierartenschutz im Naturschutzrecht und artverwandten Gebieten, 1990
Heimann, Ursula, Bodenschutz durch prioritäre Gebiete: Möglichkeit und Notwendigkeit eines gebietsbezogenen Bodenschutzes vor dem Hintergrund des europäischen und nationalen Rechts, 2011
Helberg, Andreas, Normabwendende Selbstverpflichtungen als Instrumente des Umweltrechts – verfassungs- und verwaltungsrechtliche Voraussetzungen und Grenzen, 1999
Hendler, Reinhardt/Marburger, Peter/Reinhardt, Michael/Schröder, Meinhard (Hrsg.), Jahrbuch des Umwelt- und Technikrechts 2000 (UTR), Bd. 54, 2000
Dies., Jahrbuch des Umwelt- und Technikrechts 2000 (UTR), Bd. 54, 2000
Dies., Jahrbuch des Umwelt- und Technikrechts 2005 (UTR), Bd. 83, 2005
Herdegen, Matthias, Völkerrecht, 14. Aufl., 2015
Himmelmann, Steffen/Tünnesen-Harmes, Christian, Umweltrecht in der anwaltlichen Praxis, 2008
Hobe, Stephan/Kimminich, Otto, Einführung in das Völkerrecht, 9. Aufl., 2008
Höltmann, Michael, Schiffssicherheit und Umweltschutz in der EU nach Erika und Prestige – Die Vereinbarkeit der legislativen Maßnahmen der EU mit dem internationalen Seerecht, 2012
Hofmann, Ekkehard (Hrsg.), Wasserrecht in Europa, 2015
Ders., Abwägung im Recht, 2007
Holtwisch, Christoph, Das Nichteinhaltungsverfahren des Kyoto-Protokolls, 2006
Holzwarth, Fritz/Radtke, Hansjörg/Hilger, Bernd/Bachmann, Günther, Bundesbodenschutzgesetz, 2. Aufl., 2014
Hoppe, Werner/Beckmann, Martin (Hrsg.), Gesetz über die Umweltverträglichkeitsprüfung, 4. Aufl., 2012
Ders./Beckmann, Martin/Kauch, Petra, Umweltrecht, 2. Aufl., 2000

Ders./Bönker, Christian/Grotefels, Susan, Öffentliches Baurecht, 4. Aufl., 2010
Ders./Schlarmann, Hans/Buchner, Reimar/Deutsch, Markus, Rechtsschutz bei der Planung von Straßen und anderen Infrastrukturvorhaben, 4. Aufl., 2011
Ders./Weidemann, Clemens, Verwaltungsrechtliche Grundlagen dualer Entsorgungssysteme, 1999
Hufen, Friedhelm, Verwaltungsprozessrecht, 9. Aufl., 2013
Hunter, David/Salzmann, James/Zaelke, Durwood, International environmental law and policy, 4. Aufl., 2011

International Law Commission (ILC), Draft Articles on Prevention of Transboundary Harm from Hazardous Activities, ILC Report 2001, A/56/19
Ipsen, Jörn, Allgemeines Verwaltungsrecht, 9. Aufl., 2015
Ders./Stüer, Bernhard (Hrsg.), Europa im Wandel. Festschrift für Hans-Werner Rengeling, 2008
Ipsen, Knut, Völkerrecht, 6. Aufl., 2014

Jahns-Böhm, Jutta, Umweltschutz durch europäisches Gemeinschaftsrecht am Beispiel der Luftreinhaltung, 1994
Jans, Jan H./von der Heide, Ann-Katrin, Europäisches Umweltrecht, 2003
Janssen, Simone, Die Regelungen der Umweltabgaben im Entwurf der Unabhängigen Sachverständigenkommission zum Umweltgesetzbuch (UGB-KomE), 2005
Jarass, Hans D., Bundes-Immissionsschutzgesetz, 11. Aufl., 2015
Ders., Naturschutz in der Ausschließlichen Wirtschaftszone, 2002
Ders., Inhalte und Wirkungen der TA Siedlungsabfall, 1999
Ders./Petersen, Frank, Kreislaufwirtschaftsgesetz, 2014
Ders./Pieroth, Bodo, Grundgesetz für die Bundesrepublik Deutschland, Kommentar, 13. Aufl., 2014
Joecks, Wolfgang/Miebach, Klaus, Münchener Kommentar zum Strafgesetzbuch, Bd. 5, 2007
Dies., Münchner Kommentar zum Strafgesetzbuch, Bd. 6, 2013
Jörgensen, Meike, Das Reststoffvermeidungs- und Verwertungsgebot, 1994

Kapteina, Matthias, Die Freisetzung von gentechnisch veränderten Organismen, 2000
Kaster, Georg, Das Verhältnis von immissionsschutzrechtlicher Genehmigung und wasserrechtlicher Erlaubnis, 1996
Kauch, Petra, Gentechnikrecht, 2009
Dies., Bodenschutz aus bundesrechtlicher Sicht, 1993
Kerkmann, Jochen (Hrsg.), Naturschutzrecht in der Praxis, 2. Aufl., 2010
Keyhanian, Cimin, Rechtliche Instrumente zur Energieeinsparung, 2008
Kimminich, Otto/von Lersner, Heinrich/Storm, Peter-Christoph, Handwörterbuch des Umweltrechts, Bd. 1, 2, 2. Aufl., 1994
Kirchhof, Paul/Paetow, Stefan/Uechtritz, Michael (Hrsg.), Umwelt und Planung – Anwalt im Dienst von Rechtsstaat und Demokratie, Festschrift für Klaus-Peter Dolde, 2014
Kirchner, Andree (Hrsg.), International Marine Environmental Law – Institutions, Implementation and Innovations, 2003
Kleesiek, Anja, Zur Problematik der unterlassenen Umweltverträglichkeitsprüfung, 2010
Klinski, Stefan, Rechtsgutachten im Auftrag des BMU, EEG-Vergütung: Vertrauensschutz bei künftigen Änderungen der Rechtslage? Erörterung unter Berücksichtigung der Entscheidung des BVerfG zum sog. Anlagensplitting, 2009
Klöck, Oliver, Thermische Behandlung und/oder energetische Verwertung, 1998
Kloepfer, Michael, Das Umweltstrafrecht nach dem 45. Strafrechtsänderungsgesetz, 2015
Ders., Umweltschutzrecht, 2. Aufl., 2011
Ders. (Hrsg.), Das kommende Umweltgesetzbuch, 2007
Ders., Umweltrecht, 3. Aufl., 2004
Ders., Zur Geschichte des deutschen Umweltrechts, 1994
Ders., Systematisierung des Umweltrechts, 1978

Ders./Meßerschmidt, Klaus, Innere Harmonisierung des Umweltrechts, 1986/87
Ders./Rehbinder, Eckard/Schmidt-Aßmann, Eberhard, Umweltgesetzbuch Allgemeiner Teil, 1991
Kluth, Winfried/Smeddinck, Ulrich (Hrsg.), Umweltrecht, 2013
Knack, Hans-Joachim/Henneke, Hans-Günter, Verwaltungsverfahrensgesetz, 9. Aufl., 2010
Knemeyer, Franz-Ludwig, Polizei- und Ordnungsrecht, 11. Aufl., 2007
Knopp, Günther-Michael, Das neue Wasserhaushaltsrecht. WHG-Novelle 2010, 2010
Koch, Hans-Joachim (Hrsg.), Umweltrecht, 4. Aufl., 2014
Ders./Lagoni, Rainer (Hrsg.), Meeresumweltschutz für Nord- und Ostsee, 1996
Kodal, Kurt (Hrsg.), Straßenrecht, 7. Aufl., 2010
Köck, Wolfgang/Bizer, Kilian/Hansjürgens, Bernd/Einig, Klaus/Siedentop, Stefan (Hrsg.), Handelbare Flächenausweisungsrechte, 2008
Köck, Wolfgang/Faßbender, Kurt (Hrsg.), Klimaschutz durch Erneuerbare Energien, 2010
Dies. (Hrsg.), Die Implementation der Wasserrahmenrichtlinie in Deutschland – Erfahrungen und Perspektiven, 2011
Körner, Raimund/Vierhaus, Hans-Peter, Treibhausgas-Emissionshandelsgesetz, Zuteilungsgesetz 2007: TEHG, 2005
Kopp-Assenmacher, Stefan (Hrsg.), KrWG – Kreislaufwirtschaftsgesetz Kommentar, 2014
Kopp, Ferdinand O./Schenke, Wolf-Rüdiger, Verwaltungsgerichtsordnung, 21. Aufl., 2015
Ders./Ramsauer, Ulrich, Verwaltungsverfahrensgesetz, 16. Aufl., 2015
Kotulla, Michael, Umweltrecht, 6. Aufl., 2014
Ders., Wasserhaushaltsgesetz, 2. Aufl., 2011
Kral, Sebastian, Die polizeilichen Vorfeldbefugnisse als Herausforderung für Dogmatik und Gesetzgebung des Polizeirechts, 2012
Kratzat, Marlene/Lehr, Ulrike/Nitsch, Joachim/Edler, Dietmar/Lutz, Christian, Erneuerbare Energien: Arbeitsplatzeffekte 2006 – Abschlussbericht des Vorhabens „Wirkungen des Ausbaus der erneuerbaren Energien auf den deutschen Arbeitsmarkt – Follow up", 2007
Kreuter-Kirchhof, Charlotte, Neue Kooperationsformen im Umweltvölkerrecht – Die Kyoto-Mechanismen, 2005
Krieger, Stefanie Ann Anita, Die Verantwortlichkeit für die Sanierung von Altlasten und schädlichen Bodenveränderungen nach dem Bundes-Bodenschutzgesetz, 2008
Kröger, James, Die Förderung erneuerbarer Energien im Europäischen Elektrizitätsbinnenmarkt, 2015
Kühling, Jürgen/Herrmann, Nikolaus, Fachplanungsrecht, 2. Aufl., 2000
Kunig, Philip/Paetow, Stefan/Versteyl, Ludger-Anselm, Kreislaufwirtschafts- und Abfallgesetz, 2. Aufl., 2003
Kwiatkowska, Barbara, The 200 Mile Exclusive Economic Zone in the New Law of the Sea, 1989

Lachner, Thomas M., Das Artikelgesetz, 2007
Lämmerzahl, Torsten, Die Beteiligung Privater an der Erledigung öffentlicher Aufgaben. Eine Untersuchung ihrer verfassungs- und verwaltungsrechtlichen Möglichkeiten und Grenzen, 2007
Landmann, Robert von/Rohmer, Gustav (Hrsg.), Umweltrecht, 4 Bd., Loseblatt, Stand: 77. Erg.-Lfg., 2015
Landsberg, Gerd/Lülling, Wilhelm, Umwelthaftungsrecht, 1991
Lang, Matthias K., Die Zuverlässigkeit von Personen- und Kapitalgesellschaften im Umweltrecht, 1997
Lang, Mirjam, Die rechtliche Beurteilung von Gerüchen: dargestellt am Beispiel von Geruchsimmissionen aus der Schweinehaltung, 2007
Lenz, Carl Otto/Borchardt, Klaus-Dieter, EU-Verträge, Kommentar, 6. Aufl., 2012
Lorz, Albert/Konrad, Christian/Mühlbauer, Herrmann/Müller-Walter, Markus H./Stöckel, Heinz, Naturschutzrecht, 3. Aufl., 2013
Louis, Hans-Walter/Engelke, Annegret, Bundesnaturschutzgesetz Kommentar, 1. Teil, 2. Aufl. 1994

Verzeichnis der abgekürzt zitierten Literatur

Lozán, José L./Rachor, Eike/Reise, Karsten/Sündermann, Jürgen/von Westernhagen, Hein, Warnsignale aus Nordsee & Wattenmeer – Eine aktuelle Umweltbilanz, 2003
Ludwig, Rasso, Planungsinstrumente zum Schutz des Bodens, 2011
Lütkes, Stefan/Ewer, Wolfgang (Hrsg.), Bundesnaturschutzgesetz, Kommentar, 2011

v. Mangoldt, Hermann/Klein, Friedrich/Starck, Christian, Kommentar zum Grundgesetz, Bd. 2, 6. Aufl., 2010
Marburger, Peter, Ausbau des Individualschutzes gegen Umweltbelastungen als Aufgabe des bürgerlichen und des öffentlichen Rechts, Gutachten C zum 56. Deutschen Juristentag, 1986
Ders., Die Regeln der Technik im Recht, 1979
Ders./Reinhardt, Michael/Schröder, Meinhard (Hrsg.), Jahrbuch des Umwelt- und Technikrechts (UTR), 1998
Maribus (Hrsg.), World Ocean Review 4 – Der nachhaltige Umgang mit den Meeren – von der Idee zur Strategie, 2015
Markus, Till, European Fisheries Law – From Promotion to Management, 2009
Martens, Claus-Peter, Die wesentliche Änderung im Sinne des § 15 BImSchG, 1993
Marzik, Ulf/Wilrich, Thomas, Bundesnaturschutzgesetz, 2004
Maurer, Hartmut, Allgemeines Verwaltungsrecht, 18. Aufl., 2011
Ders., Staatsrecht I, Grundlagen, Verfassungsorgane, Staatsfunktionen, 6. Aufl., 2010
Mehling, Michael/Merrill, Amy/Upston-Hooper, Karl (Hrsg.), Improving the Clean Development Mechanism: Options and Challenges Post-2012, 2011
Meier, Alexander, Risikosteuerung im Lebensmittel- und Gentechnikrecht, 2000
Mensink, Michael, Nationaler und europäischer Rechtsschutz gegen emissionshandelsrechtliche Zuteilungsentscheidungen, 2009
Merk, Thomas/von Nordheim, Henning (Hrsg.), Technische Eingriffe in marine Lebensräume, 2000
Meßerschmidt, Klaus, Europäisches Umweltrecht, 2011
Ders., Umweltabgaben als Rechtsproblem, 1986
Meyer, Alfred Hagen/Streinz, Rudolf, LFGB, BasisVO, 2. Aufl., 2012
Milkau, Alexander, Ansätze zur Förderung der erneuerbaren Energien im Wärmemarkt, 2009
Michael, Lothar/Morlok, Martin, Grundrechte, 3. Aufl., 2012
Mitschang, Stephan (Hrsg.), Soil Protection Law in the EU/Bodenschutzrecht in der EU, 2008
Möllers, Christoph/Voßkuhle, Andreas/Walter, Christian (Hrsg.), Internationales Verwaltungsrecht. Eine Analyse anhand von Referenzgebieten, 2007
Möllinger, Claus, Eigentumsrechtliche Entflechtung der Übertragungsnetze, 2009
Much, Susanna, Die Rechtsfragen der Ablagerung von CO_2 in unterirdischen geologischen Formationen, 2009
Müggenborg, Hans-Jürgen, Umweltrechtliche Anforderungen an Chemie- und Industrieparks, 2008
Müller, Chris, Die gute fachliche Praxis im Pflanzenschutz-, Düngemittel- und Bodenschutzrecht, 2001
Müller, Thorsten (Hrsg.), 20 Jahre Recht der Erneuerbaren Energien, 2012
Ders./Kahl, Hartmut (Hrsg.), Erneuerbare Energien in Europa, 2015
Dies. (Hrsg.), Energiewende im Föderalismus, 2015
Müller, Thorsten/Oschmann, Volker/Wustlich, Guido, EEWärmeG, 2010
v. Münch, Ingo/Kunig, Philip (Hrsg.), Grundgesetz, Bd. 1, 6. Aufl., 2012

Näckel, Antje, Umweltprüfung für Pläne und Programme, 2003
Niederstadt, Frank, Ökosystemschutz durch Regelungen des öffentlichen Umweltrechts, 1998
Nisipeanu, Peter, Abwasserabgabenrecht, 1997
v. Nordheim, Henning/Boedeker, Dieter, Umweltvorsorge bei der marinen Sand- und Kiesgewinnung, BLANO-Workshop 1998, 2000
Dies., Rechtsfragen der marinen Sand- und Kiesgewinnung in Nord- und Ostsee, 2008

Verzeichnis der abgekürzt zitierten Literatur

Obermayer, Klaus/Funke-Kaiser, Michael (Hrsg.), Kommentar zum VwVfG, 4. Aufl., 2014
Ochtendung, Bernd, Die Zulassung des vorzeitigen Beginns im Umweltrecht, 1998
Oerder, Michael/Numberger, Ulrich/Schönfeld, Thomas, Bundesbodenschutzgesetz, 1999
Oppermann, Thomas/Classen, Claus Dieter/Nettesheim, Martin, Europarecht, 6.Aufl., 2014

Pfaff, Thomas/Knopp, Lothar/Peine, Franz-Joseph (Hrsg.), Revision des Immissionsschutzrechts durch die Industrieemissionsrichtlinie, 2013
Peine, Franz-Joseph, Allgemeines Verwaltungsrecht, 11. Aufl., 2015
Peters, Heinz-Joachim/Hesselbarth, Thorsten/Peters, Frederike, Umweltrecht, 5. Aufl., 2016
Peters, Carsten, Rechtsschutz Dritter im Rahmen des EnWG, 2008
Pfromm, René A., Emissionshandel und Beihilferecht – Eine Analyse der EG-beihilfenrechtlichen Zulässigkeit einer entgeltfreien Zuteilung von Emissionszertifikaten durch die Mitgliedstaaten in Umsetzung der Richtlinie 2003/87/EG, 2010
Platzöder, Renate/Verlaan, Philomène (Hrsg.), The Baltic Sea: New Developments in National Policies and International Cooperation, 1996
Port, Christian, Die Umweltziele der Wasserrahmenrichtlinie – Anforderungen an die Bewirtschaftung der Oberflächengewässer aus der Sicht des Rechts der Europäischen Union, 2011
Proelß, Alexander, Meeresschutz durch Völker- und Europarecht – Das Beispiel des Nordostatlantiks, 2004
Pütz, Manfred/Buchholz, Karl-Heinz, Immissionsschutz bei nicht genehmigungsbedürftigen Anlagen, 4. Aufl., 2000

Ramsauer, Ulrich, Die naturschutzrechtliche Eingriffsregelung – Die Neuregelungen durch das Investitionserleichterungs- und Wohnbaulandgesetz, 1994/95
Rat von Sachverständigen für Umweltfragen (SRU), Verantwortung in einer begrenzten Welt, Umweltgutachten 2012, 2012
Ders., Wege zur 100% erneuerbaren Stromversorgung, Sondergutachten, 2011
Ders., Umweltschutz im Zeichen des Klimawandels, Umweltgutachten 2008, 2008
Ders., Klimaschutz durch Biomasse, Sondergutachten, 2007
Ders., Umweltpolitische Handlungsfähigkeit sichern, Umweltgutachten 2004, 2004 (BT-Drs. 15/3600)
Ders., Meeresumweltschutz für Nord- und Ostsee, Sondergutachten, 2004 (BT-Drs. 15/2626)
Ders., Für eine neue Vorreiterrolle, Umweltgutachten 2002, 2002 (BT-Drs. 14/8792)
Ders., Schritte ins nächste Jahrtausend, Umweltgutachten 2000, 2000 (BT-Drs. 14/3363)
Ders., Umwelt und Gesundheit – Risiken richtig einschätzen, Sondergutachten, 1999 (BT-Drs. 14/2300)
Ders., Umweltschutz: Erreichtes sichern – Neue Wege gehen, Umweltgutachten 1998, 1998 (BT-Drs. 13/10195)
Ders., Zur Umsetzung einer dauerhaft umweltgerechten Entwicklung, Umweltgutachten 1996, 1996 (BT-Drs. 13/4108)
Ders., Altlasten II, Sondergutachten, 1995 (BT-Drs. 13/380)
Ders., Für eine dauerhaft umweltgerechte Entwicklung, Umweltgutachten 1994, 1994 (BT-Drs. 12/6995)
Ders., Umweltgutachten 1987, 1987 (BT-Drs. 11/1568)
Ders., Umweltprobleme der Landwirtschaft, Sondergutachten, 1985 (BT-Drs. 10/3613)
Ders., Umweltgutachten 1978, 1978 (BT-Drs. 8/1938)
Ders., Politische und rechtliche Probleme des Verursacherprinzips, 1973
Ders./Burgbacher, Hans-Gerwin/Knieper, Rolf, Bürgerklage im Umweltschutz, 1972
Reiling, Michael, Zu individuellen Rechten im deutschen und im Gemeinschaftsrecht, 2004
Reinhardt, Michael (Hrsg.), Das WHG 2010 – Weichenstellung oder Interimslösung?, 2010
Rengeling, Hans-Werner (Hrsg.), Handbuch zum europäischen und deutschen Umweltrecht (EUDUR), 3 Bd., 2. Aufl., 2003
Ders., Das Kooperationsprinzip im Umweltrecht, 1988

Ders., Der Stand der Technik bei der Genehmigung umweltgefährdender Anlagen, 1985
Reshöft, Jan/Steiner, Sascha/Dreher, Jörg (Hrsg.), EEG, 4. Aufl., 2014
Riedel, Wolfgang/Lange, Horst (Hrsg.), Landschaftsplanung, 2. Aufl., 2002
Riemer, Holger-Ludwig, Rechtliche Bewertung von Geruchsimmissionen, 2008
Rödiger-Vorwerk, Tania, Die Fauna-Flora-Habitat Richtlinie der Europäischen Union und ihre Umsetzung in nationales Recht, 1998
Rodi, Michael/Sina, Stephan, Das Klimaschutzrecht des Bundes – Analyse und Vorschläge zu seiner Weiterentwicklung, Studie im Auftrag des Umweltbundesamtes, 2011
Ruffert, Matthias (Hrsg.), Dynamik und Nachhaltigkeit des Öffentlichen Rechts. Festschrift für Meinhard Schröder zum 70. Geburtstag, 2012

Sachs, Michael (Hrsg.), Grundgesetz, 7. Aufl., 2014
Salje, Peter (Hrsg.), EEG, 7. Aufl., 2015
Sanden, Joachim, Umweltrecht, 1999
Ders./Schoeneck, Stefan, Bundesbodenschutzgesetz, 1998
Schäling, Yorck, Grenzen der Sanierungsverantwortlichkeit nach dem Bundes-Bodenschutzgesetz, 2008
Schenke, Wolf-Rüdiger, Verwaltungsprozessrecht, 14. Aufl., 2014
Alexander Schink/Versteyl, Andrea (Hrsg.), KrWG, Kommentar zum Kreislaufwirtschaftsgesetz, 2012
Schlacke, Sabine, (Hrsg.), Gemeinschaftskommentar Bundesnaturschutzgesetz (GK-BNatSchG), 2012
Dies. (Hrsg.), Umwelt- und Planungsrecht im Wandel: System, Funktionen und Perspektiven, DV 2010 (Beiheft 11)
Dies., Überindividueller Rechtsschutz, 2008
Dies., Risikoentscheidungen im europäischen Lebensmittelrecht, 1998
Dies./Schrader, Christian/Bunge, Thomas, Informationsrechte, Öffentlichkeitsbeteiligung und Rechtsschutz im Umweltrecht – Aarhus-Handbuch, 2010
Schlarmann, Lieselotte, Die Alternativenprüfung im Planungsrecht, 1991
Schlecht, Anna-Maria, Die Unbeachtlichkeit von Verfahrensfehlern im deutschen Umweltrecht, 2010
Schmehl, Arndt (Hrsg.), Gemeinschaftskommentar zum Kreislaufwirtschaftsgesetz (GK-KrWG), 2013
Schmidt, Reiner/Kahl, Wolfgang/Gärditz, Klaus Ferdinand, Umweltrecht, 9. Aufl., 2014
Schmidt-Aßmann, Eberhard, Das Allgemeine Verwaltungsrecht als Ordnungsidee. Grundlagen und Aufgaben verwaltungsrechtlicher Systembildung, 2. Aufl., 2006
Schmidt-Räntsch, Annette, Leitfaden zum Artenschutzrecht, 1990
Schoch, Friedrich (Hrsg.), Besonderes Verwaltungsrecht, 15. Aufl., 2013
Scholtka, Boris/Baumann, Toralf/Brucker, Guido (Hrsg.), EEG Handkommentar, 2016
Schomerus, Thomas/Degenhart, Heinrich, Repowering – Hindernisse und Lösungsmöglichkeiten, 2010
Schubert, Mathias, Harmonisierung umweltrechtlicher Instrumente in der Bauleitplanung, 2005
Ders., Maritimes Infrastrukturrecht, 2015
Schulte, Thomas, EG-Richtlinie Kommunales Abwasser, 1996
Schulze, Reiner/Zuleeg, Manfred/Kadelbach, Stefan, Europarecht, 2. Aufl., 2010
Schulze-Fielitz, Helmuth/Müller, Thorsten (Hrsg.), Europäisches Klimaschutzrecht, 2009
Schumacher, Jochen/Fischer-Hüftle, Peter, Bundesnaturschutzgesetz, 2. Aufl., 2010
Schumacher, Kai, Public-Private-Partnership und Kartellrecht, 2003
Schuppert, Gunnar Folke (Hrsg.), Jenseits von Privatisierung und schlankem Staat, 1999
Schwartmann, Rolf/Pabst, Heinz-Joachim, Umweltrecht, 2. Aufl., 2011
Schwerdtfeger, Angela, Der deutsche Verwaltungsrechtsschutz unter dem Einfluss der Aarhus-Konvention, 2010

Sellner, Dieter/Reidt, Olaf/Ohms, Martin J., Immissionsschutzrecht und Industrieanlagen, 3. Aufl., 2006
Senator für Bau und Umwelt Bremen (Hrsg.), Die Vorprüfung in der Umweltverträglichkeitsprüfung, 2004
Sensfuß, Frank, Analyse zum Merit-Order Effekt erneuerbarer Energien, 2011
Sieder, Frank/Zeitler, Herbert/Dahme, Heinz/Knopp, Günther-Michael, Kommentar zum WHG/ AbwAG, 49. Erg-Lfg., 2016
Sparwasser, Reinhard/Engel, Rüdiger/Voßkuhle, Andreas, Umweltrecht, 5. Aufl., 2003
Starck, Christian (Hrsg.), Föderalismusreform, 2007
Stein, Ekkehart/Frank, Götz, Staatsrecht, 21. Aufl., 2010
Steinberg, Rudolf/Wickel, Martin/Müller, Henrik (Hrsg.), Fachplanung, 4. Aufl., 2012
Stewing, Clemens, Emissionshandel in der Europäischen Gemeinschaft, 2004
Stökl, Lorenz, Der welthandelsrechtliche Gentechnikkonflikt, 2003
Storm, Peter-Christoph, Umweltrecht, 10. Aufl., 2015
Stratmann, Anne, Die projektbezogenen Mechanismen des Kyoto-Protokolls, 2011
Streinz, Rudolf (Hrsg.), Vertrag über die Europäische Union und Vertrag über die Arbeitsweise der Europäischen Union – EUV/AEUV, 2. Aufl., 2012
Ders., Europarecht, 9. Aufl., 2012
Struß, Jantje, Die großflächige Ausbringung von GVO in die Umwelt, 2010
Szczekalla, Peter, Die sog. grundrechtlichen Schutzpflichten im deutschen und europäischen Recht, 2002

Theobald, Christiane/Theobald, Christian, Grundzüge des Energiewirtschaftsrechts, 2. Aufl., 2008
Tomerius, Stephan, Informelle Projektabsprachen im Umweltrecht, 1995
Tünnesen-Harmes, Christian, Risikobewertung im Gentechnikrecht, 2000

Ule, Carl Hermann/Laubinger, Hans-Werner, Verwaltungsverfahrensrecht, 4. Aufl., 1998
Umweltbundesamt (Hrsg.), Das Klimaschutzrecht des Bundes – Analyse und Vorschläge zu seiner Weiterentwicklung, 2011
Dass., Umwelt im Wandel – Herausforderungen für die Umweltprüfungen (SUP/UVP), 2009
Dass., Herausforderung Umweltgesetzbuch, 2007
Dass., Daten zur Umwelt: der Zustand der Umwelt in Deutschland 1997, 1997

Veh, Gerhard M./Knopp, Günther-Michael, Gewässerschutz nach EG-Recht, 1995
Verdross, Alfred/Simma, Bruno, Universelles Völkerrecht: Theorie und Praxis, 3. Aufl., 1984 (Nachdruck 2010)
Versteyl, Ludger-Anselm/Mann, Thomas/Schomerus, Thomas, Kommentar zum Kreislaufwirtschaftsgesetz, 3. Aufl., 2012
Ders./Sondermann, Wolf Dieter, Bundes-Bodenschutzgesetz – Kommentar, 2. Aufl., 2005
Graf Vitzthum, Wolfgang (Hrsg.), Handbuch des Seerechts, 2006
Ders./Proelß, Alexander (Hrsg.), Völkerrecht, 6. Aufl., 2013
Vossenkämper, Rolf, Grenzen der Gesamtrechtsnachfolge bei der Sanierung von Altlasten, 2009

Wagner, Roland, Die Konkurrenzen von Gesetzgebungskompetenzen von Bund und Ländern, 2011
Welke, Britta, Die integrierte Vorhabengenehmigung, 2010
Weyreuther, Felix, Verwaltungskontrolle durch Verbände, 1975
Wicke, Lutz, Umweltökonomie, 4. Aufl., 1993
Winkler, Martin, Klimaschutzrecht, 2006
Wirtz, Alfred, Zulassung und Überwachung von Industrieanlagen im Umweltgesetzbuch, 2007
Wissenschaftlicher Beirat der Bundesregierung Globale Umweltveränderungen (WBGU), Klimaschutz als Weltbürgerbewegung, Sondergutachten, 2014

Ders., Zivilisatorischer Fortschritt innerhalb planetarischer Leitplanken – ein Beitrag zur SDG-Debatte, Politikpapier Nr. 8, 2014
Ders., Welt im Wandel – Menschheitserbe Meer, 2013
Ders., Welt im Wandel – Gesellschaftsvertrag für eine Große Transformation, 2011
Ders., Kassensturz für den Weltklimavertrag – Der Budgetansatz, Sondergutachten, 2009
Ders., Welt im Wandel – Sicherheitsrisiko Klimawandel, 2007
Ders., Die Zukunft der Meere – zu warm, zu hoch, zu sauer. Sondergutachten, 2006
Ders., Welt im Wandel – Neue Strukturen globaler Umweltpolitik, 2000
Ders., Welt im Wandel – Wege zur Lösung globaler Umweltprobleme, 1995
Wolff, Hans J./Bachof, Otto/Stober, Rolf/Kluth, Winfried, Verwaltungsrecht, Bd. 1, 13. Aufl., 2016
World Commission on Environment and Development, Our Common Future, 1987
Wüstemann, Nadja Sue, Die Vorgaben der Europäischen Union im Bereich der Energieeffizienz, 2011
Wustlich, Guido, Rechtsentwicklung der Erneuerbaren Energien – Kontinuitäten, Umbrüche, Konsolidierung, in: Tagungsband zur 37. Energierechtlichen Jahrestagung, 2008, S. 41
Ders., Die Atmosphäre als globales Umweltgut: Rechtsfragen ihrer Bewirtschaftung im Wechselspiel von Völker-, Gemeinschafts- und nationalem Recht, 2003
Wysk, Peter, Verwaltungsgerichtsordnung, 2011
Ziekow, Jan (Hrsg.), Aktuelle Probleme des Luftverkehrs-, Planfeststellungs- und Umweltrechts 2011, 2012
Ders., Aktuelle Probleme des Luftverkehrs-, Planfeststellungs- und Umweltrechts 2014, 2015
Zimmer, Tilmann, CO_2-Emissionsrechtehandel in der EU, 2004

Stichwortverzeichnis

Die Angaben verweisen auf die Paragrafen des Buches (**fette Zahlen**) sowie die Randnummern innerhalb der einzelnen Paragrafen (magere Zahlen).
Beispiel: § 9 Rn. 10 = **9** 10

2°C-Ziel **16** 8

Aarhus-Konvention **5** 128, **8** 7, 21
Abfall **12** 32, 33, 34, 35
– Ende der Abfalleigenschaft **12** 35
– gefährliche und nicht gefährliche Abfälle **12** 32
– Nebenprodukte **12** 34
– Recycling **12** 33
Abfallabgaben **12** 97 ff.
Abfallbegriff **12** 16 ff.
– Entledigung **12** 19
– Entledigungstatbestände **12** 18 ff.
– Entledigungswille **12** 20 ff.
Abfallbeseitigung **12** 70 ff.
– Ermächtigungen **12** 73
– Pflicht **12** 74 ff.
Abfallbesitzer **12** 25
Abfallentsorgung **12** 26 ff., 64 ff.
– Ablagern **12** 31
– Anlagenzulassung **12** 84 ff.
– Befördern **12** 28
– Behandeln **12** 29
– Einsammeln **12** 27
– Lagern **12** 30
– Pflicht **12** 75
Abfallerzeuger **12** 24
Abfallhierarchie **12** 4, 36
Abfallverbrennungsanlagenverordnung **9** 56
Abfallverbringungsverordnung (EG) **12** 93
Abfallvermeidung **12** 49
– Pflichten **12** 50
Abfallvermeidungsprogramme **12** 7, 40, 96
Abfallverwertung **12** 7, 66
Abfallwirtschaftskonzepte und Abfallbilanz **12** 40, 47
Abfallwirtschaftsplan **12** 40 ff.
– Bedeutung **12** 43
– Inhalt **12** 42
– Rechtsschutz **12** 45
– Verbindlichkeit **12** 44
– Verfahren **12** 46
Abfallwirtschaftspläne **12** 41
Abfallwirtschaftsplanung **12** 40 ff.

Abgaben **5** 88 ff., **11** 56
– Beiträge **5** 91
– Gebühren **5** 90
– Höhe **5** 94
– Sonderabgaben **5** 92
– Steuern **5** 89
– Zwecke **5** 95
Abkommen über die Zusammenarbeit bei der Fischerei und bei der Erhaltung der lebenden Meeresressourcen in der Ostsee **15** 48
Abkommen zum Schutz der Seehunde im Wattenmeer **15** 45
Abkommen zur Erhaltung der afrikanisch-eurasischen wandernden Wasservögel (AEWA) **15** 50
Abkommen zur Erhaltung der Kleinwale in der Nord- und Ostsee (ASCOBANS) **15** 49
Abwägungsgebot **4** 40, **5** 45, **7** 10, **10** 40
Abwägungsmängel **5** 45 f.
Abwägungsspielraum **6** 17
Abwasserabgabengesetz **11** 13, 56
Abwasserbeseitigungspflicht **11** 16
Abwasserverordnung **11** 14
Abweichungsfeste Kerne **4** 46
Abweichungskompetenz **4** 46
Abweichungsrecht
– Abweichungsfeste Kompetenzbereiche **10** 5
– der Länder **10** 5
AFS-Übereinkommen **15** 30
Agenda 21 **8** 20
– für den Ostseeraum (Baltic 21) **15** 58
Aktionsprogramme **7** 24
Alpenkonvention **10** 3, **13** 2
Altautoverordnung **12** 61
Altlasten **13** 16, 25 ff., 32
Altlastverdächtige Flächen **13** 17
Altölentsorgung **12** 81
Amsterdamer Vertrag **7** 4

Stichwortverzeichnis

Änderungsgenehmigung
- im Immissionsschutzrecht 9 66

Anfechtungsklage 5 48

Anlagen 9 43 ff.
- genehmigungsbedürftige (Immissionsschutzrecht) 9 43 ff.

Anmeldepflichten 5 75

Annexkompetenz 4 44 f.

Anordnungen 9 86, 11 51
- Immissionsschutzrecht 9 83, 86
- nachträgliche 9 86, 11 51

Anordnungsbefugnisse 9 83
- Immissionsschutzrecht 9 83, 86

Anzeigepflichten 5 75

Arbeitsschutz 9 70

Artenschutz 10 59 ff.
- allgemeiner 10 59
- besonderer 10 60

Artenschutzabkommen 10 59

Artenschutzverordnung 10 9

Arzneimittel 14 19

Ausgleichmechanismus 16 46

Ausgleichsmaßnahme (naturschutzrechtliche) 10 34

Auskunftspflichten 5 75 f.

Ausnahmebewilligung 5 32, 33

Ausschließliche Wirtschaftszone (AWZ) 10 56 f., 15 1, 17, 63, 70, 72

Basler Übereinkommen 8 7, 12 3

Batteriegesetz 12 62

Bauleitplanung 10 38 ff.
- Abwägungsgebot 10 40
- Anforderungen des Klimaschutzes 16 68 f.
- Ausgleich von Eingriffen 10 41
- naturschutzrechtliche Eingriffsregelung 10 38 ff.
- Öko-Konto 10 43
- Verursacherprinzip 10 42

Bebauungsplan
- der Innenentwicklung 10 39

Befolgungskontrolle 5 76

Belästigungen 4 31

Benutzungsvorteile 5 103

Benzinbleigesetz 9 13

Berner-Übereinkommen 10 3, 15 37

Berücksichtigungsgebote (EU) 7 10

Berufsausübungsregelungen 4 14

Berufsfreiheit 4 14, 18

Berufswahlregelungen 4 14
- objektive 4 14
- subjektive 4 14

Beschleunigungsgesetzgebung 5 57 ff.

Beseitigungs- und Verminderungsmaßnahmen 13 39 f.

Bestandsschutzprinzip 3 2

Beste verfügbare Technik 9 8
- BVT-Merkblätter 9 25
- BVT-Schlussfolgerungen 9 25

Bestimmtheitsgrundsatz 4 38 f.

Beteiligungsvorschriften 3 19

Betreiberpflichten 9 44 ff., 58 ff., 14 32 ff.
- Gentechnikrecht 14 32 ff.
- Immissionsschutzrecht 9 44 ff., 58 ff.

Betriebsbeauftragter 5 26 f.
- für Abfall 12 82 f.
- Immissionsschutzbeauftragter 9 61
- Störfallbeauftragter 9 62

Bewirtschaftungspflichten 5 23, 11 20

Biodiversitätskonvention 8 20, 10 3, 14 4

Biokraftstoffquotengesetz 9 21, 16 28
- Biokraftstoff 9 21, 16 51 f.

Biomasse 16 18, 47 f.

Biomassestrom-Nachhaltigkeitsverordnung 16 47

Biopatentrichtlinie 14 10

Biosicherheits-Protokoll 14 4

Biotopschutz 10 48, 51 ff., 58

Biotopverbund 10 51

Blaue Biotechnologie 15 9

Boden (Begriff) 13 9

Bodenfunktionen 13 10 ff.

Bodeninformationssysteme 13 22

Bodennutzung (landwirtschaftliche) 13 61
- Ausgleichsleistungen 13 62
- gute fachliche Praxis 13 61

Bodenschutz 13 21 ff.
- Bundes-Bodenschutz- und Altlastenverordnung 13 4, 29
- flächenhaft-gebietsbezogen 13 21

Bodenschutzplanung 13 21 f.

Bodenschutzrahmenrichtlinie 13 3

Bodenschutz- und Altlastenrecht 13 1 ff.
- Bundes-Bodenschutzgesetz 13 4, 6 ff.
- EU-Recht 13 3

522

Stichwortverzeichnis

- internationale Vorschriften 13 2
- Landesrecht 13 5
- Rechtsgrundlagen 13 2 ff.

Bodenveränderung, schädliche 13 14, 24 ff.

Bonner-Konvention 10 3

Bonner-Übereinkommen 15 36, 43 f., 45, 49 f.

Brennstoffzelle 16 55

Bundesamt für Verbraucherschutz und Lebensmittelsicherheit 14 65

Bundesartenschutzverordnung 10 9

Bundesauftragsverwaltung 4 53

Bundesberggesetz 15 70

Bundes-Bodenschutzgesetz 13 4, 6 ff.
- behördliche Anordnungsbefugnis 13 26 ff.
- behördliche Ermittlungspflicht 13 24 ff.
- Gefahrerforschungseingriffe 13 30
- Geltungsbereich 13 8
- Grundbegriffe 13 9 ff.
- Instrumente 13 20, 23 ff., 60 ff.
- Planung 13 21
- Sanierungsanordnungen 13 33
- Sanierungsmaßnahmen 13 38 ff.
- Überwachung 13 31 f.
- Verantwortliche 13 42
- Verursacher 13 43
- Vorsorgepflicht 13 57
- Ziele und Grundsätze 13 7

Bundes-Immissionsschutzgesetz 9 18 ff.
- Anwendungsbereich 9 43
- Duldungspflichten 9 42
- Geltungsbereich 9 32
- Ziele 9 24

Bundesjagdgesetz 10 10

Bundesländer 4 2, 3
- Verfassungen 4 2

Bundesnaturschutzgesetz 10 5 ff., 16 ff
- Artenschutz 10 59
- Bürgerpflichten 10 46 f.
- Duldungspflichten 10 45
- Eingriffsregelung 10 32
- Ersatzzahlung 10 37
- Gebot zum Ausgleich unvermeidbarer Beeinträchtigungen 10 34
- Gebot zum Ersatz unvermeidbarer Beeinträchtigungen 10 34
- Instrumente 10 23, 30 ff., 58 ff.
- Landwirtschaftsklausel 10 18
- Pflicht zur Vornahme von Ersatzmaßnahmen 10 35
- Regeln der guten fachlichen Praxis 10 32
- Überblick 10 16
- Umweltbeobachtung 10 47
- unmittelbare Geltung 10 7
- Untersagung vermeidbarer oder nicht ausgleichbarer Eingriffe 10 36
- Verbot vermeidbarer Beeinträchtigungen 10 33
- Ziele 10 17 ff.
- Zielkonflikt 10 18

Bundesoberbehörden 4 56, 14 65

Bundesverwaltung 4 56

Bundeswaldgesetz 10 10

cap and trade-System 16 12 ff.

Carbon Capture and Storage 9 6

Carbon Leakage Risk 16 14

Cartagena-Protokoll 14 4

CCS-Technologie 9 6, 15 9, 16 2, 71

Clean Air Act 5 104

Clean Development Mechanism 16 7

Clearingstelle 16 40

CO_2-Steuer 16 17

Cradle-to-grave-Prinzip 3 2, 12 91

Dekontaminationsmaßnahmen 13 37

Deregulierung 2 10, 5 56 ff.

Direktvermarktung 16 44

Drittschutz 6 12 ff., 21

Drittschützende Normen 6 13 f.

Duales System Deutschland 12 55

EEG-Clearingstelle 16 46

Eigenkontrollmaßnahmen im Bodenschutzrecht 13 32

Eigentumsgarantie 4 15, 17

Eigenvornahme (staatliche) 5 131

Eingriffsregelung 10 31 ff.
- Bauleitplanung 10 39 ff.
- naturschutzrechtliche 10 32 ff.
- Pflicht zur Vornahme von Ersatzmaßnahmen 10 35
- Untersagung vermeidbarer oder nicht ausgleichbarer Eingriffe 10 36
- Verbot vermeidbarer Beeinträchtigungen 10 33

Einheitliche Europäische Akte 7 4

Einigungsvertrag 10 8

Einschätzungsprärogative
- naturschutzfachliche 10 60

Einspeisevergütung 16 45
EMAS 5 120 ff., 7 25
- Privilegierungs-Verordnung 5 120 ff.
Emissionen 9 27, 16 1
Emissionshandel 9 6, 10, 16 12 ff., 31 ff.
Emissionshandelsrichtlinie 9 6, 10, 16 12 ff.
- elektronisches Handelsregister 9 11, 16 37
Emissionskataster 9 35
Empfehlungen 5 109
Energiebetriebene-Produkte-Gesetz 16 58
- Ziel 16 58
Energieeffizienz 16 20 ff., 54 ff.
- Aktionsplan 16 21
Energieeffizienzrichtlinie 16 21
Energieeinsparungsgesetz 16 56
Energieeinsparverordnung 16 57
- Energieausweis 16 21, 57
Energiekompetenztitel 16 10
Energierecht 16 42
Energiesteuer 16 17, 53
Energieverbrauchskennzeichnungsgesetz 16 59
Energieverbrauchskennzeichnungsverordnung 16 59
Energieverbrauchsrelevante Produkte 16 21
Energiewende 16 30, 42, 48
Energiewirtschaftsgesetz 16 42
- Entflechtung der Energieversorgungsnetze 16 42
- Netzintegration der erneuerbaren Energien 16 48
- Zweck 16 42
Entledigung 12 18 ff.
Entschädigungsanspruch 4 15, 11 55
Entsiegelungsanordnung 13 58
Entsorgungspflicht 12 75 ff.
Entwicklungsnotwendigkeiten 8 21
Erderwärmung 16 1
Erhaltungspflichten 5 23
Erkennungsmarker 14 45
Erlaubnis 5 32 ff., 79
Erlaubnisfreie Betätigungen 5 80
Erlaubnispflichtige Tätigkeit 5 78 f.
Erlaubnisvorbehalte 5 32 ff.
Ermessensspielraum 6 17

Erneuerbare-Energien-Gesetz 15 70, 16 2, 43 ff.
- Abnahmepflicht 16 43
- Anschlusspflicht 16 43
- Ziel 16 43
Erneuerbare-Energien-Wärmegesetz 16 49, 50
- Nutzungspflicht 16 50
- Wärmeerzeugung bei Neubauten 16 50
- Ziel 16 50
Erneuerbare-Wärme-Gesetz 16 73, 77
Eröffnungskontrolle 5 74
Erörterungstermin 5 41
Ersatzmaßnahme (naturschutzrechtliche) 10 34, 35
Europäische Atomgemeinschaft 7 2
Europäische Bodencharta 13 2
Europäische Gemeinschaft 7 2 ff.
- Finanzierung und Durchführung 7 20
Europäische Gemeinschaft für Kohle und Stahl 7 2
Europäisches Netz 10 52 ff.
Europäische Union 7 4
- Außenkompetenz 7 19
- internationale Aktivitäten 7 27
Europäische Wirtschaftsgemeinschaft 7 2
Europarechtsanpassungsgesetz-Bau 5 73
Eurovignette 16 28

Fachplanungen
- umweltrelevante 5 17
- umweltspezifische 5 16
Fauna-Flora-Habitat-Richtlinie (FFH-Richtlinie) 10 4
Feinstaub 9 36, 16 28
Festlandsockel 15 18, 63, 70
FFH-RichtlinieTötungsverbot 10 60
Fischereikommission für den Nordost-Atlantik (NEAFC) 15 46, 55
Fischereiwirtschaft 15 4
Flächennutzungsplan 16 69
Flächenrecycling 13 63
Flächenschutz
- Schutzerklärung 10 48, 50
Flächenzertifikate, handelbare 13 63
Fluglärmschutzgesetz 9 13
Flurbereinigungsgesetz 10 10
Föderalismusreform 4 46 ff., 10 6

Stichwortverzeichnis

Food and Agriculture Organization (FAO) 14 4, 15 40
Freiraumthese 3 4
Freisetzungsrichtlinie 14 5 f., 8
– novellierte 14 5
Freisetzung von GVO 14 41 f.
– Begriff 14 25
– Genehmigungsvoraussetzungen 14 41
Futtermittel 14 7
– genetisch veränderte 14 7 f.
Futtermittelrecht 14 16
Gefahrenabwehr 3 2, 5 f., 5 1 ff., 6 13
– recht 3 5
Gefahrenbegriff 4 33
– des Immissionsschutzrechts 9 28
– des Polizei- und Ordnungsrechts 3 5, 4 33
– des Umweltrechts 4 33
Gemeinlastprinzip 3 15, 5 85
Gemeinschaftsrecht (s. Unionsrecht) 7 3
Genehmigungsbedürftigkeit 9 65
– Immissionsschutzrecht 9 65
Genehmigungspflicht 9 64, 14 32 ff.
– Gentechnikrecht 14 32 ff.
– Immissionsschutzrecht 9 64
Genehmigungsverfahren 5 36 ff.
– einfaches 5 38
– förmliches 5 39
Genehmigungsverfahrensbeschleunigungsgesetz 5 56
Gentechnik 14 1 ff.
– grüne 14 1
– Risiken und Chancen 14 2 f.
– rote 14 1
Gentechnikanhörungs-Verordnung 14 17
Gentechnikaufzeichnungs-Verordnung 14 17
Gentechnikbeteiligungs-Verordnung 14 17
Gentechnikgesetz 14 18 ff.
– Anmeldepflichten 14 32 ff.
– Auskunfts- und Duldungspflichten 14 51 ff., 71
– Betreiberpflichten 14 32 ff.
– Erlöschen der Genehmigung 14 37, 49
– Geltungsbereich 14 19 f.
– Genehmigungspflichten 14 32 ff.
– Grundbegriffe 14 21 ff.
– Gute fachliche Praxis 14 57
– Haftung 14 69 ff.

– Kennzeichnungspflichten 14 50
– Koexistenz 14 30
– Kontrollinstrumente 14 32 ff.
– Mitteilungspflichten 14 53
– Nachmarktpflichten 14 57 ff.
– Produktbeobachtungspflicht 14 59
– Produktinformationspflicht 14 58
– Repressive Instrumente 14 60 ff.
– Risikobewertung 14 51 f.
– Schutz sensibler Gebiete 14 15
– Sicherheitsstufen 14 33 ff.
– Überblick 14 18
– Vorsorge 14 29
– Ziele und Grundsätze 14 29 ff.
– Zuständigkeiten 14 65 ff.
Gentechniknotfall-Verordnung 14 17
Gentechnikrecht 14 1 ff.
– Bundesrecht 14 11 ff.
– Durchführungsgesetz 14 16
– Entwicklung 14 1 ff.
– Europarecht 14 5 f.
– Gesetz zur Neuordnung des Gentechnikrechts 14 12
– Internationales Recht 14 4
– Rechtsgrundlagen 14 3 ff.
– Rechtsverordnungen 14 17
Gentechniksicherheitsverordnung 14 17
Gentechnik-Verfahrensordnung 14 17
Gentechnische Anlagen 14 32 ff.
– Begriff 14 24
Gentechnische Arbeiten 14 22, 32
– Begriff 14 22
Gentechnisch veränderte Organismen 14 23
– Begriff 14 23
– Freisetzung 14 41 f.
– Inverkehrbringen 14 46 ff.
Gesamtplanung 5 18
– räumliche 5 18
Geschädigtenprinzip 3 16
Gesetzesbindung der Verwaltung 4 27
Gesetzgebungskompetenzen 4 42 ff.
– ausfüllende 4 51
– ausschließliche 4 43, 45, 49
– Bund 4 43 ff.
– konkurrierende 4 43, 46, 50
– Länder 4 49 ff.
Gestaltungsspielraum
– planerischer 5 5
Gewässer 11 18
Gewässerausbau 11 52

Stichwortverzeichnis

Gewässerbewirtschaftung 11 18 f.
Gewässerschutz 11 1
Gewässerschutzrecht 11 1 ff. s. auch Wasserhaushaltsgesetz
- Internationales Recht 11 5
- Landesrecht 11 16
- Rechtsgrundlagen 11 3 ff.

Gleichheitsgrundsatz 4 17

Grenzüberschreitende Umweltbelastungen 8 3, 10

Großfeuerungsanlagen Verordnung 9 55

Grundrecht(e) 4 9 ff.
- als Abwehrrechte 4 20 ff.
- als staatliche Schutzpflichten 4 27 ff.
- auf körperliche Unversehrtheit 4 25
- auf Leben 4 24
- EU-Charta 7 5

Grundrechtsschutz 4 9 ff.
- privater Umweltbelaster 4 16
- private Umweltschützer 4 12 ff.
- vor Umweltbelastungen 4 19 ff.

Grundwasser 11 28

Grünordnungsplan 10 28 f

Gute fachliche Praxis 10 18, 61, 13 61, 14 57

Haftung 2 18 f.

Härteklauseln 4 17

Hausmüllgebühren 12 98

HELCOM 15 47, 57, 72

Helsinki-Übereinkommen 10 3, 15 12, 47, 57, 72

HNS-Protokoll 15 29

Hochwasserschutzgesetz 11 36

Hochwasserschutzpläne 11 36

IE-Richtlinie 9 6

Ignoranztheorie 3 4

IKZM 15 67

Immissionen 9 26, 29 f.

Immissionsschutz 9 18 ff.
- anlagenbezogen 9 19, 41 ff.
- gebietsbezogen 9 23
- produktbezogen 9 20
- verkehrsbezogen 9 22, 39 ff.

Immissionsschutzrecht
- Abfallbeseitigungspflicht 9 59
- Abfallentsorgungspflicht 9 50
- Abfallvermeidungspflicht 9 50
- Abfallverwertungspflicht 9 50

- Beseitigungsverfügung 9 88
- Bundesrecht 9 10
- Energieeinsparungspflicht 9 51
- EU-Recht 9 5
- Föderalismusreform 9 16
- Genehmigungsbedürftigkeit 9 65
- Genehmigungsformen 9 71
- Genehmigungspflicht 9 63 f.
- Genehmigungsverfahren 9 67
- Genehmigungsvoraussetzungen 9 70
- Gerüche 9 29
- Grundbegriffe 9 25
- integrativer Ansatz 9 14
- internationales Recht 9 4
- Landesrecht 9 16
- Minimierungspflicht 9 59
- nachträgliche Anordnungen 9 83, 86
- Nebenbestimmungen 9 75
- Rechtsgrundlagen 9 3 ff.
- Rechtsverordnungen 9 53 ff.
- Rechtswirkungen 9 76 f.
- repressive Instrumente 9 84 ff.
- Richtlinie 9 8
- Schutzpflicht 9 47, 58
- Stand der Technik 9 31, 49
- Stilllegung 9 88
- Teilgenehmigung 9 72
- Überwachungsmaßnahmen 9 81 ff.
- Umweltverträglichkeitsprüfung 9 68
- Untersagungsverfügung 9 87, 91
- Verhinderungspflicht 9 59
- Verwaltungsvorschriften 9 9
- Vorbescheid 9 73
- Vorsorgepflicht 9 59
- wesentliche Änderung 9 66
- Widerruf 9 89

Industrieemissions-Richtlinie 9 8

Infrastruktur-Planungsbeschleunigungsgesetz 5 59

Instrumente 1 16
- indirekter Verhaltenssteuerung 5 81 ff.
- Kontrollinstrumente der Verwaltung 5 32 ff.
- präventive 5 32 ff.
- repressive 5 77 ff.
- Wirkungsweise 5 2

Integration (umweltspezifischer Fachplanungen) 5 19

Integrationsklausel 9 46

Integrationsprinzip 3 2

Integrierte Meerespolitik der EU 15 67

Stichwortverzeichnis

Integriertes Küstenzonenmanagement (IKZM) **15** 67
Integrierte Vorhabengenehmigung **5** 72
Intergovernmental Panel on Climate Change (IPCC) **16** 1
International Code of Conduct on Plant Biotechnology **14** 4
Internationale Kommission zum Schutz der Elbe (IKSE) **15** 56
Internationale Kommission zum Schutz des Rheins (IKSR) **15** 56
Internationale Nordseekonferenz (INK) **15** 53
Internationale Organisationen **8** 17 f.
Internationale Ostseefischereikommission (IBSFC) **15** 48
Internationale Seeschifffahrtsorganisation (IMO) **15** 24, 26
Internationales Übereinkommen über Vorsorge, Bekämpfung und Zusammenarbeit auf dem Gebiet der Ölverschmutzung (OPRC) **15** 29
Internationales Übereinkommen zur Regelung des Walfangs **15** 33
Inverkehrbringen **14** 46 ff.
– Begriff **14** 26
– gentechnisch veränderter Organismen **14** 46 ff.
Investitionsmaßnahmegesetze **5** 60
IVU-Richtlinie **9** 7

Joint Implementation **16** 7
Joint Ministerial Meeting on the Helsinki and OSPAR Commissions (JMM) **15** 60

Klagebefugnis **6** 11 ff.
– von Gemeinden **6** 14
– von Nachbarn **6** 12 f.
– von Verbänden **6** 15
Klimaerwärmung **16** 1
Klimarahmenkonvention **8** 20, **16** 6
Klimaschutzgesetz
– Baden-Württemberg **16** 74
– Nordrhein-Westfalen **16** 74
– Reduktionsziele **16** 74 f.
Klimaschutzrecht **16** 2
Klimaschutzziele **16** 74
Klimawandel **16** 1, 6 ff.
Koexistenz **14** 30

Kohlendioxidspeicherung **16** 29, 71 f.
Kommunale Selbstverwaltung **4** 57
Kommunalverwaltung **4** 57
Kompensationsmodelle **5** 106 f.
Kontrolldichte **6** 17
Kontrollerlaubnis **5** 32
Konzentrationswirkung **5** 51, **9** 77, **11** 45
Kooperationsprinzip **3** 17 ff.
– Konkretisierungen **3** 18 ff.
Kostentragung **4** 55
Kraftstoffbereich **16** 51
Kraft-Wärme-Koppelungsanlagen **16** 55
Kraft-Wärme-Koppelungsgesetz **16** 55
– Abnahmepflicht **16** 55
– Anschlusspflicht **16** 55
Kreislaufwirtschaftsgesetz **12** 6 f., 12 ff.
– Abfallbegriff **12** 16 ff.
– Abfallhierarchie **12** 36, 38
– Anzeigepflicht **12** 92
– Anzeigepflicht und Erlaubnisvorbehalt **12** 91
– Gebote **12** 48 ff.
– Geltungsbereich **12** 13
– Grundbegriffe **12** 15 ff.
– Grundpflichten **12** 36 f.
– Grundsätze **12** 36
– Instrumente **12** 39 ff., 48 ff., 95 ff.
– Nebenbestimmungen **12** 89
– Planfeststellung **12** 85
– Planfeststellungsverfahren **12** 85 ff.
– Planungsermessen **12** 88
– Recycling **12** 36
– Überblick **12** 12
– Überwachung **12** 94
– Wiederverwendung **12** 36
– Zulassung des vorzeitigen Beginns **12** 90
Kreislaufwirtschafts- und Abfallrecht **12** 1 ff.
– Bundesrecht **12** 5 ff.
– EU-RechtAbfallhierarchie **12** 4
– Internationales Recht **12** 3
– Landesrecht **12** 11
– Pflichten **12** 50 ff.
– Rechtsgrundlagen **12** 2 ff.
– Rechtsverordnungen **12** 10, 52
– Rücknahme und Rückgabepflicht **12** 53
Küstengewässer **11** 26, **15** 13, 68 f.
Küstenmeer **11** 26, **15** 13
Kyoto-Protokoll **8** 20, **9** 4, **16** 6 ff.

Stichwortverzeichnis

Länderverwaltung 4 52
Landesimmissionsschutzrecht 9 16
Landes-Klimaschutzgesetze 16 73
Landesplanungsgesetze 2 3
Landschaftspflege 10 15
Landschaftsplanung 10 24 f.
- Grünordnungspläne 10 28 f
- Landschaftspläne 10 28
- Landschaftsprogramme 10 26
- Landschaftsrahmenpläne 10 27
- Mindestinhalte 10 25
- Primärintegration 10 26
- Sekundärintegration 10 26
Landwirtschaftsklausel 10 18
- Bodenschutzrecht 13 61 f.
- Naturschutzrecht 10 18
Lärmaktionspläne 9 37
Lärmminderungsplanung 9 37
Lärmschutz 9 2, 30, 40
- aktiver 9 40
- passiver 9 40
Lebensmittel 14 7, 16
- gentechnisch veränderte 14 7 f.
Lebensmittelrecht 14 16
- Basis-Verordnung 14 7
- Überwachungsbefugnisse 14 16
Leistungspflichten 10 31
- Naturschutzrecht 10 31
London-Übereinkommen 15 27
Luftqualitätsrahmenrichtlinie 9 5
Luftreinhalteplanung 9 33 ff.
- Aktionsplan 9 36
- Luftreinhalteplan 9 35
Luftreinhaltung 9 33, 16 24 ff.
Luftverkehr 16 15
MARPOL 73/78 15 28
Massenverfahren 6 23
Maximum Sustainable Yield 15 67
Meere
- Belastungen 15 2 ff.
- Internationale Zusammenarbeit 15 2
- Militärische Nutzungen 15 10
- Nährstoffeinträge 15 6
- Schadstoffeinträge 15 5
- Versauerung 15 5
Meeresgewässer 11 9, 11, 17 f., 25, 27
Meeresnaturschutz 10 56 ff.

Meeresstrategie-Rahmenrichtlinie 11 7, 9, 15 64, 67, 71
Meeresumweltrecht 15 1 ff., 2
- Blaue Biotechnologie 15 9
- Grünbuch „Die künftige Meerespolitik der EU" 15 67
Mehrebenensystem 4 58, 16 3
Mehrebenenverwaltung 4 58
Mitteilungspflichten 9 82
- Immissionsschutzrecht 9 82
Montrealer Protokoll 8 7, 20, 9 4, 16 5
Nachbarschutz 6 13, 21
Nachhaltigkeitsgrundsatz 3 2, 8 20, 10 20
Nassauskiesungsentscheidung 4 17
Nationaler Allokationsplan 9 6
Natura 2000 10 52 ff.
- FFH-Verträglichkeitsprüfung 10 54
- Schutzgebietsausweisung 10 53, 57
- Verträglichkeitsprüfung 10 54
Naturschutz 10 14
- Grundsätze 10 22
- optisch-ästhetisch 10 19
- regenerierend-kreativ 10 20
Naturschutzrecht 10 13
Naturschutz- und Landschaftspflegerecht 10 1 ff.
- Begriff 10 12
- Bundesrecht 10 5 ff.
- EU-Recht 10 4
- Föderalismusreform 10 6
- Grundbegriffe 10 12 ff.
- gute fachliche Praxis 10 18, 61
- Instrumente 10 23, 30 ff.
- Internationales Recht 10 3 ff.
- Landesrecht 10 11
- Rechtsgrundlagen 10 2 ff.
- Vollzug 10 7
Naturschutzverbände 4 13, 10 64 ff.
Naturschutzverbände/-vereinigungen 3 20
Natur und Landschaft 10 12
Netzausbaubeschleunigungsgesetz 16 48
Neue Länder 2 9
Novel Food-Verordnung 14 5, 9
Öffentlichkeitsbeteiligungsgesetz 5 63, 9 6
Öffentlichkeitsbeteiligungsrichtlinie 5 63, 6 15, 9 6
Offshore-Windenergieanlagen 15 1, 8, 72, 16 48

Stichwortverzeichnis

Ökodesign **16** 21, 60
Öko-Konto **10** 43
Optimierungsgebot **5** 44, **10** 40
Organismus **14** 21
– gentechnisch veränderter **14** 23
Oslo-Übereinkommen **15** 42
OSPAR-Übereinkommen **8** 7, **10** 3, **11** 5, **15** 12, 42, 52
Ozonschichtabbau **16** 5

Pariser Abkommen **8** 20
Paris-Übereinkommen **15** 42
Particularly Sensitive Sea Area (PSSA) **15** 28
Pflanzenschutzgesetz **10** 10
Pflegepflichten **5** 23
Pflichten
– Ausgleichspflichten **5** 25
– Duldungspflichten **5** 28 f.
– Grundpflichten **5** 23
– Leistungspflichten **5** 23 ff.
Plan **5** 6
Planfeststellung **5** 40 ff.
Planfeststellungsbedürftige Vorhaben **5** 40
Planfeststellungsbehörde **5** 42
Planfeststellungsbeschluss **5** 42, 47
– Ausschlusswirkung **5** 53
– Enteignungsvorwirkung **5** 54
– Gestaltungswirkung **5** 52
– Gestattungswirkung **5** 50
– Konzentrationswirkung **5** 51
– Rechtsschutz **5** 48
– Rechtswirkungen **5** 49
Planfeststellungsverfahren **5** 40 ff.
– Verfahrensablauf **5** 41 ff.
Plangenehmigung **5** 57
Plangenehmigungsverfahren **5** 57
– förmliches **5** 57
Planrechtfertigung **5** 43
Planung **5** 1 ff.
Planungsgrundsatz **9** 34
Planungsinstrumente **9** 33 ff.
– Immissionsschutzrecht **9** 34 ff.
– Luftreinhaltepläne **9** 35
Planungsleitsätze **5** 44
Planungsvereinfachungsgesetz **5** 57
Pollutant Release and Transfer Register **8** 21, **13** 64

Präklusion **6** 5
– formelle **6** 5
– Immissionsschutzrecht **9** 67, 80
– materielle **5** 41, **6** 5, **10** 68
– privatrechtliche **6** 7
Preußische Gewerbeordnung **2** 5
Prinzip der regionalen Differenzierung **7** 8
Produktverantwortung **3** 2, **12** 51, **14** 55 ff.
– Abfallrecht **12** 6, 51
– Gentechnikrecht **14** 55 ff.
Prognose **5** 7
Projektbegriff **10** 54

Querschnittsaufgabe **1** 7
Querschnittsklausel (EU) **7** 9

Rahmengesetzgebungskompetenz **4** 47, **10** 5 f.
Ramsar-Übereinkommen **10** 3, **15** 34
Rat von Sachverständigen für Umweltfragen (SRU) **5** 8
Raumordnungsgesetz **2** 3
REACH-Verordnung **7** 25
Rechtsanspruch **11** 48
Rechtsetzung (EU) **7** 12
– Formen **7** 13
Rechtsmittelbeschränkungsgesetz **6** 24
Rechtsschutz **6** 1 ff.
– Beschränkung **6** 24
– Beteiligungsrechte **6** 4 ff.
– durch Verwaltungsgerichte **6** 7 ff.
– im Verwaltungsverfahren **6** 2 ff.
– Klagebefugnis **6** 11
– Präklusion **6** 5
– statthafte Rechtsschutzform **6** 9
– vorläufiger **6** 20
– Vorverfahren **6** 10
– zivilrechtlicher **6** 7
Rechtsstaatsprinzip **4** 3, 36 ff.
Rechtsverhältnisse **6** 12
– mehrpolige **6** 12
Rechtsverordnungen **7** 13 f.
– EG/EU **7** 13 f.
Rechtsweg **6** 7
– zu den Verwaltungsgerichten **6** 8 ff.
Recycling-Gesellschaft **16** 23
Reformvertrag (Vertrag von Lissabon) **7** 5
Repowering **16** 69
Ressourcenvorsorge **3** 7, 8

Stichwortverzeichnis

Restrisiko 4 34
Richtlinie 7 13 ff.
Richtlinie (EU) 7 26
- Haftung des Mitgliedstaates 7 15
- unmittelbare Wirkung 7 15
Rio-Deklaration 8 20
Risikobewertung 14 34, 51
Risikovorsorge 3 6, 14 29
Rückverfolgbarkeit 14 6

Sachverständigenrat für Umweltfragen (SRU) 5 8
Sanierung 13 18
- Altlastensanierungsvertrag 13 65
- Begriff 13 18, 34 ff.
- interner Ausgleichsanspruch 13 56
- Kosten 13 54
- Mittel 13 36 ff.
- Ziel 13 35
Sanierungsanordnungen 13 33, 50 ff.
Sanierungsplan 13 51
- Konzentrationswirkung 13 53
- Verbindlicherklärung 13 53
Sanierungsuntersuchungen 13 51
Sanierungsverantwortliche 13 42 ff.
- Anordnungsbefugnisse für komplexe Sanierungsfälle 13 50
- Durchgriffshaftung 13 47
- Eigentumsaufgabe 13 48
- Gesamtrechtsnachfolger 13 44
- Grundstückseigentümer 13 45
- Inhaber der tatsächlichen Gewalt 13 46
- Nachhaftung 13 49
- Verursacher 13 43
Sanierungsvertrag 13 52
Schäden
- an bestimmten Arten und natürlichen Lebensräumen 10 44
- an Gewässern 11 22
Schutzgebietsausweisung 10 53
- Rechtsschutz 10 53
Schutzpflichten 4 27 ff.
- objektive Wertentscheidungen 4 27
- subjektive 4 28
- Umfang 4 31
- verfahrensrechtliche Sicherungen 4 30
Schutzprinzip 3 2
Schutz- und Beschränkungsmaßnahmen im Bodenschutzrecht 13 19, 41
Schutz- und Schutzverstärkerklauseln 7 11

Schutzzweck 1 8 ff.
- der Umweltgesetze 1 13
SECA-Sondergebiet 15 28
Seeschifffahrt 15 7
Selbstverpflichtungen 5 114 ff.
Sicherungsmaßnahmen 13 38
Smart Meters 16 21
Soft Law 8 19
Sozialstaatsprinzip 4 3
Sperrgrundstücksklage 4 23, 6 6, 10 65
SPS-Übereinkommen 14 4
Staatszielbestimmung 4 5
- Adressat 4 6
- Umweltschutz 4 4 ff.
Stand der Technik 9 31, 49
Ständiger Ausschuss für die Lebensmittelkette und Tiergesundheit 14 8
Standortregister (Gentechnikrecht) 14 13, 45
Standortregistrierung 5 124
Störfallbeauftragter 9 62
Störfallverordnung 9 47, 54
Störungsverbot 10 54
Straddling Stocks Agreement (SSA) 15 39
Strategische Umweltprüfung 5 73 f.
Strombereich 16 42
Stromeinspeisungsgesetz 16 42
Subsidiaritätsprinzip 7 9
Subventionen 5 85 ff.
- direkte 5 86
- indirekte 5 86
Sustainable Development 8 20
Systemrichtlinie 14 5

Technikklauseln 4 39
Technische Anleitung Lärm (TA Lärm) 6 18, 9 9, 28
Technische Anleitung Luft (TA Luft) 6 18, 9 9, 27
Tierschutzgesetz 10 10
Trail-Smelter-Schiedsspruch 8 12
Treibhausgas-Emissionshandelsgesetz 9 6, 10, 12, 16 33 ff.
Trilaterale Regierungskonferenz zum Schutz des Wattenmeeres auf Ministerialebene (TGC) 15 54

Stichwortverzeichnis

Übereinkommen über die biologische Vielfalt 15 38
Übereinkommen über die künftige multilaterale Zusammenarbeit auf dem Gebiet der Fischerei im Nordostatlantik 15 46, 55
Übereinkommen über die Zusammenarbeit beim Schutz der Küsten und Gewässer des Nordostatlantiks vor Verschmutzung 15 44
Übereinkommen zum Schutz grenzüberschreitender Flüsse 11 6
Übereinkommen zur Überwachung und Behandlung von Ballastwasser und Sedimenten von Schiffen 15 31
UMPLIS 5 10
Umweltabsprachen 5 110 ff., 10 58
– informelle 5 113
– normersetzende 5 114
– rechtsgeschäftliche 5 112
Umweltaudit 5 120 ff.
Umweltauditgesetz 5 120
Umweltauditsystem 5 120 ff.
– Umweltbetriebsprüfung 5 122
– Umwelterklärung 5 123
– Umweltgutachter 5 124 f.
– Umweltmanagementsystem 5 121
– Umweltprogramm 5 121
Umweltausgleichsabgabe 5 99
Umweltbelastungen 4 20 ff.
– durch Private 4 21
– im Immissionsschutzrecht 9 28
– Vermeidung von 3 12
Umweltbetriebsprüfung 5 122
Umwelteinwirkungen 9 26
– schädliche (Immissionsschutzrecht) 9 28
Umweltenergierecht 16 42
Umwelterklärung 5 123
Umweltfinanzierungsabgaben 5 95 f.
Umweltgesetzbuch 2 11 ff.
– Entwicklung 2 11 ff.
– Entwurf 2 11 ff.
– Professorenentwürfe 2 12
– Sachverständigenentwurf 2 12
Umweltgrundrecht 4 9
Umweltgutachter 5 124
Umwelthaftung 2 18 f.
Umwelthaftungsgesetz 2 18
Umwelthaftungsrichtlinie 2 18, 10 44
Umweltinformationsgesetz 5 128 ff.

Umweltinformationsrichtlinie 5 128
Umweltlenkungsabgabe 5 98
Umweltmanagementsystem 5 121
Umweltnutzungs- und -entsorgungsabgaben 5 97
Umweltökonomie 1 17 f.
Umweltplanung 5 3 ff.
– Effektivität 5 12
– Formen 5 14 ff.
– Grundlagen 5 7 ff.
– Nachteile 5 13
– Vorsorgeprinzip 5 11
Umweltprivatrecht 2 17, 16 2
Umweltprogramm(e) 1 17, 5 15
Umweltprüfung
– strategische 5 73 ff.
Umweltrahmengesetz 10 8
Umweltrecht 1 19
– DDR 2 9, 10 8
– Deregulierung 2 10
– Entstehung 2 5 ff.
– Entwicklung 2 5 ff.
– Grundprinzipien 3 1 ff.
– im engeren Sinne 2 4
– im weiteren Sinne 2 4
– Kooperationsprinzip 3 17
– öffentliches 2 20 ff.
– Rechtsbereiche 2 15 ff.
– Verschlankung 2 10
– Verursacherprinzip 3 11
– Vorsorgeprinzip 3 3 ff.
Umwelt-Rechtsbehelfsgesetz 6 13, 15, 29, 9 6, 10 69
Umweltschadensgesetz 10 44, 11 22, 13 4
Umweltschutz 1 6 ff.
– anthropozentrischer 1 9 ff.
– Begriff 1 6
– Handlungsebenen 1 15 ff.
– integrativer 5 62, 70
– integrierter 2 28
– kausaler 2 25
– medialer 2 24, 13 4
– ökozentrischer 1 10 f.
– präventiv-vorsorgende Funktion 1 6
– reparativ-wiederherstellende Funktion 1 6
– repressiv-zurückdrängende Funktion 1 6
– ressourcen-ökonomisch 1 12
– vitaler 2 27
Umweltschutzbeauftragter 3 18

531

Stichwortverzeichnis

Umweltschützer 4 12 ff.
- gewerbliche 4 14
- nichtgewerbliche 4 13

Umweltschutzkonferenzen 8 20

Umweltschutzverbände 3 20, 4 13, 10 62 ff.
- als Grundrechtsträger 4 23
- Anerkennung 10 64
- Beteiligung 6 6, 10 63 f.
- Mitwirkung an Verwaltungsverfahren 6 6
- Verbandsklage 6 15, 10 65 ff.

Umweltstandards 5 30 f.

Umweltstatistiken 5 9

Umweltstrafrecht 2 2, 16

Umweltverträglichkeitsprüfung 5 62 ff.
- Anwendungsbereich 5 65
- Entstehung 5 63
- Immissionsschutzrecht 9 68
- Scoping 5 66
- Screening 5 66
- Verfahren 5 66
- Vorprüfung 5 65 f.
- Ziel 5 64

Umweltverwaltungsrecht 2 21 ff.
- allgemeine Regelungen 2 23
- Schutzgegenstände 2 22 ff.

Umweltvölkerrecht 8 2 ff.
- anerkannte allgemeine Rechtsgrundsätze 8 4
- Effektivität 8 8
- Gewohnheitsrecht 8 9
- Grundsatz der absoluten Souveränität 8 11
- Internationale Organisationen 8 17 f.
- Lehrmeinung der fähigsten Völkerrechtslehrer 8 4
- Prinzip der absoluten territorialen Integrität 8 11
- Problemlage 8 3
- Rechtsquellen 8 4
- richterliche Entscheidungen 8 4
- soft law 8 6, 19
- Verträge 8 7
- Völkergewohnheitsrecht 8 4
- Wirksamkeit 8 8

Umweltzertifikate 5 104

Unbestimmte Rechtsbegriffe 6 18

UNEP-Umweltrechtsprogramm von Montevideo 13 2

UNESCO-Welterbe-Übereinkommen 15 35

Unionsrecht
- Anwendungsvorrang 7 22

- Beschlüsse 7 16
- Empfehlungen 7 17
- Primäres 7 3
- Prinzipien 7 9
- Richtlinien 7 13
- Schutzniveauklausel 7 8
- sekundäres 7 3, 23 ff.
- Stellungnahmen 7 17
- Subsidiaritätsprinzip 7 9
- umweltpolitische Grundsätze 7 7
- umweltpolitische Ziele 7 6
- Ursprungsprinzip 7 9
- Verordnung (EU) 7 13 f.
- Verursacherprinzip 7 9
- Vorbeugeprinzip 7 9

Unmittelbare Wirkung (von EU-Richtlinien) 7 15

UN-Seerechtsübereinkommen (SRÜ) 11 5, 15 12 ff., 21 ff., 72

Unterlassungspflichten 10 31
- Naturschutzrecht 10 31

Untersagungsverfügung 9 87, 91
- Immissionsschutzrecht 9 87

Ursprungsprinzip 7 9

UVP-Richtlinie 6 13

Verbandsklage 6 15, 10 65 ff.
- altruistische 6 15, 10 66
- Präklusion 10 68
- Rechtsbehelfsgegenstände 10 66
- überindividuelle 10 66
- verfahrensrechtliche 6 15
- Zulässigkeitsvoraussetzungen 10 65 ff.

Verbandsmitwirkung 10 62 f.

Verdachtsflächen 13 15

Verfahrensfehler 6 13

Verhaltenssteuerung 5 20 ff., 10 30 ff.

Verhältnis 10 69

Verhältnismäßigkeitsgrundsatz 4 40

Verkehrsbeschränkungen und -verbote 9 39

Verkehrswegeplanungsbeschleunigungsgesetz 5 57

Verordnung (EU) 7 25

Verpackungsteuer (kommunale) 12 99

Verpackungsverordnung 12 55 ff.

Verschlechterungsverbot 3 2, 10 54

Versiegelungsabgabe 13 63

Versiegelungsrechte 13 63

Stichwortverzeichnis

Verträglichkeitsprüfung 10 54
– Projektbegriff 10 54
Vertragsverletzungsverfahren
– Wasserrecht 11 10
Verursacher 3 13
– Begriff 3 13
Verursacherprinzip 3 11 ff., 7 9, 10 42, 12 51, 75, 97, 13 3
Verwaltungskompetenzen 4 3, 52 ff.
Verwaltungsverbund 4 58
Verwaltungsvorschrift 6 18
Vogelschutzrichtlinie 10 4
Völkergewohnheitsrecht 8 4, 9 ff.
– Defizite 8 15
– Gebot der fairen und gerechten Aufteilung gemeinsamer natürlicher Ressourcen 8 13
– Verbot erheblicher grenzüberschreitender Umweltbelastungen 8 10 ff.
– Verfahrenspflichten 8 14
Völkerrechtliche Verträge 8 4, 7
– Effektivität 8 8
Vorbehalt des Gesetzes 4 36
Vorbeugeprinzip 7 9
Vorläufiger Rechtsschutz 6 20 ff.
Vorsichtsprinzip 3 2
Vorsorgemaßnahmen im Bodenschutzrecht 13 57
Vorsorgeprinzip 3 3 ff., 5 11, 6 13, 7 9, 10 24

Wahingtoner Artenschutzabkommen 10 59
Wahlfreiheit 14 54
Warnungen 5 108
Wasch- und Reinigungsmittelrecht 11 15
Washingtoner Artenschutzübereinkommen 8 7, 10 3
Wasserhaushaltsgesetz 11 11 ff., 17 ff.
– Abwasserabgabengesetz 11 56
– Abwasserbeseitigungspflicht 11 16
– allgemeine Sorgfaltspflichten 11 21 f.
– Anlagenzulassungsrecht 11 53
– Anwendungsbereich 11 18
– Bewilligung 11 43 ff.
– BewirtschaftungsermessenVerschlechterungsverbot 11 49
– Bewirtschaftungspflichten 11 20
– Bewirtschaftungspläne 11 32
– Drittschutz 11 45
– echte Benutzung 11 40

– Entschädigungspflicht 11 55
– Erlaubnis 11 43 ff., 44 ff.
– Föderalismusreform 11 11
– Gebietsschutz 11 54
– gehobene Erlaubnis 11 47
– Geltungsbereich 11 25
– Genehmigungsarten 11 43 ff.
– Genehmigungsvoraussetzungen 11 48 ff.
– gestattungsfreie Benutzungen 11 42
– Gewässerausbau 11 52
– Gewässerbenutzung 11 23, 39 ff.
– Grundeigentum 11 23
– Grundsätze 11 19 ff.
– Inhalts- und Nebenbestimmungen 11 50
– Instrumente 11 30 ff., 37 ff., 56 ff.
– Maßnahmenprogramme 11 33, 34
– Meeresstrategie 11 9 f., 34
– nachträgliche Anordnungen 11 51
– ortsnahe öffentliche Wasserversorgung 11 24
– Planfeststellung 11 52
– Risikomanagementpläne 11 36
– Überblick 11 17
– Überwachungsprogramme 11 17, 34
– unechte Benutzung 11 40
– Versagungsgründe 11 48
– Wasserschutzgebiete 11 54
– Widerruf 11 51
Wasserrahmenrichtlinie 11 8
– EU-Recht 11 7
Wasserwirtschaftliche Planung 11 31 ff.
– Bewirtschaftungspläne 11 32
– Maßnahmenprogramme 11 33
– Risikomanagementpläne 11 36
Weltbodencharta 13 2
Wesentlichkeitstheorie 4 37
Widerspruchsverfahren 6 10
Wiener Übereinkommen zum Schutz der Ozonschicht 8 7, 9 4, 16 5
Windenergieanlagen 16 44, 48, 69
Wissenschaftlicher Beirat der Bundesregierung Globale Umweltveränderungen (WBGU) 5 8

Zentrale Kommission für die biologische Sicherheit (ZKBS) 14 66
Zielfestsetzungen (im Abfallrecht) 5 119
Zonierung der Meere 15 14 ff.
Zuständigkeiten, Gesetzgebung 4 43 ff.
– der Länder 4 49 ff.
– des Bundes 4 43 ff.

Stichwortverzeichnis

Zuteilungsgesetz **9** 10, 12, **16** 35
Zuteilungsperioden **16** 12 ff.

Zweck-Mittel-Relation bei Sanierungsanordnungen im Bodenschutzrecht **13** 33